HERZLICHEN GLÜCKWUNSCH

Und Dankeschön für den Kauf dieses Buches. Als besonderes Schmankerl* finden Sie unten Ihren persönlichen Code, mit dem Sie das Buch exklusiv und kostenlos als eBook erhalten.

Beachten Sie bitte die Systemvoraussetzungen auf der letzten Umschlagseite!

1018r-65p6v-
w4400-pv73i

Registrieren Sie sich einfach in nur zwei Schritten unter **www.hanser.de/ciando** und laden Sie Ihr eBook direkt auf Ihren Rechner.

*Bayrisch für eine leckere Kleinigkeit; ein Leckerbissen

Fischer/Krause

ASP.NET 4.0

Bleiben Sie einfach auf dem Laufenden:
www.hanser.de/newsletter
Sofort anmelden und Monat für Monat
die neuesten Infos und Updates erhalten.

Matthias Fischer
Jörg Krause

ASP.NET 4.0

Konzepte und Techniken zur
Programmierung von Websites

HANSER

Die Autoren:
Matthias Fischer, Rathenow bei Berlin
Jörg Krause, Berlin

Alle in diesem Buch enthaltenen Informationen, Verfahren und Darstellungen wurden nach bestem Wissen zusammengestellt und mit Sorgfalt getestet. Dennoch sind Fehler nicht ganz auszuschließen. Aus diesem Grund sind die im vorliegenden Buch enthaltenen Informationen mit keiner Verpflichtung oder Garantie irgendeiner Art verbunden. Autoren und Verlag übernehmen infolgedessen keine juristische Verantwortung und werden keine daraus folgende oder sonstige Haftung übernehmen, die auf irgendeine Art aus der Benutzung dieser Informationen – oder Teilen davon – entsteht.
Ebenso übernehmen Autoren und Verlag keine Gewähr dafür, dass beschriebene Verfahren usw. frei von Schutzrechten Dritter sind. Die Wiedergabe von Gebrauchsnamen, Handelsnamen, Warenbezeichnungen usw. in diesem Buch berechtigt deshalb auch ohne besondere Kennzeichnung nicht zu der Annahme, dass solche Namen im Sinne der Warenzeichen- und Markenschutz-Gesetzgebung als frei zu betrachten wären und daher von jedermann benutzt werden dürften.

Bibliografische Information Der Deutschen Nationalbibliothek
Die Deutsche Nationalbibliothek verzeichnet diese Publikation in der Deutschen Nationalbibliografie; detaillierte bibliografische Daten sind im Internet über http://dnb.d-nb.de abrufbar.

Dieses Werk ist urheberrechtlich geschützt.
Alle Rechte, auch die der Übersetzung, des Nachdruckes und der Vervielfältigung des Buches, oder Teilen daraus, vorbehalten. Kein Teil des Werkes darf ohne schriftliche Genehmigung des Verlages in irgendeiner Form (Fotokopie, Mikrofilm oder ein anderes Verfahren) – auch nicht für Zwecke der Unterrichtsgestaltung – reproduziert oder unter Verwendung elektronischer Systeme verarbeitet, vervielfältigt oder verbreitet werden.

© 2010 Carl Hanser Verlag München
Gesamtlektorat: Fernando Schneider
Sprachlektorat: Haide Fiebeler-Krause, Berlin
Herstellung: Thomas Gerhardy
Coverconcept: Marc Müller-Bremer, www.rebranding.de, München
Coverrealisierung: Stephan Rönigk
Datenbelichtung, Druck und Bindung: Kösel, Krugzell
Ausstattung patentrechtlich geschützt. Kösel FD 351, Patent-Nr. 0748702
Printed in Germany

ISBN 978-3-446-42238-4

www.hanser.de/computer

Auf einen Blick

1	Über dieses Buch	27
2	ASP.NET und das Framework	37
3	Entwicklungswerkzeuge	61
4	Protokolle des Web	89
5	Programmiersprachen des Web	133
6	Konfiguration des Projekts	249
7	Arbeitsweise und Funktion	273
8	Applikationen erstellen	345
9	Programmierung von Seiten	379
10	Steuerelemente und WebParts	413
11	Datenbindung und Validierung	505
12	Navigationsmodelle	555
13	Datenbanken und Datenzugriff	591
14	Globalisierung und Lokalisierung	697
15	Master-Seiten und Themes	727
16	AJAX – Asynchrone Programmierung	747

Schnellübersicht

17	**Dynamische Daten**	783
18	**Model View Controller**	811
19	**Webdienste**	855
20	**Sicherheit und Benutzer**	887
21	**Optimierung des Datenverkehrs**	959
22	**Steuerelemente entwickeln**	977
23	**Gerätespezifische Anpassung**	1023
24	**Handler und Module**	1043
25	**Erweiterungsmodell Provider**	1079
26	**Ressourcen**	1103
27	**GDI und Silverlight**	1141

Über die Autoren

Matthias Fischer

Matthias ist seit einigen Jahren Softwareentwickler und -architekt. In seiner Tätigkeit als Technical Expert für .NET beschäftigt er sich insbesondere mit dem .NET-Framework, ASP.NET, WCF sowie Netzwerk- und Kommunikationstechnologien in C# und F#.

Desweiteren ist Matthias zertifizierter Softwaretester mit Erfahrung im Embedded-Umfeld. Sein umfangreiches Wissen gibt er in diversen Usergroup-Vorträgen, auf Fachkonferenzen sowie als Berater und Fachbuchautor wieder.

Neben seiner beruflichen Tätigkeit beteiligt sich Matthias bei der Organisation und Ausrichtung der .NET Usergroup Berlin-Brandenburg. Wenn es die Zeit neben den Projekten erlaubt, unternimmt Matthias gern Radtouren, oder er beschäftigt sich mit Fotografie.

Jörg Krause

Jörg ist seit vielen Jahren als Autor, Berater und Softwareentwickler für Microsoft-Technologien unterwegs. Der Schwerpunkt ist dem .NET Framework und dort speziell Webtechnologien gewidmet. Er hat zahlreiche Bücher zu SQL Server, Windows Server und ASP.NET veröffentlicht. Regelmäßig finden Sie Artikel von ihm im dotnet-Magazin, ASP.NET Professional, Visual Studio One und weiteren Fachmagazinen. Jörg tritt außerdem regelmäßig als Sprecher auf Konferenzen, Messen und größeren User-Group-Events auf. Er ist MCTS für .NET und MCP für ASP.NET 3.5, SharePoint 2007 und SharePoint 2010.

Wenn Jörg sich (selten) nicht mit Computern beschäftigt, liest er bei schlechtem Wetter Bücher (Science-Fiction, Thriller) oder spielt je nach Jahreszeit gern Golf oder Badminton.

Sie finden Jörg im Web unter *www.joergkrause.de*.

Inhaltsverzeichnis

Auf einen Blick 5

Über die Autoren 7

Inhaltsverzeichnis 9

1 Über dieses Buch 27
1.1 Intention   27
1.2 Das Konzept hinter diesem Buch   28
    1.2.1 Übersicht über die Teile   28
    1.2.2 Was dieses Buch nicht leistet   28
1.3 Die Zielgruppe für dieses Buch   29
1.4 Wie dieses Buch zu lesen ist   30
    1.4.1 Verwendete Programmiersprache   30
    1.4.2 Hinweiselemente und Formatierungen   30
    1.4.3 Augmentierung mit der TexxToor-Technologie 31
1.5 Anmerkungen der Autoren   32

2 ASP.NET und das Framework 37
2.1 Was verbirgt sich hinter dem Begriff .NET?   37
    2.1.1 Das .NET-Framework 4.0   38
    2.1.2 Compiler und Interpreter   39
    2.1.3 Sprachunabhängigkeit dank MSIL-Code   40
    2.1.4 Common Type System   40
2.2 Überblick über das Framework   41
    2.2.1 Die Laufzeitumgebung Common Language Runtime 41

		2.2.2	Die Foundations	42
	2.3		Programmierprinzipien	44
		2.3.1	Basiselemente einer Applikation: WebForms	44
		2.3.2	Spezielle Verzeichnisse	46
		2.3.3	Eingebetteter Code – Code Inline	47
		2.3.4	Hinterlegter Code – Code Behind	48
	2.4		Hinweise zum Stil – Codekonventionen	55
		2.4.1	Schreibweise von Namen im Code	55
		2.4.2	Hinweise zur Benennung von Standardtypen	56
		2.4.3	Hinweise für Web-Programmierer	58

3 Entwicklungswerkzeuge 61

	3.1		Einführung	61
		3.1.1	Ausführungen Visual Studio 2010	62
		3.1.2	Installation von Visual Studio	62
	3.2		Überblick über Visual Studio 2010	64
		3.2.1	Aufbau der IDE	64
		3.2.2	Projekte	65
		3.2.3	Web Seite	68
	3.3		Erste Schritte	69
		3.3.1	„Hallo Welt"-Programm	69
		3.3.2	Umgang mit Datenbanken in Visual Studio	74
	3.4		Fehlersuche und Debugging	75
		3.4.1	Arten von Fehlern	75
		3.4.2	Werkzeuge	78
	3.5		Expression Produkte	83
		3.5.1	Expression Studio	83
	3.6		Die Kommandozeilenwerkzeuge	85
		3.6.1	Die Werkzeuge des Frameworks	85
		3.6.2	Werkzeuge speziell für ASP.NET	87

4 Protokolle des Web 89

	4.1		Das Referenzmodell	89
	4.2		Die Internet-Protokollfamilie	90
		4.2.1	Wichtige Protokolle der Internet Protocol Suite	92

4.3		Die Hochsprachenprotokolle	100
	4.3.1	File Transfer Protocol (FTP)	100
	4.3.2	Network News Transfer Protocol (NNTP)	100
	4.3.3	Hypertext Transfer Protocol (HTTP)	100
	4.3.4	Wie dynamische Webseiten entstehen	104
4.4		Die Bausteine einer Webseite	106
4.5		XML, XPath und XSLT	109
	4.5.1	XML-Grundlagen	109
	4.5.2	Die Grammatik eines XML-Dokuments definieren	113
	4.5.3	XPath	116
	4.5.4	XSLT	122
4.6		Hilfsklassen des .NET-Frameworks	127
	4.6.1	Definition Uniform Resource Identifier (URI)	127
	4.6.2	URI-Unterstützung im Framework	129

5 Programmiersprachen des Web 133

5.1		Einführung in C#	133
	5.1.1	Notation und Verwendung	134
	5.1.2	Objektschreibweise	135
	5.1.3	Abarbeitung von Code in ASP.NET	135
	5.1.4	Umgang mit Compiler-Warnungen	137
5.2		Die Sprache C#	137
	5.2.1	Namensräume	137
	5.2.2	Variablen und Datentypen	139
	5.2.3	Kommentare, Konstanten, Operatoren	146
	5.2.4	Anweisungen	151
	5.2.5	Schleifenanweisungen	156
	5.2.6	Objektorientierte Programmierung	162
	5.2.7	Arrays und Kollektionen	196
	5.2.8	Fehlerbehandlung, Ausnahmen und Ereignisse	210
	5.2.9	Verwaltete Funktionszeiger	217
5.3		Einführung in JavaScript	221
	5.3.1	Einführung	222
	5.3.2	Notation und Verwendung	222
	5.3.3	Kompatibilität	223

5.4		Die Sprache JavaScript	224
	5.4.1	Imperative Elemente	224
	5.4.2	Ausdrücke und Operatoren	226
	5.4.3	Anweisungen und Kontrollfluss	228
	5.4.4	Fehlerbehandlung	231
	5.4.5	Objektorientierung	233
	5.4.6	Vererbung	237
	5.4.7	Eingebaute Objekte	239
	5.4.8	DOM-Manipulation	245
	5.4.9	Ereignisse (Events)	248

6 Konfiguration des Projekts 249

6.1		Konfiguration von Applikationen: web.config	249
	6.1.1	Die Konfigurationsdatei in ASP.NET 4	250
	6.1.2	Struktur der Konfigurationsdatei	251
	6.1.3	Prinzipieller Umgang mit Konfigurationsdateien	253
6.2		Konfiguration des Systems: machine.config	253
	6.2.1	Optionen des Compilers	253
	6.2.2	Den Arbeitsprozess konfigurieren	255
	6.2.3	Besondere Aufgaben für den Arbeitsprozess	259
6.3		Zugriff auf die Konfiguration	260
	6.3.1	Anwendung der Klasse WebConfigurationManager	261
	6.3.2	Schreibender Zugriff auf die Konfiguration	263
6.4		Eigene Konfigurationsabschnitte	265
	6.4.1	Aufbau des Konfigurationsabschnitts der web.config	265
	6.4.2	Definition eines einfachen Konfigurationsabschnitts	267

7 Arbeitsweise und Funktion 273

7.1		Wie ASP.NET intern funktioniert	274
	7.1.1	Die Architektur der Anforderungsverarbeitung	274
	7.1.2	Was in ASP.NET wirklich funktioniert	274
	7.1.3	Die Lebensdauer einer Anforderung	275
	7.1.4	Wie die Anforderung verarbeitet wird	280
	7.1.5	Die Laufzeitumgebung	282
	7.1.6	HttpContext und HttpApplication	288
	7.1.7	Der Weg durch die ASP.NET-Pipeline	292
	7.1.8	Module und Handler	293

7.2	Die Lebenszyklen		294
	7.2.1	Die integrierte Pipeline der IIS7	294
	7.2.2	Die Verarbeitungspipeline der Applikation	295
	7.2.3	Der Lebenszyklus der Seite	298
	7.2.4	Die Ereignisse des Lebenszyklus der Seite	299
	7.2.5	Bemerkungen zum Lebenszyklus der Steuerelemente	301
7.3	Der ViewState – Status der Steuerelemente		303
	7.3.1	Warum Sie den ViewState verstehen sollten	304
	7.3.2	Die wahre Rolle des ViewState	314
	7.3.3	Probleme mit dem ViewState	315
7.4	Prozesse und Threads		324
	7.4.1	Die Verwaltung des Arbeitsprozesses	324
	7.4.2	Informationen über den Arbeitsprozess	327
	7.4.3	Informationen über die Applikationsdomäne	330
	7.4.4	Threads verstehen und benutzen	333
	7.4.5	Die Konfiguration des ThreadPools	334
	7.4.6	Optimierung typischer Aufgaben	336
	7.4.7	Installation eines Performance Counters	337
	7.4.8	Threads und Asynchrone Operationen	340

8 Applikationen erstellen 345

8.1	Die Standardobjekte		345
	8.1.1	Die Standardobjekte	346
8.2	Daten senden und empfangen		348
	8.2.1	Den Datenfluss steuern	348
	8.2.2	Die Standardmethoden der Datenübertragung	351
	8.2.3	Header erzeugen und analysieren	354
	8.2.4	Servervariablen	354
	8.2.5	Den Inhaltstyp bestimmen	356
8.3	Sitzungen (Sessions)		358
	8.3.1	Grundlagen	358
	8.3.2	Ablageart von sitzungsgebundenen Daten	359
	8.3.3	Ablageform der sitzungsgebundenen Daten	361
	8.3.4	An Sitzungen gebundene Ereignisse	363
	8.3.5	Umgang mit Sitzungs-Cookies	363
	8.3.6	Konfiguration des Sitzungsmanagements	363

	8.3.7	Sitzungsvariablen verwenden	365
8.4		Cookies	366
	8.4.1	Cookies als Informationsspeicher	366
	8.4.2	Cookies praktisch verwenden	369
8.5		Applikationsmanagement	372
	8.5.1	Einführung in das Applikationsereignismodell	372
	8.5.2	Die Datenspeicherung: Applikationsvariablen	374
	8.5.3	Die Datei global.asax	377
9		**Programmierung von Seiten**	**379**
9.1		Die Direktiven der Seiten	379
	9.1.1	Die Direktiven	380
	9.1.2	Die Direktive @Page	381
	9.1.3	Die Direktive @Import	384
	9.1.4	Die Direktive @Register	384
	9.1.5	Die Direktive @Implements	385
	9.1.6	Die Direktive @MasterType	385
	9.1.7	Die Direktive @PreviousPageType	386
	9.1.8	Die Direktive @OutputCache	386
9.2		Aufbau einer Seite und die Klasse Page	387
	9.2.1	Aufbau der Seite	387
	9.2.2	Code-Blöcke	388
	9.2.3	Code-Render-Blöcke	388
	9.2.4	Kommentare	389
	9.2.5	Ausgabeausdrücke	389
	9.2.6	Ausdrücke	390
	9.2.7	Einbindung externer Objekte	391
9.3		Das Zurücksenden der Seite – Der PostBack	392
	9.3.1	Die Natur der Webformulare	392
9.4		Seitenübergang	396
	9.4.1	Übergabe der Programmsteuerung	397
	9.4.2	Kontext-Handler und Seitenreferenzierung	400
9.5		Asynchrone Seiten	403
	9.5.1	Den richtigen Handler für die Seite wählen	403
	9.5.2	Asynchrone Aufgaben	409

10	**Steuerelemente und WebParts**	**413**
10.1	Das Entwurfszeitverhalten	414
	10.1.1 IntelliSense	415
	10.1.2 PropertyGrid	415
	10.1.3 Smart Tags	415
10.2	HTML-Steuerelemente	416
	10.2.1 Einführung in die Steuerelemente-Welt	416
	10.2.2 Prinzipieller Umgang mit HTML-Steuerelementen	418
	10.2.3 Gemeinsame Eigenschaften und Methoden	425
	10.2.4 Basisoperationen mit Steuerelementen	426
	10.2.5 Ereignisse der Steuerelemente verarbeiten	428
	10.2.6 Gestalterische Elemente	432
	10.2.7 Dateien per HTTP hochladen (Upload)	434
10.3	Webserver-Steuerelemente	437
	10.3.1 Übersicht über die Webserver-Steuerelemente	438
	10.3.2 Einsatzprinzipien und Basiseigenschaften	441
	10.3.3 Text auf der Seite steuern	444
	10.3.4 Texteingabefelder erzeugen und auswerten	447
	10.3.5 Schaltflächen erzeugen und verwenden	449
	10.3.6 Listen-Steuerelemente	452
10.4	Komplexe Steuerelemente	459
	10.4.1 Kalender anzeigen	459
	10.4.2 AdRotator	466
	10.4.3 XML anzeigen	466
	10.4.4 TreeView	466
10.5	Das neue Steuerelementverhalten in ASP.NET 4	468
	10.5.1 Kompatibilität mit bisherigen Versionen sicherstellen	468
	10.5.2 Client-IDs	469
10.6	WebParts	471
	10.6.1 Die Natur des WebParts	472
	10.6.2 Funktionsweise	472
	10.6.3 Erstellen von WebParts	476
	10.6.4 Personalisieren von WebParts	478
	10.6.5 Erweiterung des WebPart-Personalisierungsproviders	479
10.7	Benutzersteuerelemente	489
	10.7.1 Grundlagen der Benutzersteuerelemente	490

10.7.2	Wie Benutzersteuerelemente entstehen	490
10.7.3	Programmierung von Benutzersteuerelementen	493
10.7.4	Techniken der Benutzersteuerelemente	496

11 Datenbindung und Validierung 505

11.1	Grundlagen der Datenbindung	505
11.1.1	Die Syntax der Datenbindung	506
11.1.2	Datenbindung in beide Richtungen	507
11.1.3	Datenbindung von XML-Datenquellen	508
11.2	Datengebundene Steuerelemente	508
11.2.1	Das Steuerelement Repeater	509
11.2.2	Das Steuerelement DataList	510
11.2.3	Das Steuerelement GridView	511
11.2.4	Das Steuerelement FormView	518
11.2.5	Das Steuerelement DetailsView	518
11.2.6	Das Steuerelement DataPager	518
11.2.7	Das Steuerelement ListView	518
11.3	Datenbindung in Vorlagen	519
11.3.1	Schreibweise der Vorlagen	519
11.3.2	Die Datenbindung im Code	520
11.3.3	Die Bindung komplexer Objekte	521
11.3.4	Vorbereiten einer individuellen Datenquelle	522
11.3.5	Automatische Listen mit DataList	524
11.3.6	Umgang mit dem Anzeigestatus und zwei Alternativen dazu	531
11.4	Asynchrone Datenbindung	535
11.5	Einführung in die Validierung	536
11.5.1	Die Validierung im Detail	537
11.5.2	Validierung und HTML	537
11.5.3	Validierung auf der Serverseite	537
11.5.4	Die API der Seitenvalidierung	538
11.6	Wichtige Kontroll-Steuerelemente	540
11.6.1	Das Vergleichs-Steuerelement	540
11.6.2	Das Bereichskontroll-Steuerelement	542
11.6.3	Das Regulärer Ausdruck-Steuerelement	542
11.6.4	Selbstdefinierte Kontrollsteuerelemente	549

12 Navigationsmodelle 555

- 12.1 Konzepte für die Navigation — 555
  - 12.1.1 Die Steuerdatei web.sitemap — 555
- 12.2 Steuerelemente für die Navigation — 558
  - 12.2.1 Das Menu-Steuerelement (Menü) — 558
  - 12.2.2 Pfade mit SiteMapPath darstellen — 561
- 12.3 Der Sitemap-Provider — 562
- 12.4 Entwicklung eines eigenen Sitemap-Providers — 563
  - 12.4.1 Vorbereitende Schritte — 563
  - 12.4.2 SQL-basierte Navigation — 567
- 12.5 Steuerung virtueller Pfade — 571
  - 12.5.1 Den Virtual Path Provider verwenden — 572
  - 12.5.2 Den Virtual Path Provider registrieren — 572
  - 12.5.3 Voraussetzungen für den Virtual Path Provider — 573
  - 12.5.4 Hilfreiche Klassen für Pfad- und Dateioperationen — 574
  - 12.5.5 Einen VirtualPathProvider selbst entwickeln — 576
  - 12.5.6 Probleme und Grenzen des VirtualPathProvider — 588

13 Datenbanken und Datenzugriff 591

- 13.1 Datenzugriff mit ADO.NET — 591
  - 13.1.1 Prinzip der Arbeit mit ADO.NET — 591
  - 13.1.2 Die Architektur von ADO.NET — 593
  - 13.1.3 Verbindung zu einer Datenbank aufbauen — 596
  - 13.1.4 Verbindungsorientierte Ereignisse — 599
  - 13.1.5 Asynchrone Befehlsausführung — 601
  - 13.1.6 SQL-Befehle an die Datenbank senden — 603
  - 13.1.7 Datensätze lesen — 605
  - 13.1.8 Typsicherer Zugriff auf Daten — 610
  - 13.1.9 Behandlung komplexer Abfragen mit DataReader — 611
  - 13.1.10 Detaillierte Informationen über eine Tabelle ermitteln — 613
  - 13.1.11 Gespeicherte Prozeduren verwenden — 614
- 13.2 Prinzip der Datenquellen — 617
  - 13.2.1 Datenquellenkomponenten — 617
  - 13.2.2 Auf IDataSource basierende Datenquellen — 618
  - 13.2.3 Die Schnittstelle IDataReader — 620

	13.3	Datenverwaltung mit ADO.NET	620
		13.3.1 Datenverwaltung im DataSet	621
		13.3.2 Die Struktur einer Tabelle im DataSet bestimmen	628
		13.3.3 Das DataSet und XML	629
	13.4	Der Datenadapter	633
		13.4.1 Einführung in die Klasse DataAdapter	633
		13.4.2 Datensichten mit DataView	635
		13.4.3 Aktualisieren einer Datenbank mit CommandBuilder	640
		13.4.4 Die Ereignisse des Datenadapters	644
		13.4.5 Informationen zu typisierten DataSets	645
	13.5	XML und unterstützende Formate	645
		13.5.1 XML in .NET	645
		13.5.2 XML mit XSLT transformieren	652
	13.6	LINQ – Language Integrated Query	661
		13.6.1 Sprachliche Grundlagen	662
		13.6.2 Aggregatoren und Selektoren	668
		13.6.3 LINQ-to-Objects	669
		13.6.4 LINQ-to-XML	672
		13.6.5 LINQ-To-SQL	675
	13.7	Entity Framework	685
		13.7.1 Grundlagen	685
		13.7.2 Konzepte	686
		13.7.3 Umstieg von LINQ-to-SQL auf das Entity Framework	688
		13.7.4 Erzeugen des Entitäten Daten Modells (EDM)	688
		13.7.5 Konzeptionelles Modell ohne Assistent erstellen	693

14 Globalisierung und Lokalisierung 697

	14.1	Grundlagen der Globalisierung	697
		14.1.1 Klassen für Globalisierungseinstellungen	698
	14.2	Mehrsprachige Seiten programmieren	700
		14.2.1 Lokalisierungsfunktionen in ASP.NET	701
		14.2.2 Prinzip der Sprachcodes	702
		14.2.3 Einstellungen des Browsers ermitteln	703
		14.2.4 Einrichten der Kultur für die aktuelle Sitzung	706
		14.2.5 Kulturspezifische Informationen für Kalender	708

14.3	Ressourcen für die Lokalisierung	710
	14.3.1 Ressourcen-Dateien als Basis	710
	14.3.2 Verwendung von binären Ressourcen-Dateien	716
	14.3.3 Ressourcen in Assemblies speichern	720
14.4	Praxistipps zur Lokalisierung	721
	14.4.1 Bereitstellung der Lokalisierungsfunktionen	721
	14.4.2 Konfiguration in *web.config*	722

15 Master-Seiten und Themes 727

15.1	Master-Seiten	727
	15.1.1 Prinzip der Master-Seiten	728
	15.1.2 Eine Master-Seite erstellen	729
	15.1.3 Verwendung der Master-Seite	730
	15.1.4 Konfiguration mit der Master-Direktive	732
	15.1.5 Die Standardvorlage für Webseiten	732
15.2	Das Design der Seiten (Theme)	734
	15.2.1 Überblick	735
	15.2.2 CSS	737
	15.2.3 Skins	744

16 AJAX – Asynchrone Programmierung 747

16.1	Applikationen für das Web 2.0	747
16.2	Herkunft und Natur der Ajax-Technologie	749
	16.2.1 Die Architektur von Ajax	749
	16.2.2 Ajax ohne Verwendung eines Frameworks	750
16.3	AJAX – Microsofts Ajax-Implementierung	753
	16.3.1 Der ScriptManager	753
	16.3.2 AJAX debuggen	754
	16.3.3 Skript-Referenzen hinzufügen	754
	16.3.4 Referenzen zu Webdiensten hinzufügen	754
	16.3.5 Umgang mit Master-Seiten	755
	16.3.6 Das UpdatePanel-Steuerelement	755
	16.3.7 Das UpdateProgress-Steuerelement	757
	16.3.8 Das Timer-Steuerelement	760
16.4	Die AJAX-Client-Bibliothek	761
	16.4.1 Umgang mit der Client-Bibliothek	762
	16.4.2 Das Typsystem	763

		16.4.3 Debuggen mit der Client-Bibliothek	775
16.5		Neuerungen mit ASP.NET 4	775
		16.5.1 Live Datenbindungen	775
		16.5.2 DataView und DataContext	777

17 Dynamische Daten 783

17.1	Grundlagen dynamischer Daten	783
	17.1.1 Funktionen	783
	17.1.2 Hintergrund	784
17.2	Technische Grundlagen	785
	17.2.1 OR-Mapping	786
	17.2.2 URL-Routing	786
	17.2.3 Funktionsweise dynamischer Datenanwendungen	787
17.3	Vorlagen für die Präsentationsebene	788
	17.3.1 Seitenvorlagen	789
	17.3.2 Entity-Vorlagen	790
	17.3.3 Feldvorlagen	792
	17.3.4 Filtervorlagen	795
17.4	Steuerelemente für dynamische Daten	795
17.5	Anwendungsbeispiel	798
	17.5.1 Erstellen einer datengetriebenen Webanwendung	798
	17.5.2 Erweitern und Anpassen der Anwendung	802

18 Model View Controller 811

18.1	Das MVC-Konzept	811
	18.1.1 Grundlagen	812
	18.1.2 Das MVC-Entwurfsmuster	812
18.2	Implementierung in ASP.NET	813
18.3	URL-Routing	814
	18.3.1 Funktionsweise	814
	18.3.2 Das Standardverhalten des Routing	815
	18.3.3 Funktionsweise MVC-Implementierung	816
	18.3.4 MVC und der IIS6	818
	18.3.5 Routen mit Webforms verwenden	820
18.4	MVC praktisch einsetzen	823
	18.4.1 Ein Einführungsbeispiel	823

	18.4.2 Erweiterung der Beispielanwendung	826
18.5	Validierung	836
	18.5.1 Einleitung	836
	18.5.2 Eingabe-Validierung	837
	18.5.3 Model Validation	841
18.6	Weitere Funktionen	845
	18.6.1 Benutzersteuerelemente	845
	18.6.2 Action und RenderAction	847
	18.6.3 Areas	848
	18.6.4 Themes	850
19	**Webdienste**	**855**
19.1	Einführung in Webdienste	855
	19.1.1 Grundlagen der Webdienste	855
	19.1.2 Die Protokolle der Webdienste	856
	19.1.3 Öffentliche Webdienste konsumieren	863
19.2	ASMX-Webdienste	864
	19.2.1 Webdienste anbieten	864
	19.2.2 Praktische Umsetzung eines Dienstes	865
19.3	WCF-Webdienste	870
	19.3.1 Endpunkte: Adresse, Bindung, Vertrag	871
	19.3.2 Die WCF-Bindungen	875
	19.3.3 Einführung in Dienstverträge	878
	19.3.4 Datenverträge	881
	19.3.5 WCF-Webdienste für ASP.NET-AJAX	883
	19.3.6 Debugging-Tipps	885
20	**Sicherheit und Benutzer**	**887**
20.1	Das Sicherheitskonzept	887
	20.1.1 Sicherheitskonzepte in Webservern	887
	20.1.2 Sicherheit und die IIS	888
20.2	ASP.NET-Sicherheitsfunktionen der IIS	889
	20.2.1 Formen der Benutzerauthentifizierung	889
	20.2.2 Personalisierung	898
	20.2.3 Windows-Authentifizierung	899
20.3	Mitgliedschaft und Rollen	900
	20.3.1 Die Autorisierungsmodule	901

	20.3.2	Dienste der Benutzer- und Rollenverwaltung	901
	20.3.3	Das Erweiterungsmodell	901
20.4		Benutzerdatenverwaltung mit Profilen	930
	20.4.1	Personalisierung und Benutzerdaten	931
	20.4.2	Erweiterung des Profilproviders	934
	20.4.3	Implementierung des Providers	937
	20.4.4	Ein Profilprovider mit AJAX-Unterstützung	948
20.5		Die Anmeldesteuerelemente	952
	20.5.1	Einführung in die Anmeldesteuerelemente	952
	20.5.2	Das Login-Steuerelement	953
	20.5.3	Das LoginView-Steuerelement	954
	20.5.4	Das PasswordRecovery-Steuerelement	955
	20.5.5	Das ChangePassword-Steuerelement	956
	20.5.6	Das CreateUserWizard-Steuerelement	957

21		**Optimierung des Datenverkehrs**	**959**
21.1		Caching in ASP.NET	959
	21.1.1	Einführung	959
	21.1.2	Speicherung von Seiten	960
	21.1.3	Speicherung von statischen Teilen einer Seite im Cache	962
	21.1.4	Speicherung von Seiten mit MVC	963
	21.1.5	Automatischer Start – den Cache vorwärmen	963
21.2		Programmgesteuerte Beeinflussung des Cache	964
	21.2.1	Das HttpCachePolicy-Objekt	965
	21.2.2	Speicherung von Daten während der Laufzeit	966
	21.2.3	Warum ein Element aus dem Cache entfernt wurde – CacheItemRemovedReason	968
21.3		Erweiterung des Cache in ASP.NET 4	968
	21.3.1	Einen eigenen Cache-Provider konfigurieren	968
	21.3.2	Dynamische Auswahl des Cache-Providers	969
	21.3.3	Einen eigenen Cache-Provider schreiben	969
21.4		Allgemeine Tipps zur Optimierung	973
	21.4.1	Caching verwenden	973
	21.4.2	Funktionen deaktivieren, die nicht benötigt werden	973
	21.4.3	Fehlerhilfen nach der Freigabe abschalten	974
	21.4.4	Nachdenken über die Gestaltung von Applikationen	974

22 Steuerelemente entwickeln ... 977
22.1 Grundlagen kundenspezifischer Steuerelemente 977
22.1.1 Zusammengesetzte kundenspezifische Steuerelemente 978
22.2 Entwicklung eigener Steuerelemente 989
22.2.1 Kontrolle des Ausgabeverhaltens eines Steuerelements 989
22.2.2 Stile und Attribute für Steuerelemente 996
22.3 Datengebundene Steuerelemente 998
22.3.1 Aufbau datengebundener Steuerelemente 999
22.3.2 Entwicklung eines datengebundenen Steuerelements 1000
22.4 Vorlagenbasierte Steuerelemente 1003
22.4.1 Einführung 1004
22.4.2 Der Aufbau der Vorlagen 1005
22.4.3 Wie die Vorlagen-Eigenschaft funktioniert 1006
22.4.4 Vorlagen verarbeiten 1007
22.4.5 Erweitertes Beispiel für ein vorlagenbasierte Steuerelement 1010
22.5 Entwurfszeitverhalten 1013
22.5.1 Visual Studio unterstützen 1014
22.5.2 Das „Drag und Drop"-Verhalten modifizieren 1016
22.5.3 Bessere Entwurfszeitunterstützung 1019
22.5.4 Entwurfszeitverhalten datengebundener Steuerelemente 1019
22.5.5 Entwurfszeitverhalten vorlagengebundener Steuerelemente 1020

23 Gerätespezifische Anpassung ... 1023
23.1 Adaptives Steuerelementverhalten 1023
23.1.1 Das Standardverhalten der Steuerelemente 1024
23.2 Adapter einsetzen 1026
23.2.1 Die Klasse ControlAdapter 1027
23.2.2 Die Klasse PageAdapter 1030
23.3 Gerätespezifische Filter 1031
23.3.1 Aufbau der Browserdefinitionsdatei 1032
23.3.2 Eigene Filter definieren 1033
23.4 Einen Steuerelementadapter entwickeln 1035
23.4.1 Vorbereitung 1035
23.4.2 Der Adapter 1035
23.4.3 Konfiguration des Steuerelementadapters 1040

23.5		Einen Seitenadapter entwickeln	1040
	23.5.1	Beispieladapter	1040
	23.5.2	Konfiguration des Seitenadapters	1041

24 Handler und Module 1043

24.1		Module, Handlers und die IIS	1043
24.2		Module	1044
	24.2.1	Module und die IIS7-Architektur	1044
	24.2.2	Native Module	1045
	24.2.3	Verwaltete Module	1048
	24.2.4	Basisimplementierung	1049
	24.2.5	Ein Modul erstellen	1050
	24.2.6	Interaktionen zwischen Modulen	1053
24.3		Module installieren und konfigurieren	1054
	24.3.1	Konfigurieren des Servers und der Entwicklungsumgebung	1055
	24.3.2	Die IIS7/IIS7.5 konfigurieren	1055
	24.3.3	Konfiguration mit der IIS-Managementkonsole	1055
24.4		Http-Handler	1056
	24.4.1	Eingebaute Handler	1056
24.5		Synchrone Handler	1056
	24.5.1	Typische Szenarios mit HTTP-Handlern	1057
	24.5.2	Vorbereitende Schritte	1057
	24.5.3	Einen Handler programmieren	1058
	24.5.4	Der Einstiegspunkt in den Handler	1058
	24.5.5	Beispiele für typische Handler	1060
	24.5.6	Weitere Methoden der Verwendung von Handlern	1062
24.6		Asynchrone Handler	1064
	24.6.1	Der Thread-Pool und asynchrone Handler	1064
24.7		Handler installieren und konfigurieren	1070
	24.7.1	Konfigurieren des Servers und der Entwicklungsumgebung	1071
	24.7.2	Konfiguration der IIS7-Einstellungen	1071
	24.7.3	Konfiguration mit der IIS-Managementkonsole	1072
	24.7.4	Konfigurieren eines generischen Handlers	1073
24.8		Module und Handler testen und debuggen	1073
	24.8.1	Debuggen mit den IIS	1073
	24.8.2	Probleme beim Debugging des Worker-Prozesses	1076

	24.8.3 Tracing für Handler	1077
25	**Erweiterungsmodell Provider** **1079**	
25.1	Konzept der Provider	1079
	25.1.1 Die Schwerpunkte des Providermodells	1080
25.2	Die Standardprovider	1081
	25.2.1 Eingebaute Provider	1082
	25.2.2 Erweiterung der Standardprovider	1083
25.3	Die Anatomie der Provider	1083
	25.3.1 Einen Provider verfügbar zu machen	1084
	25.3.2 Bemerkungen zur Entwicklung eigener Provider	1087
25.4	Erstellen eines providerbasierten Dienstes	1090
	25.4.1 Den Dienst erzeugen	1091
	25.4.2 Den Provider erstellen	1093
	25.4.3 Konfiguration des Providers	1097
	25.4.4 Den Dienst verwenden	1099
26	**Ressourcen** **1103**	
26.1	Programmierung eigener Ressourcenprovider	1103
	26.1.1 Das Providermodell erweitern	1104
	26.1.2 Vorarbeiten	1105
	26.1.3 Den Provider implementieren	1107
	26.1.4 Entwurfszeitunterstützung	1114
	26.1.5 Ressourcen online bearbeiten	1124
26.2	Erweiterung der Ausdruckssyntax	1130
	26.2.1 Definition privater Ausdrucks-Generatoren	1130
	26.2.2 Den Ausdrucks-Generator erweitern	1131
26.3	Dynamische Ausdrücke ohne Code	1136
	26.3.1 Dynamische Ausdrücke auf nicht kompilierten Seiten	1136
	26.3.2 Mehr Informationen	1137
26.4	Entwurfszeitunterstützung	1137
	26.4.1 Umgang mit Visual Studio zur Entwurfszeit	1138
	26.4.2 Fehlersuche zur Entwurfszeit	1138
27	**GDI und Silverlight** **1141**	
27.1	Grundlagen GDI+	1141
	27.1.1 Einführung	1142

		27.1.2 Vektorgrafik	1143
	27.2	Dynamische Grafiken erzeugen	1148
		27.2.1 Funktionsweise	1148
		27.2.2 Ein dynamisches Captcha erstellen	1149
	27.3	Silverlight	1152
		27.3.1 Einführung in Silverlight	1152
		27.3.2 Architektur von Silverlight	1153
		27.3.3 Silverlight und XAML	1155
		27.3.4 Der Layout-Manager	1159
		27.3.5 Beispielanwendung WCF-Taschenrechner	1163
		27.3.6 Silverlight-Hosting und -Verteilung	1171
	27.4	Grafische Steuerelemente	1174
		27.4.1 Das Chart-Steuerelement (Diagramm)	1174

Index **1181**

1 Über dieses Buch

Bücher mit dem Umfang des vorliegenden sind selten geeignet, von vorn bis hinten durchgelesen zu werden. Um die Navigation und Nutzung zu erleichtern, soll in diesem Kapitel der Umgang mit dem Buch selbst erklärt werden. Die Autoren hoffen, den Leser so zu befähigen, den größtmöglichen Nutzen aus dem Buch ziehen zu können.

Sie finden hier Informationen über:

- Die Intention – Warum wurde dieses Buch geschrieben?
- Die Konzepte – Was steckt dahinter?
- Die Zielgruppe – An wen richtet sich dieses Buch?
- Die Symbole – Welche Elemente wurden zur Strukturierung verwendet?
- Die Augmentierung – Das erste Buch einer völlig neuen Generation!
- Tipps der Autoren – Wo und wie erhalten Sie Hilfe?

Wir freuen uns über Feedback zu allen Themen.

1.1 Intention

ASP.NET ist eine Technologie zur Entwicklung von Webseiten. Die Basis bildet das .NET-Framework, und programmiert wird in einer der vom Framework unterstützen Sprachen. Das klingt nüchtern und wenig anspruchsvoll. Tatsächlich bildet diese „Technologie" jedoch eine Grundlage für die gesamte Welt der Web-Programmierung. Dazu gehört eben auch die Beherrschung der Protokolle, mit denen Browser und Server miteinander kommunizieren, der Techniken im Client wie JavaScript und HTML, natürlich der eingesetzten Programmiersprache wie beispielsweise C#, aber auch der Skriptsprache JavaScript, der Datenzugriffsmodelle wie LINQ, ADO.NET oder das Entity Framework, die begleitenden Techniken wie XML, XSLT, SQL und nicht zuletzt prinzipielle Techniken der Informatik, wie objektorientierte Programmierung, Entwurfsmuster und ähnliches. Im Randbereich spielen Webdienste, neue clientseitige Techniken wie Silverlight eine Rolle, aber auch altbekannte Architekturmodelle wie Model-View-Controller (MVC) oder neue wie Dynamic Data Pages sollten nicht fehlen. Das alles in ein Buch zu pressen erscheint unmöglich, und tatsächlich kann keine vollständige Darstellung in gedruckter Form produziert werden.

Die Autoren sind sich bewusst, dass es alle erdenklichen Informationen im Rahmen der offiziellen Dokumentation gibt, begleitet von endlosen Angeboten im Web mit Best Practices, Beispielcode und Artikeln. Wenn Sie heute mit ASP.NET beginnen, stellt sich leicht das Gefühl ein, von der Vielfalt der Informationen schlicht erschlagen zu werden. Wenn dann die Frage gestellt wird, welches konkrete Modell zur Lösung eines Problems genutzt wird, sind einzelne Dokumentationen und Beispiele kaum hilfreich.

Dieses Buch ist deshalb als Konzepte-Buch angelegt. Es werden Grundlagen vermittelt, Basisinformation didaktisch aufbereitet und alle Aspekte aus ASP.NET systematisch erwähnt. „Erwähnt" deshalb, weil keine Darstellung den Anspruch erheben dürfte, vollständig im absoluten Sinne zu sein. Wann immer Sie mit Klassen, Typen, Schnittstellen und dergleichen konfrontiert werden, sind die endlosen Listen an Eigenschaften und Methoden, Implementierungsdetails und Trivialbeispielen im MSDN zu finden. Wir wiederholen dies nicht in diesem Buch und verweisen gelegentlich noch zusätzlich auf Quellen im Web. Stattdessen vermitteln wir Konzepte – die Ideen hinter den Modellen – die globalen Strukturen und Verbindungen und typische Einsatzszenarien.

1.2 Das Konzept hinter diesem Buch

Struktur und Inhalt eines Buches in dem vorliegenden Umfang sind schwer darzustellen. Allein das Inhaltsverzeichnis erstreckt sich über viele Seiten. Deshalb soll an dieser Stelle die komplexe Struktur in grobe Bestandteile zerlegt und so die Navigation im Buch erleichtert werden.

1.2.1 Übersicht über die Teile

Das Buch ist in vier aufeinander aufbauende Teile gegliedert:

- Teil I – Grundlagen (Kapitel 2 bis 7)
- Teil II – Konzepte (Kapitel 8 bis 14)
- Teil III – Techniken (Kapitel 15 bis 21)
- Teil IV – Erweiterbarkeit (Kapitel 22 bis 27)

1.2.2 Was dieses Buch nicht leistet

For Developers Only!

Dieses Buch ist für Softwareentwickler geschrieben. Wir haben ganz bewusst alle Themen ausgeblendet, die sich mit der Administration und dem Betrieb beschäftigen. Dies betrifft ebenso den IIS und verwandte Bereiche, die zwar eng mit ASP.NET zusammenhängen, aber in sich so umfangreich sind, dass wir der Meinung sind, dass Spezialliteratur zu diesen Themen besser geeignet ist, das nötige

Wissen zu vermitteln. Protokolle und eine grundlegende Einführung in C# sind jedoch Teil des Buches geworden, weil sie tägliches Handwerkszeug des Entwicklers sind und nicht auf den Administrator abgeschoben werden können.

1.3 Die Zielgruppe für dieses Buch

Wer sollte dieses Buch lesen? Dieses Buch wendet sich an Leser, die aktiv verteilte Applikationen entwickeln, mit ASP.NET oder Webdiensten arbeiten und generell auf der Microsoft Windows-Plattform zu Hause sind.

Das Buch führt schnell, direkt und kompakt in das Thema WCF ein. Die Lernkurve ist steil, und die Menge des vermittelten Wissens enorm. Sie sollten in der Lage sein, parallel andere Quellen, insbesondere MSDN, zurate zu ziehen oder wenigstens im Zugriff zu haben.

Um den besten Nutzen aus dem Buch ziehen zu können, sollten Sie:

- ein Softwareentwickler, -architekt oder -designer sein, der aktiv Anwendungen für das Microsoft Windows-System entwickelt oder entwirft,
- mit dem .NET-Framework vertraut sein, ebenso natürlich mit der Programmiersprache C#, und problemlos mit objektorientierter Programmierung arbeiten können,
- ein prinzipielles Verständnis für Webdienste, Nachrichtensysteme wie Message Queuing und Transaktionen haben,
- die Entwicklungsumgebung Visual Studio 2010 kennen und beherrschen, einschließlich elementarer Fertigkeiten beim Debuggen, Verteilen und Installieren von Applikationen, und
- in der Lage sein, grundsätzliche Einstellungen an den Internet Information Services (IIS) vornehmen zu können.

Sehr hilfreich sind immer typische Entwicklerkenntnisse wie:

- HTML, CSS und JavaScript
- Protokolle wie HTTP, SMTP, TCP, IP usw.
- Programmiergrundlagen wie SQL, LINQ, Reguläre Ausdrücke
- XML, XSLT, XPath, XQuery und damit verbundene Technologien

Mit diesen Voraussetzungen werden Sie optimalen und unmittelbaren Nutzen aus dem Buch ziehen. Wenn Sie hier Defizite haben, sollten Online-Quellen oder andere Bücher zumindest in Reichweite sein. Für einen ersten Einstieg finden Sie im Teil I: „Grundlagen" die nötigen Informationen.

1.4 Wie dieses Buch zu lesen ist

Bevor Sie das Buch zur Hand nehmen und die ersten Beispiele ausprobieren, informieren Sie sich in diesem Abschnitt über die verwendeten Symbole, **texxtoor**-Codes und Hinweise zu Listings.

1.4.1 Verwendete Programmiersprache

Im Buch wird ausschließlich C# verwendet. Die meisten Beispiele sind kompakt und lassen sich leicht nach VB.NET übertragen. Aus Platzgründen wird jedoch auf die doppelte Abbildung von Codeblöcken verzichtet. Generell sind alle Beispiele natürlich nicht sprachspezifisch, sondern lassen sich in jeder anderen .NET-Sprache abbilden. C# steht hier nur stellvertretend für eine Programmiersprache.

1.4.2 Hinweiselemente und Formatierungen

Im Buch werden bestimmte Symbole verwendet, um den Text zu strukturieren.

Hinweise

Es gibt insgesamt drei Arten von Hinweiselementen, jeweils mit einem grauen Block abgesetzt.

Hinweise beziehen sich auf bestimmte Verhaltensweisen unter bestimmten Bedingungen, die nicht direkt im aktuellen Kontext entstehen.

> **HINWEIS** Hier folgt ein Hinweis auf weitergehendes Verhalten der beschriebenen Funktionen, Codes und Details.

Tipps gehen über den Rahmen des Beschriebenen hinaus oder enthalten weiterführende Verweise, auch Links ins Internet und Ähnliches. Definitionen bieten oft Hintergrundwissen zu bestimmten Begriffen an, diese sind unter „Tipp" zu finden.

> **TIPP** Hier folgt ein Tipp, oft mit einem Verweis auf weitere Informationsquellen.

Warnungen sind vor allem dann angebracht, wenn unerwartet ein falsches oder störendes Verhalten auftreten kann, wenn man bestimmte naheliegende Dinge tut.

> **STOPP** Hier folgt eine Erläuterung, dass eine bestimmte Aktion nicht zum erwarteten Verhalten führt, dass unter Umständen Software sich nicht wie erwartet verhält oder dass Sie bestimmte Dinge lieber nicht tun sollten.

Aufbau der Listings

Die Listings sind oft vollständig wiedergegeben. Manchmal reicht aber der Platz nicht oder der Code ist extrem redundant, dann ist das Listing gekürzt wiedergegeben. Codeschnipsel, die nicht allein lauffähig sind, enthalten im Allgemeinen keine Listing-Nummer.

Innerhalb des Listings sind sehr oft Zeilenumbrüche, bedingt durch die geringe Breite im Druck, durch ein Sonderzeichen (↵) gekennzeichnet:

```
// dies ist ein sehr breit laufender Kommentar, den wir mit ↵
  abgekürzt haben
```

Lesen Sie solche Zeilen als Ganzes. Listings selbst haben Markierungen wichtiger Stellen. Diese beziehen sich immer auf die gedruckte Version, die zum Herunterladen angebotenen Dateien können etwas anders aussehen.

Listing 1.1 Dies ist eine Überschrift

```
public class Muster  ❶
{
  // Ich bin ein Kommentar  ❷
}
```

Im nachfolgenden Text wird dann auf die Markierungen ❶ oder hierauf ❷ Bezug genommen. Schlüsselwörter und Namen wie `class` sind nicht-proportional gesetzt.

1.4.3 Augmentierung mit der texxtoor-Technologie

Die Autoren betreiben mit dem Unternehmen *AugmentedBooks* eine innovative, interaktive Plattform, auf der Bücher mit Online-Inhalten durch Augmentierung verschränkt werden. Autoren können kollaborativ mit anderen Wissensarbeitern und Lesern zusammenarbeiten und Dokumente zusammen weiterentwickeln oder Anmerkungen anfügen. Das gedruckte Buch hat jedoch lange noch nicht ausgedient. Vielmehr scheint eine Diversifizierung der Medien Einzug zu halten. Dem stellt sich *AugmentedBooks* mit der **texxtoor**-Technologie. Dabei werden im Buch spezielle Codes abgedruckt.

Diese Codes lassen sich mit jeder einfachen Web-Cam scannen. Die Applikation dazu ist online auf dem Portal *http://www.texxtoor.de* als Silverlight-Anwendung zu finden. Nachdem die Applikation den Code erkannt hat, wird bei einem URL auf die entsprechende Seite verlinkt. Im Buch sind dies oft weiterführende Erklärungen bei Wikipedia oder MSDN. Wenn es sich um Listings handelt, wird das zugehörige Programm, meist eine Solution als ZIP-Datei, zum Herunterladen angeboten. Dies spart Zeit und erübrigt eine lange Suche in Verzeichnissen und Webseiten.

Erfahren Sie mehr über *AugmentedBooks* und den Möglichkeiten für Leser wie Autoren auf den Seiten zum Buch:

- *http://www.texxtoor.de*
- *http://www.augmentedbooks.de*

Als **texxtoor**-Code sehen die Adressen folgendermaßen aus:

1 Über dieses Buch

Auf den genannten Webseiten finden Sie Hilfe und weitere Informationen.

1.5 Anmerkungen der Autoren

Dieses Buch entstand neben der laufenden Arbeit und parallel zu Kundenprojekten. Wie bei jedem Werk dieser Art fehlt es auch hier vor allem an Zeit, die Dinge so genau und umfassend zu recherchieren und zu testen, dass es letztlich perfekt wird. Es gibt vermutlich ebenso wenig perfekte Bücher, wie es perfekte Software gibt. Es gibt aber gute Software, und wir hoffen sehr, ein gutes und praktisches Buch geschrieben zu haben.

Sollte es dennoch Anlass zur Kritik, Wünsche oder Hinweise geben, schreiben Sie uns bitte eine E-Mail an *joerg@krause.net*, damit wir dies bei künftigen Auflagen berücksichtigen können.

Bitte haben Sie Verständnis dafür, dass im Fall von Fragen zur Umsetzung von Projekten, allgemeinen Problemen bei der Installation, Nutzung und Verteilung, bei Schwierigkeiten mit Visual Studio und damit einhergehenden Fragen die beste und schnellste Hilfe in den einschlägigen Foren zu finden ist. Wir können beim besten Willen hier keine Unterstützung bieten, da die Zahl der Fragen den verfügbaren Zeitraum mehr als füllen würde.

Die Autoren kennenlernen

Lernen Sie uns über unsere Seiten im Web kennen. Der Einstiegspunkt ist:

- *http//www.joergkrause.de*

Hilfe bekommen

- Wenn es um ASP.NET und AJAX geht:

    http://forums.asp.net

1.5 Anmerkungen der Autoren

- Das WCF-Forum:

    http://forums.microsoft.com/msdn/showforum.aspx?siteid=1&forumid=118

- Die offizielle WCF-Homepage:

    http://www.microsoft.com/en-us/netframework/aa663324.aspx

- Einstiegspunkt ins englische MSDN:

    http://msdn.microsoft.com/en-us/netframework/aa663324.aspx

- Einstiegspunkt ins deutsche MSDN:

    http://msdn.microsoft.com/de-de/netframework/aa663324.aspx

Teil I – Grundlagen

2 ASP.NET und das Framework

In diesem Kapitel wird das nötige Hintergrundwissen rund um das .NET-Framework vorgestellt. ASP.NET ist keine alleinstehende Entwicklungsplattform, sondern setzt auf die Basisbibliotheken des Frameworks auf und wurde selbst größtenteils in .NET geschrieben. Die Kenntnis der Grundbausteine ist essenziell für die erfolgreiche Nutzung.

Sie finden nachfolgend Informationen zu folgenden Themen:

- Das Framework auf einer sehr elementaren Stufe für Einsteiger
- Ein vertiefender Überblick
- Die sogenannten „Foundations" im Rahmen des Frameworks. Dies hat nur informativen Charakter und wird im Buch nicht weiter oder nur am Rande betrachtet.
- Die Programmierprinzipien von ASP.NET
- Über Codekonventionen – eine stilistische Starthilfe für Anfänger

Die Programmierprinzipien von ASP.NET sollten Sie unbedingt lesen, wenn Sie zwar bereits gut mit .NET umgehen können, aber noch keine oder wenig Erfahrung mit Webprogrammierung haben.

2.1 Was verbirgt sich hinter dem Begriff .NET?

.NET (sprich: dott nett) besteht neben dem, was Sie als Softwareentwickler direkt tangiert, aus insgesamt drei Komponenten:

Die Vision

2 ASP.NET und das Framework

Microsofts .NET Portal

- Die .NET-Vision

  Hier hat Microsoft seine Version der nahen Zukunft der Nutzung des Internet manifestiert. Dabei geht es darum, dass alle elektronischen Geräte über ein weltumspannendes und überall verfügbares Breitbandnetzwerk verbunden sind. Damit einher geht eine andere Art der Software- und Dienstleistungsverteilung, in deren Mittelpunkt die Webservices stehen. Anwendungen entwickeln sich von monolithischen Programmen immer mehr zu verteilten Systemen, welche auch Einzug in die mobile Welt halten.

- Das .NET-Framework

  Um Entwickler wie Anwender mit .NET-Technologien zu versorgen, wird ein großer Teil als ein Framework geliefert. Das Framework ist eine Infrastrukturbibliothek, die alle Dienste liefert, um mit der Infrastruktur eines vernetzten Computersystems arbeiten zu können. Es handelt sich also im Wesentlichen um eine Infrastrukturbibliothek.

- Die Server des Microsoft Windows Server System

  Um in lokalen oder globalen Netzwerken selbst Dienstleistungen anbieten zu können, mit denen die Vision in Erfüllung gehen kann, werden die sogenannten Enterprise Server eingesetzt. Dazu gehören der SQL Server, SharePoint Server und der BizTalk Server ebenso wie viele andere Server, die von Microsoft als Teil des großen Ganzen angesehen werden, mit dem sich eine zum einen homogene, zum anderen interoperable und in heterogenen Umgebungen äußerst leistungsfähige Plattform aufbauen lässt.

2.1.1 Das .NET-Framework 4.0

Teile des Frameworks

Das Framework ist die Kerntechnologie des Marketingbegriffs .NET. Es zerfällt bei näherer Betrachtung in folgende Teile:

- Die .NET-Framework Klassenbibliothek

  Hier finden die bereits erwähnten Klassen, die von der Netzwerkprogrammierung über Dateisystemzugriff bis zu dynamischen Bildern alles bieten, was bei der Programmierung notwendig sein könnte.

- Die .NET-Sprachen

  Dazu gehören im Lieferumfang C#, Visual Basic.NET, F#, JScript.NET und C++. Weitere Sprachen werden von Drittanbietern bereitgestellt.

- Die Common Language Runtime (CLR)

  Dies ist die Laufzeitbibliothek, die für die Ausführung der übersetzten Programme sorgt. Dazu wird der MSIL-Code (siehe nächster Punkt) Just-In-Time, also zur Laufzeit des Programms, beim ersten Start in Maschinensprache übersetzt.

- Die Microsoft Intermediate Language (MSIL)

  Dies ist eine Zwischensprache, in die alle in den verschiedenen .NET-Sprachen geschriebenen Programme übersetzt werden und die von der CLR ausgeführt werden kann.

- ASP.NET (Active Server Pages for .NET)

  Dies ist die Erweiterung für die Erstellung dynamischer Webseiten. Neben den Funktionen aus ASP.NET 2.0 gehören inzwischen eine reiche Sammlung an Erweiterungen für die AJAX-Unterstützung, zur Model-View-Controller (MVC)-Programmierung und vieles mehr dazu.

2.1.2 Compiler und Interpreter

Zwischen dem Code, den Sie in Ihren Editor eintippen, und dem vom Server ausgeführten liegt ein langer Weg. Bislang gab es zwei Arten von Übersetzern, die von Menschen geschaffenem Code in maschinenlesbaren umwandeln: Compiler und Interpreter.

Ein paar Grundlagen

Compiler übersetzen den Code in einem explizit gestarteten Lauf, benötigen dazu ein besonderes Programm und sind vergleichsweise aufwändig zu bedienen. Das Testen kompilierter Codes ist nicht einfach, weil jede Änderung erst nach der erneuten Übersetzung wirksam wird. Sie benötigen außerdem einen Debugger zur Fehlersuche, der Zustände während der Laufzeit des Programms abfragt und anzeigt. Auch solche Programme sind nicht trivial und erfordern einiges Verständnis für die inneren Zusammenhänge. Auf der anderen Seite gibt es *Interpreter*, die erst im Augenblick des Abrufes eines Programms die Übersetzung Zeile für Zeile vornehmen. Änderungen wirken sich sofort aus und Programme zur Übersetzung sind nicht notwendig. Es liegt in der Natur der Sache, dass Anfänger mit Interpretern besser und schneller zurecht kommen und sich derartige Programme deshalb einer gewissen Beliebtheit erfreuen. Das alte ASP basiert auf einem Interpreter, ebenso wie die bekannten Skriptsprachen PHP und Perl. Windows-Programme in C++, C-Programme unter Unix und Java werden dagegen kompiliert – vor allem eine Domäne professioneller Entwickler.

Wikipedia: Compiler

Wikipedia: Interpreter

Mit .NET änderte sich an dieser Stelle etwas. Zum einen werden ASP.NET-Programme, ebenso wie jede andere Anwendung, grundsätzlich kompiliert. Das haben Sie bereits getan und es vermutlich nicht einmal bemerkt. Tatsächlich dauert der erste Aufruf einer ASP.NET-Seite etwas länger als alle folgenden. Die ASP.NET-Komponente erkennt, dass die Seite noch nicht übersetzt wurde, und führt die Übersetzung sofort und ohne jede Interaktion aus. Sie können das zwar durch diverse Einträge in den Code steuern, müssen es aber nicht. Dem Compiler ist damit der Schrecken genommen. Fehlermeldungen werden in einer gut lesbaren Form an den Browser gesendet. Die Übersetzung erfolgt jedoch nicht direkt in nativen Maschinencode für die CPU, sondern in eine Zwischensprache – die bereits erwähnte MSIL. Dies ist ein maschinennaher Code, der sehr viel schneller abgearbeitet werden kann, als es ein Interpreter mit dem Quellcode könnte. Dieser Code wird von der Common Language Runtime (CLR) ausgeführt, letztlich eine Art spezieller Compiler. Dieser Compiler ist ein sogenannter Just-In-Time-Compiler (JIT-Compiler). Er übersetzt ein Stück Code beim Abruf in Maschinensprache und speichert ihn dann, sodass nur bei Änderungen eine erneute Übersetzung notwendig wird.

2.1.3 Sprachunabhängigkeit dank MSIL-Code

Genau darin liegt das Geheimnis der Sprachunabhängigkeit. Der MSIL-Code, den C# erzeugt, ist identisch mit dem von F#, VB.NET oder JScript.NET und umgekehrt. Die MSIL kann man zwar anschauen, aber sie ist nicht dafür entworfen worden, von Menschen gelesen zu werden. Wenn Sie Assembler kennen, werden Ihnen Codeteile sicher bekannt vorkommen.

MSIL

Die Übersetzung in MSIL und die Ausführung mit der CLR wird beim Abruf von ASP.NET-Programmen automatisch erfolgen. Man muss sich aber dieses Prinzip vor Augen halten, um das Laufzeitverhalten zu verstehen und den Zeitpunkt, an dem Fehlermeldungen ausgegeben werden. Es gibt Fehler, die während der ersten Übersetzungsphase auftreten, während andere erst beim Verwenden bestimmter Daten auftauchen. Sie werden beides im Laufe Ihrer Arbeit mit ASP.NET mit Sicherheit kennenlernen.

2.1.4 Common Type System

Grundlagen .NET

In der .NET-Welt ist weiterhin immer wieder von den Klassen des Frameworks die Rede, den sogenannten Basisklassen. Diese Klassen liefern alles, was im Programmieralltag benötigt wird. Vor allem aber – und dies ist ein Unterschied zu anderen Klassensystemen – liefern sie ein einheitliches Typsystem. Bislang kannte jede Programmiersprache eigene Datentypen: Ganze Zahlen (Integer), Zeichenketten oder komplexe Typen wie Arrays. Wenn nun ein Teil in C# und ein anderer in VB.NET geschrieben wird, beide aber reibungslos zusammenarbeiten müssen, funktioniert das nur, wenn sich auch die Datentypen angleichen. Dies würde jedoch zu Kompromissen in allen eingesetzten Sprachen führen. Deshalb sind diese Spracheigenschaften in das Common Type System (CTS) des .NET-Frameworks ausgelagert.

Die Wahl der Datentypen und deren Präsentation sind von großer Bedeutung bei der Programmierung. Wenn Sie bereits JScript oder VBScript programmiert haben, werden Sie den Begriff „Datentyp" nur am Rande registriert haben. Skriptsprachen arbeiten typlos oder mit sehr losen Typen, die zur Laufzeit vom System selbst vergeben werden. .NET dagegen basiert auf einem sehr strengen Typkonzept – dies gilt für alle Sprachen gleichermaßen. Sie müssen sich also stets Gedanken darüber machen, welchen Typ eine Variable besitzen soll, das heißt, welche Art von Daten darin gehalten wird. Typbezeichner stehen natürlich weiterhin zur Verfügung. Intern gibt es aber eine Verknüpfung zwischen dem vom Framework gelieferten und dem in der Sprache definierten Typ.

Ein Datentyp des Frameworks ist beispielsweise `System.Int32`. In C# nutzen Sie für ganze Zahlen `int`, in VB.NET `Integer`. Beides wird bei der Übersetzung in `System.Int32` umgewandelt. Das Framework kennt mehr Datentypen als die Sprachen, die jeweils mit einem Basissatz ausgestattet sind. Sie können immer direkt die Datentypen des Frameworks deklarieren. Wie das erfolgt, wird in der Spracheinführung zu C# in Kapitel 5 erläutert.

2.2 Überblick über das Framework

Die nachfolgende Abbildung gibt einen Überblick über die grundlegenden Bestandteile des Frameworks und deren Zusammenspiel.

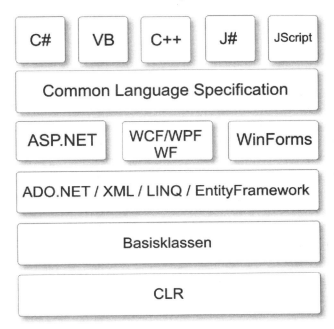

Abbildung 2.1 Grundlegender Aufbau des Frameworks

2.2.1 Die Laufzeitumgebung Common Language Runtime

Allen Bestandteilen liegt die Common Language Runtime zugrunde. Darauf setzen die Basisklassen auf. Basisklassen sind solche für einfache Datenmodelle (`System.Collections.*`), Multithreading (`System.Threading`) oder IO (`System.IO`) für den Zugriff auf das Dateisystem. Von den Basisklassen abgeleitet und ergänzt folgen die Klassenbibliotheken. Dazu gehören die Bibliotheken für den Datenbankzugriff ADO.NET, die XML-Bibliotheken oder solche für reguläre Ausdrücke. Noch komplexere Aufgaben erledigen die Klassen, die für den Anwendungsprogrammierer interessant sind: ASP.NET, WinForms und Webservices sind die wichtigsten Vertreter. In diesem Buch wird ASP.NET behandelt. Verwechseln Sie das nicht mit Webservices, die zwar auch auf Webservern ausgeführt werden, aber nicht einen Browser als Client erwarten, sondern einen anderen Server.

Grundlage CLR

Den Fokus auf ASP.NET zu legen bedeutet aber nicht, dass die anderen Stufen außer Acht gelassen werden. Vielmehr werden immer wieder Klassen aller drei Stufen der Bibliotheken verwendet. Dabei muss ein Zugriff auf eine Basisklasse keinesfalls komplizierter sein, als der auf eine Anwendungsklasse.

2 ASP.NET und das Framework

Referenz

Die Kunst beim Umgang mit dem Framework besteht im Wesentlichen darin, bei Bedarf den passenden Namensraum und darin die richtige Klasse zu finden. Die Online-Referenz für .NET 4 ist dabei ein wichtiges Arbeitsmittel. Sie ist im Web unter folgender Adresse zu finden:

- http://msdn.microsoft.com/de-de/library/w0x726c2.aspx

Für dieses Buch ist ein Ausschnitt aus verschiedenen Namensräumen verwendet worden. Am Anfang der Einführungen finden Sie teilweise Ausschnitte aus der Klassenhierarchie. Diese Begriffe sind ein guter Startpunkt bei der Suche in der Referenz.

2.2.2 Die Foundations

WCF Portal

Ergänzend zum Framework in der Basisausführung erschienen im Laufe der Zeit mehrere sehr umfassende, spezialisierte Basisbibliotheken, die sogenannten Foundations. Allen gemeinsam ist, dass sie keine neue Laufzeitumgebung erfordern und als separate Assemblies vorliegen.

Windows Communication Foundation – WCF

WCF erlaubt die Entwicklung verteilter und vernetzter Anwendungen durch ein dienstorientiertes Programmiermodell. Durch die konsequente Schichtenarchitektur werden viele Arten von Übertragungswegen unterstützt. Ein umfassendes Erweiterungsmodell erlaubt die Entwicklung eigener Protokolle oder die Implementierung bestehender, soweit sie durch die Standardfunktionen nicht unterstützt werden.

WCF und das .NET Framework

Das Programmiermodell wurde so entworfen, dass Entwicklern ein einfacher Start in die WCF-Welt ermöglicht wird, wenn vorher bereits mit den Vorgängertechnologien wie .NET Remoting, Enterprise Services und ASP.NET-Webdiensten gearbeitet wurde. Vieles kehrt wieder, aber manches ist im Zuge der Zusammenfassung in der WCF-Welt neu. Das Programmiermodell bietet eine direkte Implementierung der Dienste in der Common Language Runtime (CLR) und damit die Programmierung in den bekannten .NET-Sprachen, C# und VB.NET.

WCF ist ein fabrikklassen- und vorlagenbasiertes Programmiermodell für die Entwicklung von Kommunikationssoftware. Dabei handelt es sich um die Möglichkeit, anhand vorgefertigter Klassen schnell arbeitsfähige Objekte zu erzeugen, die lediglich in wenigen Parametern angepasst werden müssen, entweder durch Übergabe der Parameter an die Fabrikklasse, die die Klasse erzeugt, oder an den Konstruktor. Es besteht weiter aus dem Dienstmodell als domänenspezifischer Sprache und den Klassen, mit denen die konkrete Implementierung von Kommunikationskanälen erfolgt. Hinzu kommt eine XML-basierte Konfigurationssprache. Ergänzt wird das Ganze durch eine Sammlung an Werkzeugen, mit Visual Studio 2010 an der Spitze.

Kernmerkmale

WCF hat drei Kernmerkmale:

- *Vereinheitlichung* der Programmierumgebung für Kommunikationsaufgaben
- Unterstützung *dienstorientierter* Architekturen
- *Interoperabilität* mit der WS*-Welt

Im Buch wird auf die WCF an entsprechender Stelle eingegangen, da einige Teile für ASP.NET zumindest am Rande eine Rolle spielen.

WCF und ASP.NET

Windows Presentation Foundation – WPF

Die Windows Presentation Foundation (WPF) ist ein Rahmenwerk zur Erstellung grafischer Oberflächen. Langfristig soll es Windows Forms und GDI+ ablösen. WPF stellt ein Programmiermodell bereit, bei dem Anwendungslogik und Präsentation getrennt sind. Dazu wird die Präsentationsschicht durch die XML-basierte Auszeichnungssprache XAML (Aussprache: [zæ:m'l]), das für EXtensible Application Markup Language steht, definiert. XAML ist allerdings nicht auf WPF beschränkt. Die Workflow Foundation (WF) und Silverlight werden in XAML abgebildet.

WPF Portal

WPF kennt neben einem vektorbasierten Renderverfahren auch 3D-Elemente und Animationen. Dadurch sind angefangen von klassischen Windows-Oberflächen bis zu komplexen interaktiven grafischen Darstellungen viele Freiheitsgrade möglich. Ebenso sind Elemente zum Abspielen von Mediadaten wie Sound und Video enthalten. Als Dokumentenformat wird XPS direkt unterstützt.

3D und Animationen

Im Gegensatz zu normalen Anwendungen benutzt WPF eine eigene Art von Eigenschaften, „dependency properties" genannt. Diese dienen dazu in WPF einige Eigenschaften von anderen abhängig steuern zu können, beispielsweise die Position eines Bildes während einer Animation. Diese Eigenschaften bieten Unterstützung für Datenbindung und Validierung.

dependency properties

Auch Ereignisse sind in WPF anders als herkömmlich definiert. In WPF werden so genannte „routed events" benutzt. Ähnlich wie bei HTML können Elemente andere Elemente enthalten. Wenn ein Kindelement ein Ereignis auslöst, so wird dieses an das Elternelement geleitet, um nicht jedes einzelne Kindelement überwachen zu müssen. Dies nennt sich „bubble event". Umgekehrt kann es sinnvoll sein, ein Ereignis als Elternelement vor dem Kindelement zu empfangen, das sogenannte „tunnel event".

routed events bubble events

Insgesamt stellt WPF einen erheblichen Fortschritt dar, verlangt aber eine komplett neue Denkweise und verursacht so eine erhebliche Lernkurve. Beides, die neuen Paradigmen und die komplexe Struktur, führen dazu, dass sich diese Technologie erst langsam durchsetzt.

Windows Workflow Foundation – WF

WF Portal

Die Windows Workflow Foundation (WF[1]) ist ein Rahmenwerk zum Entwickeln von Workflow-Lösungen. Ein Workflow ist ein Modell eines von Menschen oder Maschinen durchzuführenden Prozesses, also letztlich die Definition einer Abfolge von Aktivitäten. Jede Aktivität ist ein Schritt in der Abfolge. Typisch sind Regeln, Aktionen, Zustände und deren Abhängigkeiten.

Es handelt sich letztlich um eine Programmierschnittstelle, fertige Ablaufmodule und grafische Elemente zur Gestaltung von Abläufen. Die Erweiterbarkeit ist auf jeder Ebene durch Ereignisse und Codes gegeben.

XAML

Die WF bietet mit XAML eine weitere Anwendung der Darstellung von Programmelementen mittels XML, ähnlich wie es WPF tut. Die Codes werden in .NET-Assemblies kompiliert und zur Ausführung an einen Host übergeben. Der Host kann eine Windows-Anwendung, ein Dienst oder eine Konsolenapplikation sein. Die Codes interagieren durch Aktivitäten, wie beispielsweise das Abfragen von Webdiensten, das Senden von E-Mail, das Abrufen von Daten aus einer Datenbank und so weiter.

State-Machine

Die WF kennt mehrere Basistypen von Workflows, wie den sequenziellen Workflow oder die State-Machine.

Die derzeitige Implementierung von WF ist zwar leistungsfähig und gut ausgestattet, hat aber massive Leistungsprobleme. Komplexe Workflows oder hohe Zugriffszahlen führen zu inakzeptablen Laufzeiten. Deshalb sind nur wenige größere WWF-Applikationen bekannt geworden.

2.3 Programmierprinzipien

Dieser Abschnitt führt in die grundlegenden Prinzipien von ASP.NET ein. Die ausführliche Betrachtung folgt dann im Teil II. Diese Einführung dient der systematischen Vorbereitung der nötigen Fertigkeiten in den folgenden Kapiteln, in denen die Grundlagen der ASP.NET-Programmierung vermittelt werden.

2.3.1 Basiselemente einer Applikation: WebForms

„WebForms" ist ein Oberbegriff für die Benutzerschnittstelle von ASPX-Webseiten. WebForms entstehen, indem eine ASP.NET-Seite erstellt wird, mit der Benutzer interagieren können. Dabei geht es um mehr als reine Formulare. Jedes Element, das der HTML-Standard definiert, kann (muss aber nicht) serverseitig verarbeitet oder erstellt werden. Ist das der Fall, spricht man von einem „Steuerele-

---

[1] Die naheliegende Abkürzung WWF wurde von Microsoft wegen der Ähnlichkeit zu bestimmten Organisationen verworfen. Es wird kolportiert, dass dies weniger den „World Wide Found for Nature" betraf, sondern mehr den Verband „World Wrestling Federation".

2.3 Programmierprinzipien

ment". Ein Steuerelement kann auch umfangreichen HTML-Code, bestehend aus viele Tags, erzeugen.

Formulare

Der Begriff „WebForms" erinnert an den vergleichbaren Begriff aus der Windows-Programmierung, WinForms. Die Prinzipien der ereignisgesteuerten Programmierung sind ähnlich und in einigen Fällen gleich. Es geht in beiden Fällen um die Schaffung der Benutzerschnittstelle. Im Folgenden wird allgemein von Formularen gesprochen, weil dies der gängigste Begriff ist. Dabei ist es zwar oft der Fall, aber nicht zwingend erforderlich, dass der HTML-Code ein HTML-Formular enthält, welches das Tag `<form>` verwendet. Lassen Sie sich davon nicht irritieren.

Web Forms versus Win Forms

MVC versus WebForms

Mit dem MVC (Model-View-Controller)-Framework wurde bereits mit ASP.NET 3.5 eine Alternative zu den klassischen ASPX-WebForms geschaffen, welche intern auf die gleiche Technologie aufsetzt wie die WebForms. Die Anfragen werden im Wesentlichen von einem Controller verarbeitet, welcher dann mit Hilfe der Template-Engine die ASPX-Seite unter Verwendung eines entsprechenden Datenmodells rendert und somit zur Auslieferung an den Browser bereitstellt.

MVC

Steuerelemente

Der programmtechnische Zugriff auf HTML ist am einfachsten und in vielen Fällen ausreichend für den Aufbau von Formularen. Die Abbildung im Framework erfolgt mit den HTML-Steuerelementen (HTML Controls). Praktisch gibt es für jedes Steuerelement dieser Klasse eine direkte und eindeutige Entsprechung in HTML. HTML-Elemente werden programmtechnisch verfügbar gemacht, indem sie mit dem Attribut `runat="server"` versehen werden. Dies ist unabhängig davon möglich, ob eine entsprechende Klasse existiert oder nicht, weil .NET zwei generischen Klassen besitzt, die alternativ verwendet werden können. HTML-Server-Steuerelemente werden ausführlich in Kapitel 10 behandelt.

HTML Server-Steuerelemente

Sowohl den Zugriff auf einzelne HTML-Tags, als auch auf Sammlungen mehrerer Elemente erlauben die *Webserver-Steuerelemente* (Web Server Controls). Interessant sind diese Steuerelemente, weil sie eine sehr einfache programmtechnische Verwaltung in einem Objekt auch dann erlauben, wenn zur Darstellung viele HTML-Tags notwendig sind. Einige sind aber nur für ein Element zuständig, sodass sich Überschneidungen mit den einfacheren HTML Server-Steuerelementen ergeben. Sie können eigene Webserver-Steuerelemente entwerfen – dies sind die Benutzersteuerelemente (User Controls). Webserver-Steuerelemente werden in Kapitel 10 behandelt.

Webserver-Steuerelemente

Sollen die Eingaben der Benutzer vom Programm analysiert werden, bieten sich die *Kontroll-Steuerelemente* (Validation Controls) an. Diese erlauben sowohl eine client- als auch serverseitige Kontrolle. Für den Einsatz im Browser liefert ASP.NET browserunabhängige JavaScript-Bibliotheken mit.

Kontroll-Steuerelemente

Benutzersteuerelemente (User Controls) erleichtern den Entwurf modularisierter Webformulare. Sie können häufig benutzte HTML-Elemente zusammenfassen und mehrfach in Seiten einbinden. Die interne Darstellung als Objekt erleichtert den

Benutzersteuerelemente

Zugriff vom Programm aus. Eine Anwendung ist auch der Entwurf von Bibliotheken mit Steuerelementen für spezielle Zwecke, beispielsweise mobile Clients. Benutzersteuerelemente werden im Kapitel 10 kurz vorgestellt.

Kunden-Steuerelemente

Für die professionelle Programmierung geeignet sind *Kunden-Steuerelemente* (Custom Controls). Dies sind komplexe Definitionen eigener Steuerelemente, die als Assembly vorliegen und bei denen nur übersetzter Code in Form einer DLL weitergegeben wird. Hier finden Sie mehr in Kapitel 22.

Deklaratives Arbeiten

ASP.NET kennt die bereits erwähnten Steuerelemente. Das damit einhergehende deklarative Arbeiten, also die Erstellung des Markup, ist eine zentrale Methode bei der Programmierung. Es ist die Intention, die Oberfläche und ihr unmittelbares Verhalten zu „deklarieren" statt zu programmieren. Sie werden in diesem Buch viele Methoden finden, wie raffiniert deklarativ gearbeitet werden kann. Diese Verfahren sind elementar – andere Wege sind keine Alternative, sondern meist schlicht falsch. Typische deklarative Methoden sind die Datenbindung, Ausdrücke und Direktiven.

Direktiven

Direktiven sind Anweisungen an den Compiler zur Verarbeitung der Seite in einer speziellen Weise. Sie unterstützen die deklarative Arbeitsweise und stellen letztlich eine deklarative Form der Compilersteuerung dar. Deklarationen stehen am Anfang der Seite im Markup in der Form `<%@ Direktive %>`. Mehr dazu finden Sie in Kapitel 8.

2.3.2 Spezielle Verzeichnisse

Mit dem ASP.NET 2.0 Framework sind neben dem *~./bin*-Verzeichnis noch weitere Verzeichnisse mit einer besonderen Bedeutung dazugekommen, deren Bedeutung und Verwendung im Folgenden kurz erklärt werden soll. Dies war ein wesentlicher Umbau gegenüber Version 1, der bis zur aktuellen Version 4 seine Fortsetzung fand.

Dynamisch übersetzte Klassen

App_Code Achtung! Veraltet!

Neben der Möglichkeit vorübersetzten Programmcode im *bin*-Verzeichnis abzulegen, gibt es seit dem .NET-Framework 2.0 die Option, auch verteilte Klassen als Quellen im Verzeichnis *App_Code* abzulegen. Diese werden genauso wie die ASPX-Seiten automatisch mit der Webseite dynamisch übersetzt, wenn der Webserver die Webanwendung startet. Auf diese Weise können zusätzliche Klassen oder Funktionen in eigene kleine Codedateien ausgelagert werden. Dies gilt ab Version 3.5 nur für Web Site-Projekte. Webanwendungen, die Visual Studio standardmäßig erstellt, kennen einen solchen Ordner nicht. Stattdessen werden Codes in allen Dateien des Projekts verarbeitet. Um Code sauber abzutrennen, können Sie einen eigenen Ordner mit einem beliebigen Namen außer „App_Code" erstellen. Der reservierte Name „App_Code" kann nicht benutzt werden, weil das dazu führt, dass der Inhalt doppelt übersetzt wird und einen Compilerfehler provoziert.

Datenbanken

Das Framework unterstützt diverse Datenbankzugriffsmethoden. Die dafür benötigten lokalen Datenbankdateien werden im Verzeichnis *App_Data* abgelegt. Unter anderem liegen dort die Zugangsdaten bei der Verwendung der neuen Login-Steuerelemente in der Datei *ASPNETDB.MDF*.

App_Data

Ressourcen

Die Verzeichnisse *App_GlobalResources* und *App_LocalResources* werden für die Lokalisierung der Webseite verwendet. Dabei gibt es nur ein *App_GlobalResources*-Verzeichnis für die gesamte Applikation und je ein Verzeichnis *App_LocalResources* für die einzelnen Verzeichnisse.

App_Global-Resources

Browsers

Das Verzeichnis *App_Browsers* kann zusätzliche Definitionen enthalten, die das Framework bei der Erkennung des verwendeten Browsers unterstützen.

App_Browsers

Themes

Im Verzeichnis *App_Themes* werden alle Dateien abgelegt, die für die verschiedenen Themes einer Webseite gebraucht werden. Da damit die Gestaltung gesteuert wird, umfasst dies meist Skin-, CSS- und Bilddateien.

App_Themes

2.3.3 Eingebetteter Code – Code Inline

Bei dieser Methode wird für jede neue ASPX-Seite das Code Inline-Modell (eingebetteter Code) verwendet. Jeder von Visual Studio erzeugte Programmcode landet in einem entsprechenden `<script>`-Block anstatt in einer externen Datei. Dieses Modell ist vor allem für Seiten mit wenig Quelltext von Vorteil.

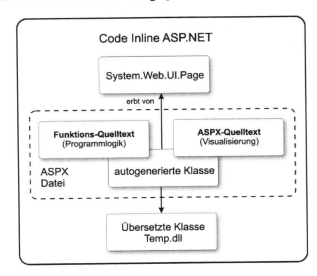

Abbildung 2.2 Das Code Inline-Modell

2 ASP.NET und das Framework

> **TIPP** Mit dem Attribut `AutoEventWireup="true"`, welches bei Nichtangabe automatisch gesetzt ist, werden alle Methoden, die im Code mit einem `Page_` beginnen, automatisch mit dem entsprechenden Ereignis verbunden. So wird beispielsweise die Methode `Page_Load` auf diese Weise mit dem `Load`-Ereignis der Seite verbunden.

Vorteile

Das Modell hat bestimmte Vorteile, die Sie kennen sollten, um sich dafür oder dagegen entscheiden zu können:

- Die Einheit aus Quelltext und ASPX-Datei verbessert die Übersicht.
- Einzelne Dateien lassen sich leichter verteilen oder an andere Entwickler übergeben.
- Einzelne Seiten können leichter umbenannt oder in andere Projekte eingefügt werden, da keine Abhängigkeiten zu anderen Dateien bestehen.
- Die Verwaltung einzelner Dateien in einem Versionskontrollsystem ist einfacher.

2.3.4 Hinterlegter Code – Code Behind

Der Unterschied beim „Code Behind"-Modell liegt darin, dass der Quelltext in einer separaten Datei gespeichert wird. Der vom Programmierer geschriebene Programmcode liegt in einer partiellen Klasse, ausgedrückt durch das Schlüsselwort `partial` (siehe Kapitel 5). Der andere Teil der partiellen Klasse wird vom Compiler bei der Übersetzung automatisch erzeugt. Dabei spielt es keine Rolle, ob es sich um eine vorübersetzte oder automatisch übersetzte Seite handelt.

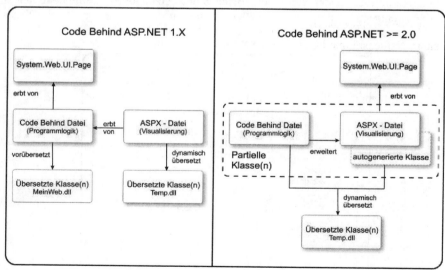

Abbildung 2.3 Code Behind-Modell ab Version 2.0

2.3 Programmierprinzipien

Bei der Arbeit mit größeren Applikationen ist die Verbindung von Code und HTML in einer Datei nicht immer praktikabel. Eine strengere Trennung – Code in einer Datei und HTML in einer anderen – ist besser geeignet. Wie am Anfang schon gezeigt wurde, stellt ASP.NET einige Automatismen bereit, die das Erstellen einfacher Seiten stark erleichtern. So fehlt eine typische Einstiegsmethode wie `Main`. Ein Blick in die Quelle des Compilers verrät, dass die kurzen Programme mit Hilfe der Reflection-Technik in ein reguläres C#-Programm übersetzt wurden. Direkter und offensichtlicher programmieren Sie in hinterlegtem Code – Code Behind.

> **TIPP**
>
> Die Autoren empfehlen die Verwendung von Code Behind, wenn mehr als nur ein Trivial-Projekt programmiert wird. Wenn Sie es am Anfang als einfacher empfinden, den Code in die Seite zu schreiben, werden Sie Code Behind möglicherweise als lästig empfinden. Es ist aber spätestens beim ersten richtigen Projekt die einzig vernünftige und beherrschbare Codierungsform. Je eher die Sie sich daran gewöhnen, desto erfolgreicher und effizienter werden Sie später arbeiten. In diesem Buch wird Inline Code oft nur deshalb verwendet, um die Beispiele übersichtlicher darstellen zu können.

Weiterhin ist zu beachten, dass ASP.NET den Import der wichtigsten Namensräume des .NET-Frameworks für Sie erledigt, was bei hinterlegten Code (Code Behind) nicht der Fall ist:

- `System;`
- `System.Web;`
- `System.Web.UI;`
- `System.Web.UI.WebControls;`
- `System.Web.UI.HtmlControls;`
- `System.Collections;`

Weitere Namensräume können eingebunden werden, indem die `@Imports`-Direktive benutzt wird.

Die gezeigten Namensräume sollten für die meisten Aufgaben mit ASP.NET ausreichen. Alle anderen bindet ASP.NET nicht automatisch ein, sodass sich hier bei hinterlegtem Code keine Änderungen ergeben.

Es gibt keine explizite Page-Klasse. Der Code steht innerhalb eines entsprechenden `script`-Tags, der die zu verwendende Sprache und den Ausführungsort festlegt.

```
<%@ Page Language="C#"%>
```

Ferner ist es nicht notwendig, die verwendeten Steuerelemente zu deklarieren. Folgende Zeilen entfallen, da diese automatisch erzeugt werden:

```
public HtmlInputButton btn;
public HtmlGenericControl Bestaetigung;
```

Die gesamte Seite sieht nun wie in Listing 2.1 gezeigt aus:

Listing 2.1 Inline-Code Beispiel (CodeInline.aspx)

```
<%@ Page Language="C#"%>
<script language="C#" runat="server" ❶>

    void Page_Load()
```

```
            {
                btn.Value = "Ich bin ein schicker Button";
                btn.Style["font-family"] = "Arial";
                btn.Style["font-weight"] = "bold";
                btn.Style["color"] = "green";
                btn.Style["font-size"] = "24pt";
            }

        ❹ public void clickBtn(object sender, EventArgs e)
            {
                HtmlInputButton btn = (HtmlInputButton) sender;
                Bestaetigung.InnerHtml = "Meine Gestaltung ↵
                                          basiert auf:<br/>";
                IEnumerator keys = btn.Style.Keys.GetEnumerator();
                while (keys.MoveNext())
                {
                    String key = (String) keys.Current;
                    Bestaetigung.InnerHtml += key + ↵
                        "='" + btn.Style[key] + "'<br/>";
                }
            }

        </script>
        <!DOCTYPE HTML PUBLIC "-//W3C//DTD HTML 4.01 Transitional//EN">
        <html lang="de">
          <head>
                <title>Schaltfläche gestalten</title>
          </head>
          <body>
                <h1>Schaltfläche gestalten:</h1>
                <form runat="server" >
                    <input type="button" id="btn"↵
                            runat="server" ❷
                            onServerClick="clickBtn" ❸/>
                </form>
                <div id="Bestaetigung" runat="server"/>
          </body>
        </html>
```

Der Code-Block ❶ wird durch das Attribut `runat="server"` markiert. Nur dann leitet der Seitenparser diesen Teil an den Compiler weiter. Analog werden Steuerelemente markiert ❷. Dies ist notwendig, damit deren Ereignisse ❸ im Code ❹ ihre Entsprechung finden.

Dies soll nur einen ersten Eindruck verschaffen. Wie das alles funktioniert und zusammenhängt, wird in diesem Buch ausführlich behandelt.

Vorteile

Auch dieses Modell hat bestimmte Vorteile, die Sie kennen sollten, um sich dafür oder dagegen entscheiden zu können:

- Es gibt die Möglichkeit, eine Webseite vorübersetzt auf den Webserver zu legen (schneller und sicherer).

- Komplexere Anwendungen können über mehrere Dateien aufgespalten werden.

Was passiert im Webserver?

Nachdem eine Webseite aufgerufen wurde, beginnt im Webserver ein komplexer Prozess. Zuerst wird das .NET-Framework initialisiert. Die ASPX-Seiten werden geparst, entsprechende Klassen geladen und bei Bedarf übersetzt. Das Übersetzen wird dabei auf Verzeichnisebene bei jeweils dem ersten Aufruf einer Datei aus dem Verzeichnis (nach jedem Neustart des Servers) einmalig ausgeführt. Aus diesem Grund dauert der erste Aufruf einer Seite oft sehr lange. Alle weiteren Zugriffe erfolgen ohne Neuübersetzung, solange keine Änderung in dem Verzeichnis erfolgt. Eine Möglichkeit der Beschleunigung ist das Vorübersetzen der Quelltexte.

Serverintern

Precompiler versus In Place Compilation

Das Standardverhalten eines Webservers ist die dynamische Übersetzung der Quellen. Im ASP.NET 2.0 Framework kam das Übersetzen der zusätzlichen Quelltextklassen im Unterverzeichnis *App_Code*, seit 3.5 in allen Verzeichnissen dazu. Die Laufzeitumgebung speichert das Übersetzungsergebnis zwischen. Solange keine Änderungen gemacht werden und der Webserver nicht neu gestartet wird, ist keine Neuübersetzung nötig. Wird eine Seite editiert, ist das neue Ergebnis mit dem nächsten Zugriff auf diese Seite sichtbar, ohne dass der Server neu gestartet werden muss, da in diesem Fall alle notwendigen Komponenten neu eingelesen und bei Bedarf nochmals übersetzt werden.

Wo liegen die Dateien?

ASP.NET kommt mit einem extra Übersetzer für ASPX-Seiten. Im folgenden Verzeichnis befindet sich der Compiler mit dem Namen `aspnet_compiler`:

aspnet_compiler

- 32 Bit: `%WINDIR%\Microsoft.NET\Framework\v4.0.30319`
- 64 Bit: `%WINDIR%\Microsoft.NET\Framework64\v4.0.30319`

Dieser verfügt unter anderem über zwei wichtige Kommandozeilenparameter. Mit `-v` kann direkt das *Virtuelle Verzeichnis* des Webservers angegeben werden, mit `-m` wird der vollständige Pfad übergeben. Der vorübersetzte Programmcode wird im temporären ASP-Verzeichnis des Frameworks in einem Unterverzeichnis mit dem Namen der Webseite abgelegt. Dabei vergibt der Übersetzer automatisch Namen für weitere Unterverzeichnisse, um Überschneidungen der Namen auszuschließen.

Ein Vorteil des Vorübersetzens ist der beschleunigte Start einer Webseite, aber der größte Nutzen liegt in der Prüfung auf Fehlerfreiheit. Durch die Übersetzung mit dem `aspnet_compiler` werden alle beteiligten Dateien auf etwaige Fehler geprüft. So werden mögliche Programmierfehler früher gefunden.

Fehlerfrei

Precompilation für das Deployment

Nach der Übersetzung liegt, wie bei einer Windowsanwendung, eine ausführbare Webseite vor. Mit der Übersetzung ist es möglich, die Webseite auf den Server zu übertragen.

Das virtuelle Verzeichnis ist in jedem Fall anzugeben, da der Compiler sonst keine Informationen darüber hat, wie die Webseite später aufgerufen werden soll. Als Ergebnis liegt dann eine ausführbare Version des Webs vor. Alternativ ist es mit dem Assistenten von Visual Studio möglich, eine Lösung („Solution") im Voraus zu übersetzen.

Hinterlegten Code manuell erzeugen

Wenn der Code getrennt wird, muss eine reguläre Klasse erstellt werden. Die Ablage erfolgt in einer *cs*-Datei, die der Compiler übersetzen muss. Da Sie in dieser Klasse Zugriff auf die HTML-Elemente haben wollen, müssen diese Objekte verfügbar gemacht werden. Dazu stellt ASP.NET die *aspx*-Seite als Klasse zur Verfügung. Diese trägt den Namen `Page`. Die Definition Ihrer eigenen Klasse würde dann folgendermaßen aussehen:

```
public partial class MyClass : Page
```

Im nächsten Schritt muss eine Methode gefunden werden, den externen Code in der *aspx*-Seite zu verwenden. Dazu wird die Seitendirektive `@Page` eingesetzt:

```
<% @Page Inherits="classname" src="path/file.cs" %>
```

Sie können also die externe Code-Datei und die verwendete Klasse getrennt erreichen. Dadurch ist es möglich und oft sinnvoll, mehrere Klassen in einer Datei unterzubringen.

Interessant ist die Möglichkeit, die *cs*-Datei vorab zu kompilieren und dann als Binärdatei bereitzustellen. Liegt diese im Verzeichnis *bin*, reicht die Angabe der benötigten Klasse in der `@Page`-Direktive:

```
<% @Page Inherits="classname" %>
```

> **TIPP** Beachten Sie, dass die Verwendung von `Response.Write` in externen Klassen wenig sinnvoll ist. Sie sollten daran denken, dass die Ausgabe im Teil `Page_Load` vor der Erstellung der Seite erfolgt. Ausgaben sollten besser mit HTML Server-Steuerelementen oder Webserver-Steuerelementen erfolgen.

Ein Beispiel zeigt, wie hinterlegter Code praktisch verwendet wird. Zuerst eine *aspx*-Datei, die nur noch HTML und Direktiven enthält:

Listing 2.2 Verwendung externen Codes

```
<%@ Page Inherits="ButtonStyle" src="codebehind.cs" %>
<!DOCTYPE HTML PUBLIC "-//W3C//DTD HTML 4.01 ↩
        Transitional//EN">
<html lang="de">
    <head>
        <title>Schaltfläche gestalten</title>
    </head>
    <body>
        <h1>Schaltfläche gestalten:</h1>
        <form runat="server" >
            <input type="button" id="btn" ↩
                runat="server" onServerClick="clickBtn"/>
        </form>
            <div id="Bestaetigung" runat="server"/>
    </body>
</html>
```

Interessant ist nur die erste Zeile, die die zu verwendende Klasse und die Quelldatei festlegt. Die eigentliche Arbeit steckt in der *cs*-Datei:

2.3 Programmierprinzipien

Listing 2.3 Code Behind-Datei

```
using System;
using System.Web;
using System.Web.UI;
using System.Web.UI.WebControls;
using System.Web.UI.HtmlControls;
using System.Collections;

public partial class ButtonStyle : Page ❶
{
    void Page_Load()
    {
        btn.Value = "Ich bin ein schicker Button";
        btn.Style["font-family"] = "Arial";
        btn.Style["font-weight"] = "bold";
        btn.Style["color"] = "green";
        btn.Style["font-size"] = "24pt";
    }

    public void clickBtn (object sender, EventArgs e)
    {
        HtmlInputButton btn = (HtmlInputButton) sender;
        Bestaetigung.InnerHtml 
            = "Meine Gestaltung basiert auf:<br/>";
        IEnumerator keys = btn.Style.Keys.GetEnumerator();
        while (keys.MoveNext())
        {
            String key = (String) keys.Current;
            Bestaetigung.InnerHtml 
                += key 
                + "='" + btn.Style[key] + "'<br/>";
        }
    }
}
```

In hinterlegtem Code erledigt Visual Studio die Deklarationen der Steuerelemente in einer eigenen Designer-Datei. Um diese Definition mit der Klasse zu verbinden, wird diese als `partial` gekennzeichnet. Die ersten Zeilen bestehen praktisch immer aus den entsprechenden `using`-Anweisungen. Danach folgt die Klasse, im Beispiel mit dem Namen `ButtonStyle`. Diese Klasse muss von `Page` ❶ abgeleitet werden. `Page` ist die aktuelle Seite und durch die Vererbung wird der Zugriff auf Steuerelemente und Eigenschaften überhaupt erst möglich. Innerhalb der Klassen stehen Methoden wie `Page_Load`, `Page_Init` usw. natürlich unverändert zur Verfügung. Wollen Sie hier Code ausführen, überladen Sie die entsprechende Methode, wie im Beispiel für `Page_Load` gezeigt.

Damit aus der Seite heraus auf die instanziierten Seitenobjekte zugegriffen werden kann, wie das beispielsweise für die Schaltfläche `btn` gezeigt wird, müssen diese als `public` deklariert werden:

`public HtmlInputButton btn;`

Außerdem ist natürlich der richtige Datentyp anzugeben. Freilich müssen Sie sich darum nicht selbst kümmern, wenn Visual Studio eingesetzt wird, denn hier erledigt dies der Designer. Im Projekt entsteht dazu eine versteckte Datei, die das Infix „designer" trägt. Heißt die Seite „Default.aspx", heißt die passende Code-Datei

Deklaration in Visual Studio

53

„Default.aspx.cs" und die Designer-Datei „Default.aspx.designer.cs". Typischerweise enthält sie Code wie etwa den nachfolgend gezeigten:

```
//------------------------------------------------------------
// <auto-generated>
//     This code was generated by a tool.
//     Runtime Version:2.0.50727.3074
//
//     Changes to this file may cause incorrect behavior and will be lost
//     if the code is regenerated.
// </auto-generated>
//------------------------------------------------------------
namespace ASPExtenderWeb {
    
    public partial class _Default {
        
        /// <summary>
        /// form1 control.
        /// </summary>
        /// <remarks>
        /// Auto-generated field.
        /// To modify move field declaration from designer file to
        ///    code-behind file.
        /// </remarks>
        protected global::System.Web.UI.HtmlControls.HtmlForm form1;
        
        /// <summary>
        /// Button1 control.
        /// </summary>
        /// <remarks>
        /// Auto-generated field.
        /// To modify move field declaration from designer file to
        ///    code-behind file.
        /// </remarks>
        protected global::System.Web.UI.WebControls.Button Button1;
        
        /// <summary>
        /// Label1 control.
        /// </summary>
        /// <remarks>
        /// Auto-generated field.
        /// To modify move field declaration from designer file to
        ///    code-behind file.
        /// </remarks>
        protected global::System.Web.UI.WebControls.Label Label1;
    }
}
```

Code Behind mit Visual Studio erzeugen

Designer   Der Designer nutzt andere Attribute, um hinterlegten Code zu binden. Erzeugt wird in etwa folgende Zeile:

```
<%@ Page language="c#"
        Codebehind="login.aspx.cs"
        AutoEventWireup="true"
        Inherits="Hanser.CSharp.Security.login" %>
```

Hier wird die Datei selbst mit dem Attribut Codebehind angegeben. Das Attribut Inherits gibt die Klasse an, die verwendet werden soll. Diese Klasse muss von erben. Bitte beachten Sie in diesem Zusammenhang auch, dass die Klassen ab Version 3.5 des Frameworks in zwei separate Dateien aufgeteilt werden, der bereits erwähnten Code-Klasse und der Designer-Klasse.

2.4 Hinweise zum Stil – Codekonventionen

Auch Programmierung hat Stil, denn Programmieren ist eine Kunst. Microsoft hatte schon immer Richtlinien herausgegeben, die auf den Stil des Codes hinwiesen. Dies betrifft die Benennung von Variablen und Konstanten, aber auch Methoden und Klassen. Mit .NET wurde hier einiges strenger und anders als bisher geregelt. Freilich ist dies nur eine Empfehlung und für die Lauffähigkeit nicht erforderlich. Ein guter Stil ist dennoch hilfreich, um in größeren Projekten nicht die Übersicht zu verlieren.

Stil und Kunst

Die hier beschriebenen Codekonventionen basieren auf den Microsoft-Empfehlungen und dienen als Grundlage für das Framework selbst.

Eine der ersten Fragen ist immer wieder: Deutsch oder Englisch? Prinzipiell ist es egal, solange Sie nicht mitten im Programm die Sprache wechseln. Deutsche Bezeichner sind dann zu bevorzugen, wenn der Leser der Codes Deutsch spricht. In allen anderen Fällen verwenden Sie Englisch, weil dies mehr Leute lesen können und die Namen teilweise kürzer sind. Umlaute sind möglich, weil UTF-8 vollständig unterstützt wird. Allerdings wird immer wieder von Problemen beim Wechsel auf andere Sprachen oder der Verarbeitung durch Werkzeuge anderer Hersteller berichtet. Die Autoren empfehlen deshalb auf Umlaute zu verzichten.

Deutsch oder Englisch

2.4.1 Schreibweise von Namen im Code

Grundsätzlich werden folgende Schreibstile für die Benennung von Bezeichnern gebraucht:

Stilistische Hinweise

- Pascal-Schreibweise

  Diese Schreibweise nutzen Großbuchstaben zur Trennung von Wortteilen, beispielsweise CodeKonvention. Das Wort beginnt außerdem immer mit einem Großbuchstaben. Diese Schreibweise ist die Standardform in .NET und wird für Klassen, Namensräume, Eigenschaften und öffentliche Variablen verwendet.

- Camel-Schreibweise

  Bei dieser Schreibweise wird ähnlich wie bei der Pascal-Schreibweise ein Großbuchstabe zur Trennung der Wortteile eingesetzt. Der erste Buchstabe ist jedoch immer klein. Dadurch entsteht in der Mitte eine Art Höcker, was zur Namensvergabe führte: myCamel.

  Einsetzen sollten Sie diese Schreibweise für Parameter, die einer Methode übergeben werden.

- Großbuchstaben

  Reine Großbuchstabenfolgen sollten nur in Ausnahmefällen verwendet werden. Wenn Sie viel mit Konstanten arbeiten, ist eine Kennzeichnung manchmal hilfreich: START.

  Wenn ein Bezeichner nur aus zwei Buchstaben besteht, können Großbuchstaben die Lesbarkeit steigern: `System.IO`.

- Generell ist Schnittstellennamen ein großes „I" voranzustellen (von Interface), beispielsweise IComparable.

- Kleinbuchstaben

  Lokale Variablen, die einen geringen Sichtbereich haben oder temporär existieren, Schleifenvariablen und andere Hilfsvariablen sollten mit Kleinbuchstaben gekennzeichnet werden: i, temp.

Hinweise zur Groß- und Kleinschreibung

.NET beachtet grundsätzlich die Groß- und Kleinschreibung. Dies führt dazu, dass die Namen *var* und *Var* unterschieden werden können. Es ist nicht clever, dies dazu zu verwenden, tatsächlich gleichlautende und nur durch Großbuchstaben unterschiedene Bezeichner für verschiedene Dinge einzuführen. Dies gilt in ganz besonderem Maße für identische Typen.

Über den Umgang mit Abkürzungen

Vermeiden Sie Abkürzungen oder kürzen Sie bei Bedarf so ab, dass in der Computertechnik anerkannte Begriffe erkennbare bleiben. Schreiben Sie also statt *MyBtn* besser *MyButton*. Wenn Abkürzungen oder Akronyme mehr als zwei Zeichen haben, verwenden Sie die Pascal-Schreibweise: *HttpPortScanner*.

2.4.2 Hinweise zur Benennung von Standardtypen

Wenn Sie Namensräume, Klassen usw. verwenden und Ihre Programme weitergeben, ist es für den Empfänger leichter, diese zu verwenden, wenn Sie sich hier an bestimmte Regeln halten.

Benennung von Namensräumen

Namensräume sollten hierarchisch aufgebaut werden. Gehen Sie nach folgendem Muster vor:

```
Firma.TechnologieOderProjekt.Funktion.Teilfunktion
```

Die Teile Funktion und Teilfunktion sind optional. In diesem Buch wird beispielsweise der Namensraum Hanser für die oberste Ebene verwendet, gefolgt von der Einteilung nach der Programmiersprache und dem globalen Thema:

```
Hanser.Csharp.Data
```

Benennung von Klassen und Schnittstellen

Hier gilt zuerst die Pascal-Schreibweise. Verwenden Sie niemals den Unterstrich zur Trennung von Wortteilen. Verwenden Sie niemals allgemeine Präfixe, wie sie beispielsweise bei Variablen eingesetzt werden können. Falsch wäre danach:

`Konverter_Klasse`, `CDateiKonverter`

Richtig ist dagegen:

`KonverterKlasse`, `DateiKonverter`

Pascal-Schreibweise

Klassen sollten immer mit Substantiven benannt werden. Beachten Sie bei der Wahl des Namens, dass Schnittstellen ähnlichen Konventionen unterliegen und sich nur durch das führende „I" unterscheiden. Ein „I" als erster Buchstabe ist nur zulässig, wenn er Teil eines vollständigen Wortes ist: IndexSpeicher.

Schnittstellen stellen Sie das „I" voran; dies steht für „Interface".

Benennung von Aufzählungen

Namen der Bestandteile von Aufzählungen bezeichnen Zustände, werden also mit Substantiven gekennzeichnet. Verwenden Sie immer den Singular, außer bei Bitfeldern. Bitfelder erlauben die Kombination mehrerer Werte, hier ist der Plural angebrachter.

Benennung von Variablen und Feldern

Variablen und Felder sollten immer einen selbst beschreibenden Namen tragen, der auf den Inhalt hinweist: *SchalterFarbe*, *AnfangsDatum*. Wenn Variablen Zuständen speichern, kann dies ein guter Name sein: *HasSaved*. Variablen sollten nach Möglichkeit mit Substantiven benannt und mit Adjektiven ergänzt werden.

Dagegen sollten Sie nicht den Typ als Name verwenden. Falsch wäre danach: *doubleValue*. Dies ist nicht aussagekräftig. Verwenden Sie viele verschiedene Typen und ist die Unterscheidung für den Leser von großer Bedeutung, kann der Typ in seiner allgemeinsten Form vorangestellt werden: *dSchalterWert*, für einen `double`-Typ. Verwenden Sie nicht die voll ausgeschriebenen Typen der verwendeten Programmiersprache, weil solche Bezeichnungen dann irreführend sind, wenn sie von Benutzern anderer Sprachen gelesen werden müssen.

Bei statischen Feldern sollten Sie immer den Typ davorsetzen. Dies dient der Erkennbarkeit über weite Strecken, weil diese Felder nicht lokal instanziiert werden.

Benennung von Ereignissen

Wenn Sie Ereignisbehandlungsmethoden sehr oft verwenden, bietet sich eine Kennzeichnung an, wie sie von Visual Studio vorgenommen wird: *ObjektName_Auslöser*, also eine Trennung von Objekt und Ereignisname mittels Unterstrich.

Für einen Mausklick sieht das dann folgendermaßen aus:

`MyButton_Click`

Dabei ist es üblich – und dies ist die Ausnahme –, bei einer deutschen Benennung der Steuerelemente den ursprünglichen Namen des Ereignisses zu belassen: *Schalter_Click* ist besser als *Schalter_Klick*.

2.4.3 Hinweise für Web-Programmierer

Werden Sie ein „guter" Programmierer

Sicher hat jeder Programmierer seinen Stil und kennt viele mögliche Varianten für eine saubere Programmierung. Anfänger sollten sich jedoch nicht von fremden stilistischen Formen leiten lassen, ohne den Sinn zu erkennen, der hinter der einen oder anderen Schreibweise steckt. Die besonderen Anforderungen des Webs sind nicht jedem Profi völlig vertraut. Die folgenden Tipps zeigen, worauf es ankommt.

Eine optisch ansprechende Codierung wird erreicht, wenn Sie folgendes beachten:

- Code-Konventionen einhalten
- Formatierung und Strukturierung beachten

Trennen Sie Code vom Design

Die Trennung hilft, leicht beherrschbare Programmteile zu erhalten. Die Wiederverwendbarkeit des Codes wird gesteigert. Sie können mit Gestaltungswerkzeugen arbeiten, die eingeschlossenen Code nicht verstehen. In großen Teams können Sie das Design von Designern erledigen lassen und Programmierern die reine Programmierarbeit übergeben.

Zur Wiederverwendbarkeit von Design und Code

Wenn Sie etwas ändern möchten, müssen Sie es nur an einer Stelle tun. Konsistente Gestaltungsmerkmale und Bedienerführung erleichtern den Nutzern die Navigation. Behandeln Sie Design-Elemente als Komponenten, die Sie immer wieder verwenden.

ASP.NET unterstützt Ihre Bemühungen in diese Richtung mit Benutzer- und Kunden-Steuerelementen. Setzen Sie sich damit auseinander und versuchen Sie, Steuerelemente generell zu verwenden, auch wenn die direkte HTML-Programmierung am Anfang noch einfach erscheint.

Verwenden Sie keine komplexen URLs

URLs mit vielen Parametern zeigen Hackern die innere Struktur Ihrer Applikation und legen Angriffspunkte offen. Nutzer werden vielleicht Ihre Seite als Lesezeichen ablegen. Wenn Sie die innere Struktur ändern, verlieren Sie Leser, die über die Lesezeichenverwaltung des Browsers auf Ihre Site zugreifen.

ASP.NET unterstützt Sie hierbei durch Sitzung- und Applikationsvariablen, Cookies und den flexiblen Zugriff auf Datenbanken.

Personalisieren Sie Ihre Seiten

Sie steigern damit die Verbindung zum Nutzer und animieren ihn, wiederzukommen. Wer Fragen doppelt stellt, gilt als dumm. Also lassen Sie den Benutzer nicht immer wieder seine Präferenzen angeben, sondern merken Sie sich diese.

Verwenden Sie mehrsprachige Seiten, wenn Sie ein internationales Publikum ansprechen, und Ressourcen, um angepasste Layouts vorzuhalten.

> ASP.NET unterstützt Sie auf Basis des .NET-Frameworks in exzellenter Weise beim Aufbau lokalisierter oder ressourcenbasierter Anwendungen.

HINWEIS

Unterstützen Sie Proxys und Caches

Nicht jeder Nutzer hat DSL oder Festverbindungen. Wenn der Browser-Cache unterstützt wird, verkürzen Sie aktiv die Ladezeiten. Dynamisieren Sie nur die Seiten, bei denen es wirklich sinnvoll ist.

> ASP.NET verfügt über eine ganze Reihe von Techniken, mit denen Daten zwischengespeichert werden können oder die der Kontrolle von Zwischenspeichern (Caches) dienen. Setzen Sie sich damit aktiv auseinander, um professionelle Webapplikationen zu erhalten.

HINWEIS

3 Entwicklungswerkzeuge

Dieses Kapitel stellt wichtige Werkzeuge vor. Natürlich lässt sich ASP.NET mit jedem Texteditor programmieren, jedoch ist Visual Studio 2010 ein echtes Produktivitätswerkzeug, dessen Nutzung sich unbedingt lohnt. Es nimmt deshalb in diesem Buch breiten Raum ein.

Desweiteren werden in diesem Kapitel die Kommandozeilenwerkzeuge vorgestellt. Diese werden zum Einrichten, Reparieren oder für den Aufbau von Build-Servern benötigt. Lesen Sie in diesem Kapitel alles über die Entwicklungsumgebung, unter anderem:

- die Verwendung von Visual Studio 2010,
- über die ergänzenden Produkte der Expression-Produktlinie und
- über die Kommandozeilenwerkzeuge des SDK.

Die hier vorgestellten Werkzeuge sind entweder kostenfrei im Rahmen des SDK (Software Development Kit) erhältlich oder gelten als „Standard". Es sind viele weitere Produkte am Markt verfügbar, die hier keine Erwähnung finden, um fairerweise niemanden zu vergessen, und zum anderen, weil weder der Platz reicht, noch die Abbildung eine volatilen Marktes in einem Buchformat ungeeignet erscheint.

3.1 Einführung

Visual Studio 2010 ist der direkte Nachfolger von Visual Studio 2008, welches aus Visual Studio 2005 hervorging. Bei den vorangegangenen Versionen wurde ein „.NET" im Namen mitgeführt, wovon bei den neueren Versionen wieder abgegangen wurde, da es sich inzwischen von selbst versteht, dass Visual Studio „die" .NET-Entwicklungsumgebung ist. *Visual Studio 2010*

Letztlich wurden die Funktionen zwar erweitert und die Bedienung Schritt für Schritt erleichtert, aber grundsätzlich gilt: Kennen Sie eine der Vorgängerversionen, werden Sie schnell feststellen, dass die Kernkonzepte seit Visual Studio.NET ähnlich geblieben sind – ist das Studio doch voll und ganz für die professionelle Entwicklung von Softwareprojekten aller Art ausgelegt. In den folgenden Abschnitten werden vor allem Web-Projekte im Vordergrund stehen. Programmiert wird ausschließlich in C#. Selbstverständlich lassen sich alle Beispiel auch in Visual Basic.NET darstellen. Dazu verweisen wir auf die umfangreichen Angebote der Autoren im Internet.

Expression Studio

Das wichtigste Werkzeug für die .NET-Softwareentwicklung aus dem Hause Microsoft heißt „Visual Studio 2010". Mit der Einführung von WPF und Silverlight hielt die multimediale Welt Einzug und machte auch nicht Halt vor „reinen" Entwicklern. Um diese Kluft etwas zu verkleinern, entstand Expression Blend, Expression Design und Expression Encoder. Diese Produkte sind im Expression Studio zusammengefasst.

3.1.1 Ausführungen Visual Studio 2010

Editionen

Visual Studio 2010 gibt es in verschiedenen Ausführungen, auch *Editionen* genannt. Die derzeit angebotenen werden nachfolgend kurz vorgestellt. Das Namensschema wurde hierbei an die Namen der Betriebssystem-Editionen angepasst.

Wie auch bei dem Vorgänger werden unterschiedliche Versionen eine kostenlose Express Version angeboten.

WPF UI

Eine der auffälligsten Änderungen an Visual Studio 2010 ist das neue „Look and Feel". Das liegt an der konsequenten Verwendung von WPF (Windows Presentation Foundation) bei der Erstellung dieser neuen Entwicklungsumgebung.

Visual Studio 2010 Professional

Professional

Visual Studio 2010 Professional enthält alle notwendigen Werkzeuge um Software schnell und effizient entwickeln, debuggen und verteilen zu können. Die Bandbreite der Vorlagen reicht von SharePoint bis hin zu Cloud-Anwendungen.

Visual Studio 2010 Premium

Premium

Aufbauend auf der Professional-Edition kommen bei dieser Ausführung weitere Werkzeuge für die Entwicklung von Datenbanken sowie für diverse Testaufgaben dazu. So wurde unter anderem ein Framework für automatisierte UI (User Interface)-Tests hinzugefügt.

Visual Studio 2010 Ultimate

Ultimate

In der Ultimate-Edition kommen zu den bereits erwähnten Funktionen weitere Trace-Funktionen (IntelliTrace, ein Rückwärts-Debugger), sowie diverse Architektur- und Projektmanagement-Funktionen hinzu.

3.1.2 Installation von Visual Studio

Die Installation von Visual Studio 2010 gestaltet sich dank eines ausgeklügelten Installationsprogramms relativ problemlos.

Voraussetzungen

Als Betriebssystem wird Windows Server 2003, Windows Server 2008 (R2), Windows 7, Windows Vista oder Windows XP sowohl als x86 als auch die x64-Version unterstützt. Um SharePoint 2010-Projekte entwickeln zu können, ist Windows 7 x64 oder Windows Server 2008 (R2) x64 erforderlich.

Systemvoraussetzungen Visual Studio

- Prozessor: 1.6 GHz oder schneller. Idealerweise sollte ein Zwei- oder Mehrkernprozessor verwendet werden.
- Arbeitsspeicher: 1 GB x86 bzw. 2 GB für x64 (das ist das absolute Minimum; rechnen Sie für gute Ergebnisse mit mindestens dem Doppelten).
- Festplattenplatz: 3 bis 5 GB
    - Grafikkarte: DirectX 9.C; die minimale Auflösung sollte 1280x1024 Pixel sein.

Installation

Visual Studio 2010 verfügt über einen sehr ausgereiften Installationsassistenten. In der Regel brauchen Sie nur den vordefinierten Standardschritten zu folgen. Die Autoren empfehlen in jedem Fall eine vollständige Installation. Die folgenden Bilder geben einen Eindruck wieder.

Abbildung 3.1 Startbildschirm des Installationsprogramms

3 Entwicklungswerkzeuge

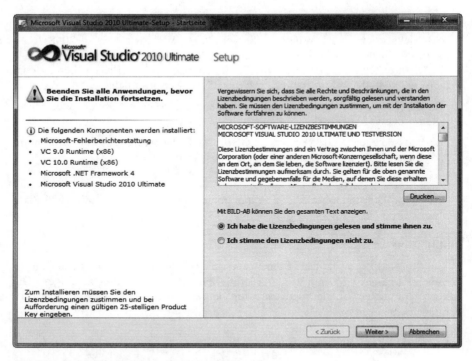

Abbildung 3.2 Auswahl des Funktionsumfangs

3.2 Überblick über Visual Studio 2010

Dieser Abschnitt gibt einen kurzen Überblick über die IDE (Integrated Development Environment, Integrierte Entwicklungsumgebung). Wenn Sie zuvor bereits mit einer Vorgängerversion von Visual Studio gearbeitet haben, werden Sie sich vermutlich schnell zurechtfinden.

3.2.1 Aufbau der IDE

Das Programm besteht aus mehreren unabhängigen Fenstern mit spezieller Bedeutung, die standardmäßig so angeordnet sind, dass Sie links Werkzeuge und Hilfsmittel finden, in der Mitte einen großen Bereich mit dem eigentlichen Editor und rechts die Projektverwaltung und eventuell Hilfe- und Ausgabefenstern. Sie arbeiten also quasi „von links nach rechts":

- Werkzeug nehmen, Code schreiben, Speichern und Ausführen.

Wenn Sie das Studio starten, wird zuerst die Startseite angezeigt:

3.2 Überblick über Visual Studio 2010

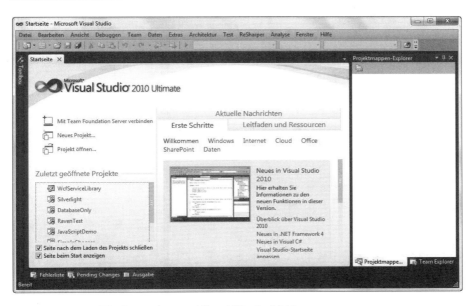

Abbildung 3.3 Die Startseite von Visual Studio 2010

Diese Seite dient dem Entwickler als erste Orientierungshilfe. Hier werden die zuletzt verwendeten Projekte, Vorlagen für neue Projekte und weitere Informationen auf übersichtliche Weise zur Auswahl angeboten.

3.2.2 Projekte

Visual Studio wird standardmäßig mit einer ganzen Reihe von Projektvorlagen ausgeliefert, die die Entwicklung bestimmter Anwendungstypen erleichtern. Neben dem Typ kann die passende .NET-Framework-Version gewählt werden. Einige Projekttypen stehen nur bei bestimmten Versionen des Frameworks zur Verfügung:

- ASP.NET Web Applikation (ab 2.0)
- ASP.NET MVC 2 Web Application (ab 4.0)
- ASP.NET Leeres Projekt
- ASP.NET ASP.NET MVC 2 Leeres Projekt (ab 4.0)
- AJAX Server Control (ab 3.5)
- ASP.NET Server Control (ab 2.0)
- ASP.NET Web Service Applikation (ab 2.0)
- ASP.NET AJAX Control Extender (ab 3.5)
- WCF Service Applikation (ab 3.0)
- Dynamic Data Entities Web Applikation (ab 3.5)
- Dynamic Data Web Applikation (ab 3.5)

3 Entwicklungswerkzeuge

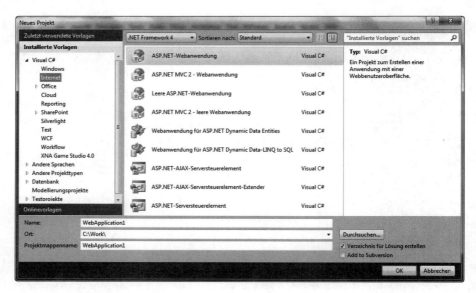

Abbildung 3.4 Projekttypen in Visual Studio

ASP.NET Web Applikation

Dies ist die Standardvorlage für „normale" Web-Projekte. Wenn Sie eine Web-Applikation entwickeln möchten, wählen Sie diesen Typ. Sie können jedes der vier unterstützten Rahmenwerke, Version 2.0, 3.0, 3.5 und 4.0 benutzen.

Dieser Projekttyp stellt standardmäßig Folgendes bereit:

- Einige vorgefertigte Seiten mit Code-Behind:
  - Default.aspx
  - About.aspx
  - Einfache Anmeldeverwaltung im Verzeichnis *Account*
- Eine Konfigurationsdatei *web.config*
- Einen leeren Ordner mit dem Namen *App_Data*
- Referenzen zu diversen Standard-Assemblies (bei .NET 4.0). Darunter sind:
  - Microsoft.CSharp
  - System
  - System.Web
  - System.XML
  - System.Data

Kein Verzeichnis App_Code
Dieser Projekttyp erstellt für das gesamte Projekt eine gemeinsame Assembly. Es wird kein *App_Code*-Ordner unterstützt, Codes können sich überall befinden.

HINWEIS Für die Entwicklungsphase können Sie sowohl den integrierten Webserver als auch die IIS benutzen.

ASP.NET MVC 2 Web Applikation

Diese Vorlage dient dem Erstellen einer Webanwendung, welche dem MVC (Model View Controller) Entwurfsmuster folgt. Neben der ASP.NET WEB APPLIKATION ist dies die häufigste verwendete Vorlage.

Das Ergebnis wird in Form eines ausführbaren bzw. verteilbaren Web Projektes bereitgestellt.

ASP.NET Server Steuerelementbibliothek

Diese Vorlage dient der Erstellung eines eigenen Steuerelements ohne weitere Vorgaben zum Einsatz.

Das Ergebnis der Entwicklung eines oder mehrerer Steuerelemente besteht aus einer Assembly (DLL).

ASP.NET AJAX Server Steuerelementbibliothek

Diese Vorlage dient der Erstellung eines eigenen Steuerelements, das AJAX unterstützt.

Das Ergebnis der Entwicklung eines Steuerelements besteht aus einer Assembly.

ASP.NET Web Service Applikation

Diese Vorlage dient der Erstellung von ASP.NET-basierten Webdiensten. Dies sind *.asmx*-Dateien mit integriertem oder hinterlegtem Code.

Die erstellte Beispielklasse leitet von `System.Web.Services.WebService` ab. Der Dienst kann optional als serverseitige Funktion für AJAX dienen.

ASP.NET AJAX Control Extender

Diese Vorlage dient der Erstellung eines eigenen Steuerelements, das andere AJAX-Steuerelemente funktional erweitert.

Das Ergebnis der Entwicklung eines Steuerelements besteht aus einer Assembly.

WCF Service Applikation

Diese Vorlage dient der Erstellung von WCF-basierten Webdiensten. Dies sind *.svc*-Dateien mit hinterlegtem Code.

Die erstellte Schnittstelle zeigt die Implementierung durch Attribute. Die Datei *web.config* enthält bereits einen Abschnitt `<system.serviceModel>` für die Konfiguration der Endpunkte.

Dynamic Data Entities Web Applikation und Dynamic Data Web Applikation

Diese Projekttypen erstellen umfangreichere Applikationen für den Umgang mit dynamischen Daten.

3.2.3 Web Seite

Web Seite

Neben dem Projekttyp WEB ANWENDUNG wird auch der Projekttyp WEB SITE unterstützt. Der folgende Abschnitt zeigt kurz die Unterschiede sowie Vor- und Nachteile beider Projekttypen.

Struktur

Struktur

Eine WEB ANWENDUNG hat eine Struktur und eine Projektdatei, in der entsprechende Einstellungen gespeichert werden. Die IDE verwendet diese Struktur, um neue Elemente hinzuzufügen.

Eine WEB SITE ist nur eine Sammlung von Dateien in einem Verzeichnis. Alle erforderlichen Referenzen werden in der *web.config*-Datei gespeichert.

Attribute

Eigenschaften

Ein weiterer Unterschied liegt bei den Seitenattributen (`@Page` bzw. `@Control`). Eine WEB ANWENDUNG enthält das Attribut „CodeBehind", welches im Wesentlichen nur von Visual Studio verwendet wird, um die zugehörige Code-Behind Datei zu binden.

Die WEB SITE hingegen verwendet das Attribut „Codefile" oder „src". Diese Eigenschaft wird von der Laufzeitumgebung ausgewertet und ist für die dynamische Übersetzung der Seite verantwortlich.

Übersetzung

Übersetzung

Beide Projekttypen haben eines gemeinsam: die ASP.NET-Markup-Dateien werden zur Laufzeit übersetzt. Der Unterschied besteht darin, dass WEB ANWENDUNGEN immer vorübersetzt werden, WEB SITES dagegen nicht.

Das führt dazu, dass WEB SITES einen speziellen Ordner benötigen, wo Programmcode abgelegt werden kann, der *App_Code*-Ordner. Dieser wird nicht in der ASP.NET-Dateien als Quelle referenziert wird. Nur dieser Ordner wird zusätzlich übersetzt.

Bei einer WEB ANWENDUNG werden dagegen alle Quellcodedateien in allen Verzeichnissen vorübersetzt.

> **HINWEIS**
>
> Die Übersetzung des *App_Code*-Ordners erfolgt immer durch die ASP.NET Laufzeitumgebung (Runtime), welche nicht unterscheiden kann, ob es sich um eine SITE oder ANWENDUNG handelt. Aus diesem Grund darf sich kein *App_Code*-Ordner in einer WEB ANWENDUNG befinden, da es sonst zu doppelten Symbolen beim Linken kommt.

Namensräume

Namensraum

Bei einer WEB ANWENDUNG werden die Namensräume entsprechend den bekannten Regeln von Visual Studio automatisch erzeugt. So bekommt *MeinFormular.aspx* im Ordner *Formulare* des Projekts `MeineAnwendung` den folgenden Namensraum:

`MeineAnwendung.Formulare.MeinFormular`

WEB SITES unterscheiden diese Namensräume nicht. Alle übersetzten Seiten sind im Namensraum ASP (ohne „.NET"!). Im Beispiel wäre es der Folgende:

```
ASP.Formulare_MeinFormular
```

Auswahl

Wann ist welches Projekt zu bevorzugen? Eine Regel gibt es hier nicht. Es hat sich gezeigt, dass bei größeren Entwicklungsprojekten eine WEB ANWENDUNG die bessere Wahl ist. Wer schnell etwas ausprobieren möchte, kann alternativ auch auf eine WEB SITE zurückgreifen. Auch bei Projekten welche möglicherweise besonders kompatibel sein sollen, ist das WEB SITE-Projekt eine gute Wahl.

Welche Vorlage ?

WEB SITE-Projekte dienen der Kompatibilität. Da ASP.NET auch ohne Visual Studio verwendet werden kann, ist dies der Mechanismus wie Webseiten vom Framework verarbeitet werden, wenn kein Visual Studio zum Einsatz kommt.

3.3 Erste Schritte

Die Autoren möchten im Folgenden zwei Aspekte aufzeigen. Zum einen soll die Bedienung von Visual Studio 2010 anhand eines Beispiels gezeigt werden. Zum anderen sollen all die Lesen auf Ihre Kosten kommen, welche eher etwas ausprobieren als sich durch die Theorie zu kämpfen.

„Hands-On"

3.3.1 „Hallo Welt"-Programm

Was wäre eine Einführung in eine Programmiersprache oder in ein Programmierwerkzeug ohne das obligatorische „Hallo Welt" Programm?

Ein Projekt Anlegen

Öffnen Sie Visual Studio 2010 und legen Sie eine neue leere WEB ANWENDUNG mit dem Namen „HelloASP.NET" an.

Neues Projekt
STRG-SHIFT-N

In dem Dialog des Assistenten können Sie neben der Projekt-Vorlage auch den Speicherort, den Projektnamen sowie den Namen der Projektmappe angeben. Die Projektmappe ist eine Art Ordner für Projekte. Da große Softwarelösungen in der Regel aus mehr als einem Projekt bestehen, legt Visual Studio automatisch eine Projektmappe und ein Projekt an.

3 Entwicklungswerkzeuge

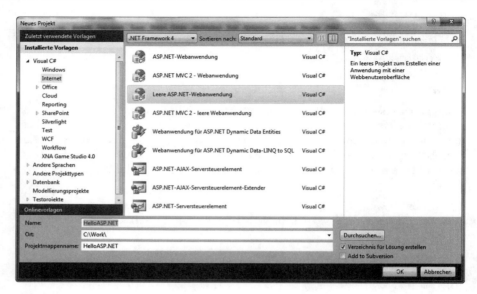

Abbildung 3.5 Erzeugen einer neuen Web-Applikation

Default.aspx

Ansicht
Neues Element
CTRL-SHIFT-A

Legen Sie nun die Standardseite *Default.aspx* an, indem Sie mit der rechten Maustaste auf das Projekt *HelloASP.NET* klicken und anschießend HINZUFÜGEN → NEUES ELEMENT auswählen.

Markieren Sie die Vorlage für eine WebForm (Seite) und nennen Sie diese *Default.aspx*.

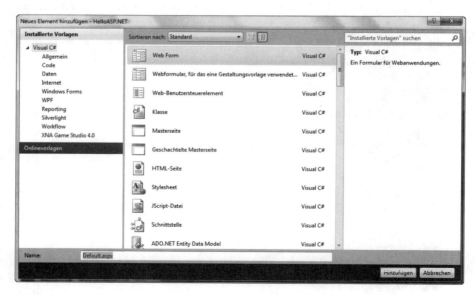

Abbildung 3.6 Neue Seite anlegen

3.3 Erste Schritte

Visual Studio öffnet automatisch die Code-Ansicht der Markup-Datei der Standardseite *Default.aspx*. Mit den Reitern am unteren Rand des Editors können Sie zwischen den Ansichten für Design (ENTWURF), Quellcode (QUELLE) oder gemischt (TEILEN) wählen.

Abbildung 3.7 Markup der neuen Seite

Gehen Sie auf die Ansicht ENTWURF oder TEILEN. Erstellen Sie ein TextBox-Steuerelement, in dem Sie diese aus der Werkzeugleiste am linken Rand auf die Design-Ansicht der Seite ziehen. Fügen Sie eine Schaltfläche (Button) und darunter ein Label-Steuerelement hinzu.

TextBox, Button und Label

Um einige Zeilen nach unten zu kommen, können die den Cursor in der Design-Ansicht positionieren und mit der Eingabetaste ein bis zwei leere Zeilen einfügen. Praktisch werden dann <p>-Elemente eingefügt.

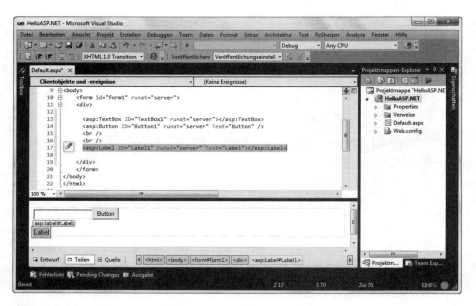

Abbildung 3.8 Ansicht mit Design und Markup untereinander

Entfernen Sie den Text innerhalb des `Label`-Steuerelements, indem Sie den markierten Text löschen oder mit einem Leerzeichen überschreiben.

Visual Studio bietet diverse Hilfen bei der Bearbeitung von ASPX- bzw. HTML-Seiten. Markieren Sie ein Objekt in der Designansicht, wird diese automatisch auch in der Codeansicht hervorgehoben. Am unteren Rand des Editors befindet sich ein Pfad-Navigationselement. Dieses zeigt Ihnen, wo im Objektmodell der aktuellen Seite Sie sich gerade befinden.

Alle Änderungen, welche Sie im Design oder Quellcode vornehmen, werden automatisch sofort auf der jeweiligen anderen Ansicht angezeigt.

Ereignisbehandlungsmethoden

Event Handler

Fügen Sie eine Ereignisbehandlungsmethode für das Klick-Ereignis der Schaltfläche hinzu. Das Klick-Ereignis ist das Standardereignis einer Schaltfläche. Eine Behandlungsmethode für das Standardereignis eines Elementes wird mit einem Doppelklick auf das Element hinzugefügt.

Visual Studio erstellt die Ereignisbehandlungsmethode und wechselt automatisch in die Quellcodeansicht. Fügen Sie dort folgenden Code ein:

```
Label1.Text = String.Format("Hallo {0}", TextBox1.Text);
```

Der Eigenschaft `Text` von `Label1` wird die formatierte Zeichenkette „Hallo {0}" zugewiesen. {0} ist ein Platzhalter und wird durch den Text von `TextBox1` ersetzt.

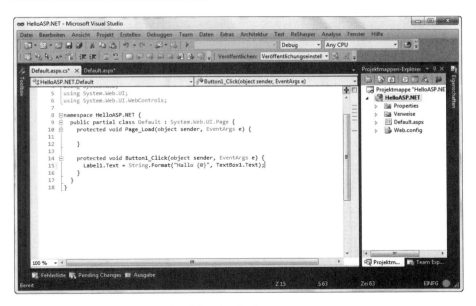

Abbildung 3.9 Behandlung des Klick-Ereignisses

Starten der Applikation

Starten Sie das Projekt mit F5 oder über das Menu mit PROJEKT | AUSFÜHREN.

Starten mit F5

Abbildung 3.10 Ausgabe der Anwendung

Visual Studio erstellt (übersetzt) das Projekt automatisch und startet im Hintergrund den ASP.NET-Entwicklungswebserver auf eigenem zufälligen Port[2]. Anschließend wird der Standard-Browser mit der entsprechenden Adresse geöffnet.

3.3.2 Umgang mit Datenbanken in Visual Studio

Nur Professional-Version

Visual Studio 2010 unterstützt ab der Professional-Version den Programmierer beim Umgang mit Datenbanken. Dabei geht es nicht nur um jene Assistenten, die unerfahrenen Entwicklern einen Zugang zu Datenbankabfragen erlauben, sondern um ganz praktische Hilfsmittel, die den Entwicklungszyklus verkürzen.

Zugriff auf einen Datenbankserver

Der einfachste Start zur Verwaltung einer Datenbankverbindung zum Entwurfszeitpunkt führt über den SERVER-EXPLORER. Dieses Werkzeug starten Sie in Visual Studio 2010 über die Tastenkombination STRG-ALT-S oder über das Menü ANSICHT | SERVER-EXPLORER. Sie finden dort eine Liste mit zwei Einträgen: DATENBANKVERBINDUNGEN und SERVER. Im Kontextmenü des Zweiges DATENBANKVERBINDUNGEN wählen Sie nun VERBINDUNG HINZUFÜGEN. Im folgenden Dialog tragen Sie den Namen des SQL Servers ein und wählen die Datenbank aus.

Abbildung 3.11 Hinzufügen einer Datenbankverbindung

Wenn die Datenbank bereits Tabellen oder andere Datenbankobjekte enthält, finden Sie diese im Zweig der neuen Verbindung.

---

[2] Der Server kann nur lokal verwendet werden, da eine Bindung an die Adresse 127.0.0.1 erfolgt.

3.4 Fehlersuche und Debugging

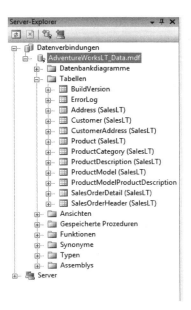

Abbildung 3.12 Der Server-Explorer mit einer Datenbankverbindung

Zeitgleich mit dem Aufruf des Explorers erscheint eine neue Symbolleiste, die das Ausführen von SQL und die Generierung von Abfragen erlaubt. Wenn Sie diese Leiste nicht sehen, wählen Sie im Kontextmenü der Symbolleisten den Eintrag DATENBANKENTWURF.

3.4 Fehlersuche und Debugging

Je größer ein Projekt wird, desto größer wird die Wahrscheinlichkeit für Fehler. Im gleichen Verhältnis steigt auch die Bedeutung von professionellen Werkzeugen mit integrierter Hilfe zur Behandlung verschiedenster Fehler.

Visual Studio stellt nicht nur Möglichkeiten bereit, ASP.NET Anwendungen genauso komfortabel zu entwickeln wie Desktopanwendungen, sondern auch die Mittel, diese genau so komfortabel zu debuggen.

3.4.1 Arten von Fehlern

Welche Arten von Fehlern es geben kann und wie Visual Studio Sie bei der Analyse und dem Beheben von Fehlern unterstützt, erfahren sie in den kommenden Abschnitten.

Syntax-Fehler

Syntax-Fehler sind Fehler, welche den Regeln widersprechen, nach denen sich eine Programmiersprache zusammensetzt. Vereinfacht ausgedrückt ist ein Syntax-Fehler

Syntax Fehler

ein Schreibfehler, welcher ein Übersetzen des Programms verhindert. Diese Fehler können mit Hilfe statischer Codeanalyse leicht erkannt werden.

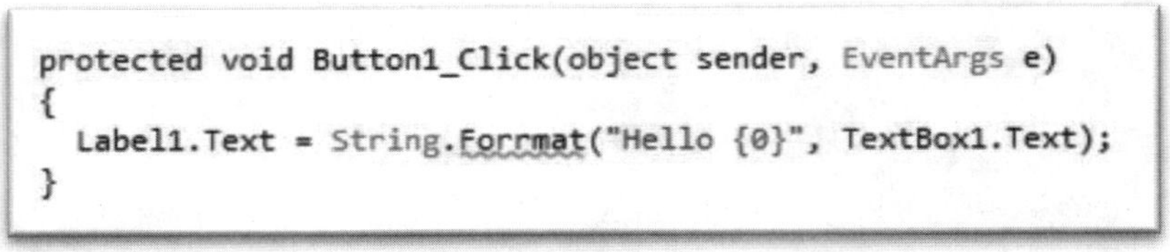

```
protected void Button1_Click(object sender, EventArgs e)
{
   Label1.Text = String.Forrmat("Hello {0}", TextBox1.Text);
}
```

Abbildung 3.13 Hervorhebung eines Syntaxfehlers

Laufzeit Fehler

Laufzeit-Fehler

Etwas schwerer zu erkennen sind sogenannte Laufzeitfehler. Diese treten nur zur Laufzeit eines Programms auf und sind oft von diversen Randbedingungen abhängig. Manche lassen sich mit erweiterten Methoden der statischen Analyse erkennen, andere nicht.

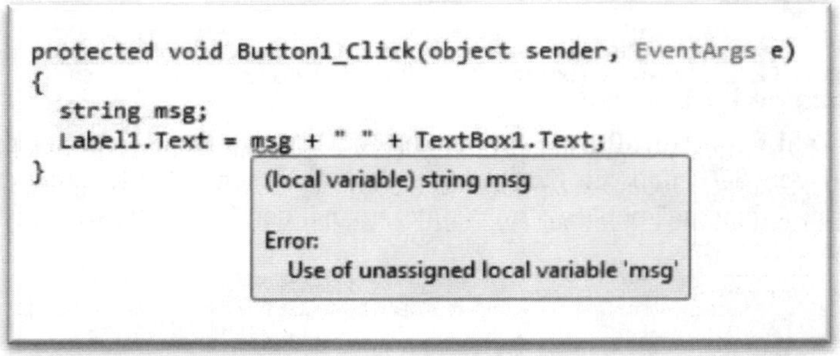

```
protected void Button1_Click(object sender, EventArgs e)
{
   string msg;
   Label1.Text = msg + " " + TextBox1.Text;
}
```
(local variable) string msg

Error:
   Use of unassigned local variable 'msg'

Abbildung 3.14 Vorgriff auf einen Laufzeit-Fehler

Staatische Codeanalyse

Visual Studio verfügt über ein sehr ausgeklügeltes System für die statische Codeanalyse, welches weit über die üblichen Analysen hinausgeht. Es wird sogar eine Art von Ausführungstest auf dem Standardweg durchgeführt. So wurde im vorherigen Beispiel erkannt, dass der Variablen `msg` kein Wert (`null`) zugewiesen ist und diese deshalb nicht verwendet werden kann.

Anzeigen von Fehlern

Unvollständig oder fehlerhaft eingegebene Zeilen werden mit einer roten Schlangenline gekennzeichnet.

Nicht verwendete Variablen, welche zwar deklariert wurden bzw. denen etwas zugewiesen wurde, die jedoch nicht verwendet werden, kennzeichnet Visual Studio mit einer grünen Schlangenlinie.

3.4 Fehlersuche und Debugging

```
string msg , msg2;
Label1.Text = msg + " " + TextBox1.Text
```

Abbildung 3.15 Nicht verwendete Variable (msg2)

Nach dem Übersetzungsversuch werden Syntax-Fehler, welche eine Übersetzung verhindert haben, zusätzlich in der FEHLERLISTE ausgegeben.

Abbildung 3.16 Die Fehlerliste

Mit einem Doppelklick auf die entsprechende Fehlermeldung springt der Editor an die betreffende Stelle, um dem Entwickler die Möglichkeit zur Korrektur einzuräumen.

Fehleranzeige im Browser

Wird ein fehlerhaftes Web Projekt verwendet, werden die Übersetzungsfehler in der Webseite angezeigt. Dabei ist zu beachten, dass diese Anzeige aus Sicherheitsgründen nur auf dem lokalen Rechner (wo der Server läuft) angezeigt wird.

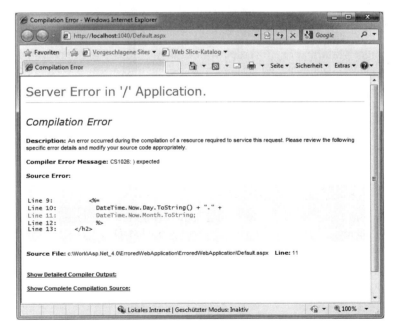

Abbildung 3.17 Laufzeitfehler im Browser

Um die Anzeige von Fehlern auf andere Clients auszuweiten, tragen sie folgendes in der *web.config*-Datei ein:

```
<system.web>
   …
   <compilation  defaultLanguage="C#" debug="true" />
   <customErrors mode="Off" />
</system.web>
```

In einer Produktivumgebung sollen Sie die Anzeige von detaillierten Fehlermeldungen auf jeden Fall deaktivieren, da Eindringlinge sonst mit entsprechenden Tricks den Quellcode auslesen können. Schalten Sie die benutzerdefinierten Fehlermeldungen entweder aus (On) oder leiten Sie mindestens Anfragen von außerhalb auf eine Standardseite um (RemoteOnly).

```
<configuration>
   <system.web>
      …
      <customErrors mode="RemoteOnly"
                    defaultRedirect="mycustompage.htm"/>
   </system.web>
</configuration>
```

Lassen Sie sich nicht von der umgekehrten Logik der Parameter irritieren. „On" heißt, dass die integrierte Fehlerbehandlung aktiv ist, benutzerdefinierte Meldungen also nicht angezeigt werden.

3.4.2 Werkzeuge

Ein Debugger benötigt zusätzlich Informationen, um den Quellcode mit dem Binären Programmcode in Einklang bringen zu können. Nur so ist es möglich, einen Haltepunkt an eine beliebige Zeile zu setzen, den Quellcode schrittweise auszuführen oder Informationen über lokale Variablen zu erhalten.

Die Debugger-Informationen werden vom Compiler automatisch erzeugt, wenn der entsprechende Kommandozeilenschalter oder Parameter (in *web.config*) gesetzt wurde.

Kostenloser Debugger im SDK

Alle Erläuterungen in diesem Abschnitt beziehen sich auf den Debugger von Visual Studio, da es das Standardwerkzeug für dieses Buch ist. Jedoch soll an dieser Stelle darauf hingewiesen werden, dass ein kostenfreier Debugger im .NET-Framework SDK enthalten ist. Dieser steht dem Visual Studio Debugger kaum nach. Weitere Informationen finden Sie auf MSDN.

Debuggen mit Visual Studio

Visual Studio bietet umfassende Funktionalität rund um das Debuggen einer Anwendung. Dabei können Sie zwischen dem globalen Debuggen für die gesamte Projektmappe oder dem Debuggen einzelner Projekte unterscheiden. Im Folgenden wird das globale Debuggen genauer betrachtet.

Abbildung 3.18 Die Debugger-Werkzeugleiste

In der Standard-Werkzeugleiste befindet sich die Auswahlbox, mit der sie die Projektmappen-Konfiguration verändern können. Diese ist in der Regel auf DEBUG[3] voreingestellt. Das bedeutet, dass der Compiler automatisch die erforderlichen Debugger-Informationen erzeugt.

Erzeugen Sie das folgende kleine Programm und setzen Sie einen Haltepunkt (Breakpoint), indem Sie entweder die Taste F9 betätigen, während der Cursor auf der entsprechenden Anweisung steht, oder doppelklicken Sie in dem linken grauen Randstreifen vor der entsprechenden Zeilennummer.

Breakpoint
F9

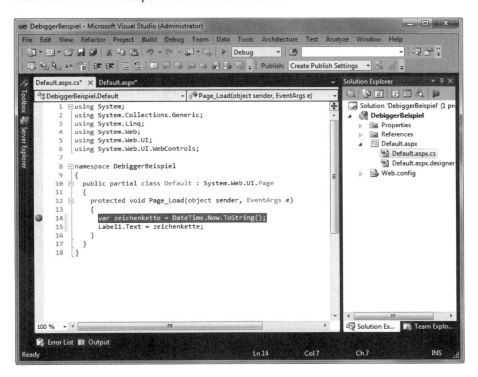

Abbildung 3.19 Unterbrechungspunkt

Ein Haltepunkt wird durch eine rote Kugel vor der Anweisung und einen rotbraunen Balken auf der Anweisung gekennzeichnet. Starten Sie die Webanwendung mit F5 in der Debugger-Konfiguration.

Die Webanwendung wird bis zum Haltepunkt ausgeführt. Visual Studio startet die Debugger-Ansicht, in der alle Informationen rund um den ausgeführten Thread dargestellt werden. Ein gelber Balken kennzeichnet die nächste auszuführende Anweisung. Unten links sehen Sie die lokalen Variablen und deren Inhalte.

Lokale Variable

---

[3] Erforderliche Änderungen an der *web.config*-Datei werden automatisch von Visual Studio vorgenommen.

3 Entwicklungswerkzeuge

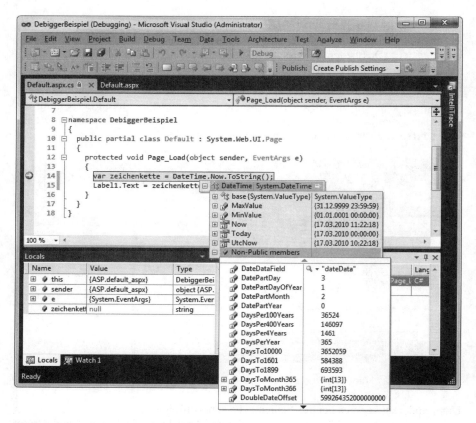

Abbildung 3.20 Inhalte lokaler Variablen

Um eine Variable und die Mitglieder des Typs (Eigenschaften und Methoden) genau zu untersuchen, bewegen Sie die Maus über die zu analysierende Variable. Es erscheint eine Anzeige mit den Eigenschaften. Bewegen Sie anschließend die Maus über ein Plus-Symbol, klappt automatisch die nächste Ebene mit Eigenschaften heraus.

Einzelschritt grob F10	Betätigen Sie die F10-Taste, um einen einzelnen Schritt weiter auszuführen. Die gelbe Markierung bewegt sich eine Zeile weiter, die Inhalte der lokalen Variablen werden aktualisiert. Dabei sind alle in diesem Schritt veränderten Werte nun markiert. Methodenaufrufe werden dabei übersprungen.
Einzelschritt fein F11	Feiner geht es mit F11, ebenso eine Einzelschrittfunktion. Dabei werden auch eigene Methoden berücksichtigt und der Debugger wechselt gegebenenfalls in die entsprechende Quelldatei. Dies kann vor allem in Schleifen dazu führen, dass die Schrittwege sehr lang werden. Mit SHIFT-F10 können Sie dann zum Ende der Methode weiterspringen.

3.4 Fehlersuche und Debugging

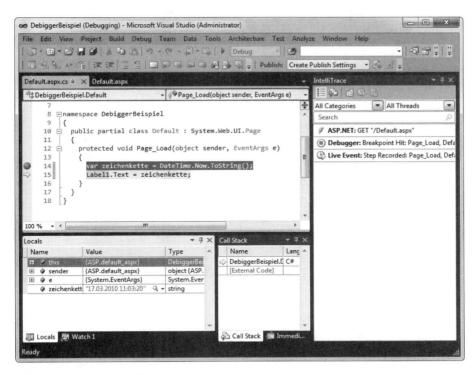

Abbildung 3.21 Aktuelle Position des Debuggers

Unter anderem kann es bei der Fehlersuche sehr hilfreich sein, Werte von Variablen zu verändern. Hierfür können Sie entweder die Ansicht der lokalen Variablen oder das Beobachtungsfenster verwenden indem Sie die Variable auswählen und mit einem Doppelklick auf der Wert bearbeiten.

Werte Ändern

Manchmal reicht es nicht aus, den Wert einer Variablen zu verändern. Hier hilft Ihnen das DIREKT-Fenster (IMMEDIATE WINDOW). Geben Sie eine C#-Anweisung ein, wird diese unmittelbar im Kontext Ihres Programms ausgeführt.

Code ausführen

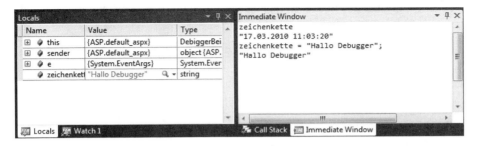

Abbildung 3.22 Lokale Variablen (links) und das Direkt-Fenster (rechts)

3 Entwicklungswerkzeuge

Rücksprung

In verwalteten Programmiersprachen können Sie den Ausführungsmarker (gelber Pfeil vor der Zeile) zurück schieben und mit Hilfe der Einzelschrittfunktion (F10) die Zeilen nochmals ausführen.

Fehler in JavaScript-Code

JavaScript-Debugger

Ein großer Vorteil der Entwicklungsumgebung Visual Studio 2010 ist, dass sich auch JavaScript-Code im Browser debuggen lässt. Visual Studio und das .NET Framework stellen entsprechende Bibliotheken bereit, die diese Funktionalität ermöglichen.

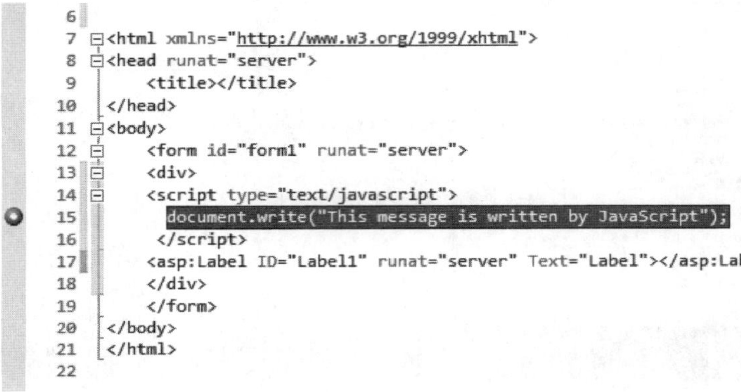

```
 6
 7  <html xmlns="http://www.w3.org/1999/xhtml">
 8  <head runat="server">
 9      <title></title>
10  </head>
11  <body>
12      <form id="form1" runat="server">
13      <div>
14      <script type="text/javascript">
15          document.write("This message is written by JavaScript");
16      </script>
17      <asp:Label ID="Label1" runat="server" Text="Label"></asp:Label>
18      </div>
19      </form>
20  </body>
21  </html>
22
```

Abbildung 3.23 Der Skript-Debugger

Nachdem Sie das folgende kleine Beispiel zur Ausführung gebracht haben, schaltet Visual Studio in die bekannte Debugger-Ansicht. Hier finden Sie die gleichen Elemente, wie beim debuggen von CLR-Code.

Alle JavaScript-Objekte stehen im Debugger mit all ihren Eigenschaften zur Anzeige und Bearbeitung bereit. Selbst das DIREKT-Fenster können Sie verwenden, um JavaScript-Anweisungen direkt ausführen zu lassen.

Umfangreiche Möglichkeiten

Zusammenfassend betrachtet bietet Visual Studio 2010 sehr umfangreiche Möglichkeiten, Quelltexte auf Fehler hin zu analysieren und zu debuggen.

3.5 Expression Produkte

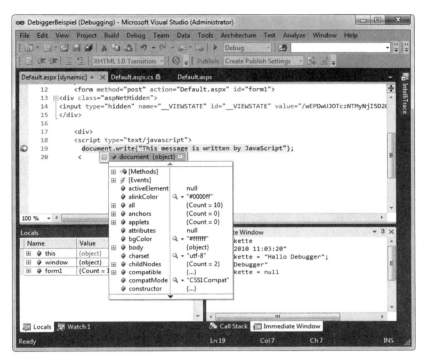

Abbildung 3.24 Untersuchung von Skriptvariablen

3.5 Expression Produkte

Nachdem Visual Studio etwas ausführlicher vorgestellt wurde, wird im Folgenden das Integrationswerkzeug für Mediendesigner, Blend, kurz vorgestellt.

3.5.1 Expression Studio

Die Expression Produkte sind – im Gegensatz zu den als „Express" bezeichneten Varianten – nicht kostenlose Zugaben, sondern professionelle Werkzeuge, die sich an bestimmte Anwendergruppen außerhalb der Softwareentwicklung richten. Dazu gehören Designer, Layouter, Fotografen, Spezialisten für Videoschnitt usw.

Schon lange reicht es nicht mehr aus, eine Anwendung mit vielen interessanten und hilfreichen Funktionen zu entwickeln. Vielmehr muss ein Programm bzw. eine Webanwendung auch etwas für „das Auge" bieten.

Expression Portal

Zwar wird der Entwickler[4] einer ASP.NET Webanwendung eher weniger mit diesen Werkzeugen in Berührung kommen, aber um ein möglichst vollständiges Bild zu erhalten, sollten Sie an dieser Stelle auch mal einen Blick über den Tellerrand werfen.

Um Mediendesignern die Arbeit mit dem Microsoft .NET-Framework im Allgemeinen und im Speziellen mit WPF und Silverlight zu erleichtern, gibt es das Expression Studio.

Expression Design

Expression Design — Expression Design ist ein Werkzeug zur direkten Erstellung von Vektorgrafiken in XAML, welche Sie direkt in Expression Blend oder Expression Web weiter verwenden können. Dieses Werkzeug wurde vor allem für Designer erschaffen. In der Bedienung ist Design stark an andere Vektorgrafikprogramme angelehnt.

Expression Web

Expression Web — Expression Web ist ein Webdesign-Werkzeug aus dem Hause Microsoft. Unterstützt werden PHP, HTML/XHTML, XML, XSLT, CSS, JavaScript, ASP.NET, ASP.NET AJAX, Silverlight, Flash, Windows Media und Photoshop. Die Integration von Microsoft Visual Studio und Expression Studio ist dabei selbstverständlich.

Expression Blend

Expression Blend — Expression Blend ist das Integrationswerkzeug für Grafiken und Design in WPF bzw. Silverlight Anwendungen. Hiermit können Sie sowohl Grafiken als auch Oberflächen gestalten und diese mit entsprechendem Programmcode verbinden. Ab der Version 3 wurde Sketch Flow integriert, eine Technologie zur Erstellung von funktionsfähigen Prototypen.

Expression Media Encoder

Expression Encoder — Expression Encoder ermöglicht dem Entwickler das Kodieren von Mediendaten für die Verwendung im Web. Dieses Werkzeug wird vor allem im Zusammenhang mit Silverlight und VC.1- bzw. H264-kodierten Filmen verwendet.

Installationsvoraussetzungen für Expression Studio

Ihr System muss die folgenden Mindestanforderungen erfüllen:

Systemvoraussetzung Expression Studio

- Betriebssystem: Windows Server 2003, Windows Server 2008 (R2), Windows 7, Windows Vista, Windows XP (mit SP3). Dabei wird sowohl die x86- als auch die x64-Version des jeweiligen Betriebssystems unterstützt. Um SharePoint 2010-Projekte entwickeln zu können, ist Windows 7 x64 oder Windows Server 2008 (R2) x64 erforderlich.

---

[4] Ein Entwickler ist in diesem Zusammenhang weniger als eine Person zu sehen, es ist vielmehr die typische Rolle eines Entwicklers gemeint.

- Prozessor: 1.6 GHz oder schneller. Idealerweise sollte ein Mehrkernprozessor verwendet werden.
- Arbeitsspeicher: 1 GB (erst ab 4 GB ist das Arbeiten angenehm)
- Festplattenplatz: 3 bis 5 GB
- Grafikkarte: DirectX 9.X und eine minimale Auflösung von 1280x1024 Pixel.

Ein Einführung in die Bedienung der Expression Produkte, speziell für die Programmierung von Silverlight, das Prototyping mit Sketch Flow und die Benutzung einer Mockup Datenbank finden Sie online über den **texxtoor**-Code.

3.6 Die Kommandozeilenwerkzeuge

Kommandozeilenwerkzeuge sind auch im Zeitalter grafischer Oberflächen aktuell. Egal ob für Stapelverarbeitungsdateien oder Build-Server, nicht immer sind interaktive Aktionen sinnvoll oder möglich. Dieser Abschnitt erläutert die wichtigsten Werkzeuge und wozu sie dienen. Die Darstellung der teilweise umfassenden Parameter und Optionen ist im Rahmen eines Buches nicht sinnvoll, denn diese Informationen finden Sie online.

3.6.1 Die Werkzeuge des Frameworks

Dieser Abschnitt beschreibt einige wichtige Werkzeuge, die hilfreich sind, wenn Projekte mit ASP.NET umgesetzt werden sollen. Die Liste umfasst nur eine Auswahl der am häufigsten benötigten Programme. Für einen vollständigen Überblick konsultieren Sie bitte die Dokumentation.

Assembly Linker (Al.exe)

Der Assembly Linker generiert eine Assembly, bestehend aus einem Manifest und einem oder mehreren Modulen und Ressourcen. Dies ist sinnvoll, um nachträglich Assemblies mit Satelliten-Assemblies, Ressourcendateien usw. verbinden zu können. Module sind MSIL-Dateien, die noch kein Manifest haben. Assemblies sind solche kompilierten Objekte mit Manifest und Ressourcen. Das Manifest ist eine XML-Datei, die die Struktur des Containers beschreibt.

Eine vollständige Beschreibung der Parameter finden Sie über den **texxtoor**-Code.

Richtlinienwerkzeug (Caspol.exe)

Das Richtlinienwerkzeug (Code Access Security Policy tool, caspol) erlaubt es Benutzern und Administratoren, die Sicherheitsrichtlinien auf Maschinen-, Benutzer-, und Unternehmensebene einzustellen. Das Werkzeug wird vorzugsweise in Stapelverarbeitungsdateien eingesetzt.

Eine vollständige Beschreibung der Parameter finden Sie über den **texxtoor**-Code.

CLR-Debugger (DbgClr.exe) und Laufzeit-Debugger (CorDbg.exe)

Die Debugger helfen dabei, Fehler in Projekten zu finden, wenn kein Visual Studio zur Verfügung steht. Dies ist oft der Fall, wenn hartnäckige Fehler auf Produktionsmaschinen gesucht werden. Kopieren Sie die PDB-Dateien (Programm Debug DataBase) auf das Zielsystem und starten Sie dort den passenden Debugger, um Fehler zu suchen.

Global Assembly Cache Werkzeug (Gacutil.exe)

Das Global Assembly Cache (GAC) Werkzeug wird verwendet, um den Assembly Cache zu bearbeiten. Sie können damit vor allem Assemblies in den GAC legen oder daraus entfernen. Das Werkzeug wird vorzugsweise in Stapelverarbeitungsdateien eingesetzt. Verwenden Sie die folgenden Schalter:

- /l – Listet alle Assemblies
- /i – Installiert eine Assembly
- /u – Deinstalliert eine Assembly

Eine vollständige Beschreibung der Parameter finden Sie über den **texxtoor**-Code.

Assembly Generator (Ilasm.exe)

Der Assembly Generator erzeugt portable, ausführbare Dateien aus vorliegendem IL-Code. Dies hilft dabei zu prüfen, ob IL-Dateien wie erwartet funktionieren. Der Einsatz erfolgt vorzugsweise in Stapelverarbeitungsdateien in Testumgebungen.

Eine vollständige Beschreibung der Parameter finden Sie über den **texxtoor**-Code.

Disassembler Ildasm.exe

Dieses Programm disassembliert Assemblies zurück in IL-Code. Damit ist es möglich, übersetzte Programme wieder lesbar zu machen.

Eine vollständige Beschreibung der Parameter finden Sie hier:

Eine vollständige Beschreibung der Parameter finden Sie über den **texxtoor**-Code.

Das Installationswerkzeug (Installutil.exe)

Dieses Programm hilft bei der Erstellung von Installationsprogrammen. Es stellt eine Schnittstelle zwischen den von Visual Studio erstellten MSI-Paketen und den von MSI erwarteten Parametern her. Damit lassen sich auch Dienste installieren.

Eine vollständige Beschreibung der Parameter finden Sie über den **texxtoor**-Code.

Native Image Generator (Ngen.exe)

Der Native Image Generator erzeugt native Abbilder einer Assembly und installiert diese im Native Image Cache. Dies ist ein reservierter Bereich des GAC. Die Laufzeitumgebung kann derart vorbereitete Abbilder schneller ausführen.

Eine vollständige Beschreibung der Parameter finden Sie über den **texxtoor**-Code.

3.6 Die Kommandozeilenwerkzeuge

Assembly Registrierung (Regasm.exe)

Die Assembly Registrierung liest Metadaten aus seiner Assembly und registriert notwendige Einträge in der Windows Registry. Dies umfasst meist COM-Objekte oder .NET-Objekte, die für COM sichtbar sein sollen und registriert werden müssen.

Eine vollständige Beschreibung der Parameter finden Sie über den **texxtoor**-Code.

Service Registrierung (Regsvcs.exe) und Strong Name (sn.exe)

Für die Installation eines Dienstes kann *Regsvcs.exe* eingesetzt werden. Die Assembly muss einen starken Namen haben, der mit dem Strong Name Werkzeug (*sn.exe*) erstellt werden kann.

Eine vollständige Beschreibung der Parameter für *sn.exe* finden Sie über den **texxtoor**-Code.

3.6.2 Werkzeuge speziell für ASP.NET

Einige Werkzeuge sind speziell für ASP.NET verfügbar. Diese sollten Sie in jedem Fall beherrschen. Auch hier sind die Adressen zu den ausführlichen Beschreibungen der Parameter angegeben.

ASP.NET Registrierung Aspnet_regiis.exe

Das Werkzeug modifiziert die Internet Information Services (IIS) für die Nutzung von ASP.NET. Es erlaubt die Einstellung verschiedener ASP.NET-Versionen für Websites. Es werden weiterhin notwendige Skriptbibliotheken erstellt und konfiguriert.

Eine vollständige Beschreibung der Parameter finden Sie über den **texxtoor**-Code.

ASP.NET State Aspnet_state.exe

Dieses Werkzeug ist ein Dienst, der Statusinformationen der Sitzungen speichert. Dies kann auch ein entfernter Computer sein, sodass damit eine gemeinsame Sitzungsverwaltung in einer Farm möglich wird.

ASP.NET compiler Aspnet_compiler.exe

Der Compiler erlaubt das Übersetzen und Verteilen einer Webapplikation ohne Visual Studio. Das Werkzeug wird vorzugsweise in Stapelverarbeitungsdateien eingesetzt.

Eine vollständige Beschreibung der Parameter finden Sie über den **texxtoor**-Code.

ASP.NET Browser Registration Tool (Aspnet_regbrowsers.exe)

Dieses Werkzeug dient der Anmeldung weiterer Browser zur Erkennung durch Adapter. Adapter modifizieren den erzeugten HTML- bzw. CSS-Code browserspezifisch.

Eine vollständige Beschreibung der Parameter finden Sie über den **texxtoor**-Code.

ASP.NET-Merge Tool (Aspnet_merge.exe)

Mit dem ASP.NET-Merge Tool (*Aspnet_merge.exe*) können Sie Assemblys, die mit dem ASP.NET-Compiler (*Aspnet_compiler.exe*) erstellt wurden, kombinieren und verwalten. Dies gilt für Assemblies ab Framework 2.0 aufwärts.

Der ASP.NET-Compiler ermöglicht es, eine Anwendung für die Bereitstellung vorzukompilieren. Er erstellt für jeden Inhaltsordner in der Zielwebsite oder für jede Inhaltsdatei eine Assembly. Das ASP.NET-Merge Tool bietet darauf aufbauend zusätzliche Funktionen für die Bereitstellung und Versionsverwaltung:

- Erstellen einer Assembly für die gesamte Website
- Erstellen einer Assembly für jeden Ordner und Hinzufügen eines Präfix zum Assemblynamen
- Erstellen einer Assembly für die Elemente der Benutzeroberfläche, das heißt für Seiten und Steuerelemente

Eine vollständige Beschreibung der Parameter finden Sie über den **texxtoor**-Code.

ASP.NET SQL Server Registration Tool (Aspnet_regsql.exe)

Dieses Werkzeug erzeugt eine Datenbank und passende gespeicherte Prozeduren, um die Sitzungsverwaltung, Profilspeicherung und Benutzerverwaltung in einer SQL Server-Datenbank vornehmen zu können.

Eine vollständige Beschreibung der Parameter finden Sie über den **texxtoor**-Code.

4 Protokolle des Web

Dieses Kapitel bietet einen sehr kompakten Überblick über die Protokolle, die Sie beherrschen sollten, wenn Sie mit ASP.NET aktiv entwickeln. Eine einzige Ausnahme machen die Autoren bei der Wahl der Programmiersprache. Natürlich sind Sie wie bei allen auf .NET basierenden Entwicklungen frei in der Anwendung der bevorzugten Sprache, also meist VB.NET, C# oder F#. In diesem Buch fokussieren die Autoren auf C# in Verbindung mit JavaScript. Da sowohl C# als auch JavaScript sehr umfangreich sind, werden diese zwei Sprachen in Kapitel 5 ausführlich vorgestellt.

Die Informationen in diesem Kapitel sind grob in folgende Abschnitte unterteilt:

- Netzwerkprotokolle wie TCP/IP, DNS und das Referenzmodell
- Hypertext Transfer Protokoll (HTTP), FTP usw.
- XML, XSLT und XPath
- Hilfsklassen des .NET-Frameworks für die Webprogrammierung

Zuvor erfahren Sie mit einer kurzen Darstellung des ISO/OSI-Referenzmodells etwas über die Einordnung der Protokolle.

4.1 Das Referenzmodell

Für die Entwicklung und Bewertung von Kommunikationsprozessen wird in der IT-Welt häufig zum ISO/OSI-Referenzmodell Bezug genommen. Dieses Modell wurde im Jahre 1984 von der ISO[5] (*International Organization for Standardization*) verabschiedet und beschreibt alle wesentlichen Prozesse bei der IT-gestützten Daten-

---

[5] ISO ist genau genommen nicht die Abkürzung von *International Organization for Standardization*, sondern wurde vom griechischen Wort *isos* abgeleitet und einfach als Kürzel festgelegt.

übertragung über ein Schichtenmodell. Komplett ausgeschrieben steht die Abkürzung ISO/OSI übrigens für *Reference Model for Open Systems Interconnection of the International Organization for Standardization*.

Tabelle 4.1 zeigt die sieben Schichten des ISO/OSI-Referenzmodells und ihre Bedeutungen.

Tabelle 4.1 Schichten des ISO/OSI-Referenzmodells

Nr.	Bezeichnung		Aufgabe bzw. Beispielanwendungen
7	Anwendung		Nutzerschnittstelle, Programmschnittstelle
6	Darstellung		Kodierung und Dekodierung
5	Sitzung		Kommunikationssteuerung
4	Transport		Aufbau von Verbindungen, Datentransport
3	Vermittlung		Adressierung und Routing von Datenpaketen
2	Sicherung	LLC (Logical Link Control)	Kontrollfunktionen, Datenfragmentierung
		MAC (Media Access Control)	
1	Bitübertragung		Physikalischer Netzwerktransport (Kabel, Funk etc.)

Bei einem genau nach diesem Modell entwickelten Übertragungsverfahren arbeitet auf jeder Ebene genau eine Komponente beziehungsweise ein Netzwerkprotokoll. Zwischen zwei Computersystemen werden dann jeweils alle Schichten durchlaufen. Der eigentliche Datenaustausch findet schließlich nur über die Schicht 1, beispielsweise das Netzwerkkabel, statt. Die einzelnen Schichten innerhalb eines Partners „kommunizieren" damit jeweils nur mit den direkt darüber und darunter liegenden Nachbarn über die Protokolle und technischen Komponenten. Dadurch sind die höheren Schichten unabhängig von den Prozessen, die sich weiter unten abspielen. Ob die Schicht 1 technisch über ein Kupfer- oder ein Glasfaserkabel implementiert ist, ist für die Protokollschicht, die kontrolliert Datenpakete versenden will, irrelevant.

Das ISO/OSI-Referenzmodell ist ein wenig theoretisch und wird in der Praxis selten konsequent umgesetzt. Das beste Beispiel dafür ist die am meisten verbreitete Netzwerkprotokollfamilie TCP/IP. Die Entwicklung ist hier älter als die für das Referenzmodell, sodass sich die Protokolle der IPS (Internet Protocol Suite) nur teilweise darin abbilden lassen.

4.2 Die Internet-Protokollfamilie

Vier Schichten

Die IPS kann in vier Schichten eingeteilt werden, die allerdings ähnlich wie die des Referenzmodells strukturiert sind. Ab Schicht 2 übernehmen verschiedene Protokolle jeweils spezifische Aufgaben. Diese werden in den nächsten Abschnitten noch näher vorgestellt.

4.2 Die Internet-Protokollfamilie

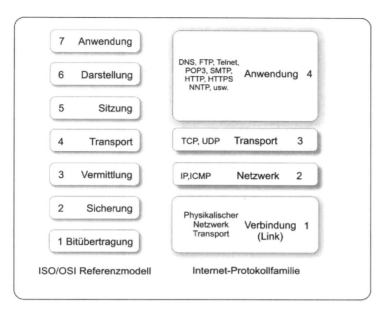

Abbildung 4.1 Die Schichten der Internet-Protokollfamilie im Vergleich zum ISO/OSI-Referenzmodell

Standardisierung mit Hilfe von RFCs

Wenn Sie sich mit Protokollen und konkreten Implementierungen technischer Verfahren rund um die IPS beschäftigen, werden Sie immer wieder mit RFCs (Request for Comments) konfrontiert. Die RFCs dienen als öffentliches Diskussionsforum für technische und organisatorische Fragen des Internets. Sie wurden mit dem ARPANET im Jahre 1969 ins Leben gerufen. Die RFC 0001 wurde am 7. April 1969 veröffentlicht, noch während der laufenden Entwicklung des ARPANET.

RFCs werden fortlaufend nummeriert und können verschiedene Stufen durchlaufen. Es gibt keine Versionsnummern. Wird ein RFC umfassend weiterentwickelt, erscheint ein neues Dokument mit einer neuen Nummer. Das alte wird als obsolet gekennzeichnet. Werden aus RFCs Standards verabschiedet, so erscheinen diese in einer zweiten Dokumentform, die durch STD gekennzeichnet ist. Der Zusammenhang zwischen RFCs und STDs ist in RFC 2500 geregelt. Der Standardisierungsprozess wird in RFC 2026 erläutert.

Als gute Informationsquelle für RFCs ist die folgende Webseite zu empfehlen:

- *www.rfc-editor.org*

Hier können Sie in der RFC- und STD-Datenbank komfortabel stöbern. Wenn Sie nach tiefergehenden Informationen zu bestimmten Protokollen wie beispielsweise ICMP oder DNS suchen, tragen Sie diese in die Suchmaske ein und werden schnell fündig.

4 Protokolle des Web

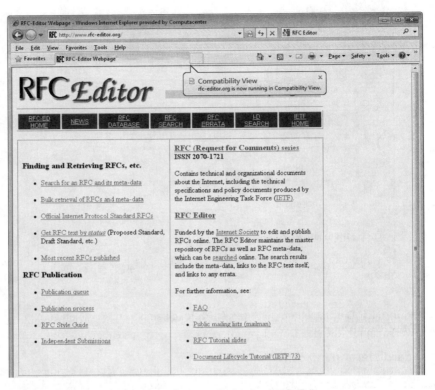

Abbildung 4.2 Eine gute Informationsquelle ist der RFC-Editor

> **TIPP** Amüsant kann das Studium von RFCs mit dem Erscheinungsdatum vom 1. April und dem Status INFORMATIONAL sein. Zu empfehlen ist hier beispielsweise RFC 2550, in welchem die Jahr 10.000-Problematik erörtert wird.

4.2.1 Wichtige Protokolle der Internet Protocol Suite

Nachfolgend werden die wichtigsten Protokolle der IPS vorgestellt. Die Reihenfolge entspricht dabei der im IPS-4-Schichtenmodell (siehe Abbildung 4.1).

Überblick

In Abbildung 4.3 sind die nochmals die wichtigsten Protokolle und ihre Einordnung in das TCP/IP Schichtenmodell sowie in das OSI-Schichtenmodell dargestellt.

Eine besondere Rolle kommt dabei dem ARP Protokoll zu. Da diese sich zwar rein technisch über dem DLCMAC (Ethernet) befindet, aber nicht zu Schicht 3 gehört, wird es oft auch als Schicht 2,5-Protokoll bezeichnet.

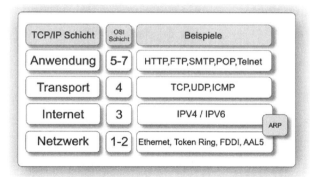

Abbildung 4.3 Der IPS-Stack

Address Resolution Protocol (ARP)

Über dieses Protokoll, welches auf einer sehr elementaren Ebene arbeitet, erfolgt die Zuordnung von IP-Adressen zu den physischen MAC-Adressen der Netzwerkadapter der beteiligten Kommunikations-Teilnehmer. MAC steht für *Media Access Control*. MAC-Adressen sind stets weltweit eindeutig, sodass eine Verwechslung von Teilnehmern an dieser Stelle ausgeschlossen werden kann. Allerdings gibt es Netzwerkadapter, die das Eingeben einer benutzerdefinierten MAC-Adresse zulassen.

Die Informationen zu den MAC-Adressen der beteiligten Netzwerkcomputer werden bei Windows Server 2003/2008, wie bei anderen Betriebssystemen auch, in einem ARP-Cache gehalten. Damit müssen diese nicht immer wieder neu ermittelt werden. Den ARP-Cache können Sie über die Eingabeaufforderung mit dem Kommando *Arp.exe* und der Option -a anzeigen lassen:

- `Arp -a`

Haben Sie mehrere Netzwerkadapter in Ihrem Computersystem installiert, können Sie den ARP-Cache für einen bestimmten Adapter abfragen, indem Sie dessen IP-Adresse mit der Option -N angeben:

- `Arp -a -N 192.168.100.6`

Welche und wie lange Daten in diesem Cache gehalten werden, können Sie anpassen. Dies ist in der Praxis allerdings kaum notwendig.

Eine genaue Syntaxbeschreibung zum Programm *Arp.exe* finden Sie in der Online-Hilfe zu Windows Server.

Internet Control Messaging Protocol (ICMP)

Dieses Protokoll dient vor allem zum Transport von Diagnose-, Kontroll- und Routingdatenpaketen im Netzwerk. Es befindet sich wie das *Internet Protocol* (IP) auf Schicht 2 des IPS-Schichtenmodells. ICMP wird beispielsweise vom Dienstprogramm *Ping.exe* benutzt, um Informationen von einem Host zu erfragen.

Internet Protocol (IP)

IP dient zum eigentlichen Transport der Nutzdaten im Netzwerk. Das Protokoll zeichnet sich durch diese Merkmale aus:

- *IP*-Adresse

  Jeder Netzwerkknoten kann durch eine eindeutige Adresse, die IP-Adresse, direkt erreicht werden. Die Unterteilung zwischen dem Teilnetzwerk und der konkreten Hostadresse wird mit Hilfe von Subnetzmasken vorgenommen.

- Keine Fehlerkorrektur

  Über IP werden die Daten zwar transportiert, es erfolgt allerdings keine Fehlerkorrektur.

- IP-Fragmentierung

  Datenpakete können bei Bedarf über IP in kleinere Einheiten zerlegt werden, wenn beteiligte Netzwerkgeräte auf bestimmte Paketgrößen limitiert sind.

- IP-Broadcast

  Datenpakete können mit IP an einen ganz bestimmten Host geschickt werden, indem dessen IP-Adresse verwendet wird. Dies wird *Unicast* genannt. Über eine entsprechende Adressierung können aber mehrere Hosts auf einmal angesprochen werden. Dies wird mit *Multicast* bezeichnet und kommt dann zum Einsatz, wenn nicht sitzungsorientiert Daten ausgetauscht werden. Das können beispielsweise UDP- oder ICMP-Datenpakete sein. Ein UDP-(Multimedia-)Datenstrom kann so an mehrere Empfänger gleichzeitig gesendet werden.

- IP-Routing

  IP ist ein routingfähiges Protokoll. Das bedeutet, dass der IP-Datenstrom gezielt über IP-Router in voneinander sonst getrennte Teilnetzwerke geleitet werden kann.

> **HINWEIS** Über eine Erweiterung von DHCP, die MADCAP (*Multicast Address Dynamic Client Allocation Protocol*) genannt wird, können dynamisch IP-Multicastadressen im Netzwerk zugewiesen und verwaltet werden. Der DHCP-Serverdienst in Windows Server 2008 unterstützt dies. Im vorliegenden Buch wird darauf jedoch nicht weiter eingegangen.

Da das IP Protocol zu den wichtigeren Protokollen im Web gehört, soll an dieser Stelle etwas genauer auf die Zusammensetzung des Kopfes (Headers) eingegangen werden.

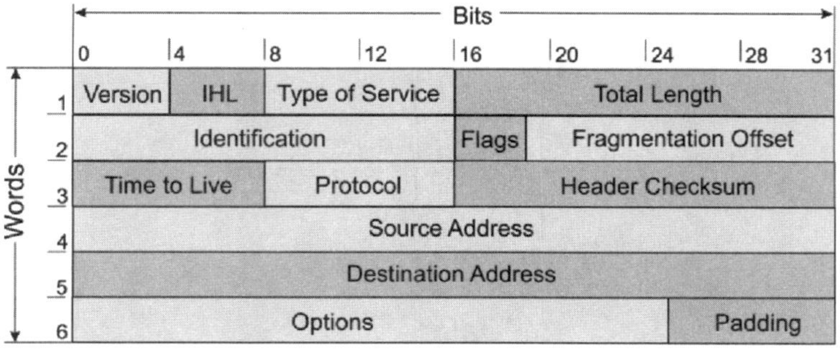

4.2 Die Internet-Protokollfamilie

	Bits							
	0	4	8	12	16	20	24	28 31
1	Version	IHL	Type of Service		Total Length			
2	Identification				Flags	Fragmentation Offset		
3	Time to Live		Protocol		Header Checksum			
4	Source Address							
5	Destination Address							
6	Options						Padding	

(Words)

Abbildung 4.4 IP-Header

Zwar ist das IP Protokoll in der Version 6 bereits seit langem spezifiziert, jedoch kommt es nur sehr schwer in Gang. Das mag zum Teil an den Providern und zum Teil an den Herstellern von IP-Equipment liegen. Aus diesem Grund steht IPv4 hier im Vordergrund. — IPV6 vs V4

Neben der `Version` wird die Länge des IP-Kopfes (IP Header Length – IHL) und der Diensttyp angegeben. Auf diese Weise können Geräte den Verkehr anhand der Art der Daten (`Type of Service` (TOS), eine Art der Priorisierung) priorisieren. — TOS

Ferner werden noch die gesamte Paketlänge sowie die Felder `Identifikation` (hilft bei der Erkennung von Fragmenten), `Flags` (gibt Auskunft, ob das Paket fragmentiert ist) und das `FragmentationOffset` für das Zusammensetzen fragmentierter Pakete angegeben. — Fragmentierung

Die wichtigsten zwei Felder stellen die Quelle (`Source`) sowie die Ziel (`Destination`) der Adresse dar. Hier wird die IP Adresse byteweise als 32 Bit (= 4 Byte) Wert abgelegt. — Adressen

Des Weiteren werden die Felder `Options` (Informationen für Router), `Time To Live` (Anzahl der Hops, über die ein Paket übermittelt wird), `Protocol` (welches Protokoll sich innerhalb des IP Paketes befindet, TCP = 6 oder UDP = 17) sowie eine Checksumme übermittelt, um Fehler im Kopf zu erkennen. — Options und Protocol

Eine Fehlerkorrektur ist im IP selbst nicht vorgesehen. Diese muss über ein Protokoll erfolgen, welches eine Schicht darüber angesiedelt ist. Dies ist beispielsweise das *Transmission Control Protocol* (TCP). TCP-Datenpakete werden dazu in IP-Pakete „verpackt". Am Zielsystem erfolgt die Überprüfung der TCP-Pakete. Bei Fehlern können damit die Daten erneut angefordert werden.

Aus diesem Grund spricht man bei IP auch von einem Transportprotokoll, wogegen TCP ein Absicherungsprotokoll ist. — Transportprotokoll

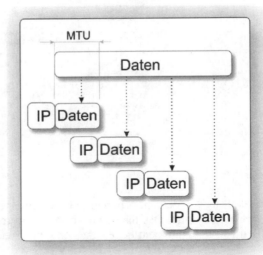

Abbildung 4.5 IP-Fragmentierung

MTU

Die maximale IP-Paketgröße wird mit *Maximum Transmission Unit* (MTU) bezeichnet. Ist die Paketgröße kleiner oder gleich der MTU, muss das Paket nicht zerlegt, sondern fragmentiert werden. Fragmentierte IP-Pakete sind durch ein gesetztes Flag gekennzeichnet und werden über eine entsprechende Nummerierung am Zielsystem wieder zusammengesetzt. Allerdings birgt die IP-Fragmentierung ein potenzielles Sicherheitsrisiko. Geschickte Hacker können beispielsweise IP-Fragmente so bilden, dass sie beim Zusammensetzen das Zielsystem zum Absturz bringen. Deshalb werden IP-Fragmente durch moderne Firewalls in der Standardeinstellung abgewiesen. Die IP-Fragmentierung wird heute meist durch das Verfahren *Path MTU Discovery* vermieden. Dabei handeln die beteiligten Systeme die MTU-Größe untereinander aus.

Bei Bedarf können Sie die MTU-Größe per Hand anpassen. Damit sind teilweise moderate Leistungssteigerungen, beispielsweise für Internet-Verbindungen, erreichbar. Sie finden diesen Wert in der Windows-Registrierung an dieser Stelle:

`HKLM\SYSTEM\CurrentControlSet\Services\Tcpip\Parameters\Interface`

Unter diesem Zweig befinden sich die einzelnen Netzwerk-Interfaces, in die Sie über die entsprechenden ID-Zweige gelangen. Das richtige Interface erkennen Sie an der IP-Adresse. Wenn Sie die MTU-Größe für eine Modemverbindung anpassen wollen, können Sie die IP-Adresse über den Befehl *ipconfig.exe* und die Option `/all` ermitteln.

Wenn noch nicht vorhanden, erstellen Sie für das Interface einen neuen REG_DWORD-Wert mit der Bezeichnung *MTU*. Empfohlene Werte (dezimal) sind:

- Modemverbindungen: 576
- DSL-Verbindungen: 1492

Transmission Control Protocol (TCP)

TCP ist eine Schicht über IP angesiedelt und verfügt gegenüber diesem über einen wirksamen Mechanismus zur Fehlerkorrektur. Neben einer Nummerierung der Datenpakete werden Prüfsummen generiert, mit deren Hilfe die Integrität der Daten sichergestellt wird. Wird ein Fehler erkannt, erfolgt automatisch eine Anforderung des bzw. der defekten Datenpakete, das Gleiche gilt für den Fall, dass ein Paket bis zum Ablauf einer bestimmten Zeit nicht eingetroffen ist. Auch diese Daten werden neu angefordert.

Da jede Leitung unterschiedliche qualitative Eigenschaften hat, kann TCP die Parameter, wann ein Paket zu wiederholen ist, dynamisch anpassen. Auf diese Weise wird immer eine optimale Performance garantiert.

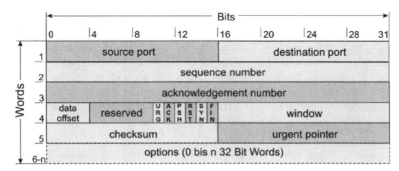

Abbildung 4.6 TCP-Header

Zusätzlich zu den IP-Quell und Zieladressen verwendet TCP sogenannte Portnummern. Diese ergeben zusammen mit den IP-Adressen eine eindeutige Verbindung. Jeder Dienst bekommt einen `Port` zugewiesen, auf dem dieser eingehende Verbindungen entgegennimmt. Da viele Standarddienste immer die gleichen Ports verwenden, werden Ports oft nach den jeweiligen Diensten benannt. Beispiele:

- Port 23: Telnet Port
- Port 80: HTTP Port
- Port 21: FTP Port

TCP ist ein Datenstrom-Protokoll (stream oriented), man spricht auch von einem verbindungsorientierten Protokoll. Das bedeutet, es werden zwar einzelne Datenpakete gesendet, jedoch gibt eine Verbindung, welche vor der Datenübertragung aufgebaut und danach wieder abgebaut wird, ganz im Gegenteil zu UDP.

Die `Sequenz Number` ist eine fortlaufende Nummer, welche ein Paket in dem Datenstrom kennzeichnet. Mit ihrer Hilfe können Pakete, welche in der falschen Reihenfolge eintreffen, wieder sortiert werden.

Die `Acknowledge Number` wird verwendet, um der Gegenstelle mitzuteilen, bis zum wievielten Datenpaket alle Daten erfolgreich eingetroffen sind. Auf diese Weise kann indirekt eine Neuübertragung ausgelöst werden, wenn beispielsweise nur bis zum vorletzten Paket bestätigt wurde. Der Sender wartet noch, ob das Paket etwas

4 Protokolle des Web

Window	verspätet bestätigt wird (Timeout). Ist das nicht der Fall, werden in der Regel alle Pakete ab dem nicht empfangenen Pakt nochmals übertragen.
	`Window` ist die Anzahl der Daten-Oktetts (*Bytes*), beginnend bei dem durch das `Acknowledgment`-Feld indizierten Daten-Oktett, die der Sender dieses TCP-Paketes bereit ist zu empfangen.
	Auf weitere Felder soll in diesem Zusammenhang nicht weiter eingegangen werden, da sich mit diesem Thema allein ein Buch füllen ließe. Das TCP-Protokoll ist das meistgenutzte dieser Schicht und dient zum verbindungsorientierten Datentransfer zwischen zwei Hosts.

User Datagram Protocol (UDP)

UDP	Dieses Protokoll ist der „engste Verwandte" von TCP. Es unterscheidet sich allerdings in wichtigen Parametern grundlegend und dient damit anderen Zwecken. So ist keine Fehlerkorrektur implementiert. Dies ist nicht für alle Arten von Datentransfers notwendig. Multimedia-Streams werden beispielsweise meist mit UDP übertragen, da es hier vor allem auf eine hohe Performance ankommt. Wenn bei bewegten Bildern einige Frames fehlen, fällt dies nicht unbedingt ins Gewicht. Wichtiger ist dann, dass die Information selbst übertragen wird, also der Inhalt des Films beim Empfänger ankommt. Andauerndes Stocken bei der Übertragung, weil fehlerhafte oder unvollständige Daten neu übertragen werden müssen, stören da mehr.
Multimedia und VoIP	UDP kommt standardmäßig bei der Abfrage von DNS-Informationen zum Einsatz. Hier bringt das Protokoll bei den zahlreichen kleinen Datenpaketen, die einen DNS-Server ständig erreichen, einen Performance-Vorteil. Weitere Anwendungen für dieses Protokoll sind Routingprotokolle wie RIP (*Routing Information Protocol*), TFTP (*Trivial File Transfer Protocol*) oder SNMP (*Simple Network Management Protocol*). Aber auch bei Multimedia und anderen Streaming Anwendungen wie VoIP kommt UDP zum Einsatz.
Keine Fehlerkorrektur	Zu beachten ist, dass UDP aufgrund der fehlenden Flusskontrolle und Fehlerkorrektur als nicht sehr sicheres Protokoll gilt. Deshalb ist es ein beliebtes Protokoll für Hacker, die beispielsweise mit *Denial of Service*-Attacken immer wieder von sich reden gemacht haben. Dabei werden Hosts mit einer Unmenge von UDP-Paketen überflutet, was zu deren Überforderung und damit der zeitweisen Lahmlegung führt.

Simple Mail Transfer Protocol (SMTP) / Extended SMTP (ESMTP)

SMTP	SMTP kommt sogar an Clientsystemen für das Versenden sowie bei Mailservern zum Senden und Weiterleiten von E-Mails zum Einsatz. Der Windows Server 2008 bietet nicht nur eine allgemeine Unterstützung dieses Protokolls, sondern einen SMTP-Server.
	Inzwischen hat sich der ESMTP-Standard auf breiter Front durchgesetzt. Dieser ist in RFC 2821 spezifiziert und bietet erweiterte Funktionen zur Kommunikation zwischen SMTP-Client und -Server.
ASCII	Wie viele Protokolle im Web-Umfeld ist auch diese Protokoll ASCII-Text basiert. Alle Nachrichten, welche vom Client zum Server gesendet werden, können dabei sowohl vom Menschen als auch von der Software interpretiert werden.

```
SERVER  220 smtp.mail.net SMTP Service at 29 Jun 2010 05:17:18 EDT
CLIENT  HELO client.dialin.provider.net
SERVER  250 smtp.mail.net - Hello, client.dialin.provider.net
CLIENT  MAIL From: matthias@mail.net
SERVER  250 MAIL accepted
CLIENT  RCPT To: joerg@mail.net
SERVER  250 Recipient accepted
CLIENT  DATA
SERVER  354 Start mail input; end with .
CLIENT  Date: Sat, 27 Jun 2010 05:26:31 EDT
CLIENT  From: matthias@mail.net
CLIENT  To: joerg@mail.net
CLIENT  Subject: eMail
CLIENT
CLIENT  Diese eMail wurde mit einem Telnet-Client geschrieben.
CLIENT  .
SERVER  250 OK
CLIENT  QUIT
SERVER  221 smtp.mail.net Service closing transmission channel
```

Post Office Protocol Version 3 (POP3)

POP3 dient der Kommunikation zwischen einem E-Mail-Client und einem Mailserver. Mit Hilfe dieses Protokolls holen Clients E-Mails vom Server ab und veranlassen gegebenenfalls die Löschung derselben. POP3 ist praktisch in jedem E-Mail-Client wie beispielsweise Outlook integriert. Ähnlich wie das SMTP Protokoll ist auch das POP3 Protokoll ASCII basiert.

POP3

```
SERVER  +OK POP3 server ready <client.dialin.provider.net>
CLIENT  USER matthias@mail.net
SERVER  +OK
CLIENT  PASS geheimesPassword
SERVER  +OK
CLIENT  STAT
SERVER  +OK 2 320
CLIENT  LIST
SERVER  +OK 2 messages (320 octets)
SERVER  1 120
SERVER  2 200
SERVER  .
CLIENT  RETR 1
SERVER  +OK 120 octets
SERVER  <Server übermittelt erste Nachricht>
SERVER  .
CLIENT  DELE 1
SERVER  +OK message 1 deleted
CLIENT  RETR 2
SERVER  +OK 200 octets
SERVER  <Server übermittelt zweite Nachricht>
SERVER  .
CLIENT  DELE 2
SERVER  +OK message 2 deleted
CLIENT  QUIT
SERVER  +OK dewey POP3 server signing off (maildrop empty)
```

Session Initiation Protocol (SIP)

VoIP (*Voice over IP*) nimmer immer mehr an Bedeutung zu. Auch wenn dieses Buch nicht über Multimedia und Telefonie handelt, darf dieses Protokoll in der Aufzählung der wichtigsten Internetprotokolle nicht fehlen.

SIP

Wie der Name schon zum Ausdruck bringt, wird dieses Protokoll zum Aufbau und der Steuerung von Kommunikationssession aller Art verwendet. Weitere Informationen finden Sie im RFC 3261.

4.3 Die Hochsprachenprotokolle

Die Hochsprachenprotokolle arbeiten auf Schicht 7 des Referenzmodells. Sie sind in der Regel textbasiert und übermitteln einfache Kommandos. Für die Arbeit mit ASP.NET ist das *Hypertext Transfer Protocol* HTTP ausnahmslos das Wichtigste. Sie finden eine ausführliche Darstellung in diesem Abschnitt. Wichtig sind daneben auch das *File Transfer Protocol* FTP, das *Network News Transfer Protocol* NNTP und das *Simple Mail Transfer Protocol* SMTP, die kurz im Überblick vorgestellt werden.

4.3.1 File Transfer Protocol (FTP)

Neben HTTP ist dieses Protokoll das Wichtigste beim tagtäglichen Einsatz im Internet. Es dient dem Datenaustausch zwischen FTP-Server und –Client, wobei der Client sogar auf eine genau definierte Art und Weise Zugriff auf das Dateisystem des Servers erhalten kann.

Für den Zugriff auf einen FTP-Server bieten alle modernen Windows-Betriebssysteme zwei verschiedene Arten von Clients: Das einfache Programm *Ftp.exe* dient zur Kommunikation über die Eingabeaufforderung. Als grafischer FTP-Client kann der in das Betriebssystem integrierte Internet Explorer genutzt werden. Darüber hinaus gibt es noch jede Menge Freeware und kommerzielle Clientprogramme.

4.3.2 Network News Transfer Protocol (NNTP)

Dieses Protokoll dient zum Nachrichtenaustausch zwischen sogenannten News-Servern und entsprechenden Clients. Es ist historisch gesehen eines der ältesten Protokolle, welches noch weit vor dem Einzug des Internets in den Alltag genutzt wurde.

Das Protokoll arbeitet, anders als HTTP, nicht statuslos, sondern führt einen *Message Pointer*. Für die Kommunikation mit einem News-Server ist eine Anmeldung erforderlich.

Das Protokoll gilt inzwischen als veraltet. Nachrichtengruppen werden zunehmend durch Web-basierte Foren verdrängt, die mehr Gestaltungsspielraum ermöglichen.

4.3.3 Hypertext Transfer Protocol (HTTP)

In diesem Abschnitt erfahren Sie das Wichtigste über HTTP, das in der Webserver-Programmierung die herausragende Rolle spielt.

Einführung

HTTP dient der Kommunikation mit Webservern. Es gibt zwei Versionen, 1.0 und 1.1. Auf Seiten der Browser dominiert inzwischen HTTP 1.1, denn alle Browser ab Version 4 beherrschen dieses Protokoll. Der Internet Information Server ab Version 5.0 beherrscht die Version 1.1 vollständig.

HTTP 1.0 wurde im Mai 1996 in der RFC 1945 veröffentlicht, schon im August desselben Jahres folgte HTTP 1.1.

RFC 1945

Bei HTTP handelt es sich um ein verbindungs- oder statusloses Protokoll. Server und Client nehmen also nie einen besonderen Zustand ein, sondern beenden nach jedem Kommando den Prozess vollständig, entweder mit Erfolg oder mit einer Fehlermeldung. Es obliegt dem Kommunikationspartner, darauf in angemessener Weise zu reagieren.

Verbindungsloses Protokoll

HTTP-Kommandos werden als ASCII-Text übertragen und können aus mehreren Zeilen bestehen. Die erste Zeile ist immer die Kommandozeile. Daran angehängt kann ein sogenannter Message-Header (Kopf der Nachricht) folgen. Der Nachrichtenkopf enthält weitere Parameter, die das Kommando näher beschreiben. So kann ein Content-Length-Feld enthalten sein. Steht dort ein Wert größer als 0, folgen dem Nachrichtenkopf Daten. Die Daten werden also gleich zusammen mit dem Kommando gesendet, man spricht dann vom Body (Nachrichtenkörper) der Nachricht. HTTP versteht im Gegensatz zu anderen Protokollen den Umgang mit 8-Bit-Werten. Binärdaten, wie Bilder oder Sounds, müssen nicht konvertiert werden. Folgen dem HTTP-Kommando und den Nachrichtenkopf-Zeilen zwei Leerzeilen (Zeilenwechsel), so gilt das Kommando als beendet. Kommandos mit Nachrichtenkörper haben kein spezielles Ende-Zeichen. Das Content-Length-Feld bestimmt, wie viele Bytes als Inhalt der Nachricht betrachtet werden.

Protokollaufbau, Header, Body

Kommandoaufbau

Ein HTTP-Kommando hat immer folgenden Aufbau:

Aufbau eines HTTP-Kommandos

```
METHODE ID VERSION
```

Als METHODE wird das Kommando selbst bezeichnet. Die folgende Tabelle zeigt die HTTP-Kommandos auf einen Blick.

Tabelle 4.2 HTTP-Kommandos

Kommando	Bedeutung
DELETE	Ressource löschen
GET	Ressource anfordern
HEAD	Header der Ressource anfordern
LINK	Verknüpfung zweier Ressourcen beantragen
OPTIONS	Optionen des Webservers erfragen
POST	Formulardaten an einen Serverprozess senden
PUT	Ressource auf dem Webserver ablegen
TRACE	Kommando zurückschicken lassen
UNLINK	Verknüpfung zwischen Ressourcen löschen

Beachten Sie, dass die Kommandos unbedingt in Großbuchstaben geschrieben werden müssen, exakt wie in Tabelle 4.2 gezeigt. Als Ressource werden all die Objekte bezeichnet, die übertragen werden können – in erster Linie also HTML-Dateien und Bilder.

Die ID einer Ressource kann beispielsweise eine Adresse oder ein Dateiname sein:

```
GET index.htm HTTP/1.0
```

Dieses Kommando fordert die Datei *index.htm* an.

Die HTTP-Statuscodes

Statuscodes

Die Antwort auf ein Kommando besteht im Senden der Daten – wenn dies gefordert wurde – und einem Statuscode. Dem Statuscode folgen optionale Felder und, bei der Übertragung von Ressourcen, die Daten. Die Statuszeile hat folgenden Aufbau:

```
VERSION STATUSCODE STATUSTEXT
```

Der Statuscode ist eine dreistellige Zahl, von der die erste Ziffer (Hunderterstelle) die Zuordnung zu einer bestimmten Gruppe anzeigt.

Vollständige Liste

Tabelle 4.3 HTTP-Antwortcodes (kleine Auswahl)

Gruppe	Code	Name	Bedeutung
1	100	Continue	Weiter fortfahren
	101	Switching Protocols	Protokollwechsel erforderlich, z.B. von HTTP 1.0 auf HTTP 1.1
	102	Processing	Server bearbeitet die Anfrage, verhindert ggf. Timeout bei längere Verarbeitungszeit
2	200	OK	Kommando erfolgreich (nach GET/POST)
	201	Created	Ressource wurde erstellt (nach PUT)
	202	Accepted	Authentifizierung akzeptiert (nach GET)
	204	No Content	Kein Inhalt oder nicht angefordert (GET)
3	301	Moved Permanently	Ressource am anderen Ort
	302	Found	Ressource zeitweilig an anderem Ort (dies ist ein temporärer Zustand)
	304	Not Modified	Ressource wurde nicht verändert (steuert Proxy)
4	400	Bad Request	Syntaxfehler (alle Kommandos)
	401	Unauthorized	Keine Autorisierung
	403	Forbidden	Nicht öffentlicher Bereich, Anfrage unzulässig
	404	Not Found	Ressource nicht gefunden
5	500	Internal Server Error	Serverfehler, Fehlfunktion der Serversoftware oder -applikation
	503	Service Unavailable	Dienst nicht verfügbar

Sie werden den Fehler 404 sicher kennen. Kennenlernen werden Sie auch den Fehler Nummer 500, der erzeugt wird, wenn ein Programm nicht funktioniert, das Sie in ASP.NET geschrieben haben.

Die HTTP-Message-Header

An ein Kommando oder an die Statuszeile können weitere Felder angehängt werden. Der Aufbau lehnt an den MIME-Standard an:

`Feldname Wert; Wert`

> **HINWEIS**
> MIME steht für Multipurpose Internet Mail Extension und definiert, wie bestimmte Dateiarten über Internet übertragen werden können. MIME wird nicht nur mit E-Mail, sondern unter anderem in Verbindung mit dem HTTP-Protokoll eingesetzt.

Die Nachrichtenkopffelder können in drei Hauptgruppen aufgeteilt werden:

- F

    Frage-Felder (Request-Header-Fields), die nur in Kommandos erlaubt sind.

- A

    Antwort-Felder (Response-Header-Fields), die Statusnachrichten vorbehalten sind.

- I

    Informationsfelder (General-Header-Fields), dienen der Übertragung aller anderen Nachrichten in die eine oder andere Richtung.

Eine typische Anwendung, die bei der ASP.NET-Programmierung auftreten kann, ist die Übergabe eines Nachrichtenkopfes, der einen besonderen Dateityp angibt:

`Content-Type: application/pdf; name=aspnet.pdf`

Freilich bietet dafür ASP.NET eine Methode innerhalb der entsprechenden Klasse an. Wenn diese Möglichkeiten aber nicht ausreichen, sind die Kenntnisse der Protokolle wichtig. Ebenso ist es hilfreich, die Begriffe zu kennen, um in der großen Zahl von Klassen die Passende zu finden.

Im Gegensatz zu anderen Protokollen ist die Länge eines Datenblocks im `Content-Length` festgelegt, irgendwelche Begrenzungszeichen gibt es nicht. Wichtig ist auch, dass der Server nach dem Verbindungsaufbau keine Antwort sendet. Nur das erste eintreffende Kommando löst eine Reaktion aus. Darin ist die Ursache zu sehen, wenn der Browser nach der Anforderung eines unerreichbaren Servers lange Zeit nicht reagiert. Als „Totsignal" wird einfach eine vorgegebene Zeitspanne gewartet, in welcher der Server auf das erste Kommando reagieren sollte.

Verbindungsablauf

Eine einfache HTTP-Verbindung könnte also folgendermaßen aussehen:

Listing 4.1 Ablauf einer einfachen HTTP-Verbindung

```
Client: (Verbindungsaufbau des Browsers durch Nameserver, TCP/IP)
Server: (keine Antwort)
Client: GET /default.aspx HTTP/1.0
```

```
Server: HTTP/1.0 200 Document follows ❶
        Date: Mon, 04 Mar 2002 12:23:55 GMT+100 Server:
        IIS 5.1, Microsoft Corporation
        Content-Type: text/html
        Last-Modified: Mon, 04 Mar 2002 12:23:55
        Content-Length: 1465

        <html>
        <head>
        ... Daten entsprechend der Längenangabe
```

Der Ablauf ist also recht simpel. Praktisch wird in diesem Beispiel eine Datei mit dem Namen default.aspx angefordert. ASP.NET startet dann, führt den Code in der Seite aus, produziert den Inhalt der Seite und gibt ihn zusammen mit den richtigen Headern an den Webserver. Dieser setzt den Code 200 (❶) davor und sendet alles an den Browser. Das der Benutzer dann mit den Daten etwas anfangen kann, dafür sind Sie verantwortlich. Den Rest können Sie vorerst ASP.NET und den IIS überlassen. Profis wissen natürlich, dass sich hier trickreich eingreifen lässt. Im Normalfall ist das aber nicht notwendig.

4.3.4 Wie dynamische Webseiten entstehen

Grundlagenwissen

Unter dynamischen Webseiten werden Seiten verstanden, deren endgültige, an den Server gesendete Form erst im Augenblick des Abrufes entsteht. So können Daten interaktiv in die Seiten eingebaut werden. Der Vorteil besteht vor allem in der Möglichkeit, auf Nutzereingaben reagieren zu können. Formulare lassen sich sofort auswerten und schon die nächste Seite kann den Inhalt wiedergeben oder Reaktionen darauf zeigen. Die Anwendungsmöglichkeiten sind fast unbegrenzt. Ob und in welchem Umfang außerdem Datenbanken zum Einsatz kommen, hängt von der Zielstellung ab. Dynamische Webseiten an sich benötigen keine Datenbank. Sie sollten sich vor allem als Anfänger nicht dem Zwang unterziehen, gleich jedes Problem mit der Hilfe einer Datenbank zu lösen, auch wenn Profis dies bevorzugen würden. Im Buch werden viele Beispiele gezeigt, die mit einfachsten Mitteln beeindruckende Effekte erzielen – ganz ohne Datenbank. Die Entstehung einer dynamischen Website wird in Abbildung 4.7 erläutert. Dieser Ablauf sollte unbedingt verstanden werden, denn alle anderen, teilweise komplexeren Vorgänge in ASP.NET bauen darauf auf.

Wenn der Benutzer eine Adresse im Browser eintippt, läuft ein recht komplexer Vorgang ab:

- Der Browser sucht einen Nameserver, um die IP-Adresse zum URL zu ermitteln
- Der Nameserver konsultiert gegebenenfalls weitere Server, um die IP-Adresse zu beschaffen
- Der Browser erhält eine IP-Adresse des Servers. Wenn das Protokoll HTTP verwendet wird, ist damit auch die Portadresse festgelegt (Port 80). IP-Adresse und Port bilden eine sogenannte Socket.
- Der Browser hat eine IP-Adresse vom Provider erhalten und einen Port für die Verbindung gebildet. Damit steht auch ein Socket zur Verfügung. Zwischen beiden Endpunkten kann nun IP-Verkehr stattfinden.

- Der Browser sendet über diese Verbindung die Anforderung der Seite. Die erfolgt mit dem Protokoll HTTP, der entsprechende Befehl lautet GET, der Vorgang wird „Request" oder „Anforderung"[6] genannt.
- Der Server empfängt die Anforderung und sucht die Datei. Wird sie gefunden, liefert er sie aus. Dieser Vorgang wird „Response" genannt, in diesem Buch auch „Antwort". Wird die Datei nicht gefunden, erzeugt der Server einen Fehler. Für nicht vorhandene Dateien definiert HTTP die Fehlernummer 404.
- Der Browser empfängt Daten oder eine Fehlermeldung und zeigt diese an.

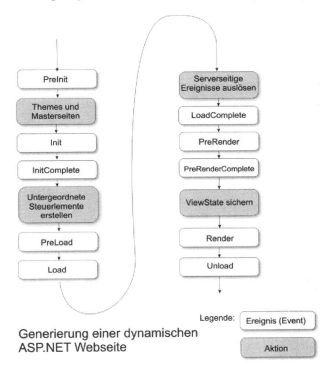

Abbildung 4.7 Ablauf der Generierung einer dynamischen Website

Zuerst fordert also der Nutzer mit seinem Browser ein Programm an. Der gesamte Vorgang ist letztlich benutzergesteuert, was die Art der Programmierung wesentlich von der Windows-Programmierung unterscheidet, auch wenn ASP.NET einige Tricks einsetzt, um den Unterschied kleiner werden zu lassen. Der Webserver leitet diese Anfrage aufgrund der Dateierweiterung an ein bestimmtes Programm weiter, bei ASP.NET an das ASP.NET-Modul *asp_isapi.dll*. Dort wird die Seite durchsucht und darin enthaltene Codes werden ausgeführt. Daraus entsteht wiederum HTML-Code, einschließlich der Daten aus Datenbankabfragen oder früheren Nutzereinga-

---

[6] In diesem Buch wird weitgehend der deutsche Begriff „Anforderung" benutzt.

ben. Die fertige Seite wird dem Webserver zurückgegeben, der sie dann an den Browser sendet. Damit ist der Vorgang beendet. Beide Seiten „vergessen" alles, was beim Ablauf verwendet wurde. Mit der Anforderung des nächsten Objekts wird der gesamte Ablauf wiederholt. Die Vorgänge der Namensauflösung und Adressbeschaffung laufen völlig transparent ab und sind bei der Programmierung kaum zu berücksichtigen. Der eigentliche Zusammenbau der Seiten ist der interessante Teil. Dies passiert in der Darstellung der Schrittfolge im Schritt 6. Diesen Punkt gilt es also genauer zu untersuchen.

Für alle Probleme liefert ASP.NET interessante und hilfreiche Lösungen. Die Programmierung ist deshalb vergleichsweise einfach. Das ändert aber nichts am Prinzip oder der zugrundeliegenden Technik. Ohne das Ping-Pong-Spiel zwischen Browser und Webserver funktioniert nichts. Manchmal ist es nicht immer sichtbar, dass dieser Prozess tatsächlich abläuft, aber er wird dennoch ausnahmslos ausgeführt. Klar sollte sein, dass in der Webseite, wenn sie an den Browser gesendet wurde, nur noch HTML-Code steht, kein C#. Auch das spezielle Element `<asp:label/>`, das im Testprogramm eingesetzt wurde, ist durch eine HTML-konforme Variante ersetzt worden. Schauen Sie sich den Quelltext der Seite nun im Browser an:

Listing 4.2 Quelltext des Testprogramms im Browser

```
<html>
   <head><title>Erster Test</title>
   </head>
   <body>
   <h1>Willkommen</h1>
   Nein, diesmal nicht "Hello World".<br/>
   Eine Datumsausgabe:
   Heute ist der <span id="datum">17.08.2010</span>
   </body>
</html>
```

Für das spezielle ASP.NET-Tag wurde das HTML-Tag `<span>` eingesetzt, der berechnete Text steht als fester Wert drin. Um eine Änderung zu erreichen, muss die Seite erneut beim Server angefordert werden. Welche Wege es dafür gibt, wird noch ausführlich diskutiert werden.

4.4 Die Bausteine einer Webseite

Eine Website ist weit komplexer als der Anblick vermuten lässt. Eine Vielzahl von Technologien fließt ein, die allesamt beherrscht werden müssen, um vernünftige Resultate zu erzielen. Dazu gehören sehr elementare Dinge wie die Seitenbeschreibungssprache Hypertext Markup Language (HTML), die Stilbeschreibung Cascading Style Sheets (CSS), sowie die Programmiersprache für dynamische Seiten JavaScript.

HTML

In diesem Buch kann und soll kein HTML behandelt werden. Dennoch sind HTML-Kenntnisse elementar für ASP.NET-Entwickler. Wenn Sie unsicher sind, ziehen Sie weitere Literatur oder Online-Quellen zu Rate.

4.4 Die Bausteine einer Webseite

Listing 4.3 Grundgerüst einer HTML-Seite

```
<html>
  <head>
    <title>Titel</title>
  </head>
  <body>
    Hier steht alles, was angezeigt wird.
  </body>
</html>
```

Dieses Buch kann und soll auch keine umfassende CSS-Beschreibung ersetzen. Dennoch sind CSS-Kenntnisse elementar für ASP.NET-Entwickler. Aus diesem Grund haben die Autoren sich entschieden, eine kleine CSS-Einführung in Kapitel 15 „Master-Seiten und Themes" zu integrieren. Wenn Sie weitere Informationen benötigen, ziehen Sie entsprechende Literatur oder Online-Quellen zu Rate.

CSS (Wikipedia)

Listing 4.4 Grundgerüst einer CSS-Deklaration mit Style-Tag und HTML-Elementen

```
<style>
.myclass { color:red; }
#myid { text-decoration:none; }
</style>

<div class="myclass"><a id="myid">Link</a></div>
```

JavaScript und JavaScript-Kenntnisse sind elementar für ASP.NET-Entwickler, vor allem vor dem Hintergrund AJAX und der Möglichkeit, Webdienste per JavaScript zu nutzen. Weitere Informationen finden Sie im Kapitel 5 „Programmiersprachen des Web".

JavaScript

Listing 4.5 Grundgerüst einer JavaScript-Funktion in einer Seite

```
<script language="JavaScript">
function Action()
{
    alert("Anzeige einer Meldung");
}
</script>

<div onclick="Action()">Klick mich!</div>
```

Da JavaScript inzwischen außerordentlich komplex ist und zur Kommunikation zwischen Client und Server eingesetzt wird, gewinnt das Datenformat JSON an Bedeutung.

JSON (*JavaScript Object Notation*), gesprochen wie der Name „Jason", ist ein kompaktes Format in lesbarer Textform zum Zweck des Datenaustauschs zwischen Anwendungen. Obwohl der Name auf eine alleinige Verwendung in JavaScript hindeutet, ist JSON ein unabhängiges Format, das theoretisch in jeder Programmiersprache eingesetzt werden kann. Es existieren JSON-Implementierungen unter anderem für C#, und es kann mit WCF eingesetzt werden. JSON steht bei der Nachrichtenübermittlung in direkter Konkurrenz zu XML und SOAP.

JSON

Der am meisten betonte Unterschied von JSON zu XML ist die etwas kompaktere Kodierung von Datenstrukturen, wodurch im Gegensatz zu XML weniger Verwaltungsdaten produziert werden. Außerdem kann JSON beispielsweise in JavaScript direkt mit der `eval()`-Funktion in ein JavaScript-Objekt umgesetzt werden. XML ist hingegen vielseitiger als JSON einsetzbar, das keine Auszeichnungssprache, sondern nur ein Datenaustauschformat ist. XML genießt weiterhin eine weitere Verbreitung.

Beide Formate sind nicht unbedingt zum repräsentieren von großen Binärdaten geeignet.

JSON kennt Objekte, Arrays, Zeichenketten, Zahlen, Boolesche Werte und `null`. Daten können beliebig verschachtelt werden, beispielsweise ist ein Array von Objekten möglich. Als Zeichenkodierung benutzt JSON UTF-8.

Die JSON-Formatdefinition

Ein Objekt wird mit geschweiften Klammern umschlossen „{ }". Es kann eine durch Kommata geteilte, ungeordnete Liste von Eigenschaften enthalten.

Eine Eigenschaft besteht aus einem Schlüssel und einem Wert, getrennt durch einen Doppelpunkt. Der Schlüssel ist eine Zeichenkette. Der Wert ist ein Objekt, ein Array, eine Zeichenkette, eine Zahl oder einer der Ausdrücke `true`, `false` oder `null`. Ein Array beginnt und endet mit eckigen Klammern „[ ]". Es kann eine durch Kommata geteilte, geordnete Liste von Werten enthalten. Eine Zeichenkette beginnt und endet mit Anführungszeichen ("). Sie kann Unicode-Zeichen und Escape-Sequenzen enthalten. Ein Boolescher Wert wird durch die Ausdrücke `true` bzw. `false` dargestellt – ohne Anführungszeichen. Eine Zahl ist eine Folge der Ziffern 0–9. Diese Folge kann durch ein negatives Vorzeichen – eingeleitet und einen Dezimalpunkt unterbrochen sein. Die Zahl kann durch die Angabe eines Exponenten e oder E ergänzt werden, dem ein Vorzeichen „+" oder „-" und eine Folge der Ziffern „0-9" folgt. Leerraumzeichen sind beliebig verwendbar.

Listing 4.6 Beispiel eines JSON-Blocks

```
{
  "CreditCard"    : "Visa",
  "Number"        : "1234-5678-9012-3456",
  "Owner"         :
  {
    "LastName"    : "Krause",
    "Firstname"   : "Jörg",
    "Sex"         : "\"male\"",
    "Preferences" : [
      "Golf",
      "Reading",
      "Badminton"
    ],
    "Age"         : null
  },
  "Deckung"       : 1e+6,
  "Währung"       : "EURO"
}
```

Info auf json.org

Wenn Sie mehr über JSON lesen möchten, könnten folgende Quellen interessant sein:

- *json.org* bietet eine deutsche Einführung auf der offiziellen JSON-Seite.
- Die RFC 4627 definiert mit *application/json* einen weiteren MIME-Typ.

4.5 XML, XPath und XSLT

Die Theorie hinter XML ist weder ungewöhnlich komplex noch unverständlich. Etwas aufwändiger wird es, wenn die Transformationssprache XSLT ins Spiel kommt. Beides wird in diesem Abschnitt kurz vorgestellt.

4.5.1 XML-Grundlagen

Dennoch sind ein paar Grundlagen für den praktischen Einsatz zu beachten, wenn Sie nicht mit Leistungseinbrüchen oder unhandlichem Code konfrontiert werden möchten. Sie sollten sich über den grundsätzlichen Aufbau eines XML-Dokuments im Klaren sein. Anfänger sollten gegebenenfalls weitere Literatur speziell zu diesem Thema in Anspruch nehmen. An dieser Stelle werden nur die notwendigsten Eigenschaften aus Aussagen vermittelt.

Aufbau und Merkmale eines XML-Dokuments

XML-Dokumente gehorchen in ihrem Aufbau festen Regeln. Erst durch diese Regeln kann eine automatisierte Verarbeitung in derart umfassender Form stattfinden, wie sie erforderlich ist. Auf der anderen Seite sollte der Einsatz so universell wie möglich sein, wie der Name „Extensible Markup Language" suggeriert.

Die Regeln erlauben die Prüfung der Wohlgeformtheit von Dokumenten durch das verarbeitende Programm ohne Kenntnis der Grammatik der von Ihnen konkret eingesetzten Sprache. Der Begriff Wohlgeformtheit, im englischen „well formed" genannt, ist ein Basismerkmal von Markup-Sprachen. Als wohlgeformt gilt ein Dokument, wenn folgende Merkmale zutreffen:

Wohlgeformtheit

- Alle Tags sind syntaktisch korrekt

    Dazu gehört, dass das Anfangs- und Endtag übereinstimmen, wobei Groß- und Kleinschreibung zu beachten ist (`<tag></Tag>` wäre unzulässig). Zu jedem öffnenden Tag muss ein schließendes existieren (`<tag></tag>`). Alternativ kann ein Tag direkt geschlossen werden (`<tag/>`).

- Alle Attribute sind syntaktisch korrekt

    Parameter der Attribute müssen immer in Anführungszeichen stehen (`<tag attr="param">`). Außerdem sind verkürzte Attribute – also solche ohne Parameter – nicht erlaubt. Das HTML-Tag `<hr noshade>` würde in XHTML – der Entsprechung von HTML in XML – folgendermaßen aussehen:

    ```
    <hr noshade="noshade"/>
    ```

- Eine korrekte Verschachtelung ist erforderlich

    Tags müssen korrekt verschachtelt sein. Die folgende Sequenz ist falsch:

    ```
    <b><i></b></i>
    ```

Stattdessen müsste es folgendermaßen geschrieben werden:

`<b><i></i></b>`

Bei der Verarbeitung der Daten gibt es verschiedene Strategien. Eine davon bildet das Dokument als Objektmodell in einer Hierarchie ab. Falsch verschachtelte Tags lassen die Darstellung als Hierarchie nicht zu.

Validierung

In einem zweiten Verarbeitungsschritt muss dann natürlich die Grammatik geprüft werden. Dabei geht es um erlaubte Tags, deren Beziehungen zueinander und die möglicherweise einsetzbaren Attribute. Dieser Schritt wird als Validierung bezeichnet. Ein Dokument muss vor der Verarbeitung als „valide" oder gültig erkennbar sein. Nun muss zur Validierung natürlich eine Vorschrift existieren, aus der der Parser die Gültigkeit ableiten kann. Dafür gibt es mehrere Verfahren.

Hinweise zum Entwurf einer eigenen Grammatik

Für kleinere Applikationen mag es durchaus praktikabel erscheinen, eine eigene Grammatik zu entwerfen. Vor allem im Hinblick auf die spätere Transformation können Sie sich viel Arbeit ersparen, wenn der Entwurf geradlinig und elegant ist.

Struktur entwerfen

XML-Dokumente beschreiben Struktur und Inhalt von Daten. Dabei wird der Inhalt durch die Namen der Tags beschrieben, die Struktur dagegen durch deren Anordnung. Da die Strukturbeschreibung zu den signifikanten Merkmalen gehört, sollten sie ihr zuerst Ihre Aufmerksamkeit schenken. Generell sollte jede Datenebene eine eigene Struktur enthalten. Betrachten Sie beispielsweise ein Telefonbuch. Naheliegend wäre folgender Entwurf für einen Eintrag:

```
<eintrag>
  Lieschen Müller
  <telefon>030-12345678</telefon>
  <handy>0177-9876543</handy>
</eintrag>
```

Diese Variante kann man bestenfalls als unglücklich bezeichnen. Warum? Als erstes ist das Vorhandensein zweier Knotentypen als Unterknoten nicht leicht zu verarbeiten. Beim datenorientierten Ansatz ist diese Methode störend. Unterhalb von `<eintrag>` finden Sie sowohl den Textknoten „Lieschen Müller" als auch zwei normale Knoten `<telefon>` und `<handy>`.

Die Auswahl mit XPath bereitet hier Schwierigkeiten, weil Textknoten immer Endpunkte eines Pfades sein sollten. Konsequenter wäre die folgende Variante:

```
<eintrag>
  <name>Lieschen Müller</name>
  <telefon>030-12345678</telefon>
  <handy>0177-9876543</handy>
</eintrag>
```

Je feiner Sie die Struktur beschreiben, umso einfacher wird die Auswahl von Teilen bei der Transformation und Darstellung. Übertriebene Feinheit kann jedoch zu unübersichtlichen und schwer handhabbaren Dokumenten führen.

Inhalt beschreiben

Nun ist auch dies noch nicht perfekt, denn eine Abfrage bestimmter Teilmerkmale bereitet immer noch Probleme. Die Auswahl des Nachnamens ist kaum zuverlässig möglich und eine Liste aller Telefontypen, unabhängig davon, ob es sich um Festnetz- oder Mobiltelefone handelt, ist nur schwer möglich. Durchaus denkbar ist, dass sich die Anzahl an Typen später erhöht, was massive Änderungen in Transformationsanweisungen zur Folge hätte. Eine bessere Basis für den nächsten Schritt wäre folgende Version:

```
<eintrag>
  <name>
    <vorname>Lieschen</vorname>
    <nachname>Müller</nachname>
  </name>
  <telefon>030-12345678</telefon>
  <telefon>0177-9876543</telefon>
</eintrag>
```

Eine exakte Beschreibung des Inhalts vermeidet Fehler und verbessert die automatisierte Verarbeitung. Der Computer „lernt" anhand der Auszeichnung der Inhalte mit Tags deren Bedeutung kennen. Je feiner die Inhaltsbeschreibung, umso häufiger können Informationen direkt abgerufen werden. Übertriebene Markierung kann zu komplizierteren Transformationsprogrammen führen.

Für die Unterscheidung von Merkmalen vergleichbarer Inhalte werden Attribute verwendet. Der Inhaltstyp „Telefon" kann nach der Zugehörigkeit zu einem Netz eingeteilt werden. Hier ist der Einsatz von Attributen angeraten, was zu folgendem Code führt:

Attribute verwenden

```
<eintrag>
  <name>
    <vorname>Lieschen</vorname>
    <nachname>Müller</nachname>
  </name>
  <telefon type="telekom">030-12345678</telefon>
  <telefon type="eplus">0177-9876543</telefon>
</eintrag>
```

Jetzt kann jedes Element direkt mittels XPath – später folgt mehr dazu – aus dem Datenstrom extrahiert werden. Durch die Attribute lassen sich Daten gut filtern. Attribute beschreiben Zustände oder definieren Modifikationen. Sie sollten eindeutig, einmalig und in geringer Zahl vorhanden sein. Folgende Definition ist nicht zu empfehlen:

```
<tag a1="n1" a2="n2" a3="n3" .../>
```

Es ist absehbar, dass es weitere Attribute „a4" usw. geben wird. Vermutlich sind dann auch Kombinationen daraus zulässig. Das ist besser mit Tags zu erledigen:

```
<tag>
  <a1>n1</a1>
  ...
```

Dies erscheint zwar umständlicher, ist aber einfacher zu verarbeiten. Die konkrete Größe eines XML-Dokuments spielt meist keine Rolle. Ob es am Ende 50 KB oder 80 KB sind, ist uninteressant. Viel schwerer wiegt der Aufwand, der zur Transformation getrieben werden muss.

Attribute sind kein Ersatz für Struktur- und Inhaltsbeschreibung, sondern dienen der Modifikation einer bereits aufgelösten Struktur. Sie beschreiben Zustände des Inhalts, nicht der Struktur. Attribute verhalten sich bei der Auswahl mit XPath wie Knoten. Wenn eine größere Anzahl Attribute pro Tag notwendig erscheint, sind jedoch reguläre Subknoten – mit eigenen Tags – besser lesbar und meist auch einfacher zu verarbeiten.

Das, was beim Entwurf einer XML-Definition herauskommt, wird als „Grammatik" bezeichnet. Was auf dem Papier lesbar ist, muss nun für den Computer verständlich definiert werden.

Das Format ATOM

ATOM steht für *Atom Syndication Format*, ein plattformunabhängiges Format zum Austausch von Feeds. Es hat damit denselben Zweck wie das bekanntere RSS, das in der neuesten Version 2.0 für *Really Simple Syndication* steht. ATOM gilt als designierter Nachfolger von RSS 2.0. ATOM selbst ist für verschiedene Zwecke definiert, wobei hier auf ASF (*ATOM Syndication Format*) Bezug genommen wird. Neben der reinen Feed-Verteilung kann ATOM für Newsletter und ähnliche Zwecke eingesetzt werden. ATOM wurde in der RFC 4278 veröffentlicht. Der MIME-Typ ist `application/atom+xml`.

Listing 4.7 Typischer ATOM-Block

```xml
<?xml version="1.0" encoding="utf-8"?>
<feed xmlns="http://www.w3.org/2005/Atom">
  <author>
    <name>Jörg Krause</name>
  </author>
  <id>urn:uuid:60a76c80-9926-9905-1964-0003939e0af6</id>

  <entry>
    <title>Neues aus der WCF-Welt</title>
    <link href="http://hanser.de/2010/08/08/atom-wcf"/>
    <id>urn:uuid:1225c695-cfb8-4ebb-aaaa-01723243189a</id>
    <updated>2010-12-08T12:50:07Z</updated>
    <summary>Alles über WCF</summary>
    <content>Hier steht der gesamte Text</content>
  </entry>
</feed>
```

Zur Kommunikation mit dem System wird eine Struktur analog zu REST verwendet:

- `GET` wird benutzt, um Informationen über bereits vorhandene Elemente einzuholen und Lesezugriffe auszuführen.
- `PUT` wird benutzt, um ein bekanntes Element zu bearbeiten.
- `POST` erzeugt ein neues, dynamisch benanntes Element.
- `DELETE` führt zur Löschung eines Elementes.

Diese Aktionen werden in Verbindung mit den drei hauptsächlichen URIs verwendet, wobei das Datenaustauschformat ein sogenannter „ATOM Entry" ist, ein Eintrag eines vollen Atom-Feeds.

- `PostURI` (für `POST`) – Wird verwendet, um neue Elemente anzulegen. Schickt man einen Atom Entry an diesen URI, so wird ein neues Element erzeugt.
- `EditURI` (für `PUT`, `GET` oder `DELETE`) – Wird zum Bearbeiten von Elementen benötigt. Auch hier erfolgt der Datenaustausch über den ATOM-Eintrag.

- `FeedURI` (für `GET`) – Repräsentiert ein komplettes ATOM-Feed.

Mehr Informationen zu URI finden Sie am Ende des Kapitels.

4.5.2 Die Grammatik eines XML-Dokuments definieren

Es gibt drei Wege, die Grammatik eines XML-Dokuments zu definieren. Alle Möglichkeiten werden in .NET unterstützt (dies ist keine .NET-spezifische Angelegenheit, XML ist ein offener Standard):

- Document Type Definition (DTD)
- Microsoft XML Data Reduced (XDR)-Schema
- XML Schema Definition Language (XSD)

Der älteste Standard ist DTD, anerkannt durch das W3C und immer noch häufig im Einsatz. Viele Programme unterstützen DTDs und XML-Applikationen werden mit DTDs geliefert. Eine DTD definiert Elemente, Attribute, Standardwerte und Abhängigkeiten. Sie hat aber einige prinzipielle Nachteile. So ist die DTD-Sprache selbst kein XML-Dialekt, was eigentlich unverständlich ist, denn damit wird die eigene Universalität in Frage gestellt. Die Ursache ist in der Geschichte von XML zu finden. XML entstand aus dem älteren und komplexeren SGML, wo verschiedene Darstellformen für die Grammatikbeschreibung und Formatierungen zum Einsatz kamen. Erst mit der anerkannten Universalität von XML als Beschreibungssprache kam die Idee auf, Hilfssprachen und Definitionen in XML selbst zu definieren. Weiterhin kennt die DTD keine Datentypen, was den Einsatz von XML in Datenbankanwendungen erschwert.

Der Schwerpunkt des Einsatzes von DTDs liegt bei textorientierten XML-Dokumenten.

Relativ früh entwickelte Microsoft vor diesem Hintergrund die Sprache XDR – XML Data Reduced. XDR ist kein offizieller Standard und wird heute nur noch selten eingesetzt. XDR ist selbst konsequent in XML entwickelt. **XDR**

Als Antwort auf XDR und den Bedarf nach einem offenen Standard, der die Nachteile von DTDs vermeidet und in der Zukunft erweiterbar ist, wurde XSD entwickelt. XSD steht für XML Schema Definition Language, oft kurz als „Schema" bezeichnet. Diese Form der Grammatikbeschreibung ist selbst in XML geschrieben. Der Standard ist beim W3C verabschiedet. **XSD**

Der Schwerpunkt des Einsatzes von XSD liegt bei datenorientierten XML-Dokumenten. In diesem Bereich wurde die DTD durch XSD vollständig ersetzt.

Die Unterstützung der Standards in .NET

Der Fokus in .NET liegt inzwischen eindeutig auf XSD. Es gibt nur sehr selten handfeste Gründe, DTDs oder gar XDR zu verwenden. Der Weg, den Visual Studio vorgibt, ist dann eindeutig. Direkt – auf der grafischen Oberfläche – wird nur XSD angeboten. Mit DTDs ist das nicht ganz so einfach, weil eine DTD viele Informationen vermissen lässt, die XSD benötigt. Auf der anderen Seite enthält es solche (beispielsweise Entitäten), die mit XSD nicht mehr definiert werden, weil sie nun Bestandteil des Dokuments sind.

Eine sehr kurze Einführung in XSD

Die Beschäftigung mit XSD hat praktische Vorteile. Sie können damit die Struktur eines XML-Dokuments beschreiben, wenn Sie eine eigene Grammatik entwerfen und einsetzen. .NET kann diese Schemata lesen und als Tabellen in `DataSet`-Objekten abbilden. Damit können Sie mit den von ADO.NET bekannten Techniken auf die Daten zugreifen. XSD kann also Abhängigkeiten definieren, Datentypen festlegen und damit komplexe Grammatiken vollkommen beschreiben.

Grundaufbau

Prinzipiell ist ein Schema ein XML-Dokument, das folgenden Grundaufbau hat:

```xml
<?xml version="1.0" encoding="utf-8" ?>
<xs:schema xmlns:xs="http://www.w3.org/2001/XMLSchema">
    ...
</xs:schema>
```

Namensraum

Darin eingebettet sind die Element- und Typdefinitionen. Der Namensraum, der verwendet wird, heißt bei Visual Studio „xs", bei der W3C-Empfehlung ist „xsd" im Einsatz. Allerdings ist der Namensraum ohnehin wählbar.

Elemente werden folgendermaßen definiert:

```xml
<xs:element name="elementname"></xs:element>
```

Innerhalb des Elements können weitere Elemente folgen – wenn Ihre Grammatik dies erfordert – oder eine komplexere Typdefinition. Allerdings verfügt XSD bereits über eine hervorragende Liste von Standardtypen. Zeichenketten definieren Sie folgendermaßen:

```xml
<xs:element name="elementname" type="xs:string">
```

Komplexe Typen setzen sich aus Standardtypen zusammen. Wenn Sie innerhalb eines Tags ganz bestimmte andere Elemente erlauben möchten, definieren Sie einen entsprechenden Typ:

```xml
<xs:complexType name="newscontenttype">
   <xs:sequence>
      <xs:element name="title" type="xs:string" />
      <xs:element name="text" type="xs:string" />
   </xs:sequence>
   <xs:attribute name="date" type="xs:date" />
</xs:complexType>
```

Element- und Typdefinitionen

Dieser Typ definiert einen Datentyp mit dem Namen „newscontenttype". Enthalten darf ein Tag, das diesen Datentyp trägt, eine unbegrenzte Folge (`xs:sequence`) der Elemente `<title>` und `<text>`. Außerdem trägt das Tag ein Attribut mit dem Namen `date` und dem Datentype `xs:data`. Ein XML-Dokument, das dieser Grammatik entspricht, kann also folgende Strukturen enthalten:

```xml
<newscontent date="13.4.2002">
   <title>Titel steht hier</title>
   <text>Hier folgt der Text</text>
</newscontent>
```

Die Nutzung des komplexen Typs ist auf zwei Wegen möglich. Zum einen kann die Definition abstrakt erfolgen, außerhalb aller Elementdefinitionen. Dann wird auf den Typ an der Stelle verwiesen, an der der Datentyp festgelegt wird:

```xml
<xs:element name="news" type="newscontenttype">
```

Alternativ wird die Definition direkt eingebettet. Das ist vor allem dann sinnvoll, wenn der Typ nur an dieser einen Stelle verwendet wird:

```xml
<xs:element name="news">
  <xs:complexType name="newscontenttype">
    <xs:sequence>
      <xs:element name="title" type="xs:string" />
      <xs:element name="text" type="xs:string" />
    </xs:sequence>
    <xs:attribut name="date" type="xs:date" />
  </xs:complexType>
</exs:element>
```

Damit sind die Reihenfolge und das Auftreten der Elemente starr festgelegt. Möchten Sie eine beliebige Folge definieren, hilft `xs:choice`:

```xml
<xs:complexType name="newscontenttype">
  <xs:choice>
    <xs:element name="title" type="xs:string" />
    <xs:element name="text" type="xs:string" />
  </xs:choice>
</xs:complexType>
```

Die Anzahl der Elemente kann ebenso einfach festgelegt werden. Dazu wird die Elementdefinition um die Attribute `minOccurs` und `maxOccurs` ergänzt:

Anzahl der Elemente

```xml
<xs:element name="title" type="xs:string"
            minOccurs="1" maxOccurs="1"/>
<xs:element name="text" type="xs:string"
            minOccurs="0" maxOccurs="unbounded"/>
```

Hier wird festgelegt, dass der Titel (`<title>`) genau ein Mal auftreten darf, während der Textblock `<text>` optional ist und unbegrenzt wiederholt werden kann.

Der Einsatz kann auch in `xs:choice` erfolgen. Da die Elemente in genau der Folge auftreten müssen, wie sie definiert wurden, ist dies ein häufig eingesetztes Mittel, um die Reihenfolge wieder freizustellen. Denn wenn Sie `minOccurs` auf 0 setzen, kann ein Element entfallen. Damit rückt aber das Nachstehende in der Folge nach vorn, was einer Aufgabe der Reihenfolge gleichkommt. Soll ein Tag in einer Sequenz von Tags genau ein Mal auftreten und ist die Reihenfolge nicht von Belang, ist dies mit `xs:all` einfacher zu bewerkstelligen:

```xml
<xs:all>
  <xs:element name="text" type="xs:string"/>
  <xs:element name="picture" type="xs:href"/>
</xs:all>
```

Attribute wurden bereits kurz angesprochen. Sie werden wie Elemente definiert, stehen aber in komplexen Definitionen immer nach allen `xs:sequence`-, `xs:choice`- oder `xs:all`-Definitionen.

In Attributen kommen häufig feste Parameterlisten zum Einsatz, beispielsweise `"on"` und `"off"`. Diese werden als einfache, selbstdefinierte Datentypen deklariert. Die folgende Definition zeigt ein solches Attribut:

Attribute und Datentypen

```xml
<xs:attribute name="encoding" use="required">
  <xs:simpleType>
    <xs:restriction base="xs:string">
      <xs:enumaration value="on"/>
      <xs:enumaration value="off"/>
```

```
        </xs:restriction>
      </xs:simpleType>
</xs:attribute>
```

Das Attribut `use` wird hier verwendet, um die Angabe eines Attributes „encoding" im Tag zu erzwingen. Mit `base` wird der Basistyp festgelegt, auf dem die zulässigen Parameter basieren. Bei `"on"` und `"off"` handelt es sich zwangsläufig um Zeichenketten.

XSD-Datentypen

`xs:restriction` ist das Mittel, den Wertebereich von Datentypen allgemein einzuschränken. Dazu dienen folgende Definitionen:

- `<xs:minInclusive value="1">`

  Diese Definition ist für Zahlenwerte interessant und definiert den kleinsten Wert eines Ganzzahlbereiches.

- `<xs:maxInclusive value="100">`

  Mit dieser Definition wird der maximale Wert eines Ganzzahlbereiches festgelegt.

- `<xs:length value="5"/>`

  Bei Zeichenketten kann die Länge begrenzt werden, die die Zeichenkette annehmen darf.

- `<xs:pattern value="[a-z._]+@[a-z.]\.[a-z]{2,4}"/>`

  Komplexere Bedingungen lassen sich mit regulären Ausdrücken festlegen.

Entitäten sind mit DTDs leicht zu definieren. Dabei werden Folgen der Art `&euro;` durch feste Zeichen oder Zeichenketten ersetzt. Das steht prinzipiell im Widerspruch zur Art der XML-Darstellung. Im Zusammenhang mit XSD sieht eine solche Definition dann so aus:

```
<xsd:element name="euro" type="xsd:token" fixed="&#8364;"/>
```

4.5.3 XPath

Um in der hierarchischen Struktur eines XML-Dokuments gezielt Knoten adressieren zu können, wird XPath eingesetzt. Ohne eine solche Sprache würden Dokumente immer sequenziell durchlaufen werden, was wenig praxistauglich ist. Gerade bei Webanwendungen, die oft vielen Benutzern einen Ausschnitt aus einer großen Datenmenge zur Verfügung stellen, ist die schnelle Auswahl eminent wichtig.

Eine Einführung in XPath

Pfade zum Ziel

XPath realisiert die Abfrage durch Beschreibung eines Pfades und verzichtet dabei auf Schleifen oder andere zyklische Elemente. Damit ist die Konstruktion zur Laufzeit und in Abhängigkeit vom aktuellen Auftreten von Knoten zueinander möglich. Wie der Name der Sprache andeutet, ähnelt die Auswahl von Knoten den Pfadangaben im Dateisystem eines Betriebssystems. Das ist naheliegend, weil dort Daten hierarchisch angeordnet sind. Eine typische XPath-Anweisung könnte also folgendermaßen aussehen:

```
eintrag/name/vorname
```

Sie adressiert einen Knoten `<vorname>`, der Kindelement von `<name>` ist, das wiederum Kindelement von `<eintrag>` sein muss:

```
<eintrag>
  <name>
    <vorname>
```

Es gibt verschiedene Knotentypen in XML, die XPath adressieren kann. Konkret unterschieden werden die in Tabelle 4.4 dargestellten Typen:

Tabelle 4.4 Knotentypen in XPath

XPath-Knoten	Darstellung
Wurzelknoten	/
Elementknoten	ElementName
Attributknoten	@Attribut
Textknoten	., text()
Prozessinformation	Nicht darstellbar
Namensraum	alias:

Grundlagen für die Entwicklung von Ausdrücken

XPath basiert auf Ausdrücken, die den Weg zu einem Knoten beschreiben. Der Weg kann – ebenso wie beim Dateisystem – durch absolute oder relative Pfadangaben beschrieben werden. Absolute Angaben beginnen immer an der Dokumentenwurzel. Wenn der Ausdruck einen Pfad über mehrere Knoten hinweg beschreibt, werden die Elemente durch Schrägstriche getrennt:

`dirlist/directory/file`

Jedes dieser Elemente wird allgemein als Lokalisierungsschritt bezeichnet. Die eben gezeigte und häufig verwendete Darstellung durch einen Knotennamen ist eine verkürzte Form. Tatsächlich kann jeder Schritt aus drei Teilen bestehen:

Lokalisierungsschritte

- Achsenbezeichner
- Knotentest
- Prädikate

Der Achsenbezeichner modifiziert die Auswahl des Knotens auf der Grundlage seiner Position im Baum. Als Trennzeichen zwischen dem Achsenbezeichner und dem nächsten Teil des Ausdrucks werden zwei Doppelpunkte geschrieben „::". Dies wird im nächsten Abschnitt noch weiter erläutert. Der Knotentest beschreibt den Knoten selbst, beispielsweise eine direkte Auswahl durch Nennung des Tagnamens. Die Prädikate stehen in eckigen Klammern und werden meist zur Auswahl von Attributen verwendet.

Insgesamt ergibt sich beispielsweise folgender Ausdruck:

`child::directory[attribute::hasfiles='true']`

`child::` ist der Achsenbezeichner, hier wird also beginnend von der aktuellen Position das nächste Kindelement gesucht. Dann wird das Element selbst benannt: `directory`. Es wird also das nächste Kindelement mit dem Namen „directory" gesucht. Das Prädikat schränkt die Suche weiter ein; hier auf das Vorhandensein eines Attributs `hasfile` mit dem Parameter `'true'`[7]. Um solche Ausdrücke nun entwickeln zu können, ist in erster Linie eine Kenntnis der Achsenbezeichner notwendig.

Die XPath-Achsenbezeichner

Achsenbezeichner

Achsenbezeichner können einen oder mehrere Knoten auswählen. Die konkrete Auswahl hängt vom aktuellen Knoten ab. Dies ist zutreffend, wenn ein Dokument sequenziell durchlaufen wird. Die folgende Tabelle zeigt alle Achsenbezeichner für Elemente auf einen Blick. Elemente sind Tagnamen, also keine Attribute und keine Namensraumbezeichnungen:

Tabelle 4.5 Die Achsenbezeichner

Achsenname	Suchrichtung	Hinweise
self		Der Knoten selbst
child	vor →	Kinder des Knotens
parent	rück ←	Der Elternknoten
descendant	vor →	Alle Nachfahren (Kinder und Kindeskinder)
descendant-or-self	vor →	Alle Nachfahren und der Knoten selbst
ancestor	rück ←	Alle Vorfahren (Eltern und deren Eltern)
ancestor-or-self	rück ←	Alle Vorfahren und der Knoten selbst
following	vor →	Alle folgenden Knoten im Dokument, die nicht direkte Nachfahren sind
following-sibling	vor →	Alle folgenden Geschwister
preceding	rück ←	Alle vorhergehenden Knoten, die nicht Eltern sind
preceding-sibling	rück ←	Alle vorhergehenden Geschwister

Neben den Achsenbezeichnern für Elemente gibt es noch zwei spezielle: `attribute` zur Auswahl von Attributen und `namespace` zur Lokalisierung von Namensräumen.

Wirkung der Achsenbezeichner

Es bietet sich an dieser Stelle an, die Wirkung der Achsenbezeichner mit einem Testprogramm zu lernen. Damit alle erdenklichen Kombinationen getestet werden können, wird eine XML-Datei entworfen, die entsprechende Achsen aufweist:

---

[7] Die einfachen Anführungszeichen innerhalb der doppelten gehören bei XPath dazu.

4.5 XML, XPath und XSLT

```
<?xml version="1.0" encoding="utf-8" ?>
- <A>
    <B />
  - <C>
      <D />
    - <E>
        <H />
        <I />
      </E>
      <F />
      <G />
    </C>
    <X />
  - <Y>
      <Z />
    </Y>
  </A>
```

Abbildung 4.8 Eine Muster-XML-Datei zum Testen von XPath-Ausdrücken

Diese Datei dient im folgenden Beispiel als Basis für die ersten Programmierversuche.

Mit .NET XPath-Ausdrücke verarbeiten

Die bereits besprochene Klasse `XmlTextReader` kann mit XPath-Ausdrücken nicht umgehen. Die hohe Zugriffsgeschwindigkeit geht mit eingeschränkter Funktionalität einher. Universeller ist die Klasse `XmlDocument`, von der weitere Klassen abgeleitet werden können, die Zugriff auf XPath und die Resultate einer Abfrage erlauben.

`XmlDocument` erlaubt den Zugriff auf XML über dessen DOM-Struktur. Damit das Dokument entsprechend bereit gestellt wird, schreiben Sie im Code folgende Zeilen:

Zugriff auf XML mit XmlDocument

```
XmlDocument xDoc = new XmlDocument ();
xDoc.Load (Server.MapPath("data/axischeck.xml"));
```

Die Datei *axischeck.xml* ist die in Abbildung 4.8 gezeigte XML-Datei. Nun kann mit der Methode `SelectNodes` eine Liste von Knoten mit Hilfe eines XPath-Ausdrucks ermittelt werden. Ist der Ausdruck erfolglos, wird `null` zurückgegeben. Die folgende Methode aus *axischeck.aspx.cs* zeigt die Ausgabe einer Knotenhierarchie als kommaseparierte Liste:

Listing 4.8 Ermittlung von Knoten

```
private void GetAxis(XmlNodeList xNodes, Label currentLabel)
{
    int iNodes = xNodes.Count;  ❶
    int i = 0;
    currentLabel.Text += iNodes.ToString() + " Knoten: ";
    string[] sa = new string[iNodes];
    foreach (XmlNode xNode in xNodes)
    {
        sa.SetValue(xNode.LocalName, i++);  ❷
    }
    currentLabel.Text += String.Join (", ", sa);
}
```

Eine solche Liste ist ein Objekt der Klasse `XmlNodeList`. Hier wird zuerst die Anzahl der Elemente mit `Count` ermittelt ❶. Die Methode zeigt die Ausdrücke jeweils gezielt in einem bestimmten `<asp:Label>`-Steuerelement auf der Seite an. Die Elemente werden dann mit einer `foreach`-Schleife durchlaufen und einem Array hinzugefügt ❷. Dieses Array wird dann mit `Join` in die Liste umgewandelt und dem `Label`-Steuerelement hinzugefügt. Nun ist natürlich noch der Aufruf interessant, der `SelectNodes` anwendet:

```
GetAxis (xDoc.SelectNodes(sPath + "child::*"), child);
```

In der WebForm ist die Ausgabe in eine Tabelle eingebettet, die die `Label` entsprechend enthält (vollständig in der Datei *axischeck.aspx*):

```
<asp:Label Runat="server" ID="child"/>
```

Führt man diese Schritte für alle XPath-Standardanweisungen aus, bezogen auf den Knoten „C" als Startknoten, ergibt sich Abbildung 4.9.

Das Mitglied `sPath` enthielt die Zeichenfolge „/A/C", also einen einfachen XPath-Ausdruck, der zum Element `<C>` hinführt, damit dieses als Ausgangspunkt dienen kann. Der Ausdruck selektiert lediglich die Achse (`achsenbezeichner::*`), wobei das `*` zur Auswahl aller Elemente der Achse führt. In der Praxis könnten sich hier Elementnamen anschließen, um die Auswahl einzuschränken, sowie eines oder mehrere Attribute, die entweder auftreten oder bestimmte Parameter aufweisen müssen.

Achsenauswahl mit XPath

self	1 Knoten: C
parent	1 Knoten: A
child	4 Knoten: D, E, F, G
descendant	6 Knoten: D, E, H, I, F, G
descendant-or-self	7 Knoten: C, D, E, H, I, F, G
anchestor	1 Knoten: A
anchestor-or-self	2 Knoten: A, C
preceding	1 Knoten: B
preceding-sibling	1 Knoten: B
following	3 Knoten: X, Y, Z
following-sibling	2 Knoten: X, Y

Abbildung 4.9 Knotenmengen, die verschiedene XPath-Ausdrücke zurückgeben

Methoden und Eigenschaften von XmlDocument

`XmlDocument` erlaubt den Zugriff auf das gesamte Dokument. Die enthaltenen Daten können mit Hilfe der `Create`-Methode zur Laufzeit erzeugt werden. Liegen die Daten bereits vor – wie im letzten Beispiel – werden diese mit `Load` auf einer Datei oder mit `LoadXml` aus einer Zeichenkette in das Objekt kopiert. Das Lesen der Daten kann dann mit zwei Methoden erfolgen:

- `SelectNodes`

    Diese Methode gibt Knotenlisten aufgrund eines XPath-Ausdrucks zurück. Der Rückgabetyp ist `XmlNodeList`.

- `SelectSingleNode`

    Diese Methode gibt nur den ersten Knoten der durch XPath ermittelten Knotenmenge zurück. Der Rückgabetyp für einen Knoten ist `XmlNode`.

Alternativ zu XPath kann die Auswahl eines Elements über die ID erfolgen – wenn die Daten entsprechend enthalten sind. Dazu nutzen Sie die Methode `GetElementById`. Sind die Namen ein sicheres Auswahlkriterium, kann `GetElementByTagName` verwendet werden. Diese Methode gibt ein Objekt vom Typ `XmlNodeList` zurück.

Da `XmlDocument` bereits XPath kennt, sind einige elementare Operationen bereits durch fertige Eigenschaften hinterlegt. So ist `child::*` äquivalent zur Eigenschaft `ChildNodes`. Wenn Sie diese Eigenschaften direkt nach dem Laden des Dokuments anwenden, startet die Auswahl immer an der Wurzel. Sie können jedoch in jeder Situation Knotenlisten mit `ChildNodes` abtrennen und diese dann mit denselben Eigenschaften durchsuchen. Dies liegt an der Vererbung der XML-Klassen. Denn als Basis für Knotenlisten dient die Klasse `XmlNodeList`, deren Instanz mehrere Knoten enthalten kann und `XmlNode`, die Repräsentanz eines Knotens. Die letzte Klasse liefert die Navigationseigenschaften an `XmlDocument`.

Navigieren in einem Dokument ohne XPath

Neben `ChildNodes` kann mit `FirstChild` und `LastChild` sowie `NextSibling` und `PreviousSibling` operiert werden. Unter Umständen sparen Sie damit XPath-Anweisungen.

Das folgende Beispiel verwendet `ChildNodes`, um ein Dokument rekursiv zu durchlaufen.

Listing 4.9 Rekursive Ausgabe des gesamten XML-Dokuments

```
public class XmlDocumentNodes : System.Web.UI.Page
{
   protected Label name;
   static int indent;

   private void GetNode(XmlNodeList xNodes)
   {
      foreach (XmlNode xn in xNodes)
      {
         indent++;
         name.Text += (xn.Name).PadLeft(indent*3,
                      Convert.ToChar(0xA0)) + "<br/>";
         if (xn.HasChildNodes)
         {
            GetNode (xn.ChildNodes);
         }
         indent--;
      }
   }

   private void Page_Load(object sender, System.EventArgs e)
   {
      XmlDocument xDoc = new XmlDocument ();
      xDoc.Load(Server.MapPath("data/axischeck.xml"));
```

```
         indent = 0;
         GetNode (xDoc.ChildNodes);
      }
}
```

Um den rekursiven Aufruf zu steuern, wird die Eigenschaft `HasChildNodes` für jeden einzelnen Knoten untersucht. Außerdem wird für die übersichtliche Ausgabe die Einrückung gesteuert, indem entsprechend dem Inhalt des statischen Feldes `indent` eine Anzahl Leerzeichen geschrieben wird. Der Code „0xA0" im Unicode-Zeichenraum entspricht der HTML-Entität ` `.

4.5.4 XSLT

XSLT (XML Stylesheet Language for Transformation) dient der Umwandlung von XML in andere textbasierte Darstellungen von Daten – natürlich wieder in XML. Der Ansatz, die Transformation durch irgendein geeignetes Programm vornehmen zu lassen, ist dank der guten Standardisierung praktikabel. Wenn Sie sich jedoch darauf beim Nutzer nicht verlassen möchten, kann mit .NET jede Transformation auf dem Server ausgeführt werden. Diese Methode hat weitere Vorteile. So kann die Transformationsanweisung selbst durch Parameter modifiziert werden, die gegebenenfalls erst zur Laufzeit entstehen.

Dieser Abschnitt zeigt, wie Sie mit XSLT in .NET transformieren und die erzeugten Daten in jedem beliebigen Browser zur Anzeige bringen.

Eine kompakte Einführung in XSLT

Eine funktionale Sprache

XSLT ist eine funktionale Sprache. Das Prinzip unterscheidet sich grundlegend von den imperativen oder objektorientierten Sprachen, wie beispielsweise C#. Der Programmfluss selbst wird in erster Linie durch Automatismen initiiert, in zweiter Linie dann durch Regeln. Regeln definieren Sie, um bestimmte Effekte beim Auftreten von bestimmten Daten zu erreichen. Vorteil derartiger Systeme ist die weitgehende – bei XSLT per Definition die vollkommene – Befreiung von Seiteneffekten. Wenn eine Regel gilt, dann wird diese und nur diese ausgeführt und zwar in immer der gleichen Art und Weise. Dazu gehört auch, dass Variablen zwar verfügbar sind, beispielsweise um einer Regel einen Wert zu übergeben, ihren Inhalt aber nachträglich nicht ändern können. Sie verhalten sich also eher wie Konstanten in imperativen Sprachen. Nachträgliche Änderungen könnten Seiteneffekte erzeugen, was nicht erlaubt ist.

Verblüffende Resultate

Dennoch kann man damit erstaunlich effektiv programmieren und verblüffende Resultate erzielen. Nicht immer ist XSLT die perfekte Sprache. Richtig leistungsfähig wird sie erst in Kombination mit einer modernen objektorientierten Sprache, die hinreichende imperative Merkmale aufweist. Es ist nahliegend, Transformation und Programm mit .NET in einen Kontext zu überführen. Zuvor sind jedoch wenigstens elementare Kenntnisse von XSLT notwendig.

Die Basisregeln in XSL

Standardnamensraum

XSLT basiert auf XML, weshalb jede Datei durch die entsprechende Deklaration eingeleitet wird. Dann folgt das Wurzelelement `<stylesheet>`. Das W3C empfiehlt als Standardnamensraumalias `xsl`. Diese Angabe ist aber im Prinzip freiwillig.

Visual Studio erstellt neue XSLT-Dateien ohne eigenen Namensraum. Solange Sie diese nur in eigenen Projekten verwenden und nicht weitergeben, mag das akzeptabel sein. Es ist jedoch empfehlenswert, generell den Standardnamensraum zu verwenden. Daraus ergibt sich folgendes Grundgerüst für XSLT:

```xml
<?xml version="1.0" encoding="UTF-8" ?>
<xsl:stylesheet version="1.0"
 xmlns:xsl="http://www.w3.org/1999/XSL/Transform">
</xsl:stylesheet>
```

Durch die Erweiterung des Attributes `xmlns` wird der Namensraumalias festgelegt.

Namensraumalias

Zwischen den Wurzelelementen wird nun das Regelwerk aufgebaut. Eine zentrale Rolle spielt das Element `<xsl:template>`. Templates bilden die Stufen der eigentlichen Transformation. Dabei gibt es zwei Arten von Templates. Zum einen können sie durch eine XPath-Anweisung in ihrer Zuständigkeit programmiert werden. Die folgende Regel zeigt, wie jedes Element `<name>` zu einer Ausgabe im Ausgabedatenstrom führt:

```xml
<xsl:template match="name">
  <h1>NAME</h1>
</xsl:template>
```

Eine andere Methode ist der Aufruf benannter Vorlagen, dazu später mehr. Der Inhalt des Elements findet hier freilich noch keine Berücksichtigung. Text kann, wie gezeigt, direkt ausgegeben werden. Beachten Sie dabei, dass es sich hier um wohlgeformtes XML handeln muss; HTML muss also gegebenenfalls den Regeln von XHTML 1.0 entsprechend modifiziert werden.

Wenn Sie eine Vorlage mit `<xsl:template select="regelname">` benennen, können Sie diese folgendermaßen aufrufen:

Benannte Vorlagen

```xml
<xsl:call-template name="regelname"/>
```

Soll explizit Text ausgegeben werden, der mit dem Editor nicht darstellbar ist, muss das `<xsl:text>`-Element eingesetzt werden. Das ist eigentlich – nach der Spezifikation – immer notwendig. Die direkte Angabe von Text oder Tags ist eine Vereinfachung.

```xml
<xsl:template match="name">
  Hier folgt ein Zeilenumbruch:<xsl:text>0x0A</xsl:text>
</xsl:template>
```

Wo Text ist, sind Kommentare nicht weit. Diese entsprechen, XML-konform, denen aus HTML bekannten und werden nicht in den Ausgabedatenstrom übernommen:

Kommentare

```xml
<!-- Ein Kommentar in XSLT sieht aus wie in HTML -->
```

Vorlagen werden meist verschachtelt angewendet. Das folgende Beispiel zeigt das Grundgerüst einer HTML-Seite, wie sie mit XSLT erzeugt wird:

Vorlagen verarbeiten

```xml
<xsl:template match="/">
  <html>
    <body>
      <xsl:apply-templates />
    </body>
  </html>
</xsl:template>
```

Zuerst erkennt der XSLT-Prozessor hier, dass die Vorlage das Wurzelelement der XML-Quelle verarbeitet. Dann wird das Grundgerüst der HTML-Seite erstellt. Innerhalb des Body-Tags wird versucht, alle übrigen Elemente durch Aufruf der passenden Vorlagen zu verarbeiten. Dass das Tag `<xsl:apply-template>` keine Parameter hat, ist ein spezieller Fall. Er setzt voraus, dass alle Elemente irgendwo auf eine passende Vorlage stoßen, wobei der Prozessor den besten Treffer auswählt und diesen – und nur diesen – ausführt.

Fallback-Funktion

Allerdings besitzt der Prozessor eine Fallback-Funktion. Wenn kein Template zutrifft, wird der Inhalt des aktuellen Tags genommen und als gültigen Ausgabewert betrachtet. Voraussetzung ist aber, dass wenigstens an einer Stelle `<xsl:apply-template>` steht, um die Ausgabe auszulösen.

Sollen Inhalte von Tags gezielt ausgegeben werden, was sicher der häufigste Weg ist, findet `<xsl:value-of>` Verwendung. Das Attribut `select` wählt den Inhalt des durch eine XPath-Anweisung ermittelten Knotens und die gesamte Anweisung gibt diesen als Zeichenkette aus.

```
<xsl:template match="B">
  <xsl:value-of select="."/>
</xsl:template>
```

Attribute verwenden

Beim Einsatz innerhalb einer Vorlage bezieht sich der Pfad, den `select` akzeptiert, auf den übergebenen Knoten, ist also relativ. Sie können aber absolute Angaben verwenden. Der alleinstehende Punkt reflektiert in XPath den aktuellen Knoten, im Beispiel also den Inhalt des Tags `<B>`. Auf eben diesem Wege werden auch Attribute gelesen. Das folgende Beispiel sucht nach Elementen vom Typ `<a>` und gibt den Inhalt des Attributes `href` aus:

```
<xsl:template match="a">
  <xsl:value-of select="@href"/>
</xsl:template>
```

Der direkte Zugriff mit einer absoluten XPath-Anweisung wäre `a/@href`.

Sie können auf den Parameter eines Attributes direkt zugreifen. Ein `<a href>`-Tag wird folgendermaßen in `<img src>` transformiert:

```
<xsl:template match="a">
  <img src="{@href}" />
</xsl:template>
```

Die Schreibweise mit den geschweiften Klammern ist immer dann angebracht, wenn der Einsatz eines Tags aufgrund der Syntax nicht möglich ist. Andererseits ist es mit `<xsl:element>` und `<xsl:attribute>` möglich, beliebige Tags indirekt zu erzeugen.

Mit XSLT programmieren

Bei XSLT spricht man von einer funktionalen Programmiersprache. Zum Programmieren gehören jedoch nicht nur Regeln, wie sie in XSLT durch die Vorlagen gebildet werden, sondern auch Programmanweisungen.

Verzweigung

Zuerst eine einfache Verzweigung mit `<xsl:if>`:

```
<xsl:if test="@directory='hasfiles'">
  Dieses Verzeichnis enthält Dateien
</xsl:if>
```

Der Test kann verschiedene Operatoren und Funktionen verwenden, um Knoten nach allerhand Kriterien zu untersuchen. Eine Else-Anweisung gibt es übrigens nicht, hierfür ist die Mehrfachverzweigung `<xsl:choose>` gedacht.

Mehrfachverzweigung

```
<xsl:choose>
  <xsl:when test="attribute='archive'">Archiv</xsl:when>
  <xsl:when test="attribute='compressed'">Compressed</xsl:when>
  <xsl:when test="attribute='hidden'">Hidden</xsl:when>
  <xsl:otherwise>
    Unknown
  </xsl:otherwise>
</xsl:choose>
```

Wollen Sie Listen von bestimmten Tags an einer Stelle ausgeben, ist `<xsl:for-each>` sehr praktisch. Schleifen im Sinne imperativer Programmierung gibt es jedoch nicht, weil veränderliche Zustände nicht erlaubt sind.

Schleifen

```
<xsl:for-each select="name">
   <a href="{.}"><xsl:value-of select="."/></a><br/>
</xsl:for-each>
```

Die `<xsl:for-each>`-Anweisung gibt, wie `<xsl:template>` auch, jeweils einen aktuellen Knoten für jedes Element aus, das gefunden wurde. Deshalb funktioniert hier der verkürzte Zugriff auf den Inhalt mit dem Punkt-Alias.

Von Interesse ist oft eine Sortiermöglichkeit. Sie können dazu innerhalb einer Schleife mit `<xsl:sort>` eine Anweisung platzieren, die das zuverlässig erledigt:

Sortieren

```
<xsl:for-each select="name">
   <xsl:sort select="." order="descending"/>
   <a href="{.}"><xsl:value-of select="."/></a>
   <br/>
</xsl:for-each>
```

Das Element `<xsl:sort><xsl:sort>` ist übrigens auch in `<xsl:apply-templates>` anwendbar. Es versteht freilich einige Attribute mehr, mit denen die Steuerung der Sortierung erfolgen kann.

Variablen sind verwendbar, sie verhalten sich aber ähnlich den Konstanten in anderen Sprachen. Sie können Werte, Knoten oder Knotenbäume speichern:

Variablen

```
<xsl:variable name="fieldata" select="attribute"/>
```

Variable können natürlich auch komplexere Inhalte aufnehmen:

```
<xsl:variable name="alldata">
  <xsl:if test="position()=last()">
    TRUE
  </xsl:if>
  <xsl:if test="position()=1">
    FALSE
  </xsl:if>
</xsl:variable>
```

Sie sehen im letzten Beispiel die Verwendung von XPath-Funktionen. Variablen gelten nur innerhalb der Vorlage oder der Schleife, in der sie definiert wurden.

Dieses Verhalten ist nicht modifizierbar, das heißt, es gibt keine Modifikatoren wie `public` oder `private`, wie sie beispielsweise C# kennt.

Ähnlich wie Variablen werden Parameter verwendet. Damit können Sie einer Vorlage verschiedene Werte übergeben, damit diese sich je nach Art des Aufrufes unterschiedlich verhält. Der Aufruf sieht folgendermaßen aus (am Beispiel einer benannten Vorlage):

```
<xsl:call-template name="show.files">
    <xsl:with-param name="handler">no</xsl:with-param>
</xsl:call-template>
```

Innerhalb der Vorlage werden die übergebenen Parameter dann so verwendet:

```
<xsl:template name="show.files">
  <xsl:param name="handler" select=""/>
  ...
```

Das `select`-Attribut in `<xsl:param>` bestimmt einen Standardwert, wenn der Parameter nicht übergeben wurde.

XSLT praktisch

Nummern

XSLT verfügt über einige komplexere Anweisungen, die für größere Projekte von Bedeutung sind. Dazu gehört `<xsl:number>` zum Erzeugen fortlaufender Nummern oder Buchstabenfolgen.

Knoten kopieren

Oft ist der Umgang mit ganzen Knoten notwendig, statt dem Textinhalt des Knotens. Dann findet `<xsl:copy-of>` Verwendung. Sollen Knoten und Attribute kopiert werden, können mehrere Anweisungen mit `<xsl:copy>` zusammengefasst werden. Das folgende Beispiel kopiert ein XML-Dokument vollständig in ein anderes:

```
<xsl:template match="*">
  <xsl:copy>
    <xsl:copy-of select="@*"/>
    <xsl:apply-templates/>
  </xsl:copy>
</xsl:template>
```

Ausgabesteuerung

Da sich hier die Frage stellt, warum ein Dokument ausgerechnet mit XSLT unverändert kopiert werden sollte, ist ein Blick auf `<xsl:output>` angebracht. Mit dieser Anweisung, die immer am Anfang des Dokumentes steht, kann die Kodierung des Ausgabestromes gesteuert werden. Wenn Ihr XML-Dokument UTF-8 kodiert ist, können Sie es mit der Kopiervorlage des letzten Beispiels leicht in ein anderes Format bringen, nebenbei auch ins HTML 4.0-Format:

```
<xsl:output encoding="ISO-8859-1" method="html"/>
```

Für größere Projekte können Sie XSLT-Dateien mit Hilfe der Anweisungen `<xsl:output>` und `<xsl:include>` importieren. Mit Hilfe von `<xsl:include>` kann ein Dokument so eingefügt werden, als wäre der Inhalt an dieser Stelle geschrieben worden. Der Import hat eine geringere Priorität; stehen Regeln miteinander im Konflikt, unterliegen die importierten.

XSLT-Funktionen

Da Transformationen oft in Abhängigkeit von konkreten Daten ablaufen, stellt XSLT einige elementare Funktionen zur Verfügung, die vor allem in `select`- und `test`-Attributen Anwendung finden.

4.6 Hilfsklassen des .NET-Frameworks

Es gibt immer wieder Bedarf an Basisklassen, die das Leben beim Umgang mit den typischen Formaten der Webprogrammierung zu vereinfachen helfen. Diese werden in diesem Abschnitt zusammengefasst.

4.6.1 Definition Uniform Resource Identifier (URI)

Im Zusammenhang mit Webdiensten steht der Begriff URI (Uniform Resource Identifier) an zentraler Stelle. Wenn Sie später mit den Begriffen Adresse und Endpunkt konfrontiert werden, wird dort der URI eine herausragende Position einnehmen.

> Ein URI ist eine Zeichenfolge zur Identifizierung einer abstrakten oder physischen Ressource. Ressourcen im beschriebenen Sinne sind E-Mail-Adressen, Webseiten oder Dateien auf Servern. Auch die Namensräume von XML-Fragmenten werden mittels URIs gekennzeichnet. Die erste Definition erfolgte in der RFC 1630[8] von Tim Berners-Lee im Jahre 1994.

Aufbau eines URI

Der erste Teil eines URI (vor dem Doppelpunkt) gibt den Typ an, der die Interpretation des folgenden Teils festlegt:

`Schema:schemaabhängiger Teil`

Einige URI-Schemata wie HTTP oder FTP besitzen einen hierarchischen Aufbau:

`Schema://[Benutzer[:Passwort]@]Server[:Port][/Pfad][?Anfrage][#Ziel]`

`Server` gibt hierbei bei Schemata, die ein TCP- oder UDP-basiertes Protokoll verwenden, den Domainnamen oder die IP-Adresse des Servers an; Port den TCP-Port (optional und nur anzugeben, wenn vom Standardport des Protokolls abweichend). Benutzername und Kennwort werden meistens nicht angegeben, nur bei FTP werden sie gelegentlich zur Authentifizierung benutzt. Das bekannteste Schema ist HTTP für das Hypertext Transfer Protocol. Hierarchische URIs können ferner relativ zu einem Basis-URI angegeben werden. Dabei werden Schema, Server und Port sowie gegebenenfalls Teile des Pfades weggelassen. Das letzte Element der URI

---

[8] Dort stand der Buchstabe „U" noch für Universal, erst später wurde er allgemein durch Uniform (einheitlich) ersetzt. Diese Umbenennung wurde in der RFC nicht angepasst, hat sich aber inzwischen fast durchgehend als Standardbegriff etabliert.

kann, abgetrennt durch ein #, ein Zielbezeichner sein. In HTML-Seiten wird dies zur Adressierung von Hyperlinks innerhalb der Seite benutzt.

```
http://www.hanser.de
ftp://ftp.is.co.za/rfc/rfc1630.txt
file://D:\MyBooks\Projects\Hanser\ASPNET\Hauptband_001.docx
ldap://[2010:dbcc]/c=DE?computacenter?www
mailto:joerg@krause.net
```

Verfügbare Schemata

Viele Schemata sind fest definiert, viele weitere werden nach Bedarf benutzt. Einige Beispiele der bekanntesten zeigt die nachfolgende Liste:

- `data` – direkt eingebettete Daten
- `doi` – Digital Object Identifier
- `file` – Dateien im lokalen Dateisystem
- `ftp` – File Transfer Protocol
- `http` – Hypertext Transfer Protocol
- `ldap` – Lightweight Directory Access Protocol
- `mailto` – E-Mail-Adresse
- `news` – Newsgroup oder Newsartikel
- `sip` – SIP-gestützter Sitzungsaufbau, beispielsweise für IP-Telefonie
- `tel` – Telefonnummer
- `urn` – Uniform Resource Names (URNs)
- `xmpp` – Extensible Messaging and Presence Protocol für Jabber Identifier
- `pop` – Mailbox-Zugriff über POP3

Auf der Website der IANA befindet sich eine vollständige Liste:

- *http://www.iana.org/assignments/uri-schemes.html*

Unterarten

Es gibt einige Unterarten von URIs. Damit wird klar, wo sich die möglicherweise bekannteren Bezeichnungen einordnen:

- Uniform Resource Locators (URLs)

URLs identifizieren eine Ressource über ihren primären Zugriffsmechanismus, geben also den Ort (Location) der Ressource im Netz an. Beispiele hierfür sind `http` oder `ftp`. URLs waren ursprünglich die einzige Art von URIs, weshalb der Begriff URL oft gleichbedeutend mit URI verwendet wird.

- Uniform Resource Names (URNs)

Mit dem URI-Schema `urn` wird eine Ressource mittels eines vorhandenen oder frei zu vergebenden Namens, wie beispielsweise `urn:isbn` oder `urn:sha1`, identifiziert.

4.6 Hilfsklassen des .NET-Frameworks

Die Aufteilung wird nicht konsequent umgesetzt, weil einige Schemata wie `data` oder `mailto` in keine der beiden Klassen passen.

4.6.2 URI-Unterstützung im Framework

Das Erstellen von URIs wird im .NET Framework durch mehrere spezielle Klassen unterstützt:

- `System.Uri` (in der mscorlib, seit .NET 1.0 dabei)
- `System.UriBuilder` (in der mscorlib, seit .NET 1.0 dabei)
- `System.UriTemplate` (in System.ServiceModel.Web.dll, seit .NET 3.5 dabei)
- `System.UriTemplateTable` (in System.ServiceModel.Web.dll, seit .NET 3.5 dabei)

Diese Klassen unterstützen Vorlagen, um große Sätze ähnlicher URIs bereitzustellen. Stellen Sie sich vor, dass Ihre Applikation einige hundert Endpunkte bereitstellt, um ein breites Angebot an Diensten zu veröffentlichen. Werden die URIs programmatisch definiert, ist die Benutzung einer Vorlage enorm hilfreich. Das Prinzip der Vorlage ist recht einfach: Man definiert feste und variable Segmente:

`fixA/{variabel}/fixB`

Die aus dieser Vorlage generierten URIs könnten nun folgendermaßen aussehen:

`fixA/punkt1/fixB`

`fixA/punkt4/fixB`

`fixA/fehlerpunkt/fixB`

Die Notation beruht lediglich auf dem Erkennen von den in geschweiften Klammern gesetzten Variablen. Zum Erzeugen der URI wird nun eine der Methoden `BindXXX` benutzt, um die Variablen durch tatsächliche Werte zu ersetzen.

Listing 4.10 Benutzung der UriTemplate-Klasse

```
using System
using System.Collections.Specialized;

namespace Hanser.URIs
{
  class Program
  {
    static void Main(string[] args)
    {
      UriTemplate template = new
        UriTemplate("wetter/{land}/{stadt}?vorschau={periode}");
      Uri prefix = new Uri("http://www.wetter.de");
      Console.WriteLine("Segmente:");
      foreach (string name in template.PathSegmentVariableNames)
      {
         Console.WriteLine("    {0}", name);
      }
      Console.WriteLine();
      Console.WriteLine("Variablen:");
      foreach (string name in template.QueryValueVariableNames)'
      {
```

4 Protokolle des Web

```
            Console.WriteLine("    {0}", name);
    }
    Console.WriteLine();

    // Bindung allein über die Position
    Uri positionalUri = template.BindByPosition(prefix, ↵
                            "Bayern", "München", "Woche");
    Console.WriteLine();
    Console.WriteLine("Position:");
    Console.WriteLine(positionalUri.AbsolutePath);

    // Bindung über die benannten Variablen
    NameValueCollection parameters = new NameValueCollection();
    parameters.Add("land", "Berlin");
    parameters.Add("stadt", "Berlin");
    parameters.Add("periode", "Heute");
    Uri namedUri = template.BindByName(prefix, parameters);
    Console.WriteLine();
    Console.WriteLine("Benannt:");
    Console.WriteLine(namedUri.AbsolutePath);

    // Analyse einer URI
    Uri fullUri = new Uri("http://www.wetter.de/wetter/ ↵
                            Niedersachsen/Hannover?vorschau=Monat");
    UriTemplateMatch results = template.Match(prefix, fullUri);

    Console.WriteLine();
    Console.WriteLine("Erkannt:");
    Console.WriteLine("Vorlage {0} mit \n{1}", template, fullUri);

    if (results != null)
    {
      foreach (string variableName in results.BoundVariables.Keys)
      {
        Console.WriteLine("    {0}: {1}", variableName, ↵
                            results.BoundVariables[variableName]);
      }
    }
    Console.ReadLine();
  }
 }
}
```

Hervorzuheben ist die Benutzung von `BindByPosition` und `BindByName` zum Erstellen der finalen URIs. Bei der Analyse wird ein vorhandener URI gegen die Vorlage geprüft:

```
UriTemplateMatch results = template.Match(prefix, fullUri);
```

Die Ausgabe zeigt, wie die URIs erstellt bzw. analysiert werden:

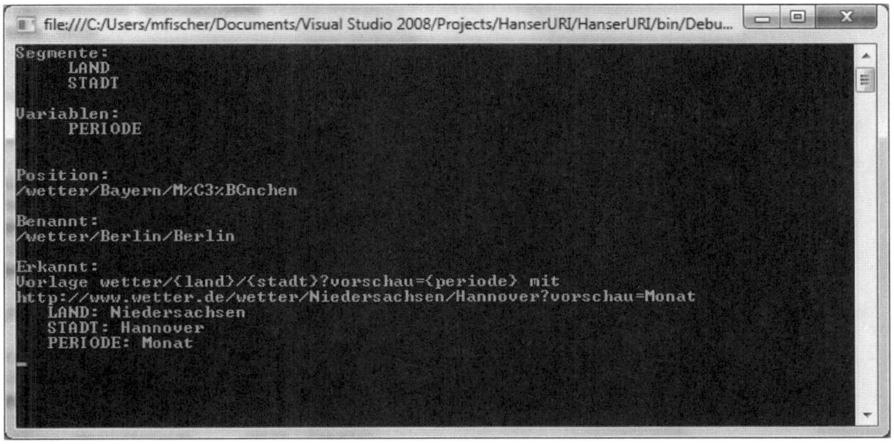

Abbildung 4.10 Ausgabe der Konsole aus Listing 4.10

Die benutzte Klasse `Uri` ist übrigens bereits seit Langem im Framework unter `System.Uri` zu finden. Es handelt sich um eine Basisklasse zur Darstellung eines URIs. Lediglich die Vorlagenklassen sind seit dem Framework 3.5 dabei und damit auch in ASP.NET 4 verfügbar.

5 Programmiersprachen des Web

Dieses Kapitel führt in die Sprachen C# und JavaScript ein. In diesem Buch ist C# die Programmiersprache, in der ASP.NET-Applikationen erstellt werden. Dieses Kapitel soll kein vollwertiges C#-Buch ersetzen. Vielmehr geht es darum, einen allgemeinen Überblick über die Sprache C# zu geben, die zum Verständnis aller Beispiele des Buches benötigt wird. Wenn Sie bereits mit C# bzw. JavaScript gearbeitet haben und das .NET Framework gut kennen, können Sie dieses Kapitel auslassen.

Die Beispiele sollen dazu dienen, schnell einige Code-Schnipsel zu testen und mit der Sprache vertraut zu werden. Es handelt sich um triviale ASP.NET-Seiten, die ausnahmslos keine ASP.NET-Kenntnisse verlangen und auf das absolut notwendige Minimum reduziert wurden. Diese Form der Programmierung wurde aus didaktischen Gründen gewählt und widerspricht teilweise den Vorgaben für eine gute ASP.NET-Programmierung, die an anderer Stelle empfohlen wird.

Dieses Kapitel bietet:

- Eine kompakte Einführung in die Programmiersprache C#
- Eine kompakte Einführung in die Skriptsprache JavaScript

5.1 Einführung in C#

C# wurde zusammen mit dem .NET-Framework eingeführt und ist auf den Umgang mit den Framework-Klassen hin optimiert. Die Sprache nimmt umfassend Anleihe bei C++ und Java, verfügt jedoch über eine ganze Reihe syntaktischer Finessen, die den Umgang damit sehr angenehm machen. C# wird ständig weiterentwickelt und liegt mittlerweile als Version 4 vor, passend zum .NET-Framework 4. Allerdings wurden frühere Versionen nicht immer synchron zum Framework freigegeben. Insofern ist das Zusammentreffen mit dem Erscheinen von Visual Studio 2010 vermutlich eher Zufall.

5.1.1 Notation und Verwendung

C# gehört zur Gruppe der sogenannten „Klammersprachen". Das ist kein offizieller Begriff, sondern deutet nur auf entsprechende Prinzipien der jeweiligen Notation hin, die neben C# auch Sprachen wie Java, C, C++, PHP und vielen anderen eigen sind.

Anweisungsabschluss

Ein wichtiges Merkmal solcher Sprachen ist ein Anweisungsabschluss. Jede Anweisung wird in C#, wie in vielen anderen Programmiersprachen, mit einem Semikolon abgeschlossen. Auf diese Art wäre es möglich, ein C# Programm in einer Zeile zu notieren.

```
C#-Anweisung;
```

Auch der umgekehrte Fall, über mehrere Zeilen zu schreiben, ist (fast) immer möglich. Zeilenumbrüche oder Leerzeichen – die sogenannten Whitespaces – spielen kaum eine Rolle. Entscheidend ist der Abschluss einer Anweisung mit dem Semikolon.

Blockbildung

Der Begriff Klammersprache stammt von der geschweiften Klammer, mit der Blöcke von Anweisungen umfasst werden. Die Schlüsselwörter „Begin" und „End" sind in diesen Sprachen lediglich Klammern. Das Ende eines Klammerausdrucks (Block) muss nicht mit einem Semikolon abgeschlossen werden, da bereits die letzte Anweisung innerhalb des Blocks mit einem Semikolon abgeschlossen ist.

Listing 5.1 Symbolische Darstellung eines Blocks

```
Aktion_fuer_mehrere_Befehle
{
    Anweisung_1;
    Anweisung_2;
}
```

Diese Art der Blockbildung und der eindeutige Anweisungsabschluss machen C# weitestgehend von der Formatierung des Quelltextes unabhängig. Das bedeutet, es ist (weitestgehend) egal, wie sich ein Programm über eine oder mehrere Zeilen aufteilt.

Methodenaufruf

C# ist eine streng objektorientierte Programmiersprache. Es gibt keine Prozeduren oder eigenständigen Funktionen, wie in Visual Basic oder VBScript. Es gibt nur Methoden und Eigenschaften von Objekten.

> **HINWEIS** An dieser Stelle erwarten Sie vielleicht eher das Wort „Funktion". Tatsächlich existieren Funktionen immer – ohne jede Ausnahme – in Klassen. Sie können nicht außerhalb der objektorientierten Welt programmieren. Funktionen in Klassen werden als „Methoden" bezeichnet. Eine Methode ist eine Funktion eines Objekts.

Methodenaufrufe benötigen immer – ohne Ausnahme – runde Klammern, welche die Parameter der Funktion einschließen. Die erwarteten Parameter werden durch Komma getrennt zwischen den Klammern angegeben:

```
Methode(Parameter1, Parameter2);
```

Diese Klammern werden dann geschrieben, wenn keine Parameter übergeben werden:

```
Methode();
```

5.1.2 Objektschreibweise

Objekte bestehen neben vielen anderen Merkmalen aus Eigenschaften und Methoden. Beides wird in C# mit einer besonderen Schreibweise dargestellt. Methoden (method) werden durch einen Punkt vom Objekt getrennt und sind durch runde Klammern gekennzeichnet:

```
Objektname.MethodenName();
```

> **HINWEIS**
> Der Objekt- oder Klassenname kann entfallen, wenn die Zuordnung eindeutig ist. Dadurch wirken manche Programme so, als ob prozeduraler Code geschrieben würde. Tatsächlich ist dies nicht der Fall. Der Compiler nimmt die Zuordnung nur implizit vor.

Eigenschaften (property) entsprechen Variablen in der klassischen prozeduralen Programmierung und werden ohne Klammern geschrieben, aber durch einen Punkt vom Objektnamen getrennt:

```
Variable = ObjektName.EigenschaftenName;
```

In C# wird generell zwischen Groß- und Kleinschreibung unterschieden. Eine Variable mit dem Namen A und eine mit dem Namen a sind nicht identisch. Weiterhin ist C# eine streng typisierte Sprache. Sie müssen – ausnahmslos – jeder Variablen mitteilen, welchen Datentyp sie enthalten darf. *Prinzipielle Verhaltensweisen*

Manchmal sorgen Methoden oder Befehle dafür, dass der richtige Typ erzeugt wird. Auch wenn C# implizit den Typ annimmt oder automatisch mittels sogenannter Typkonverter umwandelt, bringt die Notation dies oft nicht zum Ausdruck. Für die Änderung oder Umwandlung von Datentypen gibt es spezielle Operatoren. Dazu finden Sie genauere Informationen im nächsten Abschnitt.

5.1.3 Abarbeitung von Code in ASP.NET

Alle Beispiele sind so gewählt, dass sie mit, aber auch ohne Visual Studio ausprobiert werden können. Um die folgenden Beispielprogramme dieses Kapitels nachvollziehen zu können, wird ein konfigurierter Webserver und ein Editor Ihrer Wahl benötigt. Alle Beispiele folgen dem gleichen grundsätzlichen Aufbau: *Minimalkonfiguration*

Listing 5.2 Standard-Skript mit eingebettetem C#-Code

```
<%@ Page Language="C#" %>  ❶
<html>  ❷
  <head><title>C# lernen</title></head>
  <body>
  <h1>Eingebetteter Code:</h1>
  <%  ❸
    string hw = "Hello World";
    Response.Write ( hw );
  %>  ❹
  </body>
</html>
```

Die erste Zeile enthält eine Seitendirektive ❶. An dieser Stelle schreiben Sie die Zeile so ab, wie sie ist. Sie dient der Festlegung von C# als Standardsprache. Dann folgt die HTML-Seite ❷, die Ihr Browser anzeigen soll. Der Code selbst ist in ASP-Tags <% %> eingebettet ❸. Es können mehrere Code-Abschnitte in einer Seite an unterschiedlichen Stellen eingebaut werden. Dieses Prinzip hat sich seit den alten Zeiten von ASP nicht geändert – es sind nur weitere, alternative Wege hinzugekommen, die später genauer diskutiert werden.

Dateierweiterung

Vergessen Sie nicht, die Seite mit der Dateierweiterung *.aspx* zu speichern. Führen Sie es über den Browser aus, wobei auf einem Entwicklungssystem als Name für den Webserver meist „localhost" verwendet wird. in Visual Studio 2010 drücken Sie einfach F5.

Abbildung 5.1 Ausführung des Programms HelloWorld.aspx

Wenn das gezeigte Bild bei Ihnen zu sehen ist, können Sie alle nachfolgenden Beispiele ausführen und bequem C# und ASP.NET lernen. In den folgenden Beispielquelltexten können gegebenenfalls der redundante Teil sowie Kopf und Fußzeilen der *aspx*-Seite, aus Platzgründen entfallen.

> **TIPP** In diesem Buch wird propagiert, dass generell hinterlegter Code verwendet werden sollte. Der Vorschlag, am Anfang eingebetteten Code zu verwenden, widerspricht dieser Idee. Allerdings ist es für die ersten Schritte in einer neuen Sprache wichtig, die Programmierumgebung soweit wie möglich zu vereinfachen, um sich auf das Wesentliche konzentrieren zu können. Deshalb wird hier – ausnahmsweise – eingebetteter Code verwendet. Ferner ist eingebetteter Code kompatibler in Bezug auf alternative Plattformen. Später werden Sie eingebetteten oder ausgelagerten Code je nach Anwendungsfall verwenden.

An dieser Stelle sei angemerkt, dass Visual Studio hinterlegten Code als Standardeinstellung verwendet.

5.1.4 Umgang mit Compiler-Warnungen

Mitunter sollen bestimmte Compiler-Warnungen an einer vorgegebenen Stelle im Programmcode entweder als Fehler angezeigt oder ignoriert werden. In C# 1.1 konnten Warnungen bereits auf Projektebene mittels eines entsprechenden Compilerschalters für das gesamte Projekt umgeschaltet werden. Seit C# 2.0 gibt es eine neue Precompiler-Anweisung `#pragma warning`, mit deren Hilfe Warnungen auf Zeilenebene ein- oder ausgeschaltet werden können.

→ MSDN

- `#pragma warning disable 78`

  Deaktiviert Warnung CS0078 innerhalb des Blocks

- `#pragma warning disable`

  Deaktiviert alle Warnungen in diesem Block

- `#pragma warning disable 78, 1030`

  Warnungen CS0078 und CS1030 deaktivieren

- `#pragma warning restore 78`

  Warnung CS1030 bleibt deaktiviert, CS0078 ist wieder aktiv

- `#pragma warning restore`

  Alle Warnungen sind wieder aktiv

5.2 Die Sprache C#

In diesem Abschnitt wird in die Sprache C# eingeführt. Dies erhebt keinen Anspruch auf Vollständigkeit, reicht aber, um alle in diesem Buch gezeigten Beispiele zu verstehen und ernsthaft ASP.NET zu programmieren.

→ MSDN

5.2.1 Namensräume

Im Zusammenhang mit der Programmierung in .NET stößt man schnell auf den Begriff Namensraum (`namespace`). Namensräume haben zwei grundlegende Aufgaben:

- Sie teilen zusammengehörende Systemtypen in logische Gruppen ein.
- Sie verhindern Namenskonflikte zwischen Dateien.

Systemtypen sind in .NET alles, was die Basis für Objekte ist. Dies sind die schon erwähnten Klassen, aber auch komplexe Strukturen, Datenfelder, Aufzählungen und Schnittstellen – letztere sind quasi spezialisierte Baupläne. Jeder derartige Systemtyp liegt in irgendeinem Namensraum vor. Da damit Namenskonflikte vermieden werden, können innerhalb eines Bauplanes für Eigenschaften und Methoden Namen verwendet werden, die außerhalb des Bauplanes auftreten. Dies ist eine wichtige Eigenschaft objektorientierter Programmierung, denn so können Sie ihre Baupläne anderen Programmierern zur Verfügung stellen oder solche von anderen benutzen, ohne Angst zu haben, dass sich Konflikte ergeben.

5 Programmiersprachen des Web

Namensräume existieren nicht physisch, sie werden also nicht dadurch gebildet, dass der Code in DLLs oder ausführbaren Dateien oder Modulen untergebracht wird. Wenn Sie sich Namensräume vorstellen wollen, denken Sie an so etwas Ähnliches wie Schubladen oder Ordner. Zwei Schubladen können zwei gleiche Objekte enthalten und diese kann man trotzdem anhand der Lage in dem einen oder anderen Schubfach unterscheiden.

namespace

Die Verwendung eines Namensraumes muss in C# erklärt werden, dazu dient das Schlüsselwort `using`. Sie werden das in vielen Programmbeispielen aber nicht sehen, weil ASP.NET die wichtigsten bereits automatisch importiert. Dies wird noch genauer erörtert. Der Namensraum selbst sollte folgendem Basisschema folgen:

`Unternehmen.Projekt.Ordner.Container`

Durch den Unternehmensnamen ist der Namensraum global eindeutig. Das Projekt grenzt den Namen im Unternehmen ab. Die Ordnerstruktur ist eine Kopie der Codes im Projekt. Der Container ist die letzte logische Einheit für die im Namensraum befindlichen Typen. Die Deklaration erfolgt durch einen Block mit dem Schlüsselwort `namespace`:

```
namespace Hanser.AspNet.Concepts.Samples
{
  ...
}
```

Übrigens wird oft keine richtige Klasse geschrieben und ein Objekt daraus abgeleitet. Viele ASP.NET-Beispiele sehen wie konventioneller prozeduraler Code aus. Tatsächlich nutzt aber ASP.NET Klassen des Frameworks, um aus Ihrem Code komplette objektorientierte Quellen zu erzeugen und diese dann zu übersetzen. Dies ist ein Trick, der den Einstieg in ASP.NET vereinfacht und von dem Windows-Programmierer nicht profitieren können. Mehr Vorteile für ASP.NET-Entwickler werden im nächsten Abschnitt gezeigt.

Namensräume in ASP.NET-Projekten

Namensräume (namespaces) sind an sich kein aufregendes Thema. In ASP.NET treten sie noch etwas in den Hintergrund, weil je nach Projekttyp keine explizite Verwaltung in den Projekteinstellungen möglich ist.

Die Notwendigkeit eines Namensraumes ist in ASP.NET nicht derart essenziell wie in anderen Projekttypen. Der Namensraum löst vor allem Namenskonflikte auf. Da der hinterlegte Code einer Seite die Ordnerstruktur einbezieht, sind solche Konflikte auf Ebene der Seiten kaum möglich. Darüber hinaus adressieren Namensräume immer den Benutzer des Codes. Aus Sicht der Seiten ist dies die ASP.NET-Laufzeitumgebung. Diese kann aber damit umgehen und niemand muss Rücksicht darauf nehmen.

Dies sieht bei anderen Projekttypen, wie Steuerelementbibliotheken oder separat definierten Modulen anders aus. Hier sollten Sie dem üblichen Schema folgen und einen passenden Namensraum vorgeben.

Global Namespace Qualifier

Leider lässt sich eine Überschneidung von Namensräumen nicht immer ganz vermeiden. Bei größeren Projekten kann es vorkommen, dass ein Namensraum bereits innerhalb eines anderen Namensraumes existiert. In dieser Situation ist der „Global Namespace Qualifier" `global::<namensraum>` von Vorteil. So kann dem Compiler mitgeteilt werden, dass die Auswertung der Namensräume auf der globalen Ebene beginnen soll. Schauen Sie sich dazu folgendes kleines Beispiel an:

global::

Listing 5.3 Zugriff auf den globalen Namespace zur Konfliktauflösung

```
class TestApp
{
    // Neue Klasse System anlegen, um ein Problem zu verursachen
    public class System { }

    // Definition einer Konstanten namens Console.
    const int Console = 7;
    const int number = 66;

    static void Main()
    {
        // Funktioniert nicht
        // Console.WriteLine(number);

        // Funktioniert auch nicht
        // System.Console.WriteLine(number);

        // richtig ist
        global::System.Console.WriteLine(number);
    }
}
```

Freilich ist im Beispiel die Verwendung des Namens `Console` sehr unglücklich. Allerdings sind derartige Konflikte nicht immer für die Zukunft überschaubar, vor allem wenn man bedenkt, dass heute noch nicht im Framework vorhandene Funktionen mit Namen erstellt werden, die später naheliegender Weise Teil des Frameworks werden.

5.2.2 Variablen und Datentypen

Dieser Abschnitt behandelt die elementarsten Grundlagen einer jeden Programmiersprache: Variablen. Im Microsoft-Jargon werden diese in .NET oft als Felder bezeichnet; die bei anderen Sprachen übliche allgemeine Bezeichnung „Variable" soll hier trotzdem verwendet werden. Variablen haben immer einen Datentyp, der festlegt, was gespeichert wird. Mit Feldern sind Datenmitglieder von Klassen gemeint, also Variablen, die innerhalb der Klasse global sind. Einfache Variable können dagegen innerhalb von Methoden oder Funktionsblöcken wie beispielsweise Schleifen auftreten und sind dann nur dort verwendbar.

Was sind Felder?

Variablen

Variablen dienen der Speicherung von Werten während der Verarbeitung des Programms. Der Variablenname kann beliebig lang sein und besteht aus Buchstaben, Zahlen oder dem Unterstrich „_". Er darf jedoch nicht mit einer Zahl beginnen. Jede Variable muss deklariert werden, bevor sie verwendet werden kann.

Zuerst eine einfache Deklaration:

```
string ZeichenKette;
```

Jetzt existiert eine Variable mit dem Namen `ZeichenKette` vom Typ `string`. Diese Variable ist noch leer. Dafür gibt es in C# das Schlüsselwort `null`. Damit wird „nicht gesetzt" bzw. Variable ist „leer" angegeben. `ZeichenKette` kann mit dem Zuweisungsoperator „=" gefüllt werden:

```
ZeichenKette = "Text";
```

Deklaration und Zuweisung können auch kombiniert werden:

```
string Zeichenkette = "Text";
```

Einführung in das Common Type System

CTS-Datentypen Intern verwendet C# die Datentypen, die vom Framework geliefert werden. Die folgende Tabelle zeigt, welche Basistypen es gibt und wie sich diese in C# und im Framework gegenüberstehen. Wenn C# einen Typ durch ein eigenes Schlüsselwort abbildet, wird dies als „nativer Typ" bezeichnet. Als nicht native Datentypen werden hier solche beschrieben, die in C# nicht direkt, sondern ausschließlich über das Framework zur Verfügung stehen.

Alles ist ein Object In .NET sind alle Typen Objekte vom Typ `System.Object`, abgeleitet. Auf Objekte wurde noch nicht weiter eingegangen, dies soll jedoch nachgeholt werden. Denn die Welt von .NET ist eine Welt der Objekte. Sie müssen – ausnahmslos – objektorientiert programmieren. Es liegt in der Natur von Objekten, sowohl über Eigenschaften als auch Methoden zu verfügen. Die folgende Information sollten Sie, wenn Sie mit der objektorientierten Programmierung noch nicht vertraut sind, einfach als gegeben hinnehmen. `System.Object` verfügt als Basisklasse aller Datentypen über folgende Methoden:

Tabelle 5.1 Methoden der Klasse Object

Methode	Beschreibung
`Equals`	Vergleicht zwei Objekte auf Gleichheit
`GetHashCode`	Gibt einen Identifizierer (Hash) des Objekts zurück. Hashes sind eindeutige Ganzzahlwerte (Integer).
`GetType`	Gibt ein Typ-Objekt zurück, mit dem der Typ selbst untersucht werden kann. Diese Art des Zugriffs auf interne Definitionen wird *Reflection* genannt.
`ToString`	Mit dieser Methode wird der Typ in eine Zeichenkette umgewandelt. Sie haben dies bereits im ersten Beispiel gesehen.

Die Zahltypen (`int`, `long` usw.) können mit dem Präfix „u" ergänzt werden, um vorzeichenlos zu arbeiten („u" steht für „unsigned").

Wenn Sie Variablen deklarieren, müssen Sie nur dann den Namensraum des Framework verwenden, wenn der Typ in C# nicht direkt verfügbar ist. Die Deklaration aus dem ersten Beispiel könnte folgendermaßen aussehen:

```
System.String hw = "Hello World";
```

Dies erzeugt exakt denselben Code – intern greift C# nämlich immer auf die Datentypen des Frameworks zurück. Die Nutzung der C#-Notation (Kurzform) spart lediglich Schreibarbeit.

Das Typkonzept genauer betrachtet

Die bisherige Einführung umfasste nur die einfachen Datentypen. Das Typkonzept von C# ist weit umfassender. Unterteilen kann man es global in folgende Typenklassen:

→ MSDN

- Werttypen
- Referenztypen

Die Werttypen werden verwendet, um einer Variablen einen Wert von definiertem Typ zuzuweisen. Das wurde bereits unter dem Begriff Datentypen beschrieben. Diese Werttypen umfassen außer den einfachen Datentypen auch noch Strukturen und Aufzählungen.

Werttypen

Die Referenztypen umfassen Objekte, Klassen, Interfaces, Delegates, Zeichenketten und Arrays. Der Unterschied zu den Werttypen besteht weniger in der Verwendung, als vielmehr in der Art der Speicherung. Vereinfacht betrachtet, werden Variablen im Speicher an definierter Stelle abgelegt und nehmen dort einen festgelegten Platz in Anspruch. Bei Variablen, die sehr viele Daten enthalten, wäre es sehr uneffektiv, diese in einem linearen Speicher abzulegen, da ständig Verschiebungen ausgeführt werden, wenn sich der Inhalt vergrößert oder Lücken entstehen, wenn er sich verkleinert. Auf diese Art würde das System langsam werden. Deshalb wurden die Referenztypen eingeführt, die im Speicher nur als Verweis konstanter Länge existieren und auf einen speziellen Speicherbereich zeigen, den Heap (Haufen).

Referenztypen

Boxing und Unboxing sind Begriffe, die auf die rein objektorientierte Struktur von C# zurückgeführt werden können. Die Basis aller Objekte in C# ist der Typ `object`. Dieser ist seinerseits natürlich ein Referenztyp, denn die Größe ist unbestimmt. Wenn Sie nun eine Variable mit einem Werttyp in ein Objekt überführen, nennt man dies Boxing – der Wert kommt in die „Box". Damit wandert der Wert aus dem linearen Speicher auf den Heap. Den umgekehrten Weg gibt es – natürlich nur für die auf diesem Wege in die „Box" gelangten Werte – ebenso: Unboxing. Das Boxing wird ausgeführt, indem als Datentyp `object` verwendet wird:

Boxing
Unboxing

```
int i = 66;
object boxobject;
boxobject = i;
```

Das sieht etwas eigenartig aus, denn offensichtlich fehlt eine Typkonvertierung. Was hier passiert, ist ein reguläres Verhalten – eben das erwähnte Boxing. Vergleichbar funktioniert das Unboxing, also die Umwandlung eines Referenztyps in einen Werttyp:

```
int k;
k = boxobject;
```

Beachten Sie, dass sich das Objekt den Datentyp merkt, den der Werttyp trug. Das Unboxing gelingt nur, wenn das neue Ziel denselben Datentyp trägt oder zusätzliche Konvertierungen mit den „cast"-Operatoren oder der Klasse `Convert` ausgeführt werden.

Feinheiten bei der Schreibweise und Typumwandlung

Schreibweisen

Für die verschiedenen Datentypen gibt es Kurzschreibweisen, die eine explizite Umwandlung sparen, wenn die Darstellung nicht eindeutig ist. So wird die Zahl 32.000 zwar oft vom Typ int sein, kann aber ebenso aus dem Wertebereich float stammen. Sie können deshalb bei der Zuweisung ein Suffix anhängen, der die Darstellung präzisiert:

Listing 5.4 Datentypen durch Suffixe präzisieren

```
<%
  long lZahl = 32000l;
  int iZahl = 99;
  double dZahl = -64.55d;
  Response.Write ("Zahl Long: " + lZahl.ToString() + "<br>");
  Response.Write ("Zahl Int: " + iZahl.ToString() + "<br>");
  Response.Write ("Zahl Double: " + dZahl.ToString() + "<br>");
%>
```

Zahltypen

Würden Sie im Beispiel int Zahl = 99l schreiben, würde ein Compilerfehler angezeigt werden. Die implizite Umwandlung von long nach int ist nicht möglich.

> **HINWEIS**
>
> C# nimmt, wenn es möglich ist, implizite Umwandlungen vor. Die Entscheidung darüber, hängt davon ab, ob sich Daten verlustfrei umwandeln lassen oder nicht. Dies ist keine Frage der konkreten Daten – welche zum Zeitpunkt der Übersetzung oft nicht vorliegen – sondern der Definition der Datentypen. So wird int implizit nach long konvertiert, weil sich der Wertebereich von int verlustfrei in dem Wertebereich von long abbilden lässt. Da dies nicht in umgekehrter Richtung für jeden möglichen Wert eines long garantiert werden kann, ist es notwendig, mittels einer expliziten „cast"-Anweisung mitzuteilen, dass die Umwandlung an dieser Stelle gewollt ist, sowie mögliche Datenverluste bei der Umwandlung in Kauf genommen werden.

Alle Suffixe finden Sie in der folgenden Tabelle. Groß- und Kleinschreibung spielt hier ausnahmsweise keine Rolle.

Tabelle 5.2 Suffixe zur Festlegung des Datentyps bei Literalen

Suffix	Datentyp
l	long
u	uint
f	float
d	double
m	decimal
ul	ulong

Zeichen Zeichenketten

Zeichenketten werden immer in doppelte Anführungszeichen geschrieben. Damit ist als Datentyp string festgelegt. Wollen Sie ein einzelnes Zeichen mit dem Datentyp char darstellen, verwenden Sie einfache Anführungszeichen. Beachten Sie hier wieder, dass die implizite Umwandlung von string nach char nicht funktionieren kann. C# speichert Zeichen beider Zeichentypen immer als Unicode. Jedes Zeichen benötigt 16 Bit und kann Symbole aller Sprachen enthalten, auch asiatischer. Der Zeichenraum Unicode umfasst maximal 65.535 Zeichen.

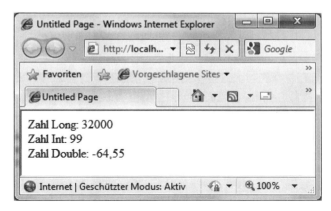

Abbildung 5.2 Explizite Typdeklaration

Weitere Informationen rund um Typumwandlungen folgen später.

> Wenn Sie die Übersetzung in Visual Studio 2010 vornehmen, wird die Fehlermeldung in der Kategorie BUILDFEHLER der AUFGABENLISTE und im Ausgabefenster angezeigt.

TIPP

Das folgende Beispiel zeigt den korrekten Umgang mit Zeichendatentypen:

Listing 5.5 Zeichenketten und Zeichen erzeugen

```
<%
  string sZeichen;
  char cZeichen;
  strZeichen = "Dies sind viele Zeichen";
  chrZeichen = 'A';
  Response.Write ("String: " + sZeichen + "<br>");
  Response.Write ("Char: " + cZeichen + "<br>");
%>
```

Beachten Sie, dass die Umwandlung der Variableninhalte mit ToString, wie beim vorherigen Beispiel, nicht notwendig ist. Die Verkettung von Zeichenketten erfolgt mit dem Operator „+". Mehr zu Operatoren und deren Anwendung folgt im nächsten Abschnitt.

Wenn Sie mit impliziter Umwandlung arbeiten möchten, hilft die folgende Tabelle. Sie zeigt, wann genau C# allein umwandeln kann. bool kann weder explizit noch implizit konvertiert werden. Dies ist aber meist nicht notwendig, weil C# hier einige Vereinfachungen in der Verwendung zulässt. Die implizite Konvertierung gelingt immer dann, wenn theoretisch – also unabhängig vom aktuellen Zustand der Daten – kein Datenverlust auftreten kann.

Tabelle 5.3 Konvertierung von Datentypen innerhalb des Common Type System

Ausgangstyp	Zieltyp
sbyte	short, int, long, float, double, decimal

5 Programmiersprachen des Web

Ausgangstyp	Zieltyp
byte	short, ushort, int, uint, long, ulong, float, double, decimal
short	int, long, float, double, decimal
ushort	int, uint, long, ulong, float, double, decimal
int	long, float, double, decimal
uint	long, ulong, float, double, decimal
long, ulong	float, double, decimal
float	double
char	ushort, int, uint, long, ulong, float, double, decimal

is

Beim Umgang mit Datentypen können zwei Operatoren interessant sein: is und as. Wollen Sie feststellen, ob eine Variable von einem bestimmten Typ ist, verwenden Sie is:

```
if (variable is string)
{
   Response.Write ("Zeichenkette")
}
```

as

Die Typumwandlung kann temporär – also nur an dieser Stelle der Verwendung – mit as erfolgen. Der ursprüngliche Typ der Variablen bleibt erhalten. Es muss sich weiterhin um kompatible, also implizit wandelbare Typen handeln. Misslingt die Konvertierung, wird null erzeugt.

```
object oi1 = "2345";
object oi2 = 2345;
Response.Write(" Ausgabe: " + (oi1 as string));
Response.Write(" Ausgabe: " + (oi2 as string));
```

Die erste Ausgabe gibt „2345" aus, die zweite null – ein ganzzahliger Wert kann nicht implizit in eine Zeichenkette konvertiert werden; Sie müssten ToString verwenden. Das kein Compilerfehler erscheint, liegt am Datentyp object, der immer konvertibel ist.

Escape-Sequenzen

Da als Zeichen nicht nur Buchstaben und Zahlen zulässig sind, werden viele Sonderzeichen aus dem ASCII-Raum erfasst. Diese und viele mehr stehen auch bei Unicode zur Verfügung. Da man nicht alle mit einem Editor eingeben kann, gibt es eine spezielle Notation – die Escape-Sequenz. Diese wird immer mit einem Backslash „\" eingeleitet. Die folgende Tabelle zeigt die wichtigsten Sequenzen und deren Bedeutung. Die jeweils zwei Zeichen sind intern natürlich nur ein Zeichen mit 16 Bit.

Tabelle 5.4 Escape-Sequenzen

Zeichen	Escape-Sequenz
\0	NULL
\n	Neue Zeile (Enter, New Line)
\r	Wagenrücklauf (Zeilenanfang, Carriage Return)
\f	Seitenwechsel (Form Feed)
\t	Tabulator (Tab)

5.2 Die Sprache C#

Zeichen	Escape-Sequenz
\'	Einfaches Anführungszeichen
\"	Doppeltes Anführungszeichen
\\	Backslash
\u	Hexadezimalcode eines Unicode-Zeichens

Damit können Sie die Anführungszeichen in eine Zeichenkette packen, die als Begrenzung dienen:

```
string strZeichen = "Zeichen wie \"Backslash\" verwenden Escape-Sequenzen";
```

Besonders häufig wird Ihnen das bei der Angabe von Pfaden unter Windows begegnen, denn dort wird der Backslash benötigt:

```
string strPath = "C:\\Dokumente und Einstellungen\\mfischer";
```

Ebenso oft, wie die Erzeugung bestimmter Zeichen notwendig ist, kann der Effekt aber auch störend sein. Sie können deshalb die Auswertung der Escape-Sequenzen unterdrücken. Dazu wird der Zeichenkette – nicht der Variablen – das Zeichen @ vorangestellt:

@-Operator

```
string strPath = @"C:\Dokumente und Einstellungen\mfischer";
```

Alle anderen Zeichen, die nicht über die Tastatur erreichbar sind, werden über das Unicode-Zeichen erfasst, beispielsweise steht \u0042 für den Buchstaben „B". Denken Sie daran, dass Unicode mindestens 16 Bit (2 Bytes) benötigt, in hexadezimaler Schreibweise also vier Zeichen erwartet werden. Es gibt auch einen 4 Byte (32 Bit) breiten Unicode, der aber nur selten verwendet wird. Falls Sie sich vertippen und weitere Ziffern folgen, wird C# dies als erweiterten Unicode interpretieren und vermutlich das falsche Zeichen verwenden.

Logische Werte werden auch als Boolesch bezeichnet. Diese haben zwei mögliche Zustände: Wahr und Falsch; in C# durch die Schlüsselwörter `true` und `false` gekennzeichnet.

Logische Werte

Es gibt eine weitere Möglichkeit, Datentypen explizit umzuwandeln. Dazu wird der Typ vor die umzuwandelnde Variable in runde Klammern gesetzt. Dies ist eine Art Operator – der sogenannte „cast"-Operator. Dies funktioniert nur mit den Zahlentypen halbwegs zuverlässig. Für die Umwandlung in eine Zeichenkette sollte die Methode `ToString` verwendet werden, die immer zur Verfügung steht.

Explizite Datentypumwandlung

Nullbare Typen

Werttypen wie `int` oder `long` können nicht auf null gesetzt werden. Diese Eigenschaft bleibt Referenztypen vorbehalten. Das führt im Code dazu, dass Hilfswerte für den Zustand „undefiniert" oder „nicht gesetzt" benutzt werden. Beispielsweise schreibt der Entwickler dem Typ den Wert „-1" als Sonderwert zu. Das hat freilich seine Grenzen, denn es schränkt den Wertebereich ein, es ist nicht durch den Compiler überwacht und die Zuordnung ist, da willkürlich, schwer lesbar.

Mit C# 2.0 wurde deshalb eine spezielle Klasse eingeführt, die mit den Werttypen kompatibel ist und den Zustand `null` erlaubt, also „nicht definiert". Die Klasse basiert auf generischen Typen (generics) und wird folgendermaßen benutzt:

System.Nullable

145

```
System.Nullable<int> i = null;
```

int?

Weil dies umständlich ist und nicht gerade die Lesbarkeit steigert, gibt es eine Kurzform:

```
int? i = null;
```

Über Geschmack kann man freilich streiten, aber offensichtlich war das Fragezeichen noch nicht ausreichend mit Funktionen belegt. Wichtig ist es dabei zu erkennen, dass `int?` nicht gleich `int` ist.

??

Um schnell auf nullbare Typen prüfen zu können, eignet sich der Operator `??`:

```
int? i = null;
i = TestFunction();
int y = i ?? -1;
```

Der Variablen `y` wird der Wert -1 zugewiesen, wenn `i` `null` ist, ansonsten der Wert von `i`.

5.2.3 Kommentare, Konstanten, Operatoren

Grundlage praktisch jeder Programmiersprache bilden weitere Bausteine wie Konstanten, Operatoren und nicht zuletzt Kommentare im Quelltext.

Kommentare

Auch in C#-Programmen gibt es die Möglichkeit, Kommentare einzubetten. Diese Kommentare werden bei der Verarbeitung ignoriert. Es gibt jedoch eine spezielle Notation, Kommentare so zu gestalten, dass enthaltene Informationen als Teil der automatischen Dokumentationen betrachtet werden. Für alle anderen Fälle gibt zwei Arten von Kommentaren: Einzeilige und Mehrzeilige.

Einzeilige Kommentare

Einzeilige Kommentare beginnen am Zeilenanfang und enden, wenn die Zeile mit `Enter` abgeschlossen wurde. Dies ist eine der wenigen Stellen, in denen Zeilenumbrüche in C# von Bedeutung sind:

```
string strText = "Text"; // Hier wird Text zugewiesen
```

Mehrzeilige Kommentare

Wenn sich ein Kommentar über mehrere Zeilen erstrecken soll, muss er sowohl einen definierten Anfang als auch ein definiertes Ende haben:

```
/* Dieses Programm ist in C# geschrieben.
Es wurde am 8.3.2002 entwickelt */
```

Der Kommentar steht also zwischen den Zeichen `/*` und `*/`.

Konstanten

Konstanten werden wie Variablen verwendet, dürfen sich aber während der Abarbeitung eines Programms nicht ändern. Eingesetzt werden Konstanten häufig, um bestimmte Werte zu setzen, die zur globalen Einstellung dienen. Wenn Sie beispielsweise an mehreren Stellen die Farbe eines Textes angeben und sich eine Änderung vorbehalten, wäre der feste Einbau der Zeichenkette „red" nicht ratsam. Sie müssten bei Änderungen dann alle Vorkommen von „red" suchen und ersetzen. Das funktioniert unter Umständen nicht automatisch, wenn auch Variablen mit dem

Namen „reden" vorkommen. Definieren Sie dann eine Konstante mit dem Namen „farbe", der Sie den Wert „red" zuweisen. Meist dienen Konstanten jedoch vor allem der besseren Lesbarkeit des Quelltextes.

Prinzipiell unterliegen Konstanten den gleichen Benennungsregeln wie Variablen. Der Name kann beliebig lang sein und besteht aus Buchstaben und Zahlen und dem Unterstrich. Er darf jedoch nicht mit einer Zahl beginnen. Der Umgang mit Datentypen entspricht dem bei Variablen beschriebenen Prinzipien. Als Typen sind skalare (`byte`, `char`, `short`, `int`, `long`, `float`, `double`, `decimal`, `bool`, `string`) Auflistungen oder Referenztypen zulässig. Konstanten werden mit dem Schlüsselwort `const` deklariert. Es steht zwischen dem Modifizierer und der Typdeklaration:

Namen der Konstanten

```
private const string LINEBREAK = "\n";
```

Mehrere Konstanten vom selben Typ können mit einer Deklaration erstellt werden:

```
private const string NL = "\n", LB = "\n\r", NBSP = " ";
```

Der Modifizierer darf nicht `static` sein, weil dies durch `const` bereits implizit erklärt wird. Weil Konstanten in allen Instanzen einer Klasse identisch sind, verhalten Sie sich wie statische (instanzlose) Variablen in Bezug auf den Sichtbereich.

Listing 5.6 Verwendung von Konstanten

```
<%
  const string AUTOR = "Joerg Krause und Matthias Fischer";
  const string TITEL = "ASP.NET mit C\#";
  Response.Write ("Autor: " + AUTOR + "<br>");
  Response.Write ("Buch: " + TITEL + "<br>");
%>
```

Die Zuweisung des Wertes im Augenblick der Deklaration ist obligatorisch. Die Notation des Wertes muss dem angegebenen Datentyp entsprechen.

Die Schreibweise ist wahlfrei; Großbuchstaben haben sich bewährt, um Konstanten von anderen Variablen klar unterscheiden zu können.

Operatoren

Selbstverständlich verfügt C# über die üblichen Operatoren. Zwei haben Sie bereits kennengelernt: Die Zuweisung mit „=" und die Verkettung von Zeichenketten mit „+".

C# kennt die elementaren arithmetischen Operatoren:

Arithmetische Operatoren

```
x + y;   // Addition
x - y;   // Subtraktion
x * y;   // Multiplikation
x / y;   // Division
x % y;   // Modulus (Rest der Ganzzahldivision)
```

Bei der Division wird immer dann eine Gleitkommadivision durchgeführt, wenn einer der beiden Werte vom Typ `double` oder `float` ist. Für eine Ganzzahldivision müssen beide Operanden `int` oder einer der Ganzzahltypen sein. Um Werte um eins erhöhen oder verringern zu können, verwenden Sie die Inkrement- und Dekrementoperatoren:

```
zahl++;
zahl--;
```

Inkrement
Dekrement

Im Zusammenhang mit Zuweisungen ist interessant, ob Sie die Erhöhung (Verringerung) vor oder nach der Zuweisung vornehmen. Entsprechend schreiben Sie den Operator vor oder hinter die Variable:

```
x = y++    // x wird y zugewiesen, dann wird y erhöht
x = ++y    // y wird erhöht und dann x zugewiesen
x = y--    // x wird y zugewiesen, dann wird y verringert
x = --y    // y wird verringert und dann zugewiesen
```

In der Praxis können Sie die Operatoren für interessante Effekte einsetzen. So eignet sich der Modulus-Operator, um bei HTML-Tabellen die Zeilen abwechselnd farblich hinterlegt darzustellen. Das folgende Beispiel greift bereits einer Steueranweisung vor, der `for`-Schleife. Probieren Sie es dennoch aus, die Erklärung dazu folgt weiter hinten in diesem Kapitel.

Listing 5.7 Verwendung des Modulus-Operators

```
<%
string rd = @"<td width=100>A</td><td width=100>B</td>
              <td width=100>C</td>";
Response.Write("<table border=0 cellpadding=4>");
Response.Write("<th>Spalte A</th> ↵
               <th>Spalte B</th> ↵
               <th>Spalte C</th>");
for(int i = 0; i <= 10; i++)
{
   if (i % 2 == 0) ❶
   {
      Response.Write ("<tr bgcolor=\"Gray\">"+rd+"</tr>");
   } else {
      Response.Write ("<tr bgcolor=\"White\">"+rd+"</tr>");
   }
}
Response.Write ("</table>");
%>
```

Das Erkennen jeder zweiten Zeile erfolgt durch die Berechnung ❶. Wenn das Ergebnis der Berechnung 0 ist (kein Divisionsrest), wird die Zeile grau dargestellt.

Damit sind Sie eigentlich schon mitten in der praktischen ASP.NET-Programmierung. Später wird noch gezeigt, wie `if` und `for` und viele andere Anweisungen in C# funktionieren.

	Spalte A	Spalte B	Spalte C
	A	B	C
	A	B	C
	A	B	C
	A	B	C
	A	B	C
	A	B	C
	A	B	C
	A	B	C
	A	B	C
	A	B	C

Abbildung 5.3 Ausgabe einer HTML-Tabelle mit reihenweise wechselnden Farben

Der einfachste Operator ist der Zuweisungsoperator, der beispielsweise für die Übertragung von Werten in eine Variable Verwendung findet. Sie können die grundlegenden arithmetischen Operatoren mit diesem verbinden:

Zuweisungsoperator

```
zahl += 45;   // addiert 45 zu der Variablen zahl
zahl *= andere_zahl; // multipliziert zahl mit andere_zahl
```

Weitere Zuweisungsoperatoren sind: +=, -=, /=, %= und *=. Das sieht sehr einfach aus. Sie können aber mit Hilfe von Klammern komplexere Konstruktionen schaffen:

```
zahl += (faktor = 2) * 4;
```

Hier erfolgt erst eine Zuweisung (faktor = 2; das Ergebnis (2) wird dann mit 4 multipliziert und zu der Variablen zahl addiert.

Auch Ketten von Zuweisungen sind möglich:

```
int z1, z2, z3, z4;
z1 = z2 = z3 = z4 = z5 = 0;
```

Alle Variablen zX enthalten danach den Wert 0.

Wenn Variablen Werte enthalten, die sich in Byte- oder Bitform darstellen lassen, können Manipulationen mit Bitoperatoren sinnvoll sein. Als Datentyp kommt beispielsweise byte in Betracht. Der Operator & führt eine binäre UND-Verknüpfung durch, | steht für eine ODER-Verknüpfung, während ~ den Bitwert negiert. Das exklusive Oder (^ ist immer dann 1, wenn einer der beiden Operatoren 1 ist (also exklusiv), nicht aber beide. Die Operatoren entsprechen der Booleschen Algebra. Das Verhalten kann der Auflistung in der folgenden Tabelle entnommen werden.

Bitoperatoren

Tabelle 5.5 Logische Operatoren

x	y	x & y	x | y	x ^ y	~x	~y
0	0	0	0	0	1	1
0	1	0	1	1	1	0
1	0	0	1	1	0	1
1	1	1	1	0	0	0

Das folgende Beispiel zeigt das Prinzip. Denken Sie dabei an die interne Darstellung der Zahl 3 (00000011) bzw. 5 (00000101). Die negativen Zahlen kommen zustande, weil C# bei der Konvertierung das gesetzte achte Bit als Vorzeichen erkennt, -4 entspricht also 255 - 4 = 251.

Listing 5.8 Testprogramm für die Bitoperatoren

```
<%
byte bNull = 3;
byte bEins = 5;
Response.Write ((bEins & bNull).ToString());
Response.Write ("<br>");
Response.Write ((bEins | bNull).ToString());
Response.Write ("<br>");
Response.Write ((~bEins).ToString());
Response.Write ("<br>");
Response.Write ((~bNull).ToString());
%>
```

Möglicherweise erscheint Ihnen die Verwendung von `ToString` hier etwas eigenartig. Immerhin wird die Methode an die Klammer gesetzt. Aber in C# sind alle Elemente immer Objekte, auch die Zwischenergebnisse einer Berechnung. Das Objekt `bNull`, verknüpft mit dem Objekt `bEins`, ergibt ein Objekt (bEins & bNull), das natürlich in eine Zeichenkette verwandelt werden kann.

Abbildung 5.4 Wirkungsweise der Bitoperatoren

Zwei weitere Operatoren arbeiten auf Bit-Ebene: >> und <<. Beide sind mit dem Zuweisungsoperator = verknüpfbar. Mit >> werden Bits nach rechts verschoben, bei << nach links. Bedenken Sie, dass Sie Bitwerte verarbeiten. Es ist also nicht möglich, damit Zeichen in Zeichenketten zu verschieben.

Logische Operatoren

Neben den beschriebenen gibt es noch logische Operatoren, mit denen logische Ausdrücke gebildet werden können, also solche, die `true` oder `false` ergeben. Diese werden im nächsten Abschnitt unter Bedingungen erklärt.

5.2.4 Anweisungen

Sprachanweisungen dienen der Flusssteuerung. Die meisten Anweisungen beziehen sich auf Blöcke, die zuerst erläutert werden.

Blöcke

C# verwendet Blöcke, um mehrere Befehle zusammenzufassen und damit als Einheit zu betrachten. Blöcke werden durch Paare geschweifter Klammern gebildet. Blöcke können an jeder Stelle im Programm gebildet werden, jedoch optimiert der Compiler alle nicht benötigten Blöcke wieder weg. In der Praxis werden Blöcke meistens in Verbindung mit einer Steueranweisung geschrieben.

```
Steueranweisung
{
    // Blockanweisung
    // Blockanweisung
}
```

C# wird in diesem Buch immer im Zusammenhang mit ASP.NET eingesetzt. Es geht also fast ausnahmslos um die Ausgabe von HTML. Bei der Vermischung von C# und HTML müssen Sie Blöcke bilden, denn C# beendet einen nicht explizit markierten Block am Ende des HTML-Fragments. Der folgende Code funktioniert nicht: *Blöcke und HTML*

```
<% if(test == true) %><P>HTML ist toll!</P>
```

Sie müssen hier kennzeichnen, dass der HTML-Code zur `if`-Anweisung gehört:

```
<% if(test == true) { %>
 <b>HTML ist spannend, wenn es von C\# erzeugt wird</b>
<% } %>
```

Nebenbei bemerkt ist diese Mischung aus Code und HTML in ASP.NET weder notwendig noch üblich. Es stehen ausreichend alternative und meist elegantere Methoden zur Verfügung, um HTML während des Seitenaufbaus zu beeinflussen.

Verzweigungen sind ein elementarer Bestandteil fast aller Programme. Dabei wird der eine oder andere Programmteil in Abhängigkeit von einer Bedingung ausgeführt. *Verzweigungen*

Bedingungen

Bedingungen sind das bestimmende Element zur Steuerung von Verzweigungen. Es gibt praktisch kaum ein Programm, das ohne die Steuerung mit Bedingungen auskommt. Das Programm fällt mit Hilfe der Bedingung eine einfache Entscheidung: Ja oder Nein. Entsprechend müssen Ausdrücke, die in den Bedingungsanweisungen eingesetzt werden, logische Ausdrücke sein. Das Ergebnis muss für C# als Wahr (`true`) oder Falsch (`false`) interpretierbar sein.

Um Ausdrücke zu konstruieren, werden Operatoren benötigt. Man kann dabei logische Operatoren und Vergleichsoperatoren unterscheiden. Den eigentlichen Programmablauf steuern dann Anweisungen wie `if`, die nachfolgend vorgestellt werden. Auch die Anweisungen zur Schleifensteuerung nutzen logische Ausdrücke. *Ausdrücke*

5 Programmiersprachen des Web

Logische Operatoren

In vielen Abfragen wird eine logische Entscheidung verlangt. Mit speziellen Operatoren können Sie Ausdrücke verknüpfen. Das Ergebnis eines korrekten logischen Ausdrucks ist immer `false` oder `true`. Die folgenden Ausdrücke zeigen die Anwendung:

```
x && y   // UND x und y müssen true sein
x || y   // ODER x oder y muss true sein
!x       // NICHT negiert den Wert (true wird false, false wird true)
```

Optimierende Operatoren

C# verwendet bei der Abarbeitung eine einfache interne Optimierung. Wenn bei einem UND-Vergleich der erste Operator `false` ist, kann der Ausdruck nur `false` werden, unabhängig vom Zustand des zweiten. Entsprechend wird der Ausdruck einer ODER-Verknüpfung `true`, wenn der erste Operator `true` ist. Auch hier ist es nicht zwingend notwendig, den zweiten auszuwerten. Dieses Verhalten kann in der Praxis unerwünscht sein. Wenn der zweite Operand ein Methodenaufruf ist, wird die Methode möglicherweise niemals aufgerufen. Dies kann aber notwendig sein, wenn die Methode neben dem Rückgabewert auch andere Aktionen ausführt. Deshalb gibt es zwei weitere Operatoren, die die Optimierung unterdrücken und den rechten Teil eines Ausdrucks immer auswerten:

```
bool x, y;
x & y    // UND
x | y    // ODER
```

Vergleichsoperatoren

Um komplexe logische Ausdrücke erstellen zu können, benötigt man Vergleichsoperatoren. Die folgende Tabelle gibt einen Überblick:

Tabelle 5.6 Vergleichsoperatoren

Operator	Bedeutung
==	Gleichheit
!=	Ungleichheit
<	Kleiner als
>=	Größer als oder gleich
<=	Kleiner als oder gleich
>	Größer als

> **STOPP** Vergessen Sie nie, dass der Gleichheitsoperator (==) nicht dem Zuweisungsoperator (=) entspricht – ein Fehler, mit dem viele Einsteiger (und VB-Umsteiger) zu kämpfen haben.

Der folgende Ausdruck ist syntaktisch völlig korrekt, aber trotzdem falsch und vor allem sinnlos:

```
if (var = 23)  { Response.Write var; }
```

Gemeint war sicher, dass die Variable ausgegeben wird, wenn der Inhalt gleich 23 ist. Praktisch passiert aber Folgendes: Die Variable wird durch den Zuweisungsausdruck gleich 23 gesetzt – unabhängig von ihrem vorherigen Inhalt. Dann wird die 23 ausgegeben. Die Zuweisung selbst, als Ausdruck betrachtet, wird korrekt abgearbeitet und von `if` als `true` erkannt. Wenn Sie so einen bestimmten Zustand im Programm erkennen möchten, wird Ihnen dies vielleicht nicht einmal auffallen.

Es gibt eine einfache Lösung zum Verhindern solcher Fallen. Vertauschen Sie einfach die Operanden:

`Trickreiche Lösung`

```
if (23 = var)
```

Dieser Ausdruck ist syntaktisch definitiv falsch. Zuweisungen können nicht „rückwärts" arbeiten. Der Fehler wird vom Compiler sofort erkannt. Schreiben Sie dagegen den Gleichheitsoperator korrekt, ergibt sich ein gültiger Ausdruck:

```
if (23 == var)
```

Dies sieht zwar ungewöhnlich aus, ist aber sehr programmierfreundlich.

Bedingungen mit auswerten (if)

`if` testet eine Bedingung und führt den dahinter stehenden Block aus, wenn die Bedingung `true` ist, ansonsten wird der Block übergangen:

```
if (Bedingung) Anweisung;
```

Wenn mehrere Anweisungen von der Bedingung abhängig sind, muss ein Block gebildet werden:

```
if (Bedingung)
{
  Anweisung-1;
  Anweisung-2;
}
```

Die `if`-Anweisung besteht aus dem Schlüsselwort und dem in runden Klammern stehenden logischen Ausdruck. Wenn der Ausdruck `true` ist, wird die nachfolgende Anweisung oder der Block (in geschweiften Klammern) ausgeführt. Ist der Ausdruck `false`, wird die Programmausführung mit der nächsten Anweisung oder dem nachfolgenden Block fortgesetzt. Das folgende Beispiel erzeugt eine Ausgabe, wenn die Variable *tag* einen bestimmten Wert enthält:

Listing 5.9 Einfache Verwendung von if

```
<%
string tag = "Thursday";
if (tag == "Monday") Response.Write("Heute ist Montag");
if (tag == "Tuesday") Response.Write("Heute ist Dienstag");
if (tag == "Wednesday") Response.Write("Heute ist Mittwoch");
if (tag == "Thursday") Response.Write("Heute ist ↵
                                       Donnerstag");
if (tag == "Friday") Response.Write("Heute ist Freitag");
if (tag == "Saturday") Response.Write("Heute ist Samstag");
if (tag == "Sunday") Response.Write("Heute ist Sonntag");
%>
```

Die Ausgabe ist wenig überraschend:

5 Programmiersprachen des Web

> **Schlüsselwort If:**
>
> Heute ist Donnerstag

Abbildung 5.5 Ausgabe des If-Programms

Das Beispiel ist bewusst primitiv aufgebaut, um die Anwendung von `if` zu verdeutlichen. Praktisch kann immer nur eine der Alternativen erfüllt sein, denn *tag* enthält einen ganz bestimmten Wert. Allerdings besteht die – zumindest theoretische – Chance, dass keine der Bedingungen zutrifft. Diesen Zustand abzufangen, ist mit `if`-Anweisungen dieser Art schon schwieriger.

else Wenn man weiter zu komplexeren Entscheidungsbäumen vordringt, wären Verschachtelungen unvermeidlich. Prinzipiell kann die `if`-Anweisung unbegrenzt verschachtelt werden, das heißt, in jedem Block kann sich wiederum eine `if`-Anweisung verstecken. Das führt in aller Regel nicht zu besonders gut lesbarem Code und sollte vermieden werden. Es gibt fast immer elegantere Lösungsmöglichkeiten. Oft ist es notwendig, nicht nur auf das Eintreten eines Ereignisses zu reagieren, sondern auch die negative Entscheidung zu behandeln. In solchen Fällen wird die `if`-Anweisung um `else` ergänzt. Die Anweisung oder der Block hinter `else` wird ausgeführt, wenn die Bedingung nicht zutrifft.

Listing 5.10 if mit alternativem else-Zweig

```
<%
short tag = 7;
if (tag == 0 || tag == 7)
{
    Response.Write("Wochenende!");
} else {
    Response.Write("Arbeitszeit");
}
%>
```

Das letzte Beispiel könnte man auch mit `if` nach dem `else` schreiben. Praktisch wird dabei in dem `else`-Zweig noch eine weitere `if`-Anweisung eingebaut. Das folgende Beispiel zeigt eine mögliche Anwendung:

Listing 5.11 Folgen von if und else

```
<%
short tag = 5;
if (tag == 0 || tag == 7)
{
    Response.Write("Wochenende!");
} else if (tag == 5) {
    Response.Write("Fast Wochenende...");
} else {
    Response.Write("Arbeitszeit");
}
%>
```

Der Bedingungsoperator

C# kennt eine Kurzschreibweise für einen einfachen Bedingungsbefehl, den sogenannten trinären Bedingungsoperator. C++- oder Java-Entwicklern ist dieser Operator wahrscheinlich bereits bekannt:

Der Bedingungsoperator

```
result = ((variable == "test") ? true : false;
```

Damit lassen sich Abfragen oft kürzer gestalten. Jedoch sollte dieser Operator sparsam verwendet werden, da oft die Übersichtlichkeit eines Programmes darunter leidet. Die drei Elemente haben folgende Bedeutung:

```
Bedingung ? Wenn wahr : Wenn falsch
```

Wenn die gesamte Bedingung einen Wert zurückgibt, muss der Typ in beiden Zweigen identisch sein. Wenn Methoden aufgerufen werden, müssen diese einen Rückgabewert anders als `void` haben.

Mehrfachbedingungen (switch, case, break, default)

Wenn Sie, wie gezeigt, mehrere aufeinander folgende Bedingungen gegen ein und dieselbe Variable testen möchten, ist die `if`-Anweisung sehr aufwändig. Mit `switch` steht eine weitere Anweisung zur Verfügung, die solche Abfragen eleganter aufbaut:

Listing 5.12 Mehrfachbedingung mit switch aufbauen

```
<%
short stunde = 9;
switch(stunde)
{
    case 8:
        Response.Write("Guten Morgen");
        break;
    case 9:
        Response.Write("Bisschen spät heute?");
        break;
    case 10:
        Response.Write("Jetzt gibts Ärger");
        break;
    case 11:
        Response.Write("Lass dich krankschreiben");
        break;
    default:
        Response.Write("Sonst wann am Tage...");
        break;
}
%>
```

Der prinzipielle Aufbau ist aus dem Beispiel ersichtlich. In der `switch`-Anweisung selbst steht die zu testende Variable, in den `case`-Abschnitten jeweils der Testwert, der auf Gleichheit getestet wird: `case 8` entspricht also `stunde == 8`.

Wichtig ist die `break`-Anweisung, die die Arbeitsweise von `switch` wesentlich beeinflusst. Wenn `switch` eine zutreffende Bedingung findet, wird nach der `case`-Anweisung mit der Ausführung des Codes begonnen. Weitere `case`-Anweisungen werden nicht ausgewertet. Der `switch`-Block muss mit `break` explizit verlassen werden, sonst wird ein Compiler-Fehler ausgegeben.

break

default	Im Listing wurde bereits der Befehlsbestandteil `default` genutzt. Dieser Zweig der `switch`-Anweisung wird ausgeführt, wenn keine andere Bedingung zutrifft. Auch `default` muss mit `break` abgeschlossen werden. Die Position spielt dagegen keine Rolle. Es verbessert lediglich der Lesbarkeit, wenn es am Ende geschrieben wird.
goto case	Die Anweisung `switch` kennt noch das eigentlich bereits ausgestorbene `goto`, hier in der folgenden Form:

```
goto case "case-selektor";
```

Damit lassen sich unter Umständen komplizierte Verschachtelungen vermeiden. Außerdem hebt `goto` den kleinen Nachteil auf, dass die `case`-Blöcke niemals durchfallen, wie das beispielsweise bei PHP der Fall ist, wenn `break` entfällt.

Die Anweisung `goto` kann freilich alleine stehen.

Unbedingte Sprünge mit goto

Spaghetticode?	Wenn von C# als moderner Programmiersprache die Rede ist, mag das Auftreten eines regulären `goto`, also des unbedingten Sprungs zu einer Marke, wie ein Rückschritt erscheinen. Denn seit den Zeiten von BASIC wurde der mit `goto` mögliche Spaghetti-Code verteufelt. Tatsächlich fehlten aber früher elegante Schleifenanweisungen, sodass auf den Sprung nur selten verzichtet werden konnte. Es ist richtig, dass man generell jedes erdenkliche Problem ohne direkte Sprünge lösen kann, leider nicht immer elegant. Es gibt seltene Fälle in denen `goto` tatsächlich einiges an Schreibarbeit und damit Fehlerquellen in der Programmlogik erspart. Trotzdem wird es nur sehr selten gebraucht, und wenn Sie sich nicht sicher sind, dass das vorliegende Problem tatsächlich nur damit den kürzesten Code ergibt, verzichten Sie lieber auf den Einsatz.
goto	In den Fällen, in denen es angebracht erscheint, definieren Sie das Sprungziel mit einem Label:

```
:Sprungziel;
```

Dann können Sie dieses – allerdings nur innerhalb desselben Blocks – folgendermaßen erreichen:

```
goto "Sprungziel";
```

Aus Methoden, Blöcken, Schleifen etc. können Sie nicht herausspringen. Insofern ist das moderne `goto` in C# ziemlich resistent gegen den Missbrauch zur Produktion von Spaghetticode.

5.2.5 Schleifenanweisungen

Schleifen benötigen Sie, um Programmteile mehrfach durchlaufen zu lassen. Neben der Einsparung an Tipparbeit ist vor allem die variable Festlegung der Schleifendurchläufe interessant. Schleifen ohne feste Laufvariable werden durch eine Bedingung gesteuert. Der Zustand des logischen Ausdrucks bestimmt, ob die Schleife weiter durchlaufen wird oder nicht.

5.2 Die Sprache C#

Schleifen mit Bedingungstest am Anfang (while)

Die häufigste Schleifenart ist die `while`-Schleife, die in fast jeder Programmiersprache zu finden ist. Die Bedingung wird mit jedem Eintritt in die Schleife getestet. Solange der Ausdruck `true` zurückgibt, wird die Schleife durchlaufen. Wenn der Ausdruck also schon beim Eintritt in die Schleife `false` ergibt, wird die Schleife überhaupt nicht durchlaufen.

Listing 5.13 Einfache while-Schleife

```
<%
int counter = 0;
int test = 6;
while (test > counter)
{
   Response.Write("Aktueller Zähler: " + counter.ToString() + "<br>");
   counter++;
}
%>
```

In diesem Listing werden zuerst zwei Variablen definiert. Eine wird als Laufvariable mit wechselnden Werten eingesetzt, die andere zur Steuerung der Abbruchbedingung. Mit dem ersten Aufruf der `while`-Anweisung wird die Bedingung geprüft. Es kann also vorkommen, dass die Befehle im Körper der Schleife überhaupt nicht ausgeführt werden.

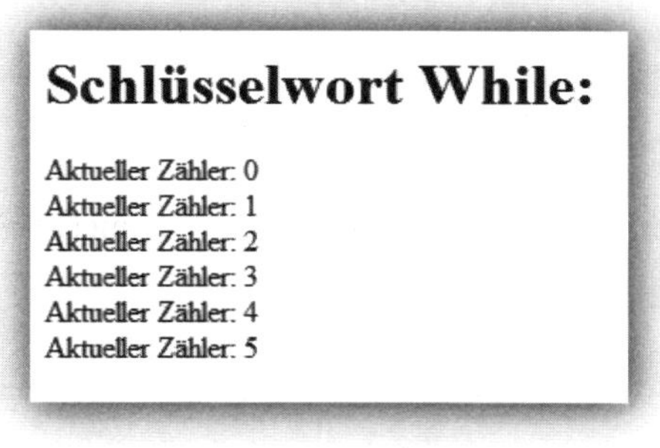

Schlüsselwort While:

Aktueller Zähler: 0
Aktueller Zähler: 1
Aktueller Zähler: 2
Aktueller Zähler: 3
Aktueller Zähler: 4
Aktueller Zähler: 5

Abbildung 5.6 Ausgabe mit while-Schleife

Schleifen mit Bedingungstest am Ende (do)

Der Test der Bedingung am Anfang hat einen wesentlichen Nachteil, wenn der Inhalt des Blocks für die weitere Programmfortsetzung unbedingt erforderlich ist. Es ist möglich, dass die Bedingung so wirkt, dass der Inhalt nie durchlaufen wird. Um das jedoch sicherzustellen, kann die `do`-Schleife verwendet werden. Der einzige Unterschied zu `while` besteht in der Reihenfolge der Abarbeitung. Zuerst wird die Schleife einmal durchlaufen und am Ende wird die Abbruchbedingung getestet. Auch dann, wenn die Abbruchbedingung beim Schleifeneintritt `false` ist, wird der Block mindestens einmal ausgeführt.

Listing 5.14 Einfache Anwendung der do-Schleife

```
<%
int counter = 0;
int test = 6;
do
{
   Response.Write("Aktueller Zähler: " + counter.ToString() + "<br>");
   counter++;
} while (counter <= test);
%>
```

Schleifenabbruch und Schleifenfortsetzung (break, continue)

break

Die Problematik der Abbruchbedingung kann oft umgangen werden, indem zusätzlich ein Notausstieg eingebaut wird. Das folgende Listing zeigt eine fehlerhaft programmierte Schleife – die Abbruchbedingung wird regulär nie erfüllt. Der Notausstieg verwendet die schon bekannte break-Anweisung, die die Ausführung an die nächsthöhere Programmebene zurückgibt; dies ist normalerweise die Anweisung, die auf die schließende Klammer folgt.

Listing 5.15 Schleife mit Notausstieg mittels break

```
int counter = 30;
int test = 6;
int counter = 0;
while (counter > test)
{
   Response.Write("Aktueller Z&auml;hler: "
               + counter.ToString() + "<br />");
   counter++;
   if (counter == 50) ❶ break;
} ❷
Response.Write("Schleifenende erreicht bei " + counter.ToString());
%>
```

Die Schleife entspricht der Vorhergehenden. Wenn jedoch wegen falscher Startwerte die Variable counter bis auf 50 erhöht ❶ wird, unterbricht break die Ausführung der Schleife. Anschließend setzt das Programm nach der schließenden Klammer der while-Anweisung fort ❷. Der Begriff Notausstieg sollte hier nicht überbewertet werden. Die Anwendung der break-Anweisung ist eine reguläre Programmiertechnik. Als Anfänger sollten Sie sich aber vielleicht die eine oder andere break-Anweisung einbauen, um sicher durch alle Schleifen zu kommen. Profis werden besser einschätzen können, ob die gewählten Schleifenbedingungen allen Programmsituationen genügen werden. Der Einsatz von break ist generell nur im Zusammenhang mit if sinnvoll.

continue

Wenn Schleifen aus dem Block heraus beendet werden können, wäre ein forciertes Auslösen des Bedingungstests sinnvoll. Das können Sie mit der Anweisung continue erreichen. Diese setzt die Ausführung sofort mit dem Test der Schleifenbedingung fort. Ist die Schleifenbedingung in diesem Augenblick false, wird die Schleife mit der Anweisung continue verlassen.

Listing 5.16 Anwendung von continue in einer while-Schleife

```
<%
int counter = 0;
int test = 10;
while (counter < test)
{
   if (counter % 2 == 1)
   {
      counter++;
      continue;
   }
   Response.Write ("Aktueller Zähler: " + counter.ToString() + "<br>");
   counter++;
}
%>
```

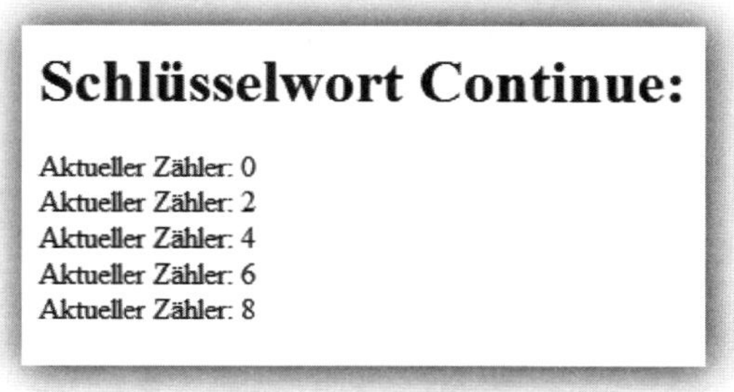

Schlüsselwort Continue:

Aktueller Zähler: 0
Aktueller Zähler: 2
Aktueller Zähler: 4
Aktueller Zähler: 6
Aktueller Zähler: 8

Abbildung 5.7 Ausgabe der durch continue gesteuerten Schleife

Die Anwendung ist in gleicher Form auch für `do` möglich. Ebenso lassen sich die nachfolgend beschriebenen `for`- und `foreach`-Schleifen damit steuern. Allerdings ist der Einsatz in Zählschleifen wegen der komplexeren Steuerung nicht anzuraten – ein Stören des internen Zählers kann zu Programmierfehlern führen, die äußerst schwer nachvollziehbar sind.

Abzählbare Schleifen (for)

Die vorangegangenen Beispiele dienten vor allem der Erläuterung der Syntax der Befehle; die feste Vorgabe von unteren und oberen Grenzen ist keine typische Anwendung der `while`-Schleifen. In solchen Fällen setzen Sie besser `for`-Schleifen ein. Die Abbruchbedingung ist allerdings hier ein normaler logischer Ausdruck. Zusätzlich kann eine numerische Variable mitgeführt werden – die Zählvariable.

Alle Parameter dieser Anweisung sind optional. Bei vollständiger Angabe ist die `for`-Schleife jedoch komplexer als die bisher behandelten Schleifentypen:

```
for(start, bedingung, iteration);
```

Dies ist die einfachste Form der Anwendung. Das folgende Listing zeigt Schrift in verschiedenen Größen an:

5 Programmiersprachen des Web

Listing 5.17 Klassische for-Schleife

```
<%
for(int i=10 ❶; i <= 24 ❷; i += 2 ❸)
{
    Response.Write ("<div style=\"font-size:"
                    + i.ToString() + "\">");
    Response.Write ("for-Schleife</div>");
}
%>
```

Die Schleife arbeitet mit der Laufvariablen `i` ❶. Der Startwert ist 10. Die Schleife wird solange durchlaufen, wie `i` kleiner oder maximal gleich 24 ❷ ist. Nach jedem Durchlauf wird die Zählvariable `i` um zwei erhöht ❸.

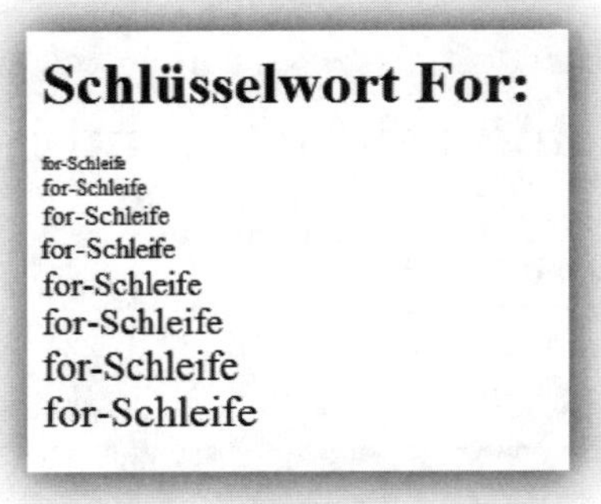

Abbildung 5.8 Ausgabe von formatiertem HTML-Code mit for

Die Variable in den drei Elementen der `for`-Schleife muss nicht durchgehend verwendet werden. Dies ist zwar im Hinblick auf lesbare Programme zu empfehlen, notwendig ist es jedoch nicht, wie das folgende Beispiel zeigt:

Listing 5.18 for-Schleife mit mehreren Variablen im Schleifenkopf

```
<%
for(int i=0 ❶, k=10 ❷; i <= 10; i++)
{
    Response.Write ("<div style=\"font-size:"
                    + k.ToString() + "\">");
    Response.Write ("for-Schleife</div>");
    k += 2;
}
%>
```

In diesem Programm wird `i` wieder als Laufvariable ❶ eingesetzt. Allerdings findet sie im Block überhaupt keine Verwendung. Das ist auch nicht notwendig. Es geht hier nur darum, sicher eine bestimmte Anzahl von Durchläufen des Anweisungsblocks auszuführen. Zusätzlich wird die zur Anzeige benötigte Variable `k` in der `for`-Anweisung initialisiert. Das wirkt sich aber auf den Verlauf der Schleife nicht aus ❷.

Eigenschaften von for

Alle drei Parameter der `for`-Schleife sind optional. Ohne Bedingungstest wird die Schleife endlos durchlaufen. Sie können in diesem Fall wieder auf `break` zurückgreifen, um die Schleife mit einer zusätzlichen Bedingung zu verlassen. Ebenso kann der Test der Abbruchbedingung und die Ausführung des Iterationsschrittes mit `continue` erzwungen werden.

Listing 5.19 Steuerung einer endlosen for-Schleife mit break und continue

```
<%
int i = 0;
for(;;)
{
   i++;
   if (i % 2 == 1)
   {
      continue;
      i++;
   }
   Response.Write ("i ist jetzt: "
                  + i.ToString() + "<br>");
   if (i > 5) break;
}
%>
```

Diese Schleife zählt in Zweierschritten bis maximal sechs (Test `i > 5` ist erfüllt):

Schlüsselwort For 3:

i ist jetzt: 2
i ist jetzt: 4
i ist jetzt: 6

Abbildung 5.9 Ausgabe der Zweierschritte

Der flexible Umgang mit den Schleifenvariablen kennt praktisch keine Grenzen. Es spielt offensichtlich keine Rolle, ob hier Variablen zum Einsatz kommen oder nicht. Wenn Sie nur einfach eine Liste ausgeben möchten, kann der entsprechende Befehl sehr knapp ausfallen. Mehrere Anweisungen im Parameterbereich werden durch Kommata getrennt.

Listing 5.20 Extrem kompakte for-Schleife

```
<%
for(int i=0, j=10; i<j;
    i++, j--, Response.Write(i.ToString() + "<br>"));
%>
```

Diese Schleife gibt die Zahlen 1 bis 5 aus, da die beiden Schleifenvariablen `i` und `j` gegenläufig zählen.

Aufzählbare Objekte durchlaufen (foreach)

In C# und im .NET-Framework wird sehr oft mit Arrays, Kollektionen oder Aufzählungen gearbeitet. Beispiele finden Sie in den Abschnitten zu Arrays und Aufzählungen. Die grundlegende Syntax lautet:

```
foreach (typ element_variable in complextyp)
```

Danach folgt meist ein Block. Das Schlüsselwort `in` gehört zu der Anweisung. `foreach` durchläuft jedes Element eines Arrays oder einer Aufzählung und weist dieses jeweils der Variable links im Ausdruck zu. Wenn diese vorher nicht bereits deklariert wurde, kann der Datentyp direkt in der Anweisung angegeben werden. Intern basiert `foreach` auf dem Aufruf von `GetEnumerator` und dem Durchlaufen der Elemente mir `while`. Es handelt sich also um eine reine Compileranweisung ohne expliziten Code.

5.2.6 Objektorientierte Programmierung

Die Welt der Objekte

Die Datentypen des CTS wurden bereits erwähnt. Zum Verständnis der Schreibweise müssen Sie sich zwangsläufig mit Objekten beschäftigen. Außerdem unterscheidet sich das Programmierprinzip des Frameworks etwas von der klassischen Programmierung.

Alles sind Objekte

In .NET sind alle Dinge, mit denen Sie zu tun haben, Objekte. Auch wenn es nicht danach aussieht oder Sie dies nicht erwarten – es sind und bleiben Objekte. Objekte bieten für die moderne Programmierung Vorteile. Wer mit programmieren anfängt oder nur VBA oder VBScript kennt, wird sich damit schwer tun. Diesen Schritt müssen Sie am Anfang gehen, denn sonst werden Sie die einfachsten Beispiele nicht lesen können.

Wenn es schwer ist, warum legt Microsoft dann solchen Wert darauf, die Welt der Objekte zur alleinigen Herrschaft in der Programmierwelt zu führen? In einfachen Applikationen, die nur wenige Zeilen Code enthalten, gibt es tatsächlich kaum Vorteile. Wenn jedoch größeren Anwendungen geschrieben werden, wofür auch ASP.NET bestens geeignet ist, dann wird es schwer, die Übersicht zu behalten. Der erste Schritt besteht darin, Techniken zu schaffen, die Codes wiederverwendbar machen. Dadurch werden Programme kleiner und die Fehlerquote sinkt, weil man auf geprüfte und ausgereifte Module zurückgreifen kann.

Was ist ein Objekt?

Ein Objekt in Software – hier immer vereinfacht als Objekt bezeichnet – ist eine Sammlung von Code, der etwas aus der realen Welt konkret beschreibt. Das können Dinge wie Tiere oder Autos sein, aber auch Zustände oder Pläne wie Kalender oder Aufgaben. Man kann alles in der realen Welt als Objekt betrachten und deshalb ist die Abbildung in einer ähnlichen Form in Software eigentlich genial. Objekte können in weitere, kleinere Objekte zerfallen. Stellen Sie sich ein Auto vor. Es zerfällt in Bauteile wie Räder, Türen, den Motor usw. Jedes Teil teilt sich wiederum in weitere Bauteile. Treibt man diese Überlegung sehr weit, endet man bei den Elementarteilchen. Irgendwo zwischen Elektronen und Quarks gibt es ein Basisobjekt.

Vergleichen Sie das mit einem komplexen Programm, beispielsweise Windows. Dort gibt es ganz elementare Objekte, die die Mausbewegung erfassen oder Punkte und Linien zeichnen. Aus diesen entsteht – über viele Stufen – ein bewegliches Fenster. So funktionieren Softwareobjekte.

Der Vorgang von der Abbildung realer Dinge in Software wird als Abstraktion bezeichnet. Als Programmierer muss man deshalb nicht nur logisch sondern auch abstrakt denken können. Sie versuchen dabei das, was Sie aus der Realität abbilden möchten, in ein abstraktes Modell zu packen. Je besser Ihnen das gelingt, desto einfacher und stringenter ist die Lösung. Guter objektorientierter Code hat einige Eigenschaften:

- Er repräsentiert die menschliche Sicht auf die abgebildeten Dinge
- Er hilft, Code effizienter zu schreiben
- Er hilft, Code einfacher zu schreiben
- Der Code ist leicht wiederverwendbar und leicht anpassbar
- Guter Code bildet Dinge nicht kryptisch, sondern direkt ab

Das klingt alles sehr gut, ist aber in der Praxis nur mit einiger Erfahrung zu erreichen. .NET hilft Ihnen aber dabei, denn wenn alles ein Objekt ist und C# eine objektorientierte Programmiersprache, dann kann das Schreiben entsprechenden Codes nicht schwer sein.

Eigenschaften und Methoden

Objekte haben Eigenschaften. Das ist notwendig, um Dinge zu beschreiben. Die Wahl der passenden Eigenschaften ist wichtig. Sie sollten immer im Kontext der Verwendung betrachtet werden. Die Eigenschaften eines Autos sind beispielsweise Farbe, Länge oder Marke. Vielleicht denken Sie, dass auch die Leistung eine gute Eigenschaft wäre. Das ist zu wenig abstrahiert betrachtet. Denn das Objekt Auto enthält ein Objekt Motor, für das die Eigenschaft Leistung viel besser geeignet wäre. Ein Auto kann nämlich verschiedene Motoren haben und damit jeweils eine andere Leistung. Wird das Auto-Objekt aus dem Motor-Objekt abgeleitet, erbt es quasi dessen Eigenschaften mit. Sowohl Motor als auch Auto sind dann wiederverwendbar – wie in der realen Welt. *Objekte haben Eigenschaften*

Dinge haben nicht nur Eigenschaften, sie können auch Aktionen ausführen. Ein Auto kann fahren oder Türen öffnen und schließen. Steigt man in der Objekthierarchie wieder nach unten – zur Wurzel hin, werden andere Methoden interessant. So wäre für das Getriebe eine Methode „Gang höher" oder „Gang niedriger" interessant. Eine Methode „3. Gang" ist dagegen nicht sinnvoll, weil es nicht immer möglich und sinnvoll sein kann, direkt in einen Gang zu schalten. Dagegen ist eine Eigenschaft „Gang" besser geeignet, da dort der aktuelle Zustand abgefragt werden kann. Eben diese Überlegungen sollten auch bei Software angestellt werden, was nicht so schwer ist, weil es nur um die Abbildung realer Dinge geht – theoretisch jedenfalls. *Objekte haben Methoden*

Die bisherige Beschreibung sagt noch nichts über die Verwendung aus. Es ist sinnvoll, Objekte so zu gestalten, dass man sie einsetzt, ohne das Innenleben zu kennen. Der Inhalt ist gekapselt. Sie können Auto fahren, ohne genau zu wissen, wie jedes Bauteil aufgebaut ist und funktioniert. Ebenso verhält es sich bei Objekten. Sie sollten so konstruiert sein, dass sie einfach zu benutzen sind.

Objekte entstehen nicht einfach so, als Einzelstücke, sondern auf der Basis eines Bauplanes. Schließlich will man nicht nur ein Auto herstellen, sondern möglichst viele nach demselben Muster. Ein solcher Bauplan wird in objektorientierter Software eine Klasse genannt. Die Klassen des .NET-Frameworks sind also eine gigantische Sammlung von Bauplänen für Ihre Software. Wenn aus einer Klasse ein *Baupläne für Objekte*

Objekt abgeleitet wird, dann spricht man von Instanziierung – das Objekt ist eine Instanz der Klasse.

Eine genaue Herleitung der Schlüsselwörter, die für Klassen und Objekte in C# genutzt werden, finden Sie im Abschnitt „Anweisungen".

C# ist eine streng objektorientierte Sprache – dies wurde in den vorhergehenden Abschnitten bereits klar. Die Unterstützung in Bezug auf die Erzeugung eigener Klassen und Objekte ist deshalb außerordentlich gut. Die entsprechenden Konzepte sind für jedes Projekt von Bedeutung. Dies ist nicht zuletzt deshalb wichtig, weil der einfache prozedurale Text der in diesem Kapitel überwiegend gezeigten Programme intern in Klassen umgesetzt wird. Tatsächlich legt sich ASP.NET wie eine Hülle um Ihren Code und vereinfacht so die Anwendung, ohne dass intern auf irgendeine Funktion verzichtet werden würde.

Klassen definieren

In diesem Abschnitt geht es nun um die praktische Realisierung. Der einfachste Fall ist eine Klasse, die überall im Code sichtbar ist und jederzeit verwendet werden kann. Der Sichtbereich von Klassen ist wichtig, denn C# erlaubt sehr differenzierte Einstellungen, sowohl auf Klassenebene als auch für einzelne Elemente der Klasse.

class

Das Schlüsselwort zum Anlegen einer Klasse heißt `class`. Der Sichtbereich wird mit einem Zugriffsmodifizierer wie `public` eingestellt – diese Angabe wird bei Bedarf vorangesetzt. Die Angabe des Sichtbereiches selbst ist optional, der Standardwert für Felder ist `private`, für Klassen `internal`. Die Einleitung der Klassendefinition sieht beispielsweise folgendermaßen aus:

```
public class Name
```

Die Definition der Klasse folgt danach in geschweiften Klammern. Was genau die Bezeichner `public`, `private` und `internal` usw. bedeuten, ist Gegenstand des folgenden Abschnitts.

Sichtbereiche mit Zugriffsmodifizierern einstellen

public
protected
internal
protected internal
private

Die Zugriffsmodifizierer zur Einstellung der Sichtbereiche zeigt Tabelle 5.7. Dabei sollten Sie beachten, dass in einigen Fällen nicht willkürlich der eine oder andere verwendet werden kann. So werden Sie vermutlich häufig mit hinterlegtem Code programmieren. Dann muss die von Ihnen verwendete Klasse auf die Steuerelemente der *aspx*-Vorlage zugreifen. Zwangsläufig ist diese in einer anderen Klasse enthalten. Der Zugriffsmodifizierer für Steuerelemente kann deshalb nur `public` oder `protected` sein. Letzteres funktioniert, wenn Klassen in hinterlegtem Code von der Basisklasse `Page` abgeleitet werden.

Tabelle 5.7 Alle Zugriffsmodifizierer auf einen Blick

Schlüsselwort	Bedeutung
`public`	Globale Sichtbarkeit in allen anderen Klassen
`protected`	Das Element ist nur innerhalb der aktuellen und abgeleiteter Klassen sichtbar

Schlüsselwort	Bedeutung
internal	Das Element ist nur in der Assembly sichtbar, in dem es definiert wurde
protected internal	Das Element ist nur in der Assembly und in Ableitungen der Klasse sichtbar (die beiden Modifizierer sind ODER-verknüpft)
private	Private Elemente sind nur innerhalb der Definition der umgebenden Struktur sichtbar

Wenn Sie bezüglich der Auswahl unsicher sind, versuchen Sie jeweils die restriktivste Einstellung zu wählen, die möglich ist. Geschützte Elemente können nicht versehentlich in anderen Modulen beeinflusst werden. Weniger Seiteneffekte führen zu stabileren Programmen.

> **HINWEIS** Der Sichtbereich innerhalb einer Assembly bedeutet bei der Arbeit mit Visual Studio auch innerhalb des Projekts, da hier standardmäßig jedes Projekt eine Assembly erstellt.

Wenn Sie Klassen innerhalb von Seiten definieren, kann dies anders aussehen, da hier die Möglichkeit besteht, seitenweise Assemblies zu erstellen. Üblicherweise schreibt man in ASP.NET portableren Code durch den Einsatz von `public`, `private` oder `protected`.

Tabelle 5.8 Zugriffsmodifizierer

Schlüsselwort	Bedeutung
abstract	Die Methode enthält lediglich eine Schnittstellenbeschreibung und keine Implementierung von Funktionalität. Klassen, die davon abgeleitet werden, müssen den Code selbst implementieren.
sealed	Mit dieser Bezeichnung wird verhindert, dass die Klasse von anderen geerbt werden kann.
extern	Die Definition erfolgt außerhalb der Klasse.
override	Zeigt das Überschreiben einer Methode an, die als `virtual` gekennzeichnet wurde.
virtual	Erlaubt explizit das Überschreiben von Methoden.

Klassen enthalten Bauanleitungen für Objekte. Die gezeigten Modifizierer für Klassen und Elemente werden erst verständlich, wenn man die Grundprinzipien der objektorientierten Programmierung versteht. — Sichtbereiche

> **HINWEIS** Als Mitglied werden hier allgemein die Bestandteile von Klassen bezeichnet: Variablen, Eigenschaften, Ereignisse und Methoden.

Bauanleitungen kann man am Stück schreiben, man kann sie aber auch in viele voneinander abgeleitete Teile zerlegen. Stellen Sie sich beispielsweise eine Bauanleitung für einen Schrank vor. Die Basisanleitung beschreibt die äußeren Bauteile – also das Zusammensetzen von Seitenteilen, Dach und Boden und Türen. Dies ist die erste Klasse. Davon abgeleitet werden weitere Klassen, die jeweils Details hinzufügen, beispielsweise solche zum Einlegen der Regalbretter oder zum Einbau der Schlösser. Klassen stehen also miteinander in Beziehung. Um diese Beziehungen geht es bei den Modifikatoren. Dabei ist zu beachten, welchen Zweck eine Klasse erfüllen soll. Schreiben Sie ein einfaches Teilprogramm für die eigene Applikation, ist `public` oder `private` sicher die beste Wahl. Stellen Sie anderen Programmierern Ihre Klasse zur Verfügung, ist `protected` oft angebracht. Wollen Sie eine einheitliche Struktur der Klassendefinitionen durchsetzen, die Implementierung aber anderen überlassen, käme `abstract` in Betracht. Hilfsfunktionen, die nicht woanders verwendet werden sollen, sind mit `private` und `sealed` gut bedient.

Standardmodifizierer

Namensräume

Wenn Sie keine Modifizierer angeben, werden bestimmte Standards angenommen. Bei Namensräumen ist keine Modifikation möglich und der Standard ist immer `public`. Dies ist Grund dafür, dass Ihre eigenen Namensräume nach der Deklaration sofort in allen Programmteilen verwendbar sind.

Auch die Mitglieder des Typs `enum` sind immer `public`. Änderungen sind nicht möglich, Sie können nur das Feld, das den Aufzählungstyp darstellt, modifizieren.

Alle einfachen Mitglieder eines Namensraumes sind als `internal` gekennzeichnet. Dieser Wert kann jedoch überschrieben werden.

Zugriffsmodifizierung der Mitglieder eines Typs

Die Typen `enum`, `struct`, `class` und `interface` können selbst wiederum Mitglieder enthalten. Diese können teilweise andere Modifikatoren enthalten als der übergeordnete Typ. Bei `enum` und `interface` gibt es diese Wahl nicht, hier gilt derselbe Typ wie für alle Mitglieder, meist `public`.

Mitglieder von Klassen können mit jedem Zugriffsmodifizierer belegt werden (siehe Tabelle 5.8). Mitglieder von Strukturen können als `public`, `internal` oder `private` gekennzeichnet werden.

Eigenschaften deklarieren

Da Objekte Eigenschaften haben und Aktionen benötigen, die damit ausgeführt werden können, muss es auch dafür eine Schreibweise geben. Zusätzlich sind auch Variablen in allen beschriebenen Formen innerhalb der Klasse möglich. Diese bilden keine Eigenschaften, sondern stehen als lokale Speicherstellen zur Verfügung.

Grundsätzliche Syntaxvarianten der Eigenschaften

Eigenschaften werden durch zwei spezielle Schlüsselwörter gebildet: `get` und `set`. Die allgemeine Form folgt etwa folgendem Konstrukt:

Standardform

```
private string data;

public string Data
{
  get { return data; }
  set { data = value; }
}
```

Getrennte Modifizierer

Seit C# 2.0 ist es möglich, verschiedene Sichtbarkeiten für den lesenden oder schreibenden Zugriff auf eine Eigenschaft anzugeben. So können lesende Zugriffe wie im folgenden Beispiel `public` und schreibende Zugriffe `protected` sein. Das gilt für Eigenschaften und Indexer gleichermaßen.

```
public class MyClass
{
   public string Name
   {
      get
      {
         return name;
      }
      protected set
      {
         names = value;
      }
   }
   private string name;
}
```

Des Weiteren kann die gesamte Eigenschaft seit C# 3.0 verkürzt geschrieben werden, wenn wie im letzten Beispiel innerhalb der Zugriffszweige, also dem Code innerhalb von `get {}` bzw. `set {}`, keine Aktionen stattfinden. Der Compiler ergänzt die private Mitgliedsvariable entsprechend automatisch.

```
public class MyClass
{
   public string Name
   {
      get;
      protected set;
   }
}
```

Die unterschiedliche Behandlung des Sichtbereiches ist optional und kann wie bei jeder anderen Schreibweise auch benutzt werden.

Die folgenden Listings zeigen die Anwendung der Eigenschaftendeklaration anhand einfacher Beispiele.

Beispiele

Listing 5.21 Definition einer Klasse mit zwei Eigenschaften

```
<script language="C#" runat="server">
public class XYPoint ❶
{
   private int _xpoint;
   private int _ypoint;

   public int X ❷
   {
      get { return _xpoint; }
      set { _xpoint = value; }
   }

   public int Y ❷
   {
      get { return _ypoint; }
      set { _ypoint = value;}
   }
}
</script>
<html>
<body>
<h1>Klassen - Eigenschaften</h1>
<%
```

```
XYPoint mypoint = new XYPoint();  ❸
mypoint.X = 12;  ❹
mypoint.Y = 23;  ❹

Response.Write("X=" + mypoint.X.ToString());  ❺
Response.Write("<br/>");
Response.Write("Y=" + mypoint.Y.ToString());
%>
</body>
</html>
```

Hier wird zuerst ❶ eine neue Klasse definiert. Diese enthält zwei Eigenschaften ❷. Dann wird eine Instanz der Klasse erzeugt ❸ und die Eigenschaften der Instanz werden mit Werten belegt ❹. Später erfolgt der Zugriff auf diese Eigenschaften ❺.

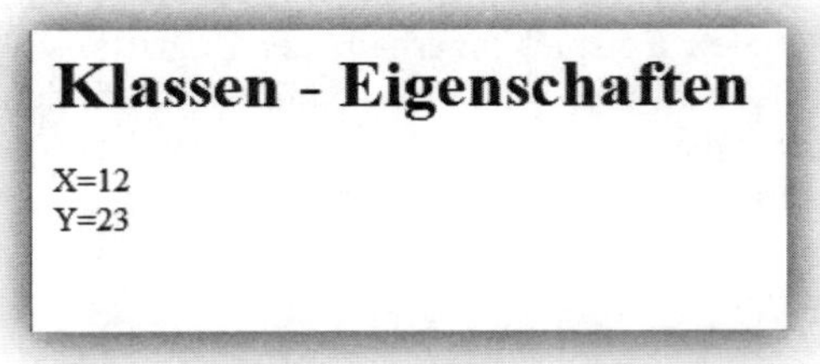

Klassen - Eigenschaften

X=12
Y=23

Abbildung 5.10 Abruf von Daten über Eigenschaften

Die Definition der Klasse umfasst zwei private Variablen vom Typ `int`. Diese speichern zwei Zahlenwerte aus einem Koordinatensystem. Nach außen – als Eigenschaft – sollen diese Werte als x und y bezeichnet werden. Eigenschaften werden folgendermaßen definiert:

```
Modifizierer Datentyp Name
```

Im Beispiel definiert die Zeile `public int x` einen ganzzahligen Wert x als öffentliche Eigenschaft. Eigenschaften können Werte enthalten – es muss also einen Weg geben, Werte einzugeben und wieder herauszuholen. Das Eintragen der Werte erfolgt mit `set`:

```
set { _ypoint = value; }
```

Das Schlüsselwort `value` enthält den im Augenblick der Zuweisung übergebenen Wert. Ein weiterer Parameter, wie bei Methodenaufrufen, ist nicht notwendig. Umgekehrt gibt es beim Auslesen der Werte keine Besonderheiten, die Rückgabe erfolgt in einer `get`-Definition mit `return`:

```
get { return _ypoint; }
```

Konsequent programmieren

Freilich lässt sich das einfacher schreiben, wie das folgende Beispiel zeigt:

```
<script language="C\#" runat="server">
public class XYPoint
{
   public int X { get; set; }
   public int y { get; set; }
}
</script>
```

Der übrige Teil des Programms unterscheidet sich nicht vom vorherigen. Das ist zwar deutlich kürzer, aber nicht konsequent programmiert. Zum einen ist die Deklaration nicht sehr streng an den Möglichkeiten der Sprache orientiert. Es ist nicht klar, ob das Schreiben der Variablen gewollt ist oder lediglich einen Missbrauch der Definition darstellt. Zum anderen sind feinere Einstellungen nicht möglich. Bei Eigenschaften können Sie entscheiden, ob diese nur zum Lesen, nur zum Schreiben oder für beide Operationen zugelassen sind. Dabei wird für einen reinen Lesezugriff die Schreiboperation `set` entfernt. Für reine Schreib-Eigenschaften wird die Leseoperation (`get`) entfernt.

Ferner ist es möglich, dass bei jedem Zugriff auf eine Eigenschaft eine definierte Aktion ausgeführt werden soll. Ein einfaches Beispiel wäre ein Zugriffszähler, wie er nachfolgend gezeigt wird.

```
public class Example
{
   private int _accessCounter ;
   private int _variable;

   public Example
   {
      _variable = 5 ;
      _accessCounter = 0 ;
   }

   public int Variable
   {
     get
     {
        _accessCounter++ ;
        return _variable ;
     }
   }
}
```

Objekte erzeugen und Klassen verwenden

Nach der Deklaration der Klasse soll diese natürlich verwendet werden. Im Normalfall heißt das, dass aus der Bauanleitung ein reales Objekt erstellt wird. Da Klassen zur Gruppe der Typen gehören, können sie wie ein Datentyp verwendet werden. Zusätzlich ist das Schlüsselwort `new` dafür verantwortlich, dass eine Instanz eines neuen Objekts entsteht:

Klassen verwenden

```
XYPoint mypoint = new XYPoint();
```

Dabei ist `XYPoint` der Name der Klasse und zugleich der Typ des neuen Objekts. Die verwendete Schreibweise ist der übliche, kompakte Weg. Zum Verständnis ist die Trennung der beiden Vorgänge besser geeignet:

```
XYPoint mypoint;
mypoint = new XYPoint();
```

Dieser Vorgang wird als Instanziierung bezeichnet – eine neue Instanz der Klasse entsteht. Auf die Eigenschaften und Methoden kann dann in der bereits oft verwendeten Punktschreibweise zugegriffen werden. Je nachdem, ob es sich um eine Zuweisung oder einen Abruf des Wertes handelt, wird `get` oder `set` verwendet. Noch ein Vorteil ergibt sich aus der Verwendung von Eigenschaften. Sie können den

Rückgabewert oder den internen Speicherwert beim Schreiben und Lesen konvertieren. So wäre eine Klasse denkbar, die alle Ausgaben in Zeichenketten umwandelt, da das ständige Aufrufen von `ToString` sehr lästig werden kann. Das folgende Beispiel zeigt, wie dies vermieden wird:

Listing 5.22 Konvertierung des Datentyps bei der Übergabe von Eigenschaften

```
public class XYPoint
{
   private int _xpoint;
   private int _ypoint;

   public string X
   {
      get { return (_xpoint.ToString()); }
      set { _xpoint = Convert.ToInt32(value); }
   }

   public string Y
   {
      get { return (_ypoint.ToString()); }
      set { _ypoint = Convert.ToInt32(value); }
   }
}
```

Diese Klasse eignet sich gut für die ASP.NET-Programmierung: Die Ein- und Ausgabe erfolgt mit Zeichenketten, intern wird aber mit Zahlen gearbeitet. Zu beachten ist, dass die direkte Zuweisung – wenn erforderlich – folgendermaßen erfolgen muss:

```
mypoint.x = "12"
```

Konstruktoren und Destruktoren

Konstruktoren Wenn aus Klassen Objekte abgeleitet werden, ist es oft sinnvoll, dass die Eigenschaften bereits bestimmte Standardwerte enthalten. Dazu dienen Konstruktoren. Das sind Methoden, die bei der Instanziierung des Objekts automatisch aufgerufen werden. Deklariert werden sie wie jede andere Methode. Sie entstehen, indem als Name der Name der Klasse verwendet wird.

Destruktoren Destruktoren bearbeiten den umgekehrten Fall. Sie werden aktiviert, wenn das Objekt zerstört wird. Dies ist kritisch zu betrachten, denn bei C# handelt es sich um „managed code", das Framework ist für die Verwaltung verantwortlich. Das Aufräumen nicht mehr benötigter Variablen im Speicher wird als „Garbage Collection" bezeichnet, auf Deutsch „Müll sammeln". Dieser Vorgang ist – zeitlich betrachtet – unbestimmt. Es gibt keine Garantie, dass die Entfernung des Objekts aus dem Speicher genau dann stattfindet, wenn der Aufruf dazu im Code erfolgt. Wenn Sie also sicher gehen müssen, dass die Entfernung tatsächlich sofort eine Aktion auslöst, können Sie auf den Destruktor nicht vertrauen. Der Destruktor entsteht, indem eine Methode deklariert wird, die den Namen der Klasse mit dem Präfix ~ (Tilde) trägt:

```
private ~XYPoint()
{ /* Code des Destruktors */ }
```

Um ein Objekt explizit zu zerstören, wird es auf `null` gesetzt:

```
mypoint = null;
```

5.2 Die Sprache C#

Es ist möglich, den Garbage Collector explizit mit der Zeile `GC.Collect()` aufzurufen. Jedoch ist auch bei dieser Methode nicht sichergestellt, wann das Laufzeitsystem entscheidet, welches Objekt aufgeräumt werden soll.

Das folgende Beispiel zeigt die Verwendung des Konstruktors ❶. Statt späterer Zuweisung werden gleich bei der Instanziierung des Objekts Werte übernommen und in den Eigenschaften gespeichert:

Listing 5.23 Klassendefinition mit Konstruktor

```
public class XYPoint
{
   private int _xpoint;
   private int _ypoint;

   public string X
   {
      get { return (_xpoint.ToString()); }
      set { _xpoint = Convert.ToInt32(value); }
   }

   public string Y
   {
      get { return (_ypoint.ToString()); }
      set { _ypoint = Convert.ToInt32(value); }
   }

   public XYPoint(int __x, int __y)    ❶
   {
      this._xpoint = __x;
      this._ypoint = __y;
   }
}
```

Damit ist die Sache mit den Konstruktoren aber noch nicht abgeschlossen. Möglicherweise wollen Sie bei Anwendung der Klasse häufig Punkte erzeugen, bei denen x und y identisch sind. Es wäre also einfacher, den Aufruf des Konstruktors folgendermaßen zu schreiben:

```
XYPoint mypoint = new XYPoint(100,100);
```

Überladungen von Methoden

Das Objekt sollte dann für x den Wert 100 enthalten und für y ebenso. C# kennt dafür die Technik der Überladung. Bei der Vererbung von Klassen ist damit das Überschreiben vorhergehender Definitionen gemeint. Wenn sich aber die Parameter unterscheiden, dann koexistieren zwei oder mehr gleichnamige Methoden in derselben oder in verschiedenen Klassen. C# wählt beim Aufruf diejenige aus, die den passenden Satz an Parametern enthält.

Überladung

Listing 5.24 Klasse mit zwei Konstrukturen

```
<script language="C#" runat="server">
public class XYPoint
{
   private int _xpoint;
   private int _ypoint;

   public string X
```

5 Programmiersprachen des Web

```
        {
            get { return (_xpoint.ToString()); }
            set { _xpoint = Convert.ToInt32(value); }
        }

        public string Y
        {
            get { return (_ypoint.ToString()); }
            set { _ypoint = Convert.ToInt32(value); }
        }

        public XYPoint (int __x)  ❶
        {
            this._xpoint = this._ypoint = __x;
        }

        public XYPoint (int __x, int __y)  ❶
        {
            this._xpoint = __x;
            this._ypoint = __y;
        }
}
</script>
<html>
  <head><title>C# lernen</title></head>
  <body>
  <h1>Klassen - Statische Klassen</h1>
<%
XYPoint mm1 = new XYPoint(55);
Response.Write ("X = " + mm1.x);
Response.Write ("Y = " + mm1.y);
Response.Write ("<br/>");
XYPoint mm2 = new XYPoint(100, 200);
Response.Write ("X = " + mm2.x);
Response.Write ("Y = " + mm2.y);
%>
  </body>
</html>
```

Beachten Sie in diesem Programm, dass der Konstruktor `XYPoint()` zweimal definiert wurde ❶. Das ist zulässig, weil sich die Parameter unterscheiden. Der erste empfängt nur einen Wert und weist ihn den beiden Eigenschaftsvariablen zu. Der zweite hat zwei Parameter, die getrennt zugewiesen werden.

Signatur — Die Erkennung der passenden Methode erfolgt anhand der sogenannten Signatur. Dies ist ein Begriff, der die Eindeutigkeit einer Methode beschreibt. Die Angabe mehrerer Konstruktoren – und auch normaler Methoden – ist möglich, wenn sich deren Signatur unterscheidet.

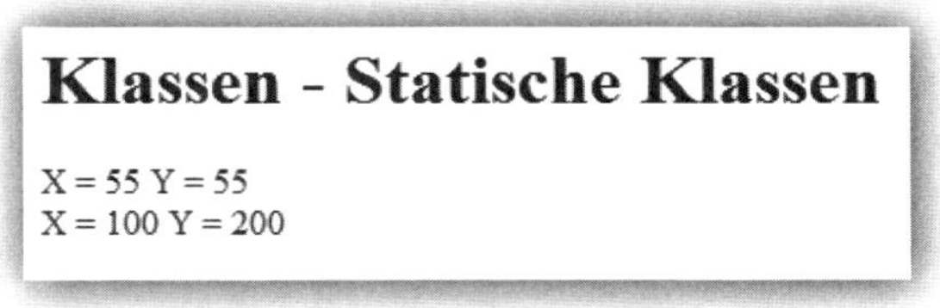

Klassen - Statische Klassen

X = 55 Y = 55
X = 100 Y = 200

Abbildung 5.11 Arbeit mit überladenen Konstruktoren (Ausgabe von ClassOverload.aspx)

Techniken der Methodenüberladung

C# kennt keine optionalen Parameter. Die Angabe widerspräche der strengen Typprüfung, denn der Compiler kann beim Übersetzen nicht mehr feststellen, ob ein Aufruf korrekt ist oder nicht. Ohnehin sind die in anderen Sprachen zulässigen optionalen Parameter eher unglückliche Ersatzlösungen. Fast immer schränken Sie mehr ein, statt dem Programmierer mehr Freiheiten zu geben. Viel eleganter ist dies in C# gelöst. Wenn Sie ein- und dieselbe Methode verschiedenartig aufrufen möchten, schreiben Sie sie mehrfach. Intern unterscheidet C# dies durch die sogenannte Signatur, dies ist der Kopf der Methodendeklaration.

Das folgende Beispiel enthält zwei gleichnamige Methoden (`makeHTML`):

Listing 5.25 Überladung von Methoden

```
<script language="C#" runat="Server">
void Page_Load()
{
    string mustertext = "Dieser Text testet Parameter";
    header.InnerHtml = makeHTML (mustertext, 'h', 3);
    para.InnerHtml = makeHTML (mustertext, 'i');
}

string makeHTML(string htmltext, char tag)   ❶
{
    htmltext = "<" + tag + ">" + htmltext ↵
             + "</" + tag + ">";
    return htmltext;
}

string makeHTML(string htmltext, char tag, int modifier)   ❶
{
    htmltext = "<" + tag + modifier.ToString() + ">" ↵
             + htmltext + "</" + tag ↵
             + modifier.ToString()  + ">";
    return htmltext;
}
</script>
<html lang="de">
    <head>
        <title>Methodenüberladung</title>
    </head>
    <body>
    <h1>Methodenüberladung</h1>
    <p id="header" runat="server"/>
    <p id="para" runat="server"/>
```

```
            </body>
            </html>
```

Beide Methoden ❶ unterscheiden sich durch die Parameter. Welcher im Augenblick des Aufrufes verwendet wird, entscheiden die Parameter. Wenn Sie mit Klassen arbeiten und Klassen vererben, ist dieselbe Art der Überladung möglich. Stimmen die Parameter mit denen der Basisklasse überein, werden diese verwendet, wenn nicht, wird in einer anderen Ebene der Vererbung gesucht. Im Beispiel verhalten sich die beiden Methoden so, als ob der dritte Parameter `int modifier` optional wäre. Ob sich das Verhalten dann allerdings nur in Bezug auf den Parameter oder grundlegend unterscheidet, können Sie als Programmierer frei entscheiden. Empfehlenswert ist es, den natürlichen Zusammenhang gleichnamiger Methoden mit verschiedenen Parameterdeklarationen zu erhalten.

Methodenüberladung

Dieser Text testet Parameter

Dieser Text testet Parameter

Abbildung 5.12 Verschiedene Ausgaben durch dieselbe, überladene Methode

Zugriff auf die Klasse in der Definition: this

Schlüsselwort this

Gleichzeitig sehen Sie hier die Verwendung eines weiteren Schlüsselwortes: `this`. Innerhalb der Klasse verweist es auf die Klasse selbst, steht also immer anstelle des Objekts, das zu diesem Zeitpunkt noch nicht existiert. Solange der Kontext eindeutig ist, können Sie auf die Angabe verzichten. Wenn Sie jedoch Klassen vererben und dabei in der übergeordneten und der aktuellen Klasse Eigenschaften oder Methoden gleichen Namens auftreten, ist der direkte und eindeutige Verweis mit `this` notwendig. Nicht möglich ist dagegen der Einsatz in statischen Klassen.

Statische Methoden

Manchmal werden Klassen benötigt, die lediglich ein einziges Objekt instanziieren lassen. Das ist eigentlich unnötige Schreibarbeit, denn wozu sollte ein Bauplan angelegt werden, wenn man ihn lediglich ein einziges Mal benötigt? Statische Methoden sind praktisch so etwas wie Prototypen – als fertige Objekte verpackte Methoden. Die Verwendung in C# ist sehr elegant, weil nicht die ganze Klasse als statisch deklariert werden muss, sondern nur die Elemente, die man in dieser Form wirklich benötigt. Deshalb sind oft nur einzelne Methoden einer Klasse statisch. Der Aufruf erfolgt dann direkt, wie bei einer Funktion in der prozeduralen Programmierung. Das .NET-Framework verwendet selbst an vielen Stellen statische Methoden und Felder.

static

Die bereits gezeigte Klasse kann leicht erweitert werden, um den Abstand vom Nullpunkt des Koordinatensystems zu den beiden Punkten zu berechnen. Diese

Berechnungsmethode funktioniert unabhängig vom aktuellen Zustand einer Instanz und ist deshalb statisch:

Listing 5.26 Berechnung mit statischer Methode (Ausschnitt)

```
public static string xyvector(int x, int y)
{
   return Math.Sqrt(x*x + y*y).ToString();
}
```

Der Aufruf verzichtet gänzlich auf die Instanziierung:

```
string mm = XYPoint.xyvector(100, 100);
Response.Write ("Ergebnis: " + mm);
```

Klassen - Statische Methoden

Ergebnis: 141,42135623731

Abbildung 5.13 Ausgabe der Berechnung der statischen Methode für die Koordinaten 100, 100

> Statische Methoden sollten sich deterministisch verhalten. Das heißt, sie sollten bei identischen Eingabeparametern immer dieselben Resultate liefern.

TIPP

Wie flexibel C# mit Typen umgehen kann, zeigt das folgende Beispiel. Es ist zwar vom Standpunkt optimierter Programmierung her etwas konstruiert – die Problemstellung lässt sich auch einfacher lösen – zeigt aber, welche Kraft in C# steckt.

Listing 5.27 Statische Methode mit Rückgabe eines Objekts

```
<script language="C#" runat="server">
public class XYPoint
{
   private int _xpoint;
   private int _ypoint;
   public double v;

   public string X
   {
      get { return (_xpoint.ToString()); }
      set { _xpoint = Convert.ToInt32(value); }
   }
   public string Y
   {
      get { return (_ypoint.ToString()); }
      set { _ypoint = Convert.ToInt32(value); }
   }
❶ public static XYPoint XYVector(int __x, int __y)
   {
      XYPoint o = new XYPoint(); ❷
      o.x = __x.ToString();
      o.y = __y.ToString();
```

```
            o.v = Math.Sqrt(__x*__x + __y*__y);
            return o;
        }
    }
</script>
<html>
    <head><title>C# lernen</title></head>
    <body>
        <h1>Klassen - Statische Klassen</h1>
        <%
        XYPoint mm = XYPoint.XYVector(100, 100);    ❸
        Response.Write ("Ergebnis Vektor: " + mm.v);
        Response.Write ("<br/>");
        %>
    </body>
</html>
```

Das Geheimnis steckt in der statischen Methode XYVector ❶. Diese ist nicht nur statisch, sie trägt auch den Rückgabetyp XYPoint. Das ist die Klasse, in der die Methode selbst gerade erst definiert wird. Natürlich muss dann nicht die Klasse, sondern ein Objekt aus dieser zurückgegeben werden. XYPoint o = new XYPoint() legt das Objekt *o* an ❷, das dann zurückgegeben wird. Dies ist trickreich, weil der new-Aufruf im Hauptprogramm entfällt. Das Objekt wird hier durch Zuweisung in den globalen Adressraum gebracht ❸.

Die Ausgabe entspricht der des letzten Beispiels, die in Abbildung 5.13 gezeigt wurde.

System.Math

Ganz nebenbei wurde hier übrigens die Klasse System.Math aus dem Framework verwendet. Das funktioniert, weil ASP.NET den Namensraum System immer einbindet. Math ist dann mit allen Funktionen zu mathematischen Berechnungen verfügbar. Dies aber nur am Rande.

Statische Klassen

Viele der verwendeten Klassen enthalten oft nur statische Methoden oder Member, wie es zum Beispiel bei Fabrikklassen (factory pattern) oder Klassen mit Hilfsfunktionen üblich ist. Unter C# 1.1 konnte man eine Instanziierung einer solchen Klasse verhindern, indem man einen private-Konstruktor definiert. Jedoch ließen sich trotzdem nicht-statische Methoden oder Mitglieder definieren, die niemals aufgerufen werden konnten. Um dies zu verhindern, bietet C# nun die Möglichkeit, die ganze Klasse als static zu deklarieren. Damit lässt der Compiler nur noch statische Member und Methoden zu.

```
public static class MyFactoryClass
{
    static public T CreateObject<T>()
    {
        ...
    }
}
```

Die Entscheidung, eine Klasse als static zu deklarieren, liegt beim Entwickler selbst. Ferner ist es nicht möglich, eine Klasse von einer statischen Klasse abzuleiten, da der Compiler diese automatisch sealed und abstract setzt. Statische Strukturen können nicht definiert werden, jedoch ist es möglich, statische Konstruktoren anzulegen.

Statische Konstruktoren dienen genau wie nicht-statische Konstruktoren der Initialisierung der Klasse. Diese können jedoch weder vererbt noch explizit aufgerufen werden. Die Laufzeitumgebung entscheidet, wann es notwendig wird, diese Konstruktoren zu verwenden. Sie werden automatisch vor dem ersten Verwenden der Klasse einmal aufgerufen.

```
public static class MyClass
{
   static public int SomeVariable ;
   static MyClass()
   {
      SomeVariable = 5 ;
   }
   ...
}
```

Vererbung und Überladung im Detail

Ein wesentlicher Aspekt objektorientierter Programmierung ist die Vererbung. Wie bei der Darstellung mit den Bauplänen bereits angedeutet, werden Klassen häufig in einer Art Hierarchie eingesetzt. Angefangen von einfachen Basisobjekten bis hin zu komplexeren Gebilden, von denen konkrete Objekte abgeleitet werden, entstehen in Projekten meist ganze Klassenbäume. Das .NET-Framework ist eine solche Hierarchie – mit mehreren tausend Klassen. Klar ist, dass diese in einer flachen Anordnung völlig unbeherrschbar wären.

Die Vererbung steht in C# mit allen Merkmalen der objektorientierten Programmierung zur Verfügung. Je nach Art der Definition werden die ererbten Eigenschaften und Methoden nicht nur übernommen, sondern lassen sich gezielt überschreiben. Man spricht dann vom Überladen. Dies kann natürlich verhindert werden; das Schlüsselwort dazu wurde bereits am Anfang der Einführung zu Klassen in C# vorgestellt: `sealed`.

Vererbung

In den vorangegangenen Beispielen wurde immer wieder eine Klasse verwendet, die zwei Punkte in einem Objekt zusammenfasst und verschiedene Operationen damit ausführt. Möglicherweise sollen sich spätere Formen der Punkte anders oder erweitert verhalten. Es bietet sich an, eine Basisklasse zu erstellen, die anderen als Grundlage dient:

```
public class XYPoint
{
   protected int _xpoint;
   protected int _ypoint;

   public string X
   {
      get { return (_xpoint.ToString()); }
      set { _xpoint = Convert.ToInt32(value); }
   }

   public string Y
   {
      get { return (_ypoint.ToString()); }
      set { _ypoint = Convert.ToInt32(value); }
```

}
}

Der einzige Unterschied zu den bisher gezeigten Varianten besteht in der Definition der internen Punkte. Es soll anderen Klassen erlaubt werden, die Ganzzahlwerte direkt zu beschreiben, damit der Konvertierungsschritt entfällt. Außerhalb der Klassen – auf der Anwendungsebene also – ist es sinnvoll, die Verwendung der Eigenschaften mit der Konvertierung in Zeichenketten zu erzwingen. Das Schlüsselwort `protected` ist der geeignete Weg, dieses Verhalten zu implementieren.

Im zweiten Schritt soll nun eine Klasse entworfen werden, die die Methoden enthält. Da das Überschreiben von Methoden noch nicht benutzt werden soll, erfolgt nur eine einfache Vererbung:

```
public class Points : ❶ XYPoint
{
    public double XYVector ()
    {
        return (Math.Sqrt(this._xpoint*this._xpoint 
            + this._ypoint*this._ypoint));
    }
}
```

Die neue Klasse `Points` erbt von der Klasse `XYPoint`. Dies wird durch den Doppelpunkt ❶ angezeigt. Die Anwendung zeigt, dass nur noch die letzte Klasse verwendet wird:

Listing 5.28 Einsatz der Vererbung

```
<%
Points mm1 = new Points();
mm1.x = "100";
mm1.y = "45";
double vector = mm1.XYVector();
Response.Write(" X = " + mm1.x);
Response.Write(" Y = " + mm1.y);
Response.Write("<br/>");
Response.Write(" Vektor = " + vector.ToString());
%>
```

Die Ausgabe zeigt die definierten Punkte und den berechneten Vektor:

Klassen - Vererbung

X = 100 Y = 45
Vektor = 109,658560997307

Abbildung 5.14 Ausgabe des Beispiels zur Vererbung

An dieser Stelle fehlt der Platz, alle Varianten der Vererbung zu diskutieren. In den folgenden Kapiteln werden diese Techniken jedoch ab und an verwendet, sodass Sie anhand der Beispiele den Einsatz lernen können. Die Vererbung ist eine Kern-

5.2 Die Sprache C#

technik der objektorientierten Programmierung. Übermäßige Nutzung kann Programme jedoch unnütz komplizieren machen.

Neben der Überladung von Methoden können auch Operatoren überladen werden. Diese können Sie zwar nicht selbst definieren oder hinzufügen, aber verändern können Sie das Verhalten innerhalb eigener Klassen dennoch. Wenn Sie bisher nichts mit der objektorientierten Programmierung zu tun hatten, mag Ihnen das unheimlich erscheinen, aber letztlich sind alles nur Objekte – auch die Operatoren. Das folgende Programm definiert einen neuen +-Operator, der die xy-Punkte addiert, in dem jeweils x zu x und y zu y addiert wird. Das kann man mit einer Methode xyadd sicher gut erledigen:

Operatorenüberladung

```
public XYPoint xyadd(int x, int y)
```

Viel intuitiver wäre es jedoch, wenn man zwei Punkte einfach addieren könnte:

```
neuerpunkt = andererpunkt + dritterpunkt;
```

Tatsächlich ist das genau so möglich:

Listing 5.29 Überladen des +-Operator (Ausschnitt)

```
public class XYPoint
{
   private int _xpoint;
   private int _ypoint;

   public string X
   {
      get { return (_xpoint.ToString()); }
      set { _xpoint = Convert.ToInt32(value); }
   }

   public string Y
   {
      get { return (_ypoint.ToString()); }
      set { _ypoint = Convert.ToInt32(value); }
   }

❷ public static XYPoint operator + ↵
               (XYPoint o1, XYPoint o2)
   {
      XYPoint o3 = new XYPoint(); ❶
      o3.x = (Convert.ToInt32(o1.x)
           + Convert.ToInt32(o2.x)).ToString();
      o3.y = (Convert.ToInt32(o1.y)
           + Convert.ToInt32(o2.y)).ToString();
      return o3;
   }
}
```

Die Definition der Methode unterscheidet sich nur wenig von den bisher gezeigten. Klar ist, dass hier zwei Objekte addiert werden – also wird auch ein Objekt zurückgegeben. Die Methode muss außerdem öffentlich (`public`) und statisch sein (`static`). Der Rückgabewert ist hier die Klasse `XYPoint` ❶ selbst. Dann folgt der entscheidende Teil: das Schlüsselwort `operator` ❷ und der Operator (+) selbst. Die beiden Objekte, die addiert werden sollen, werden wieder als Typ der Klasse `XYPoint` deklariert.

Im Inneren der Definition finden nun die Berechnungen statt. Da die Eigenschaften der Klasse Zeichenketten erwarten, muss hier eine explizite Konvertierung erfolgen. Dies liegt an der möglicherweise unglücklichen Definition der Eigenschaften, die jedoch zugunsten einer einfachen Ausgabe deklariert wurden. Umso einfacher ist dafür die Anwendung, denn darum geht es letztlich:

Listing 5.30 Nutzung des überladenen Operators (Fortsetzung)

```
<%
XYPoint mm1 = new XYPoint();
XYPoint mm2 = new XYPoint();
XYPoint mm3;
mm1.x = "100";
mm1.y = "45";
mm2.x = "17";
mm2.y = "80";
Response.Write(" X = " + mm1.X);
Response.Write(" Y = " + mm1.Y);
Response.Write("<br/>");
mm3 = mm1 + mm2;
Response.Write(" X = " + mm3.X);
Response.Write(" Y = " + mm3.Y);
%>
```

Das Ergebnis entspricht den Erwartungen. Sie können auch andere Operatoren überladen. Beachten Sie, dass C# weiß, welche Operatoren binär (+, -, *, / usw.) oder unär (-, !) sind. Entsprechend muss die Methode zum Überladen zwei oder einen Parameter haben. Zuweisungen „=" sind nicht überladbar, allerdings werden die kombinierten Zuweisungsoperatoren automatisch überladen. Das gezeigte Beispiel funktioniert deshalb auch mit += wie erwartet.

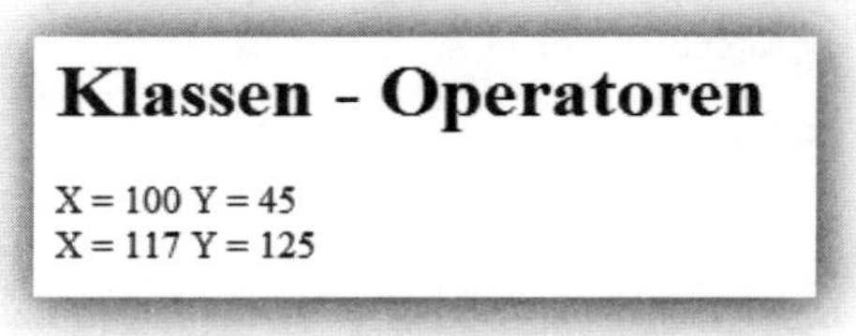

Klassen - Operatoren

X = 100 Y = 45
X = 117 Y = 125

Abbildung 5.15 Überladung von Operatoren

Natürlich ist der Operator nur dann überladen, wenn die Signatur beim Aufruf stimmt. Addieren Sie zwei Zahlen, wird weiterhin die ursprüngliche Definition verwendet. Im Umkehrschluss heißt dies, dass Sie die überladenen Operatoren wieder selbst mit einer anderen Signatur überladen können. Ein C#-Programm kann also viele Arten der Behandlung des Operators „+" und aller anderen Operatoren enthalten.

Parameter der Methodendeklaration

Bislang wurden Methoden einfach deklariert und mit Modifikatoren versehen. Dass Methoden auch Parameter akzeptieren, dürfte auch klar geworden sein. Die Parameter verhalten sich innerhalb der Methode wie lokale Variablen. Es gibt aber neben der Angabe des Datentyps noch weitere Parameterarten, die hier kurz vorgestellt werden.

Die normale Form, in der Parameter übergeben werden, sind Wertparameter. Dabei wird der Wert (Inhalt) einer Variablen kopiert. Beim Aufruf der Funktion entsteht unter dem Namen des Parameters eine neue Variable, die diesen Wert zugewiesen bekommt. Zwischen der beim Aufruf verwendeten Variablen und der in der Methode lokal existierenden besteht kein Zusammenhang, außer dass im Augenblick des Methodenaufrufes beide denselben Inhalt haben. In C# muss für die Nutzung dieses Verhaltens nichts weiter notiert werden.

Wertparameter

Die Rückgabe von Daten ist auf einen Wert beschränkt, der mit `return` an die Zuweisung beim Aufruf übergeben wird. Sollen nun in einer Methode mehrere Variablen verändert werden, muss auf eine besondere Parameterform zugegriffen werden. Der Trick besteht darin, dass ein Verweis auf die ursprüngliche Variable übertragen wird. Dieser Verweis trägt in der Methode wieder den lokalen Namen, der im Methodenkopf angegeben wurde. Änderungen am Inhalt wirken sich aber direkt auf die Variable aus, die beim Aufruf verwendet wurde.

Referenzparameter

Klar ist, dass eine Unterscheidungsmöglichkeit zwischen beiden Parameterarten getroffen werden muss. Dazu dient das Schlüsselwort `ref`, das noch vor dem Datentyp als zusätzlicher Modifizierer erscheint. Das folgende Beispiel zeigt dies:

ref

Listing 5.31 Verwendung von Referenzparametern

```
<script language="C#" runat="Server">
void Page_Load()
{
    string mustertext = "Dies ist ein Test für 
                        Referenzparameter";
    makeBold(ref mustertext);  ❸
    fett.InnerHtml = mustertext;
}

void makeBold (ref string htmltext)  ❶
{
    htmltext = "<b>" + htmltext + "</b>";  ❷
}
</script>
<html lang="de">
    <head>
        <title>Referenzparameter</title>
    </head>
    <body>
        <h1>Referenzparameter</h1>
        Der folgende Text erscheint fett:<br/>
        <p id="fett" runat="server"/>
    </body>
</html>
```

Betrachten Sie zuerst die Methode `makeBold`. Es wurde hier ein Parameter als Referenz deklariert ❶. Änderungen an der daraus erstellten Variablen `htmltext` wirken sich direkt auf die beim Aufruf verwendete Variable aus. Im Beispiel wird eine Zeichenkette in `<b>`-Tags eingebettet, um sie fett auszuzeichnen ❷. Die Referenz muss auch beim Aufruf verwendet werden, denn C# wird nicht zulassen, dass Sie versehentlich eine Variable verändern, weil eine Methode sie als Referenzparameter erkennt ❸.

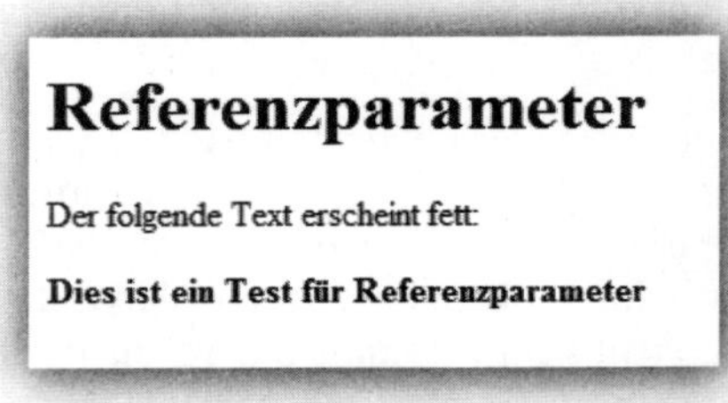

Referenzparameter

Der folgende Text erscheint fett:

Dies ist ein Test für Referenzparameter

Abbildung 5.16 Ausgabe der über Referenzen modifizierten Parameter

Ausgabeparameter Es ist auch möglich, eine Variable überhaupt erst durch eine Methode erzeugen zu lassen. Dabei wird die lokal erzeugte Variable als Referenz zurückgegeben und die beim Aufruf angegebene Variable wird mit dem in der Methode berechneten Wert erzeugt. Auch dafür gibt es ein Schlüsselwort: `out`. Das Beispiel zeigt die Verwendung:

Listing 5.32 Verwendung von Out-Parametern. Der HTML-Teil entspricht (Ausschnitt)

```
void Page_Load()
{
    string mustertext = "Dies ist ein Test ↵
                         für Referenzparameter";
    string errortext;
    int error = 2;
    makeError(ref mustertext, error, out errortext); ❷
    fett.InnerHtml = "<i>" + errortext + "</i>: " + mustertext;
}

void makeBold (ref string htmltext)
{
    htmltext = "<b>" + htmltext + "</b>";
}

void makeError(ref string htmltext, int error, out string errText) ❶
{
    switch (error)
    {
        case 1:
            errText = "Hinweis";
            break;
        case 2:
            errText = "Warnung";
            break;
        case 3:
            errText = "Fehler";
            break;
        default:
            errText = "Keine Nachricht";
            break;
    }
    makeBold(ref htmltext);
}
```

Die Methode `makeError` erwartet drei Parameter. `htmltext` ist ein Referenzparameter, der an die Methode `makeBold` durchgereicht wird. `error` ist ein normaler Parameter, der eine ganze Zahl enthalten darf. Der Ausgabeparameter `errText` gibt einen Text zurück; die Variable, die den Wert aufnimmt, muss zuvor nicht initialisiert worden sein – eine Deklaration des Datentyps ist natürlich dennoch erforderlich ❶. Im Aufruf der Methode müssen die Modifikatoren für die Parameter wiederholt werden ❷.

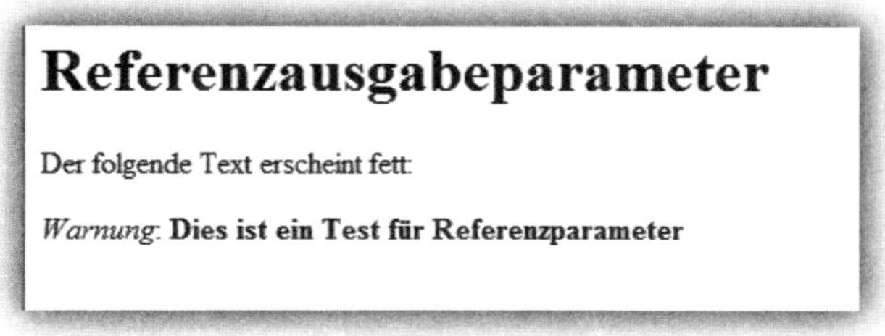

Referenzausgabeparameter

Der folgende Text erscheint fett:

Warnung: **Dies ist ein Test für Referenzparameter**

Abbildung 5.17 Arbeit mit Referenz- und Ausgabeparametern

Wenn Sie sich nicht entscheiden können, die eine oder andere Art Parameter zu verwenden, deklarieren Sie mehrere gleichnamige Methoden mit jeweils unterschiedlichen Parameterangaben. Genutzt wird dafür die Methodenüberladung.

Variable Parameterlisten

Die Notwendigkeit, exakte Signaturen für Methoden zu deklarieren, lässt normalerweise nicht zu, dass Parameterlisten variabel sind. Denn der Aufruf kann nie mit der Deklaration übereinstimmen. Ein typisches Beispiel für eine variable Parameterliste ist eine Summenfunktion:

```
ergebnis = summe (12, 556, 233, 22, 34);
```

Tatsächlich ist die Deklaration einer solchen Methode in C# möglich. Allerdings wendet der Compiler einen Trick an. Er schreibt Ihren Code in eine der üblichen Deklarationstechnik passende Form um.

Listing 5.33 Deklaration und Aufruf einer Methode mit variabler Parameterliste (Ausschnitt)

```
public Label ergebnis;

private void Summe (params int[] parameter) ❶
{
   int e = 0;
   foreach (int n in parameter)
   {
      e += n;
   }
   ergebnis.Text = e.ToString();
}

private void Page_Load(object sender, System.EventArgs e)
{
```

```
    Summe (23, 54, 34, 646, 12, 879); ❷
}
```

Die Basis bildet die Deklaration des Parameters mit dem Modifizierer `params`. Außerdem muss der Parameter selbst als Array deklariert werden. Im Beispiel werden nur Integer-Werte erwartet ❶. Die Anzahl der Parameter kann dann leicht mit `parameter.Length` ermittelt werden. Alternativ kann auch `foreach` zum Einsatz kommen, wie im Beispiel gezeigt.

Der Aufruf nutzt dann nicht die Übergabe eines Arrays, sondern akzeptiert die Werte direkt ❷. Der Compiler erstellt aus diesem Aufruf intern eine andere Version:

```
int[] temp = new int[6];
temp[0] = 23;
temp[1] = 54;
// usw. für alle Parameter
ClassParams.Summe(temp);
```

Es handelt sich also um eine Funktion des Compilers, die durch ein Schlüsselwort ausgelöst wird. Die Auswertung erfolgt nicht erst zur Laufzeit. Deshalb sind auch keine Nachteile bezüglich der Laufzeit zu befürchten.

Partielle Klassen

Es ist mit Hilfe partieller Klassen möglich, eine Klasse über mehrere Dateien aufzuteilen. So kann der Wizard von Visual Studio generierten Programm-Code in einer separaten Datei speichern. Auf diese Art ist alles automatisch Erzeugte vor versehentlichen Änderungen sicher. Weder kann der Programmierer den vom Wizard geschriebenen Code überschreiben, noch der Wizard den vom Programmierer geschriebenen Code.

Partielle Typen — Neben Klassen gibt es auch andere partielle Typen. Seit C# 2.0 ist das Verteilen von Quelltexten über mehrere Dateien sowohl für Klassen, Strukturen als auch für Interfaces erlaubt. Dabei ist die Anzahl der Quelltextdateien nicht auf zwei festgelegt. Aufzählungstypen wie `enum`s sind davon ausgenommen und müssen nach wie vor in einer Datei stehen.

Um dem Compiler mitzuteilen, dass es sich um einen partiellen Typ handelt, wird das neue Schlüsselwort `partial` zur Verfügung gestellt.

partial-Klasse — Es gibt keine Konventionen, wie die Dateinamen eines verteilten Typs zu vergeben sind. Beim Übersetzen ist es lediglich notwendig, stets alle Dateien eines Typs mit einem Mal dem Compiler zu übergeben. Jedoch empfiehlt es sich, in jeder zur Klasse gehörenden Datei einen gemeinsamen Teil zu haben, der dem Klassennamen entspricht.

Der umgekehrte Fall – mehrere Klassen in einer Quelltextdatei – ist hingegen immer erlaubt. Es ist jedoch nicht zu empfehlen, mehr als eine Klasse oder ein Interface in einer Quelltextdatei zu haben, da bei größeren Projekten schnell die Übersicht verloren gehen kann. Eine Ausnahme bilden eingebettete Typen.

5.2 Die Sprache C#

> **TIPP**
>
> Visual Studio 2010 fügt das Wort `Generated` ein, beispielsweise MainForm.cs und MainForm.Generated.cs. Um diese Dateien zu sehen, muss man das Symbol ... klicken. Es ist aber auch möglich, MyClass.01.cs, MyClass.02.cs, MyClass.03.cs und MyClass.04.cs zu verwenden.

Partielle Typen sind eine Erweiterung mit sehr vielen Vorteilen. Oft sind kleine oder auch größere Modifikationen an einer automatisch generierten Datei notwendig. Jedoch wird in vielen Fällen (wie bei einem Client-Wrapper für einen Webservice) die gesamte Datei automatisch neu generiert und alle Änderungen gehen mit jeder Neuerzeugung verloren.

Durch die Verwendung von partiellen Typen können alle eigenen Änderungen in einer eigenen Datei gespeichert werden, und sind somit unabhängig von dem automatischen Quelltextgenerator. Ferner wird dieses Feature auch vom „FormsWizard" von Visual Studio 2010 verwendet, um die automatisch erzeugten Teile der Formular-Klassen in eine separate Datei auszulagern. In den vorherigen Versionen von Visual Studio wurde der automatisch erzeugte Quelltextteil in einer entsprechenden Quellcoderegion gesichert, war aber nicht vollständig von Benutzerquelltext getrennt.

Die folgenden zwei Teile bilden zusammen eine Klasse. In der einen Hälfte ist eine private Mitgliedsvariable definiert und in der zweiten Hälfte wird ein öffentliches Property auf diese Variable hinzugefügt.

Listing 5.34 Beispiel einer partiellen Klasse

```
<script language="C#" runat="server" >

// erste Hälfte der XYPoint-Klasse
public partial class XYPoint
{
   private int _xpoint;
   private int _ypoint;

   public int x
   {
      get { return _xpoint; }
      set { _xpoint = value; }
   }
}

// zweite Hälfte der XYPoint-Klasse
public partial class  XYPoint
{
   public int y
   {
      get { return _ypoint; }
      set { _ypoint = value; }
   }
} </script>
<html>
<body>
<h1>Klassen - Eigenschaften</h1>
<%
XYPoint mypoint = new XYPoint();
mypoint.x = 12;
mypoint.y = 23;
```

```
Response.Write ("X=" + mypoint.x.ToString());
Response.Write ("<br/>");
Response.Write ("Y=" + mypoint.y.ToString());
%>
</body>
</html>
```

Im Listing wurden beide Teile der Klasse zur besseren Veranschaulichung in einer Datei deklariert. In der Praxis ist es üblich, diese über zwei oder mehrere Dateien aufzuspalten. Ein Vorteil ist, dass der Entwickler nicht mehr direkt mit dem vom Wizard erzeugten Code in Berührung kommt. Ein anderer Vorteil ergibt sich bei der Entwicklung im Team. Jeder Mitarbeiter kann seine eigene Datei mit seinen eigenen Funktionen bearbeiten.

Der erste Teil der Klasse enthält die Deklaration der Variablen sowie eine Eigenschaft. Der zweite Teil enthält eine weitere Eigenschaft.

Partielle Klassen und das Framework

Einfluss des Compilers

Bei ASPX-Seiten sind die Dateien für Markup, Designer und Code getrennt. Es gibt darüber hinaus aber nicht nur noch eine separate Datei für den generierten Code-Teil, der Compiler erzeugt diesen Teil unter Zuhilfenahme der ASPX-Datei erst kurz vor dem Übersetzen der Anwendung der ASPX-Seite. Aus diesem Grund findet sich der generierte Anteil nicht im Projektverzeichnis wieder. Er wird in einem temporären Verzeichnis abgelegt und in der Regel nach der Verwendung gelöscht.

Zur Veranschaulichung der Vorgänge im Framework soll folgende kleine „Hello World"-Anwendung, die die aktuelle Zeit anzeigt, verwendet werden.

Listing 5.35 ASPX-Teil der partiellen HelloWorld-Anwendung

```
<%@ Page Language="C#" AutoEventWireup="true" ↵
        CodeFile="PartialHelloWorld.aspx.cs" Inherits="HelloWorld" %>

<!DOCTYPE html PUBLIC "-//W3C//DTD XHTML 1.0 Transitional//EN"
        "http://www.w3.org/TR/xhtml1/DTD/xhtml1-transitional.dtd">

<html xmlns="http://www.w3.org/1999/xhtml" >
<head runat="server">
    <title>Hello World</title>
</head> <body>
  <form id="formDemo" runat="server">
  <div>
     <asp:Label ID="LabelWhatTime" runat="server"/> ❶
  </div>
  </form>
</body>
</html>
```

Das in Listing 5.35 gezeigte ASPX-Formular enthält eine Deklaration für das Label ❶. Dieses wird im folgenden Listing 5.36 verwendet, anscheinend ohne im Code deklariert zu sein.

Listing 5.36 C#-Teil der partiellen HelloWorld-Anwendung

```
using System;
using System.Web;
using System.Web.Security;
```

```
using System.Web.UI.WebControls;

public partial class HelloWorld : System.Web.UI.Page
{
    protected void Page_Load(object sender, EventArgs e)
    {
        LabelWhatTime.Text = DateTime.Now.ToShortTimeString();
    }
}
```

Das „fehlende" Stück Code wird vom ASP.NET-Compiler automatisch als partielle Klasse erzeugt. Normalerweise wird diese Datei nicht auf der Festplatte zwischengespeichert. Das Listing mit dieser Datei soll vor allem zur Veranschaulichung der Tätigkeit des Frameworks dienen. Der Auszug zeigt die Deklaration der Variablen `LabelWhatTime` und `formDemo`.

Listing 5.37 Auszug aus dem automatisch generierten Teil von PartialHelloWorld

```
//-------------
// <auto-generated>
//     This code was generated by a tool.
//     Runtime Version:2.0.50727.42
//
//     Changes to this file may cause incorrect behavior and
//     will be lost if the code is regenerated.
// </auto-generated>
//-------------
public partial class HelloWorld : ↵
                System.Web.SessionState.IRequiresSessionState {

    #line 12 "PartialHelloWorld.aspx"
    protected global::System.Web.UI.WebControls.Label ↵
                                        LabelWhatTime;

    #line default
    #line hidden

    #line 10 "PartialHelloWorld.aspx"
    protected global::System.Web.UI.HtmlControls.HtmlForm ↵
                                        formDemo;
    ...
}
```

Objektinitialisierer

Klassen mit einem Standardkonstruktor und öffentlichen Eigenschaften können ab C# 3.0 in einem Schritt instanziiert sowie initialisiert werden.

Objektinitialisierer

```
public class Person
{
    public string Name;
    public string GivenName;

}
...
private Person matthias = new Person
                        {
                            Name = "Matthias",
                            GivenName = "Fischer"
                        };
```

Typen

Erweiterungsmethoden ermöglichen dem Entwickler bereits vorhandene Klassen, beispielsweise aus den Framework-Bibliotheken oder Klassen von Drittherstellern deren Quellcode nicht verfügbar ist, um weitere Methoden zu ergänzen. Auf diese Weise können entweder weitere Funktionalitäten oder zusätzliche Zugriffsmethoden ergänzt werden.

Ein weiterer Vorteil liegt darin, dass der Quelltext des Objekts nicht verändert werden muss. Jedoch ist der Zugriff auf private Eigenschaften und Methoden nur bedingt möglich. Aus diesem Grund sollten Erweiterungsmethoden sparsam zum Einsatz kommen. Wenn möglich, sollten immer Instanzmethoden verwendet werden.

Keine Eigenschaften erweiterbar

Es ist nicht möglich, Eigenschaften nachträglich hinzuzufügen. Hierfür müssen Methoden mit einem entsprechenden Parameter und Rückgabewert verwendet werden.

Objekte und Schnittstellen

Erweiterungen können sich entweder auf eine Klasse, eine abstrakte Basisklasse oder auf eine Schnittstelle beziehen. Hier liegt das größte Potenzial von Erweiterungsmethoden. Auf diese Weise können alle Klassen, welche eine Schnittstelle implementieren oder von einer Basisklasse abgeleitet sind, um zusätzliche Funktionen erweitert werden. Die meisten Erweiterungen für LINQ basieren genau auf diesem Prinzip.

Implementierung einer Erweiterungsmethode

statisch

Eine Erweiterungsmethode wird immer als statische Methode an einer statischen Klasse erstellt. Dabei ist der Name der Klasse nicht von Bedeutung, es muss nur eindeutig (keine Überschneidung mit anderen Namen) sein.

Für den Benutzer einer Erweiterungsmethode sieht es so aus, als würde eine Instanzmethode aufgerufen werden, das ist aber nur eine „optische" Täuschung, die vom Compiler erzeugt wird. Hinter den Kulissen erzeugt der Compiler einen Aufruf der Statischen Methode mit dem zu erweiternden Objekt als ersten Parameter. Es ist sogar möglich, Erweiterungsmethoden explizit als statische Methoden aufzurufen.

this
return

Um dem Compiler mitzuteilen, dass es sich um eine Erweiterungsmethode handelt, wird der erste Parameter mit Hilfe des Schlüsselwortes `this` als die zu erweiternde Klasse oder Schnittstelle gekennzeichnet. Folgen weitere Parameter, sind dies die Funktionsargumente der Methode. Rückgabewerte werden wie gewohnt vor der Methode deklariert und mit `return` zurückgegeben.

Im folgenden Beispiel soll eine Funktion zum Umkehren der Zeichen in einer Zeichenkette als Erweiterungsmethode 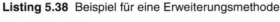 erstellt werden:

Listing 5.38 Beispiel für eine Erweiterungsmethode

```
namespace System
{
    public static class Extentions
    {
        //der erste Parameter gibt den zu erweiternden Typ an.
        public static string Reverse(this string str)
        {
            string i = string.Empty;
```

```
            foreach (char c in str)
            {
                i = i.Insert(0, c.ToString());
            }
            return i;
        }
    }
}
```

Wird die Assembly und der Namensraum, welche die Erweiterungsmethode enthalten, entsprechend eingebunden, kann diese wie eine Methode der erweiterten Klasse bzw. Schnittstelle verwendet werden.

```
string res = "abcde".Reverse();
```

> **HINWEIS**
> Erweiterungsmethoden können (wie auch Klassen und Schnittstellen) überschrieben werden. Dabei gelten für Erweiterungsmethoden die gleichen Regeln wie für Klassen oder Schnittstellen.

Typumwandlungsoperatoren verwenden

In der Praxis ist es oft gewünscht, einen Objekttyp in einen anderen Objekttyp zu verwandeln. Zum Beispiel wären folgende Zuweisungen eine angenehme Erweiterung der zuvor beschriebene Punkt-Klasse. So könnte, wie im folgenden Beispiel, einem Punkt ein `string` zugewiesen werden, der ein Koordinatenpaar enthält.

```
string s2 = "45;60";
mypoint = (XYPoint) s2;
```

Dafür gibt es die Typumwandlungsoperatoren (type cast). Dabei wird in zwei Gruppen von Typkonvertierungen unterschieden: die implizite und die explizite Typkonvertierung.

type cast

Eine impliziter Typkonvertierung tritt immer dann auf, wenn kein Operator explizit angegeben wurde. Besonders häufig findet sich die implizite Typkonvertierung bei Zuweisungen auf, wie beispielsweise `string s1 = mypoint`. Dabei erkennt der Compiler automatisch, ob für die entsprechenden Typen in einer der Klassen oder im Framework ein entsprechender Operator vorhanden ist. Vor allem numerische, eingebaute Typen des Frameworks unterstützen die implizite Typumwandlung, wie in folgendem Beispiel zu sehen ist.

Implizite Typumwandlung

```
int i = 5;
long l = i;
```

Dabei ist darauf zu achten, wie bereits weiter vorn beschrieben, dass nur kleine Wertebereiche in größere Wertebereiche implizit umgewandelt werden können. Für die umgekehrte Richtung hat man sich bei der Implementierung des Frameworks für eine explizite Umwandlung entschieden. Auf diese Art wird dem Anwender bewusst gemacht, dass eine Umwandlung stattfindet.

Eine explizite Typkonvertierung tritt immer dann auf, wenn der Cast-Operator angegeben wurde, wie in folgender Anweisung:

Explizite Typumwandlung

```
mypoint = (XYPoint)"50;60";
```

Auch hier wird vom Compiler überprüft, ob ein entsprechender Typkonvertierungsoperator mit den zu wandelnden Typen vorhanden ist, und ob der Typ-Cast durchgeführt werden kann. Im folgenden Beispiel wurde die Wandlung nach `string` als implizit und die entgegengesetzte Richtung als explizit deklariert. Es hätte auch umgekehrt sein können oder beides implizit oder explizit.

Das folgende Listing zeigt die Verwendung impliziter und expliziter Typkonvertierungsoperator.

Listing 5.39 Anwendung impliziter und expliziter Typ-Casts

```
<script language="C#" runat="server">
public class XYPoint
{
   private int _xpoint;
   private int _ypoint;

   public int x
   {
      get { return _xpoint; }
      set { _xpoint = value; }
   }

   public int y
   {
      get { return _ypoint; }
      set { _ypoint = value;}
   }

   public static implicit operator string(XYPoint p)
   {
    return p.x.ToString() + ";" + p.y.ToString() ;
   }

   public static explicit operator XYPoint(string s)
   {
      XYPoint ret = new XYPoint();
      string[] tmp = s.Split(';');
      ret.x = Convert.ToInt16(tmp[0]);
      ret.y = Convert.ToInt16(tmp[1]);
      return ret ;
   }

}
</script>
<html>
<body>
<h1>Typecasting</h1>
<%
XYPoint mypoint = new XYPoint();
mypoint.x = 12;
mypoint.y = 23;
string s1 = mypoint ;
string s2 = "45;60" ;
mypoint = (XYPoint)s2 ;

Response.Write ("s1 = " + s1);
Response.Write ("<br>");
Response.Write ("mypoint.x = " + mypoint.x);
Response.Write ("<br>");
Response.Write ("mypoint.y = " + mypoint.y);
```

```
%>
</body>
</html>
```

Auch bei diesem etwas komplexeren Beispiel wurde ausnahmsweise der komplette Quelltext wiedergegeben.

Bei der Vererbung wird automatisch ein impliziter Typ-Cast-Operator erzeugt, mit dessen Hilfe zwischen Klasse und Basis-Klasse gecastet werden kann. Hier ist darauf zu achten, dass es nicht möglich ist, einen eigenen Typ-Cast-Operator mit den Typen der Klasse sowie der Basis-Klasse anzulegen, da dies eine Basisfunktionalität des objektorientierten Compilers ist. *Vererbung und Typ-Cast*

Implizite Datentypen (var)

C# ist eine stark typisierte Sprache. Das bedeutet, eine Variable muss einen Typ haben, welcher sich bis zum Ende der Gültigkeit dieser Variablen nicht mehr ändern kann. Daran ändert sich auch nichts, mit der Einführung implizit typisierter Variablen. *Funktionsweise*

Wird eine Variable mit Hilfe des Schlüsselwortes `var` deklariert, leitet der Compiler den Typ automatisch aus dem ersten zugewiesenen Wert ab. *var x;*

```
var x = 8;
```

Dabei muss jedoch beachtet werden, dass der Compiler den Typ von Variablen nur innerhalb einer Funktion (nur lokale Variablen) ableiten kann. Es ist nicht möglich, `var` im Funktionskopf oder über Sichtbarkeitsgrenzen hinweg zu verwenden. *Achtung: Nur Lokal*

Zwar wurde das Schlüsselwort `var` hauptsächlich für die Verwendung mit LINQ eingeführt, jedoch kann es auch an jeder anderen Stelle im Quellcode verwendet werden. Die Autoren raten jedoch von der Verwendung ab; im Sinne einer guten Lesbarkeit des Quelltextes sollten Variablen möglichst explizit mit einem Typ versehen werden. Der erzeugte IL-Code unterscheidet sich nicht, egal ob `var` oder ein expliziter Typ verwendet wurde. *Beispiele*

```
int DemoFunc( int param)
{
   var temp = param * param ;
   return temp;
}
```

In dem Beispiel wurde eine Methode entwickelt, welche das Quadrat eines Intergers berechnet, diese wird in der Variablen `temp` zwischengespeichert. Der Typ für `temp` wird automatisch durch den Compiler als `int` erkannt. Aus diesem Grund kann temp direkt als Integer (`int`) für die Rückgabe verwendet werden.

Anonyme Typen

Anonyme Typen bieten die Möglichkeit, innerhalb einer lokalen Funktion Daten in einem Objekt zusammen zu fassen. Ein anonymer Typ wird erstellt, indem mit Hilfe des Schlüsselwortes `new` und der Objektinitialisierungsfunktion eine anonyme Klasse von Compiler automatisch abgeleitet wird. *Anonyme Typen*

Dabei wird der Name der Klasse durch den Compiler festgelegt. Um sicher zu stellen, dass keine Überschneidungen mit Namen vom Programmierer auftreten, werden Sonderzeichen eingefügt, welche der Programmierer nicht verwenden kann.

var

Da der Name einer anonymen Klasse weder bekannt ist noch eingegeben werden kann, können diese nur mit dem Schlüsselwort var verwendet werden. Intern benutzt der Compiler dann die generierten Namen.

> **HINWEIS**
>
> Intern legt der Compiler einen zufällig generierten Namen fest. Um Überschneidungen mit Namen zu vermeiden, welche im Programm verwendet werden, fügt der Compiler für den Entwickler ungültige Zeichen hinzu.

Das folgende Listing zeigt ein Anwendungsbeispiel:

Listing 5.40 Beispiel einer anonymen Klasse

```
class AnonymousTypeDemo
{
    enum GenderType { Male, Female };

    static void Main(string[] args)
    {
        // Erstellung eines anonymen Typs
        var myData = new {
                    Name     = "Matthias" ,
                    Surename = "Fischer",
                    Gender   = GenderType.Male
                };

        // Zugriff auf Eigenschaften des anonymen Typs
        string name = myData.Name;
        GenderType gender = myData.Gender;

    }
}
```

Der Zugriff auf Eigenschaften erfolgt, wie bei anderen Objekten mit Hilfe des Punkt-Operators. Anonyme Typen werden von der IntelliSense von Visual Studio 2010 vollständig unterstützt.

> **HINWEIS**
>
> Anonyme Typen können nicht außerhalb des lokalen Blocks verwendet werden, in dem sie deklariert wurden. Ferner ist es nicht möglich, anonyme Typen in Methoden hinein oder aus Methoden zurückzugeben.

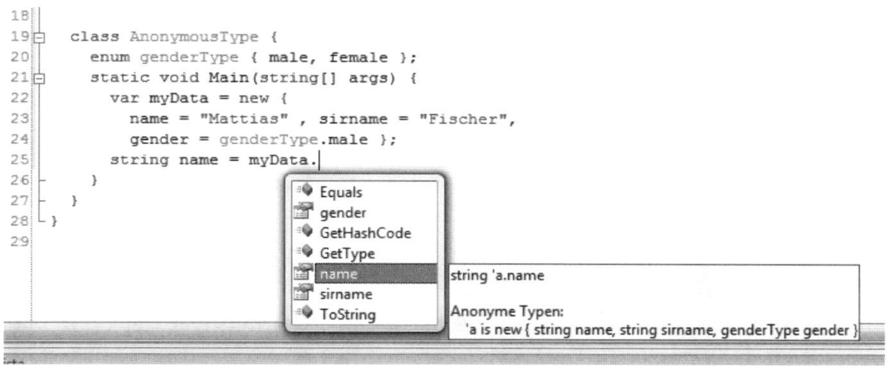

5.2 Die Sprache C#

```
18
19   class AnonymousType {
20      enum genderType { male, female };
21      static void Main(string[] args) {
22         var myData = new {
23            name = "Mattias" , sirname = "Fischer",
24            gender = genderType.male };
25         string name = myData.
26      }
27   }
28 }
29
```

Abbildung 5.18 IntelliSense-Unterstützung für anonyme Typen

Lambda-Ausdrücke (=>)

Mit C# 2.0 wurden anonyme Methoden eingeführt. Diese wurden in C# 3.0 zu sogenannten Lambda-Ausdrücken weiterentwickelt. Prinzipiell handelt es sich bei einem Lambda-Ausdruck um einen streng typisierten Funktionszeiger. Vereinfacht ausgedrückt könnte man sagen, ein Lambda ist eine lokale Funktion ohne Namen, also eine anonyme Methode. Jeder Lambda-Ausdruck kann in eine anonyme Methode überführt werden und umgekehrt.

Funktionsweise

Der Vorteil von Lambda-Ausdrücken liegt in der vereinfachten Schreibweise. So entfallen das Schlüsselwort `delegate` und die Funktionsdeklaration.

```
// als Lambda-Ausdruck

(Parameter1, Parameter2) => Parameter1 + Parameter2
```

Kein, ein oder unendlich viele Parameter werden mit Hilfe des „Ergibt-Sich-Zu"-Operators einer Funktion zugeordnet. Dabei können die Namen der Parameter, wie auch bei den Argumenten von Methoden, frei gewählt werden. Im Beispiel werden `Parameter1` und `Parameter2` addiert.

```
// als anonyme Methode
(delegate(int Parameter1, int Parameter2)
   {
      return Parameter1 + Parameter2;
   }
)
```

Vergleicht man die anonyme Methode mit dem Lambda-Ausdruck, fällt auf, dass beim Lambda-Ausdruck die Typen der Parameter nicht angegeben werden müssen, weil diese automatisch abgeleitet werden können. Bei der Schreibweise als anonyme Methode müssen dagegen die Typen der Parameter explizit angegeben werden.

Wird der Lambda-Ausdruck aus dem Beispiel durch den Compiler ausgewertet, entsteht ein Funktionszeigerobjekt (`delgate`), dass identisch dem einer anonymen Funktion ist.

Das vorherige Beispiel würde mit Hilfe einer anonymen Funktion wie folgt deklariert werden:

```
delegate int myDel(int Parameter1, int Parameter2);
mydel = delegate(int Parameter1, Parameter2)
        {
            return Parameter1 + Parameter2;
        }
```

Lambda-Ausdrücke wurden vor allem eingeführt, weil die Schreibweise unter Verwendung anonymer Funktionen sehr lang und aufwändig ist.

Verwendung

Prinzipiell stehen in C# zwei Möglichkeiten der Verwendung von Lambda-Ausdrücken zur Verfügung: als Funktionszeiger (delegate) oder als Ausdrucksbaum (expression tree).

Für den Fall, dass Lambda-Ausdrücke außerhalb von LINQ verwendet werden, kommt eher die Variante als Funktionszeiger in Frage.

```
delegate int myAdd(int x, int y);
myAdd = (x,y) => x+y;
int result = myAdd(3,5)
```

Im Beispiel wird dem Funktions-Delegat die Funktion mit der Hilfe eines Lambda-Ausdruckes zugewiesen. Intern erzeugt der Compiler eine entsprechende Methode.

Um die Verwendung von Lambda-Ausrücken zu vereinfachen, wurden entsprechende Delegate-Definitionen für die am häufigsten verwendeten Parameterkombinationen vordefiniert. Diese sind als generische Funktionszeiger wie folgt festgelegt. Bitte beachten Sie, dass diese verkürzte Schreibweise nur für ausgewählte Delegate zur Verfügung steht.

```
public delegate TResult Func<TResult>();
public delegate TResult Func<TArg0, TResult>(TArg0 arg0);
public delegate TResult Func<TArg0, TArg1, TResult>(TArg0 arg0, TArg1
   arg1);
public delegate TResult Func<TArg0, TArg1, TArg2, TResult>(TArg0 arg0, ↵
   TArg1 arg1, TArg2 arg2);
...
```

So kann das vorherige Beispiel wie folgt verkürzt geschrieben werden:

Func<int,int>

```
Func<int,int> myAdd = (x,y) => x+y;
int result = myAdd(5,6);
```

Ausdrucksbaum

Die Verwendung als Ausdrucksbaum soll in diesem Buch nicht detailliert ausgeführt werden.

> **TIPP** Weitere Informationen zur Verwendung von Lambda-Ausdrücken im Zusammenhang mit Ausdrucksbäumen finden sich in dem Buch „LINQ im Einsatz", ISBN 3-446-41429-0.

Diese Art der Verwendung kommt vor allem dann zum Einsatz, wenn spezielle LINQ-Provider entwickelt werden sollen. Aus diesem Grund wird an dieser Stelle nur die Deklaration mit einem kleinen Anwendungsbeispiel gezeigt:

Listing 5.41 Deklaration eines LINQ-Ausdrucksbaums

```
ParameterExpression Parameter1 = Expression.Parameter(typeof(int), "x");
ParameterExpression Parameter2 = Expression.Parameter(typeof(int), "y");

Expression<Func<int, int, int>> addExpr = ↵
    Expression.Lambda<Func<int, int, int>>(Expression.Add(↵
```

5.2 Die Sprache C#

```
      Parameter1, Parameter2), new ParameterExpression[] {
        Parameter1, Parameter2 });
```

`Console.WriteLine(addExpr.Compile()(1, 2));`

Auf den ersten Blick wirken Ausdrucksbäume etwas verwirrend und kompliziert. Die Parameter für einen Lambda-Ausdruck müssen explizit bei der Erstellung des Ausdrucksbaumes angegeben werden.

Im Speicher befindet sich nach dem Übersetzen des Quellcodes nicht wie bei den vorherigen Beispielen eine anonyme Funktion, sondern ein Ausdrucksbaum, welcher lediglich die Struktur der Funktion wieder gibt.

Mit dem entsprechenden Visualisierer ist es möglich, Ausdrucksbäume im Debugger von Visual Studio 2010 sichtbar zu machen. Sie können Beispiele dafür unter anderem hier finden:

Visualisierer

- *http://code.msdn.microsoft.com/csharpsamples*

Der ausführbare Programmcode wird erst in der letzten Zeile im Beispiel, dynamisch erstellt. Auf diese Weise können die Ausdrücke in eine domänenabhängige Sprache (Domain Specific Language, DSL) übersetzt werden.

Die verkürzte Schreibweise wird auch von LINQ verwendet, um einen Lambda-Ausdruck an eine entsprechend vorgefertigte Abfragefunktion (query functions) zu übergeben.

query functions

Das folgende Beispiel zeigt, wie eine `Where`-Funktion für LINQ prinzipiell aufgebaut ist. Der Name wurde bewusst variiert, um beim Ausprobieren des Beispiels nicht versehentlich die originale LINQ Funktion zu überschreiben.

Listing 5.42 Beispielimplementierung mit Where-Klausel

```
public static class ExtensionDemo
{
   IEnumerable<TResult> MyWhere(this IEnumerable<TResult> list,
       Func<TResult, bool> predicate)
   {
      foreach(TResult elm in list)
      {
         if (predicate(elm) yield return elm;
      }
   }
}
```

Verwendet wird die Funktion, indem der Lambda-Ausdruck direkt beim Aufruf der Funktion übergeben wird. Die Abfrage soll eine Liste aller geraden Zahlen liefern.

```
int[] myData = new int[] { 1,2,3,4,5,6,7,8,9 };
var res = myData.MyWhere(x => (x % 2) == 0);
```

Diese kompakte Schreibweise ermöglicht es dem Programmierer, weniger auf das „Wie", dafür mehr auf das „Was umgesetzt" werden soll, zu achten. Auf diese Weise gewinnt C# etwas den Eindruck einer funktionalen Programmiersprache.

5 Programmiersprachen des Web

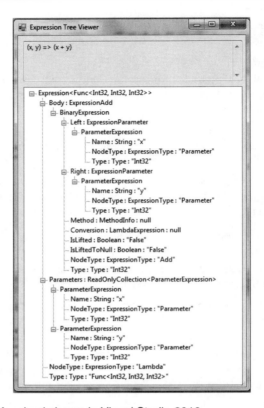

Abbildung 5.19 Ausdrucksbaum in Visual Studio 2010

5.2.7 Arrays und Kollektionen

Arrays und Kollektionen sind Basiselemente praktisch jeder höheren Programmiersprache. C# ist hier keine Ausnahme und bietet reichlich Komfort.

Zugriff mit Indexer und Iterator

Neben den einfachen Datentypen gibt es auch komplexe, die sich aus mehreren einfachen zusammensetzen. Auf diesen bauen wiederum sehr viele speziell für die Nutzung der Klassen des Frameworks entworfene individuelle Typen auf. Die in C# verfügbaren komplexen Datentypen werden in diesem Abschnitt vorgestellt.

Arrays

Der Umgang mit Arrays erscheint unproblematisch, betrachtet man einfache Beispiele. Trotzdem bergen sie einige Tücken und ebenso auch viele Chancen für clevere Programme. Arrays sind Sammlungen von Daten unter einem gemeinsamen Namen. Ein leeres Array wird in C# erzeugt, indem eckige Klammern dem Datentyp bei der Deklaration nachgestellt werden. Damit ist nicht nur festgelegt, dass es sich um ein Array handelt, sondern auch, welche Art Daten es enthalten darf.

```
string[] arrPlz = new string[2];
```

Arrays müssen in der Größe festgelegt werden. Dieser Wert ist aber zur Laufzeit änderbar.

Im einfachsten Fall werden eindimensionale Arrays verwendet. Diese bestehen aus einer beliebigen Anzahl von Elementen, die über einen numerischen Index angesprochen werden können. Der Index wird in eckigen Klammern angegeben, der Zugriff auf Elemente erfolgt ebenso. Die Indizes eines solchen Arrays sind immer numerisch und zählen ab Null. Die Angabe der Grenzen erfolgt dagegen durch Angabe der tatsächlichen Anzahl. Das folgende Beispiel zeigt, wie die Postleitzahlen gespeichert werden:

Auswahl über Indizes

Listing 5.43 Anlegen und Auslesen eines Arrays

```
<%
  string[] arrPlz = new string[3];
  arrPlz[0] = "10999";
  arrPlz[1] = "12683";
  arrPlz[2] = "12459";
  Response.Write ("PLZ 1: " + arrPlz[0] + "<br>");
  Response.Write ("PLZ 2: " + arrPlz[1] + "<br>");
  Response.Write ("PLZ 3: " + arrPlz[2] + "<br>");
%>
```

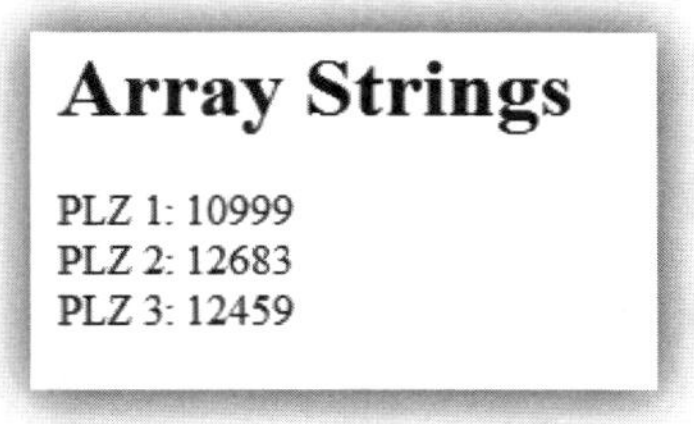

Abbildung 5.20 Ausgabe des Programms aus Listing 5.43

Das Speichern von Postleitzahlen in Zeichenketten ist hier kein Versehen. Denken Sie daran, dass diese Ziffernfolgen auch mit 0 beginnen können, was bei der Speicherung als `int` verloren gehen würde.

Die Zuweisung der Elemente kann auch bei der Deklaration erfolgen. Dann wird die Anzahl vom Compiler selbst bestimmt.

Listing 5.44 Kombination von Deklaration und Zuweisung

```
<%
  string[] arrPlz = {"10999", "12683", "12459"};
  Response.Write ("PLZ 1: " + arrPlz[0] + "<br>");
  Response.Write ("PLZ 2: " + arrPlz[1] + "<br>");
  ...
%>
```

Der Zugriff auf ein Element über den Index ist oft notwendig. Ebenso häufig werden aber alle Elemente eines Array benötigt. Dafür kommen die Schleifenanweisungen `for` und `foreach` (Arrays ausgeben) zum Einsatz. Die Ausgabe des einfachen Arrays mit den Postleitzahlen sieht damit folgendermaßen aus:

Arrays ausgeben

Listing 5.45 Ausgabe des Arrays mit einer Schleife

```
<%
  string[] arrPlz = {"10999", "12683", "12459"};
  int i = 0;
  foreach (string strPlz in arrPlz)
  {
     i++;
     Response.Write ("PLZ Nr " + i 
                + ":"  + strPlz + "<br>");
  }
%>
```

Hilfsweise wurde noch eine Variable eingeführt, die fortlaufend die Elemente zählt.

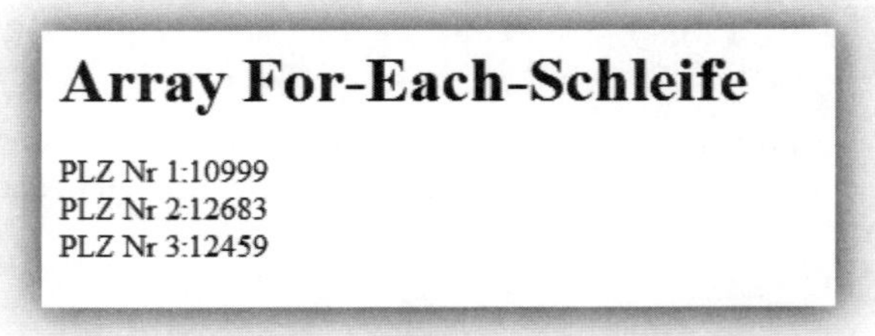

Array For-Each-Schleife

PLZ Nr 1:10999
PLZ Nr 2:12683
PLZ Nr 3:12459

Abbildung 5.21 Ausgabe des Arrays mit foreach

Mehrdimensionale Arrays

Wenn Sie mit einer Tabellenkalkulation wie Excel arbeiten, kennen Sie schon die Struktur eines zweidimensionalen Arrays. Eine Dimension erstreckt sich über die Spalten, die andere über die Zeilen. Jede Zelle enthält aber mehrere Informationen: Formel, aktueller Wert, Name für Bezüge und Formatierung für die Darstellung. Das kann man mit einer dritten Dimension abbilden. Stellen Sie sich jetzt vor, Sie haben mehrere Arbeitsblätter, die alle dieselbe Struktur aufweisen – das wäre dann schon die vierte Dimension. Bevor Sie in Panik verfallen, ob dies noch verständlich ist, ein Tipp aus der Praxis. Wenn Sie mehr als drei Dimensionen benötigen, liegt mit höchster Wahrscheinlichkeit ein Designfehler Ihrer Datenstrukturen vor; das heißt, bei einer anderen (korrekten) Ablage der Daten wäre es viel einfacher. Versuchen Sie, Ihre Strukturen aufzumalen. Papier hat nur zwei Dimensionen und diese sind meist ausreichend.

Listing 5.46 Deklaration und Ausgabe eines mehrdimensionalen Arrays

```
<%
string[,] arrBuch = {{"ASP.NET lernen", 
                      "&euro; 24,95", 
                      "J.Krause"},
                     {"ASP.NET mit VB.NET", 
                      "&euro; 59,90", 
                      "J. Krause"},
                     {"ASP.NET mit C#", 
                      "&euro; 59,90", 
                      "J. Krause"}};
for(int k = 0; k < arrBuch.GetLength(1); k++)
{
   for(int i = 0; i < arrBuch.GetLength(0); i++)
   {
      Response.Write(arrBuch[k, i] + "<br>");
```

```
    }
    Response.Write("<hr noshade>");
}
%>
```

Zur Deklaration wird hier die implizite Form verwendet. Praktisch handelt es sich bei einem mehrdimensionalen Array um ein Array aus Arrays. Die Ausgabe erfolgt dennoch über Indizes, da diese von Null beginnend vergeben werden. Deshalb können hier Schleifen eingesetzt werden. Die aktuelle Ausdehnung des Arrays wird mit der Methode `GetLength(Dimension)` ermittelt. Wenn Sie die Länge eines eindimensionalen Arrays ermitteln möchten, verwenden Sie die Eigenschaft `Length`.

Der direkte Zugriff auf die einzelnen Elemente eines mehrdimensionalen Arrays erfolgt mit den schon gezeigten eckigen Klammern. Jede Dimension ist durch Kommata getrennt:

```
arrBuch[k, i]
```

Arrays lassen sich während der Laufzeit verändern – nicht nur in Bezug auf existierende Elemente, sondern auch durch Entfernen oder Hinzufügen neuer Elemente.

Arrays verändern

Universelle Arrays

Wenn Sie nicht wünschen, dass alle Elemente eines Arrays denselben Datentyp haben, definieren Sie einfach mit dem universellen Typ `Object`.

```
Object[] aObject = new Object[3];
aObject[0] = 123; aObject[1] = "Krause";
aObject[2] = 13.04;
```

Das Verfahren wird als Boxing bezeichnet – Basisdatentypen werden als Objekte verpackt. Der Zugriff erfolgt in üblicher Weise. Falls es im konkreten Fall nicht möglich ist, nehmen Sie eine explizite Typkonvertierung vor. Wird dabei der ursprüngliche Datentyp (beispielsweise `String` für `aObject[1]` im Beispiel) verwendet, gelingt die Konvertierung immer.

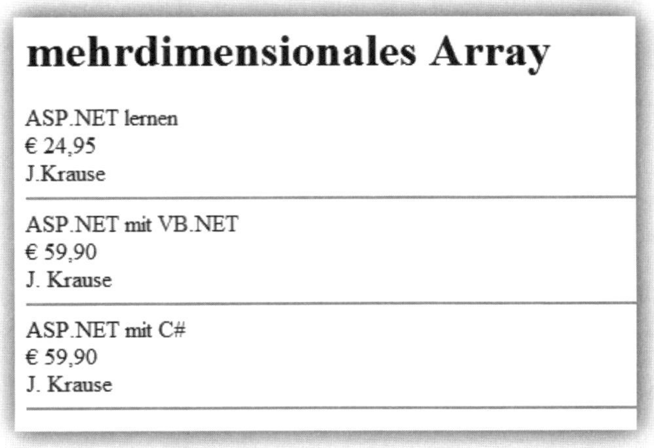

Abbildung 5.22 Ausgabe eines mehrdimensionalen Arrays mit Schleifen

Indexer

In C#-Programmen ist es erlaubt, eine Eigenschaft so zu deklarieren, dass der Zugriff in der Array-Schreibweise möglich ist. Dies verbessert die Lesbarkeit enorm. Intern entspricht die Deklaration der einer Eigenschaft. Wenn Sie über eine Eigenschaft auf Daten aus einem Array oder ähnliche Strukturen (beispielsweise `Dictionary`) zugreifen, sind Indexer die ideale Lösung.

Das folgende Beispiel zeigt die Deklaration und Anwendung. Hier wird in einem zweidimensionalen Array eine Liste von Vorwahlnummern und Orten gespeichert. Der Zugriff auf die Ortsnamen soll über die Vorwahlnummern erfolgen:

```
ortsname = vw["040"];
```

Die Deklaration der Arrays ist hier der Einfachheit halber statisch. Der Indexer stellt quasi den Zusammenhang zwischen den beiden Auflistungen her:

Listing 5.47 Deklaration eines Indexers

```
public class Vorwahl
{
   private string[] nummer = {"030", "040", "089"};
   private string[] namen =  {"Berlin", ↵
                              "Hamburg", ↵
                              "München"};

   public string this [string index] ❶
   {
      get
      {
         return namen.GetValue(↵
                      Array.IndexOf(nummer, ↵
                      index.ToString())↵
                      ).ToString();
      }
      set
      {
         namen[Array.IndexOf(nummer, index.ToString())] = value;
      }
   }
}
void Page_Load()
{
   Vorwahl vw = new Vorwahl();
   ausgabe.Text = vw["040"]; ❷
}
```

Bemerkenswert ist die Deklaration des Indexers selbst. Der Name lautet `this`. Sie können damit pro Klasse genau dann mehrere Indexer definieren, wenn sich diese in der Signatur unterscheiden. Ansonsten ändern sich das Verhalten oder die Konstruktion der Klasse nicht. Anzugeben sind die Datentypen für den Index selbst (hier `string`, meist jedoch `int`) und den Wert der Daten, die ein- oder ausgegeben werden ❶. Innerhalb des Indexers werden dann die Ein- und Ausgaben mit dem bekannten `get` und `set` deklariert. Der lesende Zugriff auf den Index erfolgt dann als Aufruf des `get`-Zweiges ❷. Ohne Indexer würde man `vw.Eigenschaft("040")` schreiben. Was Sie letztlich verwenden, ist sicher auch Ausdruck persönlicher Vorlieben. Dennoch ist ein Indexer immer dann vorzuziehen, wenn sich die Schreibweise verkürzt und natürlich immer dann, wenn es sich tatsächlich um einen Index handelt. Als Ersatz für normale parametrisierte Eigenschaften ist er nicht zu empfehlen.

Iteratoren und Enumeratoren

Seit C# 2.0 gibt es einen neuen eleganten Weg, typsichere Enumeratoren mit der Hilfe von generischen Typen (generics) zu definieren. Im Namensraum `System.Collections.Generics` befindet sich die typsichere Enumerator-Schnittstelle `IEnumerable<ItemType>`. Diese ist folgendermaßen definiert:

Enumeratoren

```
public interface IEnumerable<ItemType>
{
   IEnumerator<ItemType> GetEnumerator();
}

public interface IEnumerator<ItemType> : IDisposable
{
   ItemType Current{get;}
   bool MoveNext();
}
```

Abweichend von der vorhandenen alten Implementierung in C# 1.1 der Schnittstelle `IEnumerator`, ist `IEnumerator<ItemType>` zusätzlich von dem Interface `IDisposable` abgeleitet. Ferner verfügt das neue Interface `IEnumerator<ItemType>` nicht mehr über eine entsprechende `Reset`-Methode. Diese ist nicht mehr notwendig. Für jede Iteration, eingeleitet mit dem Aufruf der Funktionen, `GetEnumerator()` wird ein neues internes `Enumerator`-Objekt erzeugt. Aus diesem Grund können mehrere Iterationen gleichzeitig über eine Kollektion laufen, ohne sich gegenseitig zu beeinflussen.

Schwerer als die Deklaration ist jedoch die Implementierung eines typsicheren Enumerators, besonders bei komplexeren Klassen, als der im folgenden Beispiel verwendeten `PersonCollection`-Klasse.

yield

```
public class PersonCollection : IEnumerable<string>
{
   string[] m_persons = { "Andy", "Peter", "Mark" };

   public IEnumerator<string> GetEnumerator() {
      for (int i = 0; i < m_persons.Length; i++)
         yield return m_persons[i];
      }
   }
}
```

In dem vorherigen Beispiel wird eine typsichere `Collection`-Klasse angelegt, die das generische Interface `IEnumerable` für den Datentyp `string` implementiert. Die Funktion `GetEnumerator()` gibt ein Objekt der Schnittstelle passenden Typs zurück. Dabei ist `current` innerhalb des Enumerators bereits vom entsprechenden Typ (im Beispiel `string`).

IEnumerable

Natürlich lassen sich diese Iterationen auch auf nicht-generische Klassen anwenden, wie es bereits mit C# 1.1 möglich war:

```
// nicht-generisch
System.Collections.IEnumerator
```

```
System.Collections.IEnumerable.GetEnumerator()
{
   for (int i = 0; i < m_persons.Length; i++)
      yield return m_persons[i];
}
```

Die typsichere Aufzählungsklasse des kleinen Beispiels kann wie folgt verwendet werden:

```
PersonCollection p = new PersonCollection();
IEnumerator<string> e = p.GetEnumerator();
while (e.MoveNext()) {
   Console.WriteLine(e.Current);
}
```

Implementierung durch den Compiler

yield return

Der Compiler erzeugt automatisch eine (in der Collection-Klasse) eingebettete Klasse, die ihren Zustand selbst verwaltet. So muss sich der Entwickler nicht mehr darum kümmern, welches Element als nächstes zurückzugeben ist. Die öffentliche Funktion GetEnumerator() erzeugt bei jedem Aufruf ein neues Iterator-Objekt dieser eingebetteten Klasse, welches sich bereits im Ausgangszustand befindet. Damit entfällt die Reset() Funktion.

Achtung

Der Zustand ist nicht über mehrere Iterator-Objekte persistent. Jedes Iterator-Objekt hat einen eigenen Zustand.

Mit jedem Aufruf der MoveNext-Methode beginnt die Ausführung intern von neuem, jedoch werden die vorherigen yield return Anweisungen übersprungen. Dazu bedient der Compiler sich eines kleinen Tricks. Der Standard-Funktionsaufruf wird intern in einen Mehrfachfunktionsaufruf umgesetzt, der eine kleine Zustandsmaschine beinhaltet. Diese speichert den jeweiligen Zustand sowie die aktuelle Ausführungsposition nach dem Verlassen der Funktion und setzt die Ausführung an dieser Stelle fort.

yield return

Alternativ ist es auch möglich, yield return mehrfach in der entsprechenden Reihenfolge aufzurufen, in der die Ereignisse zurückgegeben werden sollen. Der Compiler stoppt die Ausführung der Methode mit jedem Erreichen eines yield return bis zum nächsten Aufruf der Methode. So bleibt auch die Reihenfolge der Rückgabewerte im folgenden Beispiel erhalten.

```
public IEnumerator<string> GetEnumerator2()
{
   yield return m_persons[0];
   yield return m_persons[2];
   yield return m_persons[1];
   yield return "Mustermann";
}
```

Auf Grund der Komplexität des Beispiels wird an dieser Stelle noch einmal das komplette Programm wiedergeben:

5.2 Die Sprache C#

Listing 5.48 Generischer Enumerator

```
<script language="c#" runat="server">
public class PersonCollection : System.Collections.Generic.⮒
                                    IEnumerable<string>
{
        string[] m_persons = { "Matthias", "Jörg", "Holger" };

        public System.Collections.Generic.IEnumerator<string>⮒
                                        GetEnumerator()
        {
            for (int i = 0; i < m_persons.Length; i++)
                yield return m_persons[i];
        }

        public System.Collections.Generic.IEnumerator<string> ⮒
                                        GetEnumerator2()
        {
            yield return m_persons[0];
            yield return m_persons[2];
            yield return m_persons[1];
            yield return "Mustermann";
        }

        #region IEnumerable Members
        System.Collections.IEnumerator ⮒
                System.Collections.IEnumerable.GetEnumerator()
        {
            for (int i = 0; i < m_persons.Length; i++)
                yield return m_persons[i];
        }
        #endregion
    }
</script>
<html>
  <head><title>Generics in C#</title></head>
  <body>
  <h1>Person Collection</h1>
  <%
    PersonCollection p = new PersonCollection();
    Response.Write("<br><b>GetEnumerator()</b><br>");
    System.Collections.IEnumerator e = p.GetEnumerator();
    while (e.MoveNext()) {
            Response.Write(e.Current);
            Response.Write("<br>");
    }

    Response.Write("<br><b>GetEnumerator2()</b><br>");
    e = p.GetEnumerator2();
    while (e.MoveNext()) {
            Response.Write(e.Current);
            Response.Write("<br>");
    }
  %>
  </body>
</html>
```

Die Ausgabe des Programms wurde in der folgenden Abbildung dargestellt:

5 Programmiersprachen des Web

Person Collection

GetEnumerator()
Matthias
Jörg
Holger

GetEnumerator2()
Matthias
Holger
Jörg
Mustermann

Abbildung 5.23 Generische Kollektion und Iterator im Einsatz

Die Angabe des generischen Typs mit „T" ist üblich. Es handelt sich jedoch lediglich um einen allgemeinen Typbezeichner, für den dieselben Regeln wie für Klassennamen gelten. „Typ", „MeinTyp", „GenericT" oder dergleichen würde genauso funktionieren.

> **TIPP** Die Verwendung von „T" spart vor allem Fingerarbeit, denn der Wert wiederholt sich üblicherweise in einer Klassendefinition ziemlich oft.

Generische Klassen

Bei `Generics` handelt es sich um parametrisierbare Klassen, deren Methoden und Eigenschaften sich für unterschiedliche Parameter gleich verhalten. Man kann in diesem Zusammenhang von einer „typ-parametrisierbaren Schablone" sprechen. Bei C++ sind diese schon lange als „Templates" bekannt.

Stack

So ist es zum Beispiel möglich, eine generische Version für einen Stack (Stapel) zu erstellen und diesen später mit unterschiedlichen Datentypen zu verwenden. Auf diese Weise muss der Stapel nicht für jeden Datentyp neu implementiert werden, ist aber trotzdem streng typisiert.

Listing 5.49 Generische Form eines Stacks

```
public class Stack<T>  ❶
{
   readonly int m_Size;
   int m_StackPointer = 0;
   T[] m_Items;
   public Stack():this(100){}
   public Stack(int size)
   {
      m_Size = size;
      m_Items = new T[m_Size];
   }

   public void Push(T item)
```

```
        {
            if(m_StackPointer >= m_Size)
               throw new StackOverflowException();
            m_Items[m_StackPointer] = item;
            m_StackPointer++;
        }

        public T Pop()
        {
            m_StackPointer--;
            if(m_StackPointer >= 0)
            {
               return m_Items[m_StackPointer];
            }
            else
            {
               m_StackPointer = 0;
               throw new
                  InvalidOperationException
                     ("Cannot pop an empty stack");
            }
        }
}
```

Deklariert wird ein Generic durch die zusätzliche Parameterangabe `<T>` hinter dem Klassennamen ❶. Dabei steht das `T` als Parameter für den später zu verwendenden Typ `class Stack<T>`. `T` wird im weiteren Quellcode genauso wie jeder andere Typ auch verwendet.

Es wäre genauso möglich, mehrere Parameter mit Komma getrennt zu verwenden. Ein solcher Parameter muss nicht immer der Typ sein, auch die Größe könnte ein Parameter sein.

Angewendet wird der Stack, indem man diesen mit einem Typen zusammen verwendet.

```
Stack<int> intStack = new Stack<int>() ;
Stack<string> strStack = new Stack<string>();

intStack.Push(1);
intStack.Push(2);
intStack.Push(3);
intStack.Push(4);

for (int i=1 ; i<=4 ; i++)
{
  Response.Write(" StapelElement["+i+"] = " +
     intStack.Pop().ToString() +"<br>") ;
}
...
```

Funktionsweise der generischen Typen

Generische Typen (generics), wie beispielsweise eine `List<T>`, werden vom Compiler genauso in die Common Language Runtime übersetzt, wie eine Klasse ohne zusätzlichen Typ-Parameter, wie zum Beispiel die Klasse `List`. Parametrisierte Typen werden mit einer zusätzlichen Markierung versehen. Erst zur Laufzeit des Programms wird mit der ersten Verwendung eines speziell parametrisierten Generics, beispielsweise eine `List<int>`, wird eine entsprechende Instanz einer `List<T>`

für den Typ `int` beim Just in Time Compiler (JIT) angefordert, wo entsprechender Code eingefügt wird. Bei der nächsten Verwendung eines gleichen Generics wird eine weitere Instanz abgeleitet. Das bedeutet, Generics erzeugen keinen Overhead im Programm, da sie mit der Instanziierung parametrisiert werden. Im Gegensatz dazu erzeugen C++ Templates eine spezielle Klasse je verwendetem Typ und somit zusätzlichen Programmcode.

Generics vs. Templates

Um den Unterschied zwischen Generics und Templates deutlich zu machen, kann man es einfach ausgedrückt wie folgt formulieren: „Generics sind Klassen mit zusätzlichem Typ-Parameter, wogegen Templates Makros sind, die aussehen wie Klassen". Daraus folgt, dass Templates vor dem Übersetzungsvorgang ausgeführt werden, Generics dagegen erst zur Laufzeit. Theoretisch wären Templates (es gibt sie ja in C# nicht) schneller (performanter), jedoch auch ungleich weniger flexibel. Templates werden beispielsweise in C++ benutzt.

Strukturen

Strukturen werden ähnlich wie Klassen verwendet. Sie gehören jedoch nicht zu den Referenztypen, sondern sind Werttypen. Damit ist auch klar, dass sie eher für kleine Datenmengen geeignet sind.

> **HINWEIS** Empfehlenswert ist der Einsatz von Strukturen, wenn der Inhalt nicht mehr als 16 Byte umfasst und große Mengen von Objekten aus der Struktur erzeugt werden sollen. Die Größe basiert auf der Überlegung, dass Referenztypen über Verweise im Speicher verwaltet werden und diese auch Speicherplatz benötigen. Kleine Strukturen sind deshalb nicht langsamer, solange sie nicht missbraucht werden.

Für den Einsatz als Punktspeicher käme die im folgenden Programm gezeigte Technik mit Strukturen zum Einsatz:

Listing 5.50 Anlegen und Verwenden einer einfachen Struktur

```
<script language="C#" runat="server">
public struct Points
{
    public int x;
    public int y;
    public string name;
}
</script>
<html>
    <head><title></title></head>
<body>
<h1>Strukturen</h1>
<%
Points p1 = new Points();
p1.x = 17;
p1.y = 23;
p1.name = "Ein Punkt";
Response.Write ("X = " + p1.x.ToString() + " ");
Response.Write ("Y = " + p1.y.ToString() + "<br/>");
Response.Write ("Name = " + p1.y);
%>
```

Dies ist die einfachste Form einer Struktur. Alle enthaltenen Variablen sind öffentlich. Einsatz und Verwendung entsprechen praktisch den bei Klassen gezeigten

Techniken. Sie können auch Methoden definieren oder vorhandene überschreiben. Ebenso sind die Zugriffsmodifikatoren anwendbar. Das folgende Programm zeigt eine Struktur mit mehreren Methoden:

Listing 5.51 Struktur mit mehreren Methoden

```
<script language="C#" runat="server">
public struct Points
{
    private int __x;
    private int __y;
    public string Name { get; set; }

    public void SetPoint(int _x, int _y)
    {
        __x = _x;
        __y = _y;
    }

    public string x()
    {
        return __x.ToString();
    }

    public string y()
    {
        return __y.ToString();
    }
}
</script>
<%
Points p1 = new Points();
p1.SetPoint(17, 23);
p1.name = "Ein Punkt";
Response.Write ("X = " + p1.x() + " ");
Response.Write ("Y = " + p1.y() + "<br/>");
Response.Write ("Name = " + p1.Name);
%>
```

Strukturen - Methoden

X = 17 Y = 23
Name = Ein Punkt

Abbildung 5.24 Verwendung von Methoden in Strukturen

Praktisch wird die Methode `SetPoint` verwendet, um die Werte definiert zu setzen. Der übrige Teil dürfte weitgehend selbsterklärend sein. Versuchen Sie, die Funktionsweise vollkommen zu verstehen. Legen Sie weitere Punkt-Objekte an und geben Sie diese zur Kontrolle wieder aus.

Es ist naheliegend, dass in Strukturen auch Konstruktoren möglich sind. Diese haben eine besondere Aufgabe. Sie setzen, wenn sie verwendet werden, alle Werte aus

Konstruktor für Strukturen

denen die Struktur besteht. Das folgende Listing zeigt einen Konstruktor und die Anwendung bei der Instanziierung der Klasse. Der Rest entspricht dem in Listing 5.51 gezeigten Code.

Listing 5.52 Konstruktor für eine Struktur

```
public Points(int _x, int _y)
{
    __x = _x;
    __y = _y;
    name = "";
}
...
Points p1 = new Points(17, 23);
```

Eine Besonderheit ist noch zu beachten. Wenn Sie, wie im Beispiel gezeigt, die Variable gleich mit `new` mit der Struktur belegen, erfolgt ohne Konstruktor eine implizite Zuweisung der Werte: Numerische Variablen werden mit 0, Boolesche mit `false` und Zeichenkettenvariablen mit einer leeren Zeichenkette gefüllt.

Aufzählungen (enum)

In Programmen kommt es oft vor, dass Variablen nur eine fest umrissene Anzahl Werte aufnehmen. Denken Sie beispielsweise an Wochentage oder Monatsnamen. In beiden Fällen wäre der Datentyp `string` zwar verwendbar, aber nicht optimal. Das Schlüsselwort, mit dem Aufzählungen erzeugt werden, heißt `enum`, was vom englischen Begriff „enumeration" abstammt:

```
enum Weekday
{
   Montag,
   Dienstag,
   Mittwoch,
   Donnerstag,
   Freitag,
   Samstag,
   Sonntag
};
```

Sie verfügen damit noch nicht über eine Variable, sondern nur über eine sehr individuelle Typdefinition. Von `Weekday` abgeleitete Variable dürfen einen der angegebenen Werte enthalten. Definieren Sie eine Variable wie üblich, um sie mit einem der Aufzählungswerte zu belegen:

```
Weekday tag;
```

Der Variablen `tag` können Sie nun einen der Werte zuweisen:

```
tag = Weekday.Montag;
```

Das Programm finden Sie Listing 5.53. Bei der Ausgabe wird der erkannte Wert als Zeichenkette ausgegeben. Intern werden jedoch Zahlen zur Indizierung verwendet – daher der Name „Aufzählung". Die Zählung beginnt mit 0 und setzt jeweils um 1 erhöht fort. Sie können aber andere Werte erzwingen:

Listing 5.53 Aufzählung mit vorgegebenen Indexwerten

```
<script language="C#" runat="server">
enum Weekday
{
    Montag = 1,
    Dienstag = 2,
    Mittwoch = 3,
    Donnerstag = 4,
    Freitag = 5,
    Samstag = 6,
    Sonntag = 0
};

Weekday weekday;
</script>
<%
Weekday tag1, tag2;
tag1 = Weekday.Dienstag;
tag2 = (Weekday)5;
Response.Write(tag1 + "<br/>");
Response.Write(tag2 + "<br/>");
%>
```

Aufzählungen

Dienstag
Freitag

Abbildung 5.25 Ausgabe der Aufzählungswerte

Der Zugriff ist wie vorher beschrieben über die Namen möglich. Außerdem gibt es eine spezielle Syntax für die Nutzung. Statt einem konstanten Wert sind Variablen zulässig:

Zugriff auf Aufzählungen

Listing 5.54 Zugriff auf eine Aufzählung mit variablem Wert

```
<script language="C#" runat="server">
enum Weekday
{
    Montag = 1,
    Dienstag = 2,
    Mittwoch = 3,
    Donnerstag = 4,
    Freitag = 5,
    Samstag = 6,
    Sonntag = 0
};

Weekday weekday;
</script>
<%
for(int i = 0; i < 7; i++)
{
    Response.Write((Weekday)i + "<br/>");
```

```
}
%>
```

Generell sollten Sie den Datentyp immer so wählen, dass er den für die Erfüllung der Problemstellung kleinstmöglichen Wertebereich umfasst. Aufzählungen sind ein probates Mittel dafür.

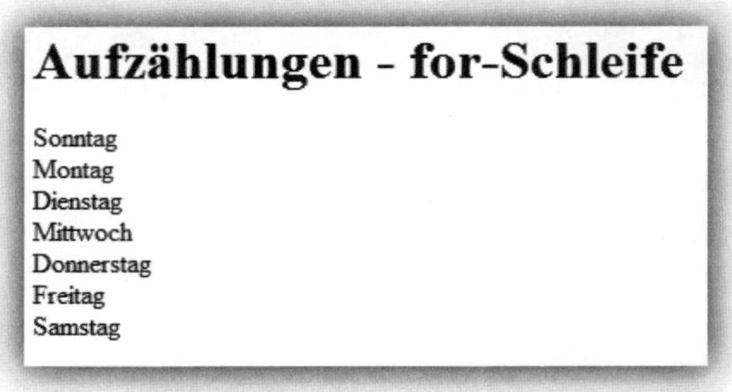

Aufzählungen - for-Schleife

Sonntag
Montag
Dienstag
Mittwoch
Donnerstag
Freitag
Samstag

Abbildung 5.26 Ausgabe aller Elemente einer Aufzählung

> **TIPP** Im Framework sind Aufzählungen sehr häufig vordefiniert. Diese sind bereits fertig und müssen nur verwendet werden.

Neben der direkten Benutzung lohnt unbedingt ein Blick auf die Klasse `Enum`, die den Aufzählungen zugrundeliegt. Hier stehen eine Reihe statischer Methoden zur Verfügung, um Namen in `Enum`-Typen zurück zu verwandeln (`Enum.Parse`) oder auch eine Liste aller Werte mit `Enum.GetNames` zu beschaffen, über die mit `foreach` iteriert werden kann.

5.2.8 Fehlerbehandlung, Ausnahmen und Ereignisse

C# bietet einige Spracheigenschaften, die bei der Entwicklung kleiner Projekte kaum benötigt werden. Es wird aber der Zeitpunkt kommen, wo Sie größere Programme planen und umsetzen. Dann ist ein Blick auf die hier beschriebenen Methoden sinnvoll. Da hier nur wenig Platz für eine ausführliche Darstellung ist, sei außerdem auf ein gutes C#-Buch für Einsteiger verwiesen.

Zwei spezielle Techniken sollen dennoch kurz angerissen werden: Ausnahmen und Ereignisse.

Laufzeitfehler mit Ausnahmen abfangen

Exception

Programme müssen auf vielfältige Daten reagieren. Es können Bedingungen auftreten, die zu Laufzeitfehlern führen. Besonders bei Webanwendungen ist es sehr wichtig, dass der Benutzer nicht durch Fehlermeldungen irritiert wird. Ein Verstecken ist fast immer möglich, wenn man bedenkt, welche Fehlerzustände auftreten können. In der Praxis führt es freilich zu enormem Aufwand, alle erdenklichen Fehlerquellen zu erkennen, mit entsprechenden Abfragen zu belegen und Reaktionen darauf zu programmieren. Mit einer speziellen Sprachkonstruktion können Sie diese Arbeit von C# und der CLR erledigen lassen.

Die Sprachanweisung try-catch-finally

Die Anweisung, die hierzu verwendet wird, besteht aus mindestens zwei Schlüsselwörtern: `try` und `catch`. Der erste Teil wird von `try` umschlossen. Hier wird die Ausführung von beliebigem Code versucht. Tritt ein Laufzeitfehler auf, wird – in der C#-Sprechweise – eine Ausnahme „geworfen" (to throw) oder auch ausgelöst. Ist keine Behandlung dafür definiert, hilft sich die CLR selbst und zeigt den Fehler an. Sie können die Ausnahme aber auch „fangen" (to catch), was mit dem Schlüsselwort `catch` erfolgt. Falls Sie Code schreiben, der immer ausgeführt werden soll, egal ob es einen Laufzeitfehler gab oder nicht, ist ein weiterer durch `finally` eingeleiteter Block notwendig.

try catch finally

Das folgende Beispiel zeigt, wie die Anwendung in der Praxis erfolgt. Abgefangen wird eine Ausnahme, die bei Berechnungen häufiger auftritt: Division durch Null.

Listing 5.55 Abfangen einer Ausnahme mit einem try-catch-Block

```
<script language="C#" runat="Server">
vcid Page_Load()
{
    int a = 16;
    int b = 2;
    string r;
    Ausnahmen rechner = new Ausnahmen();
    r = rechner.Rechne(a, b, '/');
    ausgabe.InnerHtml = r;
}

class Ausnahmen
{
    public string Rechne(int x, int y, char opcode)
    {
        int result;
        try
        {
            switch (opcode)
            {
                case '*':
                    result = (x * y);
                    break;
                case '/':
                    result = (x / y);
                    break;
                case '-':
                    result = (x - y);
                    break;
                default:
                    result = (x + y);
                    break;
            }
        }
        catch (Exception e)
        {
            return ("<b>Fehler:</b> " + e.ToString());;
        }
        return result.ToString(); ❶
    }
}

</script>
```

5 Programmiersprachen des Web

```
<html lang="de">
    <head>
        <title>Try Catch Finally</title>
    </head>
    <body>
    <h1>Try Catch Finally</h1>
    <p id="ausgabe" runat="server"/>
    <p id="fehler" runat="server"/>
    </body>
</html>
```

In diesem Beispiel wird eine zusätzliche Klasse definiert, die neben der Ausführung der Aufgaben auch Fehler auswertet. Die Berechnungen finden in einem `try`-Block statt. Läuft dieser Block korrekt ab, werden nachfolgende `catch`-Blöcke übersprungen. Damit wird die letzte `return`-Anweisung erreicht ❶. Tritt dagegen eine Ausnahme auf, wird der nächste dazu passende `catch`-Block ausgeführt. Verwendet wird hier der globale Typ einer Ausnahme, `Exception`. Diese Art trifft für alle Ausnahmen zu. Abgeleitet werden diese Ausnahmen von der Klasse `System.SystemException`. Die eigentlichen Klassendefinitionen sind weit im Framework verstreut, da fast überall Laufzeitfehler auftreten können. Der häufig auftretende Fehler „Division durch Null" wird in `System.DividebyZeroException` definiert.

Abbildung 5.27 Ausgabe eines Laufzeitfehlers mit eigenem Code

throw

An einigen Stellen in Ihrem Programm werden Sie vielleicht selbst Fehlerbedingungen feststellen. Statt nun eine erneute Fehlerbehandlungsmethode zu schreiben, nutzen Sie eine aus einem vorhandenen `try-catch`-Block. Dazu lösen sie selbst eine Ausnahme aus. Der Umgang damit ist nicht ganz einfach, weil Sie erst eine Klasse definieren müssen, die die Fehlerbehandlung übernimmt, beispielsweise eine Textausgabe. Dann ist es notwendig, eine Instanz dieser Klasse beim Auftreten der Fehlerbedingungen zu erzeugen und auszulösen:

```
if (zahl == 0) throw new AusnahmeKlasse("Fehlermeldung");
```

Wie dies am konkreten Beispiel aussieht, wird im nachfolgenden Abschnitt gezeigt.

5.2 Die Sprache C#

Nutzung einer Ausnahmekette in eigenen Applikationen

Wenn Sie eine Applikation aus mehreren Klassen zusammensetzen, werden Ereignisse als Reaktion auf Fehlerzustände an den verschiedensten Stellen auftreten. Ein allgemeiner Mechanismus zur Fehlerbehandlung ist eine starke Erleichterung bei der Programmierung. Eine eigene Klasse zur Behandlung von Fehlern ist ideal, um den eigentlichen Arbeitscode davor zu bewahren, mit Fehlerbehandlungsroutinen überfrachtet zu werden. In der Skriptprogrammierung war es oft der Fall, dass der eigentliche Programmcode nur einen Bruchteil der Funktionen ausmachte, während ein großer Anteil Codezeilen Daten prüfte oder auf potenzielle Fehlerquellen reagierte.

In .NET steht eine sehr gute und strukturierte Fehlerbehandlung zur Verfügung. Basis bildet die Klasse `Exception`, von der viele weitere Klassen für spezielle Fehlerbehandlungen abgeleitet sind. Die Klasse kommt sehr oft zum Einsatz. Zum einen können Sie mit `throw` direkt eine derartige universelle Ausnahme auslösen und die Fehlermeldung, die weitergegeben wird, im eigenen Sinne ändern. Zum anderen können Sie eigene Klassen von `Exception` ableiten und komplexere Fehlerbehandlungen vornehmen. Ebenso kann natürlich mit jeder vorhandenen Ableitung vorgegangen werden.

Fehlerbehandlung in .NET

Die Ausnahmen sind Ereignisse, die dahinter steckenden Techniken werden im nächsten Abschnitt gezeigt. Eine grundlegende Eigenschaft ist das sogenannte „Event-Bubbling". Wie Blasen im Wasser steigen die Ereignisse dabei in der Klassenhierarchie nach oben. An oberster Stelle agiert das Laufzeitsystem. In ASP.NET führt dieses zur Ausgabe des Fehlerbildschirmes – ausführlich auf der lokalen Arbeitsstation und reduzierter bei remoten Zugriffen. Dadurch finden Ausnahmen immer einen Weg, zu einer gezielten Reaktion zu führen. Besser ist es natürlich, eigene Behandlungsmethoden zu entwerfen.

Event-Bubbling

Der erste Schritt besteht im Abfangen der Ausnahme, die das Laufzeitsystem selbst generiert. Diese Technik wurde bereits gezeigt; sie basiert auf der Verwendung von `try`. Mit der korrespondierenden `catch`-Anweisung wird dann auf potenzielle Ausnahmen reagiert. Der entscheidende Teil ist nun die Art der Reaktion auf eine „gefangene" Ausnahme. Das folgende Beispiel zeigt, wie Ausnahmen abgefangen und unter anderem Namen weitergegeben werden:

Listing 5.56 Abfangen und modifizierte Weitergabe einer Ausnahme

```
public partial class SimpleExceptions : System.Web.UI.Page
{
   private string file = String.Empty;
   private void Page_Load(object sender, System.EventArgs e)
   {
      if (Page.IsPostBack)
      {
         try
         {
            file = Server.MapPath(Eingabe.Text);
            Ausgabe.Text = Server.HtmlEncode
              (new StreamReader(file).ReadToEnd());
         }
         catch (Exception fe)
```

```
            {
               throw new FileNotFoundException ↵
                 ("Die Datei wurde leider nicht gefunden, ↵
                   weil: " + fe.Message);
            }
            finally
            {
               Eingabe.Text = "N/A";
            }
         }
      }
   }
```

Im Code wird aufgrund einer Benutzereingabe in einem `TextBox`-Steuerelement versucht, eine Datei zu lesen und auszugeben. Möglicherweise existiert die Datei nicht oder darf nicht gelesen werden. Es gibt viele Probleme, die auftreten können. Der Code wäre weitaus umständlicher, wenn alle Fälle vorausbedacht und behandelt würden. Und die Erfahrung lehrt uns, dass der spätere Benutzer der Applikation sicher einen Weg findet, noch eine weitere unbehandelte Ausnahme zu erzeugen. Es ist also sinnvoll, jeder Ausnahme einen koordinierten Weg zu ebnen.

try-Zweig

Im Beispiel erfolgt der Dateizugriff im `try`-Zweig. Verwendet wird die Klasse `StreamReader`, die eine Methode `ReadToEnd` besitzt, die die gesamte Datei liest. Für die Anzeige erfolgt noch eine Umwandlung in HTML-Code mit der Methode `HtmlEncode`. So kompakt könnte man den Code nicht formulieren, wenn erst eine Prüfung auf korrekte Argumente, Pfadangaben und Dateinamen erfolgen soll.

catch-Zweig

Da mehrere Ausnahmen auftreten können, fängt `catch` alle Möglichkeiten ab. Innerhalb des `catch`-Zweiges wird dann daraus eine spezielle: `FileNotFoundException`. Tatsächlich hat der Programmierer hier entschieden, alle Fehlerquellen auf eine Ursache zu reduzieren. Es ist eine Frage der Benutzerführung, ob sich dieser Weg anbietet oder nicht. Wenn Sie Benutzern fünf Möglichkeiten geben auf fünf verschiedene Meldungen unterschiedlich zu reagieren, besteht keine Veranlassung für eine derartige Reduktion. Andernfalls kann eine Verringerung der Informationsmenge hilfreich sein.

Je nach Art der Ausnahme gibt es verschiedene Überladungen. Die einfachste, die immer zur Verfügung steht, nutzt die Übernahme einer eigenen Fehlermeldung. Die gesamte Zeile besteht aus mehreren beteiligten Elementen.

`throw new FileNotFoundException(...)`

`throw` erzeugt eine neue Ausnahme. Als Argument ist eine Instanz einer Fehlerbehandlungsklasse anzugeben. Mangels eigener Definition wird mit `new FileNotFoundException` eine entsprechende Ausnahme ausgelöst. Der Fehlertext inkludiert die ursprüngliche Meldung. Die folgende Abbildung zeigt die Reaktion auf zwei verschiedene Eingaben:

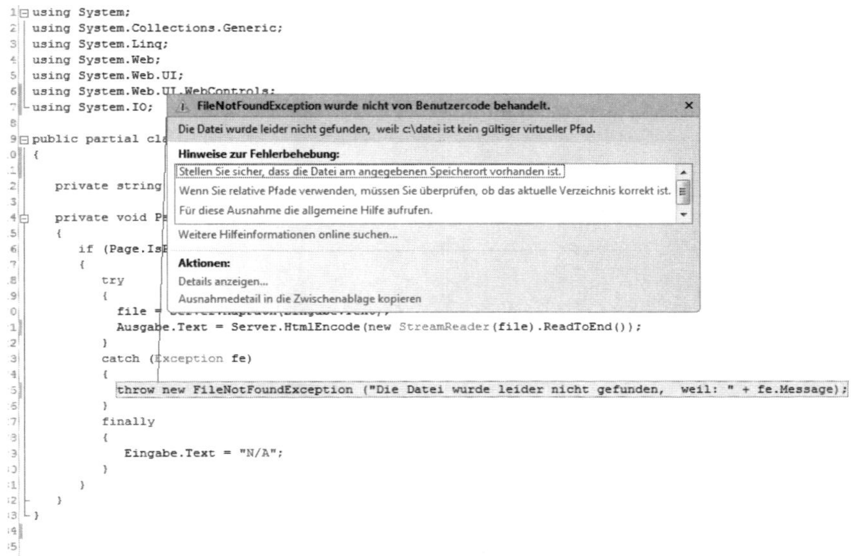

5.2 Die Sprache C#

```
 1 using System;
 2 using System.Collections.Generic;
 3 using System.Linq;
 4 using System.Web;
 5 using System.Web.UI;
 6 using System.Web.UI.WebControls;
 7 using System.IO;
 8
 9 public partial cl
10 {
11
12     private string
13
14     private void P
15     {
16         if (Page.Is
17         {
18             try
19             {
20                 file
21                 Ausgabe.Text = Server.HtmlEncode(new StreamReader(file).ReadToEnd());
22             }
23             catch (Exception fe)
24             {
25                 throw new FileNotFoundException ("Die Datei wurde leider nicht gefunden, weil: " + fe.Message);
26             }
27             finally
28             {
29                 Eingabe.Text = "N/A";
30             }
31         }
32     }
33 }
```

Abbildung 5.28 Eine Ausnahmen, zwei Reaktionen (Fehlerausgabe des letzten Beispiels)

Freilich ist die zweite Ausgabe – in der Abbildung unten – nicht besonders clever gewählt. Wenn Sie nicht mehr ausgeben können, als die Laufzeitumgebung alleine zustande bringt, ist eine solche Weiterleitung kein Fortschritt. Immerhin bleibt die Chance, die eigene Meldung in einer beliebigen Sprache zu erzeugen und damit benutzerfreundlicher als die vom Serverbetreiber vorgegebene Meldung zu sein.

Allerdings hat die bisher vorliegende Version noch einen kleinen Nachteil. Die Fehlerzeile, die weiter unten angezeigt wird, verweist auf den auslösenden Punkt. Das ist aber die `throw`-Anweisung. Für die Fehlersuche ist das wenig hilfreich, denn dass hier die Ausnahme zuletzt ausgelöst wurde, dürfte schon vorher klar gewesen sein.

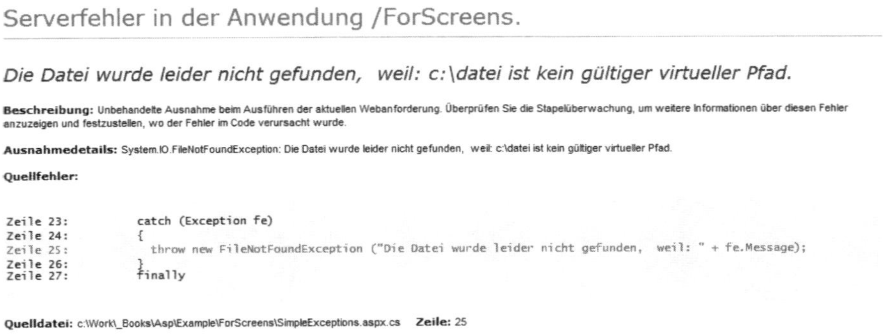

Abbildung 5.29 Die Quelle des Fehlers: Die eigene throw-Anweisung

Es muss einen Weg geben, der nächsten Klasse die bereits vorliegenden Daten über die Quelle mitzuteilen. Dazu übergeben Sie einfach die Instanz der Klasse `Exception`, im Beispiel `fe`, als zweites Argument. Nun verfügt der Empfänger der Ausnahme über die nötigen Informationen. Der einzige Unterschied ist die Art wie die Ausnahme ausgelöst wird:

```
throw new FileNotFoundException("Die Datei wurde nicht gefunden.", fe);
```

Serverfehler in der Anwendung /ForScreens.

Die Datei "C:\Work_Books\Asp\Example\ForScreens\datei" konnte nicht gefunden werden.

Beschreibung: Unbehandelte Ausnahme beim Ausführen der aktuellen Webanforderung. Überprüfen Sie die Stapelüberwachung, um weitere Informationen über diesen Fehler anzuzeigen und festzustellen, wo der Fehler im Code verursacht wurde.

Ausnahmedetails: System.IO.FileNotFoundException: Die Datei "C:\Work_Books\Asp\Example\ForScreens\datei" konnte nicht gefunden werden.

Quellfehler:

```
Zeile 19:        {
Zeile 20:            file = Server.MapPath(Eingabe.Text);
Zeile 21:            Ausgabe.Text = Server.HtmlEncode(new StreamReader(file).ReadToEnd());
Zeile 22:        }
Zeile 23:        catch (Exception fe)
```

Quelldatei: c:\Work_Books\Asp\Example\ForScreens\SimpleExceptions.aspx.cs   **Zeile:** 21

Abbildung 5.30 Korrekte Anzeige der ursprünglichen Fehlerquelle

Leider ist auch das noch nicht perfekt. Denn nun wurde auch die eigene Fehlermeldung überschrieben. Die Anzeige des Stapels, in der Abbildung unten, zeigt den Grund. Zuerst wurde die eigene Ausnahme mit der Meldung „Die Datei wurde leider nicht gefunden" ausgelöst. Diese löste dann eine weitere aus, die sich aus der Ausnahmeinstanz `fe` bedienen konnte.

Eigene Fehlerklassen definieren

Eigene Fehlerklassen lassen sich leicht definieren, wenn sie von `Exception` oder einer Unterklasse abgeleitet werden. Im letzten Beispiel ist die Standardfehlerausgabe von ASP.NET sicher keine Option, wenn eine größere Applikation entwickelt wird. Damit Benutzer über Fehlerzustände korrekt informiert werden, lohnt der Einsatz eigener Fehlerklassen. Der einzige Unterschied zu den bisherigen besteht darin, dass die Fehlermeldung komplett manipulierbar ist und als Fehlerquelle der eigene Klassenname erscheint, nicht einer des Frameworks.

Das folgende Listing zeigt eine kleine Fehlerklasse, die nur eine der insgesamt vier Konstruktoren der Klasse `Exception` überlädt:

Listing 5.57 Eine eigene Klasse zur Behandlung von Ausnahmen (Ausschnitt)

```
public class AspxException : Exception
{
    public AspxException(string MyMessage) : base (MyMessage) {}
    public static string GetLine(Exception fe)
    {
        string line = "unbekannt";
❶       Regex rx = new Regex(@":line\s*([\d]+)\s*$",
            RegexOptions.IgnoreCase);
        Match ma = rx.Match (fe.StackTrace);
        if (ma.Success)
        {
```

```
❷        line = ma.Groups[1].Value;
       }
       return line;
   }
}
```

Eigene Funktionen werden hier nicht verwendet, stattdessen ruft der Konstruktor nur die passende Basismethode auf:

```
public AspxException(string MyMessage) : base (MyMessage) {}
```

Es steht Ihnen natürlich frei, hier Aktionen auszuführen und dann wiederum eine System-Ausnahme zu werfen. Hier geht es jedoch darum, eine brauchbare Fehlermeldung über das Standardfehlersystem zu verbreiten. Dazu wird eine statische Methode eingesetzt, die aus den Stapelinformationen die Zeilennummer extrahiert. Die Stapelinformation endet mit den Zeichen „line:", gefolgt von der Zeilennummer der Fehlerquelle. Ein regulärer Ausdruck erkennt dieses Muster ❶. Mit dem Zugriff auf die erste Gruppe (erstes Klammerpaar im regulären Ausdruck) wird dann die Zeilennummer ermittelt ❷. Die Fehlermeldung erscheint dann im Browser.

Als Quelle in der Ausgabe nimmt .NET immer noch die Zeile an, in der die throw-Anweisung steht.

Dieser Abschnitt zeigte, welche Methoden C# und .NET für die interne Verarbeitung von Fehlern bieten. Webserver sind im Umgang mit Fehlern sehr kritisch, weil zum einen viele unbedarfte Benutzer damit umgehen, zum anderen die Sicherheitsansprüche sehr hoch sind.

Eigenes Fehlermanagement

Die andere Reaktion auf Fehler besteht deshalb darin, eine Fläche zur Fehlerausgabe auf der *aspx*-Seite vorzubereiten, dann den Fehler abzufangen und über eine eigene Ausnahmebehandlung die Fehlermeldung auszugeben. In den letzten beiden Beispielen wird der Dateiinhalt, wenn die Datei denn gefunden wurde, an das Label-Steuerelement Ausgabe übergeben. Der Platz für eine Fehlermeldung ist also schon reserviert, denn eine Ausgabe des Dateiinhalts erfolgt nicht mehr. Andere Möglichkeiten sehen eigene Fehlerseiten vor, die auch von ASP.NET selbst verwaltet werden können.

5.2.9 Verwaltete Funktionszeiger

ASP.NET unterstützt die in C# verfügbare Verwendung von Ereignissen. Im Folgenden geht es lediglich um die abstrakte Abbildung in C#.

Ereignisse und wie man sie definiert

Ereignisse bestehen immer aus zwei Bestandteilen: Der auslösenden Ursache und der Reaktion darauf. Beides kann in C# direkt definiert werden. Verwendet werden dafür zwei getrennte Schlüsselwörter. Der Auslöser wird mit event gekennzeichnet, das darauf reagierende Element mit delegate. Die Namen sind Programm – das Ereignis wird „delegiert". Deklaration und Definition erfolgen getrennt.

event
delegate

Da Ereignisse komplexe Verarbeitungsschritte erfordern können, können Sie mehrere Methoden mit der Verarbeitung beauftragen. Derartiger Code ist möglicherweise am Anfang schwer lesbar, weil keine direkten Aufrufe stattfinden. Die Ereignisse treten erst zur Laufzeit auf, sodass der Zusammenhang nur durch die entsprechenden Schlüsselwörter transparent wird.

Das folgende Beispiel verwendet die bereits gezeigte Technik der Operatorenüberladung. Zusätzlich wird der Subtraktionsoperator überschrieben. Überwacht werden soll, ob die Werte negativ werden, was nicht erlaubt ist. Das Ereignis tritt also ein, wenn der Wert negativ wird. Die Behandlung, an die es delegiert wird, setzt die Werte auf null. Der Vorgang ist nicht trivial. Zuerst das komplette Programm; eine Erklärung der für die Ereignisbehandlung wichtigen Passagen folgt danach:

Listing 5.58 Verwendung von Ereignissen zur Programmsteuerung

```
<script language="C#" runat="server">
public class myevents
{
    public delegate void Handler(XYPoint o);  ❶
    public event Handler handle;  ❷

    public void OnHandle(XYPoint o)  ❸
    {
        if (handle != null)  ❹
            handle(o);
    }
}

public class XYPoint
{
   public int _xpoint;
   public int _ypoint;

   public string x
   {
      get { return (_xpoint.ToString()); }
      set { _xpoint = Convert.ToInt32(value); }
   }

   public string y
   {
      get {  return (_ypoint.ToString()); }
      set {  _ypoint = Convert.ToInt32(value); }
   }

   public static XYPoint operator + (XYPoint o1, XYPoint o2)
   {
       XYPoint o3 = new XYPoint();
       o3.x = (Convert.ToInt32(o1.x)
             + Convert.ToInt32(o2.x)).ToString();
       o3.y = (Convert.ToInt32(o1.y)
             + Convert.ToInt32(o2.y)).ToString();
       return o3;
   }

   public static XYPoint operator - (XYPoint o1, XYPoint o2)
   {
       XYPoint o3 = new XYPoint();
       myevents me = new myevents();  ❺
       me.handle += new myevents.handler(o3.underrun);  ❻
       o3.x = (Convert.ToInt32(o1.x)
             - Convert.ToInt32(o2.x)).ToString();
```

5.2 Die Sprache C#

```
            o3.y = (Convert.ToInt32(o1.y)
                - Convert.ToInt32(o2.y)).ToString();
            if (o3._xpoint < 0) me.onhandle(o3);
            if (o3._ypoint < 0) me.onhandle(o3);
            return o3;
    }

    public void underrun(XYPoint o)
    {
        o._xpoint = 0;
        o._ypoint = 0;
    }
}
</script>
<html>
    <head><title></title></head>
<body>
<h1>Klassen - Ereignisse</h1>
<%
XYPoint mm1 = new XYPoint();
XYPoint mm2 = new XYPoint();
XYPoint mm3 = new XYPoint();
mm1.x = "77";
mm1.y = "33";
mm2.x = "10";
mm2.y = "38";
mm3 = mm1 - mm2;
Response.Write ("X1 = " + mm1.x + "<br/>");
Response.Write ("Y1 = " + mm1.y + "<br/>");
Response.Write ("X2 = " + mm2.x + "<br/>");
Response.Write ("Y2 = " + mm2.y + "<br/>");
Response.Write ("X3 = " + mm3.x + "<br/>");
Response.Write ("Y3 = " + mm3.y + "<br/>");
%>
</body>
</html>
```

Zuerst wird in der Klasse myevents die Ereignisbehandlung vorbereitet. Der erste Schritt besteht in der Definition der Delegierung ❶. Die folgende Zeile erzeugt eine mit dem Namen handler ❷. Als Parameter wird ein Objekt der Klasse XYPoint erwartet. Nun folgt die Definition des Ereignisses. Es bekommt hier lediglich einen Namen (handle). Ereignisse müssen auch irgendwo ausgelöst werden. Die Quelle wird später im eigentlichen Programm festgelegt, das Ziel OnHandle jedoch hier definiert ❸. Eine wichtige Zeile ist die Abfrage der Existenz des Ereignisses selbst. Was nämlich passiert, wird später definiert. Erfolgt diese Definition nicht – der Vorgang passiert erst zur Laufzeit – würde hier ein Laufzeitfehler auftreten. Existiert das Ereignisobjekt handle, wird das Ereignis ausgelöst ❹. Das Objekt o ist der Parameter, der die ganze Strecke über nur durchgereicht wird. Zur Laufzeit ist das Objekt vom Typ XYPoint drin.

Auslösen des Ereignisses

Das Auslösen kann nur im konsumierenden Teil des Prozesses stattfinden. Das Programm, das zur Laufzeit Berechnungen ausführt, kann bestimmte Zustände feststellen und darauf reagieren, indem das Ereignis ausgelöst wird. Im Programm wurde gegenüber der letzten Version auch der Operator überladen. Diese Methode soll mit einem Ereignis reagieren, wenn einer der beiden Werte unter 0 fällt. Dazu wird zuerst eine Instanz der Ereignisklasse benötigt ❺. o3 ist das neue Objekt, das

das Ergebnis der Berechnung enthält. Da `o3` von der Klasse `XYPoint` stammt, besitzt es alle Eigenschaften und Methoden dieser Klasse. Dazu gehört auch die Methode `underrun`, die sich um die Fehlberechnung kümmern soll. Die folgende Zeile ist der eigentlich entscheidende Code im gesamten Programm. Dem Ereignis `handle` des Ereignisobjekts `me` wird eine neue Delegierung `handler` zugewiesen. Damit diese weiß, was sie bei Eintritt des Ereignisses tun soll, wird die Methode übergeben, die die Reaktion bearbeitet. Da es sich um eine Methode der Klasse `XYPoint` handelt, wird die aktuelle Instanz `o3` verwendet. Jetzt folgt die Berechnung. Das Ergebnis kann ein negativer Wert sein. Eine einfache Bedingungsabfrage stellt dies fest und löst das Ereignis aus. Das fehlerhaft berechnete Objekt wird übergeben ❻. Nach dem das Ereignis definiert, delegiert und mit dem auslösenden Kriterium verbunden wurde, fehlt noch die Definition der Methode, die darauf letztendlich reagiert; die Methode `underrun`. Dieser Methode wird das aktuelle Objekt übergeben. Dann werden die beiden Werte direkt auf 0 gesetzt.

Abbildung 5.31 zeigt die Reaktion. Beim Y-Wert wird 33-38 berechnet; der Wert ist negativ und deshalb wird das Ergebnisobjekt auf 0 gesetzt. Ändern Sie die Zahl im Code so, dass der Wert nicht negativ wird, sehen Sie das Ergebnis der Berechnung.

```
Klassen - Ereignisse
X1 = 77
Y1 = 33
X2 = 10
Y2 = 38
X3 = 0
Y3 = 0
```

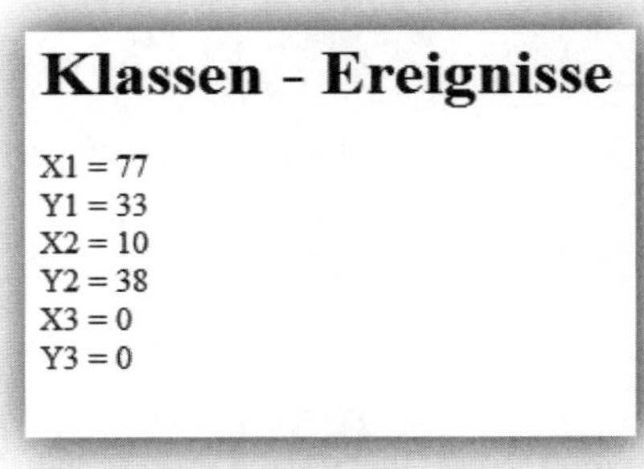

Abbildung 5.31 Verarbeitung mit Ereignissen

Delegates

Delegaten (Delegates)

Ereignisse sind nur eine einfache und spezielle Form der Delegates. Prinzipiell handelt es sich bei Delegaten um einen allgemeinen Mechanismus zum Weitergeben von Funktionsaufrufen. Dies wird in C++ mit Funktionszeigern erledigt. Delegate sind in C# ein sicherer – vom Framework verwalteter – Weg, vergleichbar zu programmieren. Anfänger sollten dies erst versuchen, wenn sie im Umgang mit den übrigen Sprachelementen sicher sind. Einsatzmöglichkeiten bestehen im Zusammenhang mit der Reaktion auf Schaltflächen.

Anonyme Methoden

C# verwendet `delegate`, um Funktionen zu aktivieren. Delegates werden vor allem vom Framework für Ereignisse (events) bzw. Rückruffunktionen (callbacks) eingesetzt. Ihre Verwendbarkeit ist jedoch keineswegs darauf beschränkt. Sie können überall dort verwendet werden, wo eine Funktion dynamisch aufgerufen werden soll, ähnlich einen Funktionszeiger in C++.

In C# 1.1 war es notwendig, eine Methode zu erstellen, die dem `Delegate`-Objekt an den Konstruktor übergeben wird. Seit C# 2.0 ist es möglich, dass der Code direkt im Konstruktor des `Delegate`-Objekts angegeben werden kann. Da oft nur eine sehr kleine Funktionalität gewünscht wird, wie beispielsweise eine `MessageBox` anzuzeigen, ist die Deklaration einer eigenen Funktion nicht immer notwendig, wie das folgende Beispiel zeigt.

Listing 5.59 Delegaten verwenden

```
class SomeClass
{
   delegate void SomeDelegate();

   void SomeMethod()
   {
      Console.WriteLine("Hello C\# 1.1 !");
   }

   public void InvoveMethodeOld()
   {
      SomeDelegate delold = new SomeDelegate(SomeMethod);
      delold();
   }

   public void InvoveMethodeNew()
   {
      SomeDelegate delnew = delegate()
                            {
                               Console.WriteLine("Hello C\# 2.0 !");
                            };
      delnew();
   }
}
```

Da Delegaten für die Entwicklung von ASPX-Seiten eher eine untergeordnete Rolle spielt, soll auf diese Funktionalität an dieser Stelle nicht weiter eingegangen werden.

Mit C# 3.0 kam die Möglichkeit hinzu, den Delegaten mit einem Lambda-Ausdruck verkürzt zu schreiben:

```
StaticClass.MyDelegate = () => { Console.WriteLine("C# rulez!"); }
```

Die runden Klammern leiten einen Ausdruck ohne Parameter ein. Verlangt der Delegat Parameter, werden diese dort platziert. Da Lambda-Ausdrücke generisch sind, sparen Sie sich die Definition expliziter Klassen für die Ereignisbehandlungsargumente.

5.3 Einführung in JavaScript

Mit der Einführung der Web 2.0-Anwendungen wird eine clientseitige Programmierung immer wichtiger. Hierzu kommt (fast) immer JavaScript zum Einsatz. Die folgenden Abschnitte sollen einen kleinen Überblick über die Grundlagen und die wichtigsten Konzepte rund um JavaScript im Zusammenspiel mit ASP.NET 4 geben.

Dieses Buch ist vor allem der Entwicklung von Web-Anwendungen mit dem .NET-Frameworks sowie der Programmiersprache C# im speziellen, gewidmet. Aus diesem Grund ist es nicht möglich, eine ausführliche Sprachbeschreibung für JavaScript an dieser Stelle zu geben. Dennoch soll ein möglichst umfassender Überblick gegeben werden.

5.3.1 Einführung

Historie

JavaScript ist eine relativ kompakte und mächtige Skriptsprache, welche um das Jahr 1995 von Netscape eingeführt wurde, um Webseiten mit Interaktionen ausstatten zu können. Seitdem sind 15 Jahre vergangen und JavaScript ist aus so gut wie keiner Webanwendung mehr weg zu denken. Dabei spielt es keine Rolle, mit welcher Technologie diese Webanwendung realisiert wurde. Je nach Hersteller des Browsers kann die Sprache auch JScript (Microsoft) oder auch ECMAScript[9] (eine spezielle Variante von der ECMA standardisiert) heißen. Im Wesentlichen ist jedoch der Grundfunktionsumfang relativ gleich. Aus diesem Grund werden die Autoren nicht explizit auf die Unterschiede der einzelnen Implementierungen eingehen. Die folgenden Beispiele sind für JScript mit dem IE 8 zugeschnitten.

Kein JAVA

Trotz des sehr ähnlich klingenden Namens und der teilweisen syntaktischen Ähnlichkeit zu JAVA ist JavaScript eher nicht mit der Programmiersprache JAVA verwandt. Bis auf die Ausnahme, dass beide Programmiersprachen sich in ihrer Syntax sehr an der Programmiersprache C orientiert haben.

Entwicklung

Ursprünglich war JavaScript ausschließlich zu dem Zweck gedacht, den DOM-Baum (Document Object Model) des Browsers zur Laufzeit zu manipulieren. Jedoch entwickelten sich mit der Zeit immer mehr Anwendungsgebiete für diese universelle Skriptsprache. So gibt es bereits erste Referenzimplementierungen ganzer Anwendungsprogramme in JavaScript.

Sicherheit

JavaScript wird im Gegensatz zu vielen anderen Skriptsprachen nicht auf dem Server, sondern direkt auf dem Client ausgeführt, was ein erhöhtes Sicherheitsrisiko mit sich bringt. Um möglichst wenig Schaden auf dem Client anrichten zu können, werden alle JavaScript-Skripte in einer Sandbox ausgeführt, welche nur einen limitierten Zugriff nach außen hat.

5.3.2 Notation und Verwendung

In der Regel wird JavaScript immer zusammen mit einer HTML Seite zur Anwendung kommen. Aus diesem Grund soll das einfachste Beispiel, „Hello JavaScript", auf einer einfachen HTML-Seite basieren.

---

[9] Streng genommen ist ECMA-262 der offizielle JavaScript Standard, weil dieser Standard von der ECMA Organisation betreut und gepflegt wird.

5.3 Einführung in JavaScript

Listing 5.60 Hello JavaScript

```
<html>
  <head>
  <title>Hello JavaScript</title>
❶ <script type="text/javascript">
    ❸ function sayHelloTo(name) {
        document.write("Hello " + name + " !");
      }
  </script>
  </head>
  <body>

❶ <script type="text/javascript">
    ❷ document.write("Hallo  JavaScript !\n");
    ❹ sayHelloTo("Matthias");
  </script>

  </body>
</html>
```

JavaScript-Code kann an den unterschiedlichsten Stellen einer Webseite verwendet werden. Die zwei gebräuchlichsten davon sind der Kopfbereich ❸ als Codeblock, welcher meistens für die Definition von Funktionen verwendet wird, sowie innerhalb des Bodys einer Seite an der Stelle ❷ ❸.

Grundsätzlich wird der auszuführende Code von einem entsprechenden Script-Tag ❶ eingeschlossen, welcher mindestens den Typ „text-javascript" als Mime-Typ enthalten muss.

5.3.3 Kompatibilität

Bei älteren Browsern, welche kein JavaScript unterstützen, ist der Tag JavaScript oft nicht bekannt. Das würde dazu führen, dass das Skript nicht ausgeführt, sondern als Text angezeigt wird. Um dieses zu verhindern, kann der gesamte Code-Block in die HTML-Kommentarzeichen eingeschossen werden.

```
<html>
<body>
<script type="text/javascript">
❶ <!--
dccument.write("Hallo ASP.NET 4.0 !");
❷ //-->
</script>
</body>
</html>
```

Das erste HTML-Kommentarzeichen ❶ nach dem Script-Tag wird durch die JavaScript-Interpreter nicht ausgewertet. Im Gegensatz dazu würde das Ende des HTML-Kommentarzeichens ❷ ausgewertet werden. Aus diesem Grund wird es sicherheitshalber noch einmal mit einem JavaScript-Kommentarzeichen (//) entwertet.

Da jedoch so gut wie keine Browser mehr in Betrieb sind, welche nicht JavaScript-fähig sind oder mindestens automatisch das Skript ignorieren, ist dieser Abschnitt mehr zur Information und der Vollständigkeit halber gedacht. Die Autoren empfeh-

5.4 Die Sprache JavaScript

In diesem Abschnitt werden die elementaren Funktionen der Sprache JavaScript beschrieben. Dies erhebt keinen Anspruch auf Vollständigkeit. Für weitere Quellen sei auf die Webseiten zum Buch verwiesen.

5.4.1 Imperative Elemente

Imperative Elemente beschreiben grundlegende syntaktische Merkmale.

Kommentare

Bevor es mit den Elementen der Skriptsprache so richtig los gehen kann, soll zunächst auf die zwei Möglichkeiten hingewiesen werden, einen Kommentar in einem JavaScript zu Schreiben.

Listing 5.61 Kommentare in JavaScript

```
<script type="text/javascript">
❶ /*
Ein mehrzeiliger Kommentarblock
Kann mit den aus C/C++/C#/Java bekannten Blockkommentarzeichen
erstellt werden.
❷ */
document.write("<h1>Das ist eine Überschrift</h1>");
document.write("<p>Das ist ein Abstaz.</p>");
❸ // Eine Zeile, kann mit dem Zeilenkommentarzeichen auskommentiert
werden.
document.write("<p>das ist der nächste Abstatz.</p>");
</script>
```

/* Block */   Ein ganzer Block kann mit den Blockkommentarzeichen (/* ❶ und */ ❷) auskommentiert werden. Alles zwischen den zwei Kommentarzeichen wird nicht als Programmcode ausgewertet.

// Zeile   Soll eine Zeile oder der Rest einer Zeile bis zum nächsten Zeilenumbruch auskommentiert werden, kann das Zeilenkommentarzeichen (// ❸) verwendet werden. Alle Zeichen nach dem Kommentarzeichen bis zum nächsten Zeilenumbruch gehören nicht mehr zum Programmcode.

Namen, Literale und Zeichenketten

Bezeichner   Bezeichner (Variablennamen oder Objektnamen) müssen mit einem Buchstaben oder einem Unterstrich „_"beginnen. Dabei dürfen keine Sonderzeichen wie ä, ö oder ü zur Anwendung kommen. Allgemein gilt, dass Umlaute besonders behandelt werden sollten.

Zeichenketten   Zeichenketten, oder auch sogenannte String-Literale, werden entweder von Anführungszeichen " oder von Hochkommata ' eingeschlossen. Dabei können die üblichen Sonderzeichen (aus C/C++/C# bekannt) wie folgt verwendet werden:

Tabelle 5.9 Sonderzeichen

Zeichen	Bedeutung
\b	BackSpace
\n	NewLine
\t	Tab
\f	FormFeed
\r	CarriageReturn

Beispielhaft sieht das dann folgendermaßen aus:

`'Das ist eine Mehrzeilige\r\nZeichenkette'`

Eine Besonderheit ist beim Umgang mit Umlauten zu beachten. Es ist nicht sichergestellt, dass der Browser mit den Sonderzeichen umgehen kann. Aus diesem Grund empfehlen die Autoren auf die Funktion unescape zurückzugreifen.

Umlaute

Dies sieht mit Umlauten folgendermaßen aus:

`alert("über"));`

Schreiben Sie jedoch folgendes, wenn Umlaute benutzt werden:

`alert(unescape("%FCber "));`

Damit stellen Sie sicher, dass die Umlaute korrekt interpretiert und angezeigt werden können.

Ferner gibt es noch die numerischen Literale. JavaScript unterscheidet im Wesentlichen in Ganzzahlen und Gleitkommazahlen.

Numerische Literale

Ganzzahlen können in folgenden drei Formen vorkommen:

- Hexadezimale Konstanten: beginnen mit einem 0x vor der Zahl, gefolgt von den Zahlen 1...9, 0 oder den Buchstaben a..f, beispielsweise `0x12affe`.
- Oktale Konstanten: beginnen mit einer führenden 0, gefolgt von den Ziffern 1..9,0 beispielsweise `0700`
- Dezimale Ganzzahlenkonstanten: wenn keine der anderen zwei Konstanten zutrifft, beispielsweise `4711`

Gleitkommazahlen können in zwei Schreibweisen vorkommen:

- Einfache Schreibweise: mit Punkt (.) getrennte Ziffern, beispielsweise: `12.56`
- Exponentialschreibweise: mit Punkt (.) getrennte Ziffern mit einem Exponenten, beispielsweise `12.56e2`

Ferner gibt es zur Darstellung von Wahrheitswerten noch boolesche Konstanten:

- Wahr: `true`
- Falsch: `false`

Eingebaute Datentypen

Neben den Literalen und Konstanten gibt es vier Datentypen, welche in JavaScript unterschieden werden.

- `Number`, alle Zahlen
- `Boolean`, für Wahrheitswerte
- `String`, für Zeichenketten
- `null`, als Schlüsselwort für NULL-Zeiger

Variablen und das Typsystem

Variablen werden mit Hilfe des Schlüsselwortes `var` deklariert. Dabei wird der Typ automatisch aus den zugewiesenen Werten ermittelt. In diesem Zusammenhang spricht man auch von einer losen Typbindung.

```
var a = 42;
var b = "forty-two";
```

Es ist nicht erforderlich, einen Typ zuzuweisen, weil zum Zeitpunkt der Verwendung der Typ automatisch in den jeweils passenden konvertiert wird.

Es ist sogar möglich, `b` einem neuen Ausdruck zuzuweisen.

```
b = 55;
```

Auch gemischte Anweisungen sind dabei zulässig. In diesem Fall erfolgt eine automatische Konvertierung der Typen.

```
x = "The answer is " + 42;
y = 42 + " is the answer.";
```

eval()

Unter Umständen kann es gewünscht sein, dass ein Typ explizit konvertiert werden soll. Hierfür stehen die folgenden Funktionen zur Verfügung:

- `eval()`: Wird zur Umwandlung des Ausdruckes in eine Zahl benutzt.
- `parseInt()`: Wird zur Wandlung in eine Ganzzahl benutzt
- `parseFloat()`: Wird zur Wandlung in eine Gleitkommazahl benutzt.

typeof

Mit Hilfe des `typeof`-Operators können Sie ermitteln, welchen Typ eine Variable oder ein Ausdruck hat. Sehen Sie sich folgendes Beispiel an:

```
var a = 42;
var b = "forty-two";

var _type_of_a = typeof a;
var _type_of_b = typeof b;
```

`_type_of_a` enthält nun „Number" und `_type_of_b` enthält „String".

instanceof

Der `instanceof`-Operator gibt einen Booleschen Wert zurück, welcher Auskunft darüber gibt, ob eine Variable von einem bestimmten Typ ist.

```
var a = 42;
if (a instanceof Number) alert("A ist eine Zahl");
```

5.4.2 Ausdrücke und Operatoren

Streng genommen ist jede Anweisung ein Ausdruck. Im Folgenden sollen jedoch nur solche Anweisungen als Ausdrücke bezeichnet werden, welche auch einen Wert zurück liefern. Das bedeutet, dass es im Wesentlichen zwei Arten von Ausdrücken gibt:

- Mathematische, logische oder Zeichenkettenausdrücke
- Zuweisungsausdrücke

Mathematische Ausdrücke

Die am häufigsten verwendeten Ausdrücke sind wahrscheinlich die mathematischen. Die folgende Tabelle soll einen kleinen Überblick über die gebräuchlichsten Operatoren, aus denen Ausdrücke geformt werden, und ihre Bedeutung geben.

Tabelle 5.10 Mathematische Operatoren

Operator	Bedeutung	Beispiel
+, +=	Addition	x+=3
-, -=	Subtraktion	x=x-5
*, *=	Multiplikation	a=b*c
/, /=	Division	z=e/5
%	Modulo	m=5 % 3
++, --	Inkrement, Dekrement	x++ oder y--
<<, <<=	Bitweise Linksschieben	x << 4
>>, >>=	Bitweise Rechtsschieben	y >> 5
>>>	Bitweise Linksschieben mit Nullfüllung	a >>> b
&	Bitweise UND	a & b
|	Bitweise ODER	a | b
^	Bitweise Negieren	^b

Logische Ausdrücke

Zur Verarbeitung logischer Ausdrücke stehen in JavaScript die folgenden Operatoren zur Verfügung:

Tabelle 5.11 Logische Operatoren

Operator	Bedeutung	Beispiel
&&	Logisches UND	if (a && b)
||	Logisches ODER	if (a || b)
!	Logisches NICHT	if (! (a || b))

Zeichenkettenausdrücke

Für Zeichenketten gibt es nur den Konkatenierungsoperator (Zusammenfügeoperator) +.

Mit Hilfe dieses Operators können mehrere Zeichenketten zu einer neuen Zeichenkette zusammengesetzt werden. Andere als Zeichenkettentypen werden dabei automatisch in eine Zeichenkette gewandelt.

5 Programmiersprachen des Web

```
"I = " + i + " I*I = " + (i*i) + "<br />";
```

Zuweisungen

Für Zuweisungen verwendet JavaScript den Zuweisungsoperator „=". Aus diesem Grund ist eine Zuweisung immer auch ein Ausdruck.

```
var name = "Matthias";
```

5.4.3 Anweisungen und Kontrollfluss

Dieser Abschnitt zeigt die Anweisungen zur Flusssteuerung.

Blöcke

Sehen Sie sich folgendes Beispiel an:

```
if (a == b)
❶{
  var text = "A ist gleich b" ❷;
  alert (text) ❷;
❶}
```

Wie die meisten anderen Skriptsprachen besteht JavaScript aus einzelnen Anweisungen, welche mit einem Semikolon (;) ❷ voneinander getrennt werden. Auf diese Weise kann der Interpreter die einzelnen Anweisungen (Statements) auch dann voneinander unterscheiden, wenn diese in einer Zeile stehen.

Blöcke von Anweisungen können gebildet werden, indem mehrere Anweisungen, mit Semikolon getrennt in geschweiften Klammen { } ❶, zu einem Block zusammengefügt werden. Aus diesem Grund wird JavaScript auch zur Klasse der Klammersprachen gezählt.

If-Statement

Eine der wichtigsten Anweisungen ist das If-Statement, mit dessen Hilfe eine bedingte Ausführung von Programmcode möglich ist.

```
if (❶ Bedingung) {
  ❷ Anweisung1;
  Anweisung2;
} ❸ else {
  ❹ Anweisung3;
}
```

if

Die Bedingung ist ein Boolescher-Ausdruck ❶ (beispielsweise (a == b)), welcher entweder wahr (true) oder fasch (false) ist. Für den Fall, dass der Ausdruck wahr ist, werden die Anweisungen in dem Block ❷ nach dem if-Statement ausgeführt.

else

Optional können mit dem else-Statement ❸ nach dem ersten Block weitere Anweisungen folgen, welche in dem Fall, dass die Bedingung nicht zutrifft, ausgeführt werden ❹.

for-Schleife

Für Schleifen, welche im weitesten Sinne einer Aufzählung entsprechen, kommt die `for`-Schleife zum Einsatz, welche aus einem Anfangswert, einer Bedingung und einem Iterator besteht.

Solange die Bedingung wahr (`true`) ist, wird die Ausführung der Schleife fortgesetzt. Dabei ist zu beachten, dass wenn die Bedingung beim Betreten bereits falsch (`false`) ist, die Anweisungen innerhalb der Schleife nicht durchlaufen werden. Nach jedem Schleifendurchlauf wird die Iterationsanweisung ausgeführt und die Bedingung erneut geprüft.

Allgemein sieht das folgendermaßen aus:

```
for (Anfangswert; Bedingung; Interationsanweisung) {
  Anweisunge(n);
}
```

Ein praktisches Beispiel zeigt Listing 5.62.

Listing 5.62 Berechnung der Quadratzahlen von 1 bis 10

```
for (❶ i = 1; ❷ i < 11; ❸ i++) {
  document.write("I = " + i + " I*I = " + (i*i) + "<br />");
}
```

Zunächst wird die Variable `i` deklariert ❶ und mit dem Wert 1 initialisiert. Bitte beachten Sie, dass hier die Verwendung des Schlüsselwortes `var` nicht erforderlich ist.

In der Bedingung wird überprüft, ob `i` kleiner 11 ist ❷, das bedeutet, die Schleife wird 10 Mal durchlaufen.

In der Iterationsanweisung wird i mit Hilfe des unären Inkrement-Operators ++ um Eins erhöht ❸. An dieser Stelle können Sie auch `i+=1` oder `i=i+1` verwenden, um gegebenenfalls andere Schrittweiten vorzugeben.

Eine Variante der `for`-Schleife kann verwendet werden, um die Eigenschaften eines Objekts zu durchlaufen.

```
var Ausgabe = "";
for (var Eigenschaft in document) {
    Ausgabe = Ausgabe + "document." + Eigenschaft + ": " + ↵
        document[Eigenschaft] + "<br>";
}
document.write("<h1>Eigenschaften des Objekts ↵
           <i>document<\/i><\/h1>");
document.write(Ausgabe);
```

Das Beispiel zeigt, wie Sie die Eigenschaften des Objekts `document` durchlaufen können, um beispielsweise die Fähigkeiten des jeweiligen Browser zu ermitteln.

Eigenschaften des Objekts *document*

document.namespaces: [object HTMLNamespaceInfoCollection]
document.lastModified: 07/09/2010 08:37:20
document.onstorage: null
document.parentNode: null
document.onstoragecommit: null
document.nodeType: 9
document.fileCreatedDate: 07/09/2010
document.onbeforeeditfocus: null
document.bgColor: #ffffff
document.oncontextmenu: null
document.onrowexit: null
document.embeds: [object HTMLCollection]
document.scripts: [object HTMLCollection]

Abbildung 5.32 Ausgabe von Objekteigenschaften

while-Schleife

while

Eine `while`-Schleife wird, wie auch die `for`-Schleife, so lange ausgeführt, wie die Bedingung wahr (`true`) ist. Bitte beachten Sie, dass die Bedingung vor dem Schleifendurchlauf getestet wird.

```
while (Bedingung) {
  Anweisungen ;
}
```

do-Schleife

do

Alternativ zur `while`-Schleife kann die `do`-Schleife verwendet werden, wenn die Bedingung am Ende eines jeden Schleifendurchlaufs geprüft werden soll. Bitte beachten Sie hierbei, dass auch, wenn die Bedingung nicht zutrifft, die Schleife mindestens einmal durchlaufen wird.

```
do {
  Anweisungen ;
} while (Bedingung);
```

Schleifenkontrolle

break

Mitunter kommt es vor, dass eine Schleife vorzeitig abgebrochen werden soll. Hierfür wird das Schlüsselwort `break` verwendet.

continue

Mit Hilfe des Schlüsselwortes `continue` ist es möglich, die Abarbeitung mit dem nächsten Schleifendurchlauf fortzusetzen und alle folgenden Anweisungen im Anweisungsblock zu überspringen.

```
for (i = 1; i < 11; i++) {
  if (i == 5) ❶ continue;
  document.write("I = " + i + " I*I = " + (i * i) + "<br />");
  if (i == 9) ❷ break ;
}
```

5.4 Die Sprache JavaScript

Wenn i gleich 5 ist ❶, wird die Abarbeitung der Schleife bei 6 fortgesetzt und alle weiteren Anweisungen werden übersprungen. Wenn i gleich 9 ist, wird die Schleife verlassen und keine weiteren Durchläufe ausgeführt.

`break` und `continue` können sowohl für `for` als auch für `while`- und `do`-Schleifen verwendet werden.

Schachtelung von Schleifen

Um bei geschachtelten Schleifen genauer festlegen zu können, welche der Schleifen mit einem `continue` fortgesetzt wird, wird auf eine Marke (label) mit einem Namen und einem Doppelpunkt verwiesen.

```
❶ outer: for (i = 0; i < 10; i++) {
    inner: for (j = 0; j < 10; j++) {
      ❷ if (j==3) continue inner;
      ❸ if (j==6) continue outer;
      document.write(i + " * " + j + " = " + (i * j) + "<br />");
    }
  }
```

Den Schleifen wurden jeweils die Label `inner` und `outer` zugeordnet ❶, um später bei der Verwendung ❷ ❸ gezielt die innere oder die äußere Schleife ansprechen zu können. So wird für alle j gleich 3 die innere Schleife ❷ fortgesetzt und für alle j gleich 6 die äußere Schleife ❸.

5.4.4 Fehlerbehandlung

Ausnahmen sind Fehlerbedingungen, welche sich nicht ohne weiteres vorhersehen lassen. Eine Ausnahme wäre beispielsweise zu erwarten, wenn versucht wird, etwas auf eine Festplatte zu schreiben, diese jedoch voll ist.

Ausnahmen (Exceptions)

Im Falle eines Fehlers kann eine Ausnahme geworfen werden. Vereinfacht ausgedrückt wird mit dem „Werfen" einer Ausnahme der Programmfluss unterbrochen und an der Stelle fortgesetzt, wo diese Ausnahme mit einem `try`/`catch`-Block abgefangen wird.

try
catch
throw

Grundsätzlich kann jedes Objekt geworfen werden, dabei spielt es keine Rolle, ob Sie einen `String` oder ein selbstdefiniertes Objekt verwenden. Wichtig ist nur, dass sie beim Fangen der Ausnahme mit `catch` den richtige Datentyp verwenden.

Listing 5.63 Ausnahmebehandlung

```
<script language="javascript" type="text/javascript">
<!-- // JavaScript-Bereich für ältere Browser auskommentieren
❶ function ZeroDivException (msg) {
  ❷ this.name = 'ZeroDivException';
  ❸ this.message = msg === 'string' && msg.length != 0 ? msg :
      'Division durch Null!';
  ❹ this.toString = function () { return this.name + ': ' +
      this.message }
}
```

```
// Funktion dividiert a durch b und gibt das Ergebnis zurück
function div (a, b) {
  if (b == 0)
    ❺ throw new ZeroDivException ();
  return a / b;
}

// Try-Catch-Block zum Abfangen von Exceptions
❻ try {

  document.write ('10 / 2 = ' + div (10, 2) + '<br>');
  document.write ('5 / 0 = ' + div (5, 0) + '<br>');
} ❼ catch (e) {

  document.write ('Exception aufgetreten: ' + e);
}
// -->
</script>
```

Um eine benutzerdefinierte Ausnahme werfen zu können, ist es erforderlich, eine entsprechende Klasse zu erzeugen ❶. In diesem Beispiel heißt die Klasse ZeroDivException. Die Objektorientierung unter JavaScript wird unter Abschnitt „Objektorientierung" noch genauer betrachtet werden.

this

Mit Hilfe des this-Operators werden Eigenschaften wie der Name (name) ❷ und die Nachricht (msg) ❸ festgelegt. Soll keine Nachricht angegeben werden, kommt eine Standardnachricht zur Anwendung.

toString

Die Methode toString wird erstellt ❹. Immer wenn ein Objekt in eine Zeichenkette umzuwandeln ist, wird diese Methode automatisch aufgerufen.

In der Funktion div wird überprüft, ob der zweite Parameter für die Division null ist. Für den Fall, dass der Parameter b==0 ist, wird eine entsprechende Ausnahme erzeugt und geworfen. ❺

Mögliche Programmteile, welche eine Ausnahme werfen könnten, werden mit einem try-Block ❻ umschlossen, welcher immer von einem catch-Block ❼ gefolgt wird.

Tritt jetzt eine Ausnahme auf, wird die Abarbeitung in dem try-Block abgebrochen und in dem catch-Block fortgesetzt. Ferner wird die geworfene Ausnahme innerhalb des catch-Blocks zur weiteren Verarbeitung bereitgestellt.

Optional kann der catch-Block noch von einem finally-Block gefolgt werden. Unabhängig davon, ob eine Ausnahme aufgetreten ist oder nicht, wird der finally-Block immer als letzer Block durchlaufen.

Browser und Fehlerbehandlung

In vielen Browsern gibt es ein spezielles Fenster zur Behandlung von JavaScript-Fehlern, die sogenannte JavaScript-Console. Mit Hilfe dieses Fensters können Sie sowohl die Abarbeitung als auch die Fehler Ihrer JavaScript-Skripte verfolgen.

onerror

Wenn Sie eine eigene Fehlerbehandlungsroutine wünschen, können Sie der Eigenschaft onerror des Window-Objekts eine eigene Funktion zuweisen.

```
window.onerror = MeineFehlerBehandlungsFunktion();
```

Beachten Sie, dass diese Funktion zum Zeitpunkt der Zuweisung bekannt sein muss. Ferner sollte die Signatur wie folgt aussehen:

```
function MeineFehlerBehandlungsFunktion (message, url, line) {
  // Fehlerbehandlung ;
    return true;
}
```

5.4.5 Objektorientierung

JavaScript verfügt über eine sehr einfache Unterstützung für objektorientierte Programmierung. Es wird nicht explizit von Klassen gesprochen, da sich die abstrakte Definition eines Objekts nur sehr gering von der konkreten Implementierung einer Funktion unterscheidet. JavaScript-Objekte verfügen über Eigenschaften (Attribute) und Funktionen (Methoden).

Im Wesentlichen gibt es drei Möglichkeiten ein Objekt in JavaScript zu erstellen. Im Folgen sollen diese kurz vorgestellt werden.

Deklaration mit Hilfe des Schlüsselwortes new object

Die einfachste Methode Objekte zu erstellen, ist die Verwendung des Schlüsselwortes `new object`.

Listing 5.64 Objekte nutzen

```
<script language="javascript" type="text/javascript">
<!--

❶ person = new Object()
❷ person.name = "Matthias Fischer"
❷ person.height = "186cm"

❸ person.run = function() {
     this.state = "running"
     this.speed = "4ms^-1"
}

//-->
</script>
```

Ein benutzerdefiniertes Objekt *person* ❶ wird erstellt. Dem Objekt werden zwei Eigenschaften zugewiesen ❷ (*name* und *height*). Ferner wird eine Mitgliedfunktion `run` ❸ erstellt, welche wiederum zwei neue Eigenschaften dem Objekt hinzufügt.

Deklaration von Objekten in der Literalnotation

Die Literalnotation ist eine implizite Schreibweise, die auch als JSON (JavaScript Object Notation) bezeichnet wird.

```
<script language="javascript" type="text/javascript">
<!--

❶ myObject = {
❷ property1 : "Hello",
    property2 : "MmmMMm",
    property3 : ["mmm", 2, 3, 6, "kkk"],
```

5 Programmiersprachen des Web

```
❸ method1 : function(){
        alert("Methode wurde aufgerufen: " + this.property1)
        }
};

//-->
</script>
```

Zunächst wird *myObject* angelegt ❶ und die Eigenschaften *property1* bis *property3* werden mit Werten belegt ❷. Dann wird eine Memberfunktion *method1* deklariert ❸.

Deklaration unter Verwendung einer Konstruktorfunktion

Die bisher gezeigten Varianten ein Objekt anzulegen sind etwas eingeschränkt, da keine Möglichkeit besteht, mehrere Instanzen des gleichen Objekts anzulegen. Ferner ist es auch nicht möglich, beim Anlegen Parameter für die Initialisierung des Objekts mitzugeben.

Aus diesem Grund soll an diese Stelle die dritte Variante für das Erstellen eines Objekts mittels Prototyping gezeigt werden. Zunächst wird ein abstraktes Objekt deklariert und anschließend wird dieses mit einem konkreten Parameter instanziiert.

```
<script language="javascript" type="text/javascript">
<!--

❶ function cat(name) {
    ❷ this.name = name;
    ❸ this.talk = function() {
        alert(this.name + " sagt miau!")
    }
}

// Verwendung
❹ cat1 = new cat("Juri")
❺ cat1.talk() //zeigt "Juri sagt miau!"

❹ cat2 = new cat("Wanja")
❺ cat2.talk() //zeigt "Wanja sagt miau!"

//-->
</script>
```

Die abstrakte Deklaration des Konstruktors des Objekts unterscheidet sich zunächst nicht von der Deklaration einer Funktion ❶. Der Unterschied ist in der Funktion. Wird hier das Schlüsselwort `this` zusammen mit einer Eigenschaft ❷ oder einer Methode ❸ verwendet, weiß der Interpreter, dass es sich nicht um eine Funktion, sondern um einen Konstruktor eines Objekts handelt.

> **HINWEIS** Eine alternative Möglichkeit, eine Funktion hinzuzufügen besteht darin, außerhalb der Konstruktorfunktion die gewünschte Eigenschaft oder Funktion direkt der Aufzählungseigenschaft `prototype` hinzuzufügen.

```
cat.prototype[talk] = alert( this.name + " sagt miau!" )
```

Nachdem der Prototyp des Objekts erstellt wurde, kann eine Instanz unter Verwendung des Schlüsselwortes `new` erstellt werden ❹. Die Instanz wird verwendet, indem die Eigenschaft oder Methode mit einem Punkt „." getrennt aufgerufen wird ❺.

Hinzufügen von Methoden und Eigenschaften

Eine Besonderheit von JavaScript ist, dass zur Laufzeit Methoden und Eigenschaften hinzugefügt werden können. Unter Verwendung der Eigenschaft `prototype` bekommen Sie Zugriff auf die Definition des Objekts.

Auf diese Weise kann das vorherige Beispiel schnell um eine Funktion zum Umbenennen erweitert werden.

```
<script language="javascript" type="text/javascript">
<!--
❶ cat.prototype.changeName = function(name) {
      this.name = name;
  }
firstCat = new cat("pursur")
❷ firstCat.changeName("Bill")
firstCat.talk() //alerts "Bill says meeow!"

//-->
</script>
```

Der Eigenschaft `prototype` des Objekts *Cat* wird eine Funktion *changeName* ❶ hinzugefügt, indem diese einfach zugewiesen wird.

Auf diese Weise wäre es denkbar, einem Browser, welcher Objekte enthält, denen Funktionen oder Eigenschaften fehlen, diese quasi nachzurüsten.

Private Variablen und Funktionen

In JavaScript sind alle Mitglieder `public`. Jede Funktion kann auf diese Mitglieder zugreifen, weitere hinzufügen, diese verändern oder entfernen. Jedoch gibt es die Möglichkeit, private Mitglieder zu erzeugen, auf die nur von privilegierten Funktionen zugegriffen werden kann.

private

Private Mitglieder werden innerhalb des Konstruktors deklariert. Eigenschaften werden mit Hilfe des Schlüsselwortes `var` angelegt. Funktionen werden innerhalb des Konstruktors definiert.

```
function ❶ SomeObject(param) {

    function ❷ dec() {
        if (secret > 0) {
            secret -= 1;
            return true;
        } else {
            return false;
        }
    }

    ❸ this.member = param;
    ❹ var secret = 3;
    ❺ var that = this;
}
```

Der Konstruktor für das Objekt (`SomeObject`) wird definiert ❶. Innerhalb des Konstruktors werden drei Variablen für die Instanz(en) des Objekts festgelegt.

Der Parameter (`param`) wird einer öffentlichen Variablen *member* ❸ zugewiesen. Ferner werden zwei private Eigenschaften *secret* ❹ und *that* ❺ definiert.

Die private Funktion *dec* ❷ kann auf die privaten Eigenschaften zugreifen, weil diese innerhalb der gleichen Funktion (dem Konstruktor) deklariert sind. Jedoch können private Funktionen nicht auf die Instanzvariable `this` und damit nicht auf die anderen Mitglieder zugreifen. Aus diesem Grund wurde eine zusätzliche private Variable `that` eingeführt, die eine Referenz auf `this` ❺ enthält. So können auch private Funktionen auf öffentliche Mitglieder zugreifen.

Öffentliche (`public`) Funktionen können nicht direkt auf private Funktionen und Variablen zugreifen. Hierfür sind sogenannte privilegierte Funktionen erforderlich.

Privilegierte Funktionen

Privilegierte Funktionen

Eine privilegierte Funktion kann auf private Eigenschaften und Funktionen zugreifen, ist jedoch selbst öffentlich zugreifbar.

Alle Funktionen, welche innerhalb des Konstruktors mit Hilfe des `this`-Operators zugewiesen werden, sind privilegierte Funktionen.

```
function SomeObject(param) {

    function dec() {
        if (secret > 0) {
            secret -= 1;
            return true;
        } else {
            return false;
        }
    }

    this.member = param;
    var secret = 3;
    var that = this;

❶   this.privileged = function () {
        if (❷ dec()) {
            return ❸ that.member;
        } else {
            return null;
        }
    };
}
```

Die privilegierte Funktion ❶ kann sowohl auf die privaten Funktionen ❷ und Eigenschaften als auch auf öffentliche Mitglieder ❸ zugreifen.

Verwendung

new

Neue Objekte werden wie in C++, Java oder C# mit Hilfe des Schlüsselwortes `new` erzeugt. Ferner können entsprechende Parameter dem jeweiligen Konstruktor übergeben werden.

```
cat1 = new cat("Juri")
```

Mit dem Schlüsselwort `delete` können Sie Objekte, welche mit `new` angelegt wurden, wieder entfernen.

delete

```
delete cat1;
```

Eigenschaften können entweder mit Hilfe eines Punktes „." oder Eckigen Klammern „[ ]" dereferenziert werden. Funktionen können nur mit einem Punkt „." zugegriffen werden gefolgt von den Parameterklammern „( )".

```
cat.name = "Juri";
cat[name] = "Wanja";
cat1.talk() //zeigt "Wanja sagt miau!"
```

5.4.6 Vererbung

Im Gegensatz zu anderen objektorientierten Programmiersprachen wie Java oder C# ist JavaScript zwar objektorientiert, aber nicht klassenbasiert. Man spricht in diesem Zusammenhang auch von einer „class-free" objektorientierten Skriptsprache.

Anstelle von klassenbasierter Vererbung kommt hier die prototypbasierte Vererbung zum Einsatz. Das kann für Entwickler klassischer objektorientierter Programmiersprachen (wie C++/C#/Java) anfangs etwas verwirrend wirken. Aus diesem Grund sollen die wichtigsten Konzepte im Folgenden etwas genauer beleuchtet werden.

Motivation

Bevor es um die einzelnen Möglichkeiten der Vererbung gehen soll, noch ein paar Worte zur Motivation. Warum wird das Konzept der Vererbung in der Programmierung verwendet?

Zum einen spart es viel Schreibaufwand, wenn das System entsprechende Referenzen automatisch in den richtigen Typen casten kann. Zum anderen ist es praktische gemeinsame Funktionalitäten in abgeleiteten Objekten wiederzuverwenden. Hierfür ist die Klassenbasierte Vererbung gut geeignet. Interessanterweise ist die prototypenbasierte Vererbung sogar noch besser dafür geeignet.

Vereinfachung

Funktionsbasierte Vererbung

Bei der Vererbung durch Funktionen wird der Konstruktor des übergeordneten Basisobjekts innerhalb der Definition des abgeleiteten Objekts aufgerufen.

Im folgenden Beispiel soll ein Basisobjekt (*baseObject*) und ein abgeleitetes Objekt (*subObject*) erstellt werden.

```
<script type="text/javascript">
❶ function baseObject() {
     this.funcA = function () { alert("FuncA from baseObject!"); }
     this.funcB = function () { alert("FuncB from baseObject !"); }
  }

❷ function subObject () {
     ❸ this.inheritFrom = baseObject;
     ❹ this.inheritFrom();
     this.funcB = function () { alert("FuncB from subObject !"); }
     this.funcC = function () { alert("FuncC from subObject !"); }
  }
```

```
❺ o = new subObject();
o.funcA();
o.funcB();
o.funcC();

</script>
```

Zunächst erfolgt die Definition des Basisobjekts ❶ mit zwei Funktionen (`funcA`, und `funcB`). Beide Funktionen geben eine Meldung aus, in der der Name der Funktion und des Objekts angezeigt wird.

Im nächsten Schritt wird das abgeleitete Objekt erstellt❷, eine Hilfsvariable (`inheritFrom`) wird angelegt ❸ und der Konstruktor des BasisObjekts innerhalb der Definition der abgeleiteten Klasse aufgerufen ❹.

Bei der Verwendung des abgeleiteten Objekts ❺ stehen jetzt alle Eigenschaften und Funktionen des BasisObjekts zusammen mit allen Eigenschaften und Funktionen des abgeleiteten Objekts zur Verfügung.

Bitte beachten Sie, dass die Funktion `funcB` überschieben wurde, und als Ergebnis den neuen überschriebenen Text liefert.

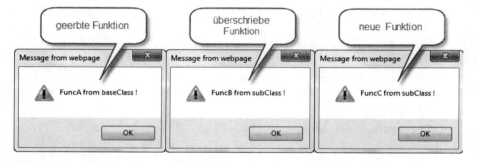

Abbildung 5.33 Vererbung durch Funktionen

Prototypbasierte Vererbung (Prototyping)

Die gebräuchlichere Variante der Vererbung zum Aufbau einer Objekthierarchie ist das sogenannte Prototyping. Hierbei wird der Eigenschaft `prototype` des abgeleiteten Objekts eine Instanz des BasisObjekts zugewiesen ❶.

Listing 5.65 Vererbung durch Prototyping

```
<script type="text/javascript">
function ❷ baseObject() {
  this.funcA = function() { alert("FuncA from baseObject !"); }
  this.funcB = function() { alert("FuncB from baseObject !"); }
}

function ❸ subObject() {
  this.funcB = function() { alert("FuncB from subObject !"); }
  this.funcC = function() { alert("FuncC from subObject !"); }
}

❶ subObject.prototype = new baseObject();
```

```
o = new ❹ subObject();
o.funcA();
o.funcB();
o.funcC();
```

`</script>`

Die zwei Objekte werden definiert ❷ und ❸. Anschließend wird der Eigenschaft prototype des abgeleiteten Objekts die Instanz des übergeordneten Objekts zugewiesen ❶.

Bei der Verwendung ❹ ist das Ergebnis gleich dem aus dem vorherigen Beispiel.

Unterstützung durch Visual Studio 2010

Beide Varianten, die funktions- und die prototypbasierte Vererbung, werden von IntelliSense in Visual Studio 2010 unterstützt.

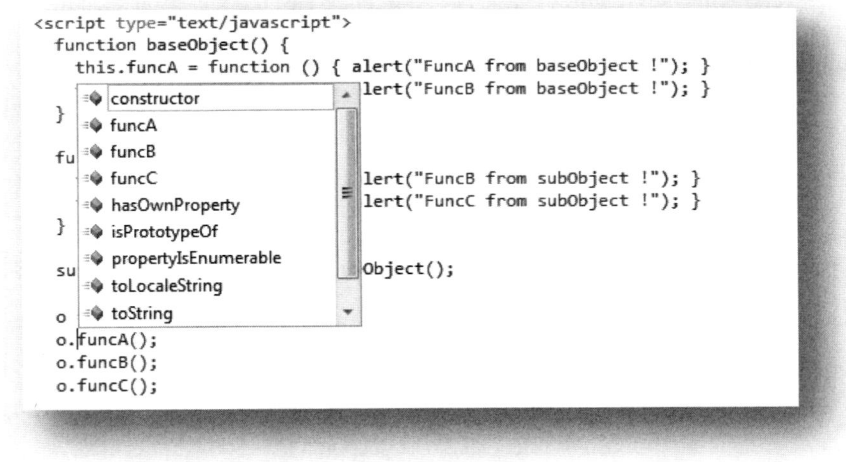

Abbildung 5.34 IntelliSense von Visual Studio 2010

5.4.7 Eingebaute Objekte

Neben der Möglichkeit, eigene benutzerdefinierte Objekte zu erstellen, gibt es bereits enthaltene Objekte in JavaScript, welche in den folgenden Abschnitten kurz beschrieben werden.

Für jeden eingebauten Datentyp existieren Objekte, sprich `Number`, `String`, `Boolean` und `Function` sowie `Object` selbst.

Object

Das Objekt `Object` stellt die Basis aller anderen Objekte in JavaScript dar. Hier sind die elementaren Eigenschaften und Methoden für alle Objekte definiert.

Tabelle 5.12 Mitglieder für alle Objekte

Mitglied	Bedeutung
call	Aufrufen der Funktion
length	Abrufen oder Festlegen

Boolean

`Boolean` ist das Objekt für den integrierten Datentyp, um Wahrheitswerte verarbeiten zu können. Außer den Eigenschaften und Methoden von `Object` hat `Boolean` keine weiteren zusätzlichen Eigenschaften oder Member. Es gibt nur zwei gültige Werte für `Boolean`: `true` und `false`.

Number

`Number` ist das Objekt, um Zahlen jeglicher Art zu repräsentieren. Neben den von `Object` geerbten Eigenschaften hat `Number` folgende zusätzlichen Eigenschaften und Member:

Tabelle 5.13 Mitglieder von Number

Konstante	Bedeutung
MAX_VALUE	Größte darzustellende Zahl
MIN_VALUE	Kleinste darzustellende Zahl
NaN	Keine Zahl (Not a Number)
POSITIVE_INFINITY	Positiv Unendlich
NEGATIV_INFINITY	Negativ Unendlich

Function

Das Funktionsobjekt `Function` ermöglicht die Behandlung von Funktionen als Werttyp, indem ein Funktionszeiger als Wert gespeichert wird.

```
var myPointer = Funktionsname;
var Funktionsname = function() { Anweisungen; };
```

Ferner stellt das Funktionsobjekt folgende generischen Eigenschaften bereit:

Tabelle 5.14 Mitglieder von Function

Eigenschaft	Bedeutung
arguments	Liste der Funktionsargumente
arguments.callee	Name der ausgeführten Funktion
arguments.caller	Name der aufrufenden Funktion
arguments.length	Anzahl der Argumente

Ein kleines Beispiel zeigt die Anwendung.

5.4 Die Sprache JavaScript

Listing 5.66 Eigenschaften des Funktionsobjekts

```
<script type="text/javascript">

  function demo() {
    var result = "arguments.length = " + arguments.length + "\r\n" ;
    for (i = 0; i < arguments.length;i++ ) {
       result += "[" + arguments[i] + "]\r\n";
    }
    result += "Callee : \r\n" + arguments.callee + "\r\n" ;
    result += "Caller : " + arguments.caller;
    return result;
  }

  function demoCaller(){
    alert(demo("Hallo","Welt !"));
  }

  demoCaller();

</script>
```

Dies erzeugt die in Abbildung 5.35 gezeigte Ausgabe.

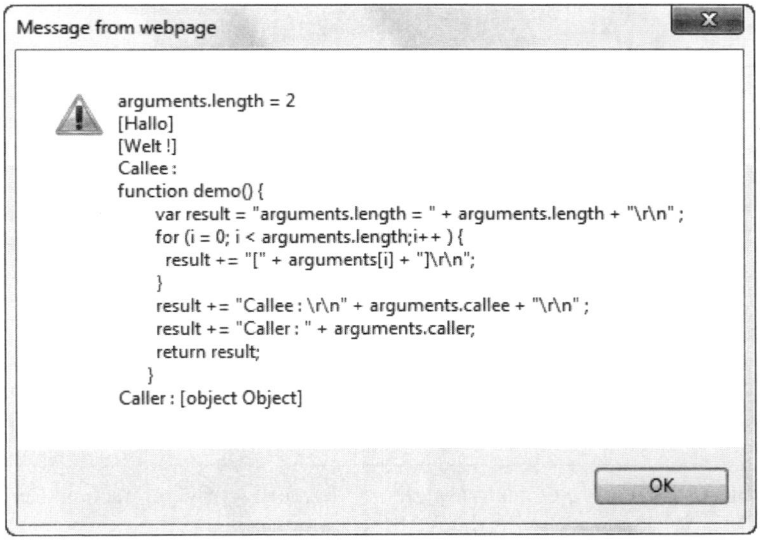

```
Message from webpage

    arguments.length = 2
    [Hallo]
    [Welt !]
    Callee :
    function demo() {
        var result = "arguments.length = " + arguments.length + "\r\n" ;
        for (i = 0; i < arguments.length;i++ ) {
          result += "[" + arguments[i] + "]\r\n";
        }
        result += "Callee : \r\n" + arguments.callee + "\r\n" ;
        result += "Caller : " + arguments.caller;
        return result;
    }
    Caller : [object Object]

                                            OK
```

Abbildung 5.35 Funktionsobjekt in Aktion

> **HINWEIS**
> Die Eigenschaft `arguments` ist kein natives JavaScript-`Array`. Mit folgendem Aufruf können Sie die Argumente einer Funktion jedoch leicht in ein `Array` wandeln:
>
> `var args = Array.prototype.slice.call(arguments);`

Zeichenketten (String)

Zeichenketten gehören neben den numerischen Werttypen zu den wichtigsten Datentypen, welche in einer Programmeiersprache verarbeitet werden. Neben der Eigenschaft `length` (Länge) bietet das String-Objekt diverse Funktionen zur Manipulation von Zeichenketten, welch in der folgenden Tabelle kurz dargestellt werden sollen.

Tabelle 5.15 Zeichenkettenverarbeitungsmethoden

Funktion	Bedeutung
`charAt(pos)`	Liefert das Zeichen an der Position pos
`charCodeAt(pos)`	Liefert den ASCII-Code des Zeichen an der Position pos
`concat(str2 [,str3, … ])`	Verknüpft die aktuelle Zeichenkette mit den Zeichenketten str2, str3 usw.
`fromCharCode(byte1 [, byte2 , . . . ]`	Bildet einen String au seiner ASCII Zahlenfolge
`indexOf(str [,startPos])`	Findet die erste Postition von str ab der optionalen Startposition startPos
`lastIndexOf(str [,start])`	Wie indexOf, findet das letzte Vorkommen von str
`match(regex)`	Liefert ein Array von Teilzeichenketten, welche dem regulären Ausdruck regex entsprechen
`replace(regex, txt)`	Ersetzt mit dem regulären Ausdruck regex unter Benutzung der Zeichenkette txt
`search(regex)`	Liefert true, wenn der reguläre Ausdruck regex enthalten ist
`slice(startPos,endPos)`	Schneidet eine Teilzeichenkette heraus, beginnend bei startPos und endend bei endPos
`split(zeichen)`	Liefert ein Array aus Teilzeichenketten, welche bei jedem Vorkommen eines Zeichens zeichen getrennte werden
`substring(start, end)`	Liefert einen Teil-String zwischen den Positionen start und end
`toLowerCase()`	Liefert eine Zeichenkette nur mit kleinen Buchstaben
`toUpperCase()`	Liefert eine Zeichenkette nur mit großen Buchstaben

HTML-Markup

Ferner bietet das `String`-Objekt zusätzliche Methoden zur vereinfachten Erzeugung von HTML-Markup aus der Zeichenkette selbst.

Tabelle 5.16 Methoden zur vereinfachten Erzeugung von HTML-Markup

Methode	Bedeutung
`ancor(name)`	Erzeugt einen Link
`big()`	Hervorhebung durch große Schrift
`blink()`	Hervorhebung durch blinken (veraltet)
`bold()`	Hervorhebung durch Fettschrift
`fixed()`	Hervorhebung durch fixierte Formatierung
`fontcolor(farbe)`	Vordergrundfarbe setzen
`fontsize(size)`	Schriftgröße setzen

Methode	Bedeutung
italics()	Hervorhebung durch kursiv
link(utl)	Link einfügen
small()	Kleine Schrift
strike()	Hervorhebung mittels durchstreichen
sub()	Herabgesetzter Text
sup()	Hochgestellter Text

Eine Anwendung zeigt Abbildung 5.36.

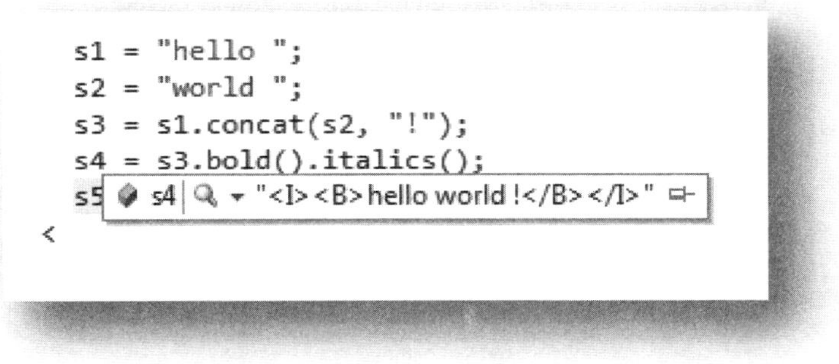

```
s1 = "hello ";
s2 = "world ";
s3 = s1.concat(s2, "!");
s4 = s3.bold().italics();
s5   s4  ▾ "<I><B>hello world !</B></I>"
```

Abbildung 5.36 Methoden zur vereinfachten Erzeugung von HTML-Markup

Im Beispiel wurden zwei Zeichenketten (s1, s2) zur Zeichenkette s3 zusammengefügt, welche dann mit Hilfe der Markup-Funktionen kursiv und fett formatiert wurden.

Math

Neben dem String-Objekt wird das Math-Objekt mit am häufigsten verwendet. Darüber werden die gebräuchlichsten mathematischen Konstanten und Funktionen bereitgestellt. Die folgende Tabelle ist nicht vollständig, vielmehr soll das Prinzip gezeigt werden.

Tabelle 5.17 Konstanten des Math-Objekts

Eigenschaft	Bedeutung	Eigenschaft	Bedeutung
E	2.71828...	LOG2E	ld(2.71828)
PI	3.14159...	LN2	ln(2)
SQRT2	1.4142	LN10	ln(10)
SQRT1_2	0.706..	LOG10E	log(2.71828)

Tabelle 5.18 Methoden des Math-Objekts

Funktion	Bedeutung	Funktion	Bedeutung
Abs()	Absolutwert	Random()	Zufallswert

5 Programmiersprachen des Web

Funktion	Bedeutung	Funktion	Bedeutung
`Min()`	Minimalwert	`Round()`	Runden
`Max()`	Maximalwert	`Exp()`	E hoch X
`Sin()`	Sinus	`Pow()`	X hoch Y
`Cos()`	Cosinus	`Sqrt()`	Quadratwurzel
`Asin()`	Arcus Sinus	`Acos()`	Arcus Cosinus

Array

Mit Hilfe des `Array`-Objekts kann ein Feld von Objekten angelegt und verwaltet werden. Dabei wird die Eigenschaft `length` dafür verwendet, die Anzahl der Elemente anzugeben. Bitte beachten Sie, dass der Typ der Objekte in JavaScript variieren darf, da JavaScript eine nicht streng typisierte Skriptsprache ist.

Tabelle 5.19 Funktionen des Array-Objekts

Funktionen	Beschreibung
`concat()`	Verbindet zwei oder mehr Arrays und gibt eine Kopie des zusammengefügten Arrays zurück
`join()`	Fügt alle Elemente des Arrays zu einer Zeichenkette zusammen
`pop()`	Entfernt das letzte Element des Arrays
`push()`	Fügt ein neues Element am Ende des Arrays ein
`reverse()`	Kehrt die Reihenfolge der Elemente um
`shift()`	Entfernt das erste Element und gibt dieses zurück
`slice()`	Wählt ein Teil des Arrays aus und gibt eine Kopie davon zurück
`sort()`	Sortiert die Elemente des Arrays
`splice()`	Fügt Elemente hinzu bzw. entfernt diese
`toString()`	Erzeugt eine Zeichenkette aus dem Array
`unshift()`	Fügt neue Elemente ein und gibt die neue Länge des Arrays zurück
`valueOf()`	Gibt den primitiven Wert des Arrays zurück

Ein kleines Beispiel folgt in Listing 5.67.

Listing 5.67 Arrays nutzen

```
❶ var autoren = new Array();
autoren[0] = "Matthias";
autoren[1] = "Joerg";

❷ var autoren2 = new Array("Matthias", "Joerg");

❸ var autoren3 = ["Matthias", "Joerg"];
```

Das Listing beginnt mit dem ❶ Erzeugen eines regulären Arrays. Es folgt eine ❷ implizite Wertzuweisung. Die dritte Variante ❸ zeigt ein Array als Literal.

Date

Wie alle modernen Programmiersprachen kann auch JavaScript mit Datumsinformationen umgehen. Dabei stehen unter anderem die in Tabelle 5.20 gezeigten Funktionen zur Verfügung. Aus Platzgründen können nicht alle Funktionen hier aufgeführt werden, stellvertretend wurden die wichtigsten zum Setzen und Auslesen der einzelnen Komponenten von Datum und Zeit aufgeführt.

```
var d = new date();
```

Dieser Code erzeugt eine Variable d mit dem aktuellen Datum und Zeit.

Tabelle 5.20 Datumsfunktionen

Funktion	Bedeutung
getTime(), setTime()	Datum und Uhrzeit ermitteln bzw. setzen
getHours(), setHours()	Stundenanteil der Uhrzeit ermitteln oder setzen
Parse()	Millisekunden seit dem 01.01.1970
UTC()	Zeit seit dem 01.01.1970
toGMTString()	Zeit in UTC-Format ausgeben

Um eine Zeichenkette in ein Datum umzuwandeln, kann der Konstruktor des Datum-Objekts verwendet werden. Die Angabe erfolgt im Format „monat tag, jahr h[: min : s]".

```
var date1 = new Date("January 02, 1910 12:00:00");
```

Dieser Code erstellt das Datum vom 2. Januar 1910, 12 Uhr mittags.

Alternativ gibt es einen Konstruktor, welcher die Parameter Jahr, Monat, Tag, Stunden, Minuten, Sekunden, Millisekunden entgegennimmt. Werden nicht alle Parameter angegeben, werden die folgenden Parameter als null gelesen. Beachten Sie, dass die Monate ab 0 zählen!

```
var date2 = new Date(1910,00,02,12);
```

Dies führt zur gezeigten Ausgabe in Visual Studio.

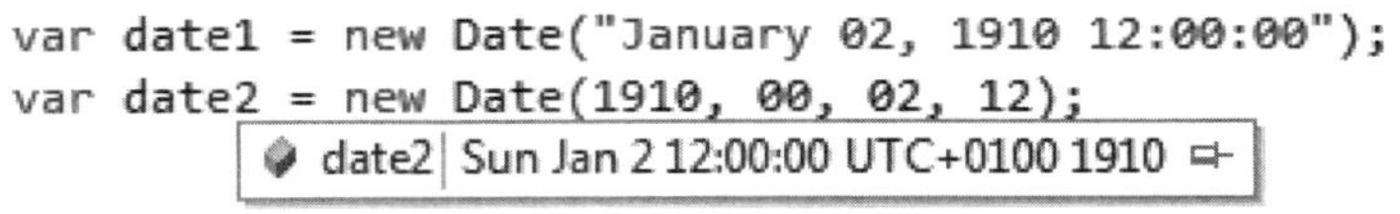

```
var date1 = new Date("January 02, 1910 12:00:00");
var date2 = new Date(1910, 00, 02, 12);
```
| ● date2 | Sun Jan 2 12:00:00 UTC+0100 1910 |

Abbildung 5.37 Umgang mit Datumswerten

5.4.8 DOM-Manipulation

Zwar ist JavaScript entwickelt worden, um interaktive Manipulationen am DOM (Document Object Model) des Browsers vornehmen zu können, dennoch sind die Objekte zur DOM-Manipulation, sowie die damit einhergehende Browser-API nicht Bestandteil der Sprachdefinition von JavaScript nach dem ECMA-Standard.

Der DOM-Baum

Der Begriff DOM-Baum wird vom W3C verwendet, um eine Struktur auf ein (X)HTML Dokument zu legen, um mit deren Hilfe die einzelnen Element auswählen und verändern zu können. Dabei werden die Elemente einsprechend Ihrem Vorkommen im Dokument in einer baumartigen Struktur dargestellt. Diese Struktur erleichtert den Zugriff und die Manipulation einzelner Elemente eines Web-Dokumentes.

Jedes Element stellt einen Knoten dar, welcher unterschiedlichen Typs (Element, text, Document, .usw.) sein kann. Um die Manipulation der Eigenschaften einzelner Knoten zu verstehen, sollen zunächst die Baumstruktur und die Navigationseigenschaften der einzelnen Elemente vorgestellt werden.

Beispiel

Gegeben ist folgender Auszug aus einem (X)HTML Dokument:

```
<div><b>Hallo</b> Matthias !</div>
```

Daraus ergibt sich folgender Teilbaum.

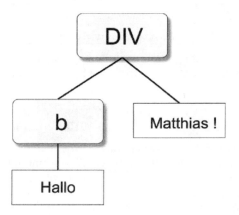

Abbildung 5.38 Teilbaum einer HTML-Seite

DOM Navigation

Jeder Knoten enthält neben vielen Eigenschaften auch entsprechenden Zeiger, welche auf die benachbarten Knoten zeigen. Werden diese Zeiger nacheinander verwendet, können Sie jedes Element eines Dokumentes erreichen.

5.4 Die Sprache JavaScript

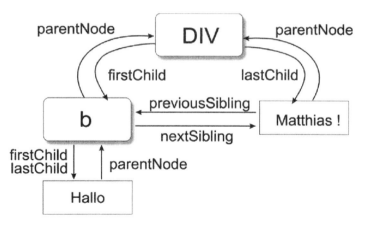

Abbildung 5.39 Zeiger, die Knoten verbinden

Ferner stehen noch die Methoden `getElementById` und `getElementByTagName` zur Verfügung. Mit Hilfe dieser Funktionen können Elemente in einem Dokument gefunden werden, ohne den gesamten DOM-Baum durchlaufen zu müssen.

getElementById

Bitte beachten Sie dabei, dass `getElementById` immer das Element selbst zurückgibt[10], wogegen die Funktion `getElementByTagName` immer eine `NodeList` zurückgibt.

getElementByTagName

```
document.getElementById("someID").style.fontWeight = 'bold';
```

Beim Element mit der ID „someID" wird der Schriftstil auf fett geändert.

```
var li = document.getElementsByTagName("li");
for ( var j = 0; j < li.length; j++ ) {
  li[j].style.border = "1px solid #000";
}
```

Alle Elemente *li* (Listen-Element) werden mit einem zusätzlichen Rand versehen.

Im folgenden Beispiel soll eine Hilfsfunktion erstellt werden, welche alle Elemente eines bestimmten Typs innerhalb eines vorgegebenen Kontexts findet:

```
❶ function tag(name, elem) {
     // wird kein Kontext angegeben wird document verwendet
❷    return (elem || document).getElementsByTagName(name);
  }
```

Die Funktion bekommt zwei Parameter `name` und `elem` übergeben ❶. Wird beim Aufruf nur ein Parameter verwendet, ist der andere Parameter automatisch `null`. So wird bei ❷ entschieden, ob kein Kontext `elem` angegeben wurde. Ist das der Fall, wird das `document`-Objekt verwendet.

---

[10] Die ID eines Elements soll immer eindeutig sein. Da jedoch nicht alle Web-Anwendungen diese Regel einhalten, wird im Fall einer nicht-eindeutigen ID das erste Element zurückgegeben.

5.4.9 Ereignisse (Events)

Einführung

Ereignisse sind in JavaScript essenziell für die Funktion einer Seite, da diese das Gerüst aus Funktionen zusammenhalten. Dabei ist das Ereignissystem in JavaScript schon ein wenig speziell, da es ausschließlich auf asynchronen Funktionsaufrufen basiert, jedoch ohne jede Verwendung von Threads auskommt.

Verwendung

Da es keine Threads in JavaScript gibt, ist es nicht möglich permanent zu prüfen ob eine Bestimmt Eigenschaft erfüllt wurde oder nicht.

Folgender Code funktioniert nicht:

```
while ( ! window.loaded() ) { . . . }
```

Diese Schleife funktioniert nicht, weil der einzige Thread blockiert werden würde und keine weiteren Anweisungen im Hintergrund mehr ausgeführt werden könnten.

Anstelle dessen werden in JavaScript ausschließlich asynchrone Funktionsaufrufe verwendet.

```
// Registrieren einer Funktion, welche geladen werden solle, wenn die
// Seite geladen wurde
window.onload = loaded;

// die Funktion.
function loaded() {
  document.getElementById("body").style.border = "1px solid #000";
}
```

> **HINWEIS** Mit Hilfe des this-Schlüsselwortes ist es innerhalb der Ereignisbehandlungsfunktion möglich, auf das Objekt zuzugreifen, welches das Ereignis empfangen hat.

```
var el = ❶ document.getElementsByTagName("span");
  for ( var i = 0; i < el.length; i++ ) {
  el[i].onclick = ❷ handleClick;
}
// Der Händler für das Klick-Ereignis
function handleClick() {
  ❸ this.style.backgroundColor = "blue";
  ❸ this.style.color = "white";
}
```

Zunächst werden alle SPAN-Elemente in dem Dokument in ein Array zwischengespeichert ❶. Im Anschluss wird allen Elementen die Funktion `handleClick` zugewiesen ❷.

Innerhalb der Ereignisbehandlungsfunktion `handleClick` wird die Vorder- und die Hintergrundfarbe geändert ❸. Dabei wird das Element, welches den Klick behandelt, mit Hilfe des Schlüsselwortes `this` ausgewählt.

6 Konfiguration des Projekts

ASP.NET 4 verfügt über eine vielschichtige Konfiguration, die auch die eng verbundenen IIS (Internet Information Services) mit einbezieht. Dabei muss bei der ersten Nutzung kaum etwas eingestellt werden, denn viele Basisfunktionen sind ausreichend konfiguriert. Im Produktionsbetrieb sind weitere Maßnahmen notwendig, um den Anforderungen des Betriebs gerecht werden zu können.

Aber auch auf einem Entwicklungssystem können einige Einstellungen erforderlich sein, beispielsweise für Verbindungszeichenfolgen zu einer Datenbank.

Dieses Kapitel zeigt die elementaren Konfigurationsschritte und wie sie anzuwenden sind. Insbesondere werden betrachtet:

- Die Datei *web.config* zur Konfiguration einer Applikation.
- Die Namensräume `System.Configuration` und `System.Web.Configuration` im .NET-Framework, die die Klassen liefern, mit denen per Programmcode auf Konfigurationsdateien zugegriffen werden kann.
- Wenn Sie später Applikationen erstellen und in den Produktionsbetrieb überführen, sollten Sie sich noch mit der Datei *machine.config* auseinandersetzen.

Für die ersten Schritte reicht es, dieses Kapitel zu überfliegen.

6.1 Konfiguration von Applikationen: web.config

Um eine Applikation zu konfigurieren, wird mit ASP.NET 4 ein ebenso einfaches wie leistungsfähiges Prinzip eingeführt. In den letzten Versionen bis ASP.NET 3.5 ist die *web.config* beständig gewachsen. Dies liegt unter anderem darin, dass alle Einstellungen für eine Applikation in der lokalen *web.config* gedoppelt werden. Da der Aufbau hierarchisch ist, also Dateien in untergeordneten Verzeichnissen Einstellungen in höheren Ebenen erben und gegebenenfalls überschreiben, lässt sich so eine flexible Konfiguration aufbauen. Die Tatsache, dass die erste Datei dieser Art dadurch sehr umfangreich gerät, war dabei sowohl hinderlich als auch gewollt. Einstellungen in dieser Datei waren so davor geschützt, durch ein Systemupdate plötzlich ein anderes Verhalten zu produzieren.

6.1.1 Die Konfigurationsdatei in ASP.NET 4

Mit .NET 4 ist nicht nur die Laufzeitumgebung neu. Auch die zentrale Konfigurationsdatei des Servers – die *machine.config* – ist spezifisch zu .NET 4 und parallel zu anderen Versionen installiert. Diese neue Datei registriert standardmäßig alle erforderlichen Handler, Module und Konfigurationsabschnitte. Dies schließt auch neue Funktionen wie AJAX, Dynamische Daten, Routing für ASP.NET und MVC und die Chart-Komponenten mit ein. Die *web.config* ist deshalb sehr aufgeräumt, wie nachfolgend gezeigt:

```xml
<?xml version="1.0"?>
<configuration>
    <system.web>
        <compilation debug="true" targetFramework="4.0" />
    </system.web>
</configuration>
```

Auch wenn die Vorlage für ein vollständiges Web benutzt wird, werden lediglich die Provider für die Authentifizierung eingefügt:

```xml
<?xml version="1.0"?>
<configuration>
  <connectionStrings>
    <add name="ApplicationServices"
        connectionString="data source=.\SQLEXPRESS;
            Integrated Security=SSPI;
            AttachDBFilename=|DataDirectory|\aspnetdb.mdf;
            User Instance=true"
        providerName="System.Data.SqlClient" />
  </connectionStrings>

  <system.web>
    <compilation debug="true" targetFramework="4.0" />

    <authentication mode="Forms">
      <forms loginUrl="~/Account/Login.aspx" timeout="2880" />
    </authentication>

    <membership>
      <providers>
        <clear/>
        <add name="AspNetSqlMembershipProvider"
            type="System.Web.Security.SqlMembershipProvider"
            connectionStringName="ApplicationServices"
            enablePasswordRetrieval="false"
            enablePasswordReset="true"
            requiresQuestionAndAnswer="false"
            requiresUniqueEmail="false"
            maxInvalidPasswordAttempts="5"
            minRequiredPasswordLength="6"
            minRequiredNonalphanumericCharacters="0"
            passwordAttemptWindow="10"
            applicationName="/" />
      </providers>
    </membership>
```

```xml
    <profile>
      <providers>
        <clear/>
        <add name="AspNetSqlProfileProvider"
            type="System.Web.Profile.SqlProfileProvider"
            connectionStringName="ApplicationServices"
            applicationName="/"/>
      </providers>
    </profile>

    <roleManager enabled="false">
      <providers>
        <clear/>
        <add name="AspNetSqlRoleProvider"
            type="System.Web.Security.SqlRoleProvider"
            connectionStringName="ApplicationServices"
            applicationName="/" />
        <add name="AspNetWindowsTokenRoleProvider"
            type="System.Web.Security.WindowsTokenRoleProvider"
            applicationName="/" />
      </providers>
    </roleManager>

  </system.web>

  <system.webServer>
    <modules runAllManagedModulesForAllRequests="true"/>
  </system.webServer>
</configuration>
```

Auch wenn dies einfach und leicht beherrschbar erscheint, ist es dennoch wichtig zu wissen, welche Einstellungen überhaupt vorgenommen werden können.

6.1.2 Struktur der Konfigurationsdatei

Neben einer zentralen Konfigurationsdatei, *machine.config*, die im nächsten Abschnitt beschrieben wird, kann der Betreiber einer Applikation in jedem Verzeichnis eine Datei *web.config* ablegen. Diese XML-Datei enthält eine einfache Struktur von Tags, mit denen vielfältige Konfigurationen möglich sind. Um die Aktivierung müssen Sie sich nicht kümmern. Es wird weder ein Neustart der Applikation, noch der IIS, gefordert. Tatsächlich lädt ASP.NET die Datei beim ersten Aufruf und stellt den Inhalt dann aus dem Speicher zur Verfügung. Nur wenn sich Änderungen ergeben, wird sie neu geladen. Insofern ist die ständige Nutzung nicht mit Festplattenzugriffen verbunden. Änderungen wirken sich aber dennoch sofort aus.

Das vollständige Schema der Konfigurationsdatei finden Sie nachfolgend:

```xml
<configuration>
   <system.web>
      <authentication>
         <forms>
            <credentials>
         <passport>
      <authorization>
         <allow>
         <deny>
      <browserCaps>
         <result>
```

6 Konfiguration des Projekts

```xml
                <use>
                <filter>
                    <case>
            <clientTarget>
                <add>
                <remove>
                <clear>
            <compilation>
                <compilers>
                    <compiler>
                <assemblies>
                    <add>
                    <remove>
                    <clear>
            <customErrors>
                <error>
            <globalization>
            <httpHandlers>
                <add>
                <remove>
                <clear>
            <httpModules>
                <add>
                <remove>
                <clear>
            <httpRuntime>
            <identity>
            <machineKey>
            <pages>
            <processModel>
            <securityPolicy>
                <trustLevel>
            <sessionState>
            <trace>
            <trust>
            <webServices>
                <protocols>
                    <add>
                    <remove>
                    <clear>
                <serviceDescriptionFormatExtensionTypes>
                    <add>
                    <remove>
                    <clear>
                <soapExtensionTypes>
                    <add>
                <soapExtensionReflectorTypes>
                    <add>
                <soapExtensionImporterTypes>
                    <add>
                <WsdlHelpGenerator>
            </webServices>
        </system.web>
</configuration>
```

Die wichtigsten Abschnitte werden nachfolgend vorgestellt. Einige Teile wirken jedoch auf ganz bestimmte Programmfunktionen und werden in den entsprechenden Abschnitten der anderen Kapitel beschrieben.

Einige wichtige grundlegenden Einstellungen finden Sie nachfolgend.

6.1.3 Prinzipieller Umgang mit Konfigurationsdateien

Generell gelten die Einstellungen in der *web.config* für das Verzeichnis, indem sie liegt. Das ist unter Umständen umständlich, wenn verschiedene Verzeichnisse einer Applikation unterschiedlich konfiguriert werden sollen. Es wäre sicher angenehm, alle Einstellungen in einer Datei zu verwalten.

Normalerweise stehen die applikationsspezifischen Parameter im Zweig `<system.web>`:

```
<configuration>
   <system.web>
      <!-- Hier stehen die Tags -->
   </system.web>
</configuration>
```

Diese Einstellungen gelten für den Ort, an dem die Konfigurationsdatei selbst liegt.

Sie können der Datei nun weitere Abschnitte hinzufügen, `<location>` genannt:

```
<configuration>
   <system.web>
      <!-- Hier stehen die Tags -->
   </system.web>
   <location path="data/special">
      <system.web>
         <!-- Hier stehen die Tags -->
      </system.web>
   </location>
</configuration>
```

Ausgehend vom aktuellen Verzeichnis kann mit der Angabe `path` bestimmt werden, für welches Verzeichnis die enthaltenen Konfigurationsangaben gelten.

Die Einstellungen lassen sich natürlich auch für die gesamte Maschine vornehmen. Dies erfolgt dann in der Datei *machine.config*.

6.2 Konfiguration des Systems: machine.config

Die Konfiguration eines Servers übernimmt die Datei *machine.config*. Fast alle Einstellungen, die hier erfolgen, lassen sich in *web.config* wieder überschreiben. Sie finden *machine.config* in folgendem Ordner:

```
%systemroot%\Microsoft.NET\Framework\v4.0.30319\CONFIG
```

Die Versionsnummer, unterstrichen dargestellt, muss gegebenenfalls an Ihre Installation angepasst werden. Auf einem 64-Bit System sieht dieser Pfad folgendermaßen aus:

v4.0.30319

```
%systemroot%\Microsoft.NET\Framework64\v4.0.30319\CONFIG
```

64 Bit

6.2.1 Optionen des Compilers

ASP.NET 4-Code wird mit einem Compiler übersetzt. Das passiert beim Aufruf der Seite automatisch, wenn die Seite nicht vorkompiliert wurde. Wenn Sie Visual Studio 2010 verwenden, kümmert sich die Entwicklungsumgebung um die nötigen

6 Konfiguration des Projekts

Schalter und Einstellungen. Abweichungen lassen sich in den Eigenschaften eines Projekts einstellen.

Bei der automatischen Übersetzung bestehen solche Eingriffsmöglichkeiten über die *web.config*, basierend auf den in der zentralen *web.config* befindlichen Standardeinstellungen:

```xml
<system.codedom>
    <compilers>
        <compiler language="c#;cs;csharp" extension=".cs"
                  warningLevel="4"
                  type="Microsoft.CSharp.CSharpCodeProvider, System,
                        Version=4.0.0.0, Culture=neutral,
                        PublicKeyToken=b77a5c561934e089">
            <providerOption name="CompilerVersion" value="v4.0"/>
            <providerOption name="WarnAsError" value="false"/>
        </compiler>
        <compiler language="vb;vbs;visualbasic;vbscript" extension=".vb"
                  warningLevel="4"
                  type="Microsoft.VisualBasic.VBCodeProvider, System,
                        Version=4.0.0.0, Culture=neutral,
                        PublicKeyToken=b77a5c561934e089">
            <providerOption name="CompilerVersion" value="v4.0"/>
            <providerOption name="OptionInfer" value="true"/>
            <providerOption name="WarnAsError" value="false"/>
        </compiler>
    </compilers>
</system.codedom>
```

Die Auflistung der bereit stehenden Compiler dürfte kaum Fragen aufwerfen. Anbieter von anderen Sprachen für .NET müssen ihre Software so gestalten, dass der Compiler und dessen Basisklasse hier vermerkt werden.

<compilation>   Interessanter sind die Attribute des Zweiges `<compilation>` (hier nicht abgebildet). Hier gibt es folgende Einstellmöglichkeiten:

- `debug="true|false"`

    Legt fest, ob der Compiler Debuggercode erzeugen soll oder nicht. Debuggercode führt im Code Marken mit, mit denen die Position der Haltepunkte in der Quelle festgestellt werden kann. Das macht den Code langsamer und größer, ist aber in der Entwicklungsphase notwendig. Die Option kann durch ein Attribut der Seitendirektive `@Page` überschrieben werden.

- `defaultLanguage="cs|vb|js"`

    Dies ist die Standardsprache, die in ASP.NET-Seiten für eingebetteten Code verwendet werden soll. Auch dieser Wert kann mit der Seitendirektive `@Page` überschrieben werden. Der Standardwert ist „vb".

- `tempDirectory`

    Die temporären Dateien werden normalerweise in folgendem Pfad abgelegt:

    %systemroot%\Microsoft.NET\Framework\v\Temporary ASP.NET files

    Der unterstrichene Teil muss der installierten Version entsprechen. Temporäre Dateien entstehen, wenn der Compiler ASP.NET-Dateien übersetzt.

- `strict="true|false"`

  Schaltet die `Strict`-Option (`Option Strict` in VB.NET) ein oder aus. Standard ist „ein" = `true`. Für C# hat dies keinen Effekt.

- `explicit="true|false"`

  Schaltet die `Explicit`-Option (`Option Explicit` in VB.NET) ein oder aus. Standard ist „ein" = `true`. Für C# hat dies keinen Effekt.

- `batch="true|false"`

  Kontrolliert die Verfügbarkeit der Übersetzung von Stapelverarbeitungsdateien. Diese Option ist standardmäßig aktiv.

- `batchTimeout="15"`

  Wenn mehrere Übersetzungsvorgänge aus einer Stapelverarbeitungsdatei heraus erfolgen, begrenzt diese Option die Anzahl Sekunden, die der Vorgang in Anspruch nehmen darf. Der Standardwert beträgt 15 Sekunden.

- `maxBatchSize="1000"`

  Kontrolliert die maximale Zahl an Datenquellen, die in einem Batchlauf verwendet werden können. Der Standardwert beträgt 1.000.

- `maxBatchGeneratedFileSize="3000"`

  Bestimmt die maximale Dateigröße, die durch Übersetzung in einem Batchlauf entstehen darf. Der Standardwert beträgt 3.000 KB.

- `numRecompilesBeforeAppRestart="15"`

  Anzahl der Compilerläufe, nach der die Applikation recycelt wird. Dies sichert die Zuverlässigkeit des Compilers.

In einem zweiten Unterelement `<assemblies>` werden außerdem die standardmäßig verfügbaren Assemblies definiert, die der Compiler verwenden darf. Hier sind die Klassen der Basisklassenbibliothek und einiger ergänzender Assemblies zu finden. Weitere, beispielsweise von Drittanbietern, können hinzugefügt werden.   `<assemblies>`

Die Referenzen lassen sich auch in Visual Studio 2010 hinzufügen, sodass die Option nur für reine SDK-Umgebungen interessant ist.

6.2.2 Den Arbeitsprozess konfigurieren

Mittels der Datei *machine.config* lässt sich ein ASP.NET-Server umfassend konfigurieren. Von Hause aus ist dies nicht zwingend erforderlich, die Standardeinstellungen laufen gut für durchschnittliche Ansprüche. Allerdings sind nicht alle Server gleich und manche Applikation benötigt andere Parameter. Dann sind Eingriffe sinnvoll.

Die Datei machine.config

Die Konfigurationsdatei finden Sie in folgendem Pfad (auf 64 Bit, sonst entfällt die „64" im Pfadnamen):

```
%WinDir%\Microsoft.NET\Framework64\v4.0.30319\CONFIG
```

Dies gilt nur, wenn Sie mit .NET 4 entwickeln. Die Datei besteht aus XML, was sich relativ leicht bearbeiten lässt, beispielsweise in Visual Studio. Für den Arbeitsprozess der hier an zentraler Stelle steht, ist vor allem das Tag `<processModel>` interessant. Sie finden es unter `<system.web>` und üblicherweise sieht es folgendermaßen aus:

```
<processModel autoConfig="true" />
```

Die `autoConfig`-Option stellt alle Parameter auf vernünftige Mittelwerte ein. Das ist meist passend, aber eben nicht immer. Um die Einstellungen problemorientiert zu optimieren, setzen Sie zuerst die Standards außer Kraft:

```
<processModel autoConfig="false" />
```

Die Einstellungen sind allerdings nicht trivial und verlangen einiges Wissen. Dieser Abschnitt soll helfen, einen Überblick über die Möglichkeiten zu erhalten. Er soll nicht die Dokumentation ersetzen.

> **HINWEIS** Änderungen an `<processModel>` haben keinen sofortigen Effekt. Sie müssen den Arbeitsprozess *w3wp.exe* neu starten, um die geänderten Werte zu übernehmen. Um dies zu tun, öffnen Sie den Task Manager. Suchen Sie *w3wp.exe*. Beenden Sie den Prozess. Der Arbeitsprozess startet bei der nächsten Anforderung automatisch neu oder er startet sofort, sofern die Autostartfunktion aktiv ist. Mehr dazu finden Sie in Kapitel 21.

Was bringen Eingriffe in die machine.config-Einstellungen?

Zuerst sollten Sie sich die Frage beantworten, ob Eingriffe überhaupt sinnvoll sind. Dazu ist es gut zu wissen, was überhaupt eingestellt werden kann. Folgende Szenarien benötigen üblicherweise *keine* Eingriffe:

- Der Server kennt nur eine Applikationsdomäne
- Jede Seite verursacht nur eine Anforderung (Kein AJAX oder so)
- Alle Anforderungen werden über eine IP-Adresse abgewickelt

In diesem Fall sind die Standardeinstellung sehr gut und Eingriffe eher nachteilig. Wenn eines der folgenden Szenarien zutrifft, sieht es anders aus:

- Anforderungen betreffen viele IP-Adressen
- Es gibt häufige Weiterleitungen (Redirect, mit HTTP-Statuscode 302)
- Sie verwenden Authentifizierung
- Es gibt mehr als seine Applikationsdomäne

Bedenken Sie jedoch, dass andere Einstellungen auch mit den Bedingungen der Hardware korrespondieren müssen. Es ist sinnlos, Einstellungen vorzunehmen, die 16 GB Speicher erfordern, aber nur 8 GB einzubauen. Insofern sind alle Angaben im folgenden Abschnitt mit Vorsicht zu interpretieren. Das Finden der optimalen Werte ist eine echte Herausforderung.

Ein erster Blick

Tabelle 6.1 zeigt die Parameter für das Tag `processModel`.

Tabelle 6.1 Parameter für das Tag `<processModel>`

→ MSDN

Attribut	Standard	Beschreibung
`clientConnectedCheck`	00:00:05 (fünf Sekunden)	Nach Ablauf dieser Zeit wird bei einer noch in der Warteschlange befindlichen Anfrage geprüft, ob der Client noch verbunden ist.
`cpuMask`	0xffffffff	Legt fest, welche Kerne eines Mehrprozessorsystems für ASP.NET benutzt werden. Der Wert ist eine Bitmaske. Die Kerne werden von rechts mit 0 beginnend adressiert.
`enable`	true	Schaltet die individuelle Konfiguration des Prozessmodells ein oder aus.
`idleTime`	Infinite	Legt den Zeitraum der Inaktivität fest, nachdem der Arbeitsprozess beendet wird. Das Format ist „hh:mm:ss".
`logLevel`	Errors	Die Ausgabetiefe der Fehler ins Protokoll. Kann einer der Werte „All" (alle), „Errors" (nur Fehler), oder „None" (keine) sein.
`maxAppDomains`	2000	Die Anzahl der Applikationsdomänen in einem Prozess. Der Standardwert ist zugleich der Höchstwert. Sinnvoll bei Providern zur Lastbegrenzung.
`maxIoThreads`	20	Die maximale Anzahl Threads für I/O-Operationen pro CPU. Der Wertebereich geht von 5 bis 100.
`maxWorkerThreads`	20	Die maximale Anzahl Arbeits-Threads für allgemeine Operationen pro CPU. Der Wertebereich geht von 5 bis 100.
`memoryLimit`	60	Der maximale Speicherbereich als prozentualer Anteil des Systemspeichers der dem Arbeitsprozess zugestanden wird. Nach Überschreiten wird ein neuer Arbeitsprozess gestartet.
`minIoThreads`	1	Die minimale Anzahl I/O-Threads.
`minWorkerThreads`	1	Die minimale Anzahl Arbeits-Threads.
`username, password`	AutoGenerate	Die Kontoinformationen, unter denen der Arbeitsprozess läuft.
`pingFrequency`	Infinite	Das Zeitinterval im Format „hh:mm:ss" in dem der Arbeitsprozess gepingt wird. Wenn der Arbeitsprozess nicht reagiert, wird er neu gestartet.

6 Konfiguration des Projekts

Attribut	Standard	Beschreibung
`pingTimeout`	Infinite	Das Zeitinterval im Format „hh:mm:ss" in dem der Arbeitsprozess auf das Ping reagieren muss. Nach Ablauf der Zeit wird er neu gestartet.
`requestLimit`	Infinite	Die Anzahl der Anfragen die ein einzelner Arbeitsprozess verarbeiten darf. Nach Überschreiten des Wertes wird ein weiterer Arbeitsprozess gestartet.
`requestQueueLimit`	5000	Die Anzahl der Anfragen die in der Warteschlange erlaubt sind. Jede weitere Anfrage wird mit dem HTTP-Fehler 503 „Server Too Busy" beantwortet.
`responseDeadlock-Interval`	00:03:00	Die Zeit im Format „hh:mm:ss" die dem Arbeitsprozess gegeben wird, auf eine Anfrage in der Warteschlange zu reagieren. Wenn diese Reaktion nicht erfolgt, wird der Arbeitsprozess neu gestartet.
`restartQueueLimit`	10	Nach einem unerwarteten Neustart des Arbeitsprozesses werden eingehende Anfragen in einer Warteschlange gehalten, bis der Arbeitsprozess wieder zur Verfügung steht. Die Anzahl der gehaltenen Anfragen wird durch diesen Parameter bestimmt.
`serverErrorMessage-File`	-	Ein Dateipfad, entweder absolut oder relativ zu einer Datei, die die Fehlermeldung enthält, die Clients bei schweren Serverfehlen erhalten. Wenn dieser Wert nicht angegeben ist, wird „Server unavailable" gesendet.
`shutdownTimeout`	00:00:05	Die Zeit die dem Arbeitsprozess gegeben wird, um auf das Herunterfahren des Systems zu reagieren. Nach Ablauf wird der Arbeitsprozess zwangsweise beendet.
`timeout`	Infinite	Wenn der Arbeitsprozess nicht reagiert, wird ASP.NET nach Ablauf dieser Zeit einen weiteren starten.
`webGarden`	False	Eine Marke, die bestimmt, dass der Parameter *cpuMask* benutzt werden soll. Wenn der Wert auf *False* steht (Standard), werden alle Kerne benutzt und das Betriebssystem entscheidet über die Aufteilung der Anfragen auf die Kerne.

Zusätzliche Einstellungen

<connection-Management>

Das Tag `<processModel>` steuert die meisten Einstellungen. Allerdings gibt es weitere Tags. Für die Praxis ist auch das folgende von Bedeutung:

```
<system.net>
  <connectionManagement>
    <add address="*" maxconnection="100" />
  </connectionManagement>
</system.net>
```

Dieses Element beeinflusst die Verbindung vom Server zu einem anderen Server, beispielsweise zum Abrufen von RSS-Feeds oder bei der Benutzung von Webdiensten. Der Standardwert ist 2, was meist zu wenig ist. Allerdings liegt dies am HTTP-Standard, der Implementierungen von Clients nur zu mindestens zwei gleichzeitigen Verbindungen zwingt. Wenn mehr unterstützt wird, lässt sich die Leistung damit drastisch erhöhen. Im Beispiel wurde der Wert auf 100 gesetzt. Der Wert gilt pro IP-Adresse, wobei die Angabe „*" für alle Adressen gilt.

→ MSDN

6.2.3 Besondere Aufgaben für den Arbeitsprozess

Um den Arbeitsprozess zu konfigurieren, können Sie die im folgenden Abschnitt beschriebenen Attribute einsetzen. Einstellbar sind

- Das Recyceln des Arbeitsprozesses
- Festlegen, wann der Arbeitsprozess automatisch beendet wird
- Wie geprüft wird, ob der Client noch verbunden ist

Den Arbeitsprozess recyceln

Das als recyceln bezeichnete regelmäßige Neustarten des Arbeitsprozesses ist ein sehr typischer Vorgang. Sie vermeiden dadurch Probleme wie instabile oder langsame Applikationen oder zu hoher Speicherverbrauch. Insgesamt gibt es fünf Wege, diesen Vorgang anzustoßen:

Neustarten des Arbeitsprozesses

- `timeout="48:00:00"`

  Wenn diese Zeit abgelaufen ist, wird der Arbeitsprozess neu gestartet. Das Format ist „Stunde:Minute:Sekunde".

- `requestLimit="1000"`

  Dieser Parameter verlangt einen Zahlenwert, der die Anzahl der Anforderungen zählt. Ist die Zahl erreicht, startet der Arbeitsprozess neu.

- `memoryLimit="30"`

  Dieser Wert bezieht sich auf den Anteil am Arbeitsspeicher in Prozent, den der Arbeitsprozess nicht überschreiten darf.

- `responseDeadlockInterval="00:02:00"`

  Wenn der Arbeitsprozess innerhalb der angegebenen Zeit nicht mehr reagiert, wird er zwangsweise neu gestartet.

- `pingFrequency="00:00:30"`

  Dieser Wert zeigt an, wie oft der Arbeitsprozess abgefragt wird, um festzustellen, ob er noch reagiert.

- `pingTimeout="00:00:05"`

Dieser Wert legt fest, wie lange der Arbeitsprozess sich Zeit nehmen darf auf die Ping-Anforderung zu reagieren.

Laufende Anforderungen werden auf den neuen Arbeitsprozess umgeschaltet, sodass ein fortlaufender Betrieb des Servers gewährleistet ist.

Den Arbeitsprozess beenden

Ressourcen sparen

Soll der Arbeitsprozess beendet werden, kann dies mit zwei Optionen erreicht werden. Der Arbeitsprozess startet bei der nächsten Anforderung automatisch neu. Dass Beenden soll Ressourcen sparen.

- `idleTimeout="00:20:00"`

In diesem Fall wird der Arbeitsprozess beendet, wenn 20 Minuten lang keine Anforderung bearbeitet wurde.

- `shutDownTimeout="00:00:10"`

Dieser Wert erzwingt das Herunterfahren des Arbeitsprozess, wenn die Anforderung zum Beenden nach dieser Zeit nicht beantwortet wurde. Damit wird verhindert, dass lang laufende oder hängende Anforderungen den Arbeitsprozess unnötigerweise am Leben erhalten.

Prüfen ob der Client noch verbunden ist

Der Arbeitsprozess kann prüfen, ob ein Client noch verbunden ist. Wenn viele Anforderungen in der Warteschlange (queue) sind, die Benutzer aber ihre Browser bereits geschlossen haben, kann der Arbeitsprozess die Abarbeitung unterlassen.

- `clientConnectedCheck="00:00:10"`

Dieser Wert prüft alle zehn Sekunden alle in der Queue anstehenden Anforderungen auf ihre Gültigkeit. Denken Sie beispielsweise daran, dass ein Benutzer, weil die Verbindung langsam ist, immer wieder auf ein und denselben Link klickt.

Benutzer können ungeduldig sein. Wenn der Webserver langsam reagiert, kann es passieren, dass mehrfach auf denselben Link geklickt wird. Auch wenn nur die letzte Anfrage auch ausgeliefert wird, werden alle vorhergehenden Anfragen verarbeitet. Auch wenn die Sitzung beendet wird, bleiben die ausstehenden vorhergehenden Anfragen in der Warteschlange. Mit der im Beispiel gezeigten Einstellung prüft der Server alle zehn Sekunden für die gerade in der Warteschlange befindlichen Anfragen, ob der Client noch verbunden ist. Wenn das nicht der Fall ist, wird die Anfrage verworfen.

6.3 Zugriff auf die Konfiguration

Die Namensräume `System.Configuration` und `System.Web.Configuration` enthalten Klassen zum Umgang mit der Datei *web.config*. Dabei wird dem Rechnung getragen, dass das Modell der *web.config*-Dateien spezifisch für ASP.NET ist, der Aufbau aber den Rahmenbedingungen des Frameworks folgt und universell ist.

Mit den entsprechenden Typen ist ein sehr einfacher typisierter Zugriff möglich, der den Umgang mit XML nicht erforderlich macht.

6.3.1 Anwendung der Klasse WebConfigurationManager

Der Zugriff ist am einfachsten über die Klasse `WebConfigurationManager` möglich. Dabei stehen die Abschnitte `<appSettings>` und `<connectionStrings>` direkt über die Eigenschaften `AppSettings` und `ConnectionStrings` zur Verfügung. Alle anderen Abschnitte lassen sich über `GetSection` ermitteln.

WebConfigurationManager

Das Beispiel in Listing 6.1 zeigt exemplarisch den Zugriff auf die *web.config* und die Ausgabe mittels `GridView`-Steuerelementen:

Listing 6.1 Zugriff auf die Datei web.config (Markup)

```
<html xmlns="http://www.w3.org/1999/xhtml">
<head runat="server">
    <title></title>
</head>
<body>
    <form id="form1" runat="server">
    <div>
        <h3>App Settings</h3>
        <asp:GridView runat="server" ID="gridApps">
        </asp:GridView>
        <h3>Connection Strings</h3>
        <asp:GridView runat="server" ID="gridConf">
        </asp:GridView>
        <h3>Handler</h3>
        <asp:GridView runat="server" ID="gridHandler">
        </asp:GridView>
    </div>
    </form>
</body>
</html>
```

Diese *aspx*-Seite definiert lediglich drei `GridView`-Steuerelemente, um die aus der Konfiguration gelesenen Kollektionen direkt ausgeben zu können. Wie das genau erfolgt, finden Sie im folgenden Listing:

Listing 6.2 Zugriff auf die Datei web.config (Ausschnitt mit relevanten using-Anweisungen)

```
using System;
using System.Collections.Specialized;
using System.Configuration;
using System.Web.Configuration;

public partial class _Default : System.Web.UI.Page
{
    protected void Page_Load(object sender, EventArgs e)
    {
        if (!IsPostBack)
        {
            NameValueCollection apps =
               WebConfigurationManager.AppSettings;
```

6 Konfiguration des Projekts

```
            if (apps != null)
            {
                gridApps.DataSource = apps;
            }
            ConnectionStringSettingsCollection conf = ⮐
                WebConfigurationManager.ConnectionStrings;
            if (conf != null)
            {
                gridConf.DataSource = conf;
            }
      ❶ HttpHandlersSection handler = ⮐
            WebConfigurationManager.GetSection
           ("system.web/httpHandlers") as
            HttpHandlersSection;
            if (handler != null)
            {
                gridHandler.DataSource = handler.Handlers;
            }
            DataBind();
        }
    }
}
```

`HttpHandlerSection` ❶ ist ein spezieller Typ, der einen typisierten Zugriff auf Elemente erlaubt. Der Ausschnitt aus der *web.config* zeigt dies:

Listing 6.3 Die Datei web.config, wie sie im Beispiel verwendet wurde

```
<appSettings>
    <add value="Test" key="Wert1"/>
    <add value="Mehr Daten" key="Wert2"/>
</appSettings>
<connectionStrings/> ❶
<httpHandlers> ❷
        <remove verb="*" path="*.asmx"/>
        <add verb="*" path="*.asmx" validate="false"
type="System.Web.Script.Services.ScriptHandlerFactory,
System.Web.Extensions, Version=3.5.0.0, Culture=neutral,
PublicKeyToken=31BF3856AD364E35"/>
        <add verb="*" path="*_AppService.axd" validate="false"
type="System.Web.Script.Services.ScriptHandlerFactory,
System.Web.Extensions, Version=3.5.0.0, Culture=neutral,
PublicKeyToken=31BF3856AD364E35"/>
        <add verb="GET,HEAD" path="ScriptResource.axd"
type="System.Web.Handlers.ScriptResourceHandler, System.Web.Extensions,
Version=3.5.0.0, Culture=neutral, PublicKeyToken=31BF3856AD364E35"
validate="false"/>
</httpHandlers>
```

An der Ausgabe der Verbindungszeichenfolgen im Vergleich mit dem leeren Eintrag ❶ ist zu sehen, dass hier Werte geerbt wurden. Auch die Anzahl der Handler ist erheblich länger als die Definition, ab ❷.

6.3 Zugriff auf die Konfiguration

Abbildung 6.1 Ausgabe der Inhalte der Datei web.config

Beachten Sie, dass die angezeigten Werte das Ergebnis der durch die Hierarchie gebildeten Konfigurationsdaten ergeben. Die zentrale *web.config* der Maschine wird mit einbezogen.

6.3.2 Schreibender Zugriff auf die Konfiguration

Der schreibende Zugriff ist nicht über die gezeigten Kollektionen möglich. Sie müssen die Konfiguration „regulär" öffnen, um mit den Werten arbeiten zu können.

appSettings

Das folgende Beispiel zeigt, wie programmatisch Werte in `<appSettings>` eingefügt werden:

Listing 6.4 Formular zum Anzeigen und Schreiben von Daten

```
<html xmlns="http://www.w3.org/1999/xhtml">
<head runat="server">
    <title></title>
</head>
<body>
    <form id="form1" runat="server">
    <div>
        Aktuelle Applikationseinstellungen:<br />
        <asp:GridView ID="GridView1" runat="server">
        </asp:GridView>
        <br />
        Neuer Wert:<br />
        Schlüssel =
```

6 Konfiguration des Projekts

```
            <asp:TextBox ID="txtKey" runat="server"></asp:TextBox>
             Wert =
            <asp:TextBox ID="txtVal" runat="server"></asp:TextBox>
            <asp:Button ID="Button1" runat="server"
                        onclick="Button1_Click"
                Text="Eintragen" />
            <br />
            <br />
        </div>
        </form>
    </body>
</html>
```

Die gesamte Logik dazu steckt in folgendem Code:

Listing 6.5 Schreiben von Daten in die lokale web.config

```
using System;
using System.Configuration;
using System.Web.Configuration;

public partial class WriteAppSettings : System.Web.UI.Page
{
    protected void Page_Load(object sender, EventArgs e)
    {
        if (!IsPostBack)
        {
            GridView1.DataSource = ⤶
              WebConfigurationManager.AppSettings;  ❺
            GridView1.DataBind();
        }
    }

    protected void Button1_Click(object sender, EventArgs e)
    {
        if (!String.IsNullOrEmpty(txtKey.Text) && ⤶
            !String.IsNullOrEmpty(txtVal.Text))
        {
            Configuration conf = ⤶
                WebConfigurationManager.OpenWebConfiguration(❶⤶
                System.Web.Hosting.HostingEnvironment⤶
                .ApplicationVirtualPath❷);
         ❸ conf.AppSettings.Settings.Add(txtKey.Text, txtVal.Text);
         ❹ conf.Save();
            Response.Redirect(Request.Url.AbsoluteUri);
        }
    }
}
```

Kern ist die Methode `OpenWebConfiguration` ❶, die ein Objekt vom Typ `Configuration` zurückgibt, dass die Datei aus dem aktuellen Applikationsverzeichnis ❷ enthält. Diesem Objekt kann dann über die `Settings`-Kollektion ❸ der neue Wert hinzugefügt werden. Die Übertragung erfolgt jedoch erst mit dem expliziten Speichern ❹.

Damit im Beispiel der neue Wert sofort angezeigt wird, erfolgt eine Weiterleitung auf sich selbst. Der Inhalt der Konfigurationsdatei wird nur in der Initialisierungsphase gelesen. Das heißt, die `AppSettings`-Kollektion ❺ wird nicht sofort aktualisiert.

6.4 Eigene Konfigurationsabschnitte

Das Modell der Konfiguration der *web.config* ist erweiterbar. Sie können für Ihre Applikation eigene Konfigurationsabschnitte und deren Verhalten definieren, um nicht mit den Beschränkungen des Abschnitts `<appSettings>` leben zu müssen.

Vor allem, wenn andere Erweiterungsschnittstellen benutzt werden, kann auch deren Konfiguration stringent und transparent integriert werden. Es ist kaum notwendig, getrennt von *web.config* noch andere Konfigurationselemente in einem Projekt vorzuhalten.

6.4.1 Aufbau des Konfigurationsabschnitts der web.config

Zuerst muss in dem Projekt, indem der neue Konfigurationsabschnitt erstellt wird, eine Referenz zu `System.Configuration.dll` eingerichtet werden. Ein Abschnitt in der Konfiguration basiert auf einer Implementierung der beiden abstrakten Basisklassen `ConfigurationSection` und `ConfigurationElement`. Diese liefern das nötige Grundgerüst, damit sich neue Abschnitte in der *web.config* so wie die bereits bestehenden verhalten. Diese werden, wie auch später die privat erstellen, zentral angemeldet. Wenn Sie ein neues Projekt anlegen, sieht das etwa folgendermaßen aus:

Listing 6.6 Projektspezifische Definitionen für Konfigurationsabschnitte

```xml
<configSections>
  <sectionGroup name="system.web.extensions" type="…">
    <sectionGroup name="scripting" type="…">
      <section name="scriptResourceHandler" type="…"
              requirePermission="false"
              allowDefinition="MachineToApplication"/>
      <sectionGroup name="webServices" type="…">
        <section name="jsonSerialization"
                type="…" requirePermission="false"
                allowDefinition="Everywhere" />
        <section name="profileService" type="…"
                requirePermission="false"
                allowDefinition="MachineToApplication" />
        <section name="…" requirePermission="false"
                allowDefinition="MachineToApplication" />
        <section name="roleService" type="…" requirePermission="false"
                allowDefinition="MachineToApplication" />
      </sectionGroup>
    </sectionGroup>
  </sectionGroup>
</configSections>
```

Die `type`-Attribute wurden zur Verbesserung der Lesbarkeit leer gemacht; hier stehen die voll qualifizierten Namen der Assemblies, in denen der Typ definiert ist. Zuerst einmal wird festgelegt, in welchem Bereich der neue Konfigurationsabschnitt erscheinen soll. Dazu dient das Element `<sectionGroup>`:

`<sectionGroup name="system.web.extensions">`

Der Abschnitt `<system.web.extensions>` ist von den folgenden Elementen betroffen. Das können weitere Gruppen, definiert durch `<sectionGroup>` oder konkrete

6 Konfiguration des Projekts

Bereiche, definiert durch `<section>` sein. Alle Teile der Konfiguration lassen sich implementieren, indem die passenden abstrakten Basisklassen benutzt werden.

Das Klassenmodell

Die folgende Abbildung 6.2 zeigt das Klassenmodell auf einen Blick. Dies sind die abstrakten Basisklassen, die den Ausgangspunkt einer eigenen Konfigurationsstruktur bilden.

Configuration Section

Configuration Element

Entscheidend sind die Klassen `ConfigurationSection` für den Abschnitt und `ConfigurationElement` für das Element. Viele Elemente erlauben Kollektionen, wie auch `<appSettings>`. Dort können Elemente mit `<add>`, `<remove>` und `<clear>` behandelt werden. Um dies zu unterstützen, benötigen Sie `ConfigurationElement-Collection`.

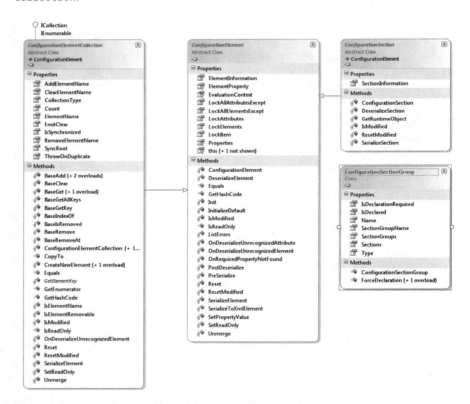

Abbildung 6.2 Abstrakte Basisklassen für die Konfiguration

Attribute zur Steuerung der Elemente

Validatoren

Einige Attribute dienen zur Steuerung der Konfigurationselemente. Hervorzuheben sind die Validatoren zur Prüfung der Werte:

- `IntegerValidator`, `LongValidator`

  Geben Sie einen Bereich vor, in dem Elemente erlaubt sind.

- StringValidator

  Geben Sie für eine Zeichenkette die minimale und maximale Länge vor. Des Weiteren können Sie bestimmte Zeichen verbieten. Dies ist sinnvoll, wenn sie Pfadangaben konfigurieren möchten und verbotene Zeichen von vornherein unterdrücken wollen.

- RegexStringValidator

  Damit nutzen Sie reguläre Ausdrücke zur Prüfung der Eingabe.

- CallbackValidator

  Geben Sie den Namen einer Methode und den Typ, wo diese definiert ist, an. Sie können dann eigenen Code zur Validierung benutzen.

- TimespanValidator, PositiveTimespanValidator

  Prüfen Sie Zeitangaben, entweder allgemein oder nur solche im positiven Bereich. Dabei kann der angegebene Bereich als allein gültig oder als allein ungültig deklariert werden.

- SubclassTypeValidator

  Bei diesem Validator wird der Typ angegeben, von dem das Konfigurationselement abstammt.

Zur Einrichtung des Konfigurationselements wird natürlich auch ein Attribut eingesetzt. Immerhin handelt es sich um eine Meta-Ebene. Verwenden Sie dazu `ConfigurationProperty`. Dieses Attribut verlangt einen Namen und optional folgende Angaben:

Konfiguration

- DefaultValue

  Der Standardwert der angenommen wird, wenn das Element nicht vorhanden ist

- IsDefaultCollection

  True, wenn dies die Standardkollektion von Elementen ist.

- IsRequired

  True, wenn das Element erforderlich ist.

- IsKey

  True, wenn dies das Schlüsselelement für eine Kollektion ist.

- Options

  Die Optionen, ein Enumerationswert, der IsKey, IsRequired und IsDefaultCollection repräsentiert.

6.4.2 Definition eines einfachen Konfigurationsabschnitts

Nach dem die grundlegende Vorgehensweise klar ist, soll anhand eines Beispiels die praktische Umsetzung erfolgen. Eine solche Implementierung können Sie sehr weit treiben. Die vorliegende Variante zeigt die Möglichkeiten nur exemplarisch.

Deklaration des Abschnitts

Der folgende Code deklariert einen Abschnitt mit zwei neuen Elementen.

Listing 6.7 Beispielimplementierung mit zwei Elementen

```csharp
using System;
using System.Collections;
using System.Text;
using System.Configuration;
using System.Xml;

namespace Hanser.Configuration
{
    public class PageAppearanceSection : ConfigurationSection
    {
        [ConfigurationProperty("remoteOnly",
                               DefaultValue = "false",
                               IsRequired = false)]
        public Boolean RemoteOnly
        {
            get
            {
                return (Boolean)this["remoteOnly"];
            }
            set
            {
                this["remoteOnly"] = value;
            }
        }

        [ConfigurationProperty("font")]
        public FontElement Font
        {
            get
            {
                return (FontElement)this["font"];
            }
            set
            { this["font"] = value; }
        }

        [ConfigurationProperty("color")]
        public ColorElement Color
        {
            get
            {
                return (ColorElement)this["color"];
            }
            set
            { this["color"] = value; }
        }
    }

    public class FontElement : ConfigurationElement
    {
        [ConfigurationProperty("name", DefaultValue = "Arial",
                               IsRequired = true)]
        [StringValidator(InvalidCharacters="~!@#$%^&*()[]{}/;'\"|\\",
                         MinLength = 1, MaxLength = 60)]
        public String Name
        {
```

```csharp
        get
        {
            return (String)this["name"];
        }
        set
        {
            this["name"] = value;
        }
    }

    [ConfigurationProperty("size", DefaultValue = "12",
                                   IsRequired = false)]
    [IntegerValidator(ExcludeRange = false, MaxValue = 24,
                      MinValue = 6)]
    public int Size
    {
        get
        { return (int)this["size"]; }
        set
        { this["size"] = value; }
    }
}

public class ColorElement : ConfigurationElement
{
    [ConfigurationProperty("background", ↵
                           DefaultValue = "FFFFFF", ↵
                           IsRequired = true)]
    [StringValidator( ↵
          InvalidCharacters= ↵
          "~!@#$%^&*()[]{}/;'\"|\\GHIJKLMNOPQRSTUVWXYZ", ↵
          MinLength = 6, MaxLength = 6)]
    public String Background
    {
        get
        {
            return (String)this["background"];
        }
        set
        {
            this["background"] = value;
        }
    }

    [ConfigurationProperty("foreground", ↵
                           DefaultValue = "000000", ↵
                           IsRequired = true)]
    [StringValidator(↵
          InvalidCharacters=↵
          "~!@#$%^&*()[]{}/;'\"|\\GHIJKLMNOPQRSTUVWXYZ", ↵
          MinLength = 6, MaxLength = 6)]
    public String Foreground
    {
        get
        {
            return (String)this["foreground"];
        }
        set
        {
            this["foreground"] = value;
        }
```

6 Konfiguration des Projekts

```
        }
    }
}
```

Der passende Eintrag in der *web.config* umfasst zwei Stellen. Zuerst die Anmeldung des Abschnitts selbst:

```xml
<configSections>
  <sectionGroup name="pageAppearanceGroup">
    <section
        name="pageAppearance"
        type="Hanser.Configuration.PageAppearanceSection"
        allowLocation="true"
        allowDefinition="Everywhere" />
  </sectionGroup>
  …
</configSections>
```

Dann folgt noch der eigentliche Abschnitt mit den gewünschten Einstellungen:

```xml
<pageAppearanceGroup>
  <pageAppearance remoteOnly="true">
    <font name="TimesNewRoman" size="18"/>
    <color background="000000" foreground="FFFFFF"/>
  </pageAppearance>
</pageAppearanceGroup>
```

Nun fehlt noch der Abruf der Werte im Programmcode.

Benutzung des Abschnitts

Wenn der Abschnitt fertig ist und sich dort Daten befinden, sollen diese benutzt werden. Das folgende Beispiel zeigt, wie im Programm auf die Informationen zur Laufzeit zugegriffen werden kann.

Listing 6.8 Zugriff auf die Konfigurationsdaten

```
<%@ Page Language="C#" %>

<!DOCTYPE html PUBLIC "-//W3C//DTD XHTML 1.0 Transitional//EN"
    "http://www.w3.org/TR/xhtml1/DTD/xhtml1-transitional.dtd">

<script runat="server">
  protected void Page_Load(object sender, EventArgs e)
  {
    Hanser.Configuration.PageAppearanceSection config =
        (Hanser.Configuration.PageAppearanceSection)
   ❶     System.Configuration.ConfigurationManager.GetSection(
            "pageAppearanceGroup/pageAppearance");
    StringBuilder sb = new StringBuilder();
    sb.Append("<h2>Einstellungen im Abschnitt PageAppearance:</h2>");
    sb.Append(String.Format("Nur Remote: {0}<br>",
                            config.RemoteOnly));
    sb.Append(String.Format("Fontname und -größe: {0} {1}<br>",
                            config.Font.Name, config.Font.Size));
    sb.Append(
        String.Format("Hinter- und Vordergrundfarbe: {0} {1}<br>",
          config.Color.Background, config.Color.Foreground));
    lblConfig.Text = sb.ToString();
  }
```

6.4 Eigene Konfigurationsabschnitte

```
</script>

<html >
<head id="Head1" runat="server">
  <title>Custom Configuration Section Example</title>
</head>
<body>
  <form id="form1" runat="server">
  <div>
    <asp:Label runat="server" ID="lblConfig" ></asp:Label>
  </div>
  </form>
</body>
</html>
```

Hier werden lediglich die Werte gelesen ❶. Durch den typisierten Zugriff ist dies sehr sicher und einfach. Eine Applikation kann so transparent und den typischen Merkmalen einer Konfiguration im Framework folgend implementiert werden.

7 Arbeitsweise und Funktion

In diesem Kapitel wird die innere Arbeitsweise und Funktion von ASP.NET erläutert, das Zusammenspiel mit den Internet Information Services (IIS) und dem .NET-Framework. Damit Sie ASP.NET wirklich nutzen zu können, ist ein umfassendes Verständnis der Arbeitsweise unerlässlich.

Sie erhalten hier Informationen, wie ASP.NET intern arbeitet und welche Teile relevant für Ihre täglichen Aufgaben als Entwickler sind. Es werden die Konzepte hinter den Kulissen gezeigt, wie der Lebenszyklus der Applikation, der Seitenzyklus und der Prozess zum Erzeugen von Steuerelementen. Es wird gezeigt, wie aus dem von Ihnen geschriebenen Code ein ausführbares Programm entsteht. Des Weiteren werden Kernkonzepte wie der ViewState[11] beschrieben.

Dieses Kapitel wendet sich an Entwickler, die aufgrund von Erfahrungen mit früheren Versionen bereits mit elementaren Funktionen in ASP.NET umgehen können. Wenn Sie neu in ASP.NET sind, lesen Sie zuerst die Kapitel im Teil „Konzepte" und kehren Sie dann hierher zurück, um Ihr Wissen über die internen Vorgänge zu vertiefen.

Konkret werden hier folgende Themen behandelt:

- Funktionsweise und Architektur von ASP.NET
- Die Lebenszyklen von Applikationen, Seiten und Steuerelementen
- Der Sitzungsstatus, auch ViewState genannt
- Ein Einführung in Prozesse und Threads

---

[11] Hier und im Folgenden wird der Begriff so verwendet, wie er auch auf MSDN zu finden ist. Eine Übersetzung ins Deutsche erfolgt nicht.

7.1 Wie ASP.NET intern funktioniert

ASP.NET ist eine leistungsfähige und flexible Architektur für die Entwicklung von Webseiten. Einfache Seiten mit interessanten Funktionen sind schnell erstellt. In der Praxis sind jedoch weitere Funktionen notwendig, die sich dem Entwickler nicht ohne weiteres entschließen. Früher oder später werden Sie mit Leistungsproblemen oder der Skalierbarkeit der Applikation konfrontiert werden. Einfache Dinge werden dann zu einer Herausforderung. Die Details der inneren Vorgänge sind schwerer zu verstehen und eher abstrakt. Sie sind auch weniger spannend und werden deshalb oft vernachlässigt. Sie sind es trotzdem wert, näher betrachtet zu werden, denn diese Kenntnisse machen aus dem einfachen ASP.NET-Programmierer einen professionellen Softwarenentwickler.

7.1.1 Die Architektur der Anforderungsverarbeitung

Die innere Funktionsweise einer Plattform zu verstehen, kann befriedigend sein. Sie fühlen sich sicher, bessere Applikationen zu schreiben und zu wissen, warum sie funktionieren. Für das Verständnis des „Systemniveaus" von ASP.NET ist die Verarbeitungspipeline für Anforderungen (Request) unerlässlich. Sie sollten dies wissen, wenn Sie große Applikationen schreiben, die hunderte Seiten und tausende parallele Zugriffe von Benutzern verkraften müssen.

→ Wikipedia

In ASP.NET gibt es den Begriff WebForm, ein Kunstwort für eine Seite, die Daten zum Server zurücksenden kann. Der Begriff wurde in Anlehnung an das Windows-Pendant WinForms geschaffen, findet jedoch auch in anderen Technologien Verwendung. Die WebForm ist eine Implementierung eines http-Handlers, eines Softwaremoduls, das per Hypertext Transfer Protocol (HTTP, siehe Kapitel 4) gesendete Anforderungen verarbeitet. Handler bauen auf dem .NET-Framework auf, sind fest in ASP.NET integriert und werden durch passende Vorlagen in Visual Studio unterstützt. Um sie zu benutzen muss man nicht zwingend verstehen, wie sie funktionieren. Da sie auf verwaltetem Code aufbauen, sind sie stark anpassbar und erweiterbar. Sie bieten damit Eingriffsmöglichkeiten, um das Verhalten zu beeinflussen. Wenn Sie dies tun wollen, müssen Sie die Grundlagen der Funktionsweise kennen.

7.1.2 Was in ASP.NET wirklich funktioniert

Request →
Anforderung durch den Client

Allgemein gesprochen ist ASP.NET eine Anforderungsverarbeitungsmaschine. Als „Anforderung" wird der Teil des Prozesses bezeichnet, bei dem der Client – in der Regel ein Webbrowser – eine bestimmte Ressource vom Server anfordert. Dies erzeugt eine eingehende Anforderung und diese wird durch eine interne Pipeline Schritt für Schritt verarbeitet. Als Entwickler können Sie in fast jedem Schritt eingreifen oder eigenen Code ausführen. Diese ASP.NET Pipeline ist komplett unabhängig vom eigentlichen Webserver und dessen HTTP-Laufzeitumgebung. Die HTTP-Laufzeitumgebung muss jedoch nicht im Webserver ausgeführt werden. Der in Visual Studio integrierte Webserver zeigt, dass sich der Ablauf auch ohne Internet Information Services (IIS) starten lässt. Dies ist jedoch mit funktionalen Einschränkungen verbunden.

Die HTTP-Laufzeitumgebung ist dafür verantwortlich, die Anforderungen durch die Pipeline zu routen. Dies ist ebenso komplex wie elegant. Viele damit verbundene Objekte sind erweiterbar, entweder durch Ableitung von Klassen oder durch Implementierung von Schnittstellen. Dies macht das Framework hochgradig erweiterbar und anpassbar[12]. Durch diese Technik ist es möglich, auf unterer Ebene in Authentifizierung, Autorisierung oder Caching einzugreifen. Sie können Anforderungen umleiten, um sie selbst zu verarbeiten oder Inhalte nachträglich zu filtern. Es gibt oft verschiedene Wege, denselben Effekt zu erreichen, aber alle sind direkt und unkompliziert zu implementieren.

Extensibility

ASP.NET selbst wurde komplett in verwaltetem Code geschrieben. Alle Erweiterungsfunktionen stehen Ihnen über verwaltete Schnittstellen zur Verfügung. Es ist beeindruckend zu sehen, dass trotz der enormen Leistung der Umgang mit diesen Schnittstellen sehr einfach ist. Sie dürfen jedoch nicht vergessen, dass die inneren Vorgänge teilweise komplex sein können. ASP.NET führt Aktionen aus, die in früheren Programmierumgebungen für Webseiten durch ISAPI-Erweiterungen ausgeführt wurden. ISAPI (Internet Services Application Programming Interface) ist eine auf niedriger Ebene laufende Win32-Programmierschnittstelle mit einer sehr spartanischen Ausprägung. Es ist relativ schwer damit zu arbeiten, aber die Schnittstelle ist sehr performant. Das Schreiben von ISAPI-Filtern mit C++ gehört jedoch nicht zu den Standardaufgaben der Applikationsentwicklung. ASP.NET bietet eine Schnittstelle zu den IIS durch eine eigene ISAPI-Erweiterung. Diese Erweiterung hostet .NET durch die Laufzeitumgebung von ASP.NET. Damit steht die gesamte Leistung von ISAPI in einer einfach zu programmierenden Form in der verwalteten Welt bereit.

ISAPI bildet die Kernschnittstelle zwischen Webserver und ASP.NET und verwendet unverwalteten Code auf der einen Seite, dort wo die Antwort zurück zum Client gesendet wird. Die Anforderung und der zurückgesendete Inhalt – das ist beispielsweise die HTML-Seite – wird durch Objekte wie `HttpRequest` und `HttpResponse` in der verwalteten Welt zur Verfügung gestellt. Aus den Namen leitet sich auch die Bezeichnung des Weges vom Server zum Client ab: Antwort. Anforderung und Antwort bilden meist eine untrennbare Einheit – den Kontext. Der Kontext wird durch `HttpContext` repräsentiert. Bevor jedoch die Objekte im Zugriff sind und die Einordnung in den Ablauf klarer wird, muss der Ablauf als solcher bekannt sein.

Die Anforderung hat eine Lebensdauer und einen Lebenszyklus. Die folgenden Abschnitte erklären näher, was es damit auf sich hat.

7.1.3 Die Lebensdauer einer Anforderung

Die Lebensdauer startet mit dem Eintreffen der Anforderung. Wenn der Benutzer im Browser eine Adresse eintippt, einen Hyperlink anklickt oder ein Formular absendet, wird eine Anforderung zum Server gesendet.

---

[12] Siehe dazu auch „Pro ASP.NET Extensibility" von Jörg Krause, Apress 2009; ISBN 978-1-4302-1983-5 oder auf http://www.aspnetextensibility.de.

7 Arbeitsweise und Funktion

> **HINWEIS** Derselbe Vorgang trifft im Prinzip für Webdienste zu. Die Clientanwendung ruft einen ASP.NET- (asmx) oder WCF-basierten (svc) Webdienst und sendet eine Anforderung. Deshalb wird im Folgenden nicht die Art der Anforderung unterschieden. Soweit nicht anders erwähnt wird der Standardfall mit einer Anforderung durch Browser betrachtet.

Um keine Verwirrung zu stiften, werden die Schritte auf niederer Protokollebene, die der Anforderung vorausgehen, hier nicht betrachtet. Dies schließt die Arbeitsweise des TCP/IP-Stacks (siehe Kapitel 4) und die Namensauflösung mittels Domain Name System (DNS) mit ein. Solange hier über ASP.NET gesprochen wird, besteht kein direkter Einfluss auf das DNS. Mittels der Netzwerkklassen im Framework ist eine Programmierung zwar möglich, dies ist für die Entwicklung von Webseiten allerdings nicht relevant. Sie sollten dies dennoch im Hinterkopf behalten, weil das DNS am kompletten Ablauf der Anforderung und Auslieferung von Webseiten in der Tat immer beteiligt ist.

Domain Name System

Das DNS ist ein hierarchisch aufgebautes Namenssystem für Ressourcen im Internet – meist Server. Es erlaubt die Benutzung von durch Menschen lesbaren Namen, den Hostnamen. Das DNS übersetzt IP-Adressen in diese Hostnamen, beispielsweise *www.hanser.de*. Angefangen mit einem Wurzelserver (Root) erfolgt die Auflösung des Namens in mehreren Stufen. Das Protokoll mit dem die Namensserver miteinander kommunizieren, wird als DNS-Protokoll bezeichnet.

Im .NET-Framework gibt es zahlreiche Klassen, die DNS unterstützen. Für ASP.NET jedoch ist eine direkte Programmierung nicht notwendig. Die folgende Darstellung der Anforderungsverarbeitung beginnt mit dem Ende des Namensauflösungsprozesses.

Auf der Serverseite nimmt der Webserver die Anforderung auf. Die folgende Beschreibung ist auf den IIS7.5 ausgerichtet, wie er in der aktuellen Umgebung für ASP.NET 4, Windows Server 2008 R2, zu finden ist.

Standardmäßig werden Anforderungen in den IIS zu einer ASPX-Seite geleitet. *.aspx* ist die Standarderweiterung einer ASP.NET-Seite. Wie die Verarbeitung intern erfolgt, hängt vom verwendeten HTTP-Handler ab. Die Verknüpfung – das sogenannte Mapping – zwischen der Dateierweiterung *.aspx* und der ISAPI-DLL *aspnet_isapi.dll* erfolgt in den IIS. Die *aspnet_isapi.dll* existiert in verschiedenen Versionen für 32 Bit und 64 Bit sowie für ältere Framework-Versionen, jedoch immer unter demselben Namen.

Jede Anforderung mit *.aspx* wird nun an ASP.NET weitergeleitet. Dies ist zwar die Standardeinstellung, aber prinzipiell ist die Nutzung freiwillig. Jede Dateierweiterung wird lediglich als Schlüssel zur Zuordnung genau eines konkreten Handlers benutzt. Um welche Dateierweiterung es sich dabei konkret handelt, kann frei festgelegt werden. In der Praxis spricht aber wenig dafür, die Standardzuordnungen zu ändern. Verschiedene Dateierweiterungen führen immer zu verschiedenen Handlern. Die Erweiterung *.asmx* beispielsweise verarbeitet ASP.NET-Webdienste, *.axd* für Webressourcen. Statt eine Datei zu öffnen und mit dem Parsen einer Seite zu beginnen, wird entsprechend dem für diesen Typ vorgesehenen Aktionen verfahren. Bei Webdiensten ist dies eine Prozessanweisung, die gegebenenfalls auf eine Codeseite verweist. Dieser Code wird dann aufgerufen, compiliert, und ausgeführt.

7.1 Wie ASP.NET intern funktioniert

Handler können also sehr unterschiedliche Aktionen starten. Neben der Nutzung der vielen vorhandenen Handler können Sie auch eigene bauen. Alle Handler – eigene wie eingebaute – sind mit einer Dateierweiterung und der ISAPI-DLL verbunden. Aus Sicht des Softwareentwicklers sind Handler Typen, erstellt durch eine .NET-Klasse, die ihrerseits eine bestimmte Schnittstellen implementieren. Eigene Implementierungen können nicht nur eigene Dateierweiterungen bedienen, sondern auch bereits bestehende überschreiben, diese implizit aufrufen und so vielfaltig in die Pipeline eingreifen. Ebenso ist es möglich, eine kompletten Pfad einem Handler zuzuordnen, also beispielsweise *ScriptResource.axd*. Einige existierende Verknüpfungen sind in Tabelle 7.1 zu finden.

Tabelle 7.1 Wichtige Verknüpfungen in ASP.NET

Erweiterung	Art der Ressource	Beschreibung
.asax	ASP.NET-Applikationsdatei	Wird nur für die Datei *global.asax* benutzt.
.ascx	ASP.NET-Benutzersteuerelemente	Benutzersteuerelemente werden nicht direkt aufgerufen, der Handler arbeitet implizit.
.ashx	HTTP Handlers	Generischer HTTP-Handler ohne eigene Zuordnung.
.asmx	ASP.NET-Webdienste	Dies sind Webdienste in ASP.NET. Standard für sind mittlerweile WCF-Webdienste ersetzt.
.aspx	ASP.NET-Webseiten	Dies ist der reguläre Seiten-Handler.
.axd	ASP.NET-Handler für Ressourcen	Für eingebettetes JavaScript oder Bilder aus Assembly-Ressourcen.
.svc	WCF-basierter Handler für Webdienste	WCF-basierte Handler für Webdienste sind die aktuelle Methode der Dienstbereitstellung.

Die Dateierweiterung *.asmx* in der Tabelle bedarf einer kurzen Erläuterung. Mit der Einführung von .NET 3.0 wurden viele Technologien im Bereich .NET-Remoting und Webdienste in der neuen Basisbibliothek Windows Communication Foundation (WCF) neu implementiert. Die alten Klassen sind auch in .NET 4 weiter nutzbar, werden aber nicht weiterentwickelt. Die ASP.NET-basierten Dienste gelten damit als veraltet. Sie werden weiter unterstützt, Sie sollten jedoch in Erwägung ziehen, auf die Nutzung zu verzichten. Die meisten Klassen in WCF, die Webdienste betreffen, sind ähnlich und bieten mehr neue Funktionen. WCF wird in diesem Buch aber nur am Rande betrachtet und die alten ASP.NET-Webdienste sollten zumindest bekannt sein, um ältere Anwendungen lesen zu können.

asmx

Von ISAPI zu ASP.NET

Die Internet Services API[13] (ISAPI) ist eine allgemeine API für die IIS. In der Praxis ist dass sie sowohl performant als auch schwer zu programmieren. Die Schnittstelle wurde auf Leistung optimiert, ist aber auch sehr einfach und direkt. Für Entwickler mit .NET-Kenntnissen ist es relativ schwer, damit umzugehen. Der Stil ist deutlich anders und vieles was Hochsprachenschnittstellen an Funktionen bieten, muss auf dieser unteren Ebene selbst programmiert werden. Viele Entwicklungssprachen und Technologien, wie ASP.NET, PHP oder Perl greifen auf ISAPI zurück und liefern so eine komfortable Schnittstelle für Entwickler. ISAPI ist gut für den Aufbau solcher Umgebungen. Weil es auch die Basis für ASP.NET ist, ist ein gutes Verständnis unerlässlich für professionelle Programmierer. Die eigentliche Arbeit, die Verarbeitung der Anforderungen, wird jedoch in verwaltetem Code in ASP.NET erledigt. ISAPI können Sie jedoch nicht völlig ignorieren. Neben dem Erscheinen als Modul ist es auch eine Art Protokoll. Das Protokoll unterstützt zwei Nutzungsarten: ISAPI-Erweiterungen und ISAPI-Filter. ISAPI-Erweiterungen agieren als eine Art Transaktionsschnittstelle. Sie verarbeiten den Datenfluss der vom und zum Server geht. Jede Anforderung, die durch die Pipeline läuft geht auch durch die ISAPI-Erweiterungen. Dort wird darüber entschieden, wie die weitere Verarbeitung erfolgt. Sie können sich ASP.NET gut als eine solche ISAPI-Erweiterung vorstellen. ASP.NET bietet verschiedene Wege in diesen Prozess einzugreifen und das Standardverhalten zu verändern. Die auf niedrigem Niveau implementierten ISAPI-Schnittstellen werden dadurch auf höherem Niveau als .NET-Schnittstellen verfügbar. Diese stehen dann als `IHttpHandler` und `IHttpModule` bereit. Sie sind sowohl leistungsfähig als auch schnell und bilden eine gute Balance zwischen den schlanken Schnittstellen auf niederer Ebene und der einfachen Benutzung von höher entwickelten Schnittstellen.

Wie jede andere ISAPI-Erweiterung wird diese als DLL geliefert und ist in die Verwaltung der IIS eingebunden. Sie finden diese DLL in dem folgenden Pfad:

<.NET FrameworkDir>\aspnet_isapi.dll

Wenn Sie mehrere Versionen des Frameworks installiert haben, finden Sie möglicherweise dennoch nur eine Version dieser DLL im Ordner v4.0.x und v2.0.x („x" steht für das Build ihrer Installation). Mit dem Framework 4 wurde eine komplett neue Laufzeitumgebung eingeführt. Microsoft hat mit .NET 3.0 und 3.5 zwar eine ganze Reihe neuer Funktionen hinzugefügt, aber die grundlegenden Schnittstellen sind dieselben wie bei .NET 2 geblieben. Version 3.5 brachte deshalb aus Sicht von ASP.NET nichts Neues und basiert letztlich weiter auf Version 2. Erst mit .NET 4 findet jetzt ein Sprung auf die nun angepasste Versionsnummer v4.* statt.

Zwei Erkenntnisse lassen sich daraus gewinnen. Zum einen zeigt die Versionierung trotz aller Konfusion eine gewisse Logik – zumindest erscheint nun 4.0 sinnvoller für die aktuelle Ausgabe von ASP.NET 4. Zum anderen beweist diese Vorgehensweise, dass bereits in der Version 2 die Erweiterungsschnittstellen für verwalteten

---

[13] API steht für Application Programming Interface – Programmierschnittstelle für Applikationen.

Code so ausgreift waren, dass sich alle neuen Funktionen auf dieser Basis erstellen ließen. Natürlich wären native ISAPI-Module noch performanter, aber in der Abwägung von Leistung und Hardwarekosten gegenüber den Vorteilen bei Stabilität, Zuverlässigkeit und kürzeren Entwicklungszyklen gewinnt die verwaltete Welt ohne weiteres.

Die Zuordnung der Erweiterungen

Wie bereits gezeigt wurde, erkennt der Webserver Anforderungen an der Dateierweiterung. In den IIS7 kann die aktuelle Zuordnung folgendermaßen gefunden werden: *Zuordnung*

1. Öffnen Sie den INTERNETINFORMATIONSDIENSTE-MANAGER
2. Öffnen Sie den Server-Knoten
3. In der rechten Spalte scrollen Sie bis zur Tabelle der IIS-FUNKTIONEN
4. Klicken Sie doppelt auf HANDLER-ZUORDNUNGEN

In der Tabelle befindet sich eine Spalte PFADE mit den aktuellen Zuordnungen. In der Spalte HANDLER dann das zugeordnete Handler-Modul. Für die *.aspx*-Erweiterung sind dies beispielsweise die Folgenden:

- `PageHandlerFactory-Integrated`
- `PageHandlerFactory-ISAPI-4.0`

Hier sind beide Seiten vertreten, das `IsapiModule` als nicht verwalteter Code und sein Pendant für die verwaltete Seite.

Wenn diese Verknüpfung auf Ihrem System nicht vorhanden ist, wurde ASP.NET möglicherweise nicht richtig installiert. Um die Registrierung wiederherzustellen, geben Sie an der Visual Studio-Eingabeaufforderung folgendes ein:

```
cd <.NetFrameworkDirectory>
aspnet_regiis -i
```

Dieses Kommando ist nicht für alle Framework-Versionen verfügbar. Version 2 ist auch für .NET 3.0 und .NET 3.5 die richtige Wahl. Mit ASP.NET 4 wird ein neues Werkzeug bereitgestellt, da sich die Laufzeitumgebung ändert und dies berücksichtigt werden muss. Allerdings ist diese Version abwärtskompatibel, sodass Sie als Faustformel immer die höchste verfügbare Version nutzen sollten.

→MSDN

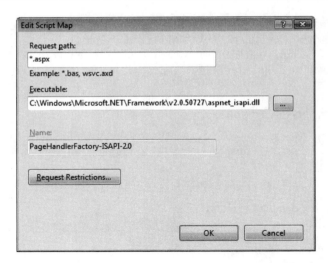

Abbildung 7.1 IIS7 verknüpft *.aspx zur ISAPI-Erweiterung in diesem Dialog

Seit IIS7 erfolgt die Verknüpfung mit einer bestimmten Version des .NET-Frameworks in den Einstellungen des Applikation-Pools. Jeder Pool kann nur eine Version des Frameworks unterstützen. Um eine andere Version zu unterstützen, muss ein weiterer Pool erstellt und die betreffende Applikation dann diesem Pool zugeordnet werden. Auf diese Weise können Sie .NET 4 und .NET 2/3/3.5-Applikationen auf einem Server parallel betreiben.

Abbildung 7.2 Hinzufügen eines neuen Applikation-Pools für das passende Framework

7.1.4 Wie die Anforderung verarbeitet wird

Wenn die Anforderung eintrifft, prüfen die IIS zunächst die Verknüpfung der Dateierweiterung und leiten die Anforderung dann an die passende Stelle weiter. Wenn unter ASP.NET eine Seite mit dem Namen *Default.aspx* angefordert wird, ist dies die *aspnet_isapi.dll*.

An dieser Stelle wird vorausgesetzt, dass Sie mit den grundlegenden Techniken in den IIS vertraut sind und einen Applikationspool erstellen können. Diese Technik erlaubt die vollständige Isolation von Anwendungen voneinander. Es kann sinnvoll sein, mehrere Applikationen in einen Pool zu legen, weil jeder Pool einen weiteren Worker-Prozess startet und dieser natürlich Ressourcen verbraucht. Zum Worker-Prozess wird im Laufe des Kapitels noch mehr gesagt. Die Trennung von Applikationen führt jedoch zu höherer Stabilität. Wenn eine Applikation versagt, hängt oder zu viel CPU-Zeit verbraucht, hat dies Einfluss auf den gesamten Pool – nicht jedoch auf andere. Applikationen, die einen anderen Pool benutzen, laufen deshalb unbeeindruckt weiter. Wenn Sie viele Applikationen auf einem Server hosten, sind viele Pools sinnvoll. Die Pools sind weitgehend konfigurierbar in ihrem Verhalten und extrem effizient. Sie sind verantwortlich für Sicherheitsfunktionen wie Impersonifizierung und Rechteverwaltung für Webapplikationen. Sie kommunizieren direkt mit dem Kernel-Treiber *http.sys*. Technisch sind Pools ausführbare Applikationen wie jedes andere Programm auch. Eintreffende Anforderungen werden zuerst dem Pool zugeleitet und von dort weiter verarbeitet.

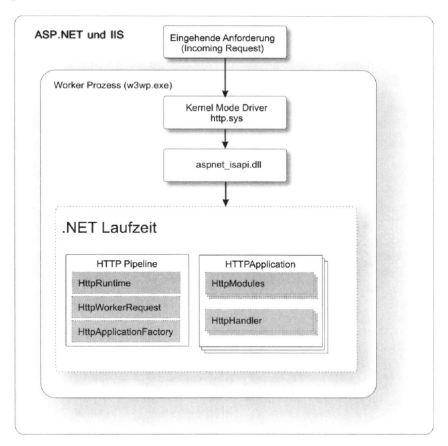

Abbildung 7.3 Fluss der Anforderung vom IIS zur ASP.NET Laufzeitumgebung

Der Fluss der Anforderungen durch die IIS ist so direkt wie möglich – vom *http.sys*-Treiber zum Pool und dann über das ISAPI-Mapping weiter zum Worker-Prozess. Die eigentliche Verarbeitung findet dann in weiteren Modulen statt, verwaltete und nicht verwaltete gleichermaßen.

Applikationspool

Ein Applikationspool hat eine tiefgehende Integration mit ASP.NET. ASP.NET wiederum kann direkt über die bereits erwähnten niederen Schichten mit dem Pool kommunizieren. Dazu gehören auch die HTTP-Cache-Schnittstellen, die eine effektive Zwischenspeicherung ermöglichen. Damit ist das Caching von ASP.NET in die IIS verlagert worden, was effizienter ist, aber dennoch die totale Kontrolle von ASP.NET aus erlaubt.

In den IIS laufen die ISAPI-Erweiterungen im Kontext des Worker-Prozesses, der durch den Applikationspool kontrolliert wird. Die ASP.NET-Laufzeitumgebung läuft im selben Prozessraum und konsequenterweise spricht man damit von einer „In-Process"-Kommunikation, die sehr effizient ist.

7.1.5 Die Laufzeitumgebung

w3wp.exe

Die Laufzeitumgebung wurde bereits mehrfach erwähnt. Es ist an der Zeit, hier etwas tiefer einzusteigen. Der Worker-Prozess, als *w3wp.exe* im Taskmanager zu finden, hostet die .NET-Laufzeitumgebung. Die ISAPI-DLL nutzt COM[14] um damit zu kommunizieren. Leider gibt es nicht viele Informationen darüber. Die API-Dokumentation sagt wörtlich „diese Klassen unterstützen das .NET-Framework und sind nicht dazu gedacht, direkt von Benutzercode aufgerufen zu werden". Dies bestätigt, was diese Schnittstellen tun, aber nicht wie sie es tun.

.NET Reflector

Ein Werkzeug wie Redgates .NET Reflector[15] (siehe *www.red-gate.com*) ist ein Weg die Details zu ermitteln. Werfen Sie zuerst einen Blick in die `System.Web` DLL, wo alles was wichtig ist, zu finden ist. Der Einstiegspunkt ist der Namensraum `System.Web.Hosting`, wo zu sehen ist, wie die Laufzeitumgebung mit ISAPI kommuniziert.

Wenn die Laufzeitumgebung die Anforderung erhält, ruft sie zuerst die Methode `ProcessRequest` der `IISAPI`-Schnittstelle auf. Diese Schnittstelle ist Teil des ISAPI und steht als COM-Schnittstelle zur Verfügung. Der erste Parameter gibt einen Zeiger auf das ISAPI-Modul zurück.

---

[14] Component Object Model, dies ist ein Schnittstellenstandard für Komponenten

[15] Früher von Lutz Roeder, vor einiger Zeit an Redgate verkauft

7.1 Wie ASP.NET intern funktioniert

Abbildung 7.4 Reflector offenbart den nicht dokumentierten Code

Listing 7.1 Definition der Methode ProcessRequest

```
[return: MarshalAs(UnmanagedType.I4)]
int ProcessRequest([In] IntPtr ecb ❶,
                   [In, MarshalAs(UnmanagedType.I4)]
                   int useProcessModel);
```

Der Parameter `ecb` gibt den ISAPI Extension Control Block ❶ zurück, eine nicht verwaltete Ressource. Die Methode nimmt den ECB und verwendet die primären Ein- und Ausgabeschnittstellen. Der ECB enthält alle Informationen der Anforderung. Dies schließt sowohl Servervariablen, Cookies, den Eingabedatenstrom für Formularvariable, als auch den Ausgabedatenstrom der Antwort mit ein. Die Ausgabe, die fest einer Anforderung zugeordnet ist, wird dann vom Webserver verarbeitet und an den Client gesendet. Der Zugriff auf diese Daten erfolgt später über die Eigenschaft `Response` bzw. den Typ `HttpResponse`. Es ist durchaus richtig dies im Kontext der Anforderung zu betrachten, weil eine Antwort nie ohne vorausgehende Anforderung existieren kann. Die Methode `ProcessRequest` kann von diesem Standpunkt aus als Start- und Endpunkt des gesamten Anforderungs-/Antwortzyklus gesehen werden. Von dort an und wieder zurück bis hier befinden Sie sich in der verwalteten Welt. Die Wege hinunter zum ISAPI sind nicht verwalteter Code.

Extension Control Block

Threads und Prozesse

So weit sind die Vorgänge bei der Anforderungsverarbeitung nicht unbedingt trivial, aber sehr direkt. Das wahre Leben hat leider die Tendenz komplizierter zu sein. Die ISAPI-Erweiterung verarbeitet Anforderung asynchron. Das bedeutet, dass die Verarbeitung sofort an den aufrufenden Thread der IIS zurückgegeben wird, während der ECB weiter im Speicher existiert und verarbeitet wird. Der ECB verfügt

Anforderungs-verarbeitung

7 Arbeitsweise und Funktion

über die Informationen, die benötigt werden, um seinerseits das Ende der Verarbeitung anzuzeigen. Dieser asynchrone Vorgang gibt den aufrufenden ISAPI-Thread sofort frei und startet die weitere Verarbeitung in einem neuen Thread unter der Kontrolle von ASP.NET. Dies wird später in diesem Kapitel näher betrachtet, denn es hat erhebliche Auswirkungen auf die Verarbeitung. Im Moment reicht es zu wissen, dass die Referenz zum ECB an ASP.NET weitergereicht wird, um dort Informationen über die Verarbeitung zu erhalten.

Threads und der ECB

Die Informationen im ECB umfassen Servervariablen, Formulardaten und die Ausgabe die der Server später senden soll. Der ECB existiert, bis die Anforderung komplett verarbeitet wurde oder in den IIS eine Zeitüberschreitung erkannt wurde, die zu einer Entsorgung der Daten führt. Wenn die Verarbeitung beendet ist, wird dies über den ECB den IIS mitgeteilt und der ECB wird am Ende aus dem Speicher entfernt. Da dies im nicht verwalteten Code passiert, ist der Aufräumvorgang sehr kritisch, allerdings auch effizienter als der Garbage Collector in der verwalteten Welt.

Die .NET-Laufzeitumgebung wird geladen

ISAPIRuntime

Das Laden der Laufzeitumgebung erfolgt mit der ersten Anforderung für eine Applikation. Der genaue Vorgang ist nicht dokumentiert und auch nicht von explizitem Interesse, allerdings helfen Kenntnisse darüber, Vorgänge zu optimieren. Der verwaltete Teil der Laufzeitumgebung heißt ISAPIRuntime. Diese Klasse wird instanziiert und kommuniziert dann mit der nicht verwalteten Welt. Aus Gründen der Isolierung von Applikationen wird für jedes virtuelle Verzeichnis in den IIS eine neue Applikationsdomäne (AppDomain) erstellt. Innerhalb der Applikationsdomäne existiert die ISAPIRuntime-Instanz. Mit dem Start beginnt der Lebenszyklus der Applikation. Dies wird noch genauer untersucht, weil sich damit weitere Eingriffsmöglichkeiten verbinden. Die Laufzeitumgebung ist übrigens mit dem Attribut ComVisible dekoriert, sodass die Kommunikation bidirektional stattfinden kann.

Eine neue Instanz wird über die Methode AppDomainFactory.Create erzeugt. Erneut hilft Reflector, die inneren Vorgänge zu erkennen.

Listing 7.2 Code der Methode AppDomainFactory.Create

```
[return: MarshalAs(UnmanagedType.Interface)]
public object Create(string appId, string appPath)
{
  object obj2;
  try
  {
    if (appPath[0] == '.')
    {
      FileInfo info = new FileInfo(appPath);
      appPath = info.FullName;
    }
    if (!StringUtil.StringEndsWith(appPath, '\\'))
    {
      appPath = appPath + @"\";
    }
    ISAPIApplicationHost appHost = new ISAPIApplicationHost(appId, ↵
                                                  appPath, false);
    ISAPIRuntime o = (ISAPIRuntime)
      this._appManager.CreateObjectInternal(↵
```

```
                        appId, typeof(ISAPIRuntime), ⮠
                        appHost, false, null);
    o.StartProcessing(); ❶
    obj2 = new ObjectHandle(o);
  }
  catch (Exception)
  {
     throw;
  }
  return obj2;
}
```

Der Code-Ausschnitt lässt es nicht klar erkennen, aber intern wird der Wert in `appId` benutzt, um den Zusammenhang zwischen virtuellem Verzeichnis und Applikationsdomäne zu speichern. Nachfolgende Aufrufe führen deshalb nicht zu neuen Instanzen. Am Ende der Startphase führt der Aufruf von `StartProcessing` ❶ zur Verarbeitung der Anforderung. Dies ist, wie bereits erwähnt, ein asynchroner Vorgang und gibt die Kontrolle sofort wieder an den Aufrufer zurück. Das Ergebnis des Aufrufs ist wieder der ECB, der nun zur Verarbeitung zur Verfügung steht.

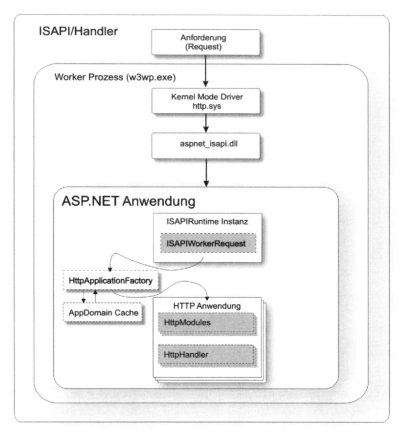

Abbildung 7.5 Die erste Anforderung erzeugt die Applikationsdomäne

7 Arbeitsweise und Funktion

Die Anforderung in der Laufzeitumgebung verarbeiten

ProcessRequest

An dieser Stelle wird die Welt von IIS und ISAPI verlassen und die verwaltete Laufzeitumgebung übernimmt die Kontrolle. Aus Sicht von ASP.NET beginnt alles erst hier. Die Applikationsdomäne, der Lebenszyklus der Applikation und der erste Seitenzyklus werden geboren und sie leben je nach Aufbau und Verarbeitung unterschiedlich lange. Vor allem aber bewegen wir uns ab jetzt nur noch in der verwalteten Welt. Das ist nicht unbedingt einfacher, aber vermutlich vertrauter. Und noch etwas spielt eine Rolle: Die IIS und ISAPI sind „multi threaded" Hosts. Jede Anforderung wird asynchron verarbeitet, in einem eigenen Thread. Wie dies passiert, zeigt die bereits erwähnte Methode ProccessRequest. Die Methode ist threadsicher und kann simultane Anforderungen verarbeiten – eine elementare Voraussetzung für eine Webapplikation.

Listing 7.3 Die Methode ProcessRequest

```
public int ProcessRequest(IntPtr ecb, int iWRType)
{
    IntPtr zero = IntPtr.Zero;
    if (iWRType == 2)
    {
        zero = ecb;
        ecb = UnsafeNativeMethods.GetEcb(zero);
    }
❷  ISAPIWorkerRequest wr = null;
    try
    {
        bool useOOP = iWRType == 1;
        wr = ISAPIWorkerRequest.CreateWorkerRequest(ecb, useOOP); ❶
        wr.Initialize();
        string appPathTranslated = wr.GetAppPathTranslated();
        string appDomainAppPathInternal = ↵
            HttpRuntime.AppDomainAppPathInternal;
        if ((appDomainAppPathInternal == null)
            || StringUtil.EqualsIgnoreCase(appPathTranslated, ↵
                                          appDomainAppPathInternal))
        {
            HttpRuntime.ProcessRequestNoDemand(wr);
            return 0;
        }
        HttpRuntime.ShutdownAppDomain( ↵
        ApplicationShutdownReason.PhysicalApplicationPathChanged,
        SR.GetString("Hosting_Phys_Path_Changed", new object[]
                    { appDomainAppPathInternal, appPathTranslated }));
        return 1;
    }
    catch (Exception exception)
    {
      // removed for sake of clarity
    }
}
```

Dieser Ausschnitt zeigt lediglich den interessanten Teil der gesamten Methode, die Fehlerbehandlung und unwichtige Teile wurden nicht abgedruckt. Die Methode nimmt den übergebenen ECB-Datenblock und leitet ihn weiter zur Methode CreateWorkerRequest ❶. Hier wird ein Objekt vom Typ ISAPIWorkerRequest erzeugt. Nun existiert ein Request-Objekt, das direkt mit der ISAPI-Schicht kommunizieren kann. Der Typ ISAPIWorkerRequest ❷, definiert im Namensraum

`System.Web.Hosting`, ist eine Implementierung der abstrakten Basisklasse `HttpWorkerRequest`. Diese Klasse „spricht" nun HTTP. Hier tiefer einzudringen ist nicht unbedingt notwendig. Wenn Sie Spaß daran haben, lohnt ein Blick in die Implementierung, um zu lernen, wie Webapplikationen intern kommunizieren. Die konkrete Implementierung hängt übrigens vom verwendeten Webserver ab und kann eines der folgenden Typen sein:

- `ISAPIWorkerRequestInProcForIIS7`
- `ISAPIWorkerRequestInProcForIIS6`
- `ISAPIWorkerRequestInProc`
- `ISAPIWorkerRequestOutOfProc`

Ein Bit im ECB steuert die Auswahl. Letztlich teilen also die IIS mit, wie sie behandelt werden möchten. Das ISAPI-Modul bestimmt dann, wie ASP.NET die weitere Verarbeitung vornimmt. Dies zeigt die enge Verflechtung zwischen IIS und ASP.NET. Der Teil für IIS7 würde übrigens auch für künftige Versionen zuständig sein. Die Abwärtskompatibilität neuer Versionen ist also bereits eingebaut.

Wenn Sie das Gefühl haben, dass auf niedriger Ebene in Ihrer Applikation etwas nicht wie erwartet läuft, beispielsweise die falschen Kopfzeilen gesendet werden oder unlesbare Antwortdaten auftreten, lohnt ein Blick in die Implementierung hier. Der Typ `HttpWorkerRequest` liefert einen Zugriff auf hoher Ebene unabhängig von der Datenquelle. Betrachten Sie beispielsweise die Verarbeitung des sogenannten Querystrings. Dies sind die Parameter am Ende der URL. Diese werden direkt aus dem ECB geholt. Die Implementierung erfolgt teilweise in der Klasse `ISAPIWorkerRequestInProc`, der hier exemplarisch betrachtet werden soll.

Listing 7.4 Den QueryString auflösen

```
internal override int GetQueryStringRawBytesCore(byte[] buffer,
                                                 int size)
{
    if (base._ecb == IntPtr.Zero)
    {
        return 0;
    }
    return UnsafeNativeMethods.EcbGetQueryStringRawBytes(
                        base._ecb, buffer, size);
}

[DllImport("webengine.dll")]
internal static extern int EcbGetQueryStringRawBytes(IntPtr pECB,
                                                 byte[] buffer,
                                                 int size);
```

Die Klasse bildet offensichtlich eine dünne Schicht um native Methoden, die den Zugriff erlauben. Auf der untersten Ebene werden die Daten der Anforderung im Speicher kopiert und dann in immer komfortableren Formen auf höheren Schichten behandelt. So wird später aus einer Folge von Bytes eine verwaltete Kollektion.

Die Darstellung soll vor allem zeigen, dass intern keine wesentliche CPU-intensive Verarbeitung stattfindet. Wenn eine Applikation langsam ist oder schlecht skaliert, ist die Ursache überall zu suchen, aber nicht im Zusammenspiel zwischen IIS und ASP.NET.

7.1.6 HttpContext und HttpApplication

Sie kennen möglicherweise bereits die Typen `HttpContext` und `HttpApplication`. Instanzen dieser Klassen werden für jede Anforderung erzeugt. Dies umfasst folgende Schritte:

- Erzeuge eine neue Instanz von `HttpContext`
- Beschaffe die Instanz von `HttpApplication` oder erzeuge sie neu, wenn dies die erste Anforderung ist
- Rufe `HttpApplication.Init` auf, um die Ereignisse der Pipeline zu definieren
- Rufe `HttpApplication.ResumeProcessing`, um die Pipeline zu starten

Die Anforderung verpacken: HttpContext

HttpContext.Current

Der Kontext einer HTTP-Anforderung ist während der gesamten Lebensdauer verfügbar. Er ist immer über die statische Eigenschaft `HttpContext.Current` verfügbar. Der Kontext ist eine 1:1-Beziehung zur Anforderung und dem verarbeitenden Thread. Hierüber stehen die Details der Anforderung zur Verfügung, und zwar in Form der Eigenschaften `Request`, `Response`, `Application`, `Server` und `Cache`. Zu jeder Zeit sind alle entsprechenden Daten verfügbar. Es gibt zahlreiche andere Wege, auf denen dieselben Objekte verfügbar gemacht werden, beispielsweise über gleichnamige Eigenschaften der `Page`-Klasse.

Eventuell kennen Sie bereits die Datenspeicherkollektionen `Application`, `Session` und `Cache`. Auch `HttpContext` enthält eine weitere Kollektion zur Aufnahme temporärer Daten. Betrachten Sie die unterschiedliche Lebensdauer, so wird klar, wann welche Methode Anwendung findet. Webseiten sind aufgrund der Bedingungen des Protokolls HTTP zustandslos. Um Werte über Zugriffe hinweg oder während des Zugriffs zu erhalten, müssen diese gespeichert werden. Über den Lebenszyklus der Applikation und unabhängig von der Anforderung erfolgt dies in `Application`. Zugeordnet zur Sitzung des Benutzers und damit auch unabhängig von der Anforderung erfolgt dies in `Session`. In `Cache` werden dagegen parameterisierbar Daten gespeichert, sowohl global als auch pro Sitzung. Bezogen auf eine Anforderung, aber unabhängig von der aktuellen Phase des Lebenszyklus bietet sich der Kontext (`HttpContext`) an. Er ist sinnvoller und leistungsfähiger als private Mitglieder der erweiterten Klasse `Page` zu benutzen.

Das folgende Beispiel zeigt, wie dies aussieht. `BeginRequest` speichert einen Zeitstempel und `EndRequest` vergleicht die Laufzeit. Dies ist ein Ausschnitt auf der *global.asax*, der erweiterten Code-Ansicht der projektspezifischen Implementierung der Klasse `HttpApplication`. Darauf wird im nächsten Abschnitt genauer eingegangen.

Listing 7.5 Informationen über die Anforderungen in der Datei *global.asax* ermitteln

```
protected void Application_BeginRequest(object sender, EventArgs e)
{
    if (Settings.Default.Logging)
    {
        Context.Items.Add("LogTime", DateTime.Now);
    }
}
```

```
protected void Application_EndRequest(object sender, EventArgs e)
{
    if (Settings.Default.Logging)
    {
        DateTime end = DateTime.Now;
        TimeSpan span = end.Subtract((DateTime)   ↵
                                 Context.Items["LogTime"]);
        System.Diagnostics.Debug.WriteLine(span.TotalMilliseconds,  ↵
                                 "RequestTime");
    }
}
```

Die beiden benutzten Ereignisse werden in der *global.asax* definiert. Die Ausgabe auf der Debuggerkonsole dient nur zur Demonstration. In der Praxis dürfte eine Ablage in einer Datenbank oder Protokolldatei sinnvoller sein.

Abbildung 7.6 Ausgabe von Laufzeiten beim Debuggen

Basis der Applikation: HttpApplication

Die Klasse `HttpApplicationFactory` ist für die Erzeugung von `HttpApplication`-Objekten zuständig. Die Anzahl und Nutzung eintreffender Anfragen bestimmen die Arbeitsweise. Der Pool enthält eine bestimmte Anzahl Threads, die durch `MaxWorkerThreads` limitiert werden. Dieser Wert wird im Element `ProcessModel` in der Datei *machine.config* festgelegt. Der Standardwert ist 20. Seit ASP.NET 2.0 ist dies automatisch ohne explizite Angabe konfiguriert.

```
<processModel autoConfig="true" />
```

Das Verhalten kann geändert werden, indem die Konfiguration überschrieben wird:

```
<processModel autoConfig="false" maxWorkerThreads="30" />
```

Der Pool startet mit einer kleineren Anzahl, üblicherweise eins, und wächst dann nach Bedarf mit parallel eintreffenden Threads. Der Pool wird überwacht, sodass rechtzeitig mehr Threads bereitgestellt werden können. Später wird der Pool wieder verkleinert, um Ressourcen zu sparen. `HttpApplication` bildet praktisch den äußeren Container um die gesamte Applikation und den Pool. Die Ereignisse, die während der Verarbeitung auftreten und sinnvollerweise Eingriffsmöglichkeiten bieten, werden in der *global.asax* bereitgestellt. Sie müssen dort nichts tun, es handelt sich lediglich um eine bequeme Möglichkeit, das Geschehen zu verfolgen oder zu beeinflussen. In der Datei *global.asax.cs* wird gezeigt, wie dies aussieht:

```
public class Global : System.Web.HttpApplication
```

Damit wird eine wesentliche Erkenntnis gewonnen. *global.asax* ist eine Instanz der Applikation und bildet die äußere Kontrollschicht. Der Lebenszyklus der Applikation durchläuft nun in diesem Objekt mehrere Status. Die folgende Liste zeigt diese und die korrespondierenden Ereignisse, die jeder Status auslöst. Durch programmieren entsprechender Handler kann in jedem Schritt der Pipeline eingegriffen werden.

Listing 7.6 Ereignisse auf Applikationsniveau (aus HttpApplication extrahiert)

```
public event EventHandler AcquireRequestState;
public event EventHandler AuthenticateRequest;
public event EventHandler AuthorizeRequest;
public event EventHandler BeginRequest;
public event EventHandler DefaultAuthentication;
public event EventHandler Disposed;
public event EventHandler EndRequest;
public event EventHandler Error;
public event EventHandler LogRequest;
public event EventHandler MapRequestHandler;
public event EventHandler PostAcquireRequestState;
public event EventHandler PostAuthenticateRequest;
public event EventHandler PostAuthorizeRequest;
public event EventHandler PostLogRequest;
public event EventHandler PostMapRequestHandler;
public event EventHandler PostReleaseRequestState;
public event EventHandler PostRequestHandlerExecute;
public event EventHandler PostResolveRequestCache;
public event EventHandler PostUpdateRequestCache;
public event EventHandler PreRequestHandlerExecute;
public event EventHandler PreSendRequestContent;
public event EventHandler PreSendRequestHeaders;
public event EventHandler ReleaseRequestState;
public event EventHandler ResolveRequestCache;
public event EventHandler UpdateRequestCache;
```

Durch folgende Angabe wird beispielsweise auf den Beginn einer Anforderung zugegriffen:

```
protected void Application_BeginRequest(object sender, EventArgs e)
```

Das hier kein Delegate explizit angegeben werden muss, ist dem Code in `HttpApplication` zu verdanken, der die Verknüpfung automatisch vornimmt. Dies ändert nichts daran, dass es sich hier um normale .NET-Ereignisse handelt.

Das ganze Modell aus Applikationsdomäne, Applikationsobjekt und Threads ist nicht leicht zu durchschauen. Es wird möglicherweise transparenter, wenn Sie sich die Daten einer Anforderung anschauen. Der folgende Code ermöglicht dies:

Listing 7.7 Informationen über die Applikation ermitteln

```
protected void Page_Load(object sender, EventArgs e)
{
    Guid appId = ((Global) Context.ApplicationInstance).AppId;
    this.appId.Text = appId.ToString();
    this.threadId.Text = Thread.CurrentThread.ManagedThreadId ⮑
                           .ToString();
    this.domainId.Text = AppDomain.CurrentDomain.FriendlyName;
    this.threadInfo.Text = Thread.CurrentThread.IsThreadPoolThread ? ⮑
                           "Pool Thread" : "No Thread";
    this.threadApart.Text = Thread.CurrentThread.GetApartmentState() ⮑
                           .ToString();
    Thread.Sleep(4000); ❶
```

}

Der Aufruf von `Sleep` ❶ soll lediglich eine Chance lassen, von Hand mehrere Browserfenster zu öffnen und dasselbe Programm erneut abzurufen. Drücken Sie dann F5, um die Seite zu laden, während in einem anderen Fenster bereits eine Anforderung läuft.

Eine Applikation hat per Definition keine spezifische ID. Im Code wird diese deshalb über eine GUID in der *global.asax* simuliert.

```
internal Guid AppId = Guid.NewGuid();
```

Die Abbildung zeigt, wie die Werte erscheinen, wenn die Seiten nacheinander aufgerufen werden, sodass die vorherige bereits komplett die Verarbeitung beendet hat.

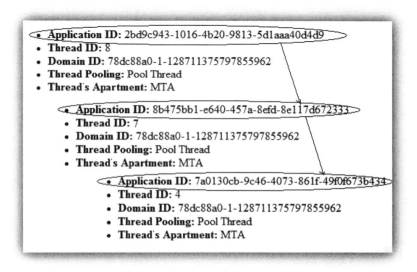

Abbildung 7.7 Die ID der Applikation ändert sich, die des Threads dagegen nicht

Wenn nun der `Sleep`-Aufruf benutzt wird, schaffen Sie es innerhalb der Zeit mehrere Aufrufe zu platzieren. Dann bleibt die Applikation-ID dieselbe, aber jeder Thread ist anders, das heißt, jeder Aufruf wurde parallel in einem weiteren Thread gestartet. Im ersten Versuch ist immer derselbe Thread in Benutzung, weil er nach Ablauf an den Pool zurückgegeben wird und dort wieder benutzt wird.

Die Abkürzung „MTA" steht für das Apartmentmodell – Multi Threaded Apartment. Dies kann mit `ASPCOMPAT="true"` in der `@Page`-Direktive überschrieben werden. ASPCOMPAT nutzt Single Threaded Apartment (STA) Threads zur Bearbeitung der Anforderungen. Diese Threads werden außerhalb des Pools erzeugt. Dies ist notwendig, wenn auf der Seite COM-Komponenten benutzt werden, die Multithreading nicht unterstützen. Spielt COM keine Rolle, können Sie dies ignorieren.

Apartmentmodell

Alle `HttpApplication`-Objekte befinden sich in derselben Applikationsdomäne. Wenn immer sich etwas an der Konfiguration ändert, beispielsweise Werte in der *web.config* geschrieben werden, startet die Applikationsdomäne neu. Damit geht einher, dass alle `HttpApplication`-Objekte beendet und neu gestartet werden. Wenn

Applikationsdomäne

7 Arbeitsweise und Funktion

Sie das vorgehende Beispiel starten, bleibt die Applikation-ID immer gleich. Wenn Sie nun bei geöffnetem Browser in der *web.config* etwas ändern und dann die Seite mit F5 erneut abrufen, wird die ID neu erzeugt – die Applikationsdomäne wurde neu gestartet und damit die Applikation.

Damit ist auch implizit erklärt, dass es sich bei ASP.NET um einen Applikationsserver handelt, der nicht nur einzelne Seiten verarbeitet, sondern eine darüber hinausgehende dauerhafte Instanz bildet.

Aktuelle Anforderungen werden bei diesem Vorgang übrigens erst komplett verarbeitet und nicht einfach beendet. Auch hier gibt es allerdings eine Zeitüberschreitung, ab der die Verarbeitung abgebrochen wird. Die neue Applikationsdomäne wird parallel zur alten gestartet, sodass zeitweilig beide koexistieren.

7.1.7 Der Weg durch die ASP.NET-Pipeline

Sie haben nun eine Idee davon, was passiert, wenn eine Anforderung eintrifft und wie diese behandelt wird, wenn es sich um die erste Anforderung im Lebenszyklus der Applikation handelt. Die nächsten Schritte sind ebenfalls eine nähere Untersuchung wert. In jedem Schritt bestehen Eingriffsmöglichkeiten durch Ereignisse.

Die Klassen `ApplicationStepManager` und – für die IIS – `PipelineStepManager` bringen den Code dafür mit.

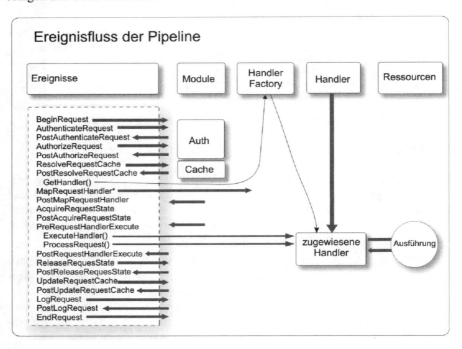

Abbildung 7.8 Ereignisse der Pipeline

Eine wichtige Aussage hier ist, dass Module vor Handlern ausgeführt werden. Beides wird noch ausführlich behandelt, an dieser Stelle ist nur der Fakt als solcher interessant. Der passende Code wird an der entsprechenden Stelle geladen und verarbeitet, bestimmt durch Konfigurationen in der *web.config*. Offensichtlich wird in den Modulen und Handlern die eigentliche Arbeit erledigt, weshalb eine nähere Betrachtung sinnvoll erscheint.

7.1.8 Module und Handler

`HttpApplication` und `HttpContext` sind lediglich Container für eintreffende Anforderungen. Sie formen die Pipeline als Kette von Ereignissen in definierter Reihenfolge. Die Bearbeitung der Daten erfolgt dagegen in Modulen und Handlern. Module bauen auf der Klasse `HttpModule` auf. Handler dagegen auf der Klasse `HttpHandler`. Beides sind abstrakte Basisklassen, die konkrete Implementierungen verlangen. Beide sind konfigurierbar, erweiterbar und relativ leicht selbst zu implementieren. Module werden als Kette nacheinander für alle Anforderungen ausgeführt, Handler dagegen in einer 1:1-Zuordnung für bestimmte Dateierweiterungen.

HttpModule und HttpHandler

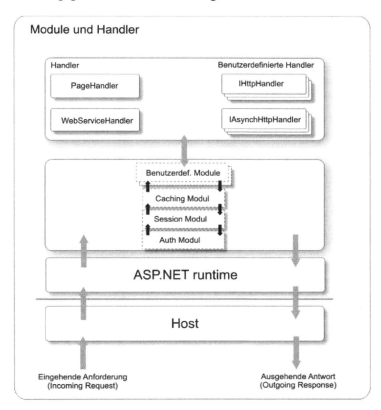

Abbildung 7.9 Module und Handler sind fester Teil von ASP.NET

Viele typische Anwendungen lassen sich mit beiden Methoden erledigen, es gibt jedoch signifikante Unterschiede, die letztlich den optimalen Einsatz bestimmen.

Module sind elementarer und besser bei der Verarbeitung auf niedrigerem Niveau. Mit Modulen können Daten allgemein und transparent für Handler aufbereitet werden. Wenn Sie ISAPI kennen, stellen Sie sich Module als ISAPI-Filter vor. Im Gegensatz zu diesen ist die Programmierung eigener Module allerdings deutlich einfacher. Die Verarbeitung erfolgt in dieser Reihenfolge:

- Verwenden Sie Module, um die Anforderung vorbereiten
- Verwenden Sie Handler, um die eigentliche Anforderung zu verarbeiten
- Verwenden Sie Module, um die Anforderung nachzubereiten

ASP.NET wird mit verschiedenen Standard-Handlern geliefert, beispielsweise den grundlegenden zur Verarbeitung von *.aspx*-Seiten. Ebenso gibt es einige Module, beispielsweise für Aufgaben wie die Authentifizierung und Cache-Verwaltung. Idealerweise sind Module transparent für Handler.

Wie Sie mit Modulen und Handlern arbeiten finden Sie im Kapitel 22 „Handler und Module".

7.2 Die Lebenszyklen

Der Begriff Lebenszyklus ist vermutlich in jeder Einführung zu ASP.NET zu finden. Das ist sinnvoll, weil sich die gesamte innere Verarbeitung darauf ausrichtet. Das Verständnis ist enorm wichtig die praktische Arbeit mit ASP.NET.

Insgesamt lassen sich drei Lebenszyklen unterscheiden:

- Der Lebenszyklus der Applikation
- Der Lebenszyklus der Seite
- Der Lebenszyklus eines Steuerelements

Die nachfolgenden Abschnitte gehen darauf unter verschiedenen Aspekten detailliert ein. Die IIS7 kann in zwei Modi arbeiten, wobei der klassische Modus das Verhalten der IIS6 simuliert. Dies hat Auswirkungen auf die interne Verarbeitung der Schritte des Lebenszyklus.

Die Ausführungen zu IIS7 gelten ausnahmslos auch für die im Windows Server 2008 R2 eingesetzten IIS7.5.

7.2.1 Die integrierte Pipeline der IIS7

Die integrierte Pipeline der IIS7 ist eine einheitliche Verarbeitungspipeline für Anforderungen. Jede Anforderung wird hier verarbeitet und den internen Teilen der IIS zugeleitet. Die Pipeline ist eng mit ASP.NET verknüpft und unterstützt sowohl verwaltete als auch native Module. Verwaltete Module werden wie bereits erwähnt durch Implementierung von `IHttpModule` erstellt. Alle Module erhalten dann Anforderungen nacheinander und können in die Verarbeitung eingreifen.

Am Anfang wurde der Begriff „einheitliche Verarbeitungspipeline" gebraucht. Dies soll näher betrachtet werden. Die IIS6 hatten zwei Pipelines, eine für verwalteten und eine für nativen Code. Dies hatte historische Gründe, weil die verwaltete Welt später entstand und praktisch angedockt werden musste. In den IIS7 wurden die Verarbeitungspipelines „vereinheitlicht" und daher wurde dieser Begriff gewählt. Für ASP.NET-Entwickler hat dies Vorteile:

- Die integrierte Pipeline exportiert alle Ereignisse
- Sowohl native als auch verwaltete Module können auf den Ebenen Webserver, Webapplikation und Website definiert werden
- Verwaltete Module lassen sich in allen Schritten der Pipeline nutzen
- Alle Module lassen sich über die web.config verwalten

Die Konfiguration der Module kann auch die eingebauten umfassen, die für Sitzungsverwaltung, Forms-Authentifizierung, Profile und Rollen-Verwaltung zuständig sind. Module sind nicht an eine bestimmte Dateierweiterung gebunden wie die Handler, sondern lassen sich für alle Anforderungen einsetzen, auch für statische Ressourcen, wie beispielsweise Bilder

7.2.2 Die Verarbeitungspipeline der Applikation

In einer eher generischen Sicht ist die Verarbeitungspipeline der Fluss der Anforderung durch die Instanzen der IIS. Jeder Schritt verarbeitet die Anforderung in einer spezifischen und eindeutigen Art und Weise und löst die entsprechenden Ereignisse aus. Von keinem Einfluss bis hin zu totaler Kontrolle ist alles möglich.

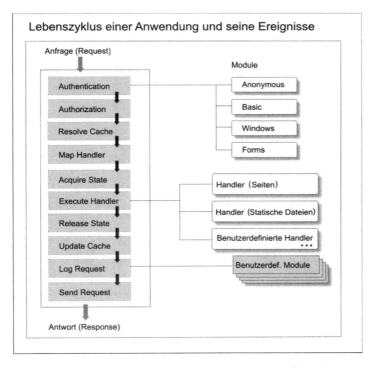

Abbildung 7.10 Der Lebenszyklus der Applikation und seine Ereignisse

Einige Module, die an den Ereignissen wirken, sind nativ, andere verwaltet. Sie können Module auf beide Arten entwickeln, wobei in diesem Buch nur die verwaltete Welt eine Rolle spielt.

Die Anforderung trifft ein

Der Lebenszyklus der Applikation beginnt mit dem Eintreffen der ersten Anforderung oder – wenn aktiviert – mit dem Autostart. Die Aufzählungsklasse `RequestNotification` bestimmt die Reihenfolge der Schritte intern. Von da an wird die Abarbeitung schrittweise erfolgen.

Die Pipeline empfängt die erste Anforderung

Als erstes wird eine Instanz der Klasse `ApplicationManager` erzeugt. Diese erzeugt die Applikationsdomäne in der die Anforderung verarbeitet wird. Applikationsdomänen isolieren Applikationen in Bezug auf globale Variablen und erlauben getrenntes Entladen. In der Applikationsdomäne wird eine Instanz der Klasse `HostingEnvironment` erzeugt, die alle Informationen zur Applikation enthält, beispielsweise den Namen des virtuellen Ordners, indem die Applikation läuft.

> **TIPP** Wenn die Applikation im Kontext von Visual Studio ausgeführt wird, das heißt, beim Entwickeln und Debuggen, wird der integrierte Webserver verwendet. Wenn die Debug-Sitzung beendet und mit F5 neu gestartet wird, beendet und startet dies nicht den integrierten Webserver. Damit bleibt die Applikationsdomäne erhalten, das heißt, es beginnt kein neuer Lebenszyklus der Applikation. Um dies zu erzwingen, müssen Sie mit einem Rechtsklick auf das Benachrichtigungssymbol und der entsprechenden Auswahl im Kontextmenü den Webserver explizit stoppen.

Die erste Anforderung benötigt einige zusätzliche Aktionen. Das wird deutlich durch die spürbar längere Zeit, die die erste Antwort benötigt. In dieser Zeit wird unter anderem die Applikation kompiliert, falls erforderlich.

Das Antwortobjekt wird erstellt

`HttpContext`
`HttpRequest`
`HttpResponse`

Nach dem Erstellen der Applikationsdomäne und des Objekts `HostingEnvironment` werden die Instanzen der Klassen `HttpContext`, `HttpRequest` und `HttpResponse` erstellt und initialisiert. Diese Objekte existieren für die gesamte Lebensdauer der Anforderung und bieten den vollen Zugriff auf alle damit verbundenen Daten. Die Klasse `HttpContext` enthält Daten über die Anforderung, wie die `HttpRequest`- und `HttpResponse`-Objekte. `HttpRequest` enthält die Anforderung an sich, einschließlich Cookies, Kopfzeilen, Formulardaten usw. `HttpResponse` enthält die Antwort, die zum Client gesendet wird, also die fertige HTML-Seite und deren Kopfzeilen, Cookies usw. Der aktuelle Kontext kann jederzeit über `HttpContext.Current` abgerufen werden. Die Klasse `Page` enthält zusätzlich die Eigenschaften `Request` und `Response`, die Instanzen der entsprechenden Klassen zurückgeben.

Weitere Eigenschaften

Es gibt einige Funktionen, die im Zusammenhang mit einer niederen Programmierebene von Interesse sind:

- Das Objekt `HttpResponse` hat eine Eigenschaft `SubStatusCode`. Diese dient zum Verfolgen von fehlerhaften Anforderungen.
- Die Eigenschaft `Header` erlaubt den schreibenden Zugriff.
- Die Eigenschaft `ServerVariables` erlaubt den schreibenden Zugriff.
- Die Eigenschaften `IsPostNotification` und `CurrentNotification` werden verwendet, wenn eine Ereignisbehandlungsfunktion mehrere `HttpApplication`-Objekte behandelt.

Das Objekt HttpApplication wird der Anforderung zugewiesen

Nach der Initialisierung wird die Applikation gestartet, indem eine Instanz von `HttpApplication` erstellt wird. Wenn eine Datei *global.asax* vorhanden ist, wird statt einer direkten Instanz eine abgeleitete Instanz erstellt. Dadurch erhält die Applikation Zugriff auf die Codes, die in *global.asax* bzw. der passenden Code-Datei stehen.

Die Anforderung wird verarbeitet

Das `HttpApplication`-Objekt führt nun einige Schritte aus. Jeder Schritt löst ein Ereignis aus. Ohne weitere Aktionen werden alle Ereignisse ausgelöst und die entsprechenden Module und Handler werden ausgeführt. Die folgende Liste zeigt, welches Ereignis in welchem Schritt ausgelöst wird und damit, wo Sie privaten Code sinnvollerweise ausführen können:

Ereignisse

1. Löse das `BeginRequest`-Ereignis aus.
2. Löse das `AuthenticateRequest`-Ereignis aus.
3. Löse das `PostAuthenticateRequest`-Ereignis aus.
4. Löse das `AuthorizeRequest`-Ereignis aus.
5. Löse das `PostAuthorizeRequest`-Ereignis aus.
6. Löse das `ResolveRequestCache`-Ereignis aus.
7. Löse das `PostResolveRequestCache`-Ereignis aus.
8. Löse das `MapRequestHandler`-Ereignis aus. Der passende Handler wird nach der Dateierweiterung auswählt. Der Handler kann nativ (beispielsweise `StaticFileModule`) oder verwaltet sein (wie `PageHandlerFactory`).
9. Löse das `PostMapRequestHandler`-Ereignis aus.
10. Löse das `AcquireRequestState`-Ereignis aus.
11. Löse das `PostAcquireRequestState`-Ereignis aus.
12. Löse das `PreRequestHandlerExecute`-Ereignis aus. Ruft `ProcessRequest` für synchrone Handler oder `BeginProcessRequest` für asynchrone Handler aus.

13. Löse das `PostRequestHandlerExecute`-Ereignis aus.
14. Löse das `ReleaseRequestState`-Ereignis aus.
15. Löse das `PostReleaseRequestState`-Ereignis aus.
16. Jetzt wird die Anfrage gefiltert, wenn dies konfiguriert wurde.
17. Löse das `UpdateRequestCache`-Ereignis aus.
18. Löse das `PostUpdateRequestCache`-Ereignis aus.
19. Löse das `LogRequest`-Ereignis aus.
20. Löse das `PostLogRequest`-Ereignis aus.
21. Löse das `EndRequest`-Ereignis aus.
22. Löse das `PreSendRequestHeaders`-Ereignis aus.
23. Löse das `PreSendRequestContent`-Ereignis aus.

7.2.3 Der Lebenszyklus der Seite

Der Lebenszyklus der Seite ist ebenso wichtig, wie der der Applikation. Die Seitenverarbeitung ist als HTTP-Handler implementiert. Nach dem Applikationsereignis `PreRequestHandlerExecute` beginnt deshalb der Lebenszyklus der Seite. Statische Ressourcen wie Bilder würden hier einfach ausgeliefert werden. Für dynamische Seiten sieht das anders aus. Die grundlegenden Schritte umfassen die Initialisierung, die Instanziierung der Steuerelemente, die Restaurierung und Verwaltung des Status, die Auslösung der Ereignisbehandlungsmethoden im Code für Steuerelemente und das Erstellen der Seite – das sogenannte Rendern. Wie schon beim Lebenszyklus der Applikation, können Sie auf allen Ebenen eingreifen. Steuerelemente verfügen ebenso über einen Lebenszyklus. Der ist dem der Seite sehr ähnlich, denn die Seite ist nur ein spezialisiertes Steuerelement. Beide, Seiten und Steuerelemente, haben eine gemeinsame Basisklasse `Control`. Allerdings verfügen Seiten über einige zusätzliche Schritte, die Steuerelemente nicht haben.

Der Lebenszyklus der Master-Seiten

Sie kennen möglicherweise bereits Master-Seiten (siehe Kapitel 15). Die Master-Seiten haben keinen Lebenszyklus. Sie werden nicht separat als Objekt erstellt, sondern aus der Master-Seite und der konkreten Inhaltsseite wird zuerst die finale Seite erstellt, die dann den regulären Lebenszyklus als Seite durchläuft. Master-Seiten werden intern jedoch als Steuerelement betrachtet und haben einige elementare Ereignisse, die dort eine Art Lebenszyklus abbilden. Allerdings eben nicht im Kontext der Seite.

Anforderung der Seite

Der Lebenszyklus der Seite beginnt mit der Anforderung. ASP.NET beginnt mit dem Parsen des deklarativen Teils (*.aspx*) und kompiliert die Seite bei Bedarf inklusive darin enthaltener Codes. Falls die Seite bereits vorhanden ist, wird die fertige Version gestartet.

Start

In diesem Schritt werden die Eigenschaften `Request` und `Response` gefüllt. Diese erlauben den Zugriff auf Objekte der Klassen `HttpRequest` und `HttpResponse`. Es wird ermittelt, ob es sich um einen Abruf der Seite per GET oder POST oder ein PostBack handelt. Der PostBack wird daran erkannt, dass die Seite per POST angefordert wurde und das Formular von derselben Seite stammt. Dies ist das Standardverhalten in ASP.NET. In dieser Phase wird auch die Eigenschaft `UICulture` gesetzt. Damit wird die Auswahl der Lokalisierung bestimmt. Wenn die Kultur explizit gesetzt werden soll, muss dies in diesem Schritt erfolgen.

Initialisierung

Die Seite ist nun verfügbar und alle Steuerelemente werden erstellt. Die Steuerelemente erhalten ihre eindeutige ID, die `UniqueID`-Eigenschaft. Außerdem werden Themes angewendet.

Laden

In dieser Phase werden die Daten des Formulars ausgewertet, die Eigenschaften der Steuerelemente gesetzt und damit beispielsweise das „Sticky Form"-Verhalten erzeugt. Für GET-Anforderungen werden die Standardwerte gesetzt.

Validierung

In diesem Schritt werden die Steuerelementdaten auf Gültigkeit geprüft, indem die Methode `Validate` für alle Validatoren aufgerufen wird. Wenn alle Validatoren erledigt sind, wird die Eigenschaft `IsValid` der Seite gesetzt.

Ereignisbehandlung

Wenn es sich bei der Anforderung um einen PostBack handelte, werden die Ereignisse die Steuerelemente ausgewertet.

Rendern

Vor dem Rendern wird zuerst der ViewState (siehe Abschnitt 7.3) gespeichert. Dann wird das HTML der Seite erstellt, indem alle Steuerelemente rekursiv aufgefordert werden, sich selbst darzustellen. Die Steuerelemente schreiben ihren Code in den Ausgabedatenstrom.

Entladen

Dann wird die Seite entladen. Die Ausgabe steht im `Response`-Objekt zur Verfügung und wird an die IIS übergeben. Der Speicher wird aufgeräumt und das Leben der Seite ist beendet.

7.2.4 Die Ereignisse des Lebenszyklus der Seite

Jeder Schritt im Lebenszyklus der Seite führt zu Ereignissen, die Sie behandeln können. Damit erhalten Sie die Möglichkeit, in das Geschehen einzugreifen und eigenen Code auszuführen, wenn bei der Verarbeitung ein bestimmter Stand erreicht wurde. Am einfachsten sind die Ereignisse der Steuerelemente, die es erlauben, wie bei der Windows-Programmierung auf Aktionen des Benutzers zu reagieren. Dies kann entweder deklarativ oder durch Anbindung im Code erfolgen. Seiten unterstützen auch das automatische Anschließen von Ereignissen, wenn die Signatur der Methode einem bestimmten Schema entspricht. Durch das Attribut `AutoEventWireup` in der Direktive `@Page` wird dieses Verhalten kontrolliert. Die Signatur muss dem Schema *Page_<event>* entsprechen. Ereignisse sind beispielsweise `Load` und `Init`, woraus sich die Namen `Page_Load` und `Page_Init` ergeben.

Tabelle 7.2 enthält alle Seitenereignisse.

Tabelle 7.2 Verwendung der Seitenereignisse

Seitenereignisse	Typische Verwendung
PreInit	Prüfen Sie in diesem Ereignis die `IsPostBack`-Eigenschaft, um festzustellen, ob die Seite das erste Mal aufgerufen wurde. Erzeugen Sie hier dynamische Steuerelemente. Sie können zu diesem Zeitpunkt auch dynamisch Master-Seiten und Themes bestimmen. Weiterhin können Profilinformationen gelesen oder geschrieben werden.
Init	Nach diesem Ereignis sind alle Steuerelemente initialisiert und alle Skins wurden zugewiesen. Sie können hier die Eigenschaften der Steuerelemente lesen oder initialisieren.
InitComplete	Die Initialisierung ist für alle Steuerelemente der Seite vollständig.
PreLoad	Aktionen vor dem Laden der Daten können hier ausgeführt werden. Vor diesem Ereignis werden der Seitenstatus (ViewState) und die Formulardaten geladen.
Load	Dieses Ereignis zeigt an, dass die Ladevorgänge für den Seitenstatus und die Formulardaten beendet wurde. Dieser Vorgang wird rekursive und damit für alle Steuerelemente ausgeführt. Bauen Sie hier Verbindungen zu Datenbanken auf und setzen Sie die Eigenschaften der Steuerelemente.
Control events	Behandeln Sie hier die Ereignisse der Steuerelemente, wie beispielsweise `Click` auf eine Schaltfläche.
LoadComplete	Alle Steuerelemente sind geladen und Ereignisse ausgeführt.
PreRender	In diesem Ereignis ruft die Seite `EnsureChildControls` für alle Steuerelemente und stellt sicher, dass nun alle, auch die dynamischen Teile, erstellt sind. Für Steuerelemente, bei denen eine Datenquelle mittels der Eigenschaft `DataSourceID` angegeben wurde, wird `DataBind` ausgeführt. Dieses Ereignis ist die letzte Chance, etwas am Inhalt der Seite zu ändern.
SaveStateComplete	Vor diesem Ereignis wird der Seitenstatus gespeichert. Änderungen sind nicht mehr möglich.
Unload	Dieses Ereignis wird für alle Steuerelemente ausgelöst und final für die Seite. Hier können beispielsweise Datenbankverbindung geschlossen werden.

PostBack Wenn die Anforderung ein PostBack ist, sind die Steuerelemente in `PreInit` noch nicht wieder hergestellt. Wenn Sie hier Eigenschaften setzen, würden diese Werte möglicherweise überschrieben werden.

Validatoren stellen ihre Auswertung in `Load` zur Verfügung. Nach allen Steuerelementen ist dann auch die Eigenschaft `IsValid` der Seite gesetzt.

Validatoren

In `Unload` ist die Seite komplett erstellt, Änderungen haben keine Auswirkungen mehr. Der Ausgabestrom der Antwort ist geschlossen. Erfolgen hier Zugriffe, führen diese zu einer Ausnahme (Exception).

7.2.5 Bemerkungen zum Lebenszyklus der Steuerelemente

Steuerelemente haben ihren eigenen Lebenszyklus, der ähnlich der der Seite ist und innerhalb deren Zyklus abläuft. Die Ereignisse `Init` und `Load` der Steuerelemente finden zum selben Zeitpunkt wie die korrespondierenden Ereignisse der Seite statt. Beide Ereignisse werden rekursiv für alle Steuerelemente der Seite ausgelöst. Die Reihenfolge ist allerdings genau umgekehrt wie bei der Seite. Das heißt, erst wird `Init` der Seite ausgelöst, dann alle `Init`-Ereignisse der Steuerelemente, dann alle `Load`-Ereignisse der Steuerelemente und dann `Load` der Seite. So wie `Init` verhält sich auch `Unload`. `Init` könnte man auch als „IsInitialized" interpretieren, aber eine solche Eigenschaft gibt es nicht. Aus der Darstellung wird auch klar, dass das `Load`-Ereignis die beste Stelle auf der Seite ist, prinzipielle Aktionen durchzuführen. Hier ist einerseits alles Interne passiert, andererseits aber auch noch fast alles möglich.

Nach `Load` werden die an die Steuerelemente gebundenen Ereignisse bedient. Auch hier – in den Ereignisbehandlungsmethoden – lassen sich Eigenschaften ändern und die Seite dynamisch verändern.

Zusätzlich zur Definition der Ereignisbehandlungsmethoden der Seite können auch die auslösenden Methoden der Basisklasse überschrieben werden. Alle Ereignisse sind dort in der Form `OnEvent` zu finden, also `OnInit` oder `OnLoad`. Wenn Sie eigene Basisseiten erstellen, ist dies die beste Methode zum Zugriff auf Ereignisbehandlungsmethoden. Auch andere Basisfunktionen lassen sich in solche Seiten leicht überschreiben und das Verhalten so global modifizieren. Beispielsweise kann die ausgewählte Sprache durch Überschreiben von `InitializeCulture` dynamisch geändert werden. Das Überschreiben der Ereignisbehandlungsmethoden (`OnEvent`) und das Anhängen mittels Signatur (`Page_Event`) ist oft identisch. Es gibt jedoch in einigen Fällen Unterschiede. Wenn Sie die Signatur verwenden, muss das Ereignis auf der Basisseite nicht aufgerufen werden. Beim Überschreiben ist dies mit `base.OnEvent` zwingend erforderlich. Dies kann am Anfang, am Ende oder mitten im Code der Methode erfolgen. Damit sind die überschriebenen Methoden flexibler.

Dynamische Steuerelemente und Ereignisse der Datenbindung

Die Lebenszyklen der Seiten und Steuerelemente definieren eine Kette von Ereignissen um eine maximale Kontrolle über die Erzeugung und das Verhalten zur Laufzeit zu ermöglichen. Allerdings kennt ASP.NET noch weitere Wege der Beeinflussung von Steuerelementen. Wenn Steuerelemente dynamisch der Seite hinzugefügt wurden, also vorher nicht im deklarativen Teil stehen, weisen sie teilweise ein anderes Verhalten auf. Steuerelemente mit Datenbindung arbeiten intern wiederum anders.

Ereignisse der dynamischen Steuerelemente

Der Lebenszyklus der Seite und der der Steuerelemente sind einander sehr ähnlich, weil eine Seite letztlich ein spezialisiertes Steuerelement ist. Allerdings können Sie Steuerelemente dynamisch einer Seite hinzufügen, was bei Seiten selbst nicht möglich ist. Möglicherweise werden Sie annehmen, dass das dynamische hinzufügen nicht der übliche Weg ist. Das ist durchaus richtig – solange sich eine deklarative Definition anbietet, ist dies das bevorzugte Verfahren. Allerdings verwenden viele Steuerelemente Vorlagen (Templates), um im Rahmen der Datenbindung andere Steuerelemente einzubinden. Diese werden erst zur Laufzeit ausgewertet und erzeugt, sodass sie sich wie dynamische Steuerelemente verhalten. Das Verhalten ähnelt dann dem per Code erzeugten. Manchmal ist die Flexibilität im Code erzeugter Steuerelemente auch tatsächlich nötig. Bei den dynamischen Steuerelementen treten die üblichen Ereignisse auch auf, allerdings nicht mehr synchron zu den übrigen Steuerelementen oder der Seite selbst. Der Lebenszyklus eines dynamischen Steuerelements beginnt mit seiner Initialisierung – egal wann dies im Zyklus der Seite erfolgte – und dann werden die Ereignisse nacheinander abgearbeitet.

Üblicherweise hat dies keine zwingenden Konsequenzen. Allerdings gibt es bei verschachtelten datengebundenen Steuerelementen Probleme. Wenn das untergeordnete Steuerelement gebunden ist, aber der Container noch nicht, sind die beiden Steuerelemente nicht mehr synchron. Denken Sie an ein `GridView` – eine Tabelle mit Daten aus einer Datenbank – in der in jeder Zeile eine Dropdown-Liste ist. Die Dropdown-Liste wurde mit Hilfe der Eigenschaft `DataSourceID` deklarativ an eine Datenquelle gebunden. Wird jetzt das Ereignis `DataBinding` der `GridView` ausgelöst, bindet es sich an die Dropdown-Liste und stellt sich anhand der Quelldaten dar. Zu diesem Zeitpunkt ist die `GridView` aber noch nicht bis zum Ereignis `RowDataBound` vorgedrungen und verfügt nicht über die Daten der Datenquelle des Elternelements. Die beiden Steuerelemente sind nicht mehr synchron. Um das zu korrigieren, muss sich die Datenquelle der Dropdown-Liste ebenfalls innerhalb der Vorlage befinden. Außerdem muss die automatische Bindung mittels `DataSourceID` verhindert werden. Stattdessen sollte sie programmatisch im Ereignis `RowDataBound` erfolgen. An dieser Stelle wurde der Container bereits gebunden und die korrekten Daten für die Datenreihe stehen zur Verfügung.

Gebundene Steuerelemente

Um die Ereignisse bei der Bindung zu nutzen, müssen Sie diese freilich genau kennen. Die folgende Tabelle zeigt alle Ereignisse und welche Bedeutung sie haben.

Bei der Beschreibung datengebundener Steuerelemente wird oft der Begriff „enthaltendes Steuerelement" oder „Container" benutzt. Wenn sich das Steuerelement auf der obersten Ebene befindet handelt es sich dabei um die Seite, auch wenn dies nicht explizit erwähnt wird.

Tabelle 7.3 Beziehung zwischen Lebenszyklus und Datenbindungsereignissen

Ereignis	Typisches Verhalten	Verwendungshinweise
`DataBinding`	Tritt for `PreRender` des Containers auf. Dies ist der Beginn der Bindung.	Öffnen Sie weitere Datenbankverbindungen, falls erforderlich
`RowCreated`	Nach dem Binden jeweils einer Reihe (pro Reihe).	Ändern von Inhalten der Reihe, wenn dies nicht von anderen Bindungen abhängt.

Ereignis	Typisches Verhalten	Verwendungshinweise
`ItemCreated`	Nach dem Binden jeweils eines Elements (pro Reihe und Spalte).	Ändern von Inhalten der Zelle, wenn dies nicht von anderen Bindungen abhängt.
`RowDataBound`	Gebundene Daten sind jetzt für die Reihe verfügbar.	Formatieren der Daten oder holen von untergeordneten Reihen oder Filtern derselben.
`ItemDataBound`	Gebundene Daten sind jetzt für das Element verfügbar	Formatieren der Daten oder holen von untergeordneten Elemente oder Filtern derselben.
`DataBound`	Ende der Bindungsoperationen	Alles Aktionen, die den vollständigen Datenbestand benötigen.

Die Anmeldesteuerelemente sind ebenso, wie die datengebundenen, besonders umfassende Bausteine. Sie verfügen über weitere interne Ereignisse, die mehr Eingriffsmöglichkeiten bieten.

Ereignisse der Anmeldesteuerelemente

Tabelle 7.4 Beziehung zwischen Lebenszyklus und Ereignissen der Anmeldesteuerelemente

Ereignis	Typisches Verhalten	Verwendungshinweise
`LoggingIn`	Nach dem `Load`-Ereignis	Vorbereitende Schritte, beispielsweise Öffnen der Datenbank über die Authentifiziert wird
`Authenticate`	Nach `LoggingIn`; zeigt die Authentifizierung an	Beeinflussung des Vorgangs der Authentifizierung an sich
`LoggedIn`	Nach `Authenticate`; zeigt an, dass die Anmeldung erfolgreich war.	Aktionen, wenn die Anmeldung erfolgreich war
`LoginError`	Nach `Authenticate`; zeigt an, dass die Anmeldung nicht erfolgreich war.	Aktionen, wenn die Anmeldung nicht erfolgreich war

7.3 Der ViewState – Status der Steuerelemente

Der ViewState ist in ASP.NET eine Technik, um programmatische Änderungen an den Eigenschaften von Steuerelementen über den PostBack zu erhalten. Als PostBack wird das Zurücksenden des Formulars bezeichnet. Der ViewState ist standardmäßig aktiviert und muss nicht gesondert konfiguriert werden. Einige Steuerelemente verwenden intern Zugriffe auf ihre eigenen Eigenschaften, weshalb sich dort auch ohne eigene Zutun Daten befinden können. Die Werte im ViewState sind die Werte der Eigenschaften, die beim letzten Aufbau der Seite an Steuerelementen geändert wurden. Der ViewState ist standardmäßig in einem versteckten Feld untergebracht und die Daten sind serialisiert und Base64-kodiert. Optional können sie auch verschlüsselt werden, beispielsweise um Angriffe auf die Seite zu erschweren. Alle Informationen im ViewState und damit im versteckten Feld werden beim Zurücksenden der Seite wieder an den Server geschickt. Bei exzessiver Nutzung – egal ob beabsichtigt oder nicht – kann dies zu Problemen führen.

Der ViewState ist deshalb durchaus umstritten und eine nähere Betrachtung wert. Allerdings lässt sich das Verhalten beeinflussen und die Nachteile vermeiden, wenn Sie den ViewState vollständig verstehen. Beim Schreiben eigener Steuerelemente (Kapitel „Kundenspezifische Steuerelemente"), sehr komplexe Seiten mit Datenbindung (Kapitel „Datenzugriff") oder der Verwendung von Ajax (Kapitel „Asynchrone Programmierung") ist dieses Verständnis unerlässlich.

7.3.1 Warum Sie den ViewState verstehen sollten

Durch Missverständnisse bei der Benutzung des ViewStates können Sie schützenswerte Daten verlieren, Sicherheitslöcher produzieren, schlecht skalierende Seiten mit schlechter Leistung erstellen und Kopfschmerzen bekommen. Es spricht also einiges dafür, den ViewState zu verstehen.

Erscheinungsformen des ViewState

Abbildung 7.11 zeigt einen Ausschnitt aus dem Quelltext einer Seite im Browser, den Sie so eigentlich nie sehen sollten.

```
<input type="hidden" name="__VIEWSTATE" id="__VIEWSTATE"
value="/wEPDwUKLTUxNDE0ODExOA9kFgICAw9kFgICBw88KwANAgAPFgQeC18hRGFOYUJvdW5kZx4LXyFJdGVtQ291bnQCMmQMFCsAARYGHgRUeXBlGSs
CHgROYW11BQRJdGVtHg1EYXRhRm11bGQFASEWAxmYP2BZmAgEPZBYCZg8PFgIeBFRleHQFEmxqbGRramxramxramxrSmRkAgIPZBYCZg8PFgIfBQUSb
GpsZGtqbGtqbGtqbGtqbGtKZGQCAw9kFgJmDw8WAh8FBRJsamxka2psa2psa2psa2psOpkZAIED2QWAmYPDxYCHwUFEmxqbGRramxramxramxrSmR
kAgUPZBYCZg8PFgIfBQUSbGpsZGtqbGtqbGtqbGtKZGQCBg9kFgJmDw8WAh8FBRJsamxka2psa2psa2psa2psOpkZAIHD2QWAmYPDxYCHwUFEmxqb
GRramxramxramxrSmRkAggPZBYCZg8PFgIfBQUSbGpsZGtqbGtqbGtqbGtKZGQCCQ9kFgJmDw8WAh8FBRJsamxka2psa2psa2psa2psOpkZAI
KD2QWAmYPDxYCHwUFEmxqbGRramxramxramxrSmRkAgsPZBYCZg8PFgIfBQUSbGpsZGtqbGtqbGtqbGtKZGQCDA9kFgJmDw8WAh8FBRJsamxka
2psa2psa2psa2psOpkZAIND2QWAmYPDxYCHwUFEmxqbGRramxramxramxrSmRkAg4PZBYCZg8PFgIfBQUSbGpsZGtqbGtqbGtqbGtKZGQCDw9
kFgJmDw8WAh8FBRJsamxka2psa2psa2psa2psOpkZAIQD2QWAmYPDxYCHwUFEmxqbGRramxramxramxrSmRkAhEPZBYCZg8PFgIfBQUSbGpsZGtqb
GtqbGtqbGtKZGQCEg9kFgJmDw8WAh8FBRJsamxka2psa2psa2psa2psOpkZAITD2QWAmYPDxYCHwUFEmxqbGRramxramxramxrSmRkAhQPZBY
CZg8PFgIfBQUSbGpsZGtqbGtqbGtqbGtKZGQCFQ9kFgJmDw8WAh8FBRJsamxka2psa2psa2psa2psOpkZAIWD2QWAmYPDxYCHwUFEmxqbGRramxra
mxramxrSmRkAhcPZBYCZg8PFgIfBQUSbGpsZGtqbGtqbGtqbGtKZGQCGA9kFgJmDw8WAh8FBRJsamxka2psa2psa2psa2psOpkZAIZD2QWAmY
PDxYCHwUFEmxqbGRramxramxramxrSmRkAhoPZBYCZg8PFgIfBQUSbGpsZGtqbGtqbGtqbGtKZGQCGw9kFgJmDw8WAh8FBRJsamxka2psa2psa
2psa2psOpkZAIcD2QWAmYPDxYCHwUFEmxqbGRramxramxramxrSmRkAhOPZBYCZg8PFgIfBQUSbGpsZGtqbGtqbGtqbGtKZGQCHg9kFgJmDw8
WAh8FBRJsamxka2psa2psa2psa2psOpkZAIdD2QWAmYPDxYCHwUFEmxqbGRramxramxramxrSmRkAiAiPZBYCZg8PFgIfBQUSbGpsZGtqbGtqb
GtqbGtKZGQCIQ9kFgJmDw8WAh8FBRJsamxka2psa2psa2psa2psOpkZAIiD2QWAmYPDxYCHwUFEmxqbGRramxramxramxrSmRkAiMPZBYCZg8PFgI
fBQUSbGpsZGtqbGtqbGtqbGtKZGQCJA9kFgJmDw8WAh8FBRJsamxka2psa2psa2psa2psOpkZAIID2QWAmYPDxYCHwUFEmxqbGRramx
mxrSmRkAiYPZBYCZg8PFgIfBQUSbGpsZGtqbGtqbGtqbGtKZGQCJw9kFgJmDw8WAh8FBRJsamxka2psa2psa2psa2psOpkZAIoD2QWAmYPDxYCHwU
FEmxqbGRramxramxramxrSmRkAikPZBYCZg8PFgIfBQUSbGpsZGtqbGtqbGtqbGtKZGQCKg9kFgJmDw8WAh8FBRJsamxka2psa2psa2psa2ps
OpkZAIrD2QWAmYPDxYCHwUFEmxqbGRramxramxramxrSmRkAiwPZBYCZg8PFgIfBQUSbGpsZGtqbGtqbGtqbGtKZGQCLQ9kFgJmDw8WAh8FBRJ
samxka2psa2psa2psa2psOpkZAIuD2QWAmYPDxYCHwUFEmxqbGRramxramxramxrSmRkAi8PZBYCZg8PFgIfBQUSbGpsZGtqbGtqbGtqbGtKZ
GQCMA9kFgJmDw8WAh8FBRJsamxka2psa2psa2psa2psOpkZAIxD2QWAmYPDxYCHwUFEmxqbGRramxramxramxrSmRkAjIPZBYCZg8PFgIfBQUSDGp
sZGtqbGtqbGtqbGtKZGQCMw8PFgIeB1Zpc2libGVoZGQYAQUDZ3JkDzwrAAoBCAIBZHYfcLCtCZ26/bupXZd6b7EnFPWC" />
```

Abbildung 7.11 Der ViewState kann eine gewaltige Größe annehmen

Einfaches Abschalten des ViewState wird in der Regel nicht helfen, weil er natürlich einige Aufgaben übernimmt und diese Funktionen dann verloren gehen. Tatsächlich ist die falsche Nutzung oft Schuld am ViewState-Desaster. Bevor nach Lösungen für spezielle Probleme gesucht werden kann, sollten die eigentlichen Kernaufgaben des ViewState definiert werden:

- Der ViewState speichert Eigenschaften der Steuerelemente
- Die Änderungen werden ab einem bestimmten Zeitpunkt verfolgt und automatisch erfasst
- Die Werte werden serialisiert und deserialisiert
- Die Werte werden automatisch beim Laden wieder hergestellt

Diese Funktionen sind Ihnen vermutlich vertraut, wenn Sie frühere Versionen von ASP.NET bereits kennen. Es ist daher spannender zu klären, was der ViewState *nicht* tut:

7.3 Der ViewState – Status der Steuerelemente

- Den Status von Klassenmitgliedern erhalten
- Den Status bei seitenübergreifenden Vorgängen, beispielsweise Aufrufe per GET über Hyperlinks erhalten
- Durch Datenbindung gebundene Daten erhalten
- Den Zustand der Steuerelemente durch Benutzeraktionen erhalten

Vor allem der vorletzte und letzte Punkt ist wichtig. Gebundene Daten müssen bei jedem Seitenabruf erneut gebunden werden. Die als „Sticky Form" bekannte und beliebte Funktion, um den Inhalt der Steuerelemente zu erhalten wird durch die Analyse der Formulardaten erledigt, nicht durch die Daten im ViewState.

Sticky Form

Wofür der ViewState wirklich wichtig ist

Bevor Sie sich mit der inneren Funktion auseinandersetzen, sollten einige Basisfunktionen benannt werden:

- Der ViewState speichert Werte
- Der ViewState verfolgt Änderungen an Eigenschaften
- Der ViewState serialisiert und deserialisiert Daten
- Der ViewState stellt Daten wieder her

Der ViewState wird in einem versteckten Feld im HTML der Seite mit dem Namen `__VIEWSTATE` gespeichert. Der Browser rendert das Feld nicht, aber es steht lesbar im Quellcode der Seite wie in Abbildung 7.11 gezeigt. Der Inhalt wird wie der jedes anderen Felds beim Senden der Seite per POST an den Server übertragen. Es ist dabei nicht relevant, ob der ViewState aktuell benötigt wird.

Der Lebenszyklus der Seite aus der Perspektive des ViewState

Der Lebenszyklus der Seite ist enorm wichtig, um den ViewState vollständig zu verstehen. Lesen Sie bei Bedarf die Informationen im Abschnitt 7.2.

Jedes Mal, wenn eine Seite beim Server angefordert wurde, durchläuft sie eine Reihe von Schritten. Der ViewState wird dabei an spezifischen Punkten benutzt.

Schritt Eins – Instanziierung

Die Instanziierung ist der Beginn des Lebenszyklus der Seite. Die Klasse, die die Seite repräsentiert, wird erstellt und gestartet. Eine ASP.NET-Seite besteht aus Markup – dem deklarativen Code – und hinterlegtem, benutzerspezifischem Code. Zuerst erstellt ASP.NET eine reine Code-Seite daraus, wobei die HTML-Blöcke als literale Elemente beschrieben werden. Dieser Code wird dann übersetzt und kann nun ausgeführt werden. ASP.NET erkennt selbständig, ob Änderungen stattgefunden haben und führt den Übersetzungsvorgang dann erneut aus.

Die Seite ist das Wurzelelement der Hierarchie der Steuerelemente. Auch die Seite ist ein Steuerelement. Jedes Steuerelement hat genau ein Elternelement und keines, eines oder beliebig viele Kindelemente. Elemente, die deklarativ auf der Seite geschrieben wurden, bilden das höchste Niveau. Es gibt per Definition kein Limit, allerdings können tiefe Hierarchien Leistungsprobleme verursachen. Ein wichtiges

Die Hierarchie der Steuerelemente wird aufgebaut

7 Arbeitsweise und Funktion

Element in der Hierarchie nahezu jeder Seite ist HtmlForm (im Namensraum System.Web.UI.HtmlControls). Dieses Element erzeugt das `<form>`-Tag und wird benötigt, um die Daten der Seite zum Server zu senden.

Listing 7.8 Einfache .aspx-Seite mit Steuerelementen

```
<html xmlns="http://www.w3.org/1999/xhtml">
<head runat="server">
    <title></title>
</head>
<body>
    <h1>
        Hanser - ViewState</h1>
    <form id="form1" runat="server">
    <div>
        <asp:TextBox runat="server" ID="txtName" />
        <br />
        Are you called a
        <asp:DropDownList runat="server" ID="ddlWhat">
            <asp:ListItem Value="G" Selected="True">Geek</asp:ListItem>
            <asp:ListItem Value="N">Nerd</asp:ListItem>
            <asp:ListItem Value="W">Don't know</asp:ListItem>
        </asp:DropDownList>
        <br />
        <asp:Button runat="server" ID="btnSend" Text="Send!" />
    </div>
    </form>
</body>
</html>
```

Abbildung 7.12 zeigt diese Seite im Visual Studio-Designer.

Abbildung 7.12 Einfache Seite im Visual Studio Designer

ASP.NET erzeugt daraus ein Code-Fragment wie es nachfolgend gezeigt wird:

Listing 7.9 Einfache ASPX-Seite in der internen Code-Form

```
public class default_aspx : _Default, IRequiresSessionState, IHttpHandler
{
    private static object __fileDependencies;
    private static bool __initialized;

    [DebuggerNonUserCode]
    public default_aspx()
    {
        base.AppRelativeVirtualPath = "~/Default.aspx";
        if (!__initialized)
        {
            string[] virtualFileDependencies = new string[]
                { "~/Default.aspx" };
            __fileDependencies =
                base.GetWrappedFileDependencies(
                virtualFileDependencies);
            __initialized = true;
        }
```

7.3 Der ViewState – Status der Steuerelemente

```
}

[DebuggerNonUserCode]
private HtmlTitle __BuildControl__control2()
{
    return new HtmlTitle();
}

[DebuggerNonUserCode]
private void __BuildControl__control3(ListItemCollection __ctrl)
{
    ListItem item = this.__BuildControl__control4();
    __ctrl.Add(item);
    ListItem item2 = this.__BuildControl__control5();
    __ctrl.Add(item2);
    ListItem item3 = this.__BuildControl__control6();
    __ctrl.Add(item3);
}

[DebuggerNonUserCode]
private ListItem __BuildControl__control4()
{
    ListItem item = new ListItem();
    item.Value = "G";
    item.Selected = true;
    item.Text = "Geek";
    return item;
}

[DebuggerNonUserCode]
private ListItem __BuildControl__control5()
{
    ListItem item = new ListItem();
    item.Value = "N";
    item.Text = "Nerd";
    return item;
}

[DebuggerNonUserCode]
private ListItem __BuildControl__control6()
{
    ListItem item = new ListItem();
    item.Value = "W";
    item.Text = "Don't know";
    return item;
}

[DebuggerNonUserCode]
private Button __BuildControlbtnSend()
{
    Button button = new Button();
    base.btnSend = button;
    button.ApplyStyleSheetSkin(this);
    button.ID = "btnSend";
    button.Text = "Send!";  ❶
    return button;
}

[DebuggerNonUserCode]
private DropDownList __BuildControlddlWhat()
{
```

```csharp
            DropDownList list = new DropDownList();
            base.ddlWhat = list;
            list.ApplyStyleSheetSkin(this);
            list.ID = "ddlWhat";
            this.__BuildControl__control3(list.Items);
            return list;
        }

        [DebuggerNonUserCode]
        private HtmlForm __BuildControlform1()
        {
            HtmlForm form = new HtmlForm();
            base.form1 = form;
            form.ID = "form1";
            IParserAccessor accessor = form;
            accessor.AddParsedSubObject(
                new LiteralControl("\r\n        <div>\r\n            "));
            TextBox box = this.__BuildControltxtName();
            accessor.AddParsedSubObject(box);
            accessor.AddParsedSubObject(
                new LiteralControl("\r\n            <br />\r\n            
                Are you called a \r\n            "));
            DropDownList list = this.__BuildControlddlWhat();
            accessor.AddParsedSubObject(list);
            accessor.AddParsedSubObject(
                new LiteralControl("\r\n            <br />\r\n            "));
            Button button = this.__BuildControlbtnSend();
            accessor.AddParsedSubObject(button);
            accessor.AddParsedSubObject(
                new LiteralControl("\r\n        </div>\r\n        "));
            return form;
        }

        [DebuggerNonUserCode]
        private HtmlHead __BuildControlHead1()
        {
            HtmlHead head = new HtmlHead("head");
            base.Head1 = head;
            head.ID = "Head1";
            HtmlTitle title = this.__BuildControl__control2();
            IParserAccessor accessor = head;
            accessor.AddParsedSubObject(title);
            return head;
        }

        [DebuggerNonUserCode]
        private void __BuildControlTree(default_aspx __ctrl)
        {
            this.InitializeCulture();
            IParserAccessor accessor = __ctrl;
            accessor.AddParsedSubObject(
new LiteralControl("\r\n\r\n<!DOCTYPE html PUBLIC \"-//W3C//DTD XHTML 1.0 
Transitional//EN\" \"http://www.w3.org/TR/xhtml1/DTD/xhtml1-
transitional.dtd\">\r\n\r\n<html 
xmlns=\"http://www.w3.org/1999/xhtml\">\r\n"));
            HtmlHead head = this.__BuildControlHead1();
            accessor.AddParsedSubObject(head);
            accessor.AddParsedSubObject(new LiteralControl("\r\n<body>\r\n    
<h1>\r\n        Hanser - ViewState</h1>\r\n    "));
            HtmlForm form = this.__BuildControlform1();
            accessor.AddParsedSubObject(form);
```

7.3 Der ViewState – Status der Steuerelemente

```
        accessor.AddParsedSubObject(⏎
            new LiteralControl("\r\n</body>\r\n</html>\r\n")); ❷
    }

    [DebuggerNonUserCode]
    private TextBox __BuildControltxtName()
    {
        TextBox box = new TextBox();
        base.txtName = box;
        box.ApplyStyleSheetSkin(this);
        box.ID = "txtName";
        return box;
    }

    [DebuggerNonUserCode]
    protected override void FrameworkInitialize()
    {
        base.FrameworkInitialize();
        this.__BuildControlTree(this);
        base.AddWrappedFileDependencies(__fileDependencies);
        base.Request.ValidateInput();
    }

    [DebuggerNonUserCode]
    public override int GetTypeHashCode()
    {
        return -1678387491;
    }

    [DebuggerNonUserCode]
    public override void ProcessRequest(HttpContext context)
    {
        base.ProcessRequest(context);
    }

    // Properties
    protected HttpApplication ApplicationInstance
    {
        get
        {
            return this.Context.ApplicationInstance;
        }
    }

    protected DefaultProfile Profile
    {
        get
        {
            return (DefaultProfile) this.Context.Profile;
        }
    }
}
```

Dieser Code ist nicht sonderlich gut lesbar, was typisch für generierten Code ist. Sie brauchen dies in der Praxis auch nicht. Allerdings lässt sich einiges über das interne Verhalten von ASP.NET lernen. Zwei Dinge sind wichtig. Zuerst ist zu sehen, dass die deklarativen Zuweisungen von Attributen der Steuerelemente in Zuweisungen zu Eigenschaften verwandelt wurden. Sehen Sie sich dazu den folgenden Code an:

```
<asp:Button text="Send!">
```

In der generierten Klasse finden Sie den Code dazu unter ❶. Weiterhin ist zu sehen, dass alle literalen Teile, also reiner Text ohne weitere Verarbeitung auf dem Server, in Elemente vom Typ `LiteralControl` verpackt wurde ❷. Wenn dies passiert ist, geht es weiter mit dem nächsten Schritt.

Schritt Zwei – Initialisierung

Nach dem die Hierarchie aufgebaut wurde, werden alle Steuerelemente initialisiert. Dadurch wird für jedes Steuerelement das Ereignis `Init` ausgelöst. Außerdem werden die statischen, deklarativ definierten Eigenschaften zugewiesen.

> **HINWEIS** „Deklarativ" ist alles was im Markup der Seite geschrieben und nicht gecodet wurde.

Unabhängig von der Art der Initialisierung ist es möglich, diese Eigenschaften auf vielfältige Weise in den nachfolgenden Schritten zu verändern.

Der ViewState beginnt Änderungen zu erfassen

Der ViewState beginnt *nach* diesem Schritt, Änderungen an den Eigenschaften der Steuerelemente zu erfassen. Dies ist eine besondere Funktion der dahinter liegenden Klasse `StateBag`. In diesem Typ werden die Daten gespeichert, bis sie in dem versteckten Feld platziert werden. Um zu erkennen, ob ein Wert geändert wurde, vergleicht der StateBag bei jeder Zuweisung den alten mit dem neuen Wert. Ob eine Zuweisung vor oder nach Schritt Zwei stattfindet, ist aus Sicht des ViewState kein Unterschied. Zugewiesen wird der Wert aber in jedem Fall.

ViewState und dynamische Steuerelemente

Wenn Steuerelemente dynamisch eingefügt werden, sollten Sie beachten, dass dies technisch in jeder Phase des Lebenszyklus ab `Init` bis `PreRender` möglich ist. Der ViewState ist nicht so flexibel. Wenn der ViewState auch für dynamische Steuerelemente funktionieren soll, kommt nur das Ereignis `Init` in Frage. Nur dann wird der `StateBag` Änderungen erkennen. Das heißt nicht, dass Sie alles in `Init` erledigen müssen. Es ist richtig und sinnvoll, aber nur in Bezug auf den ViewState zwingend.

Schritt Drei – ViewState laden

Nun wird der ViewState geladen, wenn beim Zurücksenden der Seite einer gefunden wurde. Das heißt, es wird nach dem versteckten Feld mit dem Namen `__VIEWSTATE` gesucht.

> **HINWEIS** Bei normalen Seitenaufrufen per GET fällt dieser Schritt aus. Sie können in diesem Fall alles rund um den ViewState ignorieren.

ASP.NET dekodiert die Daten aus dem Feld und weist die erkannten Werte den Eigenschaften zu. Deklarativ gesetzte Werte werden also überschrieben. Der ViewState wird zuvor auf Gültigkeit geprüft. Es gibt einige Fälle, in denen der ViewState ungültig sein kann. Dies ist der Fall, wenn Sie beispielsweise die Hierarchie der Steuerelemente ändern, nachdem der ViewState beim letzten Aufbau der Seite erstellt wurde. In diesem Fall könnte eine Ausnahme ausgelöst werden.

Ist alles in Ordnung, wird mit dem nächsten Schritt fortgefahren.

Schritt Vier – Laden der Formulardaten

Nach dem Laden des ViewState werden die anderen Formulardaten verarbeitet. Nicht alle Steuerelemente können Daten zurücksenden. Ob es möglich ist, teilt das Steuerelement durch Implementierung der Schnittstelle `IPostBackDataHandler` mit. Formulardaten werden im Körper der HTTP-Anforderung nach folgendem Schema verpackt:

```
Myclientid=value
```

Auf der Seite wird nun nach einem Steuerelement geschaut, das die Eigenschaft `ClientID` den Wert „Myclientid" hat. Dann wird kontrolliert, ob die bereits erwähnte Schnittstelle vorhanden ist. Nun wird die einzige dort definierte Methode `LoadPostData` aufgerufen. Das Steuerelement selbst lädt also die für sich bestimmten Daten. Eingriffsmöglichkeiten bestehen durch Überschreiben der Methode in abgeleiteten Versionen der Steuerelemente.

Listing 7.10 Code der Schnittstelle IPostBackDataHandler

```
public interface IPostBackDataHandler
{
    bool LoadPostData(string postDataKey,
                      NameValueCollection postCollection);

    void RaisePostDataChangedEvent();
}
```

Das Verhalten ist aber auch in Bezug auf den ViewState wichtig. Dies ist unbestritten eines der besten Funktionen in ASP.NET. Schauen Sie sich zum Verständnis eine `TextBox` mit der Eigenschaft `Text` an. Der Typ `TextBox` implementiert `IPostBackDataHandler`, denn das Element kann einen Wert zurücksenden. Der Wert kann auch deklarativ gesetzt werden:

```
<asp:TextBox runat="server" ID="txtName" Text="[Eintrag]" />
```

Beim Rendern der Seite wird daraus folgendes HTML erzeugt:

```
<input type="text" id="txtName" name="txtName" value="[Eintrag]" />
```

Der Benutzer gibt nun einen bestimmten Text ein, beispielsweise „Tolles Buch", und dieser Wert wird beim Übertragen der Seite an den Server gesendet:

```
txtName=Tolles Buch
```

Dieses Datenpärchen wird Teil der Kollektion `Request.Form`. Die Seite ruft irgendwann für dieses Steuerelement `LoadPostData` auf. Dort wird der Wert zugewiesen. Wie das intern aussieht, zeigt der folgende mit Reflector ermittelte Code (Listing 7.11).

Listing 7.11 Disassemblierter Code der Methode LoadPostData

```
protected virtual bool LoadPostData(string postDataKey,
                      NameValueCollection postCollection)
{
    base.ValidateEvent(postDataKey);
    string text = this.Text;
    string str2 = postCollection[postDataKey];
    if (!this.ReadOnly ❶
     && !text.Equals(str2, StringComparison.Ordinal)) ❷
    {
        this.Text = str2;
```

```
        return true;
    }
    return false;
}
```

Dieser Code wurde direkt der `TextBox` entnommen. Die einzige Eigenschaft, die dieses Verhalten aufweist, ist hier `Text`. Es ist möglich, dass die Eigenschaft `ReadOnly` gesetzt wurde. Dies wird zuerst geprüft ❶. Ist das der Fall, werden die Formulardaten ignoriert. Dann wird verglichen, ob der Wert sich gegenüber dem bereits vorhandenen geändert hat ❷. Möglicherweise fragen Sie sich, ob der Vergleich nicht aufwändiger ist, als das erneute Zuweisen zu einer einfachen Eigenschaft. Der Grund für diesen Vergleich liegt im ViewState. Um dies zu verstehen, schauen Sie sich auch den Code der Eigenschaft `Text` selbst an (Listing 7.12).

Listing 7.12 Disassemblierte Code der Methode Text der TextBox-Klasse

```
public virtual string Text
{
    get
    {
        string str = (string) this.ViewState["Text"];
        if (str != null)
        {
            return str;
        }
        return string.Empty;
    }
    set
    {
        this.ViewState["Text"] = value; ❶
    }
}
```

Der Wert wird tatsächlich nicht in einem privaten Feld gespeichert, sondern im ViewState ❶, konkret in der dahinter arbeitenden Klasse `StateBag`. Zu diesem Zeitpunkt ist das Verfolgen der Änderungen bereits aktiv. Würde in `LoadPostData` das Zuweisen des Wertes immer erfolgen, würden die Werte auch dann in den ViewState übertragen werden, wenn sich keine Änderung ergab. Das ist zwar vom Ergebnis her uninteressant, weil der Wert sowieso gleich ist und `StateBag` keine Änderung feststellen wird, aber die Prüfung vorab ist einfacher und daher schneller.

Dieses Zusammenspiel aus zurückgesendeten Daten und ViewState wird oft übersehen. Tatsächlich ist der ViewState nur indirekt betroffen, was das Erkennen der Probleme erschwert. Bleibt als Fazit die Aussage, dass das Erhalten der Werte nichts mit dem ViewState zu tun hat, aber die Programmierung dieses Verhaltens bei eigenen Steuerelementen den ViewState berücksichtigen muss.

Schritt Fünf – Laden

In vielen Beschreibungen wird das Ereignis `Load` benutzt, um die wesentlichen Aktionen auf der Seite auszuführen – auch in diesem Buch. Dieser Schritt zeigt an, dass alle internen Vorbereitungsschritte zum Aufbau der Seite abgeschlossen wurden. Zugleich kann noch überall eingegriffen werden. Intern passiert hier nichts, es wird lediglich ein Status im Lebenszyklus erreicht.

Schritt Sechs – Ereignisse der Steuerelemente auslösen

Viele Steuerelemente können Ereignisse auslösen, beispielsweise reagiert eine Schaltfläche (Button) auf `Click` oder die Dropdown-Liste auf `SelectedIndexChanged`. Dies macht die Arbeit mit Formularen einfach und leistungsfähig. Es gibt zwei grundlegende Arten von Ereignissen. Speziell behandelt werden solche, mit dem Suffix `Changed`. Die Implementierung der Schnittstelle `IPostBackDataHandler` (Listing 7.13) erkennt dies und löst die Ereignisse passend aus. Im Fall der `TextBox` ist dies beispielsweise `OnTextChanged`. Die andere Form sind auslösende Ereignisse wie `Click`. Diese reagieren direkt auf eine Aktion, ohne dass Daten involviert wären.

Listing 7.13 Code der Schnittstelle IPostBackEventHandler

```
public interface IPostBackEventHandler
{
    void RaisePostBackEvent(string eventArgument);
}
```

Die Schaltfläche (`Button`) hat folgende typische Implementierung:

Listing 7.14 Typische Implementierung der Schnittstelle IPostBackEventHandler

```
protected virtual void RaisePostBackEvent(string eventArgument)
{
    base.ValidateEvent(this.UniqueID, eventArgument);
    if (this.CausesValidation)
    {
        this.Page.Validate(this.ValidationGroup);
    }
    this.OnClick(EventArgs.Empty);  ❶
    this.OnCommand(new CommandEventArgs(  ❷
                   this.CommandName, this.CommandArgument));
}
```

Diese Methode löst zwei Ereignisse aus, `Click` ❶ und `Command` ❷. Davor finden andere Aktionen statt, ohne jedoch Einfluss auf die Ereignisse selbst zu haben.

Schritt Sieben – Den ViewState speichern

Nach dem alle Ereignisse ausgelöst wurden, sollte der benutzerdefinierte Code abgearbeitet sein. Dies geschah entweder in `Load` oder in den Ereignisbehandlungsmethoden. Nun wird die Methode `SaveViewState` rekursiv für jedes Steuerelement aufgerufen und daraus der finale ViewState erstellt. Die Daten werden serialisiert und mit Base64 für HTML kodiert.

Schritt Acht – Rendern der Seite

Der als „Rendern" bezeichnete Vorgang veranlasst nun alle Steuerelemente ihre Laufzeitform in HTML zu beschreiben und dies im Ausgabestrom der Antwort zu platzieren. Die Form selbst erzeugt dabei aus den Daten des ViewState das versteckte Feld __VIEWSTATE und fügt es der Seite hinzu.

7.3.2 Die wahre Rolle des ViewState

Die acht Schritte im Lebenszyklus der Seite, die den ViewState betreffen, sind enorm wichtig für das Verständnis der grundlegenden Arbeitsweise von ASP.NET. Die übrigen Schritte des Lebenszyklus sind gleichermaßen wichtig, betreffen aber den ViewState nicht. Um den ViewState letztlich vollständig zu verstehen, reicht diese Betrachtung jedoch nicht aus. Was ist also die wahre Rolle des ViewState?

Die Hierarchie der Steuerelemente und deren Standardeigenschaften werden im Markup der Seite deklarativ bestimmt:

```
<asp:Label runat="server"
        Text="Wir lernen ViewState"
        Font-Bold="true" />
```

Weder der Text „Wir lernen ViewState" noch die Eigenschaft „Bold" für die Schrift werden im ViewState gespeichert. Die Werte werden während der Initialisierungsphase direkt zugewiesen. Der ViewState nimmt nur Werte auf, die im Programmcode geändert wurden. Dies führt zur ersten Aussage über den ViewState:

> **HINWEIS** Der ViewState ist nur wichtig, wenn komplexe Steuerelemente oder eigener Code involviert sind.

Allerdings bedeutet die Existenz eigenen Codes nicht, dass der ViewState benötigt oder benutzt wird. Schauen Sie sich ein weiteres Stück Code an. Im folgenden Listing sind zwei Schaltflächen, aber nur eine hat ein Click-Ereignis, das behandelt wird.

Listing 7.15 Deklarativer Teil des ViewState-Tests

```
<asp:Label ID="LabelMessage" runat="server"
        Text="Wir lernen ViewState"></asp:Label>
<br />
<asp:Button ID="ButtonSubmit" runat="server" onclick="ButtonSubmit_Click"
    Text="Ändere Text" Width="150px" />
<br />
<asp:Button ID="ButtonEmpty" runat="server" Text="Keine Änderung"
    Width="150px" />
```

Der Code der diesem Markup hinterlegt ist ebenso wenig spektakulär:

Listing 7.16 Der Code der Ereignisbehandlungsmethode für das Click-Ereignis

```
protected void ButtonSubmit_Click(object sender, EventArgs e)
{
    LabelMessage.Text = "Hallo Geek!";
}
```

Beim ersten Aufruf der Seite sind alle Standardwerte gesetzt und sichtbar. Insbesondere zeigt das Label-Steuerelement den Text „Wir lernen ViewState". Der ViewState dieser Seite sieht nun etwa folgendermaßen aus:

```
<input type="hidden" name="__VIEWSTATE" id="__VIEWSTATE"
        value="/wEPDwULLTExNjMzNDIxNjRkZGn5amjBsOOap6CvRbpUM5D9Mlgo" />
```

Klicken Sie jetzt auf die Schaltfläche ButtonEmpty (mit dem Text „Keine Änderung")erfolgt ein Zurücksenden des Formulars. Eigener Code wird nicht ausgeführt. Klicken Sie nun auf die andere Schaltfläche „Ändere Text". Es erfolgt erneut ein

Zurücksenden des Formulars, aber jetzt wird die Ereignisbehandlungsmethode für das `Click`-Ereignis ausgeführt. Der ViewState hat sich nun geändert:

```
<input type="hidden" name="__VIEWSTATE" id="__VIEWSTATE" va-
lue="/wEPDwULLTExNjMzNDIxNjQPZBYCAgMPZBYCAgEPDxYCHgRUZXh0BQtIYWxsbyBHZWVr
IWRkZHTeN1lLiTv5BJ0xSdey0L0Qsnk8" />
```

Er ist offensichtlich etwas größer geworden. Darüber hinaus hat sich natürlich der Text des `Label`-Steuerelements geändert. Klicken Sie jetzt erneut auf die erste Schaltfläche. Diese führt wiederum keinen Code aus. Dennoch bleibt der geänderte Text erhalten. Die Initialisierung der Standardwerte muss gleichartig abgelaufen sein, am Markup der Seite hat sich nichts geändert. Dennoch wurde der zuvor programmatisch geänderte Wert erhalten – er wurde persistent.

Das ist der wahre Nutzen des ViewState! Er kann programmatische Änderungen über das Zurücksenden des Formulars hinweg erhalten, ohne dass Sie sich darum kümmern müssen. Um zu prüfen, ob der ViewState wirklich Einfluss darauf hat, können Sie in für diese Seite mit der `@Page`-Direktive (siehe Kapitel 9) abschalten:

```
<%@ Page Language="C#" EnableViewState="false" …
```

Der erste Aufruf funktioniert wie erwartet immer noch. Wenn Sie jedoch die andere Schaltfläche bemühen, wird der ursprüngliche Zustand der Seite wiederhergestellt. Der durch das `Click`-Ereignis geänderte Wert bleibt nicht erhalten.

In den meisten Fällen ist dieses Verhalten durchaus das erwartete. Der Erhalt der Werte ist eine nette und sinnvolle Funktion, aber sie ist weder für ASP.NET intern noch in allgemeinen Anwendungsfällen zwingend erforderlich. `Label`-Steuerelemente werden meist durch Markup gesetzt und verbleiben in diesem Zustand und wiederholt zurückgesendete Formulare können ebenso gut alle erforderlichen Änderungen immer wieder vornehmen. Sie können in den meisten Fällen auch ohne ViewState umfangreiche Seiten erstellen.

Den ViewState global abzuschalten ist dennoch keine Lösung. Deshalb ist die Standardeinstellung auch „ViewState ein". Viele komplexe Steuerelemente, wie die `GridView`, nutzen den ViewState. Auch Steuerelemente anderer Hersteller setzen darauf. HTML-Formulare müssten mit endlosen Listen von versteckten Feldern gefüllt werden, um all die Informationen aufzunehmen, die eine solche Liste steuern. Denken Sie an die aktuelle Sortierung, Spaltenauswahl, die Seite beim seitenweisen blättern in Datensätzen usw. Der ViewState fasst all dies kompakt und stringent zusammen – ohne Mehraufwand bei der Programmierung.

7.3.3 Probleme mit dem ViewState

Die falsche Verwendung des ViewState ist ein großes Problem. Da globales Abschalten nicht in Frage kommt, bleibt Ihnen nur der Weg, ihn vollständig zu verstehen. In diesem Abschnitt finden Sie die typischsten Fehler und Lösungen, diese zu vermeiden. Zuerst sollten Sie genau wissen, wozu Sie den ViewState *nicht* einsetzen dürfen:

- Standardwerte setzen
- Statische (unveränderliche) Daten persistieren
- Persistieren von leicht beschaffbaren Daten

7 Arbeitsweise und Funktion

- Zur Initialisierung von Kindelementen
- Um Steuerelemente dynamisch hinzuzufügen
- Um dynamische Steuerelemente zu initialisieren

Jedes Szenario wird nachfolgend anhand von Beispielen eingehend erläutert.

Standardwerte setzen

Das Setzen von Standardwerten ist ein sehr typischer Missbrauchsfall. Er ist aber leicht zu umgehen. Standardwerte werden normalerweise im deklarativen Teil gesetzt. Sehen Sie sich das folgende Beispiel an, dass technisch funktioniert aber nichtsdestotrotz falsch ist:

Listing 7.17 BITTE NICHT: Ein schlecht geschriebenes Benutzersteuerelement

```
public class MyControl : WebControl
{
  public string MyData
  {
    get { return ViewState["MyData"] as string; }
    set { ViewState["MyData"] = value; }
  }

  protected override OnLoad(EventArgs e)
  {
     this.MyData = Session["Control MyData"] as string;
     base.OnLoad();
  }
}
```

Dies ist, um es deutlich zu sagen, kein schlechter Programmierstil – es ist falsch! Was aber passiert hier genau? Hier wird eine öffentliche Eigenschaft MyData definiert. Andere Entwickler, die dieses Steuerelement verwenden, können jetzt darauf folgendermaßen zugreifen:

```
<alias:mycontrol runat="server"
                MyData="Zeige dieses Label"
                id="myControl1" />
```

Das lässt sich erst mal übersetzen und starten. Beobachten Sie den ViewState sehen Sie, dass dieser ständig wächst. Dem ViewState werden hier beim ersten Mal Werte aus der Sitzung zugewiesen. Der ViewState speichert also private Zustände des Steuerelements, was erst mal völlig in Ordnung ist. Der Lebenszyklus des Steuerelements führt beim Zurücksenden des Formulars dazu, dass der ViewState in der Init-Phase wiederhergestellt wird. Sodann startet die Änderungsverfolgung. In der Load-Methode wird nun der Wert erneut zugewiesen – zu spät, denn die Änderungsverfolgung arbeitet bereits und nimmt jedes Mal den Wert neu auf.

Besser sieht es folgendermaßen aus:

Listing 7.18 Bessere Implementierung des ViewState

```
public class MyControl : WebControl
{
  public string MyData
  {
    get {
      if (ViewState["MyData"] == null)
```

```
      return Session["Control MyData"] as string;
    else
      return ViewState["MyData"] as string;
  }
  set { ViewState["MyData"] = value; }
  :
}
```

Abgesehen davon, dass der Code kompakter ist; er funktioniert wie erwartet. Der Standardwert wird in der Eigenschaft gebildet – in der Initialisierungsphase. Die Benutzung des Steuerelements ohne weitere Daten führt nicht dazu, dass der ViewState wächst. Wird `MyData` benutzt, speichert der ViewState den Wert wie erwartet und erhält die Daten.

Konstante Daten persistieren

Die meisten Daten einer Seite ändern sich während des Lebenszyklus nicht. Denken Sie beispielsweise an eine vom Benutzer modifizierbare Seite – dass klassische „My"-Modell. Wenn sich der Benutzer angemeldet hat, wird dieser Teil personalisiert und bleibt dann über die gesamte Sitzung hinweg unverändert. Ein einfaches Beispiel soll dies verdeutlichen.

```
<asp:label id="lblUser" runat="server" />
```

Der passende Code-Teil sieht folgendermaßen aus:

```
public class MyControl : WebControl
{
  protected override OnLoad(EventArgs e)
  {
    lbluser.Text = CurrentUser.Name;  ❶
    base.OnLoad();
  }
}
```

Hier wird im `Load`-Schritt jedes Mal einem `Label`-Steuerelement der Name des angemeldeten Benutzers zugewiesen ❶. Das funktioniert, aber der ViewState wird hier völlig unnötig benutzt. Denn die Zuweisung erfolgt im Programmcode und der Name wird deshalb persistiert. Dies muss nicht sein, denn er wird vom `CurrentUser`-Objekt ohnehin geliefert. Dieses Objekt steht immer zur Verfügung und verursacht keine zusätzlichen Kosten. Der ViewState dagegen schon. Die Lösung ist einfach:

```
<asp:label id="lblUser" runat="server" EnableViewstate="false" />
```

Der ViewState wird hier nur für dieses eine Steuerelement abgeschaltet, weil er nicht erforderlich ist.

Persistieren von leicht beschaffbaren Daten

Manchmal ändern sich Daten häufig, abhängig von Benutzeraktionen oder anderen Bedingungen. Denken Sie an eine Liste, in der Sie Daten präsentieren möchten. Es ist eine kleine Liste und sie ändert sich nicht so oft. Aber sie kann sich ändern, es können Werte hinzukommen oder wegfallen. Nehmen Sie an, Sie nutzen bereits eine Datenbank um die Werte zu beschaffen. In diesem Fall ist es sinnvoll, die Werte immer wieder aus der Datenbank zu lesen:

7 Arbeitsweise und Funktion

```
<asp:dropdownlist runat="server" id="ddlMyData"
                  DataTextField="Name"
                  DataValueField="ID"/>
```

Der fiktive Code dazu könnte folgendermaßen aussehen:

```
public class MyControl : WebControl
{
  protected override OnLoad(EventArgs e)
  {
     if (!IsPostBack)
     {
        ddlMyData.DataSource = DAL.QueryDdlData();
        ddlMyData.DataBind();
     }
     base.OnLoad();
  }
}
```

Dies funktioniert erneut gut und dürfte so oft im Einsatz sein. Allerdings wurde bei diesem Code eine Kleinigkeit übersehen. Datengebundene Steuerelemente müssen ihren Status erhalten, beispielsweise die letzte Auswahl einer Dropdown-Liste. Dies ist das bereits mehrfach erwähnte „Sticky Form"-Verhalten. Sie könnten nun annehmen, dass es wieder damit getan ist, den ViewState abzuschalten. Der Erhalt der Werte geschieht ohnehin auf anderem Weg und das Laden der Daten aus der Datenbank erfordert keine weitere Abspeicherung. Also scheint das Abschalten des ViewState wieder die Lösung zu sein:

```
<asp:dropdownlist runat="server" id="ddlMyData"
                  DataTextField="Name"
                  DataValueField="ID"
                  EnableViewState="false" />
```

Der Code sieht wieder genauso aus wie vorher, nur wird das Zurücksenden nicht mehr ausgewertet und die Daten werden immer geholt (DAL ist eine fiktive Datenzugriffsschicht):

```
public class MyControl : WebControl
{
  protected override OnLoad(EventArgs e)
  {
     ddlMyData.DataSource = DAL.QueryDdlData();
     ddlMyData.DataBind();
     base.OnLoad();
  }
}
```

Der ViewState ist jetzt weg. Aber das Erhalten der Auswahl leider auch. Und dies obwohl der ViewState damit nichts zu tun haben soll. Der Fehler liegt auch nicht im ViewState, sondern im Verständnis des Lebenszyklus der Seite. Der Zustand der Steuerelemente wird im Init-Schritt hergestellt. Werden nun die Daten für die Binding in Load – also später – beschafft, werden die vorher hergestellten Zustände wieder überschrieben. Hier besteht die Lösung einfach in einer Verschiebung der Zuweisung in einen anderen Schritt des Zyklus:

```
public class MyControl : WebControl
{
  protected override OnInit(EventArgs e)
  {
     ddlMyData.DataSource = DAL.QueryDdlData();
```

```
    ddlMyData.DataBind();
    base.OnInit();
  }
}
```

Dies ist ebenso einfach wie direkt. Beachten Sie den Aufruf der Basismethode `base.OnInit`. Dies muss nach der Zuweisung der Daten erfolgen. So wird sichergestellt, dass das Steuerelement zuerst mit frischen Daten gefüllt und dann, wenn möglich, die Auswahl wieder hergestellt wird.

> **TIPP**
>
> Sie werden vermutlich denken, dass die so exzessive Nutzung einer Datenbank wenn möglich vermieden werden soll. So kleine Datenpakete lassen sich möglicherweise besser als XML ablegen. Wir empfehlen dennoch eine Datenbank. Moderne Datenbankmanagementsysteme, wie Microsoft SQL Server™, halten Daten, die häufig nachgefragt werden, im lokalen Speicher. Die Menge ist gering und die Verbindung zwischen Webserver und Datenbankserver ist mit 1GB oder 10GB sehr schnell. Eine moderne Datenschicht, wie im Beispiel mit „DAL" angedeutet, speichert die Werte außerdem auf dem Webserver. Die Daten stehen also beim ersten Mal wie bei allen folgenden Zugriffen extrem schnell zur Verfügung. Denken Sie dann an einen Benutzer, der mit ISDN oder UMTS arbeiten muss. Hier sind kleine zusätzliche Datenmengen, die mit dem ViewState auch noch dreifach übertragen werden, ein Problem. Einmal stehen die Daten im Steuerelement, dann im ViewState und dann nochmal beim Zurücksenden der Formulardaten. Statt der extrem effizienten Datenbank verlagern Sie das Problem auf das schwächste Glied der Kette – keine besonders clevere Idee.

Zur Initialisierung von Kindelementen

Ein Paradigma, das auch in diesem Buch vertreten wird, ist die Art wie programmiert wird: Deklarativ. Was immer sich im Markup der Seite erledigen lässt, sollte dort auch passieren und *nicht* im Code. Es gibt dabei natürlich einiges zu beachten und einige Grenzen, die Sie kennen sollten. Das liegt vor allem daran, dass die Initialisierung im entscheidenden `Init`-Schritt des Lebenszyklus nicht einheitlich verläuft. Die Initialisierung verläuft umgekehrt rekursiv – von den Blattelementen des Objektmodells der Seite hoch zur Seite selbst. Wenn in `OnInit` eines Steuerelements irgendwo in der Hierarchie Aktionen erfolgen, sind die Kindelemente bereits abgearbeitet worden. Das ist meist sinnvoll, denn die Daten der Elemente sind dann verfügbar. Allerdings läuft damit auch der ViewState bereits und verfolgt Änderungen. Die Informationen werden über die Kette der Elternbeziehungen nach oben weitergereicht, um sich dann auf der Seite zu manifestieren.

Deklarativ programmieren!

Sehen Sie sich ein weiteres Beispiel an:

```
<asp:label id="lblDate" runat="server"/>
```

Im Code dieses Steuerelements wird einfach das aktuelle Datum gesetzt:

```
public class MyControl : WebControl
{
  protected override OnInit(EventArgs e)
  {
    lblDate.Text = DateTime.Now.ToLongDate();
    base.OnInit();
```

```
    }
}
```

Das ist, wie im vorherigen Problem empfohlen, der beste und früheste mögliche Zeitpunkt. Und dennoch ist es hier bereits zu spät. Das `Label`-Steuerelement ist ein Kindelement des Benutzersteuerelements `MyControl`. Zum Zeitpunkt der im Code gezeigten `OnInit`-Methode ist der Schritt `Init` des Lebenszyklus des `Label`-Steuerelements bereits passiert. Der ViewState speichert also schon aktiv Änderungen. Die Zuweisung des Datums erscheint deshalb im ViewState. Das ist freilich völlig sinnlos, weil die Daten sich jedes Mal ändern und überdies „billig" beschaffbar sind.

Erneut könnte die Abschaltung des ViewState helfen. Aber das geht nicht immer (das Beispiel ist bewusst trivial gehalten, komplexere Situationen verlangen manchmal den ViewState). Möglicherweise haben Sie schon eine Codezuweisung benutzt, um die Verlagerung auf den deklarativen Teil zu erreichen:

```
<asp:label id="lblDate" runat="server"
           Text="<% = DateTime.Now.ToLongDate() %>"/>
```

Aber ASP.NET erlaubt das nicht. Eigenschaften lassen sich so nicht binden. Die Datenbindung mit der `<%# %>`-Syntax geht ebenso wenig. Manchmal muss wegen der Art der Datenbeschaffung die Zuweisung im Code erfolgen. Möglicherweise denken Sie nun an `PreInit`, aber dieses Ereignis gibt es nur für Seiten, nicht für Steuerelemente und darüber hinaus ist es nicht rekursiv und erlaubt nicht den Eingriff zum gewünschten Zeitpunkt.

Die Lösung liegt hier in der Art der Deklaration des Ereignisses `OnInit`. Neben dem Überschreiben der Methode `OnInit` können Sie Ereignisse auch deklarativ anbinden:

```
<asp:label id="lblDate" runat="server" OnInit="lblDate_Init" />
```

Das Interessante daran ist, dass die Ereignisbehandlungsmethode *vor* dem Aufruf von `OnInit` erfolgt, gerade rechtzeitig also. Der Code sieht dann folgendermaßen aus:

```
public class MyControl : WebControl
{
   public void lblDate_Init(object sender, EventArgs e)
   {
      lblDate.Text = DateTime.Now.ToLongDate();
   }
}
```

Erneut wurde durch Anwenden eines Paradigmas ein Problem einfach gelöst.

> **TIPP** Wenn immer sich ein Problem deklarativ im Markup erledigen lässt, ist dies „Best Practice".

Wenn Sie mit objektorientierter Programmierung vertraut sind, denken Sie möglicherweise an eine Ableitung des Steuerelements von der Basisklasse. Dann könnten Sie den Konstruktor überschreiben und so noch deutlich vor `Init` Zugriff auf das Steuerelement erlangen. Allerdings sind die Kindelemente dort noch nicht verfügbar. Statt eines Benutzersteuerelements können Sie aber auch die Basisklasse des `Label`-Steuerelements direkt nutzen. Dann wird zwar nicht mehr daraus als ein einfaches `Label`, aber dies kann möglicherweise mehr:

```
public class MyLabel : Label
{
  public MyLabel()
  {
    this.Text = DateTime.Now.ToLongDate();
  }
}
```

Dies funktioniert tatsächlich wie erwartet und ist überdies noch kompakter. Die Änderungsverfolgung ist zu diesem Zeitpunkt noch nicht aktiv und der ViewState bleibt außen vor.

> **HINWEIS**
>
> Die internen Schritte, die ein Objekt erstellen, wie der Aufruf des Konstruktors, finden alle vor dem Beginn des Lebenszyklus statt. Man kann das sinngemäß als Zeugung bezeichnen, wenngleich es sich beim Vergleich mit der Tierwelt genau genommen um Parthogenese handelt. Der Lebenszyklus beginnt erst mit der Geburt des Steuerelements.

Steuerelemente dynamisch hinzuzufügen

Alle Steuerelemente haben eine Kollektion von Kindelementen, repräsentiert durch die Eigenschaft `Controls`. Einige Steuerelemente, wie das `Label`, können keine Kindelemente aufnehmen und die Kollektion bleibt immer leer. Erben tun dennoch alle Steuerelemente diese Eigenschaft von der Basisklasse `Control`. Die Definition der Kollektion sieht folgendermaßen aus:

```
public class ControlCollection : ICollection, IEnumerable
```

Es gibt offensichtlich nichts, was Sie daran hindern könnte, Steuerelemente jederzeit der Hierarchie hinzuzufügen. Korrespondierend mit dem Lebenszyklus der Seite geht ab `Init` bis `PreRender` jeder Schritt. Damit die Steuerelemente bei jedem Laden erscheinen, müssen Sie auch immer wieder hinzugefügt werden. Der beste Zeitpunkt ist freilich `Init`, denn vorher sind die potenziellen Eltern selbst noch nicht am Leben und danach kommt es zu den bei den vorstehenden Problemen beschriebenen Schwierigkeiten. Möglicherweise haben Sie die folgende Fehlermeldung schon mal erhalten (in Englisch oder Deutsch, je nach System):

[Failed loading view state]

Failed to load view state. The control tree into which view state is being loaded must match the control tree that was used to save view state during the previous request. For example, when adding controls dynamically, the controls added during a post-back must match the type and position of the controls added during the initial request.

Ein Beispiel zeigt, was hier schief geht:

```
protected void Page_Init(object sender, EventArgs e)
{
  if (!IsPostBack)
  {
    Button myButton = new Button();
    form1.Controls.Add(myButton);
```

```
        myButton.Text = "Click here";
    }
    else
    {
        Label label = new Label();
        form1.Controls.Add(label);   ❶
    }
}
```

Der Sinn ist offensichtlich. Der Benutzer hat eine Schaltfläche, um eine Aktion auszulösen. Tut er das, wird die Schaltfläche gegen ein `Label`-Steuerelement ersetzt ❶. Das ist nicht unbedingt „Best Practice" (Sie erinnern sich – sowas sollte man deklarativ lösen), aber für den Augenblick soll angenommen werden, dass es nicht anders geht. Nun zum ViewState. Der ViewState speichert nicht die Namen der Steuerelemente, deren Werte er enthält. Stattdessen werden Indizes benutzt. Das ist kompakter, was hier wichtig ist. Das `Button`-Steuerelement steht nun in dem Trivialbeispiel am Index [0]. Nach dem Zurücksenden des Formulars wird an dieser Stelle ein `Label`-Steuerelement erzeugt. Auch dieses steht nun – da alleinstehend – an Index [0]. Das führt hier nicht zu einer Ausnahme, weil `Button` und `Label` weitgehend identisch sind. Aber es führt dazu, dass ein `Text`, der dem `Button` zugewiesen wurde (Eigenschaft `Text`) nach dem zurücksenden im `Label` erscheint (Eigenschaft `Text`), und zwar über den ViewState. Komplexere Steuerelemente mit inkompatiblen Eigenschaften führen zu der eingangs gezeigten Fehlermeldung.

Die Lösung ist auch hier sehr einfach. Der ViewState sollte wieder ausgeschaltet werden. Er ist sinnlos, denn das Ziel (`Button`) ist beim nächsten Aufruf der Seite nicht mehr da.

```
protected void Page_Init(object sender, EventArgs e)
{
    if (!IsPostBack)
    {
        Button myButton = new Button();
        myButton.EnableViewState = false;
        form1.Controls.Add(myButton);
        myButton.Text = "Click here";
    }
    else
    {
        Label label = new Label();
        form1.Controls.Add(label);
    }
}
```

Freilich ist dies nicht ideal. Das Ändern der Steuerelemente-Hierarchie birgt Risiken, die Sie möglicherweise am Anfang nicht komplett überschauen. Besser ist es, wenn die Hierarchie unangetastet bleibt und die Steuerelemente, die nicht benötigt werden, nur ausgeblendet werden:

```
protected void Page_Init(object sender, EventArgs e)
{
    Button myButton = new Button();
    myButton.EnableViewState = false;
    form1.Controls.Add(myButton);
    myButton.Text = "Click here";
    if (IsPostBack)
    {
        Label label = new Label();
```

```
    form1.Controls.Add(label);
    myButton.Visible = false; ❶
  }
}
```

Dies ist nun die beste Variante. Das Button-Steuerelement bleibt erhalten und wird nur unsichtbar gemacht ❶. Es behält seinen Index „[0]" und das `Label`-Steuerelement wird an „[1]" platziert. Weil der ViewState für den `Button` sinnlos ist wird er ausgeschaltet. Die `Render`-Methode ist clever genug, das Steuerelement nicht nach HTML umzusetzen, sondern lässt es komplett weg.

Dynamische Steuerelemente initialisieren

Die bisherige Darstellung zeigte einige typische Probleme. Allerdings mag das Wort „Problem" nicht recht passen, denn in der Praxis führt allein korrekte Anwendung zu einwandfreiem Code. Insofern sprechen wir lieber von der Vermeidung von Missbrauch anstatt von Problem.

Die Initialisierung dynamischer Steuerelemente baut auf dem letzten Beispiel auf und soll diesen Exkurs abschließen. Betrachten Sie den folgenden Code aus einem benutzerdefinierten Steuerelement:

```
public class MyCustomControl : Control
{
  protected override ❶ void CreateChildControls()
  {
    Label l = new Label();
    Controls.Add(l); ❷
    l.Text = DateTime.Now.ToLongDate();
  }
}
```

Hier wird die Methode `CreateChildControls` überschrieben ❶, um Kindelemente zum richtigen Zeitpunkt zu erzeugen. Dies ist nur in benutzerdefinierten Steuerelementen möglich. Wenn das Steuerelement der Kollektion `Controls` hinzugefügt ❷ wird, beginnt sein Lebenszyklus und der ViewState beginnt mit der Änderungsverfolgung. Allerdings ist dies offensichtlich deutlich später als `Init`, was gerade erst als der ideale Zeitpunkt empfohlen wurde. Um präzise zu sein: benutzerdefinierte Steuerelemente haben eine Hilfsmethode `EnsureChildControls`, die sicherheitshalber vor `PreRender` aufgerufen wird, um Kindelemente dazu zu zwingen, sich nun wirklich darzustellen. Es gibt Gründe, dass dieser Aufruf früher kommt, beispielsweise bei Bindungsausdrücken, aber dies ist nicht ohne weiteres absehbar.

Um den Lebenszyklus des Kindelements auszutricksen, spielt die Zuweisung mit `Add` eine Rolle. Das Element wird erst hier Teil der Hierarchie. Erst dann beginnt es sein reguläres Leben. Die Lösung ist deshalb ebenso einfach wie subtil:

```
public class MyCustomControl : Control
{
  protected override void CreateChildControls()
  {
    Label l = new Label();
    l.Text = DateTime.Now.ToLongDate();
    Controls.Add(l); ❶
  }
}
```

Hier wurde lediglich der Aufruf Add ❶ verschoben. Damit nimmt die Zuweisung des Datums nicht an der Änderungsverfolgung des ViewState teil – genau das, was beabsichtigt war.

7.4 Prozesse und Threads

In diesem Abschnitt wird eine weiter sehr elementare Schicht beschrieben, die Entwicklern bei der täglichen Arbeit nicht zwingend begegnet. Allerdings können bei der Skalierung großer Projekte oder der Optimierung für hohe Last Eingriffe notwendig sein, um den Ansturm zu bewältigen. Das Verständnis für Prozesse, Threads und die dahinter stehenden Bausteine helfen, die richtige Lösung zu finden.

7.4.1 Die Verwaltung des Arbeitsprozesses

Eines der führenden Instrumente zur Verwaltung von Windows per Code ist die Windows Management Instrumentation (WMI). Auch der Arbeitsprozess von ASP.NET lässt sich damit verwalten.

Gute alte Tage: Windows Management Instrumentation

> WMI steht für Windows Management Instrumentation. Informationen darüber sind bei Wikipedia zu finden:
>
> *http://en.wikipedia.org/wiki/Windows_Management_Instrumentation*
>
> WMI ist gut, um Verwaltungsaufgaben zu automatisieren. Dazu gehört auch die Verwaltung der Applikationsdomänen, Arbeitsprozesse und der IIS.

Um den Umgang damit auch für .NET-Entwickler stark zu vereinfachen, steht die WMI-Welt in .NET als Sammlung von Wrapperklassen zur Verfügung.

Voraussetzungen

Bevor Sie Anwendungen entwickeln, die die IIS oder ASP.NET verwalten, sind einige Voraussetzungen zu beachten. Vor allem sollten Sie nur ab Version IIS7 arbeiten. Die folgenden Ausführungen beachten ältere Versionen nicht mehr. Die expliziten Management-Klassen sind nur für IIS7 (oder 7.5 bzw. neuer) entwickelt worden und werden mit diesen installiert. Weiterhin sind die Zugriffsrechte zu beachten. Wenn Sie mit Visual Studio entwickeln und den Code debuggen möchten, müssen Sie Visual Studio unter Vista mit Administratorrechten starten. Dann müssen die Assemblies im Projekt referenziert werden. Sie finden die Assemblies in folgendem Ordner:

<%WinDir%>\system32\inetsrv

Alle Assemblies, die mit dem Namen „Microsoft.Web" beginnen, sind hier von Interesse. Es hängt davon ab, was Sie vorhaben, um die passenden zu wählen. Am Anfang referenzieren Sie einfach alle:

- ▪ Microsoft.Web.Administration
- ▪ Microsoft.Web.Management.Aspnet
- ▪ Microsoft.Web.Management.AspnetClient

7.4 Prozesse und Threads

- `Microsoft.Web.Management`
- `Microsoft.Web.Management.Iis`
- `Microsoft.Web.Management.IisClient`

Die Konfiguration sichern

Mit den Verwaltungsklassen im Allgemeinen und den Beispielen im Besonderen ist es theoretisch, die Konfiguration der IIS so zu verändern, dass Sie die IIS nicht mehr benutzen können. Auch wenn wir davon ausgehen, dass Sie die Entwicklung nicht auf einem Produktionssystem betreiben, sollten Sie die Konfiguration zuerst sichern. Es erspart Stunden Installationsarbeit, nachdem ein fehlerhaftes Programm die Umgebung in den Abgrund gerissen hat.

Um die Konfiguration zu sichern, gehen Sie folgendermaßen vor:

1. Öffnen Sie eine Eingabeaufforderung mit Administratorrechten
2. Navigieren Sie zu %WINDIR%\SYSTEM32\INETSRV
3. Geben Sie dort das folgende Kommando ein:
   ```
   AppCmd add backup IIS7backup
   ```
4. Die Sicherung entsteht in folgendem Ordner:
   ```
   %WinDir%\system32\inetsrv\backup\IIS7backup
   ```

Der Name spielt keine Rolle, er dient nur zur Verwaltung mehrerer Sicherungen. Sie erhalten eine Fehlermeldung, wenn ein Sicherungsname bereits vorhanden ist.

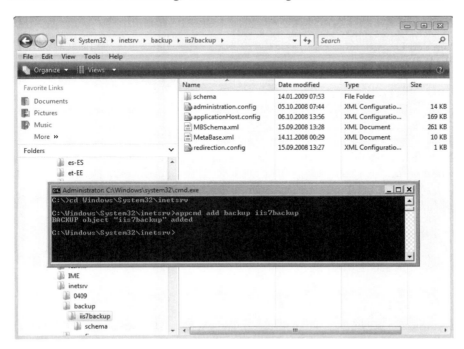

Abbildung 7.13 Sicherungskommando und Ordner mit IIS7-Einstellungen

7 Arbeitsweise und Funktion

AppCmd

Das Kommandozeilenwerkzeug APPCMD hat mehrere Optionen. Die grundlegende Struktur sieht folgendermaßen aus:

```
AppCmd Command ObjectType ID Parameter
```

Die Parameter hängen vom Kommando ab. Folgende Kommandos stehen zur Verfügung:

- `list`: Zeigt alle verfügbaren Sicherungen
- `add`: Erzeugt eine Sicherung der aktuellen Einstellungen
- `delete`: Löscht eine Sicherung von der Festplatte
- `restore`: Stellt eine Sicherung wieder her

Die Verwendung ist sehr einfach und bedarf keiner weiteren Erläuterung.

Vorbereitung der Umgebung

Der folgende Code zeigt die Struktur der Verwaltungswerkzeuge, die in diesem Kapitel gezeigt werden. Wie Sie die Ausgaben anzeigen, bleibt Ihnen überlassen. Von WPF bis zur Kommandozeile geht alles.

Listing 7.19 Grundlegende Struktur der Beispielapplikation

```csharp
using System;
using System.Text;
using Microsoft.Web.Administration;

namespace Hanser.AspNetExtensibility.IIS7Console
{
    static class IIS7Management
    {

        internal static string Method()  ❶
        {
            StringBuilder sb = new StringBuilder();
            // Beispielcode steht hier
            return sb.ToString();
        }
    }
}
```

Die statische Methode ❶ ist der Einstiegspunkt, der mit dem Code der Beispiele gefüllt wird.

ServerManager

Ausgangspunkt bildet fast immer die Klasse `ServerManager`. Folgende Kollektionen sind von Interesse:

- `Applications`
- `Sites`
- `WorkerProcesses`
- `Bindings`
- `VirtualDirectories`

Über diese Kollektionen können die entsprechenden Objekte erreicht werden. Es besteht jeweils Lese- und Schreibzugriff. Um Änderungen zu speichern, muss jedoch explizit die Methode `CommitChanges` aufgerufen werden.

7.4 Prozesse und Threads

Typische Verwaltungsaufgaben

Die folgende Liste – beliebig erweiterbar – zeigt typische Aufgaben, die sich mit den in diesen Assemblies definierten Klassen erledigen lassen:

- Zeige die Anforderungen an den Arbeitsprozess
- Zeige den Status aller Arbeitsprozesse
- Entlade eine bestimmte oder alle Applikationsdomänen
- Zeige alle Applikationsdomänen und ihre Eigenschaften

7.4.2 Informationen über den Arbeitsprozess

Der Arbeitsprozess *w3wp.exe* ist von entscheidender Bedeutung für ASP.NET. Typische Informationen, die er liefern kann, sind die aktuellen Anforderungen, die Prozess-ID und der eigene Status sowie die gerade zugeordnete Applikation.

Den Status des Arbeitsprozesses ermitteln

Der Arbeitsprozess wird durch das Objekt `WorkerProcess` repräsentiert. Mittels `GetState` kann ermittelt werden, ob er gerade Startet, Läuft oder Stoppt. Zwei Eigenschaften sind überdies interessant: `ApplicationPool` und `ProcessId`.

Listing 7.20 Informationen über den Arbeitsprozess

```
internal static string ShowWorkerProcesses()
{
    StringBuilder sb = new StringBuilder();
    try
    {
        ServerManager manager = new ServerManager();
        foreach (WorkerProcess proc in manager.WorkerProcesses)
        {
            sb.AppendFormat("WorkerProcess gefunden: {0}\n",
                proc.ProcessId);
            sb.AppendFormat("\t|--AppPool : {0}\n", proc.AppPoolName);
            sb.AppendFormat("\t|--Proc-Id : {0}\n", proc.ProcessGuid);
            sb.AppendFormat("\t|--Status  : {0}\n",
                proc.State.ToString());

            foreach (ApplicationDomain appDom in
                     proc.ApplicationDomains)
            {
                sb.AppendFormat(
                    "\t+--ApplicationDomain Found: {0}\n", appDom.Id);
                sb.AppendFormat(
                    "\t\t|--AppDomPhysPath: {0}\n",
                    appDom.PhysicalPath);
                sb.AppendFormat(
                    "\t\t+--AppDomVirtPath: {0}\n", appDom.VirtualPath);
            }
        }
        return sb.ToString();
    }
    catch (Exception ex)
    {
        return ex.Message;
    }
```

}

Die Arbeitsprozesse werden durch die Eigenschaft `WorkerProcesses` ermittelt, die eine Kollektion zurückgibt. Die Anzahl sollte der Anzahl der *w3wp.exe*-Prozesse im Windows Task Manager entsprechen.

> **TIPP** Wenn Sie keine Arbeitsprozesse im Task Manager sehen, dann sind derzeit keine aktiv. Starten Sie dann einfach eine ASP.NET-Applikation durch Abruf einer Seite.

Die Dokumentation gibt Auskunft über weitere Eigenschaften und deren Nutzung.

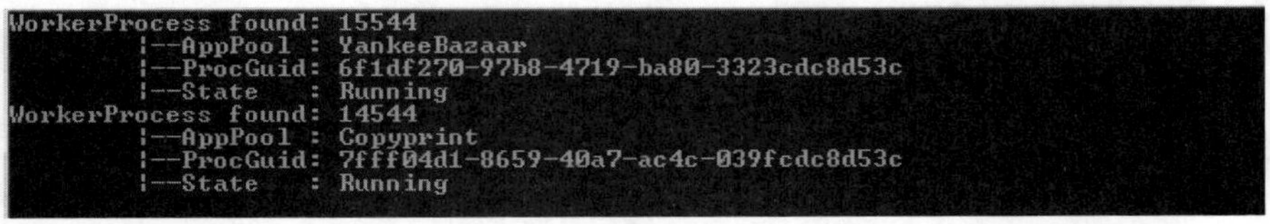

```
WorkerProcess found: 15544
    |--AppPool  : YankeeBazaar
    |--ProcGuid : 6f1df270-97b8-4719-ba80-3323cdc8d53c
    |--State    : Running
WorkerProcess found: 14544
    |--AppPool  : Copyprint
    |--ProcGuid : 7fff04d1-8659-40a7-ac4c-039fcdc8d53c
    |--State    : Running
```

Abbildung 7.14 Den Arbeitsprozess beobachten

Interessant sind die Status des Arbeitsprozesses:

- `Starting`
- `Running`
- `Stopping`
- `Unknown`

Eigentlich würde man bei „Status" erwarten, zustandsbeschreibende Nomen zu finden. Stattdessen werden Aktionen angezeigt. Warum also gibt es nicht „Stopped", aber „Stopping"? Es liegt in der Natur des Arbeitsprozesses, nach verrichteter Arbeit komplett entsorgt zu werden. Wenn er „gestoppt" ist, dann ist er auch weg, was die Ermittlung des Status verhindert. Ebenso kann der Status „Starting" sein, wenn er dabei ist seine Arbeit aufzunehmen, danach steht er mit „Running" zur Verfügung.

Der Zustand „Unknown" ist nicht besonders beschrieben. Vermutlich wird dies angezeigt, wenn ein Arbeitsprozess gefunden wurde, dieser aber keine Auskunft geben konnte, beispielsweise weil er unerwartet hängt.

Die aktuellen Anforderungen ermitteln

Die enge Integration zwischen ASP.NET und den IIS7 erlaubt es den Arbeitsprozess nach den gerade verarbeiteten Anforderungen zu befragen. Mittels `GetRequests` kann die entsprechende Kollektion ermittelt werden. Die Methode erfordert einen Parameter vom Typ `Integer`. Damit kann die Liste nach den Anforderungen gefiltert werden, die wenigstens die Dauer der durch den Parameter angegebenen Millisekunden läuft. Das ist sinnvoll, um lang laufende Anfragen zu ermitteln. Zu Testzwecken kann der Wert freilich auf `null` gesetzt werden.

7.4 Prezesse und Threads

> **TIPP**
>
> Anforderungen in einer Testumgebung laufen meist sehr kurz. Sie zu „erwischen" kann das Debuggen der Administrationsanwendung erschweren. Verwenden Sie `Thread.Sleep`, um die Ausführung künstlich zu verzögern.

Das folgende Miniprogramm läuft eine Minute (60000 Millisekunden):

Listing 7.21 Eine Seite mit einem lang laufenden Prozess

```
<% System.Threading.Thread.Sleep(60000)
Response.Write ("I'm finally finished...") %>
```

Fordern Sie diese Seite dann im Browser an und überprüfen Sie den Arbeitsprozess mit dem folgenden Beispiel:

Listing 7.22 Eigenschaften des laufenden Prozesses ermitteln

```
internal static string ShowRequest()
{
    StringBuilder sb = new StringBuilder();
    try
    {
        ServerManager manager = new ServerManager();
        foreach (WorkerProcess proc in manager.WorkerProcesses)
        {
            foreach (Request r in proc.GetRequests(0))
            {
                sb.AppendFormat("Request:\n");
                sb.AppendFormat(" Hostname = {0}\n", r.HostName);
                sb.AppendFormat(" Url = {0}\n", r.Url);
                sb.AppendFormat(" Verb = {0}\n", r.Verb);
                sb.AppendFormat(" IP = {0}\n", r.ClientIPAddr);
            }
        }
        return sb.ToString();
    }
    catch (Exception ex)
    {
        return ex.Message;
    }
}
```

Die Konsolenausgabe zeigt die Anforderungen für alle verfügbaren Arbeitsprozesse.

```
Request:
 Hostname = localhost
 Url = /Index.aspx
 Verb = GET
 IP = 127.0.0.1
Request:
 Hostname = localhost
 Url = /
 Verb = GET
 IP = 127.0.0.1
Request:
 Hostname = localhost
 Url = /Content.aspx
 Verb = GET
 IP = 127.0.0.1
```

Abbildung 7.15 Ausgabe laufender Anforderungen

Eine Konsolenapplikation ist möglicherweise nicht ideal, um Anforderungen zu überwachen. Denken Sie daran, dass Sie Fehler haben könnten, die selten oder unregelmäßig auftauchen. Dann ist es sinnvoll, die Daten in eine Protokolldatei zu schreiben und diese auszuwerten. Immer wenn der Fehler auftritt, holen Sie den passenden Ausschnitt aus der Protokolldatei und finden Informationen über den Arbeitsprozess und die Anforderung in diesem Augenblick heraus.

7.4.3 Informationen über die Applikationsdomäne

Wenn eine Seite einer ASP-NET-Applikation das erste Mal geladen wird, entsteht eine neue Applikationsdomäne. Solche Applikationsdomänen können auf Anforderung entladen und ebenso überwacht werden.

Eine bestimmte Applikationsdomäne entladen

Das Entladen ist sinnvoll, um eine Applikationsdomäne in den Urzustand zu versetzen und so den Zustand wie beim ersten Start zu erzwingen. Auch lassen sich Ressourcen so freigeben. Um eine Applikationsdomäne zu entladen, müssen Sie sie zuerst identifizieren. Applikationsdomänen haben drei Schlüsseleigenschaften: `Id`, `VirtualPath` und `PhysicalPath`. Mit einer dieser Information kann sie zweifelsfrei erkannt werden.

Der Code im nächsten Beispiel nutzt eine LINQ-Abfrage (siehe Kapitel 13). Mit der `Where`-Bedingung wird die Applikationsdomäne nach der ID gefiltert, die Verschachtelung ermittelt zuerst die passenden Arbeitsprozesse.

Listing 7.23 Informationen über die Applikationsdomäne ermitteln

```
internal static string UnloadAppDomain(string name)
{
    StringBuilder sb = new StringBuilder();
    try
    {
        sb.Append(ShowWorkerProcesses());
        ServerManager manager = new ServerManager();
        var appDomains = from proc in manager.WorkerProcesses
                         from adc in proc.ApplicationDomains
                         where adc.Id == "/LM/W3SVC/4/ROOT"
                         select adc;

        ApplicationDomain ad = ⤶
          appDomains.FirstOrDefault<ApplicationDomain>();

        if (ad != null)
        {
            ad.Unload();
            return name + " unloaded";
        }
        else
        {
            return "can't find " + name;
        }
    }
    catch (Exception ex)
    {
        return ex.Message;
    }
}
```

Die ID einer Applikationsdomäne sieht etwa folgendermaßen aus:

/LM/W3SVC/1/ROOT

Die „1" im Pfad ist die ID der Site, üblicherweise die Standardsite. Hier kann jede Zahl stehen, abhängig von der Anzahl der Webs im IIS.

Wenn zuerst eine Liste der Applikationsdomänen angezeigt wird, können diese IDs leicht ermittelt werden. Der Zweck bestand aber im Entladen der Applikationsdomäne. Um zu erkennen, was das Programm tut, gehen Sie folgendermaßen vor:

- Fordern Sie eine Seite vom Server an
- Ermitteln Sie die Arbeitsprozesse und deren Applikationsdomänen
- Laden Sie den gezeigten Code und entladen Sie eine Applikationsdomäne
- Fordern Sie die Seite erneut an
- Ermitteln Sie die Applikationsdomäne noch einmal

Alle Applikationsdomänen entladen

Das nächste Beispiel entlädt alle Applikationsdomänen. Auch hier kommt wieder LINQ zum Einsatz, um den Code kompakt zu halten.

Listing 7.24 Alle Applikationsdomänen entladen

```
internal static string UnloadAppDomains()
{
    try
    {
        ServerManager manager = new ServerManager();
     ❷  Func<ApplicationDomain, bool> unloadFunc = ↵
                         new Func<ApplicationDomain, bool>(Unload);
        var appDomains = from proc in manager.WorkerProcesses
                         from adc in proc.ApplicationDomains
                         where unloadFunc(adc) == true
                         select adc;
        return "Unloaded " + appDomains.Count() + " domain(s)";
    }
    catch (Exception ex)
    {
        return ex.Message;
    }
}
private static bool Unload(ApplicationDomain appDomain)  ❶
{
    try
    {
        appDomain.Unload();
        return true;
    }
    catch
    {
        return false;
    }
}
```

Der eigentliche Entladevorgang wurde in der Rückruffunktion Unload ❶ gekapselt. Als Parameter dient die Applikationsdomäne, dargestellt durch den Typ

ApplicationDomain. Die Funktion selbst wurde in unloadFunc vom Typ Func verpackt ❷, um die Definition eines expliziten Delegaten zu vermeiden. Die Rückruffunktion gibt einen booleschen Wert zurück, der den Erfolg mitteilt. So kann das Ergebnis der Abfrage benutzt werden, um die Anzahl der entladenen Applikationsdomänen zu ermitteln.

Abbildung 7.16 Anzahl der erfolgreich entladenen AppDomains

Über Applikationsdomänen iterieren

Wenn nur Informationen ermittelt werden soll, kann der folgende Code als Beispiel dienen. Die vielfältigen Eigenschaften zeigen, wie die Ausgabe aussehen kann:

Listing 7.25 Eigenschaften der Applikationsdomänen ermitteln

```
internal static string ShowAppDomains()
{
    StringBuilder sb = new StringBuilder();
    try
    {
        ServerManager manager = new ServerManager();
        var appDomains = from proc in manager.WorkerProcesses  ❶
                         from adc in proc.ApplicationDomains   ❷
                         select
                             String.Format(@"Physical Path = {0}
                                     {4}Virtual Path = {1}
                                     {4}Process ID = {2}
                                     {4}Is Idle = {3}",
                                 adc.PhysicalPath,
                                 adc.VirtualPath,
                                 adc.Id,
                                 adc.Idle,
                                 Environment.NewLine);

        if (appDomains.Count() == 0)
        {
            sb.Append("can't find AppDomains");
        }
        else
        {
            foreach (string ad in appDomains)
            {
                sb.AppendLine(ad);
            }
        }
        return sb.ToString();
    }
    catch (Exception ex)
    {
        return ex.Message;
    }
}
```

Auch diese Abfrage basiert auf den Arbeitsprozessen ❶ und den dann daraus ermittelten aktiven Applikationsdomänen ❷. Die Ausgabe ist einfach und zeigt, wie mit LINQ direkt auf variable Ergebnislisten zugegriffen werden kann.

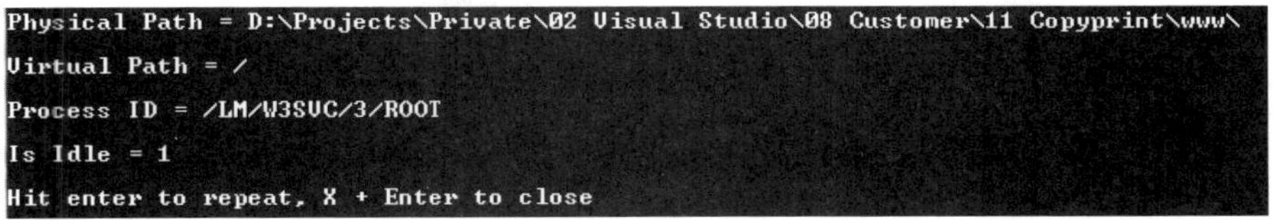

```
Physical Path = D:\Projects\Private\02 Visual Studio\08 Customer\11 Copyprint\www\
Virtual Path = /
Process ID = /LM/W3SVC/3/ROOT
Is Idle = 1
Hit enter to repeat, X + Enter to close
```

Abbildung 7.17 Informationen über die Applikationsdomänen

Die Informationen lassen sich mit der Anzeige im Internetinformationsdienste-Manager vergleichen. Letztlich kann dies als Basis eigener Verwaltungsinstrumente dienen. Im Internetinformationsdienste-Manager finden Sie dieselben Informationen über die Site und die Funktion ERWEITERTE EINSTELLUNGEN.

Wenn Sie mit dem Applikationsdomänen-Objekt ApplicationDomain arbeiten, stehen viele Eigenschaften zur Verfügung. Interessant sind hier folgende:

- Id
- VirtualPath
- PhysicalPath
- Idle

Id gibt den internen Schlüssel der Applikationsdomäne zurück. VirtualPath ist der in den IIS definierte virtuelle Pfad. Der Wurzelpfad gibt „/" zurück. Der physikalische Pfad in PhysicalPath ist der vollständige Pfad zur Applikation. Idle ist der einzige Laufzeitwert. Er ist zwar als Integer definiert, kann aber lediglich 0 oder 1 zurückgeben. 1 zeigt an, dass die Applikationsdomäne nicht in Benutzung ist.

7.4.4 Threads verstehen und benutzen

In ASP.NET sind Threads ein wenig wie Magie. Das heißt, sie werden benutzt und sind wichtig, aber sie werden auch weitgehend vom System selbst verwaltet, aber als Entwickler ist der Umgang damit nicht unbedingt erforderlich. Die Verwendung von Threads, in dem Sinne, wie es bei Windows-Applikationen erfolgt ist bei ASP.NET nicht ohne weiteres möglich und meist kontraproduktiv.

Wie ASP.NET und die IIS Threads einsetzen

Der Umgang mit Threads ist anspruchsvoll, nicht zuletzt wegen der vielen Änderungen die Microsoft hier in den letzten Jahren eingebaut hat. Die IIS spielen dabei eine wesentliche Rolle. In diesem Buch liegt der Schwerpunkt auf den IIS7. Andere Webserver, wie der in Visual Studio integrierte Entwicklungsserver, werden aus dieser Betrachtung völlig ausgeklammert, weil sie für den Umgang mit Threads keine Rolle spielen.

Ein wesentlicher Aspekt der Arbeit mit den IIS7 ist die Nutzung des integrierten Modus. Dieser erlaubt die engste bisher mögliche Verzahnung zwischen ASP.NET und den Internet Information Services. In den IIS7 wird die Anzahl der Anforderungen begrenzt. Die Verwaltung der Threads ist stellt primäre Begrenzung dar. Wenn Sie asynchrone Handler programmieren, erlaubt es diese Methode, Threads nun schneller freizugeben und damit mehr gleichzeitige Anforderungen trotz scheinbar gleicher Anzahl Threads zu verarbeiten.

Was ist neu in den IIS7?

Für synchrone Anfragen sind die Anzahl der Threads und die der Anforderungen immer noch gleich. Jede Anfrage wird durch ihren eigenen Thread verarbeitet. Bei asynchroner Verarbeitung ist das anders. Denken Sie daran, dass eine eingehende Anfrage einen Prozess startet, der sehr lange dauert. Das kann beispielsweise der Abruf eines Webdienstes oder einer Datenbank sein. In dieser Zeit werden weder CPU noch Speicher wesentlich belastet. Die IIS können diesen Thread nun an ASP.NET übergeben und den lokal benutzten sofort wieder freigeben. Der freigegebene Thread kehrt in den Pool zurück und kann die nächste Anfrage bearbeiten. Dadurch lassen sich effektiv mehr parallele Anfragen bearbeiten als Threads zur Verfügung stehen. ASP.NET verwaltet den CLR-Threadpool für eigene Threads. Wenn ein neuer Thread gestartet wird, steht er im Wartestatus und ist damit blockiert. Wenn dieser Pool erschöpft ist, stapeln die IIS zusätzliche Anfragen in einer eigenen Warteschlange. Dieser Teil ist nativer Code. Die Übergabe von der nativen Anfragewarteschlange zum Threadpool und zurück ist damit einfacher und schneller.

Aus der Darstellung ergibt sich, dass der Threadpool, also die Verwaltung der für Anfragen bereitstehenden Threads eine zentrale Rolle einnimmt. Während durch asynchrone Threads eine Steigerung der Effizienz unter bestimmten Umständen möglich ist, kann man für „normale" synchrone Anfragen nur die Konfiguration bemühen.

7.4.5 Die Konfiguration des ThreadPools

Im Abschnitt `<processModel>` finden Sie folgende Parameter:

- `autoConfig`
- `maxWorkerThreads`
- `maxIoThreads`
- `minWorkerThreads`
- `minIoThreads`

SP1

Einige Einstellungen sind in der *web.config* verfügbar, damit Sie Applikationen gezielt optimieren können:

```
<system.web>
  <applicationPool maxConcurrentRequestsPerCPU="12"
                   maxConcurrentThreadsPerCPU="0"
                   requestQueueLimit="5000"/>
</system.web>
```

In älteren Installationen waren hierfür Registrierungseinträge nötig.

Dies sind freilich Werte, die sich selten ändern lassen. Sie können damit experimentieren, aber wesentliche Effekte dürften sich kaum feststellen lassen. Die Standards sind ein Kompromiss zwischen der Effektivität der Auslieferung statischer Seiten und Ressourcen und den dynamischen *.aspx*-Seiten. Wenn Sie beispielsweise ausschließlich statische Seiten haben, ist der Wert 0 für die Anzahl konkurrierender Threads geeignet. Dann finden nämlich keine Thread-Übergänge zwischen IIS und ASP.NET mehr statt und die Abarbeitung ist optimal in Bezug auf Verwaltungsarbeiten. Ein sehr effektiver Dateisystemzugriff ist dann hinreichend schnell. Der Threadpool wird dabei nicht benutzt und die Antwortzeiten werden minimiert.

Denken Sie andererseits an eine AJAX-Applikation (Kapitel 16 „Asynchrone Programmierung"). Hier verursacht eine Seite nur einen Aufruf, aber nachfolgend kann per JavaScript eine Vielzahl von Aktionen folgen. Die Anzahl der Anforderungen insgesamt kann durch AJAX drastisch ansteigen. Die Verarbeitungszeit einzelner Anforderungen kann dagegen relativ gesehen kleiner werden. Vor allem die sofortige Reaktion auf Mausaktionen ist kritisch in Bezug auf die Nutzung des Threadpools. Die Grenze der Einstellmöglichkeiten ist 5000, was in solchen Fällen angebracht sein kann.

Server Too Busy – Server beschäftigt

Jeder der aktiv mit Webservern zu tun hat wird die Fehlermeldung „Server Too Busy" kennen. Diese entspricht dem HTTP Statuscode 503 und wird gesendet, wenn die Anzahl der konkurrierenden Anforderungen die eingestellte Grenze erreicht. Der höchste Wert ist, wie bereits erwähnt, 5000.

Der tatsächliche Wert lässt sich über den Performance Counter „ASP.NET/Requests Current" ermitteln. Dies kann notwendig sein, wenn Sie Ihre Applikation auf einen fremden Server, beispielsweise beim Kunden, verteilen. Mehr Informationen zum Performance Monitor.

Außer der Anpassung des Wertes bis an das festcodierte Maximum heran kann gegen diese Meldung wenig unternommen werden. Sollte der Wert geringer sein, müssen Sie abwägen, ob die verwendete Hardware ausreicht.

Das Threadverhalten optimieren

Bisher wurden nur wenige Aussagen zu Optimierungsmöglichkeiten getroffen. Wenn nicht wirklich triftige Gründe für Eingriffe sprechen, sollten Sie sich nicht „einfach mal so" an diese Einstellungen wagen. Die Optimierung von Servern und insbesondere des Threadpools ist nicht trivial. Der Abschnitt soll Ihnen aber ein Gefühl für die Möglichkeiten und Aufwände geben. Bei Bedarf finden Sie hier die Grundlagen, die zusammen mit der offiziellen Dokumentation das notwendige Grundgerüst an Wissen ergeben.

Insbesondere werden folgende Fehlermeldungen betrachtet, die auf unzureichende Ressourcen hinweisen:

- „A process serving application pool ‚name' exceeds time limits during shut down"
- „System.InvalidOperationException: There are not enough free threads in the ThreadPool object to complete the operation."
- „HttpException (0x80004005): Request timed out."

Um diese und ähnliche Probleme zu lösen, können Sie folgendes versuchen:

- Begrenzen Sie die Anzahl der Anforderungen, die zur selben Zeit ausgeführt werden können auf ungefähr 12 pro CPU-Kern. Dies ist ein Standardwert für die meisten Applikationen.
- Erlauben Sie Callbacks von Webdiensten, das heißt programmieren Sie asynchron, wenn es geht. Entwickeln Sie Seiten und Handler asynchron, wenn die

- Aktionen einen wesentlichen Teil der Verarbeitungszeit beanspruchen. Dies gibt Threads des Threadpools schneller frei.
- Setzen Sie die Anzahl `maxconnections` passend. Die Auswahl muss mit der Anzahl der vom Server unterstützen IP-Adressen und Applikationsdomänen korrespondieren.

Mehr dazu finden Sie in den folgenden Abschnitten.

7.4.6 Optimierung typischer Aufgaben

Dieser Abschnitt zeigt die Konfiguration unter Nutzung der folgenden Attribute:

- `maxWorkerThreads`
- `minWorkerThreads`
- `maxIoThreads`
- `minFreeThreads`
- `minLocalRequestFreeThreads`
- `maxconnection`
- `executionTimeout`

maxWorkerThreads und maxIoThreads

ASP.NET verwendet diese beiden Werte zur Begrenzung der Anzahl der Arbeits- und IO-Threads:

```
<processModel maxWorkerThreads="20" maxIoThreads="20">
```

Die Attribute `maxWorkerThreads` und `maxIoThreads` werden intern mit der Anzahl der CPU-Kerne multipliziert. Für einen Prozessor mit vier Kernen werden mit der gezeigten Einstellung also 80 Threads unterstützt.

minFreeThreads und minLocalRequestFreeThreads

Diese beiden Werte bestimmten die Anzahl der jeweils verfügbaren freien Worker- und IO-Threads. Wenn die Anzahl nicht ausreicht, werden nachfolgende Anforderungen in einer Warteschlange gehalten.

```
<httpRuntime minFreeThreads="8" minLocalRequestFreeThreads="8">
```

Die tatsächliche Anzahl der Threads ergibt sich aus folgender Formel:

```
(maxWorkerThreads * Anzahl_CPU_Kerne ) - minFreeThreads
```

Die Werte für `minFreeThreads` und `minLocalRequestFreeThreads` werden intern nicht mit der Anzahl der CPU-Kerne multipliziert. Das Beispiel ergibt den Wert 24 aus ((8 x 4) − 8), wenn eine CPU mit vier Kernen benutzt wird.

minWorkerThreads

Ein weiterer Wert bestimmt, wie viele Arbeits-Threads unmittelbar verfügbar sein müssen.

```
<processModel minWorkerThreads="1">
```

7.4 Prozesse und Threads

Diese Threads werden gesondert verwaltet und werden bei Bedarf schneller erstellt, als dies von der Laufzeitumgebung normalerweise erledigt wird. Anforderungen können unvorhergesehen die Anforderungswarteschlange füllen. Dies kann ein Angriff, eine plötzliche Lastspitze oder langsamer reagierendes nachgelagertes System sein.

Der Standardwert für diesen Parameter ist 1. Microsoft empfiehlt diesen Wert auf den halben Wert des Parameters `maxWorkerThreads` zu setzen. Auch dieser Wert wird mit der Anzahl der CPU-Kerne multipliziert.

maxconnection

Dieser Parameter bestimmt, wie viele Verbindungen zu einer bestimmten IP-Adresse gehören. Dies kann folgendermaßen aussehen:

```
<connectionManagement>
    <add address="*" maxconnection="2">
    <add address="10.6.205.84" maxconnection="20">
</connectionManagement>
```

Der Wert gilt pro Applikationsdomäne. Standardmäßig werden zwei Verbindungen unterstützt. Dies entspricht der Vorgabe des HTTP, wo zwei parallele Verbindungen als Mindestwert erlaubt werden. Neuere Browser können mehr. Sie können den Wert hochsetzen, wenn Bandbreite und die übrigen Parameter dies erlauben.

Im Beispiel werden für alle IP-Adressen zwei Verbindungen erlaubt, ausgenommen die Adresse 10.6.205.84, für die 20 Verbindungen möglich sind.

executionTimeout

Mit der folgenden Einstellung lässt sich die maximale Ausführungszeit für eine Anforderung in Sekunden einstellen.

```
<httpRuntime executionTimeout="90"/>
```

Dieser Wert, durch die Eigenschaft `Server.ScriptTimeout` in der Applikation verfügbar gemacht, definiert im Typ `HttpServer`. Falls Sie lang laufende Anforderungen erwarten schauen Sie sich auch den Wert `responseDeadlockInterval` an. Damit erlaubt und erwartete langlaufende Anforderungen nicht als Deadlock interpretiert werden.

7.4.7 Installation eines Performance Counters

Bevor die Einstellungen aktiv verändert werden können, muss klar sein, wo das Problem eigentlich liegt. Allein die Aussage, dass der Server ungewöhnlich langsam reagiert oder Nutzer nicht korrekt bedient werden, reicht nicht aus. Der „Zuverlässigkeits- und Leistungsmonitor" (PerfMon) hilft dabei, indem er zur Überwachung spezifischer Systemparameter eingesetzt wird. Wenn Sie mit Windows Vista oder Windows 7 arbeiten, ist das Werkzeug vorhanden, aber nicht direkt verlinkt. Geben Sie im Suchfenster des Startmenüs *perfmon* ein, um das Programm zu suchen und zu starten.

→ Microsoft

Vorbereitung

Um Daten zu überwachen, empfiehlt es sich, dies in einer gesonderten Datensammlung zu tun, um Auswertungen zu erleichtern.

1. Klicken Sie auf SAMMLUNGSSÄTZE | BENUTZERDEFINIERT in der Baumstruktur.
2. Wählen Sie im Kontextmenü NEU und dann SAMMLUNGSSATZ.
3. Geben Sie der Sammlung einen passenden Namen, beispielsweise „ASPProblem". Klicken Sie auf WEITER.
4. Wählen Sie die Option AUS VORLAGE ERSTELLEN und die passende Vorlage. Welche Sie nehmen ist eigentlich egal, Sie müssen sie für dieses Problem auf jeden Fall anpassen.
5. Wählen Sie das Verzeichnis, indem die Daten abgelegt werden. Längere Überwachungen können erhebliche Datenmengen produzieren. Der Standardpfad ist *%systemdrive%\PerfLogs\Admin\ASPProblem*, wenn Sie die Sammlung wie vorgeschlagen benannt haben.
6. Legen Sie dann noch ein Konto fest, unter dem die Sammlung läuft. Dieses Konto sollte hinreichende Rechte haben.
7. Stellen Sie den Assistenten fertig.

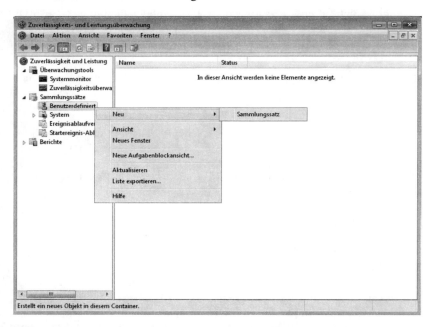

Abbildung 7.18 Installation einer neuen Datensammlung im Monitor

Im Pfad ZUVERLÄSSIGKEIT UND LEISTUNG | SAMMLUNGSSÄTZE | BENUTZERDEFINIERT | ASPPROBLEM finden Sie nun die Sammlung und können Sie anpassen.

Erstellen Sie nun in diesem Sammlungssatz eine neue Sammlung. Erst dort können Sie Indikatoren einbauen. Gehen Sie folgendermaßen vor:

1. Klicken Sie rechts auf den Sammlungssatz
2. Im Kontextmenü wählen Sie NEU | SAMMLUNG
3. Wählen Sie als Name *Performance* und die Option LEISTUNGSINDIKATOREN-SAMMLUNG.
4. Fügen Sie im folgenden Schritt Leistungsindikatoren hinzu:
5. Suchen Sie in der Liste nach ASP.NET-ANWENDUNGEN. Suchen Sie dort den Eintrag ANFRAGEN IN DER ANWENDUNGSWARTESCHLANGE.
6. In der Liste INSTANZEN DES AUSGEWÄHLTEN OBJEKTS wählen Sie den Wert __TOTAL__.
7. Speichern Sie den Dialog mit OK.
8. Beenden Sie den Assistenten mit FERTIG.

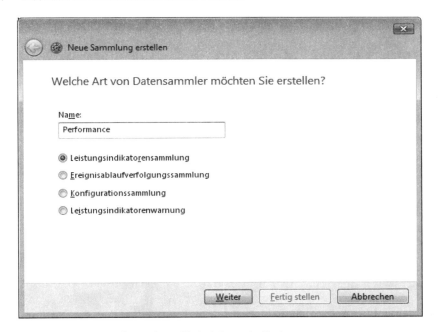

Abbildung 7.19 Neue Sammlung für Leistungsindikatoren

Auswertung

Der Monitor beginnt jetzt mit der Überwachung. Wenn Sie einige Zeit Daten gesammelt haben, können Sie diese auswerten. Sie finden diese in der Baumansicht unter BERICHTE | BENUTZERDEFINIERT | ASPPROBLEM, wenn Sie die Sammlung wie vorgeschlagen benannt haben.

Es ist möglich, die Leistungsüberwachung nur zu einer bestimmten Zeit laufen zu lassen. Wenn Sie jeden Tag zwischen 8 und 10 Uhr morgens Probleme haben, weil eine Lastspitze zu Fehlfunktionen führt, lohnt es sich, die Überwachung auf diesen Zeitraum zu beschränken. Die Datenmenge ist kleiner und lässt sich erheblich einfacher überwachen. Das Werkzeug ist sehr leistungsfähig. An dieser Stelle kann nur ein kleiner Einblick in die Möglichkeiten gegeben werden. Sie können die Zeit fest vorgeben oder die Größe der Protokolldatei begrenzen. Der Bericht kann per E-Mail versendet oder an einen anderen Ort verschickt werden, damit eine Applikation in dort automatisiert auswertet.

7.4.8 Threads und Asynchrone Operationen

In den meisten Fällen ist die Threadverwaltung ausreichend konfiguriert und funktional. Die vorstehenden Anregungen sollen dabei helfen, Wege rund um die Konfigurationseinstellungen zu beschreiten und damit eine bessere Systemleistung zu erzielen. Für den Fall, dass der interne Threadpool an sein Limit gelangt, kann jedoch auch das Applikationsdesign verantwortlich sein. In diesem Buch werden alle verfügbaren Techniken besprochen, um auf Probleme dieser Art reagieren zu können. In diesem Abschnitt sollen einleitend dazu die nötigen Hintergrundinformationen, Tipps zum Testen und Verweise auf Lösungen gegeben werden.

Die Threadsteuerung in ASP.NET

Um Anforderungen effektiv zu verarbeiten, nutzen Webserver umfassend die Möglichkeiten, weitere Prozesse und Threads zu starten, wenn dies erforderlich ist. Aus Sicht des Softwareentwicklers ist es meist nicht notwendig, sich darum zu kümmern. Die Laufzeitumgebung erledigt das für die meisten Fälle ausreichend gut. In speziellen Fällen kann jedoch ein Eingriff erforderlich sein.

Asynchrone Programmierung

Denken Sie an den Zugriff auf eine langsame Ressource. Egal ob Webservice, Dateizugriff oder SQL Server – jede Verzögerung einer Anforderung kann erhebliche Folgen haben. Nicht für den einzelnen Benutzer – der wartet bedingt durch Entfernung, Ping-Zeiten, Render-Verhalten des Browsers usw. sowieso eine bestimmte Zeit. Aber die Masse der Benutzer eines Servers verursacht und erfährt andere Probleme. Steigt die Anzahl der Threads über einen bestimmten Wert, wird die Leistung einbrechen.

Eine Anforderung hat aber sehr unterschiedliche interne Auswirkungen. Die Verarbeitung einer Seite ist eine Aufgabe. Das Holen von Daten aus einer Datenbank, die Abfrage eines RSS-Feeds oder eines Webdienstes sind andere. Solche Aufgaben können Zeit kosten, aber meist kosten sie keine Prozessorleistung. In solchen Fällen könnte die CPU eigentlich weitere Anforderungen verarbeiten, wird dies aber nicht tun, weil vorher die Anzahl der Threads im Threadpool unzureichend ist. Sie sehen dann einen langsamen Server, auf dem die CPUs nichts zu tun haben. Hier hilft keine Konfiguration, hier müssen Sie als Entwickler ran.

Sehen Sie sich als Beispiel das folgende Listing an. Es zeigt die ID des aktuellen Threads, um zu ermitteln, ob der Thread nach einem erneuten Aufruf der Seite neu ist oder derselbe erneut benutzt wurde.

Listing 7.26 Einfache Seite mit künstlicher Verzögerung

```
<%@ Page Language="C#" %>
<%@ Import Namespace="System.Reflection" %>
<%@ Import Namespace="System.Threading" %>

<script runat="server">
  protected void Page_Load(object src, EventArgs e)
  {
    System.Threading.Thread.Sleep(3000); ❶
    Response.Output.Write("Slow Response, Thread ID={0}",
                  AppDomain.GetCurrentThreadId());
  }
</script>
```

Öffnen Sie die Seite im Browser. Öffnen Sie sie parallel in weiteren Fenstern. Die Seite läuft drei Sekunden ❶ – genug Zeit, um sie parallel ein weiteres Mal anzufordern. Jedes Fenster sollte jetzt von einem eigenen Thread bedient werden. Während der Wartezeit wird der Thread nicht freigegeben. Er bleibt blockiert, obwohl die CPU in dieser Zeit definitiv nichts tut. Ist die Zeit vorbei und die Anforderung verarbeitet, kehrt der Thread in den Threadpool zurück und wird erneut verwendet. Wenn Sie schnell sind, können Sie die Standardeinstellung von 25 Threads auf Ihrem Entwicklungssystem schnell erreichen.

Wird die `Thread.Sleep`-Anweisung entfernt, sieht es anders aus. Die Seite ist immer schneller als die manuellen Aufrufe im Browser. Der erste Thread im Threadpool reicht nun aus und wird immer wieder verwendet.

Listing 7.27 Eine einfache, schnelle Seite

```
<%@ Page Language="C#" %>
<%@ Import Namespace="System.Reflection" %>

<script runat="server">
  protected void Page_Load(object src, EventArgs e)
  {
    Response.Output.Write("Fast Response, Thread ID={0}", ↵
                  AppDomain.GetCurrentThreadId());
  }
</script>
```

Teil II – Konzepte

8 Applikationen erstellen

In diesem Kapitel werden die elementaren Techniken zur protokoll- und ablaufnahen Programmierung behandelt. ASP.NET 4 bietet ein reichhaltiges Objektmodell auf der Ebene der Seiten und Steuerelemente. Für bestimmte Abläufe ist es jedoch sinnvoll, eine Ebene tiefer anzusetzen und sich mit den Abläufen nahe an HTTP auseinanderzusetzen. Wenn Sie direkt auf die Eigenschaften der Applikation zugreifen oder diese beeinflussen möchten, den Cache aktivieren und überwachen müssen, die Daten von und zum Browser in ihrer ursprünglichen Form schreiben und lesen wollen, dann helfen Ihnen die hier vorgestellten Methoden.

Alle Datenströme zwischen Server und Browser werden über ein Protokoll übertragen. Normalerweise kommt dazu HTTP zum Einsatz. Bedingt durch die Art des Protokolls und den Bedingungen und der Arbeitsweise von Browsern und Servern ergeben sich ganz bestimmte Techniken, durch die sich die Webserverprogrammierung grundlegend von der Windows-Programmierung unterscheidet. Dieses Kapitel zeigt die Aspekte dieser Programmierung und stellt die mit ASP.NET benutzten Techniken zusammen.

Protokollnahe und Ablauforientierte Programmierung

In diesem Kapitel finden Sie Informationen zu folgenden Themen:

- Die Standardobjekte
- Daten senden und empfangen
- Sitzungen (Sessions)
- Cookies
- Applikationsmanagement

8.1 Die Standardobjekte

Gerade am Anfang bereitet es Schwierigkeiten zu verstehen, wo die Unterschiede zwischen den verschiedenen Arten serverseitigen Zugriffs auf HTML liegen. Dabei machen es die Bezeichnungen der Klassen, die den Elementen zugrundeliegen, nicht unbedingt einfacher.

8.1.1 Die Standardobjekte

Der Namensraum System.Web

Im Namensraum System.Web ist eine Vielzahl von Klassen zu finden, die der Programmierung von ASP.NET-Applikationen dienen. Wegen der vielfältigen Beziehungen untereinander und einiger Techniken, wie beispielsweise der automatischen Instanziierung oder statischer Methoden, ist das System dahinter nicht immer sofort erkennbar. Sie sollten sich die an der Abarbeitung der Applikation beteiligten Komponenten und Vorgänge vor Augen halten. Abbildung 8.1 nennt die wichtigsten Objekte und wie diese an der Erstellung der Seiten beteiligt sind.

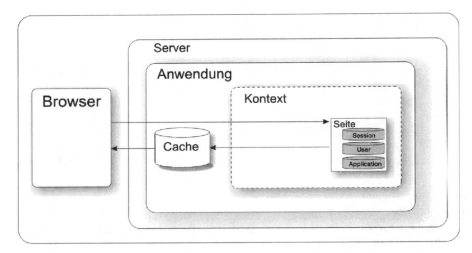

Abbildung 8.1 Zuständigkeit der Objekte innerhalb von ASP.NET

Application

→ MSDN

In der Hierarchie ganz oben steht das Objekt Application. Es wird automatisch aus der Klasse HttpApplication instanziiert. Dieses Objekt enthält verschiedene Eigenschaften, die den Zugriff auf die anderen Objekte erlauben. Allerdings werden auch diese implizit instanziiert. Die wichtigsten, die auch in diesem Buch Verwendung finden, sind folgende:

- Application

  Die Eigenschaft Application gibt selbst ein Objekt Application zurück, dass allerdings von der Klasse HttpApplicationState abgeleitet wird. Die Namensgleichheit mag irritierend sein, ASP.NET erkennt das korrekte Objekt aber am Kontext der Verwendung.

- Session

  Mit diesem Objekt wird auf das Sitzungsmanagement zugegriffen.

- Request

  Hiermit erhalten Sie Zugriff auf alle Informationen, die im Zusammenhang mit der Anforderung vom Browser stehen, beispielsweise den QueryString (URL-Parameter) oder Formularinhalte.

- Response

  Dieses Objekt dient der Kontrolle des Ausgabedatenstromes. Vermutlich haben Sie schon `Response.Write` verwendet, eine Methode zum Ausgeben von Daten an den Browser.

- Cache

  Mit diesem Objekt wird die Zwischenspeicherung von Daten kontrolliert.

- Server

  Dieses Objekt stellt den Zugriff auf Serverfunktionen sicher.

- Page

  Das Objekt der aktuell angeforderten (aktiven) Seite.

- Context

  Dieses Objekt fasst die Daten des aktuellen Vorgangs, also alle in einer Sitzung verwendeten Seiten, zusammen. Damit können seitenübergreifende Lösungen programmiert werden, ohne das große Datenmengen in Sitzungsvariablen gespeichert werden müssen und ohne das auf das fortschrittliche Formular-Management verzichtet werden muss.

Instanziierung

Das Objekt `Application` wird einmal beim Start der Applikation instanziiert. Es steht dann die gesamte Laufzeit über zur Verfügung. Bei der Gestaltung von Web-Applikationen sollten Sie daran denken, dass diese zwar prinzipiell aus einzelnen Seiten bestehen. Jeder Benutzer löst im ersten Schritt eine Anforderung aus (Request). Es entsteht das `Request`-Objekt. Normalerweise wird eine *aspx*-Seite aufgerufen. Damit entsteht ein `Page`-Objekt. Wenn auf einer Seite weitere Elemente wie Bilder untergebracht sind, löst der Browser nach dem Empfang der Antwort (Response) weitere Anforderungen aus. Diese führen aber nicht zwingend zu weiteren oder erneuten Seitenaufrufen. Andererseits kann ein HTML-Frameset zum Abruf mehrerer Seiten führen, ebenso wie der Nutzer beim Surfen weitere Anforderungen auslöst. Der Benutzer selbst wird – unabhängig von der Anzahl der Anforderungen – innerhalb einer Sitzung als Einheit betrachtet. Es existiert für ihn also nur ein `Session`-Objekt. Alle Seiten mit externem Code zusammen bilden wiederum eine Applikation, die ihrerseits spezifische Eigenschaften hat, die die Art der Verarbeitung kontrollieren. Dazu gehört auch die Arbeitsweise des Zwischenspeichers des Ausgabedatenstromes, repräsentiert im `Cache`-Objekt. Noch globaler ist das `Server`-Objekt zu betrachten, das sehr allgemeine Zustände erreichbar werden lässt. Dazu gehören beispielsweise die Fehlerverwaltung und die Bereitstellung von Hilfsfunktionen zur Kodierung oder Dekodierung.

Weitere Klassen

Aus den `Response`- und `Request`-Klassen können weitere abgeleitet werden, die wiederum durch eigene Typen repräsentiert werden. Dazu gehört die Behandlung von Cookies, die eine Klasse zur Erstellung verwenden, die die Darstellung jedes Cookies als Objekt erlaubt und die entsprechende Kollektion im Objekt `Response`, die den Zugriff auf zu sendende Cookies erlaubt bzw. `Request`, wo die empfangenen Cookies als Kollektion bereitgestellt werden.

8.2 Daten senden und empfangen

Von zentraler Bedeutung bei der ASP.NET-Programmierung ist die Kontrolle des Sendens und des Empfangens von Informationen – der Datenfluss.

8.2.1 Den Datenfluss steuern

Der Datenaustausch zwischen Browser und Webserver besteht aus den Prozessen Anforderung (Request) und Antwort (Response). Wann immer Daten übertragen werden, erlauben die gleichnamigen Objekte den Zugriff darauf über Methoden und Eigenschaften. Beide Objekte sind bereits instanziiert und bilden immer die aktuelle Anforderung bzw. Antwort ab, sodass nur eine einzige Instanz nötig und möglich ist. Ergänzend ist auch das Objekt `Server` von Interesse, das unter anderem mehrere Hilfsmethoden bietet.

Antwortkontrolle und Datenausgabe in der Seite

Response

Die Klasse `HttpApplication` stellt eine Eigenschaft `Response` bereit, die ein Objekt der Klasse `HttpResponse` instanziiert. Dieses steht unter dem Namen `Response` zur Verfügung.

Response.Write

Response.WriteFile

Die erste Methode des Objekts, `Write`, haben Sie bereits verwendet. Damit wird ein Text an den Browser ausgegeben. Statt Text kann auch der Inhalt einer Datei ausgegeben werden. Dazu wird `WriteFile` eingesetzt. Diese Methode besitzt zwei optionale Parameter, die Startpunkt und Länge des Textes angeben, gezählt in Byte aus der Datei.

Listing 8.1 Ausgabe einer Datei am Ende einer Seite

```
<script language="C#" runat="Server">
string footer = "footer.html";
</script>
<html>
    <head>
        <title>Response.WriteFile</title>
    </head>
    <body>
        <hr/>
        <%
        Response.WriteFile(footer);
        %>
    </body>
</html>
```

Die Ausgabe an den Browser kann prinzipiell mit zwei Methoden erfolgen. Zum einen wird jeder Text, der erzeugt wird, sofort gesendet. Der Browser stellt diesen meist fortlaufend dar. Zum anderen ist die Verwendung eines Puffers möglich, der die Ausgaben sammelt und dann mit einem Mal zum Browser schickt.

Response. BufferOutput

Das Verhalten kann modifiziert werden. Sie können auch einen Pufferspeicher verwenden, der alle Ausgaben sammelt. Erst wenn die Seite vollständig abgearbeitet wurde, werden alle Daten gesendet.

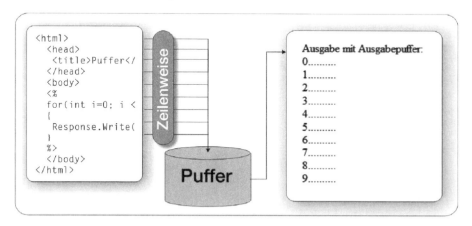

Abbildung 8.2 Arbeitsweise des Puffers: Zeilenweise Ausgaben werden gesammelt und am Ende als Block gesendet

Dies ist die Standardeinstellung – ASP.NET verwendet die Ausgabepufferung. Das folgende Beispiel zeigt, wie die Pufferung abgeschaltet werden kann:

Listing 8.2 Ausgabe ohne Pufferung

```
<script language="C#" runat="Server">
void Page_Init()
{
    Response.BufferOutput = false; ❶
}
</script>
<html>
    <head>
        <title>Response.Write</title>
    </head>
    <body>
        Ausgabe ohne Ausgabepuffer:
        <br/>
        <%
        for (int i = 0; i < 10; i++)
        {
            Response.Write (i.ToString());
            for (int j = 0; j < 10; j++)
            {
                Response.Write ('.');
                System.Threading.Thread.Sleep(200);
            }
            Response.Write ("<br/>");
        }
```

```
            %>
        </body>
    </html>
```

Ausgabepuffer   Die Einstellung erfolgt über die Eigenschaft `BufferOutput` ❶. Übergeben Sie `true`, um die Pufferung einzuschalten oder `false`, um sie nicht zu verwenden. Die beiden Schleifen geben viele Punkte mit einer kleinen Pause aus, sodass der Effekt gut beobachtet werden kann. Möglicherweise erscheinen die ersten Zeilen nicht punkteweise, sondern als Block. Das liegt nicht an Fehlern im Puffer, sondern daran, dass der Browser am Anfang mit der Darstellung nicht nachkommt.

Abbildung 8.3 Ohne Ausgabepuffer erscheinen die Punkte nacheinander

Tatsächlich ist die Ausgabe spürbar langsam, wenn man bedenkt, dass die innere Schleife wenig Code enthält, der verzögernd wirken könnte. Der Verzicht auf den Ausgabepuffer ist außerordentlich uneffektiv. Aber es gibt sinnvolle Anwendungen. Wenn beispielsweise eine Datenbankabfrage längere Zeit dauert, kann eine gelegentliche Ausgabe von Zeichen an den Browser für den Benutzer hilfreich sein und vom Anklicken der Stopp-Schaltfläche abhalten.

Umgang mit lang andauernden Aktionen

Zeitüberschreitung   Derart lange Aktionen können öfter auftreten, wenn komplexe Abfragen ausgeführt werden. Die ASP.NET-Komponente übernimmt von den IIS den Timeout-Wert von 90 Sekunden für die Abarbeitung einer Seite. Wird innerhalb dieser Zeit das Programm nicht fertiggestellt, wird der Prozess recycelt und der Browser zeigt eine Fehlermeldung an. Der Wert kann natürlich programmtechnisch verändert werden. Da diese Einstellung für den gesamten Serverprozess gilt, wird das Objekt `Server` eingesetzt. `Server` steht ebenfalls automatisch und als einzige Instanz der Klasse `HttpServerUtility` bereit. Das folgende Programm setzt eine kurze Timeout-Zeit und provoziert die Zeitüberschreitung durch eine Endlosschleife ❶.

Listing 8.3 Abbruch einer Endlosschleife durch Timeout

```
<script language="C#" runat="Server">
void Page_Init()
```

```
{
    Server.ScriptTimeout = 4;
}
</script>
<html>
    <head>
        <title>Response.Write</title>
    </head>
    <body>
        Ausgabe ohne Ausgabepuffer:
        <br/>
        <%
        do
        {
        } while (true); ❶
        %>
    </body>
</html>
```

Wenn Sie das Programm ausprobieren, wird nach Ablauf der Zeit ein Fehlerereignis erscheinen. Es ist sicher sinnvoll, auf derartige Fehler reagieren zu können. Verwenden Sie `try-catch`-Anweisungen dafür.

Besteht Ihre Applikation aus mehreren Seiten, müssen oft Daten zwischen diesen ausgetauscht werden. Dafür gibt es mehrere Wege:

- Cookies
- Sitzungsvariablen (im Rahmen des Session-Managements)
- HTTP-Methode POST
- HTTP-Methode GET

8.2.2 Die Standardmethoden der Datenübertragung

Die zu speichernden Daten werden dabei an den Browser übertragen und von diesem wieder zurückgesendet. Session-Objekte speichern Variable intern und nutzen den Sitzungsstatus, um dem Benutzer seine Werte zuzuordnen. Ausführlich wird dies noch diskutiert werden. Die Standardmethoden in der Webserverprogrammierung sind jedoch POST und GET. POST ist das Kommando, das der Browser nutzt, um Formulardaten zu senden. Wenn nur mit Hyperlinks gearbeitet wird, verwendet der Browser zur Anforderung von Ressourcen das Kommando GET.

Daten per URL übertragen

Die ganze Technik beruht darauf, die zu übertragenden Daten in einer ganz bestimmten Art und Weise an den URL anzuhängen:

HTTP-GET

`http://www.seite.de/target.aspx?vari1=Wert1&vari2=Wert2`

Dieser URL überträgt zwei Variablen: *vari1* und *vari2*, die die Zeichenketten „Wert1" bzw. „Wert2" enthalten. Auf der Seite *target.aspx* werden diese im `Request`-Objekt bereitgestellt.

Drei spezielle Zeichen finden dabei Verwendung: Das Trennungszeichen zwischen dem URL und den angehängten Parametern ist das Fragezeichen. Jedes einzelne Wertepaar wird mit einem &-Zeichen getrennt. Zwischen Variable und Wert steht ein Gleichheitszeichen. Sie können theoretisch beliebig viele Werte übertragen. Beachten Sie aber, dass die Browser ganz unterschiedliche Längen für die komplette URL akzeptieren. Der Internet Explorer überträgt ca. 2.000 Zeichen. Die gesamte Parameterschlange nach dem Namen der Seite wird als „Querystring" bezeichnet.

Request. QueryString

Die Auswertung wird entsprechend mit der Methode `Request.QueryString` vorgenommen. Diese Methode extrahiert die einzelnen Werte aus dem URL. Schauen Sie sich das folgende Beispiel an, das zur Bestellung von Büchern dient:

Listing 8.4 Übertragung von Daten per GET (Markup)

```
<head>
    <title>Request.QueryString</title>
</head>
<body>
    <h2>Willkommen in unserem Buchladen</h2>
    <b>Ihre Bestellung bitte:</b>
    <br/>
    <a id="link1" runat="server"/> ❶
    <br/>
    <a id="link2" runat="server"/>
    <br/>
    <a id="link3" runat="server"/>
    <br/>
    <a id="link4" runat="server"/>
    <br/>
    <br/>
    <asp:label id="result" runat="server"/>
</body>
</html>
```

Das Programm nutzt serverseitige HTML-Steuerelemente (durch `runat="server"`), die im Detail in Kapitel 10 diskutiert werden. Basis der Seite bilden die Hyperlinks, die mit `<a>`-Tags erzeugt werden ❶. Dies unterscheidet sich insofern von HTML, als dass hier der notwendige Parameter `href` und der Inhalt des Tags dynamisch in der Methode `Page_Load` erzeugt werden. An den Browser wird folgende Zeile gesendet:

```
<a href="Default.aspx?book=1" id="link1">
    Der Unbesiegbare
</a>
```

Erzeugt wird diese am Anfang der Methode `Page_Load` wie in Listing 8.5 gezeigt.

Listing 8.5 Auswertung der Daten (Code Behind)

```
protected void Page_Load(object sender, EventArgs e)
{
    link1.InnerHtml = "Der Unbesiegbare"; ❶
    link1.HRef += "?book=1"; ❷
    link2.InnerHtml = "Der Schnupfen";
    link2.HRef += "?book=2";
    link3.InnerHtml = "Sterntageb&uuml;cher";
    link3.HRef += "?book=3";
    link4.InnerHtml = "Eden";
    link4.HRef += "?book=4";
    int booknumber = Convert.ToInt32(Request.QueryString["book"]); ❸
    result.Text = "Ihre Bestellung: ";
    switch (booknumber) ❹
```

```
{
    case 1:
        result.Text += link1.InnerText;
        break;
    case 2:
        result.Text += link2.InnerText;
        break;
    case 3:
        result.Text += link3.InnerText;
        break;
    case 4:
        result.Text += link4.InnerText;
        break;
    default:
        result.Text = "Sie haben noch keine Wahl getroffen";
        break;
}
}
```

Dort wird der Text zugewiesen, der als Link erscheinen soll ❶. Der entscheidende Punkt ist das Anhängen der GET-Parameter, die später ausgewertet werden sollen ❷. Nach dem sich die Seite selbst aufruft, müssen die übertragenen Parameter noch ausgewertet werden. Dazu wird die Buchnummer aus der Kollektion `QueryString` ermittelt. Die Umwandlung in eine Zahl ❸ erleichtert die Weiterverarbeitung. Welche Konvertierung Sie vornehmen, hängt von Ihren Daten ab. Standardmäßig werden die Informationen als Zeichenkette bereitgestellt.

Der `switch`-Zweig ❹ sorgt dann dafür, dass das Ergebnis an das Element `<asp:label/>` übertragen wird. Die folgende Abbildung zeigt das Ergebnis nach einem Klick auf einen Link. Beachten Sie die Anzeige der Parameter in der Statuszeile des Browsers:

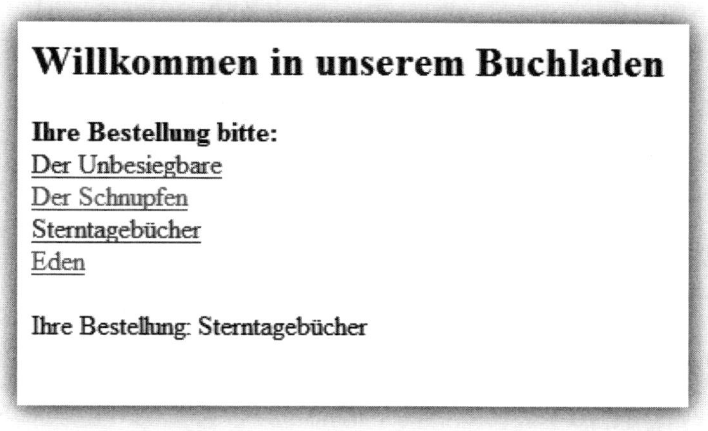

Abbildung 8.4 Arbeitsweise des Beispiels

Solange Ziffern übertragen werden, bereitet der Umgang mit der Kodierung des QueryString, wenig Probleme. Wenn Sie beliebige Werte übertragen möchten, muss jeder einzelne in die URL-Form gebracht werden. ASP.NET übernimmt das für Sie automatisch. Werden die Buchnamen direkt übermittelt, ist dies gut zu beobachten, wie der folgende Ausschnitt des URL zeigt:

Abbildung 8.5 Kodierung von Sonderzeichen im URL

Neben den Leerzeichen werden vor allem die Zeichen & und = kodiert, da diese als Parametertrennzeichen benötigt werden. Die Darstellung erfolgt in der Form %HH, wobei HH der hexadezimale ASCII-Code des Zeichens ist.

8.2.3 Header erzeugen und analysieren

Response.AppendHeader

Normalerweise sorgt ASP.NET für die Erzeugung der richtigen Header. Es gibt jedoch Fälle, wo Sie eigene Header erzeugen müssen. Voraussetzung ist immer, dass die Header noch nicht gesendet wurden. Deshalb ist die Nutzung in der Methode `Page_Init` angebracht. Header werden mit der Methode `Response.AppendHeader` der Liste der Header hinzugefügt. Die Methode `Response.ClearHeaders` löscht alle bereits erfassten Header.

Einsatzmöglichkeiten

Location
Content-Type

Zwei wichtige Header werden häufiger eingesetzt: `Location` und `Content-type`. Beide müssen nicht von Hand erzeugt werden; dafür stehen spezielle Eigenschaften des Objekts `Response` zur Verfügung. Mit `Location` steuern Sie Weiterleitungen.

Weitere Kopfzeilen lassen sich einsetzen, um den Dateityp beim programmgesteuerten Herunterladen von Dateien zu steuern. Folgende Sequenz hat sich hierfür bewährt:

Listing 8.6 Sequenz der Kopfzeilen zum Herunterladen von Dateien

```
Content-Type: application/pdf
Content-Disposition: attachment; filename=Datei.pdf
Content-Description: ASP.NET-Generated Data
Pragma: no-cache
Expires: 0
```

8.2.4 Servervariablen

Request.ServerVariables

Der Browser übermittelt mit jeder Anforderung einige Informationen an den Server, die in Programmen sinnvoll eingesetzt werden können. Zusammen mit Statusinformationen des Servers ergibt sich eine Sammlung von Daten über die aktuelle Verbindung. Das Objekt `Request` stellt diese Information über die Eigenschaft `ServerVariables` zur Verfügung.

Wichtige Servervariablen

Nicht alle Werte werden für die praktische Programmierarbeit wirklich benötigt. Die wichtigsten sind die folgenden:

Komplette Liste

- HTTP_REFERER

  Wenn Ihre Seite durch Anklicken eines Hyperlinks auf einer anderen Seite erreicht wurde, enthält diese Variable den URL der Seite, von welcher der Nutzer kam.

- HTTP_USER_AGENT

  Der Typ des Browsers wird angezeigt. Sie können auswerten, welche Browser Ihre Nutzer bevorzugen, und die Gestaltung der Seiten daran ausrichten.

- REMOTE_ADDR

  Dieses Feld enthält die IP-Adresse, mit der der Browser die Verbindung hergestellt hat.

- QUERY_STRING

  Diese Variable enthält die Zeichenkette nach dem Fragezeichen in einem URL; dem Trennzeichen für die Übertragung von Parametern zum Server.

- SCRIPT_NAME

  Der virtuelle (relative) Pfad der aktuellen ASP.NET-Seite. Damit können Sie Seiten automatisch mit sich selbst referenzieren, ohne den Speicherort zu kennen.

- SERVER_NAME

  Der Name des Webservers oder die IP-Adresse.

- PATH_TRANSLATED

  Der physische Pfad der ASP.NET-Seite auf der Festplatte des Webservers.

Wie der Zugriff auf die gesamte Kollektion erfolgt, zeigt das folgende Beispiel:

Listing 8.7 Auslesen aller Servervariablen

```
<%
NameValueCollection sv;
sv = Request.ServerVariables;
foreach (string element in sv)
{
   Response.Write ("<b>" + element + "</b> : ");
   Response.Write (sv[element] + "<br/>");
}
%>
```

Die Antwort bietet wertvolle Informationen über die aktuelle Verbindung:

8 Applikationen erstellen

```
ALL_HTTP : HTTP_CONNECTION:Keep-Alive HTTP_ACCEPT:*/* HTTP_ACCEPT_ENCODING:gzip, deflate
HTTP_ACCEPT_LANGUAGE:de HTTP_HOST:localhost:49161 HTTP_USER_AGENT:Mozilla/4.0 (compatible; MSIE 7.0; Windows
NT 6.1; WOW64; Trident/4.0; SLCC2; .NET CLR 2.0.50727; .NET CLR 3.5.30729; .NET CLR 3.0.30729; Media Center PC 6.0;
Creative AutoUpdate v1.20.00)
ALL_RAW : Connection: Keep-Alive Accept: */* Accept-Encoding: gzip, deflate Accept-Language: de Host: localhost:49161 User-
Agent: Mozilla/4.0 (compatible; MSIE 7.0; Windows NT 6.1; WOW64; Trident/4.0; SLCC2; .NET CLR 2.0.50727; .NET CLR
3.5.30729; .NET CLR 3.0.30729; Media Center PC 6.0; Creative AutoUpdate v1.20.00)
APPL_MD_PATH :
APPL_PHYSICAL_PATH : C:\Work\_Books\Asp\Example\ForScreens\
AUTH_TYPE :
AUTH_USER :
AUTH_PASSWORD :
LOGON_USER : nb-xps\mfischer
REMOTE_USER :
CERT_COOKIE :
CERT_FLAGS :
CERT_ISSUER :
CERT_KEYSIZE :
CERT_SECRETKEYSIZE :
CERT_SERIALNUMBER :
```

Abbildung 8.6 Ausschnitt aus der Liste der Servervariablen

Servervariablen anwenden

In der Praxis wird die vollständige Liste nur selten benötigt. Das folgende Programm zeigt, wie eine ganz bestimmte Information beschafft werden kann. Es zeigt eine Version des Sperrens einer Seite vor dem direkten Aufruf der Adresse:

Listing 8.8 Schutz einer Seite (Markup)

```
<asp:label id="message" runat="Server"/>
<hr/>
<a href="Default.aspx">Restart</a>
```

Listing 8.9 Schutz einer Seite (Code Behind)

```
protected void Page_Load(object sender, EventArgs e)
{
    string referer = Request.ServerVariables["HTTP_REFERER"]; ❶
    if (!String.IsNullOrEmpty(referer)
      && referer.EndsWith("Default.aspx")) ❷
    {
        message.Text = "OK, du bist hier richtig";
    }
    else
    {
        message.Text = "Leider falsch. Du kamst von: " + referer;
    }
}
```

Hier wird zuerst die Herkunft abgefragt, indem die Servervariable HTTP_REFERER ermittelt wird ❶. Dann wird der erwartete Wert mit dem tatsächlichen verglichen ❷ und eine Nachricht auf der Seite erzeugt. Wenn Sie das Programm von irgendwo starten, ist die Herkunft natürlich nicht die Seite selbst. Es wird die Fehlermeldung angezeigt. Klicken Sie dann auf den Link, ruft sich die Seite selbst auf und die Bedingung stimmt. Entsprechend ändert sich die Meldung.

8.2.5 Den Inhaltstyp bestimmen

Neben der Datenübertragung stellt sich auch die Frage, was eigentlich übertragen wird. Browser stellen nicht nur HTML, sondern auch die im Quelltext angegebenen

Bilder, Plug-Ins und Applets dar oder dienen dem Herunterladen von Word- oder Excel-Dateien bis hin zu ZIP-Archiven.

Standard für den Inhalt der Seite: MIME

Der Content-Header enthält Informationen darüber, welche Art Datei zu erwarten ist. Die Kodierung erfolgt nach dem MIME-Standard. Mögliche Angaben sind „text/html", „image/gif", „application/msword" usw. Mit der Eigenschaft ContentType können Sie die Werte setzen. Der häufigste Wert ist vermutlich „text/HTML", der für jede Übertragung einer ASP.NET- oder HTML-Datei eingesetzt wird. Dieser Header muss nicht explizit erzeugt werden, dies erledigt ASP.NET für Sie.

Response. ContentType MIME

Sie können aber auch einfachen Text übertragen. Wenn Sie beispielsweise ein Lernprogramm über HTML schreiben, dann kann es unter Umständen sinnvoll sein, einen Quelltext im Browser des Studenten anzuzeigen und ihn anschließend zur Ausführung zu bringen. Aber wie wird dem Browser HTML abgewöhnt? Setzen Sie dazu einfach den Header Content-type auf Text, wie es im folgenden Beispiel gezeigt wird.

Listing 8.10 Rudimentäre Seite ohne <html>-Tags

```
<%@ Page Language="C#" AutoEventWireup="true"
CodeBehind="Default.aspx.cs" Inherits="MimeType._Default" %>

<h1>Etwas HTML</h1>
<b>Mit einem anderen Content-type gesendet</b>
```

Listing 8.11 Ausgabe von Text im Browser forcieren

```
protected void Page_Init()
{
    Response.ContentType = "text/plain";
}
```

Die Ausgabe zeigt, dass der Internet Explorer sich von der Angabe überzeugen ließ und die Seite nicht als HTML interpretiert. Allerdings gibt es einen zweiten Erkennungsmechanismus, der auf die umschließenden <html>-Tags reagiert (die hier bewusst weggelassen wurden). Insofern ist der Internet Explorer nicht völlig von diesem Header abhängig. Testen Sie Ihre Applikation mit mehreren Browsern, um die Reaktion kennenzulernen. Abbildung 8.7 zeigt den Effekt:

```
<!DOCTYPE html PUBLIC "-//W3C//DTD XHTML 1.0 Transitional//EN"
"http://www.w3.org/TR/xhtml1/DTD/xhtml1-transitional.dtd">


<b>
Dieser Text ist ein Test.
</b>
```

Abbildung 8.7 Ausgabe einer HTML-Seite als einfachen Text

8.3 Sitzungen (Sessions)

Wie bei der HTTP-Beschreibung bereits angedeutet, ist die Wiedererkennung von Benutzern nicht Bestandteil dieses Protokolls. Die Zeit vom Abruf der ersten Seite durch einen bestimmten Benutzer bis zum Verlassen der Domain wird als Sitzung (session) bezeichnet.

8.3.1 Grundlagen

Sitzungsmanagement

ASP.NET verfügt über ein umfangreiches und ausgereiftes Sitzungsmanagement. Prinzipiell geht es darum, den Benutzer wiederzuerkennen, wenn er eine Seite derselben Applikation aufruft. War die Wiedererkennung erfolgreich, können der Sitzung Daten zugeordnet werden, die für den gesamten Verlauf zur Verfügung stehen sollen, ohne dass eine explizite Übertragung von Seite zu Seite mittels URL-Querystring oder Formulardaten stattfindet.

Da der eigentliche Ablauf über HTTP keine direkte Speicherung des Zustandes zulässt, sind im Laufe der Zeit verschiedene Methoden entwickelt worden, solche Zustandsinformationen zu erhalten. Diese Methoden werden nachfolgend erläutert.

Prinzip des Sitzungsmanagements

ID oder Session-ID

Das Sitzungsmanagement beruht darauf, einem Benutzer bei der ersten Anforderung eine eindeutige, willkürlich gewählte Identifikationszeichenfolge zuzuordnen und diese so bereitzustellen, dass Sie bei künftigen Anforderungen desselben Benutzers immer wieder übertragen wird. Der Benutzer kann dann später an der Zeichenfolge erkannt werden. Die Identifikationszeichenfolge wird im Folgenden kurz als ID oder im Zusammenhang mit dem Sitzungsmanagement als Session-ID bezeichnet.

Die Übertragung der ID basiert auf einem von drei Wegen:

- Cookies

    Die älteste und verbreitetste Methode der Statuserhaltung basiert auf Cookies. Cookies sind kleine Datenmengen, die der Server an den Browser sendet und die dieser meist in Form von Textdateien speichert. Ruft der Benutzer eine neue Seite von demselben Server ab, sendet der Browser die Informationen zurück, die dieser Server platziert hat. Wenn nun der Server im Cookie eine Identifikationsnummer sendet, die sogenannte Session-ID, kann er den Benutzer anhand dieser Nummer wiedererkennen.

Probleme mit Cookies

Nun genießen Cookies einen zweifelhaften Ruf, denn es gibt zahlreiche Missbrauchsmöglichkeiten. Auch wenn Sitzungs-Cookies davon nicht betroffen sind, schalten viele Benutzer die Cookie-Option in ihrem Browser generell ab. Es wird deshalb manchmal eine Alternative benötigt.

- HTTP-GET

    Diese Methode erweitert den URL um einen entsprechenden Parameter, der als Attribut die ID enthält. Die Erweiterung des URL bei HTTP-GET hat folgendes Erscheinungsbild:

```
http://www.server.de/aspcode.aspx?sid=8iw5fafd7902f
```

Viele Webprogrammiersysteme nutzen Automatismen, um GET-Parameter anzuhängen. Solche Eingriffe können jedoch – auch wenn diese Überlegung eher theoretischer Natur ist – in Konflikt mit eigenen Programmierschritten geraten. Was schwerer wiegt: Solche Systeme sind nie perfekt. Fast immer reicht ein wenig JavaScript, um auch hochwertige Parser bei der Suche nach den URL aus dem Konzept zu bringen. ASP.NET verwendet deshalb eine andere Technik: Eine Erweiterung des URL im Pfadanteil.

- Einbettung als virtueller Pfad

    Hierbei wird zwar auch GET als Übertragungsweg genutzt, die Sitzungs-ID jedoch im URL so verpackt, dass sie wie ein virtuelles Verzeichnis erscheint.

Diese Technik bietet mehrere Vorteile. Zum einen sind zusätzliche Parameter davon völlig unberührt. Zum anderen können Suchmaschinen – deren Robots auch Sitzungs-IDs zugeordnet werden – solchen Links problemlos folgen. Für die Indizierung dynamischer Webseiten ist das enorm wichtig.

Der URL sieht hier folgendermaßen aus:

```
http://www.server.de/(8iw5fafd7902f)/aspcode.aspx
```

- HTTP-POST

    Wenn Formulare verwendet werden, wird ein verstecktes Feld erzeugt und zusammen mit der Formulardatei zurück gesendet. Solche Felder stören nicht das Layout der Seite und lassen sich leicht programmieren. Wenn das Feld als HTML Server-Steuerelement programmiert wird, könnte sogar der Anzeigestatus zum Erhalt des Sitzungsstatus verwendet werden. Dies setzt aber voraus, dass alle Anforderungen über POST laufen, was selten der Fall ist.

Im HTML-Code erscheinen solche Felder folgendermaßen:

```
<input type="hidden" name="sid" value="8iw5fafd7902f"/>
```

Ablauf

Prinzipiell versucht ASP.NET standardmäßig zuerst, Cookies einzusetzen. Hat der Benutzer seinen Browser so eingestellt, dass Cookies überhaupt nicht akzeptiert werden, wird der URL um die Sitzungsparameter ergänzt, sodass die nächste Anforderung per GET die Informationen wieder enthält. Dazu wird immer die Methode „Einbettung als virtueller Pfad" verwendet.

Natürlich können Sie die Verwendung von Cookies generell unterbinden, damit Benutzer mit rigiden Sicherheitseinstellungen nicht durch unnütze Alarme beunruhigt werden.

8.3.2 Ablageart von sitzungsgebundenen Daten

Das gezeigte reicht zwar, um den Benutzer zu erkennen; die mit ihm verbundenen Daten müssen aber auch gespeichert werden. Denn ohne diese Informationen ist das Sitzungsmanagement nicht sinnvoll. Die einfachen Beispiele in den vorhergehenden Kapiteln kamen ganz ohne aus, denn dort wurden verschiedene Benutzer nicht mit

Wo Daten gespeichert werden

verschiedenen Informationen versorgt. Für die Ablage der Daten gibt es mehrere Wege:

- Gemeinsame Speicherbereiche
- Interne Speicherbereiche
- Dateien
- Datenbanken

In-Process

ASP.NET verwendet drei der vier möglichen Methoden. Die häufigste Verwendung finden gemeinsame Speicherbereiche mit dem IIS (In-Process). Hier werden die Variablen im Speicher abgelegt und bei erneuten Aufrufen zur Verfügung gestellt. Diese Methode ist sehr schnell, und mit Hilfe weiterer Maßnahmen gut skalierbar.

Gegenüber Programmfehlern ist das Verfahren recht robust, denn die Speicherung erfolgt im Prozess des IIS, nicht im Arbeitsprozess von ASP.NET. Stürzt ihre Applikation ab oder wird sie vom IIS recycelt, bleiben die Sitzungsdaten dennoch erhalten.

Lastverteilungssystem

Wenn Sie mit einem Lastverteilungssystem arbeiten möchten, funktioniert die einfache Ablage der Daten in einem computerbezogenen Speicher nicht. Denn die in einem lokalen Speicher abgelegten Variablen stehen auf einem anderen System nicht zur Verfügung. Lastverteilungssysteme basieren aber darauf, eingehende Anfragen relativ frei oder nach einem bestimmten Schema auf die verfügbaren Server zu verteilen. Sie können bei der Programmierung nicht beeinflussen und auch nicht berücksichtigen, wie diese Verteilung stattfindet, denn sie findet außerhalb des Computers statt. Es gibt verschiedene Lösungen für das Problem. So können intelligente Router, die Lastverteilungsfunktionen enthalten, die Verbindung zwischen Browser und Server erkennen und für eine bestehende Verbindung die Umschaltung der Server unterdrücken. ASP.NET nutzt eine eigene, einfachere und zugleich leistungsfähigere Technik: Das *SessionState*-Modul.

SessionState

Diese weitere Möglichkeit ist ein spezieller Dienst, der „Out-Of-Process", also außerhalb von den IIS läuft und die Verteilung über mehrere Server erlaubt. Dieser Dienst – der SessionState – kommuniziert über TCP/IP mit anderen Webservern eines Serververbunds und tauscht Informationen über laufende Sitzungen aus. Alle Server verfügen deshalb ständig über dieselben aktuellen Sitzungsinformationen. Damit ist der Einsatz schneller externer Lastverteilungssysteme kein Problem. Der Dienst ist über die Konfiguration der Applikation administrierbar. Wenn Sie nur einen Server verwenden, lohnt der Einsatz unter Umständen auch. Denn der Erhalt des Sitzungsstatus erfolgt nicht nur außerhalb des ASP.NET-Prozesses, sondern auch außerhalb des IIS. Ein Neustart des Webdienstes führt deshalb nicht zum Verlust der Sitzungsinformationen.

Datenbank nutzen

Die dritte Möglichkeit ist eine Datenbank, vorzugsweise wird dies der SQL Server sein. In diesem leistungsfähigsten Szenario werden mehrere Webserver um einen SQL Server gruppiert. Die Lastverteilung verteilt die Anforderungen auf die Webserver, die ihrerseits Daten über den Datenbankserver austauschen. Der Datenbankserver selbst nutzt natürlich auch seinen Speicher zum schnellen Zugriff auf die Daten. Die Sitzungsinformationen werden so an einem zentralen Punkt gehalten und müssen nicht über das Netzwerk repliziert werden. ASP.NET unterstützt die Verwendung des SQL Servers direkt, indem in der Konfiguration eine Verbindungszeichenfolge angegeben wird, die auf Server und Datenbank verweist.

8.3.3 Ablageform der sitzungsgebundenen Daten

Die sitzungsgebundenen Daten werden in Form einer Kollektion gespeichert. Sie wird durch die `HttpSessionState`-Klasse bereit gestellt. Daneben bietet diese Klasse verschiedene Eigenschaften und Methoden, um über den Status der Sitzung zu wachen. Einen Überblick finden Sie nachfolgend. Aus der `HttpSessionState`-Klasse wird im Rahmen des Kontext des aktuellen Prozesses automatisch ein Session-Objekt abgeleitet, dass in der praktischen Programmierung eine zentrale Rolle spielt.

Wie Daten gespeichert werden

Eigenschaften

Das `Session`-Objekt besitzt einige Eigenschaften, mit denen es überprüft werden kann:

- `IsCookieless`

  Wenn die Eigenschaft `true` zurückgibt, werden Cookies nicht verwendet.

→ MSDN

- `IsReadOnly`

  Wenn die Sitzung als Nur-Lese-Sitzung gekennzeichnet wurde, wird `true` zurückgegeben. Ist Schreiben nicht erlaubt, ist ASP.NET in der Behandlung etwas schneller.

- `Mode`

  Diese Eigenschaft enthält einen Wert einer Aufzählung, der angibt, welche Speichermethode verwendet wird. Mögliche Werte sind `Off`, `InProc`, `StateServer` oder `SQLServer`. `InProc` ist der Standardwert.

- `IsNewSession`

  Wenn die Sitzung mit der aktuellen Anforderung erzeugt wurde, ist diese Eigenschaft `true`.

- `SessionID`

  Diese Eigenschaft enthält die Session-ID.

- `TimeOut`

  Tragen Sie hier die Anzahl Minuten ein, die eine Sitzung ohne Aktivität laufen darf. Der Standardwert beträgt 20. Löst der Benutzer innerhalb dieser Zeit keine Anforderung aus, wird die Session-ID verworfen und bei einer dann folgenden Anforderung eine neue erzeugt.

Alle Eigenschaften außer `TimeOutSitzung` sind nur lesbar. `IsReadOnly` wird über einen Parameter der `@Page`-Direktive gesteuert:

```
<% @Page EnableSessionState="ReadOnly" %>
```

Andere Parameter dieses Attributes sind `true` (aktiviert und schreibbar) bzw. `false` (deaktiviert).

Die vollständige Liste ist in der Referenz zu ASP.NET zu finden. Neben den für dieses Objekt spezifischen sind die für Kollektionen typischen Eigenschaften `Count`, `Item` und `Keys` zu finden.

Methoden

Das `Session`-Objekt kennt weiterhin folgende wichtige Methoden (Auszug):

- `Abandon`

  Abbruch der Sitzung

- `Add`

  Fügt ein weiteres Objekt der Kollektion hinzu. `Session["Wert"] = 13` entspricht `Session.Add("Wert", 13)`, weil in C# die Kollektion als Indexer verfügbar ist.

- `Clear`

  Mit `Clear` werden alle Werte gelöscht.

Serialisierung

Im Kern geht es hier immer nur darum, ein Objekt aus der aktuellen Seite so zu speichern, dass es dem Benutzer auf der nächsten Seite wieder zugeordnet werden kann. Das `Session`-Objekt bietet dafür eine Kollektion von gespeicherten Objekten. Die Verwendung des Typs `object` schränkt die Verwendung nicht ein – auch ganze `DataSet`-Objekte lassen sich speichern.

Einzige Voraussetzung ist, dass der Typ Serialisierung unterstützt. Die Serialisierung ist ein Vorgang, bei dem komplexe Datentypen als Zeichenkette kodiert werden, sodass später der ursprüngliche Typ mit den Daten wiederhergestellt werden kann. Zeichenketten sind der einzige zuverlässige Weg der Speicherung außerhalb der ASP.NET-Komponente, denn so muss die Komponente den Speicherort selbst nicht kennen. Deshalb funktioniert das Verfahren mit den verschiedenen Speicherprinzipien, ohne dass sich in der Programmierung der Sitzungsvariablen selbst etwas ändert.

Wenn Sie eigene Klassen speichern wollen, müssen diese mit dem Attribut `[Serializable]` gekennzeichnet werden. Soweit die Basisklassen dies akzeptieren, ist das Framework in der Lage, die aus der Klasse instanziierten Objekte komplett in eine serialisierte Form zu überführen und später daraus wieder zu restaurieren.

8.3.4 An Sitzungen gebundene Ereignisse

ASP.NET kennt für Sitzungen auch Ereignisse. Diese führen zur Ausführung von Methoden in der Datei *global.asax*, wenn sie definiert sind. Es gibt keinen Zwang, die Ereignisse zu verwenden oder anderweitig zu bedienen. Verfügbar sind folgende Ereignisse:

Session-Ereignisse

- `OnStart`

    Dieses Ereignis wird ausgelöst, wenn eine neue Sitzung startet.

- `OnEnd`

    Endet eine Sitzung, egal aus welchen Gründen, wird dieses Ereignis ausgelöst. In den meisten Fällen dürfte es sich um das Erreichen des Zeitlimits handeln.

8.3.5 Umgang mit Sitzungs-Cookies

Die Sitzungs-Cookies sind in ASP.NET leicht zu erkennen, wenn Sie den Cookie-Manager ihres bevorzugten Browsers einsetzen. In der Session-ID selbst werden keine Daten gespeichert, sie dient nur der Wiedererkennung. Ansonsten weisen die von ASP.NET erzeugten Sitzungscookies keinerlei Besonderheiten auf.

Sitzungs-Cookies

8.3.6 Konfiguration des Sitzungsmanagements

Die Konfiguration des Sitzungsmanagements erfolgt entweder für den gesamten Server in der Datei *machine.config* oder für eine bestimmte Applikation in *web.config*.

Konfiguration des Abschnitts <sessionState>

Nachfolgend finden Sie die Standardkonfiguration, wie sie von ASP.NET nach der Installation verwendet wird:

```
<sessionState
   mode="InProc" ❶
   stateConnectionString="tcpip=127.0.0.1:42424"
   stateNetworkTimeout="10"
   sqlConnectionString="data source=127.0.0.1;
                        user id=sa;password="
   cookieless="false"
   timeout="20"
/>
```

→ MSDN

Das wichtigste Attribut ist `mode` ❶. Hiermit bestimmen Sie, welche Methode zur Bestimmung des Ablageortes der Daten verwendet wird:

- `Off`

    Das Sitzungsmanagement wird abgeschaltet.

- `InProc`

    Der Standardwert, der für die integrierte Verwaltung mit Sitzungs-Cookies und der Speicherung der Werte im IIS-Prozess wird verwendet.

8 Applikationen erstellen

- `StateServer`

  Der SessionState-Dienst wird verwendet, um die Daten so abzulegen, dass sie über mehrere Server verteilt werden können. Auch diese Methode wird zum Erhalt der Sitzung-Cookies verwendet.

- `SQLServer`

  Wenn der SQL Server verwendet wird, bleibt zwar auch die Sitzungserkennung mit Cookies erhalten, die Ablage der Daten erfolgt nun jedoch in einer Datenbank.

- `Custom`

  Ein eigener Provider wird benutzt

Cookies deaktivieren

Um Cookies zu deaktivieren, setzen Sie folgendes Attribut:

```
cookieless="true"
```

Die Methode führt zur Erweiterung des virtuellen Pfades, sodass keine Manipulation des HTML-Codes stattfindet. Der Benutzer kann damit nicht in böswilliger Absicht den Wert manipulieren. Sehr wohl kann er die Session-ID sehen:

Abbildung 8.8 So erscheint die Session-ID bei einer cookielosen Sitzung

Der dritte wichtige Parameter ist der Zeitüberschreitungswert. Standardmäßig dauert eine Sitzung 20 Minuten. Es hängt von Ihrer Applikation ab, ob Sie diese Werte ändern müssen:

```
timeout="30"
```

Denken Sie daran, dass es sich hier um den maximal zulässigen Zeitraum ohne Benutzeraktivität handelt. Solange der Benutzer aktiv ist, wird die Sitzung fortgeführt. Einen Abbruch müssten Sie programmtechnisch mit der Methode Abandon erzwingen. Die Frage, die Sie sich stellen müssen, lautet: „Wie lange bleibt ein aktiver Benutzer auf meiner Seite, ohne eine neue Ressource anzufordern?" Die beiden übrigen Attribute konfigurieren den SessionState-Dienst bzw. den SQL Server. Sie müssen für einen Webserver ohnehin eine feste IP-Nummer verwenden. Teilen Sie dem Dienst die aktive Nummer folgendermaßen mit:

```
stateConnectionString="tcpip=192.168.100.22:42424"
```

Ebenso ist der Port festzulegen, der Standardwert ist 42424.

Die Konfiguration des SQL Servers für Sitzungsdaten

Sitzungsdaten im SQL Server

Bleibt zuletzt die Nutzung des SQL Servers. Sie müssen natürlich über eine Datenbank verfügen, die so eingerichtet ist, dass die Sitzungsdaten gespeichert werden können. Dazu wird ein Installations-Skript mitgeliefert, das Sie in folgendem Pfad finden (für 64 Bit-Systeme, gegebenenfalls haben Sie neueres .NET 4-Release):

```
%systemroot%\Microsoft.NET\Framework64\v4.0.30319\InstallSqlState.sql
```

Nutzen Sie das SQL Management Studio oder das Kommandozeilenwerkzeug des SQL Server um das Skript auszuführen. Die Installation erfolgt in der neu angelegten *ASPState*-Datenbank, sodass Ihre übrige Datenbankkonfiguration davon völlig unberührt bleibt.

Installation des Skripts

Tragen Sie dazu die in Ihrem System benötigte Verbindungszeichenfolge ein.

```
sqlConnectionString="data source=Name_Des_Servers;
                    user id=Datenbank_Nutzer;
                    password=Kennwort"
```

Der Datenbankbenutzer *Datenbank_Nutzer* ist meist „sa". Wenn der SQL Server auf demselben Computer läuft, wie der Webserver, tragen Sie für *Name_Des_Servers* „localhost" oder „." ein. Wenn Sie SQL Server Express benutzen, wird der Name vermutlich „.\SQLEXPRESS" sein. Der alleinstehende Punkt verweist auf das lokale System.

Die Ablage der Daten erfolgt in temporären Tabellen in der Datenbank *tempdb*. Dort finden Sie zwei Tabellen: *ASPStateTempSessions* und – für Applikationsvariablen – *ASPStateTempApplications*.

8.3.7 Sitzungsvariablen verwenden

Das Speichern der Werte innerhalb einer Sitzung erfolgt in der Kollektion im `Session`-Objekt. Jedes einzelne Element der Kollektion wird allgemein als „Sitzungsvariable" bezeichnet. Tatsächlich handelt es sich aber immer nur um eine Auflistung. Wird aus der Kollektion ein Element entnommen und daraus eine reguläre Variable erstellt, verliert sie ihren besonderen Status und verhält sich exakt so, wie die ursprünglich als Quelle verwendete. Allerdings kann der Name bei der Erzeugung geändert werden.

Praktische Anwendung

Das folgende Programm zeigt, wie ein Sitzungswert erzeugt wird und wie auf den gespeicherten Wert wieder zugegriffen werden kann. Es besteht aus zwei Seiten (Default.aspx, Listing 8.12 und Session.aspx, Listing 8.13).

Sitzungsvariablen erzeugen

Listing 8.12 Erzeugen und Speichern einer Sitzungsvariablen (Default.aspx, Code Behind)

```
protected void Page_Init(object sender, EventArgs e)
{
    Session.Add("Farbe", "red");
}
```

Beachten Sie hier, dass als Methode zum Aufruf des Codes `Page_Init` eingesetzt wird. Cookies sind Header-Informationen, die vor dem Senden der Seite zusammengestellt werden müssen. Es ist offensichtlicher, diese gleich am Anfang zu setzen – auch wenn die Seite erst am Ende des gesamten Prozesses gesendet wird und Sie die Header bis dahin problemlos verändern können.

Listing 8.13 Abruf der Session-Variablen (Session.aspx)

```
protected void Page_Load(object sender, EventArgs e)
{
    string color = Session["Farbe"].ToString();
    currentcolor.Text = color; ❶
}
```

Die Ausgabe ❶ erfolgt in ein Label mit dem Namen `currentcolor`:

```
<asp:Label ID="currentcolor" runat="server" />
```

Sitzungsvariablen auslesen

Im Gegensatz zum Senden spielt der Zeitpunkt des Abrufs der Informationen beim Empfang keine Rolle. Der Browser sendet immer alle Cookies zu der Domain zurück, von der er sie empfangen hat, also auch den Session-Cookie. Im `Session`-Objekt stehen die wiederhergestellten Informationen deshalb immer zur Verfügung. Der eigentliche Speicherort für die Werte steht natürlich auch immer bereit, egal ob es sich um eine Datenbank oder den lokalen Speicher handelt. Beachten Sie, dass Daten immer als Objekt und in serialisierter Form gespeichert werden.

8.4 Cookies

Im Abschnitt über Sitzungen und Applikationen wurden Cookies implizit verwendet – zur Speicherung des Status. Cookies sind aber auch unabhängig davon vielfältig einsetzbar.

8.4.1 Cookies als Informationsspeicher

Cookies dienen der Speicherung von Informationen für einen kurzen Zeitraum. Wie dies funktioniert und warum es Probleme mit Cookies gibt, wird in diesem Abschnitt erläutert. Cookies (dt. Kekse) haben einen völlig irreführenden, verharmlosenden Namen. Aber sie sind bekannt und werden oft als der Angriffspunkt des bösen Hackers aus dem Web verteufelt, der sich an den privaten Dateien der Surfer zu schaffen machen will.

Missbrauch

Aus heutiger Sicht muss man sagen, dass tatsächlich eine Reihe von Missbrauchsmöglichkeiten besteht, die vor allem die Privatsphäre des Nutzers betreffen. Eine Sicherheitslücke, die ein generelles Abschalten rechtfertigen würde, sind Cookies aber definitiv nicht.

Wie Cookies funktionieren

www.w3.org

Cookies wurden von Netscape erfunden und sind seit der ersten Version des Navigators dabei. Später wurde daraus ein Standard, der auch vom World Wide Web Konsortium W3.ORG unterstützt wird. Cookies sind eine oder mehrere Dateien, die der Browser anlegt und in denen der sendende Server auf Wunsch Informationen unterbringen und wieder auslesen kann. Der Sinn von Cookies ist die Wiedererkennung des Nutzers bei einer späteren Session. Cookies lösen also ein gravierendes Problem des HTTP-Protokolls. Cookies können temporär sein, also am Ende einer

Sitzung wieder gelöscht werden, andere sind permanent und werden nie oder sehr viel später gelöscht.

Cookies werden zwischen Server und Browser durch HTTP-Header übertragen. Durch Senden eines Set-Cookie-Headers wird ein Cookie in der Cookie-Datei erzeugt. Soll beispielsweise der Name eines Nutzers gespeichert werden, sieht der zugehörige Header folgendermaßen aus (gesendet wird der Text allerdings in einer Zeile):

Aufbau und Prinzip

```
Set-Cookie: UserName=Roger+Waters;
            path=/;
            domain=augmentedbooks.de;
            expires=Tuesday, 01-Jan-2009 00:00:01 GMT
```

Der neue Eintrag in der Cookie-Datei wird jetzt erstellt. Die erste Zeile nach dem Header-Namen Set-Cookie enthält den Namen des Cookies und dessen Inhalt. Das Cookie wird, wenn nun Domain und Pfadangabe stimmen, in jede Anfrage in die Kopfzeilen eingebaut, die der Browser an den Server stellt. Für jedes Verzeichnis in ihrer Applikation können Sie eigene Cookies erzeugen.

Es folgt eine genaue Erklärung der Parameter eines Cookies:

- NAME=VALUE

  Dies ist der Name und Inhalt des Cookies und der einzige Parameter, der nicht optional ist. Erlaubt sind alle Zeichen außer Kommata, Semikola und Leerzeichen. Es ist empfehlenswert, Methoden wie `Server.UrlEncode` zu verwenden, wenn mit dem Inhalt umfangreichere Daten gespeichert werden sollen.

- expires=DATE

  Das Verfallsdatum definiert, bis zu welchem Zeitpunkt das Cookie leben darf. Wird das Verfallsdatum überschritten, wird das Cookie gelöscht und nicht mehr an den Server gesendet. Das Datum muss folgendes Format haben:

  `Wdy, DD-Mon-YYYY HH:MM:SS GMT`

  Die Darstellung basiert auf RFC 822, RFC 850, RFC 1036 und RFC 1123. Die einzige legale Zeitzone ist GMT. Beachten Sie die Minuszeichen als Trennzeichen im Datum – dies entspricht nicht den Möglichkeiten, wie sie in den genannten RFCs dargestellt werden. Der Parameter `expires` ist optional. Wird er nicht angegeben, verfällt das Cookie am Ende der Sitzung.

- domain=DOMAIN_NAME

  Wenn der Browser in der Liste der gespeicherten Cookies sucht, vergleicht er das Domainattribut `domain` mit dem Internet-Domainnamen des Servers, von dem die URL aufgerufen wurde. Dabei werden auch Teile einer Domain berücksichtigt. Der Domainname „hanser.de" wird also auch für vollständige Domains der Art „shipping.books.hanser.de" gültig sein. Nur Server, deren Domainname übereinstimmt, können Cookies setzen und lesen. Außerdem muss der Domainname wenigstens drei Punkte enthalten, ausgenommen davon sind solche wie die folgenden generischen Toplevel-Domänen, bei denen zwei Punkte genügen:

- COM
- EDU
- NET
- ORG
- GOV
- MIL
- INT

Wird das Attribut nicht angegeben, wird der Name des Servers (Hostname) verwendet.

- path=PATH

  Das `path`-Attribut wird verwendet, um eine Untereinheit des URL innerhalb einer Domain angeben zu können. Wenn der Domainname überprüft und eine Übereinstimmung gefunden wurde, wird nun der Pfad verglichen. Stimmt auch der Pfad überein, wird das Cookie mit der nächsten Anforderung an den Server übertragen. Der Pfad „/foo" wird für „/foobar" und „/foo/bar.html" als gültig angesehen. Der Pfad „/" ist ein genereller Platzhalter. Wird kein Pfad angegeben, wird der Pfad der aufgerufenen Seite angenommen.

- secure

  Wenn ein Cookie mit dem Attribut `secure` gekennzeichnet ist, wird es nur übertragen, wenn die Verbindung über einen sicheren Kanal zustande kommt (HTTPS, das heißt HTTP über SSL). Ohne dieses Attribut werden Cookies unverschlüsselt (Klartext) übertragen.

Syntax der Cookie HTTP Request Header

Wenn eine Ressource auf dem Server via URL angefordert wird, prüft der Browser den URL gegen alle Cookies und fügt der Anforderung an den Server bei Übereinstimmung Variablen-/Wertepaare der Cookies hinzu. An dieser Stelle wird klar: Ein Server fordert keine Cookies und liest keine Cookies, er bekommt sie vom Browser geliefert! Die Wertepaare haben das folgende Format:

```
Cookie: NAME1=OPAQUE_STRING1; NAME2=OPAQUE_STRING2 ...
```

Zusätzliche Hinweise

Mehrere Cookies werden in einer Anforderung übertragen. Schreiben zwei Server mit demselben Namen und Pfad Cookies, überschreibt der letzte Prozess den vorhergehenden ohne Rückfrage oder Benachrichtigung. Wird ein anderer Name verwendet, wird dieser als weiteres Cookie der Liste hinzugefügt. Wird der Pfad auf eine weitere Verzeichnistiefe erweitert, so wird ein neues Cookie erzeugt. Treffen nun bei der Abfrage mehrere Cookies zu, werden alle zutreffenden Übereinstimmungen gesendet. Das Verfallsdatum teilt dem Client lediglich mit, ab wann es sicher ist, dass das Cookie gelöscht werden kann. Es gibt aber keinen Zwang, dass zu diesem Zeitpunkt tatsächlich die Löschung erfolgt. Ebenso können Cookies vor Ablauf des Verfallsdatums gelöscht werden, wenn der intern dafür bereitgestellte Speicherplatz erschöpft ist. Beim Senden der Cookies werden die weiter übereinstimmenden Pfadangaben vor den weniger übereinstimmenden übertragen.

Cookie-Grenzen

Die maximalen Werte für Cookies, die ein Browser speichert, betragen laut Definition:

- 300 Cookies insgesamt
- 4 KByte pro Cookie (Name und Inhalt zusammen)
- 20 Cookies pro Server und Domain

Wenn diese Grenzen überschritten werden, darf der Client das am längsten ungenutzte Cookie löschen. Wenn das Cookie größer als 4 KByte ist, wird der Inhalt gekürzt, nicht aber der Name.

8.4.2 Cookies praktisch verwenden

Cookies werden in ASP.NET umfassend unterstützt. Da die Aussendung im Header der Serverantwort erfolgt, werden zu sendende Cookies als Kollektion im Objekt `Response` gesammelt. Umgekehrt sind die vom Browser übermittelten Cookies als Kollektion im Objekt `Request` zu finden. Zur Bildung der Cookies selbst wird die Klasse `HttpCookie` verwendet, mehrere Cookies werden in Objekten der Klasse `HttpCookieCollection` gespeichert.

> **TIPP**
> Damit Sie in den nächsten Beispielen den Effekt sofort sehen, ist es empfehlenswert, in den Sicherheitseinstellungen des Internet Explorers, Registerkarte DATENSCHUTZ | ERWEITERT, für alle Cookies die Option BESTÄTIGEN zu wählen (ab IE 8). Sie werden dann jedes Mal aufgefordert, empfangene Cookies zu bestätigen. In dem dann angezeigten Dialog können Sie auf Details klicken, um zu sehen, was Ihr Programm tatsächlich gesendet hat.

Cookie setzen und überprüfen

Das folgende Programm besteht aus den Dateien *Default.aspx* und *Cookies.aspx* und setzt ein Cookie mit einer Laufzeit von zwei Stunden, das auf der zweiten Seite abgerufen wird.

Listing 8.14 Erzeugen und Senden eines Cookies (Code Behind, Default.aspx)

```
protected void Page_Init()   ❶
{
    HttpCookie phonecookie = new HttpCookie("");   ❷
    phonecookie.Name = "Musiker";
    phonecookie.Value = "Roger Waters";
    phonecookie.Expires = DateTime.Now.AddHours(2);
    Response.Cookies.Add(phonecookie);
}
```

Listing 8.15 Erzeugen und Senden eines Cookies (Markup, Default.aspx)

```
Das Cookie wurde gesetzt. Klicken Sie auf den
<a href="Cookies.aspx">Link</a>, um es wieder auszulesen.
```

Das Programm nutzt die Methode `Page_Init` ❶ zur Ausgabe der Cookies. Cookies werden als HTTP-Header übertragen. Dies würde mit `Page_Load` auch funktionieren, da aber keine Elemente der fertigen Seite benötigt werden, ist die Wahl der Methode etwas direkter. Zuerst wird ein `HttpCookie`-Objekt erzeugt ❷. Dann werden die Eigenschaften gesetzt, die unbedingt notwendig sind: `Name`, `Value` und `Expires`. Alternativ kann die Angabe des Namens auch gleich im Konstruktor erfolgen. Dann wird der Wert des Cookies mit `Value` gesetzt. Zuletzt ist noch das Verfallsdatum wichtig, welches mit der Eigenschaft `Expires` festgelegt wird. Die Darstellung der korrekten Datumsform erledigt ASP.NET wieder automatisch. Deshalb können hier einfach Methoden der Klasse `DateTime` verwendet werden. `Now` ermittelt die aktuelle Zeit und `AddHours(2)` rechnet zwei Stunden hinzu. Wenn Sie im Browser die Anzeige des Cookies forciert haben, sehen Sie folgende Ausgabe in der Detailansicht. Alternativ können Sie im IE8 im Menü SICHERHEIT | DATENSCHUTZRICHTLINIE abrufen:

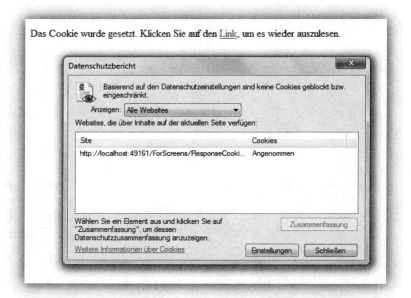

Abbildung 8.9 Anzeige des gesendeten Cookies im Internet Explorer

Für die praktische Nutzung ist natürlich das Auslesen auf einer anderen Seite wichtiger. Das folgende Beispiel zeigt dies:

Listing 8.16 Auslesen eines empfangenen Cookies (Cookies.aspx, Markup)

```
Es wurde folgendes Cookie mit dem Name Musiker erkannt:<br/>
Inhalt: "<asp:label id="cookievalue" runat="Server"/>"
```

Listing 8.17 Auslesen eines empfangenen Cookies (Cookies.aspx, Code Behind)

```
protected void Page_Load()
{
    string cv = Request.Cookies["Musiker"].Value;
    cookievalue.Text = cv;
}
```

Cookie-Kollektionen verwenden

Bislang wurde zwar von der `Cookie`-Kollektion gesprochen, aber diese nicht wirklich benutzt, da nur ein einziges Cookie vorhanden war. Das folgende Beispiel erzeugt eine Kollektion mit Hilfe der Klasse `HttpCookieCollection` und sendet drei Cookies. Das Listing 8.19 stellt alle Cookies dar, die der Browser gesendet hat.

Listing 8.18 Senden mehrerer Cookies aus einem Array (Code zu Default.aspx)

```
protected void Page_Init()
{
    string[,] aValues = {{"Musiker", "Roger Water"}, 
                         {"Band", "Pink Floyd"}, 
                         {"Album", "The Wall"}};
    for(int i = 0; i < aValues.GetLength(0); i++)
    {
        string sCookName = aValues[i, 0];
        string sCookValue = aValues[i, 1];
        HttpCookie cTemp = new HttpCookie(sCookName); ❶
        cTemp.Value = sCookValue;
        Response.Cookies.Add(cTemp); ❷
    }
}
```

In diesem Programm werden Daten aus einem zweidimensionalen Array entnommen und jeweils einem `Cookie`-Objekt zugewiesen ❶. Dieses wird dann an die Cookie-Kollektion des `Response`-Objekts angehängt ❷.

Haben Sie die Eingabeaufforderung im Browser wieder eingeschaltet, werden die drei Cookies nacheinander angezeigt.

Listing 8.19 Auslesen aller empfangenen Cookies (Code zu Cookies.aspx)

```
protected void Page_Load()
{
    HttpCookieCollection MyCookieColl = Request.Cookies; ❶
    HttpCookie MyCookie;
    String[] CookieNames = MyCookieColl.AllKeys; ❷
    for (int i = 0; i < CookieNames.Length; i++)
    {
        MyCookie = MyCookieColl[CookieNames[i]]; ❸
        Response.Write("<b>Cookie:</b> " + MyCookie.Name + "<br>");
        Response.Write("<b>Wert:</b> " + MyCookie.Value + "<br>");
    }
}
```

Zum Auslesen wird eine Instanz der Klasse `HttpCookieCollection` benutzt ❶. Diese wird dann mit einer Schleife durchlaufen, zuvor werden jedoch die Namen extrahiert. In der Kollektion bilden die Namen die Schlüssel, deshalb kommt die Eigenschaft `AllKeys` zum Einsatz ❷. In der Schleife kann dann der Zugriff über die so erhaltene Liste der Schlüssel (= Cookienamen) erfolgen ❸. Die Ausgabe nutzt dann die Eigenschaften `Name` und `Value` des `Cookie`-Objekts.

8.5 Applikationsmanagement

Das Applikationsmanagement kümmert sich um Abläufe, Prozesse und Variablen, die sich auf die gesamte Anwendung auswirken, also unabhängig von Benutzern sind.

8.5.1 Einführung in das Applikationsereignismodell

Sitzungen sind immer benutzerorientiert. Dies ist nicht hilfreich, wenn Daten zwischen Benutzern ausgetauscht werden sollen. Es gibt deshalb auch eine Sicht auf die in ASP.NET ablaufenden Prozesse aus dem Blickwinkel der gesamten Applikation. Das Applikationsmanagement in ASP.NET hat zwei Aspekte:

- Verwaltung des Ablaufes der Ereignisse des gesamten Anforderungs- und Antwortprozesses.

- Speicherung von Daten außerhalb des Anforderungs- und Antwortprozesses in einem für alle Prozesse gemeinsamen Speicherbereich.

Grundlagen des Ereignismodells

Applikation

Eine Applikation umfasst alle Dateien, Seiten, Module und Programme im Sichtbereich eines virtuellen Verzeichnisses auf einem einzelnen Webserver. Der Datenaustausch kann also nur innerhalb dieses Kontextes stattfinden. Innerhalb einer solchermaßen gebildeten Applikation gibt es eine ganze Reihe spezieller Ereignisse, auf die Sie reagieren können, aber nicht müssen. Zehn Ereignisse werden immer ausgelöst, wenn eine *aspx*-Seite angefordert wird.

Standardereignisse

Die Behandlung dieser und der nachfolgend beschriebenen bedingten Ereignisse finden in der Datei *global.asax* statt. Der Start der Ereignisse bei der Abarbeitung der Seite (`Page_Init`, `Page_Load` usw.) geschieht innerhalb des Prozessschrittes „Ausführung der Seite" in der letzten Abbildung. Die einzelnen Ereignisse haben folgende Bedeutung:

- `BeginRequest`

  Dieses Ereignis wird bei jeder Anforderung zuerst ausgelöst. Hier können Aktionen ausgeführt werden, die unabhängig von irgendeinem anderen Teil des Programms benötigt werden.

- `AuthenticateRequest`, `AuthorizeRequest`

  Diese Ereignisse dienen der Behandlung der Authentifizierung (Erkennung) bzw. Autorisierung (Rechtevergabe).

- `ResolveRequestCache`

  Wenn der interne Zwischenspeicher verwendet wird, liefert ASP.NET Seiten aus dem Cache aus, ohne erneut den Code auszuführen. Dieses Ereignis wird unmittelbar vor der Prüfung der Gültigkeit des Zwischenspeichers aufgerufen. Es erlaubt damit die Ausführung von Code unabhängig vom Zustand des Zwischenspeichers oder seiner Verwendung.

- `AcquireRequestState`

  An dieser Stelle werden die Sitzungsdaten rekonstruiert. Wenn eine eigene Sitzungsverwaltung implementiert werden soll, sollte der Code hier ausgeführt werden.

- `PreRequestHandlerExecute`

  Dies ist das letzte Ereignis vor der Ausführung der Anforderung. Diese führt unter normalen Umständen und bei einfachen Seitenabrufen zu einem `PageRequest`.

- `PostRequestHandlerExecute`

  Dies ist das erste Ereignis nach der Ausführung der Anforderung.

- `ReleaseRequestState`

  In diesem Schritt werden die Sitzungsdaten aktualisiert. Änderungen daran sind nun nicht mehr möglich.

- `UpdateRequestCache`

  Falls der Zwischenspeicher aktualisiert werden soll und dazu spezifische Aktionen notwendig sind, kann dieses Ereignis verwendet werden.

- `EndRequest`

  Dies ist das letzte Ereignis, bevor die Daten an den IIS zur Auslieferung übergeben werden. Danach werden Kopf und Körper der Antwort gesendet.

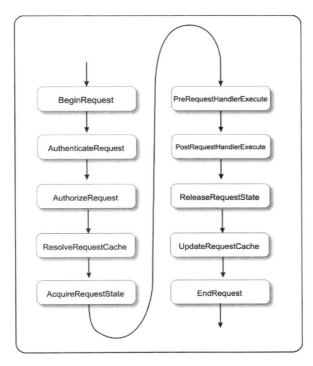

Abbildung 8.10 Ablauf des Aufrufes der zehn Standardereignisse einer Applikation

Ungepufferte Ausgaben behandeln

Bei der Beantwortung einer Anfrage gibt es zwei Strategien, die angeforderten Daten zu übertragen. Entweder wird der gesamte Inhalt gesammelt und anschließend komplett übertragen. Diese Strategie verwendet einen Ausgabepuffer, um die Daten zu sammeln. Dann gilt der Ablauf, den die bereits beschriebenen Ereignisse behandeln. Wird dagegen die Seite ungepuffert aufgebaut, werden immer wieder kleinere Fragmente an den IIS zum Senden übergeben. Während die linke Seite in Abbildung 8.14 unverändert und einmalig zur Ausführung gelangt, funktioniert das mit der Ausgabe nicht mehr. Zwei spezielle Ereignisse unterstützen die Ausgabe:

- `PreSendRequestHeaders`

  Dieses Ereignis wird ausgelöst, bevor die Kopfzeilen gesendet werden.

- `PreSendRequestContent`

  Auch wenn mehrere Fragmente einer Antwort übertragen werden, gibt es nur einen Zeitpunkt, an dem die Kopfzeilen vollständig sind. Dieses Ereignis löst aus, wenn die Header vollständig vorliegen und die Übertragung der Inhalte beginnt.

Am Ende der Übertragung wurden die anderen Antwort-Ereignisse dennoch ausgelöst.

Bedingte Ereignisse

Neben den unbedingten Ereignissen gibt es auch bedingte. Diese treten nur auf, wenn die folgenden Bedingungen innerhalb einer Applikation auftreten:

- `OnStart`

  Dieses Ereignis tritt auf, wenn die Applikation das erste Mal aufgerufen wird. Dies passiert logischerweise nur ein einziges Mal.

- `OnEnd`

  Auch dieses Ereignis ist einmalig. Es wird beim Stoppen der Applikation aktiv.

- `Error`

  Wenn Fehler auftreten, können Sie diese hier behandeln. Dies ist mächtiger als `Page_Error`, da alle Laufzeitfehler einer Applikation abgefangen werden können.

- `OnDisposed`

  Dieses Ereignis tritt auf, wenn eine Applikation vollständig entfernt wird, beispielsweise über die Managementkonsole des IIS.

Alle Applikationsereignisse werden in der Datei *global.asax* (Applikationsereignisse) verarbeitet.

8.5.2 Die Datenspeicherung: Applikationsvariablen

Ein typischer Weg, große Datenmengen allen Benutzern bereit zu stellen, sind Datenbanken. Kleinere Datenmengen, die sich während der Laufzeit häufig ändern und deren Inhalt von den aktuellen Aktionen der Benutzer abhängt, sind darin nicht

8.5 Applikationsmanagement

immer optimal aufgehoben. ASP.NET kennt dafür applikationsweite Variable. Die Verwaltung erfolgt im Rahmen des Applikationsmanagements. Ebenso wie für die Sitzungen gibt es ein spezielles Objekt dafür: `Application`. Instanzen werden ähnlich dem `Session`-Objekt automatisch durch die ASP.NET-Komponenten gebildet. Die Verwendung entspricht einer statischen Klasse (auch wenn es keine solche ist).

Ebenso wie bei den Sitzungen können auch Applikationen Variablen speichern. Diese stehen dann allen Benutzern zur Verfügung. Von den Sitzungsvariablen unterscheiden sich Applikationsvariablen durch drei Eigenschaften: *Applikations-Variablen*

- Applikationsvariablen basieren nicht auf Cookies.
- Der Webserver muss keine Session mitführen, um mit der Applikationsvariablen zu arbeiten.
- Die Verwendung ist risikolos und unabhängig vom Browser oder seinen Einstellungen.

Das Einsatzspektrum der Variablen ist weit gefächert. Es gibt viele Anwendungen, die davon profitieren. Wann immer Sie wieder auf dieselben veränderlichen Informationen zugreifen möchten, wie beispielsweise einen Nachrichtendienst oder Tipp des Tages, sind Applikationsvariablen einsetzbar. Speichern Sie den Wert in der Applikationsvariablen und er steht allen Nutzern überall zur Verfügung. Andere typische Einsatzfälle sind Bannersteuerungen oder Besuchszähler, sogenannte Counter.

Das folgende Programm zeigt, wie eine Applikationsvariable erzeugt und mit einem Wert belegt wird. Der Markup-Code (hier nicht abgebildet) enthält lediglich einen Link, um auf die folgende Seite (siehe Listing 8.21) zu verweisen, wo der Wert ausgelesen wird.

Listing 8.20 Setzen einer Applikationsvariablen (Default.aspx)

```
void Page_Load()
{
    Application["Version"] = "0.9.3";
}
```

Auf einer anderen Seite kann nun auf diesen Wert zugegriffen werden:

Listing 8.21 Nutzung einer Applikationsvariablen (Code zu AppVar.aspx)

```
void Page_Load()
{
    string version = Application["Version"].ToString();
    ver.Text = version;
}
```

Listing 8.22 Nutzung einer Applikationsvariablen (AppVar.aspx, Markup)

```
Auf dieser Seite wird eine Applikationsvariable ausgelesen.
<br/>
Version = <asp:label id="ver" runat="Server"/>
```

Intern werden Applikations-Variablen als allgemeine Objekte gespeichert, deshalb ist die Anwendung von `ToString` angebracht, um wieder den richtigen Datentyp zu erhalten. Testen Sie gegebenenfalls vorher auf `null`, um eine `Exception` zu vermeiden. Wie schon bei den Sitzungen gezeigt, ist das `Application`-Objekt direkt instanziiert und muss nicht abgeleitet werden. Die Variablen bilden eine Aufzählung, auf die direkt über einen Indexer zugegriffen werden kann. Daher ist die Kurzschreibweise `Application["Name"]` zulässig.

Eine gute Anwendung ist ein Hitzähler für Ihre Webseite. Damit der Zähler auch exakt arbeitet, ist es sinnvoll, über die interne Arbeitsweise nachzudenken. Der Webserver liefert Seiten an Nutzer, wann immer diese die Seiten anfordern. So entstehen parallel laufende Prozesse. Da alle Prozesse Zeit brauchen, um ausgeführt zu werden, ergibt sich möglicherweise ein Problem. Wenn zwei Nutzer gleichzeitig eine Seite aufrufen, werden die Werte parallel verarbeitet. Wenn der Ursprungswert der Variablen 4 ist, schreibt Nutzer 1 mit seiner Sitzung den Wert 5 zurück. Bis dahin hat aber auch Nutzer 2 die Seite gestartet, ebenfalls den Wert 4 ermittelt und 5 zurückgeschrieben. Danach steht der Zähler auf 5 und nicht, wie es richtig wäre, auf 6. Das `Application`-Objekt kennt deshalb zwei besondere Methoden, die dazu gedacht sind, andere Prozesse vorübergehend zu stoppen – `Lock` und `UnLock`. Diese statischen Methoden stammen aus der Klasse `HttpApplicationState` und stehen unmittelbar zur Verfügung. Die folgende Abbildung zeigt, wie die Methoden eingesetzt werden können, um den Zähler korrekt ablaufen zu lassen.

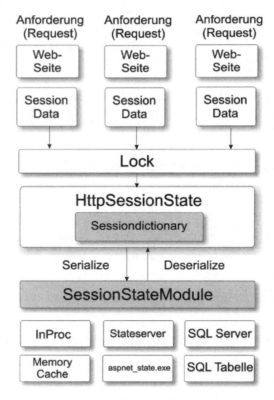

Abbildung 8.11 Ablauf von Seitenabrufen und Einsatz von Application.Lock

Daneben sind auch Methoden und Eigenschaften zum Zugriff auf die Variablen-Kollektion vorhanden, die sich nicht von anderen Kollektionen unterscheiden.

Eine praktische Anwendung finden Sie im folgenden Abschnitt.

8.5.3 Die Datei global.asax

Der Umgang mit *global.asax* ist recht einfach. Alle in den beiden letzten Abschnitten angesprochenen Ereignisse werden an Methoden geleitet, die sie hier definieren können. Alle Methoden sind – wie alle Ereignisbehandlungsmethoden – vom Typ `void`. Applikations-Ereignisse tragen den Präfix *Application_On*, Sitzungsereignisse dagegen *Session_On*. Wenn Sie also eine Behandlung der Ereignisse wünschen, dann muss lediglich die passende Methode dazu definiert werden.

Global.asax anlegen

Die Datei *global.asax* liegt im Stammverzeichnis der Applikation. Wenn Sie nicht vorhanden ist (was bei einigen Projektvorlagen in Visual Studio der Fall ist), dann können Sie sie folgendermaßen hinzufügen:

1. Wählen Sie im Kontextmenü des Projekts HINZUFÜGEN | NEUES ELEMENT.
2. Wählen Sie dann GLOBALE APPLIKATIONSKLASSE.

Auch wenn der Name geändert werden kann, sollten Sie bei *global.asax* bleiben, um keine unnötige Verwirrung zu stiften.

Beispiel einer global.asax

Dies ist bei virtuellen Verzeichnissen das Startverzeichnis des Verweises, so wie es im IIS eingerichtet wurde. Allein das Ablegen der Datei an der richtigen Stelle reicht aus, um auf Applikations- und Sitzungsereignisse reagieren zu können. Das folgende Beispiel zeigt eine Datei *global.asax*, die gleich mehrere Aufgaben erfüllt:

Listing 8.23 Ereignisverarbeitung in global.asax

```
<script language="C#" runat="Server">
void Application_OnEndRequest()
{
    string hits = Application["HitCounter"].ToString();
    Response.Write ("<hr/>Sie sind Besucher "
                  + hits + ".</body></html>");
}
void Application_OnStart()  ❶
{
   Application["HitCounter"] = 0;
   Application["Version"] = "0.9.3";
}
void Session_OnStart()  ❷
{
   Application.Lock();
   Application["HitCounter"]
        = Convert.ToInt32(Application["HitCounter"]) + 1;  ❸
   Application.UnLock();
}
</script>
```

Verwendet wird hier zuerst das Ereignis `Application_OnStart` ❶. Beim Start der Applikation wird die entsprechende Methode ausgeführt. Die Applikationsvariablen `HitCounter` und `Version` werden erzeugt und gesetzt. Mit dem Start jeder neuen

Sitzung (Ereignis `Session_OnStart` ❷) wird die Applikation verriegelt, der Zähler `HitCounter` erhöht ❸ und die Applikation wieder freigegeben. Außerdem wird am Ende jeder Anforderung – also jedes einzelnen Seitenabrufes – eine Zeile erzeugt, die jede Seite abschließt. Beachten Sie, dass dies der letzte Text ist, der einer HTML-Seite hinzugefügt werden kann. Um korrektes HTML zu erzeugen, sollten die abschließenden Tags `</body>` und `</html>` mit übergeben und aus den Seiten der Applikation entfernt werden. Das ist vergleichsweise rudimentär, soll aber hier nur das Prinzip erläutern. Da Visual Studio 2010 den zum Debuggen integrierten Webserver nicht stoppt, wenn die Debugging-Sitzung beendet wird, können Sie dieses Programm mit F5 mehrfach starten und der Zähler zählt hoch. Das heißt, die Session startet jedes Mal neu, die Applikation dagegen nur beim ersten Mal.

9 Programmierung von Seiten

Die Programmierung von Webseiten ist die Kernaufgabe von ASP.NET. Letztlich laufen alle Aktionen darauf hinaus. Das Programmiermodell ist weitaus umfassender als es die fertige Seite vermuten lässt. Sie müssen zum einen die Verarbeitung der Seite selbst steuern, um den gewünschten Effekt zu erzielen. Sie sollten weiterhin die Basisklasse Page kennen, um zu verstehen, welche Möglichkeiten sich vom Code aus ergeben.

Weiterhin sind fast alle Seiten nach dem Prinzip der WebForm aufgebaut. Das Zurücksenden der Seite – der PostBack – überträgt Daten vom Browser zum Server. Dies ist eines der wichtigsten Programmierprinzipien für Seiten. Weiterhin ist der Seitenübergang, also der Aufruf einer anderen Seite, für größere Applikationen wichtig.

Wenn Sie während der Verarbeitung der Seite Datenquellen abrufen oder Daten von entfernten Servern laden, die nicht hinreichend schnell oder zuverlässig sind, können Leistungsprobleme auftreten. Dies kann mit dem asynchronen Programmiermodell für Seiten umgangen werden.

Konkret finden Sie Informationen zu:

- Die auf Seiten anwendbaren Direktiven
- Aufbau einer Seite und die Klasse Page
- Der PostBack
- Der Seitenübergang
- Programmierung von Seiten mit dem asynchronen Verfahren

9.1 Die Direktiven der Seiten

Viele grundlegende Operationen lassen sich über Seitendirektiven steuern. Diese stehen am Anfang der Seite und steuern die Übersetzung oder Ausführung. Sie sind nach folgendem Muster aufgebaut:

9 Programmierung von Seiten

```
<%@Direktive Parameter %>
```

Die Direktiven werden beim Übersetzen der Seite verarbeitet und niemals an den Browser ausgeliefert. Sie steuern den Übersetzungsvorgang.

9.1.1 Die Direktiven

→ MSDN

Folgende Direktiven sind für Seiten verfügbar:

- `@Page`

  Hiermit werden Vorgänge gesteuert, die unmittelbar mit der Ausführung der Seite zu tun haben. Diese Direktive ist zwingend erforderlich.

- `@Import`

  Mit dieser Direktive werden Namensräume aus dem .NET-Framework importiert. Dies ist notwendig, wenn Code Behind nicht verwendet wird, da in ASP.NET die Anweisung `using` nicht eingesetzt werden kann, mit der üblicherweise Namensräume importiert werden.

- `@Implements`

  Diese Direktive importiert eine Schnittstellenbeschreibung (Interface) aus dem .NET-Framework.

- `@Register`

  Hiermit werden Benutzersteuerelemente (User Controls) angemeldet, sodass der Compiler diese finden und einbinden kann.

- `@Assembly`

  Mit dieser Direktive können Sie auf andere Assemblies verweisen.

- `@OutputCache`

  Jede Seite, die auf dem Server erzeugt wird, kann zwischengespeichert werden. Dies erhöht die Systemleistung und verringert die Prozessorlast. Für den korrekten Aufbau der Seite im Browser ist die Kontrolle dieses Vorgangs wichtig. Die Direktive steuert dies.

- `@Reference`

  Dieses Element stellt für die Verbindung von Seiten bei der Steuerungsweitergabe mit `Server.Transfer` die Referenz her.

- `@PreviousPageType`

  Wenn Sie auf der Seite auf die zugeordnete Seite mit strenger Typreferenz zugreifen möchten, kann dies mit dieser Direktive explizit angezeigt werden.

- `@MasterType`

  Wenn Sie auf der Seite auf die zugeordnete Master-Seite mit strenger Typreferenz zugreifen möchten, kann dies mit dieser Direktive explizit angezeigt werden.

Die wichtigsten Direktiven werden nachfolgend vorgestellt – in dem Rahmen, indem sie in diesem Buch Verwendung finden. In einigen Fällen erfolgte eine genaue-

9.1 Die Direktiven der Seiten

re Erläuterung im Zusammenhang mit der Anwendung. Dann wird auf die entsprechenden Abschnitte verwiesen.

9.1.2 Die Direktive @Page

Die Direktive @Page (Seitendirektive) definiert Bedingungen zur Abarbeitung einer Seite. Sie steht immer am Anfang einer *aspx*-Seite:

```
<%@ Page Attribut="Wert" ... %>
```

Die wichtigsten Parameter finden Sie in der folgenden Tabelle:

→ MSDN

Tabelle 9.1 Parameter der @Page-Direktive

Attribut	Parameter	Bedeutung
Async AsyncTimeOut	true, false Zahl	Fügt asynchrone Funktionalitäten des Interfaces IHttpAsyncHandler hinzu. Der Timeout kann festgelegt werden. Der Standardwert ist 45 Sekunden.
AutoEventWireUp	true, false	Leitet Ereignisse der Seite automatisch weiter, siehe Text nach der Tabelle.
Buffer	true, false	Steuert den Ausgabepuffer; true ist der Standardwert.
ClassName	Name	Name einer Klasse, die für diese Seite übersetzt wird, wenn mehrere Klassen zur Auswahl stehen.
ClientTarget	Name	Name der in `<clientTarget>` festgelegten Clients.
CodeFile CodeFileBase	Name, Url	Gibt die Programmcodedatei für Code-Behind an. CodeFileBase bestimmt den Namen der Basisklasse.
ContentType	beispielsweise image/gif	Der Name eines MIME-Typs, mit dem der Inhalt gesendet werden soll.
Culture	Name	Name der Kultur, beispielsweise „de-DE", zur Einstellung der Währung, Zahlenformate usw.
Debug	true, false	Schaltet serverseitiges Debuggen ein. Der Standardwert ist false (aus).
Description	Text	Information zur Seite, der von ASP.NET ignoriert wird.
EnableEventValidation	true, false	Gibt an, ob die Seite personalisierbar ist oder nicht.
EnableSessionState	true, false	Schaltet den Sitzungsstatus ein
EnableTheming	true, false	Schaltet das Theming ein
EnableViewState	true, false	Schaltet den ViewState ein

381

Attribut	Parameter	Bedeutung
EnableViewStateMac	true, false	Aktiviert Machine Authentication Check (MAC) für den ViewState
ErrorPage	Name	Fehlerseite, die aufgerufen wird, wenn eine unbehandelte Ausnahme auftritt.
Inherits	Name	Name einer Klasse einer hinterlegten Code-Datei (Code Behind).
Language	C#, VB, JScript.NET	Name der Sprache, die im Inline-Code (<%%>-Tags) erwartet wird.
MaintainScrollPositionOnPostback	true, false	Behält die Scroll-Position trotz vollem PostBack
MasterPageFile	Name, Url	Die MasterPage-Datei für diese Seite.
SmartNavigation	true, false	Verbessertes Verhalten ab IE5.5
StylesheetTheme	Name, URL	Ein Theme, bei dem Steuerelemente die Werte überschreiben dürfen.
Theme	Name	Der Name des Themes dieser Seite. Dieses Theme überschreibt Werte der Steuerelemente.
Trace TraceMode	true, false SortByTime, SortByCategory	Schaltet die serverseitige Ablaufverfolgung ein. Der Standardwert ist false (aus).
ValidateRequest	true, false	Prüft alle Formulardaten auf potenziell gefährlichen Inhalt, beispielsweise HTML
ViewStateEncryptionMode	Auto, Always, Never	Verschlüsselung des ViewState

AutoEventWireUp

Die Aktivierung der automatischen Ereignisverarbeitung ist notwendig, wenn Sie mit der im Buch überwiegend verwendeten Technik arbeiten, bei der Ereignisbehandlungsmethode lediglich als public deklariert werden und dann automatisch vom Ereignis eines Steuerelements gefunden werden. Das gilt für alle Ereignisse der Seite, wie Page_Load oder Page_Init. Neben dem Attribut AutoEventWireUp muss die Methode dem Signaturmuster Page_Event folgen. Ereignisbehandlungsmethoden der Steuerelemente lassen sich so nicht anbinden.

Einsatz der Seitendirektive zur Fehlersuche

Debug Trace

Die Attribute Debug und Trace helfen bei der Fehlersuche. Mit Debug wird der Ablauf des Programms vom Debugger kontrolliert. Tritt ein Fehler auf, kann die ASP.NET detaillierte Hinweise über die Ursache bereitstellen. Dazu wird eine Codedatenbank in Form einer PDB-Datei bereitgestellt. In Produktionsumgebungen wird das Attribut entfernt, weil die Überwachung Leistung kostet. Wenn Sie in manchen Situationen unzureichende Informationen über den Fehler finden oder die Angabe der Zeile mit der Ursache fehlt, fügen Sie der Seitendirektive debug="true" hinzu.

9.1 Die Direktiven der Seiten

Wenn Sie noch mehr Informationen über den Gesamtzustand des Systems benötigen, um die Ursache eines Laufzeitfehlers zu finden, ergänzen Sie das Attribut `Trace="true"`.

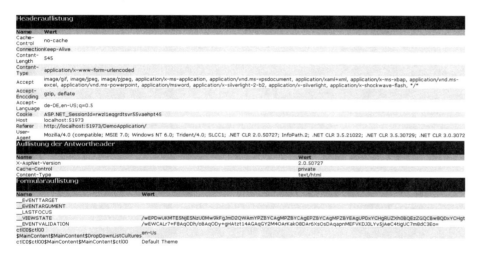

Abbildung 9.1 Ausgabe der Laufzeiten der Seite mit Trace=true

Abbildung 9.2 Ausgabe der Kopfzeilen der Seite mit Trace=true

Die gezeigte Anzeige für die Fehlersuche stellt nur einen Teil der Möglichkeiten dar, die `Trace=True` bietet. Probieren Sie die Option aus, um alle Teile zu sehen.

Ergänzend können Trace-Informationen abgerufen werden, indem der Trace-Handler *trace.axd* direkt aufgerufen wird. Damit stehen Trace-Funktionen auch online zur Verfügung, wenn ein direktes Arbeiten auf dem Webserver nicht möglich ist. Um diesen Handler benutzen zu können, fügen Sie in der Datei *web.config* die folgende Zeile ein:

trace.axd

```
<trace enabled="true" />
```

9.1.3 Die Direktive @Import

→ MSDN

Mit dieser Direktive werden weitere Namensräume eingebunden. Sie kann so oft angewendet werden, wie Namensräume notwendig sind:

```
<%@ Import namespace="System.Data" %>
```

ASP.NET importiert einige Namensräume automatisch, sodass die Anwendung nicht immer notwendig ist. Dies gilt nur für die Seite selbst, nicht für hinterlegten Code.

Standard-Namensräume

Folgende Namensräume werden immer eingebunden:

- `System`
- `System.Collections`
- `System.Collections.Specialized`
- `System.Configuration`
- `System.IO`
- `System.Text`
- `System.Text.RegularExpressions`
- `System.Web`
- `System.Web.Caching`
- `System.Web.Security`
- `System.Web.SessionState`
- `System.Web.UI`
- `System.Web.UI.HtmlControls`
- `System.Web.UI.WebControls`

Wenn die `@Import`-Direktive erforderlich ist, wird dies in diesem Buch explizit erwähnt.

9.1.4 Die Direktive @Register

Mit dieser Direktive werden Benutzersteuerelemente (User Controls) der Seite bekannt gemacht:

```
<%@ Register tagprefix="tagprefix" Tagname="tagname" Src="pathname" %>
```

Festgelegt wird der Präfix, den das Element auf der Seite verwendet, der Name und der Pfad, wo die *ascx*-Datei gespeichert wurde. Eine Anwendung finden Sie unter anderem in Kapitel 10.

Steuerelemente bekanntmachen

Wenn Benutzersteuerelemente in einer externen Assembly definiert sind, kann diese ebenfalls mit dieser Direktive referenziert werden:

```
<% @Register tagprefix="tagprefix" namespace="namespace"
assembly="assembly" %>
```

Eine vollständige Übersicht der Parameter zeigt die folgende Tabelle:

9.1 Die Direktiven der Seiten

Tabelle 9.2 Parameter der Direktive @Register

Attribute und Parameter	Beschreibung
TagPrefix	Präfix des Steuerelements, der als Alias für den Namensraum gilt.
TagName	Der Name des Steuerelements.
NameSpace	Namensraum, aus dem das Element stammt. Die Angabe ist optional.
Assembly	Name einer Assembly, die die Definition enthält (Angabe ohne den Suffix „.dll". Dieses Attribut kann nicht gleichzeitig mit Path verwendet werden.
Src	Pfad, unter dem das Element definiert wurde (Angabe vollständig mit dem Suffix „ascx". Dieses Attribut kann nicht gleichzeitig mit Assembly verwendet werden.

Wenn die `Assembly` angegeben wird, muss zwingend der `Namespace` angegeben werden. Wird dagegen die Quelle mit `Src` angegeben, darf weder `Assembly` noch `Namespace` benutzt werden.

Betrachten Sie folgende Definition:

```
<% @Register tagprefix="cc" Tagname="lbl"
         Src="~/controls/labelcontrol.ascx" %>
```

Auf der Seite können Sie nun dieses Steuerelement folgendermaßen nutzen:

```
<cc:lbl runat="Server" />
```

Alle anderen Attribute sind vom Steuerelement selbst abhängig.

9.1.5 Die Direktive @Implements

Diese Direktive zeigt an, dass die Seite die betreffende Schnittstelle implementiert. Die Syntax sieht folgendermaßen aus:

```
<% @Implements interface="IInterfaceName" %>
```

Dies gilt nur, wenn der Code auf der Seite mittels `<script>`-Tags platziert wird. In der hinterlegten Code-Datei wird die Implementierungsanweisung für die normale Klassensyntax benutzt:

```
public partial class _Default : Page, IInterfaceName
```

→ MSDN

9.1.6 Die Direktive @MasterType

Wenn Sie auf der Seite auf die zugeordnete Master-Seite mit strenger Typreferenz zugreifen möchten, kann dies mit dieser Direktive explizit angezeigt werden. Voraussetzung ist die Deklaration einer Master-Seite gemäß folgendem Schema:

```
<%@ MasterType VirtualPath="~/master/mymaster.master" %>
```

Diese Seite wird als *MyMaster.master* gespeichert.

```
public partial class MyTypedMaster : Master
```

Nun würde die Deklaration der Seite folgendermaßen aussehen:

→ MSDN

```
<%@ Page MasterPage="MyMaster.master" %>
<%@ MasterType VirtualPath="~/master/mymaster.master" %>
```

Das Attribut `VirtualPath` kann verwendet werden, wenn der Typ nicht in der aktuellen Projekt-Assembly definiert ist. Ansonsten ist alternativ die Nutzung von `TypeName` möglich.

9.1.7 Die Direktive @PreviousPageType

→ MSDN

Wenn ein Seitenübergang mit Transfer oder über den Kontext stattfindet, besteht Zugriff auf die vorhergehende Seite. Wenn Sie auf der Seite auf die zugeordnete Seite mit strenger Typreferenz zugreifen möchten, kann dies mit dieser Direktive explizit angezeigt werden.

```
<@ PreviousPageType TypeName="MyPreviousPageType" >
```

Alternativ zur Angabe des Typs kann das Attribut `VirtualPath` verwendet werden, wenn der Typ nicht in der aktuellen Projekt-Assembly definiert ist.

9.1.8 Die Direktive @OutputCache

→ MSDN

Die Direktive `@OutputCache` steuert das Verhalten des Ausgabezwischenspeichers. Der Zugriff auf ganz oder teilweise statische Inhalt kann damit beschleunigt werden.

Die folgende Tabelle enthält die zulässigen Attribute und deren Bedeutung.

Tabelle 9.3 Die Direktive @OutputCache

Attribute und Parameter	Beschreibung
`Duration`	Dauer, während der die Seite oder das Steuerelement im Cache verbleibt. Angabe in Sekunden.
`Location`	Optional, nicht für Steuerelemente verwendbar. Bestimmt, welcher physische Speicherort verwendet wird: • `Any` Jeder verfügbare Speicher wird verwendet. • `Client` Der Speicher des Browsers wird verwendet • `DownStream` Der Speicher des Browsers oder ein HTTP 1.1 fähiger Proxy wird verwendet • `None` Die Zwischenspeicherung ist deaktiviert • `Server` Der Ausgabespeicher befindet sich auf dem Webserver
`VaryByCustom`	Optional. Entweder die Zeichenkette „browser", dann variiert der Cache nach dem Client, das heißt, jeder Browser oder eine beliebige Zeichenkette, dann ist eine Änderung der Standard-Cachemethoden erforderlich.
`VaryByHeader`	Optional. Liste von HTTP-Kopfzeilen, die benutzerdefinierte Anforderungen an das Speichergerät enthalten

Attribute und Parameter	Beschreibung
VaryByParam	Erforderlich. Liste von Zeichenfolgen, die POST- oder GET-Parameter beschreiben, die die Änderung des Cache steuern. Sonderfälle sind: • none: keine Berücksichtigung von Parametern • *: Alle gültigen Parameter werden unterschieden
VaryByControl	Name des Steuerelements, auf das sich der Cache bezieht. Nur zulässig im Steuerelemente-Caching.

Wenn Listen in den Parametern verwendet werden dürfen, sind die Listenelemente durch Kommata zu trennen, soweit nichts anderes in der Beschreibung genannt wird. Mehr Informationen dazu finden sie im Kapitel „Optimierung des Datenverkehrs".

9.2 Aufbau einer Seite und die Klasse Page

Dieser Abschnitt beschreibt den grundlegenden Aufbau einer Seite und den Zusammenhang mit der Klasse Page.

9.2.1 Aufbau der Seite

Jede *.aspx*-Seite sollte mindestens den folgenden Aufbau haben:

Listing 9.1 Musteraufbau einer Seite

```
<%@ Page Language="C#" %> ❶

<!DOCTYPE html PUBLIC "-//W3C//DTD XHTML 1.0 Transitional//EN" ⓓ
                      "http://www.w3.org/TR/xhtml1/DTD/xhtml1-
                      transitional.dtd">

<script runat="server">

</script>

<html xmlns="http://www.w3.org/1999/xhtml">
<head runat="server">
    <title></title>
</head>
<body>
    <form id="form1" runat="server"> ❷
    <div>

    </div>
    </form>
</body>
</html>
```

Alle Steuerelemente, die Daten zum Server zurücksenden, müssen sich innerhalb des `<form>`-Tags ❷ befinden. Die @Page-Direktive ❶ ist zwingend erforderlich. Der übrige Aufbau ist sinnvoll und empfehlenswert, aber nicht zwingend. Visual Studio legt eine neue Datei nach genau diesem Muster an.

9 Programmierung von Seiten

9.2.2 Code-Blöcke

Die Sprache kann innerhalb der Seite nicht gewechselt werden. Wenn Sie mit C# arbeiten, müssen Sie dies auf der gesamten Seite tun. Innerhalb eines Projekts ist der Wechsel dagegen erlaubt, wenn auch nicht empfehlenswert.

```
<script runat="server" language="codelanguage" src="pathname">
   // Hier steht der Code
</script>
```

Das folgende Beispiel zeigt eine Seite mit kompletten Daten:

Listing 9.2 Seite mit eingebettetem Code (verkürzt dargestellt)

```
<html>
  <script language="C#" runat="server">
  void EnterBtn_Click(object src, EventArgs e)
  {
      Message.Text = "Hallo " + Name.Text
                    + ", willkommen bei ASP.NET!";
  }
  </script>

  <body>
    <form id="form1" runat="server">
      <div>
         Dein Name: <asp:textbox id="Name" runat=server/>
         <asp:button text="Enter" id="EnterBtn" ❶
                    Onclick="EnterBtn_Click" ❷ runat="server"/>
         <br />
         <asp:label id="Message" runat=server/>
      </div>
    </form>
  </body>
</html>
```

Dieses Beispiel zeigt bereits den Umgang mit Steuerelementen. Die Schaltfläche ❶ hat ein Ereignis Click, auf das die Ereignisbehandlungsmethode EnterBtn_Click reagiert ❷. Generell ist dieses Verfahren nur für kleine Seiten und schnelle Experimente zu empfehlen und sollten bei richtigen Projekten durch hinterlegten Code (Code-Behind) ersetzt werden.

9.2.3 Code-Render-Blöcke

Einbetten in HTML

Code-Render-Blöcke sind in den HTML-Teil eingebettete Code-Schnipsel, die bestimmte Ausgaben zur Laufzeit ermöglichen. Um es ganz klar zu sagen: Diese Methode meist ist nicht empfehlenswert. Sie widerspricht dem deklarativen Paradigma und sollte nur in Ausnahmefällen benutzt werden. Vor allem ist die Anwendung nicht trivial, wenn man mehr als nur eine ganz einfache Ausgabe erzeugen will.

Einfache Ausgabe

Möglich ist die Nutzung von Response.Write, um direkt in den Ausgabedatenstrom zu schreiben. Der Einsatz kann bei der Fehlersuche hilfreich sein, wenn der reguläre Code nichts Sinnvolles produziert, die Seite selbst aber lädt und ausgeführt wird. Folgende Ausgabe ist beispielsweise möglich:

```
<%@Page language="C#" %>
<%
```

```
    string s = "%" + ">";
    Response.Write(s);
%>
```

Dies ist dagegen ein Fehler (das schließende `%>` wird fälschlich erkannt):

```
<%@Page language="C#" %>
<%
    Response.Write(" %>");
%>
```

Das folgende Beispiel zeigt, wie es in der Praxis aussehen kann:

```
<% for (int i=0; i<10; i++) { %>
    <font size="<%=i %>"> Hello World! </font>
<% } %>
```

Gerade die Verteilung der Block-Klammern erschwert die Lesbarkeit der Seite und ist nicht zu empfehlen.

9.2.4 Kommentare

Auch im deklarativen Teil können Sie Bereiche auskommentieren. Bei HTML-Abschnitten geschieht dies wie üblich mit HTML-Kommentaren:

```
<!-- Ich bin ein Kommentar -->
```

Wenn sich im Kommentar Steuerelemente befinden, funktioniert das nicht. Folgendes verursacht einen Fehler:

```
<!-- Wir brauchen das jetzt nicht
<asp:button runat="server" id="myButton"
-->
```

Der Grund ist die Arbeitsweise des Parsers. Um nicht XHTML-konformes HTML zu erlauben und um schneller zu sein ist der Steuerelemente-Parser sehr einfach aufgebaut. Er sucht direkt nach Elementen mit `runat="server"` und „überrennt" dabei Kommentare. Um Steuerelemente auszukommentieren (durch einen umschließenden Kommentar entfernen), müssen spezielle Blockkommentare benutzt werden, die mit der speziellen `<% %>`-Sequenz arbeiten:

ASP.NET-Kommentare

```
<%-- So geht es:
<asp:button runat="server" id="MyButton" OnClick="MyButton_Click" />
--%>
```

Dies ist, wie gesagt, nur notwendig, wenn andere sonst aktive Komponenten in der Seite auskommentiert werden sollen.

9.2.5 Ausgabeausdrücke

Um gezielt eine einfache Ausgabe auf der Seite zu platzieren, können Sie die Ausgabe mit einem Gleichheitszeichen steuern:

<%=

```
<%= DateTime.Now.ToLongTimeString() %>
```

Daneben ist mit ASP.NET 4 ein weiteres Zeichen eingeführt worden, der Doppelpunkt:

Neu: <%:

```
<%: DateTime.Now.ToLongTimeString() %>
```

9.2.6 Ausdrücke

Ausdrücke sind zur Compile-Zeit erstellte Elemente, die als Code-Fragment eingebaut werden. Im Allgemeinen handelt es sich um Eigenschaftszuweisungen zu Steuerelementen. Die Ausdrücke treten dann in folgender Form auf:

```
<asp:label runat="server" id="lbl" Text="<%$ Ausdruck %>" />
```

Dieser Abschnitt geht auf die verschiedenen Varianten der Ausdrücke ein.

<%#

Bindungsausdrücke für dynamische Daten basieren auf der folgenden Sequenz:

```
<%# ... %>
```

Bindungsausdrücke werden im Kapitel 11 „Datenbindung und Validierung" ausführlich behandelt.

<%$

Hier werden dagegen Ausdrücke für Ressourcen behandelt, die der folgenden Grundform entsprechen:

```
<%$ ... %>
```

Die Bindungsausdrücke für statische Ressourcen

Ausdrücke werden durch Ausdrucks-Generatoren (Expression Builder) verarbeitet. Diese werden während der Verarbeitung der Seite – dem Parsen des deklarativen Teils der ASPX-Seite – erkannt und verarbeitet. Ausdrücke, die so verarbeitet werden können, haben immer folgenden Aufbau:

```
<%$ [prefix]:[declaration] %>
```

Der erste Teil, das Präfix, wird in der Konfiguration mit dem Typ verknüpft, der die Verarbeitung des Ausdrucks übernehmen kann. Die Bindungsausdrücke für statische Ressourcen verfügen standardmäßig über drei eingebaute Implementierungen:

```
<%$ AppSettings %>
```

```
<%$ Resources %>
```

```
<%$ ConnectionStrings %>
```

Sie können hier jede einfache Zeichenkette nehmen. Der zweite Teil nach dem zwingend erforderlichen Doppelpunkt ist völlig frei gestaltbar. Der Text reicht bis zum Ende des Ausdrucks und wird ebenso als Zeichenkette bereitgestellt.

Wie das praktisch benutzt wird, zeigen die eingebauten Ausdrucks-Generatoren. Zwei davon kennen Sie schon. Der Abruf von Einstellungen in der *web.config* kann mit dem *AppSettings*-Ausdrucks-Generator erfolgen:

```
<%$ AppSettings:KeyName %>
```

Der Präfix, hier „AppSettings", bestimmt die Wahl des passenden Ausdrucks-Generators. Dieser muss nun in der Lage sein, den Ausdruck „KeyName" auszuwerten. Die Klasse `AppSettingsExpressionBuilder` erledigt dies.

Lokalisierte Ressourcen

Lokalisierte Ressourcen lassen sich dagegen folgendermaßen abrufen:

```
<%$ Resources:ResourceCategory,Name %>
```

Das Präfix lautet hier „Resources". Dieser Ausdrucks-Generator wird durch die Klasse `ResourceExpressionBuilder` fertig bereitgestellt. Beide Ausdrucks-Generatoren erben von der abstrakten Basisklasse `ExpressionBuilder`. Weiter bekannt ist der `ConnectionStringsExpressionBuilder`, der die in der *web.config* definierten Verbindungszeichenfolgen verfügbar macht.

Das Verarbeiten des Ausdrucks besteht nun darin, ein Stück Code zu erzeugen, dass später beim Kompilieren der Seite an genau der Stelle eingebaut wird, wo der Ausdruck platziert wurde. In der Regel ist dies die Zuweisung einer gebundenen Eigenschaft an ein Steuerelement.

Erweiterung der Ausdruckssyntax

Die Ausdruckssyntax lässt sich erweitern. Sie finden mehr Informationen dazu im Kapitel 26 „Ressourcen".

9.2.7 Einbindung externer Objekte

Externe Objekte, die außerhalb der .NET-Umgebung deklariert wurden, lassen sich nach folgendem Schema einbinden:

```
<object id="id"
        runat="server"
        latebinding="true|false"
        class="Class Name">
<object id="id"
        runat="server"
        latebinding="true|false"
        progid="COM ProgID"/>
<object id="id"
        runat="server"
        latebinding="true|false"
        classid="COM ClassID"/>
```

Es handelt sich dabei um COM oder für COM bereitgestellte .NET-Objekte. Ein Beispiel soll das verdeutlichen:

Listing 9.3 Das Object-Tag

```
<%@Page language="C#" %>
<html>
   <object id="items" class="System.Collections.ArrayList"
           runat="server" />
   <script language="C#" runat=server>
      void Page_Load(Object sender, EventArgs e)
      {
         items.Add("Eins");
         items.Add("Zwei");
         items.Add("Drei");

         MyList.DataSource = items;
         MyList.DataBind();
      }
   </script>

   <body>
      <form id="form1" runat="server">
```

9 Programmierung von Seiten

```
        <asp:datalist id="MyList" runat=server>
           <ItemTemplate>
              Hier steht der Wert: <%# Container.DataItem %>
           </ItemTemplate>
        </asp:datalist>
      </form1>
   </body>
</html>
```

Da COM in diesem Buch keine Rolle spielt und für ASP.NET im Allgemeinen wenig relevant ist, soll hier nicht weiter darauf eingegangen werden. Sie können die gezeigte Syntax nutzen, falls Sie von anderen Entwicklern COM-Objekte erhalten, um bestimmte Aufgaben zu erledigen.

9.3 Das Zurücksenden der Seite – Der PostBack

Das Zurücksenden der Seite wird als PostBack bezeichnet. Normalerweise wird jede Seite in ASP.NET als Formular betrachtet. Von wenigen Fällen abgesehen, bei denen endgültige statische Seiten erzeugt werden, verfügen Seiten immer über Formulare. Wenn es keine Daten zum Senden gibt, ist wenigstens ein Menü vorhanden. Dies kann mittels Hyperlinks aufgebaut sein, aber auch auf JavaScript basieren. Für den Fall, dass es lediglich Hyperlinks sind, erzeugt ein Klick auf einen Link eine GET-Anforderung. In allen anderen Fällen, also bei einem Klick auf eine Schaltfläche oder eine Aktion per JavaScript, wird die Seite als POST-Anforderung an den Server zurückgesendet. Daher rührt auch der Name „PostBack".

9.3.1 Die Natur der Webformulare

<form>

Webformulare in ASP.NET – erstellt durch eine Seite vom Typ `Page` – verfügen über ein Tag vom Typ `HtmlForm`, dass durch folgendes Markup erstellt wird:

```
<form runat="server">

</form>
```

Steuerelemente müssen sich in diesem Tag befinden. Das Ziel des Formulars, in HTML mit dem Attribut `action` des Tags `<form>` definiert, ist meist die Seite selbst. Das ist das grundlegende Paradigma in ASP.NET. Gebildet wird dies durch ein in die Seite eingebundenes JavaScript.

Der reguläre PostBack

Der reguläre PostBack basiert auf dem Absenden des Formulars. Dies ist eine Standardfunktion des Browsers und bedarf keines weiteren Codes. Betrachten Sie folgende Seite, die lediglich eine Schaltfläche und nach dem Zurücksenden einen Text anzeigt:

Listing 9.4 Schaltfläche zum Erzeugen des PostBack

```
<%@ Page Language="C#" %>

<!DOCTYPE html PUBLIC "-//W3C//DTD XHTML 1.0 Transitional//EN"
   "http://www.w3.org/TR/xhtml1/DTD/xhtml1-transitional.dtd">
```

9.3 Das Zurücksenden der Seite – Der PostBack

```
<script runat="server">
    void Test_Click(object src, EventArgs e)
    {
        Message.Text = "Klick erkannt!";
    }
</script>

<html xmlns="http://www.w3.org/1999/xhtml">
<head runat="server">
    <title></title>
</head>
<body>
    <form id="form1" runat="server">
    <div>
        <asp:Button ID="Test" runat="server" Text="Datei erzeugen"
                    OnClick="Test_Click" />
        <br />
        <asp:Label ID="Message" runat="server" />
    </div>
    </form>
</body>
</html>
```

Im Browser entsteht dadurch folgender Code:

Listing 9.5 Quellcode einer regulären Form im Browser

```
<!DOCTYPE html PUBLIC "-//W3C//DTD XHTML 1.0 Transitional//EN"
"http://www.w3.org/TR/xhtml1/DTD/xhtml1-transitional.dtd">

<html xmlns="http://www.w3.org/1999/xhtml">
<head><title>

</title></head>
<body>
    <form name="form1" method="post" action="RegularButton.aspx"  ❶
id="form1">
<div>
<input type="hidden" name="__VIEWSTATE" id="__VIEWSTATE"
        value="/wEPDwUJNjUxNDcwNzM5D2QWAgIED2QWAgIDDw8WAh4
            EVGV4dAUOS2xpY2sgZXJrYW5udCEFKZGS4U290AZ1v+W9
            z8yVSzIVpBeRcpg==" />
</div>

<div>
    <input type="hidden" name="__EVENTVALIDATION" id="__EVENTVALIDATION"
        value="/wEWAgLaw9C8BQKXnY7XDr0UlqN0yDHI6iKe0660MSYn3q4V" />
</div>
    <div>
        <input type="submit" name="Test" value="Datei erzeugen"
                id="Test" />
        <br />
        <span id="Message"> </span>
    </div>
    </form>
</body>
</html>
```

Die Seite wurde hier *RegularButton.aspx* genannt und das Attribut `action` ❶ sorgt für die Rücksendung.

9 Programmierung von Seiten

PostBack für Links

Die Tatsache, dass der PostBack einerseits elementar ist, andererseits durch Hyperlinks sehr einfach umgangen werden kann, ist ausgesprochen lästig. Besser wäre es, ein einheitliches Modell zu haben. Dafür gibt es das Steuerelement LinkButton. Dies wird als Link gerendert, sieht also für den Benutzer wie ein Hyperlink aus, erzeugt aber ein reguläres PostBack. Dies geschieht über den direkten Aufruf des JavaScript. Schauen Sie sich zuerst ein Beispiel mit einem LinkButton-Steuerelement an:

Listing 9.6 LinkButton zum Erzeugen eines PostBacks mittels Hyperlink

```
<%@ Page Language="C#" %>

<script runat="server">
    void Test_Click(object src, EventArgs e)
    {
        Message.Text = "Klick erkannt!";
    }
</script>

<html xmlns="http://www.w3.org/1999/xhtml">
<head runat="server">
    <title></title>
</head>
<body>
  <form id="form1" runat="server">
    <div>
      <asp:LinkButton ID="Test" runat="server"
                 Text="Create Text file"
                 OnClick="Test_Click" />
      <br />
      <asp:Label ID="Message" runat="server" />
    </div>
  </form>
</body>
</html>
```

Interessant ist, was ASP.NET an den Browser gesendet hat, um dieses Verhalten zu erzeugen:

Listing 9.7 LinkButton im Quelltext des Browsers

```
<!DOCTYPE html PUBLIC "-//W3C//DTD XHTML 1.0 Transitional//EN"
"http://www.w3.org/TR/xhtml1/DTD/xhtml1-transitional.dtd">
<html xmlns="http://www.w3.org/1999/xhtml">
<head><title>

</title></head>
<body>
  ❹ <form name="form1" method="post" action="LinkButton.aspx"
          id="form1">
<div>
  <input type="hidden" name="__EVENTTARGET" id="__EVENTTARGET"
         value="" />
  <input type="hidden" name="__EVENTARGUMENT" id="__EVENTARGUMENT"
         value="" />
  <input type="hidden" name="__VIEWSTATE" id="__VIEWSTATE"
value="/wEPDwUKLTMyODgwNDc4Mg9kFgICBA9kFgICAw8PFgIeBFRleHQFDktsaWNrIGVya2
FubnQhZGRkY4cN0u7z+TFU/F0UYgr3s1tBMlw=" />
</div>
```

9.3 Das Zurücksenden der Seite – Der PostBack

```
<script type="text/javascript">
//<![CDATA[
var theForm = document.forms['form1'];
if (!theForm) {
    theForm = document.form1;
}
function __doPostBack(eventTarget, eventArgument) ❷ {
    if (!theForm.onsubmit || (theForm.onsubmit() != false)) {
        theForm.__EVENTTARGET.value = eventTarget;
        theForm.__EVENTARGUMENT.value = eventArgument;
        theForm.submit(); ❸
    }
}
//]]>
</script>

<div>
 <input type="hidden" name="__EVENTVALIDATION" id="__EVENTVALIDATION"
        value="/wEWAgKVvM/pDgKXnY7XDqIwTOmI6Nq0TSiht1+7L1YX3c3l" />
</div>
    <div>
        <a id="Test" href="javascript:__doPostBack('Test','')"> ❶
          Erzeuge Textdatei</a>
        <br />
        <span id="Message"> </span>
    </div>
    </form>
</body>
</html>
```

Beachten Sie zuerst den Hyperlink selbst, der tatsächlich ein solcher ist, allerdings eine JavaScript-Funktion aufruft ❶. Die Funktion `__doPostBack` ❷ wiederum speichert die übergebenen Daten in versteckten Feldern und sendet dann die Seite mit `submit()` ❸ an den Server. Die Seite im Beispiel heißt *LinkButton.aspx* und folgerichtig steht dies im `<form>`-Tag ❹.

Den PostBack erkennen

Es ist also offensichtlich von entscheidender Bedeutung zu wissen, ob die Seite das erste Mal aufgebaut wird, weil der Benutzer dorthin navigiert, oder ob das Formular zurückgesendet wird. Die Abfrage kann mittels der Eigenschaft `IsPostBack` erfolgen:

Listing 9.8 Erkennen des PostBacks

```
if (IsPostBack)
{
   // Aktion nur, wenn das Formular zurückgesendet wurde
}
```

Da Steuerelemente ihren Status aus den zurückgesendeten Formulardaten erhalten oder bei programmatischen Änderungen den ViewState nutzen, müssen oft bereits gesetzte Eigenschaften nicht erneut zugewiesen werden.

PostBack im JavaScript benutzen

Wenn klar ist, wie das Zurücksenden des Formulars aussieht, kann man die gegebenenfalls automatisch erzeugte JavaScript-Funktion auch selbst dazu verwenden, aus dem JavaScript-Code heraus ein reguläres PostBack zu erzeugen. Die Funktion `__doPostBack` kennt zwei Parameter. Einige Steuerelemente können Kommandos verarbeiten, die ihrerseits Parameter haben. Diese lassen sich damit übermitteln. Denken Sie an eine Liste von Optionsfeldern, so würde der erste Parameter der Name der Gruppe der Felder und der zweite die gewählte Option enthalten. Für ein einfaches Zurücksenden werden beide nicht benötigt. Soll dagegen das Steuerelement erkannt werden, müsste dessen Name als erster Parameter angegeben werden.

9.4 Seitenübergang

Es gibt Situationen, in denen eine Seite beendet wird und die nächste oder eine bestimmte Seite automatisch erreicht werden soll. Die Methode `Redirect` des Objekts `Response` löst dieses Problem. Intern wird ein Header mit dem Namen `Location` erzeugt.

Weiterleitungen intern

Die Methode `Redirect` benutzt einen speziellen Statuscode des Webservers, den Code „302 Object Moved". Jede Anforderung eines Browsers wird mit einem bestimmten Statuscode beantwortet. Der Browser entscheidet dann, wie damit zu verfahren ist. Wenn die `Response.Redirect`-Methode aufgerufen wird, sendet der Webserver zuerst die Antwort „302 Object Moved" an den Browser. Der neue URL wird mitgeliefert. Normalerweise sollten alle Browser diesen dann ansteuern. Um zu verstehen, wie `Redirect` funktioniert, lesen Sie die folgenden Zeilen Code, die exakt die Funktionsweise wiedergeben:

Listing 9.9 Erzwingen der Weiterleitung durch Kopfzeilen

```
Response.Status = "302 Object Moved"
Response.AppendHeader = "Location", "http://www.ziel.de/ziel.aspx"
```

Response.Redirect   Einfacher ist natürlich die folgende Schreibweise:

```
Response.Redirect("http://www.ziel.de/ziel.aspx");
```

Das folgende Beispiel besteht aus zwei Teilen. Der erste zeigt die Seite, die nur mit einem speziellen Link erreicht werden kann. Dieser muss zuvor in einem Formular eingegeben werden. Ist das nicht erfolgt, wird eine Weiterleitung eingesetzt, um zu diesem Formular zu gelangen:

Listing 9.10 Einsatz einer Weiterleitung

```
<script language="C#" runat="Server">
void Page_Init()
{
    if (Request.Form["name"] != "Demo")
    {
        Response.Redirect("Register.aspx");
    }
}
</script>
<html>
  <head>
```

```
  <title>Response.Redirect</title>
 </head>
 <body>
   Die Anmeldung wurde korrekt ausgef&uuml;hrt.
 </body>
</html>
```

Das Ziel besteht nur aus HTML – ein einfaches Formular:

Listing 9.11 Formular zur Erfassung des Anmeldenamens (Register.aspx)

```
<html>
 <head>
   <title>Response.Redirect</title>
 </head>
 <body>
   Ihre Anmeldung bitte;<br/>
   <form method="post" action="ResponseRedirect.aspx" ❶>
     Ihr Name: <input type="text" name="name" />
     <input type="Submit" value="Anmelden" />
   </form>
 </body>
</html>
```

Obwohl als Ziel hier mit `action="ResponseRedirect.aspx"` ❶ eindeutig auf die zuvor gezeigte Seite verwiesen wird, bleibt das Formular sichtbar, bis der Name korrekt eingegeben wurde (im Beispiel „Demo"). Tatsächlich springt der Browser mittels `Redirect` zwischen den beiden Seiten hin und her. Dabei wird auf das Ziel verzweigt, dort wird dann der Wert überprüft und entschieden, ob der Vorgang auf der Seite fortgesetzt wird oder ein Rücksprung an das Formular erfolgen muss. Ist letzteres der Fall, wird mit `Response.Redirect` der Browser zur Anforderung des ursprünglichen URL aufgefordert.

9.4.1 Übergabe der Programmsteuerung

Die im letzten Abschnitt gezeigte Technik mit `Response.Redirect` ist gut geeignet, um den Benutzer dauerhaft auf eine andere Site zu leiten. Umfangreiche Anwendungen benötigen jedoch andere Verfahren. Im Objekt `Server` sind zwei Methoden zu finden, die einmal die Ausführung direkt an eine andere Seite übertragen (`Transfer`) oder ein anderes Programm ausführen und dann im ursprünglichen fortsetzen (`Execute`).

Die Steuerung weitergeben: Server.Transfer

`Response.Redirect` leitet die Übertragung der Ausführung auf ein anderes Programm über eine Anforderung des Browsers ein. Ein solcher Umweg hat den Nachteil, dass Zeit und Bandbreite verloren gehen. Außerdem hat der Client Einfluss auf den Ablauf. Dafür kann die Übertragung auch auf eine andere Site im Internet außerhalb der eigenen Domäne erfolgen. Letzteres ist mit `Server.Transfer` nicht möglich. Nach der Ausführung der Methode wird die Codeausführung mit der aufgerufenen Seite fortgesetzt, eine direkte Rückkehr ist nicht möglich.

Server.Transfer

Das folgende Beispiel zeigt, wie die Methode eingesetzt werden kann. Die Ausführung wird hier anhand des Browsertyps gesteuert:

Browsertyp

9 Programmierung von Seiten

Listing 9.12 Übertragung der Programmausführung in Abhängigkeit vom Browsertyp

```
<script language="C#" runat="Server">
void Page_Init()
{
    HttpBrowserCapabilities bc = Request.Browser;
    if (bc.Type == "IE7" || bc.Type == "IE8")
    {
        Server.Transfer("StartIe.aspx?" + bc.Type);
    }
    else
    {
        Server.Transfer("StartOther.aspx?" + bc.Type);
    }
}
</script>
```

Beispielhaft wird hier eine der Antwortseiten gezeigt, die den Querystring auswertet, um an der Information über den erkannten Browsertyp zu partizipieren.

Listing 9.13 Auswertung des Browsertyps auf der anderen Seite

```
<script language="C#" runat="server">
void Page_Load()
{
    btype.Text = Request.QueryString.ToString();
}
</script>
<html lang="en">
    <head>
        <title>IE erkannt</title>
    </head>
    <body>
        Startseite f&uuml;r IE!
        <br/>
        Erkannter Typ: <asp:label id="btype" runat="server"/>
    </body>
</html>
```

Die Ausgabe ist wenig spektakulär. Bei `Response.Redirect` konnte der Benutzer den Umschaltprozess eventuell beobachten. Der Browser zeigte den Namen der aufgerufenen Seite in der Adresszeile an, bis die Weiterleitung ausgeführt wurde. Dann erschien der neue Name. Bei der Übertragung der Ausführung mit `Server.Transfer` ist der Prozess nicht zu bemerken – sogar der alte Seitenname bleibt bestehen.

Im Gegensatz dazu arbeitet `Server.Execute` wie der Aufruf eines Unterprogramms.

Die Steuerung zeitweilig delegieren: Server.Execute

Server.Execute — Diese Methode ruft innerhalb einer ASP.NET-Seite eine andere auf, führt diese aus und setzt nach dem Aufruf an der ursprünglichen Stelle fort. Ausgaben, die während der neuen Aufforderung entstehen, werden an der Stelle des Aufrufes ausgeben. Standardmäßig wird der Dateiname einer auszuführenden Seite angegeben:

```
Server.Execute("name.aspx");
```

Die Methode ist allerdings mit einem zweiten Parametersatz überladen. Dabei ist die Angabe eines `StringWriter`-Objekts erlaubt, das den erzeugten Datenstrom aufnehmen kann. Dadurch wird der Inhalt manipulierbar. Das folgende Beispiel nutzt die Methode, um HTML-Code aus einer anderen Datei in Abhängigkeit von bestimmten Bedingungen zu holen.

Listing 9.14 Einbinden externer Daten mit Server.Execute

```
<%@ Page Language="C#" %>
<%@ Import Namespace="System.IO" %>
<html>
  <head>
    <title>Server.Execute</title>
    <script language="C#" runat="server">
    void Page_Load()
    {
        StringWriter result = new StringWriter();
        string self = Request.ServerVariables["SCRIPT_NAME"]; ❺
        link.HRef = self + "?start=next"; ❻
        if (Request.QueryString["start"] == "next") ❶
        {
            Server.Execute("otherse.aspx", result);
        }
        else
        {
            Server.Execute("firstse.aspx", result); ❷
        }
        welcome.Text = result.ToString(); ❸
    }
    </script>
  </head>
  <body>
    <h1>Willkommen auf unserer Website</h1>
    <p>
    <asp:label id="welcome" runat="server"/> ❹
    </p>
    Wir möchten Sie auf unseren Seiten über
    Aktuelles aus unserem Unternehmen informieren.
    Wählen Sie eine Information:
    <ul>
        <li><a id="link" runat="server" >Kontaktseite</a>
        <!-- weitere Links -->
    </ul>
  </body>
</html>
```

In den beiden Dateien *otherse.aspx* und *firstse.aspx* steht nur HTML-Code, kein Programmcode. Beim ersten Aufruf der Seite ist kein Parameter im Querystring. Die folgende Prüfung in ❶ misslingt deshalb. Nun wird der else-Zweig ausgeführt und die Daten aus *firstse.aspx* ❷ werden an das StringWriter-Objekt übergeben.

Ein StringWriter-Objekt kann Text enthalten, in diesem Fall die Ausgabe der Ausführung von *firstse.aspx*. Das ist in diesem Fall der dort untergebrachte Quelltext. Dieser Text wird dann an das Label-Steuerelement welcome übergeben ❸.

Der Text erscheint an der Stelle, wo das Label-Steuerelement definiert wurde ❹. Damit sich die Seite selbst aufruft, wurde zuvor der Seitenname ermittelt ❺. Dieser wird dem <a>-Tag im HTML-Teil zugewiesen ❻. Entscheidend ist hier der Parameter, der angehängt wird und beim nächsten Aufruf zur Ausführung der anderen Datei führt.

9.4.2 Kontext-Handler und Seitenreferenzierung

Bislang war die Rede immer von nur einem Formular, das sich selbst aufruft und dabei Status und Inhalt erhält. Bei der Weitergabe der Daten an eine andere Seite geht der Status verloren. ASP.NET bietet hier eine Technik zum Zusammenhalt zwischen den Bausteinen einer Site an: den Kontext.

Die bisherigen Beispiele waren in einer Beziehung praxisfern: Sie liefen alle in einer einzigen Seite ab. All die schönen Verfahren, wie die Auswertung des Post-Backs oder die Verwendung des Anzeigestatus funktionieren nämlich nur dann so einfach, wenn sich Seiten immer wieder selbst aufrufen. Ungeachtet der auch damit erreichbaren Komplexität ist es in der Praxis wünschenswert, nicht an eine derartige Einschränkung gebunden zu sein. Abgesehen vom Rückfall in alte Zeiten und der direkten Nutzung der Formulardaten, wie das mit dem alten ASP nötig war, ist also eine neue Technologie erforderlich.

Das Prinzip der Kontextverwaltung

Im Objektmodell von ASP.NET befindet sich unter anderem eine Klasse `HttpContext`. Diese fasst den gesamten aktuellen Vorgang, also die Sitzung, Seiten und Daten pro Benutzer zusammen.

Der Kontext existiert durch ein der Anfrage (dem Request vom Browser) zugeordnetes Objekt. Es wird von Page und von `HttpApplication` implementiert, sodass Sie darüber auf die Seiten und Applikationsinformationen Zugriff haben. An dieser Stelle interessiert nur die Seite. Wenn Sie mit Formularen arbeiten, die sich über mehrere Seiten erstrecken, hält das `Context`-Objekt diese quasi zusammen.

Nun wurde am Anfang schon festgestellt, dass der Ablauf des Lebenszyklus einer Seite eigentlich ein in sich geschlossener Vorgang ist. Am Ende, wenn die Seite verarbeitet und die Daten gesendet wurden, werden alle Objekte entsorgt und der Inhalt geht verloren. Als Speicher für nutzerabhängige Zustände kam nur der Anzeigestatus in Betracht. Später lernen Sie noch Sitzungsvariable kennen, die in einem eigenen Speicherbereich liegen. Außerdem kämen als Speicher noch Cookies in Betracht, aber das ist vermutlich die schlechteste Lösung.

Das `Context`-Objekt ist nun in der Lage, den Zusammenhang zwischen den Seiten und damit den in den Klassen enthaltenen Daten zu erhalten. Dazu wird in der zweiten Datei eine Referenz definiert und eine Instanz der Klasse der ersten Datei übernommen. So erhalten Sie jedoch keine neue Instanz, sondern Zugriff auf die bereits bestehende. Das klingt komplizierter als es ist. Ein einfaches Beispiel zeigt, wie es funktioniert.

Auswertung von Formulardaten auf einer zweiten Seite

Das folgende Beispiel zeigt ein einfaches Formular. Die Daten werden, wenn das Formular fertig ausgefüllt wurde, an eine zweite Seite übertragen und dort ausgewertet.

Die Übertragung wird mit `Server.Transfer` vorgenommen. Diese Methode übergibt die Steuerung, ohne den Umweg über den Client zu nehmen. Entsprechend schnell und einfach ist die Verwendung. Da die nächste Seite eine eigene Klasse verwendet, muss es natürlich einen Zugriff auf die Vorhergehende geben. Das ganze Beispiel besteht aus vier Dateien – zwei Formularen mit hinterlegtem Code. Zuerst die ASPX-Seite des ersten Formulars:

Listing 9.15 HTML-Teil des ersten Formulars

```
<h1>Ein mehrseitiges Formular (1)</h1>
Geben Sie bitte Namen und Ort an:
<form id="ContextForm1" method="post" runat="server">
Name: <asp:TextBox Runat="server" ID="FieldName" />
<asp:RequiredFieldValidator Runat="server" ❶
    ControlToValidate="FieldName"
    ErrorMessage="Angabe erforderlich"
    ID="Requiredfieldvalidator1" />
<br/>
Ort:  <asp:TextBox runat="server" ID="FieldCity" />
<asp:RequiredFieldValidator Runat="server" ❶
    ControlToValidate="FieldCity"
    ErrorMessage="Angabe erforderlich"
    ID="Requiredfieldvalidator2" />
<br/>
<asp:Button Text="Weiter >" Runat="server"
    ID="Submit" OnCommand="Submit_Click"/>
</form>
```

Das Formular soll nur abgeschickt werden, wenn die Felder ausgefüllt sind. Das erledigen die `RequiredFieldValidator`-Steuerelemente ❶. Mehr dazu finden Sie in Kapitel 11 „Datenbindung und Validierung".

Im Code-Teil steckt der eigentliche Code:

Listing 9.16 Code-Datei des Formulars (ContextForm1.aspx.cs)

```
public class ContextForm1 : System.Web.UI.Page
{
   public string FieldNameData; ❶
   public string FieldCityData; ❷

   private void Page_Load(object sender, System.EventArgs e)
   {
   }

   public void Submit_Click(object sender, CommandEventArgs e)
   {
      if (Page.IsValid)
      {
         FieldNameData = FieldName.Text; ❶
         FieldCityData = FieldCity.Text; ❷
         Server.Transfer("ContextForm2.aspx"); ❸
      }
   }
}
```

Hier werden lediglich die Felddaten in öffentlichen Variablen (❶, ❷) der Klasse gespeichert. Es ist leicht vorstellbar, dass dies auch komplexere Objekte, wie beispielsweise Geschäftsobjekte, umfassen könnte. Anschließend verzweigt das Programm serverseitig ❸ auf die zweite Seite. Dies wird nachfolgend vorgestellt:

Listing 9.17 HTML-Teil der Antwortseite

```
<h1>Formularauswertung</h1>
```

9 Programmierung von Seiten

```
Folgende Daten wurden erfasst:<br/>
Name: <asp:Label Runat="server" ID="LabelName"/><br/>
Ort: <asp:Label Runat="server" ID="LabelCity"/><br/>
```

Auch hier steckt der eigentliche Code in der Code-Datei:

Listing 9.18 Code-Datei der Antwortseite

```
public class ContextForm3 : System.Web.UI.Page
{
   private void Page_Load(object sender, System.EventArgs e)
   {
      if (!Page.IsPostBack) ♦
      {
         ContextForm1 cf1 = (ContextForm1) Context.Handler; ❶
         LabelName.Text = cf1.FieldNameData; ❷
         LabelCity.Text = cf1.FieldCityData; ❸
      }
   }
}
```

Der spannende Teil besteht jetzt im Zugriff auf die Klasse mit den gespeicherten Daten der ersten Seite. Die Seite ist noch Bestandteil des Kontextes, denn durch die Übertragung wurde die aktuelle Anforderung vom Browser nicht beendet und damit besteht der Zusammenhang mit der ersten Seite fort. Programmtechnisch kann darauf über die Eigenschaft `Handler` zugegriffen werden ❶. Da hier nur der Typ der Basisklasse verfügbar ist, müssen Sie das Objekt noch auf den Typ der vorhergehenden Seite casten, in diesem Fall `ContextForm1`. Die im vorhergehenden Listing definierten öffentlichen Variablen stehen – wie alle Teile der Klasse – nun in der zweiten Seite zur Verfügung (❷, ❸).

Typische Probleme

PostBack beachten

Der Umgang damit ist nicht ganz unproblematisch. So können Sie nur dann auf die Klasse zugreifen, wenn der Browser noch keine erneute Anforderung gesendet hat. Wenn Sie also auf der zweiten Seite noch eine Bestätigung programmieren und diese vom Nutzer erneut senden lassen, geht der Zusammenhang endgültig verloren, denn es entsteht dann ein neuer Kontext und die Instanziierung der Klasse gelingt nicht mehr. Freilich können Sie dennoch das Formular erneut versenden, nur muss dann ein anderer Weg des Zugriffs gefunden werden. Insofern ist die Zeile `if(!Page.IsPostBack)` ♦ in Listing 9.18 bereits eine Vorbereitung darauf, denn sie sichert ab, dass keine Fehlermeldung auftritt, wenn Sie dennoch ein Formular einbauen.

Kein Code Behind verwendet?

Die bisherigen Programme verwendeten Code Behind. Wenn Sie nur mit *.aspx*-Seiten arbeiten, funktioniert es auch, aber es gibt einige Hinweise zu beachten. Sie müssen auf der zweiten Seite, also dem Ziel des `Server.Transfer`, eine Referenzierung einbauen:

```
<% @Reference Page="ContextForm2.aspx" %>
```

Wenn Sie nun in der zweiten Seite auf die Klasse zugreifen möchten, müssen Sie deren Namen kennen. Mit hinterlegtem Code ist das einfach, da Sie den Klassennamen selbst festlegen. Sie können ein Attribut der `@Page`-Direktive verwenden, um den internen Namen zu überschreiben:

```
<% @Page ... ClassName="ContextForm1" ... %>
```

Damit funktioniert auch der Zusammenhang.

Nur als Ergänzung sei hier angemerkt, dass in das Verfahren auch Benutzersteuerelemente einbezogen werden können. Die Referenzierung erfolgt dann folgendermaßen:

Benutzersteuerelemente

```
<% @Reference control="ContextForm2.aspx" %>
```

Kontext-bezogener Datenaustausch

Wenn Sie mit öffentlichen Variablen oder mühevoll zu programmierenden Eigenschaften nicht glücklich sind, können Sie auch eine für den Datenaustausch verwendbare Kollektion innerhalb des `Context`-Objekts verwenden. Folgendermaßen werden Werte darin gespeichert:

```
Context.Items.Add("ContextVariable", "1234");
```

Und mit der nächsten Zeile holen Sie den Wert wieder heraus:

```
Context.Items["ContextVariable"].ToString();
```

Im Übrigen verhält sich die Kollektion wie viele andere in .NET und kann mit den entsprechenden Standardmethoden und -eigenschaften bedient werden. Das Speichern der Variablen erfolgt immer vor dem `Server.Transfer`; die Entnahme dann am Zielort. Auch hier gilt natürlich: Wird die Seite erneut vom Nutzer angefordert, entsteht ein neuer Kontext und alle Variablen und Zusammenhänge sind verloren.

9.5 Asynchrone Seiten

Bei der Verarbeitung von Seiten kann es passieren, dass Teile des Codes sehr langsam ausgeführt werden. Denken Sie beispielsweise an Abrufe von Webdiensten, Datenbank- oder Dateizugriffe. In dieser Zeit werden Ressourcen des Webservers wie die CPU-Leistung nur wenig oder gar nicht gefordert. Eigentlich könnte der aktuelle Thread, der die Anforderung verarbeitet, zeitweilig freigegeben werden und weitere Anforderungen verarbeiten. Wie das intern funktioniert, wurde bereits in Kapitel 7 „Arbeitsweise und Funktion" erläutert. Die etwas allgemeinere Form der asynchronen Handler wird in Kapitel 24 „Handler und Module" behandelt.

9.5.1 Den richtigen Handler für die Seite wählen

Seiten zu asynchroner Arbeitsweise zu bewegen ist sehr einfach. Setzen Sie dazu einfach das folgende Attribut in die `@Page`-Direktive:

```
<% @Page Async="true" ... %>
```

Normalerweise wird die Seite von einem synchronen Handler verarbeitet. Im asynchronen Modus wird `IHttpAsyncHandler` benutzt. Nun müssen noch die Rückrufmethoden zur Kommunikation mit dem Handler registriert werden. Sehr früh im Lebenszyklus der Seite, am Besten in `Init`, rufen Sie dazu die folgende Methode auf:

```
AddOnPreRenderCompleteAsync (
    new BeginEventHandler(MyBeginMethod), ❶
```

```
        new EndEventHandler (MyEndMethod) ❷
);
```

Die Seite durchläuft nach wie vor ihren normalen Lebenszyklus bis nach dem Aufruf von `PreRender`. Das heißt auch, dass die normalen Arbeitsschritte ebenso wie bei synchronen Seiten verarbeitet werden. In `PreRender` wird nun die Methode `MyBeginMethod` aufgerufen ❶. Damit startet die asynchrone Operation. Intern wird der Arbeits-Thread an den Threadpool zurückgegeben. Die Operation kann jetzt solange wie erforderlich andauern. Die Ausführung der Seite selbst blockiert – der Browser wartet also und für den Benutzer ist es eine normale Verzögerung. Das ist übrigens eine entscheidende Aussage. Für den einzelnen Benutzer wird durch die asynchrone Verarbeitung nichts anders. Die Abarbeitung der Seite ist und bleibt langsam. Allerdings lassen sich trotzdem mehr gleichzeitige Anforderungen verarbeiten, was die Gesamtleistung des Systems erhöht. Wenn die Operation beendet ist, wird die Methode `MyEndMethod` aufgerufen ❷. Von dort aus wird die Verarbeitung der Seite mit `PreRender` fortgesetzt. Sie können also die Ergebnisse der Seite noch um die gewonnenen Daten aktualisieren. Die Übergabe der Daten findet mittels `IAsyncResult` statt, wobei je nach Komplexität und Anspruch die Standardimplementierung oder eine eigene denkbar ist.

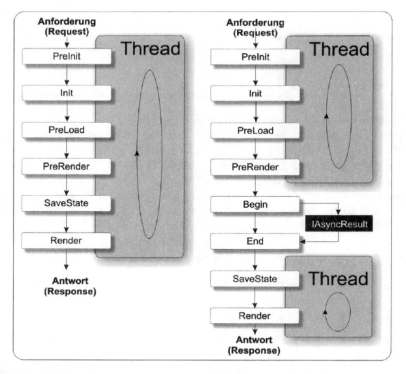

Abbildung 9.3 Synchrone versus asynchrone Seitenverarbeitung

Abbildung 9.3 zeigt die Unterschiede zwischen synchroner und asynchroner Seitenverarbeitung. Bei der synchronen Verarbeitung wird der Thread nicht freigegeben, bei der asynchronen Verarbeitung während der asynchronen Phase.

9.5 Asynchrone Seiten

Zwei typische Beispiele sollen zeigen, wie solche Seiten erstellt werden:

- Aufruf eines Webdienstes
- Aufruf einer Datenbank

Die Benutzung einer Datenbank setzt Informationen voraus, die noch nicht behandelt wurden. Sie finden in den folgenden Kapiteln dazu die nötigen Informationen.

Aufruf eines Webdienstes

Hier soll ein klassischer Webdienst in ASP.NET benutzt werden, wie er im Internet häufig angeboten wird. Wenn Sie auf Ihrer Seite aktuelle Wechselkurse zeigen möchten, bietet sich der Dienst der Federal Reserve Bank of New York[16] an:

- *http://www.newyorkfed.org/markets/WebService/v1_0/FXWS.wsdl*

Zuerst wird mit dieser Adresse eine Referenz zum Dienst erstellt. Gehen Sie folgendermaßen vor:

1. Im Webprojekt wählen Sie WEBSITE | REFERENZ HINZUFÜGEN.
2. Tragen Sie als Adresse des Dienstes die oben gezeigte Adresse der WSDL-Datei ein.
3. Rufen Sie den Dienst ab.
4. Wählen Sie REFERENZ HINZUFÜGEN, um den Proxy zu erstellen.

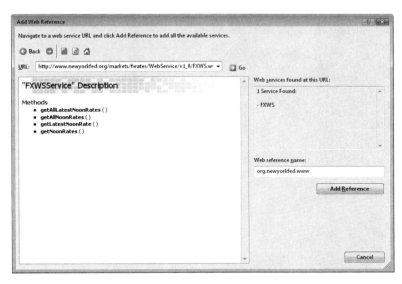

Abbildung 9.4 Hinzufügen der Referenz zu einem öffentlichen Webdienst

---

[16] Siehe auch *http://www.newyorkfed.org/markets/pilotfx.html*. ACHTUNG! Der Link auf der Website zur WSDL ist falsch (abgerufen am 26.06.2010 um 13:51:34).

9 Programmierung von Seiten

Wenn Sie nichts weiter ändern, wird als Namensraum *org.newyorkfed.www* benutzt. Daraus ergibt sich folgende `using`-Anweisung im Code:

```
using WS=org.newyorkfed.www;
```

Als Ergebnis kommt ein XML-Fragment zurück, das in etwa folgendermaßen aussieht:

Listing 9.19 Antwort eines öffentlichen Webdienstes

```xml
<?xml version="1.0" ?>
<UtilityData
xsi:schemaLocation="http://www.SDMX.org/resources/SDMXML/schemas/v1_0/message http://www.sdmx.org/data/SDMXMessage.xsd
http://www.newyorkfed.org/xml/schemas/FX/utility
http://www.newyorkfed.org/xml/schemas/FX_Utility.xsd"
xmlns:generic="http://www.SDMX.org/resources/SDMXML/schemas/v1_0/generic"
xmlns="http://www.SDMX.org/resources/SDMXML/schemas/v1_0/message"
xmlns:utility="http://www.SDMX.org/resources/SDMXML/schemas/v1_0/utility"
xmlns:query="http://www.SDMX.org/resources/SDMXML/schemas/v1_0/query"
xmlns:structure="http://www.SDMX.org/resources/SDMXML/schemas/v1_0/structure"
xmlns:common="http://www.SDMX.org/resources/SDMXML/schemas/v1_0/common"
xmlns:xsi="http://www.w3.org/2001/XMLSchema-instance"
xmlns:compact="http://www.SDMX.org/resources/SDMXML/schemas/v1_0/compact"
xmlns:frbny="http://www.newyorkfed.org/xml/schemas/FX/utility"
xmlns:cross="http://www.SDMX.org/resources/SDMXML/schemas/v1_0/cross">
<Header>
  <ID>FX12EU</ID>
  <Test>false</Test>
  <Name xml:lang="en">Foreign Exchange European Monetary Union Euro Noon Rates</Name>
  <Prepared>2009-03-08</Prepared>
 <Sender id="FRBNY">
  <Name xml:lang="en">Federal Reserve Bank of New York</Name>
 <Contact>
  <Name xml:lang="en">Public Information Web Team</Name>
  <Email>ny.piwebteam@ny.frb.org</Email>
 </Contact>
 </Sender>
  <ReportingBegin>1999-01-04</ReportingBegin>
 </Header>
 <frbny:DataSet>
 <frbny:Series AVAILABILITY="A" DECIMALS="4" UNIT_MULT="0"
TIME_FORMAT="P1D" UNIT="USD" FX_METHOD="12" DISCLAIMER="12"
AUTHORITY="12">
 <frbny:Key>
  <frbny:FREQ>D</frbny:FREQ>
  <frbny:CURR>EUR</frbny:CURR>
  <frbny:FX_TIME>12</frbny:FX_TIME>
  <frbny:FX_TYPE>S</frbny:FX_TYPE>
 </frbny:Key>
 <frbny:Obs OBS_STATUS="A" OBS_CONF="F">
  <frbny:TIME_PERIOD>2009-03-06</frbny:TIME_PERIOD>
  <frbny:OBS_VALUE>1.2674</frbny:OBS_VALUE>  ❶
 </frbny:Obs>
 </frbny:Series>
 </frbny:DataSet>
 </UtilityData>
```

9.5 Asynchrone Seiten

Aus den Daten lässt sich nun leicht die passende Umrechnung vornehmen. Das Element `frbny:OBS_VALUE` ❶ ist von Interesse.

Das Beispiel nutzt die seinerseits asynchrone Abrufmethode des Dienstes und ermittelt den Umrechnungskurs zwischen US$ und Euro für 100 €.

Listing 9.20 Das Beispiel AsyncWSInvoke1.aspx.cs

```
using System;
using System.Data;
using System.Configuration;
using System.Web;
using System.Web.UI;
using System.Web.UI.WebControls;
using WS=org.newyorkfed.www;
using System.Xml;
using System.Globalization;

public partial class AsyncWSInvoke1 : System.Web.UI.Page
{
    private WS.FXWSService _ws;
    private string _result;

    protected void Page_Load(object sender, EventArgs e)
    {
        if (!IsPostBack)
        {
            this.PreRenderComplete += ⤶
                new EventHandler(Page_PreRenderComplete);

            AddOnPreRenderCompleteAsync(
                new BeginEventHandler(BeginAsyncOperation),
                new EndEventHandler(EndAsyncOperation)
            );
        }
    }

    IAsyncResult BeginAsyncOperation(object sender, EventArgs e,
        AsyncCallback cb, object state)
    {
        _ws = new WS.FXWSService();
        _ws.UseDefaultCredentials = true;
        return _ws.BegingetLatestNoonRate("EUR", cb, state);
    }

❶   void EndAsyncOperation(IAsyncResult ar)
    {
        string xml = _ws.EndgetLatestNoonRate(ar);
        XmlDocument xdoc = new XmlDocument();  ❷
        xdoc.LoadXml(xml);
        XmlNamespaceManager xn = ⤶
                  new XmlNamespaceManager(xdoc.NameTable);
        xn.AddNamespace("frbny", ⤶
                  "http://www.newyorkfed.org/xml/⤶
                   schemas/FX/utility");
        _result = xdoc.SelectSingleNode(⤶
              ❸ "//frbny:OBS_VALUE", xn).InnerText;
    }

    protected void Page_PreRenderComplete(object sender, EventArgs e)
    {
```

```
            double exrate = 0;
            double val = 100;
            if (Double.TryParse(_result, NumberStyles.Currency, ↵
                                new CultureInfo("en-us"), out exrate)) ❹
            {
                lblResult.Text = (val * exrate).ToString("000.00");
            }
        }

        public override void Dispose()
        {
            if (_ws != null) _ws.Dispose();
            base.Dispose();
        }
    }
```

Die Auswertung findet in `EndAsyncOperation` statt ❶, wo zunächst die Ergebnismenge in ein `XmlDocument` verpackt ❷ und dann das passende Element abgeholt wird ❸. Die Zahl muss gemäß US-Format interpretiert werden, was in `PreRenderComplete` ❹ passiert.

Zwei Programmiermethoden

Dies ist ein Weg, asynchron zu arbeiten, aber nicht der einzige. Der Web-Proxy unterstützt immer zwei Abrufvarianten. Einer ist der bereits gezeigte mit Begin- und End-Methode. Der andere basiert auf der `MethodAsync`- und `MethodComplete`-Methode. Diese Methode hat Vorteile, auch wenn die klassische asynchrone Form intuitiver erscheint.

Das folgende Pseudo-Code-Beispiel zeigt, wie das Muster angewendet wird. Im Standardmuster stehen Ihnen die Methode *Foo*, *BeginFoo* und *EndFoo* zur Verfügung, wobei *Foo* dem synchronen Abruf dient. Die alternative Methode basiert auf einer Methode *FooAsync* und einem Ereignis *FooCompleted*.

```
proxy.FooCompleted += new FooCompletedEventHandler (OnFooCompleted);
proxy.FooAsync (...);
...
void OnFooCompleted (Object source, FooCompletedEventArgs e)
{
    // Ihr Code ...
}
```

Der asynchrone Aufruf beginnt hier mit dem Aufruf von *FooAsync*. Der Proxy zeigt mit dem Aufruf des Ereignisses *FooCompleted* an, dass die Aufgabe erledigt wurde. Ebenso wie Ereignis und Startmethode werden die Typen *FooCompletedEventHandler* und das Ereignisargument *FooCompletedEventArgs* vom Proxy erzeugt wird. *FooCompletedEventArgs.Result* enthält die Ergebnisse der Aktion.

Das folgende Listing zeigt die Anwendung des Musters:

Listing 9.21 AsyncWSInvoke2.aspx.cs

```
public partial class AsyncWSInvoke2 : System.Web.UI.Page
{
    private WS.PubsWebService _ws;
    private DataSet _ds;

    protected void Page_Load(object sender, EventArgs e)
    {
        if (!IsPostBack)
        {
```

```
        this.PreRenderComplete +=
            new EventHandler(Page_PreRenderComplete);

        _ws = new WS.PubsWebService();
        _ws.GetTitlesCompleted += new
            WS.GetTitlesCompletedEventHandler(GetTitlesCompleted);
        _ws.Url = new Uri(Request.Url, "Pubs.asmx").ToString();
        _ws.UseDefaultCredentials = true;
        _ws.GetTitlesAsync();
    }
}

void GetTitlesCompleted(Object source,
    WS.GetTitlesCompletedEventArgs e)
{
    _ds = e.Result;
}

protected void Page_PreRenderComplete(object sender, EventArgs e)
{
    Output.DataSource = _ds;
    Output.DataBind();
}

public override void Dispose()
{
    if (_ws != null) _ws.Dispose();
    base.Dispose();
}
}
```

Es gibt zwei Vorteile des *MethodAsync*-Musters gegenüber der Registrierung mit `AddOnPreRenderCompleteAsync`. Der direkte Aufruf einer Methode unterstützt Impersonifizierung, Übergabe der Kultur und die Übergabe des aktuellen Kontexts in `HttpContext.Current` an die Ereignisbehandlungsmethode für das *Complete*-Ereignis. Weiterhin müssen Sie nicht bis zum Rendern der Seite warten, was vor allem vorteilhaft ist, wenn auf der Seite mehrere asynchrone Aufrufe erfolgen. Die Verzögerung des Renderns erledigt ASP.NET automatisch, solange noch offene Rückrufe bestehen.

9.5.2 Asynchrone Aufgaben

Das *MethodAsync*-Muster ist ein bequemer Weg, mehrere asynchrone Webdienste innerhalb einer asynchronen Seite zu nutzen und die Auslieferung der Seite ressourcenschonend zu verzögern. Aber Webdienste sind nicht das einzige Problem.

Asynchrone Aufgaben registrieren

Die `Page`-Klasse kennt eine weitere Methode, asynchrone Operationen auszuführen: `RegisterAsyncTask`. Auch dieses Verfahren hat seine spezifischen Vorteile. `RegisterAsyncTask` erlaubt zusätzlich die Registrierung eines Timeout-Handlers. Dieser wird aufgerufen, wenn die asynchrone Operation zu lange dauert. Wie lange, wird über ein Attribut der `@Page`-Direktive bestimmt:

```
AsyncTimeout="10"
```

9 Programmierung von Seiten

Weiterhin können Sie die Methode `RegisterAsyncTask` mehrfach aufrufen. Dadurch lassen sich an einer zentralen Stelle mehrere Aktionen registrieren. Wie bei allen anderen asynchronen Methoden wird auch hier die Erstellung der Seite verzögert, bis alle registrierten Operationen abgearbeitet wurden. Diese Methode erlaubt es zudem, Impersonifizierung, aktuelle Kultur und den Kontext der Anforderung zu nutzen.

Das nächste Listing zeigt, wie dieses Verfahren benutzt werden kann. Dabei wird eine andere Webseite asynchron abgerufen und dann ausgewertet.

Listing 9.22 AsyncPageTask.aspx.cs

```
public partial class AsyncPageTask : System.Web.UI.Page
{
    private WebRequest _request;

    protected void Page_Load(object sender, EventArgs e)
    {
        PageAsyncTask task = new PageAsyncTask(
            new BeginEventHandler(BeginAsyncOperation),
            new EndEventHandler(EndAsyncOperation),
            new EndEventHandler(TimeoutAsyncOperation),
            null
        );
        RegisterAsyncTask(task);
    }

    IAsyncResult BeginAsyncOperation(object sender, EventArgs e,
                                    AsyncCallback cb, object state)
    {
        _request = WebRequest.Create("http://msdn.microsoft.com"); ❶
        return _request.BeginGetResponse(cb, state);
    }

    void EndAsyncOperation(IAsyncResult ar)
    {
        string text;
        using (WebResponse response = _request.EndGetResponse(ar)) ❷
        {
            using (StreamReader reader =
                new StreamReader(response.GetResponseStream()))
            {
                text = reader.ReadToEnd();
            }
        }

        Regex regex = new Regex("href\\s*=\\s*\"([^\"]*)\"", ❸
                            RegexOptions.IgnoreCase);
        MatchCollection matches = regex.Matches(text);

        StringBuilder builder = new StringBuilder(1024); ❹
        foreach (Match match in matches)
        {
            builder.Append(match.Groups[1]); ❺
            builder.Append("<br/>");
        }

        Output.Text = builder.ToString(); ❻
    }
```

```
    void TimeoutAsyncOperation(IAsyncResult ar)
    {
        Output.Text = "Daten nicht verfügbar";
    }
}
```

Der Vorteil dieses Verfahrens liegt in seiner Einfachheit, wenn mehr als ein asynchroner Aufruf erforderlich ist. Die Vorgehensweise zeigt, wie Sie andere Seiten parsen und auswerten, sogenanntes Page-Harvesting. In ❶ wird eine andere Website aufgerufen. Die Standardmethode ist GET. Dies erfolgt asynchron. Liegt die Antwort vor, wird die asynchrone Rückrufmethode aufgerufen. Dort wird die Antwort aufgenommen ❷. Im Beispiel soll die Seite nach Hyperlinks durchsucht werden, was ein regulärer Ausdruck ❸ übernimmt. Die Ausgabe wird zuerst in einem `StringBuilder` Objekt ❹ gesammelt ❺ und dann an den Ausgabedatenstrom der aktuellen Seite übergeben ❻.

Eigenschaften asynchroner Aufrufe zentral einstellen

Wenn die Nutzung asynchroner Aufrufe viele Seiten betrifft, können Sie die Einstellung auch in der Datei *web.config* vornehmen.

```
<system.web>
   <pages asyncTimeout="30"></pages>
</system.web>
```

Weitere Eigenschaften

Der Typ `PageAsyncTask` kennt noch weitere Eigenschaften, die für bestimmte Zwecke hilfreich sein können. `ExecuteInParallel` kann beispielsweise benutzt werden, um die registrierten Aufgaben zu parallelisieren. Das ist freilich nur sinnvoll, wenn Sie mehrere Aufgaben haben. Für die kompletten Möglichkeiten sei auf die Dokumentation verwiesen.

10 Steuerelemente und WebParts

Die Benutzerschnittstelle kann in ASP.NET sehr vielfältig gestaltet werden. Es gibt nicht den goldenen Weg oder die universelle Empfehlung. Je nach Projekt, Anspruch und technischen Gegebenheiten ist das eine oder andere Programmiermodell oder eine Mischung aus einigen sinnvoll.

In diesem Kapitel werden die primären Konzepte der Programmierung der Benutzeroberfläche behandelt. Dazu gehören:

- Die HTML-Steuerelemente

  Diese Steuerelemente lassen sich serverseitig programmieren und bilden HTML direkt ab. Sie sind einfach, schnell und übertragen das Modell von HTML ohne Umwege in die Welt von ASP.NET.

- Die Web-Steuerelemente

  Diese Steuerelemente sind komplexer und werden bei Erstellen der Seite durch den als „Rendern" bezeichneten Vorgang in eines oder mehrere HTML-Elemente konvertiert und optional mit Styles versehen. Einige Steuerelemente sind sehr komplex und widmen sich spezifischen Aufgaben. Sie finden Informationen darüber an folgenden Stellen:

  - Allgemeine Web-Steuerelemente in diesem Kapitel
  - Navigationssteuerelemente und Navigationstechniken
  - Datengebundene Steuerelemente und Datenausgabe

- Webparts

  Webparts stellen eine Möglichkeit dar, das Layout der Seite vom Benutzer selbst in gewissen Grenzen zu verändern. Damit sind interaktive Webseiten für sogenannte Web 2.0-Anwendungen sehr leicht zu erstellen.

Steuerelemente für die Anmeldung und Authentifizierung werden im Kapitel 20 „Sicherheit und Benutzerfunktionen" gezeigt. Das Steuerelement für Diagramme (Charts) wird in Kapitel 27 erläutert.

Die mobilen Steuerelemente gehören auch zu dieser Gruppe. Ältere mobile Geräte konnten nur teilweise vollwertige Webseiten darstellen. Wenn solche mobilen Geräte explizit unterstützt werden sollen, können spezielle mobile Steuerelemente diese Unterstützung stark vereinfachen. Alle modernen Geräte verfügen aber über Browser, die sich wie auf dem PC verhalten. Die Betrachtung mobiler Steuerelemente wurde deshalb hier ausgespart. Einen Abriss finden Sie online.

10.1 Das Entwurfszeitverhalten

Die Schnittstelle zum Anwender wird durch das gebildet, was der Browser anzeigt. Dies sind – im weitesten Sinne – die WebForms. Dies ist ein Oberbegriff für eine gestaltungsorientierte Softwareentwicklung, der an „WinForms" aus der Windows-Programmierung angelehnt ist. Letztlich dreht sich alles um die Gestaltung der Benutzerschnittstelle und die Hinterlegung der benötigten Funktionalität.

Dabei geht es um weit mehr, als klassische HTML-Formulare erfassen. Einfache Seiten mögen mit einem entsprechenden grafischen Designer leicht zu erstellen sein. Komplexere Seiten, datengebundene Elemente und dynamische Seitenteile erschweren den Umgang mit Steuerelementen. In Visual Studio stehen deshalb einige Funktionen zur Verfügung, die die Arbeit im Designer erleichtern sollen.

Entwurfszeitverhalten

Generell kann bei allen Steuerelementen zwischen dem Laufzeitverhalten und dem Entwurfszeitverhalten unterschieden werden. Das erste ist die Reaktion des Elements zum Ausführungszeitpunkt. Normalerweise wird das Element sich selbst durch Erzeugen des passenden HTML-Stroms darstellen. Dies kann den Abruf einer Datenquelle oder das Verändern von Eigenschaften einschließen. Jedes Steuerelement ist selbst für seine Darstellung verantwortlich. Es gibt keine zentrale Instanz, die dies erledigt. Deshalb lassen sich Steuerelemente anderer Hersteller leicht einbinden. Wenn ein Steuerelement in Visual Studio in der Designeransicht gezeigt wird, läuft ein ähnlicher Prozess ab. Auch hier wird HTML erzeugt und an den Designer zurückgegeben. Dieser kann HTML darstellen. Intern basiert er auf der Render-Komponente des Internet Explorers – MSHTML. Das Steuerelement erkennt an der Art wie es geladen wurde, ob es sich um den Laufzeit- oder Entwurfszeitmodus handelt. Es kann deshalb zu jedem Zeitpunkt eine bestimmte Darstellung wählen. Die `GridView` nutzt dies beispielsweise, um während der Entwurfszeit, wenn keine Daten zur Verfügung stehen, mit Musterdaten aufzuwarten, während zur Laufzeit die echte Datenquelle benutzt wird. Bei der Programmierung eigener Steuerelemente ist dieses Verhalten zu beachten, sonst erscheint zur Entwurfszeit nur ein graues Rechteck, das Visual Studio erzeugt, um überhaupt eine „anfassbare" Zone im Designer zeigen zu können. Weiterhin können Aktionen, die ausgeführt werden können, über sogenannte SmartTags erreicht werden.

Grenzen

Die Entwurfsansicht hat trotz aller Funktionen enge Grenzen. Sie werden deshalb möglicherweise häufig im Markup – dem Code der Seite – arbeiten. Glücklicherweise wird dort auch IntelliSense unterstützt, ebenso wie das PropertyGrid, das alle verfügbaren Eigenschaften anzeigt und die direkte Eingabe mit speziellen Editoren erlaubt.

10.1.1 IntelliSense

IntelliSense wird auch in der Code-Ansicht des Markups unterstützt. Auch wenn der Designer durchaus brauchbare Ergebnisse liefert, ist es für viele Entwickler angenehmer, den Markup-Teil selbst zu coden. Mit IntelliSense ist dies ausgesprochen effektiv. Auch selbst erstellte Benutzersteuerelemente werden unterstützt und bieten ihre Eigenschaften an. Das hat freilich auch Grenzen. Meta-Attribute, wie `meta:resourcekey`, oder Ausdrücke die Ausdrucks-Generatoren bereitstellen, werden nicht direkt unterstützt. IntelliSense betrachtet diese als Text, vor allem weil Prinzip bedingt kein Code dahinter steht, der per Reflection ausgelesen werden könnte. Funktionieren tun sie natürlich trotzdem und spätestens beim Übersetzen der Seite fällt auf, wo was schiefgelaufen ist.

IntelliSense

10.1.2 PropertyGrid

In der Designer-Ansicht können Sie Eigenschaften der Elemente im Eigenschaften-Browser – bekannt als PropertyGrid – bearbeiten. Das PropertyGrid kennt jeder, werden Sie vielleicht denken und dies als Anfängerexkurs abtun. Erfahrungsgemäß wissen nicht alle Entwickler, auch die die schon länger mit Visual Studio arbeiten, dass sich eine ganze Reihe von Funktionen hinter der schlichten Darstellung verbergen.

Abbildung 10.1 PropertyGrid für eine Tabelle

Das PropertyGrid verfügt über verschiedene Techniken zur Auswahl von Eigenschaften, wie beispielsweise Dropdown-Steuerelemente oder Dialoge. In der linken Spalte können zusätzliche Symbole erscheinen, die auf besondere Zustände hinweisen, wie bei Eigenschaften, die per Datenbindung gebunden sind.

10.1.3 Smart Tags

Viele der Steuerelemente in ASP.NET 4 haben schon seit ASP.NET 2.0 ein Smart-Tag. Dabei handelt es sich um ein PopUp-Menu, welches zur Entwurfszeit der Webseite von Visual Studio 2010 zur Verfügung gestellt wird. Ob ein Steuerelement ein SmartTag zur Verfügung stellt oder nicht, erkennt man an dem kleinen schwarzen Dreieck in dem Rahmen oben rechts neben dem Steuerelement, wie in Abbildung 10.2 für ein `GridView`-Steuerelement dargestellt.

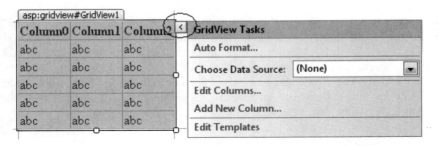

Abbildung 10.2 Ein SmartTag-Menu am Beispiel des Steuerelements GridView

Alle Steuerelemente, die in Aussehen, Farbe und Form variieren können, verfügen über ein SmartTag-Menü mit dem Eintrag `AutoFormat`. Der damit angezeigte Dialog enthält vorgefertigte Formatierungseinträge. Diese ermöglichen ein einheitliches Aussehen aller Steuerelemente auf einer Webseite.

SmartTags sind eine Erweiterung von Visual Studio. Sie sollen die Eingabe oft wiederkehrender Eigenschaften vereinfachen, indem sie einen Assistenten zur Verfügung stellen, in dem die wichtigsten Eigenschaften gesetzt werden können. Alle diese Eigenschaften können auch ohne die Verwendung von Visual Studio in Form entsprechenden XML-Knoten als Eigenschaften der entsprechenden Steuerelemente, wie von ASP.NET gewohnt, gesetzt werden. Wenn im Folgenden von dem SmartTag-Menü und seinen Funktionen die Rede ist, ist immer auch das manuelle Setzen der Eigenschaften möglich.

10.2 HTML-Steuerelemente

In den vorangegangenen Kapiteln wurden Server-Steuerelemente bereits gelegentlich verwendet. Sie erlauben den einfachen programmtechnischen Zugriff auf HTML-Tags. In diesem Abschnitt werden einleitend die einfachen HTML-Steuerelemente gezeigt.

10.2.1 Einführung in die Steuerelemente-Welt

HTML programmieren

Im Gegensatz zu den später besprochenen Webserversteuerelementen werden als HTML-Steuerelemente solche bezeichnet, die eine direkte Entsprechung als HTML-Tag haben. Sie entstehen, indem im entsprechenden HTML-Tag das Attribut `runat="server"` ergänzt wird. Damit der Zugriff vom Programm aus erfolgen kann, ist noch das Attribut `id` erforderlich. Alle so gekennzeichneten Tags werden Teil einer Auflistung innerhalb des Objekts `Page` bzw. untergeordneter Kollektionen anderer Steuerelemente. Je nach Typ und Inhalt werden verschiedene Eigenschaften und Methoden zur Verfügung gestellt. Damit lassen sich die Attribute und bei Container-Elementen auch der Inhalt vom Code aus verändern.

In der Klassenhierarchie des .NET-Frameworks werden die HTML-Steuerelemente im Namensraum `System.Web.UI.HtmlControls` definiert. UI steht für User Interface, es handelt sich also um eine Klasse, die der Gestaltung der Benutzerschnittstelle dient. Dieser Namensraum wird in ASP.NET-Seiten automatisch bereitgestellt. Lediglich beim Einsatz der Code Behind-Technik müssen Sie den Zugriff explizit deklarieren. Dann schreiben Sie an den Anfang der Datei folgende Zeile:

Namensraum

```
using System.Web.UI.HtmlControls;
```

> **HINWEIS**
>
> Wenn Sie mit Visual Studio arbeiten, wird der benötigte Namensraum immer automatisch eingebunden. HTML-Elemente, die Sie aus der Toolbox im Designer hinzufügen, sind immer HTML- bzw. Webserver-Steuerelemente.

Ereignisverarbeitung

Wie viele andere Objekte, kennen auch HTML-Steuerelemente Ereignisse, die auf Benutzeraktionen reagieren. Mit entsprechend benannten Ereignisbehandlungsmethoden können Sie diese im Code abfangen. Der Name ist frei wählbar, solange er den Bedingungen der Namensvergabe für Methodennamen in der gewählten Programmiersprache entspricht. Er wird im HTML-Element selbst meist als Attribut `onClick` festgelegt (es gibt noch einige andere Attribute für Ereignisse, aber die Reaktion auf einen Mausklick ist die häufigste). Beachten Sie, dass dieses Verarbeitungsprinzip nichts am üblichen Ablauf zwischen Browser und Webserver ändert. Wenn Sie auf ein Klickereignis reagieren möchten, wird der Browser das Formular an den Server absenden.

Ereignisbehandlung

Wenn der Benutzer einen Link anklickt, wird er den HTTP-Befehl GET auslösen, wenn der Link außerhalb eines Formulars liegt. Innerhalb wird dagegen JavaScript verwendet, um die im Link verknüpften Informationen per HTTP-POST zu übertragen. Dies funktioniert so, weil ASP.NET die fertige Seite um die entsprechenden Funktionen ergänzt und sich dazu einer mitgelieferten JavaScript-Bibliothek bedient.

In jedem Fall handelt es sich also um eine Anforderung des Clients. Damit der Server nun zuordnen kann, welches Formular zurückgesendet wird, wird ein verstecktes Feld mit Statusinformationen erzeugt, dem sogenannten Anzeigestatus (ViewState). Der Anzeigestatus kann für jedes Element und die gesamte Seite ein- und ausgeschaltet werden.

Kompatibilität zu HTML

Der vollkommen auf HTML und HTTP aufbauende Verarbeitungszyklus der HTML-Steuerelemente führt auch zu einer sehr wichtigen Aussage: Alle Steuerelemente sind vollständig HTML-kompatibel und lassen sich mit allen Browsern darstellen. Es handelt sich nicht um Nachfahren der ActiveX-Controls oder ähnlicher proprietärer Erweiterungen, die oft nur mit dem Internet Explorer verwendet werden konnten.

Für alle Browser

10.2.2 Prinzipieller Umgang mit HTML-Steuerelementen

Die Gegenüberstellung

Da jedes HTML-Steuerelement eine Entsprechung in HTML besitzt, ist eine direkte Gegenüberstellung der Namen mit den Tags sinnvoll. Tabelle 10.1 zeigt die explizit vorhandenen Klassen und die passenden HTML-Tags:

Tabelle 10.1 HTML-Steuerelemente

HTML-Tag	Klassenname
`<a>`	`HtmlAnchor`
`<button>`	`HtmlButton`
Alle sonstigen Tags, die alleinstehend auftreten, beispielsweise ` `	`HtmlControl`
`<form>`	`HtmlForm`
Dient zur der Generierung neuer Elemente	`HtmlGenericControl`
`<img>`	`HtmlImage`

`<input type="button">`
`<input type="reset">`
`<input type="submit">`
	`HtmlInputButton`

`<input type="checkbox">`	`HtmlInputCheckBox`

`<input type="text">`
`<input type="file">`
`<input type="submit">`
	`HtmlInputControl`

`<input type="file">`	`HtmlInputFile`
`<input type="hidden">`	`HtmlInputHidden`
`<input type="image">`	`HtmlInputImage`
`<input type="radio">`	`HtmlInputRadioButton`
`<input type="text">` `<input type="password">`	`HtmlInputText`
`<select>`	`HtmlSelect`
`<textarea>`	`HtmlTextArea`
`<input type="checkbox">`	`HtmlCheckBox`
`<table>`	`HtmlTable`
`<td>`	`HtmlTableCell`
`<tr>`	`HtmlTableRow`
Mehrere Zellen einer Reihe	`HtmlTableCellCollection`
Mehrere Reihen einer Tabelle	`HtmlTableRow-Collection`
`<tr>`	`HtmlTableRow`
Alle sonstigen Tags, die als Container auftreten, beispielsweise `<b>`, `<i>` usw.	`HtmlContainerControl`

Der Schwerpunkt liegt eindeutig bei Formular-Elementen, die aber erfahrungsgemäß auch den meisten Aufwand verursachen und die von der Unterstützung in ASP.NET am ehesten profitieren.

Eine Sonderstellung nimmt die Klasse `HtmlGenericControl` ein, die der Erzeugung allgemeiner neuer Objekte oder dem Zugriff auf allgemeine Tags dient, die dann der Elemente-Kollektion der Seite hinzugefügt werden können. Erreicht wird das korrespondierende Objekt über den aus dem Attribut `id` abgeleiteten Namen.

<small>HtmlGenericControl</small>

In hinterlegtem Code ist zusätzlich die Deklaration notwendig, die die Sicherheitsebene `protected` oder `public` haben muss:

```
protected HtmlGenericControl MeinIdName;
```

Das Prinzip der Steuerelemente-Hierarchie der Seite

Besteht die gesamte Seite nach der Analyse aus HTML-Steuerelementen, ist die Manipulation leicht möglich. Betrachtet man die Elemente als Hierarchie, ist auch die Anordnung neuer Elemente an einer bestimmten Stelle möglich. So kann HTML sehr gut programmtechnisch manipuliert werden.

Die folgende Abbildung zeigt das Prinzip des Zusammenhanges zwischen den Steuerelementen (Links), die als Ausgangspunkt dienen. Bei der Abarbeitung des Programms erfolgt die Verarbeitung im Code (Mitte), woraus dann am Ende des Verarbeitungszyklus der HTML-Code für den Browser entsteht (Rechts). Wenn der Benutzer nun mit der Seite interagiert, beispielsweise durch Anklicken einer Schaltfläche, wird das Formular zurück zu Server gesendet, sie Seite erneut verarbeitet (Mitte) und die Ereignisse werden verarbeiten, die mit der Benutzeraktion korrespondieren. Dies führt möglicherweise zu einem anderen Seitenaufbau.

Universeller Zugriff auf HTML-Tags

Wie bereits in der Tabelle angedeutet, gibt es nur für die wichtigsten HTML-Tags eine direkte Entsprechung in Form einer eigenen Klasse. Der Zugriff ist aber generell auf alle Tags möglich, wenn diese mit `runat="server"` zum Bestandteil der Hierarchie gemacht werden. Diese Elemente werden automatisch von der abstrakten Klasse `HtmlControl` bzw. `HtmlContainerControl` abgeleitet. Der Unterschied besteht lediglich darin, wie die Elemente auftreten dürfen. So enthalten einige keinen Inhalt, wie beispielsweise `<hr/>` oder `<br/>`. Containerelemente treten dagegen paarweise auf, dazu gehören `<b></b>` usw.

<small>HtmlControl
HtmlContainerControl</small>

Eine wichtige Eigenschaft ist `Attributes`. Dies ist eine Kollektion, da Elemente mehr als ein Attribut enthalten können. Das Beispiel in Listing 10.1 zeigt die Anwendung.

<small>Attribute-Kollektion</small>

Listing 10.1 Anwendung von HTML-Steuerelemente

```
<script language="C#" runat="server">
void Page_load()
{
  ❶ head1.Attributes["style"] = "color:" +
                      Request.QueryString["header"];
}
</script>
<html>
```

10 Steuerelemente und WebParts

```
<head>
    <title>HTMLControl</title>
</head>
<body>
    <h1 style="" ❷ id="head1" ❸ runat="Server">
        Willkommen auf unserer Website</h1>
    Viel Spaß mit unseren Angeboten:
    <ul>
        <li><a href="htmlcontrol.aspx?header=blue">
            Blaue Überschrift sehen</a></li>
        <li><a href="htmlcontrol.aspx?header=red">
            Rote Überschrift sehen</a></li>
        <li><a href="htmlcontrol.aspx?header=green">
            Grüne Überschrift sehen</a></li>
    </ul>
</body>
</html>
```

Zum HTML-Steuerelement wird hier das Tag `<h1>` bestimmt. Manipuliert wird das Attribut `style`, mit dem sich die Gestaltung über Cascading Style Sheets (CSS) bestimmen lässt. Die Definition erfordert neben dem Attribut ❸ `runat="server"` auch die Vergabe eines Namens über die Eigenschaft ❷ `id`. Der Name des Objekts ist nun `head1`. Der Zugriff auf eine bestimmte Eigenschaft erfolgt über die bereits verwendete Schreibweise für Kollektionen ❶. Die meisten Eigenschaften sind sowohl schreib- als auch lesbar.

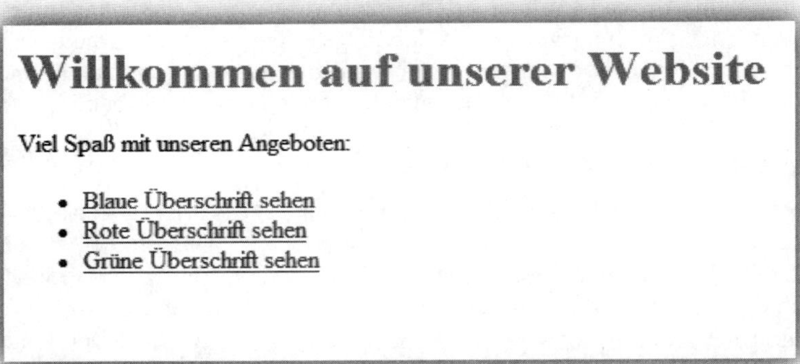

Abbildung 10.3 Nach dem Klick auf einen Link wechselt die Farbe der Überschrift

Umgang mit der Objekthierarchie

HTML-Tags können innerhalb der Seite nicht nur sequenziell, sondern auch hierarchisch auftreten:

```
<b>
  <i>
  </i>
</b>
```

In dieser Folge ist `<i>` dem Tag `<b>` untergeordnet. Da alle Objekte innerhalb der Seite instanziiert werden, spielt das nicht zwingend eine Rolle bei der Programmierung. Wenn Sie aber auf die Hierarchie Rücksicht neben müssen, gibt es einen

Weg, die Anordnung zu ermitteln. `HtmlControl` kennt dazu die Eigenschaft `Controls`, die ein Objekt vom Typ `ControlCollection` zurückgibt. Dies ist eine Kollektion der Objekte, die dem betreffenden Objekt untergeordnet sind. Dies ist nur dann der Fall, wenn es sich um Containerelemente handelt. Einfache Tags können in der Kollektion zwar selbst enthalten sein, haben aber keine Kindelemente.

Neben dem Zugriff auf Tags kann auch jedes Attribut erreicht werden. Da häufig CSS verwendet wird und das style-Attribut in HTML wiederum viele Anweisungen enthalten kann, besteht zusätzlich eine Möglichkeit, auf jeden einzelnen Stilwert zuzugreifen. Beide, Attribute und Stile, bilden Kollektionen, wenn mehrere Werte vorhanden sind.

Attribute

Damit bei der Abfrage das Programm nicht hängen bleibt, wenn ein Element ohne die erwarteten Kindelemente angetroffen wird, ist noch die Methode `HasControls` von Bedeutung. Sie gibt `true` zurück, wenn weitere Kindelemente existieren. Typisch für den Umgang mit Hierarchien sind rekursive Methoden. Diese rufen sich selbst auf und können beliebig tiefe Verschachtelungen analysieren. Das folgende Beispiel zeigt eine solche Anwendung:

Listing 10.2 Auslesen aller HTML-Steuerelemente einer Seite mit Attributen

```
<body>
  <h1>Willkommen auf unserer Website</h1>
  Viel Spaß mit unseren Angeboten:
  <ul runat="server" type="disk">
     <li runat="server" style="color:red">
         Blaue Überschrift sehen</li>
     <li runat="server" type="square"
         style="color:blue; font-weight:bold">
         Rote <b runat="server">Überschrift</b> sehen</li>
     <li runat="server">Grüne Überschrift sehen</li>
  </ul>
  Servercontrols:<br/>
  <pre><asp:label id="ausgabe" runat="server"/></pre>
</body>
```

Die eigentliche Arbeit wird in der Code-Datei und dort in der Methode `GetControls` erledigt:

Listing 10.3 Auswertung generischer HTML-Serversteuerelemente

```
public class HtmlControlContainer : System.Web.UI.Page
{
❶ protected Label ausgabe;

   void ❷ Page_Load(Object sender, EventArgs e)
   {
      GetControls(Page);
   }

   void GetControls(❸ Control c)
   {
      if (❹ c.HasControls())
      {
         if (❺ c is HtmlControl)
         {
            HtmlControl hc = ❻ (HtmlControl) c;
            ❼ ausgabe.Text += ("&lt;" + hc.TagName);
            ICollection hk = ❽ hc.Attributes.Keys;
```

```
            foreach(string ss in hk)
            {
        ❾   ausgabe.Text += (" " + ss + "=\"" + ↵
                hc.Attributes[ss] + "\"");
            }
        ❿   ausgabe.Text += ("&gt; (ID = \"" ↵
                + hc.ClientID + "\")<br/>");
        }
        if (c.HasControls())
        {
    ◆       foreach(Control cs in c.Controls)
            {
                getControls(cs);
            }
        }
    }
}
```

Die Tags, die untersucht werden können, sind im HTML-Teil des Beispiels mit `runat="Server"` gekennzeichnet. Die Ausgabe der Analyse erfolgt mit einem Web Server-Steuerelement:

`<asp:label id="ausgabe" runat="server"/>`

Damit darauf zugegriffen werden kann, muss bei hinterlegtem Code eine entsprechende Deklaration erfolgen ❶. Der Modifizierer `protected` gibt die Sichtbarkeit innerhalb des Moduls an. Sie müssen hier entweder `protected` oder `public` verwenden. Dann folgt der Typ des Steuerelements, hier `Label`. Als letztes ist der Namen anzugeben, der exakt der Schreibweise im Attribut `id` entsprechen muss.

> **HINWEIS** Bitte beachten Sie an dieser Stelle, dass es einen Unterschied zwischen einer „Web Seite" und einer „Web Anwendung" gibt. In diesem Zusammenhang wesentlich ist die Erfordernis Elemente der Seite nur für „Web Seiten" explizit zu deklarieren. „Web Anwendungen" verwenden sogenannte partielle Klassen und enthalten diese Deklaration in dem vom Assistenten erzeugten Code-Teil.

Das eigentliche Programm startet in `Page_Load` ❷. Hier wird die Methode `GetControls` aufgerufen, als Argument wird die Seite selbst übergeben. Der Zugriff auf das `Page`-Objekt wäre zwar auch direkt möglich, die Methode soll sich aber rekursiv aufrufen und dabei wechselt der Typ des Parameters später.

> **HINWEIS** Rekursive Aufrufe werden oft verwendet, wenn eine beliebig verschachtelte Struktur durchlaufen werden soll. Dabei ruft sich die entsprechende Methode selbst so lange auf, bis das Ende der Struktur erreicht ist.

Die Definition erwartet, dass ein Wert vom Typ `Control` übergeben wird ❸. Damit wird beim ersten Aufruf eine implizite Typumwandlung erforderlich, die C# selbstständig erledigt. In der Variablen `c` stehen jetzt nur noch alle Objekte vom Typ `Control`. Nun wird überprüft, ob das Argument weitere Steuerelemente enthält ❹. Ist das der Fall, wird untersucht, ob es sich um HTML-Steuerelemente vom Typ `HtmlControl` handelt. Nicht alle Kindelemente des Objekts `Page` müssen dies sein ❺. Wenn das so ist, wird eine explizite Typumwandlung durchgeführt; das Objekt wird mehrfach benötigt. Beachten Sie, dass dies unbedingt erforderlich ist, da die Tatsache, dass es sich um ein HTML-Steuerelement handelt, noch nicht zur Um-

10.2 HTML-Steuerelemente

wandlung des Typs `Control` führt. Sie können nicht erwarten, dass der Compiler dies erkennt, da es aus Sicht der Programmlogik nicht zwingend eindeutig ist ❺. `hc` ist nun tatsächlich ein Objekt vom Typ `HtmlControl`, das auch sicher ein HTML-Steuerelement ist. Diese Objekte besitzen eine Reihe von Eigenschaften; die wichtigsten werden am Ende des Abschnitts zusammengefasst. Zuerst wird der Name des Tags ausgelesen und dem Anzeigeelement zugewiesen ❼. Zum Auslesen gibt es viele Verfahren. Hier wird die Kollektion über die Schlüssel erreicht. Die Variable `hk` bildet eine einfache Kollektion vom Typ `ICollection`. Die Eigenschaft `Keys` gibt die Schlüssel aus ❽.

Nun werden alle Attribute anhand der Schlüssel mit einer `foreach`-Schleife durchlaufen. Hier wird direkt auf die Attribute zugegriffen. Dies ist möglich, da die Kollektion intern ein C#-Indexer ist ❾.

Eine weitere Eigenschaft ermittelt die interne ID des Elements. Die Vergabe einer ID ist nicht zwingend notwendig, außer wenn Sie im Code darauf zugreifen wollen. ASP.NET vergibt selbstständig eindeutige ID-Nummern, wenn dies für die interne Verarbeitung notwendig ist. In diesem Beispiel sollen diese angezeigt werden. Dazu wird die Eigenschaft `ClientID` abgefragt. Wird keine ID angegeben, sind `ID` und `ClientID` identisch ❿.

Der letzte Teil der Methode `GetControls` dient dem rekursiven Aufruf. Dazu wird wieder überprüft, ob das Objekt weitere untergeordnete Steuerelemente enthält ◆. Ist das der Fall, werden diese mit `foreach` durchlaufen und die Methode für jedes Element aufgerufen. Durch die Rekursion wird dieser Prozess beliebig tief fortgesetzt. Irgendwann ist `HasControls` nicht mehr `true`. Dann läuft die Methode zum Ende durch und löst die rekursiven Aufrufe wieder auf.

HasControls

Willkommen auf unserer Website

Viel Spaß mit unseren Angeboten:

- Blaue Überschrift sehen
- **Rote Überschrift sehen**
- Grüne Überschrift sehen

Servercontrols:

```
<ul type="disk"> (ID = "ctl00")
<li style="color:red"> (ID = "ctl01")
<li type="square" style="color:blue; font-weight:bold"> (ID = "ctl02")
<b> (ID = "ctl03")
<li> (ID = "ctl04")
```

Abbildung 10.4 Ausgabe serverseitig verwalteter Elemente mit Attributen

10 Steuerelemente und WebParts

Methoden und Eigenschaften

Wenn Sie derartige Zugriffe auf die HTML-Steuerelemente entwerfen, sollten Sie die wichtigsten Methoden und Eigenschaften kennen. Die Tabellen am Ende des Abschnitts fassen diese zusammen.

Container verhalten sich im Prinzip ebenso, zusätzlich kann aber der Inhalt kontrolliert werden. Dazu dienen die Eigenschaften `InnerHtml`, `InnerText` und bei einigen Elementen `Text`.

Besonderheiten der Container-Steuerelemente

Container enthalten Text oder andere Steuerelemente

Container-Steuerelemente können Text enthalten. Wenn Sie beispielsweise eine Fehlermeldung nur bei Bedarf anzeigen lassen möchten, können Sie den Text vom Programm aus leicht beeinflussen. Das folgende Beispiel zeigt die Anwendung:

Listing 10.4 Anwendung von Container Controls

```
<body>
    <h1>Willkommen auf unserer Website</h1>
❶   <div style="background-color:#eeeee; font-family:Arial"
        runat="Server" id="errormessage"/>
    Wählen Sie den richtigen Link:<br/>
    <ul>
        <li><a href="htmlcontainer.aspx?test=2">
            Versuch 1</a></li>
        <li><a href="htmlcontainer.aspx?test=1">
            Versuch 2</a></li>
        <li><a href="htmlcontainer.aspx?test=2">
            Versuch 3</a></li>
    </ul>
</body>
```

Die Auswertung der GET-Parameter erfolgt in der `Page_Load`-Methode:

Listing 10.5 Auswertung der Parameter

```
public class HtmlControlContainerText : System.Web.UI.Page
{
  protected void Page_Load(Object sender, EventArgs e)
  {
    switch (Convert.ToInt32(Request.QueryString["test"]))
    {
      case 0:
❷       errormessage.InnerText = "";
        break;
      case 1:
❷       errormessage.InnerText = "Super, das war richtig";
        break;
      case 2:
❷       errormessage.InnerText = "Schade, falscher Link";
        break;
    }
  }
}
```

Die Seite enthält einen serverseitigen Container:

```
<div runat="Server" ❶ id="errormessage"/>
```

Auf das Objekt mit dem Namen `errormessage` ❶ kann nun außer mit den bereits bei `HtmlControl` beschriebenen Eigenschaften auch mit `InnerText` und `InnerHtml` zugegriffen werden. Damit ist die Manipulation des eingeschlossenen Textes möglich.

Die Eigenschaft `InnerText` ❷ schreibt den Text nicht nur in das Tag, sondern maskiert auch die für HTML wichtigen Zeichen, dabei werden „<", „>" und „&" durch die Entitäten „<", „>" und „&" dargestellt. Wenn HTML ausgegeben werden soll, ist deshalb `InnerHtml` zu verwenden.

InnerText
InnerHtml

Abbildung 10.5 Erzeugen von Text zur Laufzeit

10.2.3 Gemeinsame Eigenschaften und Methoden

Die meisten HTML-Steuerelemente besitzen einen Pool von gemeinsamen Eigenschaften und Methoden, abgeleitet aus der Klasse `Control`.

Wichtige Eigenschaften

Dieser Abschnitt zeigt die wichtigsten Eigenschaften und Methoden der HTML-Steuerelemente in tabellarischer Form.

Tabelle 10.2 Ausgewählte Eigenschaften der HTML-Steuerelemente

Eigenschaft	Bedeutung
`Attributes`	Kollektion der Attribute
`Style`	Kollektion der Style-Anweisungen des Attributes `style`
`Controls`	Kollektion der untergeordneten `Control`-Objekte
`TagName`	Name des Tags
`Parent`	Zugriff auf das übergeordnete `Control`-Objekt
`ID`	ID, wie im Attribut `id` angegeben
`ClientID`	Automatisch vergebene, interne ID
`ClientIDMode`	Methode, nach der die interne ID vergeben wird (neu in ASP.NET 4)
`Visible`	Steuert die Sichtbarkeit, `true` = Sichtbar, `false` = Unsichtbar

10 Steuerelemente und WebParts

Eigenschaft	Bedeutung
`Disabled`	Steuert, ob das Element aktiv ist. Dies ist nicht bei allen Elementen anwendbar.

Wichtige Methoden

Die wichtigsten Methoden zeigt die folgende Tabelle:

Tabelle 10.3 Methoden der HTML-Steuerelemente

Methode	Bedeutung
`ToString`	Zeichenkettendarstellung des Objekts
`RenderControl`	Schreibt das veränderte Element in ein Objekt vom Typ `HtmlTextWriter` zur späteren Ausgabe
`DataBind`	Bindet Datenbankinformationen an das Element (nur für Listenelemente und Tabellen interessant)

Der Umgang mit Datenbindung wird bei den Datenbankfunktionen behandelt.

10.2.4 Basisoperationen mit Steuerelementen

Wenn die gesamte Seite eine Hierarchie von Server-Steuerelementen darstellt, und Sie diese manipulieren können, ist auch das Entfernen und Erzeugen möglich.

Steuerelemente entfernen

LiteralControl

Das Entfernen ist mit den Mitteln einer Kollektion möglich. Alle Steuerelemente einer Ebene sind in solchen Kollektionen vom Typ `ControlCollection` enthalten. Zum Entfernen wird die Methode `Remove` verwendet, die ein Steuerelement als Argument erwartet, beziehungsweise `RemoveAt`, wo ein numerischer Index erforderlich ist. Wenn alle Elemente entfernt werden sollen, kann `Clear` eingesetzt werden. Der Index ist leicht zu ermitteln. In der Objekthierarchie tauchen nur die Steuerelemente explizit auf, die Sie mit `runat="server"` gekennzeichnet haben. Alles Übrige wird als Objekt vom Typ `LiteralControl` verfügbar gemacht. Wie das bei einem typischen HTML-Quelltext aussieht, ist der folgenden Abbildung zu entnehmen.

Abbildung 10.6 Indizierung der Steuerelemente einer HTML-Seite

Indizierung der Elemente

Als `HtmlControl`- oder `HtmlContainerControl`-Steuerelement werden nur diejenigen erfasst, die entsprechend gekennzeichnet sind. Alles Übrige wird zusammengefasst und steht als `LiteralControl`-Objekt in Form von Text zur Verfügung. Die interne Indizierung beginnt mit 0. In Abbildung 10.6 sind dies die Elemente 0, 2, 4 und 6. Um beispielsweise aus dem gezeigten Code den zweiten Link zu entfernen, eignet sich folgende Vorgehensweise:

Listing 10.6 Entfernen eines HTML-Steuerelements

```
protected void Page_Load()
{
    if (Page.HasControls())
    {
        Page.Controls.RemoveAt(3);
    }
}
```

Hinzufügen von Elementen

Das Hinzufügen von Elementen ist ebenso möglich, setzen Sie dazu die Methode `Add` ein:

Listing 10.7 Hinzufügen von HTML-Code

```
<script language="C#" runat="server">
protected void Page_Load()
{
    if (Page.HasControls())
    {
        ❶ HtmlGenericControl LiElement = new HtmlGenericControl("li");
        ❷ LiElement.InnerText = "Neues Element";
        ❸ Liste.Controls.Add(LiElement);
    }
}
</script>
<html>
  <head>
        <title>HTMLControl</title>
  </head>
  <body>
    <h1>Willkommen auf unserer Website</h1>
    Wählen Sie den richtigen Link:<br/>
    <ul runat="Server" id="Liste">
        <li runat="Server">
        <a href="htmlcontainer.aspx?test=2">
        Versuch 1</a></li>
        <li runat="Server">
        <a href="htmlcontainer.aspx?test=1">
        Versuch 2</a></li>
        <li runat="Server">
        <a href="htmlcontainer.aspx?test=2">
        Versuch 3</a></li>
    </ul>
  </body>
</html>
```

Hier wird zuerst ein neues Steuerelement erzeugt ❶. Dem Konstruktor wird dabei der Name des Elements als Zeichenkette übergeben, in diesem Fall entsteht also ein

`<li>`-Tag. Diesen Tag ist ein Container und kann deshalb mit Text gefüllt werden ❷. Dann wird das Element der Kollektion der Steuerelemente des Tags `<ul>` hinzugefügt. Die Liste wird über den Namen adressiert ❸. Nach Ausführung der Seite werden vier Listenelemente angezeigt:

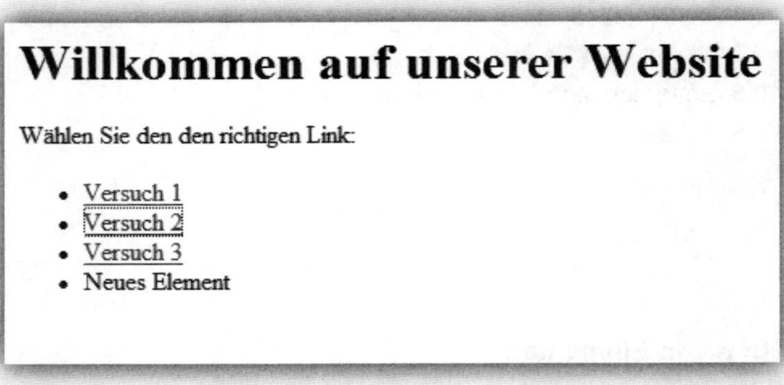

Abbildung 10.7 Seite mit programmtechnisch erzeugtem HTML

10.2.5 Ereignisse der Steuerelemente verarbeiten

Serverseitig Ereignisse verarbeiten

Alle Ereignisse – insbesondere Reaktionen auf die Maus –, die clientseitig verarbeitet werden können, haben in ASP.NET ein vergleichbares serverseitiges Verarbeitungsmodell. Das bedeutet, dass Sie an ein Ereignis wie `OnClick`, also die Reaktion auf einen Mausklick, eine Ereignisbehandlungsmethode im Code binden können. Das führt zwangsläufig immer zum Senden des Formulars, wenn eine sofortige Reaktion erwünscht ist. Ohne sofortiges Senden wird die Behandlung des Ereignisses bis zum Übertragen des Formulars verzögert. Die gesamte Technik entspricht zwar weitgehend der in der Windows-Programmierung, ändert aber nichts am Prinzip des Anforderungs-Antwort-Spiels zwischen Client und Server und ist damit zu allen Clientsystemen kompatibel.

Dennoch ist die Erleichterung der Programmierung enorm. Dies gilt auch bei der Behandlung von Klicks auf Hyperlinks, denn intern bedient sich ASP.NET hier einem kleinen Stück JavaScript, ohne dass Sie sich als Programmierer darum kümmern müssen.

Umgang mit Hyperlinks in Formularen

JavaScript

Normalerweise führt ein Klick auf einen Link zu einer HTTP-GET-Anforderung. Damit ist aber die Übertragung aller anderen Werte, vor allem des in einem versteckten Feld gespeicherten Anzeigestatus, praktisch unmöglich. Wie nun löst ASP.NET dieses Problem?

Das konventionelle Verfahren

Die Lösung ist ebenso trickreich wie banal. Tatsächlich wird hier intern JavaScript verwendet. In der HTML-Programmierung ist dies ein bekanntes und verbreitetes Verfahren. Im Link wird dazu als Ziel eine JavaScript-Funktion angegeben:

```
<a href="javascript:mycall()">Klick mich!</a>
```

10.2 HTML-Steuerelemente

Die Funktion `mycall` wird nun folgendermaßen definiert:

```
mycall()
{
   document.form.action = "formularziel.aspx";
   document.form.submit();
}
```

Der Klick auf den Link führt so zum Senden des Formulars. Damit arbeitet auch ASP.NET. Der einzige Unterschied: Sie müssen JavaScript nicht kennen und brauchen auch keine Funktionen definieren. Um Hyperlinks in Formularen behandeln zu können, müssen Sie diese nur innerhalb der `<form>`-Tags platzieren und zum Server-Steuerelement erklären. Das folgende Beispiel zeigt eine alternative Form der Datenverarbeitung:

Wie ASP.NET JavaScript verwendet

Listing 10.8 Reaktion auf Klickereignisse

```
<script language="C#" runat="Server">
void checkClick(object sender, EventArgs e)  ❸
{
    HtmlAnchor Link = (HtmlAnchor) sender;  ❹
    Bestaetigung.InnerHtml= "Artikel " + Link.InnerText + ↵
                            " mit ID " + Link.ID + ↵
                            " wurde gew&auml;hlt.";
}
</script>

<html lang="de">
    <head>
        <title>Shop</title>
    </head>
    <body>
        <h1> Shop </h1>
        Unsere Produkte:
        <form runat="server" id="myform">
        <ul>
            <li>
            <a runat="server" id="A0001"  ❶
            ❷ onServerClick="checkClick">Produkt 1</a></li>
            <li>
            <a runat="server" id="A0002"  ❶
            ❷ onServerClick="checkClick">Produkt 2</a></li>
            <li>
            <a runat="server" id="A0003"  ❶
            ❷ onServerClick="checkClick">Produkt 3</a></li>
        </ul>
        </form>
        <div id="Bestaetigung" runat="server"/>
    </body>
</html>
```

Das Programm basiert auf den mit `runat="server"` ❶ zu HTML-Steuerelementen konvertierten `<a>`-Tags. Diese enthalten jeweils ein spezielles Attribut, `onServerClick`. Der Parameter bezeichnet eine Methode, mit der Sie auf das Click-Ereignis reagieren möchten, `checkClick` ❷.

Ereignisbehandlung

Nun ist die Seite vollständig und wird an den Browser gesendet. Jeder Klick auf einen Link führt zum Aufruf der Methode `checkClick`. Diese müssen Sie selbst definieren. Sie hat, wie alle anderen Ereignisbehandlungsmethoden auch, die Parameter Senderobjekt und Ereignisargument ❸. Die Variable `sender` enthält in diesem Fall das Objekt des Steuerelements, das das Ereignis ausgelöst hat. Es wird nun explizit in ein `HtmlAnchor` konvertiert ❹.

Nun kann auf die Eigenschaften und Methoden zugriffen werden, die dieses Objekt enthält. Die folgende Zuweisung erzeugt eine Bestätigung des Links im HTML-Steuerelement `Bestaetigung`, welches am Ende als `<div>`-Tag definiert wurde.

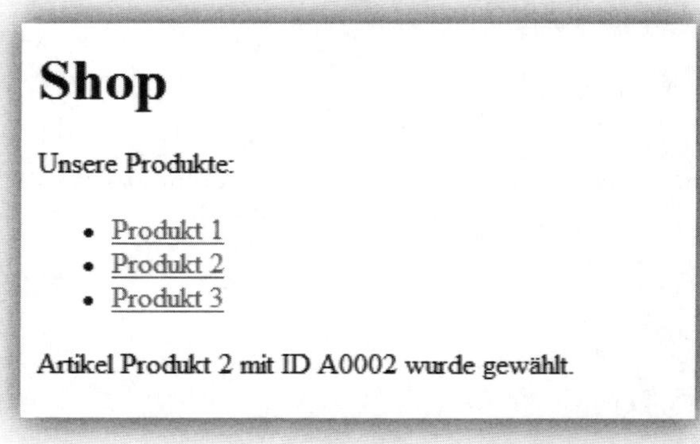

Shop

Unsere Produkte:

- Produkt 1
- Produkt 2
- Produkt 3

Artikel Produkt 2 mit ID A0002 wurde gewählt.

Abbildung 10.8 Nutzung des Anzeigestatus mit Links

Zum Verständnis ist ein Blick in den Quelltext der HTML-Seite sinnvoll. Dort finden Sie das am Anfang erwähnte Verfahren mit JavaScript in der Anwendung:

```
<body><h1> Shop </h1>
Unsere Produkte:
 <form name="myform" method="post" action="AnchorState.aspx" id="myform">
<div>
<input type="hidden" name="__EVENTTARGET" id="__EVENTTARGET" value="" />
<input type="hidden" name="__EVENTARGUMENT"
       id="__EVENTARGUMENT" value="" />
<input type="hidden" name="__VIEWSTATE" id="__VIEWSTATE"
       value="/wEPDwULLTEwOTc1MTA1NjkPZBYCAgMPFg ... />
</div>

<script type="text/javascript">
<!--
var theForm = document.forms['myform'];
if (!theForm) {
    theForm = document.myform;
}
function __doPostBack(eventTarget, eventArgument) {
    if (!theForm.onsubmit || (theForm.onsubmit() != false)) {
       ❷ theForm.__EVENTTARGET.value = eventTarget;
       ❸ theForm.__EVENTARGUMENT.value = eventArgument;
       ❹ theForm.submit();
    }
```

```
}
// -->
</script>
<ul>
  <li>
    <a id="A0001" href="javascript:__doPostBack('A0001','')"> ❶
    Produkt 1</a></li>
  <li>
    <a id="A0002" href="javascript:__doPostBack('A0002','')"> ❶
    Produkt 2</a></li>
  <li>
    <a id="A0003" href="javascript:__doPostBack('A0003','')"> ❶
    Produkt 3</a></li>
</ul>
<div>
    <input type="hidden" name="__EVENTVALIDATION" ↵
      id="__EVENTVALIDATION" value="/wEWBA ... " />
</div>
</form>
<div id="Bestaetigung">Artikel Produkt 1 mit ID ↵
                       A0001 wurde gew&auml;hlt.
</div>
</body>
</html>
```

Automatisches Senden: Die AutoPostBack-Funktion

Wenn ein Ereignis sofort bedient werden soll, muss das gesamte Formular gesendet werden. Dazu ist es clientseitig notwendig, den entsprechenden Auslöser, beispielsweise einen Mausklick, mit einer JavaScript-Funktion zu verbinden, die das Senden zuverlässig veranlasst. Bei Steuerelementen können Sie dies aktivieren, indem das Attribut AutoPostBack auf true gesetzt wird.

Serverseitig wird der Vorgang „Formular wurde gesendet" allgemein erkannt, also unabhängig von einem konkreten Ereignis, dessen Ereignisbehandlungsmethode erst später ausgeführt wird. Innerhalb der Seite steht Ihnen die Eigenschaft IsPostBack, definiert in der Klasse Page, zur Verfügung. Sie können damit überprüfen, ob der Aufruf durch ein Formular oder durch direkten Aufruf der Seite erfolgte.

Serverseitig

Aber wie funktioniert das clientseitig? Zum einen finden Sie den Aufruf der JavaScript-Funktion, die immer den Namen __doPostback ❶ trägt. Die Funktionsdefinition selbst enthält keine Besonderheiten. Einige Steuerelemente können zusätzlich Kommandos versenden, um sich selbst besser zu identifizieren. Das trifft vor allem für Schaltflächen zu. Die beiden Parameter der Funktion werden als eventTarget und eventArgument bezeichnet. Die Übertragung erfolgt, indem die Werte an versteckte Felder übergeben werden ❷, ❸. Das Attribut action wurde bereits im <form>-Tag definiert, verbleibt also nur die Aufgabe, das Formular zu versenden. ❹.

Clientseitig

Das Objekt vom Typ HtmlAnchor kann ein Ereignis onServerClick verarbeiten. Dies können Sie auch für <button> und <input type="button"> einsetzen. Ein zweites Ereignis ist, onServerChange, das auftritt, wenn der Inhalt eines Objekts geändert wurde. Anwendbar ist dies bei folgenden HTML-Steuerelementen:

onServerChange
onServerClick

- <input type="text">
- <input type="password">

- `<input type="checkbox">`
- `<input type="radio">`
- `<input type="image">`
- `<input type="hidden">`
- `<textarea>`
- `<select>`

Das Ereignis wird ausgelöst, wenn der Inhalt eines Feldes des vorhergehenden mit dem aktuellen Formular nicht übereinstimmt. Die Methode, die `onServerChange` bedient, ist vom Typ `void` und kann zwei Parameter vom Typ `object` und `EventArgs` verarbeiten.

10.2.6 Gestalterische Elemente

Auf die Möglichkeit, Attribute von HTML-Steuerelementen programmtechnisch zu verändern, wurde bereits hingewiesen. Das ist im Detail nicht immer einfach, wenn es sich um Attribute handelt, die selbst wieder in viele kleinere Einheiten aufgelöst werden können. Dies trifft für Stylesheets zu. Das folgende Steuerelement enthält mehrere Style-Attribute (mit `runat="server" id="btn"` wird es zum Server-Steuerelement):

```
<input type="button"
       style="font-weight:bold; font-size:24pt;
       color:green"/>
```

Attribut style

Wenn Sie nun auf das Attribut `style` zugreifen, erhalten Sie eine Zeichenkette, die mühevoll zerlegt werden muss. Das erledigt ASP.NET für Sie jedoch automatisch. Das folgende Beispiel zeigt, wie eine Schaltfläche einfach gestaltet werden kann:

Listing 10.9 Gestaltung einer Schaltfläche mit CSS

```
<script language="C#" runat="Server">
void Page_Load()
{
    btn.Value = "Ich bin ein schicker Button";
    btn.Style["font-family"] = "Arial";
    btn.Style["font-weight"] = "bold";
    btn.Style["color"] = "green";
    btn.Style["font-size"] = "24pt";
}

void clickBtn (object sender, EventArgs e)
{
    HtmlInputButton btn = ❶ (HtmlInputButton) sender;
    Bestaetigung.InnerHtml = "Meine Gestaltung basiert auf:<br/>";
 ❷  IEnumerator keys = btn.Style.Keys.GetEnumerator();
    while (❸ keys.MoveNext())
    {
        String key = (String) ❹ keys.Current;
     ❺  Bestaetigung.InnerHtml += key + "='" + btn.Style[key] +
        "'<br/>";
    }
}

</script>
```

10.2 HTML-Steuerelemente

```
<html lang="de">
   <head>
      <title>Schaltfl&auml;che gestalten</title>
   </head>
   <body>
      <h1>Schaltfl&auml;che gestalten:</h1>
      <form runat="server" >
         <input type="button" id="btn"
            runat="server" onServerClick="clickBtn"/>
      </form>
      <div id="Bestaetigung" runat="server"/>
   </body>
</html>
```

Hier wird die Zuweisung der einzelnen CSS-Attribute innerhalb von `Page_Load` erledigt. Die entsprechende Eigenschaft heißt `Style`.

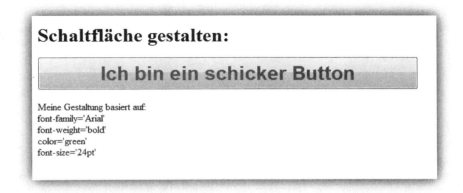

Abbildung 10.9 Gestaltung von HTML-Steuerelemente (ButtonStyle.aspx)

Das Klickereignis übergibt die Schaltfläche als Objekt. Damit es weiterverarbeitet werden kann, ist eine Typkonvertierung erforderlich ❶.

> **ACHTUNG**
> Verwechseln Sie dies nicht mit `HtmlButton`. Diese Klasse bedient `<button>`-Tags, die im Sprachumfang von HTML 4 definiert sind und nur selten zum Einsatz kommen, weil zur praktischen Nutzung immer JavaScript erforderlich ist.

Die `Style`-Eigenschaft ist eine Aufzählung. Innerhalb der Methode `clickBtn`, die ein Anklicken dieser Schaltfläche verarbeitet, werden zur Demonstration alle Elemente ausgelesen. Das geht am einfachsten, indem zuvor die Schlüssel der Kollektion zum Typ `IEnumerator` konvertiert werden ❷.

Style-Attribute verarbeiten

Die Aufzählung wird mit einer `while`-Schleife durchlaufen, wobei bei jedem Durchlauf das nächste Element mit `MoveNext` ausgewählt wird ❸. Dann wird der aktuelle Inhalt des Elements mit `Current` ermittelt ❹. Nun werden dem Ausgabe-Tag der Name und der Wert des `Style`-Attributes zugewiesen ❺. Das Ergebnis war bereits in Abbildung 10.9 zu sehen.

Aufzählung durchlaufen

10.2.7 Dateien per HTTP hochladen (Upload)

Upload

Das Hochladen von Dateien ist ein oft genutzter Bestandteil von interaktiven Webseiten. Selbstverständlich bietet ASP.NET hier eine optimale Unterstützung. Zentraler Punkt ist das HTML-Steuerelement `HtmlInputFile` und die Klasse `HttpPostedFile`.

Vorbereitung des Formulars

enctype-Attribut

Bevor Dateien hochgeladen werden können, müssen[17] Sie das `<form>`-Tag um ein weiteres Attribut ergänzen:

```
<form enctype="multipart/form-data" runat="server">
```

RFC 1867

Damit wird dem Browser mitgeteilt, dass sich die Art der Übertragung der Daten im Körper der HTTP-Nachricht von der eines normalen Formulars unterscheidet. Das ist notwendig, weil die übertragenen Dateien binäre Daten enthalten können und die normale Kodierung, wie sie bei Formulardaten verwendet wird, nur unzureichenden Schutz bietet. Eine genaue Definition des Vorgangs finden Sie in der RFC 1867, „Formularbasiertes Hochladen von Dateien".

Der zweite Punkt besteht darin, ein spezielles Eingabefeld zu erzeugen. Dies erfolgt entweder programmtechnisch über die Klasse `HttpInputFile` oder über ein entsprechend gekennzeichnetes Steuerelement:

```
<input type="file" id="upload" runat="server"/>
```

Dieses Feld unterscheidet sich etwas von anderen Eingabefeldern. Zum einen haben Sie auf die Gestaltung nur wenig Einfluss. Neben dem Eingabebereich erscheint immer eine Schaltfläche mit der Beschriftung AUSWAHL bzw. bei englischem Betriebssystem BROWSE. Sie können diese Beschriftung nicht ändern. Ebenso kann der Inhalt nicht mit `value` vorausgefüllt oder per JavaScript beeinflusst werden. Dies sind keine fehlenden Funktionen, sondern Sicherheitsmaßnahmen. Eine Manipulation des Feldes könnte nämlich über den wahren Einsatz hinwegtäuschen und eine verdeckte Vorauswahl könnte verwendet werden, um ohne weiteres Zutun gezielt Dateien vom Computer des Benutzers zu beschaffen. Da sich die Schaltfläche nicht ändern lässt und es keinen Weg gibt, daran vorbei das Feld zu füllen – abgesehen von der direkten Eingabe – ist das Verfahren relativ sicher.

Das bedeutet natürlich auch, dass der Erhalt des Inhalts mit dem Anzeigestatus nicht funktionieren kann.

Dateien hochladen und auswerten

Der Vorgang des Hochladens besteht aus zwei Schritten:

Ausführung des Ladevorgangs

---

[17] Wenn Sie das korrespondierende Webserver-Steuerelement benutzen, wird das `<form>`-Tag automatisch um dieses Attribut ergänzt. Dazu mehr weiter hinten in diesem Kapitel.

10.2 HTML-Steuerelemente

Kopieren der Datei an ihren endgültigen Bestimmungsort

Der Kopiervorgang ist notwendig, weil ASP.NET die empfangenen Daten erst mal in einem temporären Verzeichnis ablegt. Der Zugriff auf das Dateisystem ist also immer notwendig. Sie müssen dazu folgenden Namensraum einbinden: `System.IO`.

System.IO erforderlich

Das folgende kleine Programm zeigt das Prinzip. Es empfängt Dateien bis maximal 1 MB Größe und legt Sie in einem Unterverzeichnis *data\upload* ab. Anschließend werden verschiedene Informationen über die Datei gesammelt und angezeigt, sowie eine Liste aller bereits hochgeladenen Dateien ausgegeben.

Listing 10.10 Formular zum Hochladen von Dateien

```
<h1>Dateien hochladen</h1>
<form id="HttpUploadFile" method="post" runat="server"
      enctype="multipart/form-data">
   <input type="file" id="HttpUpload" runat="server"/>
   <input type="submit" value="Jetzt übertragen"/>
</form>
<asp:Label Runat="server" ID="FileResult"/>
<asp:GridView Runat="server" ID="FileList"/>
```

Außer dem zuvor beschriebenen Formulartyp ist hier nichts Besonderes zu finden. Die Dateiliste wird über ein nicht weiter gestaltetes `GridView`-Steuerelement ausgegeben. Dies dient hier nur der Demonstration und hat keinen Einfluss auf die Funktion. Eine nähere Betrachtung dazu folgt bei der Beschreibung der `GridView` in Kapitel 11.

Der spannende Teil steckt in der Code-Datei:

Listing 10.11 Verarbeitung von hochgeladenen Dateien

```
public partial class HttpUploadFile : System.Web.UI.Page
{
  private StringBuilder sb = new StringBuilder ();

  private void Page_Load(object sender, System.EventArgs e)
  {
   if (❶ Page.IsPostBack)
   {
     string target = ❷ Server.MapPath ("data/upload") + @"\";
     if (❸ HttpUpload.PostedFile != null)
     {
       HttpPostedFile pf = ❹ HttpUpload.PostedFile;
       if (pf.ContentLength > 0
           & pf.ContentLength < ❺ Math.Pow(2, 20))
       {
         string source = ❻ Path.GetFileName(pf.FileName);
         ❼ pf.SaveAs (target + source);
         sb.Append ("Datei erfolgreich geladen:<br/>");
         sb.AppendFormat ("Dateiname: {0}<br/>", pf.FileName);
         sb.AppendFormat ("Größe: {0}<br/>", pf.ContentLength);
         sb.AppendFormat ("Typ: {0}<br/>", pf.ContentType);
         FileResult.Text = sb.ToString ();
       }
       else
       {
         FileResult.Text = "Datei zu groß oder zu klein: "
            + pf.ContentLength.ToString();
```

```
            }
          }
          FileList.DataSource = Directory.GetFiles (target);
          FileList.DataBind ();
        }
        else
        {
           FileResult.Text = "Noch keine Datei übertragen";
        }
      }
    }
```

Dieses Programm hat mehrere Aufgaben. Zum einen soll geprüft werden, ob überhaupt Daten übertragen wurden. Wenn das der Fall ist, sollen alle Dateien größer als 1 MB abgelehnt werden. Leider können Sie dies erst nach der Übertragung prüfen, die bei ISDN einige Zeit in Anspruch nimmt. Lassen Sie sich hier nicht von der Geschwindigkeit auf einem Entwicklungssystem täuschen.

Der Ablauf beginnt mit der Feststellung, ob es sich um einen PostBack-Vorgang handelt ❶. Ist das der Fall, wird zuerst der Zielpfad ermittelt ❷. Dann wird geprüft, ob die Datei übertragen wurde. Wenn die Übertragung erfolgreich war, existiert ein entsprechendes Objekt vom Typ HttpPostedFile ❸. Nun wird daraus ein reguläres HttpPostedFile-Objekt erstellt. Das ist nicht zwingend notwendig, erleichtert aber den Zugriff auf die Dateieigenschaften etwas ❹.

Jetzt folgt die Prüfung der Dateigröße; 2^{20} entspricht exakt 1 MB ❺. Stimmen alle Bedingungen, kann die Datei an ihren Bestimmungsort transportiert werden. Dafür ist aus dem temporären Dateinamen der blanke Name zu bestimmen ❻. Dann wird die Datei an diesen Ort kopiert ❼.

> **HINWEIS** Die temporären Dateien werden im Rahmen der Garbage Collection entfernt. Sie müssen sich nicht darum kümmern, den Platz frei zu geben.

Abbildung 10.10 Verhalten des Programms zum Hochladen von Dateien

Im Beispiel werden nun noch einige Informationen über die Datei ermittelt. Die Zusammenfassung erfolgt in einem StringBuilder-Objekt (hierfür ist der Namensraum `System.Text` erforderlich). Beachtenswert ist auch die Anzeige des Dateityps. Diese erfolgt im MIME-Format.

Direkter Zugriff auf binäre Dateidaten

Eine weitere Eigenschaft ist für die Praxis interessant: `InputStream`. Damit erhalten Sie direkten Zugriff auf den Datenstrom. `InputStream` ist vom Typ `System.IO.Stream`. Viele andere Klassen verfügen über Methoden und Eigenschaften, die Daten aus einem `Stream` annehmen. So können Sie empfangene Bilddaten gleich im entsprechenden Format aufnehmen und weiterverarbeiten – ohne den Umweg über das Dateisystem (`HttpUpload` ist das `HtmlInputFile`-Objekt): — Direktzugriff

Listing 10.12 Auszug aus dem Beispiel

```
System.IO.Stream st = HttpUpload.PostedFile.InputStream;
❶ System.Drawing.Image img = System.Drawing.Image.FromStream (st);
❷ int width = img.Width;
int height = img.Height;
```

Die Daten werden direkt in ein `Image`-Objekt geladen ❶ und mit Hilfe der GDI+ Bibliothek direkt weiter verarbeitet. Breite und Höhe eines Bildes werden vom Image Objekt bereit gestellt ❷. Mit der gesamten GDI+-Bibliothek kann nun die Verarbeitung der Daten erfolgen.

10.3 Webserver-Steuerelemente

Webserver-Steuerelemente sind ebenso wie die HTML-Steuerelemente für das Erzeugen von HTML-Code zuständig. Es gibt jedoch wesentliche Unterschiede, die den Einsatz der einen oder anderen Version sinnvoll erscheinen lassen.

Webserver-Steuerelemente sind teilweise komplexer als HTML-Steuerelemente und erlauben eine echte Abstraktion von der HTML-Ebene. Das bedeutet, dass die Definition generell mit eigenen Tags und unabhängig vom Objektmodell von HTML erfolgt. Dadurch kann ein Webserver-Steuerelement mehr als ein HTML-Tag generieren bzw. verwalten. Sie sind insgesamt reichhaltiger und strenger typisiert. — Hohe Abstraktion

HTML kennt per se keine Datentypen. Das führt dazu, dass Attribute bei HTML-Steuerelementen immer als Zeichenkette betrachtet werden. Tatsächlich sind aber bestimmte Attribute durchaus an bestimmte Datentypen bindbar, wie beispielsweise die Breite einer Tabellenzelle (`width="43"`, Typ `Unit`). Hier ist entweder eine ganze Zahl oder ein Prozentwert möglich, aber mit Sicherheit nie eine Zeichenkette. Webserver-Steuerelemente besitzen für alle in HTML zulässigen Attribute einzelne Eigenschaften. Insofern ist die Programmierung damit strenger am Klassen- und Typkonzept des NET-Frameworks ausgerichtet. Von Vorteil ist auch die Verfügbarkeit komplexer Objekte, wie ganzer Kalender, die intern aus Tabellen und Links bestehen. — Datentypen

Bei den HTML-Steuerelementen wurde gezeigt, dass Standard-HTML-Tags erzeugt werden. Das funktioniert bei den HTML 3.2 entstammenden Tags mit jedem Browser. Komplexere Objekte sind dagegen nicht so leicht allein mit HTML 3.2 zu er- — Browser-Erkennung stellen. Manches Tag ist nicht in jedem Browser gleichartig implementiert. Außerdem kommt manchmal JavaScript zum Einsatz, was auch nicht problemlos in allen Browsern funktioniert. Webserver-Steuerelemente enthalten deshalb eine automatische Browser-Erkennung. Je nach Browsertyp wird dann automatisch unterschiedlicher Code erzeugt. Dies ist sehr vorteilhaft, denn Sie müssen sich keine Gedanken darüber machen, dass durch den Einsatz von ASP.NET Benutzer bestimmter Browser eventuell ausgeschlossen wären.

10.3.1 Übersicht über die Webserver-Steuerelemente

Dieser Abschnitt zeigt eine Übersicht der verfügbaren Steuerelemente und deren Einordnung im .NET-Framework. Dies erleichtert das Auffinden der Methoden und Eigenschaften in der Referenz. Allerdings ist dies nicht ganz so einfach wie bei den HTML-Steuerelementen. Zwischen den Klassen des Namensraumes `System.Web.UI.WebControls` und dem Rest des Frameworks bestehen vielfältige Abhängigkeiten und Beziehungen. Die Anzahl der verfügbaren Elemente ist deutlich höher. Es ist also etwas Systematik erforderlich, um der schieren Menge an Möglichkeiten Herr zu werden. Einteilen kann man die Webserver-Steuerelemente nach ihrer Komplexität und der Aufgabe, die sie erfüllen:

- Webserver-Steuerelemente (Web Controls)

  Dies sind alle normalen Eingabe-, Anzeige- und Tabellen-Tags.

- Text-Steuerelemente (Text Controls)

  Hiermit erfolgt die Ausgabe von Text.

- Listen-Steuerelemente (List Controls)

  Listen-Tags sind deshalb von besonderer Bedeutung, weil sie wiederholende Teile enthalten; ideal zum Anzeigen der Ergebnisse von Datenbankabfragen.

- Daten-Steuerelemente (Data Controls)

  Direkt zur Ausgabe von Datenmengen aus Datenbanken sind diese Steuerelemente geeignet.

- Kontroll-Steuerelemente (Validation Controls)

  Daten aus Formularen müssen vielfältig geprüft werden. Mit den Steuerelementen dieser Gruppe ist das besonders einfach zu erledigen.

- Komplexe Steuerelemente (Complex Controls)

  Diese Gruppe umfasst komplexere Steuerelemente, die beispielsweise Banner verwalten oder Kalender darstellen.

Die folgenden Tabellen zeigen die Mitglieder der einzelnen Gruppen.

Tabelle 10.4 Von Webserver-Steuerelementen erzeugtes HTML

Name des Steuerelements	Erzeugtes HTML-Tag
`<asp:hyperlink>`	`<a></a>`
`<asp:linkbutton>`	`<a></a>` + JavaScript

10.3 Webserver-Steuerelemente

Name des Steuerelements	Erzeugtes HTML-Tag
`<asp:image>`	`<img>`
`<asp:button>`	`<input type="button">`

`<asp:textbox>`	In Abhängigkeit von Attributen:
	`<input type="text">`
	`<input type="password">`
	`<textarea>`

`<asp:checkbox>`	`<input type="checkbox">`
`<asp:radiobutton>`	`<input type="radio">`
`<asp:imagebutton>`	`<input type="image">` + JavaScript
`<asp:table>`	`<table>`
`<asp:tablerow>`	`<tr>`
`<asp:tablecell>`	`<td>`

JavaScript wird benutzt, um bei Links bzw. Bildern ein PostBack zu erzeugen.

Informationen zum dynamischen Erstellen von Tabellen finden Sie in vielen Listings im Buch. Die Anwendung ist nicht allzu schwierig, sodass Ihnen eine langweilige Ausbreitung aller Eigenschaften und Methoden erspart bleiben soll.

Tabellen

Tabelle 10.5 Von Anzeige-Steuerelementen erzeugtes HTML

Text-Steuerelement	Erzeugtes HTML-Tag
`<asp:panel>`	`<div>`
`<asp:label>`	`<span>`
`<asp:literal>`	Einfacher Text, der verändert werden kann
`<asp:placeholder>`	An dieser Stelle kann neuer Text erzeugt werden

Eingabe-Steuerelemente sind vor allem im Zusammenhang mit der Datenbindung interessant:

Tabelle 10.6 Von Eingabe-Steuerelementen erzeugtes HTML

Eingabe-Steuerelement	Erzeugtes HTML-Tag
`<asp:dropdownlist>`	`<select size="1">`
`<asp:listbox>`	`<select>`
`<asp:checkboxlist>`	Mehrere Elemente vom Typ `<input type="checkbox">`
`<asp:radiobuttonlist>`	Mehrere Elemente vom Typ `<input type="radio">`
`<asp:listitem>`	Expliziter Zugriff auf `<option>`

Die Datensteuerelemente dienen der Ausgabe von Datensätzen, wie sie Datenbanken entnommen werden können. Sie erzeugen kaum spezifisches HTML, sondern werden durch Vorlagen und Parameter vielfältig gesteuert. Sie werden hier der

Daten

Vollständigkeit halber erwähnt und in Kapitel 11 genauer untersucht. Das Steuerelement `Chart` wird in Kapitel 27 vorgestellt.

Tabelle 10.7 Die Daten-Steuerelemente

Daten-Steuerelement	Bemerkung
`<asp:repeater>`	Wiederholt das enthaltene Element
`<asp:gridview>`	Eine Tabelle mit Daten wird erzeug
`<asp:formview>`	Eine frei gestaltbare Form mit Abschnitten zum Eingeben, Bearbeiten, Anzeigen
`<asp:detailsview>`	Eine frei gestaltbare Form mit Abschnitten zum Anzeigen, meist als Teil einer `GridView`.
`<asp:datalist>`	Wiederholt das enthaltene Element und kann zusätzlich sortieren, filtern usw.
`<asp:listview>`	Eine Liste mit einer Führungsspalte und Details
`<asp:datapager>`	Steuert seitenweises Blättern für Steuerelemente, die dies nicht selbst können
`<asp:chart>`	Grafische Ausgabe von Datenreihen

Es folgt eine Übersicht über die Kontroll-Steuerelemente. Diese Elemente dienen der direkten Überprüfung von Benutzereingaben, sind also nur im Zusammenhang mit Eingabefeldern sinnvoll anwendbar. Sie werden in Kapitel 11 näher untersucht.

Tabelle 10.8 Die Kontroll-Steuerelemente

Name des Steuerelements	Bemerkung
`<asp:RequiredFieldValidator>`	Prüft, ob ein Feld ausgefüllt worden ist
`<asp:RangeValidator>`	Prüft, ob der erfasste Werte innerhalb eines Wertebereiches ist
`<asp:CompareValidator>`	Vergleicht zwei Felder
`<asp:RegularExpressionValidator>`	Prüft den Inhalt mit Hilfe eines regulären Ausdrucks
`<asp:CustomValidator>`	Prüft den Inhalt mit einer selbstdefinierten Methode
`<asp:ValidationSummary>`	Zeigt alle Fehlermeldungen auf Grund der Feldprüfungen an

Die Übersicht über komplexe Steuerelemente zeigt, welches Potenzial in Steuerelementen steckt. Vorgestellt werden diese Elemente nur überblicksartig am Ende des Kapitels.

Tabelle 10.9 Die komplexen Steuerelementen

Komplexes Steuerelement	Bemerkung
`<asp:adrotator>`	Dient der Verwaltung von Bannern
`<asp:calendar>`	Ein sehr umfangreiches Steuerelement zur Anzeige von Kalendern

Komplexes Steuerelement	Bemerkung
`<asp:xml>`	Ausgabe von XML und optional Transformation mit XSLT

Alle Steuerelemente stammen aus dem Namensraum `System.Web.UI.WebControl`. **Namensraum**
Da die vielen Klassen unzählige Eigenschaften und Methoden enthalten, ist ein Blick auf die Hierarchie sehr hilfreich, denn die Definitionen in höheren Klassen wiederholen sich in allen tiefer liegenden. Wenn Sie sich eine Basisklasse anschauen, kennen Sie damit schon einen Großteil der Leistungen der konkreten Klassen.

10.3.2 Einsatzprinzipien und Basiseigenschaften

Die Vielfalt der Elemente systematisch darzustellen, ist ein mühsames und wenig **Aufbau der Tags**
hilfreiches Unterfangen. Sie sind weitgehend gut dokumentiert. Ähnlich wie bei den HTML-Steuerelementen ist es entscheidend, das Prinzip zu verstehen. Mit Hilfe der Online-Referenz können Sie sich dann jedes gerade benötigte Element leicht erschließen. In der Übersicht der Klassenhierarchie haben Sie bereits die Namen der Klassen kennen gelernt. Die Elemente, die im HTML-Teil der Seite eingesetzt werden können, entsprechen diesen Namen. So implementieren Sie ein Objekt der Klasse `Label` folgendermaßen:

```
<asp:Label id="TextAusgabe" runat="server" />
```

Der konkrete Name setzt sich aus dem XML-Namensraum „`asp`" und dem Namen der Klasse „`Label`"[18] zusammen. Wie schon bei den HTML-Steuerelementen wird das Objekt dann im Programmteil bereitgestellt, wenn es mit dem Attribut `runat="server"` versehen wurde.

> **HINWEIS**
> Beachten Sie, dass die Webserver-Steuerelemente von ASP.NET nur dann erkannt werden, wenn sie das Attribut `runat="server"` tragen. Ohne diese Angabe werden diese Tags ignoriert und landen unverarbeitet in der HTML-Ausgabe-Datei. Da der Browser damit nichts anfangen kann, blendet er diese aus. Es gibt weder auf der einen noch auf der anderen Seite eine Fehlermeldung.

Das Attribut `id` bestimmt, unter welchem Namen das Objekt entsteht. Der Zugriff ist, wie nachfolgend gezeigt, möglich:

```
TextAusgabe.Text = "Dieser Text wird angezeigt";
```

Wenn sie alle Eigenschaften eingestellt haben und der Seitenerstellungsprozess abgeschlossen ist, wird das fertige HTML an den Browser gesendet. Im Beispiel würde dies folgendermaßen aussehen:

```
<span id="TextAusgabe">Dieser Text wird angezeigt</span>
```

Webserver-Steuerelemente haben noch einige Basiseigenschaften, die die bei HTML-Steuerelementen beschriebenen Möglichkeiten erweitern.

---

[18] Tatsächlich wird bei den Tags Groß- und Kleinschreibung nicht unterschieden.

10 Steuerelemente und WebParts

Zugriff auf die Feldwerte

Request.Form
Die Nutzung der Form-Kollektion `Request.Form` ist zwar weiter möglich, aber nicht unbedingt empfehlenswert. Je nach Typ des Webserver-Steuerelementes werden verschiedene Eigenschaften für den Zugriff auf die Feldwerte angeboten. Damit ist ein direkter Zugriff auf die Inhalte möglich. ASP.NET „füllt" die Eigenschaften automatisch mit den per HTTP-POST empfangenen und aus dem Anzeigestatus berechneten Daten.

Textfelder
Der Zugriff auf die Feldwerte erfolgt bei Textfeldern über die Eigenschaft `Text`. Listen, also `DropDownList` oder `ListBox`, werden über die Listenmitglieder angesprochen. Der erste in der Liste ausgewählte `Index` wird in der Eigenschaft `SelectedIndex` übergeben, das Listenobjekt selbst in `SelectedItem`. Bei Kontrollkästchen (`CheckBox`) und Optionsfeldern (`RadioButton`) ist die Eigenschaft `Checked` gleich `true`, wenn das Element ausgewählt wurde.

Automatisches Senden von Formularen

AutoPostBack
Im weitesten Sinne geht es bei fast allen Webserver-Steuerelementen um Formulare. Bislang war es immer notwendig, nach dem Ausfüllen eines Formulars dieses mit einer Sendeschaltfläche abzusenden. Manchmal ist das lästig und unnötig, beispielsweise wenn jede Änderung an einer Option sofort zu einem Ereignis führen soll. Die Funktion, die das erledigt, heißt `AutoPostBack`. Dabei kommt JavaScript zum Einsatz, was Sie aber nicht selbst implementieren müssen. Dies erledigt die ASP.NET-Komponente für Sie. Standardmäßig steht dieses Verhalten bei Kontrollkästchen, Optionsschaltfläche und Eingabefeldern zur Verfügung. Die Funktion basiert auf den in HTML definierten `onClick`- bzw. `onChange`-Ereignissen.

> **HINWEIS** Denken Sie bei der Verwendung von `AutoPostBack` immer daran, dass die Ereignisverarbeitung auf dem Server erfolgt. Das führt zwangsläufig zu einem erneuten Senden und Empfangen der kompletten Seite. Dies kann unter Umständen eine Verlangsamung der Abläufe auf der Seite mit sich bringen.

Ob ein Element dieses Verhalten aufweisen soll, ist einfach über das Attribut `autopostback` festzulegen, bzw. programmtechnisch über die Eigenschaft `AutoPostBack`. Das folgende Beispiel zeigt das Prinzip:

Listing 10.13 Optionsfelder mit AutoPostBack abfragen

```
<html lang="de">
  <head>
    <title>RadioButton</title>
  </head>
  <body>
    <h1>Beste Programmierumgebung ↵
        f&uuml;r Webserver?</h1>
    <form runat="server" >
      <asp:radiobutton ❸ autopostback="true" ↵
                       ❷ OnCheckedChanged="Btn_Click" ↵
                       id="Wahl1" text="ASP.NET mit C#" ↵
                       ❶ groupname="Wahl" runat="server"/>
      <br/>
      <asp:radiobutton ❸ autopostback="true" ↵
                       ❷ OnCheckedChanged="Btn_Click" ↵
```

```
                        id="Wahl2" 
                        text="Klassik ASP mit VBScript" 
                        ❶ groupname="Wahl" runat="server"/>
        <br/>
        <asp:radiobutton ❸ autopostback="true" 
                        OnCheckedChanged="Btn_Click" 
                        id="Wahl3" text="PHP" 
                        ❶ groupname="Wahl" runat="server"/>
        <br/>
        <asp:radiobutton ❸ autopostback="true" 
                        ❷ OnCheckedChanged="Btn_Click" 
                        id="Wahl4" text="Perl/CGI" 
                        ❶ groupname="Wahl" runat="server"/>
        <br/>
        <asp:radiobutton ❸ autopostback="true" 
                        ❷ OnCheckedChanged="Btn_Click" 
                        id="Wahl5" text="Java" 
                        ❶ groupname="Wahl" runat="server"/>
    </form>
    <asp:label id="Bestaetigung" runat="server"/>
  </body>
</html>
```

Die passende Code-Datei zeigt das folgende Listing:

Listing 10.14 Code-Datei zur Behandlung des AutoPostBack-Ereignisses

```
protected void Page_Load(object sender, System.EventArgs e)
{
    Bestaetigung.Text = "Keine Auswahl getroffen";
}

prctected void Btn_Click (object sender, EventArgs e)
{
    RadioButton currentRadio = ❹ (RadioButton) sender;
❺ Bestaetigung.Text = currentRadio.Text;
}
```

Im HTML-Teil wird eine Gruppe von Optionsfeldern definiert. Die Gruppierung findet über das Attribut `groupname` ❶ statt. Die Funktion `click_Btn`, die auf ein Klickereignis reagieren soll, wird mit `onCheckedChanged` ❷ festgelegt. Außerdem wird natürlich mit `autopostback="true"` ❸ sichergestellt, dass eine Änderung der Option zum Senden des Formulars führt. Viel Code ist hier ohnehin nicht notwendig. Die Funktion `Btn_Click`, die das Ereignis behandelt, empfängt das Element als Objekt im Parameter `sender`. Da bekannt ist, dass es sich um Optionsfelder handelt, wird eine explizite Typkonvertierung ausgeführt ❹. Zur Bestätigung des Vorgangs soll auf die Eigenschaft `Text` zugegriffen werden ❺. Hier kommt ein Steuerelement vom Typ `Label` zum Einsatz, dass als HTML zu `<span>` mutiert. Ein Blick auf den HTML-Code ist an dieser Stelle ohnehin spannender. Zuerst aber das Bild der fertigen Seite:

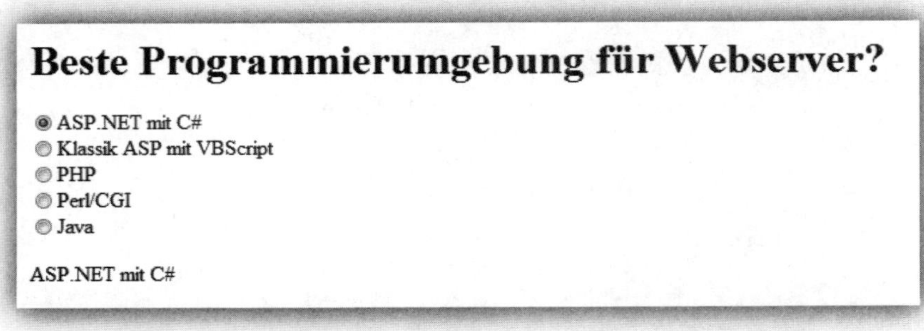

Beste Programmierumgebung für Webserver?

- ASP.NET mit C#
- Klassik ASP mit VBScript
- PHP
- Perl/CGI
- Java

ASP.NET mit C#

Abbildung 10.11 Auswahl ohne Sendeschaltfläche mit AutoPostBack

Umsetzung in HTML

Funktionsweise

Im HTML-Code finden Sie die schon bekannte Vorgehensweise in ASP.NET. Das Formular sendet sich an dieselbe Seite zurück:

```
<form name="_ctl0" method="post" action="autopostback.aspx" id="_ctl0">
```

Der Auslöser für das Absenden des Formulars ist der Aufruf einer JavaScript-Funktion beim Auftreten des Mausereignisses `onClick`. Dies führt zu folgendem Eingabefeld:

```
<input id="Wahl1" type="radio" name="Wahl"
       value="Wahl1" checked="checked"
       onClick="__doPostBack('Wahl1','')"
       language="javascript" />
```

Interessant ist noch die Darstellung des Textes der Optionsschaltfläche, der an das Objekt gebunden ist und nicht – wie bei HTML sonst üblich – losgelöst auf der Seite steht:

```
<label for="Wahl1">ASP.NET mit C#</label>
```

Soweit zum Prinzip. Nachfolgend werden exemplarisch einige Klassen näher vorgestellt.

10.3.3 Text auf der Seite steuern

Die Ausgabe von Textelementen, die vorerst keine Interaktion zulassen, mag kein sinnvoller Einsatz für Webserver-Steuerelemente sein. Denken Sie aber an eine gute Benutzerführung, sollten Webseiten auf Aktionen jederzeit reagieren. Es kann also notwendig sein, Textelemente auszutauschen, gestalterisch zu verändern oder überhaupt erst später erscheinen zu lassen, um den Benutzer über bestimmte Vorgänge oder Ereignisse zu informieren.

Diese Möglichkeiten werden von folgenden Klassen geboten:

- `Panel`

    Dies ist ein Container, der eine definierte Fläche belegt und mit statischem Inhalt oder weiteren Elementen gefüllt werden kann. Das korrespondierende HTML-Element ist `<div>`. `Panel`-Steuerelemente erzeugen immer Absätze.

10.3 Webserver-Steuerelemente

- Label

    Dies ist ein Container, der mehrere Zeichen umfasst und entweder allein im Fließtext oder als Kindelement eines `Panel`-Steuerelements auftritt.

- PlaceHolder

    Diese Klasse wird direkt von `Control` abgeleitet, nicht von `WebControl`, wie die anderen. Die Objekte sind etwas primitiver und haben weniger Methoden und Eigenschaften. Das `PlaceHolder`-Steuerelement dient der Einbettung anderer Controls oder der direkten Ausgabe von Text. Es erzeugt kein eigenes HTML-Tag. Natürlich fehlen mangels umschließendem Tag sämtliche Formatierungsmöglichkeiten. Enthaltene Steuerelemente können wiederum alles enthalten, was mit Webserver-Steuerelementen möglich ist.

- Literal

    Auch dieses Steuerelement erzeugt kein HTML selbst, sondern dient der Ausgabe von einfachem Text. Auch hier sind keine Formatierungsmöglichkeiten gegeben.

Das folgende Beispiel zeigt die Anwendung der `Panel`- und `Label`-Steuerelemente. Zu `Label` finden Sie außerdem unzählige Verwendungen in den Beispielen dieses Buches.

Listing 10.15 Erzeugen eines Panels und Einbau von Text

```
<html>
 <head>
   <title>Panele und Label</title>
   <style>
   #PanelLabel {font-size:12pt; color:red; font-weight:bold}
   </style>
 </head>
 <body>
    <h3>Panele und Label</h3>
    <form runat=server>
        ❶ <asp:panel id="GroupPanel" runat="server"
                     BackColor="#eeeeee"
                     Height="50px" Width="250px">
                     <b>Einige Label:</b><br/>
        </asp:panel>
        <p>
        <asp:checkbox id="CheckVisibility"
                     Text="Panel verstecken"
                     autopostback="true"
                     onCheckedChanged="OnCheckVisibility"
                     runat="server"/>
        <p/>
    </form>
 </body>
</html>
```

Und hier der passende Code in der Code-Datei:

Listing 10.16 Code-Datei zur Behandlung des Ereignisses

```
void Page_Load(Object sender, EventArgs e)
{
    Label TextLabel = new Label();
    Literal TextLit = new Literal();
```

```
        TextLit.Text = "<hr/>";
        TextLabel.Text = "Dieser Text ist ein Label";
        TextLabel.ID = "PanelLabel";
❷       GroupPanel.Controls.Add(TextLit);
        GroupPanel.Controls.Add(TextLabel);
}

protected void OnCheckVisibility(object sender, EventArgs e)
{
    if (CheckVisibility.Checked)
    {
        GroupPanel.Visible=false;
        CheckVisibility.Text = "Panel wieder anzeigen";
    }
    else
    {
        GroupPanel.Visible=true;
        CheckVisibility.Text = "Panel verstecken";
    }
}
```

Die Definition des `Panel`-Steuerelements erfolgt im HTML-Teil mit `<asp:panel>` ❶. Enthalten ist bereits ein statischer Text. Der Zugriff auf den Inhalt erfolgt nicht mit der Eigenschaft `Text`, sondern – und dies ist der Unterschied zu `Label` – mit einer `Control`-Kollektion. Im Beispiel werden zwei neue Steuerelemente hinzugefügt ❷, einmal ein `Label` mit dem Namen `TextLabel` und ein Stück HTML-Code, der als `Literal` (einfacher Text) ausgegeben wird. `Literal`-Steuerelemente verändern den empfangenen Text niemals, sie unterscheiden sich insofern von den Eigenschaften `InnerText` und `InnerHtml`, die bei den HTML-Steuerelementen zur Ausgabe von Text zum Einsatz kamen. Das Hinzufügen zur `Control`-Kollektion erfolgt dagegen wieder ganz konservativ mit `Add` ❷. Was genau passiert, verrät ein Blick in den HTML-Code, den dieses Programm erzeugt:

```
<div id="GroupPanel" ↵
    style="background-color:#EEEEEE; ↵
           height:50px; ↵
           width:250px;">
<b>Einige Label:</b><br/>
<span id="PanelLabel">Dieser Text ist ein Label</span>
<hr/>
</div>
```

Erwartungsgemäß ist ein `<div>`-Tag zu finden, das optimal mit CSS gestaltet wurde. Es enthält neben dem statischen Text – der intern als `Literal` gespeichert wird – das Label in Form eines `<span>`-Tags und das zusätzliche HTML-Tag `<hr/>`.

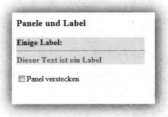

Abbildung 10.12 Textfelder als Panel mit gestalteten Elementen

Die Gestaltung des Steuerelements `Label` rührt von einem zusätzlichen Stil her, dass als `<style>`-Anweisung direkt im HTML-Teil eingebettet wurde. Alle Elemente, die ein `id`-Attribut haben, lassen sich auch über CSS ansprechen. Das hat zwar nichts mit ASP.NET zu tun, ist aber eine interessante Verquickung beider Technologien, die die Gestaltung von Seiten vereinfachen kann.

Ohne dass dies nochmals erläutert werden soll, enthält auch dieses Beispiel eine Anwendung der `AutoPostBack`-Funktion, die in diesem Fall das `Panel`-Objekt ein- und ausschaltet. Dies erfolgt mit der Eigenschaft `Visible`.

> **HINWEIS** Wenn ein Element mit `Visible` unsichtbar gemacht wird, ist der Render-Vorgang so schlau, es komplett aus dem Objektmodell der Seite zu entfernen. Sie können es also nicht per Skript clientseitig wieder sichtbar machen.

10.3.4 Texteingabefelder erzeugen und auswerten

Formulare bestehen fast immer auch aus Texteingabefeldern. ASP.NET verfolgt mit den Webserver-Steuerelementen hier einen interessanten Ansatz, denn die logisch ähnlichen Texteingabefelder `<input type="text">` und `<textarea>` sind unter einer Klasse erreichbar. Dass ein einzeiliges Feld so völlig anders benannt und behandelt wird als ein mehrzeiliges, bereitet HTML-Anfängern oft Schwierigkeiten.

Das TextBox-Steuerelement

Damit ist nun Schluss, denn das Webserver-Steuerelement `TextBox` definiert alle Arten von Eingabefeldern. Dank CSS erfolgt dies auch mit einheitlichem Aussehen bei vergleichbaren Attributen. Bei HTML allein ist das nicht der Fall, denn die Angabe `size="10"` im Tag `<input type="text">` führt nicht zu derselben Breite des Feldes wie die Angabe `columns="10"` im Tag `<textarea>`, was man eigentlich erwarten könnte.

Texteingabefelder

Trotzdem wird ASP.NET in jedem Fall das passende HTML-Tag erzeugen und senden und damit die Kompatibilität mit allen Browsern sicherstellen. Ein Beispiel zeigt, wie dieses Steuerelement eingesetzt werden kann:

Listing 10.17 Dynamisch verändertes Texteingabefeld

```
<html>
 <head>
   <title>Textbox</title>
 </head>
 <body>
  <h3>Textbox</h3>
  <form runat=server>
    ❶ <asp:radiobutton id="Zeile1" ↵
        groupname="Zeilen" runat="server" ↵
        autopostback="true" onCheckedChanged="setBox"
        text="1 Zeile" value="1" /><br/>
    ❶ <asp:radiobutton id="Zeile3" ↵
        groupname="Zeilen" runat="server" ↵
        autopostback="true" onCheckedChanged="setBox" ↵
        text="3 Zeilen" value="3"/><br/>
    ❶ <asp:radiobutton id="Zeile7" ↵
        groupname="Zeilen" runat="server" ↵
        autopostback="true" onCheckedChanged="setBox" ↵
```

10 Steuerelemente und WebParts

```
            text="7 Zeilen" value="7" /><br/>
            <asp:textbox id="TextEingabe" runat="server"/>
    </form>
</body>
</html>
```

Und hier der passende Code in der Code-Behind Datei:

Listing 10.18 Code zu TextBox.aspx (Ausschnitt)

```
void Page_Load(Object sender, EventArgs e)
{
  ❷ TextEingabe.Width = 300;
    TextEingabe.BorderWidth = 1;
    TextEingabe.Text = "Ihre Eingabe";
}

protected void ❸ setBox(object sender, EventArgs e)
{
    int z = ❹ Convert.ToInt16(Request.Form["Zeilen"]);
    if (z > 1)
    {
      ❺ TextEingabe.TextMode = TextBoxMode.MultiLine;
    } else {
        TextEingabe.TextMode = TextBoxMode.SingleLine;
    }
  ❻ TextEingabe.Rows = z;
}
```

Das Formular enthält drei Optionsfelder ❶, die die Auswahl zwischen einer, drei oder sieben Zeilen für das Textfeld erlauben. Auch hier wird wieder `AutoPostBack` verwendet. Die Größe ❷ wird in der Methode `Page_Load` voreingestellt. Außerdem wird hier ein Text vorbelegt. Wird eine der Optionen angeklickt, sendet der Browser das Formular an den Server. Die Methode `setBox` ❸ wird zur Bearbeitung des Ereignisses ausgelöst. Hier wird zuerst wieder das passende Objekt konvertiert.

Probleme mit RadioButton

Dann wird etwas getrickst. Die Technik der Webserver-Steuerelemente beruht darauf, mit den vorhandenen Eigenschaften zu arbeiten. Optionsfelder sollen danach über ihre ID erkannt werden. Wenn Sie aber direkt Werte verarbeiten möchten, bietet sich eigentlich das Attribut `value` an. Erstaunlicherweise gibt es in der Klasse `RadioButton` dazu keine passende Eigenschaft. Das Attribut kann aber dennoch verwendet werden, indem es direkt dem Tag `<asp:radiobutton>` hinzugefügt wird. Alle Attribute, die nicht direkt als Eigenschaft zur Verfügung stehen, lassen sich über die Kollektion `Attributes` erreichen. Hier wird zur Abwechslung und zur Lösung des „value-Problems" mal direkt auf die Form-Daten zugegriffen, mit dem „alten" `Request.Form` ❹.

Optionsfelder bilden Gruppen über gleiche Namen, das Attribut `groupname` taucht in HTML als `name` auf. Das ist der Name des Feldes, das gesendet wird.

TextBox-Eigenschaften

Jetzt wird die `TextBox` entsprechend der Angabe eingerichtet. Dies erfolgt über die Eigenschaft `TextMode`. Zulässig sind drei Eigenschaften, die aus einer Aufzählung vom Typ `TextBoxMode` entnommen werden können:

- `TextBoxMode.MultiLine`

  Mehrzeiliges Feld, erzeugt `<textarea>`.

- `TextBoxMode.SingleLine`

  Einzeiliges Feld, erzeugt immer `<input type="text">`.

- `TextBoxMode.Password`

  Einzeiliges Feld, erzeugt immer `<input type="password">`.

Allein mit der Angabe der Zeilenanzahl ändert sich die Darstellung nicht. Wenn die Zeilenzahl größer als 1 ist, wird der Modus geändert (❺, Listing 10.17). Dann wird die Anzahl der Zeilen zugewiesen (❻, Listing 10.17).

Das Ergebnis ist, gemessen am Aufwand, durchaus überzeugend und vor allem sehr einfach erweiterbar und mit vielfältigen Formatierungsoptionen zu ergänzen.

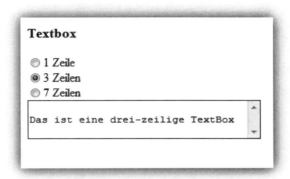

Abbildung 10.13 Steuerung der Zeilenzahl einer TextBox (TextBox.aspx)

Was jetzt noch fehlt, ist eine Möglichkeit, das Formular zu senden. Dazu werden Schaltflächen benötigt.

10.3.5 Schaltflächen erzeugen und verwenden

Der Umgang mit Schaltflächen beschränkt sich in HTML auf Sendeschaltflächen (`Submit`) und einige Tricks mit JavaScript. Letzteres ist unumgänglich, verliert aber Dank ASP.NET seine Tücken und wird zu einem gemeinsamen Steuerelement: `Button`. Eine typische Aufgabe war bislang immer wieder die Reaktion auf mehr als eine Schaltfläche. Dies ist mit sogenannten Kommandoschaltflächen möglich. Einheitlich ist auch die Darstellung des Steuerelements:

```
<asp:button id="name" runat="server"/>
```

Auf Ereignisse reagieren

Um gezielt auf das Anklicken einer Schaltfläche reagieren zu können, wird mit dem Ereignis `onClick` eine Ereignisbehandlungsmethode verbunden. Wenn Sie mit einer Ereignisbehandlungsmethode mehrere Schaltflächen bedienen möchten, müssen Sie eine Unterscheidung treffen können. Das ist sicher möglich, indem aus dem Para-

Klickereignisse auswerten

meter `sender` das `Button`-Objekt entnommen und dessen `ID` ausgewertet wird. Eleganter ist die Nutzung von Kommandos. Dazu wird das Ereignis `onCommand` definiert, das auch auf einen Mausklick reagiert. Zusätzlich stehen aber zwei weitere Attribute zur Verfügung, die dem Ereignis `Parameter` mitgeben:

Kommandos definieren mit CommandName

Kommando

Hiermit teilen Sie dem Kommando einen willkürlichen Namen zu. Innerhalb der Ereignisbehandlungsmethode steht dieser Name als Eigenschaft `CommandName` des Ereignisarguments vom Typ `CommandEventArgs` zur Verfügung.

Kommandoargumente mit CommandArgument bestimmen

Kommando-argument

Hiermit teilen Sie dem Kommando ein zusätzliches Argument zu. Innerhalb der Ereignisbehandlungsmethode steht dieser Name als Eigenschaft `CommandArgument` des Ereignisarguments vom Typ `CommandEventArgs` zur Verfügung. Es steht Ihnen beim Entwurf der Ereignisstruktur frei, dies zu verwenden und damit die Kommandos weiter zu strukturieren.

Das folgende Beispiel zeigt die Nutzung derartiger Kommandos:

Listing 10.19 Schaltflächen mit Kommandos identifizieren

```
<html lang="de">
    <head>
        <title>Buttons</title>
    </head>
    <body>
    <h3>Ihre Bewertung bitte:</h3>
    <form runat="server">
        <asp:button id="b1" runat="server"
                    commandname="vote"
                    commandargument="1"
                  ❶ oncommand="checkVote"/>
        <asp:button id="b2" runat="server"
                    commandname="vote"
                    commandargument="2"
                  ❶ oncommand="checkVote"/>
        <asp:button id="b3" runat="server"
                    commandname="vote"
                    commandargument="3"
                  ❶ oncommand="checkVote"/>
        <asp:button id="b4" runat="server"
                    commandname="vote"
                    commandargument="4"
                  ❶ oncommand="checkVote"/>
        <asp:button id="b5" runat="server"
                    commandname="vote"
                    commandargument="5"
                  ❶ oncommand="checkVote"/>
        <asp:button id="bCancel" runat="server"
                    commandname="cancel"
                  ❶ oncommand="checkVote"/>
    </form>
    <asp:label id="Result" runat="server"/>
    </body>
</html>
```

Nachfolgend finden Sie den Code zu dieser Datei:

Listing 10.20 Code zu ButtonCommand.aspx

```
void Page_Load()
{
    b1.Text = "Wähle 1";
    b2.Text = "Wähle 2";
    b3.Text = "Wähle 3";
    b4.Text = "Wähle 4";
    b5.Text = "Wähle 5";
    bCancel.Text = "Abbrechen";
}

protected void checkVote(object sender, ❷ CommandEventArgs e)
{
    if (❸ e.CommandName == "vote")
    {
        Result.Text = "Ihre Wahl war: "
            + e.CommandArgument;
    } else {
        Result.Text = "Schade...";
    }
}
```

Die Definition der Steuerelemente unterscheidet sich nur wenig von allen anderen. Neu sind lediglich die Attribute `CommandName` und `CommandArgument`. Zur Definition der Ereignisbehandlung wird diesmal `onCommand` ❶ eingesetzt. Interessant ist hier, wie die Kommandos im Programm verarbeitet werden. Die Ereignisbehandlungsmethode `checkVote` übernimmt im Beispiel diese Aufgabe. Dabei werden die Argumente leicht modifiziert. Bislang wurde das zweite Argument, Typ `EventArgs`, kaum verwendet. Diesmal kommt es zum Einsatz, und zwar in einer überladenen Form, `CommandEventArgs`. Nur so haben Sie Zugriff auf die Ereignisse der Kommandoschaltflächen ❷. Die Variable `e` enthält nun die Kommandos, die mit den Eigenschaften `CommandName` und `CommandArgument` abgefragt werden können ❸. Das ist eigentlich alles, was es speziell zu dieser Art Schaltfläche zu sagen gibt. Die übrigen Eigenschaften betreffen vor allem die Gestaltung.

Abbildung 10.14 Mehrere Schaltflächen in einem Formular

Beschriftung der Schaltfläche

Die Kommandos müssen natürlich nicht verwendet werden, wenn es nur eine einfache Sendeschaltfläche gibt. Das Formular gelangt dann auf dem normalen Weg zum

Server, wo mit `IsPostBack` festgestellt werden kann, ob die Seite das erste Mal oder nachfolgend aufgerufen wurde. Wollen Sie die Sendeschaltfläche im Programm gestalten, ist es dennoch notwendig, sie als Steuerelement zu deklarieren. Das folgende Beispiel zeigt, wie die Beschriftung in Abhängigkeit von der Situation geändert werden kann.

Listing 10.21 Beschriftung der Sendeschaltfläche dynamisch ändern

```
<html lang="de">
   <head>
      <title>Sendeschaltfl&auml;che</title>
   </head>
   <body>
   <h1>Sendeschaltfl&auml;che</h1>
   <form runat="server">
      <asp:button id="senden" runat="server"/>
   </form>
   </body>
</html>
```

Die Code-Datei enthält nur eine einzige Methode:

Listing 10.22 Code zu ButtonSubmit.aspx (Ausschnitt)

```
protected void Page_Load(object sender, EventArgs e)
{
   if (!IsPostBack)
   {
      ❶ senden.Text = "Bitte senden Sie das Formular";
   } else {
      ❶ senden.Text = "Formular erneut senden";
   }
}
```

Als einzige Besonderheit ist das Fehlen besonderer Techniken anzumerken. Die Eigenschaft `Text` ❶ beeinflusst die Beschriftung der Schaltfläche.

Nach dem das Senden der Formulare mit den gezeigten Methoden möglich ist, sollte auch die Qualität des Inhalts geprüft werden. Eine spezielle Gruppe von Webserver-Steuerelementen ist dafür geeignet – die Kontroll-Steuerelemente (`Validation Controls`).

Abbildung 10.15 Zustand der Schaltfläche nach dem ersten Senden

10.3.6 Listen-Steuerelemente

Zur Anzeige von Auswahlmöglichkeiten sind Listen besonders geeignet. In ASP.NET ist es möglich, nicht nur einfache `DropDown`-Listen zu erzeugen, sondern auch die Standardfelder `Optionsfeld` und Kontrollkästchen zu Listen zusammenzufassen. Dabei wird auch hier lediglich HTML erzeugt, während aus Sicht des Programmierers nur ein Objekt existiert.

Listen erzeugen und verwalten

Besondere Schwierigkeiten bereiten immer wieder Listen, deren Umfang von dynamischen Daten abhängig ist. ASP.NET kennt dafür mehrere Elemente. Ähnlich wie bei Texteingabefeldern ist die Darstellung logischer und der Windows-Bedienung angepasster. Bei den Textfeldern existierten in HTML zwei Tags, die logisch zu einem zusammengefasst wurden. Für die Listen, die in zwei verschiedenen Darstellungen auftreten, gibt es dagegen nur ein Tag.

Einfache Listboxen

Bei den Listen gibt es in HTML nur ein Tag, das von zwei Webserver-Steuerelementen erzeugt wird: *Listen*

Dies sind Listen, die immer einzeilig erscheinen und beim Anklicken herunterklappen (drop down). Sie werden in HTML mit `<select size="1">` erzeugt. *DropDownList*

Hier werden alle Elemente der Liste gleichzeitig angezeigt. Es können ein oder auch mehrere Elemente ausgewählt werden. In HTML wird dazu ebenso `<select>` verwendet, mit dem Attribut `size` und einem Parameter größer als 1. Die Mehrfachauswahl kann mit dem Attribut multiple gestattet werden. *ListBox*

Die Elemente der Listen lassen sich über eigene Steuerelemente erzeugen und ändern, `ListItem` genannt. Die Darstellung erfolgt als `<option>`-Tag, das in HTML nur innerhalb einer Liste vorkommen darf. ASP.NET bringt bei Listboxen deutliche Fortschritte gegenüber der herkömmlichen Programmierung. So war es nicht einfach, den Zustand der Liste, also den Status der gewählten Elemente, zu erhalten. Mit Webserversteuerelementen ist dies kein Problem mehr. Das folgende Beispiel zeigt, wie die Elemente einer `Listbox` aus einem Array erzeugt werden können: *Listenelemente*

Listing 10.23 ListBox dynamisch füllen

```
<html lang="de">
   <head>
      <title>Select</title>
   </head>
   <body>
   <h1>W&auml;hlen Sie die Versandart</h1>
   <form runat="server">
      <asp:button id="auswahl" runat="server"
          text="Bitte wählen"/>
    ❶ <asp:dropdownlist id="versand" runat="server"/>
   </form>
   </body>
</html>
```

Im Formular selbst wird nur das Listen-Steuerelement selbst definiert ❶.

Listing 10.24 Code zu Listing 10.23 (Ausschnitt)

```
void Page_Load(object sender, System.EventArgs e)
{
    if (IsPostBack)
    {
        auswahl.Text = "Bestätigen Sie '"
```

```
                        + versand.SelectedItem.Text.ToString()
                        + "'";
    }
    else
    {
        string[] versandarten = {"Express-Paket",
                                 "Over-Night",
                                 "Standard 48 Stunden"};
        int i = 0;
        versand.Items.Clear();
        ❷ foreach (string versandart in versandarten)
        {
            ❸ ListItem versandoption = new ListItem();
            versandoption.Text = versandart;
            versandoption.Value = ❹ i++.ToString();
            ❺ versand.Items.Add(versandoption);
        }
    }
}
```

Beim Aufruf der Seite wird ein Array erzeugt, dass die Einträge enthält. Dieses Array wird in einer Schleife durchlaufen ❷. Für jedes Element wird nun ein Objekt vom Typ `ListItem` erzeugt ❸. Dann werden diesem Element zwei Attribute zugewiesen, Text für den Teil, der angezeigt wird und Value für den zu übertragenden Wert. Der zu übertragende Wert ist eine Zahl, die meist einfacher weiterverarbeitet werden kann. Diese Zahl wird mit jedem Durchlauf um eins erhöht. Das Ergebnis des Operators ++ muss für die Zuweisung noch in eine Zeichenkette konvertiert werden ❹. Zum Schluss wird das `ListItem`-Objekt der Liste hinzugefügt ❺.

Abbildung 10.16 Darstellung bei der ersten Auswahl

Abbildung 10.17 Nach der Wahl einer Option

ListItemCollection — Die Eigenschaft `Items` spielt beim Umgang mit Listen eine herausragende Rolle. Objekte, die hier enthalten sind, sind vom Typ `ListItemCollection`. Auch diese Klasse ist Bestandteil des Namensraumes `System.Web.UI.WebControl`. Da Elemente der Kollektion nicht allein existieren können, sondern nur als Bestandteil von

`Items`, waren sie in der Übersicht am Anfang des Kapitels nicht enthalten. Wichtige Eigenschaften sind:

- `Capacity`

   Gibt die maximale Anzahl Elemente an, die erlaubt sind.

- `Count`

   Gibt die aktuelle Anzahl der Elemente zurück.

- `Item`

   Erlaubt direkten Zugriff auf ein Element. Dies wird in C# durch einen Indexer abgebildet, sodass der Zugriff mit der Schreibweise `MeineListe["ListElement"]` erfolgen muss.

Die Methoden entsprechen denen anderer Listen. `Add` fügt ein Element am Ende der Liste hinzu, `Insert` dagegen an einer bestimmten Position. `Clear` löscht alle Elemente, `Remove` dagegen nur ein bestimmtes. Interessant sind zwei spezielle Methoden dieser Listenart: `FindByText` sucht ein Element mit einem bestimmten Inhalt der Eigenschaft `Text`; `FindByValue` entsprechend für `Value`.

Umfangreichere Datenmengen stammen meist aus Datenbanken. Die Zuweisung über einzelne `ListItem`-Objekte wäre umständlich. Weitere Eigenschaften dienen deshalb dem direkten Zugriff auf Datenquellen.

Listen aus Optionsfeldern und Kontrollkästchen

Auswahlmöglichkeiten in Form von Listen sind nicht immer optimal für die Benutzerführung. Oft sind Listen von Kontrollkästchen oder Optionsfeldern besser geeignet. Die Erzeugung solcher Gruppen kann mit Objekten vom Typ `CheckBoxList` oder `RadioButtonList` vereinfacht werden. Das Beispiel zeigt, wie dies aussehen kann:

Optionsfelder

Listing 10.25 Dynamisch erzeugte Gruppe von Optionsfeldern

```html
<html lang="de">
   <head>
      <title>Select</title>
   </head>
   <body>
   <h1>W&auml;hlen Sie die Versandart</h1>
   <form runat="server">
      <asp:button id="auswahl" runat="server" ↵
          text="Bitte wählen"/>
      <asp:radiobuttonlist id="versand" runat="server"/>
   </form>
   </body>
</html>
```

Der passende Code-Teil dazu:

Listing 10.26 Code zu RadioButtonList.aspx (Ausschnitt)

```csharp
void Page_Load(object sender, System.EventArgs e)
{
   if (IsPostBack)
   {
      auswahl.Text = "Ihre Wahl war:";
   } else {
```

10 Steuerelemente und WebParts

```
        string[] versandarten = {"Express-Paket", ↵
                                 "Over-Night", ↵
                                 "Standard 48 Stunden"};
        int i = 0;
        foreach (string versandart in versandarten)
        {
            ListItem versandoption = new ListItem();
            versandoption.Text = versandart;
            versandoption.Value = i++.ToString();
            versand.Items.Add(versandoption);
        }
    }
}
```

Die Darstellung der Liste in HTML

Tatsächlich besteht der einzige Unterschied gegenüber dem letzten Beispiel im Austausch des Tags im HTML-Teil; hier erscheint nun `<asp:radiobuttonlist>`. Interessanter als eine erneute Analyse ist ein Blick in den erzeugten HTML-Code:

```html
<form name="_ctl0" method="post"
      action="radiobutton_ddlist.aspx" id="_ctl0">
 <input type="hidden" name="__VIEWSTATE" ↵
        value="wtNTcwNzM1MzA7dDw7bDxpPDI+Oz" />
 <input type="submit" name="auswahl" ↵
        value="Ihre Wahl war:" id="auswahl" />
 <table id="versand" border="0">
   <tr>
      <td><input id="versand_0" type="radio" name="versand"
             value="0" checked="checked" />
          <label for="versand_0">Express-Paket</label></td>
   </tr><tr>
      <td><input id="versand_1" type="radio" name="versand"
             value="1" />
          <label for="versand_1">Over-Night</label></td>
   </tr><tr>
      <td><input id="versand_2" type="radio" name="versand"
             value="2" />
          <label for="versand_2">Standard 48 Stunden</label></td>
   </tr>
 </table>
</form>
```

Formatierung von Listen

Tabelle

Das besondere hierbei ist, dass eine Tabelle zur Formatierung eingesetzt wird. Tatsächlich sind die Formatierungsoptionen, die sich daraus ableiten lassen, sehr umfangreich. Wenn Sie sehr viele Elemente haben, wie es beispielsweise bei Umfrageseiten der Fall ist, helfen diese Optionen enorm. Hervorzuheben sind folgende Eigenschaften:

- `RepeatColumns`

  Anzahl der Spalten, in denen die Anzeige gruppiert wird.

- `RepeatDirection`

  Richtung, in der gruppiert wird. Die beiden Tabellen in den Abbildungen 10.18 und 10.19 zeigen die Folge der Zellen beispielhaft.

10.3 Webserver-Steuerelemente

- `RepeatLayoutRepeatLayout`

  Diese Eigenschaft bestimmt die Art der Darstellung. Zulässig sind folgende Werte der Aufzählung `RepeatLayout`:

- `RepeatLayout.Table`

  Die Darstellung erfolgt als Tabelle. Dies ist der Standardwert.

- `RepeatLayout.Flow`

  Die Darstellung erfolgt ohne Tabellenstruktur, also fließend.

Abbildung 10.18 RepeatDirection.Vertical

Abbildung 10.19 RepeatDirection.Horizontal

> Wenn Sie das Layout `RepeatLayout.Table` benutzen, wird HTML-Code kompatibel zu HTML 3.2 verwendet. Damit erfolgt die Anzeige an allen Browsern weitestgehend ähnlich. Wird dagegen `RepeatLayout.Flow` eingesetzt, nutzt der HTML-Generator die Möglichkeiten von HTML 4.0, einschließlich Cascading Style Sheets.

Kontrollkästchen

Bei Kontrollkästchen gilt das bereits Gezeigte fast unverändert. Das folgende Beispiel zeigt eine andere Art der Produktpräsentation für einen kleinen Shop:

Listing 10.27 Mehrfachauswahl mit Kontrollkästchen

```
<html lang="de">
   <head>
      <title>Shop</title>
   </head>
   <body>
      <h1> Shop </h1>
      Unsere Produkte:
```

```
              <form runat="server">
❶             <asp:checkboxlist id="produkte" runat="server"/>
                <asp:button id="bestellen" runat="server"
                            text="Jetzt Bestellen"/>
              </form>
         </body>
</html>
```

Im Programm hat sich gegenüber den letzten Beispielen nur wenig geändert. Als Tag kommt nun `CheckBoxList` zum Einsatz ❶.

Listing 10.28 Code zu Listing 10.27 (Ausschnitt)

```
void Page_Load (object sender, System.EventArgs e)
{
    if (!IsPostBack)
    {
        string[,] ProduktArr = new string[3,3];
        const int ProdName = 0;
        const int ProdPreis = 1;
        const int ProdID = 2;
        ProduktArr[0,ProdName] = "Codeschreiber 1.0";
        ProduktArr[0,ProdPreis] = "6299,9";
        ProduktArr[0,ProdID] = "A0001";
        ProduktArr[1,ProdName] = "Datenbanker 1.1";
        ProduktArr[1,ProdPreis] = "99,9";
        ProduktArr[1,ProdID] = "A0002";
        ProduktArr[2,ProdName] = "Projektor 2.0";
        ProduktArr[2,ProdPreis] = "39";
        ProduktArr[2,ProdID] = "A0003";
        string produkttext;
        for (int i=0; i < ProduktArr.GetLength(0); i++)
        {
            produkttext = ProduktArr[i, ProdName]
                    + " (" + string.Format("{0:N2}",
                    Convert.ToDouble(ProduktArr[i,
                                    ProdPreis])) + ")";
❷           ListItem produktoption = new ListItem();
            produktoption.Text = produkttext;
            produktoption.Value = ProduktArr[i, ProdID];
            produkte.Items.Add(produktoption);
        }
    }
}
```

Unverändert ist das Füllen der Werte mit einem einfachen Array[19], wo erneut die Eigenschaften `Text` und `Value` der `ListItem`-Objekte ❷ zum Einsatz kommen. Das Ergebnis ist durchaus überzeugend:

---

[19] Alternativ käme auch eine eigene Klasse und eine generische Liste vom Typ `Dictionary<T, T>` in Frage. Versuchen Sie als Übung, den Code entsprechend anzupassen.

Abbildung 10.20 Produktauswahl mit einem einzigen Tag

Auch hier zeigt ein Blick in den HTML-Code, dass ASP.NET konventionell vorgeht und `<input type="checkbox">`-Tags in einer Tabelle platziert. Die `Repeater`-Eigenschaften stehen zur Verfügung, falls größere Datenmengen anfallen.

Auch die Verwendung von `AutoPostBack` ist möglich, damit allein die Aktivierung oder Deaktivierung einer Option das Formular sendet.

AutoPostBack

Verwendung der Datenbindung

In den letzten Abschnitten wurden Listen-Steuerelemente vorgestellt. In allen Fällen wurden dabei die enthaltenen Elemente direkt erzeugt und angefügt. Wenn Sie eine Datenquelle haben, die `IEnumeration` implementiert, können Sie auch eine direkte Bindung vornehmen.

10.4 Komplexe Steuerelemente

ASP.NET liefert nicht nur elementare Steuerelemente, sondern auch außerordentlich komplexe. Dennoch wird in allen Fällen am Ende HTML erzeugt. Die Steuerelemente sind gute Beispiele dafür, wie Kunden-Steuerelemente eingesetzt werden können.

10.4.1 Kalender anzeigen

Ein interessantes Steuerelement ist das Kalender-Steuerelement (`Calendar`). Zuerst wird die Ansicht (siehe Abbildung 10.21) gezeigt.

Abbildung 10.21 Interaktiver Kalender

Wie lange brauchen Sie, um dies mit herkömmlichen Mitteln zu programmieren? Immerhin besitzt der Kalender eine Blätterfunktionen zum Wechsel der Monate. Der ausgewählte Tag wird grau hinterlegt und erscheint bei Mausklick unterhalb des Kalenders. Das vollständig Programm wird in Listing 10.29 gezeigt.

Listing 10.29 Ein interaktiver Kalender

```
<% @ Page language="C#" %>
<!DOCTYPE HTML PUBLIC "-//W3C//DTD HTML 4.01 Transitional//EN">
<html lang="de">
    <head>
        <title>Kalender</title>
        <basefont face="Arial">
    </head>
    <body>
        <h1>Kalender</h1>
        <form runat="server">
   ❶    <asp:calendar id="kalender" runat="server"
                      onSelectionChanged="zeigeDatum"/>
            <hr noshade="noshade" width="200px" align="left"/>
            <asp:label id="auswahl" runat="server"/>
        </form>
    </body>
</html>
```

Im Kern basiert das Programm auf dem Webserver-Steuerelement `Calendar` ❶. Und nun die dazu passende Code-Datei:

Listing 10.30 Code zu Listing 10.29 (Ausschnitt)

```
protected void zeigeDatum(object sender, EventArgs e)
{
  ❷ kalender.TodaysDate = kalender.SelectedDate;
  ❸ auswahl.Text = "Ihre Auswahl: "
             + kalender.TodaysDate.ToShortDateString();
}
```

Hier wird nur eines der zahlreichen Ereignisse verwendet, `OnSelectionChanged`. Wann immer die Auswahl geändert wird, ruft ASP.NET die Ereignisbehandlungsmethode `zeigeDatum` auf. Zuerst erfolgt der Zugriff auf das ausgewählte Datum, das zugleich zum Aktuellen gemacht wird ❷. Dann wird diese Angabe in ein passendes Format gebracht und an das `Label` übergeben ❸. Das war es auch schon. In der Referenz finden Sie zahlreiche Eigenschaften zur Gestaltung und Methoden zur Behandlung der ermittelten Datumswerte.

Das Kalender-Steuerelement in der Praxis

Das Kalender-Steuerelement basiert auf zwei grundlegenden Techniken, die auch in anderen Steuerelementen zum Einsatz kommen:

- Die Gestaltung erfolgt mit Stil-Vorlagen
- Die Übernahme der ausgewählten Daten erfolgt über die Ereignisse

Jedes Element des Kalenders kann über einen eigenen Stil gesteuert werden. Die in Abbildung 10.31 gezeigte Version ist nahezu ungestaltet; außer dem global bestimmten Font wurden keine Stilvorlagen verwendet. Die folgende Tabelle zeigt alle zulässigen Stile und deren Bedeutung.

Stilvorlage

Tabelle 10.10 Stildefinitionen für bestimmte Elemente des Kalenders

Stil	Bedeutung
`<TodayDayStyle>`	Der aktuelle Tag (Heute)
`<WeekEndDayStyle>`	Das Wochenende
`<DayHeaderStyle>`	Überschrift mit Wochentagnamen
`<SelectedDayStyle>`	Der ausgewählte Tag
`<DayStyle>`	Alle anderen Tage
`<TitleStyle>`	Der Titel des Kalenders
`<NextPrevStyle>`	Stil der Blättersymbole „<" und „>"
`<OtherMonthDayStyle>`	Wechsel auf einen anderen Monat
`<SelectorStyle>`	Auswahl für eine Woche oder den gesamten Monat

Es ist auch möglich, Teile des Kalenders auszublenden, wenn die betreffenden Funktionen nicht benötigt werden. Dazu gibt es vier Attribute sowie – in der Code-Darstellung – vier gleichnamige Eigenschaften:

Tabelle 10.11 Attribute bzw. Eigenschaften für die Darstellung

Eigenschaft	Einsatz
`ShowDayHeader`	Zeigt, wenn `true`, die Überschrift mit den Wochentagnamen an.
`ShowGridLines`	Zeigt die Gitterlinien zwischen den Tagen an oder blendet sie aus.
`ShowNextPrevMonth`	Schaltet die Blätterfunktion „*vorhergehender Monat*" und „*nächster Monat*" ein oder aus.
`ShowTitle`	Schaltet den Titel des Kalenders ein oder aus.

10 Steuerelemente und WebParts

Beispiel

Der Umgang mit dem Kalender ist in einigen Details nicht trivial, vor allem, wenn bestimmte Designansprüche vorgegeben sind, die das Element nicht direkt unterstützt. Das folgende Beispiel zeigt, wie sie mit dem `Calendar`-Steuerelement programmieren können und welche Probleme es dabei gibt.

Programmierung mit dem Calendar-Steuerelement

Realisiert werden soll ein einfaches Formular, das eine Datumseingabe zulässt. Wählt der Benutzer statt der direkten Eingabe einen entsprechenden Link, wird ein Kalender in einem gesonderten Fenster aufgeblendet und der Benutzer kann eine Auswahl treffen. Die Auswahl wird sofort in das Formular übernommen.

Zuerst wird das Formular vorgestellt:

Listing 10.31 Ein Kalenderformular

```
<%@ Page Language="C#" AutoEventWireup="true"
        CodeFile="GetDateFromCalendar.aspx.cs"
        Inherits="GetDateFromCalendar" %>
<html>
  <head>
    <title>GetDateFromCalendar</title>
    <script language="javascript">
    if (typeof(oWin) != 'undefined')
    {
      oWin.close ();
    }
    function GetCalendar (winurl)
    {
      self.name = "GetDateFromCalendar";
      oWin = window.open (winurl, "Calendar",
                         "height=100,width=80,menubar=0,
                          toolbar=0,status=0,directories=0,
                          resizable=0,scrollbars=0,location=0");
    }
    </script>
  </head>
  <body MS_POSITIONING="GridLayout">
   <basefont face="Verdana"/>
   <h1>Kalenderfunktionen</h1>
    <form id="GetDateFromCalendar" name="GetDateFromCalendar"
        method="post" runat="server">
      <asp:TextBox Runat="server" ID="StartDatum"/>
      <asp:HyperLink Runat="server" ID="StartDatumCalendar"/>
    </form>
  </body>
</html>
```

Hier wird eine JavaScript-Funktion verwendet, um eine andere *aspx*-Datei in einem weiteren Fenster zu öffnen.

Die Code-Datei dazu bietet wenig eigene Funktionalität, lediglich der Link wird mit dem Aufruf der JavaScript-Funktion gefüllt:

Listing 10.32 Der Code zum Eingabeformular

```
public partial class GetDateFromCalendar : System.Web.UI.Page
{
    protected void Page_Load(object sender, System.EventArgs e)
    {
```

```
            StartDatumCalendar.Text = "Auswahl";
            StartDatumCalendar.NavigateUrl ↵
                = "javascript:GetCalendar('GetDateCalendard.aspx');";
            if (Request.QueryString["date"] != null)
            {
                StartDatum.Text = Request.QueryString["date"];
            }
        }
    }
```

Damit existiert bereits ein primitives Formular. Von einer Weiterverarbeitung der Datumswerte soll hier abgesehen werden. Dazu finden Sie in den vorhergehenden Abschnitten ausreichend Informationen.

Abbildung 10.22 Das Formular mit direkter Eingabe eines Datums

Die Datei in Listing 10.33 dient nun der Darstellung des Kalenders. Zuerst die vollständige Definition. Sie können hier gut die Verwendung der Vorlagen erkennen:

Listing 10.33 Die Darstellung des Kalenders

```
<%@ Page Language="C#" AutoEventWireup="true" ↵
        CodeFile="GetDateCalendard.aspx.cs"
        Inherits="GetDateCalendard" %>
<HTML>
<HEAD>
    <title>GetDateCalendard</title>
</HEAD>
<body MS_POSITIONING="GridLayout">
<form id="GetDateCalendard" name="GetDateCalendard" ↵
      method="post" runat="server">
<TABLE id="Table1" style="Z-INDEX: 103; LEFT: 7px; POSITION: absolute;
TOP: 5px" cellSpacing="1" cellPadding="2" width="300" border="0">
    <TR>
        <TD><h1>Datumsauswahl</h1>
        </TD>
        <TD></TD>
    </TR>
    <TR>
        <TD>
    ❶   <asp:Calendar id="Calendar1" runat="server" ↵
                BorderStyle="Solid" NextPrevFormat="ShortMonth" ↵
                BackColor="White" Width="330px" ForeColor="Black" ↵
                CellSpacing="1" Height="250px" Font-Size="9pt" ↵
                Font-Names="Verdana" BorderColor="Black" ↵
                ToolTip="Wählen Sie das gewünschte Datum aus">
            <TodayDayStyle ForeColor="White" BackColor="#999999"/>
            <DayStyle BackColor="#CCCCCC"/>
            <NextPrevStyle Font-Size="8pt" Font-Bold="True" ↵
                ForeColor="White"/>
            <DayHeaderStyle Font-Size="8pt" Font-Bold="True" ↵
```

10 Steuerelemente und WebParts

```
                    Height="8pt" ForeColor="#333333"/>
                <SelectedDayStyle ForeColor="White" BackColor="#333399"/>
                <TitleStyle Font-Size="12pt" Font-Bold="True"
                    Height="12pt" ForeColor="White" BackColor="#333399"/>
                <OtherMonthDayStyle ForeColor="#999999"/>
            </asp:Calendar></TD>
            <TD vAlign="top" align="left">
                <P style="FONT-FAMILY: Verdana">Hier steht eine
                Erklärung zu der Verwendung dieser
                Auswahlfunktion</P>
            </TD>
        </TR>
        <TR>
            <TD align="middle">
     ❷ <asp:HyperLink Runat="server" ID="TransferDate"
                    Target="GetDateFromCalendar" Font-Names="Verdana"
                    Font-Bold="True">Datum in die Auswahl übernehmen
                </asp:HyperLink>
            </TD>
            <TD>
     ❸ <input type="submit" name="Close" onclick="self.close()"
                    value="Schließen">
            </TD>
        </TR>
    </TABLE>
</form>
</body>
</HTML>
```

Dargestellt wird hier ein Kalender innerhalb einer Tabelle ❶. Unterhalb des Kalenders gibt es ein `HyperLink`-Steuerelement ❷, das solange deaktiviert ist, wie noch keine Datumsauswahl getroffen wurde. Daneben eine einfache Schaltfläche, die nur zum Schließen des Fensters dient und nicht Bestandteil der Steuerelemente-Kollektion ist ❸.

Abbildung 10.23 Auswahl eines Datums mit dem Kalender; noch ist der Link deaktiviert

Diesem Formular schließt sich eine Code-Datei an:

Listing 10.34 Der Code, der den Kalender bedient

```
public partial class GetDateCalendard : System.Web.UI.Page
{
   private void Page_Load(object sender, System.EventArgs e)
   {
   }

❶ protected void Calendar1_SelectionChanged(object sender, ↵
                                   System.EventArgs e)
   {
      string newDate =Calendar1.SelectedDate.ToLongDateString();
      TransferDate.NavigateUrl ↵
        = String.Format ("GetDateFromCalendar.aspx?date={0}", newDate);
   }
}
```

Die Funktionalität ist bescheiden. Abgefangen wird das Ereignis SelectionChanged, ❶ also ein Ändern der aktuellen Datumsauswahl. Dort wird der Link zusammengestellt, der die ursprüngliche Seite erneut aufruft. Dabei wird das Datum per GET übergeben. Mit der Übergabe des Links wird der Browser auch den Link aktivieren.

Abbildung 10.24 Ausgewähltes Datum und aktivierter Link mit Datumsübergabe

Die Steuerung eines zweiten Fensters auf so direktem Wege, mit GET, ist zwar einfach aber nicht ideal. Denn beim erneuten Aufruf der ersten Seite per GET gehen die Feldwerte und der Anzeigestatus verloren. Die Übergabe per POST scheidet aus, weil sich durch den gegenseitigen Aufruf Probleme mit dem Anzeigestatus ergeben. Diese Funktion dient nur dem Erhalten eines Status, wenn sich eine Seite selbst aufruft.

Problemdiskussion

In der Praxis können Sie die Übergabe der Werte über zwei Wege erreichen:

Lösungen

- Verwendung von Sitzungsvariablen

  Sitzungen sind ein einfaches Mittel zur Lösung des Problems.

- Referenzierung anderer Seiten über den sogenannten Seitenkontext

  Die Referenzierung ist der „moderne" Weg, der den Paradigmen von ASP.NET folgt.

10.4.2 AdRotator

Das Element `AdRotator` dient der Anzeige von Werbeinformationen. Über eine Steuerdatei kann das Einblenden von Werbebannern kontrolliert werden. Das Element hat folgende Syntax:

```
<asp:AdRotator runat="server" AdvertisementFile="" />
```

Die Steuerdatei ist eine XML-Datei und hat folgenden Aufbau:

```
<Advertisment>
   <Ad>
     <ImageUrl>Bildpfad</ImageUrl>
   </Ad>
   ...
</Advertisment>
```

Neben dem Bild sind weitere Informationen hinterlegbar. Existieren mehrere `<Ad>`-Elemente, wechselt die Anzeige zwischen diesen. Durch Einstellen einer Priorität kann die Anzeigefrequenz einzelner Banner gesteuert werden.

Verschiedene weitere Parameter erlauben die Angabe beliebiger Datenquellen und die Zuweisung der von der Quelle gelieferten Spalten an die benötigten Eigenschaften für das Bild, den alternativen Text und das Ziel, wenn der Benutzer das Bild anklickt.

10.4.3 XML anzeigen

Das Element `Xml` dient der Anzeige von XML-Daten innerhalb einer Seite: Es wird folgendermaßen benannt:

```
<asp:xml runat="server" DocumentSource="" TransformSource="" />
```

Als Parameter werden die Angabe der XML-Datei und die einer XSLT-Datei erwartet. Die XSLT-Datei sollte die Daten in ein lesbares Format überführen.

Mehr Informationen zu XSLT finden Sie im Kapitel 4.

10.4.4 TreeView

TreeView

Das `TreeView`-Steuerelement zeigt eine hierarchische Baumstruktur an. Die können beispielsweise alle Einträge der *web.sitemap*-Datei in Verbindung mit einem `SiteMapDataSource`-Steuerelement an. Dieses Steuerelement eignet sich besonders, um in Verbindung mit einer Master-Seite ein Navigationssystem für die ganze Webseite aufzubauen.

10.4 Komplexe Steuerelemente

> **HINWEIS**
>
> Das `SmartTag`-Menu stellt neben AutoFormat die Möglichkeit zur Verfügung, die zu verwendende Datenbasis entweder an eine SiteMap-Datei, eine XML-Datei oder entsprechende Knoten (`TreeNode`) im Quelltext zu binden. So lässt sich dieses Steuerelement nicht nur für die Seiten-Navigation, sondern auch für eigene Menüstrukturen anwenden.

Listing 10.35 Verwendung des TreeView-Steuerelements

```
<body>
<h1>TreeView</h1>
<form runat="server" id="myform">
<asp:SiteMapDataSource ID="SiteMapDataSource1"
                       runat="server" />
TreeView mit SiteMapDataSource:<br>
<asp:TreeView ID="TreeView1" runat="server"
              ImageSet="Arrows"  ❶
              DataSourceID="SiteMapDataSource1">
</asp:TreeView>
<br><br>
TreeView mit TreeNodes:<br>
<asp:TreeView ID="TreeView2" runat="server"
              ImageSet="Arrows">
  <Nodes>
    <asp:TreeNode Text="Navigation"
                  Value="Ueberschrift">
      <asp:TreeNode NavigateUrl="~/SiteMapPath.aspx"
                    Text="Projekte"
                    Value="SitemapPath Beispiel Seite">
      </asp:TreeNode>
      <asp:TreeNode NavigateUrl="~/TreeView.aspx"
                    Text="Projekte"
                    Value="TreeView Beispiel Seite">
      </asp:TreeNode>
      <asp:TreeNode NavigateUrl="~/Menu.aspx"
                    Text="Projekte"
                    Value="Menu Beispiel Seite">
      </asp:TreeNode>
    </asp:TreeNode>
  </Nodes>
</asp:TreeView>
</form>
</body>
```

In dem Beispiel wird die Datei *web.sitemap* von dem `SiteMapDataSource`-Provider automatisch ausgewählt ❶. Alternativ kann auch eine `XmlDataSource` unter Angabe einer XML-Datei mit der entsprechenden Struktur verwendet werden.

Das Ergebnis sieht wie folgt aus:

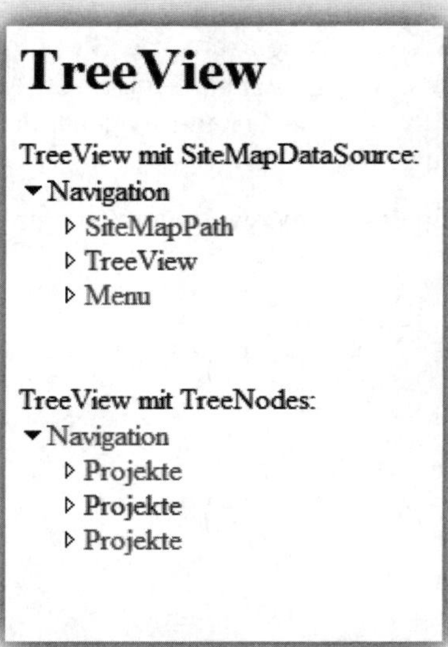

Abbildung 10.25 TreeView-Steuerelement im Einsatz

10.5 Das neue Steuerelementverhalten in ASP.NET 4

Mit ASP.NET 4 wurden einige Verbesserungen eingebaut, die Nachteile des bisherigen Modells ausgleichen, ohne Funktionen zu verlieren. In den letzten Jahren wurde die Verwendung von clientseitigem Code, insbesondere JavaScript, stark ausgebaut. Viele Anwendungen sind ohne Client-Skript undenkbar. In Kombination mit Steuerelementen ist das nicht einfach, da sich die ID zum Erreichen des Elements im DOM je nach Position ändert.

Des Weiteren wurde oft klassisches HTML statt kompaktem CSS benutzt, um Elemente darzustellen. Adapter, wie in Kapitel 23 beschrieben lösen das Problem, sind aber umständlich und zeitraubend zu entwickeln. Einige wurden nun fest integriert und stellen den Standardfall dar. Weiterhin wurden oft Styles benutzt, die zusätzlich zu bestehenden CSS-Dateien erzeugt wurden, auch wenn es nichts zu Formatieren gab. Auch dieses Verhalten wurde nun angepasst. Generell halten sich alle Steuerelemente stärker an die anerkannten Webstandards.

10.5.1 Kompatibilität mit bisherigen Versionen sicherstellen

Werden bestehende Projekte auf die neue Version aktualisiert, ergeben sich oft kleinere Änderungen, die teilweise unschöne Effekte haben. Vor allem Anpassungen an ältere Browser leiden darunter. Bis alles gerichtet ist, kann eine Kompatibilitätsfunktion benutzt werden, und ASP.NET 4 verhält sich wie eine ältere Version. Auf die Annehmlichkeiten von Visual Studio 2010 müssen Sie dennoch nicht verzichten.

Überblick

Eine immer wiederkehrende Frage im Zusammenhand mit noch klarer strukturiertem Markup bei ASP.NET 4 ist: "Gut – aber was ist mit meinem bereits vorhanden Anwendungen? Kommt es zu Problemen bei einem Upgrade?"

Überblick

Um ganz sicher zu sein, dass es zu keinem Kompatibilitätsproblem kommt, wurde ein Flag eingeführt – `controlRenderingCompatibilityVersion` – in der *web.config*-Datei. Mit Hilfe dieses Flags kann der Entwickler festlegen, ob die verbesserte Markup-Erstellung von ASP.NET 4 verwendet werden soll oder nicht.

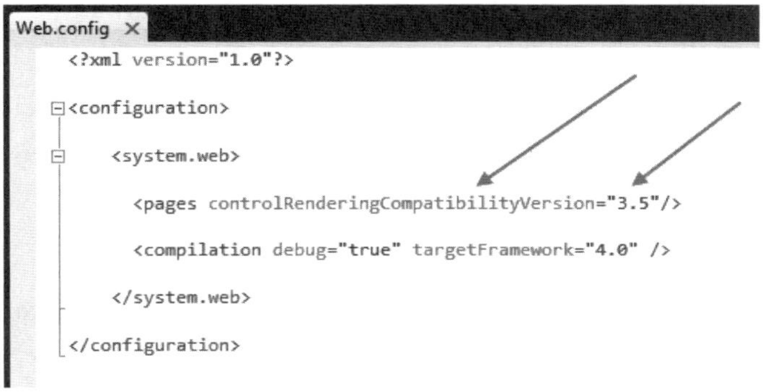

```xml
<?xml version="1.0"?>
<configuration>
    <system.web>
        <pages controlRenderingCompatibilityVersion="3.5"/>
        <compilation debug="true" targetFramework="4.0" />
    </system.web>
</configuration>
```

Abbildung 10.26 Kompatibilität in der web.config einstellen

Wenn das Flag `controlRenderingCompatibilityVersion` auf „3.5" gesetzt wird, werden alle Steuerelemente der Webanwendung genauso gerendert wie auch unter Visual Studio 2008 bzw. dem .NET Framework 3.5. Wenn das Flag `controlRenderingCompatibilityVersion` auf „4.0" gesetzt wird, werden alle Steuerelemente streng nach XHTML 1.1 Spezifikation gerendert, mit klaren Client-IDs, besserer semantischer Korrektheit und ohne Inline-Stile.

Dieses Flag ist bei einer neuen .NET 4-Webanwendung bereits auf 4 vorbelegt. Bei einem Upgrade einer älteren Web-Anwendung (beispielsweise 3.5) setzt Visual Studio 2010 dieses Flag automatisch auf 3.5, um die Rückwärtskompatibilität zu wahren. Bei Bedarf können Sie dieses Flag manuell ändern. Bitte beachten Sie dabei, dass Sie die Webanwendung gegebenenfalls anpassen oder überarbeiten müssen.

10.5.2 Client-IDs

Schon seit einigen Versionen wünschten sich die Anwender und Entwickler saubere, exakte und vorhersagbare IDs sowie HTML-Attribute. IDs wie beispielsweise „ctl00_ContentPlaceholder1_ListView1_ctrl0_Label1" sind nicht wirklich hilfreich. Hat man die Kontrolle über die verwendeten IDs, ist es viel leichter JavaScript oder auch CSS zu verwenden.

Einführung Client-IDs

Die Eigenschaft ClientIDMode

ClientIDMode

ASP.NET 4 unterstützt die neue Eigenschaft `ClientIDMode` in der Basisklasse `Control`. Diese Eigenschaft gibt Auskunft darüber, wie das Steuerelement die `CLientID` generieren soll. Insgesamt werden die folgenden vier Werte unterstützt:

- `AutoID`: erzeugt die gleichen IDs wie auch das ASP.NET 3.5-Framework (automatisch generierte IDs haben aus Kompatibilitätsgründen Präfixe wie ctrl00).
- `Predictable`: entfernt die Kette der Elternelement-IDs, fügt jedoch die ID des unmittelbaren Elternelements hinzu (Beispiel: `id="ParentControl_ChildControl"`). Dies ist der Standardwert.
- `Static`: Übergibt die ASP.NET ID (Beispiel: `id="JustMyId"`).
- `Inherit`: Leitet die Einstellung von der des übergeordneten Steuerelements ab.

Die Eigenschaft `ClientIDMode` kann direkt auf Steuerelemente angewendet werden:

```
<asp:Label ID="Label1" ClientIDMode="Static" runat="server" />
```

Alternativ kann diese Eigenschaft auch auf der Ebene der Seite oder eines `UserControl`-Steuerelements gesetzt werden (in der `@Page`-Direktive). Dann erben alle Steuerelemente ohne explizite Zuweisung die Einstellung der Seite, welche optional überschrieben werden kann.

```
<% @Page Language="C#" ClientIDMode="Static" … %>
```

Soll die Einstellung für alle Steuerelemente der gesamten WebAnwendung gesetzt werden, ist es auch möglich diese Eigenschaft in der web.config-Datei zu setzen. Dabei können die Seiten oder die Steuerelemente diese Einstellung überschreiben:

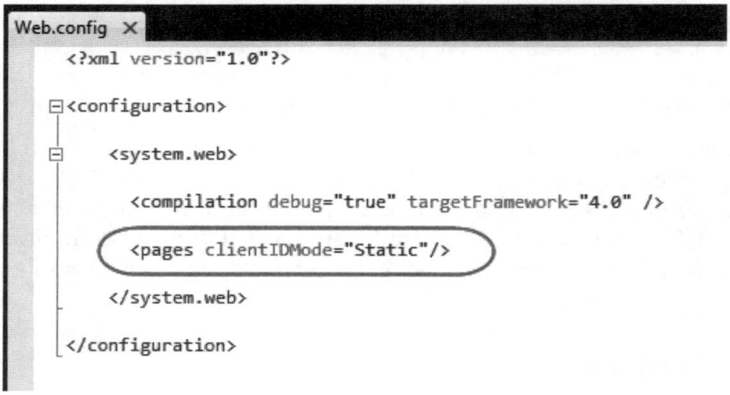

```xml
<?xml version="1.0"?>
<configuration>
    <system.web>
        <compilation debug="true" targetFramework="4.0" />
        <pages clientIDMode="Static"/>
    </system.web>
</configuration>
```

Abbildung 10.27 ClientID-Mode in der web.config einstellen

Auf diese Weise erhält der Entwickler sehr viel Flexibilität bei der Entwicklung einer neuen Web-Anwendung.

Beispiel

Das folgende Beispiel zeigt die Verwendung der Eigenschaft `ClientIDMode` für Steuerelemente, welche keine Listen enthalten.

In diesem Beispiel soll gezeigt werden, wie ein einzelnes Steuerelement einer Master-Seite auf einer *aspx*-Seite angesprochen wenden kann. Erzeugen Sie dazu ein leeres Web Anwendungs-Projekt mit Visual Studio 2010. Fügen Sie ein `<asp:label>` Steuerelement mit der ID „Message" auf der Default-Seite in dem Platzhalter „BodyContent" ein:

AutoID

```
<asp:Content ID="BodyContent" runat="server"
             ContentPlaceHolderID="MainContent">
   <asp:Label runat="server" ID="Message"  />
</asp:Content>
```

Fügen Sie in der Code-Datei eine Anweisung ein, welche einen Text im Textfeld erscheinen lässt:

```
protected void Page_Load(object sender, EventArgs e)
{
  Message.Text = "Hello Asp.NET !";
}
```

Wenn diese Anwendung mit dem ASP.NET 3.5 Framework oder mit der Einstellung `ClientIDMode=AutoID` gestartet wird, dann sieht die erzeugte `ClientID` wie folgt aus:

```
<div class="main">
    <span id="❶ ct100_Message">Hello Asp.NET !</span>
</div>
```

Diese ID ist Eindeutig, was zwar gut ist, aber durch das „ct100"-Präfix ❶ sehr unhandlich.

Ändert man hingegen den Modus auf `Predictable`, hilft das die Werte immer noch eindeutig zu halten, jedoch dieses Mal vorhersagbarer.

Predictable

```
<div class="main">
  <span id="MainContent_Message">Hello Asp.NET !</span>
</div>
```

Das „ct100"-Präfix wird nicht länger verwendet, dafür wurde die ID des übergeordneten Steuerelements eingefügt. Auf diese Wiese können mögliche Überschneidungen mit gleichen IDs vermieden werden.

Mitunter ist es gewünscht die ID eindeutig vorgeben zu können. Diese Möglichkeit haben Sie mit der Option `ClientIDMode="static"`, welche die ID verwendet, die auch als ASP.NET 4 ID vergeben wurde. Im nächsten Beispiel ist das `Message`:

Static

```
<div class="main">
  <span id="Message">Hello Asp.NET !</span>
</div>
```

10.6 WebParts

WebParts sind wiederverwendbare Module, aus denen eine Webseite aufgebaut werden kann. Wenn Sie SharePoint kennen, sind Ihnen die dort sehr gebräuchlichen WebParts möglicherweise vertraut. Sie bauen technisch auf den ASP.NET-WebParts auf.

10.6.1 Die Natur des WebParts

WebPart-Steuerelemente dienen vor allem der Personalisierung einer Webseite durch den Betrachter. Der Entwickler kann mit Hilfe des WebPart-Managers festlegen, welche Bereiche einer Seite die einzelnen Teile der gesamten Seite bilden sollen, ähnlich einem Baukasten mit Modulen für die einzelnen Funktionalitäten, wie es beispielsweise bei Portalsystemen üblich ist. Diese Module können vom Anwender ein- oder ausgeblendet, verschoben und sogar entfernt oder hinzugefügt werden, sofern vom Entwickler freigegeben. Damit kann sich jeder Betrachter seine Webseite individuell anpassen.

Mehr Flexibilität

WebParts geben nicht nur dem Anwender mehr Freiheit in der Verwendung der Seite, sondern auch dem Entwickler bei Erstellung einer Webanwendung. So können einzelne WebParts als Module von anderen Anbietern hinzugefügt werden bzw. eine Webanwendung kann von mehreren Entwickler-Teams unabhängig voneinander gleichzeitig weiter entwickelt werden.

WebParts sind eine der interessantesten und praktischsten Funktionen von ASP.NET. Aus diesem Grund sollen diese etwas genauer betrachtet werden. Die folgenden Abschnitte geben einen Überblick über die Möglichkeiten, die WebParts dem Entwickler bieten.

10.6.2 Funktionsweise

Wird eine Seite vom Anwender aufgerufen, befinden sich alle WebParts im Normal-Modus. Die WebParts können minimiert, maximiert und entfernt werden. Im Design-Modus können WebParts von einer Zone in eine andere WebParts-Zone verschoben werden. Ferner können WebParts sich noch im Edit-Modus zum Bearbeiten entsprechender Eigenschaften, sowie im Catalog-Modus zum Hinzufügen neuer und vormals entfernter WebParts, befinden. Insgesamt sind fünf Zustände möglich:

- `Browse`-Modus

    Der Standardmodus, in dem die Seite im eingerichteten Layout erscheint.

- `Design`-Modus

    Hier können alle bereits vorhandenen WebParts minimiert geschlossen oder verschoben werden.

- `Edit`-Modus

    Im Modus „Edit" können die Eigenschaften der Webparts mit Hilfe der `EditZone` verändert werden.

- `Catalog`-Modus

    Hier können neue sowie auch minimierte WebParts hinzugefügt werden. Als Quelle dient das `CatalogZone`-Steuerelement

- `Connect`-Modus

  `WebPart`-Steuerelement können Datenverbindungen haben. Beispielsweise kann ein WebPart eine Auswahl anbieten, auf die ein anderes reagiert. Die Verbindungen lassen sich in diesem Modus betrachten und einrichten.

Aufbau einer WebPart Seite

Das folgende kleine Beispiel soll zur generellen Beschreibung des Aufbaus einer WebParts-Seite dienen. Zur Positionierung wird eine dreispaltige Tabelle verwendet, die die Webseite in drei gleich große Bereiche unterteilt. In jeder der der Spalten werden nach und nach weitere Elemente hinzugefügt, so dass eine funktionierende WebPart-Seite entsteht. Als erstes werden zwei WebPart-Zonen untergebracht, die später die Inhalte der WebParts anzeigen werden. Um das Beispiel übersichtlicher zu gestalten, wurde der Inhalt statisch in die WebPart-Zonen geschrieben. In den Anwendungsbeispielen weiter unten wird beschrieben, wie dynamische Inhalte erzeugt werden können.

Listing 10.36 WebPart-Beispielseite

```
<%@ Page Language="C#" %>
<script runat="server">
   protected void LinkButton1_Click(object sender, EventArgs e)
   {
     if (this.LinkButton1.Text == "Design Mode")
     {
         WebPartManager1.DisplayMode = WebPartManager.DesignDisplayMode;
         LinkButton1.Text = "Normal Mode";
     }
     else
     {
         WebPartManager1.DisplayMode = WebPartManager.BrowseDisplayMode;
         LinkButton1.Text = "Design Mode";
     }
   }
</script> <html><head id="Head1" runat="server">
  <title>Web Parts Page</title>
</head> <body>
 <h1>WebParts Einführung</h1>
  <form runat="server" id="form1">
   <asp:webpartmanager id="WebPartManager1" runat="server"/>
   <table cellspacing="0" cellpadding="0" border="0">
   <tr>
   <td valign="top">
   <asp:webpartzone id="SideBarZone" runat="server"
      headertext="Sidebar">
     <zonetemplate>
       <asp:label runat="server" id="linksPart"
         title="Links">
          <a href="www.comzept.com">Comzept GmbH</a><br />
          <a href="www.gotdotnet.com">GotDotNet</a><br />
          <a href="www.contoso.com">Contoso.com</a><br />
       </asp:label>
     </zonetemplate>
   </asp:webpartzone>
   </td>
   <td valign="top">
   <asp:webpartzone id="MainZone" runat="server" headertext="Main">
    <zonetemplate>
```

10 Steuerelemente und WebParts

```
      <asp:label id="contentPart" runat="server" title="Inhalt">
        <h2>Wilkommen in der WebPart-Demo</h2>
        <p>Bitte klicken Sie einen der Links an!</p>
      </asp:label>
     </zonetemplate>
    </asp:webpartzone>
   </td>
   <td valign="top">
   </td>
  </tr>
 </table>
    <asp:LinkButton ID="LinkButton1" runat="server"
        OnClick="LinkButton1_Click">
      Design Mode
    </asp:LinkButton>
   </form>
 </body>
</html>
```

Abbildung 10.28 Ansicht des WebPart-Einführungsbeispiels

Design-Modus

Nach einem Klick auf den `LinkButton` ändert sich die Ansicht der Webseite, und man befindet sich im `Design`-Modus. Im `Design`-Modus können die WebParts verschoben werden. So ist es möglich die Links auf der rechten Seite zusammen mit dem Inhalt der linken Seite links oder rechts unter zu bringen.

Um Inhalte an eine andere Stelle zu bewegen, wechseln Sie in den `Design`-Modus und ziehen Sie den WebPart, welchen Sie verschieben möchten, mit gedrückter Maustaste auf die neue Position innerhalb einer `WebPartZone`. Lassen Sie die Maus dann wieder los. Die Abbildung unten zeigt, wie der Inhalt der rechten `WebPartZone` in die linke `WebPartZone` verschoben wird.

10.6 WebParts

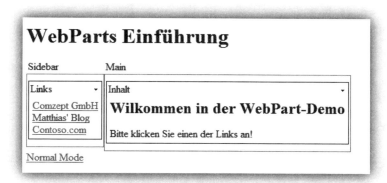

Abbildung 10.29 Ansicht des WebPart-Beispiels

In diesem Beispiel wurde die Umschaltung zwischen dem Normal- und dem Design-Modus mit Hilfe eines LinkButton realisiert, indem das Ereignis OnClick zur Anwendung kommt. In dieser Funktion werden die Beschriftung des LinkButtons zur Unterscheidung der Zustände in denen sich die Seite aktuell befindet genutzt und der entsprechende neue Zustand für den LinkButton und den WebPartManager der Seite gesetzt.

Der WebPartManager

Der WebPartManager verwaltet alle WebPart-Steuerelemente auf einer Seite. Ferner ist der WebPartManager für das Hinzufügen, sowie Entfernen von WebParts zuständig. Jede Seite kann genau einen WebPartManager haben. Mit Hilfe der folgenden statischen Funktion kann der WebPartManager der Seite innerhalb des Programmcodes ermittelt werden:

_manager = WebPartManager.GetCurrentWebPartManager(Page)

Ferner ist es möglich mit Hilfe der Eigenschaft _manager.SupportedDisplayModes eine Aufzählung der von der aktuellen Seite unterstützten WebPartDisplayModes zu bekommen.

WebPartManager

WebPartZone

Die WebPartZone ist der Container, in dem sich die WebParts auf der Seite befinden. WebParts können nicht außerhalb dieses Containers existieren. Solche Container können innerhalb des ZoneTemplate statisch definiert oder alternativ dynamisch hinzugefügt werden.

WebPartZone

EditorZone

Die EditorZone dient dem Bearbeiten der Eigenschaften eines ausgewählten WebParts. Verfügt eine WebPart-Seite über eine EditorZone kann die Seite unter Verwendung des WebPartManager in den Bearbeiten-Modus versetzt werden:

_manager.DisplayMode = WebPartManager.EditDisplayMode

EditorZone

Sollte es notwendig sein, alle Personalisierungen rückgängig zu machen, erfolgt dies mit dem Aufruf von:

`_manager.Personalization.ResetPersonalizationState();`

Sowohl optisch als auch von der Funktionsweise ähnelt die EditorZone dem bekannten PropertyGrid, welches von Desktop-Anwendungen zum Anzeigen und setzen diverser Eigenschaften verwendet wird.

CatalogZone

CatalogZone — In der `CatalogZone` werden mittels verschiedener Kataloge die vorhandenen WebParts zum Einfügen bereitgestellt. Dazu werden drei `CatalogZone`-Steuerelemente vom Framework mitgeliefert. Auch hier gilt, dass die Seite nur in den Catalog-Modus versetzt werden kann, wenn eine `CatalogZone` auf der Seite vorhanden ist. Die erfolgt mit folgendem Befehl:

`_manager.DisplayMode = WebPartManager.CatalogDisplayMode`

PageCatalogPart

PageCatalogPart — Wird ein WebPart geschlossen, landet dieser automatisch im `PageCatalogPart`. Ohne einen `PageCatalogPart` können geschlossene WebParts nicht ohne weiteres wieder geöffnet werden. Es sei denn, die Personalisierung wird mit Hilfe des `WebPartManager` zurückgesetzt.

DeclarativeCatalogPart

Declarative CatalogPart — Sollen bestimmte vorgefertigte WebParts zum Einfügen für den Anwender bereit gestellt werden, ist der `DeclarativeCatalogPart` eine gute Wahl.

ImportCatalogPart

ImportCatalogPart — WebParts können exportiert und importiert werden. `ImportCatalogPart` dient dem importieren exportierter WebParts

ConnectionsZone

ConnectionsZone — Mitunter sollen WebParts untereinander Daten austauschen und trotzdem autark sein. Zu diesem Zweck können Verbindungen zwischen den WebParts angelegt werden. Wie genau Verbindungen innerhalb der Webparts erzeugt und behandelt werden, finden Sie im weiteren Verlauf dieses Kapitels.

10.6.3 Erstellen von WebParts

Grundsätzlich gibt es zwei Möglichkeiten, eigene WebParts zu erstellen. Entweder als `GenericWebPart` oder als `CustomWebPart`. Beide Varianten sollen im Folgenden betrachtet werden.

GenericWebPart erstellen

Alle nicht von der Klasse `WebPart` abgeleiteten Benutzersteuerelemente werden als `GenericWebPart` behandelt. Auf diese Art werden alle Steuerelemente des Frameworks automatisch als `GenericWebPart` eingefügt. In diesem Abschnitt soll es jedoch weniger um die Verwendung als vielmehr um die Erstellung von eigenen funktionalen WebParts gehen.

Für das folgende Beispiel wird ein kleines Benutzersteuerelement verwendet, welches eine minimale Funktionalität implementiert. Mit dem Laden ❶ des Steuerelements wird die aktuelle Uhrzeit und das Datum gesetzt ❷ und angezeigt.

Listing 10.37 Minimales Benutzersteuerelement

```
<%@ Control Language="C#" ClassName="SimpleUserControl"
    Description="Simple User Control Example"%>

<script runat="server">
    protected override void ❶ OnLoad(EventArgs e)
    {
        base.OnLoad(e);
        ❷ Label1.Text = DateTime.Now.ToShortDateString();
    }
</script>

<asp:Label ID="Label1" runat="server" Text="Label"></asp:Label>
```

Dieses Benutzersteuerelement kann auf zwei Arten im Zusammenhang mit den WebParts verwendet werden.

Programmiert

Die Verwendung eines `GenericWebPart` erfolgt über den `WebPartManager`. Zunächst wird das Benutzersteuerelement geladen ❶. Der `WebPartManager` erzeugt eine Instanz des `GenericWebPart` ❷, die das Benutzersteuerelement enthält, welches dann unter Verwendung des `WebPartManager` einer `WebPartZone` zugewiesen werden kann ❸ (siehe vorhergehendes Beispiel).

```
UserControl uc = (UserControl) ❶ LoadControl("SimpleUserControl.ascx");
uc.ID = "SimpleUserControl1";
GenericWebPart wp = ❷ WebPartManager1.CreateWebPart(uc);
❸ WebPartManager1.AddWebPart(wp, MainZone, 0);
```

Deklarativ

Alternativ ist es auch möglich, das Benutzersteuerelement auf deklarative Weise hinzuzufügen:

```
<% ❶ Register TagPrefix="uc" Namespace="Younamespace"
Assembly="UserControl" %>
<asp:WebPartZone ID="WebPartZone1" runat="server">
  ❷ <ZoneTemplate>
    ❸ <uc:UserControl ID=UserControl1 runat="server" ... >
  </ZoneTemplate>
</asp:WebPartZone>
```

Nach der Registrierung des Tag-Präfixes ist der entsprechende Namensraum bekannt ❶. Der `WebPartZone` wird ein entsprechendes `ZoneTemplate` ❷ zugeordnet, in welchem sich wiederum das Benutzersteuerelement ❸ befindet.

CustomWebPart erstellen

CustomWebPart

Ein `CustomWebPart` stammt von der Klasse `WebPart` ab, aus dem Namensraum `System.Web.UI.WebControls.WebParts`. Ein `CustomWebPart` ist prinzipiell genauso aufgebaut, wie ein Benutzersteuerelement. Eigene Inhalte können dargestellt werden, indem die Methode `Render` ❶ überschrieben wird.

```
protected override void ❶ Render(HtmlTextWriter writer)
{
  ❷ writer.WriteBeginTag("H1");
    writer.Write("Einfaches CustomWebPart Steuerelement");
    writer.WriteEndTag("H1");
}
```

Im Beispiel wird ein Tag für eine „Überschrift 1" ❷ mit einem Inhalt erzeugt.

10.6.4 Personalisieren von WebParts

Die Steuerelemente `CustomWebPart` oder `UserControl` haben in der Regel diverse öffentliche Eigenschaften. Oft ist es gewünscht, dass diese von jedem Benutzer personalisiert werden können. Diese Personalisierung wird mit den Attributen `Personalizable` und `WebBrowsable` vom ASP.NET-Framework bereitgestellt. Diese Attribute können auf `WebPart`, `ServerControl` und `CustomControl` angewendet werden.

```
[Personalizable(),WebBrowsable()]
public string myProperty
{
  ...
}
```

Dabei ist es möglich zwischen zwei Optionen zu wählen. Entweder ist diese Eigenschaft pro Benutzer personalisierbar (`PersonalizationsScope.User`) oder wird für alle Benutzer der Seite (`PersonalizationsScope.Shared`) genutzt.

```
[Personalizable(PersonalizationsScope.User),WebBrowsable()]
public string UserProperty
{
  ...
}

[Personalizable(PersonalizationsScope.Shared),WebBrowsable()]
public string SharedProperty
{
  ...
}
```

Personalisierung ist nur für authentifizierte Benutzer möglich. Bei der Verwendung der Personalisierungs-Attribute ist darauf zu achten, dass immer ein Benutzer angemeldet sein muss, sonst kommt es zu der folgenden Ausnahme:

Personalization is not enabled and/or modifiable Exception.

> **HINWEIS**
>
> Ein Benutzer kann angemeldet werden, indem Login.aspx für einen bekannten Benutzer ausgeführt wird. Weitere Informationen über das Anmelden und Anlegen von Benutzern und Gruppen finden Sie im Kapitel 20 „Sicherheit und Benutzer".

10.6.5 Erweiterung des WebPart-Personalisierungsproviders

Im vorangegangenen Abschnitt wurde bereits mit dem eingebauten Personalisierungsprovider gearbeitet. Es handelt sich dabei um die Klasse `SqlPersonalizationProvider` aus dem Namensraum `System.Web.UI.WebControls.WebParts`. Die Hauptaufgabe des Providers besteht darin, den Status eines WebParts zu speichern. Der Status besteht aus dem Inhalt und dem Layout der Seite. Der Typ `PersonalizationState` wird dazu verwendet, als eine Art Container diesen Status zu halten. Der Personalisierungsdienst serialisiert und deserialisiert diese Informationen und erzeugt ein Feld aus Bytes, das gespeichert werden kann. Das Speichern erfolgt in derselben SQL-Datenbank, die auch Informationen über Mitgliedschaft (Membership) und Rollen (Roles) aufnimmt. Die Standardimplementierung basiert auf einer finalen Klasse (`sealed`), sodass eine abstrakte Basisklasse der Klassenhierarchie benutzt werden muss, um eine eigene Implementierung vorzunehmen. Der Typ `PersonalizationProvider` liefert die ideale Basis dafür:

```
public abstract class PersonalizationProvider : ProviderBase
{
    protected PersonalizationProvider();
    public abstract string ApplicationName { get; set; }
    protected virtual IList CreateSupportedUserCapabilities();
    public virtual PersonalizationScope DetermineInitialScope( 
        WebPartManager webPartManager,
        PersonalizationState loadedState);
    public virtual IDictionary DetermineUserCapabilities( 
        WebPartManager webPartManager);
    public abstract PersonalizationStateInfoCollection FindState( 
        PersonalizationScope scope, 
        PersonalizationStateQuery query, 
        int pageIndex, int pageSize, out int totalRecords);
    public abstract int GetCountOfState(PersonalizationScope scope, 
        PersonalizationStateQuery query);
    protected abstract void LoadPersonalizationBlobs( 
        WebPartManager webPartManager, 
        string path, string userName, 
        ref byte[] sharedDataBlob, ref byte[] userDataBlob);
    public virtual PersonalizationState LoadPersonalizationState( 
        WebPartManager webPartManager,
        bool ignoreCurrentUser);
    protected abstract void ResetPersonalizationBlob( 
        WebPartManager webPartManager, string path,
        string userName);
    public virtual void ResetPersonalizationState(
        WebPartManager webPartManager);
    public abstract int ResetState(PersonalizationScope scope, 
        string[] paths, 
        string[] usernames);
    public abstract int ResetUserState(string path, 
        DateTime userInactiveSinceDate);
    protected abstract void SavePersonalizationBlob( 
```

```
                        WebPartManager webPartManager, ↵
                        string path, string userName, byte[]
                        dataBlob);
    public virtual void SavePersonalizationState(
                        PersonalizationState state);
}
```

Die folgende Tabelle zeigt und erklärt diese Eigenschaften und Methoden. Einige sind `abstract` bzw. als `virtual` gekennzeichnet und damit die Kandidaten zum Implementieren bzw. Überschreiben in abgeleiteten Klassen.

Tabelle 10.12 Mitglieder der Basisklasse PersonalizationProvider

Mitglied	Beschreibung
`ApplicationName`	Name der Applikation
`Name`	Name des Providers
`Description`	Beschreibung
`CreateSupportedUserCapabilities`	Liste von Objekten des Typs `WebPartUserCapability` mit den bekannten Möglichkeiten
`DetermineInitialScope`	Bestimmt den initialen Anwendungsbereich (scope)
`DetermineUserCapabilities`	Aufzählung von `WebPartUserCapability`-Instanzen
`FindState`	Kollektion mit `PersonalizationStateInfo`-Objekten die bestimmten Bedingungen gehorchen
`GetCountOfState`	Anzahl der Einträge im Datenspeicher
`LoadPersonalizationBlobs`	Basisdaten aus dem Datenspeicher
`LoadPersonalizationState`	Basisdaten aus dem Datenspeicher konvertiert in ein `PersonalizationState`-Objekt.
`ResetPersonalizationBlob`	Löscht persönliche Informationen aus dem Datenspeicher
`ResetPersonalizationState`	Setzt Informationen im Datenspeicher zurück
`ResetState`	Setzt Informationen im Datenspeicher zurück, wenn sie bestimmten Bedingungen gehorchen
`ResetUserState`	Löscht Informationen im Datenspeicher
`SavePersonalizationBlob`	Speichert persönliche Informationen im Basisformat
`SavePersonalizationState`	Speichert persönliche Informationen

Die Implementierung ist nicht schwierig. Die Kernfunktionen bilden die Methoden mit den Präfixen `Load`, `Save` und `Reset`.

Ein wichtiger Aspekt bei der Personalisierung ist der Sichtbereich (scope) der Daten. Es gibt zwei Bereiche: Benutzer und Seitenpfad. Die Benutzersicht speichert das Layout einer WebPart-Seite für jeden Benutzer einzeln. Dies setzt natürlich voraus, dass der Benutzer bereits angemeldet ist. Wird das Layout pro Seite gespeichert, wird der Pfad der Seite als Basis genommen. Alle Benutzer dieser Seite sehen dasselbe Layout. Beides kann koexistieren. Anonyme Benutzer sehen die Standardseite und alle anderen ihre persönliche. Der Provider muss dies unterscheiden können.

Implementierung eines WebPart-Personalisierungsproviders

Bevor eine eigene Implementierung in Frage kommt, müssen einige Voraussetzungen erfüllt sein:

- Es muss eine Portalseite mit WebParts existieren
- Die Applikation muss Benutzerauthentifizierung beherrschen
- Der Provider muss implementiert sein
- Der Provider muss konfiguriert sein

Zuerst soll eine einfache Portalseite entstehen:

Listing 10.38 Die Portalseite für die Implementierung des Providers

```
<form id="form1" runat="server">
<div>
    <asp:WebPartManager ID="WebPartManager1" runat="server">
      <Personalization Enabled="true"
                ❶ ProviderName="XmlPersonalizationProvider" />
</asp:WebPartManager>
<table style="width: 100%">
    <tr valign="middle" style="background: #dddddd">
        <td colspan="2">
            <h2>
                Welcome to our Portal,
                <asp:LoginName ID="LoginName1" runat="server" />
            </h2>
        </td>
        <td>
            <asp:Menu ID="Menu1" runat="server" ▫
                    OnMenuItemClick="Menu1_MenuItemClick">
            </asp:Menu>
        </td>
    </tr>
    <tr valign="top">
        <td style="width: 20%">
            <asp:CatalogZone ID="CatalogZone1" runat="server">
                <ZoneTemplate>
                 <asp:PageCatalogPart ID="PageCatalogPart1"
                    runat="server" />
                </ZoneTemplate>
            </asp:CatalogZone>
                <asp:EditorZone ID="EditorZone1" runat="server">
                </asp:EditorZone>
        </td>
        <td style="width: 60%">
            <asp:WebPartZone ID="WebPartZone1" runat="server">
            </asp:WebPartZone>
        </td>
        <td style="width: 20%">
            <asp:WebPartZone ID="WebPartZone2" runat="server">
            <TitleBarVerbStyle BackColor="ActiveBorder" />
                <ZoneTemplate>
                    <asp:Calendar ID="Calendar1" runat="server">
                    </asp:Calendar>
                    <asp:FileUpload ID="FileUpload1"
                        runat="server" />
                </ZoneTemplate>
            </asp:WebPartZone>
        </td>
```

```
                </tr>
                <tr>
                    <td colspan="3">
                        <asp:LoginStatus ID="LoginStatus1" runat="server" />
                    </td>
                </tr>
            </table>
        </div>
    </form>
```

Die anderen Code-Teile, die nachfolgend gezeigt werden, sind davon weitgehend unabhängig. Die einzige Abhängigkeit ist der Name des Providers ❶. Der Code zur Seite enthält dann die Möglichkeit zum Speichern.

Listing 10.39 Der Code der Portalseite

```
public partial class _Default : System.Web.UI.Page
{
    protected void Page_Load(object sender, EventArgs e)
    {
        if (!IsPostBack)
        {
            // Menü mit Modi der WebParts
            MenuItem rootItem = new MenuItem("Modus wählen");
            foreach (WebPartDisplayMode mode in ↵
                     ❷ WebPartManager1.DisplayModes)
            {
                rootItem.ChildItems.Add(new MenuItem(mode.Name));
            }
            Menu1.Items.Add(rootItem);
        }
    }

    protected void ❸ Menu1_MenuItemClick(object sender,
                                          MenuEventArgs e)
    {
        WebPartManager1.DisplayMode =
            ❹ WebPartManager1.DisplayModes[e.Item.Text];
    }
}
```

Das Menu-Steuerelement zeigt alle Modi an, in die die WebPart-Seite versetzt werden kann ❷. Die Ereignisbehandlung des Steuerelements ❸ setzt den Modus dann entsprechend ❹.

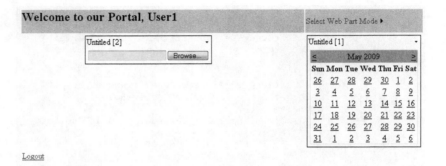

Abbildung 10.30 Die Seite mit WebParts

Die Authentifizierung vorbereiten

Für dieses einfache Szenario muss die Webapplikation die Benutzerauthentifizierung unterstützen. Um es besonders einfach zu machen, wird Forms-Authentifizierung benutzt und die Benutzer werden gleich in der *web.config* angegeben. Sie finden mehr Informationen dazu im Kapitel 20. Auf keinen Fall eignet sich dies für den Produktionsbetrieb.

Listing 10.40 Konfiguration einer Authentifizierung in der *web.config*

```
<authorization>
   <deny users="?"/>
</authorization>
<authentication mode="Forms">
   <forms>
      <credentials passwordFormat="Clear">
         ❶   <user name="User1" password="User1"/>
         ❶   <user name="User2" password="User2"/>
         ❶   <user name="User3" password="User3"/>
      </credentials>
   </forms>
</authentication>
```

Neben dem Form-basierten Modus werden drei Anwender und ihre zugehörigen Passwörter festgelegt ❶.

Damit benötigt die Applikation neben der Portalseite auch eine Seite zum Anmelden. Diese Seite enthält sinnvollerweise ein Anmeldesteuerelement ❷, um den Aufbau so einfach wie möglich zu gestalten.

Listing 10.41 Der Code der Portalseite

```
<body>
   <form id="form1" runat="server">
   <div>
      ❷ <asp:Login ID="Login1" runat="server"
              onauthenticate="Login1_Authenticate">
      </asp:Login>
      <br />
   </div>
   </form>
</body>
</html>
```

Der Code dazu ist im folgenden Listing zu finden:

Listing 10.42 Der Code der Anmeldeseite

```
public partial class Login : System.Web.UI.Page
{
    protected void Page_Load(object sender, EventArgs e)
    {
    
    }

    protected void Login1_Authenticate(object sender,
                        AuthenticateEventArgs e)
    {
        e.Authenticated = FormsAuthentication.Authenticate(❸
                    Login1.UserName, Login1.Password);
    }
}
```

10 Steuerelemente und WebParts

Die Authentifizierung erfolgt mit Hilfe der statischen Methode `Authenticate` ❸ der Klasse `FormsAuthentication`.

Den Provider entwickeln

Als Beispiel soll anstatt des SQL Servers die Information als XML gespeichert werden. Dabei wurde auf alle Extras, wie Fehlerbehandlung, verzichtet und eine einfache Funktion implementiert. Es soll damit lediglich das Erweiterungsprinzip demonstriert werden. Im Anschluss an den Code finden Sie eine Erklärung der wichtigsten Passagen.

Listing 10.43 Der Code des Providers

```csharp
using System;
using System.Collections.Generic;
using System.Linq;
using System.Web;
using System.Web.UI.WebControls.WebParts;
using System.IO;
using System.Web.Hosting;
using System.Data;
using System.Xml.Linq;
using System.Xml.XPath;

namespace Hanser.Extensibility.WebPartProvider
{
    public class XmlPersonalizationProvider : PersonalizationProvider
    {
        private const string SETTINGSNAME = "WPSettings.xml";
        private const string SETTINGSTAG = "WPSettings";
        private string configFile;

        public override void Initialize(string name, ↵
                System.Collections.Specialized.NameValueCollection ↵
                    config)
        {
            base.Initialize(name, config);
            configFile = HttpContext.Current.Request.MapPath( ↵
                    Path.Combine("~/App_Data/", SETTINGSNAME));
            // XML
            if (❶ !File.Exists(configFile))
            {
                XDocument cfgDoc = new XDocument(
                    new XElement("WebPartData",
                        new XAttribute("Created", ↵
                                DateTime.Now.ToShortDateString()),
                        new XElement("UserScope"),
                        new XElement("SharedScope")));
                cfgDoc.Declaration = new XDeclaration("1.0", "utf-8",
                                                        "true");
                cfgDoc.Save(configFile);
            }
        }

        protected override void ❼ LoadPersonalizationBlobs(
          WebPartManager webPartManager,
            string path,
            string userName,
            ref byte[] sharedDataBlob,
            ref byte[] userDataBlob)
```

```csharp
        {
            string fullPath = HttpContext.Current.Request.MapPath(path);
            XDocument cfgDoc = XDocument.Load(configFile);
            var root = cfgDoc.Element("WebPartData");
            if (userName == null)
            {
                object cachedPageSettings =
                   HttpContext.Current.Cache[SETTINGSTAG + ":" + path];
                if (cachedPageSettings != null)
                {
                    sharedDataBlob = (byte[])cachedPageSettings;
                }
                else
                {
                    var shared = root.Element("SharedScope")
                                .Elements("Page")
                                .Single(n =>
                        n.Attribute("name").Value.Equals(userName));
                    if (shared == null)
                    {
                        sharedDataBlob = null;
                    }
                    else
                    {
                        sharedDataBlob =
                           Convert.FromBase64String(shared.Value);
                        // Gemeinsame Einstellungen des Cache
                        webPartManager.Page.Cache.Insert(
                         SETTINGSTAG + ":" +
                         path,
                         sharedDataBlob,
                            new System.Web.Caching.CacheDependency(
                              configFile));
                    }
                }
            }
            else
            {
                var pageElement = root.XPathSelectElement(
                  String.Format("//UserScope/User[@name='{0}']
                     /Page[@name='{1}']",
                       userName, path));
                if (pageElement != null)
                {
                    userDataBlob = Convert.FromBase64String(
                      pageElement.Value);
                }
            }
        }
        protected override void ResetPersonalizationBlob(
          WebPartManager webPartManager,
          string path,
          string userName)
        {
        }
        protected override void ❷ SavePersonalizationBlob(
          WebPartManager webPartManager,
          string path,
```

```csharp
                    string userName,
    byte[] dataBlob)
{
    string fullPath = HttpContext.Current.Request.MapPath(path);
    string sBlob = Convert.ToBase64String(dataBlob);
    lock (this)
    {
        XDocument cfgDoc = XDocument.Load(configFile);
        var root = cfgDoc.Element("WebPartData");
        if (!String.IsNullOrEmpty(userName))
        {
            // Scope: user
            var ❸ userElement = root.XPathSelectElement(
                    String.Format(⤶
                        "//UserScope/User[@name='{0}']",
                        userName));
            if (❹ userElement == null)
            {
                userElement = root.Element("UserScope");
                // no user, add complete tree
                userElement.Add(
                    new XElement("User",
                        new XAttribute("name", ⤶
                            userName),
                        new XElement("Page",
                            new XAttribute("name", ⤶
                            path),
                            sBlob)));
            }
            else
            {
                // with user, check page
                var pageElement = userElement.Elements("Page")
                            .Single(n => ⤶
                    n.Attribute("name").Value.Equals(path));
                if (pageElement == null)
                {
                    // no page
                    userElement.Add(new XElement("Page",
                        new XAttribute("name", path),
                            sBlob));
                }
                else
                {
                    // new data for page
                    pageElement.Value = sBlob;
                }
            }
        }
        else
        {
            // Scope: Shared
            var sharedElement = root.Elements("SharedScope")
                            .Elements("Page")
                            .Single(p => ⤶
                p.Attribute("Name").Value.Equals(path));
            if (sharedElement == null)
            {
                sharedElement.Add(new XElement("Page",
                    new XAttribute("name", path),
                    sBlob));
```

```
                    }
                    else
                    {
                ❺ sharedElement.Value = sBlob;
                    }
                }
             ❻ cfgDoc.Save(configFile);
            }
        }

        public override string ApplicationName
        {
           get;
           set;
        }

        public override int GetCountOfState(
          PersonalizationScope scope,
          PersonalizationStateQuery query)
        {
           return 0;
        }

        public override PersonalizationStateInfoCollection FindState(
          PersonalizationScope scope,
          PersonalizationStateQuery query,
          int pageIndex,
          int pageSize,
          out int totalRecords)
        {
           totalRecords = 0;
           return null;
        }

        public override int ResetState(
          PersonalizationScope scope,
          string[] paths,
          string[] usernames)
        {
           return 0;
        }

        public override int ResetUserState(
          string path,
          DateTime userInactiveSinceDate)
        {
           return 0;
        }
    }
}
```

In der Initialisierungsphase, die für jeden Provider durchlaufen werden muss, wird die XML-Datei falls erforderlich angelegt ❶. Wenn der Benutzer dann etwas an der Portalseite ändert, wird automatisch die Methode SavePersonalizationBlob aufgerufen ❷. Hier wird nach dem Benutzernamen gesucht. Wenn dieser nicht gefunden wurde bedeutet das, dass der Benutzer nicht authentifiziert wurde. Damit ist der Sichtbereich allgemein bzw. pro Seitenpfad (Path). Wenn der Name erkannt wurde, werden die Daten benutzerabhängig gespeichert. Es ist auch möglich, dass der Benutzer existiert, aber noch nie Daten gespeichert hat. Dann existiert kein Benutzerelement (`userElement`, ❸). Die Vorgehensweise beim Analysieren des XML nutzt XPath statt LINQ-to-XML. Dies ist erforderlich, weil die typisierte Abfrage an nicht existenten Elementen scheitert, die benutzt werden, um fortlaufend Elemente im Kontext abzufragen. XPath dagegen löst immer den Ausdruck auf und gibt `null` zurück, wenn die Auswertung in irgendeiner Phase fehlschlägt. Wenn das Benutzerelement (`<User>`) nicht existiert, wird es angelegt ❹ und die nötigen Attribute werden gleich mit angehängt. Die Daten werden nach Base64 kodiert, um den Anforderungen eines XML-Dokuments zu entsprechen und dann als Inhalt des Elements abgelegt ❺. Zuletzt wird das Dokument gespeichert ❻.

Das Laden der Daten folgt einem ähnlichen Prinzip ❼. Wenn keine Daten gefunden werden, kann ohne Weiteres `null` zurückgegeben werden. Auch hier wird XPath benutzt, um mit möglicherweise unvollständigen Daten im XML umgehen zu können.

Wenn alles funktioniert, wird eine XML-Datei angelegt, die etwa folgendermaßen aussieht:

Listing 10.44 Die XML-Datei mit Musterdaten

```xml
<?xml version="1.0" encoding="utf-8"?>
<WebPartData Created="5/16/2009">
  <UserScope>
    <User name="User1">
      <Page name="~/Default.aspx">/wEUKwAKAgICARkqMVN5c3RlbS5XZWIuVUkuV2ViQ29udHJvbHHM
uV2ViUGFydHMuV2ViUGFydElhbmFnZXIIFBV9fd3BtZgIBHhBXZWJQYXJJ0U3RhdGVVc2VyFCsA
CAUMZ3dwQ2FsZW5kYXIxBQxXZWJQYXJJ0Wm9uZTJmaAUOZ3dwRmlsZVVwbG9hZEFFDdlYlBhc
nRab25lMWZaoaGg=</Page>
    </User>
    <User name="User2">
      <Page name="~/Default.aspx">/wEUKwAKAgICARkqMVN5c3RlbS5XZWIuVUkuV2ViQ29udHJvbHHM
uV2ViUGFydHMuV2ViUGFydElhbmFnZXIIFBV9fd3BtZgIBHhBXZWJQYXJJ0U3RhdGVVc2VyFCsA
CAUMZ3dwQ2FsZW5kYXIxBQxXZWJQYXJJ0Wm9uZTFmaAUOZ3dwRmlsZVVwbG9hZEFFDdlYlBhc
nRab25lMMmZoaGg=</Page>
    </User>
  </UserScope>
  <SharedScope />
</WebPartData>
```

Dies ist nicht besonders eindrucksvoll, zeigt aber klar die Struktur und die Daten. Der Einsatz soll hier lediglich die Möglichkeit zeigen, wie das Providermodell von ASP.NET erweitert werden kann. Meist ist die SQL-Variante besser geeignet. Für eine Intranet-Applikation, die ohne Datenbank auskommen soll und nur wenige Nutzer hat ist die vorgestellte Variante dagegen durchaus praxistauglich.

Bevor Sie jedoch den Einsatz starten, ist es erforderlich den Provider zu konfigurieren.

Den Provider konfigurieren

Die Konfiguration erfolgt in der Datei *web.config*. Das Beispiel umfasst auch die erforderlichen Einstellungen für die Authentifizierung.

> **STOPP**
>
> Dieses Beispiel ist nicht dazu geeignet, direkt in Produktionscode übernommen zu werden. Die Darstellung der Benutzer mit lesbaren Kennwörtern erfüllt nicht einmal elementarste Sicherheitsanforderungen. Die Variante dient nur dazu, den Provider schnell und ohne weitere Abhängigkeiten zu testen.

Das Beispiel zeigt die Abschnitte in der *web.config* zur Authentifizierung als auch Personalisierung. Diese Abschnitte müssen nicht zwingend nacheinander stehen.

Listing 10.45 Die Konfiguration des Providers

```xml
<system.web>
   <webParts>
      <personalization defaultProvider="XmlPersonalizationProvider">
         <providers>
           <add name="XmlPersonalizationProvider"
               type="Hanser.Extensibility.WebPartProvider↵
                  .XmlPersonalizationProvider"/>
         </providers>
      </personalization>
   </webParts>
   <authentication mode="Forms">
    <forms>
     <credentials passwordFormat="Clear">
        <user name="User1" password="user1"/>
        <user name="User2" password="user2"/>
        <user name="User3" password="user3"/>
     </credentials>
    </forms>
   </authentication>
   <authorization>
     <deny users="?"/>
   </authorization>
```

Den Provider testen

Zuletzt sollten Sie sich noch ein Testszenario überlegen. Nutzen Sie die drei Beispielnutzer dazu. Melden Sie sich mit einem Benutzer an. Wechseln Sie auf der Portalseite in den Modus „Edit". Ändern Sie die WebParts, bewegen Sie sie in eine andere Zone oder schließen Sie sie. Melden Sie sich ab und mit einem anderen Namen wieder an. Ändern Sie erneut das Layout. Wenn Sie sich jetzt mit dem ersten Konto wieder anmelden, wird das Layout der Seite automatisch wieder hergestellt.

Allein der Provider reicht aus, um diese Funktion zu nutzen. Es ist kein weiterer Code als der gezeigte erforderlich.

10.7 Benutzersteuerelemente

ASP.NET bietet bei der Programmierung großer Projekte eine starke Unterstützung für den Entwickler. Eines der wichtigen Instrumente zur Modularisierung sind Benutzersteuerelemente (User Controls).

10.7.1 Grundlagen der Benutzersteuerelemente

Benutzersteuerelemente sind so einfach und flexibel, dass der Einsatz sich auch schon bei kleineren Projekten lohnen kann. Praktisch werden hier Objekte definiert, die ähnlich wie die Webserversteuerelemente einen eigenen Namensraumalias besitzen. Wenn die Erweiterung von HTML über den Präfix „asp:" gelingt, sollte es auch möglich sein, eigene Namensraumaliase (die die Präfixe bestimmen) zu deklarieren. Tatsächlich ist dies kein Trick, sondern vom Systemdesign vorgegeben. Eine solche Erweiterung wird als Benutzersteuerelement bezeichnet. Welches Präfix verwendet wird, können Sie selbst bestimmen.

Aufbau und Einsatz

Da Benutzersteuerelemente per Definition zur Gruppe der Webserversteuerelemente gehören, verhalten sie sich auch ähnlich. Der Inhalt eines Benutzersteuerelementes darf nur aus HTML-Tags bestehen, wie er zwischen den `<body>`-Tags stehen kann. `<html>` und `<body>` selbst dürfen nicht auftreten. Ebenso sollte das `<form>`-Tag vermieden werden, da die ASP.NET-Komponente erwartet, das Benutzersteuerelemente innerhalb oder außerhalb eines Formulars erscheinen, aber dieses nicht selbst bilden. Benutzersteuerelemente sind in ihrem Einsatzspektrum dennoch kaum eingeschränkt. Was immer Sie in Ihrem Projekt mehr als einmal benötigen, können Sie so definieren. Durch die Möglichkeit, auf die enthaltenen Elemente programmatisch zugreifen zu können, ist die Anwendung sehr flexibel möglich.

Benutzersteuerelemente sind jedoch kein Allheilmittel. Es gibt in ASP.NET mehr Technologien zur Modularisierung. Einsetzen sollten Sie sie in folgenden Situationen:

- Elemente einer HTML-Seite werden mehrfach benötigt, beispielsweise bei Menüs, Kopf- und Fußzeilen etc.
- Zur Reduzierung von Code in einer Seite, das heißt, zur Erhöhung der Übersichtlichkeit

In anderen Fällen gibt es bessere Alternativen:

- Bereitstellung von Steuerelementen für fremde Applikationen (dafür sind kundenspezifische Steuerelemente besser geeignet).
- Kapselung von Code für fremde Applikationen (dafür sind kompilierte Assemblies gedacht)
- Trennung von Code und Design (dies wird mit Code Behind gemacht).

10.7.2 Wie Benutzersteuerelemente entstehen

Erweiterung .ascx

Benutzersteuerelemente entstehen in zwei Schritten. Zuerst wird eine neue Datei angelegt, die den HTML-Code aufnimmt. Diese Datei muss die Endung *.ascx* bekommen. Dies ist zwingend vorgeschrieben, damit der Baustein beim Übersetzen der Seite korrekt eingebunden wird.

Benutzersteuerelemente in Visual Studio

Wenn Sie Visual Studio verwenden, erzeugen Sie ein neues Benutzersteuerelement wie folgt:

10.7 Benutzersteuerelemente

1. Im PROJEKTMAPPEN-EXPLORER klicken Sie mit der rechten Maustaste auf ein Projekt.
2. Wählen Sie im Kontextmenü HINZUFÜGEN und dann WEBBENUTZERSTEUERELEMENT HINZUFÜGEN.
3. In der folgenden Liste der Vorlagen belassen Sie die Auswahl auf BENUTZERSTEUERELEMENT.
4. Vergeben Sie einen Namen für das neue Element. Klicken Sie auf OK.
5. Das Element wird in Visual Studio standardmäßig mit einer Code Behind-Datei versehen, das heißt die Option CODE IN EIGENER DATEI PLATZIEREN ist aktiviert.

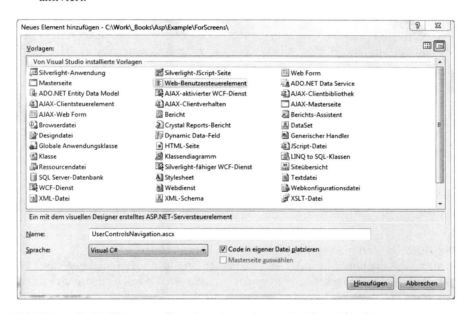

Abbildung 10.31 Ein neues Benutzersteuerelement in Visual Studio

Ein einfaches Anwendungsbeispiel

Als Beispiel soll hier eine einfache Navigation aufgebaut werden, die auf jeder Seite der Applikation erscheint. Über den Programmcode soll eine Eigenschaft so verändert werden, dass die aktuelle Seite in den Navigationselementen farblich hervorgehoben wird. Das folgende Beispiel zeigt den Aufbau eines einfachen Benutzersteuerelementes:

Listing 10.46 Einfache Navigation

```
<table border="1">
    <tr>
        <td>
            <a href="home.aspx">Startseite</a>
        </td>
        <td>
            <a href="impressum.aspx">Impressum</a>
        </td>
```

```
            <td>
                <a href="produkte.aspx">Produkte</a>
            </td>
        </tr>
</table>
```

@Register   Im zweiten Schritt muss das Benutzersteuerelement nun bekannt gemacht werden. Es soll auf jeder Seite der Applikation eingebaut werden. Dazu braucht es einen Präfix und einen Namen.

> **HINWEIS** Im Sinne korrekter Auslegung des XML-Standards handelt es sich hier um einen Alias für einen Namensraum. Allerdings sieht das ASP.NET nicht so eng – die Definition des Namensraumes bleibt Ihnen erspart.

Bislang fehlte noch die Definition des Präfixes, der für das XML-Tag verwendet wird. ASP.NET trifft hier keine Vorgabe. Hier soll „uc:" verwendet werden. Die Anmeldung wird über die Direktive `@Register` vorgenommen:

Listing 10.47 Nutzung des User Controls

```
<% @Register ❶ TagPrefix="uc" TagName="navigation"
             src="UserControlsNavigation.ascx" %>
<!DOCTYPE HTML PUBLIC "-//W3C//DTD HTML 4.01 Transitional//EN">
<html lang="en">
    <head>
        <title>Home</title>
    </head>
    <body>
        ❷ <uc:navigation id="nav" runat="server"/>
        <h1>Startseite</h1>
        Das ist die Startseite
    </body>
</html>
```

Präfix und Tag-Name

Die Direktive bestimmt mit dem Attribut `TagPrefix` ❶, welches Präfix verwendet wird. `TagName` definiert, wie das Tag auf dieser Seite heißt. Ein- und derselbe Code kann also nicht nur mehrfach verwendet, sondern auch verschieden benannt werden. Natürlich muss noch die Quelle mit dem Attribut `src` benannt werden. Auf der Seite selbst können Sie den Baustein nun folgendermaßen einbauen:

❷ `<uc:navigation id="nav" runat="server"/>`

Das Attribut `runat="server"` ist wieder obligatorisch. Da Benutzersteuerelemente auch als Objekte im Code zur Verfügung stehen, ist die Benennung mit `id="ucname"` erforderlich. Der Name ist im Rahmen der üblichen Bedingungen frei wählbar. Aber auch ohne Zugriff über Programmcode wird es nun bereits in der Seite angezeigt.

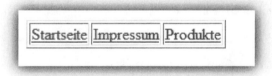

Abbildung 10.32 Die Navigationslinks oben entstehen durch ein Benutzersteuerelement

10.7.3 Programmierung von Benutzersteuerelementen

Spannender ist freilich der Zugriff über den Programmcode, denn nur so entfalten Benutzersteuerelemente ihr gesamtes Leistungsspektrum. Das .NET-Framework besteht aus einer ausgefeilten und komplexen Hierarchie von Klassen. Jedes Objekt stammt in der einen oder anderen Form von einer der Klassen ab. Das trifft zwangsläufig auch auf Benutzersteuerelemente zu. Diese stammen aus der Klasse `Controls`, aus der auch HTML-Steuerelemente und Webserversteuerelemente abgeleitet wurden. Aus `Controls` erbt auch `TemplateControls`. Aus dieser Klasse wird die Basisklasse `UserControl` abgeleitet, aus der letztlich auch die Objekte der Benutzersteuerelemente instanziiert werden. Damit stehen Basiseigenschaften, wie beispielsweise `Visible` sofort zur Verfügung, ohne dass eine einzige Codezeile erforderlich wäre. Der Name des Objekts wird durch das Attribut `id` festgelegt. Auf die Elemente des Steuerelements können Sie nicht so direkt zugreifen – dazu jedoch später mehr.

Zugriff aus dem Code

Der Zugriff auf die Elemente vom Programm der aufrufenden Seite ist natürlich möglich, allerdings nicht direkt. Denn als Entwickler eines Benutzersteuerelements sollten Sie die Kontrolle darüber behalten, welche Details sich beeinflussen lassen und welche nicht. Es ist nahe liegend, dass der Code dazu im Steuerelement selbst untergebracht wird. Wenn nun aber Code geschrieben wird, sind auch Direktiven notwendig. Tatsächlich gibt es kaum Unterschiede zu einer normalen *aspx*-Seite. Statt der Direktive `@Page` wird das Benutzersteuerelement mit `@Control` ausgestattet. Sämtliche Attribute und Parameter sind mit `@Page` identisch, mit Ausnahme von `trace` – diese Option kann nicht im Steuerelement ein- und ausgeschaltet werden. Stehen nun alle Techniken zur Verfügung, die *aspx*-Seiten bieten, ist es auch leicht möglich, Teile des Benutzersteuerelements als Eigenschaften zur Verfügung zu stellen.

Die Direktive @Control

Wenn Sie Benutzersteuerelemente entwerfen, erhalten diese eine mit `@Page` vergleichbare Direktive: `@Control`. Die folgende Tabelle zeigt alle zulässigen Attribute und deren Bedeutung:

Tabelle 10.13 Die Direktive @Control

Attribute und Parameter	Beschreibung
`AutoEventWireUp="true|false"`	Aktiviert die automatische Ereignisverarbeitung
`ClassName="Name"`	Name der Klasse, in die das Steuerelement kompiliert werden soll
`CompilerOptions=" "`	Compileroptionen
`Debug="true|false"`	Schaltet Debugging ein
`Description="Beschreibung"`	Beschreibung des Steuerelements
`EnableViewState="true|false"`	Schaltet den Anzeigestatus ein oder aus.
`Inherits="KlassenName"`	Name der zu verwendenden Klasse aus der hinterlegten Code-Datei
`Src="CodeDatei"`	Name der Code-Datei

10 Steuerelemente und WebParts

Attribute und Parameter	Beschreibung
`Language="c#"`	Sprache des eingebetteten Codes
`WarningLevel="0|1|2|4"`	Reaktionsstufen des Compilers

AutoEventWireUp Die Aktivierung der automatischen Ereignisverarbeitung ist notwendig, wenn Sie mit der im Buch überwiegend verwendeten Technik arbeiten, bei der Ereignisbehandlungsmethode lediglich als `public` deklariert werden und dann automatisch vom Ereignis eines Steuerelements gefunden werden. Der Visual Studio 2010-Designer arbeitet anders. Er hängt die Ereignisse in einer gesonderten Initialisierungsmethode selbst an die Delegaten an. Damit können diese als `private` gekennzeichnet werden.

Nutzung von weiteren Direktiven

In Benutzersteuerelementen können weitere Direktiven benutzt werden, die auch bei Seiten Anwendung finden:

- `@Import`. Siehe dazu Abschnitt „Die Direktive @Import" im Kapitel 9.
- `@Register`. Siehe dazu Abschnitt „Die Direktive @Register" im Kapitel 9.

Die Eigenschaften der Benutzersteuerelemente

Eigenschaften der Bausteine Im Beispiel wäre es nahe liegend, die Hintergrundfarbe der Tabellenzelle einzufärben, deren Link auf die gerade aktive Seite zeigt. Dies soll als neue Eigenschaft des Benutzersteuerelements dem aufrufenden Programm bereit gestellt werden. Das folgende Beispiel enthält das derart erweiterte Steuerelement zur Navigation. Beachten Sie, dass der direkte Zugriff nicht möglich ist, Sie müssen die erforderlichen Eigenschaften über Programmcode zur Verfügung stellen. Definiert werden dazu Eigenschaften der das Steuerelement repräsentierenden Klasse. Im Beispiel wird eine nur schreibbare Eigenschaft benötigt; es genügt also, den `set`-Zweig zu definieren.

Listing 10.48 Umfangreiches Benutzersteuerelement mit Steuerung der Eigenschaften

```
<% @Control %>
<script runat="server" language="C#">
void Page_Load()
{
    link1.Text = "Startseite";
    link1.NavigateUrl = "home2.aspx";
    link2.Text = "Impressum";
    link2.NavigateUrl = "impressum2.aspx";
    link3.Text = "Produkte";
    link3.NavigateUrl = "produkte2.aspx";
}
public bool nav_link1
{
    set
    {
        if (value)
        {
            td1.Style["Background-Color"] = "#dddddd";
        } else {
            td1.Style["Background-Color"] = "#ffffff";
```

```
            }
        }
    }
    public bool nav_link2
    {
        set
        {
            if (value)
            {
                td2.Style["Background-Color"] = "#dddddd";
            } else {
                td2.Style["Background-Color"] = "#ffffff";
            }
        }
    }
    public bool nav_link3
    {
        set
        {
            if (value)
            {
                td3.Style["Background-Color"] = "#dddddd";
            } else {
                td3.Style["Background-Color"] = "#ffffff";
            }
        }
    }
</script>
<table border="1">
    <tr>
        <td id="td1" runat="server">
            <asp:hyperlink id="link1" runat="server"/>
        </td>
        <td id="td2" runat="server">
            <asp:hyperlink id="link2" runat="server"/>
        </td>
        <td id="td3" runat="server">
            <asp:hyperlink id="link3" runat="server"/>
        </td>
    </tr>
</table>
```

Der der Eigenschaft zugewiesene Wert ist über das Schlüsselwort `value` erreichbar. *td1* bis *td3* repräsentieren die zum HTML-Steuerelement konvertierten Tabellenzellen, in welchen die Links stehen. Wird eine der Eigenschaften mit dem Parameter `true` oder `false` aufgerufen, wird der entsprechenden Link aktiviert bzw. deaktiviert.

Das folgende Programm zeigt, wie der Einbau erfolgt:

Listing 10.49 Nutzung des komplexeren User Controls

```
<% @Page language="C#" debug="true" %>
<% @Register TagPrefix="uc" TagName="navigation" src="navigation2.ascx"
%>
<!DOCTYPE HTML PUBLIC "-//W3C//DTD HTML 4.01 Transitional//EN">
<script runat="server" language="c#">
    void Page_Load()
    {
```

```
                    ❶ nav.nav_link1 = true;
        }
</script>
<html lang="en">
    <head>
        <title>Home</title>
    </head>
    <body>
        <uc:navigation id="nav" runat="server"/>
        <h1>Startseite</h1>
        Das ist die Startseite
    </body>
</html>
```

Über `nav.nav_link1` ❶ wird auf eine der Eigenschaften zugegriffen. Das erscheint auf den ersten Blick umständlich, immerhin wäre es einfacher, beispielsweise folgendes zu schreiben, um ein Teil des Steuerelements farblich zu verändern:

```
nav.td1.Style["Background-Color"] = "#dddddd"
```

Allerdings wären dann alle Teile öffentlich zugänglich, was im Sinne eines guten Programmierstils nicht gut ist. Sie sollten immer genau die Eigenschaften exakt definieren, die auch tatsächlich benötigt werden. .NET erzwingt das kurzerhand. Das verbesserte Benutzersteuerelement ist auch in allen anderen Dateien zu finden, wobei jeweils eine andere Eigenschaft verwendet wird. Benutzersteuerelemente können also nicht nur flexibel eingesetzt werden, sondern auch umfangreiche Aktionen ausführen. Dazu gehören auch Datenbankabfragen, Zugriffe auf das Dateisystem oder Interaktionen mit der aktuellen Seite.

> **TIPP**
> Wenn Sie in ASP.NET programmieren, sollten Sie sich intensiv mit Webserversteuerelementen oder Benutzersteuerelementen auseinandersetzen. Es sind Kernelemente der Programmierung und ebnen den Weg zu großen und stabilen Anwendungen.

10.7.4 Techniken der Benutzersteuerelemente

Dieser Abschnitt geht auf die elementaren Techniken bei der Entwicklung von Benutzersteuerelementen ein.

Benutzersteuerelemente einsetzen

Code der Benutzersteuerelemente auslagern

@Control

Die Philosophie, die dahinter steckt, ist grundlegend anders als die im alten ASP vermittelte. Anstatt HTML und Code wild zu vermischen, ist eine strenge Trennung nun möglich und empfehlenswert. Die Auslagerung von Code in externe Dateien mit Code Behind ist Ihnen sicher bereits vertraut. Da die `@Control`-Direktive den gesamten Umfang der `@Page`-Direktive bietet, ist dies auch mit *ascx*-Dateien möglich. Eine genaue Auflistung der Attribute von `@Control` finde weiter unten. Wenn Sie externen Code verwenden, leiten Sie ihre eigenen Klassen normalerweise von der Klasse `Page` ab, um über die Eigenschaften und Methoden der Seite verfügen zu können. Benutzersteuerelemente erben auch auf diese Weise, allerdings von der Klasse `UserControl`:

```
void NavigationClass : UserControl
```

Das Beispiel mit der Navigation lässt sich mit dieser Technik gut erweitern. So stehen die Zellen der Tabelle im Moment nebeneinander, ideal für eine Navigation am oberen Rand der Seite. Soll dieselbe Navigation links erscheinen, ist es besser, die Zellen untereinander anzuordnen. Da sich der HTML-Code völlig vom bereits gezeigten unterscheidet, ist ein neues Benutzersteuerelement zu entwerfen. Der C#-Code, der den Zugriff auf die Eigenschaften gestattet, ist dagegen mit dem bereits gezeigten identisch. Es ist mehr als nur guter Programmierstil, den Code mehrfach zu verwenden. In der Kopfzeile wird dazu folgende Direktive geschrieben: `<% @Control src="" ... %>`.

Der Code entspricht dem im `<script>`-Tag von Listing 10.49 gezeigten. Auf dieser Basis sind jetzt zwei Benutzersteuerelemente verfügbar, die denselben Code verwenden. Der Einbau in einer HTML-Seite kann folgendermaßen aussehen:

Listing 10.50 Zwei interaktiv gesteuerte Benutzersteuerelemente

```
<% @Page language="C#" %>
<% @Register TagPrefix="uc" TagName="topnavigation"
             src="navigation_top.ascx" %>
<% @Register TagPrefix="uc" TagName="dwnnavigation"
             src="navigation_dwn.ascx" %>
<!DOCTYPE HTML PUBLIC "-//W3C//DTD HTML 4.01 Transitional//EN">
<script runat="server" language="c#">
    void Page_Load()
    {
        switch (Convert.ToInt32(Request.QueryString["i"]))
        {
            case 1:
            default:
                topnav.nav_link1 = true;
                dwnnav.nav_link1 = true;
                show.Text = "<h1>Startseite</h1>";
                break;
            case 2:
                topnav.nav_link2 = true;
                dwnnav.nav_link2 = true;
                show.Text = "<h1>Impressum</h1>";
                break;
            case 3:
                topnav.nav_link3 = true;
                dwnnav.nav_link3 = true;
                show.Text = "<h1>Produkte</h1>";
                break;
        }
    }
</script>
<html lang="en">
   <head>
      <title>Home</title>
   </head>
   <body>
      <table border="2">
         <tr>
            <td><h1>LOGO</h1></td>
            <td>
            <uc:topnavigation id="topnav" runat="server" />
            </td>
         </tr>
         <tr>
```

```
                <td>
                <uc:dwnnavigation id="dwnnav" runat="server" />
                </td>
                <td>
                <asp:label id="show" runat="server"/>
            </td>
            </tr>
        </table>
    </body>
</html>
```

Die Steuerung erfolgt hier über einen URL-Parameter. Dies dient mehr der Demonstration als der praktischen Nutzung, denn Sie können so nicht in Formularen arbeiten. Es gibt aber viele Wege, den Auswahlparameter zu übertragen, beispielsweise Sitzungsvariablen oder im Anzeigestatus registrierte Werte.

Die folgende Abbildung zeigt, wie die fertige Seite aussieht. Die um die Navigation erleichterte Seite ist nicht nur schlanker und übersichtlicher, sondern auch einfacher zu warten. Änderungen an der Navigation wirken sich automatisch an allen Stellen aus, an denen sie verwendet wird. Dies kann auch bei kleineren Projekten erheblich Zeit sparen und die Qualität der Seiten verbessern. Durch die Trennung des Codes sind überdies auch die Änderungen selbst einfacher ausführbar.

Benutzersteuerelemente perfektionieren

Aus den mit festen Links versehenen Steuerelementen lassen sich leicht universelle Elemente entwickeln. Die Tags in den bereits gezeigten Beispielen sind fest codiert. Da Sie aus jedem HTML-Element ein HTML-Steuerelement machen können und die Links ohnehin bereits Webserversteuerelemente sind, bietet sich eine Erweiterung der Liste über Eigenschaften an. Hier kann über ein Formular die Navigation dynamisch erweitert werden, ähnlich den persönlichen Menüs in MS Office. Tatsächlich verursacht der Einbau der erweiterten Benutzersteuerelemente kaum Aufwand. Entsprechend sind Änderungen – auch solche tiefgehenden wie bei der Navigation – bei geschickter Planung der Applikation sehr einfach ausführbar. Webseiten sind dynamische Gebilde. Der Erfolg einer Site hängt wesentlich davon ab, wie schnell und flexibel sich diese an ändernde Benutzergewohnheiten anpassen lassen. Eine der aktuellen Entwicklungen sind sogenannte My-Sites, bei denen die Gestaltung der Seite und die Anzahl verfügbarer Optionen an die Wünsche eines Benutzers angepasst werden kann. Benutzersteuerelemente sind das ideale Werkzeug dafür. Wie beim Navigationsbeispiel gezeigt, können Sie leicht jedes änderbare Teil der Seite damit definieren. Die vom Benutzer wählbaren Eigenschaften werden auch programmtechnisch als Eigenschaften abgelegt. Es ist nun möglich, jedem Steuerelement die Möglichkeit zu geben, aus der Session-ID den aktuellen Benutzer zu ermitteln und „sich selbst" so einzustellen, wie es beispielsweise in einer Datenbank hinterlegt wurde. Der Programmierer der Seite muss dann nicht auf die Belange der Benutzersteuerelemente Rücksicht nehmen, sondern kann diese wie Webserversteuerelemente einsetzen. Die Sammlung solcher universeller Steuerelemente ist eine ideale Basis für eine Bibliothek. Wie in Bibliotheken üblich, werden nur Teile „ausgeliehen".

Dynamische Benutzersteuerelemente

In den vorherigen Beispielen wurden die dynamisch veränderlichen Navigations-Elemente selbst statisch implementiert. Es wäre im Sinne einer guten Benutzerführung aber durchaus praktisch, wenn die An- und Abwahl programm- und damit benutzergesteuert erfolgen kann. Die bereits mit HTML- und Webserversteuerelemente verwendeten Techniken lassen sich mit Benutzersteuerelementen gut kombi-

10.7 Benutzersteuerelemente

nieren. Die folgende Datei zeigt die Nutzung einer direkt von der Klasse `UserControl` geerbten Eigenschaft – `Visible`. Damit lassen sich die Benutzersteuerelemente gezielt ein- und ausschalten. Das Formular dient der Steuerung der Anzeige der Navigation durch den Benutzer:

Listing 10.51 Interaktive Aktivierung und Deaktivierung von Benutzersteuerelementen

```
<% @Page language="C#" debug="true" %>
<% @Register TagPrefix="uc" TagName="topnavigation"
            src="navigation_top.ascx" %>
<% @Register TagPrefix="uc" TagName="dwnnavigation"
            src="navigation_dwn.ascx" %>
<!DOCTYPE HTML PUBLIC "-//W3C//DTD HTML 4.01 Transitional//EN">
<script runat="server" language="c#">
    void Page_Load()
    {
        switch (Convert.ToInt32(Request.QueryString["i"]))
        {
            case 1:
            default:
                topnav.nav_link1 = true;
                dwnnav.nav_link1 = true;
                show.Text = "<h1>Startseite</h1>";
                break;
            case 2:
                topnav.nav_link2 = true;
                dwnnav.nav_link2 = true;
                show.Text = "<h1>Impressum</h1>";
                break;
            case 3:
                topnav.nav_link3 = true;
                dwnnav.nav_link3 = true;
                show.Text = "<h1>Produkte</h1>";
                break;
        }
        if (IsPostBack)
        {
            if (settop.Checked)
            {
                topnav.Visible = true;
            } else {
                topnav.Visible = false;
            }
            if (setdwn.Checked)
            {
                dwnnav.Visible = true;
            } else {
                dwnnav.Visible = false;
            }
        }
    }
</script>
<htnl lang="en">
    <head>
      <title>Home</title>
    </head>
    <body>
      <table border="2">
        <tr>
            <td><h1>LOGO</h1></td>
```

```
                <td>
                    <uc:topnavigation id="topnav" runat="server" />
                </td>
            </tr>
            <tr>
                <td>
                    <uc:dwnnavigation id="dwnnav" runat="server" />
                </td>
                <td>
                    <asp:label id="show" runat="server"/>
                </td>
            </tr>
        </table>
        <form runat="server">
        <asp:checkbox autopostback="true" id="settop"
            runat="server" text="Top Navigation"
            groupname="nav_set"/>
        <asp:checkbox autopostback="true" id="setdwn"
            runat="server" text="Down Navigation"
            groupname="nav_set"/>
        </form>
    </body>
</html>
```

In der Methode `Page_Load` wird dann die Veränderung der Einstellung abgefragt und die Sichtbarkeit der Navigationselemente gesteuert. `topnav` und `dwnnav` sind die Instanzen der Benutzersteuerelemente, `settop` und `setdwn` die Webserversteuerelemente, mit denen die Anzeige gesteuert wird. Es handelt sich hierbei um die Kontrollkästchen.

Benutzersteuerelemente und Code Behind

Das nächste Beispiel zeigt eine zusätzliche Erweiterung, bei der über ein drittes Kontrollkästchen dynamisch ein weiterer Link angezeigt werden kann. Neben der Definition der Tabellenzelle bzw. Tabellenreihe wird der Code aus dem letzten Beispiel um die Steuerung der entsprechenden Eigenschaft dieser Zelle erweitert:

Listing 10.52 Hinterlegter Code für das erweiterte Benutzersteuerelement

```
using System;
using System.Web;
using System.Web.UI;
using System.Web.UI.HtmlControls;
using System.Web.UI.WebControls;

public class NavigationControl : UserControl
{
    void Page_Load()
    {
        link1.Text = "Startseite";
        link1.NavigateUrl = "home5.aspx?i=1";
        link2.Text = "Impressum";
        link2.NavigateUrl = "home5.aspx?i=2";
        link3.Text = "Produkte";
        link3.NavigateUrl = "home5.aspx?i=3";
    }
    public bool nav_link1
    {
        set
```

```
        {
            if (value)
            {
                td1.Style["Background-Color"] = "#dddddd";
            } else {
                td1.Style["Background-Color"] = "#ffffff";
            }
        }
    }
    public bool nav_link2
    {
        set
        {
            if (value)
            {
                td2.Style["Background-Color"] = "#dddddd";
            } else {
                td2.Style["Background-Color"] = "#ffffff";
            }
        }
    }
    public bool nav_link3
    {
        set
        {
            if (value)
            {
                td3.Style["Background-Color"] = "#dddddd";
            } else {
                td3.Style["Background-Color"] = "#ffffff";
            }
        }
    }
    // Erweiterung Admin
    public bool nav_link4   ❶
    {
        set
        {
            if(value)
            {
                td4.Style["Background-Color"] = "#dddddd";
                td4.Visible = true;
                link4.Text = "Administration";
                link4.NavigateUrl = "home5.aspx?i=4";
            } else {
                td4.Visible = false;
                link4.Text = "";
                link4.NavigateUrl = "home5.aspx";
            }
        }
    }
}
```

Mit der Zuweisung von `true` zur Eigenschaft `nav_link4` ❶ wird neben der Anzeige auch der URL und die Farbe gesteuert. Statt des Kontrollkästchens könnte auch eine Abfrage der Benutzer-ID erfolgen, sodass die Administration nur bestimmten Personen zugänglich ist. Das letzte Benutzersteuerelement erfüllt die Ansprüche der ersten Aufgabe, dadurch können Sie praktisch mit einem komplexeren Gebilde gleich mehrere Aktionen bedienen. Der Einbau des Codes erfolgt folgendermaßen:

Listing 10.53 Benutzersteuerelement, das den Code des letzten Listings nutzt

```
<% @Control Inherits="navigationcontrol"
           src="navigationcontrol_admin.cs" %>
<table border="1">
    <tr>
        <td id="td1" runat="server">
            <asp:hyperlink id="link1" runat="server"/>
        </td>
        <td id="td2" runat="server">
            <asp:hyperlink id="link2" runat="server"/>
        </td>
        <td id="td3" runat="server">
            <asp:hyperlink id="link3" runat="server"/>
        </td>
        <td id="td4" runat="server">
            <asp:hyperlink id="link4" runat="server"/>
        </td>
    </tr>
</table>
```

Die Darstellung in der HTML-Seite selbst beschränkt sich weiterhin auf zwei XML-Tags und zwei Aufrufe der Direktive @Register. Für die Musterapplikation wird allerdings noch die Steuerung des Formulars benötigt:

Listing 10.54 Anwendung des Benutzersteuerelements mit hinterlegtem Code und Formularsteuerung

```
<% @Page language="C#" debug="true" %>
<% @Register TagPrefix="uc"
           TagName="topnavigation"
           src="navigation_top_admin.ascx" %>
<% @Register TagPrefix="uc"
           TagName="dwnnavigation"
           src="navigation_dwn_admin.ascx" %>
<!DOCTYPE HTML PUBLIC "-//W3C//DTD HTML 4.01 Transitional//EN">
<script runat="server" language="c#">
    void Page_Load()
    {
        switch (Convert.ToInt32(Request.QueryString["i"]))
        {
            case 1:
            default:
                topnav.nav_link1 = true;
                dwnnav.nav_link1 = true;
                show.Text = "<h1>Startseite</h1>";
                break;
            case 2:
                topnav.nav_link2 = true;
                dwnnav.nav_link2 = true;
                show.Text = "<h1>Impressum</h1>";
                break;
            case 3:
                topnav.nav_link3 = true;
                dwnnav.nav_link3 = true;
                show.Text = "<h1>Produkte</h1>";
                break;
            case 4:
                topnav.nav_link4 = true;
                dwnnav.nav_link4 = true;
                show.Text = "<h1>Administration</h1>";
                break;
```

10.7 Benutzersteuerelemente

```
            }
            if (IsPostBack)
            {
                if (settop.Checked)
                {
                    topnav.Visible = true;
                }
                else
                {
                    topnav.Visible = false;
                }
                if (setdwn.Checked)
                {
                    dwnnav.Visible = true;
                }
                else
                {
                    dwnnav.Visible = false;
                }
                if (setadm.Checked)
                {
                    topnav.nav_link4 = true;
                    dwnnav.nav_link4 = true;
                }
                else
                {
                    topnav.nav_link4 = false;
                    dwnnav.nav_link4 = false;
                }
            }
        }
</script>
<html lang="en">
    <head>
        <title>Home</title>
    </head>
    <body>
        <form runat="server">
        <asp:checkbox autopostback="true"
                      id="settop"
                      runat="server"
                      text="Top Navigation"
                      groupname="nav_set"/>
        <asp:checkbox autopostback="true"
                      id="setdwn"
                      runat="server"
                      text="Down Navigation"
                      groupname="nav_set"/>
        <asp:checkbox autopostback="true"
                      id="setadm"
                      runat="server"
                      text="Admin Area"
                      groupname="nav_set"/>
        </form>
        <table border="2">
            <tr>
                <td><h1>LOGO</h1></td>
                <td>
                <uc:topnavigation id="topnav" runat="server" />
                </td>
            </tr>
```

```
                    <tr>
                        <td>
                         <uc:dwnnavigation id="dwnnav" runat="server" />
                        </td>
                        <td>
                          <asp:label id="show" runat="server"/>
                        </td>
                    </tr>
                </table>
        </body>
</html>
```

Auch den Code dieses Steuerelements könnte man noch auslagern, was in der Praxis auch zu empfehlen ist. Wenn Sie Visual Studio 2010 einsetzen, wird diese Form grundsätzlich verwendet, wenn Sie eine neue Vorlage für Benutzersteuerelemente auswählen.

11 Datenbindung und Validierung

Steuerelemente stellen eine abstrakte Darstellung für komplexere Ausgaben in HTML dar. Richtig leistungsfähig werden sie jedoch erst durch die Datenbindung. Dabei wird eine Datenquelle an das Steuerelement übergeben und dadurch der Inhalt gebildet. Durch wiederholende Steuerelemente lassen sich Listen und Tabellen erzeugen. Vorlagengebundene Steuerelemente geben Inhalte auf Vorlagen basierend wieder.

Zusätzlich stellt die Validierung ein Mittel dar, eingegebene Daten sofort zu prüfen und deklarativ die komplette Eingabeschnittstelle abzubilden.

Diese Kapitel beschreibt folgende Themen:

- Die Grundlagen der Datenbindung
- Die datengebundenen Steuerelemente
- Die Validierung von Benutzereingaben und die Steuerelemente dazu

11.1 Grundlagen der Datenbindung

Bei der Bindung von Daten an Steuerelemente handelt es sich um eine äußerst leistungsfähige Technik, die in ähnlicher Form auch in Windows-Applikationen und Programmen, wie beispielsweise Microsoft Access, zum Einsatz kommt. Zwei Komponenten sind dazu immer erforderlich:

- Eine Datenquelle, die eine Aufzählung oder Liste unterstützt
- Ein Steuerelement, dass eine Serie von Daten aufnehmen und darstellen kann

Konkret geht es darum, den teilweise recht komplexen Aufbau von Anzeigeelemente, wie beispielsweise Tabellen, dem Steuerelement zu überlassen. Das erwartet seinerseits eine bestimmte Art von Datenquelle, um seine Darstellung selbst zu regeln. Es ist mit der Datenbindung nicht mehr erforderlich, Schleifen aufzubauen und die HTML-Elemente selbst aus Zeichenketten oder Objekten zusammenzubauen, dies erledigt die Bindung automatisch.

In der Praxis sind freilich komplexe Abläufe erforderlich, die viele Parameter verlangen. Der folgende Abschnitt führt deshalb in die grundlegende Syntax der Datenbindung ein, ebenso in Aspekte der dahinter liegenden Klassen. Später wird dann auf konkrete Anwendungen im Zusammenhang mit Steuerelementen eingegangen.

11.1.1 Die Syntax der Datenbindung

DataBinder

Die Klasse `DataBinder` unterstützt die Generierung und Verarbeitung von Bindungs-Ausdrücken. Damit ist letztlich der Zugriff auf eine Datenquelle und die Definition einer Ausgabenform gemeint. Als Datenquelle ist dabei nicht nur eine Datenbank gemeint – auch wenn dies häufig der Fall ist – sondern jedes als Quelle geeignetes Objekt. Dazu gehören auch Arrays und andere Objekte, die bestimmte Schnittstellen implementieren. Dies wird in diesem Kapitel genauer betrachtet, einerseits zum Verständnis interner Klassen, andererseits als Anregung zur Erstellung eigener Datenquellen.

Behandlung der Bindungssyntax durch die Laufzeitumgebung

Die Laufzeitumgebung verarbeitet die Bindungen, die anhand der speziellen Zeichenfolge `<%# ... %>` erkannt werden, auf besondere Art und Weise. Sie können hier Code schreiben, die Syntax unterliegt allerdings besonderen Gesichtspunkten. Wenn die Seite kompiliert wird, dann erstellt der Compiler aus dem Bindungsfragment klassischen Code. Sehen Sie sich folgende Bindungsanweisung an:

```
<%# Eval("Spaltenname") %>
```

Dies wird der Compiler in folgenden normalen C#-Code umsetzen, wenn die Seitensprache C# ist:

```
object o = Eval("Spaltenname");
string result = Convert.ToString(o);
```

Die Umwandlung in eine Zeichenkette geschieht folgerichtig immer, weil in einer HTML-Seite – die letztlich erstellt wird – nur Zeichen sinnvoll ausgegeben werden können. Das Ergebnis wird jedoch nicht direkt ausgegeben, sondern zuerst an ein spezielles Steuerelement vom Typ `DataBoundLiteralControl` gebunden. Dieses Steuerelement wird dann in die Seite eingefügt.

Eval

Bleibt noch die Frage zu klären, wo die Methode `Eval` eigentlich herkommt und wie sie definiert ist. Geliefert wird sie von der Klasse `Page`, von der alle *aspx*-Seiten abgeleitet werden. Dies ist eine geschützte Methode (`protected internal`), die üblicherweise nicht überschrieben werden muss (nicht `virtual`). Sie bildet lediglich einen Wrapper um den Aufruf `DataBinder.Eval`, eine statische Methode der Klasse `DataBinder`. Der komplette interne Aufruf sieht folgendermaßen aus:

```
protected object Eval(string expression)
{
    return DataBinder.Eval(this.GetDataItem(), expression);
}
```

Es bleibt nun noch zu klären, was der Aufruf von `GetDataItem` beinhaltet und wie er funktioniert. Diese Methode gibt das Datenobjekt des aktuellen Containers zurück, also seinerseits den Inhalt von `Container.DataItem`. Dazu kann die Methode hierachisch die Steuerelemente der Seite durchlaufen, um an die Seite oder deren Steuerelemente gebundene Datenquellen zu finden. Jedes Steuerelement, das über eine Datenquelle verfügt, kann sich selbst in dieser Hierarchie einbinden, indem die Methode `DataBind` benutzt wird.

Formatierung der Ausgabe

Abgesehen davon sind Sie in der Gestaltung des Ausdrucks frei. Sie können beliebigen Code verwenden, eigene oder eingebaute Methoden aufrufen und Formatierungen vornehmen. Da letzteres besonders häufig ist, kann `DataBinder.Eval` mit einem weiteren Parameter versehen werden, der Formatanweisungen enthält:

```
<%# DataBinder.Eval (Container.DataItem, "Datenquelle", "{0:c}") %>
```

Zugriff auf eigene Aufzählungsklassen

Generell können sehr viele verschiedene Datenquellen verwendet werden. Letztlich ist allein das Vorhandensein einer Implementierung von `GetEnumerator` ausreichend. Wenn Sie nun selbst Datenquellen bereitstellen, die nicht den bereits gezeigten Standardtypen entsprechen, muss der Abruf in der Vorlage eine korrekte Typumwandlung vornehmen. Das folgende Beispiel zeigt, wie Eigenschaften einer eigenen Klasse verwendet werden können:

```
<%# ((NameSpace.MeineKlasse) Container.DataItem).Eigenschaft %>
```

Lesen Sie diesen Ausdruck von innen nach außen. Zuerst wird auf den Container, dann auf das aktuelle Element `DataItem` zugegriffen. Dann wird das Element in den ursprünglichen Datentyp gewandelt. Sie müssen dazu den vollständigen Namensraumverweis anwenden, wenn nicht mit der Direktive `@Imports` gearbeitet wird. Danach stehen die Eigenschaften und Methoden des Objekts zur Verfügung.

11.1.2 Datenbindung in beide Richtungen

ASP.NET unterstützt die Datenbindung in beide Richtungen. Steuerelemente können einerseits auf gebundene Datenquellen zugreifen, andererseits Änderungen, beispielsweise in Formularfeldern, an die Datenquelle zur Aktualisierung melden. Die Methode `Eval` repräsentiert nur einen Weg – von der Datenquelle zur Datensenke (dies ist das Steuerelement).

Bindung in beide Richtungen

Der umgekehrte Weg wird durch die Methode `Bind` unterstützt, die beide Richtungen unterstützt. Das sieht dann beispielsweise folgendermaßen aus:

```
<asp:TextBox runat="server" ID="TB_1"
             Text='<%# Bind("spaltenname") %>' />
```

Wenn nun die Datenquelle gebunden wird, liest die Laufzeitumgebung die Daten aus der Datenquelle und weist den Inhalt der Spalte „spaltenname" dem Steuerelement zu. Der Text erscheint dann im Textfeld. Bis zu diesem Zeitpunkt verhält sich `Bind` genauso wie `Eval`. Zusätzlich speichert die Methode den aktuellen Wert in einer internen Liste. Steuerelemente wie `FormView` können diese Liste lesen und Änderungen erkennen. Ist das der Fall, wird der Ausdruck benutzt, um beispielsweise einen passenden Parameter des zugehörigen SQL-Kommandos zu finden. Diesem wird der geänderte Wert zugewiesen und mit der Aktualisierung wird die entsprechende UPDATE-Anweisung ausgeführt. Um die Details, wie beispielsweise die Konstruktion der SQL-Anweisung, muss man sich hier nicht mehr kümmern.

Wichtig ist zu wissen, dass der Bindungsausdruck hier wörtlich genommen wird. Wenn Sie beispielsweise `Bind("hallo")` schreiben, wird nach einem SQL-Parameter mit dem Namen `@hallo` gesucht. Auch weil es bei manueller Verarbeitung nicht sinnvoll ist vom Namensschema der Datenbank abzuweichen, ist die Einschränkung kaum praxisrelevant.

11.1.3 Datenbindung von XML-Datenquellen

Es besteht die Möglichkeit, direkt mittels XPath auf XML-Datenquellen zuzugreifen. Bisher war es erforderlich, XML in ein `DataSet` einzulesen und darauf zuzugreifen, was bei bestimmten Datenstrukturen nicht möglich ist, weil nicht alle hierarchischen Daten ohne weiteres in ein relationales Modell passen.

XPath

Die Klasse `XPathBinder` löst das Problem nun sehr elegant. Bindbare Steuerelemente lassen sich nun direkt an eine XML-Datenquelle binden. Zur Steuerung der Abfrage wird ein XPath-Ausdruck benötigt. `XPathBinder` verfügt über eine Methode `XPath`, die als Argument eine XPath-Anweisung aufnimmt. Auch hier gibt es wieder eine verkürzte Version analog zu `XDataBinder`.

```
<%# XPath("Ausdruck/ins/xml/document") %>
```

Intern wird die Datenquelle auf `IXPathNavigable` gecastet. Die Quelle muss diese Schnittstelle also implementieren. Bei den typischen XML-Klassen ist das der Fall. Für eigene Geschäftsobjekte sollten Sie eine passende Implementierung in Erwägung ziehen.

Knotensatz abrufen

Neben dem Zugriff auf Knoten können auch Knotensätze (Nodeset) abgerufen werden, um Steuerelemente auf Listenebene zu unterstützen. Dazu dient die Methode `XPathSelect`. Die Syntax sieht folgendermaßen aus:

```
<asp:Repeater runat="server"
    DataSource='<%# XPathSelect("Ausdruck/ins/xml/document" %>' >
    ...
</asp:Repeater>
```

Auch dies ist wieder die vereinfachte Syntax ohne Angabe des Containers. Auf der Seite muss eine gebundene Datenquelle vorhanden sein, die Laufzeitumgebung finden kann. Der Vorgang entspricht dem bei `DataBinder` beschriebenen Abläufen.

11.2 Datengebundene Steuerelemente

In diesem Abschnitt werden die Steuerelemente vorgestellt, die ein erweitertes Bindungsverhalten aufweisen und vorzugsweise zur Ausgabe von mehreren Datensätzen verwendet werden.

11.2 Datengebundene Steuerelemente

Die datengebundenen Steuerelemente benötigen eine Datenquelle. Dies kann eine triviale sein, wie in den folgenden Beispielen gezeigt, aber auch ein komplexes Datenquellensteuerelement.

Datenquellen

11.2.1 Das Steuerelement Repeater

Das Steuerelement `Repeater` ist das einfachste und universellste Element. Es basiert wie alle Datensteuerelemente auf Vorlagen. Innerhalb des Elements können mehrere Bereiche definiert werden, die sowohl die Gestaltung als auch den Inhalt beeinflussen. Dies hat einen signifikanten Vorteil gegenüber der reinen programmtechnischen Steuerung der Ausgabe. Wenn Design und Code parallel entwickelt werden, ist eine solche Trennung optimal.

Einsatz

Das `Repeater`-Steuerelement verfügt über einige grundlegende Eigenschaften, anhand derer Sie den Einsatz abwägen können:

Eigenschaften

- Die Verwendung von Vorlagen ist zwingend; es gibt kein Standard-Layout.
- Elemente können nicht mit integrierten Methoden bearbeitet werden, es ist eine reine Ausgabeliste.
- Die seitenweise Ausgabe wird nicht unterstützt. Normalerweise erscheinen alle Datensätze in einer einzigen Liste.
- Es ist möglich, Separatoren zwischen den Elementen zu zeichnen, indem eine Separator-Vorlage definiert wird.
- Benutzerdefinierte Ereignisse sind möglich, um bestimmte datensatzgebundene Ereignisbehandlungsmethoden aufzurufen.
- Es ist das einzige Steuerelement, mit dem HTML-Tags über mehrere Vorlagen hinweg aufgeteilt werden können.

Die Vorlage `<ItemTemplate>` ist erforderlich, die anderen sind optional.

Das folgende Beispiel zeigt, wie Sie mit einer Datenquelle umgehen, um eine Bindung mit passenden Objektnamen zu erreichen. Dazu wird LINQ-to-Object benutzt.

Listing 11.1 Code zum Füllen eines Repeater-Steuerelements

```
protected void Page_Load(object sender, EventArgs e)
{
    if (!IsPostBack)
    {
        List<string> items = new List<string>(); ❶
        items.Add("Kapitel 1");
        items.Add("Kapitel 2");
        items.Add("Kapitel 3");
        items.Add("Kapitel 4");
        var datasource = from i in items
                         select new
                         {
                             Chapter = I ❷
                         };
        rptItems.DataSource = datasource; ❸
        rptItems.DataBind();
    }
}
```

Die Datenquelle ❶ wurde hier sehr einfach zu Demonstrationszwecken erstellt. Die LINQ-Abfrage dient dazu, ein anonymes Objekt mit der öffentlichen Eigenschaft Chapter ❷ zu erstellen. Diese Quelle wird nun gebunden ❸.

Listing 11.2 Markup des passenden Repeaters

```
<asp:Repeater ID="rptItems" runat="server">
    <ItemTemplate>
        Es folgt <%# Eval("Chapter") ❶ %><br />
    </ItemTemplate>
</asp:Repeater>
```

Der Abruf der Daten erfolgt nun mittels der soeben definierten öffentlichen Eigenschaft ❶. Von Vorteil ist hier, dass der Code besser lesbar wird.

11.2.2 Das Steuerelement DataList

Einsatz

Das `DataList`-Steuerelement basiert wie alle Datensteuerelemente auf Vorlagen. Innerhalb des Elementes können mehrere Bereiche definiert werden, die sowohl die Gestaltung als auch den Inhalt beeinflussen. Dies hat einen signifikanten Vorteil gegenüber der reinen programmtechnischen Steuerung der Ausgabe. Denn wenn Design und Code parallel entwickelt werden, ist eine solche Trennung optimal.

Eigenschaften

Das `DataList`-Steuerelement verfügt über einige grundlegende Eigenschaften, anhand derer Sie den sinnvollen Einsatz abwägen können:

- Die Ausgabe erfolgt standardmäßig als Tabelle. Das Layout kann Daten horizontal oder vertikal anordnen. Es ist ebenso ein freies Layout ohne Tabellen möglich.
- Es gibt integrierte Bearbeitungsfunktionen.
- Die Listenansicht kann umfassend angepasst werden.
- Benutzerdefinierte Ereignisse können mit Ereignisbehandlungsmethoden gekoppelt werden.

Angenommen, es wird eine ähnliche Datenquelle wie in Listing 11.1 benutzt. Die Daten werden jetzt in der Klasse gehalten, um in einem anderen Kontext erreichbar zu sein:

Listing 11.3 Eine Datenquelle in der Klasse

```
public partial class _Default : System.Web.UI.Page
{
    List<string> items = null;

    protected void Page_Load(object sender, EventArgs e)
    {
        if (!IsPostBack)
        {
            items = new List<string>();
            items.Add("Kapitel 1");
            items.Add("Kapitel 2");
            items.Add("Kapitel 3");
            items.Add("Kapitel 4");
            var datasource = from i in items
                             select new
```

```
                        {
                            Chapter = i
                        };
            dlItems.DataSource = datasource;
            dlItems.DataBind();
        }
    }

    public int CountItems() ♦
    {
        return items.Count;
    }
}
```

Dann sieht der Code des Markup folgendermaßen aus:

Listing 11.4 Benutzung des Steuerelements DataList

```
<asp:DataList ID="dlItems" runat="server" ShowFooter="true"
              GridLines="Both">
    <HeaderTemplate>
        <b>Kapitel</b> ❶
    </HeaderTemplate>
    <ItemTemplate>
        Es folgt <%# Eval("Chapter") %> ❷
    </ItemTemplate>
    <FooterTemplate>
        <%# CountItems() %> ❸
    </FooterTemplate>
</asp:DataList>
```

Das Steuerelement kann eine Kopfzeile ❶ erzeugen. Diese wird hier statisch belegt. Die Vorlage der Zeilen ❷ wird ähnlich dem bereits gezeigten `Repeater` gestaltet. Eine Fußzeile ❸ soll hier die Summe der Zeilen ausgeben. Die erfolgt durch Aufruf einer Methode in der Seite (♦ in Listing 11.3).

Das Steuerelement `DataList` kann auch zum Bearbeiten von Daten benutzt werden. Dazu wird die Vorlage `EditTemplate` eingesetzt.

11.2.3 Das Steuerelement GridView

Das `GridView`-Steuerelement basiert, ebenso wie `DataList`, auf Vorlagen. Diese sind nicht nur zeilenweise orientiert, sondern erlauben auch eine spaltenweise Ausrichtung. Damit ergibt sich eine besonders hohe Flexibilität im Zusammenhang mit komplexeren Datenbankabfragen. Allerdings gilt zur Art der Datenquelle das zuvor bereits gesagte – jede Klasse, die `IEnumerable` implementiert, kann gebunden werden.

Das folgende Beispiel zeigt, wie das `GridView` prinzipiell definiert werden kann. Abgesehen vom `<Columns>`-Tag, dass die oberste Ebene bildet, können alle anderen sooft wiederholt werden, wie es die Darstellung des Gitters erfordert.

```
<asp:GridView ID="gridApps" runat="server" CellPadding="4"
              ForeColor="#333333"
              GridLines="None">
 <AlternatingRowStyle BackColor="White" />
   <Columns>
      <asp:BoundField />
```

11 Datenbindung und Validierung

```
        <asp:CheckBoxField />
        <asp:HyperLinkField />
        <asp:TemplateField></asp:TemplateField>
    </Columns>
    <FooterStyle BackColor="#990000"
                Font-Bold="True" ForeColor="White" />
    <HeaderStyle BackColor="#990000"
                Font-Bold="True" ForeColor="White" />
    <PagerStyle BackColor="#FFCC66" ForeColor="#333333"
                HorizontalAlign="Center" />
    <RowStyle BackColor="#FFFBD6" ForeColor="#333333" />
    <SelectedRowStyle BackColor="#FFCC66" Font-Bold="True"
                ForeColor="Navy" />
    <SortedAscendingCellStyle BackColor="#FDF5AC" />
    <SortedAscendingHeaderStyle BackColor="#4D0000" />
    <SortedDescendingCellStyle BackColor="#FCF6C0" />
    <SortedDescendingHeaderStyle BackColor="#820000" />
</asp:GridView>
```

Aus der Komplexität ergibt sich, dass das `GridView`-Steuerelement intern immer auf einer Tabelle aufbaut. Wenn Sie für eine oder mehrere Spalten die Vorlagensteuerung benötigen, wie sie `DataList` bietet, wird als Spaltenvorlage `<TemplateColumn>` verwendet.

Elementare Eigenschaften

Das Steuerelement besitzt einige elementare Eigenschaften, die eine Menge Programmierarbeit sparen, wenn man sie richtig einsetzt:

- Seitenweise Darstellung der Datenquelle

    Wenn Ihre Daten sehr viele Zeilen enthalten, kann die Anzeige seitenweise erfolgen. Das muss nicht programmiert werden; es genügt, dem Steuerelement die Art der Weiterschaltung und natürlich die Anzahl Zeilen pro Seite mitzuteilen.

- Sortierung von Spalten

    Wenn die Datenquelle es erlaubt, kann eine Sortierung der Spalten bei der Ausgabe erfolgen.

GridView automatisch formatieren

Beispiel

Das nächste Beispiel zeigt, wie einfach eine `GridView` verwendet werden kann. Die Definition ist auf das unbedingt notwendige reduziert:

```
<asp:GridView runat="server" ID="grdView"/>
```

Die Verknüpfung mit der bekannten Datenquelle führt zu einem erstaunlichen Ergebnis. Es ist absehbar, dass Sie sich damit nicht zufrieden geben müssen. Wenn ein Steuerelement bereits ohne jede Vorgabe eine so komplexe Ausgabe erzeugt, kann man mit weiteren Techniken erstaunlich viel erreichen.

Auswahl und Aufbereiten der Spalten

Automatische Spalten unterdrücken

In der Standardform erzeugt `GridView` die Spalten automatisch. Wenn Sie weitere Spalten definieren, werden die automatisch generierten dennoch angehängt. Damit das nicht passiert, schreiben Sie das Attribut `AutoGenerateColumns="False"` in den

Kopf des Tags. Das setzt dann voraus, dass Sie selbst Spalten definieren. Dazu wird die Vorlage `<Columns>` verwendet, die Spaltendefinitionen umschließt. Als Definition folgt darin – jede Spalte einzeln aufgelistet – beispielsweise eine der folgenden Versionen:

- `<asp:BoundColumn>`
- `<asp:ButtonColumn>`

Einfache automatische Spalten mit BoundColumn

Der Einsatz von `<asp:BoundColumns>` erfolgt nach folgendem Muster:

```
<asp:GridView …
  <Columns>
    <asp:BoundColumn …/>     …
  </Columns>
</asp:GridView>
```

Nur im GridView verwendbar

Lassen Sie sich nicht davon täuschen, dass es sich offensichtlich um ein Server-Steuerelement handelt. Sie können dieses nur im Zusammenhang mit GridView verwenden. Das Binden der Datenquelle ist sehr einfach, da sie auf die übliche Datenbindungssyntax verzichtet, solange Sie nicht von der Standardbindung abweichen. Allerdings entfallen damit alle Gestaltungsmöglichkeiten. Abgesehen davon können Sie alles selbst definieren und damit maximale Flexibilität in der Gestaltung erreichen.

Folgende Attribute können eingesetzt werden:

- `DataField`

  Hiermit wird die Spalte in der Datenquelle bestimmt. Bei Objekten, wie im Beispielcode, kann dies der Name einer Eigenschaft sein, bei SQL-Abfragen entspricht es den Spaltennamen der Tabelle oder Sicht.

- `DataFormatString`

  Falls die Ausgabe formatiert werden muss, kann hier eine Formatzeichenfolge stehen. Hinweise dazu finden Sie in der MSDN-Referenz. Der dynamische Parameter hat die Nummer 0.

- `DataKeyField`

  Dieses Feld bestimmt die Schlüsselspalte, die meist mit dem Primärschlüssel der unterliegenden Tabelle übereinstimmt. Dadurch kann bei der Auswahl einer Datenreihe die Zuordnung zur Datenquelle beim Löschen oder Aktualisieren bestimmt werden.

- `HeaderText`

  Die Spaltenüberschrift wird mit diesem Attribut festgelegt.

  HeaderStyle-XXX, ItemStyle-XXX, FooterStyle-XXX

Es gibt eine ganze Palette von Stilattributen, die Kopf- oder Fußzeile bzw. die Reihen formatieren. Dies ist die einfachste Form der Bindung. Das folgende Beispiel zeigt die Anwendung:

Listing 11.5 Einfaches GridView-Steuerelement mit zwei Spalten

```
<asp:GridView Runat="server" ID="GridView"
```

```
                    AutoGenerateColumns="False"
                    Font-Name="Verdana">
    <AlternatingItemStyle BackColor="#ffffcc"/>
    <Columns>
    <asp:BoundColumn DataField="FileName"
        HeaderText="Dateiname"/>
    <asp:BoundColumn DataField="FileSize"
        HeaderText="Größe"
        HeaderStyle-BackColor="#eeeee"/>
    </Columns>
</asp:GridView>
```

Offensichtlich ist damit bereits ein beindruckendes Ergebnis möglich.

- `FooterText, FooterStyle`

    Standardmäßig ist der Kopfbereich sichtbar und der Fußbereich unsichtbar. Wenn Sie eine Fußzeile anzeigen möchten, reicht es nicht aus, `FooterText` zu setzen. Sie müssen im Kopf des Tags die Eigenschaft `ShowFooter` explizit einschalten:

    ```
    <asp:GridView ... ShowFooter="true" ... >
    ```

    Wenn Sie die Fußzeile nicht benötigen, können Sie diese trickreich zur Übergabe spaltengebundener Daten verwenden, indem Sie die Informationen an Spalten binden und die Zeile dann unsichtbar machen.

Mit Vorlagen gestaltete Spalten

Mit dem Steuerelement `<asp:TemplateColumn>` erhalten Sie Zugriff auf die Gestaltung mit Vorlagen. Innerhalb des Tags stehen die von `DataList` bekannten Attribute zur Verfügung:

`<HeaderTemplate>`

`<ItemTemplate>`

`<EditItemTemplate>`

`<FooterTemplate>`

Individuell kann dagegen für jede Spalte der Kopf- und Fußbereich gestaltet werden. In Fußzeilen lassen sich beispielsweise Summen platzieren. Wenn Ihre Datenquelle den direkten Abruf nicht gestattet, können Sie auch eine Methode direkt aufrufen. Das folgende Beispiel zeigt eine solche Version:

Listing 11.6 Eine GridView mit Vorlagen und Fußzeile

```
<asp:GridView runat="server" ID="gridView1"
              AutoGenerateColumns="False"
              Font-Name="Verdana"
              ShowFooter="True">
    <AlternatingItemStyle BackColor="#ffffcc"/>
    <FooterStyle BackColor="#0000cc" ForeColor="white"/>
    <Columns>
        <asp:TemplateColumn>
            <HeaderStyle BackColor="#cccccc" Font-Bold="True"/>
            <HeaderTemplate>
                Dateiname
            </HeaderTemplate>
            <ItemTemplate>
                <%# ((AspnetCsharp.File)Container.DataItem).FileName %>
```

```
        </ItemTemplate>
    </asp:TemplateColumn>
    <asp:TemplateColumn HeaderText="Größe">
        <ItemStyle HorizontalAlign="Right"/>
        <ItemTemplate>
         <%# ((AspnetCsharp.File)Container.DataItem).FileSize %>
        </ItemTemplate>
        <FooterTemplate>
         <%# FileSizeSummary()%>
        </FooterTemplate>
    </asp:TemplateColumn>
   </Columns>
</asp:GridView>
```

Der Abruf der Daten erfolgt unverändert; neu ist lediglich die Methode `FileSizeSummary`:

```
public string FileSizeSummary()
{
    return fc.FileSum.ToString();
}
```

Sie basiert, wie alle anderen Datenquellen in diesem Kapitel auch, auf der Klasse `FileCollection` und dort der Eigenschaft `FileSum`.

Spaltenweises Sortieren von Daten

Sortiermöglichkeiten sind im `GridView`-Steuerelement standardmäßig vorhanden. Das bedeutet nicht, dass beliebige Daten automatisch sortiert werden. Für die eigentliche Sortierfunktionalität müssen Sie selbst sorgen. Die Klasse `FileCollection`, die in diesem Kapitel verwendet wird, ist dafür schon vorbereitet. Die Dateiliste kann auf- und absteigend nach der Größe der Dateien sortiert werden.

Sortieren von Daten

Die Sortierfunktion wird im `GridView`-Steuerelement durch eine Veränderung des Spaltenkopfes angezeigt. Statt der einfachen Ausgabe der Überschrift erscheint diese als Link. Wird der Link vom Benutzer angeklickt, wird ein damit verknüpftes Ereignis ausgelöst. Die Vorgehensweise ist mit den anderen Ereignisfunktionen identisch. Zuerst ein Blick auf den Kopf der Zeile:

```
<asp:GridView ...
    AllowSorting="True"
    OnSortCommand="DoSort"
    ...>
```

Zwei Aktionen sind notwendig. Zuerst müssen Sie die Sortierfunktion global erlauben; dies erledigt `AllowSorting="True"`. Dann wird die Ereignisbehandlungsmethode `DoSort` angegeben. Der Name ist frei wählbar. Das Attribut `OnSortCommand` verknüpft jeden Link in der Kopfzeile, der das entsprechende Attribut trägt, mit der Methode.

Nach diesem Schritt sind noch die Spalten zu bestimmen, die die Sortierlinks tragen. Prinzipiell kann dies jede Spalte sein. Es obliegt Ihnen dafür Sorge zu tragen, dass die vom Benutzer erwartete Aktion auch ausgeführt wird. Das `GridView`-Steuerelement prüft nicht, ob die Sortierung der fiktiven Spalte A auch tatsächlich A und nicht C sortiert. Im nächsten Beispiel werden drei Spalten definiert, zwei mit Sortierlinks und eine mit der Anzeige des Sortierwertes. Dadurch können gleich zwei verschiedene Kommandos abgesetzt werden: Auf- und Abwärtssortierung. Zuerst das `GridView`-Steuerelement auf einen Blick:

Listing 11.7 GridView mit zwei Spalten, die Sortieroptionen enthalten

```
<asp:GridView Runat="server" ID="GridView"
    AutoGenerateColumns="False" Font-Name="Verdana"
    ShowFooter="True" AllowSorting="True"
    OnSortCommand="DoSort"
    GridLines="Horizontal">
    <AlternatingItemStyle BackColor="#ffffcc"/>
    <FooterStyle BackColor="#0000cc" ForeColor="white"/>
    <Columns>
        <asp:TemplateColumn>
            <HeaderStyle BackColor="#cccccc" Font-Bold="True"/>
            <HeaderTemplate>
              Dateiname
            </HeaderTemplate>
            <ItemTemplate>
             <%# ((AspnetCsharp.File)Container.DataItem).FileName %>
            </ItemTemplate>
        </asp:TemplateColumn>
        <asp:TemplateColumn HeaderText="[-]"
            SortExpression="Down">
            <HeaderStyle Width="50" HorizontalAlign="Center"/>
        </asp:TemplateColumn>
        <asp:TemplateColumn HeaderText="Größe">
            <ItemStyle HorizontalAlign="Right"/>
            <ItemTemplate>
             <%# ((AspnetCsharp.File)Container.DataItem).FileSize %>
            </ItemTemplate>
            <FooterTemplate>
             <%# FileSizeSummary()%>
            </FooterTemplate>
        </asp:TemplateColumn>
        <asp:TemplateColumn HeaderText="[+]"
            SortExpression="Up">
            <HeaderStyle Width="50" HorizontalAlign="Center"/>
        </asp:TemplateColumn>
    </Columns>
</asp:GridView>
```

Ob die Spalte, die die Sortierung auslöst, Daten zur Anzeige enthält oder nicht, ist irrelevant. Die angezeigten Daten werden nicht zur Sortierung verwendet, sondern die zugrundeliegende Datenquelle. Eine Spaltenüberschrift mutiert zum Link, wenn Sie das Attribut `SortExpression` einbauen. Der Parameter wird als Eigenschaft `SortExpression` des Ereignisarguments `GridViewSortCommandEventArgs` übergeben.

Listing 11.8 Definition einer Ereignisbehandlungsmethode für die Sortierfunktion

```
public void DoSort(object sender, GridViewSortCommandEventArgs e)
{
   fc = (FileCollection) Session["dl"];
   switch (e.SortExpression)
   {
      case "Up":
         fc.SortSizeUp();
         break;
      case "Down":
         fc.SortSizeDown();
         break;
```

```
    }
    GridView.DataSource = fc;
    GridView.DataBind();
}
```

Die Spalte, auf die der Benutzer geklickt hat, wird also anhand des `SortExpression`-Parameters erkannt.

Etwas trickreich ist die Gestaltung bei der gezeigten Form mit mehreren Sortierkriterien pro Spalte. Da pro Spalte nur ein Sortierlink verwendet werden kann, wurden im Beispiel drei Spalten verwendet. Die Links stehen über Spalten ohne Inhalt. Damit es optisch so wirkt, als wäre es eine Spalte, wurden die vertikalen Trennlinien unterdrückt: `GridLines="Horizontal"` im Kopf des Steuerelementes. Um die vertikale Linie neben der linken Spalte zu erhalten, wird dessen Vorlage `ItemStyle` mit einem Rand versehen:

Gestaltungstipps

```
<ItemStyle BorderStyle="Solid" BorderWidth="1"/>
```

Ereignisse zeilenweise an die Daten binden

Es gibt ein weiteres Ereignis, das für umfangreichere Darstellungen eingesetzt werden kann. Sie können diese Methode übrigens auch mit `DataList`, `Repeater` und `HtmlSelect` einsetzen. Dabei wird immer dann ein Ereignis ausgelöst, wenn ein Datensatz aus der Datenquelle an das Steuerelement zum Aufbau der nächsten Zeile übergeben wird. Die Definition erfolgt im Kopf mit dem folgenden Attribut:

```
<asp:GridView … OnItemDataBound … >
```

Die Technik eignet sich dazu, auf bestimmte Daten zeilenweise zu reagieren. Der naive Ansatz bestünde darin, die Daten bei der Ausgabe mit Programmcode zu modifizieren. Das scheitert aber daran, dass zur Laufzeit die Daten erst gelesen und dann an die Vorlagen übergeben werden. Ereignisse sind der richtige und bessere Weg – sie entsprechen dem Stil objektorientierter Programmierung. Das hier verwendete Ereignis wird ausgelöst, wenn die Daten der Datenquelle entnommen wurden und mit der Vorlage verknüpft sind. Unmittelbar danach ist die Zeile nicht mehr zugänglich.

In der Dateiliste könnte man beispielsweise auf die Größe reagieren und alle Dateien markieren, die kleiner als 1 KByte sind. Eine häufige Anwendung ist die Anzeige von fortlaufenden Zahlen am Anfang der Spalte – vor allem dann, wenn Ihre Datenquelle diese Information nicht bietet.

Die Definition der Spalte ist sehr einfach. Ein `Label`-Steuerelement soll später die Daten aufnehmen und für die Anzeige sorgen:

Listing 11.9 Spalte, die zur Laufzeit mit Daten außerhalb der Datenquelle gefüllt wird (Ausschnitt)

```
<asp:TemplateColumn>
    <ItemStyle HorizontalAlign="Right" Font-Bold="True"/>
    <ItemTemplate>
        <asp:Label Runat="server" ID="number"/>.
    </ItemTemplate>
</asp:TemplateColumn>
```

Im Kopf des `GridView`-Steuerelements muss noch die Verknüpfung des Ereignisses mit einer Ereignisbehandlungsmethode erfolgen:

11 Datenbindung und Validierung

```
<asp:GridView... OnItemDataBound="ModifyRow" ... >
```

Bleibt als letztes die Definition der Methode:

Listing 11.10 Zeilenweise dynamische Modifikation (Ausschnitt)

```
public void ModifyRow(object sender, GridViewItemEventArgs e)
{
  if (e.Item.ItemType == ListItemType.Item ❶
   || e.Item.ItemType == ListItemType.AlternatingItem)
  {
     Label number = (Label) e.Item.FindControl("number"); ❷
     number.Text = e.Item.ItemIndex.ToString(); ❸
  }
}
```

Hier wird zuerst überprüft ❶, welchen Typ die gerade verarbeitete Reihe hat. Der Zugriff erfolgt über die Eigenschaft `ItemType` des Objekts Item, das die Zeile repräsentiert. Die Aufzählung `ListItemType` kann zum Vergleich verwendet werden. Auf diesem Wege sind natürlich auch die Kopf- und Fußzeilen zugänglich, und zwar genau in der Reihenfolge, wie sie auf der Seite erscheinen. Das `Label`-Steuerelement wird über `FindControl` ❷ ermittelt. Sie können dann an dieser Stelle beliebige Daten zuweisen. Für fortlaufende Nummern ist `ItemIndex` ideal ❸.

11.2.4 Das Steuerelement FormView

Das Steuerelement `FormView` stellt einen einzelnen Datensatz einer Datenquelle dar und erlaubt es, durch mehrere Datensätze zu blättern. Desweiteren lassen sich Daten erfassen, ändern und löschen. Das Steuerelement `FormView` hat kein definiertes Layout. Die gesamte Gestaltung muss mittels Vorlagen manuell erstellt werden. Die Felder werden über Datenbindung gebunden.

11.2.5 Das Steuerelement DetailsView

Die `DetailsView` zeigt ähnlich der `FormView` einen einzelnen Datensatz an. Es kann seitenweise durch mehrere Datensätze geblättert werden. Statt eines freien Layouts wird eine Tabelle erstellt, die Feldnamen und Feldinhalte spaltenweise anzeigt. Die `DetailView` wird in Master-Detail-Szenarien benutzt, beispielsweise um innerhalb einer `GridView`, die Datensätze überblicksweise anzeigt, einen ausgewählten kompletten Datensatz anzuzeigen.

11.2.6 Das Steuerelement DataPager

Das `DataPager`-Steuerelement wird benutzt, um seitenweise durch größere Datenbestände zu blättern. Es kann zusammen mit anderen Steuerelementen benutzt werden, die nur rudimentäre Blätterfunktionen haben, wie das `Repeater`-Steuerelement.

11.2.7 Das Steuerelement ListView

Das `ListView`-Steuerelement zeigt Listen von Daten an, die aus einer Führungsspalte und einer Anzahl Detailspalten bestehen. Die Steuerung der Anzeige erfolgt weitgehend durch Vorlagen.

11.3 Datenbindung in Vorlagen

Der Aufbau von vorlagengebundenen Datensteuerelementen erfolgt nach folgendem Prinzip:

```
<asp:Repeater id="repeater_name" runat="server">
   <HeaderTemplate>
      HTML-Daten für den Kopfbereich
   </HeaderTemplate>
   <ItemTemplate>
      HTML-Daten, die für jedes Element wiederholt werden
   </ItemTemplate>
   <FooterTemplate>
      HTML-Daten für den Fußbereich
   </FooterTemplate>
</asp:Repeater>
```

11.3.1 Schreibweise der Vorlagen

Die Schreibweise der Vorlagen-Tags muss nicht zwingend mit Großbuchstaben erfolgen. Ebenso ist keines der Elemente obligatorisch. Wenn die Vorlage `ItemTemplate` entfällt, ist der Sinn des Einsatzes natürlich fraglich. Grundsätzlich verfügen alle drei Datensteuerelemente über folgende Vorlagen:

`<HeaderTemplate>`

Dieses Element wird nur einmal am Beginn der Liste ausgegeben. Hier kann die Gestaltung des Kopfbereiches erfolgen oder ein öffnendes HTML-Tag wie `<ul>`, oder `<table>` stehen. Die Angabe ist nicht zwingend. Eine Datenbindung an dieses Element ist nicht möglich, weil es nicht für die Ausgabe wiederholender Werte gedacht ist.

`<FooterTemplate>`

Der Fußbereich wird mit dieser Vorlage erzeugt. Die Angabe ist freiwillig. Wenn Sie bereits den Kopfbereich definiert haben, sollten Sie den Fußbereich unbedingt ebenfalls verwenden, weil Sie so sicherstellen können, dass die schließenden HTML-Tags an der richtigen Stelle erscheinen (`</ul>` bzw. `</table>` usw.). Auch dieses Element kann keine Daten binden.

`<ItemTemplate>`

In dieser Vorlage können Sie Datenbindungsausdrücke verwenden. Das Steuerelement sorgt dann dafür, dass diese wiederholt werden. Hier sollten Sie HTML so platzieren, dass es zwischen die Kopf- und Fußzeilen passt.

`<AlternatingItemTemplate>`

Wenn dieses Element angegeben wird, erscheint es abwechselnd zu den zuvor definierten `ItemTemplate`-Vorlagen.

`<SeparatorTemplate>`

Dieses Element dient der Definition von Trennzeilen zwischen den Elementen einer Auflistung.

11.3.2 Die Datenbindung im Code

In der Klasse selbst, die das Steuerelement bedient, greifen Sie folgendermaßen darauf zu:

```
public Repeater elementname;
```

Die Datenquelle muss eine Auflistung sein. Dies erfordert die Ableitung von der Schnittstelle `IEnumerable`. Dazu gehören beispielsweise:

- `ArrayList` bzw. die generischen Varianten `List<T>`
- `DataView`, `DataTable`
- `Hashtable` bzw. die generische Variante `Dictionary<T>`
- Verschiedene spezialisierte Kollektionen, wie `CaptureCollection`, `MatchCollection`, `StringCollection` usw.
- `Queue`
- `SortedList`

Als erstes Beispiel soll der Inhalt eines `List<T>`-Objekts ausgegeben werden. Listing 11.11 zeigt die Definition der Vorlage.

Listing 11.11 Definition einer universellen Vorlage mit Repeater

```
<asp:Repeater Runat="server" ID="SimpleList">
  <HeaderTemplate>
    <ul>
  </HeaderTemplate>
  <ItemTemplate>
    <li>
    <%# String.Format("{0:f}", Container.DataItem) %></li>
  </ItemTemplate>
  <FooterTemplate>
    </ul>
  </FooterTemplate>
</asp:Repeater>
```

Die Ausgabe soll mit einer normalen Auflistung erfolgen. Der Zugriff auf den Container muss und kann nicht mit `Eval` ausgewertet werden, weil die Liste keine Eigenschaften enthält, die angegeben werden können. In der Klasse, die die Daten erzeugt und die Liste füllt, wird nun folgendermaßen zugegriffen:

Listing 11.12 Füllen der Liste mit Daten (Ausschnitt)

```
public partial class SimpleRepeater : System.Web.UI.Page
{
   private void Page_Load(object sender, System.EventArgs e)
   {
      var aList = new List<double>();          ❶
      aList.Add(11.99);
      aList.Add(9.5);
      aList.Add(24.9);
      SimpleList.DataSource = aList;           ❷
      SimpleList.DataBind();                   ❸
   }
}
```

Die Definition des `List<T>`-Objekts ❶ erfolgt wie üblich; hier mit dem Typ `double`. Da `List` unter anderem die Schnittstelle `IEnumerable` implementiert, kann das daraus abgeleitete Objekt `aList` direkt als Datenquelle ❷ verwendet werden. Mit der Bindung durch die Methode `DataBind` ❸ erscheinen die Daten auf der Seite.

Nun können Sie derart einfache Listen sicher leichter erstellen. Denken Sie jedoch daran, dass die Gestaltung des HTML-Teils sehr viel komplexer ausfallen kann. Das ist dann notwendig, wenn nicht nur einfache Zahlen oder Zeichenketten ausgegeben werden müssen, sondern ganze Objekte.

11.3.3 Die Bindung komplexer Objekte

Angenommen, Sie speichern Daten in einer Struktur, die etwa folgendermaßen definiert ist:

```
private struct Artikel
{
   public Artikel (string mame, double preis, int menge)
   {
      Name = name;
      Preis = preis;
      Menge = menge;
   }
   public string Name
   {
      get;
      private set;
   }
   public double Preis
   {
      get;
      private set;
   }
   public int Menge
   {
      get;
      private set;
   }
}
```

Sie können daraus abgeleitete Objekte in einer Liste speichern und die einzelnen Eigenschaften der Struktur gezielt ausgeben.

Datenbindung bei der Zuweisung

Das Speichern in der Liste erfolgt wie bereits zuvor für skalare Werte gezeigt:

Listing 11.13 Speicherung von Objekten in einer Liste

```
private void Page_Load(object sender, System.EventArgs e)
{
   ArrayList aList = new ArrayList();
   aList.Add(new Artikel("Ordner", 29.90, 2));
   aList.Add(new Artikel("Hefter", 9.90, 14));
   aList.Add(new Artikel("Federtasche", 24.90, 5));
   SimpleList.DataSource = aList;
   SimpleList.DataBind();
}
```

11 Datenbindung und Validierung

Datenbindung in der Vorlage

Der Container, der innerhalb des `Repeater`-Steuerelements den Zugriff gestattet, liefert nun Objekte aus – und zwar die von der Struktur abgeleiteten. Die Vorlage nutzt deshalb die erweiterte Form der Datenbindungssyntax:

Listing 11.14 Abruf der Daten aus den Objekten (Ausschnitt)

```
<ItemTemplate>
  <li>
    <%# Eval("Name") %>
    <br>
  Preis:
  <%# Eval("Preis", "&euro; {0:f}") %><br>
    Am Lager:
  <%# Eval("Menge") %> Stück
  </li>
</ItemTemplate>
```

Die Auswahl der Datenquelle mit `Name`, `Preis` usw. entspricht der Definition der Eigenschaften in der Struktur. Da der Zugriff nur Lesend erfolgt, reicht es den `get`-Zweig als `public` zu kennzeichnen. Sie sind aber ansonsten in der Gestaltung völlig frei, abgesehen davon, dass die Eigenschaften wenigstens lesend als `public` definiert werden müssen. Das die Struktur selbst als `private` deklariert wurde, ist völlig korrekt, denn auf die Definition muss von außerhalb nicht zugegriffen werden – nur auf die Instanzen.

11.3.4 Vorbereiten einer individuellen Datenquelle

Wenn Sie die Klassen einer eigenen Geschäftslogik entwickeln, deren Objekte Sammlungen gleichartiger Daten enthalten, können diese ebenfalls an Datensteuerelemente gebunden werden. Dazu ist die Implementierung der Schnittstelle `IEnumerable` notwendig. Das Implementieren von Schnittstellen ist ein typischer Vorgang, der im Buch immer wieder exemplarisch gezeigt wird. Auf den ersten Blick mag dies umständlich erscheinen. Wenn Sie eine fertige Klasse finden, besteht auch kein Grund, eine eigene zu entwickeln. Reicht das Angebot aber nicht aus, sollten Sie Schnittstellen verwenden. Denn Ihre neue Klasse passt dann optimal zu anderen Objekten, die darauf ausgelegt sind, eine ganz bestimmte Struktur zu liefern.

IComparer
IEnumerable

Das folgende Beispiel durchsucht ein Verzeichnis und listet alle enthaltenen Dateien mit Hilfe des `Repeater`-Steuerelementes auf. Gegenüber einem einfachen Array werden verschiedene Dateiinformationen gespeichert. Nach der Größe einer Datei kann das Array sortiert werden. Für die Sortierfunktion wird `IComparer` implementiert, für die Ausgabe der Ergebnisse `IEnumerable`.

Die Ausgabe mit dem `Repeater`-Steuerelement zeigt der folgende Ausschnitt aus dem Beispiel. In der vollständigen Datei werden zwei `Repeater` benutzt, um beide Sortierrichtungen zu zeigen.

Listing 11.15 Ausgabe mittels Repeater

```
<asp:Repeater ID="fileList1" runat="server">
  <HeaderTemplate>
    <ul>
  </HeaderTemplate>
  <ItemTemplate>
    <li><a href="<%# Eval("Name") %>">
```

11.3 Datenbindung in Vorlagen

```
            <%# Eval("FullName") %></a> (<%# Eval("Length") %>Bytes)
</li>
    </ItemTemplate>
    <FooterTemplate>
        </ul>
    </FooterTemplate>
</asp:Repeater>
```

Der Rest entspricht den vorangegangenen Beispielen. Interessanter und umfangreicher ist sind die Klassen, die das Steuerelement mit Leben füllen.

Listing 11.16 Code der Seite

```
public partial class _Default : System.Web.UI.Page
{
    private const string path = ".";

    private void Page_Load(object sender, System.EventArgs e)
    {
        HttpContext hc;
        FileInfo fi;
        List<FileInfo> fc = new List<FileInfo>();
        string currentpath = Server.MapPath(path);
        foreach (string filename in
                Directory.GetFiles(currentpath, "*.aspx"))
        {
            fc.Add(new FileInfo(filename));
        }

        fc.Sort(new FileSizeUpComparer());
        fileList1.DataSource = fc;   ❹
        fileList1.DataBind();
        fc.Sort(new FileSizeDownComparer());
        fileList2.DataSource = fc;   ❺
        fileList2.DataBind();
    }

❶   public abstract class FileSizeComparer : IComparer<FileInfo>
    {

        protected bool SortUp;

        #region IComparer<FileInfo> Members

        public int Compare(FileInfo x, FileInfo y)
        {
            if (x.Length > y.Length) return (SortUp) ? 1 : -1;
            if (x.Length < y.Length) return (SortUp) ? -1 : 1;
            return 0;
        }

        #endregion
    }

❷   public class FileSizeUpComparer : FileSizeComparer
    {

        public FileSizeUpComparer()
        {
            SortUp = true;
        }
```

```
        }
❸   public class FileSizeDownComparer : FileSizeComparer
    {
        public FileSizeDownComparer()
        {
            SortUp = false;
        }
    }
}
```

Benutzt wird eine generische `IComparer`-Implementierung, um die Sortierung nach der Dateilänge zu erreichen. Eine abstrakte Basisklasse bildet den Ausgangspunkt ❶. Die beiden konkreten Klassen ❷❸ überschreiben einen Parameter, sodass die Sortierrichtung gedreht wird. Die sortierte Datenquelle wird dem `Repeater` direkt zugewiesen ❹❺.

11.3.5 Automatische Listen mit DataList

Das `DataList`-Steuerelement unterscheidet sich vom `Repeater`-Steuerelement durch einige Erweiterungen. Die bereits gemachten Aussagen gelten unverändert. Prinzipiell ist die Darstellung nicht mehr völlig frei wählbar, sondern erlaubt die Wahl zwischen zwei Anzeigeprinzipien.

Zeilenorientiert

`DataList` arbeitet zeilenorientiert, die Vorlagen beziehen sich also immer auf eine Reihe in der Auflistung. Ob diese aus einer oder mehreren Spalten besteht, ist nur eine Frage der Gestaltung. Im Gegensatz dazu arbeitet die `GridView` spaltenorientiert.

Hinzu kommen zwei weitere Vorlagen:

- `<SelectedItemTemplate>`

  Diese Vorlage bereitet den Bearbeitungsmodus vor. Mit der Auswahl einer Zeile der Datenliste können beispielsweise Optionen eingeblendet werden, die auf die ausgewählten Daten anwendbar sind.

- `<EditItemTemplate>`

  Wenn Daten bearbeitet werden können, ist die Auswahl dieser Vorlage angebracht. Praktisch verbergen sich dahinter meist `TextBox`-Steuerelemente.

Ereignisse

Es gibt natürlich auch Ereignisse, die den Auswahl- bzw. Bearbeitungsmodus starten, abbrechen oder gültig beenden.

Stilvorlagen

Wichtig sind auch die Stilvorlagen, mit denen den Vorlagen Gestaltungsattribute hinzugefügt werden können. Intern werden diese Attribute in Cascading Style Sheets (CSS) umgesetzt, sodass jeder moderne Browser das Ergebnis verarbeiten kann.

Die Gestaltung kann auf zwei Ebenen erfolgen. Es stehen Attribute für das gesamte Steuerelement zur Verfügung, die im `<asp:repeater>`-Tag definiert werden.

Gestaltung des Steuerelementes in der Vorlage

In der Vorlage werden verschiedene Attribute eingesetzt, um das gesamte Steuerelement oder einen Teil davon zu gestalten. Dabei stehen sowohl direkte Attribute, wie beispielsweise `BackColor` zur Verfügung, als auch Kollektionen von Stilattributen, die Teil von CSS sind. Die beiden Verfahren führen teilweise zum selben Ergebnis, denn intern setzt ASP.NET einiges mit CSS um. Allerdings interagieren die Angaben nicht. Wenn Sie eine Eigenschaft wie `background-color` im CSS-Attribut setzen, ändert sich die Eigenschaft `BackColor` nicht automatisch, obwohl im Endeffekt dasselbe Stilattribut verwendet wird. Der programmtechnische Zugriff auf die Eigenschaften ist deshalb mit Vorsicht zu verwenden.

Reine globale Stilattribute sind beispielsweise Farben und Schriftarten.   Stilattribute

Gestaltung der Vorlagen

Für die Gestaltung der Vorlagen gibt es zwei Möglichkeiten. Entweder geben Sie im Kopf des Steuerelementes weitere Stilattribute an. Diese unterscheiden sich von den allgemeinen nur durch einen entsprechenden Präfix: `ItemStyle`, `AlternatingItemStyle`, `SelectedItemStyle`, `EditItemStyle`, `FooterStyle`, `HeaderStyle`. Die Hintergrundfarbe des Kopfbereiches wird dann durch `HeaderStyle-BackColor="farbname"` festgelegt. Alternativ gibt es reine Stilvorlagen, die denselben Effekt haben. Was sie verwenden, ist Geschmackssache. Die Stilvorlagen sind etwas übersichtlicher:

```
<HeaderStyle BackColor="red" HorizontalAlign="Center" />
```

Der Name der Stilvorlage entspricht dem bereits genannten Präfix. Das Attribut `runat="server"` gibt es hier nicht, weil diese Vorlagen nicht alleinstehend sondern nur im Kontext eines anderen Steuerelements auftreten können.

Das folgende Beispiel zeigt die bereits im letzten Abschnitt erstellte Liste von Dateien, diesmal im `DataList`-Steuerelement:

Listing 11.17 Datenliste ausgeben

```
<asp:DataList Runat="server" ID="dataList" GridLines="Horizontal">
   <HeaderStyle HorizontalAlign="Center" BackColor="#ffffcc"
                Font-Name="Verdana" Font-Bold="True"/>
   <ItemStyle Font-Name="Verdana"/>
   <HeaderTemplate>
      Dateien im aktuellen Verzeichnis
   </HeaderTemplate>
   <ItemTemplate>
    <%# Eval ("FileName") %>
   </ItemTemplate>
</asp:DataList>
```

Die Umsetzung in HTML erfolgt standardmäßig mit einer Tabelle und eingebetteten Stilanweisungen und HTML-Attributen: Darstellung in HTML

```
<table id="dataList" cellspacing="0" border="0"
       rules="rows" border="1"
       style="border-collapse:collapse;">
   <tr>
      <td align="Center"
        style="background-color:#FFFFCC; font-family:Verdana;
               font-weight:bold;">
            Dateien im aktuellen Verzeichnis
         </td>
   </tr><tr>
      <td style="font-family:Verdana;">
```

```
                DataBinder.aspx
            </td>
        </tr>
...
```

Wenn Sie in den HTML-Teilen innerhalb der Vorlagen weitere Stile oder HTML-Tags definieren, sollten Sie die Einbettung in die Tabellenzellen kennen.

Wenn Sie sehr lange Listen ausgeben, kann die Aufteilung auf mehrere Spalten sinnvoll sein. Dazu ist ein weiteres Attribut zuständig:

`RepeatColumns="anzahl"`

Hiermit wird die Anzahl der Spalten angegeben. Die Daten der eindimensionalen Datenliste werden dann gleichmäßig über alle Spalten verteilt. Leere Spalten werden nicht angezeigt; wenn nicht genug Daten da sind, erscheinen entsprechend weniger.

RepeatDirection Geben Sie mit `RepeatDirection` die Richtung an, in der die Elemente auf die Spalten verteilt werden. Möglich sind die Parameter `Vertical` und `Horizontal`.

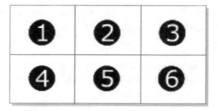

Abbildung 11.1 Horizontale Ausrichtung der Elemente: RepeatDirection.Horizontal

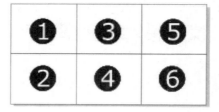

Abbildung 11.2 Vertikale Ausrichtung der Elemente: RepeatDirection.Vertical

RepeatLayout Bislang basierte die Ausgabe immer auf Tabellen. In den meisten Fällen ist das auch ausreichend. Wenn Sie eine etwas freiere Gestaltung wünschen, können Sie das Attribut `RepeatLayout` mit dem Parameter `Flow` verwenden. Dann werden Sequenzen aus `<span>`-Tags erzeugt. Zeilenumbrüche, die dazwischen notwendig sind, werden mit `<br>`-Tags umgesetzt. Die Attribute, die für Tabellen typisch sind, wie `GridLines` oder `CellPadding`, werden ignoriert.

Mehrspaltige Ausgaben In den bisherigen Darstellungen wurden immer nur eindimensionale Listen verarbeitet. Genau genommen ist die Kollektion der `File`-Objekte jedoch zweidimensional, denn jedes Objekt enthält verschiedene Eigenschaften. Eine mehrspaltige Ausgabe ist deshalb angebracht.

Probleme mit mehreren Spalten

Der Einbau mehrerer Spalten scheitert auf den ersten Blick. Wenn Sie nur Tabellenelemente ergänzen, stehen diese im Konflikt mit den automatisch erzeugten. Der Inhalt von `<ItemTemplate>` steht immer zwischen `<td></td>`-Paaren. Das Hinzufügen eines weiteren Paares bringt die Tabellen durcheinander. Im fließenden Layout entsteht zwar eine richtige Tabelle, die `<span>`-Tags sind jedoch weiter vorhanden und stehen zwischen den Reihen, was in HTML nicht zulässig ist.

Die Lösung ist in einem weiteren Attribut zu finden: `ExtractTemplateRows`. Wird dieses Attribut auf `true` gesetzt, extrahiert das Steuerelement vollständige Tabellendefinitionen in den Vorlagen und setzt daraus eine neue Tabelle zusammen. Die Definition der gezeigten Version sieht folgendermaßen aus:

Umgang mit Tabellen

Listing 11.18 DataList im Einsatz

```
<asp:DataList Runat="server" ID="dataList"
              GridLines="Both" ExtractTemplateRows="true">
    <HeaderStyle HorizontalAlign="Center" BackColor="#ffffcc"
              Font-Name="Verdana" Font-Bold="True"/>
    <ItemStyle Font-Name="Verdana"/>
    <HeaderTemplate>
        <asp:table Runat="server"> ❶
            <asp:TableRow Runat="server"> ❷
                <asp:TableCell Runat="server" ID="Tablecell4"> ❸
                Dateiname</asp:TableCell>
                <asp:TableCell Runat="server" ID="Tablecell3">
                Größe</asp:TableCell>
            </asp:TableRow>
        </asp:table>
    </HeaderTemplate>
    <ItemTemplate>
        <asp:table Runat="server" ID="Table1">
            <asp:TableRow Runat="server" ID="Tablerow1">
                <asp:TableCell Runat="server" ID="Tablecell1">
                <%# DataBinder.Eval (Container.DataItem,
                                "FileName") %>
                </asp:TableCell>
                <asp:TableCell Runat="server" ID="Tablecell2"
                        HorizontalAlign="Right"> ❹
                <%# DataBinder.Eval (Container.DataItem,
                                "FileSize") %>
                </asp:TableCell>
            </asp:TableRow>
        </asp:table>
    </ItemTemplate>
</asp:DataList>
```

Zwei Dinge sind hier zu beachten: Erstens müssen Sie in den Vorlagen jeweils vollständige Tabellen definieren, die den gesamten zu wiederholenden Bereich enthalten. Zweitens muss das Server-Steuerelement `Table` ❶ verwendet werden und darauf aufbauend natürlich `TableRow` ❷ bzw. `TableCell` ❸. Die globalen Attribute der Stilvorlagen werden übernommen, eigene Definition in den Tabellen-Tags überschreiben diese aber. Im Beispiel wurde mit `HorizontalAlign="Right"` ❹ die Ausrichtung der Zellen der letzten Spalte geändert, sodass die Größenangabe rechtsbündig erscheint.

11 Datenbindung und Validierung

Gestaltung des Steuerelementes im Code

Die Gestaltung von Steuerelementen mit Attributen ist zwar leistungsfähig, aber nicht besonders flexibel. Wenn Sie Benutzern die Wahl eines Layouts oder nur der Farben ermöglich wollen, müssen sie im Programm auf die Eigenschaften zugreifen. Dies ist nicht besonders schwer, weil die Attribute dieselben Namen wie die Eigenschaften haben und ähnliche Parameter verlangen. Allerdings beachten die Tag-Attribute Groß- und Kleinschreibung nicht und betrachten alle Parameter als Zeichenketten. Im Code-Teil gilt das nicht mehr, hier wird mit der üblichen Typstrenge vorgegangen.

Austauschen von Vorlagen

Eine sehr flexible, wenn auch aufwändige Methode, ist der Austausch der gesamten Vorlage. Sie können den Inhalt jeder Vorlage in einer externen Datei ablegen, die im selben Verzeichnis wie das Formular oder einem Unterverzeichnis gespeichert werden sollte. ASP.NET betrachtet diese Fragmente als Benutzersteuerelemente. Damit sind folgende Besonderheiten verbunden:

- Als Dateierweiterung ist zwingend *.ascx* erforderlich.
- Der Datenzugriff auf den Container nutzt eine modifizierte Syntax

Benutzersteuerelemente werden von der Klasse `Control` abgeleitet. In dieser Klasse, die in der Hierarchie relativ weit unten steht, ist `Container.DataItem` noch nicht implementiert. Der Zugriff auf Datenelemente erfolgt deshalb mit dem Container alleine:

```
<%# Eval("DataItem.FileName") %>
```

Zur Auswahl der Datenquelle wird dann während der Laufzeit erst auf `DataItem` – das aktuelle abstrakte Objekt – und dann auf eines seiner Eigenschaften – im Beispiel `FileName` – zugegriffen. Ansonsten entspricht der Inhalt dem der Vorlage, muss also nicht durch eine `@Control`-Direktive ergänzt werden, wie das bei vollständigen Benutzersteuerelementen erforderlich ist.

Das eigentliche `DataList`-Steuerelement kann leer bleiben, wenn die Vorlagen extern hinzugefügt werden:

```
<asp:DataList Runat="server" ID="dataList"/>
```

Das Hinzufügen geschieht beim Aufbau der Seite – vorzugsweise in `Page_Load` – und sieht folgendermaßen aus:

```
dataList.ItemTemplate =
        Page.LoadTemplate("Templates/DataListItem.ascx");
dataList.HeaderTemplate =
        Page.LoadTemplate("Templates/DataListHeader.ascx");
```

Die Methode `LoadTemplate` erwartet eine virtuelle Pfadangabe. Im Beispiel liegen die Vorlagen in einem Unterverzeichnis */Templates*. Die Namen der Eigenschaften zum Hinzufügen der Elemente entsprechen denen der Vorlagen selbst. Die Schnittstelle, der die Vorlagen entstammen, heißt `ITemplate`. Wenn Sie diese implementieren, kann der Inhalt programmtechnisch erzeugt werden, was gegenüber externen Dateien einen Leistungsgewinn bringt.

Stile im Programm erzeugen

Der nächste Schritt besteht darin, auch die Gestaltung programmtechnisch zu erzeugen. Es gibt verschiedene Eigenschaften, mit denen die aktuellen Einstellungen – die über Tag-Attribute vorgenommen wurden – abgerufen werden können. Die Namen können wieder aus den Vorlagenbezeichnungen abgeleitet werden, beispielsweise `AlternatingItemStyle`. Über diese Eigenschaften sind die einzelnen Attribute zugänglich. Der folgende Ausschnitt zeigt, wie verschiedene Einstellungen vorgenommen werden:

```
dataList.Font.Name = "Verdana";
dataList.HeaderStyle.BackColor = Color.FromArgb (0xCCFFFF);
dataList.ItemStyle.BackColor = Color.FromArgb (0xFFCCCC);
dataList.AlternatingItemStyle.BackColor = Color.White;
dataList.RepeatLayout = RepeatLayout.Table;
dataList.GridLines = GridLines.Both;
```

Um typische RGB-Farbangaben einsetzen zu können, benutzen Sie die hexadezimale Schreibweise von Zahlen mit dem Präfix „0x" und die Methode `FromArgb`.

Da die gesamte Gestaltung im Code stattfindet, nimmt sich das Steuerelement im HTML-Teil bescheiden aus:

```
<asp:DataList runat="server" ID="dataList"/>
```

Bearbeiten von Elementen der Liste

Es ist aus Sicht der Benutzerführung immer optimal, Daten dort zu verändern, wo sie normalerweise angezeigt werden. Im Fall der Datenliste würde es sich anbieten, die Namen der angezeigten Dateien verändern zu können. Dazu sind folgende Maßnahmen notwendig:

1. Auswahl der Zeile, die bearbeitet werden soll
2. Einblenden eines Eingabefeldes anstelle des Namens
3. Bereitstellung von Bestätigungs- und Abbruchmöglichkeiten

Die Möglichkeit, derartige Elemente in das `DataList`-Steuerelement einzubauen, besteht standardmäßig. Wenn nur die Bearbeitungsoption von Interesse ist, dann reicht es aus, die Gestaltung des Bearbeitungszustandes in einer weiteren Vorlage zu definieren: `<EditItemTemplate>`. Natürlich muss das Steuerelement wissen, wann der Benutzer es wünscht, die betreffende Zeile in dieser Form anzuzeigen. Dazu sind weitere Attribute zu setzen. Zuerst muss es eine Option geben, mit der der Benutzer seinen Bearbeitungswunsch mitteilt:

```
<asp:LinkButton Runat="server" ID="EditButton"
                CommandName="edit" Text="Bearbeiten"/>
```

Entscheidend ist an diesem Link, dass das Kommando mit `CommandName` auf die Zeichenkette „edit" festgelegt wird. Das Steuerelement erkennt neben diesem noch die Werte „cancel" (Abbruchwunsch), „delete" (Löschen) und „select" (Auswahl) aus. Groß- und Kleinschreibung ist hier unwichtig. Das allein reicht aber noch nicht, denn die Aktion, die gewünscht wird, muss nun auch ausgeführt werden. Dazu ist Code erforderlich – die Verarbeitung des Klickereignisses. Damit das Steuerelement die passende Methode findet, wird das Attribut `OnEditCommand` definiert:

11 Datenbindung und Validierung

```
<asp:DataList ... OnEditCommand="EditCommand_File" ... >
```

Der Name `EditCommand_File` ist willkürlich gewählt. Sie müssen jetzt dazu die passende Methode schreiben:

```
public void EditCommand_File(object source, DataListCommandEventArgs e)
{
   dataList.EditItemIndex = e.Item.ItemIndex;
   dataList.DataBind();
}
```

Eigenschaften

Der gewünschte Effekt kommt zustande, indem Sie dem Steuerelement über die Eigenschaft `EditItemIndex` mitteilen, für welche Reihe die Vorlage `<EditItemTemplate>` genutzt werden soll. Wenn der Index auf -1 gesetzt wird, verschwindet die Vorlage wieder und `ItemTemplate`, oder falls vorhanden `AlternatingItemTemplate`, wird wieder angezeigt. Der Index kann auf einen fortlaufenden Wert zwischen 0 und der Anzahl der Reihen minus Eins gesetzt werden. Die ausgewählte Reihe kann durch Zugriff die Argumente des Ereignisses erfolgen, im Beispiel das Objekt `e`. Drei Eigenschaften sind verfügbar:

- `Item`

  Diese Eigenschaft erlaubt den Zugriff auf das Datenelement der Zeile, deren Eigenschaft `ItemIndex` ergibt dann den Index der ausgewählten Zeile.

- `CommandArgument`

  Wenn Sie mit dem Attribut `CommandArgument` ein Argument zum Kommando übergeben haben, steht es in dieser Eigenschaft. Das nächste Beispiel zeigt die Verwendung.

- `CommandName`

  Der Name des Kommandos, im Beispiel ist dies die Zeichenkette „edit".

Das Bearbeiten erschöpft sich natürlich nicht im Anzeigen eines Eingabefeldes. Nach der Änderung muss der Benutzer seinen Wunsch bestätigen oder abbrechen können. Der Inhalt der Vorlage zeigt, wie weitere Kommandos eingeführt werden:

```
<asp:TextBox Runat="server" ID="FileEditor" ↵
           Font-Name="Verdana" Width="280" ↵
           Text='<%# ((Hanser.CSharp.WebForm.File) ↵
                 Container.DataItem).FileName %>'/>
 <asp:LinkButton Runat="server" ID="Button1" ↵
           CommandName="update" Text="Aktualisieren"/>
 <asp:LinkButton Runat="server" ID="Button2" ↵
           CommandName="cancel" Text="Abbrechen"/>
```

Für beide Kommandos sind auch die entsprechenden Attribute im Kopf des Steuerelementes zu definieren:

```
<asp:DataList ...  ↵
    OnCancelCommand="CancelFile" ↵
    OnUpdateCommand="UpdateFile" ↵
    ... >
```

Ereignisbehandlung

Es sind die passenden Methoden zu definieren, die die Klickereignisse bedienen. Zuerst soll `CancelFile` vorgestellt werden. Diese Methode muss nichts verarbeiten, lediglich der Index ist auf -1 zu setzen:

```
public void CancelFile (object source, DataListCommandEventArgs e)
{
   dataList.EditItemIndex = -1;
   dataList.DataBind();
}
```

Ähnlich ist auch `UpdateFile` aufgebaut, nur wird hier neben dem Rücksetzen des Index der Name der Datei verändert. Freilich hat dies nichts mit `DataList` zu tun, sondern ist nun Code aus dem eigentlichen Programm. Sie ahnen vielleicht schon, was hier entsteht. Es handelt sich um eine frühe Phase eines serverseitigen Dateiexplorers.

Das eigentlich knifflige ist jedoch der Zugriff auf die alten und neuen Werte der Liste. Zu dem Zeitpunkt, an dem die Ereignisse ausgelöst werden, wurde die Seite schon verarbeitet. Zuerst benötigen Sie eine Methodik, mit der auf das `TextBox`-Objekt zugegriffen werden kann. Dazu wird die Methode `FindControl` eingesetzt, die in der Ereignisquelle nach einem Steuerelement sucht:

```
TextBox tb = (TextBox) e.Item.FindControl("FileEditor");
```

Jetzt steht das Objekt zur Verfügung und damit können Sie auch auf den neuen (!) Inhalt zugreifen:

```
tb.Text
```

Im Beispiel *DataListEditor.aspx.cs* wird zur Demonstration ein `Label`-Steuerelement mit dem alten und neuen Wert beschrieben. Bleibt also noch zu klären, wie auf den alten Wert zugegriffen werden kann. Eine Möglichkeit besteht darin, die Liste der Dateien im `List<FileInfo>`-Objekt global zu verwalten. Dann ist der Zugriff innerhalb der Ereignisbehandlungsmethoden kein Problem, denn diese sind ja Mitglieder derselben Klasse:

```
string sOldName = fc[e.Item.ItemIndex].FileName;
```

Da die Anzahl der Reihen im `DataList`-Steuerelement exakt den Einträgen in `fc` entspricht (`fc` ist die globale Instanz der `FileCollection`-Klasse), kann der Index direkt verwendet werden. Die Schreibweise ist zulässig, weil die Klasse, die im gesamten Abschnitt Verwendung findet, einen Indexer besitzt. Dies hat wiederum nichts mit `DataList` zu tun, aber spart etwas Tipparbeit.

11.3.6 Umgang mit dem Anzeigestatus und zwei Alternativen dazu

Es ist sehr ineffizient, mit jedem Zugriff immer wieder das gesamte Verzeichnis zu lesen. Das gilt für jede Art Datenzugriff, der anstelle des Zugriffs auf Dateien erfolgt. Die folgenden Maßnahmen zur Leistungssteigerung sind vor allem bei kleineren Datenmengen, wie sie in `DataList`- oder `GridView`-Objekten zur Ansicht gelangen, von großer Bedeutung. Denn im Verhältnis zu den relativ geringen Datenmengen auf der Webseite ist der Aufwand zum Abrufen der Daten möglicherweise

11 Datenbindung und Validierung

erheblich. Denken Sie daran, dass im laufenden Betrieb nicht ein Benutzer zugreift, sondern sehr viele.

Es gibt zwei grundlegende Lösungen für das Problem:

- Nutzung des ViewState
- Speicherung der Daten in Sitzungsvariablen

Benutzerabhängige Statuserhaltung mit ViewState

Normalerweise werden Benutzer individuelle Daten abrufen. Das heißt, Sie müssen eine Speicherung der Abfrage für jeden Benutzer vornehmen. Da oben bereits festgestellt wurde, dass der Inhalt einer Datenbankabfrage (oder der Verzeichnisliste) meist überschaubar groß ist, bietet sich der Browser als Speicherobjekt an. Sie können dazu direkt auf das ViewState-Objekt zugreifen. Das Speichern erfolgt nach der Fertigstellung des Objekts:

```
ViewState["dl"] = fc;
```

Das funktioniert immer dann so direkt, wenn die Instanzen der betroffenen Klasse – hier `fc` als Instanz von *FileCollection* – serialisierbar sind. Dies wird mit dem Attribut `[Serializable()]` erreicht. Was passiert nun intern? Beim Aufbau der Seite wird der Zustand des ViewState in einer versteckten Variablen gespeichert. Schauen Sie sich den Quellcode der HTML-Seite im Browser an, sehen Sie den codierten Inhalt.

Anzeigestatus zurückholen

Jetzt bleibt noch die Frage, wie die Daten wieder zurückgeholt werden. Bei den Server-Steuerelementen passiert das automatisch. Ihre selbstdefinierten ViewState-Einträge müssen Sie auch selbst wieder zurückholen. Im `else`-Zweig, wo der Teil von `Page_Load` ausgeführt wird, wenn die Anforderung per POST kam, steht dann folgendes:

```
dataList.DataSource = ViewState["dl"];
dataList.DataBind();
```

Der Name „dl" ist übrigens willkürlich gewählt, er muss nur eindeutig sein.

Nachteilig bei dieser Methode ist der aufgeblähte Seiteninhalt. Die Daten werden quasi doppelt übertragen, einmal sichtbar und einmal kodiert. Da die Kodierung auf Base64 basiert, vergrößert sich der Code dabei nochmals um ca. 30%. Bei kleinen Datenmengen ist das aber noch unkritisch und belastet nicht Ihren Server.

Statuserhaltung mit Sitzungsvariablen

Als zweite Variante sollen Sitzungsvariablen verwendet werden. Der Ort, wo die Variablen gespeichert werden, variiert je nach Konfiguration. Im einfachsten Fall ist dies der Hauptspeicher, was gegenüber den statischen Objekten nur wenig Vorteile in Bezug auf den Speicherverbrauch bietet. Der große Unterschied ist die Art der Implementierung; Sitzungsvariablen sind sehr einfach verwendbar. Der Unterschied zur letzten Version ist minimal:

```
dataList.DataSource = Session["dl"];
dataList.DataBind();
```

11.3 Datenbindung in Vorlagen

Die Speicherung erfolgt ebenso:

```
Session["dl"] = fc;
```

Ein Trick noch zum Abschluss. Synchronisieren Sie die Änderungen an der Datenquelle mit dem aktuellen `Session`-Objekt. Dann sparen Sie das erneute Lesen dann, wenn tatsächlich neue Daten auftreten. Allerdings sollte sich dieses Verfahren auf einfache Beispiele beschränken, weil die Gefahr einer mangelnden Synchronisation zwischen Datenquelle und Datensenke besteht. Für das letzte Beispiel würde der Zugriff folgendermaßen aussehen:

```
fc[e.Item.ItemIndex + 1].Filename = tb.Text;
```

> **HINWEIS**
> Die vollständigen Programme aus diesem Abschnitt finden Sie auf der Website zum Buch. Die umfangreichen Skripte wurden hier nur gekürzt wiedergegeben.

Für die Aktualisierung der Sitzungsvariablen sorgt das Sitzungsmanagement automatisch. Ein Grund mehr, Sitzungsvariablen ernsthaft in Projekte mit einzubeziehen. Den vollständigen Code dieses Beispiels finden Sie in *DataListEditorSession.aspx* bzw. *DataListEditorSession.aspx.cs*.

Weitere Verfahren im Zusammenhang mit Ereignissen

In den letzten Beispielen wurden die eingebauten Ereignisse „Edit" oder „Update" verwendet. Nicht immer werden Datenlisten so eingesetzt. Um individuelle Ereignisse verarbeiten zu können, gibt es das universelle Attribut `OnItemCommand`. Die damit definierte Ereignisbehandlungsmethode reagiert auf alle Klickereignisse, die eine Schaltfläche, ein Kontrollkästchen oder Optionsfeld auslöst. Schaltflächen sind besonders geeignet, denn sie bieten, wenn sie von der Klasse Button abstammen, gleich zwei Steuerattribute.

Folgende Definition finden Sie im Abschnitt `<ItemTemplate>` des Beispiels *DataListEditorCommand.aspx*:

```
<asp:button CommandName="ToFileList"
            CommandArgument="add"
            Runat="server" ID="AddButton"
            Text="Hinzufügen"/>
<asp:button CommandName="ToFileList"
            CommandArgument="remove"
            Runat="server" ID="RemoveButton"
            Text="Entfernen"/>
```

Kommandos verarbeiten

Mit `CommandName` wird ein beliebiger Name als „Kommando" festgelegt. Dem Kommando kann dann noch mit `CommandArgument` ein Parameter mitgegeben werden. Im Beispiel heißt das Kommando „ToFileList". Beide Schaltflächen lösen also dasselbe Kommando aus. Damit unterschiedliche Aktionen starten, wird das Kommandoargument verwendet. Für ein so einfaches Muster ist das nicht zwingend erforderlich, es dient hier nur der Demonstration. In der Praxis würde man bei wenigen Aktionen besser gleich verschiedene Kommandonamen verwenden.

Die Definition der Ereignisbehandlungsmethode sieht folgendermaßen aus:

```
<asp:DataList ... OnItemCommand="ItemCommand_Do" ...>
```

Es muss nun noch eine Methode erstellt werden, die den Namen `ItemCommand_Do` trägt. Der Name ist natürlich wieder willkürlich gewählt. Das Beispiel nutzt die Kommandos, um ausgewählte Namen der Dateiliste in eine weitere Liste zu übernehmen, die unterhalb der Tabelle erscheint. Wie schon im letzten Abschnitt gezeigt, werden Sitzungsvariablen verwendet, um den Zustand der Liste zu erhalten. Die Ausgabe erfolgt mit einem `Repeater`-Steuerelement mit dem Namen `Selection`, dass hier nicht weiter erläutert werden soll.

```csharp
public void ItemCommand_Do(object source, DataListCommandEventArgs ec)
{
    fcSelect = (ArrayList) Session["fcSelect"];
    switch (ec.CommandName)
    {
      case "ToFileList":
        switch (ec.CommandArgument.ToString())
        {
          case "add":
            fcSelect.Add (fc[ec.Item.ItemIndex].FileName);
            break;
          case "remove":
            fcSelect.Remove (fc[ec.Item.ItemIndex].FileName);
            break;
        }
        break;
    }
    Selection.DataSource = fcSelect;
    Selection.DataBind();
    Session["fcSelect"] = fcSelect;
}
```

Eigenschaften der Kommandos

Beachten Sie bei der Definition des Methodenkopfes, dass das Ereignis immer vom Typ `DataListCommandEventArgs` ist. Dieses Ereignis besitzt mehrere Eigenschaften:

- `CommandName`

    Dies ist der Name des Kommandos – als Zeichenkette (Typ `string` – wie er mit `CommandName` im `Button`-Steuerelement definiert wurde).

- `CommandArgument`

    Dies ist ein optionales Argument des Kommandos – als Zeichenkette (Typ `string` – wie er mit `CommandArgument` im `Button`-Steuerelement definiert wurde).

- `CommandSource`

    Dies ist die Datenquelle selbst, bei einer Schaltfläche vom Typ `System.Web.UI.WebControls.Button`. Sie können darüber auf Eigenschaften des Steuerelementes zugreifen, wenn dies erforderlich sein sollte.

- `Item`

    Hiermit erlangen Sie Zugriff auf die Datenreihe des `DataList`-Steuerelementes.

Anwendung

Der Effekt des gezeigten Programms besteht darin, dass Sie aus einer dynamischen Liste von Dateinamen mittels Schaltfläche wählen können. Ebenso einfach ist das Entfernen möglich. Ein typischer Einsatz wäre ein kleiner Shop mit nur einer Warengruppe, dessen Artikel durch ein „Ein-Klick-System" in den Warenkorb übernommen werden sollen.

Wenn Sie mit Steuerelementen arbeiten, die keine `CommandName`-Attribute kennen, greifen Sie auf die Eigenschaften über `CommandSource` zu. Denken Sie daran, das Element vorher in den korrekten Typ zu casten:

```
CheckBox cb = (CheckBox) ec.CommandSource
```

Dieser Abschnitt hat in umfassender Weise das `DataList`-Steuerelement und typische Techniken im Umgang damit vorgestellt. Die `GridView` basiert auf ähnlichen Prinzipien, ist jedoch noch etwas komplexer. Viele Eigenschaften sind mit `DataList` identisch. Deshalb ist die `DataList` für die ersten Schritte gut geeignet.

Zusammenfassung

11.4 Asynchrone Datenbindung

Die Abfrage von Datenbindungen kann einige Zeit dauern. Synchron programmierte Seiten – der Standardfall – blockieren den Arbeits-Thread während dieser Zeit. Unter hoher Last können dem Threadpool die Threads ausgehen. Um die Rückgabe des Threads während der Wartezeit auf die Datenbank zu ermöglichen, können Sie asynchrone Seiten programmieren. Im Kapitel 7 wurde dies bereits hinreichend thematisiert. An dieser Stelle soll nun die Anwendung im Zusammenhang mit der Datenbindung gezeigt werden.

Schauen Sie sich zuerst folgendes Beispiel an:

Listing 11.19 Asynchrone Bindung einer Datenquelle

```
public partial class AsyncDataBind : System.Web.UI.Page
{
  private SqlConnection _connection;
  private SqlCommand _command;
  private SqlDataReader _reader;

  protected void Page_Load(object sender, EventArgs e)
  {
    if (!IsPostBack)
    {
      this.PreRenderComplete += new
                         EventHandler(Page_PreRenderComplete);
❶   AddOnPreRenderCompleteAsync(
              new BeginEventHandler(BeginAsyncOperation),
              new EndEventHandler(EndAsyncOperation)
      );
    }
  }

❷ IAsyncResult BeginAsyncOperation(object sender, EventArgs e,
                                  AsyncCallback cb, object state)
  {
```

11 Datenbindung und Validierung

```
        string connect = WebConfigurationManager.ConnectionStrings ⤶
                         ["PubsConnectionString"].ConnectionString;
        _connection = new SqlConnection(connect);
        _connection.Open();
        _command = new SqlCommand("SELECT title_id, title, price
                                   FROM titles",
                                  _connection);
        return _command.BeginExecuteReader (cb, state);
    }

    void EndAsyncOperation(IAsyncResult ar)
    {
        _reader = _command.EndExecuteReader(ar);  ❸
    }

❹ protected void Page_PreRenderComplete(object sender, EventArgs e)
    {
        Output.DataSource = _reader;
        Output.DataBind();
    }

    public override void Dispose()
    {
        if (_connection != null) _connection.Close();
        base.Dispose();
    }
}
```

Die Klasse `AsyncDataBind` nutzt zuerst die Methode `AddOnPreRenderCompleteAsync` ❶. Mit Beginn der asynchronen Phase wird `BeginAsyncOperation` ❷ aufgerufen und die Datenbank wird abgefragt. Am Ende wird mit `EndAsyncOperation` das Lesen mit `SqlCommand.EndExecuteReader` ❸ beendet. Der `SqlReader`, der die Ergebnisse enthält, wird in einem privaten Feld gehalten. Um auf die Ergebnisse zuzugreifen, wird `PreRender` benutzt. Das Ereignis wird explizit über die Ereignisbehandlungsmethode in ❹ behandelt. Dort erfolgt die Bindung der Daten an das passende Steuerelement.

Skalierung Um es nochmals deutlich zu sagen: Diese Seite ist nicht schneller als mit der normalen Programmierung. Aber sie skaliert deutlich besser und ist bereit unter sehr hoher Last zu arbeiten.

11.5 Einführung in die Validierung

In den vorangegangenen Abschnitten wurden Formularelemente, bestehend aus HTML Server- oder Webserversteuerelementen bereits intensiv genutzt. Es liegt in der Natur der Sache, dass der von Benutzern erfasste Inhalt nicht immer kritiklos angenommen werden kann. Angefangen von einfachen Tippfehlern bis hin zu mutwilligen Falschangaben wird ein Programm viele falsche Daten verkraften müssen. Natürlich ist es möglich, die gesendeten Daten zu überprüfen und dann entsprechend zu reagieren. In der Praxis enthalten aber Formulare viele Felder, die teilweise miteinander in Beziehung stehen. Denken Sie an eine vergleichsweise einfache Kennwortänderung. Hier müssen Sie zum einen die Bedingungen des Kennworts selbst kontrollieren, beispielsweise eine Mindestanzahl Zeichen. Außerdem müssen das Kennwortfeld und ein Kontrollfeld miteinander verglichen werden. Das kann in einer größeren Applikation einigen Programmieraufwand verursachen.

11.5.1 Die Validierung im Detail

Die Validierung ist eine sehr wichtige Funktion der Steuerelemente. Sie verlagert einen wesentlichen Teil der Logik einer Webseite vom Code in den deklarativen Bereich. Hinter der Validierung stecken dabei nicht nur ein paar Steuerelemente, sondern eine erweiterbare Logik mit Unterstützung für clientseitige Prüfungen per JavaScript und serverseitig mit eigenem .NET-Code.

11.5.2 Validierung und HTML

Bei der Programmierung von Windows-Applikationen ist eine interaktive Validierung Alltag. Selbstverständlich erwarten Benutzer eine sofortige Reaktion des Programms bei Eingabefehlern und dann entsprechend umfassende und hilfreiche Informationen, was wie besser zu machen ist. Bei HTML-Seiten war das lange Zeit nicht der Fall, weil HTML zwar Formulare definiert, alle weitergehenden Benutzerführungen aber außer Acht lässt. Es ist seit langer Zeit möglich, diesen Mangel durch clientseitige Skripte auszugleichen.

Hier ein paar Tipps, auf was Sie bei der Validierung achten sollten:

- Platzieren Sie Fehlermeldungen oder Symbole nahe den betroffenen Eingabefeldern
- Fassen Sie alle Fehler an einer zentralen Stelle der Seite zusammen
- Verwenden Sie clientseitige Skripte, um Eingabefehler sofort beim Verlassen des Feldes zu erkennen
- Erwägen Sie die Benutzung von Dialogen bei kritischen Fehlern
- Unterscheiden Sie nicht ausgefüllte Felder von solchen mit fehlerhaften oder ungültigen Inhalten
- Ziehen Sie für komplexere Validierungen reguläre Ausdrücke in Betracht

11.5.3 Validierung auf der Serverseite

Wenn Sie sich intensiver mit der Validierung auseinandersetzen, werden Sie erneut mit dem Lebenszyklus der Seite konfrontiert. Hier wird vorausgesetzt, dass Sie diesen vollständig verstanden haben. Hier noch einmal eine stark vereinfachte Version mit den für die Validierung erforderlichen Aspekten:

Der Lebenszyklus

- Die Seite und die Steuerelemente werden erzeugt
- Das Ereignis `Load` wird ausgelöst
- Die Seite und die Steuerelemente speichern ihren Status
- Die Seite und die Steuerelemente werden in HTML konvertiert
- Das fertige HTML wird an den Webserver und von dort an den Browser gesendet.

11 Datenbindung und Validierung

Das ist, wie gesagt, eine extrem vereinfachte Darstellung. Basierend darauf schauen Sie sich nun den Zyklus an, wenn der Benutzer eine Schaltfläche anklickt und die Seite per PostBack an den Server sendet:

- Die Seite und die Steuerelemente werden erzeugt
- Der Status der Steuerelemente wird wieder hergestellt
- Steuerelemente werden anhand der eingegebenen Daten aktualisiert
- Das Ereignis `Load` wird ausgelöst
- Die Validierung der Daten erfolgt
- Die Ereignisse der Steuerelemente werden ausgelöst
- Die Seite und die Steuerelemente speichern ihren Status
- Die Seite und die Steuerelemente werden in HTML konvertiert
- Das fertige HTML wird an den Webserver und von dort an den Browser gesendet.

Der Status der Steuerelemente, der ViewState, wird als verstecktes Feld mit den Formulardaten übertragen. Dies verlagert die Arbeit auf den Client, was dem Server eine höhere Leistung ermöglicht. Mit dem Zurücksenden des Formulars wird auch die serverseitige Prüfung der Steuerelementdaten – die Validierung – ausgeführt. Die Validierung erfolgt also nicht beim ersten Aufruf der Seite, sondern beim zweiten, initiiert durch das PostBack. Konkret findet es nach dem Laden und vor dem Auslösen der internen Ereignisse statt.

CausesValidation Damit nicht immer und überall geprüft wird, gibt es bei Steuerelementen, die einen PostBack auslösen können, die Eigenschaft `CausesValidation`. Der Standardwert ist `true`, weshalb die Validierung immer aktiviert ist bis Sie etwas anderes bestimmen. Dies ist notwendig, weil es möglicherweise zwei Aktionen gibt, die ein Benutzer auslösen kann. Denken Sie an „Speichern" und „Abbrechen". Beides sind Schaltflächen, beide Erzeugen ein PostBack, beide rufen die Seite auf. Allerdings soll beim Speichern das Formular geprüft werden, beim Abbrechen dagegen nicht. Entsprechend würde die Eigenschaft `CausesValidation` im ersten Fall nicht gesetzt werden (Standard == `true`) und im zweiten Fall auf `false`. Wenn Sie sich den Lebenszyklus vergegenwärtigen erkennen Sie auch, dass Sie die Eigenschaft noch bis zum Schritt `Load` setzen können, denn erst danach erfolgt die Auswertung der Daten.

Manchmal ist es notwendig, unabhängig vom Zyklus Prüfungen zu erzwingen. In diesem Fall rufen Sie die Methode `Validate` auf. Danach können Sie das Ergebnis der Prüfung für die gesamte Seite mit `IsValid` ermitteln. Falls Sie diese Eigenschaft abfragen bevor eine Validierung – entweder automatisch im Zyklus der Seite oder manuell durch Aufruf der Methode – stattfand, erzeugt ASP.NET eine Ausnahme.

11.5.4 Die API der Seitenvalidierung

Das `Page`-Objekt kennt einige wichtige Eigenschaften und Methoden zur Unterstützung der Validierung:

11.5 Einführung in die Validierung

Tabelle 11.1 Das Page-Objekt und die zur Validierung benutzten Eigenschaften und Methoden

Element	Beschreibung
IsValid	Stellte eine Zusammenfassung aller Validierungen dar. Wird nur wahr (true), wenn alle Validatoren der Seite gültig sind.
Validators	Eine Kollektion aller Validatoren der Seite. Dies sind alle Objekte, die IValidator implementieren.
Validate	Eine Methode, mit der die Validierung ausgelöst werden kann. Wird normalerweise automatisch im Lebenszyklus der Seite nach Load aufgerufen.

Die Kollektion der Validatoren ist für viele Zwecke sinnvoll. Sie enthält alle Objekte, die IValidator implementieren. Ob es sich tatsächlich um Validatoren im Sinne entsprechender Steuerelemente handelt, wird nicht geprüft. Dies erlaubt die Nutzung im Code ohne Markup. Damit lässt sich eine sehr umfassende Validierungsstruktur serverseitig abbilden.

Die Schnittstelle IValidator hat folgende Eigenschaften und Methoden:

Tabelle 11.2 Eigenschaften und Methoden der Schnittstelle IValidator

Element	Beschreibung
IsValid	Zeigt an, dass das Objekt gültig ist.
ErrorMessage	Die auszugebende Fehlermeldung, wenn das Objekt nicht gültig ist.
Validate	Erzwingt die sofortige Gültigkeitsprüfung.

Das folgende Beispiel zeigt einige typische Einsatzfälle. Zuerst ein Verfahren, um alle Validatoren in den Status „gültig" zu setzen:

```
IValidator val;
fcreach(val in Validators)
{
    Val.IsValid = true;
}
```

Der folgende Code führt die Prüfungen erneut aus:

```
IValidator val;
foreach(val in Validators)
{
    Val.Validate();
}
```

Wenn Sie die Methode Validate der Seite aufrufen, wird derselbe Effekt erzielt.

Das folgende Beispiel zeigt, wie die Validierung mit Hilfe eines Kontrollkästchens dynamisch ein- oder ausgeschaltet werden kann.

Listing 11.20 Bedingte Validierung

```
public class Conditional : Page
{
    public HtmlInputCheckBox chkSameAs;
    public RequiredFieldValidator rfvalShipAddress;

    public override void Validate()
    {
```

```
                bool enableShip = !chkSameAs.Checked;
                rfvalShipAddress.Enabled = enableShip;
                base.Validate();
        }
}
```

11.6 Wichtige Kontroll-Steuerelemente

Dieser Abschnitt stellt anhand einfacher Beispiele die wichtigsten Kontroll-Steuerelemente und deren Anwendung vor.

11.6.1 Das Vergleichs-Steuerelement

CompareValidator

Das Vergleichs-Steuerelement `CompareValidator` vergleicht ein Feld mit einem konstanten Wert, einem Datentyp oder einem anderen Feld. Da es möglich ist, mehr als ein Kontroll-Steuerelement an ein Feld zu binden, können damit auch Bereiche eingeschränkt werden. Die Kombination mit dem Steuerelement `RequiredFieldValidator` ist erforderlich, denn das Kriterium das Vorhandensein eines Wertes erzwingt es nicht.

Das Steuerelement `CompareValidator` verfügt über eine ganze Reihe von Attributen. Dadurch ist der Einsatz häufig möglich. Neben den obligatorischen Attributen `runat` und `id` ist der Typ der Daten anzugeben, die das geprüfte Feld enthalten soll. Dazu dient das Attribut `type`. Es kann folgende Parameter enthalten:

Tabelle 11.3 Parameter für das Attribut type

Parameter für type	Beschreibung
String	Eine Zeichenkette wird erwartet
Integer	Ein ganzzahliger Wert wird akzeptiert
Double	Das Feld muss eine Zahl enthalten
Date	Ein Datumswert im Typ DateTime wird erwartet
Currency	Eine Währungsangabe (Zahl) mit passendem Währungssymbol

Soll lediglich der Datentyp eines Feldes überwacht werden, ist das Attribut `operator` mit dem Parameter `DataTypeCheck` erforderlich. Folgende Kombination nutzt dies:

```
... type="Integer" operator="DataTypeCheck" ...
```

Der Vergleich kann mit einem konstanten Wert erfolgen. Dazu wird das Attribut `valuetocompare` verwendet. Für den Vergleich von Zahlen ist das Attribut `type` erforderlich; `operator` mit einem der genannten Parameter sowieso:

```
<asp:textbox runat="server" id="f_age" />
<asp:comparevalidator id="v_age" runat="server"
                controltovalidate="f_age"
                valuetocompare="18"
                type="Integer"
                operator="GreaterThan"
                ErrorMessage="Das Alter muss mindestens 18 sein"/>
```

Der Operator ist so zu gestalten, dass er die Bedingung für eine gültige Prüfung ergibt. Im Beispiel wird die Bedingung „f_age > 18" geprüft. Ist dieser Vergleich nicht erfüllt, wird die Meldung ausgegeben.

Zwei Felder vergleichen

Sollen dagegen zwei Felder verglichen werden, sind zwei andere Attribute beteiligt: `controltovalidate` und `controltocompare`:

```
… controltovalidate="f_password1"
    controltocompare="f_password2" …
```

Die Kombination mit type ist möglich, dann wird neben der Gleichheit der Felder auch die Übereinstimmung des Datentyps geprüft. Das Attribut `operator` ist dann optional. Für alle anderen Fälle, in denen ein Vergleich erfolgen soll, können Sie `operator` mit folgenden Parametern ausstatten:

Tabelle 11.4 Parameter für operator

Parameter für operator	Beschreibung
`DataTypeCheck`	Datentyp
`Equal`	Gleichheit (=)
`GreaterThan`	Größer als (>)
`LessThan`	Kleiner als (<)
`GreaterThanEqual`	Größer als oder gleich (>=)
`LessThanEqual`	Kleiner als oder gleich (<=)
`NotEqual`	Ungleich (<>)

Das folgende Beispiel erweitert die Adressabfrage und enthält zusätzlich die Festlegung eines Kennwortes.

Listing 11.21 Mehrere Prüfungen mit dem CompareValidator-Steuerelement

```
<tr>
  <td>Kennwort</td>
  <td>
    <asp:textbox runat="server" id="f_password1"
                 textmode="password"/><br/>
    <asp:textbox runat="server" id="f_password2"
                 textmode="password"/>
  </td>
  <td>
    <asp:comparevalidator id="Compare1" type="string"
                    runat="server"
                    controltovalidate="f_password1"
                    controltocompare="f_password2">
    Die Kennwortfelder stimmen nicht überein
    </asp:comparevalidator>
  </td>
<tr>
```

Ausgabe der Fehlermeldung

Die Ausgabe der Fehlermeldung kann auf zwei Wegen erfolgen: Entweder nutzen Sie das Attribut `ErrorMessage` und schließen das Steuerelement sofort ab:

```
<asp:comparevalidator ErrorMessage="Feld falsch" … />
```

Oder Sie erstellen ein Container-Tag, dass die Meldung enthält:

```
<asp:comparevalidator … >Feld falsch</asp:comparevalidator>
```

11.6.2 Das Bereichskontroll-Steuerelement

RangeValidator Control

Manchmal reicht der Vergleich von Feldern mit Festwerten nicht aus. Der `RangeValidator` prüft, ob Werte in einem bestimmten Bereich liegen. So könnte die Prüfung der Postleitzahlen erfolgen, indem statt der Prüfung des Datentyps eine Einschränkung auf den Bereich zwischen 1.000 und 99.999 erfolgt. Der `RangeValidator` arbeitet ähnlich dem `CompareValidator`, verwendet aber zur Kontrolle zwei spezielle Attribute, die den Wertebereich eingrenzen: `MinimumValue` und `MaximumValue`.

Listing 11.22 Kontrolle eines Wertebereiches (Ausschnitt)

```
<tr>
   <td>PLZ</td>
   <td>
     <asp:textbox runat="server" id="f_zipcode" width="5"/>
   </td>
   <td>
     <asp:rangevalidator runat="server" id="v_zipcode" ↵
                         type="Integer" ↵
                         minimumvalue="1000" ↵
                         maximumvalue="99999" ↵
                         controltovalidate="f_zipcode" ↵
                         display="dynamic">
      Postleitzahl im falschen Wertebereich
     </asp:rangevalidator>
     <asp:requiredfieldvalidator runat="server" ↵
                         id="vr_zipcode" ↵
                         controltovalidate="f_zipcode" ↵
                         display="dynamic">
      Postleitzahl nicht angegeben
     </asp:requiredfieldvalidator>
   </td>
</tr>
```

11.6.3 Das Regulärer Ausdruck-Steuerelement

In allen Fällen, in denen die Prüfung von Eingabewerten nicht mittels Übereinstimmung, Datentyp oder Bereich erfolgen kann, sind reguläre Ausdrücke ein ideales Mittel. Reguläre Ausdrücke bestehen aus einem definierten Satz von Steuerzeichen, mit denen Suchmuster gebildet werden können. Eine Einführung in die Technik und Anwendung finden Sie im folgenden Abschnitt. Es werden spezielle Klassen des Frameworks verwendet, um Text mit solchen Ausdrücken zu durchsuchen. Hier wird der `RegularExpressionValidator` verwendet, um Werte zu prüfen.

11.6 Wichtige Kontroll-Steuerelemente

Ein häufig benötigtes Eingabefeld ist die E-Mail-Adresse. Der dazu benötigte Ausdruck sieht folgendermaßen aus:

```
^
  [_a-zA-Z0-9-]+       ❶
  (\.                  ❷
    [_a-zA-Z0-9-]+
  )*                   ❸
  @                    ❹
  (
    [a-zA-Z0-9-]+
    \.
  )+                   ❺
  (
    [a-zA-Z]{2,4}      ❻
  )
$
```

Das kryptische Gebilde links wurde hier in seine Bestandteile zerlegt, um die einzelnen Elemente kommentieren zu können. In der Praxis schreibt man die Zeichen in eine Zeile. Es beginnt mit beliebigen Zeichen ❶, gefolgt von einem Punkt ❷, woran sich wieder beliebige Zeichen anschließen. Diese Gruppe kann sich wiederholen. Irgendwann wird die Sequenz von einem @-Zeichen ❹ beendet. Es folgt eine weitere Sequenz ❺, die auf einen Punkt endet. Den Abschluss bildet eine Gruppe aus 2 bis 4 Zeichen ❻.

Die Anwendung ist einfacher. Das Steuerelement verfügt über das Attribut `ValidationExpression`. Die Prüfung der E-Mail-Adresse sieht dann folgendermaßen aus:

Listing 11.23 Prüfung einer E-Mail-Adresse (Ausschnitt)

```
<tr>
  <td>E-Mail</td>
  <td>
    <asp:textbox runat="server" id="f_email" />
  </td>
  <td>
    <asp:regularexpressionvalidator runat="server"
        id="v_email"
        validationexpression="^[_a-zA-Z0-9-]+(\.[_a-zA-Z0-9-]+)*@
                              ([a-zA-Z0-9-]+\.)+([a-zA-Z]{2,3})$"
        controltovalidate="f_email" display="dynamic">
      Diese E-Mail-Adresse ist nicht gültig
    </asp:regularexpressionvalidator>
  </td>
</tr>
```

Grenzen regulärer Ausdrücke

Reguläre Ausdrücke können Suchmuster aufbauen. Es gibt zwar prinzipiell die Möglichkeit, Abhängigkeiten zwischen Teilen des Ausdrucks festzulegen, die Werte selbst sind aber statischer Natur. Berechnungen lassen sich nicht anstellen. Typische Beispiele sind ISBN-Nummern, Datumswerte oder Kreditkartennummern. In allen drei Fällen sind die Abhängigkeiten komplizierter. Das Muster einer ISBN-Nummer ist statisch: L-VVV-NNNNN-P. Dabei steht L für das Land, beispielsweise 3 für Deutschland, VVV für den Verlag (dieser Teil kann auch vier- oder fünfstellig sein) und NNNNN ist die eigentliche Buchnummer, wobei die Anzahl so gewählt wird, dass die gesamte Zeichenfolge ohne Bindestriche immer 10 Zeichen umfasst. Bis dahin wäre ein regulärer Ausdruck in der Lage, eine Prüfung vorzunehmen. P ist aber eine Prüfziffer, die auf Basis der anderen Zahlen berechnet werden muss. Dies kann nicht mit einem Suchmuster erfolgen. Sie müssen dazu eine eigene Funktion schreiben, die die Prüfziffer selbst berechnet und vergleicht.

Grundlagen regulärer Ausdrücke

In der Praxis kommt es weniger auf die Programmierung, sondern auf die Entwicklung der benötigten Ausdrücke an. Nachfolgend werden reguläre Ausdrücke genauer vorgestellt. Zuerst benötigen Sie Zeichen zum Eingrenzen der Position des Suchmusters in der zu durchsuchenden Zeichenfolge:

Tabelle 11.5 Steuerzeichen

Bedingung	Beschreibung
.	Beginn des Musters
$	Ende des Musters
\A	Unbedingter Beginn auch bei mehrzeiligen Texten
\Z	Unbedingtes Ende auch bei mehrzeiligen Texten oder vor dem Zeilenumbruchzeichen \n
\z	Unbedingtes Ende auch bei mehrzeiligen Texten

Es gibt weiterhin Zeichen, die etwas anderes als sich selbst repräsentieren:

Tabelle 11.6 Sonderzeichen

Zeichen	Bedeutung
\uNNNN	Unicode-Zeichen mit dem Code NNNN (Hexadezimale Angabe). ASCII-Zeichen nutzen das hintere Byte, ein Leerzeichen wird also als \u0020 geschrieben.
\n	Zeilenumbruch
\r	Wagenrücklauf
\0XXX	Oktale Angabe eines Zeichencodes mit ein bis drei Zahlen von 0 bis 7.
\xHH	Hexadezimale Angabe eines Zeichens
\\	Der Backslash selbst

Bildung von Zeichenklassen

Der Bildung von Zeichenklassen liegen fast alle regulären Ausdrücke zugrunde. Die Idee dahinter ist eine Beschreibung eines bestimmten Zeichens im Suchmuster. Wenn an einer Stelle eine Zahl zwischen 0 und 4 auftreten darf, schreibt man eine Zeichenklasse: [0-4] oder [01234]. In jedem Fall repräsentiert diese Klasse nur ein Zeichen.

Tabelle 11.7 Klassensymbole

Zeichen	Bedeutung
.	Der Punkt repräsentiert jedes beliebige Zeichen.
[]	Eine Klasse wird durch eckige Klammern gebildet. Darin stehen die Zeichen, die die Klasse bilden oder die Sonderzeichen aus der Tabelle 11.5.
[^]	Eine Klasse, in der die aufgeführten Zeichen nicht enthalten sind.
-	Mit Minuszeichen werden Bereiche von Zeichen definiert.

Zeichen	Bedeutung
\p{name}	Vordefinierte Zeichenklasse *name*.
\P{name}	Alles außer dem Inhalt der vordefinierten Zeichenklasse *name*.
\w, \W	Wortzeichen bzw. kein Wortzeichen
\s, \S	Whitespace bzw. kein Whitespace[20]
\d, \D	Zahlzeichen bzw. kein Zahlzeichen
\b, \B	Wortgrenze bzw. keine Wortgrenze

Wenn Sie mehr als nur ein Zeichen benötigen, müssen Sie einen der Wiederholungsoperatoren angeben.

Wiederholungsoperatoren

Tabelle 11.8 Wiederholungsoperatoren

Zeichen	Bedeutung
*	Kein oder beliebig viele Zeichen
+	Ein oder beliebig viele Zeichen
?	Kein oder genau ein Zeichen
{n}	Genau *n* Zeichen
{n,}	Mindestens *n* Zeichen
{n,m}	Mindestens *n* jedoch höchstens *m* Zeichen
*?	Prüft auf geringstmögliche Wiederholungen
+?	Prüft auf geringstmögliche Wiederholungen, jedoch mindestens eine
??	Prüft auf keine oder eine Wiederholung
{n}?	Prüft auf keine oder *n* Wiederholungen
{n,}?	Prüft auf geringstmögliche Wiederholungen, jedoch mindestens *n*
{n,m}?	Prüft auf eine Wiederholung zwischen *n* und *m*

Modifikatoren verändern das Verhalten des Ausdrucks innerhalb einer Gruppe oder eines Teils des Ausdrucks unabhängig von den globalen Optionen:

Modifikatoren

---

[20] Als Whitespace gelten Leerzeichen, Zeilenumbrüche, Tabulatoren usw.

Tabelle 11.9 Optionen für den Ausdruckscompiler

Konstrukt	Beschreibung

`(?o)`
`(?-o)`
	Für *o* können Sie eine oder mehrere der folgenden Optionen einsetzen:
	- *i*
	  ignoriert Groß- und Kleinschreibung.
	- *m*
	  Mehrzeiliger Modus; ^ und $ sind am Anfang und Ende jeder Zeile gültig.
	- *s*
	  Einzeilenmodus; das Zeichen „." erkennt auch das Zeilenendezeichen.
	- *x*
	  Ignoriere Whitespaces; dies wird jedoch nicht in Zeichenklassen.

`(?# )`	Kommentare: die Zeichen vom # bis zum Ende der Klammer werden ignoriert.

Direkter Zugriff auf Gruppen

Es besteht auch die Möglichkeit, auf die gefundenen Zeichen der Gruppen direkt im selben Ausdruck zuzugreifen. Der folgende Ausdruck sucht in einem Text Wörter, die doppelt hintereinander vorkommen:

`\b([a-z]+)(\s)+(\1\b).`

Gruppen verwenden

Der erste Teil beginnt mit einer Wortgrenze `\b`. Danach wird als Wort erkannt, was nur aus Buchstaben besteht: `([a-z]+)`. Selbstverständlich würde man in der Praxis noch den `(?i`-Operator einfügen, um Groß- und Kleinschreibung zu gestatten. Dann folgen Leer- oder Trennzeichen; mindestens eins oder beliebig viele `(\s)+`. Der zweite Teil ist der eigentliche Clou an der Sache, hier wird nämlich mit dem speziellen Operator `\1` auf die erste gefundene Referenz verwiesen. Welche Ziffern man einsetzen muss, kann anhand der Anzahl der öffnenden Klammern ausgezählt werden. Danach folgt wieder eine Wortgrenze `\b`. Der Ausdruck findet in Sätzen wie: „Hier kommt kommt das Programm" die Doppelungen „kommt kommt" und gibt diese (und nur diese) zurück. Sind mehrere Worte doppelt, wird auch das erkannt. Sind in einem Text mehrere Wörter (hintereinander) doppelt, werden auch mehrere Gruppen zurückgegeben.

Alternativen verwenden

Wenn ein Muster aus mehr als einem Basiswert besteht, sind Alternativen gefragt. Es gibt mehrere Möglichkeiten, alternative Bedingungen zu formulieren:

Tabelle 11.10 Alternativen und Bedingungen

Konstrukt	Beschreibung
`|`	Trennt zwei oder mehr Muster: `aa|ab|bb`
`(?(ausdruck)y|n)`	Führt den Zweig *y* aus, wenn der *ausdruck* übereinstimmt, sonst *n*.
`(?(name)y|n)`	Führt den Zweig *y* aus, wenn die benannte Gruppe *name* übereinstimmt, sonst *n*.

Der Umgang mit den letzten beiden Optionen ist keineswegs trivial, aber ausgesprochen flexibel. Man kann damit gut einige Zeilen konventionellen Codes sparen.

Im Ja- bzw. Nein-Zweig steht ein weiteres Suchmuster, um weitere Teile des Ausdrucks zu prüfen.

Weitere Betrachtungen zu regulären Ausdrücken

Die enorme Bedeutung von regulären Ausdrücken mag Anfängern nicht offensichtlich sein. Wenn Sie diese oft und erfolgreich einsetzen, werden Sie sich nicht mehr vorstellen können, anders zu programmieren. Die Möglichkeiten gehen über die bereits beschriebenen Varianten weit hinaus. Reguläre Ausdrücke sind in ihrer ganzen Breite buchfüllend. Dieser Abschnitt wird einige spezielle Aspekte zeigen, ohne dass ein Anspruch an Vollständigkeit besteht. Wenn Sie im Umgang mit regulären Ausdrücken nicht sicher sind, können Sie später hierher zurückkehren, für die ersten Schritte werden die Informationen nicht zwingend benötigt.

Verfeinerung des Konzepts der Gruppierungen

Beim Aufbau von Ausdrücken mit Gruppen gibt es zwei Vorgehensweisen:

Zugriff auf Teile einer Zeichenkette

```
([Zeichenklasse])+
```
```
([Zeichenklasse]+)
```

Im ersten Fall bildet das Zeichen eine Gruppe, die sich wiederholen darf. Im zweiten Fall werden die Zeichen wiederholt, und dann wird eine Gruppe gebildet. Beide erkennen dasselbe Suchmuster. Unterschieden wird durch die Schreibweise die Art der Repräsentation der Fundstellen im Ergebnis.

Abbildung 11.3 Ausdruck mit Wiederholung einer Gruppe

Im ersten Fall werden die Ergebnisse als Elemente der Groups-Kollektion abgelegt. Es handelt sich tatsächlich um typische Gruppen. Im zweiten Falle wird jedoch der Inhalt der Gruppe aus Fundstellen gebildet. Wenn Sie auf die Fundstellen zugreifen möchten, hilft die Capture-Kollektion.

Das Beispiel *RegexCapture.aspx* enthält eine universelle Version eines Programms zur Prüfung regulärer Ausdrücke. Damit können Sie leicht Versuche vornehmen. Insbesondere zum Verständnis der Gruppierungen eignet sich dies hervorragend. Betrachten Sie die folgenden beiden Ausdrücke, die die gezeigten Vorgehensweisen bei der Gruppierung umsetzen, jeweils mit dem Resultat der erkannten Bestandteile, siehe Abbildung 11.3.

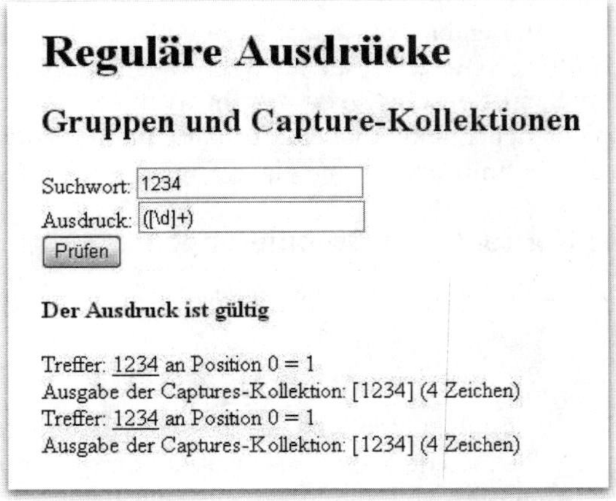

Reguläre Ausdrücke

Gruppen und Capture-Kollektionen

Suchwort: 1234
Ausdruck: ([\d]+)
[Prüfen]

Der Ausdruck ist gültig

Treffer: 1234 an Position 0 = 1
Ausgabe der Captures-Kollektion: [1234] (4 Zeichen)
Treffer: 1234 an Position 0 = 1
Ausgabe der Captures-Kollektion: [1234] (4 Zeichen)

Abbildung 11.4 Ausdruck mit Gruppierung eines wiederholten Zeichens

Wie an der ersten Zeile „Treffer" zu erkennen ist, wird der Ausdruck in beiden Fällen erkannt und auch als gleichartig bewertet. Diese Zeile entsteht durch Zugriff auf das erste Element der Groups-Kollektion:

```
ma.Groups[i]
```

Der zweite Treffer wertet dann alle durch Gruppen gebildeten Elemente aus. Im Beispiel gibt es nur eine Gruppe (ein Klammerpaar), sodass nur eine derartige Trefferzeile hinzukommt. Der Ausdruck zeigt, dass als Gruppe nur ein Zeichen definiert wurde – die Zahlzeichenklasse \d. Die gesamte Gruppe wird dann wiederholt. Die Trefferzeile gibt nun jede Fundstelle entsprechend der Definition einzeln aus, angedeutet durch die eckigen Klammern. Die Kollektion wird folgendermaßen gebildet:

```
mc = ma.Groups[i].Captures
```

Die Variable mc enthält nun die Kollektion der inneren Gruppen. In einer Schleife erfolgt dann der Zugriff:

```
"[" + mc[j].Value + "]"
```

Der Ausdruck in der Abbildung gruppiert dagegen erst und wendet den Wiederholungsoperator + erst dann an. Dies führt dazu, dass der Ausdruck auch nur als Ganzes zur Verfügung steht.

Definition von Bedingungen

Bedingte Teilausdrücke

Es gibt verschiedene Konstrukte mit dem Gruppierungskonstrukt, die gleichzeitig Bedingungen prüfen. Die folgende Tabelle zeigt eine Zusammenfassung:

Tabelle 11.11 Gruppierungen und bedingte Gruppen

Gruppierung	Beschreibung
( )	Einfache Gruppe
?<name> (?'name')	Gruppe, deren Inhalt einem Elemente der Captures-Kollektion mit dem Index *name* zugewiesen wird
(?:)	Gruppe, die nicht in die Groups- oder Captures-Kollektion aufgenommen werden soll.
(?=)	Vorausschauende zutreffende Bedingung
(?!)	Vorausschauende unzutreffende Bedingung
(?<=)	Zurückschauende zutreffende Bedingung
(?<!)	Zurückschauende unzutreffende Bedingung
(?>)	Unterdrückt die Gierigkeit eines Teilausdrucks (siehe Text)

Auf benannte Gruppen kann innerhalb des Ausdrucks mit \k<name> zugegriffen werden (die spitzen Klammern gehören dazu). Unbenannte Gruppen werden über die Nummerierung erreicht – gezählt werden die öffnenden Klammern –, also beispielsweise \3 für die dritte Gruppe.

Benannte Gruppen

Etwas schwieriger erscheint der Umgang mit Bedingungen. Hierbei wird ein Teil des Ausdrucks – vor oder nach dem betroffenen Teilausdruck – in die Prüfung mit einbezogen, nicht jedoch in die Selektion. Damit lassen sich Konstruktionen der Art „Prüfe, ob an der Stelle eine Zahl ist, aber nur dann, wenn dieser Zahl ein Buchstabe folgt" bauen. Der Ausdruck wäre jedoch gültig, wenn der Zahl ein Sonderzeichen folgt.

Bedingte Gruppen

Der folgende Ausdruck soll dieses Verhalten haben:

`\d\d(?![a-z])`

Wenn Sie nun eine Zeichenfolge der Art „12cc" prüfen, ist dieser Ausdruck nicht gültig, „12_" dagegen wird akzeptiert, ebenso wie „1234". In allen Fällen wird aber lediglich „12" als Ergebnis des ersten Elements der Match-Kollektion zurückgegeben, denn der bedingte Teil interessiert hier nicht.

Wenn Sie nun die Prüfung umkehren möchten, also vorausgehende Buchstaben zu erkennen sind, wird eine zurückschauende Bedingung benötigt:

`(?<=[a-z])\d\d`

Hier werden nun ebenfalls zwei Ziffern erkannt, die jedoch von einem vorausgehenden Buchstaben begleitet werden müssen. Das Suchwort „23c21x88" würde als Resultat „21" zurückgeben, weil die Ziffernfolge „21" als erste von einem Buchstaben angeführt wird.

11.6.4 Selbstdefinierte Kontrollsteuerelemente

Nicht immer reicht es aus, die zu empfangenen Daten auf dem Server aus der Form-Kollektion oder der Text-Eigenschaft zu entnehmen und eine Prüffunktion zu schreiben. Im Sinne eines einheitlichen, übersichtlichen und geradlinigen Programmierkonzepts ist aber der Einbau in ein Kontroll-Steuerelement zu empfehlen.

11 Datenbindung und Validierung

Dafür gibt es den `CustomValidator`. Auch dieses Steuerelement ist mit den bisher vorgestellten vergleichbar. Das Attribut `onservervalidate` dient der Angabe einer Methode, die sie selbst definieren und die die `IsValid`-Eigenschaft setzt.

Serverseitige Prüfungen

Das folgende Beispiel zeigt die Prüfung von ISBN-Nummern. Zuerst wird das Listing des HTML-Codes gezeigt. Die Prüfung ist in die Code-Datei ausgelagert, die danach vorgestellt wird:

Listing 11.24 HTML-Teil mit der Definition des benutzerdefinierten Kontrollsteuerelements

```
<html>
  <head>
    <title>Validation Steuerelement - 3</title>
  </head>
  <body>
    Nach welcher ISBN möchten Sie suchen?<br/>
    <form runat="server">
❶    <asp:textbox runat="server" id="f_isbn" />
❷    <asp:button runat="server" id="send" text="Prüfen"/>
      <br/>
      <asp:customvalidator runat="server" id="v_isbn"
                    onservervalidate="checkisbn"
                    display="dynamic">
        ISBN-Nummer ist falsch
      </asp:customvalidator>
      (Geprüfte Nummer:
❸    <asp:label id="l_isbn" runat="server"/>)
    </form>
  </body>
</html>
```

Definiert wird hier neben dem Eingabefeld *f_isbn* ❶ und der Sendeschaltfläche *send* ❷ auch ein `Label` ❸, das die gewählte Nummer oder eine Fehlermeldung anzeigt. Alle Berechnungen werden in der Seite definiert:

Listing 11.25 Klasse zur Prüfung von ISBN-Nummern

```
public partial class Checker : Page
{
  private int Substr(string isbn, int pos1, int pos2)
  {
    return Convert.ToInt32(isbn.Substring(pos1, pos2));
  }

❶public void CheckIsbn(object sender,
                    ServerValidateEventArgs e)
  {
    string isbn = f_isbn.Text; ❷
    string isbn10 = isbn.Replace("-", ""); ❸
    l_isbn.Text = isbn10; ❹
    if (isbn10.Length != 10)
    {
      l_isbn.Text = "Anzahl Ziffern stimmt nicht = "
                  + isbn.Length.ToString();
      e.IsValid = false; ❺
    }
```

```
    else
    {
      int checkdigit = 11-((10*substr(isbn10,0,1) + 9 * ↵
                            substr(isbn10,1,1) + 8 * ↵
                            substr(isbn10,2,1) + 7 * ↵
                            substr(isbn10,3,1) + 6 * ↵
                            substr(isbn10,4,1) + 5 * ↵
                            substr(isbn10,5,1) + 4 * ↵
                            substr(isbn10,6,1) + 3 * ↵
                            substr(isbn10,7,1) + 2 * ↵
                            substr(isbn10,8,1)) % 11);
      int comparedigit   ↵
         = (isbn10.Substring(9,1) == "X") ? 10 :  ↵
             Convert.ToInt32(isbn10.Substring(9,1));  ❻
      checkdigit = (checkdigit == 11) ? 0 : checkdigit;
      e.IsValid = (checkdigit == comparedigit);  ❼
    }
  }
}
```

Im Programm wird sehr häufig eine Zeichenkettenoperation eingesetzt, bei der ein Teil einer Zeichenkette als Zahlenwert benötigt wird. Deshalb wurde dafür eine private Methode `Substr` definiert. Die eigentliche Arbeit erledigt die Methode `CheckIsbn` ❶. Zuerst erfolgt der Zugriff auf das Eingabefeld über die Eigenschaft `Text` ❷. Dann werden möglicherweise eingegebene Bindestriche entfernt, die ISBN-Nummern nur an den sinntrennenden Stellen auflockern, sonst aber für die Berechnung keine Bedeutung haben. Die Zeichenkettenmethode `Replace` wird hier verwendet ❸. Dann wird dem `Label` der Text der ISBN zugewiesen ❹. Im nächsten Schritt wird die Länge geprüft; ISBN-Nummern haben immer 10 Ziffern. Die tatsächliche Länge wird mit der Zeichenkettenmethode `Length` ermittelt. Stimmt die Länge nicht, wird eine entsprechende Information an das `Label` ausgeben und der Status des Kontroll-Steuerelements so gesetzt, dass die Fehlermeldung angezeigt wird. Dazu wird auf die Eigenschaft `IsValid` zugegriffen ❺.

Beachten Sie hier, dass Sie nicht nur `IsValid` schreiben, denn dann wird `Page.IsValid` verwendet. Das ist zwar nicht prinzipiell falsch, denn mit der Ungültigkeit eines Kontroll-Steuerelements wird auch der Prüfzustand der gesamten Seite ungültig, aber im Beispiel wird `Page.IsValid` nicht ausgewertet. Um die Fehlermeldung zu provozieren, muss das Objekt `e` angesprochen werden.

Sind alle Prüfungen erfolgt, wird die Berechnung durchgeführt. Die Formel gibt Prüfziffern zwischen 0 und 11 zurück. In der ISBN wird die 11 als „0" und die 10 als „X" dargestellt. Die letzte Stelle der ISBN-Nummer muss zum Vergleich entsprechend umgewandelt werden ❻. Dann folgt der Vergleich. Das Ergebnis wird gleich für `IsValid` verwendet ❼.

Clientseitige Prüfungen

Es ist möglich, auch clientseitige Prüfungen zu programmieren. Dazu müssen Sie die entsprechende Funktion in JavaScript schreiben. Als Attribut für das Kontroll-Steuerelement wird `clientvalidationfunction` verwendet. Werden beide Definitionen verwendet, entscheidet ASP.NET anhand der Möglichkeiten des Browsers, welche eingesetzt wird. Das folgende Beispiel zeigt, wie zusätzlich zur bereits gezeigten serverseitigen Kontrolle die Definition der Prüfziffernberechnung in JavaScript erfolgen kann:

Listing 11.26 Clientseitige Realisierung einer Prüffunktion

```html
<html>
   <head>
      <title>Validation Control - 3</title>
      <script language="JavaScript">
      function checkisbn(sender, e)
      {
        isbn = document.checkform.f_isbn.value;   ❶
        isbn10 = isbn.replace(/-/g, "");
        if (isbn10.length != 10)
        {
  ❷     alert("Anzahl Ziffern falsch: "
               + isbn10.length + " (" + isbn10 + ")");
          e.IsValid = false;
        } else {
          checkdigit = 11-((10*isbn10.substr(0,1) + 9 *
                            isbn10.substr(1,1) + 8 *
                            isbn10.substr(2,1) + 7 *
                            isbn10.substr(3,1) + 6 *
                            isbn10.substr(4,1) + 5 *
                            isbn10.substr(5,1) + 4 *
                            isbn10.substr(6,1) + 3 *
                            isbn10.substr(7,1) + 2 *
                            isbn10.substr(8,1) ) % 11);
          checkdigit = (checkdigit == 11) ? 0 : checkdigit;
          comparedigit = (isbn10.substr(9,1) == "X") ? 10 :
                          isbn10.substr(9,1);
          e.IsValid = (checkdigit == comparedigit);
        }
      }
      </script>
   </head>
   <body>
      Nach welcher ISBN m&ouml;chten Sie suchen?<br/>
      <form runat="server" id="checkform">
        <asp:textbox runat="server" id="f_isbn" />
        <asp:button runat="server" id="send" text="Prüfen"/>
        <br/>
        <asp:customvalidator runat="server" id="v_isbn"
            onservervalidate="checkisbn"
            clientvalidationfunction="checkisbn"
            display="dynamic">
        ISBN-Nummer ist falsch
        </asp:customvalidator>
        (Gepr&uuml;fte Nummer:
        <asp:label id="l_isbn" runat="server"/>)
      </form>
   </body>
</html>
```

Die Funktion `checkisbn` selbst unterscheidet sich kaum von der in C# bereits gezeigten, die Sprachen sind sich an dieser Stelle sehr ähnlich. Beachtenswert ist der Zugriff auf die Feldwerte, der über das DOM des Browser erfolgt ❶. Damit das funktioniert, wurde das Formular mit der ID `checkform` versehen, die in HTML auch als Attribut `name` verwendet wird.

11.6 Wichtige Kontroll-Steuerelemente

Im Beispiel erfolgt die Ausgabe der Fehlermeldung bei falscher Anzahl Ziffern über die `alert`-Funktion von JavaScript. Wenn Sie die Ausgabe über das `Label` erledigen möchten, müssen Sie den Zugriff auf die HTML-Elemente über das Objektmodell des Browsers kennen. ASP.NET erzeugt für `<asp:label>` ein `<span>`-Element, das über das Attribut *id* erreicht werden kann. Tauschen Sie die Zeile ❷ mit `alert` gegen folgende aus, um dynamisch auf HTML zugreifen zu können:

```
document.getElementById("l_isbn").innerHTML ↵
        = "Anzahl Ziffern falsch: " + isbn10.length;
```

Mit `getElementById(id)` kann im Browser jederzeit auf alle Steuerelemente der Seite zugegriffen werden, die das Attribut `id` tragen. Das Attribut `runat="server"` kennt JavaScript nicht, es ist nicht notwendig, stört aber auch nicht.

12 Navigationsmodelle

Nahezu jede Applikation, die über mehr als eine Seite verfügt, benötigt eine Navigation. ASP.NET unterstützt den Aufbau durch ein erweiterbares Modell aus Providern und Steuerelementen. Dieses Kapitel zeigt, wie mit den Bordmitteln eine Navigation aufgebaut und wie diese bei Bedarf angepasst und geändert werden kann.

Sie finden Informationen zu:

- den Konzepten hinter dem Navigationsmodell,
- der Arbeitsweise der SiteMap-Provider,
- den Steuerelementen, mit denen eine Navigation aufgebaut werden kann und
- den Erweiterungsmöglichkeiten durch eigene Provider.

12.1 Konzepte für die Navigation

Die Idee hinter einem einheitlichen Navigationskonzept ist die sogenannte SiteMap. Dies ist eine „Landkarte" der Seiten. Sie wird in Form einer Datenquelle vorgegeben und Steuerelemente, die diese Landkarte abbilden, dienen dann der Navigation. In der Regel handelt es sich dabei um eine Menüsystem und die Navigationsleiste mit dem Pfad.

Die Speicherung der Navigationsdaten erfolgt standardmäßig in einer XML-Datei. Das ist naheliegend, denn normalerweise sind Seitennavigationen hierarchisch und das lässt sich in XML gut abbilden. Natürlich ist der Zugriff auf diese XML-Datei durch einen Provider geregelt, der ausgetauscht werden kann. Er abstrahiert die Steuerelemente von der Datenquelle.

Provider

12.1.1 Die Steuerdatei web.sitemap

Die Datei *web.sitemap* ist die Standardlösung zur Definition der Navigationsstruktur. Sie wird über Visual Studio oder manuell als XML-Datei angelegt. Die leere Struktur gibt vor, wie sie gefüllt werden kann.

12 Navigationsmodelle

Listing 12.1 Eine (fast) leere web.sitemap-Datei

```xml
<?xml version="1.0" encoding="utf-8" ?>
<siteMap xmlns="http://schemas.microsoft.com/AspNet/SiteMap-File-1.0" >
    <siteMapNode url="" title="" description=""> ❶
        <siteMapNode url="" title="" description="" />
        <siteMapNode url="" title="" description="" />
    </siteMapNode>
</siteMap>
```

Die gesamte Hierarchie der Navigation wird durch verschachtelte Knoten vom Typ `siteMapNode` ❶ gebildet. Es sind mindestens drei Eigenschaften erforderlich:

- `url`: Die relative Adresse der Seite
- `title`: Der Titel der Seite
- `description`: Die Kurzbeschreibung der Seite

Listing 12.2 Die Datei web.sitemap mit gefüllten Knoten

```xml
<?xml version="1.0" encoding="utf-8" ?>
<siteMap>
 <siteMapNode title="Navigation" description="Ueberschrift">
    <siteMapNode url="SiteMapPath.aspx" title="SiteMapPath" ↵
                 description="WebSiteMap Beispiel Seite">
       <siteMapNode url="TreeView.aspx" title="TreeView" ↵
                    description="TreeView Beispiel Seite" />
       <siteMapNode url="Menu.aspx" title="Menu" ↵
                    description="Menu Beispiel Seite" />
    </siteMapNode>
 </siteMapNode>
</siteMap>
```

Lokalisierung der Steuerdatei

Die Lokalisierung spielt eine herausragende Rolle, wenn eine Webapplikation in mehr als einer Sprache angeboten werden soll. Die Lokalisierung der Navigation bildet da keine Ausnahme. Das in ASP.NET durchgängig implementierte Modell basierend auf Ressourcen-Providern steht auch für die Navigation zur Verfügung.

Stehen parallel zur *web.sitemap* die passend übersetzten *resx*-Dateien zur Verfügung, werden die Daten aus diesen Dateien geladen. Als zusätzliches Attribut wird in der *web.sitemap* jetzt ein Schlüsselwert angegeben, mit dem ein Eintrag aus der Ressourcen-Datei bestimmt wird. Für das letzte Beispiel sieht das folgendermaßen aus:

Listing 12.3 Die Datei web.sitemap mit gefüllten Knoten und Ressourcen

```xml
<?xml version="1.0" encoding="utf-8" ?>
<siteMap>
 <siteMapNode title="Navigation" description="Ueberschrift"
              resourceKey="Navi">
    <siteMapNode url="SiteMapPath.aspx" title="SiteMapPath" ↵
                 resourceKey="Path"
                 description="WebSiteMap Beispiel Seite">
       <siteMapNode url="TreeView.aspx" title="TreeView" ↵
                    description="TreeView Beispiel Seite"
                    resourceKey="Tree" />
       <siteMapNode url="Menu.aspx" title="Menu" ↵
                    description="Menu Beispiel Seite"
                    resourceKey="Menu" />
```

```
    </siteMapNode>
</siteMap>
```

Das Attribut `resourceKey` ist eine implizite Definition der Ressourcenschlüssel. Wie bei anderen Steuerelementen auch, stehen in den Ressourcendaten die vollständigen Schlüssel nach dem Schema *Schlüssel.Eigenschaft*. Es ist unbedingt sinnvoll, wie im Beispiel gezeigt, Standardwerte anzugeben, falls die Lokalisierung abgeschaltet wird oder trotz Rückfall (Fallback) kein passender Wert gefunden wird. Ansonsten würde der Aufruf zu einer Ausnahme führen.

Die passende Ressourcendatei könnte jetzt folgendermaßen aussehen:

Listing 12.4 Ressourcen-Datei in der Code-Ansicht

```xml
<?xml version="1.0" encoding="utf-8"?>
<root>
  <resheader name="resmimetype">
    <value>text/microsoft-resx</value>
  </resheader>
  <resheader name="version">
    <value>2.0</value>
  </resheader>
  <resheader name="reader">
    <value>System.Resources.ResXResourceReader, System.Windows.Forms,
           Version=2.0.0.0, Culture=neutral,
           PublicKeyToken=b77a5c561934e089</value>
  </resheader>
  <resheader name="writer">
    <value>System.Resources.ResXResourceWriter, System.Windows.Forms,
           Version=2.0.0.0, Culture=neutral,
           PublicKeyToken=b77a5c561934e089</value>
  </resheader>
  <data name="Menu.Description" xml:space="preserve">
    <value>Beschreibung Menu</value>
  </data>
  <data name="Menu.Title" xml:space="preserve">
    <value>Menu</value>
  </data>
  <data name="Navi.Description" xml:space="preserve">
    <value>Beschreibung Navi</value>
  </data>
  <data name="Navi.Title" xml:space="preserve">
    <value>Navigation </value>
  </data>
  <data name="Path.Description" xml:space="preserve">
    <value>Beschreibung Path</value>
  </data>
  <data name="Path.Title" xml:space="preserve">
    <value>Path</value>
  </data>
  <data name="Tree.Description" xml:space="preserve">
    <value>Beschreibung Tree</value>
  </data>
  <data name="Tree.Title" xml:space="preserve">
    <value>Tree</value>
  </data>
</root>
```

Legen Sie eine Ressourcen-Datei mit dem Namen *web.sitemap.resx* im Ordner der globalen Ressourcen an, *App_GlobalResources*. Kopieren Sie diese Datei dann nach *web.sitemap.<lang>.resx*, wobei *<lang>* ein Platzhalter für die Sprache ist,

12 Navigationsmodelle

beispielsweise *web.sitemap.de.resx* oder *web.sitemap.fr.resx*. Übersetzen Sie den Inhalt dann passend.

Lokalisierung einschalten
: Ändern Sie dann den Kopf der *web.sitemap*-Datei folgendermaßen ab:

```
<siteMap enableLocalization="true">
```

Jetzt muss der SiteMap-Provider noch darüber informiert werden, wo diese Ressourcen zu finden sind. Der Standardname, den *XmlSiteMapProvider* annimmt, ist der Name der Konfigurationsdatei: *web.sitemap.resx*.

Entwurfszeit
: Die Lokalisierung hat keine Auswirkung zur Entwurfszeit. Die Steuerelemente zeigen den Standardwert aus der Datei *web.sitemap* an.

12.2 Steuerelemente für die Navigation

Mit ASP.NET werden Navigations-Steuerelemente zur Verfügung gestellt, mit deren Hilfe es möglich ist, die gesamte Navigation einer Webanwendung aufzubauen, ohne zusätzlichen Code zu schreiben.

Voraussetzungen
: Um die neuen Navigations-Steuerelemente im automatischen Modus verwenden zu können, muss eine *web.sitemap*-Datei mit entsprechenden Informationen über die Hierarchie der Webseiten vorhanden sein. Dies wurde bereits im Abschnitt „Die Steuerdatei web.sitemap" gezeigt.

Um die Steuerelemente zu bedienen, muss außerdem eine Datenquelle vorhanden sein. Dies ist standardmäßig das Element `SiteMapDataSource`:

```
<asp:SiteMapDataSource ID="SiteMapDataSource1" runat="server" />
```

Wenn keine weitere Angabe gemacht wird, liest diese Datenquelle die im Stammverzeichnis der Applikation befindliche Datei *web.sitemap*.

12.2.1 Das Menu-Steuerelement (Menü)

Menu
: Mit dem `Menu`-Steuerelement wird ein dynamisches Menü ähnlich dem `TreeView` angezeigt. Die Darstellung erfolgt hierarchisch, wobei mit Hilfe der Eigenschaften ein statischer oder dynamischer seitenabhängiger Menüaufbau gewählt werden kann.

Listing 12.5 Verwendung des Menu-Steuerelements

```
<body>
 <h1>Menu</h1>
 <form runat="server" id="myform">
 <asp:Menu ID="Menu1" runat="server"
        DataSourceID="SiteMapDataSource1">
 </asp:Menu>
 <asp:SiteMapDataSource ID="SiteMapDataSource1" runat="server" />
 </form>
</body>
```

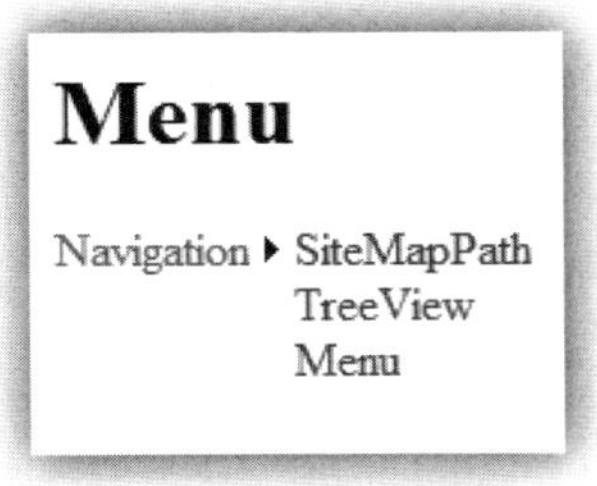

12.2 Steuerelemente für die Navigation

Abbildung 12.1 Das Menu-Steuerelement im Einsatz

Wie beim `TreeView`-Steuerelement kann das `Menu`-Steuerelement entweder mit einer Datenquelle (`SiteMapDataSource` oder `XmlFileDataSource`) verbunden oder durch eine Liste von hierarchisch geschachtelten `MenuItem`-Einträgen im Quelltext gefüllt werden:

MenuItem

```
<asp:Menu ID="Menu1" runat="server" >
 <Items>
   <asp:MenuItem Text="New Item" Value="New Item">
   </asp:MenuItem>
 </Items>
</asp:Menu>
```

Globales Navigationssystem

Eine Master-Seite kombiniert mit einem oder mehreren Navigations-Steuerelementen ergibt ein einheitliches globales Navigations- und Menü-System für die ganze Webseite. Um eine Trennung zwischen Navigation und Inhalt zu erreichen, empfiehlt es sich, mindestens eine Tabelle oder `<div>`-Zonen mit einer Kopfzeile für die Überschrift und eventuell einer Fußzeile für die Position, auf der Seite vorzusehen. Auf der linken Seite wird im nächsten Beispiel ein `TreeView`-Steuerelement platziert und auf der rechten Seite ein `ContentPlaceHolder`-Steuerelement. Dort wird später der Inhalt der Unterseiten stehen. Eine beispielhafte Master-Seite finden Sie in Listing 12.6 und deren Verwendung im folgenden Listing 12.7.

Anwendung

Listing 12.6 Das Beispiel Navigation.master

```
<%@ Master Language="C#" AutoEventWireup="true"
  CodeFile="Navigation.master.cs" Inherits="Navigation" %>

<!DOCTYPE html PUBLIC "-//W3C//DTD XHTML 1.0 Transitional//EN"
 "http://www.w3.org/TR/xhtml1/DTD/xhtml1-transitional.dtd">

<html xmlns="http://www.w3.org/1999/xhtml" > <head runat="server">
    <title>Master Page</title>
</head> <body>
  <form id="form1" runat="server">
  <div>
     <table border=1 bordercolor=black width=500 height=300>
      <tr>
        <td colspan=2 align=center bgcolor="#6096ff">
         <strong>Masterpage und Navigationsbeispiel </strong>
        </td>
```

12 Navigationsmodelle

```
            </tr>
            <tr>
            <td width=100 height=100% align=left valign="top"><strong>
            <asp:TreeView ID="TreeView1" runat="server"
                    DataSourceID="SiteMapDataSource1"
                    ImageSet="Simple"
                    ShowLines="True">
                <ParentNodeStyle Font-Bold="False" />
                <HoverNodeStyle Font-Underline="True"
                    ForeColor="#5555DD" />
                <SelectedNodeStyle Font-Underline="True"
                    ForeColor="#5555DD" HorizontalPadding="0px"
                    VerticalPadding="0px" />
                <NodeStyle Font-Names="Tahoma" Font-Size="10pt"
                    ForeColor="Black" HorizontalPadding="0px"
                    NodeSpacing="0px" VerticalPadding="0px" />
            </asp:TreeView>
            <asp:SiteMapDataSource ID="SiteMapDataSource1" runat="server" />
            </strong>
            </td>
            <td width=400 align="left" valign="top">
            <asp:ContentPlaceHolder ID="ContentPlaceHolder1" runat="server">
            </asp:ContentPlaceHolder>
            </td>
            </tr><tr>
            <td colspan=2 align=center bgcolor="#6096ff">
            <asp:SiteMapPath ID="SiteMapPath1" runat="server"
                Font-Names="Verdana" Font-Size="0.8em"
                PathSeparator=" : ">
                <PathSeparatorStyle Font-Bold="True" ForeColor="#5D7B9D" />
                <CurrentNodeStyle ForeColor="#333333" />
                <NodeStyle Font-Bold="True" ForeColor="#7C6F57" />
                <RootNodeStyle Font-Bold="True" ForeColor="#5D7B9D" />
            </asp:SiteMapPath>
            </td></tr>
            </table>
        </div>
    </form>
</body>
</html>
```

Listing 12.7 zeigt eine konkrete Seite, die ihre Navigationsfunktion von der zuvor gezeigten Master-Seite bezieht:

Listing 12.7 Default.aspx unter Verwendung einer Master-Seite

```
<% @Page Language="C#" MasterPageFile="~/Navigation.master"
        AutoEventWireup="true" CodeFile="Default.aspx.cs"
        Inherits="_Default" Title="Untitled Page" %>
<asp:Content ID="Content1"
            ContentPlaceHolderID="ContentPlaceHolder1"
            Runat="Server">
    <h1>Willkommen auf meiner Webseite !</h1>
</asp:Content>
```

Abbildung 12.2 Einfaches Seitennavigationssystem

12.2.2 Pfade mit SiteMapPath darstellen

Das Steuerelement `SiteMapPath` stellt eine Pfadnavigation – ein sogenannter Breadcrumb – auf der Seite dar. Es zeigt den Pfad der jeweiligen Seite innerhalb der Hierarchie aller Seiten an. Ferner wird je übergeordneter Ebene ein Hyperlink zum Rücksprung (eine Ebene höher) angeboten.

SiteMapPath

> SiteMapPath verwendet automatisch die Datei *web.sitemap*. Es gibt keine Möglichkeit eine andere Datenquelle zu verwenden. Dieses Steuerelement funktioniert nur, wenn die Datei *web.sitemap* vorhanden ist und einen entsprechenden Eintrag für die aktuelle *aspx*-Datei enthält.

HINWEIS

Listing 12.8 Verwendung des SiteMapPath-Steuerelements (Auszug)

```
<asp:SiteMapPath ID="SiteMapPath1" runat="server"
 Font-Names="Verdana" Font-Size="0.8em" PathSeparator=" : ">
  <PathSeparatorStyle Font-Bold="True" ForeColor="#5D7B9D" />
  <CurrentNodeStyle ForeColor="#333333" />
  <NodeStyle Font-Bold="True" ForeColor="#7C6F57" />
  <RootNodeStyle Font-Bold="True" ForeColor="#5D7B9D" />
</asp:SiteMapPath>
```

SiteMapPath

Navigation : SiteMapPath

Abbildung 12.3 SiteMapPath-Steuerelement im Einsatz

Das `SiteMapPath`-Steuerelement verfügt über die in Tabelle 12.1 gezeigten Eigenschaften, die teilweise mit dem SmartTag oder Template, sowie auch direkt im Quelltext geändert werden können.

Tabelle 12.1 Eigenschaften zur Konfiguration des Navigationspfads

Eigenschaft	Bedeutung
PathSeparatorStyle	Style des Separators
CurrentNodeStyle	Style des aktuellen Knotens
NodeStyle	Style aller anderen Knoten
RootNodeStyle	Style des Wurzel-Knotens
PathSeparatorTemplate	Template des Separators
CurrentNodeTemplate	Template des aktuellen Knotens
NodeTemplate	Template aller anderen Knoten
RootNodeTemplate	Template des Wurzel-Knotens

12.3 Der Sitemap-Provider

Sitemap-Provider bilden eine Schnittstelle zwischen den Navigationssteuerelementen und einer Datenquelle. Wenn Sie das vorhandene Modell erweitern möchten, wie im folgenden Abschnitt gezeigt, sollten Sie sich zuerst mit dem Providermodell auseinandersetzen. Kapitel 25 enthält hierfür eine umfassende Einführung.

Aufgabe des Providers

Die grundlegende Aufgabe eines Sitemap-Providers besteht darin, die Daten für die Navigation aus einer Datenquelle zu lesen und einen Baum aus Objekten vom Typ `SiteMapNode` aufzubauen.

Navigationsstruktur

Jedes Objekt vom Typ `SiteMapNode` repräsentiert einen Knoten der Navigationsstruktur. Die verfügbaren Eigenschaften umfassen den Titel der Seite (`Title`), die URL (`Url`) den Elternknoten (`ParentNode`) und die zugeordneten Kindelemente (`ChildNodes`). Eine Datenquelle kann von einem oder mehreren Sitemap-Providern gelesen werden, sodass verschiedene Darstellformen verfügbar sind. Damit lässt sich die Anzahl der Elemente, die Tiefe oder der Startknoten einstellen. Es ist aber auch möglich, Sicherheitsmerkmale einzubauen und damit Knoten dynamisch auszublenden.

```xml
<?xml version="1.0" encoding="utf-8" ?> <siteMap
 xmlns="http://schemas.microsoft.com/AspNet/SiteMap-File-1.0" >
     <siteMapNode title="Navigation"    description="Ueberschrift">
         <siteMapNode url="SiteMapPath.aspx" title="SiteMapPath"
                      description="WebSiteMap Beispiel Seite" />
         <siteMapNode url="TreeView.aspx" title="TreeView"
                      description="TreeView Beispiel Seite" />
         <siteMapNode url="Menu.aspx" title="Menu"
                      description="Menu Beispiel Seite" />
    </siteMapNode>
 </siteMap>
```

Abbildung 12.4 Struktur einer Navigation

Mehrere Sitemap-Provider können wiederum einen Baum aufbauen, indem die Eigenschaft `ParentProvider` gesetzt wird. Auf diese Weise lassen sich äußerst komplexe Navigationsstrukturen mit einfachen Mitteln errichten. Wenn im Code mit einem Objekt vom Typ `SiteMapNode` gearbeitet wird, führt dessen Eigenschaft `Provider` zu dem Sitemap-Provider, der den Knoten erzeugt hat.

Baum aus Providern

Es ist zwingend erforderlich, dass die URL der Knoten innerhalb des Providers eindeutig ist. Sie wird als Schlüsselwert benutzt. Es werden allerdings Knoten ohne URL unterstützt. Der Standard-Sitemap-Provider nimmt als Schlüssel die URL, wenn diese angegeben wurde oder eine eindeutige neu erzeugte GUID, wenn die URL leer ist. Knoten können dann anhand der GUID oder URL ermittelt werden.

12.4 Entwicklung eines eigenen Sitemap-Providers

Ein eigener Sitemap-Provider dient dazu, das Verhalten der Navigationssteuerelemente zu erweitern. Provider sind transparent gegenüber Steuerelementen und ändern nicht deren Verhalten.

Sinnvoll ist der Einsatz, wenn mindestens eine der folgenden Bedingungen zutrifft:

- Eine andere Datenquelle als *web.sitemap* soll benutzt werden
- Es soll ein anderes XML-Schema für *web.sitemap* benutzt werden

12.4.1 Vorbereitende Schritte

Ein eigener Sitemap-Provider baut wie der mitgelieferte auf der Basisklasse `System.Web.StaticSiteMapProvider` oder dessen Basisklasse `System.Web.SiteMapProvider` auf. Die Basisklasse liefert alles, um die Integration in ASP.NET zu ermöglichen. Die abgeleitete Klasse geht etwas weiter und bietet bereits Standardimplementierungen der meisten abstrakten Methoden, sodass nur noch wenige Eingriffe erforderlich sind. `StaticSiteMapProvider` ist gut zu verwenden, wenn folgende Bedingungen zutreffen:

- Knoten werden einmalig oder selten eingelesen.

12 Navigationsmodelle

- Die Informationen werden über die Lebensdauer des Providers zwischengespeichert.

Dagegen sollte die Basisklasse `SiteMapProvider` benutzt werden, wenn folgendes zutrifft:

- Die Datenquelle befinden sich in einer Datenbank.
- Die Daten ändern sich häufig, von Abruf zu Abruf.
- Die Navigation ist vom Benutzer anpassbar.

Die Provider-Klasse

Werfen Sie zuerst einen Blick auf die Basisklasse `SiteMapProvider`:

Listing 12.9 Die Signaturen der Klasse SiteMapProvider

```
public abstract class SiteMapProvider : ProviderBase
{
    protected SiteMapProvider();

    public virtual SiteMapNode CurrentNode { get; }
    public bool EnableLocalization { get; set; }
    public virtual SiteMapProvider ParentProvider { get; set; }
    public string ResourceKey { get; set; }
    public virtual SiteMapNode RootNode { get; }
    public virtual SiteMapProvider RootProvider { get; }
    public bool SecurityTrimmingEnabled { get; }

    public event SiteMapResolveEventHandler SiteMapResolve;

    protected virtual void AddNode(SiteMapNode node);
    protected internal virtual void AddNode(SiteMapNode node,
                        SiteMapNode parentNode);
    public virtual SiteMapNode FindSiteMapNode(HttpContext context);
    public abstract SiteMapNode FindSiteMapNode(string rawUrl);
    public virtual SiteMapNode FindSiteMapNodeFromKey(string key);
    public abstract SiteMapNodeCollection
                GetChildNodes(SiteMapNode node);
    public virtual SiteMapNode
                GetCurrentNodeAndHintAncestorNodes(int upLevel);
    public virtual SiteMapNode
                GetCurrentNodeAndHintNeighborhoodNodes(
            int upLevel, int downLevel);
    public abstract SiteMapNode GetParentNode(SiteMapNode node);
    public virtual SiteMapNode
GetParentNodeRelativeToCurrentNodeAndHintDownFromParent(
            int walkupLevels,
            int relativeDepthFromWalkup);
    public virtual SiteMapNode
        GetParentNodeRelativeToNodeAndHintDownFromParent(
        SiteMapNode node, int walkupLevels,
        int relativeDepthFromWalkup);
    protected internal abstract SiteMapNode GetRootNodeCore();
    protected static SiteMapNode GetRootNodeCoreFromProvider(
        SiteMapProvider provider);
    public virtual void
        HintAncestorNodes(SiteMapNode node, int upLevel);
    public virtual void
        HintNeighborhoodNodes(SiteMapNode node, int upLevel,
```

12.4 Entwicklung eines eigenen Sitemap-Providers

```
                              int downLevel);
    public override void Initialize(string name,
                              NameValueCollection attributes);
    public virtual bool IsAccessibleToUser(HttpContext context, ↵
        SiteMapNode node);
    protected internal virtual void RemoveNode(SiteMapNode node);
    protected SiteMapNode ResolveSiteMapNode(HttpContext context);
}
```

Bevor Sie einen eigenen Provider entwickeln, sollten Sie die Methoden und Eigenschaften studieren und genau verstehen, was wozu dient. Daraus lässt sich dann eine mögliche Implementierung ableiten.

Tabelle 12.2 Eigenschaften der Klasse SiteMapProvider

Methode	Einsatz
`CurrentNode`	Referenz auf den aktuellen Knoten (Seite)
`EnableLocalization`	Der Provider unterstützt Lokalisierung, also die sprach- oder kulturabhängige Darstellung.
`ParentProvider`	Der übergeordnete Provider, wenn vorhanden
`ResourceKey`	Wurzelname der Ressourcendatei für die Lokalisierung
`RootNode`	Der Wurzelknoten
`RootProvider`	Der Wurzelprovider, wenn eine Hierarchie von Providern existiert
`SecurityTrimmingEnabled`	Die Einschränkung durch Sicherheit wurde aktiviert. Korrespondiert mit dem gleichnamigen Attribut in der Konfiguration.

Nur ein Ereignis wird unterstützt, welches Sie Tabelle 12.3 entnehmen können.

Tabelle 12.3 Ereignisse der Klasse SiteMapProvider

Methode	Einsatz
`SiteMapResolve`	Zeigt an, dass die Daten bereit stehen

Die Anzahl der Methoden deutet erhebliche Eingriffsmöglichkeiten an, wie in Tabelle 12.4 gezeigt.

Tabelle 12.4 Methoden der Klasse SiteMapProvider

Methode	Einsatz
`AddNode`	Fügt den Wurzelknoten oder einen weiteren Knoten hinzu
`FindSiteMapNode`	Sucht einen Knoten
`FindSiteMapNodeFromKey`	Sucht einen Knoten anhand des Schlüssels
`GetChildNodes`	Ermittelt die Kindelemente eines Knotens
`GetCurrentNode-AndHintAncestorNodes`	Ermittelt den aktuellen Knoten und erlaubt es, wenn implementiert, die Vorgänger-Elemente vorzuladen.

12 Navigationsmodelle

Methode	Einsatz
`GetCurrentNode-AndHintNeighborhoodNodes`	Ermittelt den aktuellen Knoten und erlaubt es, wenn implementiert, die benachbarten Elemente vorzuladen.
`GetParentNode`	Ermittelt den Elternknoten
`GetParentNode-RelativeToCurrentNode-AndHintDownFromParent`	Ermittelt den Elternknoten und die Vorgänge für eine Anzahl Hierarchieebenen.
`GetParentNodeRelativeToNode-AndHintDownFromParent`	Ermittelt den Elternknoten und die Vorgänge für eine Anzahl von Hierarchieebenen.
`GetRootNodeCore`	Der Wurzelknoten über alle Provider hinweg.
`GetRootNodeCoreFromProvider`	Der Wurzelknoten eines Providers der Hierarchie.
`HintNeighborhoodNodes`	Ermittelt ausgehend von einem bestehenden Knoten eine definierte Anzahl von Ebenen nach oben und unten
`Initialize`	Initialisiert den Provider
`RemoveNode`	Entfernt einen Knoten
`ResolveSiteMapNode`	Löst das Ereignis `SiteMapResolve` aus

Die Methoden mit „Hint"-Funktion weisen dieses Verhalten nur auf, wenn sie auch passend implementiert wurde. Standardmäßig ist dies nicht der Fall. Sie dienen dazu, in sehr großen Hierarchien die Verarbeitung großer Knotenmengen effektiv zu gestalten und zu verhindern, dass der gesamte Baum im Speicher gehalten werden muss. Solche großen Knotenmengen treten beispielsweise bei SharePoint auf, wo SiteMap-Provider in großem Stil benutzt werden.

Sicherheit

Die Eigenschaft `SecurityTrimmingEnabled` zeigt lediglich an, dass die Knotenmenge für den angemeldeten Benutzer beschränkt ist. Sie korrespondiert mit der Einstellung in der *web.config*. Eine eigene Implementierung sollte, wenn Sicherheit eine Rolle spielt, diesen Wert berücksichtigen. Eine Standardimplementierung ist nicht vorgesehen. Es ist sinnvoll, bei der Initialisierung des Providers den Wert zu lesen und die Abfrage der Datenquelle entsprechend zu modifizieren. Intern kann die Eigenschaft `IsAccessibleToUser` der Klasse `SiteMapNode` dazu benutzt werden. Sinnvollerweise stehen Daten in der Datenquelle, die diesen Wert passend füllen.

Rollenmodell

Die benutzerspezifische Sicherheit basiert auf einem Rollenmodell. Damit soll verhindert werden, dass für viele Benutzer getrennt Rechte zu pflegen sind. Die Klasse `SiteMapNode` enthält dazu die Eigenschaft `Roles` vom Typ `IList`. Dort steht eine Liste von Rollen, denen erlaubt wird, zu diesem Knoten zu navigieren. Die Abfrage kann nun entweder den Namen der Rolle des Benutzers enthalten oder „*" für alle Rollen. Das harmoniert mit dem Rollenprovider der integrierten Benutzerverwaltung. Die Abfrage ist dabei mehrstufig auszuführen:

1. Wenn die Rolle gefunden oder die Anfrage mit „*" ausgeführt wurde, wird der Knoten zurückgegeben.

2. Wenn die Rolle nicht vorhanden ist, wird versucht die URL des Knotens direkt zu authentifizieren.

3. Wenn auch 2. fehlschlägt, versucht es der Provider erneut mit dem Windows-Konto des Benutzers gegen die ACL der URL. Dies setzt sowohl Windows-Authentifizierung als auch dateibasierte URIs voraus.

Funktioniert alles nicht, wird der Knoten nicht zurückgegeben und angenommen, dass der Benutzer keine Zugriffsrechte hat.

Aus Sicht der Rollen gibt es übrigens keine Vererbung. Aus der Tatsache, dass ein Knoten die passenden Rechte hat, ergibt sich nicht automatisch, dass die untergeordneten Knoten für den Benutzer auch erreichbar sind. Wenn allerdings auf einen Knoten kein Recht besteht, stoppt die rekursive Abfrage der untergeordneten Knoten. Das ist sinnvoll, weil untergeordnete Knoten nicht mehr nahtlos angehängt werden können. Allerdings heißt dies nicht, dass Seiten tiefer in der Hierarchie nicht wieder erreichbar sind.

12.4.2 SQL-basierte Navigation

Neu im SQL Server 2008 ist der Datentyp `HierarchyId`. Es bietet sich an, dies als Basis eines eigenen Providers zu nutzen. Um das folgende Beispiel nutzen zu können, müssen Sie über SQL Server 2008 oder SQL Server 2008 R2 oder die entsprechenden Express-Versionen verfügen.

SQL Server 2008

Die Datenbank vorbereiten

Zuerst definieren Sie eine Tabelle, die die passenden Abfragen erlaubt:

Listing 12.10 Definition einer Tabelle für Navigationsdaten

```
CREATE TABLE aspnet_Navigation
(
   SiteMapNode hierarchyid   NOT NULL,
   Title       varchar(100)  NOT NULL,
   Description varchar(200)  NULL,
   Url         varchar(200)  NULL,
   Roles       varchar(200)  NULL
)
```

Im nächsten Schritt füllen Sie die Tabelle mit ein paar Musterdaten gemäß dem in Abbildung 12.5 gezeigten Schema.

SiteMapNode	Title	Description	Url
/	Navi	navigation	default.aspx
/1/	Menu	Menuseite	menu.aspx
/2/	Tree	Treeview Seite	tree.aspx
/3/	Pfad	Pfad Seite	path.aspx
/1/1/	Untermenu	Untermenu Seite	menu1.aspx

Abbildung 12.5 Musterdaten mit Hierarchie-Informationen

Den Provider erstellen

Der Provider kann nun erstellt werden. Das folgende Listing zeigt die nötigen Codes auf einen Blick. Der Provider wird im aktuellen Projekt oder einer separaten Assembly erstellt. Nur die Konfiguration unterscheidet sich; der Code bleibt gleich.

Listing 12.11 SQL-basierter Provider für eine Sitemap

```csharp
using System;
using System.Web;
using System.Data.SqlClient;
using System.Collections.Specialized;
using System.Configuration;
using System.Web.Configuration;
using System.Collections.Generic;
using System.Runtime.CompilerServices;
using System.Configuration.Provider;
using System.Security.Permissions;
using System.Data.Common;
using System.Data;
using System.Text;

[SqlClientPermission(SecurityAction.Demand, Unrestricted = true)]
public class SqlSiteMapProvider : StaticSiteMapProvider
{
    private const string _errmsg1 = "Missing node ID";
    private const string _errmsg2 = "Duplicate node ID";
    private const string _errmsg3 = "Missing parent ID";
    private const string _errmsg4 = "Invalid parent ID";
    private const string _errmsg5 = "Empty or missing ↵
                                    connectionStringName";
    private const string _errmsg6 = "Missing connection string";
    private const string _errmsg7 = "Empty connection string";

    private string _connect;
    private int _indexNode, _indexTitle, _indexUrl, ↵
                _indexDesc, _indexRoles, _indexParent, _indexRoot;

    private enum NodeType
    {
        Root,
        Node,
        Parent
    }

    private Dictionary<string, SiteMapNode> _nodes = ↵
            new Dictionary<string, SiteMapNode>(16);
    private SiteMapNode _root;

    public override void Initialize(string name, ↵
                                    NameValueCollection config)
    {
        if (config == null)
            throw new ArgumentNullException("config");
        if (String.IsNullOrEmpty(name))
            name = "SqlSiteMapProvider";

        base.Initialize(name, config);
        string connect = "siteMap";
        if (String.IsNullOrEmpty(connect))
            throw new ProviderException(_errmsg5);
```

12.4 Entwicklung eines eigenen Sitemap-Providers

```
        if (WebConfigurationManager.ConnectionStrings[connect] == null)
            throw new ProviderException(_errmsg6);
        _connect = WebConfigurationManager.ConnectionStrings[connect] ↵
                                         .ConnectionString;
        if (String.IsNullOrEmpty(_connect))
            throw new ProviderException(_errmsg7);
    }

    public override SiteMapNode BuildSiteMap()
    {
        lock (this)
        {
            if (_root != null)
                return _root;
            SqlConnection connection = new SqlConnection(_connect);
            try
            {
                connection.Open();
                SqlCommand command;
❶               command = new SqlCommand(
                    @"SELECT *,
                    SiteMapNode.ToString() AS SiteMapNodeString,
                    SiteMapNode.GetAncestor(1).ToString() AS Parent,
                    hierarchyid::GetRoot().ToString() AS Root
                    FROM aspnet_Navigation", connection);
                command.CommandType = CommandType.Text;
                SqlDataReader reader = command.ExecuteReader();
                _indexNode = reader.GetOrdinal("SiteMapNodeString");
                _indexUrl = reader.GetOrdinal("Url");
                _indexTitle = reader.GetOrdinal("Title");
                _indexDesc = reader.GetOrdinal("Description");
                _indexRoles = reader.GetOrdinal("Roles");
                _indexParent = reader.GetOrdinal("Parent");
                _indexRoot = reader.GetOrdinal("Root");
                if (reader.Read())
                {
                    _root = CreateSiteMapNodeFromDataReader(reader, ↵
                                            NodeType.Root);
                    AddNode(_root, null);
                    _nodes.Add(_root.Key, _root);
                    while (reader.Read())
                    {
                      SiteMapNode node
                      = CreateSiteMapNodeFromDataReader(reader, ↵
                                            NodeType.Node);
                      SiteMapNode parent
                      = CreateSiteMapNodeFromDataReader(reader, ↵
                                            NodeType.Parent);
                      AddNode(node, parent);
                      _nodes.Add(node.Key, node);
                    }
                }
            }
            finally
            {
                connection.Close();
            }
            return _root;
        }
    }
```

12 Navigationsmodelle

```
protected override SiteMapNode GetRootNodeCore()
{
    BuildSiteMap();
    return _root;
}

 private SiteMapNode CreateSiteMapNodeFromDataReader(⤸
                    DbDataReader reader,⤸
                    NodeType type)
{
    if (reader.IsDBNull(_indexNode))
        throw new ProviderException(_errmsg1);
    string nodeString = "";
    switch (type)
    {
        case NodeType.Root:
            nodeString = reader.GetString(_indexRoot);
            break;
        case NodeType.Node:
            nodeString = reader.GetString(_indexNode);
            if (_nodes.ContainsKey(nodeString))
                throw new ProviderException(_errmsg2);
            break;
        case NodeType.Parent:
            nodeString = reader.GetString(_indexParent);
            break;
    }
    string title = reader.IsDBNull(_indexTitle) ? ⤸
                 null : reader.GetString(_indexTitle).Trim();
    string url = reader.IsDBNull(_indexUrl) ? ⤸
                 null : reader.GetString(_indexUrl).Trim();
    string description = reader.IsDBNull(_indexDesc) ? ⤸
                 null : reader.GetString(_indexDesc).Trim();
    string roles = reader.IsDBNull(_indexRoles) ? ⤸
                 null : reader.GetString(_indexRoles).Trim();
    string[] rolelist = null;
    if (!String.IsNullOrEmpty(roles))
        rolelist = roles.Split(new char[] { ',', ';' }, 512);
    SiteMapNode node = new SiteMapNode(this, ⤸
                                      nodeString, ⤸
                                      url, ⤸
                                      title, ⤸
                                      description, ⤸
                                      rolelist, null, null, null);
    return node;
}
}
```

Diese Implementierung wurde bewusst einfach gehalten. Sie zeigt aber auch, dass es sehr einfach ist, einen eigenen Provider zu schreiben. Am Beginn ❶ steht eine SQL-Anweisung, die die nötigen Informationen in einem Zug beschafft. Der Datentyp `HierarchyId` verfügt über zusätzliche Methoden, mit denen direkt das Elternelement (`GetAncestor(1)`) und das Wurzelelement (`GetRoot()`) ermittelt werden kann. Dies vereinfacht den Aufbau der Hierarchie signifikant. Die Werte werden mit einem `DataReader` geholt und daraus `SiteMapNode`-Objekte erstellt. Unterschieden wird hier der Typ des Knotens, um dieselbe Methode wieder verwenden zu können. Intern wird die Zeichenkettenform als Schlüssel benutzt, weshalb in der Abfrage die Umwandlung mit `ToString()` erfolgt.

Konfiguration des Providers

Der Provider muss nun in der *web.config* registriert werden. Zuerst ist natürlich eine Verbindungszeichenfolge erforderlich:

```
<connectionStrings>
    <add connectionString="Data Source=.\SQLEXPRESS;Initial ⤶
                    Catalog=aspnetdb;Integrated Security=True" ⤶
                    name="siteMap"/>
</connectionStrings>
```

Dann wird der Provider selbst registriert:

```
<system.web>
  <siteMap enabled="true" defaultProvider="MySqlSiteMapProvider">
    <providers>
      <add name="MySqlSiteMapProvider"
           type="SqlSiteMapProvider"
           description="My SqlSiteMapProvider"
           securityTrimmingEnabled="false"
           connectionStringName="siteMap"
      />
    </providers>
  </siteMap>
</system.web>
```

Nun wird der Datenquelle noch mitgeteilt, welcher Provider benutzt werden soll:

```
<asp:SiteMapDataSource ID="SiteMapDataSource1" runat="server" ⤶
                    SiteMapProvider="MySqlSiteMapProvider" />
```

Damit können nun auch mehrere Provider parallel benutzt werden. An der Benutzung der Steuerelemente ändert sich nichts, denn wie bereits erwähnt sind Provider transparent.

12.5 Steuerung virtueller Pfade

Komplexe Applikationen mit hunderten Seiten haben nicht nur eine umfangreiche Navigation, sondern sind auch schwierig zu verwalten. Einige Bereiche lassen sich ganz gut über eine dateibasierte Struktur erfassen, andere dagegen eher durch Datenbanken bedienen. Normale Benutzer und Suchmaschinen sollten von der internen Struktur und deren technischen Bedingungen natürlich überhaupt nichts mitbekommen. Benutzer werden einzelne Seiten in ihre Favoriten aufnehmen und später direkt aufrufen. Suchmaschinen folgen indizierten Pfaden durch die Applikation und indizieren den Inhalt systematisch. Beides ist nicht unbedingt das Verhalten, dass Sie als Entwickler im Blick haben, wenn Sie die Struktur der Applikation entwerfen.

Programmieren mit VirtualPath-Provider

Der Virtual Path Provider (VPP) wurde entworfen, um interne von externen Strukturen zu trennen. Wie jeder andere Provider arbeitet er transparent. Die Implementierung basiert wie üblich auf der Nutzung einer abstrakten Basisklasse – `VirtualPathProvider`.

12.5.1 Den Virtual Path Provider verwenden

Die Implementierung umfasst die Veränderung des Verhaltens bei der Auflösung regulärer Pfade der Applikation. Einige Beispiele sollen dies verdeutlichen:

- Speichern Sie den gesamten Inhalt in einer Datenbank – die Pfadauflösung holt die Seiten zum richtigen Zeitpunkt.
- Greifen Sie in das Parsen der Seiten ein und stellen Sie eine Seite aus verschiedenen Quellen zusammen.
- Passen Sie das Verhalten des Verweiszeichens „~" für Pfade an. Üblicherweise verweist dieses Symbol auf den Wurzelpfad der Applikation.
- Verändern Sie den Prozess der Übersetzung von Seiten.

Das Parsen der Seiten anzupassen ist möglicherweise keine alltägliche Aufgabe. Denken Sie jedoch an komplexe ASP.NET-Applikationen wie SharePoint. Hier wird intensiv mit virtuellen Pfad-Providern gearbeitet.

Hier soll ein etwas einfacheres Beispiel zeigen, was virtuelle Pfad-Provider ermöglichen. Denken Sie zuerst an eine Navigationsstruktur wie nachfolgend gezeigt:

```
Site
  MySiteJoerg
    Controls
  MySiteClemens
    Controls
  MySiteHaide
    Controls
```

Benutzer denken, sie haben eine eigene private Unterseite. Sie können dort eigene *aspx*-Seiten hochladen und ausführen oder auch Dateien ablegen. Wenn Benutzer dies tun und den üblichen Konventionen für Pfade beispielsweise zu Steuerelementen folgen, wie ~/controls/mycontrol.ascx, wird dies nicht wie erwartet funktionieren. Sehen Sie sich folgendes Beispiel an:

```
<%@ Register Src="~/Controls/my.ascx" TagName="my" TagPrefix="Joerg" %>
```

Benutzer „Joerg" wird es gestattet, eigenen aktiven Inhalt hochzuladen. Der private Raum ist unter *MySiteJoerg* platziert. Für den Benutzer ist dies der (sein) Wurzelpfad. Für die Applikation natürlich nicht. Während der Benutzer eine Auflösung nach */MySiteJohn/Controls/my.ascx* erwartet, wird tatsächlich nach */Site/Controls/my.ascx* aufgelöst. Dies verursacht eine Ausnahme und das Problem ist – viel schlimmer – durch den Benutzer selbst nicht lösbar. Ein eigener VPP kann solche Probleme elegant und global lösen.

12.5.2 Den Virtual Path Provider registrieren

Bevor der `VirtualPathProvider` genutzt werden kann, muss er registriert werden. Dies erfolgt nicht wie üblich in der *web.config*. Die Pfadauflösung muss bereits beim Übersetzen der Seiten und vor dem Start der Applikation erfolgen. Deshalb gibt es eine spezielle Registrierung in der Startphase – vor allen anderen Aktionen. Dies beginnt einer speziellen statischen Methode, `AppInitialize`, oder beim Applikationsstart in der Datei *global.asax*.

12.5 Steuerung virtueller Pfade

Die Funktion von AppInitialize

Die Methode kann in jeder Klasse im Code stehen. Dies sieht dann folgendermaßen aus:

```
public class SomeInitClass
{
    public static void AppInitialize()
    {
        // Aktion in der Startphase
    }
}
```

Während der Initialisierung wird diese Methode aufgerufen. Das entspricht dem Aufruf im Ereignis `Application_Start`. Wenn Sie keine *global.asax* haben, bietet dich die Methode an, weil Sie nur allein deswegen keine anlegen müssen. Der Weg über den Code ist möglicherweise besser, weil dann Registrierung und registriertes Element beieinander stehen.

Mit der kompletten Registrierung sieht es dann folgendermaßen aus:

Listing 12.12 Registrierung eines VPP

```
namespace Hanser.Extensibility.PathProvider
{
  public static class AppStart
  {
    public static void AppInitialize()
    {
 ❶    CustomPathProvider customProvider = new CustomPathProvider();
 ❷    HostingEnvironment.RegisterVirtualPathProvider(customProvider);
    }
  }
}
```

Der Provider heißt hier `CustomPathProvider` ❶ und wird durch einen speziellen Methodenaufruf ❷ registriert.

12.5.3 Voraussetzungen für den Virtual Path Provider

Der eigene VPP benötigt spezielle Rechte. Diese werden bei der Registrierung verlangt. Der Code der Registrierungsmethode zeigt, was genau erwartet wird:

Listing 12.13 Der disassemblierte Code der Registrierungsmethode

```
[AspNetHostingPermission(SecurityAction.Demand, ❶
                  Level=AspNetHostingPermissionLevel.High)]
public static void RegisterVirtualPathProvider(
                  VirtualPathProvider virtualPathProvider)
{
    if (_theHostingEnvironment == null)
    {
        throw new InvalidOperationException();
    }
    if (!BuildManager.IsPrecompiledApp)
    {
        RegisterVirtualPathProviderInternal(virtualPathProvider);
    }
}
```

Das Attribut `AspNetHostingPermission` ❶ heißt, dass volles Vertrauen (full trust) vorhanden sein muss, um den Provider zu wechseln. Immerhin handelt es sich um einen sehr tiefen Eingriff. Ohne ausreichende Code-Rechte wird eine `SecurityException`-Ausnahme ausgelöst.

Listing 12.14 Interner Code zur Registrierung eines Pfad-Providers

```
internal virtual void Initialize(VirtualPathProvider previous)
{
    this._previous = previous;
    this.Initialize();
}
```

Während in der Hosting-Phase beim Start fehlende Rechte zur Ausnahme führen, schlägt der Test in der Übersetzungsphase ohne Rückmeldung fehl. Schauen Sie sich zum Verständnis die Methode `Initialize` der Klasse `RegisterVirtualPath-ProviderInternal` an, beispielsweise mit *Red Gates Reflector*. Die Methode ist nicht öffentlich und kann nicht direkt benutzt werden. Theoretisch wäre ein Aufruf über Reflection möglich.

Falls es ein Fallback gibt – was auch dieser Provider unterstützt – sollte dies funktionieren, ohne dass der Sicherheitstest stört.

12.5.4 Hilfreiche Klassen für Pfad- und Dateioperationen

Die Klasse `HostingEnvironment` ist in `System.Web.Hosting` definiert und unterstützt das Hosten von Applikationen. Hier ist auch `VirtualPathProvider` zu finden. Einige statische Methoden sind besonders hilfreich.

Die Klasse HostingEnvironment

Die folgende Tabelle zeigt hilfreiche Methode, die bei der Programmierung virtueller Pfad-Provider wichtig sind.

Tabelle 12.5 Die Klasse HostingEnvironment

Methode oder Eigenschaft	Beschreibung
`MapPath`	Übersetzt virtuelle in physische Pfade
`RegisterVirtualPathProvider`	Registriert den Provider
`ApplicationPhysicalPath`	Physischer Pfad zur Applikation
`ApplicationVirtualPath`	Virtueller Pfad zur Applikation
`VirtualPathProvider`	Gibt den aktuellen Provider zurück
`SiteName`	Der Name der Applikation

Alle Methoden und Eigenschaften sind statisch. Die Klasse hat weitere Methoden und Eigenschaften, die hier keine Rollen spielen. Schauen Sie gegebenenfalls in die Dokumentation für mehr Informationen.

→ MSDN

Die Klassen VirtualFile und VirtualDirectory

`VirtualFile` erlaubt das direkte Lesen einer Datei über einen `Stream`:

```
public abstract class VirtualFile : VirtualFileBase
{
    protected VirtualFile(string virtualPath);
    public override bool IsDirectory { get; }
    public abstract Stream Open();
}
```

`IsDirectory` gibt hier immer `false` zurück. Die Methode `Open` muss mit einer eigenen Implementierung überschrieben werden.

Die Klasse `VirtualDirectory` ist ähnlich und verwaltet Verzeichnisse:

```
public abstract class VirtualDirectory : VirtualFileBase
{
    protected VirtualDirectory(string virtualPath);
    public abstract IEnumerable Children { get; }
    public abstract IEnumerable Directories { get; }
    public abstract IEnumerable Files { get; }
    public override bool IsDirectory { get; }
}
```

`Directories` listet Unterverzeichnisse des virtuellen Ordners. `Files` gibt die enthaltenen Dateien zurück. `Children` enthält sowohl Ordner als auch Dateien. `IsDirectory` ist passenderweise immer `true`.

VirtualPathUtility

Diese Klasse stammt aus `System.Web` und enthält folgende Methoden:

Tabelle 12.6 Mitglieder der Klasse VirtualPathUtility

Methode oder Eigenschaft	Description
AppendTrailingSlash	Fügt einen Schrägstrich „/" ans Ende des Pfades, wenn dort keiner ist
Combine	Kombiniert Basispfad und relativen Anteil
GetDirectory	Verzeichnis eines relativen Pfads
GetExtension	Dateierweiterung eines relativen Pfads
GetFileName	Dateiname eines virtuellen Pfads
IsAbsolute	Stellt fest, ob der Pfad absolut ist
IsAppRelative	Stellt fest, ob der Pfad relativ zur Applikation ist
MakeRelative	Transformiert Pfade mit dem Stammoperator „~" in einen relativen virtuellen Pfad
RemoveTrailingSlash	Entfernt einen Schrägstrich am Ende, wenn dort einer vorhanden war. Tut sonst nichts.
ToAbsolute	Konvertiert einen relativen Pfad in einen absoluten.
ToAppRelative	Konvertiert einen absoluten Pfad in einen relativen.

Alle Methoden sind statisch.

12.5.5 Einen VirtualPathProvider selbst entwickeln

Nachdem alles bekannt ist, was benötigt wird, soll ein eigener Provider entwickelt werden. In diesem Beispiel soll der Provider das Verhalten des Ordners *App_Themes* ändern. Normalerweise sind hier Themes, Gestaltungselemente und Bilder abgelegt. Das Thema wird in der *web.config* oder auf der Seite angegeben. Es kann auch im Code geändert werden. Wenn Sie nun einen anderen Pfad benutzen möchten, kann ein `VirtualPathProvider` helfen.

Vorbereitung

Die Themes sind immer noch in einem Ordner. Es soll jedoch eine Datenbank benutzt werden, die den Namen des Themes und dessen Ordner auflöst. Das schafft mehr Dynamik. Um Visual Studio nicht durcheinander zu bringen, wird als Pfad ein Ordner namens *Path_Themes* benutzt. Die können jeden freien Namen außer *App_Themes* nehmen.

Den VPP implementieren

Provider sollen sich transparent verhalten. Andere Funktionen von ASP.NET sollen unverändert laufen. Hier werden mindestens drei Klassen benutzt, um dies zu erreichen:

- `VirtualThemeFile`
- `VirtualThemeDirectory`
- `VirtualThemePathProvider`

Die Implementierung wurde bewusst kurz gehalten, sodass Teile wie ein Cache hier nicht benutzt werden.

Listing 12.15 Umgang mit virtuellen Dateien

```
public class VirtualThemeFile : System.Web.Hosting.VirtualFile
{
    private string _themeAbsolutePath = String.Empty;
    private string _globalAbsolutePath = String.Empty;
    private VirtualThemeDirectory _parent = null;

    public VirtualThemeFile(String virtualPath,
        string themeAbsolutePath,
        string globalAbsolutePath,
        VirtualThemeDirectory parent)
        : base(virtualPath)
    {
        _themeAbsolutePath = themeAbsolutePath;
        _globalAbsolutePath = globalAbsolutePath;
        _parent = parent;
    }

    public override Stream Open() ❷
    {
        return File.Open(AbsolutePath, FileMode.Open);
    }

    public VirtualThemeDirectory Parent ❸
    {
        get
```

12.5 Steuerung virtueller Pfade

```
        {
            return _parent;
        }
    }

    private String AbsolutePath ❶
    {
        get
        {
            // Hole den aktuellen Wert
            String currentSet = ThemePathProvider.Current.CurrentSet;

            if ((!String.IsNullOrEmpty(_themeAbsolutePath))
                && (Parent.FileIsIncluded(Name, currentSet, true)))
                return _themeAbsolutePath;
            else if ((!String.IsNullOrEmpty(_globalAbsolutePath))
                && (Parent.FileIsIncluded(Name, currentSet, false)))
                return _globalAbsolutePath;

            return String.Empty;
        }
    }

    internal Boolean ExistsInThemeDirectory
    {
        get
        {
            return (!String.IsNullOrEmpty(_themeAbsolutePath));
        }
    }

    internal Boolean ExistsInGlobalDirectory
    {
        get
        {
            return (!String.IsNullOrEmpty(_globalAbsolutePath));
        }
    }
}
```

Die Klasse `VirtualThemeFile` hält eine Referenz zum Ordner *Path_Themes*. Dateien sind hier üblicherweise Skin-Dateien, Bilder oder Stildateien (CSS). Der komplette Pfad steht in `AbsolutePath` ❶. Er wird in der Methode `Open` ❷ benutzt. Die Eigenschaft `Parent` ❸ gibt das enthaltende Verzeichnis zurück.

Die Behandlung von Verzeichnissen ist jedoch weitaus wichtiger:

Listing 12.16 Umgang mit virtuellen Verzeichnissen

```
public class VirtualThemeDirectory : VirtualDirectory
{
    struct ItemSearchInfo
    {
        public String Name;
        public String VirtualPath;
        public String ThemeAbsolutePath;
        public String GlobalAbsolutePath;
    }

    private VirtualThemeDirectory _parent = null;
    private String _themeAbsolutePath = String.Empty;
    private String _globalAbsolutePath = String.Empty;
```

12 Navigationsmodelle

```csharp
            private Dictionary<String, VirtualThemeDirectory>
                _directories = null;
            private Dictionary<String, VirtualThemeFile> _files = null;
            private Dictionary<String, VirtualFileBase> _children = null;

            public VirtualThemeDirectory(String virtualPath)   ❶
                : this(virtualPath, String.Empty, String.Empty, null)
            {
            }

            public VirtualThemeDirectory(String virtualPath,
                String themeAbsolutePath,
                String globalAbsolutePath)
                : this(virtualPath, themeAbsolutePath, globalAbsolutePath, null)
            {
            }

            public VirtualThemeDirectory(String virtualPath,
                String themeAbsolutePath,
                String globalAbsolutePath,
                VirtualThemeDirectory parent)
                : base(virtualPath)
            {
                if (String.IsNullOrEmpty(themeAbsolutePath))
                {
                    String sThemeRelativePath =
                            ThemePathProvider.Current.
                            ConvertToThemeRelativePath(virtualPath);
                    themeAbsolutePath =
                        HttpContext.Current.Server.MapPath(sThemeRelativePath);
                }

                if (!Directory.Exists(themeAbsolutePath))
                {
                    themeAbsolutePath = String.Empty;
                }
                if (String.IsNullOrEmpty(globalAbsolutePath))
                {
                    String sGlobalRelativePath =
                        ThemePathProvider.Current.
                        ConvertToGlobalRelativePath(VirtualPath);
                    globalAbsolutePath =
                       HttpContext.Current.Server.MapPath(sGlobalRelativePath);
                }

                if (!Directory.Exists(globalAbsolutePath))
                    globalAbsolutePath = String.Empty;

                _themeAbsolutePath = themeAbsolutePath;
                _globalAbsolutePath = globalAbsolutePath;

                _parent = parent;

                // Erzeuge eine Kollektion der virtuellen Einträge
                _files = new Dictionary<string, VirtualThemeFile>();
                _directories = new Dictionary<string, VirtualThemeDirectory>();
                _children = new Dictionary<string, VirtualFileBase>();

                FindFiles();   ❷
                FindSubDirectories();   ❸
                FindChildren();   ❹
```

12.5 Steuerung virtueller Pfade

```
    }

    private void FindFiles()  ❺
    {
        Dictionary<String, ItemSearchInfo> fileList =  ↵
            new Dictionary<string, ItemSearchInfo>();
        if (Directory.Exists(ThemeAbsolutePath))
        {
            var files = from f in Directory.GetFiles(ThemeAbsolutePath)
                        select new ItemSearchInfo
                        {
                         Name = Path.GetFileName(f),
                         VirtualPath = VirtualPathUtility.Combine( ↵
                                                VirtualPath, ↵
                                         Path.GetFileName(f)),
                            ThemeAbsolutePath = f
                        };
            foreach (ItemSearchInfo fileInfo in files)
            {
                fileList.Add(fileInfo.Name, fileInfo);
            }
        }

        if (Directory.Exists(GlobalAbsolutePath))
        {
            var files = from f in Directory.GetFiles(GlobalAbsolutePath)
                        select new ItemSearchInfo
                        {
                            Name = Path.GetFileName(f),
                            VirtualPath =
                            VirtualPathUtility.Combine(VirtualPath,
                            Path.GetFileName(f)),
                            GlobalAbsolutePath = f
                        };

            foreach (ItemSearchInfo fileInfo in files)
            {
                if (fileList.ContainsKey(fileInfo.Name))
                {
                    ItemSearchInfo themeFileInfo =  ↵
                                fileList[fileInfo.Name];
                    fileList.Remove(themeFileInfo.Name);
                    fileList.Add(themeFileInfo.Name, themeFileInfo);
                }
                else
                {
                    fileList.Add(fileInfo.Name, fileInfo);
                }
            }
        }

        // Gehe durch jeden Eintrag
        foreach (ItemSearchInfo fileInfo in fileList.Values)
        {
         // Füge jede Datei im Verzeichnis hinzu
         // inkl. der Informationen über diese Datei
         files.Add(fileInfo.Name,  ↵
                    new VirtualThemeFile(fileInfo.VirtualPath, ↵
                                    fileInfo.ThemeAbsolutePath, ↵
                                    fileInfo.GlobalAbsolutePath,  ↵
                                    this));
```

12 Navigationsmodelle

```
            }
        }

        private void FindSubDirectories()
        {
      ❻ Dictionary<String, ItemSearchInfo> directoryList = ↵
                new Dictionary<string, ItemSearchInfo>();
            Func<string, string, string> MakePath = ↵
            delegate(string b, string v)
            {
                return VirtualPathUtility.AppendTrailingSlash(↵
                    VirtualPathUtility.Combine(b, v));
            };
            if (Directory.Exists(ThemeAbsolutePath))
            {
                var themeDirectories =  ↵
                        from t in Directory.GetDirectories(↵
                        ThemeAbsolutePath)
                        select new ItemSearchInfo
                        {
                            Name = Path.GetFileName(t),
                            VirtualPath = MakePath(VirtualPath, ↵
                                    Path.GetFileName(t)),
                            ThemeAbsolutePath = t
                        };

                foreach (ItemSearchInfo directoryInfo in themeDirectories)
                {
                    directoryList.Add(directoryInfo.Name, directoryInfo);
                }
            }
            if (Directory.Exists(GlobalAbsolutePath))
            {
                var themeDirectories =  ↵
                        from t in Directory.GetDirectories(↵
                                    GlobalAbsolutePath)
                        select new ItemSearchInfo
                        {
                            Name = Path.GetFileName(t),
                            VirtualPath = MakePath(VirtualPath, ↵
                                    Path.GetFileName(t)),
                            GlobalAbsolutePath = t
                        };

                foreach (ItemSearchInfo directoryInfo in themeDirectories)
                {
                    if (directoryList.ContainsKey(directoryInfo.Name))
                    {
                        ItemSearchInfo themeDirectoryInfo = ↵
                                    directoryList[directoryInfo.Name];
                        directoryList.Remove(themeDirectoryInfo.Name);
                        directoryList.Add(themeDirectoryInfo.Name, ↵
                                    themeDirectoryInfo);
                    }
                    else
                    {
                        directoryList.Add(directoryInfo.Name, ↵
                                    directoryInfo);
                    }
                }
            }
```

12.5 Steuerung virtueller Pfade

```
        foreach (ItemSearchInfo directoryInfo in directoryList.Values)
        {
            VirtualThemeDirectory directory = ↵
                            new VirtualThemeDirectory(↵
                            directoryInfo.VirtualPath, ↵
                            directoryInfo.ThemeAbsolutePath, ↵
                            directoryInfo.GlobalAbsolutePath,↵
                            this);
            _directories.Add(directory.Name, directory);
        }
    }

    private void FindChildren()
    {
        foreach (VirtualThemeDirectory directory in Directories)
        {
            _children.Add(directory.Name, directory);  ❼
        }
        foreach (VirtualThemeFile file in Files)
        {
            _children.Add(file.Name, file);
        }
    }

    public Boolean GetFileIsIncluded(String fileName)
    {
        String currentSet = ThemePathProvider.Current.CurrentSet;
        if (FileIsIncluded(fileName, currentSet, true))
        {
            return true;
        }
        else
        {
            return FileIsIncluded(fileName, currentSet, false);
        }
    }

    public Boolean GetDirectoryIsIncluded(String directoryName)
    {
        String currentSet = ThemePathProvider.Current.CurrentSet;
        if (DirectoryIsIncluded(directoryName, currentSet, true))
        {
            return true;
        }
        else
        {
            return DirectoryIsIncluded(directoryName, ↵
                                      currentSet, ↵
                                      false);
        }
    }

    internal Boolean FileIsIncluded(string fileName, ↵
                                    string currentSet, ↵
                                    boolean checkAgainstTheme)
    {
        if (!_files.ContainsKey(fileName))  ❽
            return false;
        VirtualThemeFile file = _files[fileName];
        if ((checkAgainstTheme)
            && (!file.ExistsInThemeDirectory)
```

12 Navigationsmodelle

```
            {
                return false;
            }
            else if ((!checkAgainstTheme)
                && (!file.ExistsInGlobalDirectory))
            {
                return false;
            }
            if (String.IsNullOrEmpty(currentSet))
                return true;
            String fileExtension = Path.GetExtension(fileName);
            if (fileExtension.ToUpper() == ".SKIN"
                ||
                fileExtension.ToUpper() == ".CSS"
                ||
                fileExtension.ToUpper() == ".JPG")
            {
                return true;
            }
            return false;
        }

        internal Boolean DirectoryIsIncluded(string directoryName, ⤴
                                             string currentSet, ⤴
                                             boolean checkAgainstTheme)
        {
            if (!_directories.ContainsKey(directoryName))
                return false;
            VirtualThemeDirectory directory = _directories[directoryName];
            if ((checkAgainstTheme)
                && (!directory.ExistsInThemeDirectory))
            {
                return false;
            }
            else if ((!checkAgainstTheme)
                && (!directory.ExistsInGlobalDirectory))
            {
                return false;
            }
            return true;
        }

        internal VirtualThemeFile GetFile(String fileName)
        {
            return _files[fileName];   ❾
        }

        internal VirtualThemeDirectory GetDirectory(String virtualDir)
        {
            if (_directories.Count == 0)
                return null;   ❿
            if (virtualDir.StartsWith(VirtualPath, ⤴
                !StringComparison.InvariantCultureIgnoreCase))
                return null;
            String relativeVirtualPath = virtualDir.Substring(⤴
                                         VirtualPath.Length);
            String directoryName = relativeVirtualPath.Substring(0, ⤴
                                   relativeVirtualPath.IndexOf("/"));
            VirtualThemeDirectory childDirectory = ⤴
                                   _directories[directoryName];
            if (childDirectory.VirtualPath == virtualDir)
```

12.5 Steuerung virtueller Pfade

```
            return childDirectory;
        else
            return childDirectory.GetDirectory(virtualDir);
}

public VirtualThemeDirectory Parent
{
    get
    {
        return _parent;
    }
}

public Boolean Exists
{
    get
    {
        return ((Directory.Exists(_themeAbsolutePath))
            || (Directory.Exists(_globalAbsolutePath)));
    }
}

private Boolean ExistsInThemeDirectory
{
    get
    {
        return (!String.IsNullOrEmpty(_themeAbsolutePath));
    }
}

private Boolean ExistsInGlobalDirectory
{
    get
    {
        return (String.IsNullOrEmpty(_globalAbsolutePath));
    }
}

public override IEnumerable Directories
{
    get
    {
        return _directories.Value;
    }
}

public override IEnumerable Files
{
    get
    {
        return _files.Value;
    }
}

public override IEnumerable Children
{
    get
    {
        return _children.Value;
    }
}
```

12 Navigationsmodelle

```
            private String ThemeAbsolutePath
            {
                get
                {
                    return _themeAbsolutePath;
                }
            }
            private String GlobalAbsolutePath
            {
                get
                {
                    return _globalAbsolutePath;
                }
            }
        }
```

Der Zweck dieser Klasse besteht darin, eine Kopie eines Verzeichnisses und der darin enthaltenen Struktur aus Unterverzeichnissen und Dateien zu verwalten. Im vorliegenden Beispiel handelt es sich um das Themes-Verzeichnis.

Drei interne Methoden werden im Konstruktor aufgerufen ❶, `FindFiles` ❷, `FindSubDirectories` ❸ und `FindChildren` ❹. Die Methode `Findfiles` ❺ liest alle Dateien. `FindSubDirectories` ❻ lädt die Unterverzeichnisse, während mit `FindChildren` ❼ eine kombinierte Liste aus Verzeichnissen und Dateien erstellt wird.

Der Provider ruft `GetDirectory` für ein bestimmtes Verzeichnis auf ❿. Ein in `FileIsIncluded` ❽ definierte Filter begrenzt den Einsatzbereich des Providers. Hier werden nur Dateien betrachtet, die üblicherweise in Themendefinitionen vorkommen können, also *.skin, *.css und *.jpg. Die Liste lässt sich freilich leicht erweitern.

Mit `GetFile` wird eine bestimmte Datei aus der vorher erstellten Liste geladen ❾. Damit besteht direkter Zugriff auf die Dateidaten.

Der Provider selbst nutzt die beiden vorgestellten Klassen, um Pfadanfragen passend umzuleiten und aufzulösen.

Listing 12.17 Implementierung des VirtualPathProvider

```
public sealed class ThemePathProvider : VirtualPathProvider
{
    private static ThemePathProvider _currentProvider = null;
    private const string ASPNetThemeBasePath = "/App_Themes/";
    private string _themeRelativePath = String.Empty;
    private string _currentThemeSet = String.Empty;
    private string _globalThemeName = String.Empty;

    private ThemePathProvider()
    {
        _themeRelativePath = ↵
                WebConfigurationManager. ↵
                AppSettings["CustomThemeBasePath"];
    }

❶   public override System.Web.Caching.CacheDependency
```

12.5 Steuerung virtueller Pfade

```
                GetCacheDependency(
        string virtualPath, 
        System.Collections.IEnumerable virtualPathDependencies, 
        DateTime utcStart)
{
    return null;
}

public override bool DirectoryExists(string virtualDir)
{
    if (virtualDir.IndexOf(ASPNetThemeBasePath) == -1)
        return base.DirectoryExists(virtualDir);
    VirtualThemeDirectory directory = GetDirectory(virtualDir) as 
                                    VirtualThemeDirectory;
    return directory.Exists;
}

public override bool FileExists(string virtualPath)
{
    if (virtualPath.IndexOf(ASPNetThemeBasePath) == -1)
        return base.FileExists(virtualPath);
    string fileName = 
            System.Web.VirtualPathUtility.GetFileName(virtualPath);
    string virtualDirectoryPath = 
                System.Web.VirtualPathUtility.
                GetDirectory(virtualPath);
    VirtualThemeDirectory directory = 
                GetDirectory(virtualDirectoryPath) 
                as VirtualThemeDirectory;
    return directory.GetFileIsIncluded(fileName);
}
```
❷
```
public override VirtualDirectory GetDirectory(string virtualDir)
{
    if (virtualDir.IndexOf(ASPNetThemeBasePath) == -1)
        return base.GetDirectory(virtualDir);
    if (IsThemeDirectoryVirtualPath(virtualDir))
    {
        return new VirtualThemeDirectory(virtualDir);
    }
    else
    {
        String themeVirtualPath = 
            GetThemeDirectoryVirtualPath(virtualDir);
        VirtualThemeDirectory directory = 
                            new VirtualThemeDirectory(virtualDir);
        return directory.GetDirectory(virtualDir);
    }
}
```
❸
```
public override VirtualFile GetFile(string virtualPath)
{
    if (virtualPath.IndexOf(ASPNetThemeBasePath) == -1)
        return base.GetFile(virtualPath);
    String virtualDirectoryPath = 
            System.Web.VirtualPathUtility.GetDirectory(virtualPath);
    VirtualThemeDirectory directory = 
            GetDirectory(virtualDirectoryPath) 
                as VirtualThemeDirectory;
    String fileName = System.Web.VirtualPathUtility.GetFileName(
                    virtualPath);
```

```csharp
            return directory.GetFile(fileName);
        }

        private StringCollection GetDependentDirectories(
            String parentDirectoryPath,
            StringCollection dependentPaths)
        {
            String[] directories = Directory.GetDirectories(
                            parentDirectoryPath);
            for (int loopIndex = 0; loopIndex < directories.Length;
                            loopIndex++)
            {
                dependentPaths.Add(directories[loopIndex]);
                GetDependentDirectories(directories[loopIndex],
                                dependentPaths);
            }
            return dependentPaths;
        }

        private Boolean IsThemeDirectoryVirtualPath(String virtualPath)
        {
            String parentVirtualPath =
                    System.Web.VirtualPathUtility.GetDirectory(virtualPath);
            return parentVirtualPath.EndsWith(ASPNetThemeBasePath,
                    StringComparison.InvariantCultureIgnoreCase);
        }

        private String GetThemeDirectoryVirtualPath(String virtualPath)
        {
            String parentVirtualPath =
                    System.Web.VirtualPathUtility.GetDirectory(virtualPath);
            while (!IsThemeDirectoryVirtualPath(parentVirtualPath))
            {
                parentVirtualPath =
                    System.Web.VirtualPathUtility.GetDirectory(
                    parentVirtualPath);
            }
            return parentVirtualPath;
        }

        internal String ConvertToThemeRelativePath(String relativePath)
        {
            return ConvertToThemeNameRelativePath(relativePath, false);
        }

        internal String ConvertToGlobalRelativePath(String relativePath)
        {
            return ConvertToThemeNameRelativePath(relativePath, true);
        }

        private String ConvertToThemeNameRelativePath(
                    string relativePath,
                    bool replaceThemeNameWithGlobal)
        {
            String themeNameRelativePath = String.Empty;
            if ((!relativePath.StartsWith(ASPNetThemeBasePath))
                && (!_themeRelativePath.StartsWith("/")))
            {
                themeNameRelativePath = relativePath.Substring(0,
                    relativePath.IndexOf(ASPNetThemeBasePath));
            }
```

12.5 Steuerung virtueller Pfade

```
        if ((!themeNameRelativePath.EndsWith("/"))
            && (!_themeRelativePath.StartsWith("/")))
        {
            themeNameRelativePath =
                            System.Web.VirtualPathUtility.
                            AppendTrailingSlash(themeNameRelativePath);
        }

        themeNameRelativePath += _themeRelativePath;

        String remainderPath = relativePath.Substring(
                            relativePath.IndexOf(ASPNetThemeBasePath)
                            + ASPNetThemeBasePath.Length);

        if (replaceThemeNameWithGlobal)
        {
            remainderPath = remainderPath.Substring(
                            remainderPath.IndexOf("/"));
        }
        themeNameRelativePath += remainderPath;

        return themeNameRelativePath;
    }

    public static ThemePathProvider Current
    {
        get
        {
            if (_currentProvider != null)
                return _currentProvider;

            _currentProvider = new ThemePathProvider();
            return _currentProvider;
        }
    }

    public String CurrentSet
    {
        get
        {
            return _currentThemeSet;
        }
        set
        {
            _currentThemeSet = value;
        }
    }
}
```

Die Methode GetCacheDependency ❶ gibt nur null zurück, weil kein Cache implementiert wurde. Sie ist aber dennoch zwingend erforderlich.

Wenn nun der Seiten-Compiler einen Pfad auflösen muss, werden nacheinander GetDirectory ❷ und GetFile ❸ für jede Datei aufgerufen. Wenn also ein Verweis auf eine Skin-Datei gefunden wird, ruft ASP.NET den Ordner *App_Themes* auf. Existiert der gezeigte Provider und ist er aktiv, empfängt er diesen Zugriffsversuch. Hier wird also letztlich eine Datei zurückgegeben. Es obliegt dem Provider, statt des verlangten Pfades einfach einen anderen zu verwenden oder jeden anderen denkbaren Weg zu beschreiten, um die Daten zu beschaffen.

Zweck der Implementierung

Es ist also der Kerngedanke des Providers, den Pfadauflösungsalgorithmus zu manipulieren. Dies kann weit umfassender sein als hier gezeigt. Dazu gehört ebenso die Implementierung der Methoden `DirectoryExists` und `FileExists`. ASP.NET verlässt sich auf die Antwort. Dateien müssen deshalb physisch nicht wirklich existieren oder zumindest nicht am vermuteten Ort. `VirtualFile` gibt den Inhalt der Datei als `Stream` zurück. Die nachfolgenden Prozesse nutzen nur diesen `Stream`. Wo der herkommt und wie er entstand, spielt keine Rolle.

Nachdem alles implementiert wurde, sollen noch einige Feinheiten der Konfiguration gezeigt werden.

Konfiguration des Beispiels

Der Provider benötigt zwei Konfigurationsschritte. Zuerst muss im konkreten Fall der Ersatzpfad in der *web.config* gesetzt werden:

Listing 12.18 Konfiguration des Beispiels

```
<appSettings>
    <add key="CustomThemeBasePath" value="/Path_Themes/"/>
</appSettings>
```

Nun muss der Provider noch wie Eingangs beschrieben registriert werden:

Listing 12.19 Registrierung des Beispielproviders

```
protected void Application_Start(object sender, EventArgs e)
{
    HostingEnvironment.RegisterVirtualPathProvider(↵
                      ThemePathProvider.Current); ❶
}
```

Im Gegensatz zur Einleitung wurde hier der Provider als Singleton-Muster implementiert und der Aufruf von `Current` ❶ gibt diese eine Instanz zurück.

12.5.6 Probleme und Grenzen des VirtualPathProvider

Der `VirtualPathProvider` ist tief in ASP.NET integriert. Er ist leistungsfähig und komplex. Einige Dinge sind jedoch aufwändig zu implementieren.

Der Umgang mit LoadControl

Der `VirtualPathProvider` überschreibt die Auflösung des Stammelementoperators „~". Dies betrifft auch Steuerelementregistrierungen:

```
<%@ Register TagPrefix="Test"
            TagName="MyControl"
            Src="~/userctrl.ascx"
%>
```

Wird der Operator jedoch mit `LoadControl` benutzt, funktioniert das nicht:

```
MyPlaceHolder.Controls.Add(LoadControl("~/userctrl.ascx"));
```

Damit dies funktioniert, müssen Sie `LoadControl` in der `Page`-Klasse überschreiben. Dies könnte etwa folgendermaßen aussehen (mit einem festen Pfad zu „MySites"):

12.5 Steuerung virtueller Pfade

Listing 12.20 LoadControl ignoriert den Pfad-Provider: Ein Lösungsansatz
```
public new Control LoadControl(string relativePath)
{
   string newPath = relativePath;
   string site = this.Request.QueryString["site"];
   if (!String.IsNullOrEmpty(site))
   {
      newPath = VirtualPathUtility.ToAppRelative(newPath);
      newPath = newPath.Substring(1);
      newPath = "~/MySites/" + site + newPath;  ❶
   }
   return base.LoadControl(newPath);
}
```

Das ist freilich keine perfekte Lösung. Letztlich wird das Verhalten des Pfad-Providers hier ❶ hart codiert.

Arbeiten mit vorkompilierten Seiten

Für vorkompilierte Seiten wird `VirtualPathProvider` nicht unterstützt. Das ist naheliegend, weil der Provider in einer frühen Phase greift, die vor dem Zeitpunkt der Ausführung vorkompilierter Seiten liegt. Nun kommt es aber vor, dass Sie den Quellcode der Seite nicht herausgeben möchten und dennoch ein Pfad-Provider zum Einsatz kommen soll.

Momentan gibt es lediglich einen Hack. Dieser nutzt Reflection und den Aufruf einer geschützten Methode, die die störende Prüfung umgeht. Die betreffende Methode ist folgendermaßen definiert:

```
internal static void RegisterVirtualPathProviderInternal( ⏎
                  VirtualPathProvider virtualPathProvider)
{
    VirtualPathProvider previous = ⏎
                        _theHostingEnvironment._virtualPathProvider;
    _theHostingEnvironment._virtualPathProvider = virtualPathProvider;
    virtualPathProvider.Initialize(previous);
}
```

Die reguläre Registrierung wird dadurch umgangen und der Provider wird dennoch aktiv.

13 Datenbanken und Datenzugriff

Mit den datengebundenen Steuerelementen und der Datenbindungssyntax stehen leistungsfähige Methoden zur Verfügung, die Anzeige komplexer Daten sehr einfach zu erreichen. Statt einfacher Listen sollen jedoch häufig Daten aus Datenbanken oder anderen Datenquellen geholt werden. Dazu bietet das .NET-Framework umfassende Funktionen, angefangen von der Standardmethode ADO.NET über das Dateisystem, XML bis zu LINQ (Language Integrated Queries) und abstrahierten Datenzugriffsmethoden wie dem Entity Framework.

In diesem Kapitel werden folgende Schwerpunktthemen behandelt:

- Die Grundlagen von ADO.NET und der Datenzugriff
- Der Umgang mit XML als Datenspeicher
- Die Abfragesprache LINQ
- Die Datenzugriffsschicht Entity Framework

13.1 Datenzugriff mit ADO.NET

Dieser Abschnitt zeigt die Grundlagen von ADO.NET – also der Teil des Datenzugriffs, der weitgehend unabhängig von ASP.NET ist und in dieser Form auch für alle anderen Applikationstypen zum Einsatz kommt. Die entsprechenden Assemblies sind Teil des Frameworks.

13.1.1 Prinzip der Arbeit mit ADO.NET

Eines der herausragenden Merkmale der Datenhaltung und -verarbeitung in A-DO.NET ist die verbindungslose Arbeitsweise. Dabei wird zwar zum Zeitpunkt der Abfrage von Daten eine Verbindung zur Datenbank hergestellt, die ermittelten Daten werden aber danach vollständig im Speicher gehalten und der Applikation quasi lokal zur Verfügung gestellt. Das hat Vorteile, wenn das Design des Programms darauf hinreichend Rücksicht nimmt. Sie sollten dieses Prinzip deshalb vollständig verstanden haben, um davon profitieren zu können.

Verbindungslose Arbeitsweise

13 Datenbanken und Datenzugriff

Persistierung in XML

Die Abkopplung der Daten von der Datenbank erlaubt es, diese leicht zwischen den Schichten einer Applikation zu transportieren. Ebenso einfach ist eine Persistierung möglich, also die Speicherung in einer nichtflüchtigen Form. Als Speicher- und Transportformat wird in allen Fällen XML verwendet. Um die Art und Weise kümmert sich die Laufzeitumgebung intern, sodass dafür keine umfassenden XML-Kenntnisse nötig sind.

Lokal liegt in ADO.NET eine mehr oder minder komplexe Kopie der Datenbank vor. Das hat zur Folge, dass die Objekte zur Datenspeicherung mehr als eine Tabelle enthalten können. Neben reinen Daten sind auch Relationen erfassbar. Letztlich ist es eine kleine und durchaus leistungsfähige Datenbank, die in den entsprechenden Klassen gebildet wird. Tatsächlich ist es möglich, auch ohne hinterlegte Datenbank mit diesen Klassen zu arbeiten. Für kleinere Applikationen, die die Leistung eines relationalen Datenbankmanagementsystems (RDBMS) nicht benötigen, mag dies ausreichend sein. Vor allem dann, wenn als Speicherformat XML in Erwägung gezogen wird, zeigt sich die Leistungsfähigkeit der ADO.NET-Klassen.

Betrachtet man sich die Möglichkeiten in ADO.NET, stellt sich die Frage nach der Notwendigkeit eines Systems wie SQL Server. Es ist natürlich eine Tatsache, dass ein Datenbankserver weitaus leistungsfähiger und mächtiger ist, als die .NET-Klassen. Es kommt auf das geschickte Zusammenspiel beider Welten an. So sollte der Einsatz von gespeicherten Prozeduren und Funktionen im SQL Server 2005/2008 (R2) eine zentrale Rolle einnehmen. Denn nur so erreichen Sie eine optimale Geschwindigkeit beim Zugriff auf Daten. Der SQL Server ist dann „fürs Grobe" zuständig, während die Feinauswahl an Daten in ADO.NET stattfindet.

Welcher SQL-Server?

Als SQL Server wird im Folgenden nicht weiter zwischen SQL Server 2000, 2005 oder 2008 oder den jeweiligen frei verfügbaren Express-Versionen unterschieden. Falls es dennoch Unterschiede zu beachten gibt, wird explizit darauf hingewiesen. Wird im Text lediglich von „SQL Server" gesprochen, sind alle Versionen gemeint. Praktische Tests für dieses Buch erfolgten mit SQL Server Express 2008 (R2).

Datenquellen

ADO.NET beschränkt den Zugriff auf Datenquellen nicht auf den SQL Server. Andere Datenbanken werden über offene Schnittstellen unterstützt. Abgesehen von den beiden Datenbankmanagementsystemen aus dem Hause Microsoft kommen in praktischen Projekten weitere Systeme zum Einsatz. So wird sicher die eine oder andere Site mit Oracle oder IBMs DB2 betrieben werden. Nicht zu vergessen ist auch der Indexdienst, der ebenfalls als Datenquelle dienen kann. Für fast alle RDBMS sind mittlerweile native ADO.NET-Klassen der jeweiligen Hersteller verfügbar. Darauf wird hier nur am Rande eingegangen, weil es das Prinzip des Datenzugriffs nicht verändert.

Provider

ADO.NET kennt standardmäßig einige sogenannte Provider, die jeweils durch ein eigenes Paket von Klassen gebildet werden:

- SqlClient
- OleDb
- Odbc (veraltet)

Da sich von Version zu Version die Anzahl der Provider ändert, möglicherweise auch zusätzliche Pakete installiert wurden, gibt es eine einfache Möglichkeit, die installierten Provider abzufragen. Das folgende Programm zeigt dies. Die Abfrage füllt ein `DataTable`-Objekt mit den entsprechenden Informationen.

Listing 13.1 Abfrage der verfügbaren Provider

```
DataTable tbl = DbProviderFactories.GetFactoryClasses();
GridView1.DataSource = tbl;
GridView1.DataBind();
```

Das vollständige Listing enthält ein `GridView`-Steuerelement, mit dem dann die Ausgabe in Abbildung 13.1 erzeugt wird.

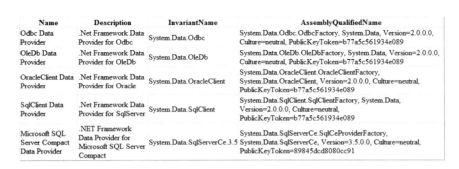

Abbildung 13.1 Ausgabe aller verfügbaren ADO.NET-Provider

Eine weitere grundlegende Datenquelle ist XML. Damit kann sich der Softwareentwickler eine ganze Welt von Daten erschließen, denn viele Programme verfügen über entsprechende Exportmöglichkeiten. XML wird in .NET hervorragend unterstützt und erfordert keinen gesonderten Treiber oder Provider oder dergleichen.

13.1.2 Die Architektur von ADO.NET

ADO.NET bietet, wie bereits beschrieben, mehrere Provider. Aus Sicht der Architektur sind diese jedoch vergleichbar aufgebaut, sodass eine allgemeingültige Darstellung gelingt.

Providerunabhängige Programmierung

ADO.NET ist ein providerunabhängiges Programmiermodell. Dabei werden sogenannte Fabrikklassen eingesetzt, die die entsprechenden Objekte erzeugen. Der Entwickler wird dabei davon befreit, konkrete Klassen eines Providers in seinem Code verwenden zu müssen.

Der Vorteil liegt auf der Hand. Es ist nun möglich, ohne eine weitere Abstraktionsschicht direkt mit universellen Klassen zu arbeiten, bei den eingesetzten Objekten aber dennoch auf die jeweilige native Version zuzugreifen, sodass die Laufzeitnachteile einer zusätzlichen Schicht nicht in Erscheinung treten. Universelle Klassen ermöglichen es, unabhängig von einer konkreten Datenbank zu arbeiten. Das setzt natürlich auch voraus, konsequent mit ADO.NET zu arbeiten und nicht auf datenbankspezifische SQL-Abfragen auszuweichen.

Vorteile

13 Datenbanken und Datenzugriff

Factory

Im Fall von ADO.NET sieht es so aus, dass die Fabrikklasse `DBProviderFactories` die entsprechenden Objekte zur Verfügung stellt. Für ein Verbindungsobjekt ist dies beispielsweise `DbConnection`, wobei es sich im konkreten Fall um `SqlConnection`, `OleDbConnection` usw. handeln könnte, was den Client aber nicht weiter interessiert. Die Fabrikklasse verfügt über entsprechende Informationen, den passenden Provider zur Erzeugung der Objekte zu benutzen.

Am Anfang des Kapitels wurde bereits ein Beispiel gezeigt, in dem die Fabrikklasse `DBProviderFactories` ausgibt, welche Provider verfügbar sind. Die konkrete Ausgabe auf Ihrem System kann sich von Abbildung 13.1 unterscheiden, je nachdem welche Installation vorliegt. Die Tabelle zeigt in der Spalte `InvariantName` den Namen des Providers, der der Fabrikklasse mitgeteilt werden muss, um die passenden Objekte zu erzeugen. Wenn Sie mit SQL Server arbeiten, nutzen Sie als Namen also `System.Data.SqlClient`. Damit wird dann die entsprechende Fabrik erstellt:

```
string strInvariantName = "System.Data.SqlClient";
DbProviderFactory factory =
                 DbProviderFactories.GetFactory(strInvariantName);
```

Nun kann das Objekt erstellt werden, beispielsweise folgendermaßen:

```
DBConnection DBConnection conn = factory.CreateConnection();
```

Auf der Basis dieser Klasse werden dann die entsprechenden Basisobjekte der Provider erstellt. Der folgende Abschnitt stellt diese Objekte vor und führt weiter in die konkrete Nutzung von ADO.NET im Zusammenhang mit der Programmierung von ASP.NET ein.

Das Objekt *Factory* im gezeigten Beispiel ist übrigens vom Typ `SqlClientFactory`. Benutzt wird die abstrakte Basisklasse `DBProviderFactory`, um den Zugriff weiter universell zu halten.

Die Basisobjekte der Provider

Jeder Provider besteht aus vier Basisobjekten, die aus den entsprechenden Klassen abgeleitet werden. Dazu kommen viele Hilfsklassen. Alle zusammen bilden ADO.NET. Konkret geht es immer um folgende Objekte:

- XxxConnection
- XxxCommand
- XxxDataReader
- XxxDataAdapter

Für den Platzhalter „Xxx" steht in der Praxis einer der Namen „SqlClient", „OleDb" oder „Odbc". Ansonsten verhalten sich die Objekte gleichartig, zumindest soweit keine Eigenschaften verwendet werden, die auf eine spezifische Datenbank beschränkt sind.

Mit den Basisobjekten gelingt der Zugriff auf eine Datenbank. Die bereits erwähnte Abbildung der Datenbank – mit Struktur und Daten – wird mit Hilfe eines `DataSet`-Objekts gebildet. Die Darstellung auf dieser Seite ist nun bereits unabhängig von der verwendeten Datenquelle.

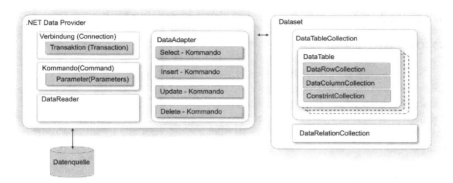

Abbildung 13.2 Bestandteile eines Providers

Abbildung 13.2 zeigt den Aufbau eines spezifischen Providers. Der grau hinterlegte Teil ist also datenbankabhängig. Unbedingt benötigt wird immer eine Verbindung zur Datenbank. Die praktische Implementierung heißt dann entweder `SqlConnection` oder `OleDbConnection`. Ebenso lassen sich aus den anderen allgemeinen Namen die entsprechenden Klassennamen ableiten. Damit weitere Provider leicht und dazu passend entwickelt werden können, gibt es entsprechende Schnittstellen.

Verwendete Namensräume

Für jeden Provider gibt es einen eigenen Namensraum. Außerdem sind allgemeine Klassen in einer übergeordneten Ebene untergebracht. Sie benötigen auf jeden Fall folgenden Eintrag:

<small>Namensraum</small>

```
using System.Data;
using System.Data.Common;
```

Der zweite Eintrag kommt bei Benutzung der providerunabhängigen Fabrikklassen in Betracht, muss also nicht grundsätzlich eingebunden werden.

Wenn Sie mit Inline-Code arbeiten und die Namensräume direkt verfügbar machen möchten, bauen Sie folgende Zeichenfolgen im Kopf der *aspx*-Seite ein:

<small>Namensraum in der ASPX-Seite</small>

```
<%@ Import Namespace="System.Data" %>
<%@ Import Namespace="System.Data.Common" %>
```

Wenn Sie mit OleDb arbeiten, wird außerdem folgender Namensraum erwartet:

```
using System.Data.OleDb;
```

Für den Umgang mit den SQL Server wird dagegen dieser Namensraum verwendet:

```
using System.Data.SqlClient;
```

Weitere Namensräume unterhalb `System.Data` werden in einigen Fällen zusätzlich benötigt. Darauf wird an den entsprechenden Stellen im Buch gesondert hingewiesen. Analog müssen die entsprechenden `Import`-Direktiven benutzt werden, wenn Sie mit Inline-Code arbeiten.

13.1.3 Verbindung zu einer Datenbank aufbauen

Der erste Programmschritt zur Nutzung einer Datenbank besteht immer im Aufbau einer Verbindung. Jeder Provider liefert dazu eine Implementierung der Schnittstelle `IDbConnection`. Für den SQL Server ist dies die Klasse `SqlConnection`, für OleDb-Datenbanken dagegen `OleDbConnection`. Kommandos, die direkt an die Datenbank gerichtet sind, können nur ausgeführt werden, wenn die Verbindung geöffnet ist. ADO.NET arbeitet generell mit dem Verbindungspooling, bei dem eine Verbindung solange wie möglich offen gehalten wird, um allen Prozessen zur Verfügung zu stehen. Das beschleunigt den Ablauf der Datenzugriffe deutlich.

Explizites Schließen erforderlich

Allerdings ist zu beachten, dass die Verbindung am Ende eines Programms nicht geschlossen wird. Sie müssen die entsprechende `Close`-Methode aufrufen, um die Verbindung wieder zu schließen. Auch die Garbage Collection erledigt dies nicht. Das werden Sie schnell bemerken, wenn Sie Microsoft Access verwenden, wo nur eine Verbindung möglich ist. Der SQL Server, der mehrere Verbindungen erlaubt, wird möglicherweise nicht sofort mit einer Fehlermeldung reagieren. Viele offene Verbindungen kosten aber Leistung und sind deshalb zu vermeiden. Zudem sichert das verbindungslose Konzept von ADO.NET den Datenzugriff auch bei geschlossener Verbindung. Sie müssen sorgfältig überlegen, wann Sie die Daten holen, Teile daraus verwenden und wie die Aktualisierung der Datenbank, wenn erforderlich, erfolgen soll.

Eine Verbindung zum SQL Server aufbauen

Verbindungszeichenfolge

Um eine Verbindung zu eröffnen, gibt es mehrere Wege. In jedem Fall benötigen Sie ein entsprechendes Verbindungsobjekt und die passende Verbindungszeichenfolge. Wenn es sich um den SQL Server handelt, hat diese folgenden Aufbau:

```
server=<server>; database=<datenbank>; SSPI=Integrated Security
```

Läuft Ihr SQL Server lokal, tragen Sie für *<server>* „localhost" oder „." ein. Der Name der Datenbank dürfte eindeutig sein. Sie können die in diesem Buch verwendete Datenbank „HanserDB" einsetzen, wenn Sie noch keine eigene erstellt haben. Die folgenden Beispiele beziehen sich ebenfalls darauf. Benutzt wird Windows-Authentifizierung. Die Datenbank ist auf der Website zum Buch zu finden.

Sie können nun entweder das Objekt instanziieren und die Methode `Open` verwenden oder die Verbindungszeichenfolge dem Konstruktor übergeben. Das folgende Beispiel testet die Verbindung und informiert über Erfolg oder Misserfolg:

Listing 13.1 Programm zum Testen der Verbindung

```
protected override void OnLoad(EventArgs e)
{
    DbProviderFactory factory = ↵
            DbProviderFactories.GetFactory("System.Data.SqlClient");
    DbConnection conSql = ❶ factory.CreateConnection();
    conSql.ConnectionString = "server=localhost; database=Shop; ↵
                    uid=sa; password=sa";
    try
    {
        ❷ conSql.Open();
```

```
        if (conSql.State == ConnectionState.Open)
        {
            LabelConnectResult.Text = "Verbindung geöffnet";
            conSql.Close();
        }
    }
    catch (Exception ex)
    {
        LabelConnectResult.ForeColor = System.Drawing.Color.Red;
        ❸ LabelConnectResult.Text = ex.Message;
    }
    base.OnLoad(e);
}
```

Hier wird zuerst ein einfaches Verbindungsobjekt mittels der Fabrikklasse erzeugt. Nun kann die Verbindungszeichenfolge der Eigenschaft ConnectionString zugewiesen werden ❶. Die Methode Open ❷ öffnet dann diese Verbindung. Es ist immer sinnvoll, diesen Teil in einem try-catch-Zweig zu verarbeiten, da hier erfahrungsgemäß Fehler auftreten können. Die Ausgabe der Fehlermeldung ist möglicherweise aufschlussreich.

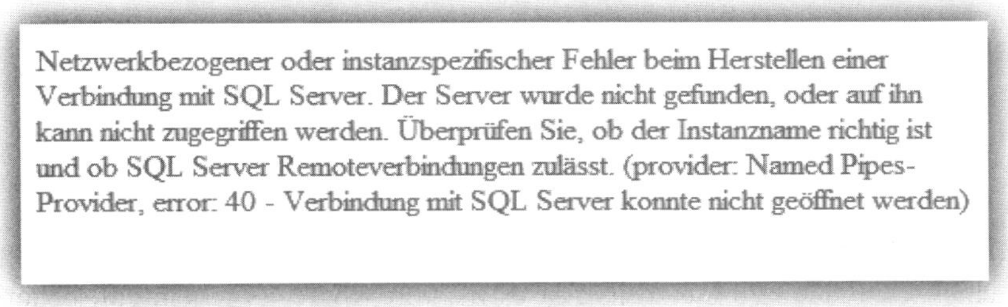

> Netzwerkbezogener oder instanzspezifischer Fehler beim Herstellen einer Verbindung mit SQL Server. Der Server wurde nicht gefunden, oder auf ihn kann nicht zugegriffen werden. Überprüfen Sie, ob der Instanzname richtig ist und ob SQL Server Remoteverbindungen zulässt. (provider: Named Pipes-Provider, error: 40 - Verbindung mit SQL Server konnte nicht geöffnet werden)

Abbildung 13.3 Reaktion des Programms, wenn ein Verbindungsfehler auftrat

Die Ausgabe erfolgt hier in ein Label-Steuerelement ❸. Statt der Ausgabe der Erfolgsmeldung schließt sich bei realen Programmen mit Datenbankzugriff dann der Code mit den Datenbankoperationen an.

Konfiguration der Verbindungszeichenfolge

Elegant ist die Nutzung der Konfigurationsdatei *web.config* für Verbindungszeichenfolgen. Änderungen wirken sich sofort aus, da ASP.NET die Werte dann neu einliest. Ansonsten verbleibt der Inhalt immer im Speicher und steht damit unmittelbar zur Verfügung. Zudem sind individuelle Einträge hier zusammen mit allen anderen konfigurierbaren Parametern untergebracht, was die Verwaltung vereinfacht.

Für den hier verfolgten Zweck, die Verbindungszeichenfolge zu speichern, eignet sich der Abschnitt `<connectionStrings>` im Zweig `<configuration>`. Sie können beliebig viele `<add>`-Tags einfügen, die sich dann aus dem Code heraus abfragen lassen. Praktisch könnte das folgendermaßen aussehen:

`<connectionStrings>`

Listing 13.2 Ausschnitt aus der Datei *web.config* mit Verbindungszeichenfolgen

```xml
<?xml version="1.0"?>
<configuration>
  ...
  <connectionStrings>
   <add name="ShopDB" ↵
        connectionString="server=localhost; database=Shop; uid=sa; password=sa"/>
  </connectionStrings>
  ...
</configuration>
```

Der Abschnitt `<connectionString>` steht außer in der *web.config* auch anderen Applikationsarten, beispielsweise WinForms-Programmen in der entsprechenden *app.config* zur Verfügung.

Beim in Listing 13.1 gezeigte Beispiel würde die Übernahme der Verbindungszeichenfolge aus Listing 13.2 aus der Konfigurationsdatei nun folgendermaßen aussehen:

```
conSql.ConnectionString = ↵
    ConfigurationManager.ConnectionStrings["ShopDb"].ConnectionString;
```

Verbindungszeichenfolgen erstellen lassen

ADO.NET kennt die Klassengruppe *<Provider>ConnectionStringBuilder*. Wie bei vielen anderen Basisklassen stehen sowohl konkrete Ausprägungen wie `SqlConnectionStringBuilder` zur Verfügung, als auch die abstrakte Variante aus der Fabrik, `DBConnectionStringBuilder`. In beiden Fällen wird der Aufbau der Verbindungszeichenfolge erheblich erleichtert, weil Sie sich nicht mehr selbst um den konkreten und oft komplexen Aufbau der Zeichenfolge kümmern müssen. Stattdessen kommen entsprechende Eigenschaften zum Einsatz.

Listing 13.3 Verbindungszeichenfolgen erstellen lassen

```
protected override void OnLoad(EventArgs e)
{
    SqlConnectionStringBuilder conBuilder = new ↵
                                SqlConnectionStringBuilder();
    conBuilder.DataSource = ".\\SQLEXPRESS";
    conBuilder.IntegratedSecurity = true;
    conBuilder.InitialCatalog = "Shop";
 ❶ SqlConnection conSql = new ↵
                                SqlConnection(conBuilder.ConnectionString);
    try
    {
        conSql.Open();
        if (conSql.State == ConnectionState.Open)
        {
            LabelConnectResult.Text = "Verbindung geöffnet";
            conSql.Close();
        }
    }
    catch (Exception ex)
    {
        LabelConnectResult.ForeColor = System.Drawing.Color.Red;
        LabelConnectResult.Text = ex.Message;
    }
    base.OnLoad(e);
```

}

Im Beispiel wurde die klassische Methode der Erstellung des Verbindungsobjekts gewählt, bei der eine Instanz der Klasse `SqlConnection` ❶ benutzt wird. Wer den Fabrikansatz benötigt oder bevorzugt, der kann entsprechend auf `DBConnection-StringBuilder` zurückgreifen. Die Klasse funktioniert etwas anders, weil keine spezialisierten Eigenschaften angegeben werden können. Stattdessen können die einzelnen Fragmente der Verbindungszeichenfolge über eine `String`-Auflistung angegeben werden, die sich als `Dictionary` darstellt. Die Methode `Add` nimmt einen Schlüssel und einen Wert auf, wobei diese in der Verbindungszeichenfolge als *Schlüssel=Wert* erscheinen. Freilich muss man nun wieder genau wissen, welche konkreten Angaben die Verbindungszeichenfolge für die eingesetzte Datenbank erfordert und wie die Schreibweise ist. Insofern ist die Klasse nicht wirklich hilfreich, sondern verbessert bestenfalls die Lesbarkeit des Codes, falls Sie Teile der Verbindungszeichenfolge dynamisch erstellen müssen.

13.1.4 Verbindungsorientierte Ereignisse

Die Klassen `SqlConnection` und `OledbConnection` kennen zwei praktisch bedeutsame Ereignisse, die beim Auftreten bestimmter Zustände ausgelöst werden. Zum einen kann der Wechsel des Status von offen nach geschlossen erfasst werden. Dazu dient das Ereignis `StateChange`. Zum anderen können Nachrichten des SQL Servers mit `InfoMessage` abgefangen werden. Die Klassen der Ereignisse dazu heißen `StateChangeEventHandler` und `SqlInfoMessageEventHandler`.

StateChange
InfoMessage

Nutzung der Ereignisse

Die Nutzung kann bei cleverem Einsatz die Programmierung etwas vereinfachen. Allerdings muss man sich darüber im Klaren sein, dass in ASP.NET die Ereignisverarbeitung nicht so einfach und flexibel einsetzbar ist, wie in der WinForms-Programmierung.

Listing 13.4 Programmierung mit Ereignisbehandlungsmethoden

```
protected override void OnLoad(EventArgs e)
{
    SqlConnectionStringBuilder conBuilder = 
                        new SqlConnectionStringBuilder();
    conBuilder.DataSource = ".\\SQLEXPRESS";
    conBuilder.IntegratedSecurity = true;
    conBuilder.InitialCatalog = "Shop";
    SqlConnection conSql = new 
        SqlConnection(conBuilder.ConnectionString);
❶   conSql.StateChange += conSql_StateChange;
❷   conSql.InfoMessage += conSql_InfoMessage;
    try
    {
        conSql.Open();
        SqlCommand commSql = new SqlCommand 
                ("PRINT 'T-SQL kennt das PRINT-Kommando'", conSql);
        commSql.ExecuteNonQuery ();
        conSql.Close ();
    }
    catch (Exception ex)
    {
```

13 Datenbanken und Datenzugriff

```
                LabelConnectResult.ForeColor = System.Drawing.Color.Red;
                LabelConnectResult.Text = ex.Message;
            }
        base.OnLoad(e);
    }

❸   void conSql_InfoMessage(object sender, SqlInfoMessageEventArgs e)
    {
        LabelInformation.Text +=
            String.Format("Neue Info eingetroffen: {0} von {1}<br/>",
                          e.Message, e.Source);
    }

❸   void conSql_StateChange(object sender, StateChangeEventArgs e)
    {
        LabelInformation.Text +=
            String.Format("Verbindungsänderung: von {0} nach {1}<br/>",
                          e.OriginalState.ToString(),
                          e.CurrentState.ToString());
    }
```

Das Programm trennt die Reaktion auf die Ereignisse „Statusänderung" und „Information" völlig vom eigentlichen Ablauf. Zuerst sind die beiden Ereignisbehandlungsmethoden zuzuweisen. Am Anfang wird die Methode `conSql_StateChange` zur Behandlung der Statusänderung bestimmt ❶. Dann wird `conSql_InfoMessage` zur Behandlung von Nachrichten erklärt ❷. Der Rest des Hauptprogramms besteht nun darin, die Ereignisbehandlungsmethoden zu definieren ❸. Der Typ der Ereignisargumente für das Ereignis `StateChange` ist `StateChangeEventArgs`. Dieses Ereignisargument kennt folgende besondere Eigenschaften:

- `CurrentState`

  Diese Eigenschaft enthält den neuen Status, der nach dem Wechsel gilt.

- `OriginalState`

  In dieser Eigenschaft finden Sie den alten Status, der vor dem Wechsel galt.

Der Typ der Ereignisargumente für das Ereignis `InfoMessage` ist `SqlInfoMessageEventArgs`. Dieses Ereignisargument kennt zwei spezielle Eigenschaften:

- `Message`

  Diese Eigenschaft enthält die Nachricht, die der SQL Server gesendet hat. Im Fall des PRINT-Kommandos ist dies der Text des Kommandos.

- `Source`

  In dieser Eigenschaft wird die Quelle der Nachricht ausgeben. Normalerweise ist dies der Name des Providers.

Innerhalb der Ereignisbehandlungsmethoden werden lediglich die `Label`-Steuerelemente mit entsprechenden Ausgaben gefüllt. So ergibt sich bei der Ausgabe ein Abbild der Vorgänge, wie in Abbildung 13.4 gezeigt.

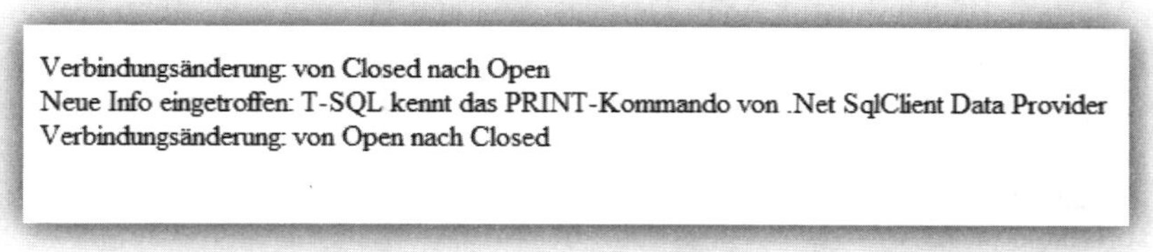

> Verbindungsänderung: von Closed nach Open
> Neue Info eingetroffen: T-SQL kennt das PRINT-Kommando von .Net SqlClient Data Provider
> Verbindungsänderung: von Open nach Closed

Abbildung 13.4 Kontrolle des Verbindungsablaufes durch Ereignisse

Eine echte Interaktivität, wie bei Windows-Applikationen, findet hier freilich nicht statt. Die Ereignisse feuern zwar an der entsprechenden Stelle und im Code kann man dies berücksichtigen, die Ausgaben werden jedoch gesammelt und erscheinen erst beim Ausliefern der Seite. Das ist auch der Grund, warum die Zuweisungen zu den `Label`-Steuerelementen mit `+=` erfolgt.

13.1.5 Asynchrone Befehlsausführung

Die Ausführung von Datenbankbefehlen kann länger dauern. In manchen Fällen ist es nicht wünschenswert, wenn das ablaufende Programm dadurch stoppt. Insbesondere, um den limitierten Thread-Pool zu entlasten, der durch neue Anfragen sonst schnell an seine Grenzen stößt.

Im Gegensatz zu den synchronen Methoden wird die aufgerufene `Begin`-Methode beim asynchronen Verfahren sofort wieder verlassen und über ein Ereignis das Ende der Ausführung angezeigt. In der Ereignisbehandlungsmethode wird dann die korrespondierende `End`-Methode aufgerufen und dadurch der Zyklus beendet. Die folgende Tabelle stellt die bei der Befehlsausführung benutzten synchronen und asynchronen Versionen gegenüber:

Tabelle 13.1 Synchrone und asynchrone Methoden

Synchrone Methoden	Asynchrone Methoden
`ExecuteNonQuery`	`BeginExecuteNonQuery, EndExecuteNonQuery`
`ExecuteReader`	`BeginExecuteReader, EndExecuteReader`
`ExecuteXmlReader`	`BeginExecuteXmlReader, EndExecuteXmlReader`

Auf die Benutzung der einzelnen Befehle wird in den folgenden Abschnitten konkret eingegangen. Es wird jedoch in diesem Buch – nicht zuletzt zur Vereinfachung der Darstellung – nur mit synchronen Aufrufen gearbeitet. Die hier gezeigte exemplarische Vorgehensweise sollte es Ihnen aber erlauben, die Beispiele und eigenen Code schnell auf eine asynchrone Arbeitsweise umzustellen.

Als Synchronisierungsobjekt dient ein Objekt vom Typ `IAsyncResult`. Dies wird beim Aufruf der entsprechenden `Begin`-Methode erzeugt und auf das können Sie sich in der `End`-Methode beziehen. Insgesamt gibt es drei prinzipielle Wege, asynchrone Aufrufe auszuführen:

IAsyncResult

1. Warten auf Setzen der `IsCompleted`-Eigenschaft.
2. Benachrichtigung über die erfolgte Ausführung per Callback (Ereignis).

13 Datenbanken und Datenzugriff

3. Warten auf die Ausführung in einem separaten Thread und stoppen des Arbeits-Threads.

Vorgehensweise

Die Vorgehensweise ist in jedem Fall ein klein wenig anders. Was zum Einsatz kommt, hängt auch davon ab, welche Art von Programm erstellt wird. In ASP.NET kommt das Stoppen des Arbeits-Threads sicher nicht in Betracht, denn dies würde den Thread-Pool ebenso wie die synchrone Verarbeitung belasten. Ereignisse sind ebenso kaum geeignet. In jedem Fall ist es sinnvoll, die Datenverarbeitungsschicht von der Ausgabe zu trennen und die Steuerung der Seiten nicht an die Abfrage der Datenbank zu koppeln. Nur in dieser Konstellation profitiert man von verzögerten Abfragen.

Die einfachste Form sieht folgendermaßen aus:

```
IAsyncResult res = command.BeginExecuteReader();
while (!res.IsCompleted)
{
    // Aktionen während der Ausführung der Abfrage
}
SqlDataReader reader = command.EndExecuteReader(res);
// Ausgabe der Daten
```

Hier wird die Abfrage gestartet, das Programm läuft dann weiter in der Schleife und kann andere Aktionen ausführen, während die Abfrage bearbeitet wird. Kehrt die Abfrage vom SQL Server zurück, wird die Eigenschaft `IsCompleted` auf true gesetzt und die Schleife beendet. Das Ergebnis kann dann mit `EndExecuteReader` abgeholt werden. Entsprechend wird mit allen anderen Abfragemethoden verfahren.

Wenn Sie den aktuellen Thread blockieren möchten, sieht es folgendermaßen aus:

```
IAsyncResult res = comm.BeginExecuteReader();
res.AsyncWaitHandle.WaitOne();
SqlDataReader reader = command.EndExecuteReader(res);
```

WaitOne

Mit dem Aufruf von `WaitOne` stoppt die Ausführung und wartet, bis das Kommando beendet wird. Sie können dies zum einen in einen weiteren Thread auslagern, zum anderen mit einem `TimeOut` versehen:

```
IAsyncResult res = comm.BeginExecuteReader();
res.AsyncWaitHandle.WaitOne(TimeSpan.FromMilliseconds(1000), false);
SqlDataReader reader = command.EndExecuteReader(res);
```

Diese Abfrage wartet maximal eine Sekunde (1000 Millisekunden) auf die Antwort. In Kombination mit einem eigenen Thread sieht das Ganze nur wenig komplexer aus. Zuerst wird ein Ereignis definiert:

```
public event EventHandler ResultReceived;
```

Dann wird eine Methode definiert, die die asynchrone Ausführung übernimmt:

```
private void StartAskDB()
{
    SqlCommand comm = new SqlCommand();

    IAsyncResult res = comm.BeginExecuteReader();
    res.AsyncWaitHandle.WaitOne(TimeSpan.FromMilliseconds(5000), false);
    SqlDataReader dr = comm.EndExecuteReader(res);
    ResultReceived(dr, EventArgs.Empty);
}
```

Die Methode führt die Datenbankabfrage aus (hier stark vereinfacht), und wartet maximal fünf Sekunden auf das Ergebnis. Liegt es vor, wird das Ergebnis per Ereignis an die aufrufende Instanz gemeldet.

Gestartet wird diese Methode in einem eigenen Thread:

```
Thread t = new Thread(new ThreadStart(StartAskDB));
t.Start();
```

So läuft das Hauptprogramm durch, ohne zu warten und wird informiert, wenn das Ergebnis vorliegt. Da ASP.NET-Seiten nicht warten, sondern nach dem Ausliefern keine Instanz mehr verfügbar ist, sollte man hier eine ständig verfügbare statische Datenbankzugriffsklasse erstellen. Diese bleibt im Speicher global verfügbar und führt alle Datenbankzugriffe aus. Aufrufende Webseiten starten die Abfragen, deren Ergebnisse dann vorgehalten werden. Ein Webdienst, der als Endpunkt für eine Abfrage per AJAX dient, ruft diese Daten dann ab und stellt sie zur Verfügung. Es wäre nun möglich, denn Webdienst seinerseits auf das Ereignis warten zu lassen. Da die Webseite bereits komplett ausgeliefert ist, erhält man so eine weit bessere Benutzererfahrung. Der Benutzer sieht die Seite sofort und die Daten erscheinen mit einer geringen Verzögerung. Da der Abruf jedoch ebenfalls sofort startet und dann wartet, ist kein ständiges Abfragen des Webservers erforderlich, es entsteht weniger Traffic und durch regelmäßige Abfragen bedingte Zeitsprünge werden vermieden.

13.1.6 SQL-Befehle an die Datenbank senden

Wenn eine SQL-Datenbank vom Programm aus abgefragt oder gesteuert werden soll, muss es auch eine Methode geben, SQL-Befehle zu senden und die daraus entstehenden Ergebnisse auszuwerten. In ADO.NET gibt es dafür die Schnittstelle `IDbCommand`, die in den beiden Providern in den Klassen `OleDbCommand` und `SqlCommand` implementiert ist. Beide Klassen sind weitgehend identisch. Lediglich die Möglichkeit, Daten direkt als XML abzurufen, ist auf `SqlCommand` beschränkt, weil hier eine Eigenschaft des SQL Servers genutzt wird, die andere Datenbanken nicht bieten.

> **TIPP**
>
> Auch wenn hier nicht ausdrücklich immer wieder daraus hingewiesen wird, können die hier und in den folgenden Abschnitten benutzten SQL-Standardklassen auch über die Fabrik erzeugt werden. SQL-Datenbank beziehungsweise SQL Server sind dann mit jeder beliebigen Datenbank gleichzusetzen.

Kommandoobjekt erzeugen

Ein Kommandoobjekt wird erzeugt, indem der auszuführende Befehl und die zu verwendende Verbindung dem Konstruktor übergeben werden:

```
SqlCommand commSql = new SqlCommand(sCommand, oConnection);
```

Beide Parameter sind optional und die benötigten Angaben können auch über spezielle Eigenschaften zugewiesen werden.

Die Ausführungsmethoden

Existiert das Kommandoobjekt, kann eine Ausführungsmethode verwendet werden, um die Daten zur Datenbank zu senden und – wenn erforderlich – Ergebnisse abzurufen. Vier Methoden stehen zur Verfügung:

- `ExecuteNonQuery`

  Diese Methode sendet einen Befehl an die Datenbank, erwartet aber kein Resultat (von einer Erfolgsmeldung abgesehen). Sie verwenden diese mit den Befehlen DELETE, UPDATE, CREATE, DROP usw.

- `ExecuteReader`

  Mit dieser Methode wird normalerweise eine SELECT-Abfrage gesendet. Als Ergebnis wird ein Objekt vom Typ `DataReader` – je nach Provider als `SqlDataReader` oder `OleDbDataReader` implementiert – zurückgegeben.

- `ExecuteScalar`

  Manchmal ist es ausreichend, einen einzigen Wert aus der Datenbank abzurufen. Dann findet diese Methode Verwendung, die in der ersten Reihe das erste Feld liest, unabhängig davon, wie viele Daten die Abfrage ergab. Um den tatsächlich gewünschten Wert zu ermitteln, ist also normalerweise ein entsprechend gestalteter `SELECT`-Befehl nötig.

- `ExecuteXmlReader`

  Diese Methode steht nur im Provider *SqlClient*, das heißt der Klasse `SqlCommand`, zur Verfügung. Er fragt den SQL Server ab und erwartet die Daten im XML-Format. Zur besseren Weiterverarbeitung wird ein `XmlReader`-Objekt zurückgegeben. Die Anwendung setzt voraus, dass der Befehl Daten erzeugt, wozu `SELECT` in Verbindung mit `FOR XML` zum Einsatz kommt.

Eine Anwendung der Methode `ExecuteNonQuery` wurde bereits gezeigt. Die Abfrage eines skalaren Wertes zeigt das folgende kleine Programm. Es ermittelt die Anzahl der Datensätze der Tabelle *Products* des Shops.

Listing 13.5 Lesen eines skalaren Wertes aus einer Datenbank (Ausschnitt)

```
commSql = new SqlCommand("SELECT COUNT(*) FROM Products", conSql);
Anzahl.Text = commSql.ExecuteScalar().ToString();
```

ExecuteScalar

Der gesamte Vorgang besteht nur aus dem Erzeugen des Kommandoobjekts und der Ausführung der Methode `ExecuteScalar`. Diese Methode gibt den skalaren Wert immer als varianten Typ zurück, also als `object`. Es ist daher notwendig (und immer möglich) in den benötigten Datentyp zu konvertieren. Im Fall der Übergabe an ein `Label`-Steuerelement wird die Umwandlung in eine Zeichenkette benötigt.

Im Vergleich dazu soll auch die Abfrage von XML-Daten gezeigt werden. Der folgende Ausschnitt zeigt sowohl die Abfrage als auch den Umgang mit `XmlReader`:

Listing 13.6 Daten aus dem SQL Server im XML-Format abfragen

```
commSql = new SqlCommand ↵
        ("SELECT * FROM Products FOR XML AUTO", conSql);
❶ XmlReader xReader = commSql.ExecuteXmlReader();
xReader.MoveToContent();
while (! xReader.EOF)
{
```

```
        LabelInformation.Text += ↵
                        HttpUtility.HtmlEncode(xr.ReadOuterXml()); ❷
        LabelInformation.Text += "\n";
}
```

Die Ausgabe erfolgt wieder in ein `Label`-Steuerelement, das mit einem `<pre>`-Tag im Markup umschlossen ist, um die XML-Ausgabe besser lesbar zu machen. Eingesetzt wird neben dem entsprechenden SELECT-Kommando mit FOR XML auch die Methode `ExecuteXmlReader` ❶. Der zurückgegebene `XmlReader` wird komplett durchlaufen. `ReadOuterXml` liest jeden Knoten vollständig ❷ und übergibt ihn an das Steuerelement. Die Methode `HttpUtility.HtmlEncode` ❷ stellt sicher, dass die XML-Tags im Browser auch angezeigt werden. Dies dient hier nur der Kontrolle, zur Weiterverarbeitung als XML ist das unbedingt zu unterlassen.

Eine weitere Option beim Einsatz des Kommandoobjekts ist die Steuerung gespeicherter Prozeduren. Vorerst steht die Abfrage der Datensätze mit `DataReader`, ausgelöst durch die Methode `ExecuteReader` im Vordergrund.

13.1.7 Datensätze lesen

Webapplikationen erzeugen häufiger reine Lese- und weniger Schreibzugriffe als beispielsweise Windows-Programme. Das liegt daran, dass Daten einem breiten Publikum bereitgestellt und damit abgerufen werden, wenn die Site gut besucht ist. Es ist also nicht nur häufiger, dass Lesevorgänge zu programmieren sind, sondern es kommt gerade hier auf beste Leistung an. Halten Sie sich dabei wieder das Beispiel eines Shopsystems vor Augen. Hier werden die meisten Kunden viel im Katalog blättern, die Angebote vergleichen und damit immer wieder Lesevorgänge auf Kategorie, Artikel und Zusatzinformationen auslösen. Von den vielen Besuchern werden möglicherweise nur sehr wenige zu Käufern. Und erst dann, wenn ein Kunde einen Artikel in den Warenkorb packt, erfolgt ein Schreibvorgang in eine Bestelltabelle. Aber auch bei anderen Anwendungen ist die „Leselast" höher als die „Schreiblast". Bei einer datenbankgestützten Authentifizierung erfolgt die Anmeldung nur einmal – in diesem Augenblick werden Anmeldedaten in die Datenbank geschrieben –; aber bei jedem Besuch werden die Anmeldedaten aus einem Formular mit dem Inhalt der Datenbank verglichen – dies sind Lesevorgänge.

Datensätze effizient mit DataReader lesen

Die Klassen `SqlDataReader` und `OleDbDataReader` erfüllen genau den beschriebenen Zweck: sie lesen Daten. Aktualisierungen der Datenbank können Sie damit nicht vornehmen. Dafür realisieren die Klassen einen extrem schnellen Zugriff. Der `DataReader` ist auch in anderer Beziehung etwas Besonderes. Er verlangt nach einer bestehenden Verbindung zur Datenbank. Am Anfang wurde von abgekoppelten Datensätzen als Kernfunktion von ADO.NET gesprochen. Dieses Verhalten realisiert das `DataSet`, das in diesem Kapitel noch genauer betrachtet wird und weitaus komplexer ist.

Der `DataReader` ist insofern eine Ausnahme, denn die Datensätze werden nicht lokal gespeichert. Der Zugriff funktioniert nur in eine Richtung. Sie können mehrere Datensätze nur vorwärts lesen.

Nur vorwärts

13 Datenbanken und Datenzugriff

Auch im Hinblick auf die Klassenhierarchie ist der `DataReader` etwas Besonderes. Er hat keine eindeutige Schnittstelle als Grundlage der Implementierung, sondern gleich zwei davon. Als Basis dienen `IDataReader` und `IDataRecord`. Es wird also zwischen dem Lesen und dem Speichern der Ergebnisse unterschieden. Die konkreten Implementierungen in den Klassen `SqlDataReader` und `OleDbDataReader` fassen die Schnittstellen immer zusammen, sodass eine getrennte Betrachtung wenig sinnvoll erscheint. Die Namen helfen aber auf der Suche nach speziellen Eigenschaften oder Methoden in der Online-Referenz.

Namensräume Die Namensräume, die den `DataReader` beherbergen, sind dieselben wie für das Verbindungsobjekt, da die Implementierungen Bestandteile des Providers sind:

```
using System.Data.SqlClient;
using System.Data.OleDb;
```

Ein `DataReader`-Objekt kann nicht explizit erzeugt werden. Es entsteht immer als Folge einer Kommandoausführung – sinnvollerweise eines SELECT-Befehls – gegenüber der Datenbank. Das folgende Beispiel zeigt, wie die Tabelle *Products* ausgelesen werden kann:

Listing 13.7 Auslesen einer Tabelle mit dem DataReader (Ausschnitt)

```
conSql.Open();
if (conSql.State == ConnectionState.Open)
{
  commSql = new SqlCommand("SELECT * FROM Products", conSql);
  ❶ SqlDataReader dr = commSql.ExecuteReader();
  while (❷ dr.Read())
  {
    LabelInformation.Text += String.Format("{0}, ", dr.GetSqlInt32(0));
    LabelInformation.Text += String.Format("{0}, ", dr.GetSqlString(1));
    LabelInformation.Text += String.Format("{0}, ", ↵
                                            dr.GetSqlDecimal(2));
    LabelInformation.Text += String.Format("{0}, ", dr.GetSqlInt32(3));
    LabelInformation.Text += "<br/>";
  }
  ❸ dr.Close();
  conSql.Close();
}
```

Der `SqlDataReader` ❶ verwaltet intern eine Tabelle mit den Ergebnissen, die sequenziell durchlaufen werden kann. Wenn im Folgenden nur von `DataReader` die Rede ist, dann ist die jeweilige Version damit gemeint, die abhängig vom Provider zum Einsatz kommt, also entweder `SqlDataReader`, `OleDbDataReader` oder `DbDataReader`. Letzteres ist die generische Variante, die mit ADO.NET 2.0 eingeführt wurde.

Zuerst wird der erste und dann der jeweils nächste Datensatz wird mit `Read` ermittelt ❷. Nun stehen eine ganze Reihe von Get-Methoden zur Verfügung, um die Daten abzurufen. Dabei ist es wichtig, dass die zum jeweiligen Datensatz passende Methode verwendet wird. Im Beispiel hat die Tabelle *Products* folgenden Aufbau.

Daraus ergeben sich die verwendeten Methoden `GetSqlInt64` für `BigInt`, `GetSqlString` für `VarChar` und `GetSqlDecimal` für `Numeric`. Obligatorisch ist die Konvertierung mit `ToString` oder `String.Format` für Ausgabe an das `Label`-

606

Steuerelement. `GetSqlInt32` entspricht `Int`. Abschließend darf nicht vergessen werden, den `DataReader` zu schließen ❸.

Es kann immer nur ein offener `DataReader` pro Verbindung existieren. Damit Sie nicht in Schwierigkeiten bei nachfolgenden Abfragen kommen, muss die Methode `Close` möglichst frühzeitig aufgerufen werden.

Abfrage der Daten eines DataReader

In der Praxis ist der Zugriff auf die abgefragten Daten nicht immer so trivial, wie es bei einem einfachen `SELECT * FROM` der Fall ist. Tatsächlich bietet der `DataReader` einiges mehr.

An dieser Stelle muss klar betont werden, dass die Ausgabe von Sequenzen an ein derart einfaches Steuerelement wie `Label` hier nur der Demonstration und Vereinfachung dient. Die vielen leistungsfähigen Datensteuerelemente in ASP.NET erlauben einen weit komfortableren Umgang mit Daten durch das Verfahren der Datenbindung.

Der DataReader im Detail

Schon beim Erzeugen des `DataReader`-Objekts können Sie mit verschiedenen Parametern das spätere Verhalten beeinflussen. Eine zweite Überladung der Methode `ExecuteReader` verarbeitet folgende Parameter, die aus der Aufzählung `CommandBehavior` stammen, also das Verhalten des Kommandos steuern:

Tabelle 13.2 Parameterwerte des Parameters der Methode ExecuteReader

Wert von CommandBehavior	Bedeutung
`CloseConnection`	Schließt die Verbindung, wenn der `DataReader` geschlossen wird
`KeyInfo`	Informationen über die Spalten und den Primärschlüssel werden zurückgegeben. Dies unterdrückt möglicherweise die Daten.
`SchemaOnly`	Es werden nur Spalteninformationen ermittelt, aber keine Kommandos ausgeführt.
`SequentialAccess`	Spalten werden sequenziell gelesen. Das ist interessant, wenn große Mengen an Binärdaten geholt werden, die den Ergebnissatz aufblähen.
`SingleResult`	Es wird nur ein Feld geholt.
`SingeRow`	Es wird nur eine Ergebniszeile geholt.

Sie können mehrere dieser Parameter kombinieren, indem Sie sie „oder" verknüpfen:

`CommandBehavior.CloseConnection | CommandBehavior.SingleRow`

Der Zugriff auf die Tabelle kann auf mehreren Wegen erfolgen. Im letzten Beispiel wurde die Spaltennummer, nullbasierend gezählt, eingesetzt. In C# kann außerdem der Name der Spalte als Indexer eingesetzt werden:

`dataReader["preis"]`

13 Datenbanken und Datenzugriff

Ergebnis-informationen dynamisch ermitteln

Es werden Ihnen immer wieder Fälle begegnen, in denen eine präzise Vorhersage über die Anzahl der Felder, deren Datentypen und dem möglicherweise vorhandenen Inhalt nicht möglich ist. Das folgende Beispiel zeigt, wie mit Hilfe der Implementierung der `DataReader`-Klasse eine beliebige Tabelle ausgelesen wird. In der *aspx*-Datei ist lediglich ein `PlaceHolder`-Steuerelement platziert, das nun mit einer HTML-Tabelle gefüllt wird:

```
<asp:PlaceHolder Runat="server" ID="Tabelle"/>
```

Die Anwendung der Elemente `Repeater` oder `GridView` erlauben leistungsfähigere Darstellungen, dafür ist die „selbstgebaute" Tabelle im Detail flexibler.

Listing 13.8 Ausgabe einer beliebigen Datenbank-Tabelle in HTML als Tabelle

```csharp
public class SqlCommandExReader2 : System.Web.UI.Page
{
  private SqlConnection conSql;
  private SqlCommand commSql;
  private object fieldValue;

  private Table t;
  private TableRow tr;
  private TableCell tc;

  private void Page_Load(object sender, System.EventArgs eArgs)
  {
    conSql = new SqlConnection ();
    conSql.ConnectionString = ⤦
      ConfigurationManager.ConnectionStrings["SqlConnection"];
    try
    {
      conSql.Open ();
      if (conSql.State == ConnectionState.Open)
      {
        commSql = new SqlCommand ("SELECT * FROM Products", conSql);
        SqlDataReader dr = commSql.ExecuteReader ⤦
            ❶ (CommandBehavior.CloseConnection);
        ❷ t = new Table ();
        t.BorderStyle = BorderStyle.Solid;
        t.GridLines = GridLines.Both;
        ❸ tr = new TableRow ();
        for (int i = 0; i < dr.FieldCount; i++)
        {
          ❹ tc = new TableCell ();
          tc.BackColor = Color.Silver;
          ❺ tc.Text = dr.GetName (i);
          tr.Cells.Add (tc);
        }
        t.Rows.Add (tr);
        ❻ while (dr.Read ())
        {
          tr = new TableRow ();
          for (int i = 0; i < dr.FieldCount; i++)
          {
            tc = new TableCell ();
            ❼ object fieldValue = dr.GetValue (i);
            if (fieldValue != ❽ DBNull.Value)
            {
```

```
            tc.Text = fieldValue.ToString ();
          }
          tr.Cells.Add (tc);
        }
      ❾ t.Rows.Add (tr);
      }
      ❿ Tabelle.Controls.Add (t);
      dataReader.Close ();
      conSql.Close ();
    }
  }
  catch (Exception e)
  {
    Fehler.BackColor = Color.Red;
    Fehler.Text = e.Message;
  }
  }
}
```

Die Abfrage der Tabelle erfolgt wieder in der bereits gezeigten Weise. Zusätzlich wird bei der Ausführung von `ExecuteReader` ein Kommandoparameter gesetzt, mit dem die unterliegende Verbindung beim Schließen des `DataReader` auch geschlossen wird ❶. Damit existiert das Abfrageergebnis bereits. Es muss nun in eine HTML-Tabelle platziert werden. Dazu wird zuerst eine neue Tabelle erzeugt ❷.

Es folgen einige Gestaltungseigenschaften, die hier nicht weiter betrachtet werden sollen. Nun muss die Kopfzeile erzeugt werden ❸. Die Feldnamen sollen denen der Definition der Tabellen entsprechen und in Großbuchstaben angezeigt werden. Dazu ist zuerst die Anzahl der Felder mit der Eigenschaft `FieldCount` zu ermitteln ❹. Es wird jetzt für jedes Feld eine Zelle erstellt und gestaltet. Der Inhalt der Zelle wird dann mit der Eigenschaft `Text` auf den Feldnamen gesetzt ❺. Die Methode `GetName` gibt den Namen der angegebenen Spalte zurück.

FieldCount

Nach dem Anhängen der Reihe an die Kollektion werden nun alle Datensätze durchlaufen und feldweise in Zellen ausgegeben ❻. Beliebigen Inhalt ermitteln Sie am besten mit `GetValue`. Diese Methode gibt immer den Typ `object` zurück ❼.

Mit `ToString` erfolgt dann die Konvertierung und die Zuweisung an den Zellentext kann erfolgen, vorausgesetzt der Inhalt ist nicht NULL, in .NET dargestellt durch das statische Feld `DBNull.Value` ❽. Zuletzt wird noch die fertige Reihe an die Reihen-Kollektion der Tabelle angehängt ❾. Der letzte Schritt besteht nun im Einbau der fertigen Tabelle in den Platzhalter ❿.

Eine andere Möglichkeit des Abrufes der Daten aus `DataReader` soll noch gezeigt werden. So können Sie mit der Methode `GetValues` ein Array der Elemente des aktuellen Datensatzes erhalten. Das Ergebnis entspricht exakt dem bereits gezeigten. Es ersetzt den Inhalt der bisherigen `while`-Schleife:

Listing 13.9 Version 2 des universellen Abrufs (Ausschnitt)

```
ArrayList dataRows = new ArrayList();
object[] fields;
while (dr.Read())
{
  ❶ fields = new object [dr.FieldCount];
  ❷ dr.GetValues(fields);
  ❸ dataRows.Add(fields);
```

13 Datenbanken und Datenzugriff

```
            }
            dr.Close ();
            foreach (object[] row in dataRows)
            {
               tr = new TableRow();
               foreach (object field in row)
               {
                  tc = new TableCell();
                  tc.Text = field.ToString();
                  tr.Cells.Add(tc);
               }
               t.Rows.Add(tr);
            }
```

Hier wird nun für jeden Datensatz der Abfrage ein Array vom Typ `object` erzeugt ❶. Diesem Array werden dann die Werte zugewiesen ❷. Damit die Reihen später verarbeitet werden können, werden Sie als Elemente des `ArrayList`-Objekts `dataRows` gespeichert ❸. Die Umsetzung in die Tabelle kann nun mit `foreach` erfolgen. Da es sich um ein Array aus Arrays handelt, sind zwei derartige Schleifen verschachtelt.

Auf den ersten Blick erscheint die zweite Version komplizierter. Warum also sollten Sie das tun? Am Anfang wurde kurz erwähnt, dass der Zugriff eines `DataReader` die Verbindung zur Datenbank blockiert. Bei hoher Last kann es kritisch sein, die Verbindung lange zu okkupieren. Programme sollten so geschrieben werden, dass die `DataReader` möglichst schnell geschlossen werden. Im Beispiel wird dies erreicht, indem diese Methode sofort nach der kleinen `while`-Schleife steht:

```
dataReader.Close();
```

Vorteil: Laufzeitverhalten

Die Ausgabe der Tabelle erscheint zwar kompakt, ist aber nicht sehr effizient, denn in der Praxis kommen viele Gestaltungseigenschaften, Berechnungen oder weitere Steuerelemente hinzu, sodass das Laufzeitverhalten ungünstig wird. Durch die Verlagerung der Abfrage in ein Array können Sie die Verbindung unabhängig vom Laufzeitverhalten der restlichen Applikation schnell wieder freigeben.

Nachteil: Verlust der Datentypen

Nachteilig bei der Nutzung des `object`-Arrays ist der Verlust der Datentypen. In diesem konkreten Fall ist das Ausgabeziel sowieso nur eine Zeichenkette; deswegen war die Wahl des Datentyps `object` vertretbar. Soll dagegen eine individuelle Weiterverarbeitung der Werte erfolgen, beispielsweise für Berechnungen mit den Preisen, ist das nicht so günstig. Sie können den ursprünglichen Typ zwar jederzeit mit `GetType` ermitteln, aber derartige Reflection-Methoden sind nicht besonders schnell und im Detail auch nicht immer einfach zu programmieren.

Welche Methode Sie verwenden, hängt von der Art der Weiterverarbeitung und der zu erwartenden Last ab. Gegebenenfalls müssen beide Varianten programmiert und dann unter realen Bedingungen verglichen werden.

13.1.8 Typsicherer Zugriff auf Daten

GetOrdinal

Wenn es um den typsicheren Zugriff geht, wurden im letzten Abschnitt bereits mögliche Probleme genannt. Es gibt natürlich eine Lösung für den typsicheren Zugriff. Sicher kennen Sie noch aus dem letzten Beispiel die Methoden, die gezielt einen bestimmten Datentyp ermitteln, `GetInt32` usw. Nachteilig ist, dass Sie hier immer Spaltennummern angeben müssen, um das betreffende Feld auszulesen. Es ist aber dringend zu empfehlen, Spaltennamen zu verwenden, denn die Reihenfolge kann sich durchaus ändern. Es ist deshalb möglich, die aktuelle Ordnungszahl einer Spalte auf Basis des Namens zu ermitteln:

Listing 13.10 Zugriff auf Spalten über Spaltennamen auch an den Stellen, wo Spaltennummern erwartet werden (Ausschnitt)

```
conSql.Open();
SqlCommand commSql = new SqlCommand("SELECT * FROM Products", conSql);
SqlDataReader dr =
commSql.ExecuteReader(CommandBehavior.CloseConnection);
❶ int iID = dr.GetOrdinal("product_id");
int iName = dr.GetOrdinal("product_name");
int iPreis = dr.GetOrdinal("product_price");
int iNummer = dr.GetOrdinal("product_category");
StringBuilder sb = new StringBuilder(); ❸
while(dr.Read())
{
    sb.AppendFormat("ID: {0,5}<br/>", dr.GetInt64(iID)); ❷
    sb.AppendFormat("Name: {0}<br/>", dr.GetString(iName)); ❷
    sb.AppendFormat("Preis: {0}<br/>", dr.GetDecimal(iPreis)); ❷
    sb.AppendFormat("Nummer: {0}<hr/>", dr.GetInt32(iNummer)); ❷
}
LabelResult.Text += sb.ToString();
dr.Close();
conSql.Close();
```

Dieses Programm ermittelt zuerst die Spaltennummern mit Hilfe der Methode `GetOrdinal` aus den Spaltennamen ❶.

Diese Nummer wird dann für nachfolgende Zugriffe verwendet ❷. Der außerdem eingesetzte `StringBuilder` zeigt nur eine andere Art der Zusammensetzung von längeren Zeichenketten ❸.

Das Ergebnis zeigt alle Datensätze der Tabelle *Products*.

13.1.9 Behandlung komplexer Abfragen mit DataReader

Nicht immer sind es einfache SELECT-Befehle, die an die Datenbank gesendet werden. T-SQL erlaubt eine effektive Stapelverarbeitung. Es kann vorkommen, dass dann mehrere Tabellen im `DataReader` stecken. Betrachten Sie das folgende T-SQL-Programm (Tabellen aus der bekannten Northwind-Datenbank):

```
SELECT * FROM Products;
SELECT * FROM Orders;
```

Wenn Sie mehrere Befehle in T-SQL zusammenfassen, müssen Sie jeden mit einem Semikolon abschließen. Zwangsläufig entstehen hier zwei verschiedene Tabellen.

13 Datenbanken und Datenzugriff

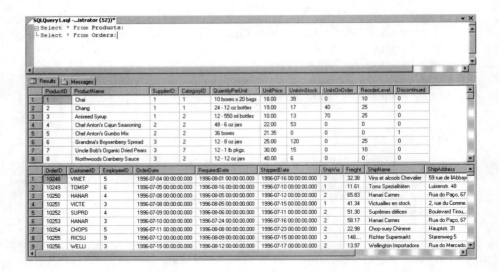

Abbildung 13.5 Abfrage im SQL Management Studio

Um an die Effizienz-Diskussion des letzten Abschnitts anzuknüpfen: Eine Verbindung, eine Abfrage und eine verzögerte Auswertung sind eher zu empfehlen, als mehrere direkt verwendete `DataReader` einzusetzen. Die Darstellung in HTML sollte entsprechend diesem Ergebnis folgendermaßen aussehen.

NextResult

Das fertige Programm finden Sie ausschnittsweise im nächsten Listing. Es unterscheidet sich kaum vom bereits gezeigten Prinzip, lediglich eine zusätzliche `do`-Schleife kam hinzu:

Listing 13.11 Zugriff auf mehrere Tabellen mittels T-SQL-Skripts (Ausschnitt)

```
do
{
    t = new  Table ();
    t.BorderStyle = BorderStyle.Solid;
    t.GridLines = GridLines.Both;
    t.Rows.Add (HeaderRow (ref dataReader));
    ArrayList dataRows = new ArrayList ();
    object[] fields;
    while (dataReader.Read ())
    {
        fields = new object [dataReader.FieldCount];
        dataReader.GetValues (fields);
        dataRows.Add (fields);
    }
    foreach (object[] row in dataRows)
    {
        t.Rows.Add (GetRow (row));
    }
    Tabelle.Controls.Add (t);
} ❶ while (dataReader.NextResult ());

❷ private TableRow HeaderRow (ref SqlDataReader dataReader)
{
```

```csharp
   tr = new TableRow ();
   for (int i = 0; i < dataReader.FieldCount; i++)
   {
      tc = new TableCell ();
      tc.BackColor = Color.Silver;
      tc.Text = dataReader.GetName (i).ToUpper ();
      tr.Cells.Add (tc);
   }
   return tr;
}

❸ private TableRow GetRow (object[] row)
{
   tr = new TableRow ();
   foreach (object field in row)
   {
      tc = new TableCell ();
      tc.Text = field.ToString ();
      tr.Cells.Add (tc);
   }
   return tr;
}
```

Innerhalb dieser Schleife ❶ wird dann wie bisher jede einzelne Tabelle erzeugt. Das sieht etwas überschaubarer aus als bei den bisherigen Beispielen, weil die Erzeugung der Reihen in zwei Methoden ausgelagert wurde. `HeaderRow` erzeugt die Kopfzeile ❷. Mit der Methode `GetRow` ❸ werden dann die einzelnen Zeilen generiert.

13.1.10 Detaillierte Informationen über eine Tabelle ermitteln

Manchmal wird mehr benötigt als nur der Name einer Spalte. Wenn Sie eine Datenbankverwaltung ähnlich dem SQL Server Management Studio für Ihre Website planen, ist ein Blick auf die Methode `GetSchemaTable` des `DataReader` angebracht. Das folgende Listing zeigt die Anwendung:

Listing 13.12 Abruf der gesamten Tabellendefinition (Ausschnitt)

```csharp
conSql.Open();
if (conSql.State == ConnectionState.Open)
{
   ❶ commSql = new SqlCommand("SELECT * FROM Products", conSql);
   ❷ dataReader = commSql.ExecuteReader(CommandBehavior.SchemaOnly);
   ❸ gvSchema.DataSource = dataReader.GetSchemaTable();
   ❹ gvSchema.DataBind();
   dataReader.Close();
   conSql.Close();
}
```

Hier erfolgt, wie bei den anderen Beispielen, der Abruf einer kompletten Tabelle ❶. Bei der Ausführung wird der Vorgang jedoch auf die Ermittlung des Schemas der Tabelle beschränkt ❷. In der *aspx*-Datei wurde eine `GridView` definiert. Dies ist hier die beste Methode der Ausgabe und wird im Vorgriff auf die Daten-Steuerelemente verwendet:

```
<asp:GridView Runat="server" ID="gvSchema"/>
```

13 Datenbanken und Datenzugriff

GetSchemaTable Im Programm wird dem Steuerelement das Schema als Datenquelle zugewiesen ❸. Mit der Ausführung der Datenbindung erscheint das Ergebnis ❹.

Das Ergebnis ist, gemessen am Aufwand, durchaus beeindruckend. Es zeigt praktisch die gesamte, verhältnismäßig komplexe Tabelle *Products* der Demo-Datenbank *Northwind*.

13.1.11 Gespeicherte Prozeduren verwenden

Wenn der SQL Server zum Einsatz kommt, wird vielen Projekten mit gespeicherten Prozeduren gearbeitet. Prozeduren werden kompiliert gespeichert und sind damit schneller in der Ausführung. Aber auch ohne diesen Effekt ist der Einsatz sinnvoll. So können Sie die Trennung Ihrer Applikation in mehrere Schichten, wie es durch das Design von .NET sehr leicht gemacht wird, mit gespeicherten Prozeduren konsequenter ausführen. Komplexe, parametrisierte Abfragen werden dann nicht mehr im Code Ihrer ASP.NET-Applikation gespeichert, sondern direkt in der Datenbank, wo sie auch ausgeführt werden. Als Beispiel sollten Sie noch ein Mal einen Blick auf die Abfrage aus dem letzten Listing werfen. Derartige Ungetüme sind im Code nicht besonders gut aufgehoben. Denn je komplexer eine Abfrage gestaltet wird, desto eher kommt der Zeitpunkt, an dem Änderungen fällig werden. Nun müsste allein wegen einer Korrektur am T-SQL-Code die Anwendung neu kompiliert werden. Viel einfacher wäre die Verwendung einer gespeicherten Prozedur.

Die gespeicherte Prozedur definieren

Vor der ersten Verwendung steht die Definition der Prozedur. Für das folgende Beispiel wird die Anwendung aus dem letzten Listing weiter ausgebaut. Im SQL Server Management Studio können Sie die Prozedur leicht anlegen. Wählen Sie dazu Ihre Datenbank aus und dort den Eintrag GESPEICHERTE PROZEDUREN. Im Kontextmenü klicken Sie auf NEUE GESPEICHERTE PROZEDUR.... Ebenso ist es möglich, Visual Studio 2010 ab der Version Ultimate zu verwenden.

Die spannende Frage ist nun, wie Sie diese Prozedur von ASP.NET aus aufrufen und den Parameter übergeben.

Die gespeicherte Prozedur im Code verwenden

Die folgende Applikation bietet eine Auswahlliste aller Artikelnummern. Nach erfolgter Auswahl werden die Bestellinformationen dieses Artikels ermittelt, also wie viele Bestellungen erfolgten und zu welchem Gesamtpreis.

Da die Ausgaben etwas umfangreicher sind, lohnt diesmal ein Blick auf die *aspx*-Datei:

Listing 13.13 Steuerelemente für Auswahlformular und Ausgabe

```
<body MS_POSITIONING="GridLayout">
<h1>Kommando-Klasse</h1>
<h2>Gespeicherte Prozedur verwenden</h2>
<form runat="server">
   <asp:DropDownList Runat="server" ID="ArtikelNummern" />
   <asp:Button Runat="server" ID="ArtikelAuswahl" ⤴
      OnClick="ArtikelAuswahl_Click" ⤴
      Text="Daten zu dieser Artikelnummer anzeigen" />
```

```
</form>
<asp:GridView runat="server" ID="Ausgabe"/>
<asp:Label Runat="server" ID="Fehler" /></div>
</body>
```

Definiert wird hier ein `DropDownList`-Steuerelement, worin sich die Artikelnummern befinden. Eine Schaltfläche `<asp:Button>` verweist auf eine Ereignisbehandlungsmethode `ArtikelAuswahl_Click`. Diese Methode wird im nächsten Listing vorgestellt. Das Ergebnis der Abfrage wird in einem `GridView`-Steuerelement ausgegeben. Sollten Fehler auftreten, erfolgt die Ausgabe in einem `Label`.

Der erste Teil des Codes muss sich nun um das Füllen der Auswahlliste kümmern:

Listing 13.14 Füllen der Auswahlliste und Initialisierung (Ausschnitt)

```
public class SqlCommandStoredProc : System.Web.UI.Page
{
  public SqlConnection conSql = new SqlConnection();
  private SqlDataReader dataReader;
  private SqlCommand commSql;

  public void Page_Init(object sender,
                       System.EventArgs eArgs)
  {
    conSql.ConnectionString =
      ConfigurationSettings.AppSettings["SqlConnection"];   ❸
  }

  private void Page_Load(object sender,
                        System.EventArgs eArgs)
  {
    if (!Page.IsPostBack)
    {
      try
      {
        conSql.Open ();
        if (conSql.State == ConnectionState.Open)
        {
  ❶       commSql = new SqlCommand("SELECT id FROM Artikel", conSql);
  ❷       dataReader =
            commSql.ExecuteReader(CommandBehavior.CloseConnection);
          ArtikelNummern.DataSource = dataReader;
          ArtikelNummern.DataValueField = "id";
          ArtikelNummern.DataBind ();
          dataReader.Close();
          conSql.Close();
        }
      }
      catch(Exception e)
      {
        Fehler.BackColor = Color.Red;
        Fehler.Text = e.Message;
      }
    }
  }
  // … siehe nächstes Listing
}
```

13 Datenbanken und Datenzugriff

Hinweise

Gegenüber der bereits gezeigten Form der Abfrage mit `SqlCommand` ❶ und dem daraus entstehenden `DataReader` ❷ gibt es hier keine Neuigkeiten. Lediglich die Art der Initialisierung der Verbindung wurde geändert. Die Zuweisung des Verbindungsobjektes erfolgt nun schon in der Methode `Page_Init` ❸ der Klasse. Das hat keine Bedeutung für den Ablauf, sondern zeigt lediglich eine Variante, wie die elementaren Einstellungen an den Anfang des Prozesses verlegt werden.

Formularbehandlung

IsPostback

Die Änderung in `Page_Load` bezieht sich auf die Formularbehandlung. Es ist nun nicht mehr notwendig, bei jedem Abruf die Datenbank abzufragen, denn der Inhalt der Liste bleibt durch den ViewState der Seite erhalten. Deshalb kommt hier die Eigenschaft `IsPostback` zum Einsatz.

Die Nutzung der gespeicherten Prozedur erfolgt erst, wenn auf die Schaltfläche geklickt wurde. Dann wird die Ereignisbehandlungsmethode `ArtikelAuswahl_Click` ausgelöst.

Listing 13.15 Zweiter Ausschnitt des Codes aus dem letzten Listing

```
public void ArtikelAuswahl_Click(object sender, System.EventArgs e)
{
   try
   {
      conSql.Open();
      if (conSql.State == ConnectionState.Open)
      {
         ❶commSql = new SqlCommand("BestellterArtikel", conSql);
         ❷commSql.CommandType = CommandType.StoredProcedure;
         ❸ commSql.Parameters.Add("@ArtikelNummer",
             ArtikelNummern.SelectedItem.Value.ToString());
         ❹ dataReader =
           commSql.ExecuteReader(CommandBehavior.CloseConnection);
         ❺ Ausgabe.DataSource = dataReader;
         Ausgabe.DataBind();
         dataReader.Close();
         conSql.Close();
      }
   }
   catch(Exception e)
   {
      Fehler.BackColor = Color.Red;
      Fehler.Text = e.Message;
   }
   finally
   {
      if (conSql.State == ConnectionState.Open)
         conSql.Close();
   }
}
```

Der an die Datenbank zu sendende Befehl besteht nun lediglich aus dem Prozedurnamen *BestellterArtikel* ❶. Damit der Provider dies in ein richtiges Kommando umsetzen kann (T-SQL führt Prozeduren über den Befehl `EXECUTE` aus), muss der Kommandotyp gesetzt werden ❷.

Parameter übergeben

Prozeduren sind erst dann richtig leistungsfähig, wenn man Parameter übergeben kann. Dies erfolgt durch Hinzufügen der Werte an die Kollektion `Parameters` ❸.

Der Schlüssel bestimmt den Namen des Parameters, wie er in der Prozedur definiert wurde, einschließlich des führenden @-Zeichens. Der Wert – hier aus dem selektierten Element der Liste entnommen – wird dann als eigentlicher Parameterwert übergeben. Dann erfolgt die Ausführung der Abfrage und es wird ein `DataReader` zurückgegeben ❹. Damit ist der ganze Vorgang auch schon beendet. Das Ergebnis wird dem `GridView`-Steuerelement zugewiesen ❺.

Mit der Bindung erscheinen nun die Daten. Es ist hier an der Zeit, sich etwas detaillierter mit der Datenbindung auseinanderzusetzen, damit Sie den Vorgang beeinflussen und umfassend ausnutzen können.

13.2 Prinzip der Datenquellen

In den vorangegangenen Abschnitten wurde bereits umfassend auf Datenquellen und die Datenbindung eingegangen. Ausgangspunkt sind dabei immer Datenquellen, die Methoden zur Steuerung einer Aufzählung enthalten und dazu insbesondere `IEnumerable` und `IListSource` implementieren. Die erhöht signifikant die Leistungsfähigkeit des Gesamtsystems und damit die Produktivität des Entwicklers.

Seit ASP.NET 2.0 gibt es das Datenquellen-Modell. Das Datenbindungsprinzip unterstützt einen neuen Satz von Datenquellkomponenten, die eine deklarative Bindung erlauben. Diese Komponenten werden ebenso wie andere Steuerelemente in die ASPX-Seite eingebaut und stehen im Designer ebenso wie im HTML-Teil der Seite zur Verfügung. Sie bieten außerdem eine weitgehende Unterstützung für verschiedene Datenbanken, XML und kundenspezifischen Datenherkunft, wie beispielsweise Excel-Tabellen.

Datenquellen-Modell

13.2.1 Datenquellenkomponenten

Um die Bedeutung der Datenquellenkomponenten zu verstehen, sollten Sie sich mit einigen typischen Szenarios auseinandersetzen. Erst danach sollten Sie sich mit den Details der Implementierung beschäftigen. Es ist auch wichtig zu verstehen, dass die neue Methode der Datenbindung kein Allheilmittel ist und auch keine Wunder vollbringt. Es ist, wie so oft in der Softwarewelt, ein Schritt vorwärts auf einem evolutionären Weg. Aber es hilft in einer signifikanten Anzahl von Fällen und spart Zeit und damit Geld bei der Entwicklung von datenbankgestützten Applikationen.

Code-freie Datenbindung

Einer der wichtigsten Funktionen fortgeschrittener Entwicklungsumgebungen ist die code-freie Datenbindung. Bereits seit ASP.NET 2.0 ist es möglich, auch ohne tiefgehende Kenntnisse einer Programmiersprache und auch ohne SQL wenigstens einfache Anwendungen zu schreiben. Dabei ist nicht nur die Funktionalität von ASP.NET entscheidend beteiligt, sondern auch der sehr starke Designer von Visual Studio. Beides kann eigentlich nur als Einheit betrachtet werden, weil ohne die Unterstützung der Entwicklungsumgebung ein Teil der Funktionalität nicht offen zutage tritt.

Besonders die Assistenten zum Erstellen der Abfragen dürften helfen, wenn SQL-Anweisungen im Großen und Ganzen ein Mysterium darstellen. Das muss kein Makel sein und wer darüber lacht, wirkt schnell arrogant, denn die Anforderungen an Webentwickler sind aufgrund der verschiedenen Technologien (Design und Aussehen mit HTML und CSS schaffen, clientseitige Funktionen mit JavaScript abbilden und serverseitige Datenzugriffe schaffen) schon komplex genug.

Praktisch sieht das dann folgendermaßen aus:

```
<asp:SqlDataSource
    runat="server"
    ID="ErsteQuelle"
    ConnectionString="Server=localhost;Database=HanserDB"
    SelectCommand="SELECT * FROM shop" />
```

Die Details dieses Tags werden nachfolgend ausführlich diskutiert. Generell ist nur von Bedeutung, dass diese Komponente alleine den Datenzugriff regelt, ohne dass auch nur eine einzige Zeile Code geschrieben werden muss. Wichtig zu wissen ist auch, dass dies in Visual Studio durch Toolbox und Assistenten ohne Kenntnisse des Aufbaus des Tags möglich ist. Ebenso einfach sieht die Bindung der Quelle an die Datensenke – die Ausgabe – aus:

```
<asp:GridView runat="server" DataSourceID="ErsteQuelle" />
```

Viel Raum für Vereinfachungen ist hier nun nicht mehr. Deshalb steht die Beschäftigung mit den vielfältigen Details und Funktionen im Vordergrund der kommenden Abschnitte.

13.2.2 Auf IDataSource basierende Datenquellen

Datenquellen, basierend auf `IDataSource` können sehr vielfältig sein. Die Schnittstelle definiert deshalb einen Standardsatz an Funktionen, damit die für die spätere Bindung erforderlichen Informationen vorliegen. Dabei obliegt es der konkreten Implementierung, ob beispielsweise alle Vorgänge in Bezug auf Datenbanken vorhanden sind. So kann eine Datenquelle nur eine Selektion von Daten anbieten, die Aktualisierung von Daten oder das Hinzufügen jedoch nicht.

Der Standardsatz an Funktion umfasst vier grundlegende Operationen:

- Einfügen (INSERT)
- Abfragen (SELECT)
- Aktualisieren (UPDATE)
- Löschen (DELETE)

In der Regel entspricht dies den SQL-Anweisungen, die in den Klammern angeführt wurden. Tatsächlich muss eine Datenquelle keineswegs genauso oder unbedingt im Zusammenhang mit einer SQL-Datenbank arbeiten. Die Abfrage sollte außerdem so umfassend implementiert werden, dass Funktionen zum Sortieren und Filtern vorhanden sind.

Datenquellenkomponenten sind keine Alternative zu ADO.NET, ebenso wenig für alle anderen Arten von Datenzugriffen. Vielmehr handelt es sich um eine zusätzliche Schicht zwischen den datengebundenen Steuerelementen und der sehr viel niedriger liegenden Datenzugriffsschicht (Data Access API). Die Schicht verschafft dem Entwickler praktisch eine starke Abstraktion. Letztlich muss es ihn nicht wirklich tangieren, ob er mit einer SQL-Datenbank, mit XML oder sogar einem einfachen Dateizugriff zu tun hat. In der Praxis wird ihn das freilich dennoch berühren, weil Optimierung kaum auf einer abstrakten Ebene vorgenommen werden kann.

Seit ASP.NET 2.0 wurde die Unterstützung der Datenquellenkomponenten ermöglicht, indem die üblichen und die neuen bindbaren Steuerelemente, wie `Repeater` und `GridView` neue Schnittstellen unterstützen. In ASP.NET 1.x basierte die Bindung noch weitgehend auf `IEnumerable`, einer Schnittstelle, die den genormten Zugriff auf aufzählbare Daten erlaubt. In ASP.NET 4 steht weit mehr zur Verfügung, als mit Methoden wie `Next` oder `Current` auf Daten zuzugreifen. Die Möglichkeiten der Manipulation der Daten durch Einfügen oder Ändern wurde bereits erwähnt.

Nun könnte man das freilich auch im Code machen. Wie Anfangs bereits angedeutet, ist die Einführung neuer Komponenten immer eine zweigleisige Geschichte. Denn zu jeder Komponente gibt es einen Satz Entwurfswerkzeuge in Visual Studio. Erst die Implementierung als entwurfszeitgestützte Komponente erlaubt es, die passenden Assistenten damit zu verbinden. Das erfordert jedoch auch eine hinreichend abstrakte Schicht, denn nur so ist die Anzahl verfügbarer Freiheitsgrade halbwegs beherrschbar. Starke Entwurfszeitunterstützung

Ein anderer Grund ist die Trennung der Datenzugriffsprogrammierung vom Lebenszyklus der Seite. Bisher musste sich der Programmierer immer Gedanken darüber machen, ob und wann ein Datenzugriff erfolgt und wie dieser im Zusammenhang mit der Seitenverarbeitung gesehen wird. Die Datenkomponenten stehen im Code nicht zwingend zur Verfügung, deshalb besteht keine Notwendigkeit, auf den Seitenzyklus Rücksicht zu nehmen. Die Komponente regelt das intern und damit gewinnt man erneut einiges an Vereinfachung. Keine Berücksichtigung des Lebenszyklus

Datenquellenkomponenten an Steuerelemente binden

Datenquellenkomponenten lassen sich an viele bindbare Steuerelemente binden, wie die `GridView`, `DetailsView` oder `TreeView`. Eine Datenquelle repräsentiert eine oder mehrere Sichten auf Daten. Das kann das bekannte `DataSet` ebenso sein wie Geschäftsobjekte, die die entsprechenden Schnittstellen implementieren. Spätestens an dieser Stelle wird man mit zwei grundsätzlich verschiedenen Daten in Berührung kommen: tabellenförmige und hierarchische. Entsprechend gibt es zwei Standardimplementierungen von Datenquellenkomponenten:

- `DataSourceControl`
- `HierarchicalDataSourceControl`

Beide basieren auf `Control` und implementieren `IDataSource`. Zuerst sollten Sie sich deshalb mit dieser Schnittstelle auseinandersetzen.

IDataSource

Alle Datenquellen-Komponenten implementieren `IDataSource`. Für eine eigene Implementierung genügt es daher, sich damit zu beschäftigen. Drei Bereiche sind abzudecken: Methoden, Eigenschaften und Ereignisse.

Intern stellt sich die Datenquelle als eine Sammlung von benannten Sichten dar. Jede Sicht wird als Typ `DataSourceView` repräsentiert. Diese Klasse ist nicht nur zufällig der `DataView` aus ADO.NET ähnlich. Beide stellen eine nutzerspezifische Sicht auf konkrete Daten dar.

13.2.3 Die Schnittstelle IDataReader

Mehr Möglichkeiten ergeben sich aus der `IDataReader`-Schnittstelle. In engem Zusammenhang damit stehen Klassen `DataTable` und `DataView`.

Interessant ist auch eine Klasse mit dem Namen `DataTableReader`, die einerseits die Funktionalität einer `DataTable` bietet, andererseits `IDataReader` implementiert. Sehr häufig benötigt man einen schnellen, fortlaufenden Zugriff auf Datensätze. Klassen wie beispielsweise `SqlDataReader` bieten dies, indem sie Abfrage und Ausgabe verknüpfen. Dabei wird ein schneller Vorwärtscursor benutzt, um lesend auf die Daten zuzugreifen. Liegen die Daten nun bereits in einer `DataTable` vor, war das Auslesen bislang recht umständlich und nicht in der vom `SqlDataReader` bekannten Form leseoptimiert.

Folgerichtig besteht nun die Möglichkeit, den Zugriff auf Grundlage einer Tabelle zu erstellen. Dies kann erfolgen, indem eine `DataTable` als Argument für den Konstruktor benutzt wird:

```
DataTable dt;
// dt wird hier gefüllt
DataTableReader dtr = new DataTableReader(dt);
```

Alternativ bietet die entsprechende `DataTable` auch einen direkten Zugriff an:

```
DataTable dt;
// dt wird hier gefüllt
DataTableReader dtr = dt.GetDataReader();
```

Beachten Sie, dass der `DataTableReader` keine Verbindung mit der Datenbank herstellt und auch sonst keine Beziehung dazu hat. Er verwaltet lediglich die Daten einer bereits existierenden Tabelle im Speicher und ermöglicht einen schnellen Zugriff darauf. Zusätzliche Daten werden dadurch nicht abgerufen und es lassen sich auch keine Daten ändern. Wenn Sie einen schreibenden Zugriff auf die Tabelle benötigen, nutzen Sie die entsprechenden `Rows`- und `Columns`-Auflistungen.

In der Praxis stellt sich neben der Ausgabe von Daten an ein Steuerelement oft auch die Frage nach der Rückgabe in ein `DataSet` oder eine `DataTable`. Eigen ist beiden Klassen die Methode `Load`, die ein Objekt vom Typ `IDataReader` benutzt. Damit lassen sich Daten aus einer Tabelle in eine andere unter Benutzung verschiedener Optionen auswählen. Neben diesem direkten Weg bietet sich eine eigene Implementierung von `IDataReader` an, um noch flexibler auf benutzerdefinierte Daten zugreifen zu können.

13.3 Datenverwaltung mit ADO.NET

Den Kern der verbindungslosen Verwaltung von Daten in der ADO.NET-Welt bildet das `DataSet`. Daraus abgeleitete Objekte speichern die Daten. Gefüllt wird das `DataSet` aus den Ergebnissen einer Abfrage mit dem `DataAdapter`. Optional ist es möglich, die Daten in einem `DataSet` in mehreren Ansichten dem Benutzer bereit zu stellen. Hierfür ist die Klasse `DataView` verantwortlich. Damit die Präsentation dann auch in HTML gelingt, greifen Sie auf Datensteuerelemente wie `GridView`, `DataList` oder `Repeater` zurück.

Alle Basisklassen und damit verbundene Typen werden in diesem Abschnitt ausführlich vorgestellt. Denken Sie auch bei diesen Ausführungen daran, dass Sie nicht alles verwenden müssen, was zu verwenden geht. Suchen Sie sich den für Ihre spezifische Anwendung sichersten Weg.

13.3.1 Datenverwaltung im DataSet

Der letzte Abschnitt behandelte die Klassen und deren Eigenschaften und Methoden, die Bestandteil des Providers sind, also abhängig von der unterliegenden Datenbank. Das `DataSet` ist davon unabhängig, es wird hier keine Unterscheidung mehr zwischen SQL Server und OleDb getroffen. Da viele Funktionen, die früher direkt mit der Datenbank zu tun hatten, im `DataSet` untergebracht sind, ist dieses Objekt entsprechend komplex.

> **HINWEIS**
>
> Das DataSet wurde bereits mehrfach für tot erklärt, weil neue Abstraktionsschichten, wie das Entity Framework oder LINQ-to-SQL besser geeignet seien. Die Autoren sind der Meinung, dass für viele kleinere und mittlere Projekte das DataSet immer noch die beste Wahl darstellt und ebenso einfach wie direkt programmiert werden kann. Lassen Sie sich nicht von vermeintlichen Gurus der reinen Lehre in die Irre führen!

Grundlagen zum DataSet

Das `DataSet` nutzt für die interne Speicherung XML. Dies erleichtert den Datenaustausch zwischen den Datenquellen und kann im Extremfall zum Verzicht auf eine Datenbank führen. Allerdings sind der lokalen Handhabung von Daten natürlich Grenzen gesetzt, vor allem im Hinblick auf Anwendungen unter hoher Last, wie es Websites häufig sind.

Um das `DataSet` zu verstehen, ist ein Blick auf die innere Struktur angebracht. Alle Teile in der folgenden Abbildung manifestieren sich in entsprechenden Klassen.

Das DataSet verstehen

Zentraler Bestandteil des `DataSet` ist eine Kollektion von Tabellen `DataTableCollection`, jeweils durch die Klasse `DataTable` repräsentiert. Das ist ein wesentlicher Aspekt: `DataSet` kann mehrere Tabellen speichern. Jede Tabelle besteht aus Spalten (`DataColumn`), und optional Einschränkungen mit `Contrain`. Diese Klassen definieren quasi das Schema der Tabelle. Wenn Daten enthalten sind, werden diese in Reihen (Klasse `DataRow`) gehalten. Diese Klassen bilden entsprechende Kollektionen, das heißt, `DataColumn` wird in `DataColumnCollection`, `DataRow` in `DataRowCollection` gehalten, usw.

Tabellen

13 Datenbanken und Datenzugriff

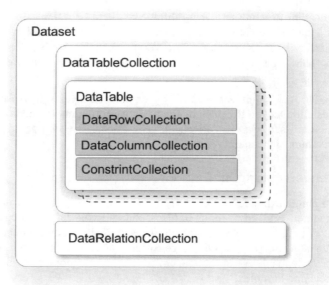

Abbildung 13.6 Aufbau eines DataSet

Beziehungen	Neben Tabellen werden in relationalen Datenbanken auch Beziehungen definiert. Da ein `DataSet` losgelöst von der Datenbank existiert, müssen auch diese Beziehungen nachgebildet werden. Sie werden als Kollektion `DataRelationCollection` gespeichert, jede einzelne repräsentiert durch `DataRelation`.
Erweiterte Eigenschaften	Innerhalb des `DataSet` gibt es eine Kollektion von erweiterten Eigenschaften, erreichbar über die Eigenschaft `ExtendedProperties`. Darin können Sie eigene Informationen speichern. Diese Eigenschaften haben keinen Einfluss auf das `DataSet` selbst. Sie können aber Daten damit persistent machen und an andere Datensenken übertragen. `ExtendedProperties` ist vom Typ `PropertyCollection`, der direkt von `Hashtable` erbt.

Datenansicht und Ausgaben

Nachdem die Daten in der einen oder anderen Form im `DataSet` gespeichert sind, müssen Sie natürlich einen Weg finden, diese zu verarbeiten. Dazu gibt es mehrere Wege.

Daten-Steuerelemente	Der einfachste besteht darin, die Daten direkt an ein Datensteuerelement zu binden. Das wurde bereits bei einigen Beispielen gezeigt. Die Details folgen später.
Direkte Extraktion	Des Weiteren können Sie die Daten aus dem `DataSet` natürlich immer direkt extrahieren. Über die Kollektionen von Reihen und Spalten ist jeder einzelne Wert selektierbar. Die Inhalte lassen sich dann normalen Steuerelementen zuweisen oder anderweitig verwenden. Das setzt natürlich voraus, dass Sie die genaue Position der benötigten Daten kennen.
DataView	Ein weiterer und sehr eleganter Weg besteht in der Nutzung einer Datenansicht, der `DataView`. Diese Datenansichten beeinflussen nicht die Art der Speicherung oder

den Inhalt eines `DataSet`, sondern filtern, sortieren oder manipulieren die Daten nur zum Zweck der Anzeige. Der Umgang mit `DataView` ist nicht besonders schwierig, deshalb wird dieser Teil „nebenbei" im Zusammenhang mit den Beispielen zum `DataSet` abgehandelt.

Allgemeine Hinweise zu Einschränkungen und Beziehungen

Das `DataSet` erlaubt die Definition von sogenannten Relationen über die Klasse `DataRelation` und die Eigenschaft `DataRelations`. Darüber hinaus können aber auch Einschränkungen mit `ForeignKeyContraint` definiert werden. Die Relationen definieren automatisch die benötigten Einschränkungen in Bezug auf die Beziehungen der Spalten in den betroffenen Tabellen. Das heißt konkret, dass das Erzeugen einer Relation im `DataSet` auch zum Erzeugen der FOREIGN KEY- und UNIQUE-Einschränkung führen kann. Der Vorgang kann durch einen entsprechenden Parameter gesteuert werden.

DataRelation

Wenn nun die Einschränkungen über FOREIGN KEY und `DataRelation` gleichermaßen definiert werden können, ergibt sich die Frage, welche Variante in der Praxis gewählt werden sollte. `DataRelation` führt dazu, dass bei der Auswahl von Daten die Beziehungen berücksichtigt werden können. Die Informationen werden dazu verwendet, beim Abruf von Daten aus einer Tabelle die verknüpften Informationen in einer anderen Tabelle zu lesen. Ein Verstoß gegen die Beziehung, beispielsweise durch Löschen eines Datensatzes, führt zu einem Fehler bzw. dem Auslösen einer Ausnahme. Genau das ist Aufgabe der Einschränkungen, die – ebenso wie beim SQL Server – Verstöße nicht zulassen und die Operation wirkungsvoll unterbinden. In Umgebungen, die überwiegend nur lesende Zugriffe benötigen, ist die Programmierung einer `DataRelation` ausreichend. Sind Datenbeziehungen dagegen vor allem dafür festgelegt worden, die Konsistenz von abhängigen Tabellen bei Schreibvorgängen zu sichern, sind Einschränkungen in der SQL-Datenbank sinnvoller. Normalerweise sollte beides parallel benutzt werden.

Einschränkungen werden beim Aufruf folgender Methoden eines `DataSet`-Objekts oder untergeordneter Objekte eingesetzt:

- `DataSet.Merge`
- `DataTable.LoadDataRow`
- `DataRowCollection.Add`
- `DataRow.EndEdit`
- `DataRow.ItemArray`

Isolierte DataSet-Objekte verwenden

Für einfache Anwendungen kann es ausreichend sein, das `DataSet` lokal zu erstellen und dann zu verwenden. Das setzt voraus, dass die entsprechenden Methoden zum Erzeugen von Tabellen, Spalten und Referenzen bekannt sind. Das folgende Beispiel nutzt dies, um Adressen und eine Liste zugehöriger Telefonnummern anzuzeigen. Betrachten Sie zuerst die Definition der *aspx*-Seite:

Listing 13.16 Auswahlliste für Adressen und Telefonnummernanzeige

```
<h1>Umgang mit lokalem DataSet</h1>
<form id="DataSetCreateLocal" method="post" runat="server">
```

13 Datenbanken und Datenzugriff

```
            Wählen Sie einen Kunden aus:<br>
            <asp:DropDownList id="Adressen" runat="server"
                    AutoPostBack="True" Width="166px"
                    OnSelectedIndexChanged="Adressen_OnChange"/>
</form>
<asp:GridView Runat="server" ID="Telefon" />
```

Auf dieser Basis werden mindestens zwei Schritte zur Darstellung der Daten benötigt. Zum einen muss beim ersten Start des Programms die Auswahlliste gefüllt werden. Danach bleibt sie durch den Anzeigestatus der Seite erhalten. Nachdem eine Auswahl getroffen wurde, muss das `GridView`-Steuerelement mit den passenden Telefonnummern gefüllt werden.

In dieser Applikation sollen zentrale relationale Daten vorgehalten werden, ohne dass eine Datenbank zum Einsatz kommt. Gleichzeitig sollen die Daten allen Benutzern zur Verfügung stehen. Es ist eine gute Idee, bei relativ geringen Datenmengen dazu Applikationsvariablen einzusetzen.

Betrachten Sie zuerst die `Page_Load`-Methode, in der das `DataSet` aus der Applikationsvariablen abgerufen und dann zum Füllen der Auswahlliste eingesetzt wird:

Listing 13.17 Abruf des DataSet und Füllen der Auswahlliste (Ausschnitt)

```
private void Page_Load(object sender, System.EventArgs e)
{
  ❶ ds = (DataSet) Application["Adressen"];
   if (!Page.IsPostBack)
   {
   ❷ Adressen.DataSource = ds;
   ❸ Adressen.DataMember = "Adressen";
     Adressen.DataValueField = "id";
     Adressen.DataTextField = "name";
     Adressen.DataBind ();
   }
}
```

Applikationsvariablen speichern Elemente immer als Typ `object`. Das hat den Vorteil, dass Sie nicht in Bezug auf mögliche Speicherobjekte eingeschränkt sind, von der Serialisierung mal abgesehen. Beim Abruf der Elemente muss natürlich eine Typumwandlung in den ursprünglichen Typ vorgenommen werden, hier das `DataSet` ❶. Der folgende Teil wird nur ausgeführt, wenn das Formular noch nicht zurückgesendet wurde, denn nur dann muss die Auswahlliste gefüllt werden. Bei allen folgenden Aufrufen erledigt dies der Anzeigestatus (ViewState). Dann wird dem Steuerelement das `DataSet` als Datenquelle zugewiesen ❷. Da die Adressen von Interesse sind, wird die entsprechende Tabelle zum Datenmitglied erklärt ❸. Nun wird bestimmt, dass die Optionsfelder mit der `id` und die Anzeige mit `name` gefüllt werden. Mit der folgenden Bindung erscheinen die Daten im Steuerelement.

Wie an der Definition im letzten Listing zu sehen ist, fehlt eine Sendeschaltfläche. Stattdessen sorgt das Attribut `AutoPostBack` dafür, dass bei Änderungen das Formular gesendet wird. Da nur dann eine Aktualisierung der Anzeige erforderlich ist, wenn die Listenauswahl auch wirklich geändert wurde, wird das Ereignis `OnSelectedIndexChanged` ausgewertet, basierend auf folgendem Attribut:

```
OnSelectedIndexChanged="Adressen_OnChange"
```

Der zweite Teil der Applikation besteht in der Definition der Ereignisbehandlungsmethode.

Listing 13.18 Anzeigen der Nummern anhand der Auswahl (Ausschnitt)

```
public void Adressen_OnSelectedIndexChange(object sender, ↵
                                           System.EventArgs e)
{
   ❶  DataView dv = new DataView (ds.Tables["Telefone"]);
   ❷  dv.RowFilter = String.Format("aid={0}", ↵
                     Adressen.SelectedItem.Value.ToString ());
   Telefon.DataSource = dv;
   Telefon.DataMember = "Telefone";
   Telefon.DataBind ();
}
```

Hier wird eine `DataView` eingesetzt, um die passenden Daten zu selektieren. Angelegt wird sie auf Basis der zweiten Tabelle, *Telefone* ❶. Ein `DataView`-Objekt kann Daten filtern, hier auf Basis der Werte der Auswahllistewerte, die die id-Nummern der Adressen enthält ❷. Der Rest der Methode besteht wieder im Zuweisen der Datenansicht.

Das DataSet erzeugen

Nun bleibt noch die größere Aufgabe, das eigentliche `DataSet` zu erzeugen und als Applikationsvariable zu übergeben. Da die Daten allen Benutzern gleichermaßen, quasi statisch, zur Verfügung stehen sollen, genügt es, diese zum Start der Applikation zu generieren. Dazu eignet sich das Ereignis `Application_Start`, dessen Ereignisbehandlungsmethode Sie in der Datei *global.asax* im Stammverzeichnis der Applikation finden. Dort wird zuerst folgendes programmiert:

Listing 13.19 Erzeugen des DataSet in der Datei global.asax

```
protected void Application_Start(Object sender, EventArgs e)
{
   DataSet localDs = CreateDataSet(); ❶
   FillDataSet(ref localDs); ❷
   Application["Adressen"] = localDs; ❸
}
```

Zwei etwas umfangreichere Methoden, die noch programmiert werden müssen, werden hier aufgerufen. `CreateDataSet` erzeugt die Struktur der Tabellen ❶. In SQL entspräche dieser Vorgang dem Absenden von CREATE TABLE-Befehlen. Mit `FillDataSet` ❷ werden die beiden Tabellen dann mit einigen Daten gefüllt. Zuletzt wird das fertige `DataSet` der Applikationsvariablen Adressen zugewiesen ❸. Die beiden Methoden werden hier nur ausschnittsweise wiedergegeben. Den vollständigen Code finden Sie in der Datei *global.asax* des Projekts.

Listing 13.20 Methode zum Erzeugen eines DataSet

```
private DataRow tempRow;
private List<string> tempTel = new List<string>();
private int currentId;

private DataSet CreateDataSet()
{
 ❶ DataSet ds = new DataSet();
 ❷ DataTable dtAdressen = new DataTable ("Adressen");
```

13 Datenbanken und Datenzugriff

```
        DataTable dtTelefone = new DataTable ("Telefone");
        // Adressen
❸       dtAdressen.Columns.Add ("id", typeof(Int32));
        dtAdressen.Columns.Add ("name", typeof(String));
        dtAdressen.Columns.Add ("strasse", typeof(String));
        dtAdressen.Columns.Add ("plz",typeof(String));
        dtAdressen.Columns.Add ("ort", typeof(String));
        // Telefone
        dtTelefone.Columns.Add ("id", typeof(Int32));
        dtTelefone.Columns.Add ("aid", typeof(Int32));
        dtTelefone.Columns.Add ("nummer", typeof(String));
        // Referenzen
❹       DataColumn[] pk = new DataColumn[1];
❼       dtAdressen.Columns["id"].AutoIncrement = true;
❽       dtAdressen.Columns["id"].AutoIncrementSeed = 1;
        dtAdressen.Columns["id"].ReadOnly = true;
❺       pk[0] = dtAdressen.Columns["id"];
❻       dtAdressen.PrimaryKey = pk;
        dtTelefone.Columns["id"].AutoIncrement = true;
        dtTelefone.Columns["id"].AutoIncrementSeed = 1;
❾       dtTelefone.Columns["id"].ReadOnly = true;
        pk[0] = dtTelefone.Columns["id"];
        dtTelefone.PrimaryKey = pk;
❿       ds.Tables.Add (dtAdressen);
        ds.Tables.Add (dtTelefone);
        ds.Relations.Add ("AdresseTelefon",
                         dtAdressen.Columns["id"],
                         dtTelefone.Columns["aid"]);
        return ds;
}
```

Die Methode `CreateDataSet` erzeugt ein neues `DataSet`-Objekt und füllt es dann mit einer – vorerst leeren – Tabellenstruktur ❶.

DataTable Am Beispiel der Tabelle *Adressen* soll gezeigt werden, wie Sie eine solche Struktur entwerfen. Zuerst wird die Tabelle selbst erzeugt ❷. Dann werden der Tabelle die Spalten hinzugefügt. Dies geschieht durch Anfügen von Spalten an die `Columns`-Kollektion, die über die Eigenschaft `Columns` zugänglich ist. Benötigt werden mindestens ein Spaltenname und der Datentyp ❸. Die anderen Spalten werden ähnlich konstruiert, nur der Name und natürlich der Datentyp unterscheiden sich.

Mit der Spalte `id` ist noch besonders zu verfahren, denn dies ist sowohl der Primärschlüssel (PRIMARY KEY) und außerdem soll der Schlüssel automatisch vergeben werden. Der Primärschlüssel wird einer Spaltenkollektion entnommen, auch wenn nur eine Spalte dafür in Frage kommt. Erzeugen Sie dazu eine solche Kollektion ❹. Dem ersten Element wird dann die Spalte zugeordnet, die den Primärschlüssel darstellt ❺. Die Kollektion wird dann der Eigenschaft `PrimaryKey` der Tabelle zugewiesen ❻. Nun werden noch die Eigenschaften zur automatischen Zählung (AUTOINCREMENT) der Spalte bestimmt ❼. Festgelegt wird auch der Startwert ❽.

Damit im Code nicht versehentlich der automatisch erzeugte Wert überschrieben wird, kann die Spalte als „readonly" gekennzeichnet werden ❾. Wird dennoch ein Schreibversuch unternommen, wird ein Laufzeitfehler ausgelöst, den Sie abfangen und verarbeiten können.

13.3 Datenverwaltung mit ADO.NET

Die fertige Tabelle wird nun dem `DataSet` hinzugefügt ❿. Abschließend soll noch eine Beziehung definiert werden, die die Tabelle *Telefone* mit der Tabelle *Adressen* verknüpft. Diese Beziehung erzeugt, wie zuvor bereits beschrieben, eine FOREIGN KEY-Einschränkung. Wenn Sie nun versuchen, Telefonnummern einzutragen, zu denen noch keine Adresse existiert, wird die Ausnahme `InvalidConstraintException` erzeugt.

Schauen Sie sich nun den Code der Methode `FillDataSet` an, um zu erfahren, wie die Programmierung korrekt erfolgt.

Listing 13.21 Füllen eines DataSet

```
private void FillDataSet (ref DataSet ds)
{
   // Daten für Adresse 1
 ❶ tempRow = ds.Tables["Adressen"].NewRow();
 ❷ tempRow["name"] = "Jörg Krause";
   tempRow["strasse"] = "Dornenweg 33";
   tempRow["plz"] = "12683";
   tempRow["ort"] = "Berlin";
   ds.Tables["Adressen"].Rows.Add(tempRow);
   tempTel.Add ("030-1234567");
   tempTel.Add ("0172-9876544");
 ❸ currentId = Convert.ToInt32(tempRow["id"]);
   foreach (string s in tempTel)
   {
       tempRow = ds.Tables["Telefone"].NewRow();
       tempRow["nummer"] = s;
       tempRow["aid"] = currentId;
       ds.Tables["Telefone"].Rows.Add(tempRow);
   }
   tempTel.Clear();
   // Daten für weitere Adressen
}
```

Prinzipiell werden hier alle Reihen quasi von Hand erzeugt. Das ist nur dann ein typisches Verfahren, wenn Sie die Daten tatsächlich hart kodieren wollen oder müssen. Typischer ist sicher die Übernahme der Einträge aus einem Formular oder einer externen Datenquelle. Das ändert aber nichts an der Vorgehensweise, wie sie das vorliegende Beispiel zeigt. Durch die feste Vergabe der Werte wird der Code hier jedoch vereinfacht.

Zuerst wird eine neue Reihe erzeugt, vorerst noch leer ❶. Nun werden den Spalten der neuen Reihe die Werte spaltenweise zugewiesen ❷. Am Ende wird die neue Spalte der Kollektion der Reihen der Tabelle angehängt. Da die Reihe vorher aus der Tabelle selbst erzeugt wurde, stimmen die Spalten überein und der Vorgang gelingt immer. Bei der Beschreibung der Erstellung der Tabellenstruktur wurde gezeigt, dass die Spalte id nicht beschrieben werden kann und die Werte automatisch, fortlaufend zählend, vergeben werden. Für die Verknüpfung der Werte in der Tabelle *Telefone* wird dieser automatisch erzeugte Wert benötigt. Er soll der Spalte *aid* zugewiesen werden. Unmittelbar nach dem Anhängen der neuen Reihe an die Tabelle *Adressen* ist dieser Wert schon bekannt ❸. Nun kann die Tabelle *Telefone* beschrieben werden. Zur Demonstration der Möglichkeiten wird hier ein `List<string>`-Objekt verwendet und mit einer `foreach`-Schleife durchlaufen. Bei jedem Schleifendurchlauf wird eine Reihe erzeugt und die Nummer sowie die ID aus der Variablen `currentId` zugewiesen.

Damit ist das Programm auch schon lauffähig. Nicht gezeigt wurden hier die benötigten Zuweisungen der Namensräume und die Deklarationen globaler Felder. Konsultieren Sie also unbedingt den Code auf der Website zum Buch. Das fertige Programm führt zu einer Anzeige, wie sie in der Abbildung bereits gezeigt wurde.

13.3.2 Die Struktur einer Tabelle im DataSet bestimmen

Um die Struktur einer Tabelle im `DataSet` bestimmen zu können, gibt es mehrere Wege. Dieser Abschnitt zeigt die prinzipiellen Techniken. Was in der Praxis eingesetzt wird, hängt von der Aufgabenstellung ab. Auch hier gilt: Nicht alles, was möglich ist, muss auch verwendet werden.

Erzeugen einer Spalte und Zuweisen spezifischer Eigenschaften

Im letzten Abschnitt wurde die Struktur direkt im Code erzeugt, durch Zuweisen der Eigenschaften von Spalten. Dies ist umständlich, aber auch sehr flexibel. Denkbar wäre es, einige Strukturen davon abhängig zu machen, welche Bedingungen zur Laufzeit herrschen. So könnten die Tabellen auf verschiedenen Installationen unterschiedlich gestaltet sein.

Tabelle 13.3 Wichtige Eigenschaften für Spalten

Eigenschaft	Datentyp	Beschreibung
`AllowDBNull`	`bool`	Der Wert NULL wird erlaubt, wenn diese Eigenschaft `true` ist.
`ColumnName`	`string`	Name der Spalte
`Caption`	`string`	Beschriftung für Spalte für Steuerelemente, die das unterstützen
`DataTyp`	`Type`	Datentyp der Spalte, beispielsweise mit `GetType` oder `typeof` ermittelt
`DefaultValue`	`object`	Standardwert (entspricht DEFAULT in SQL)
`Expression`	`string`	Ausdruck für eine berechnete Spalte. Zulässig sind alle Aggregatfunktionen und Operatoren aus SQL.
`ExtendedProperties`	`PropertyCollection`	Nutzerdefinierte Eigenschaften. `PropertyCollection` erbt direkt von `Hashtable` und verhält sich entsprechend.
`MaxLength`	`int`	Maximale Breite der Spalte in Zeichen
`AutoIncrement`	`bool`	Automatische Schlüsselvergabe
`AutoIncrementSeed`	`int`	Startwert der Schlüsselvergabe
`AutoIncrementStep`	`int`	Steuerung der automatischen Wertvergabe für Index-Spalten
`ReadOnly`	`bool`	Spalte als schreibgeschützt festlegen
`Unique`	`bool`	Spalte als UNIQUE festlegen (Die Werte müssen eindeutig sein)

Darüber hinaus gibt es weitere Eigenschaften, die beim Umgang mit Spalten hilfreich sein können. Dazu gehört die Eigenschaft Table, mit der der Name der Tabelle ermittelt werden kann, zu dem diese Spalte gehört. Der Wert ist null, solange noch keine Zuweisung erfolgte. Benötigt wird gelegentlich auch Ordinal. Mit dieser Eigenschaft ist es möglich, die Nummer der Spalte in der Auflistung zu ermitteln. Spalten zählen nullbasiert.

13.3.3 Das DataSet und XML

Wenn Sie im DataSet-Objekt Daten speichern, die explizit als XML ausgegeben werden sollen oder die aus einer XML-Quelle stammen, können die Spalten zu einem speziellen Namensraum gehören. Dann ruft die Eigenschaft NameSpace diesen ab oder legt ihn fest. Mit Prefix wird der Aliasname des Namensraumes festgelegt oder ermittelt.

Ein kleines Programm soll zeigen, wie Sie die Definition von berechneten Spalten mit der Eigenschaft Expression verwenden können. Zuerst wieder ein Blick auf den HTML-Quelltext. Realisiert wird ein Währungsrechner mit einer Besonderheit. Nach der Auswahl der Ausgangswährung in Euro kann der Benutzer eine Liste von Werten eingeben und sich die Umrechnungen anschauen:

Listing 13.22 Ein einfacher Währungsrechner

```
<h1>Umgang mit lokalen DataSet</h1>
<h2>Nutzung berechneter Spalten</h2>
<form id="DataSetLocalExpression" runat="server">
   Wählen Sie zuerst die benötigte Umrechnung:<br>
   <asp:RadioButtonList Runat="server" ID="Waehrungen"
       AutoPostBack="True"
       OnSelectedIndexChanged="Waehrungen_Changed"
       RepeatColumns="3"
       RepeatDirection="Horizontal"/>
   Tragen Sie einen Wert ein, der der
   Liste hinzugefügt werden soll:
   <br>
   <asp:TextBox Runat="server" ID="Eingabe" />
   <asp:Button Runat="server" ID="Absenden"
           OnClick="Absenden_OnClick"
           Text="Berechnen"/>
   <asp:Label Runat="server" ID="Fehler"/>
</form>
<asp:DataGrid Runat="server" ID="Ausgabe" />
```

Im oberen Teil findet der Benutzer eine Reihe von Optionsfeldern, die die Auswahl einer der Währungen der Euroländer erlauben. Darunter ist ein Eingabefeld zu sehen, in das der Betrag in der alten Landeswährung eingegeben werden kann. Jeder erfasste Wert wird dann der Liste im unteren Teil hinzugefügt, wobei alte Währung und Euro nebeneinander stehen. Wie im HTML-Code zu sehen ist, wird die Liste durch ein GridView-Steuerelement dargestellt.

Es werden insgesamt drei Ereignisse ausgewertet, für die drei Ereignisbehandlungsmethoden programmiert werden müssen. Das erste ist – wie üblich – Page_Load. Hier erfolgt das Füllen der Optionsfelder mit den Währungsnamen und Umrechnungsfaktoren.

13 Datenbanken und Datenzugriff

Listing 13.23 Die Methode Page_Load (Ausschnitt)

```
private DataSet ds = new DataSet();
private DataColumn tempC;
private string faktor;
private Hashtable faktoren = new Hashtable();

private void Page_Load(object sender, System.EventArgs e)
{
   if (!Page.IsPostBack)
   {
      faktoren.Add("DEM",   1.95583);
      faktoren.Add("ATS",  13.7603);   //ATS
      faktoren.Add("BEF",  40.3399);   //BEF
      faktoren.Add("ESP", 166.386);    //ESP
      faktoren.Add("FIM",   5.94573);  //FIM
      faktoren.Add("FRF",   6.55957);  //FRF
      faktoren.Add("IRP",   0.787564); //IRP
      faktoren.Add("ITL", 1936.27);    //ITL
      faktoren.Add("LUF",  40.3399);   //LUF
      faktoren.Add("NLG",   2.20371);  //NLG
      faktoren.Add("PTE", 200.482);    //PTE
      faktoren.Add("GRD", 340.750);    //GRD
      Waehrungen.DataSource = faktoren;
      Waehrungen.DataTextField = "Key";
      Waehrungen.DataValueField = "Value";
      Waehrungen.DataBind ();
   }
}
```

Da die Anzahl der Währungen und die Umrechnungsfaktoren in Euroland keinen Schwankungen unterliegen, ist eine feste Kodierung vertretbar. Hier wird der Typ `Hashtable` verwendet, um die Währungskürzel und die Faktoren aufzunehmen. Die Bindung erfolgt dann an das `RadioButtonList`-Steuerelement, wobei der Schlüsselwert `Key` zur Anzeige des Textes und `Value` den Optionswerten zugewiesen wird. Die Liste reagiert auf einen Klick mit dem Absenden des Formulars durch `AutoPostback`.

Nach dem durch `AutoPostBack` ausgelösten Ereignis setzt das Programm seine Arbeit mit der Ereignisbehandlungsmethode `Waehrungen_Changed` fort. Dort wird nun die Tabelle erzeugt, die später zur Anzeige der Liste der Währungen führt. Die Konstruktion der Tabelle erfolgt dynamisch und der Umrechnungsfaktor wird als `Expression`-Eigenschaft programmiert. Auch hier gibt es eine kleine Besonderheit. Bei der Verarbeitung der internen Gleitkommazahlen wird die standardmäßige Kultur verwendet. Das führt dazu, dass `ToString` die Zahlen in das deutsche Format wandelt; mit einem Komma als Dezimaltrennzeichen. Durch Verändern der Kultur auf „en-US" wird das korrekte Format für die Verarbeitung von Ausdrücken verwendet.

Listing 13.24 Erzeugen des DataSet in Abhängigkeit von der Währungsauswahl (Ausschnitt)

```
public void Waehrungen_Changed(object sender, System.EventArgs e)
{
❶ CultureInfo us = new CultureInfo("en-US");
   faktor = Convert.ToDouble(Waehrungen.SelectedItem.Value).↵
      ToString (us);
❷ DataTable waehrungsTabelle = new DataTable ("Currency");
```

13.3 Datenverwaltung mit ADO.NET

```
❸ tempC = new DataColumn ();
  tempC.ColumnName = "Original";
  tempC.DataType = typeof(double);
❹ tempC.Unique = true;
❻ waehrungsTabelle.Columns.Add (tempC);
  tempC = new DataColumn ();
  tempC.ColumnName = "Euro";
  tempC.DataType = typeof(double);
❺ tempC.Expression = "Original / " + faktor;
  waehrungsTabelle.Columns.Add (tempC);
❼ ds.Tables.Add (waehrungsTabelle);
❽ Session["MyDataSet"] = ds;
}
```

Das Erzeugen einer anderen Kultur ist sehr einfach. Voraussetzung ist die Einbindung des passenden Namensraumes:

```
using System.Globalization;
```

Das Anlegen der Kultur ist dann sehr einfach ❶. Dann wird der Wert des angeklickten Elements des `RadioButtonList`-Steuerelementes ermittelt. Die Konvertierung erfolgt erst in den Typ `double` und dann wieder in eine Zeichenkette, diesmal unter Verwendung der Kultur „en-US", sodass die Dezimaltrennzeichen den Bedingungen in SQL entsprechen: `ToString(us)`.

Dann wird eine neue Tabelle erzeugt – *Currency* –, die später die Werte aufnimmt, die der Benutzer eingibt ❷. Es folgen die Definitionen der Spalten ❸. Die Tabelle enthält lediglich zwei Spalten: `Original` zur Aufnahme der Eingabewerte und `Euro` zur Ausgabe der berechneten Beträge. Die Originalwerte müssen eindeutig sein, deshalb wird eine UNIQUE-Einschränkung programmiert ❹. Die `Euro`-Spalte wird dagegen überhaupt nicht durch Eingaben gesteuert, sondern soll ihren Inhalt selbst berechnen. Dazu wird die Eigenschaft `Expression` gesetzt ❺. Die Variable `faktor` enthält den Umrechnungsfaktor für die gewählte Währung. Die Spalten werden dann der Tabelle hinzugefügt ❻. Dann wird die Tabelle an das `DataSet` übergeben ❼. Das so erzeugte `DataSet`-Objekt darf nicht jedes Mal wieder generiert werden, denn sonst gehen die bereits erfassten Werte verloren. Andererseits enthalten die Daten nun nutzerspezifische Informationen, sodass sich eine zentrale Ablage in Applikationsvariablen verbietet. Für solche Daten sind Sitzungsvariablen gut geeignet. Hier wird das fertige Objekt einfach in einer solchen Variablen gespeichert ❽. Nun ist es noch notwendig, die Eingabe im Textfeld zu verarbeiten. Dazu ist die bereits erwähnte Einschränkung zu beachten, die die Eindeutigkeit der Spalte `Original` sicher stellt. Eine `try-catch`-Anweisung regelt das und erzeugt gegebenenfalls eine Fehlermeldung.

Listing 13.25 Absenden_OnClick (Ausschnitt)

```
public void Absenden_OnClick (object sender, System.EventArgs e)
{
   ❶ ds = (DataSet) Session["MyDataSet"];
   if (ds != null)
   {
      ❻ object[] original = {Eingabe.Text};
      Fehler.Text = "";
      try
      {
         ❸ ds.Tables["Currency"].Rows.Add (original);
```

```
            }
    ❹ catch (ConstraintException)
        {
            Fehler.Text = "Der Wert ist bereits vorhanden";
            Fehler.ForeColor = Color.Red;
        }
        Ausgabe.DataSource = ds;
        Ausgabe.DataMember = "Currency";
        Ausgabe.DataBind ();
    }
}
```

Das in der Methode Waehrungen_Changed erzeugte und in einer Sitzungsvariablen gespeicherte DataSet muss zuerst wieder bereit gestellt werden ❶. Falls die Methode versehentlich aufgerufen wurde, ohne dass das DataSet existierte, ist die Variable ds null. Dies wird geprüft, bevor die eigentliche Nutzung beginnt.

Da Tabellen normalerweise mehrere Spalten enthalten und diese beim Erzeugen einer neuen Reihe mit einem Mal zugewiesen werden sollen, erwartet die Methode Add der Kollektion Rows ein Array vom Typ object[]. Das ist auch der Fall, wenn wie vorliegend nur eine Spalte bedient und die zweite berechnet wird. Das Array besteht nur aus einem Element, dem Wert des TextBox-Steuerelements ❷.

Dieses Array wird dann als Parameter zum Erzeugen der neuen Reihe verwendet. Das passiert innerhalb eines try-Zweiges, denn hier kann ein Fehler auftreten. Bei der Definition der Spalte wurde festgelegt, dass die Werte eindeutig sein müssen. Wenn nun das Formular mit demselben Wert erneut abgesendet wird, tritt eine entsprechende Ausnahme bei der Ausführung der folgenden Zeile auf ❸. Diese wird mit folgendem Code abgefangen ❹.

Im Beispielprogramm erscheint daraufhin eine entsprechende Meldung neben der Absende-Schaltfläche. Dies ist durchaus praktikabel, denn es handelt sich hier um keinen schwerwiegenden Fehler, der einen Programmabbruch rechtfertigen würde. Zuletzt folgt noch die Ausgabe der Daten des DataSet an das GridView-Steuerelement.

Zusammenfassung

Das Programm zeigt, wie Sie ein DataSet-Objekt ohne Datenbank erzeugen, mit Tabellen füllen und praktisch verwenden können. Gegenüber konventioneller Programmierung ist die Komplexität der Speicherung, Berechnung und Darstellung in ein leistungsfähiges Objekt integriert worden, was den Code schlanker und schneller macht. Auch bei steigenden Ansprüchen an das Produkt wird die Programmierung mit DataSet der beste Weg bleiben, denn es gibt weit mehr Funktionen und Einsatzfälle, als hier beschrieben werden konnten. Lassen Sie sich durch die beiden Beispiele mit datenbanklosen DataSet-Anwendungen inspirieren, eigene Ideen mit dieser Technik umzusetzen.

In den folgenden Abschnitten wird der klassische Weg näher betrachtet: Der Einsatz der Klasse DataSet mit einer Datenbank. Dazu kommen vorzugsweise der SQL Server und Transact-SQL zum Einsatz.

13.4 Der Datenadapter

Sollen Daten einer großen Benutzergruppe bereitgestellt werden oder sind die Datenmengen selbst sehr umfangreich, führt kaum ein Weg an einem Datenbankmanagementsystem vorbei. Wenn sich Daten optimal in relationalen Beziehungen darstellen lassen und Such- oder Filterfunktionen intensiv genutzt werden, bieten RDBMS Vorteile beispielsweise gegenüber XML. In diesem Abschnitt soll die Kopplung des DataSet mit der Datenbank im Vordergrund stehen. Dort ging es um den Aufbau des Providers, also des datenbankabhängigen Teils von ADO.NET. Im Mittelpunkt der Abbildung stand der sogenannte Datenadapter, der jedoch beim Zugriff mit DataReader nicht benötigt wird. Der Datenadapter ist quasi der große Bruder des DataReader.

13.4.1 Einführung in die Klasse DataAdapter

Der Datenadapter stellt eine Verbindung zwischen einer Datenbank und einem DataSet her. Dabei gibt es keine Einschränkungen in der Art des Zugriffs. Daten können gelesen und geschrieben werden, es gibt Transaktionen und Datensatzverriegelungen. Wie bei den anderen Bestandteilen eines Providers ist die Implementierung auch hier für jede Zugriffsmethode individuell, es gibt also einen SqlDataAdapter und einen vergleichbaren OleDbDataAdapter. Wenn im folgenden Text allgemein von DataAdapter oder dem Datenadapter die Rede ist, gelten die Ausführungen für beide Provider (und für andere, wie OdbcDataAdapter, die hier nicht betrachtet werden).

In den Beispielen wird durchgehend der SQL Server 2008 (R2) als Datenquelle verwendet, sodass Sie nur den Einsatz von SqlDataAdapter sehen. Es dürfte sehr einfach sein, dass Prinzip auf OleDb zu übertragen. Leser, die nur Microsoft Access verwenden können, sollten sich unbedingt dazu ermutigt fühlen, die Programme entsprechend zu verändern.

Daten aus der Datenbank holen

Der erste Schritt bei der Nutzung des Datenadapters besteht in der Abfrage von Daten aus einer existierenden Datenbank. Das folgende Beispiel zeigt, wie dies erfolgt und wie die Übergabe der Daten an ein DataSet und nachfolgend an ein GridView-Steuerelement hier mit dem Namen *Artikel* erfolgt.

Listing 13.26 Nutzung eines Datenadapters zur Abfrage einer Datenbank

```
public class DataAdapterSelect : System.Web.UI.Page
{
    protected DataGrid Artikel;

    private void Page_Load(object sender, System.EventArgs e)
    {
        if (!Page.IsPostBack)
        {
            string query = "SELECT * FROM Artikel";
            string connection = "Server=localhost;
                                 Database=Shop;
                                 uid=sa; pwd=xxxxx";
```

13 Datenbanken und Datenzugriff

```
            ❶ SqlDataAdapter da = new SqlDataAdapter (query, connection);
            ❷ DataSet ds = new DataSet ();
            ❸ da.Fill (ds, "Artikel");
            Artikel.DataSource = ds;
            Artikel.DataBind ();
        }
    }
}
```

Im Beispiel werden eine Datenbankabfrage (SELECT) und eine Verbindungszeichenfolge vorbereitet. Dann wird diese Abfrage ausgeführt, indem die entsprechenden Informationen dem Konstruktor des Datenadapters übergeben werden ❶. Nun wird zur Aufnahme der Daten ein DataSet erzeugt ❷. Es ist Aufgabe des Datenadapters, die Daten an das Ziel zu übergeben. In diesem Fall ist das Ziel das DataSet-Objekt und die Aufgabe der Übertragung übernimmt die Methode Fill ❸.

Fill

Fill kennt mehrere Überladungen, von denen die gebräuchlichste eingesetzt wurde. Der erste Parameter ist das DataSet-Objekt, der zweite benennt die Tabelle, der die Daten zugewiesen werden. Die Tabelle selbst wird dabei erzeugt. Der Rest des Programms realisiert die bereits mehrfach verwendete Methodik zur Ausgabe der Daten mit einem GridView-Steuerelement, was mangels aufwändiger Gestaltung zu einer primitiven Ausgabe führt.

Wenn Sie die Gestaltung sehr schnell vornehmen möchten, können Sie den Designer in Visual Studio verwenden. Wechseln Sie dazu in die Entwurfsansicht und wählen Sie im Kontextmenü des GridView-Steuerelementes die Option AUTOMATISCHE FORMATIERUNG. Im folgenden Dialog wählen Sie eine Gestaltungsvorlage aus und klicken dann auf OK.

Mit ein wenig Gestaltung wirkt es schon professioneller, was angesichts der wenigen Programmzeilen erstaunlich ist, denn die *aspx*-Datei enthält weiterhin nur ein einziges Steuerelement.

Freilich steckt weit mehr im Datenadapter, als dieses Beispiel zeigen konnte. Einiges bietet allein die Methode Fill. Hier folgt eine alternative Überladung:

```
da.Fill(ds, startDs, maxDs, "TabellenName");
```

Der Parameter startDs bestimmt den ersten zu lesenden Datensatz, während maxDs die Anzahl festlegt.

DataTable

Abgesehen davon kann Fill auch direkt Daten an ein DataTable-Objekt übergeben, das dann wiederum in der bereits gezeigten Art und Weise an ein DataSet übergeben wird.

FillSchema

Mit FillSchema können Sie außerdem veranlassen, dass nur die Struktur der abgefragten Tabelle übertragen wird. Dies ist dann interessant, wenn die Datenbank noch leer ist und erst durch Benutzeraktionen gefüllt werden soll.

Über die Arbeitsweise des Datenadapters

Wie im Beispiel zu sehen war, erzeugt der Datenadapter die Tabelle im DataSet, wenn es erforderlich sein sollte. Ist die Tabelle schon vorhanden, wird die bestehende Definition verwendet. Das setzt natürlich voraus, dass die Daten dazu passen. Leider ist die Methode der Generierung der Tabellenstruktur nicht vollautomatisiert. So werden Schlüsselspalten standardmäßig nicht erkannt und der in den SQL-Tabellen zweifelsfrei vorhandene Primärschlüssel ist in der Tabelle *Artikel* im `DataSet`-Objekt verschwunden. Es gibt zwei Lösungen für das Problem:

- Nutzung eines typisierten `DataSet`

  An dieser Stelle müssen Sie sich zwangsläufig ein wenig mit Schemata auseinandersetzen. Das interne Speicherformat im `DataSet` ist XML. Die Strukturinformationen der Tabellen werden passend dazu in XSD gespeichert.

- Umgang mit vorhandenen Schemata

  Wenn die Daten einer Abfrage nicht zum vorhandenen Schema passen, muss es eine Strategie geben, damit umzugehen. Allein das Auslösen einer Ausnahme ist keine Lösung, denn Teilabfragen sind typisch, sodass häufiger dieser Vorgang auftritt. Die Klassen `SqlDataAdapter` bzw. `OleDbDataAdapter` bringt dazu eine Eigenschaft mit: `MissingSchemaAction`. Damit steuern Sie, wie mit fehlenden oder überzähligen Spalten und bestimmten Spalteneigenschaften verfahren wird, wenn das Füllen eines `DataSet` erfolgt. Der Eigenschaft kann eine der folgenden Aufzählungen zugewiesen werden.

Tabelle 13.4 Parameter der Eigenschaft MissingSchemaAction

Option	Beschreibung
`Add`	Fügt zusätzliche Spalten hinzu, unabhängig davon, ob sie im Schema schon existieren. Dies ist die Standardeinstellung.
`AddWithKey`	Fügt zusätzliche Spalten hinzu und erkennt Primärschlüssel.
`Error`	Löst eine Ausnahme aus, wenn eine Spalte im Schema nicht existiert.
`Ignore`	Spalten, die nicht im Schema existieren, werden ignoriert.
`MissingSchemaAction`	Diese Optionen wenden Sie folgendermaßen an: `da.MissingSchemaAction = MissingSchemaAction.AddWithKey`

Die Grundlage derartiger Aktionen bildet immer ein Schema. Man spricht in diesem Fall von einem schematisierten `DataSet`, solchen also, die wie eine Datenbank über die kompletten Typinformationen verfügen, wie sie auch im SQL Server oder in Access definiert werden können.

13.4.2 Datensichten mit DataView

Auch `DataView` war schon kurz im Einsatz. Diese Klasse gehört nicht zum Provider und ist universell einsetzbar. Es ist damit möglich, eine bindungsfähige Sicht einer spezifischen Tabelle zu erstellen. Durch die Möglichkeit der Bindung kann ein `DataView`-Objekt genauso wie `DataSet` als Quelle eines Datensteuerelements genutzt werden. Der Einsatz besteht dann auch im Wesentlichen darin, die Daten einer Abfrage für eine konkrete Situation anzupassen. Diese Technik erleichtert die Gestaltung von SQL-Abfragen, weil diese gegebenenfalls einfacher ausfallen können. Sie ist außerdem flexibler, weil Sie viele verschiedene Sichten auf die Daten erzeugen können, ohne immer wieder den Datenbankserver damit zu belasten.

Die Auswahl von Daten basiert auf zwei elementaren Vorgängen:

- Sortieren
- Filtern

Darüber hinaus können Sie die Daten in der Sicht auch ändern, löschen oder ergänzen. Die dahinter liegende Tabelle wird dann ebenfalls aktualisiert und dies wird wiederum in der Datenbank repräsentiert.

Daten filtern und sortieren

Für das nächste Beispiel sollen die Filter- und Sortiermöglichkeiten der Klasse `DataView` herangezogen werden. Um die Zuordnung der zu programmierenden Methoden einfacher zu gestalten, machen Sie sich zuerst mit dem Code der aspx-Seite vertraut. Die Gestaltungsstile des `GridView`-Steuerelements wurden mit dem Visual Studio 2010-Designer erzeugt. Sie sind für die Funktion unbedeutend.

Listing 13.27 Sortieren und Filtern mit GridView

```
<h1>DataView</h1>
<h2>Daten mit DataAdapter holen und mit GridView filtern/sortieren</h2>
<form runat="server">
(<asp:CheckBox Runat="server" ID="SortierRichtung" Text="Absteigend"/>)
sortieren nach:
❶<asp:RadioButtonList Runat="server" ID="SortierTyp"
                    RepeatDirection="Horizontal">
    <asp:ListItem Selected="True" Value="preis">Preis</asp:ListItem>
    <asp:ListItem Value="name">Name</asp:ListItem>
    <asp:ListItem Value="filter">Filter:</asp:ListItem>
</asp:RadioButtonList>
❷<asp:TextBox Runat="server" ID="Filter" Width="100px"/>
(Filter-Option wählen)
<asp:Button Runat="server" ID="Absenden" Text="Auswahl"
            OnClick="Optionen_Changed"/> ❸
</form>
<asp:GridView runat="server" ID="Artikel"
        BorderColor="#CC9966"
        BorderStyle="None" BorderWidth="1px"
        BackColor="White" CellPadding="4">
    <SelectedItemStyle Font-Bold="True"
            ForeColor="#663399"
            BackColor="#FFCC66">
    </SelectedItemStyle>
    <ItemStyle ForeColor="#330099" BackColor="White">
    </ItemStyle>
    <HeaderStyle Font-Bold="True" ForeColor="#FFFFCC"
            BackColor="#990000"></HeaderStyle>
    <FooterStyle ForeColor="#330099" BackColor="#FFFFCC">
    </FooterStyle>
    <PagerStyle HorizontalAlign="Center"
            ForeColor="#330099"
            BackColor="#FFFFCC">
    </PagerStyle>
</asp:DataGrid>
```

Erstellt wird eine Liste von Optionsfeldern ❶, die die Auswahl der Spalte zulassen und als dritte Option das Filtern der Namen nach einem Bestandteil. Das `TextBox`-

13.4 Der Datenadapter

Steuerelement enthält den Filterwert ❷. Mit dem Klick auf die Schaltfläche wird eine Methode `Optionen_Changed` ❸ aufgerufen, die noch erstellt werden muss.

Zuvor ist ein Blick auf die Erstellung des `DataSet` angebracht. Das passiert in der Methode `Page_Load`:

Listing 13.28 Erzeugen des DataSet und Speicherung in einer Sitzungsvariablen (Ausschnitt)

```
private void Page_Load(object sender, System.EventArgs e)
{
   if (!Page.IsPostBack)
   {
      string query = "SELECT * FROM Artikel";
      string connection = "Server=localhost; ↵
                          Database=Shop; ↵
                          uid=sa; pwd=xxxxxx";
      SqlDataAdapter da ↵
         = new SqlDataAdapter (query, connection);
      da.MissingSchemaAction ↵
         = MissingSchemaAction.AddWithKey;
      ds = new DataSet();
      da.Fill (ds, "Artikel");
      Artikel.DataSource = ds;
      Artikel.DataBind();
      Session["ArtikelDs"] = ds;
   }
}
```

Der Vorgang entspricht dem bereits im vorhergehenden Beispiel gezeigten Prinzip. Mit der Bindung an das `GridView`-Steuerelement `Artikel` wird nach der Abfrage der Datenbank sofort eine unsortierte und ungefilterte Liste erzeugt.

Interessanter ist die Methode `Optionen_Changed`, die durch Anklicken der Schaltfläche ausgelöst wird:

Listing 13.29 Holen des DataSet und Sortieren bzw. Filtern über DataView (Ausschnitt)

```
public void Optionen_Changed (object sender, System.EventArgs e)
{
   ❶ ds = (DataSet) Session["ArtikelDs"];
   ViewState.Clear ();
   if (ds != null)
   {
      ❷ DataView dv = new DataView (ds.Tables["Artikel"]);
      if (SortierTyp.SelectedItem.Value.ToString() == "filter")
      {
         ❸ dv.RowFilter = String.Format("name LIKE '%{0}%'", ↵
              Filter.Text);
      }
      else
      {
         if (SortierRichtung.Checked)
         {
            ❹ dv.Sort = SortierTyp.SelectedItem.Value.ToString() + ↵
               " DESC";
         }
         else
         {
```

```
                    ❹ dv.Sort = SortierTyp.SelectedItem.Value.ToString() + ↵
                       " ASC";
                    }
                }
                Artikel.DataSource = dv;
                Artikel.DataBind ();
            }
        }
```

Zuerst wird das `DataSet` aus der Sitzungsvariablen geholt ❶. Dann wird ein `DataView`-Objekt erzeugt und mit der *Artikel*-Tabelle gefüllt ❷.

RowFilter | Wenn die Option `filter` gewählt wurde, wird aus dem Inhalt des `TextBcx`-Steuerelements eine Filteranweisung formuliert. Die Möglichkeiten, die hier bestehen, entsprechen denen der Datenbank, so wie es nach `WHERE` geschrieben wird. Sie können also beispielsweise einen Filter mit der SQL-Option `LIKE` entwerfen ❸.

Sort | Alternativ zum Filtern kann auch sortiert werden. Die Spaltennamen wurden bereits als Werte der Optionsfelder verwendet, sodass die Filteranweisungen direkt erzeugt werden. Je nach Zustand des Kontrollkästchens wird außerdem `ASC` oder `DESC` angehängt. Die Möglichkeiten entsprechen denen von SQL nach der `ORDER BY`-Bedingung ❹.

Die Abfragesprache in RowFilter

Die Abfragesprache, die mit `RowFilter` verwendet werden kann, umfasst vier Bereiche:

- Operatoren
- Aggregat-Funktionen
- Allgemeine Funktionen
- Filterstatus-Eigenschaften

Operatoren | Die Operatoren können Sie Tabelle 13.5 entnehmen:

Tabelle 13.5 Operatoren

Operator	Beschreibung
AND	Logische Verknüpfungen zwischen Teilausdrücken (Und, Oder, Nicht)
OR	
NOT	
>	Bedingungsoperatoren zur Bildung von Ausdrücken
<	
<=	
>=	
<>	
=	
+	Mathematischen Operatoren zum Berechnen in Ausdrücken
-	

13.4 Der Datenadapter

Operator	Beschreibung
*	
/	
%	
IN	Spezifizierung einer Liste: IN (Wert1, Wert2, Wert3)
LIKE	Suchen von Teilen eines Ausdrucks mit Hilfe von Platzhalterzeichen („%" für beliebige und „_" für ein beliebiges Zeichen)

Die Aggregat-Funktionen entsprechen denen von SQL, es sind aber weniger als in T-SQL: — Aggregat-Funktionen

Tabelle 13.6 Aggregat-Funktionen

Funktion	Beschreibung (Rückgabewert)
AVG	Average. Der Durchschnitt der Felder (INT, DECIMAL, MONEY oder FLOAT
COUNT	Die Anzahl der Felder (INT
SUM	Summary. Die Summe der Felder (Addition).
MAX	Maximum. Das Feld mit dem größten Wert bestimmt das Ergebnis.
MIN	Minimum. Das Feld mit dem kleinsten Wert bestimmt das Ergebnis.
STDEV	Statistische Standardabweichung aller Werte der Liste
VAR	Statistische Varianz

Wenn der Umfang für Ihre Anwendung nicht ausreicht, müssen Sie auf T-SQL ausweichen und die Abfrage bereits im Datenadapter formulieren.

Die allgemeinen Funktionen können zur Behandlung von speziellen Zuständen von Spalten herangezogen werden. Sie dienen auch der Ermittlung von Eigenschaften und zur Typumwandlung: — Allgemeine Funktionen

Tabelle 13.7 Allgemeine Funktionen

Funktion	Beschreibung (Rückgabewert)
Convert (wert, typ)	Umwandlung eines Datentyps
Len (ausdruck)	Länge des Ausdrucks (Anzahl Zeichen)
IsNull (ausdruck, ersatz)	Wenn der Inhalt NULL ist, wird der Wert *ersatz* zurückgegeben
IIF (ausdruck, true, false)	Erstellt eine eingebettete Bedingung und gibt nach der Auswertung des Ausdrucks den Teil *true* oder *false* zurück.
SubString (zeichen, start, laenge)	Extrahiert eine Teilzeichenkette aus einer anderen

Die `Filterstatus`-Eigenschaften werden mit Hilfe der Eigenschaft `RowStateFilter` festgelegt. Die meisten Optionen sind nur sinnvoll einsetzbar, wenn die Reihen in der `DataView` verändert werden. Dazu finden Sie im Folgenden weitere Informationen. Angewendet wird die Eigenschaft folgendermaßen (am Beispiel `CurrentRows`): — Filterstatus-Eigenschaften

```
dv.RowStateFilter = RowStateFilter.CurrentRows
```
Die zulässigen Werte finden Sie in Tabelle 13.8.

Tabelle 13.8 Filterwerte

Wert	Bedeutung
`Added`	Nur in dieser Ansicht hinzugefügte Reihen
`CurrentRows`	Aktuelle Reihen, also originale, hinzugefügt und geänderte, nicht jedoch gelöschte
`Deleted`	Gelöschte Reihen
`ModifiedCurrent`	Aktuelle Version einer veränderten Reihe
`ModifiedOriginal`	Originale (ursprüngliche) Version einer veränderten Reihe
`None`	Keine Optionen (Standardeinstellung)
`OriginalRows`	Die ursprüngliche Reihe ohne Beachtung veränderter oder gelöschter Reihen
`Unchanged`	Alle unveränderten Reihen

Die Optionen sind Bitfelder und können deshalb mit dem |-Operator verknüpft werden, wenn dies sinnvoll ist.

Aktualisieren einer Datenbank mit Datenansichten

Wenn Sie innerhalb einer `DataView` Änderungen vornehmen, werden diese in der Datenbank repräsentiert. Die Programmierung ist meist einfacher als mit den originalen Daten, wenngleich hier geringfügige Einschränkungen gegenüber Transact-SQL akzeptiert werden müssen. Auch deshalb sollten Sie T-SQL nicht aus den Augen verlieren. In vielen Fällen ist der von `DataView` vorgegebene Weg jedoch einfacher.

Bevor Sie die ersten Schritte mit einer Aktualisierung gehen, sollten Sie sich die Möglichkeiten der vorlagenorientierten Programmierung mit `GridView` ansehen, die vieles vereinfacht. Andererseits erfüllt das `GridView`-Steuerelement nie alle Ansprüche, es ist deshalb gut zu wissen, wie Aktualisierungen direkter programmiert werden.

Das nächste Beispiel nutzt eine Datensicht, um alle Einträge einer Tabelle zu bearbeiten oder welche zu löschen bzw. hinzuzufügen. Zum Editieren genügt ein Klick auf die Tabellenreihe.

Der interne Vorgang durch Manipulation des `DataView`-Objekts ist nicht alles. Schließlich müssen die Daten wieder in die Datenbank. Das geschieht natürlich mit SQL-Befehlen. Damit Sie sich nicht zu viel Gedanken darüber machen müssen, wie das bei einfachen Beispielen abläuft, hilft die Klasse `CommandBuilder` bei der Erstellung.

13.4.3 Aktualisieren einer Datenbank mit CommandBuilder

Im letzten Abschnitt wurde bereits gezeigt, dass es einen Weg gibt, die Änderungen, die über eine Datenansicht vorgenommen wurden, zurück in die Datenbank zu schreiben. Natürlich können Sie direkt SQL-Befehle erzeugen und diese an die Datenbank senden. Bei komplexen Abfragen ist dies auch unumgänglich – gute SQL-Kenntnisse sind weiterhin notwendig. Bei einfachen Aufgabenstellungen bietet ADO.NET jedoch einige Funktionen, unter anderem durch automatisiertes Erzeugen der Basisbefehle für Datenbanken: UPDATE, INSERT und DELETE.

In der Praxis wird es natürlich vorkommen, dass solche einfachen automatisch erzeugten SQL-Befehle nicht ausreichen. Generell ist es immer eine gute Idee, einiges an komplexer Datenbankarbeit in gespeicherte Prozeduren zu verlagern. Sie können diese ebenso wie einfache SQL-Befehle dann als Kommandos vorgeben und so mit einem Einfügevorgang auch mehrere Tabellen bedienen. Voraussetzung sind natürlich gute Kenntnisse in Transact-SQL und im Besonderen über gespeicherte Prozeduren. Gespeicherte Prozeduren haben mehrere Vorteile:

- Jeglicher SQL-Code wird aus der Applikation in die Datenbank verlagert.
- Durch die Kompilation in der Datenbank ist die Ausführung schneller.
- Die Anwendungs- und die Datenbankentwicklung kann parallel stattfinden.

Weitere Informationen zu Command und CommandBuilder

Die eigentlichen Kommandos werden vom `CommandBuilder` erzeugt. Die Ablage erfolgt dagegen in den entsprechenden Eigenschaften des Datenadapters: `InsertCommand` zum Einfügen, `UpdateCommand` zum Ändern, `DeleteCommand` zum Löschen und natürlich `SelectCommand` zur Abfrage. Um diese Eigenschaften zu füllen, muss ein `Command`-Objekt zugewiesen werden. Die Besonderheit: Sie können mit Parametern arbeiten, die erst im Augenblick der Ausführung gefüllt werden. Ein solches Kommando entsteht folgendermaßen:

SqlCommand

```
SqlCommand sc = new SqlCommand();
```

Dann wird der Text definiert, der die Basis des SQL-Befehls darstellt. Für eine gespeicherte Prozedur reicht die Angabe des Namens:

```
sc.CommandText = "BestellterArtikel";
```

Anzugeben ist noch der Typ, bei einer gespeicherten Prozedur sieht dies folgendermaßen aus:

```
sc.CommandType = CommandType.StoredProcedure;
```

Etwas aufwändiger ist die Definition der Parameter. Dazu wird jeweils ein Objekt vom Typ `SqlParameter` benötigt. Wie das genau funktioniert, zeigt das kleine Programm in Listing 13.31.

> **HINWEIS** Wenn Sie statt dem SQL Server einen Datenbankzugriff über OleDb vornehmen, werden die adäquaten Klassen mit dem Präfix „OleDb" statt „Sql" verwendet. Einziger Unterschied: Bei den Parametern im Kommando erfolgt die Angabe nicht mit @*name*, sondern durch das Parametersymbol „?". Die Zuweisung erfolgt fortlaufend in der Reihenfolge der Definition.

Im folgenden Beispiel wird eine gespeicherte Prozedur verwendet, die schon früher eine Rolle spielte: *BestellterArtikel*. Sie gibt Auskunft über die Anzahl der Bestellungen für einen bestimmten Artikel:

13 Datenbanken und Datenzugriff

```sql
CREATE PROCEDURE BestellterArtikel
   @ArtikelNummer BIGINT
AS
SELECT b.[a-id],
   SUM(b.menge) AS menge,
   SUM(b.summe) AS summe,
   a.name AS name,
   a.preis AS einzelpreis
   FROM Bestellungen b
   JOIN Artikel a
   ON a.id = b.[a-id]
   AND b.[a-id] = @ArtikelNummer
   GROUP BY b.[a-id], a.name, a.preis
```

Zwei Steuerelemente dienen der Bedienung. Ein `DropDownList`-Steuerelement bietet alle Artikelnamen an und nach der Auswahl durch den Benutzer sorgt ein `GridView`-Steuerelement für die Darstellung:

Listing 13.30 Vorlage für das Abfrageprogramm

```html
<body>
<h1>DataAdapter, Command</h1>
<h2>Nutzung gespeicherter Prozeduren</h2>
Wählen Sie eine Artikelnummer, um die Bestellungen dazu zu sehen:
<form id="DataAdapterCommand" method="post" runat="server">
   <asp:DropDownList Runat="server" ID="ArtikelNummer"
                     AutoPostBack="True"/>
</form>
<asp:GridView Runat="server" ID="Bestellungen"/>
</body>
```

Der gesamte Code steckt in der `Page_Load`-Methode:

Listing 13.31 Die Code-Datei

```csharp
public class DataAdapterCommand : System.Web.UI.Page
{
    private SqlConnection sconn;
    private SqlDataAdapter da;
    private DataSet ds;
    private SqlCommand sc;
    private SqlParameter sp;

    private void Page_Load(object sender, System.EventArgs e)
    {
       if (!Page.IsPostBack)
       {
          sconn = new SqlConnection("Server=srv1; Database=Shop; ↵
                              uid=sa; pwd=clemens");
          sconn.Open();
          da = new SqlDataAdapter();
          ds = new DataSet("Bestellungen");
          sc = new SqlCommand();

          // DropDownList füllen
          sc.CommandType = CommandType.Text;
          sc.CommandText = "SELECT id, name FROM Artikel";
          sc.Connection = sconn;
          SqlDataReader dr = sc.ExecuteReader();
          ArtikelNummer.DataSource = dr;
          ArtikelNummer.DataTextField = "name";
          ArtikelNummer.DataValueField = "id";
```

13.4 Der Datenadapter

```
      ArtikelNummer.DataBind();
      dr.Close();
      // Stored Proc vorbereiten
❶     sc.CommandText = "BestellterArtikel";
❷     sc.CommandType = CommandType.StoredProcedure;
❸     sp = new SqlParameter();
❹     sp.ParameterName = "@ArtikelNummer";
❺     sp.DbType = DbType.Int32;
❻     sp.Direction = ParameterDirection.Input;
❼     sc.Parameters.Add(sp);
❽     da.SelectCommand = sc;
❾     Session["Adapter"] = da;
   }
   else
   {
❿     da = (SqlDataAdapter) Session["Adapter"];
      if ( da != null )
      {
■       ds = new DataSet();
◊       da.SelectCommand.Parameters["@ArtikelNummer"].Value
            = ArtikelNummer.SelectedItem.Value;
◆       da.Fill (ds);
        Bestellungen.DataSource = ds;
        Bestellungen.DataBind();
      }
   }
}
```

Der erste Teil nutzt einen schnellen `DataReader`, um die Auswahlliste zu füllen. Das hier bereits genutzte `Command`-Objekt wird nun zur Nutzung der gespeicherten Prozedur verwendet. Als Kommandotext wird der Name der Prozedur genannt ❶.

Als Typ wird `StoredProcedure` festgelegt ❷. Diesem Kommando wird nun ein Parameter zugewiesen ❸. Als Name wird der in der Prozedurdefinition verwendete angegeben ❹.

Nun ist der Datentyp in der Prozedur entsprechend dem SQL-Datentyp festzulegen ❺.

Datentyp

Zuletzt ist noch die Richtung anzugeben, es handelt sich offensichtlich um einen Eingabeparameter ❻. Dieser Parameter wird nun an die `Parameter`-Kollektion des Kommandos angehängt. Auf demselben Wege lassen sich so viel Kommandos definieren, wie die gespeicherte Prozedur erfordert ❼. Nun wird das fertige Kommando der passenden Eigenschaft des Datenadapters zugewiesen. Da es sich um eine Abfrage handelt, wird es hier der Eigenschaft `SelectCommand` übergeben ❽.

Richtung

Der fertige Datenadapter wird nun als Sitzungsvariable abgelegt, sodass die spätere Verwendung schneller abläuft ❾. Damit ist der vorbereitende Teil abgeschlossen. Das `DropDownList`-Steuerelement wird angezeigt und wartet auf eine Änderung der Auswahl durch den Benutzer. Durch das `AutoPostBack`-Attribut wird das Formular sofort gesendet.

Datenadapter

Beim Aufruf der Seite über das Formular wird der zweite Teil der `Page_Load`-Methode verarbeitet. Hier wird zuerst der Datenadapter aus der Sitzungsvariablen restauriert ❿. Jetzt wird für die Anzeige der Daten ein neues `DataSet`-Objekt erstellt ■.

Bisher fehlte noch der eigentliche Wert, der dem Parameter übergeben wird. Ohne diesen Wert kann die eigentliche Abfrage nicht ausgeführt werden. Sie können den Parameterwert direkt ansprechen, indem auf die `SelectCommand`-Eigenschaft zugegriffen wird. Die Nummer wird der Auswahlliste entnommen. Parameter akzeptieren als Datentyp `object`, sodass Sie hier den Wert als Zeichenkette übernehmen können. Es wird dann intern versucht, diesen Wert in den benötigten Datentyp zu konvertieren. In der Praxis ist es sicher sinnvoll, hier eine Typprüfung auf anderem Wege vorzunehmen oder eine Ausnahmebehandlung mit `try-catch` zu implementieren ◊.

Das fertige Kommando im Datenadapter wird nun verwendet, um die Abfrage auszuführen und die Daten in das `DataSet`-Objekt zu überführen ◆. Die so gewonnene Datenquelle wird dann zur Anzeige des `GridView`-Steuerelements verwendet.

13.4.4 Die Ereignisse des Datenadapters

Die bisherige Programmierung basierte immer auf einem sehr direkten Weg, das heißt, die benötigten Aktionen wurden direkt durch Aufruf der entsprechenden Methode ausgelöst. Sie können aber auch auf bestimmte Ereignisse reagieren:

- `RowUpdating`

  Dieses Ereignis wird ausgelöst, wenn der Aktualisierungsprozess beginnt.

- `RowUpdated`

  Mit Hilfe dieses Ereignisses können Sie eigene Prozesse an das Ende des Aktualisierungsprozesses anhängen.

Beide Ereignisse verhalten sich damit ähnlich wie ein `ON UPDATE`-Trigger in T-SQL. Die Ereignisargumente der Ereignisbehandlungsmethoden lauten `SqlRowUpdatingEventArgs` bzw. `OleDbRowUpdatingEventArgs` und `SqlRowUpdatedEventArgs` bzw. `OleDbRowUpdatedEventArgs`. Der Parameter kennt folgende Eigenschaften:

Tabelle 13.9 Parameter der Ereignisargumente

Eigenschaft	Beschreibung
`Command`	`Command`-Objekt für die Aktualisierung
`Errors`	Fehler, die erzeugt wurden
`Row`	Die Reihe, die aktualisiert wird
`StatementType`	Typ des Kommandos
`Status`	Status; eine Aufzählung des Typs `UpdateStatus`
`TableMapping`	`DataTableMapping`-Objekt das verwendet wurde

13.4.5 Informationen zu typisierten DataSets

Wenn Sie Datenstrukturen in einem `DataSet` neu aufbauen, können Sie dies mit einer strengen Typisierung machen. Damit nicht jeder Datentyp einzeln in den entsprechenden Eigenschaften programmiert werden muss, genügt die Angabe einer XSD-Datei mit den Strukturinformationen.

Der von .NET 4 verarbeitete XSD-Dialekt umfasst zwar den Sprachumgang, der vom W3C standardisiert wurde, ist jedoch zusätzlich noch erweitert worden, um den Bedingungen gerecht zu werden, die eine Koexistenz mit dem SQL Server 2000 benötigt.

Letztlich genügt das Lesen eines Schemas aus einer XSD-Datei, um eine leere aber vollständig beschriebene Struktur in einem `DataSet`-Objekt zur Verfügung zu haben. Trotz der Unterstützung in Visual Studio 2010 sind allerdings gediegene XSD-Kenntnisse notwendig.

13.5 XML und unterstützende Formate

XML spielt eine herausragende Rolle als Datencontainer. Nicht zuletzt sind die Konfigurationsdateien in ASP.NET, wie die *web.config*, selbst XML-Dateien. Aber auch in der Praxis ist XML sehr häufig im Einsatz. Dieser Abschnitt gibt einen Überblick über die elementaren Programmiertechniken mit ASP.NET.

13.5.1 XML in .NET

Dieser Abschnitt zeigt die grundlegenden Klassen, die .NET für die XML-Programmierung zur Verfügung stellt. Dieser Abschnitt erhebt keinen Anspruch auf Vollständigkeit, sondern soll lediglich die elementaren Techniken des Umgangs mit XML zeigen.

XML im praktischen Einsatz

Als erstes Beispiel für den praktischen Einsatz soll der Aufbau eines Nachrichtendienstes auf einer Website dienen. Dabei sind folgende Schritte zu erledigen:

- Wahl eines geeigneten Formats für die Datenstruktur
- Entwicklung des Schemata und der XML-Datenquelle
- Festlegung eines passenden Steuerelementes für die Anzeige
- Bindung der XML-Datenquelle an das Steuerelement

Am Anfang soll ein einfaches Datenformat genügen. Nachrichten bestehen mindestens aus einem Titel und einem Text. Zusätzlich könnte ein Datum sinnvoll sein, beispielsweise um alte Nachrichten automatisch aussortieren zu können.

Beim Design eines XML-Dialekts sind einige prinzipielle Überlegungen anzustellen. So kann man mit Elementen direkt verbundene und kurze Daten als Attribute definieren. Längere Inhalte und natürlich alle wiederholenden Knoten werden als Elemente definiert. Im Beispiel wäre zuerst ein globales Element zu erstellen, das alle Nachrichten enthält. Es soll den Namen „news" erhalten. Diesem sind dann Informationen zugeordnet. Diese Elemente werden als „newscontent" bezeichnet. Jedes Element kann zwei weitere Elemente enthalten, „title" und „text". Das Datum wird dem Element „newscontent" als Attribut „date" zugeordnet.

Damit dürfte das Format hinreichend flexibel sein. Den Titel als Attribut zu definieren, erscheint nicht günstig. Spätere Versionen könnten mit Untertiteln arbeiten, dann wäre auf jeden Fall ein Element erforderlich – Attribute sind Endpunktknoten. Beim Datum werden kaum Teile von Interesse sein. Weitere Datumsangaben – wie ein in der Zukunft liegendes Datum, ab dem die Information aktiv wird – lassen sich gut als weitere Attribute definieren.

XML und XSD im Visual Studio

Sie sollten die starke Unterstützung in Visual Studio 2010 für XML und Schema nutzen, um gleich ein professionelles Datenregime aufzubauen. Legen Sie also zuerst eine XSD-Datei an:

1. Fügen Sie Ihrem Projekt ein neues XML-Schema hinzu. Dazu wählen Sie im Kontextmenü HINZUFÜGEN | NEUES ELEMENT HINZUFÜGEN.
2. Im folgenden Dialog suchen Sie das Symbol XML-SCHEMA.

Der nächste Schritt besteht nun darin, die XML-Datei zu erzeugen und mit dem Schema zu verbinden. Auf dieser Basis kann dann die Dateneingabe erfolgen, verbunden mit den nun möglichen Gültigkeitsprüfungen. Mit der XSD-Datei erfolgt die Prüfung sowohl zum Entwurfszeitpunkt in Visual Studio, als auch später beim Verarbeiten der Daten in der Applikation.

Eine neue XML-Datei fügen Sie wie jede andere Datei im Projekt-Explorer hinzu. Vergeben Sie hier den Namen *news.xml*. Ist die Datei erzeugt, wird sie angezeigt. Bis auf den XML-Kopf ist nichts enthalten. Mit F4 gelangen Sie zum Eigenschaften-Dialog. Wählen Sie dort die Gruppe DOCUMENT aus, falls sie nicht ohnehin bereits vorgegeben ist. In der Zeile targetSchema können Sie nun die XSD-Datei mitsamt dem Standardpräfix http://tempuri.org auswählen.

Für die praktische Nutzung ist folgende XML-Datei möglich:

```
<?xml version="1.0" encoding="utf-8" ?>
<news>
  <entry date="22.07.2010">
    <title>Dies ist eine Nachricht</title>
    <text>Hier steht viel Text...</text>
  </entry>
  <entry date="24.07.2010">
    <title>Dies ist eine weitere Nachricht</title>
    <text>Hier steht noch viel mehr Text...</text>
  </entry>
</news>
```

Diese Datei wird auch im folgenden Beispiel genutzt.

13.5 XML und unterstützende Formate

Platzierung der Anzeige

Die Nachrichten sollen möglicherweise an mehreren Stellen verwendet werden. Ein ausreichend intelligentes Steuerelement ist die ideale Lösung dazu. Die Deklaration und Verwendung sieht folgendermaßen aus:

Listing 13.32 So wird die Ausgabe der Nachrichten eingebunden

```
<%@ Page Language="C#" AutoEventWireup="true"
        CodeBehind="Default.aspx.cs"
        Inherits="Hanser.XmlNewsReader._Default" %>

<%@ Register src="NewsControl.ascx" tagname="NewsControl"
             tagprefix="uc1" %>

<!DOCTYPE html PUBLIC "-//W3C//DTD XHTML 1.0 Transitional//EN"
 "http://www.w3.org/TR/xhtml1/DTD/xhtml1-transitional.dtd">

<html xmlns="http://www.w3.org/1999/xhtml">
<head runat="server">
    <title></title>
</head>
<body>
    <form id="form1" runat="server">
    <div>
❶   <uc1:NewsControl ID="NewsControl1" runat="server"
                         DataSourceID="XmlDataSource1" />
❷   <asp:XmlDataSource ID="XmlDataSource1" runat="server"
                           DataFile="News.xml">
        </asp:XmlDataSource>
    </div>
    </form>
</body>
</html>
```

Die Seite nutzt ein Benutzersteuerelement ❶ dem eine XML-Datenquelle übergeben wird ❷, die ihrerseits auf die bereits gezeigte XML-Datei verweist. Code wird an dieser Stelle nicht benötigt.

Im nächsten Schritt muss das Benutzersteuerelement selbst entworfen werden.

Gestaltung des Benutzersteuerelements

Das Benutzersteuerelement enthält ein `Repeater`-Steuerelement, indem mit der Datenbindungssyntax auf die beiden entscheidenden Tags „title" und „text" zugegriffen wird.

Listing 13.33 Der HTML-Teil des Benutzersteuerelements

```
<%@ Control Language="C#" AutoEventWireup="true"
            CodeBehind="NewsControl.ascx.cs"
            Inherits="Hanser.XmlNewsReader.NewsControl" %>
<asp:Repeater ID="newsRepeater" Runat="server">
  <HeaderTemplate>
    <ul><B>Neuigkeiten</B>
  </HeaderTemplate>
  <ItemTemplate>
    <li>
    <b><%# XPath("title") ❶ %></b><br/>
      <%# XPath("text") ❶ %>
```

```
        </li>
      </ItemTemplate>
      <FooterTemplate>
        </ul>
      </FooterTemplate>
</asp:Repeater>
```

Der Zugriff auf die XML-Daten erfolgt durch Datenbindung mit der XPath-Methode ❶. In der Code-Datei erfolgt die Definition einer Eigenschaft `DataSourceID`, die an den `Repeater` weitergereicht wird.

Listing 13.34 Der Code-Teil des Benutzersteuerelements

```
using System;

namespace Hanser.XmlNewsReader
{
    public partial class NewsControl : System.Web.UI.UserControl
    {
        protected void Page_Load(object sender, EventArgs e)
        {
            if (!IsPostBack)
            {
                newsRepeater.DataSourceID = DataSourceID;  ❷
                newsRepeater.DataMember = "entry";  ❸
                newsRepeater.DataBind();
            }
        }

❶      public string DataSourceID
        {
            get;
            set;
        }

    }
}
```

Die Eigenschaft ❶ ist vom Typ `String`, denn es wird der Name der Quelle übergeben. Dieser wird beim Aufruf zugewiesen ❷. Passend zum XML wird der „Startpfad" übergeben ❸, damit die XPath-Methode bei der Bindung korrekt auflöst.

XML mit .NET verarbeiten

Das Beispiel im letzten Abschnitt zeigte eine einfache Anwendung von XML, in der auf die XML-Klassen in .NET völlig verzichtet werden konnten. Im Prinzip kamen hier nur Steuerelemente zum Zuge.

Wie nicht anders zu erwarten war, hat Microsoft eine sehr umfassende direkte Unterstützung für XML ins .NET-Framework implementiert. Die Basis bildet der Namensraum `System.Xml`. Für den Zugriff via DOM dienen die Klassen aus `System.Xml.XPath` und für Transformationen `System.Xml.Xsl`. Informationen zu XPath finden Sie in Kapitel 4.

XML-Dokumente direkt lesen

Für das Lesen von XML-Dokumenten bietet die Klasse `XmlReader` den schnellsten Weg. Der Parser prüft dabei jedoch nur auf Wohlgeformtheit. Eine Gültigkeitsprüfung mit Hilfe eines Schemata oder einer DTD erfolgt nicht. Es obliegt dem weiterverarbeitenden Programm, die Daten als gültig oder nicht gültig zu interpretieren. `XmlReader` ist eine abstrakte Klasse, die noch implementiert werden muss. Von `XmlReader` werden bereits drei Klassen abgeleitet, die eine konkrete Implementierung vornehmen:

- `XmlTextReader`

  Dies ist die einfachste Implementierung, die nicht mehr bereit stellt als die Basisklasse selbst.

- `XmlValidatingReader`

  Mit dieser Klasse kann zusätzlich die Gültigkeitsprüfung auf der Basis eines Schemata vorgenommen werden. Die Verarbeitung ist deshalb geringfügig langsamer.

- `XmlNodeReader`

  Diese Klasse erlaubt das Lesen eines Knotens auch dann, wenn es sich um eine Teilstruktur eines Dokumentes handelt, wie sie vom DOM des Dokuments abgeleitet werden kann. Eine Gültigkeitsprüfung wird nicht unterstützt.

Einen guten Einblick in die Arbeitsweise der `XmlTextReader`-Klasse bietet folgender Code. Die Ausgabe erfolgt an ein `Label`-Steuerelement.

Listing 13.35 Sequenzielles Lesen und Ausgeben eines XML-Dokuments (Ausschnitt)

```
XmlTextReader xReader = new
XmlTextReader(Server.MapPath("data/news.xml"));
while (xReader.Read())
{
    XmlOutput.Text += String.Format("<b>{0}</b>&lt;{1}&gt; ↵
                    = \"{2}\"<br>", ↵
                    xReader.NodeType.ToString(), ↵
                    xReader.Name, xReader.Value);
}
```

Der Konstruktor der Klasse erlaubt die Angabe eines Pfades zur XML-Datei. Der Konstruktor besitzt viele Überladungen, sodass der Umgang mit anderen Datenquellen ohne weiteres möglich ist. Von Interesse ist die Angabe einer Instanz einer der `Stream`-Klassen, wie beispielsweise `FileStream` oder `TextReader`.

Nach dem Zugriff kann das XML-Dokument sequenziell durchlaufen werden, wozu die Methode `Read` eingesetzt wird. Sind keine Daten mehr vorhanden, wird `false` zurückgegeben. Mit Hilfe der Eigenschaften `NodeType`, `Name` und `Value` kann dann untersucht werden, welche Knotentypen gelesen wurden, wie sie heißen und was sie enthalten. Die Ausgabe ist zumindest im Hinblick auf die Arbeitsweise des Parsers aufschlussreich, wenn auch zugegebenermaßen völlig unpraktisch.

Das sequenzielle Lesen erlaubt den Zugriff auf alle Knoten. Dabei ist an der Ausgabe des letzten Beispiels zu erkennen, dass auch die Leerräume (allgemein als „Whitespaces" bezeichnet) zwischen Tags als Elemente erkannt werden. Prinzipiell ist es nicht notwendig, bei der Verarbeitung von XML auf die Leerräume zu achten, denn sie sind zur Trennung nicht zwingend notwendig. Die weitere Verarbeitung kann aber darauf Rücksicht nehmen. Wenn die Ausgabe von XML künftig auch für

Umgang mit Whitespaces

Menschen lesbar sein soll, ohne dass eine explizite Transformation in ein typischerweise für Menschen geeignetes Format stattfindet, ist der Erhalt von Einrückungen, Trennfeldern und Zeilenumbrüchen durchaus angeraten.

Ansonsten trennt der Parser bei Container-Tags noch zwischen dem öffnenden Teil, dem Inhalt des Elementes und dem schließenden Teil. Beim Inhalt führt die Eigenschaft `NodeType` den Wert `Text`.

XML selbst erzeugen

Ähnlich einfach wie der Zugriff auf `XmlTextReader` erfolgt, kann auch `XmlTextWriter` verwendet werden. Auch hier wird die Verknüpfung mit einem `Stream` erwartet, ein Ziel also, dass die erzeugten Daten aufnehmen. In der Webprogrammierung kann der Einsatz häufig erfolgen, wenn Sie damit rechnen, dass die Clients XML direkt verarbeiten können. Der Internet Explorer kann dies ebenso wie Firefox. Das folgende Beispiel liest eine Dateistruktur von der Festplatte und gibt sie als XML-Datei direkt an den Browser aus. XML bietet sich hierfür geradezu an, denn die Struktur der Dateien im Dateisystem ist hierarchisch.

Die direkte Ausgabe der Daten an den Browser spart die Definition von HTML. Deshalb ist die *.aspx*-Datei bis auf den Aufruf der Code-Datei leer:

Listing 13.36 Die XML-Daten werden ohne HTML-Anteil versendet

```
<%@ Page language="c#" Codebehind="XmlWriter1.aspx.cs"
        AutoEventWireup="false"
        Inherits="Hanser.XPath.XmlWriter1" %>
```

Die Klasse *XmlWriter1* muss nun zwei Dinge erledigen: Lesen einer Dateihierarchie und Versenden als XML. Der Startpunkt im Dateisystem kann mit einem GET-Parameter festgelegt werden, sodass die Lösung auch in dieser Hinsicht universell ist. Zuerst ein Blick auf die `Page_Load`-Methode, in der die Verarbeitung beginnt:

Listing 13.37 Start und Ausgabe von XML-Daten direkt an den Browser (Ausschnitt)

```
protected void Page_Load(object sender, System.EventArgs e)
{
    string path;
    if (Request.QueryString["path"] == null)
        path = ".";
    else
        path = Request.QueryString["path"];
 ❶  xWrite = new XmlTextWriter (Response.Output);
 ❷  xWrite.WriteStartDocument ();
 ❸  xWrite.WriteStartElement ("dirlist");
 ❹  xWrite.WriteAttributeString ("path", Server.MapPath(path));
    ReadDir(Server.MapPath(path));
    xWrite.WriteEndDocument ();
}
```

Wie bereits am Anfang angedeutet, wird die Ausgabe über `Stream`-Objekte gesteuert. Eines davon ist `TextStream`, das auch von `Response.Output` implementiert wird. Die gesamte Ausgabe wird deshalb allein durch die folgenden Ziele ausgelöst; ein Verfahren, das auch bei der Ausgabe von Bilddaten Verwendung findet ❶. Dann wird der Kopf eines XML-Dokuments geschrieben, also die erste Zeile mit „<?xml ..." am Anfang ❷. Dann wird – konform zur XML-Spezifikation – ein Wurzelele-

13.5 XML und unterstützende Formate

ment geschrieben, dass die gesamte Datei umschließt. Es trägt hier den Namen `<dirlist>` ❸. Dieses Element erhält ein Attribut, das den Pfad enthält und folgendermaßen erzeugt wird ❹.

Dann wird die Methode `ReadDir` aufgerufen, die es noch zu entwickeln gilt und die für die Ausgabe der Dateien und Unterverzeichnisse verantwortlich ist. Anschließend wird das Dokument geschlossen.

In `ReadDir` steckt die eigentliche Funktionalität. Zuerst das Listing auf einen Blick:

Das Dokument erzeugen

Listing 13.38 Lesen einer Verzeichnishierarchie und Schreiben der XML-Daten (Ausschnitt)

```
private void ReadDir (string current)
{
   DirectoryInfo di = new DirectoryInfo(current);
   xWrite.WriteStartElement ("directory");
   try
   {
    ❶ if (di.GetFiles().Length > 0)
      {
       ❷ xWrite.WriteAttributeString ("hasfiles", "true");
      }
     ❸ xWrite.WriteAttributeString ("name", di.Name);
     ❹ foreach (DirectoryInfo sdi in di.GetDirectories ())
      {
         ReadDir (sdi.FullName);
      }
     ❺ foreach (FileInfo fi in di.GetFiles ())
      {
         xWrite.WriteStartElement ("file");
         xWrite.WriteString (fi.Name);
         xWrite.WriteEndElement ();
      }
   }
   catch (DirectoryNotFoundException e)
   {
      xWrite.WriteStartElement ("error");
      xWrite.WriteString ("Verzeichnis nicht gefunden");
      xWrite.WriteEndElement ();
   }
   finally
   {
      xWrite.WriteEndElement ();
   }
}
```

Die Methode arbeitet rekursiv, wobei das Erzeugen der XML-Tags jeweils am Anfang erfolgt; am Ende wird das Tag dann geschlossen (`WriteEndElement`). Bei Dateizugriffen kommt es häufig vor, dass Pfadangaben nicht stimmen. Deshalb wird noch eine `try-catch-finally`-Anweisung verwendet, die sicherstellt, dass auch im Fehlerfall gültiges XML erzeugt wird.

Läuft alles nach Plan, wird zuerst ermittelt, ob das Verzeichnis Dateien enthält ❶. Ist das der Fall, wird ein Attribut `hasfile="true"` erzeugt ❷. Dann wird im Tag `<directory>` der Name des Verzeichnisses als weiteres Attribut ausgegeben ❸.

Sind weitere Verzeichnisse vorhanden, erfolgt nun der rekursive Aufruf der Methode, die zu weiteren verschachtelten `<directory>`-Tags führen ❹. Anschließend werden, soweit vorhanden, die Dateien durchlaufen und Tags vom Typ `<file>` erzeugt ❺. Mit der passenden Pfadangabe kann nun schon eine ansprechende Ausgabe erzeugt werden. Bevor Sie eigene Versuche starten, sollten Sie daran denken, dass der Abruf eines Verzeichnisses mit umfangreichem Inhalt zum einen erheblich Zeit in Anspruch nimmt, zum anderen aber auch zu sehr großen XML-Dateien führt.

Nun kann mit dieser Ausgabe vermutlich kein „menschlicher" Rezipient etwas anfangen. Es ist also noch eine Überlegung notwendig, dies zu gestalten. Dafür bietet sich XSLT an. An dieser Stelle soll der Internet Explorer, der mit MSXML ein clientseitiges Transformationsprogramm enthält, die Arbeit übernehmen.

13.5.2 XML mit XSLT transformieren

XSLT ist die beste Sprache zur Transformation von XML nach XML, HTML oder Text. Die Umwandlung kann im Browser oder auf dem Server mittels .NET stattfinden.

Mit XSLT spielen

XSLT transformiert XML-Daten, sodass die Darstellung von der Struktur der ursprünglichen Daten abweicht. In Visual Studio wählen Sie im Kontextmenü des Projekts die Option HINZUFÜGEN | NEUES ELEMENT HINZUFÜGEN und in der folgenden Auswahl XSLT-DATEI.

Das folgende Listing zeigt eine solche Datei, abgestimmt auf die zuvor mit `XmlTextWriter` erzeugte Verzeichnisausgabe:

Listing 13.39 XSLT-Datei zur Transformation der automatisch erzeugten Ergebnisse (showfiles.xslt)]

```
<?xml version="1.0" encoding="UTF-8" ?>
<xsl:stylesheet version="1.0"
   xmlns:xsl="http://www.w3.org/1999/XSL/Transform">
    <xsl:template match="dirlist">
      <html>
         <head>
            <title>Verzeichnisliste</title>
         </head>
         <body>
❶          <basefont face="Verdana"/>
            <h1><xsl:value-of select="./@path"/></h1>
            <xsl:apply-templates />
         </body>
      </html>
    </xsl:template>
    <xsl:template match="error">
       <div style="color:red; font-weight:bold">
          <xsl:value-of select="."/>
       </div>
    </xsl:template>
❷  <xsl:template match="directory">
       <ul><b><xsl:value-of select="./@name"/></b><br/>
          <xsl:apply-templates/>
       </ul>
    </xsl:template>
    <xsl:template match="file">
```

```
        <li>
           <xsl:apply-templates />
        </li>
    </xsl:template>
</xsl:stylesheet>
```

Transformationsanweisungen – jeweils als `<xsl:template>` bezeichnet – behandeln jedes Tag der XML-Daten einzeln. Dieses einfache Beispiel nutzt die Verschachtelungsfähigkeit des HTML-Tags `<ul>`, um den Verzeichnisbaum darzustellen. Das Tag `<dirlist>` erzeugt eine HTML-Seite, der Titel (`<h1>`) wird dabei dem Attribut `path` entnommen ❶. Ansonsten sind drei Templates notwendig, denn es gibt drei Tags, die erzeugt werden (`<error>`, `<directory>` und `<file>`). Für jedes neue Verzeichnis tritt `<directory>` auf, das zum Erzeugen eines `<ul>`-Tags führt. Da der Name von Interesse ist, wird dieser zuerst dem Attribut `name` entnommen ❷.

Der Umgang mit XSLT ist aufgrund des funktionalen Programmierstils, der sich völlig vom imperativen oder objektorientierten unterscheidet, nicht trivial. Vor allem ist beim Entwurf einer XML-Grammatik die spätere Verwendungsweise zu beachten. Denn nicht alle Fälle, die der Internet Explorer in seiner XML-Ansicht problemlos anzeigt, lassen sich mit XSLT ebenso einfach transformieren. Konsultieren Sie gegebenenfalls die Tipps am Anfang des Kapitels.

Interessant am Zusammenspiel der erzeugten XML-Daten und des XSLT-Stylesheets ist die Tatsache, dass bei der Transformation offensichtlich rekursiv gearbeitet wird. Gerade hierarchische Strukturen, die beliebig verschachtelt sein können, sind mit prozeduralen Programmen nicht ganz so einfach zu verarbeiten.

Dies soll vor allem als Anregung dafür dienen, XML als Transport- oder Speichermedium, in bestimmten Fällen bevorzugt als Alternative zur konventionellen Programmierung zu erkennen.

XSLT mit .NET verarbeiten

Am Anfang wurde bereits gezeigt, wie der Internet Explorer die Transformation von XML mit XSLT ausführt. Wenn Sie sich nicht auf den Browser verlassen können oder wollen, muss die Umwandlung auf dem Server stattfinden. Es ist naheliegend, dies mit .NET zu erledigen. Natürlich ist auch der passende Namensraum verfügbar: `System.Xml.Xsl`. Der in der darin enthaltenen Klasse `XslTransform` verfügbare Prozessor realisiert den Standard XSLT 1.0 vollständig.

Der kürzeste Weg, die Transformation direkt auszuführen, sieht folgendermaßen aus:

Transformationen ausführen

```
XslTransform xTrans = new XslTransform();
xTrans.Load("stylesheet.xslt");
xTrans.Transform("quelle.xml", "ziel.xml");
```

Da nicht immer dateiorientiert gearbeitet wird, kennt die Methode `Load` verschiedene Überladungen, die neben Dateinamen auch `TextWriter` oder `TextReader`, `Stream`-Objekte und URL-Namen akzeptiert.

XSLT praktisch anwenden

Für den praktischen Einsatz von XSLT in .NET ist eine kleine Einschränkung zu beachten. Es ist eine Variante, on-the-fly erzeugte XML-Daten sofort zu transformieren. Das Senden einer XSLT-Datei an den Browser, um die Transformation dort vornehmen zu lassen, ist eine andere. Liegen die XML-Daten dagegen fertig vor, ist die Transformation auf dem Server sehr einfach. Betrachten Sie folgende XML-Datei, die die Basis eines Nachrichtendienstes darstellt:

Listing 13.40 Täglich frische Nachrichten aus einer XML-Datei (news.xml)

```xml
<?xml version="1.0" encoding="utf-8"?>
<news xmlns="http://tempuri.org/news.xsd">
    <newscontent date="2002-03-26T00:00:00.0000000+01:00">
        <title>SharpTemple veröffentlicht</title>
        <text>Heute wurde die erste öffentliche Version der
            Entwicklungsumgebung SharpTemple vorgestellt.
        </text>
    </newscontent>
    <newscontent date="2002-06-20T00:00:00.0000000+02:00">
        <title>ASP-Kongress</title>
        <text>Burghausen beginnt, erstmals auch mit einer
            eigenen Veranstaltung zu ASP.NET
        </text>
    </newscontent>
    <newscontent date="2001-07-01T00:00:00.0000000+02:00">
        <title>QualityHosting</title>
        <text>preiswert hosten auf den W2000-Systemen
            von Qualityhosting.de
        </text>
    </newscontent>
</news>
```

Diese Daten sollen nun an verschiedenen Stellen der Website platziert werden. Je nach den entsprechenden Erfordernissen muss die Aufbereitung verschiedenartig erfolgen – ideal für den Einsatz von XSLT. Das folgende Programm wählt die XSLT-Datei aufgrund des Namens der aufrufenden *aspx*-Datei aus.

Damit der Einbau problemlos erfolgen kann, wird der Nachrichtenblock Teil eines Benutzersteuerelements. Zuerst eine Demonstration der Verwendung:

Listing 13.41 So wird das Benutzersteuerelement verwendet

```html
<%@ Register TagPrefix="uc" TagName="news" Src="XsltNewsControl.ascx"%>
<html>
  <head>
    <title>XSLT NewsSite</title>
  </head>
  <body>
   <h1>Hier kommen die News</h1>
   <uc:news runat="server" ID="News1" layout="mainpage"/>
  </body>
</html>
```

Das Benutzersteuerelement soll nun die XML-Datei lesen, die aufrufende Datei erkennen (hier ist dies *XmlNewsXslt.aspx*) und danach die passende XSLT-Datei ermitteln (*mainpage.xslt* – gesteuert durch das Attribut `layout`) sowie die transformierten Daten ausgeben. Vorteilhaft an diesem Szenario ist die externe Konfigurationsmöglichkeit. So reicht es aus, die XSLT-Daten zu ändern, um die Darstellung anzupassen. Ebenso steuert die XML-Datei den Inhalt. Änderungen am Programm – das in der Praxis weitaus komplexer ausfallen kann – sind nicht mehr notwendig.

13.5 XML und unterstützende Formate

Das Benutzersteuerelement

Das Benutzersteuerelement selbst besteht lediglich aus einem `Label`-Steuerelement und dem Aufruf der Code-Datei:

```
<%@ Control Language="c#" AutoEventWireup="false"
           Codebehind="XsltNewsControl.ascx.cs"
           Inherits="dasbuch.XsltNewsControl"%>
<asp:Label Runat="server" ID="NewsControl"/>
```

In dieser Code-Datei wird nun die eigentliche Arbeit erledigt, weitgehend von außen steuerbar.

Listing 13.42 XML lesen, transformieren und ausgeben

```
public abstract class XsltNewsControl : System.Web.UI.UserControl
{
   private string _layout = String.Empty;
   public Label NewsControl;

   public string Layout
   {
      get { return _layout; }
      set { _layout = value; }
   }

   private void Page_Load(object sender, System.EventArgs e)
   {
      XslTransform xTrans = new XslTransform ();
      XmlDocument xDoc = new XmlDocument ();
      ❶ MemoryStream xWrite = new MemoryStream ();
      xTrans.Load (Server.MapPath(String.Format("data/{0}.xslt",
         Layout)));
      ❷ xDoc.Load (Server.MapPath ("data/news.xml"));
      ❸ xTrans.Transform (xDoc, null, xWrite);
      ❹ xWrite.Seek (0, SeekOrigin.Begin);
      ❺ NewsControl.Text = new StreamReader(xWrite).ReadToEnd();
   }
}
```

Das Benutzersteuerelement kennt ein Attribut `layout`. Dies wird über die Eigenschaft `Layout` ausgewertet. Beachten Sie hier, dass keinerlei Fehlerüberwachung stattfindet. Existiert die geforderte XSLT-Datei nicht, wird eine Ausnahme vom Typ `FileNotFoundException` geworfen. In der Praxis sollten Sie derartige Fehler natürlich gezielt abfangen, beispielsweise durch Nutzung der Methode `FileExists`.

Die eigentliche Arbeit wird in der `Page_Load`-Methode beim Aufbau der Seite erledigt. Zuerst wird ein `XslTransform`-Objekt erzeugt. Als Datenquelle dient ein `XmlDocument`-Objekt. Sie können als Datenquelle entweder die Datei direkt angeben oder eine navigierbare Darstellung des Dokuments angeben. Letzteres ist hier angebracht, weil die Ausgabe nicht als Datei erfolgen soll, sondern als Zeichenkette an das `Label`-Steuerelement.

Um die Daten auf diesem Wege umzuleiten, eignen sich generell die `Stream`-Klassen. Eine spezialisierte ist `MemoryStream`, mit der ein Byte-Stream in den Speicher geschrieben wird ❶. Dann wird die XSLT-Datei, basierend auf der Auswertung der Eigenschaft Layout, geladen. Der korrekte physische Pfad wird mit

13 Datenbanken und Datenzugriff

`Server.MapPath` ermittelt ❷. Im nächsten Schritt wird das XML-Dokument geladen ❷.

Jetzt kann die Transformation bereits stattfinden. Der mittlere Parameter bleibt `null`. An dieser Stelle lassen sich Parameter an die XSLT-Datei übergeben. Dazu finden Sie Informationen im nächsten Abschnitt. Als Ziel der Transformation wird der `MemoryStream` angegeben; die Daten landen also im Speicher ❸.

Die nächsten beiden Zeilen holen die Daten aus dem Speicher und laden sie als Zeichenkette in das `Label`-Steuerelement. Da der Datenzeiger nach dem Schreibvorgang am Ende des Datenstromes steht, muss er zuerst auf den Anfang – Position 0 – gesetzt werden ❹.

Nun wird ein `StreamReader` verwendet, um die Daten komplett (`ReadToEnd`) auszulesen ❺. Damit ist der Vorgang bereits abgeschlossen, die Nachrichten erscheinen nun in der gewünschten Form im Browser. Voraussetzung ist natürlich eine passende XSLT-Datei:

Listing 13.43 XSLT-Datei zur Darstellung der Nachrichten aus news.xml

```xml
<?xml version="1.0" encoding="UTF-8" ?>
<xsl:stylesheet version="1.0"
                xmlns:xsl="http://www.w3.org/1999/XSL/Transform">
    <xsl:output method="html"/>
    <xsl:template match="/">
       <xsl:apply-templates />
    </xsl:template>
    <xsl:template match="newscontent">
        <hr noshade="noshade"/>
           <xsl:apply-templates/>
    </xsl:template>
    <xsl:template match="title">
       <h3><xsl:value-of select="."/></h3>
    </xsl:template>
    <xsl:template match="text">
        <div style="background-color:silver">
           <xsl:value-of select="."/>
        </div>
    </xsl:template>
</xsl:stylesheet>
```

Ausgabeformatierung

Auf eine Erläuterung soll hier verzichtet werden, da der Code keinerlei Besonderheiten enthält. Jedes Element wird entsprechend dem Bedarf formatiert; die Ausgabe erfolgt als HTML. Der XSLT-Prozessor wird die Ausgabe übrigens bei der Angabe von `method="html"` konform zu HTML 4.0 formatieren. Aus der XHTML-Darstellung `<hr noshade="noshade"/>` wird deshalb in der Ausgabe `<hr noshade>`. Möchten Sie XHTML 1.0 erzeugen, schreiben Sie in der XSLT-Datei folgende Formatierung:

```xml
<xsl:output method="xml" omit-xml-declaration="yes"/>
```

Der zweite Parameter unterdrückt die XML-Deklaration im Ausgabedatenstrom. Das ist dann notwendig, wenn – wie im Beispiel – lediglich ein Teil der HTML-Seite auf diesem Wege erzeugt wird.

Die Modifikation der Ausgabebedingungen über XML und XSLT ist einfach und meist ausreichend. Wenn jedoch innerhalb eines Programms Situationen entstehen, die eine Änderung erforderlich machen, ist dieser Weg nicht flexibel genug. Natürlich könnten Sie für jeden Fall eine eigene XSLT-Datei vorsehen. Ändert sich an der Arbeitsweise jedoch nur wenig, müssten Sie mehrere Dateien parallel pflegen. Besser wäre es, wenn man an eine XSLT-Datei Parameter übergeben könnte, die dann zu einer Modifikation des Verhaltens führen. Der nächste Abschnitt beschreibt dieses Verfahren.

XSLT mit Parametern verwenden

Am Anfang des Abschnitts zu XML wurde gezeigt, wie eine Verzeichnis- und Dateiliste in XML erstellt werden kann. Es wäre hilfreich, wenn zusätzliche Informationen zu den Dateien ermittelt werden könnten. Damit die Datenmenge dabei nicht unnötig aufgebläht wird, sollen nur für eine spezielle Datei ausgewählte Informationen gelesen werden.

Parameter übergeben

Dabei werden die bisher bekannten Techniken intensiv genutzt. Der XML-Datenstrom wird dynamisch aufgebaut und im Speicher mit XSLT transformiert. Die ausgewählte Datei wird mit XSLT-Parametern an das Stylesheet übergeben und dort erfolgt die Modifikation der Ausgabe.

Die Klasse `XmlWriterFileList` enthält die nötigen Methoden. Die zugehörige *.aspx*-Datei ist bis auf den Aufruf der Klasse leer, das nötige HTML wird in der später noch diskutierten XSLT-Datei definiert.

Listing 13.44 Dynamisches Erzeugen und Transformieren von XML mit Parametern

```
public class XmlWriterFileList : System.Web.UI.Page
{
    private XmlDocument xDoc = new XmlDocument ();
    private XslTransform xTrans = new XslTransform ();
    private XmlElement xE, xE1;
    private XmlAttribute xA;
    private XsltArgumentList xArgs = new XsltArgumentList ();

    private void ReadDir (string current, XmlElement currentElement)
    {
        DirectoryInfo di = new DirectoryInfo(current);
        try
        {
            foreach (DirectoryInfo sdi in di.GetDirectories ())
            {
                xE = xDoc.CreateElement ("directory");
                if (di.GetFiles().Length > 0)
                {
                    xA = xDoc.CreateAttribute ("hasfile");
                    xA.InnerText = "true";
                    xE.Attributes.Append (xA);
                }
                xA = xDoc.CreateAttribute ("name");
                xA.InnerText = di.Name;
                xE.Attributes.Append (xA);
                currentElement.AppendChild (xE);
                currentElement = xE;
                ReadDir (sdi.FullName, xE);
            }
            if (di.Name.Substring (0,
                    System.Math.Min(4, di.Name.Length)) != "_vti")
            {
                foreach (FileInfo fi in di.GetFiles ())
```

13 Datenbanken und Datenzugriff

```csharp
                    {
                        xE = xDoc.CreateElement ("file");
                        xE1 = xDoc.CreateElement ("name");
                        xE1.InnerText = fi.Name;
                        xE.AppendChild (xE1);
                        xE1 = xDoc.CreateElement ("size");
                        xE1.InnerText = fi.Length.ToString();
                        xE.AppendChild (xE1);
                        xE1 = xDoc.CreateElement ("attributes");

                        FileAttributes fa = fi.Attributes;
                        xA = xDoc.CreateAttribute ("archive");
                        if (fa == FileAttributes.Archive)
                            xA.InnerText = "true";
                        else
                            xA.InnerText = "false";
                        xE1.Attributes.Append (xA);
                        xA = xDoc.CreateAttribute ("compressed");
                        if (fa == FileAttributes.Compressed)
                            xA.InnerText = "true";
                        else
                            xA.InnerText = "false";
                        xE1.Attributes.Append (xA);
                        xA = xDoc.CreateAttribute ("hidden");
                        if (fa == FileAttributes.Hidden)
                            xA.InnerText = "true";
                        else
                            xA.InnerText = "false";
                        xE1.Attributes.Append (xA);
                        xA = xDoc.CreateAttribute ("system");
                        if (fa == FileAttributes.System)
                            xA.InnerText = "true";
                        else
                            xA.InnerText = "false";
                        xE1.Attributes.Append (xA);
                        xA = xDoc.CreateAttribute ("readonly");
                        if (fa == FileAttributes.ReadOnly)
                            xA.InnerText = "true";
                        else
                            xA.InnerText = "false";
                        xE1.Attributes.Append (xA);
                        xE.AppendChild (xE1);
                        currentElement.AppendChild (xE);
                    }
                }
            }
            catch (DirectoryNotFoundException e)
            {
                xE = xDoc.CreateElement ("error");
                xE.InnerText = "Verzeichnis nicht gefunden";
                currentElement.AppendChild (xE);
            }
        }

        private void Page_Load(object sender, System.EventArgs e)
        {
            string path, file = "no";
            if (Request.QueryString["path"] == null)
                path = ".";
            else
                path = Request.QueryString["path"];
```

13.5 XML und unterstützende Formate

```
if (Request.QueryString["file"] == null)
    file = ".";
else
    file = Request.QueryString["file"];
xTrans.Load (Server.MapPath ("data/getfiles2.xslt"));
XmlDeclaration xDec = xDoc.CreateXmlDeclaration
                        ("1.0", "UTF-8", ↵ "yes"); ❶
xDoc.AppendChild(xDec);
xE = xDoc.CreateElement("dirlist"); ❷
xA = xDoc.CreateAttribute("path"); ❸
xA.InnerText = Server.MapPath(path); ❹
xE.Attributes.Append (xA); ❺
xDoc.AppendChild (xE);
ReadDir (Server.MapPath(path), xE);
xArgs.AddParam("showfile", "", file); ❻
xArgs.AddParam("aspx", "", Request.Path); ❻
xTrans.Transform(xDoc, xArgs, Response.Output); ❼
}
```

Es kommt hier auf einige Details an, die ausführlicher vorgestellt werden sollen. Als Basis dient die Klasse `XmlDocument`, die aufgrund der Parameter für die `Transform`-Methode gewählt wurde. Die Ausgabe soll an einen universellen `TextWriter` zu senden. Eine Klasse, die von dieser Klasse erbt, ist `Response.Output`, der Ausgabepuffer für den Webserver. Damit können die Daten ohne Umwege zum Browser gelangen. Die Methoden zum Erzeugen der Elemente unterscheiden sich natürlich vom letzten Beispiel.

Zuerst ist die Dokumentendeklaration zu erstellen. Die drei Parameter verlangen die Angabe der Version, bei XML immer 1.0, der Kodierung (Standard in .NET ist UTF-8) und des Parameters für das XML-Attribut `standalone` ❶. Mit `AppendChild` wird dann ein neues Element jeweils an das gerade aktuelle angehängt. Bei geschicktem Aufbau entsteht so der XML-Baum. Der Ablauf gleicht sich im Programm immer wieder. Erst wird ein neues Element erzeugt (`xE` ist vom Typ `XmlElement`) ❷.

Dann können – optional – ein oder mehrere Attribute angehängt werden. Zuerst werden diese erzeugt ❸. Ihnen wird dann ein Wert zugewiesen ❹. Nun wird das Attribut angehängt ❺. Das fertige Element kann nun selbst dem Dokument hinzugefügt werden. Enthaltener Text könnte jetzt noch mit der Eigenschaft `InnerText` eingefügt werden. Innerhalb der Methode `ReadDir`, die das ausgewählte Verzeichnis mitsamt aller Unterverzeichnisse und Dateien liest, wird dieses Verfahren immer wieder verwendet.

Parameter werden der Methode `Transform` in Form eines Objekts vom Typ `XsltArgumentList` übergeben. Dies ist letztlich eine Aufzählung, sodass beliebig viele Parameter gleichzeitig übertragen werden können. Ob diese in XSLT tatsächlich ausgewertet werden, wird nicht kontrolliert. Das Objekt wird folgendermaßen erzeugt:

`Parameter verwenden`

```
XsltArgumentList xArgs = new XsltArgumentList ();
```

Jeder Parameter wird dann einzeln hinzugefügt. Die drei Parameter bestimmen den Parameternamen, den Namensraumalias und den Inhalt des Parameters ❻.

Der Namensraumalias wird im Beispiel nicht verwendet; in diesem Fall wird eine leere Zeichenkette übergeben. Die Übergabe der Parameter erfolgt dann zusammen mit dem Start der Transformation. Der erste Parameter bestimmt die Datenquelle, also das XML-Dokument, der zweite die Parameter und der dritte die Ausgabeschnittstelle ❼. In XSLT werden die Parameter über die Anweisung `<xsl:param name="parameter">` empfangen. Nachfolgend finden Sie das vollständige Listing, dass durch das Vorhandensein des Parameters showfile gesteuert wird.

Listing 13.45 Parametrisiertes XSLT-Programm

```xml
<?xml version="1.0" encoding="UTF-8" ?>
<xsl:stylesheet version="1.0"
xmlns:xsl="http://www.w3.org/1999/XSL/Transform">
   <xsl:param name="showfile"/>
   <xsl:param name="aspx"/>
   <xsl:template match="dirlist">
      <html>
         <head>
            <title>Verzeichnisliste</title>
            <style>
            ul b { background-color: #eeeeee; }
            li { font-size: 10pt; }
            </style>
         </head>
         <body>
            <basefont face="Verdana"/>
            <h1><xsl:value-of select="./@path"/></h1>

            <xsl:apply-templates />
         </body>
      </html>
   </xsl:template>
   <xsl:template match="error">
      <div style="color:red; font-weight:bold">
      <xsl:value-of select="."/>
      </div>
   </xsl:template>
   <xsl:template match="directory">
      <ul><b><xsl:value-of select="./@name"/></b><br/>
         <xsl:apply-templates/>
      </ul>
   </xsl:template>
   <xsl:template match="file">
      <li>
         <xsl:element name="a">
            <xsl:attribute name="href">
               <xsl:value-of select="$aspx"/>?file=
               <xsl:value-of select="name"/>
            </xsl:attribute>
            <xsl:value-of select="name"/>
         </xsl:element>
❶        <xsl:if test="$showfile=name">
            <span style="border:1px blue solid">
               <xsl:apply-templates
                      select="size|attributes" />
            </span>
         </xsl:if>

      </li>
   </xsl:template>
   <xsl:template match="attributes">
      Attribute:
      <xsl:choose>
```

```
        <xsl:when test="@archive='true'">A</xsl:when>
        <xsl:when test="@compressed='true'">C</xsl:when>
        <xsl:when test="@hidden='true'">H</xsl:when>
        <xsl:when test="@system='true'">S</xsl:when>
        <xsl:when test="@readonly='true'">R</xsl:when>
      </xsl:choose>
  </xsl:template>
  <xsl:template match="size">
      Größe: <xsl:value-of select="."/> Byte
  </xsl:template>

</xsl:stylesheet>
```

Die Auswertung des Parameters findet mit Hilfe einer `<xsl:if>`-Anweisung statt. Für den Fall, dass der Name einer Datei übergeben wurde, wird beim Auftreten dieser Datei in der gesamten XML-Datei die Ausgabe der zusätzlichen Informationen (Attribute und Größe) gesteuert ❶.

Auswertung des Parameters

Daten suchen mit XPath

Mit Hilfe einer Transformation wurde im letzten Abschnitt bereits eine Auswahl aus XML-Daten vorgenommen. Immer dann, wenn auf Knoten oder Inhalte mit `match=""` oder `select=""` zugegriffen wurde, kam bereits XPath zum Einsatz. Diese einfache Form reicht in der Praxis nur selten aus. Der vollständige Name für XPath lautet XML Path Language 1.0.

Zusammenfassung

Das ist übrigens nicht ganz perfekt, weil theoretisch Dateinamen mehrfach auftreten können. Das Programm wurde aber ohnehin soweit vereinfacht, dass die blanke Basisfunktion übrig bleibt. Es ist eine gute Übung, sowohl diese kleine Nachlässigkeit als auch notwendige Fehlerroutinen einzubauen.

Dieser Abschnitt zeigte, wie Sie XML direkt erzeugen, transformieren, mit Parametern die Transformation steuern und so den notwendigen „Arbeitscode" auf ein Minimum reduzieren. Denn die eigentliche Arbeit wird von der Transformation und dem XML-Parser erledigt. Das Programm ist deshalb auch im Verhältnis zum erreichten Effekt sehr klein. Dies kann bei der Entwicklung größerer Applikationen vorteilhaft sein, weil die Fehlerquote sinkt. Darüber hinaus ist ein großer Teil der Funktionen auch dann noch änderbar, wenn der Programmcode selbst nur als Assembly vorliegt. Sie können so robuste und dennoch anpassbare Programme schreiben, ohne den Quellcode herausgeben zu müssen. Sie können außerdem gegenüber Kunden darauf verweisen, dass lediglich Kenntnisse in XML und XSLT notwendig sind, um die Änderungen selbst vorzunehmen. Beide Formate sind bekannt, normiert und gut dokumentiert. Zu beiden gibt es viel Fachliteratur und viele Seminare.

13.6 LINQ – Language Integrated Query

Mit LINQ (Language Integrated Query) wurde, wie der Name schon andeutet, eine Abfragesprache in .NET-Programmiersprachen integriert.

13.6.1 Sprachliche Grundlagen

Diese Erweiterung erfolgte nicht als spezielles fest eingebautes Feature, sondern es wurde vielmehr ein Erweiterungsframework geschaffen, mit dessen Hilfe sich sowohl LINQ als auch andere eigene .NET Erweiterungen entwickeln lassen. Dieser Abschnitt soll einen kurzen Überblick geben, welche neuen Möglichkeiten zur Verarbeitung von Dateien ab .NET 3.5 enthalten sind.

Einleitung

Seit der Entwicklung des .NET Frameworks gibt es eine klaffende Lücke zwischen der Welt der Daten und der Welt der Programme. LINQ ist der Versuch, diese Lücke zu verkleinern. Der Entwickler soll auf möglichst einfache Weise in die Lage versetzt werden, unter Verwendung einer von der Datenquelle unabhängigen API (Programmschnittstelle) mit Daten umzugehen.

LINQ besteht nur aus Erweiterungen und Features im Compiler, es wurden keine zusätzlichen Befehle in die CLR eingefügt. So ist es möglich, den Code von LINQ auf der .NET 2.0 Laufzeitumgebung unter Verwendung der entsprechenden Funktionsbibliotheken auszuführen.

Dabei wird auf folgende Technologien zurückgegriffen:

- Type Inference: Implizite Ableitung des Typs durch den Compiler
- Anonymous Types: Implizite Typen ohne explizite Klassendefinition
- Object Initializer: Initialisierung von Eigenschaften im `new`-Konstrukt
- Extension Methods: Erweiterung bestehender Klassen durch externe Methoden
- Lambda Expressions: Implizite generische Ausdrücke
- Expression Trees: Hierarchische Strukturen von komplexen Ausdrücken
- Generic Delegates: Angabe von generischen Typen für die Argumente
- Nullables: Nullbare Werttypen

Architektur und Funktionsweise

LINQ kann mit verschiedenen Datenquellen verwendet werden. Dazu wurde für jede Datenquelle eine entsprechende Bibliothek implementiert. Die folgende Abbildung erläutert dies.

Unter Verwendung einer gemeinsamen Schnittstelle – in diesem Fall kann man von einer API sprechen – stehen dem Entwickler Standardabfrageoperatoren innerhalb der .NET-Bibliothek zur Verfügung. Diese API besteht aus einem festen Satz entsprechender Erweiterungsfunktionen.

13.6 LINQ – Language Integrated Query

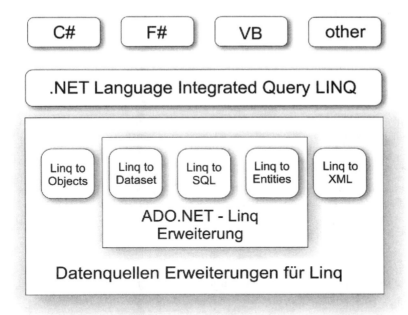

Abbildung 13.7 Architekturüberblick über LINQ

Unabhängig davon, mit welcher Datenquelle LINQ verwendet wird, unterstützt der C#-Compiler neue Schlüsselwörter die es dem Entwickler einfacher machen, eine Abfrage im Programmcode zu schreiben.

Schlüsselworte

Das folgende Beispiel zeigt eine einfache Abfrage mittels LINQ-To-Object.

```
var data = new [] {0,1,2,3,4,5,6,7,8,9,10};
var res = from e in data
          where e < 5
          orderby e
          select e;
```

Aus dem Array `data` werden alle Zahlen, welche kleiner als 5 sind, in die Ergebnisaufzählung `res` übernommen.

An dieser Stelle soll nicht der Inhalt der Abfrage, sondern die interne Umsetzung einer Abfrage im Vordergrund stehen.

Funktionsweise

- `from e` legt den Namen eines Elements bzw. einer Reihe (in Datenbankterminologie) fest.
- `in data` wählt den abzufragenden Aufzählungstyp
- `where e < 5` legt die Bedingung fest
- `orderby e` legt fest, nach welchem Wert die optionale Sortierung erfolgen soll
- `select e` wählt das zurückzugebende Element bzw. mehrere Elemente

Dabei ist die Reihenfolge (relativ) egal, solange `from` und `in` am Anfang der Abfrage stehen. Der Compiler setzt dieses Beispiel in eine Aufrufkette von Erweiterungsfunktionen mit Lambda-Ausdrücken um. Das sieht dann folgendermaßen aus:

```
IEnumerable<int> res =
    data.where(e => e < 5).orderby(e => e).select(e => e);
```

Im nächsten Schritt werden aus den Lambda-Ausdrücken anonyme Methoden erzeugt und die Abfrage wird in IL-Code übersetzt.

Aufzählung

Jede der Erweiterungsmethoden gibt mindestens die Schnittstelle `IEnumerable<T>` zurück. Viele der Erweiterungsmethoden geben außerdem die davon abgeleitete Schnittstelle `IQueryable<T>` zurück. Das hat den Vorteil, dass hier ein Aufzählungstyp zurückgegeben wird, welcher erst eine Aktion ausführt, wenn der Zugriff erfolgt. So wird beispielsweise die SQL-Datenbank erst abgefragt, wenn ein Zugriff auf die Elemente des Aufzählungstyps erfolgt.

Vereinfacht gesagt, erfolgt der Zugriff auf die Datenquelle erst mit dem `foreach` auf dem Ergebnis der Abfrage. Selbst wenn weitere Abfragen oder Erweiterungsmethoden auf das Ergebnis einer Abfrage angewendet werden, erfolgt der Zugriff erst mit dem Zugriff auf die Elemente des Ergebnisses.

Abfrageoperatoren

Die folgende Tabelle fast alle verfügbaren Abfrageoperatoren zusammen.

Tabelle 13.10 Abfrageoperatoren

Abfrageoperator	LINQ-Ausdruck in C#
GroupBy	group … by … group … by … into …
GroupJoin	join … in … on … equals … into …
Join	join … in … on … equals …
OrderBy	orderby …
OrderByDescending	orderby … descending
Select	select
SelectMany	from … in … from … in …
ThenBy	orderby … , …
ThenByDescending	orderby … , … descending
Where	where …

Im Folgenden sollen die häufigsten Arten von Abfragen kurz vorgestellt werden. Dabei ist es nicht möglich, auf jede Kombination sowie Erweiterung einzeln einzugehen, da dies den Umfang dieses Buches weit überschreiten würde.

> **TIPP** Für weitere Informationen empfehlen die Autoren das Buch „LINQ im Einsatz" (ISBN 3-446-41429-0), erschienen im Carl Hanser-Verlag.

Einfache Abfragen

In den folgenden Beispielen sollen mit Hilfe der Bibliothek LINQ-To-Objects ein paar typische Abfragen auf Listen und Arrays im Speicher vorgestellt werden.

13.6 LINQ – Language Integrated Query

Listing 13.2 Erstes Where-Beispiel   Where

```
int[] numbers = { 5, 4, 1, 3, 9, 8, 6, 7, 2, 0 };

var res = from n in numbers
          where n > 5
          select n;
```

Diese einfache Abfrage zeigt, das Prinzip aller Abfragen mit LINQ. `From Variable` wählt den Namen der Variablen innerhalb von LINQ aus, `where` legt die Bedingung unter Verwendung der internen Variablen fest. `in` legt die Datenquelle fest, welche mindestens die Schnittstelle `IEnumerable<T>` implementieren muss.

Mit ein wenig mehr Aufwand können die Elemente der Liste neu sortiert werden.   OrderBy
Dazu wird der `OrderBy`-Operator in die Abfrage eingefügt.

```
var res = from n in numbers
          where n > 5
          orderby n
          select n;
```

Alternativ kann die Erweiterungsmethode auch außerhalb der LINQ-Abfrage verwendet werden.

```
var res = (from n in numbers
           where n > 5
           select n).OrderBy(x => x);
```

Es ist auch möglich, eine Gruppierung der Daten vorzunehmen. Hierfür ist der `GroupBy`-Operator zu verwenden.

Listing 13.3 Einfache Gruppierung   GroupBy

```
var res = from n in numbers
          orderby n
          group n by n > 5 into g
          select new
          {
              GreaterFive = g.Key,
              Numbers = g
          };
```

Im Beispiel werden zwei Gruppen gebildet, eine für alle Nummern, welche kleiner 5 sind, und eine Gruppe für den Rest. Mit Hilfe der Projektion in der `Select`-Klausel wird ein anonymer Typ erzeugt, welcher die Eigenschaft `GreaterFive` enthält, mit deren Hilfe zu erkennen ist, um welche der beiden Gruppen es sich handelt, und die Eigenschaft `Numbers`, welche eine Aufzählung der Nummern enthält.

Eine andere Möglichkeit wäre die Gruppierung in Restklassen. Dabei werden alle Zahlen, welche durch eine Konstante geteilt den gleichen Rest ergeben, in eine Gruppe zusammengefasst.

```
var res = from n in numbers
          group n by n % 3 into g
          select new
          {
              Class = g.Key,
              Numbers = g
          };
```

Im Beispiel wurden die Zahlen in Restklassen, bezogen auf die Konstante 3, gruppiert.

Etwas umfangreicher wird es im nächsten Beispiel. Hier wird ein anonymer Typ erzeugt, um zusätzliche Informationen mit der Abfrage zurückzugeben.

Select-Transformation

Listing 13.4 Anonymer Type als Rückgabe einer Abfrage

```
var people = new []
    {
        new {Name = "Fischer", GivenName = "Matthias", Autor=true},
        new {Name = "Krause", GivenName = "Jörg", Autor=true},
        new {Name = "Mustermann", GivenName = "Peter", Autor=false}
    };

var autoren = from person in people
              where person.Autor
              select new
              {
                  Vorname = person.GivenName,
                  Name = person.Name
              };
```

Aus einer Liste von Personen, wird eine Aufzählung mit einem anonymen Typ erstellt, welcher alle Personen enthält, deren Eigenschaft `Autor` auf `true` gesetzt ist. Der anonyme Typ enthält denn die Eigenschaften `Vorname` und `Name`.

Mit Hilfe des Aggregations-Operators `First` kann das erste Element der Liste ausgewählt werden. Auf die Eigenschaften kann dann wie bei bekannten Typen zugegriffen werden.

```
string VornameErsterAutor = autoren.First().Vorname;
```

SelectMany

Das folgende Beispiel zeigt, wie ein `SelectMany` umgesetzt werden kann. Dabei sollen aus einer Liste von Büchern mit ihren jeweiligen Autoren eine Liste von „Buch, Autor"-Kombinationen erzeugt werden.

Listing 13.5 Beispielabfrage für SelectMany (Teil 1)

```
var books = new[]
    {
      new
      {
        Title = "ASP.NET Profiewissen",
        Authors = new[]
              {
                  new { Name = "Fischer" },
                  new { Name = "Krause" }
              }
      },
      new
      {
        Title = "Windows Communication Foundation (WCF)",
        Authors = new[]
              {
                  new { Name = "Fischer" },
                  new { Name = "Krause" }
              }
      },
      new
      {
        Title = ".NET 3.5",
```

```
        Authors = new[]
                {
                    new { Name = "Fischer" },
                    new { Name = "Krause" }
                }
        }
    },
};
var publications = from book in books
                   where book.Authors.Count() > 0
                   from author in book.Authors
                   select new
                   {
                     book.Title,
                     author.Name
                   };
```

Eine andere Variante besteht darin, ein `SelectMany` über zwei Aufzählungstypen auszuführen und jedes Element mit jedem Element zu verwenden (Pivot-Tabelle, Kreuzprodukt).

Listing 13.6 Beispiel für SelectMany (Teil 2)

```
int[] i = { 0, 1, 2, 3, 4, 5, 6, 7, 8, 9, 10 };
int[] k = { 0, 1, 2, 3, 4, 5, 6, 7, 8, 9, 10 };

var cross = from x in k
            where x > 2
            from y in i
            where y > 3
            select new {x, y, product = x*y};
```

Als Ergebnis wird eine Liste von allen Produkten aus x und y zurückgegeben, wobei x größer 2 und y größer 3 sein muss.

Im Zusammenhang mit Daten wird oft auch eine komplexere Möglichkeit gebraucht. Im dem nachfolgenden Beispiel gibt es zwei Aufzählungen von Nachnamen und Vornamen, mit jeweils einer `id`, welche zusammengeführt werden sollen.

Join

Listing 13.7 Beispiel für Join mit LINQ

```
var names = new[]
            {
               new
               { Name = "Fischer", id = 1 },
               new
               { Name = "Krause", id = 2 }
            };

var givennames = new[]
                 {
                    new { GivenName = "Jörg", id = 2 },
                    new { GivenName = "Matthias", id = 1}
                 };

var persons = from name in names
              join givenname in givennames
              on name.id equals givenname.id
              select new
              {
                 givenname.GivenName,
```

```
            name.Name
        };
```

> **TIPP** Weitere Beispiele finden sich im Internet auf der Webseite „101 Linq-Beispiele" unter http://msdn.microsoft.com/en-us/vcsharp/aa336746.aspx.

13.6.2 Aggregatoren und Selektoren

Die LINQ-Bibliothek umfasst nicht nur Funktionen, welche vom Compiler in einer speziellen Syntax unterstützt werden. Viele der Erweiterungsfunktionen sind nur so, ohne eigenes Schlüsselwort verwendbar. Im folgenden Abschnitt sollen die wichtigsten Auswahl- und Kombinationsfunktionen kurz vorgestellt werden.

Aggregatoren

Aggregatoren sind Funktionen, welche die Aufzählung auf einen Typen reduzieren. Einer der bekanntesten Aggregatoren ist `Count<T>()`.

Count()
```
int[] i = { 0, 1, 2, 3, 4, 5, 6, 7, 8, 9, 10 };
int anzahl = i.Count();
```

Weitere Aggregatoren wie `Sum<T>()`, `Min<T>()`, `Max<T>()` und `Average<T>()` existieren in der LINQ-Bibliothek. Diese können jedoch nur auf primitive Wertetypen angewendet werden. Um Eigenschaften komplexer Objekte direkt summieren zu können, verfügen diese Erweiterungsmethoden über entsprechenden Überladungen, die mit Hilfe eines Lambda-Ausdrucks einen primitiven Typ aus einer Eigenschaft eines Objektes erzeugen.

Sum()
```
var objects = new []
        {
            new {number = 0},
            new {number = 1},
            new {number = 2},
            new {number = 3},
            new {number = 4}
        };
int summe = objects.Sum(x => x.number);
```

Selektoren

First()
FirstOrDefault()

Eine der am häufigsten gebrauchten Auswahlfunktionen ist die Funktion `First<T>()`, welche aus einer Aufzählung von `T` die erste Instanz zurück gibt. Alternativ kann auch `FirstOrDefault<T>()` verwendet werden, welche alternativ `default(T)` zurückgibt, wenn die Aufzählung kein Element enthält.

```
int[] a = { 5, 4, 1, 3, 9, 8, 6, 7, 2, 0 }.First();
```

Das Beispiel gibt 5 zurück. In einem etwas komplexeren Beispiel wird die erste gerade Zahl in einer Liste gesucht, welche größer 3 ist.

```
int[] a = { 5, 4, 1, 3, 9, 8, 6, 7, 2, 0 };
int res = (from n in a
           where (n > 3 && (n & 1) == 1)
           orderby n select n).FirstOrDefault();
```

Alternativ kann eine überladene Methode von `First` verwendet werden, welche einen Lambda-Ausdruck annimmt. Die Abfrage könnte dann wie folgt aussehen:

13.6 LINQ – Language Integrated Query

```
int res = (a.OrderBy(n => n)).FirstOrDefault(
  n => (n > 3 && (n & 1) == 1));
```

Das gleiche wie für `First<T>()` gilt auch für die Methode `Last<T>()`, sowie `LastOrDefault<T>()`. Mit Hilfe dieser Auswahlfunktion kann das letzte Element aus einer Liste zurückgegeben werden. Eine entsprechend überladene Methode, welche einen Lambda-Ausdruck entgegennimmt, ist auch hier vorhanden.

Last() LastOrDefault()

Die Erweiterungsfunktionen `Take<T>(int n)` und `Skip<T>(int n)` helfen beim Auswählen der ersten n Elemente, wobei mit `Skip` n Elemente übersprungen werden können. `SkipWhile<T>(Func<T, T, bool>)` und `TakeWhile<T>(Func<T, T, bool>)` nehmen jeweils einen Lambda-Ausdruck entgegen, mit dessen Hilfe die zu überspringenden oder die auszuwählenden Elemente angegeben werden können.

Take() Skip() TakeWhile() SkipWhile()

```
int[] i = { 0, 1, 2, 3, 4, 5, 6, 7, 8, 9, 10 };
var r1 = i.Skip(5); // 5 Elemente überspringen
var r2 = i.Take(6); // 6 Elemente übernehmen
var r3 = i.SkipWhile(x => x < 6); // alle x kleiner 6 überspringen
var r4 = i.TakeWhile(x => x > 6); // alle x größer 6 übernehmen
```

13.6.3 LINQ-to-Objects

In diesem Abschnitt soll das Funktionsprinzip von *LINQ-to-Objects* etwas genauer betrachtet werden. Wie bereits beschrieben, besteht LINQ aus einem definierten Satz von Erweiterungsfunktionen. Anhand ausgewählter Beispiele soll das Prinzip aufgezeigt werden.

Der Where-Operator

Der `Where`-Operator dient dem Filtern von Daten. Eine Aufzählung von Daten wird durchlaufen und mit Hilfe eines Lambda-Ausdruckes verarbeitet. Ist der Lambda-Ausdruck WAHR, wird das Element in die Ergebnisaufzählung übernommen, andernfalls wird das Element übersprungen.

Listing 13.8 Signatur der Where Klausel

```
public static IEnumerable<T> Where<T>(
    this IEnumerable<T> source,
    Func<T, bool> predicate);
```

Diese Erweiterungsfunktion verwendet, wie (fast) alle anderen Erweiterungen für LINQ, ein `yield return`. Auf diese Wiese wird sichergestellt, dass nur dann ein weiteres Ergebnis zurückgegeben wird, wenn das vorherige Ergebnis abgearbeitet wurde.

yield return

Prinzipiell werden in den LINQ-Erweiterungen alle Elemente mit einer foreach-Schleife durchlaufen, der Lambda-Ausdruck wird angewendet und das Ergebnis wird zurückgegeben.

Listing 13.9 Funktionsprinzip der Where-Klausel

```
public static IEnumerable<T> Where<T>(
    this IEnumerable<T> source,
    Func<T, bool> predicate);
{
    foreach(T element in source)
    {
        if (predicate(element))
```

```
        {
            yield return element;
        }
    }
}
```

Die Implementierung im Framework hat zusätzlich noch entsprechende Parameterüberprüfungen, die sicherstellen, dass nur gültige Parameter übergeben werden:

```
int[] numbers = new int[] = {0,1,2,3,4,5,6,7,8,9,10};
var res = numbers.where(x => x % 3 == 0);
```

Das Anwendungsbeispiel zeigt ein Array von Zahlen. Darin werden alle Elemente gesucht, welche ohne Rest durch 3 teilbar sind.

Der Select-Operator

Der `Select`-Operator dient der Auswahl der zurückzugebenden Eigenschaften eines Objektes. Manchmal wird ein komplexer zusammengesetzter Datentyp in einer Abfrage verwendet, jedoch sollen nur einzelne Eigenschaften weiter verarbeitet werden.

Beispiel

Die Klasse `Person` hat die Eigenschaften `Name`, `Givenname`, `Birthday`, `Street`, `City`. Nach einer Abfrage sollen jedoch nur der `Name` und der `Givenname` weiter verarbeitet werden. Um die Daten zu reduzieren, welche weiter verarbeitet werden, können diese mit der Hilfe des `Select`-Operators und den anonymen Klassen zu einem neuen anonymen Aufzählungstyp zusammengefasst werden.

Der `Select`-Operator ist wie folgt deklariert.

Deklaration u. Implementierung

Listing 13.10 Funktionsprinzip der Select-Klausel

```
public static IEnumerable<S> Select<T, S>(
    this IEnumerable<T> source,
    Func<T, S> selector)
{
    foreach(T element in source)
    {
        yield return selector(element);
    }
}
```

Ähnlich dem `Where`-Operator werden alle Elemente des Aufzählungstypen durchlaufen, jedoch wird hier das Ergebnis des Lambda-Ausdruckes zurückgegeben.

Verwendung:

Listing 13.11 Beispiel für Select-Operator

```
public class Person
{
    public string Name;
    public string Givenname;
    public DateTime Birthday;
    public string Street;
    public string City;
}

class Program
{
    static void Main(string[] args)
    {
        Person[] data = new Person[]
```

```
    {
      new Person() {
                    Name="Fischer",
                    Givenname="Matthias",
                    City="Rathenow"
                   },
      new Person() {
                    Name="Krause",
                    Givenname="Jörg",
                    City="Berlin"
                   }
    };

    var res = data.Select(p => new { Vorname = p.Givenname,
                                     Nachname = p.Birthday,
                                     p.City });
    foreach (var elm in res)
    {
      Console.WriteLine("Vorname = {0}, Nachname = {1}, Stadt = {2}"
         , elm.Vorname, elm.Nachname, elm.City);
    }
  }
}
```

Eigene Query-Operatoren

Im Zusammenhang mit LINQ ist es möglich, auch eigene Erweiterungsfunktionen zu entwickeln, welche eine fehlende Funktionalität ergänzen. Eine häufig gebrauchte Funktion ist das Herausfiltern von Duplikaten mittels `Distinct`:

Listing 13.12 Implementierung eines benutzerdefinierten Distinct-Operators

```
public static class LinqHelper
{
  public static IEnumerable<T> Distinct<T>(this IEnumerable<T> source,
                                           Func<T, T, Boolean> comparer)
  {
    List<T> ret = new List<T>();
    foreach (T element in source)
    {
      bool exists = false;
      foreach (T existing in ret)
      {
        if (comparer(element, existing))
        {
          exists = true;
          break;
        }
      }
      if (!exists)
      {
        ret.Add(element);
      }
    }
    return ret.AsEnumerable();
  }
}
```

13 Datenbanken und Datenzugriff

Verwendet wird diese Erweiterungsmethode in Verbindung mit einem Aufzählungstyp.

```
var numbers = new [] { 0, 1, 2, 5, 3, 6, 3, 4, 5, 6, 7, 10, 8, 9, 10 };
var distinct = numbers.Distinct((x, y) => x == y);
```

13.6.4 LINQ-to-XML

Einführung

Um Daten in XML-Strukturen ablegen zu können, werden Informationen über das Schema benötigt, welches beschreibt, wie die Informationen in welchem XML-Element abgelegt sind. Mit Hilfe dieses Schemas ist es möglich, ein Mapping zwischen der Welt der Objekte in C# und der Welt der XML-Elemente in dem XML-Dokument herzustellen.

OR-Mapper

Ähnlich wie bei LINQ-to-SQL ist LINQ-to-XML ein OR-Mapper. Die Funktionalität verbirgt sich auch hier hinter den Bibliotheken, welche sich in dem .NET-Framework befinden.

Funktionsweise

LINQ-to-XML verwendet keine explizite Schema-Datei, vielmehr basiert diese Bibliothek auf implizit in der Abfrage eingebetteten Informationen. Im Wesentlichen werden intern XDocument-, XPath- und XQuery-Ausdrücke verwendet, um über die Daten zu navigieren.

Die Klasse `XDocument` aus dem Namensraum `System.XML.LINQ` stellt dabei die Kernfunktionalität bereit. In dieser Klasse wird das XML geladen, gespeichert und zerlegt.

Mit den Klassen `XElement`, `XComment`, `XAttribute`, `XDeklaration` usw. stehen dem Entwickler für jedes in einem XML-Dokument enthaltenen Element entsprechende Methoden zur Verfügung, welche die Eigenschaften des Elements aufnehmen, dieses speichern und verarbeiten können.

Die folgenden Beispiele sollen einen kleinen Einblick in die Möglichkeiten zur Datenverarbeitung mit XML unter ASP.NET geben.

Anwendungsbeispiel

XML-Datei lesen

In diesem Beispiel geht es um eine Liste von Elementen mit einer `Id` und einem Namen. Diese Elemente sollen auf einer Webseite in einer Auswahlbox zur Verfügung gestellt werden und anhand der `Id` kann ein Element ausgewählt werden.

Als erstes wird eine XML-Datei in dem ASP.NET-Verzeichnis *App_Data* erstellt. Diese soll vier Elemente enthalten.

Listing 13.13 XML Beispiel Datei

```
<?xml version="1.0" encoding="utf-8" ?>
<Elements>
  <Element>
    <Id>1</Id>
    <Name>Element Eins</Name>
  </Element>
  <Element>
    <Id>2</Id>
```

```xml
    <Name>Element Zwei</Name>
  </Element>
  <Element>
    <Id>3</Id>
   <Name>Element Drei</Name>
  </Element>
  <Element>
    <Id>4</Id>
    <Name>Element Vier</Name>
  </Element>
</Elements>
```

Im nächsten Schritt kommt die ASP.NET Seite dazu, welche eine `DropDownList` (Auswahlliste) sowie einen `ScriptManager` für eine verbesserte Bedienbarkeit enthält. Der `ScriptManager` ist für die Funktion des Beispiels nicht zwingend erforderlich.

Listing 13.14 ASP.NET Seite für LINQ-to-XML Beispiel

```
<%@ Page Language="C#" AutoEventWireup="true"
        CodeFile="Default.aspx.cs" Inherits="_Default" %>
<!DOCTYPE html PUBLIC "-//W3C//DTD XHTML 1.0 Transitional//EN"
  "http://www.w3.org/TR/xhtml1/DTD/xhtml1-transitional.dtd">
<html xmlns="http://www.w3.org/1999/xhtml">
<head runat="server">
  <title>LINQ-to-XML Beispiel</title>
</head>
<body>
  <form id="form1" runat="server">
   <asp:ScriptManager ID="ScriptManager1" runat="server" />
  <div>
    <em>Elemente</em>
    <asp:DropDownList ID="DropDownList" runat="server"
      AutoPostBack="true" />
    <br />
    <br />
    <asp:UpdatePanel ID="UpdatePanel1" runat="server">
      <ContentTemplate>
        <asp:Literal runat="server"
          ID="lit"></asp:Literal></ContentTemplate>
      <Triggers>
        <asp:AsyncPostBackTrigger ControlID="DropDownList"
          EventName="SelectedIndexChanged" />
      </Triggers>
    </asp:UpdatePanel>
  </div>
  </form>
</body>
</html>
```

Wenn sich das ausgewählte Element der Auswahlbox ändert, wird ein automatisches Senden des Wertes ausgelöst. Der `ScriptManager` übernimmt diese Ausgabe, weil ein entsprechender Trigger in dem `UpdatePanel` gesetzt ist. So muss nur der zu aktualisierende Teil der Seite neu geladen werden.

Listing 13.15 ASP.NET Seite für LINQ-to-XML

```
using System;
using System.Linq;
using System.Web.UI.WebControls;
```

13 Datenbanken und Datenzugriff

```
using System.Xml.Linq;

public partial class _Default : System.Web.UI.Page
{
  protected void Page_Load(object sender, EventArgs e)
  {
    var xdoc = XDocument.Load(MapPath("App_Data/XMLDataFile.xml"));
    if (!IsPostBack)
    {
      DropDownList.DataSource =
                     ❶ from elm in xdoc.Descendants("Element")
                       select elm.Element("Id").Value;
      DropDownList.DataBind();
      DropDownList.Items.Insert(0,new ListItem("Bitte auswählen", ↵
        "Bitte auswählen"));
    }
    else
    {
      if (DropDownList.SelectedValue == "Bitte auswählen")
      {
        lit.Text = "<font color='red'>Bitte wählen Sie eine ID↵
          !</font>";
      }
      else
      {
        var res = ❷ (from elm in xdoc.Descendants("Element")
                     where elm.Element("Id").Value == ↵
                           DropDownList.SelectedValue
                     select new
                     {
                       Name = elm.Element("Name"),
                       Id = elm.Element("Id")
                     }).FirstOrDefault();

        lit.Text = ❸ String.Format("Sie haben Id = {0} mit Name = {1} 
          gewählt.", res.Id, res.Name);
      }
    }
  }
}
```

Mit Hilfe der ersten LINQ-Abfrage ❶ werden alle Id herausgefiltert und der Auswahlbox als Datenquelle zugewiesen. Mit der zweiten Abfrage ❷ wird das Element ausgewählt, dessen Id vom Benutzer festgelegt wurde. Im letzten Verarbeitungsschritt wird dem Literal ein neuer Text zugewiesen ❸.

Anwendungsbeispiel: XML Datei erstellen

XML-Datei erstellen und speichern

LINQ kann nicht nur zum Lesen, sondern auch sehr gut zum Erstellen von XML-Dateien oder Strukturen eingesetzt werden. Mit der Hilfe des Objekts XElement aus der LINQ-to-XML-Bibliothek können XML-Strukturen wie folgt erstellt werden:

```
XDocument xdoc = new XDocument(
        new XDeclaration("1.0", "utf-8", "yes"),
        new XComment("Eine Liste von Autoren"),
        new XElement("Autoren",
                new XElement("Autor",
                        new XAttribute("Id", "4711"),
                        new XElement("Name", "Fischer"),
```

```
                           new XElement("Vorname", "Matthias")),
             new XElement("Autor",
                            new XAttribute("Id", "8080"),
                            new XElement("Name", "Krause"),
                            new XElement("Vorname", "Jörg"))
    ));
var res = from elm in xdoc.Descendants("Autor")
          select
             new {
                  Name = elm.Element("Name").Value,
                  Vorname = elm.Element("Vorname").Value,
                  Id = Int32.Parse(elm.Attribute("Id").Value)
             };
```

In der Variablen `xdoc` wurde ein XML-Dokument dynamisch erzeugt, indem Element für Element ineinander geschachtelt wurde. Dabei können so viele Elemente, wie gewünscht, an die jeweiligen Konstruktoren übergeben werden. Alle verwendeten Klassen haben einen Konstruktor, welcher eine variable Anzahl von Parametern zulässt.

Im Anschluss werden die Elemente mit der Hilfe einer Abfrage in eine Aufzählung von anonymen Typen übertragen:

```
xdoc.Save(@"c:\temp\Autoren.xml");
```

Das `XDocument`-Objekt kann gespeichert werden, indem die Funktion `Save` mit einem Pfad aufgerufen wird.

13.6.5 LINQ-To-SQL

LINQ-to-SQL verwendet – wie LINQ-To-Objects – Erweiterungsmethoden. Die Namen und die Parameter dieser Erweiterungen sind gleich, jedoch werden die Lambda-Ausdrücke nicht in CLR-Programmcode (Anonyme Methoden) gewandelt, sondern mit Hilfe von Ausdrucksbäumen in SQL-Statements umgesetzt.

Auf diese Weise ist es möglich, innerhalb der Funktionen, speziell auf die entsprechende Datenquelle angepasste Abfragen zu erstellen. In diesem Zusammenhang wird auch von einer Domain Specific Language (DSL) gesprochen. LINQ-To-SQL ist auf den Microsoft SQL-Server zugeschnitten. Sollen andere SQL-Server verwendet werden, empfehlen die Autoren LINQ-To-Entities bzw. das Entity Framework, welches im folgenden Abschnitt noch genauer gezeigt wird.

Um Objekte in einer Datenbank ablegen zu können, muss zusätzlich noch eine Umwandlung zwischen der Welt der Objekte und der Welt der Datenbanken erfolgen. Dieser Vorgang wird auch objektrelationales Mapping, kurz O/R-Mapping genannt. Diese Zuordnung zwischen Daten und Eigenschaften der Objekte erfolgt unter Verwendung von Attributen. Die folgenden Abschnitte geben einen kurzen Einblick, wie diese Zuordnung mit dem Assistenten von Visual Studio 2010 oder auch manuell erzeugt werden kann. Im Anschluss wird ein kleines ASP.NET-Projekt vorgestellt, welches den vorgestellten O/R-Mapper verwendet.

O/R-Mapping

13 Datenbanken und Datenzugriff

Vorbereitung

Für datenbankbasierte Musteranwendungen stellt Microsoft zwei Beispieldatenbanken zur Verfügung, *AdventureWorks* und *NordWind*. Diese können auf der Webseite von Codeplex unter *http://www.codeplex.com/SqlServerSamples* heruntergeladen und installiert werden.

Jedoch reicht es nicht aus, nur die Dateien zu installieren. Der folgende Exkurs soll einen kurzen Einblick geben, wie die Datenbanken installiert und für die Verwendung mit dem SQL Server Express eingerichtet werden. Anschließend können diese, wie in den folgenden Abschnitten beschrieben, verwendet werden.

AdventureWorks

Die erforderlichen Schritte sollen hier an Hand der neueren Beispieldatenbank namens `AdventureWorks` gezeigt werden. Prinzipiell ist das Vorgehen für die *Nordwind*-Datenbank identisch.

Download AdventureWorks

Im ersten Schritt wird die entsprechende Beispieldatenbank für die installierte Version des SQL-Servers heruntergeladen. Visual Studio 2010 installiert automatisch eine Instanz des SQL Servers Express[21]. Dabei spielt es keine Rolle, ob ein 32-Bit oder ein 64-Bit-Betriebssystem verwendet wird. Visual Studio installiert immer die 32-Bit-Version.

Gehen Sie dazu auf folgende URL:

- *http://www.codeplex.com/MSFTDBProdSamples/Release/ProjectReleases.aspx?ReleaseId=4004*

Laden Sie die Datei *AdventureWorksDB* herunter.

Werkzeuge

Sofern kein SQL Server Express installiert ist, kann eine entsprechende kostenfreie Version hier heruntergeladen und installiert werden:

- *http://www.microsoft.com/germany/express/default.aspx*

Ferner wird die Software *Microsoft SQL Server Management Studio Express* zur Einrichtung benötigt, welche ebenfalls kostenfrei hier heruntergeladen werden kann:

- *http://www.microsoft.com/downloads/details.aspx?FamilyID=c243a5ae-4bd1-4e3d-94b8-5a0f62bf7796&DisplayLang=de*

Installation und Einrichtung

Nach der Installation der Datenbank befindet sich diese in folgendem Verzeichnis:

C:\Program Files\Microsoft SQL Server\MSSQL.1\MSSQL\Data

Im nächsten Schritt wird die Datenbank zu den aktiven Datenbanken des SQL-Servers hinzugefügt. Dazu wird zunächst das *Microsoft SQL Server Management*

---

[21] Die Vollversion SQL Server ist ebenso gut geeignet wie die Express- und Entwickler-Versionen. Die Beispiele laufen mit den Versionen 2005 und 2008 (R2) des SQL Servers.

Studio Express geöffnet. Nach dem Anmeldedialog können Datenbanken hinzugefügt werden, indem mit der rechten Maustaste auf Datenbanken geklickt wird.

Abbildung 13.8 Anfügen einer neuen Datenbank im SQL Management Studio Express

Wählen Sie ANFÜGEN und fügen Sie die Datei *c:\Program Files (x86)\Microsoft SQL Server\MSSQL.1\MSSQL\Data\AdventureWorks_Data.mdf* hinzu.

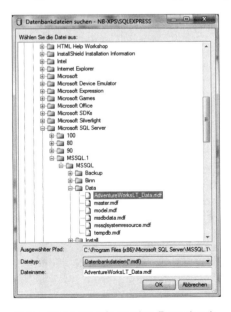

Abbildung 13.9 Auswählen einer einzufügenden Datenbank

13 Datenbanken und Datenzugriff

Nach dem Bestätigen mit OK, steht die Datenbank *AdventureWorks* auch im Server-Explorer von Visual Studio 2010 zur Verfügung.

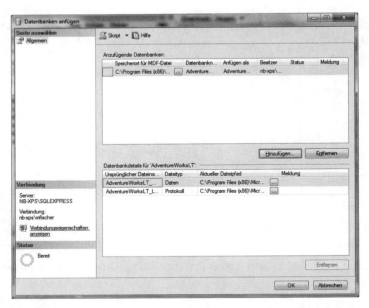

Abbildung 13.10 Anzeige der Datenbank im SQL Server Management Studio

Visual Studio 2010 – Der Objekt Model Assistent

Automatisch erstellen

Bei größeren Datenbanken kann es schnell sehr aufwändig werden, den gesamten Quellcode für die Mapper manuell zu erstellen. Um dem Entwickler die Arbeit zu erleichtern, wurde in Visual Studio 2010 ein Assistent für die Erstellung von Objekten aus einem Datenbankschema integriert, welcher bei der Erstellung der erforderlichen Mapper hilft.

> **TIPP** Das Verzeichnis *App_Code* wurde beim alten Projekttyp WEB SITE (Website) verwendet, um Dateien anzugeben, welche automatisch vom ASP.Net Framework übersetzt werden sollen. Mit Visual Studio 2010 wird der neue Projekttyp WEB ANWENDUNG (Web Application) verwendet. Hierbei werden automatisch alle Quelltextdateien übersetzt, welche sich im Projektverzeichnis befinden. Diese Änderung wurde eingeführt, weil die Assistenten entsprechende Quelltexte automatisch im gleichen Verzeichnis wie die ASPX-Dateien erzeugen. Da die Laufzeitumgebung alles im Ordner *App_Code* zusätzlich übersetzen würde, käme es zu einer doppelten Übersetzung. Aus diesem Grund sollte das Verzeichnis *App_Code* nicht mehr verwendet werden. Anstelle dessen kann jeder beliebige andere Name verwendet werden.

Legen Sie einen Ordner *DbMapper* an (soweit nicht vorhanden) und fügen Sie dort ein neues Element hinzu. Wählen Sie LINQ-TO-SQL-KLASSEN und vergeben Sie einen Namen.

13.6 LINQ – Language Integrated Query

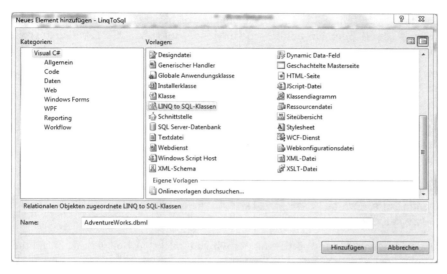

Abbildung 13.11 LINQ-to-SQL-Klassen erstellen

Der Assistent öffnet sich automatisch. Ziehen Sie jetzt die Tabellen, für die entsprechende Mapper-Klassen erstellt werden sollen, auf den größeren Bereich des mittleren Fensters. Für dieses Beispiel wurden *Customer* (Kunde) und *SalesOrderHeader* (Auftrag) gewählt.

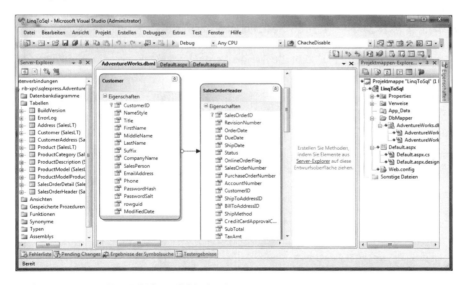

Abbildung 13.12 Der LINQ-to-SQL-Assistent

Der Assistent für LINQ-to-SQL erstellt die Klassen für die Hilfsobjekte, sowie die Referenzen in diesen Klassen automatisch. Die Funktionsweise der erzeugten Codeteile wird im folgenden Abschnitt genauer gezeigt.

13 Datenbanken und Datenzugriff

DataContext Zusätzlich wird ein `DataContext` erzeugt, welcher bereits den erforderlichen `ConnectionString` enthält, mit dessen Hilfe Sie bequem auf die Tabellen zugreifen können.

Innerhalb des `DataContext` werden für jede gemappte Tabelle Eigenschaften mit dem Namen der Tabelle angelegt. Das gleiche gilt für die Namen der Objekte, diese werden auch mit dem Namen der Tabelle erzeugt.

> **HINWEIS** Bitte beachten Sie, dass die Namen der Tabellen in der Datenbank als Basis für die Namen der generierten Klassen und Tabellen-Eigenschaften des Kontexts verwendet werden. In der englischen Version von Visual Studio werden die Namen für die Kontext-Eigenschaften im Plural gebildet. Wenn dieses Feature in der deutschen Edition von Visual Studio gewünscht wird, muss es explizit aktiviert werden unter: EXTRAS | OPTIONEN | DATENBANKENTOOLS | O/R-MAPPER | PLURALISIERUNG VON EIGENSCHAFTEN.

Die Verwendung der erzeugten Mapper wird im nächsten Beispiel im Zusammenspiel mit einer kleinen ASP.NET-Webanwendung gezeigt.

Manuell erstelltes Objektmodell

Manuell erstellen Dieses Beispiel basiert auf der gleichen Datenbank wie das vorherige Beispiel zum automatisch erstellten Mapper. Unter Umständen kann es erforderlich sein, die Mapper ohne den Assistenten von Visual Studio zu erstellen. Ferner fördert das manuelle Erstellen eines Mappers das Verständnis für die Funktionsweise des Assistenten.

Um einen O/R-Mapper für die Bestellungen eines Kunden mit LINQ-to-SQL manuell erstellen zu können, ist es als erstes erforderlich, die Assembly `System.Data.Linq` in das aktuelle Projekt einzubinden, sowie die Namensräume `System.Linq` und `System.Data.Linq` hinzuzufügen.

Im Beispiel soll eine Klasse `Customer` in der Datei *Customer.cs* in dem Unterverzeichnis *DbMapper* angelegt werden.

Listing 13.16 LINQ-to-SQL-Klasse Customer.cs

```
[Table(Name = "SalesLT.Customer")]
public class Customer
{
    [Column(IsPrimaryKey = true)]
    public int CustomerID;

    private string _FirstName;

    [Column(Storage = "_FirstName")]
    public string FirstName
    {
      get { return this._FirstName; }
      set { this._FirstName = value; }
    }

    [Column(Name = "LastName")]
    public string Name
    {
      get;
```

```
      set;
   }
}
```

Mit dem Attribut `Table` wird dem Mapper mitgeteilt, in welcher Tabelle sich die Daten für die Klasse befinden. Eigenschaften werden den entsprechenden Spalten dieser Tabelle zugeordnet, indem diese mit dem Attribut `Column` gekennzeichnet werden. Wird kein zusätzlicher Name für die Spalte angegeben, wird der Name der Eigenschaft als Spaltenname übernommen. Dabei spielt es keine Rolle, ob es sich um interne, private oder öffentliche Eigenschaften handelt. Dieses Attribut kann sowohl auf „Autoproperties" als auch auf private Eigenschaften angewendet werden.

Ferner werden Primärschlüssel gekennzeichnet, indem zusätzlich `IsPrimaryKey` dem Attribut der entsprechenden Spalte übergeben wird.

Um diese Klasse mit Inhalten füllen zu können, ist es notwendig einen `DataContext` zu erstellen. Das `DataContext`-Objekt baut die Verbindung zum SQL-Server auf. Zu diesem Zweck wird dem Konstruktor ein `ConnectionString` übergeben.

```
DataContext db = new DataContext(@"Data Source=
   .\SQLEXPRESS;Initial Catalog=AdventureWorksLT;
   Integrated Security=True");
```

Die Zuordnung zwischen Daten und Objekten erfolgt in der statischen Funktion *GetTable* der generischen Klasse `Table`. Hier werden die Informationen aus der Datenbank in die C#-Objekte geschrieben und umgekehrt:

```
Table<Customer> customers = db.GetTable<Customer>();
```

Nachdem diese drei Elemente erstellt wurden, kann auf die Kunden mit einer LINQ-Abfrage zugegriffen werden. Im folgenden Beispiel sollen alle in Berlin ansässigen Kunden ausgewählt werden:

```
from c in customers
where c.City == "Berlin"
select new
{
   Text = String.Format("{0} {1}", c.Name, c.FirstName),
   Id = c.CustomerID.ToString()
};
```

An dieser Stelle wurde noch nichts auf der Datenbank ausgeführt. Die Abfrage wurde erstellt und zur Ausführung vorbereitet. In nächsten Schritt wird das Ergebnis angezeigt und mit dem Aufruf des ersten Elements wird die Abfrage ausgeführt:

```
foreach (customer c in cb)
{
   Response.Write("Customer ");
   Response.Write(customer.Name);
   Response.Write("<br />");
}
```

Um eine Zuordnung von Aufträgen und Kunden zu ermöglichen, wird eine weitere Klasse für die Aufträge wie folgt erstellt:

```
[Table(Name = "SalesLT.SalesOrderHeader")]
public class Order
```

```
{
    private int _SalesOrderID;
    private int _CustomerID;

    [Column(Name = "SalesOrderID", Storage = "_SalesOrderID",
      DbType = "Int NOT NULL IDENTITY",
      IsPrimaryKey = true, IsDbGenerated = true)]
    public int OrderID
    {
      get { return this._SalesOrderID; }
      // ein setter ist nicht nötig, weil IsDbGenerated = true ist
    }

    [Column(Storage = "_CustomerID")]
    public int CustomerID
    {
      get { return this._CustomerID; }
      set { this._CustomerID = value; }
    }
}
```

Wie die Klasse für die *Kunden* nimmt ebenso diese Klasse die Daten für die Aufträge auf. Dabei wurden in den Attributen zusätzlich Eigenschaften wie der Typ der Spalte in der Datenbank oder die Eigenschaft `IsDbGenerated` gesetzt. Diese Eigenschaften der Attribute helfen dem Mapper bei der Datenumwandlung.

Um eine Beziehung zwischen Kunden und Aufträgen zu erstellen, werden die generischen Klassen `EntityRef<T>` und `EntitySet<T>` verwendet.

Dabei kommt es darauf an, welche Kardinalität die Beziehung hat. LINQ-to-SQL unterstützt 1:1- und 1:n-Beziehungen.

Für eine 1:1-Beziehung wird auf beiden Seiten ein `EntitySet<T>` eingebunden. Bei einer 1:n-Beziehung wird das `EntitySet<T>` auf dem übergeordneten Objekt (im Beispiel der *Kunde*) angewendet und die `EntityRef<T>` auf dem mehrfach vorhandenen Teil (im Beispiel *Auftrag*).

Die Klasse *Kunde* wird um folgenden Code erweitert.

```
private EntitySet<Order> _Orders;

public Customer() { this._Orders = new EntitySet<Order>(); }

[Association(Storage = "_Orders", OtherKey = "CustomerID")]
public EntitySet<Order> Orders {
  get { return this._Orders; }
  set { this._Orders.Assign(value); }
}
```

Das `Association`-Attribut verbindet dabei die interne Aufzählung (`EntitySet<T>`) mit dem Schlüssel der Tabelle. Um diese Beziehung auch aus der anderen Richtung verwenden zu können, wird zusätzlich die Klasse *Auftrag* wie folgt erweitert.

```
private EntityRef<Customer> _Customer;

public Order()
{
   this._Customer = new EntityRef<Customer>();
}
```

13.6 LINQ – Language Integrated Query

```
[Association(Storage = "_Customer", ThisKey = "CustomerID")]
public Customer Customer
{
   get { return this._Customer.Entity; }
   set { this._Customer.Entity = value; }
}

[Column()]
public DateTime OrderDate
{
   get;
   set;
}
```

Mit diesen Erweiterungen kann auch auf die Bestellungen über den Kunden zugegriffen, sowie der Kunde zu einer Bestellung abgefragt werden. Zusätzlich kann das Datum der Bestellung ermittelt werden.

Anwendungsbeispiel für LINQ-to-SQL

Dieses Beispiel setzt auf einen der zuvor erstellten O/R-Mapper auf. Dabei wird die Anwendung im Zusammenhang mit dem automatisch generierten Mapper vorgestellt. Das manuell erstellte Beispiel funktioniert prinzipiell genauso.

Assistent verwenden

Listing 13.17 Seite Default.aspx für LINQ-2-SQL-Beispiel

```
<%@ Page Language="C#" AutoEventWireup="true"
        CodeBehind="Default.aspx.cs" Inherits="LINQ-to-SQL._Default" %>

<!DOCTYPE html PUBLIC "-//W3C//DTD XHTML 1.0 Transitional//EN"
"http://www.w3.org/TR/xhtml1/DTD/xhtml1-transitional.dtd">

<html xmlns="http://www.w3.org/1999/xhtml" >
<head runat="server">
    <title>Linq2Sql</title>
</head>
<body>
    <form id="form1" runat="server">
    <asp:ScriptManager ID="ScriptManager" runat="server" />
    <em>Kunden</em>
    <asp:DropDownList ID="DropDownListKunden" runat="server"
     AutoPostBack="true" />
    <br />
    <br />
    <asp:UpdatePanel ID="UpdatePanelOrder" runat="server">
     <ContentTemplate>
        <asp:Literal runat="server" ID="LiteralOrders">
        </asp:Literal></ContentTemplate>
      <Triggers>
        <asp:AsyncPostBackTrigger ControlID="DropDownListKunden"
          EventName="SelectedIndexChanged" />
      </Triggers>
    </asp:UpdatePanel>
    </form>
</body>
</html>
```

13 Datenbanken und Datenzugriff

Im Wesentlichen besteht die Anwendung aus einer Auswahlbox für den Kunden und einem `Literal`-Steuerelement, welches als Platzhalter für die Ergebnisse dient. Ferner wurde ein `ScriptManager` und ein `UpdatePanel` eingefügt.

Nach dem Laden der Webseite wird überprüft, ob es sich um den ersten Aufruf der Seite handelt. Ist das der Fall, wird die Auswahl unter Verwendung von LINQ-to-SQL mit den Namen aller Kunden gefüllt.

Listing 13.18 CodeBehind für LINQ-to-SQL-Beispiel

```
public partial class _Default : System.Web.UI.Page
{
    private AdventureWorksDataContext db = new
      AdventureWorksDataContext();

    protected void Page_Load(object sender, EventArgs e)
    {
      if (!IsPostBack) {
        var allCustomer =
        DropDownListKunden.DataSource =
          from c in db.Customers
          select new {
              Text = String.Format("{0} {1}", c.LastName, c.FirstName),
              Id = c.CustomerID.ToString() };
        DropDownListKunden.DataTextField = "Text";
        DropDownListKunden.DataValueField = "Id";
        DropDownListKunden.DataBind();
        DropDownListKunden.Items.Insert(0,
          new ListItem("Bitte einen Kunden auswählen", "select"));

      }
      else
      {
        if (DropDownListKunden.SelectedValue == "select")
        {
          LiteralOrders.Text =
           "<font color='red'>Bitte wählen Sie einen Kunden !</font>";
        } else {
          var res = ❶ from o in db.SalesOrderHeaders
                    where o.CustomerID.ToString() ==
                    DropDownListKunden.SelectedValue
                    select o;

          StringBuilder sb = new StringBuilder();
          sb.Append("<table>");
          foreach (var order in res) {
            ❷ sb.AppendFormat("<tr><td>{0}</td><td>{1}</td></tr>",
              order.DueDate, order.Comment);
          }
          sb.Append("</table>");
          ❷ LiteralOrders.Text = sb.ToString();
        }
      }
    }
}
```

Nachdem ein Kunde ausgewählt wurde ❶, werden das Lieferdatum und der Kommentar zu diesem Auftrag zurück gegeben ❷.

13.7 Entity Framework

Mit Visual Studio 2008 wurde das Entity Framework eingeführt, welches die Möglichkeit bietet, ein logisches Datenbankschema in ein konzeptionelles Model zu abstrahieren. Auf diese Weise können auch komplexe Datenstrukturen abgebildet werden. Mit dem Framework 4 und Visual Studio 2010 gibt es ein erheblich erweitertes Update.

13.7.1 Grundlagen

Der Zugriff auf die Daten erfolgt über diverse Schnittstellen, wie beispielsweise direkt über EntitySQL, entsprechende Objektdienste oder auch LINQ-to-Entities.

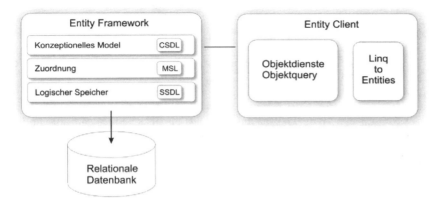

Abbildung 13.13 Überblick über die Schichten des Entity Frameworks

Im Wesentlichen setzt sich das Entity Framework aus drei Schichten zusammen, dem konzeptionellen Modell, der Zuordnung und dem logischen Speicher. Jeder der Schichten wird mit einer spezialisierten Beschreibungssprache erstellt.

Der Vorteil des Entity Frameworks liegt darin, dass die Entwickler einer Anwendung ihren Programmcode gegen ein festgelegtes Modell entwickeln, wie eine Schnittstelle in der objektorientierten Programmierung. Das Modell kommt der Verwendung der Objekte viel näher und ist nicht so stark normalisiert, wie es die Speicherung in einer Datenbank erfordert.

Vorteil gegenüber LINQ

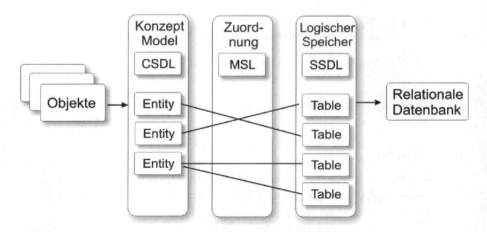

Abbildung 13.14 Interner Aufbau des Entity Frameworks

Das konzeptionelle Modell wird in einer XML-Datei unter Verwendung der Schemadefinitionssprache (*Conceptual Schema Definition Language*, CSDL) definiert. Hier werden die Entitäten und Beziehungen modelliert, welche sich auf der Anwendungsseite befinden. Auf der gegenüberliegenden Seite befindet sich die logische Definition des Datenbankschemas. Im Datenbankschema sind alle Entitäten normalisiert. Für die Beschreibung des logischen Schemas steht die Speicherschemadefinitionssprache (*Store Schema Definition Language*, SSDL) zur Verfügung. Zusammengehalten werden die beiden Welten von Entitäten und Tabellen mit Hilfe der Zuordnungssprache (*Mapping Schema Language*, MSL).

Zwischen den Entitäten auf der einen und den Tabellen der Datenbank auf der anderen Seite gibt es eine eindeutige Zuordnung. Der große Vorteil dieser dreischichtigen Architektur liegt darin, dass nicht unbedingt eine Entität immer in einer Tabelle gespeichert sein muss. So hat der Entwickler maximale Freiheit bei geringstmöglichem Aufwand.

13.7.2 Konzepte

In diesem Abschnitt soll es vor allem um architektonische und konzeptionelle Aspekte rund um das Entity Framework gehen.

Modellbasiert entwickeln, nicht Datenbankschema basiert

Mit dem Einsatz von `DataReader` und vielen anderen Technologien verwenden Sie viel Zeit auf die Abfrage von Daten aus einer Datenbank: das Durchlaufen der Ergebnisse und Herausfiltern der relevanten Felder sowie deren Inhalte. Mit dem Entity Framework ist das anders. Hier erfolgt die Abfrage nicht gegen ein Datenbankschema. Sie entwickeln Ihre Software gegen ein der Geschäftslogik entsprechendes konzeptionelles Objektmodell.

Die Daten aus der Datenbank werden automatisch in die Geschäftsobjekte übertragen. Änderungen werden gespeichert, indem die geänderten Objekte gespeichert werden, das Entity Framework erledigt den Rest automatisch. So werden Sie als

Entwickler von der Aufgabe „befreit", die Eigenschaften der Geschäftsobjekte in Reihen und Spalten der Datenbank zu konvertieren.

Das Entitäten Datenmodell

Der wichtigste Bestandteil des Entity Frameworks ist das Entitäten Datenmodell. Es ist der Kern, um den sich die weitere Funktionalität anordnet. Das Entitäten-Modell beschreibt die Geschäftsobjekte, wie sie von der Geschäftsprogrammlogik verwendet werden sollen. Es gehört, im Gegensatz zu dem logischen Datenmodell, nicht zur verwendeten Datenbank.

Objektdienst

Der Objektdienst ist eine zusätzliche Schicht, welche mit Hilfe des Entity Readers C#-Objekte zur Verfügung stellt. Die Objektdienste des Entity Frameworks unterstützen EntitySQL oder LINQ-To-Entities durch Implementierung der entsprechenden Schnittstellen.

Die Klasse `ObjectContext` ist der zentrale Bestandteil der Objektdienste. Diese Klasse stellt Funktionen für die Interaktion mit CLR-Objekten zur Verfügung. Mit Hilfe der Klasse `ObjectQuery` wird eine Abfrage an den EntityClient-Provider, in Form eines Ausdrucksbaums (Befehlsstruktur), gesendet.

Als Rückgabewert kommt ein Auszählungstyp der Schnittstelle `IQueryable<T>` zurück.

EntitySQL

EntitySQL ist eine eigens für das Entity Framework entwickelte Abfragesprache, welche dem T-SQL sehr ähnlich ist. Diese kann sowohl mit als auch ohne Objektdienst verwendet werden. *Abfragesprache*

EntitySQL stellt eine generische, von der verwendeten Datenquelle unabhängige, abstrakte Abfrage zur Verfügung. Ausgeführt wird diese Abfrage unter Verwendung von datenquellenspezifischen Abfrageprovidern, beispielsweise ADO.NET. *Abfrageprovider*

Zwar kann EntitySQL direkt verwendet werden, jedoch ist es leichter den LINQ-Provider zu verwenden, weil LINQ für Abfragen auf Objekten und Strukturen optimiert wurde.

LINQ-To-Entities

Der Datenclient LINQ-To-Entities greift direkt auf die clientseitigen Komponenten des Entity Frameworks zurück. Dabei wird der Objektdienst als LINQ-Provider verwendet.

Die LINQ-Abfrage wird in einen Ausdrucksbaum gewandelt, welcher an den Entity-Datenprovider übergeben wird. Hier erfolgt eine weitere Anpassung in einen ADO.NET kompatiblen Ausdrucksbaum. Der ADO.NET-Provider erzeugt das entsprechende SQL für die Abfrage und liefert das Ergebnis in einem `DbReader`-Objekt an den `EntityClientDataProvider`. Im letzten Schritt wandelt der LINQ-Provider die im `EntityReader` enthaltenen Informationen in Objekte, auf die über die Schnittstelle `IQueryable<T>` zugegriffen werden kann.

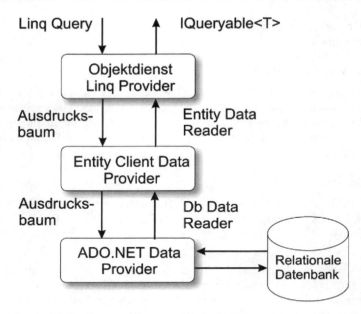

Abbildung 13.15 Architekturübersicht LINQ-To-Entities

13.7.3 Umstieg von LINQ-to-SQL auf das Entity Framework

Verglichen mit LINQ-to-SQL ist das Entity Framework umfangreicher und mächtiger in seiner Funktionalität. Ein Umstieg von LINQ auf das Entity Framework ist jederzeit möglich, da alle Funktionen, welche in LINQ zur Verfügung stehen, auch im Entity Framework bereitstehen.

Die Autoren empfehlen die Verwendung des Entity Frameworks, weil dies dem Entwickler das eindeutig größere Potential bei maximaler Flexibilität zur Verfügung stellt.

13.7.4 Erzeugen des Entitäten Daten Modells (EDM)

Zur Generierung des Entitäten-Datenmodells bietet Visual Studio 2010 einen eigenen Assistenten. Dieser funktioniert im Prinzip wie der LINQ-to-SQL Assistent. Mittels „Drag and Drop" können die zu berücksichtigenden Tabellen auf die Entwurfsoberfläche des Assistenten gezogen werden. Dabei werden bereits im Datenmodell vorhandene Beziehungen automatisch im Mapping berücksichtigt.

Das folgende Beispiel zeigt ein einfaches Mapping für eine kleine Beispieldatenbank. Eine komplette Beschreibung des Entity Frameworks würde den Umfang der Beispiele für dieses Buch weit überschreiten.

Die Datenbank besteht aus zwei Tabellen, Kontakt (Contact) und Gesprächsnotiz (Note). Zu jedem Kontakt können beliebig viele Gesprächsnotizen angelegt werden.

Namen von Klassen im Quellcode sowie Tabellen in der Datenbank wurden von den Autoren bewusst in englischer Sprache gewählt, um Inkompatibilitäten mit Umlauten von vornherein auszuschließen.

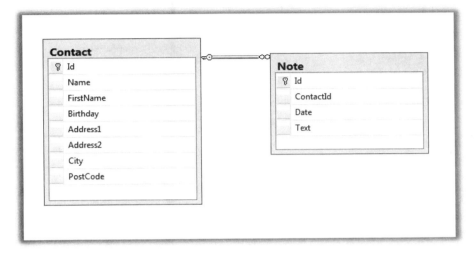

Abbildung 13.16 Logisches Datenmodell der Beispieldatenbank

Nachdem diese zwei Tabellen in der Datenbank angelegt wurden, kann das konzeptionelle Datenmodell erzeugt werden. Hierfür soll in diesem Beispiel eine ASP.NET-MVC-Anwendung verwendet werden.

ADO.NET-Entity-Modell erstellen

ASP.NET-MVC-Anwendungen stellen standardmäßig einen Ordner mit dem Namen *Model* zur Verfügung.

Prinzipiell kann das Modell auch in jedem anderen Ordner angelegt werden, der Übersicht halber wird jedoch von den Autoren empfohlen, diesen vorgefertigten Ordner zu verwenden, sofern es keine projektrelevanten Gründe für einen alternativen Ordner gibt.

Mit einem Rechtsklick auf den Ordner *Model* kann ein neues Element hinzugefügt werden.

13 Datenbanken und Datenzugriff

Abbildung 13.17 Einfügen des ADO.NET Entity Data Models

Im nächsten Dialog wählen Sie ADO.NET ENTITY DATA MODEL und vergeben einen Namen für das Modell, beispielsweise *ContactsModel.edmx*.

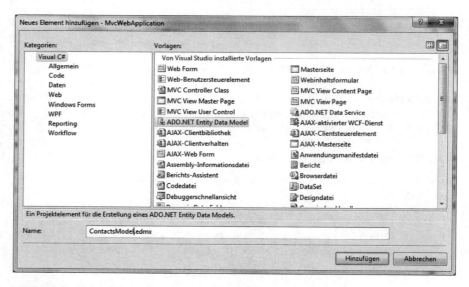

Abbildung 13.18 ADO.NET Entity Data Model Assistent Schritt 1

Anschließend wählen Sie DATENBANK GENERIEREN aus.

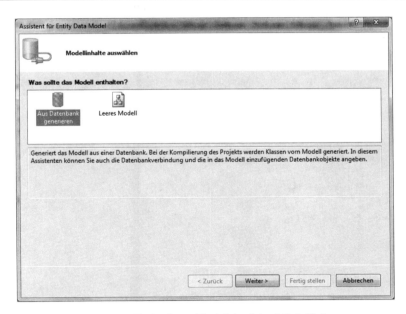

Abbildung 13.19 ADO.NET Entity Data Model Assistent Schritt 2

Im dritten Schritt wird die zu verwendende Datenbank angegeben.

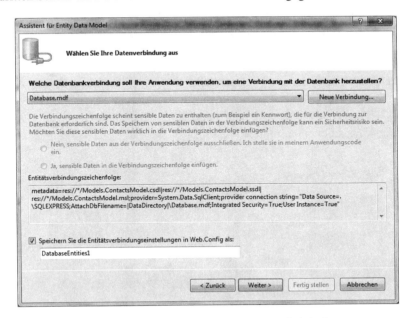

Abbildung 13.20 ADO.NET Entity Data Model Assistent Schritt 3

13 Datenbanken und Datenzugriff

Mit dem vierten Schritt wird festgelegt, welche Elemente der Datenbank in das Entity Data Model übernommen werden sollen. In diesem Beispiel wählen Sie die zwei zuvor angelegten Tabellen.

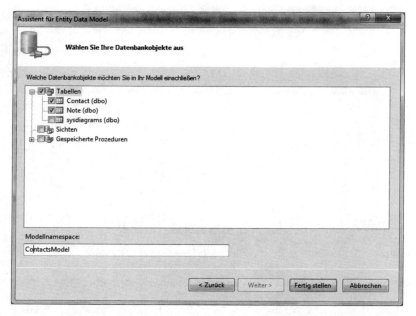

Abbildung 13.21 ADO.NET Entity Data Model Assistent Schritt 4

Nach dem Betätigen der Schaltfläche FERTIGSTELLEN erzeugt der Assistent das entsprechende konzeptionelle Datenmodell. Ferner wird automatisch ein Mapping erzeugt.

Automatisch erzeugte Mapping — Das automatisch generierte Mapping enthält eine 1:1-Zuordnung zwischen logischen und konzeptionellen Entitäten.

Abbildung 13.22 Erzeugtes ADO.NET Entity Data Model

Es fällt auf, dass die für die Zuordnung verwendete Spalte `ContactId` in der Entität `Note` nicht explizit als Eigenschaft aufgeführt wurde. Diese Spalte wird automatisch in den entsprechenden Tabellen aktualisiert, wenn Änderungen an den Objekten vorgenommen werden.

13.7.5 Konzeptionelles Modell ohne Assistent erstellen

Das konzeptionelle Modell kann auch ohne den Assistenten von Visual Studio 2010 erstellt werden. Das Entity Framework enthält das Kommandozeilenwerkzeug EDMGEN.EXE. Dieses Werkzeug stellt eine Verbindung zu einer ADO.NET-Datenquelle her und erstellt automatisch ein 1:1-Mapping zwischen Entitäten und Tabellen.

→ MSDN

Tabelle 13.11 Befehlszeilenargumente für den Parameter /mode für EdmGen

Modus	Beschreibung
`/mode:ValidateArtifacts`	Zur Überprüfung der erzeugten CSDL-, SSDL- und MSL-Dateien, zeigt alle Fehler und Warnungen an
`/mode:FullGeneration`	Erzeugt CSDL-, SSDL und MSL Dateien unter Verwendung der `/connectionstring`-Option
`/mode:FromSSDLGeneration`	Generiert CSDL- und MSL-Dateien, Quellcode und Sichten mithilfe der angegebenen SSDL-Datei.
`/mode:EntityClassGeneration`	Erstellt eine Quellcodedatei, die mit Hilfe der CSDL-Datei generierte Klassen enthält.
`/mode:ViewGeneration`	Erstellt eine Quellcodedatei, die aus den CSDL-, SSDL- und MSL-Dateien generierte Sichten enthält.

Tabelle 13.12 Weitere Befehlszeilenargumente für EdmGen

Option	Beschreibung
`/p[roject]:<string>`	Gibt den zu verwendenden Projektnamen an. Der Projektname wird für die standardmäßige Namespaceeinstellung, die Namen der EDM-Dateien, den Namen der Objektquelldatei und den Namen der Quelldatei für das Generieren von Sichten verwendet. Der Entitätencontainername wird auf „<project>Context" festgelegt.
`/prov[ider]:<string>`	Der Name des .NET Framework-Datenanbieters zum Erstellen der Speichermodelldatei (SSDL). Der Standardanbieter ist der .NET Framework-Datenanbieter für SQL Server (`System.Data.SqlClient`).
`/c[onnectionstring]:<connection string>`	Gibt die Zeichenfolge an, die verwendet wird, um eine Verbindung mit der Datenquelle herzustellen.

Option	Beschreibung
`/incsdl:<file>`	Gibt die CSDL-Datei oder ein Verzeichnis an, in dem sich die CSDL-Dateien befinden. Dieses Argument kann mehrmals angegeben werden, damit Sie mehrere Verzeichnisse oder CSDL-Dateien angeben können. Das Angeben mehrerer Verzeichnisse ist beim Erstellen von Klassen (/mode:EntityClassGeneration) oder Sichten (/mode:ViewGeneration) hilfreich, wenn das konzeptionelle Modell in mehrere Dateien aufgeteilt ist. Dies kann auch nützlich sein, wenn Sie mehrere Modelle (/mode:ValidateArtifacts) überprüfen möchten.
`/refcsdl:<file>`	Gibt die zusätzliche CSDL-Datei bzw. -Dateien an, die verwendet werden, um die Verweise in der CSDL-Quelldatei aufzulösen. (Die CSDL-Quelldatei ist die mit der /incsdl-Option angegebene Datei). Die /refcsdl-Datei enthält Typen, von denen die CSDL-Quelldatei abhängt. Dieses Argument kann mehrmals angegeben werden.
`/inmsl:<file>`	Gibt die MSL-Datei oder ein Verzeichnis an, in dem sich die MSL-Dateien befinden. Dieses Argument kann mehrmals angegeben werden, um mehrere Verzeichnisse oder MSL-Dateien anzugeben. Das Angeben mehrerer Dateien ist beim Erstellen von Sichten (/mode:ViewGeneration) hilfreich, wenn das konzeptionelle Modell in mehrere Dateien aufgeteilt ist. Dies kann auch nützlich sein, wenn Sie mehrere Modelle überprüfen möchten (/mode:ValidateArtifacts).
`/inssdl:<file>`	Gibt die SSDL-Datei oder ein Verzeichnis an, in dem sich die SSDL-Datei befindet.
`/outcsdl:<file>`	Gibt den Namen der CSDL-Datei an, die erstellt wird.
`/outmsl:<file>`	Gibt den Namen der MSL-Datei an, die erstellt wird.
`/outssdl:<file>`	Gibt den Namen der SSDL-Datei an, die erstellt wird.
`/outobjectlayer:<file>`	Gibt den Namen der Quellcodedatei an, die die mit der CSDL-Datei generierten Objekte enthält.
`/outviews:<file>`	Gibt den Namen der Quellcodedatei an, die die generierten Sichten enthält.
`/language:[VB|CSharp]`	Gibt die Sprache für die erstellten Quellcodedateien an. Die Standardsprache ist C#.
`/namespace:<string>`	Gibt den zu verwendenden Namensraum an. Der Namespace wird beim Ausführen von /mode:FullGeneration oder /mode:FromSSDLGeneration in der CSDL-Datei festgelegt. Beim Ausführen /mode:EntityClassGeneration wird der Namespace nicht verwendet.

Option	Beschreibung
`/entitycontainer:<string>`	Gibt den Namen an, der dem <EntityContainer>-Element in den generierten EDM-Dateien hinzugefügt wird.
`/help oder ?`	Zeigt die Befehlssyntax und Optionen für das Werkzeug an.
`/nologo`	Unterdrückt die Anzeige des Logos

Beispielaufruf

Das im vorherigen Beispiel erzeugte konzeptionelle Datenmodell kann alternativ zum Assistenten von Visual Studio 2010 auch mit folgendem Befehlszeilenaufruf erzeugt werden:

Listing 13.19 Befehlszeile zum Erzeugen des konzeptionellen Datenmodell

```
"%windir%\Microsoft.NET\Framework64\v4.0.30319\edmgen.exe"
            /mode:fullgeneration ↵

   /c:"Data Source=%datasourceserver%; Initial Catalog=Contacts;
                  Integrated Security=SSPI"
/project:ContactsDemo
/entitycontainer:SchoolEntities↵
/namespace:ContactsModel
/language:CSharp
```

Der Pfad zum Kommandozeilenwerkzeug muss gegebenenfalls für Ihr System angepasst werden. Hier wurde .NET 4 auf einem 64 Bit-System benutzt.

Mehr Informationen zur Benutzung finden Sie in der MSDN-Dokumentation.

14 Globalisierung und Lokalisierung

Webanwendungen werden zwangsläufig von einem internationalen Publikum gesehen. Wenn Produkt und Vertriebsweg es zulassen, bietet sich ein mehrsprachiges Angebot an, um den Bedürfnissen der Benutzer gerecht zu werden. Dabei sind zwei Techniken zu unterscheiden. Die erste betrifft den mehrsprachigen Aufbau der Webseiten. Hier wird fast immer eine Mischung aus vorgefertigten, statischen Informationen und dynamischen Fragmenten verwendet. In .NET wird dies durch Ressourcen-Dateien unterstützt, die spezifische Informationen enthalten. Die zweite Technik nutzt die Globalisierungsklassen, um vom System erzeugte Daten, wie Währungen oder Datumsangaben, in einer landesspezifischen Form darzustellen. Dies muss nicht explizit programmiert werden muss.

In diesem Kapitel finden Sie folgende Informationen:

- Die Grundlagen der Globalisierung
- Wie Sie mehrsprachige Seiten programmieren
- Umgang mit Ressourcen

Der Titel ist ambivalent gewählt – wenn Sie erfolgreich global agieren möchten, müssen Sie die lokalen Bedingungen berücksichtigen. In diesem Sinne lokalisieren Sie Ihre Anwendungen, um sie global einsetzen zu können.

14.1 Grundlagen der Globalisierung

Die formatierten Ausgaben folgen der aktuellen Spracheinstellung. Die Ausgabe folgt auf einem deutschen Windows den Regeln der deutschen Sprache. Wenn das nicht gewünscht ist oder sicher gestellt werden soll, wenn die Sprachversion des Betriebssystems nicht garantiert werden kann, müssen Sie sich mit den Globalisierungseinstellungen beschäftigen. Der dafür benötigte Namensraum `System.Globalization` muss zusätzlich eingebunden werden:

```
<% @Import Namespace="System.Globalization" %>
```

Verwenden Sie hinterlegten Code, erfolgt die Einbindung folgendermaßen:

14 Globalisierung und Lokalisierung

```
using System.Globalization;
```

Aus diesem Namensraum können Sie die Klasse `CultureInfo` verwenden, deren Konstruktor eine Zeichenkette der Form „sprachcode-land" erwartet. Beispielsweise werden die deutschsprachigen Länder mit „de-DE", „de-AT", „de-CH" usw. bezeichnet. Ist die Unterscheidung nicht wichtig, reicht auch die Angabe „de" aus.

14.1.1 Klassen für Globalisierungseinstellungen

Globalisierung wird umfassend im Framework unterstützt. Für ASP.NET steht dies natürlich uneingeschränkt zur Verfügung.

Die Klasse CultureInfo

CultureInfo

Die hier vorgestellten Methoden zur Lokalisierung sind nur ein Teil der Möglichkeiten, die .NET bietet. Ausgangspunkt ist die Klasse `CultureInfo`.

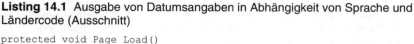

Listing 14.1 Ausgabe von Datumsangaben in Abhängigkeit von Sprache und Ländercode (Ausschnitt)

```
protected void Page_Load()
{
    ausgabe.InnerHtml = "Wochentage, mehrsprachig:<br/>";
    DateTime kurs = new DateTime(2002, 5, 26, 9, 0, 0);
    CultureInfo deutsch = new CultureInfo("de-DE");
    CultureInfo france = new CultureInfo("fr-FR");
    CultureInfo rossija = new CultureInfo("ru-RU");
    CultureInfo chinese = new CultureInfo("zh-CN");
    ausgabe.InnerHtml += "<br>"
            + kurs.ToString("dd/MM (ddddd)", deutsch);
    ausgabe.InnerHtml += "<br>"
            + kurs.ToString("dd/MM (ddddd)", france);
    ausgabe.InnerHtml += "<br>"
            + kurs.ToString("dd/MM (ddddd)", rossija);
    ausgabe.InnerHtml += "<br>"
            + kurs.ToString("dd/MM (ddddd)", chinese);
}
```

Im Beispiel werden vier Kulturobjekte ❶ abgeleitet, die für die Ausgabe der Daten in Deutsch, Französisch sowie Russisch und Chinesisch sorgen – unabhängig von der Sprache des Webserver-Betriebssystems. Die Ausgabe erfolgt hier in ein `Panel`-Steuerelement mit dem Namen `ausgabe`. Das Ergebnis zeigt die folgende Abbildung:

Abbildung 14.1 Mehrsprachige Ausgabe von Wochentagen

> **TIPP**
> Beachten Sie, dass für die Darstellung von asiatischen Schriftzeichen die entsprechenden Sprachpakete auf dem Client-Betriebssystem installiert sein müssen.

Die Klasse RegionInfo

Im Gegensatz zu `CultureInfo` bildet `RegionInfo` eine abstraktere Sicht auf eine bestimmte Kombination aus Landes- und Sprachinformationen. Statt der direkten Nutzung zur Formatierung werden die Werte lediglich gespeichert. Beide Klassen sind eng verwandt:

Abstrakte Sicht

```
RegionInfo myRInfo = new RegionInfo(
                        new CultureInfo("de-de", false).LCID);
```

Die Klasse CultureAndRegionInfoBuilder

Für den Fall, dass Sie eine Kultur benötigen, die das Framework nicht kennt, wie beispielsweise klingonisch, können Sie diese selbst definieren. Ausgangspunkt bilden bestehende Definitionen:

Eigene Kultur

```
CultureInfo cultureInfo = new CultureInfo("en-GB"); ❶
RegionInfo regionInfo = new RegionInfo(cultureInfo.Name); ❷

CultureAndRegionInfoBuilder builder =
    new CultureAndRegionInfoBuilder("en-GB-Klingon", ❸
                                    CultureAndRegionModifiers.None);

builder.LoadDataFromCultureInfo(cultureInfo);
builder.LoadDataFromRegionInfo(regionInfo);

builder.GregorianDateTimeFormat.ShortTimePattern = "HH:mm tt"; ❹

builder.Register(); ❺
```

Zuerst wird eine Kultur ausgewählt, die als Basis dient ❶ und ebenso die passende Region ❷. Dann wird das neue Objekt mit einem eindeutigen Namen erstellt ❸. Jetzt werden die Primärdaten geladen und dann in den Details modifiziert ❹, wo es angebracht ist. Zuletzt muss die neue Kultur noch registriert ❺ werden.

14.2 Mehrsprachige Seiten programmieren

In der Windows-Programmierung sind mehrsprachige Anwendungen seit langem im Einsatz. Bei der Komplexität heutiger Programme ist es fast unmöglich, parallel mehrere Codebasen zu führen, nur um die Sprache der Benutzeroberfläche unterschiedlich auszugeben. In ASP.NET stehen hier die Techniken zur Verfügung, die das .NET-Framework generell bietet.

Sprache des aktuellen Thread

Die erste Maßnahme besteht darin, die Sprache des aktuellen Thread zu verändern. Dies kann auf der Basis zweier Einstellungen erfolgen:

- Ermittlung der Standardsprachen des Browsers
- Auswahl durch den Benutzer aus einer vorgegebenen Liste

Der zweite Punkt dürfte trivial sein. Generell ist es jedoch empfehlenswert, dem Benutzer die Auswahl zu überlassen und gleichzeitig eine „Vermutung" über seine Präferenzen anzustellen. Browser bieten die Möglichkeit, die bevorzugte Sprache einzustellen und über die Anforderung an den Server zu senden. Sicher werden die meisten Benutzer davon nicht Gebrauch machen, aber allein aufgrund der Standardeinstellungen dürfte die Sprachauswahl in den meisten Fällen korrekt sein.

Abbildung 14.2 Spracheinstellungen im Internet Explorer

14.2 Mehrsprachige Seiten programmieren

Die Einstellungen der Sprache erfolgen beim Internet Explorer 8 über EXTRAS | INTERNETOPTIONEN. Dort kann auf der Registerkarte ALLGEMEIN die Option SPRACHEN angeklickt werden. Im folgenden Dialog SPRACHEINSTELLUNG finden Sie eine Liste von Sprachen, beginnend mit einer Standardsprache am Anfang der Liste und mehrerer anderer Einträge. Der Browser kombiniert die in der Liste eingetragenen Werte und qualifiziert sie mit einer Gewichtung, die von der Position abhängt. Der erste Eintrag hat immer die Gewichtung 1 und definiert damit die Primärsprache. Der Browser benutzt diese Angaben, um den HTTP-Header „Acceptlanguages" zu bilden und zu senden.

Sprache im Internet Explorer

14.2.1 Lokalisierungsfunktionen in ASP.NET

ASP.NET bietet eine hervorragende Unterstützung für die Lokalisierung von Webseiten. Zu den Merkmalen gehören:

- automatische Erkennung der `Accept-Language` aus dem HTTP-Request-Header
- deklarative Ausdrücke zur Bindung von Ressourcen an Steuerelemente und ihre Eigenschaften
- streng-typisierte automatische Übersetzung und Bindung (linken) der RESX- oder RESOURCE-Dateien
- Unterstützung ausgelagerter Ressourcen

Verwendung der Lokalisierung

Das folgende Beispiel zeigt eine vollständig lokalisierte Webseite. Dabei wird die automatische Erkennung der im Browser eingestellten Sprache folgendermaßen aktiviert:

```
<%@ Page Language="C#" UICulture="auto" Culture="auto" %>
```

Das folgende Listing nutzt diese Technik:

Listing 14.2 Lokalisierte Webseite (LabelLocalization.aspx)

```
<%@ Page Language="C#" UICulture="auto" Culture="auto" %>
<form runat="server">
  <asp:Label ID="Label1" runat="server"
             Text="<%$ Resources:Label1TextKey %>"/>
</form>
```

Ein Auszug aus der Ressourcendatei `LabelLocalization.aspx.de.resx` zeigt dann, woher die Daten der jeweiligen Sprache stammen:

Listing 14.3 Ressource für eine lokalisierte Webseite (LabelLocalization.aspx.de.resx)

```
<data name="Label1TextKey" xml:space="preserve">
    <value>Willkommen bei der ASP.NET Lokalisation</value>
</data>
 ...
```

Um diese Seite verwenden zu können, werden entsprechende Ressource-Dateien benötigt. Diese liegen in dem Verzeichnis `App_LocalResources`. Der Name der Ressource-Datei ergibt sich dabei aus dem Namen der *aspx*-Datei und einer entsprechend eingefügten Landeskennung.

14.2.2 Prinzip der Sprachcodes

ISO 3166
ISO 639

Die Sprachcodes verwenden ein einfaches System aus einem reinen Sprachwert, der in ISO 3166 definiert ist. ISO 639 definiert darüber hinaus Ländercodes, mit denen die Sprachen weiter unterteilt werden. So gibt es für die Sprache Deutsch – Code „de" – mehrere Landesbezeichner, etwa „CH" für die Schweiz. Dies ist dann von Bedeutung, wenn beispielsweise Währungen ausgegeben werden. Derzeit wird als Währung für Deutschland der Euro ausgegeben, während Besucher aus der Schweiz mit Schweizer Franken rechnen.

Wenn nun Ihre Seite eine derart feine Unterscheidung nicht benötigt, weil nur grob die Sprachen unterschieden werden, bietet die Art der Darstellung einen einfachen Fallback[22]. Aus der Angabe „de-CH" kann leicht die Stammsprache, hier „de" abgeleitet werden, da diese immer von links und immer mit einem Binde- oder Unterstrich getrennt ist. Es hat sich eingebürgert, die Landescodes groß zu schreiben, ein Server, der solche Codes auswertet, sollte jedoch nicht darauf vertrauen.

In .NET

Im .NET-Framework wird die als „Kultur" bezeichnete Kombination aus Sprache und Land auf den Standards ISO 639-1 und ISO 3166 aufgebaut. Dabei wird der Sprachcode aus ISO 639-1 genommen (Version -2 bezeichnet den Code dreistellig), dann folgen immer ein Bindestrich und dann der Ländercode, wie er in ISO 3166 festgelegt ist. Sprachen können darüber hinaus mehrere Schriftsysteme verwenden. So ist Serbisch sowohl mit lateinischen als auch kyrillischen Schriftzeichen darstellbar. Hier wird vor dem Sprachcode noch ein Präfix davorgesetzt – „Cy" für Kyrillisch und „Lt" für Lateinisch. Sprachen, in denen eine alternative Schrift nicht verfügbar ist, erhalten kein Präfix.

Hexadezimale Sprachecodes

.NET verwendet darüber hinaus noch einen hexadezimalen Code für die Kultur, der intern verwendet wird. Dort steht für Deutsch/Deutschland, Kultur „de-DE", der Code 0x0407. Dabei bezeichnet das niedrigere Byte 0x07 den Sprachcode Deutsch, 0x04 dagegen das Land Deutschland.

Bei der Programmierung stellt sich nun die Frage, wie man die Sprachcodes ermitteln kann.

---

[22] Wir bleiben hier beim englischen Begriff für den Rückfallvorgang, weil dies eine anerkannte allgemeine Technik ist, die einen feststehenden Fachbegriff trägt.

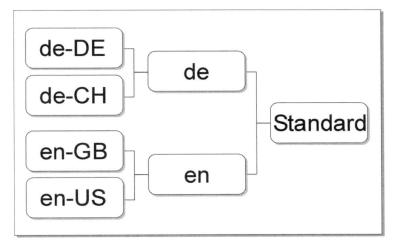

Abbildung 14.3 Ableitung der Sprache aus den vollständigen Kulturnamen

14.2.3 Einstellungen des Browsers ermitteln

Der Browser liefert, wie bereits beschrieben, das `Accept-Languages`-Feld, wenn die entsprechenden Werte ausgefüllt sind. Wie dies erfolgt, wurde bereits gezeigt. Die meisten HTTP-Felder, die der Browser sendet, werden als Kollektionen oder Eigenschaften im `Request`-Objekt gespeichert. Entsprechend einfach ist dann der Zugriff möglich. Das folgende Beispiel zeigt, wie die Hauptsprache und sämtliche sonst akzeptierten Sprachen ermittelt werden können. Die Ausgabe in der `Page_Load`-Methode erfolgt in zwei Steuerelementen vom Typ `Label`.

Accept-Languages

Listing 14.4 Ermittlung der Sprachinformationen (Accept-Language) des Browsers

```
private void Page_Load(object sender, System.EventArgs e)
{
   if (Request.UserLanguages ❶ != null)
   {
      sprache.Text = Request.UserLanguages[0]; ❷
      foreach (string lang in Request.UserLanguages)
      {
        ausgabe.Text += String.Format ("Sprache {0} <br/>", lang);
      }
   }
}
```

Die Kollektion für die Sprachcodes heißt `UserLanguages` ❶. Der Index 0 enthält immer die Standardsprache ❷. Alle weiteren Indizes enthalten dann die Angaben, wie sie vom Browser gesendet werden. Die Auswertung der Qualifizierung müssen Sie selbst vornehmen.

14 Globalisierung und Lokalisierung

```
de
Sprache: de
```

Abbildung 14.4 Ausgabe der Sprachangaben, die der Browser gesendet hat.

Wenn Sie eine solche Liste empfangen, wäre es sinnvoll, dem Benutzer eine Auswahlmöglichkeit zu überlassen und zugleich den Standardwert entsprechend zu setzen. Das folgende Beispiel zeigt, wie dies erfolgen kann. Zur Ausgabe der Auswahlliste wird das Server-Steuerelement `RadioButtonList` ❶ verwendet:

Listing 14.5 Einfachste Form einer benutzerabhängigen Sprachauswahl

```
<h1>Sprachauswahl</h1>
Bitte wählen Sie die Sprache für diese Webseite
<form id="BrowserLanguages" method="post" runat="server">
❶ <asp:RadioButtonList Runat="server" ID="sprachauswahl"/>
  <input type="submit" value="Ihre Auswahl"/>
</form>
<br/>
Ihre Auswahl: <asp:Label Runat="server" ID="auswahl"/>
```

Die eigentliche Arbeit erledigt wieder der Code in der Code-Datei. Auf die Auswertung der gewählten Sprache selbst soll hier verzichtet werden – dies ist letztlich Aufgabe einer konkreten Applikation. Im Beispiel wird lediglich die tatsächliche Auswahl an das `Label`-Steuerelement `auswahl` übergeben.

Listing 14.6 Interaktive dynamische Auswahl der Sprache (Code)

```
public partial class BrowserLanguages : System.Web.UI.Page
{
    private ListDictionary ld = new ListDictionary();
    private Hashtable ht = new Hashtable();

    private void SetLanguageTable()
    {
        ht.Add("de", "Deutsch, allgemein");
        ht.Add("de-ch", "Deutsch, Schweiz");
        ht.Add("de-at", "Deutsch, Österreich");
        ht.Add("de-de", "Deutsch, Deutschland");
        ht.Add("en", "English, common");
        ht.Add("en-gb", "English, Great Britain");
        ht.Add("en-us", "English, United States");
        ht.Add("en-au", "English, Australia");
    }

    protected void Page_Load(object sender, System.EventArgs e)
    {
        if (!Page.IsPostBack) ❶
        {
            SetLanguageTable();
            foreach (string s in Request.UserLanguages) ❷
            {
                string[] subs = s.Split (';'); ❸
```

14.2 Mehrsprachige Seiten programmieren

```
            string langcode = subs[0].ToLower(); ❹
            if (ht.Contains(langcode)) ❺
            {
                ld.Add(langcode, ht[langcode]);
            }
        }
        sprachauswahl.DataSource = ld; ❻
        sprachauswahl.DataValueField = "Key"; ❼
        sprachauswahl.DataTextField = "Value"; ❽
        sprachauswahl.DataBind();
        sprachauswahl.SelectedIndex = 0; ❾
    }
    else
    {
        auswahl.Text = sprachauswahl.SelectedItem.Value; ❿
    }
}
```

Im Beispiel wird eine Liste von Sprachen vorbereitet, die die Seite darstellen kann. Diese Liste wird in der Methode `SetLanguageTable` aufgebaut. Zum Einsatz gelangt hier der Typ `Hashtable`, mit dem einfache Schlüssel/Werte-Paare dargestellt werden können. Sie können so die Sprachcodes als Schlüssel verwalten und als Werte die Ausgabe für den Benutzer steuern.

Die eigentliche Arbeit wird in `Page_Load` erledigt. Zuerst wird festgestellt, ob das Formular das erste Mal aufgebaut wurde. Die Abfrage der Daten muss nur dieses eine Mal erfolgen, nachfolgende Aufrufe behalten die Darstellung über den ViewState der Formularverarbeitung ❶. Dann wird die `Hashtable`-Instanz *ht* aufgebaut. Nun kann die Kollektion der im Browser des Benutzers definierten Sprachen durchlaufen werden ❷. Die Zeichenketten, die hier auftreten können, enthalten möglicherweise eine Qualifizierungsinformation, die vom Sprachcode mit einem Semikolon getrennt ist. Deshalb erfolgt eine Abtrennung des vorderen Teils ❸. Der Sprachcode selbst wird nun in Kleinbuchstaben umgewandelt, falls die Browsereinstellungen abweichen ❹. Die Präsentation einer Auswahl auf Basis der Browsereinstellungen ist natürlich nur sinnvoll, wenn dies Ihre Site unterstützt. Deshalb wird in *ht* nachgeschaut, ob die Sprache auch definiert wurde ❺. Ist das der Fall, wird eine zweite Liste aufgebaut, die nun eine Schnittmenge der Daten aus dem Browser und der vom Server akzeptierten enthält. Vermutlich ist diese Menge in der Praxis sehr klein, deshalb kommt der Typ `ListDictionary` zum Einsatz, der auf kleine Auflistungen bis zu 16 Elementen spezialisiert ist. Beachten Sie hier noch, dass die Definition aus dem Namensraum `System.Collections.Specialized` stammt. Mit dem Hinzufügen der passenden Elemente entsteht die Datenliste für die Optionsfelder.

Vorbereitung

Nun wird die fertige Liste dem Steuerelement zugewiesen ❻. Bei Optionsfeldern sind noch die Datenquellen für die Felder (`value`-Attribut) und der anzuzeigende Text zu definieren. Dazu werden die reservierten Wörter Key bzw. Value verwendet ❼❽. Mit der Bindung erfolgt die Anzeige. Zuletzt wird noch die Auswahl auf den ersten Wert gesetzt ❾.

Ausgabe

Im `else`-Zweig wird, wenn der Benutzer seine Auswahl getroffen hat, der Code der Auswahl angezeigt. Diese Information würde in der praktischen Anwendung zur Steuerung der Site herangezogen werden, beispielsweise zur Selektion der passenden Nachrichten aus einer Datenbank ❿.

705

Die folgende Abbildung zeigt die Reaktion des Formulars, wenn einige Sprachen im Browser eingerichtet wurden.

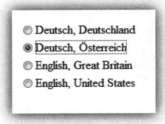

Abbildung 14.5 Interaktive, browserabhängige Sprachauswahl

Nachdem nun die Sprachauswahl getroffen wurde, muss die Applikation selbst noch mehrsprachig programmiert werden. Auch hier bietet .NET eine exzellente Unterstützung.

14.2.4 Einrichten der Kultur für die aktuelle Sitzung

Um die Darstellung sprach- und kulturabhängiger Informationen anzupassen, ist der Zugriff auf zwei Namensräume notwendig. Zum einen betrifft das Klassen in `System.Globalization`. Alle Daten, die für die Einstellung einer bestimmten Kultur benötigt werden, sind hier verfügbar. Der zweite wichtige Namensraum ist `System.Threading`. Das mag auf den ersten Blick ungewöhnlich erscheinen, denn Multithreading-Programmierung ist bislang kein Thema in ASP.NET gewesen (diese Aufgabe übernimmt das ASP.NET-Modul selbst). Tatsächlich ist es aber so, dass .NET dem aktuellen Thread eine Information über die zu verwendende Kultur mitgeben kann. Damit wird auch sichergestellt, dass jeder Benutzer der Website seine eigenen sprachlichen Präferenzen einstellen kann.

CultureInfo

Die praktische Umsetzung nutzt die Klasse `CultureInfo` aus dem Namensraum `System.Globalization`. Nun gilt es, die im letzten Beispiel gezeigte Applikation tatsächlich mehrsprachig zu programmieren. Dazu wird zuerst aus der Benutzerauswahl die Kultur ermittelt (`sprachauswahl` ist das `RadioButtonList`-Steuerelement):

```
MyCulture = new CultureInfo (sprachauswahl.SelectedItem.Value);
```

Diese kann dann dem Thread zugewiesen werden:

```
Thread.CurrentThread.CurrentCulture = MyCulture;
```

Das folgende Beispiel zeigt die Ausgabe einer Währungsangabe und eines Kalenders in Abhängigkeit von der Sprachauswahl, die auf dem letzten Beispiel basiert.

14.2 Mehrsprachige Seiten programmieren

Listing 14.7 Sprachauswahl und deren Auswirkung auf Ausgaben

```
<h1>Sprachauswahl</h1>
Bitte wählen Sie die Sprache für diese Website
<form id="BrowserLanguages" method="post" runat="server">
   <asp:RadioButtonList Runat="server" ID="sprachauswahl"/>
   <input type="submit" value="Ihre Auswahl"/>
<br/>
Ihre Auswahl: <asp:Label Runat="server" ID="auswahl"/>
<br/>
Währung: <asp:Label Runat="server" ID="waehrung"/>
<br/>
Kalender: <asp:Calendar Runat="server" ID="kalender"/>
</form>
```

Die Code-Datei steuert nun zum einen den Aufbau der Liste der Optionsfelder, zum anderen die Reaktion der Ausgaben durch Verändern der aktuellen Kultur. Zu beachten ist hierbei, dass nur „echte" Kulturangaben verwendet werden können.

> **TIPP**
>
> Einen Fallback-Pfad, wie bereits gezeigt, ist mit der statischen Methode `CreateSpecificCulture` nutzbar. Kulturen, die nicht vollständig aufgelöst sind, wie beispielsweise „fr", werden als invariant bezeichnet. Vollständig wäre „fr-ch" für Französisch in der Schweiz usw.

Die Auswertung ergänzt die Ausgabe im `else`-Zweig, wie bereits in Listing 14.7 gezeigt wurde. Der erweiterte Zweig sieht nun folgendermaßen aus:

Listing 14.8 Setzen einer Kultur für den aktuellen Thread (Ausschnitt)

```
string culture = sprachauswahl.SelectedItem.Value;
Thread.CurrentThread.CurrentCulture =
                    CultureInfo.CreateSpecificCulture(culture);
auswahl.Text = sprachauswahl.SelectedItem.Value;
double geld = 59.90;
waehrung.Text = geld.ToString("C");
```

Dieses Beispiel (Kombination aus Listing 14.6 und Listing 14.8) kann nun nicht nur die im Browser eingestellte Sprache erfassen, sondern auch auf die Auswahl des Benutzers so umsetzen, dass sprachabhängige Daten passend formatiert werden.

Wenn Sie die Einstellungen noch manipulieren möchten, ist indes das Anlegen einer Instanz der Klasse `CultureInfo` sinnvoll. Dies erfolgt entweder über den Konstruktor der Klasse, wenn die vollständige Zeichenkette einer Kultur vorliegt, oder über die statische Methode `CreateSpecificCulture`.

14 Globalisierung und Lokalisierung

Abbildung 14.6 Darstellung einer Währungsangabe und eines Kalenders in drei Kulturformen (Österreich, USA und Frankreich)

14.2.5 Kulturspezifische Informationen für Kalender

Die Klasse Calendar

Beim Umgang mit verschiedenen Kulturen geht es nicht immer nur um ein Währungsformat oder die Darstellung von Zahlen. Komplexer sind meist Kalenderinformationen. So wird nicht überall auf der Welt der bei uns gebräuchliche Gregorianische Kalender verwendet. Wenn Sie eine Website entwickeln, die in Israel, Korea und Deutschland gleichermaßen verwendet wird, sollten Sie sich die Klasse Calendar anschauen, die ebenfalls in System.Globalization definiert ist.

Die Klasse Calendar ist abstrakt. Sie können daraus eigene Kalender entwickeln oder eine der fertigen Ableitungen verwenden. Das folgende Beispiel lässt die Auswahl von einem aus drei Kalendern zu:

Listing 14.9 Auswahl eines Kalenders und Anzeige der Jahreszahl dieses Kalenders

```
<h1>Kalender</h1>
Wählen Sie Ihren Kalender / Choose your calendar:
<form id="GlobalizationCalendars" method="post"
      runat="server">
  <asp:RadioButtonList Runat="server"
      ID="calendarselect"
      AutoPostBack="True">
    <asp:ListItem Runat="server" Selected="True"
        Value="greg">Gregorianisch</asp:ListItem>
    <asp:ListItem Runat="server" Selected="False"
        Value="korea">Koreanisch</asp:ListItem>
    <asp:ListItem Runat="server" Selected="False"
        Value="hebrew">Hebräisch</asp:ListItem>
```

```
    </asp:RadioButtonList>
    Das aktuelle Jahr in diesem Kalender ist:
    <asp:Label Runat="server" ID="calendar"/>
</form>
```

Der aus der Optionsliste übertragene Wert wird nun in der `Page_Load`-Methode ausgewertet, ein passender Kalender erzeugt und das Jahr auf Basis des aktuellen Datums berechnet.

Listing 14.10 Nutzung von fertigen Kalendern zur Datumsdarstellung (Code-Datei)

```
protected void Page_Load(object sender, System.EventArgs e)
{
  if (Page.IsPostBack)
  {
    System.Globalization.Calendar ca = null; ❶
    System.DateTime dt = System.DateTime.Now; ❷
    switch (calendarselect.SelectedItem.Value)
    {
      case "greg":
        ca = new System.Globalization.GregorianCalendar(); ❸
        calendar.Text = ca.GetYear(dt).ToString(); ❹
        break;
      case "korea":
        ca = new System.Globalization.KoreanCalendar(); ❸
        calendar.Text = ca.GetYear(dt).ToString();❹
        break;
      case "hebrew":
        ca = new System.Globalization.HebrewCalendar(); ❸
        calendar.Text = ca.GetYear(dt).ToString();❹
        break;
    }
    ⋮
}
```

Der Einfachheit halber wird hier die Variable `ca` als Typ `Calendar` angelegt ❶. Dann wird das aktuelle Datum ermittelt ❷.

Je nach Auswahl wird der passende Kalender erzeugt ❸. Die Kalenderklassen bieten viele Methoden zum Ausgeben der aktuellen Datumsfragmente und zum Ausführen von Berechnungen mit ihnen, beispielsweise `GetYear` und `AddYear` usw. ❹. Der Umgang damit ist relativ unkritisch. Die Reaktion des Programms zeigt Abbildung 14.7.

Kalender erzeugen

Abbildung 14.7 Ausgabe des aktuellen Jahres im koreanischen Kalender

> **TIPP**
>
> In den Beispielen wurde die Klasse `Calendar` immer vollständig referenziert, trotz der Einbindung des passenden Namensraumes. Dies ist notwendig, weil „Calendar" auch in `System.Web.UI.Webcontrol` bekannt ist, dort zur Darstellung eines Kalenders als Steuerelement. Wenn Sie beide Namensräume gleichzeitig verwenden, was oft vorkommt, müssen Sie die Referenzierung dennoch vollständig vornehmen. Andernfalls erhalten Sie einen Compiler-Fehler.

Nachdem Währungs-, Datums- und Kalenderinformationen in der richtigen Kultur angezeigt werden, gilt es nun die Sprache der gesamten Site anzupassen.

14.3 Ressourcen für die Lokalisierung

Wie die Ressourcen benutzt werden, wurde im letzten Abschnitt bereits gezeigt. Dabei wurde der durch ASP.NET und insbesondere durch Visual Studio vorgegebene Weg benutzt. Es gibt Möglichkeiten, andere Methoden zu verwenden ohne auf die Integration zu verzichten.

14.3.1 Ressourcen-Dateien als Basis

Für mehrsprachige Sites müssen Sie letztlich alle Texte, die irgendwo auftauchen, in die entsprechende Sprache übersetzen. Vermutlich stellt dies den größten Aufwand dar. Im internationalen Internet kann sich die Mühe aber lohnen. Es gibt prinzipiell zwei Strategien, eine Applikation mehrsprachig zu entwickeln. Beide werden praktisch verwendet.

Prinzipien der Ressourcen-Dateien
Das einfachere Prinzip besteht darin, jede Vorlage, also die *aspx*-Dateien, für jede Sprache neu zu schreiben. Der hinterlegte Code sollte identisch bleiben. Dies ist praktikabel, wenn der Textanteil sehr groß ist und sich die Art und Weise der Gestaltung der Texte von Sprache zu Sprache stark unterscheidet. So kommt es häufig vor, dass deutsche Wörter sehr viel länger sind als ihre englischen Pendants. Ein einfacher Austausch führt dann zu einem verzerrten Layout. Eine gegen Längenänderungen resistente Gestaltung kann aufwändiger oder gar unmöglich sein.

Anwendungsfall
Wenn in einer Applikation wenig statischer Text vorhanden ist und mehrere Sprachen angeboten werden, ist die Verwendung von Ressourcendateien in Erwägung zu ziehen. Die Texte werden dann in externen Dateien gehalten und in den Vorlagen wird mit Variablen gearbeitet. Praktisch wird für jede unterstützte Sprache eine eigene Datei angelegt, die einen Schlüsselwert und eine Zeichenkette für jeden Text enthält.

Dateinamen
Der Dateiname ist teilweise frei wählbar, muss also einem bestimmten Schema folgen, damit Sie tatsächlich mit mehreren Sprachen arbeiten können. Notwendig ist eine Standarddatei, beispielsweise „culture.resx". Darauf folgen die landesspezifischen Formen, „culture.de.resx", „culture.en.resx". In einem weiteren Konvertierungsschritt entsteht daraus die *resources*-Datei, die die Daten binär speichert.

Das resx-Format
Das *resx*-Format ist ein einfaches XML-Format, wie nachfolgend gezeigt:

```
<?xml version="1.0" encoding="utf-8"?>
<root>
```

14.3 Ressourcen für die Lokalisierung

```
❶<xsd:schema id="root" xmlns=""
      xmlns:xsd="http://www.w3.org/2001/XMLSchema"
      xmlns:msdata="urn:schemas-microsoft-com:xml-msdata">
  <xsd:element name="data">
    <xsd:complexType>
      <xsd:sequence>
        <xsd:element name="value" type="xsd:string"
                     minOccurs="0" msdata:Ordinal="2" />
      </xsd:sequence>
      <xsd:attribute name="name" type="xsd:string" />
      <xsd:attribute name="type" type="xsd:string" />
      <xsd:attribute name="mimetype" type="xsd:string" />
    </xsd:complexType>
  </xsd:element>
  <data name="title">
    <value>Lokalisierte Texte in ASP.NET</value>
  </data>
  <date name="langcode">
    <value>Aktuell wurde folgender Code ausgewählt</value>
  </data>
  <data name="date">
    <value>In dieser Sprache sieht das
           Datum folgendermaßen aus</value>
  </data>
</root>
```

Aus dem Schema ❶ am Anfang der Datei lässt sich die Gestaltungsbreite der Tags ableiten. Generell wird jeder Datenwert in einem Element `<data>` gehalten. Darin sind ein oder mehrere Elemente vom Typ `<value>`, die Zeichenketten enthalten. Zulässige Attribute für `<data>` sind:

Aufbau der Datei

- `name`
  Hiermit erfolgt die Angabe des Namens für diesen Ressourcenwert. Dies ist der Schlüssel, um den Text später auf der Seite zuordnen zu können.

- `type`
  Hier können Sie den Datentyp des Wertes festlegen, wenn er keine Zeichenkette darstellt. Sie müssen den Typ vollständig und mit Angabe der Assembly schreiben, beispielsweise `type="System.Int32, mscorlib"`.

- `mimetype`
  Für die Speicherung von Bildern oder binärer Daten sollten Sie den MIME-Typ angeben. Der MIME-Typ *image/png* weist darauf hin, dass die Daten als Binärdaten eines PNG-Bildes zu interpretieren sind.

Aus den Attributen lässt sich schon ableiten, dass die Ressource-Dateien im XML-Format flexibler sind. Denn in modernen Webseiten kommen häufig Bilder zum Einsatz, die Texte enthalten.

Das Einbetten binärer Daten ist freilich nicht ganz einfach. Das Framework bietet aber hierzu alle denkbaren Hilfsmittel. Wenn Sie mit sehr vielen Ressourcen arbeiten, bietet sich folgender Weg an:

Binäre Daten in Ressource-Dateien

- Erzeugen Sie ein Verzeichnis */resource* unterhalb des Stammverzeichnisses der Präsenz.

- Erzeugen Sie für jede Sprache ein Unterverzeichnis mit dem Sprachcode, beispielsweise */de*.

711

14 Globalisierung und Lokalisierung

- Legen Sie alle Bilder oder Binärdateien in die passenden Unterverzeichnisse.
- Legen Sie eine Ressourcendatei mit den Texten in das passende Unterverzeichnis.
- Starten Sie das nachfolgend gezeigte Programm zum Erzeugen der Ressourcendateien.
- Konvertieren Sie die Ressource-Datei in das interne Binärformat für Ressourcen. Dies wird nachfolgend beschrieben.

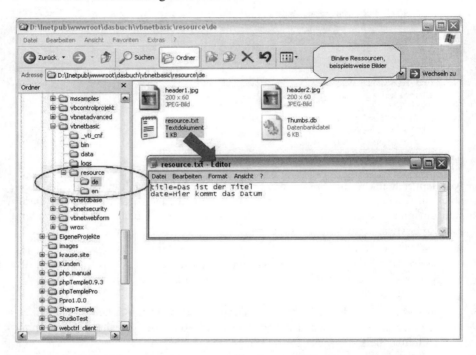

Abbildung 14.8 Quellverzeichnisse und der Textdatei für die automatische Erstellung von Ressourcen

Ressource-Dateien automatisch erstellen

In der Praxis hat sich freilich gezeigt, dass die so erstellten Dateien recht mühevoll zu bearbeiten sind. Oft werden Texte von externen Übersetzern angefertigt und Bilder von Grafikern entworfen. Eine automatische Entnahme aus einem Verzeichnis erscheint sinnvoller. Es gibt dafür zwei Wege. Zum einen können Sie *resx*-Dateien erstellen (das ist das XML-Format) und diese dann mit dem Kommandozeilenwerkzeug *resgen* in binäre Ressourcen-Dateien konvertieren. Dasselbe Werkzeug kann binäre Dateien, die dann die Dateierweiterung *.resources* tragen müssen, wieder zurück in *resx*-Dateien umwandeln. Für ein eigenes Programm ist es natürlich sinnvoll, gleich das binäre Format zu erstellen. Die Laufzeitumgebung, die später die Dateien in Abhängigkeit von der Benutzerwahl verwendet, kann nur mit dem binären Format umgehen. Dies dient vor allem höchster Effizienz. Das wiederholte Parsen von XML-Dateien wäre bei einem hochbelasteten Server nicht vertretbar.

14.3 Ressourcen für die Lokalisierung

Zum Erstellen und Verwenden von Ressource-Dateien dient der folgende Namensraum:

System.Resources

```
System.Resources
```

Ein kleines Formular dient der Auswahl der Verzeichnisse und der Festlegung des Stammnamens der Ressourcen-Dateien:

Listing 14.11 Formular des Konvertierungsprogramms

```
<h1>Hilfsprogramm zum Erstellen von Ressource-Dateien</h1>
Wählen Sie Ihr Ressource-Verzeichnis aus:
<form id="GlobalizationGetResource" method="post" runat="server">
   Verzeichnis:
   <asp:DropDownList Runat="server" ID="stammverzeichnis"/>
   <br/>
   Basisname: <asp:TextBox Runat="server" ↵
                 ID="basisname"/>.<i>cultur</i>.resource
   <br/>
   <input type="submit" value="Konvertierung starten"/>
</form>
<asp:Label Runat="server" ID="ergebnis"/>
```

Die eigentliche Arbeit steckt hier wieder in der Code-Datei:

Listing 14.12 Programm zum Erstellen von binären resources-Dateien

```
public partial class GlobalizationGetResource : System.Web.UI.Page
{

    private string basispfad;
    private const string ResExtension = ".resources";
    private DirectoryInfo di;

    private void Page_Load(object sender, System.EventArgs e)
    {
        if (Page.IsPostBack)
        {
   ❶ di = new DirectoryInfo(Server.MapPath ↵
                             (stammverzeichnis.SelectedItem.Value));
            ergebnis.Text = "";
            ResourceWriter rw;
            foreach (DirectoryInfo subdir in di.GetDirectories())  ❷
            {
                basispfad = Server.MapPath (
                    stammverzeichnis.SelectedItem.Value ↵
                    + @"\" + basisname.Text + "." ↵
                    + subdir.Name + ResExtension);
                rw = new ResourceWriter(basispfad);  ❸
                ergebnis.Text += basispfad + "<br/>";
                foreach (FileInfo fi in subdir.GetFiles())  ❹
                {
                    switch (fi.Extension.ToLower())
                    {
                        case ".jpg":
                        case ".gif":
                        case ".png":
                   ❺ System.Drawing.Image img = ↵
                                System.Drawing.Image.FromFile (fi.FullName);
                            rw.AddResource (fi.Name, img);  ❻
                            break;
                        case ".txt":
```

```csharp
                    ❼   StreamReader sr = new StreamReader(fi.FullName);
                        string sFile;
                        while (sr.Peek() != -1)
                        {
                            sFile = sr.ReadLine();
                            string[] aFile = sFile.Split('=');
                            rw.AddResource(aFile[0].Trim(),❽ ↵
                                           aFile[1].Trim());
                        }
                        break;
                    }
                }
                rw.Close ();
            }
        }
        else
        {
            di = new DirectoryInfo (Server.MapPath("."));
            stammverzeichnis.DataSource = di.GetDirectories(); ❾
            stammverzeichnis.DataBind ();
        }
    }
}
```

Beim ersten Aufruf wird der `else`-Zweig ausgeführt. Hier wird das aktuelle Verzeichnis gelesen und eine Liste aller Unterverzeichnisse in einem `DropDownList`-Element angezeigt. Die Liste der Verzeichnisse kann dem Steuerelement direkt als Datenquelle zugewiesen werden ❾. Sie müssen nun lediglich das Verzeichnis wählen und den Stammnamen eintragen. Der Name wird dann nach dem Schema *<name>.<unterverzeichnis>.resources* festgelegt. Empfehlenswert ist es, die Verzeichnisse nach dem Sprachcode mit „de", „en" usw. zu bezeichnen.

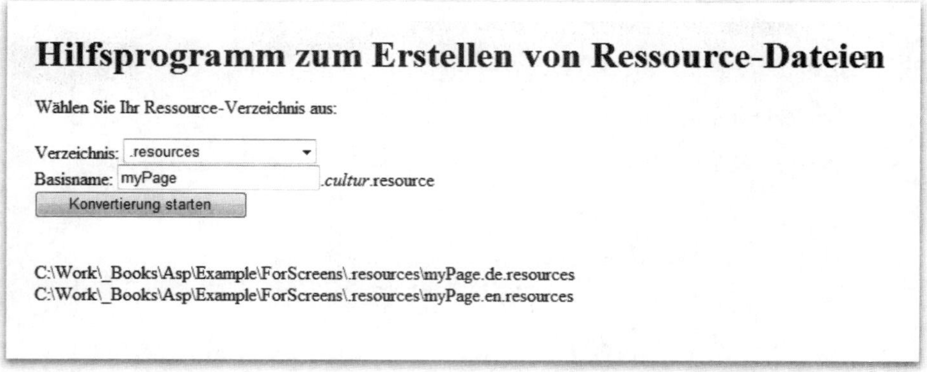

Abbildung 14.9 Das Programm in Aktion

Das Programm ermittelt zuerst den Basispfad, ab dem nach den Verzeichnissen gesucht werden soll, auf Grundlage des Optionswertes der Auswahlliste ❶. Die Verzeichnisse werden nun durchlaufen ❷. Anschließend wird der Basispfad zusammengestellt und eine neue Ressourcen-Datei für diesen Zweig erzeugt ❸.

Für diese Datei wird jetzt das betreffende Verzeichnis durchlaufen und alle Dateien werden gelesen ❹. Im Beispiel werden nur Bilddateien mit den Erweiterungen *.gif*,

.png und *.jpg* erkannt. Selbstverständlich können Sie jede Binärdatei integrieren. Der Zugriff auf Bilddateien erfordert die Klasse `Image` aus dem Namensraum `System.Drawing`. Weil `Image` auch in `System.Web.UI.Webcontrols` bekannt ist, muss der Namensraum komplett geschrieben werden ❺. Das so gelesene Bild wird nun der Ressource hinzugefügt ❻. Beim Zugriff auf die Textdatei wird erwartet, dass diese nach dem Muster „Schlüssel=Wert" aufgebaut ist. Geeignet für solche Zugriffe ist der `StreamReader` ❼. Die Datei wird solange gelesen, bis keine Daten mehr verfügbar sind. Das Einlesen erfolgt zeilenweise. Als Trennzeichen zwischen den Schlüsseln und Werten wird das erste Gleichheitszeichen verwendet. Die beiden Teile – links und rechts vom Gleichheitszeichen – werden dann der Ressource zugewiesen ❽.

Damit ist das Programm auch schon fertig. Die Dateien liegen nun bereits als direkt verwendbare Ressourcen-Dateien vor. Zur Kontrolle bietet es sich an, diese mit *resgen* in lesbare XML-Dateien umzuwandeln. Dazu gehen Sie folgendermaßen vor:

Kontrolle mit *resgen*

1. Öffnen Sie die Visual Studio Konsole über START | ALLE PROGRAMME | MICROSOFT VISUAL STUDIO 2010 | VISUAL STUDIO TOOLS | VISUAL STUDIO EINGABEAUFFORDERUNG (2010).
2. Wechseln Sie in das Verzeichnis, wo die *.resources*-Dateien liegen.
3. Geben Sie folgendes ein:
   ```
   resgen myPage.de.resources myPage.de.resx
   ```
4. Ändern Sie die Namen entsprechend den tatsächlichen Bedingungen. Die Dateierweiterungen müssen zwingend verwendet werden.

Es entsteht nun eine *resx*-Datei, die exakt der *resources*-Datei entspricht.

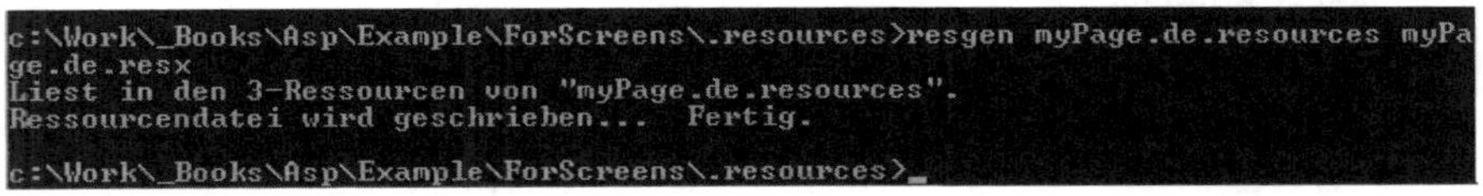

Abbildung 14.10 Die XML-Datei (resx) in der XML-Ansicht in Visual Studio

Sie können hier gut erkennen, wie die Datentypen und der MIME-Typ eingerichtet wurden. Ein Blick in die XML-Daten selbst ist nur ein wenig mehr aufschlussreich, zeigt jedoch klar, welche mühevolle Arbeit das kleine Hilfsprogramm hier abgenommen hat.

14 Globalisierung und Lokalisierung

```
        <assembly alias="System.Drawing" name="System.Drawing, Version=2.0.0.0, Culture=neutral,
        <data name="Image.png" type="System.Drawing.Bitmap, System.Drawing"
              mimetype="application/x-microsoft.net.object.bytearray.base64">
          <value>
                iVBORw0KGgoAAAANSUhEUgAAAPYAAABoCAIAAABNHJqsAAAAAXNSR0IArs4c6QAAAARnQU1BAACxjw78
                YQUAAAAJcEhZcwAADsMAAA7DAcdvqGQAAAFeSURBVHhe7ZwxUiU7DEXZIPuYRbCEv4LZADk5MSkpIe7k
                ....
                Gf6gM3/Z+jsR9/3G+GJZmJnjgfFtBzINGxWj078BtjodD4V88yruw0v+ugfaYSnnhiZ5scmEZgs02iy/
                FHyb/rHC9BVq1PjVs/3EydCJrVYzVoTgz3mWWYBBB8PT9deQC3o5V7NA134snb0PYYjFqtA5//fYGJz3/Z
                TiMxRa1Lsc9Ooa1i8fHm/41CiRpCvERGGemrgBDvmxt5VqKAEC+RUUb6KiDE++ZGnpUoIMRLZJSRvgoI
                8b65kWclCgjxEhllpK8CQrxvbuRziQJCvERGGemrgBDvmxt51koBPcBv1Q45U6+AEK/XVBZbKSDEW6VD
                ztQrIMTrNZXXFVgoI8VbpkDP1Cgjxek1scZclsZUCQrxV0uRMvVF5TWWy1gBBv1Q45U6+AEK/XVBZbKSDE
                W6VDztQrIMTrNZXXFVgoI8VbpkDP1Cgjxek1scZclsZUCQrxV0uRMvVF5TWWy1gBBv1Q45U6+AEK/XVBZb
                KSDEW6VDztQrIMTrNZXXFVgoI8VbpkDP1Cgjxek1sZUCQrxV0uRMvQJCvF5TWWyl gBBv1Q45U6+AEK/X
                VBZbKSDEW6VDztQrIMTrNZXXFVgoI8VbpkDP1Cgjxek1sZUCQrxV0uRMvQJCvF5TWWylgBBv1Q45U6/A
                v79OcO1HvMjLAAAAAElFTkSuQmCC
          </value>
        </data>
        <data name="Intro" xml:space="preserve">
          <value>Willkommen auf meiner WebSeite</value>
        </data>
</root>
```

Abbildung 14.11 Ausschnitt aus der erzeugten resx-Datei mit Text- und Bilddaten

Im nächsten Schritt geht es nun darum, die so erstellten Ressourcendateien zu verwenden.

14.3.2 Verwendung von binären Ressourcen-Dateien

In diesem Abschnitt wird davon ausgegangen, dass bereits binäre Ressourcen-Dateien für alle benötigten Sprachen vorliegen, so wie es zuvor beschrieben wurde.

ResourceManager — Die Basis der Programmierung bildet die Klasse `ResourceManager`, ebenfalls aus dem Namensraum `System.Resources`.

Vor den ersten Versuchen sollten Sie sich darüber im Klaren sein, wie Ihre Vorlagen mit Daten versorgt werden. Sie können prinzipiell jedes HTML-Element zu einem serverseitigen Steuerelement machen, ohne sich über die Funktionsweise dahinter Gedanken machen zu müssen. Das führt dann zu folgendem Code im HTML-Teil:

Listing 14.13 Für dynamische Ressourcen vorbereitete Vorlage

```
<h1 runat="server" id="title"></h1>
<asp:Label Runat="server" ID="date"/>
```

Angenommen, die binären Ressourcen-Dateien liegen im Unterverzeichnis */resource*, dann können Sie mit folgendem Code darauf zugreifen:

```
rm = ResourceManager.CreateFileBasedResourceManager ↵
    ("culture", Server.MapPath("resource"), null);
```

Der Dateiname, nach dem gesucht wird, setzt sich aus dem Präfix (erstes Argument der statischen Methode `CreateFileBasedResourceManager`), dem Sprachcode oder einem davon abgeleiteten Fallback-Wert der aktuellen Kultur und der Dateierweiterung *resources* zusammen, jeweils durch Punkte getrennt.

716

14.3 Ressourcen für die Lokalisierung

> **TIPP**
> Es ist dringend zu empfehlen, eine allgemeine Fallback-Datei mit dem Namen *<Präfix>.resources* anzulegen, die automatisch verwendet wird, wenn der Sprachcode nicht gefunden werden kann.

Das gesamte Programm zeigt das folgende Listing. Als Ausgangswert für die Wahl der Sprache wird der erste Wert der Browsereinstellungen verwendet:

Listing 14.14 Globalisierung basierend auf Ressourcen (Ausschnitt)

```
<script runat="server">
   static private ResourceManager rm = null;

   private void Page_Load(object sender, System.EventArgs e)
   {
      Thread.CurrentThread.CurrentUICulture = ↵
         CultureInfo.CreateSpecificCulture(Request.UserLanguages[0]);
      rm = ResourceManager.CreateFileBasedResourceManager ↵
            ("culture", Server.MapPath("resource"), null);
      title.InnerHtml = rm.GetString ("title");
      date.Text = rm.GetString("date");   ❶
      rm.ReleaseAllResources();   ❷
   }
</script>
```

Interessant ist die Zuweisung der tatsächlichen Werte an die HTML-Steuerelemente. Mit `GetString` haben Sie Zugriff auf alle Inhalte der Ressourcen-Datei ❶. Abgesehen davon, dass in diesem Beispiel immer die aktuelle Kultur verwendet wird, können Sie dies mit dem zweiten Argument der Methode `GetString` überschreiben, beispielsweise, um für eine Auswahlliste verfügbarer Sprachen die Optionen in den Landessprachen anbieten zu können.

Die hier vorgestellte Technik hat den Vorteil, dass die sprachlichen Fragmente außerhalb der Gestaltung und auch außerhalb des Codes liegen. Ändern Sie die Ressourcen-Dateien, ändert sich der Inhalt der Seiten sofort. Rechtschreibkorrekturen benötigen nun weder Code- noch Layout-Eingriffe. Gerade bei komplizierteren Seiten ist dies ein enormer Vorteil.

Darüber hinaus sind die Zugriffe auf die Ressourcen auf eine Datei beschränkt. Diese Datei bleibt permanent geöffnet, sodass auch dies ein Leistungsvorteil darstellt. Allerdings haben Sie bei laufendem Betrieb keine Chance, auf die Ressourcen-Datei zuzugreifen, weil sie gesperrt ist. Wenn Sie erzwingen möchten, dass die Datei immer geschlossen wird, rufen Sie `ReleaseAllResources` am Ende des Programms ❷ auf. Sind Änderungen selten und die Systemleistung wichtig, lassen Sie die Zeile weg.

14 Globalisierung und Lokalisierung

Abbildung 14.12 Die Anzeige der Texte folgt der Vorgabe des Benutzers im Browser

Für den dynamischen Zugriff auf die in den Ressource-Dateien versteckten Bilder muss man freilich etwas in die Trickkiste greifen. Ob der Aufwand lohnt, muss jeder selbst entscheiden. Tatsache ist aber, dass der Zugriff auf die Bilder immer mit einem Dateizugriff verbunden ist. Die bereits geöffnete Ressourcen-Datei wird jedoch nur ein Mal geöffnet, auch wenn darin Hunderte Bilder enthalten sind. Die Vereinfachung der Verwaltung mag ein Übriges dazu tun, tatsächlich Binärdaten in Ressourcen zu halten.

Damit Bilder dynamisch angezeigt werden, muss ein Programm die Bilddaten liefern. Entsprechend sieht der Aufruf im `<img>`-Tag folgendermaßen aus:

Listing 14.15 Anforderung eines Bildes aus der Ressource-Datei

```
<h1 runat="server" id="title"></h1>
<img src="GlobalizationUseResourceImgSource.aspx?image=Image.png" />
<br/>
```

Die Seite *GlobalizationUseResourceImgSource.aspx* wird nun mit einem GET-Parameter versorgt, der das gewünschte Bild anfordert. Soweit ist das sicher transparent. Es ist nun Aufgabe des Skripts, entsprechend den Browsereinstellungen das Bild in Deutsch, Englisch oder einer anderen verfügbaren Sprache zu liefern.

Listing 14.16 Auslieferung eines Bildes aus der Ressourcen-Datei

```
<%@ Import NameSpace="System.Resources" %>
<%@ Import NameSpace="System.Drawing.Imaging" %>
<%@ Import NameSpace="System.Threading" %>
<%@ Import NameSpace="System.Globalization" %>
<%@ Import NameSpace="System.IO" %>
<script language="C#" runat="server">
void Page_Load ()
{
    Thread.CurrentThread.CurrentUICulture =
```

14.3 Ressourcen für die Lokalisierung

```
        CultureInfo.CreateSpecificCulture(Request.UserLanguages[0]);
    ResourceManager rm = ResourceManager.CreateFileBasedResourceManager
        ("culture", Server.MapPath("resource"), null);
    System.Drawing.Image img =
        (System.Drawing.Image)
    rm.GetObject(Request.QueryString["image"]);  ❶
    Response.ContentType = "image/jpeg";  ❷
    Response.ClearContent();  ❸
    img.Save(Response.OutputStream, ImageFormat.Jpeg);  ❹
    Response.End();  ❺
}
</script>
```

Der Zugriff auf die Ressource entspricht dem bereits für Text gezeigten Programm. Einzige Ausnahme bildet die Verwendung der Eigenschaft `CurrentUICulture` statt `CurrentCulture`, denn es geht hier nicht um die Einstellungen der Währung oder Zahlungsangaben, sondern um die Gestaltung der Benutzerschnittstelle (UI = User Interface, Benutzerschnittstelle). In der Praxis würde man wahrscheinlich beide Eigenschaften identisch setzen, weil die Lokalisierung der übrigen Werte fast immer dazu gehört. Sie können die eine Einstellung der anderen folgen lassen, indem Sie folgendes schreiben:

```
Thread.CurrentThread.CurrentUICulture =
             Thread.CurrentThread.CurrentCulture;
```

Der Abruf erfolgt nun aber nicht mit `GetString`, sondern mit `GetObject`. Erzeugt wird wieder das ursprüngliche Bild, basierend auf der Auswahl des GET-Parameters ❶. Damit der Browser mit den Daten etwas anzufangen weiß, ist der HTTP-Header `Content-Type` entsprechend zu setzen ❷. Dann wird der aktuelle Puffer gelöscht ❸, um vorher erzeugte Ausgaben zu entfernen. Im Anschluss wird das Bild dem Ausgabezeichenstrom übergeben ❹. Damit die Anzeige sofort erfolgt, wird die Übertragung beendet ❺.

Im Ergebnis erscheinen die passenden Bilder auf Basis der Browsereinstellungen. Beachten Sie, dass die Bilddaten nicht direkt von der Festplatte geholt werden. Änderungen daran wirken sich erst aus, wenn die Ressourcen-Datei neu erzeugt wurde. Freilich genügt es, dass im letzten Listing gezeigte Programm ablaufen zu lassen.

Umgang mit dem Bildformat PNG

Im Beispiel wurde als Bildformat JPEG benutzt. Wenn Sie lieber PNG erzeugen wollen, ist dies nicht ganz so einfach. Der PNG-Generator will lesend auf den Ausgabestrom zugreifen, der aber nur schreibbar ist. Sie müssen deshalb den Umweg über ein `MemoryStream`-Objekt gehen.

```
MemoryStream ms = new MemoryStream();
Bitmap bitmap = new Bitmap(image);
Response.ContentType = "image/png";
bitmap.Save(ms, System.Drawing.Imaging.ImageFormat.Png);
ms.WriteTo(Response.OutputStream);
```

Dies ist nur für PNG erforderlich, alle anderen Bildformate benötigen diese Technik nicht.

14.3.3 Ressourcen in Assemblies speichern

Effiziente Speicherung durch Assemblies

Der bisher gezeigte dateibasierte Einsatz von Ressourcen ist nicht der einzige Weg. In großen Projekten kann die Verriegelung der Dateien zum Problem werden, wenn sich das ständige Schließen aus Leistungsgründen verbietet. Alternativ kann die Speicherung in Satelliten-Assemblies erfolgen. Prinzipiell wird für Ihr Projekt immer eine Haupt-Assembly erstellt. Normalerweise muss Sie das nicht kümmern, denn Visual Studio erledigt das automatisch. Von ASP.NET kompilierte Programme landen automatisch im Global Assembly Cache (GAC), wo sie jederzeit gefunden werden können.

Wenn Sie nun mit Ressourcen arbeiten, wird für jede Kultur eine sogenannte Satelliten-Assembly erstellt. Die Fallback-Ressource landet in der Haupt-Assembly. Mit Visual Studio ist das sehr einfach. Die entsprechenden Compiler-Anweisungen werden automatisch verwendet, wenn Ressourcen-Dateien hinzugefügt werden. Dazu gehen Sie folgendermaßen vor:

1. Wählen Sie im Projektmanager das Projekt aus.
2. Suchen Sie im Kontextmenü den Eintrag HINZUFÜGEN und dort NEUES ELEMENT hinzufügen.
3. In der folgenden Auswahl suchen Sie das Symbol ASSEMBLY-RESSOURCENDATEI.
4. Vergeben Sie einen Namen und klicken Sie dann auf ÖFFNEN.

Wenn Sie bereits über fertige Ressourcen-Dateien im *resx*-Format verfügen, können Sie diese ebenfalls verwenden.

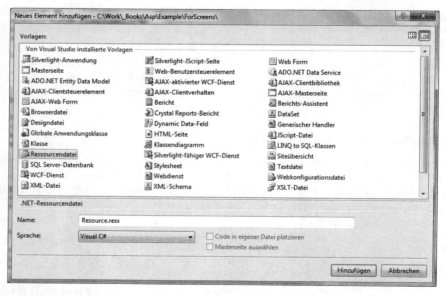

Abbildung 14.13 Erzeugen einer Ressourcen-Datei

Nach der Übersetzung des Projekts legt Visual Studio unterhalb */bin* für jede Kultur ein Unterverzeichnis an und platziert dort die entsprechende DLL. Verwenden können Sie diese nun in Ihrem Code nach folgendem Schema:

Listing 14.17 Entnahme von Ressourcen-Informationen aus einer Satelliten-Assembly

```
CultureInfo ci =
    CultureInfo.CreateSpecificCulture(Request.UserLanguages[0]);
rm = new ResourceManager("Hanser.CSharp.Basis.culture", ❶
                        Assembly.GetExecutingAssembly());
title.InnerHtml = rm.GetString("title", ❷ ci);
date.Text = rm.GetString("date", ❷ ci);
rm.ReleaseAllResources();
```

Eine Falle stellt die Angabe des Präfixes dar. Sie müssen hier den Namensraum Ihrer Applikation mit angeben, andernfalls findet der Ressourcenmanager die Ressource in der Haupt-Assembly nicht ❶. Der Name „Hanser.CSharp.Basis" ist im Beispiel der Namensraum. Das Beispiel zeigt außerdem eine alternative Form des Zugriffs auf die Kultur. Statt den gesamten Thread zu ändern, wird hier die Kultur bei jedem Abruf der Ressource angegeben ❷.

Achtung! Namensraum angeben

14.4 Praxistipps zur Lokalisierung

In der Praxis müssen, bevor aufwändige Lokalisierungen erfolgen, ein paar Fragen beantwortet werden:

Vor der Entwicklung der Ressourcen

- Wer übersetzt die Texte?
- Wer übersetzt Bilddaten?
- Passt die Gestaltung zu allen Sprachen?
- Liegen auch Artikel- oder Inhaltsdaten in den passenden Sprachen vor?
- Wie gehen Sie mit Sprachanforderungen um, für die Sie keine Übersetzung haben?
- Beherrschen Sie die Aktualisierung Ihrer Site noch, wenn sie viele Sprachen haben?
- Wenn diese Fragen geklärt sind, bietet ASP.NET alles, um mehrsprachige Seiten professionell umzusetzen.

Nachdem die Umsetzung gelungen ist und alle Ressourcen funktionieren, bleiben Überlegungen zur Steigerung der Systemleistung. Dazu sollten Sie sich mit der Ablaufsteuerung beim Laden von Anwendungen auseinandersetzen. An dieser Stelle soll dazu ein kleiner Ausblick gegeben werden.

14.4.1 Bereitstellung der Lokalisierungsfunktionen

Im ereignisgesteuerten Modell der Verarbeitung von Anforderungen werden bestimmte Methoden zu genau definierten Zeitpunkten ausgeführt. Sie können diese Methoden mit Code hinterlegen, um Aktionen an die Ereignisse zu binden. Die

Definition zentraler Ereignisbehandlungsmethoden erfolgt in der Datei *global.asax*, die jeder Applikation zugeordnet werden kann. So gibt es eine Methode `Application_OnStart`, die beim Start der Applikation mit der ersten Anforderung ausgelöst wird. Erst ein Stoppen des IIS-Dienstes oder ein Neustart des Computers startet die Applikation neu. Wenn Sie nun den Abruf der Ressourcen in den Zeitpunkt des Applikationsstarts verlegen und Applikationsvariablen zur Ablage des `RecourceManager`-Objekts verwenden, wird die Systemleistung verbessert. Applikationsvariablen speichern Daten im Hauptspeicher gemeinsam für alle Anforderungen bzw. Sitzungen. Auch wenn 1.000 Besucher gleichzeitig auf Ihre Homepage gehen, wird die Ressourcendatei nun nur einmal geladen. Praktisch sieht das folgendermaßen aus:

```
void Application_OnStart()
{
    Application ["AllRecourses"]
        = System.Resource.ResourceManager.
            CreateFileBasedResourceManager("culture",
                Server.MapPath("resource"), null);
}
```

Die Auswahl der Kultur muss nun natürlich noch an die Sitzung gekoppelt werden, denn dieser Vorgang ist für jeden Benutzer individuell:

```
void Application_BeginRequest(object sender, EventArgs e)
{
    try
    {
        Thread.CurrentThread.CurrentCulture =
            CultureInfo(Request.UserLanguages[0]);
    }
    catch (Exception)
    {
        Thread.CurrentThread.CurrentCulture = CultureInfo("de-DE");
    }
}
```

Innerhalb Ihrer Seiten müssen Sie nun noch Zugriff auf die bereits geladenen Ressourcen erhalten. Dazu wird, vorzugsweise in der Methode `Page_Init`, folgender Code verwendet:

```
ResourceManager rm = (ResourceManager) Application["AllResources"];
```

Diese Zeile holt die Applikationsvariable zurück und erzeugt ein Objekt *rm* mit dem benötigten Typ `ResourceManager`.

14.4.2 Konfiguration in *web.config*

In der Datei *web.config* können die Globalisierungseinstellungen in einigen Punkten zentral festgelegt werden. Dazu ist innerhalb des Zweiges `<system.web>` ein Abschnitt `<globalization>` einzufügen. Folgende Attribute können Sie in diesem Tag verwenden:

- requestEncoding
  Bestimmt die Kodierung, die ASP.NET für eingehende Anfragen erwartet. Der Standard ist UTF-8.

- responseEnconding
  Bestimmt die Kodierung der gesendeten Daten. Der Standard ist UTF-8.
- fileEncoding
  Wenn Dateien ohne explizite Angabe einer Kodierung geschrieben werden, bestimmt dieser Parameter die Einstellung. Der Standard ist UTF-8.
- culture
  Bestimmt die Kultur in der Form „de-DE", wie im Abschnitt weiter oben beschrieben.
- uiCulture
  Bestimmt die Kultur, die Steuerelemente bei der Ausgabe verwenden, wenn Ressource-Dateien eingesetzt werden.

Teil III – Techniken

15 Master-Seiten und Themes

Master-Seiten erlauben die Einrichtung zentraler Vorlagen für einige oder alle Seiten einer Webapplikation. Damit wird es möglich, Navigation, Gestaltung und statische Elemente global zu definieren. Wird eine dieser Vorlagen geändert, ändert sich automatisch das Aussehen aller Seiten, welche diese Vorlage verwenden. Visual Studio 2010, sowie die Express Edition vom Web Developer 2010 unterstützen den grafischen Entwurf von Master-Seiten. Um eine größtmögliche Flexibilität bei komplexen Gestaltungsaufgaben zu erreichen, können Master-Seiten ineinander verschachtelt werden.

Ergänzend stehen für die Verwaltung einer zentralen Gestaltungsvorlage Themes (eng. Thematische Vorlagen[23]) und Skins (eng. Oberflächen) bereit. Themes sind Sammlungen von Skins und kaskadierenden Stilvorlagen (Cascading Style Sheets, CSS) sowie Bildern. Skins definieren die Gestaltung bestimmter Steuerelemente an zentraler Stelle, sodass die wiederholte Definition in den Seiten nicht mehr erforderlich ist.

In diesem Kapitel werden die folgenden Themen behandelt:

- Master-Seiten
- Themes und Skins

15.1 Master-Seiten

Master-Seiten bieten ein konsistentes Layout für alle Seiten einer Applikation. Eine Master-Seite funktioniert wie eine Schablone, welche das Aussehen und Standardverhalten der Seite definiert.

---

[23] Wir übersetzen diesen Begriff hier nicht und verwenden weiter „Themes", um Kollisionen mit ähnlichen Begriffen zu vermeiden.

15.1.1 Prinzip der Master-Seiten

In einer Webanwendung können Sie beliebig viele solche Master-Seiten erstellen und verwenden. Master-Seiten können normalen Markup- und Programm-Code enthalten sowie wie jede andere Seite programmiert werden. Bis jetzt gibt es keinen Unterschied zwischen einer Master-Seite und einer Webseite.

Im Gegensatz zur Webseite können Sie innerhalb einer Master-Seite zusätzlich Bereiche mit speziellen Steuerelementen definieren, den Platzhaltern (`ContentPlaceHolder`-Steuerelemente). Verwendet eine Seite eine solche Master-Seite, kann diese Seite den Platzhaltern ihren eigenen Inhalt zuweisen.

Verschachteln — Master-Seiten können verschachtelt werden. Das heißt, eine Master-Seite kann selbst eine andere verwenden, so dass das Layout stufenweise aufgebaut wird.

Funktionsweise

Wird eine ASP.NET Seite aufgerufen, welche eine Master-Seite verwendet, erfolgt zunächst eine Verarbeitung der Master-Seite. Die ASP.NET Template-Engine lädt die Inhalts- und die Master-Seite(n). Im Anschluss werden die Platzhalter mit den Inhalten aus den Content-Seiten (eng. Inhalts-Seiten) ersetzt. Die resultierende Seite wird anschießend wie eine Aspx-Seite verarbeitet.

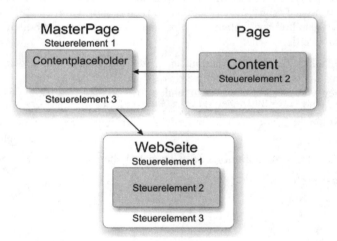

Abbildung 15.1 Verarbeitung einer Master Seite

Ereignisse auf Master- und Inhaltsseiten

Lokale Ereignisse — Sowohl die Master- als auch die Inhaltsseite können Ereignisbehandlungsmethoden enthalten. Dabei gilt, dass die jeweiligen Methoden für die lokalen Ereignisse zuständig sind. Tritt ein Ereignis auf der Master-Seite auf, wird es von den Händlern der Master-Seite behandelt. Es ist nicht möglich, Ereignisse von Steuerelementen der Master-Seite auf der Inhaltsseite zu behandeln oder umgekehrt.

Ereignisreihenfolge — Es gibt jedoch Ereignisse im Lebenszyklus der Seite, welche auf beiden Seiten ausgelöst werden und jeweils getrennt behandelt werden können. Dabei gilt in der

Regel, dass ein Initialisierungsereignis vom innersten zum äußersten Element ausgelöst wird, wogegen alle anderen Ereignisse umgekehrt ausgelöst werden. In diesem Zusammenhang wird eine Master-Seite wie ein Steuerelement der Inhaltsseite betrachtet.

1. `Init`-Ereignis der Steuerelemente der Master-Seite
2. `Init`-Ereignis der Inhaltssteuerelemente
3. `Init`-Ereignis der Master-Seite
4. `Init`-Ereignis der Inhaltsseite
5. `Load`-Ereignis der Inhaltsseite
6. `Load`-Ereignis der Master-Seite
7. `Load`-Ereignis der Inhaltssteuerelemente
8. `PreRender`-Ereignis der Inhaltsseite
9. `PreRender`-Ereignis der Master-Seite
10. `PreRender`-Ereignis der Steuerelemente der Master-Seite
11. `PreRender`-Ereignis der Inhaltssteuerelemente

15.1.2 Eine Master-Seite erstellen

Eine Master-Seite wird genauso wie eine *aspx*-Formularseite erstellt. Der einzige Unterschied besteht in den Direktiven der Seitendeklaration. So wie eine Webseite von der Klasse `Page` abgeleitet ist, ist eine Master-Seite von der Klasse `Master` abgeleitet. Die Seitendeklaration sieht wie folgt aus.

```
<%@ Master Language="C#" AutoEventWireup="true"
          CodeFile="MeineWebSeite.master.cs"
          Inherits="MeineWebSeite" %>
```

> **HINWEIS**
> Selbstverständlich ist es auch hier möglich, entweder eingebetteten (Inline Code) oder hinterlegten Code (Code Behind) zu verwenden, genau wie für jede andere *aspx*-Seite. Ferner werden Methoden, die mit `Master_Eventname` bezeichnet sind, wie beispielsweise `Master_Load()` automatisch mit dem entsprechenden Ereignis verbunden (sofern `AutoEventWireup="true"` gesetzt ist).

Das elementare Steuerelement auf einer `MasterPage` ist der `ContentPlaceHolder`, Platzhalter mit dessen Hilfe jeweils ein Bereich der `MasterPage` für Elemente der Webseiten reserviert werden kann, welche diese Master-Seite verwenden.

Das folgende Bespiel zeigt einen einfachen Seiten-Master:

Listing 15.1 Minimale Master-Seite

```
<%@ Master Language="C#" %>
<!DOCTYPE html PUBLIC "-//W3C//DTD XHTML 1.0 Transitional//EN"
        "http://www.w3.org/TR/xhtml1/DTD/xhtml1-transitional.dtd">
<html xmlns="http://www.w3.org/1999/xhtml" >
<head runat="server">
    <title>Master Page</title>
</head>
<body>
```

```
<form id="form1" runat="server">
❶ <h1>Überschrift für alle Seiten</h1>
  <div>
❷ <asp:contentplaceholder id="MainBody" runat="server">
  </asp:contentplaceholder>
  </div>
</form>
</body>
</html>
```

Im Beispiel wurde eine `MasterPage` in der Sprache C# angelegt. Diese enthält eine Überschrift ❶, die später auf allen Seiten zu sehen sein wird, sowie einen Platzhalter ❷ für die Inhalte der untergeordneten Seiten.

15.1.3 Verwendung der Master-Seite

Es gibt mehrere Wege, die Master-Seite zu verwenden, nach dem diese in der `@Page`-Direktive hinzugefügt wurden. Diese werden nachfolgend vorgestellt.

Hinzufügen einer Master-Seite

Um ein Vorlage auf einer Webseite verwenden zu können, wird in der `@Page`-Direktive die Eigenschaft `MasterPageFile` ❸ auf den entsprechenden Dateinamen gesetzt:

```
<%@ Page Title="Home Page" Language="C#"
❸    MasterPageFile="~/Site.master"
      AutoEventWireup="true" CodeFile="Default.aspx.cs"
      Inherits="_Default" %>
```

Master-Seiten können auch von anderen Master-Seiten verwendet werden. Auf diese Weise lassen sich kaskadierte Schablonen für komplexe Web Anwendungen erstellen.

Deklarative Verwendung

Der Zugriff auf die Platzhalter erfolgt unter Verwendung des `Content`-Steuerelements ❶ mit der `Id` des jeweils auszufüllenden Platzhalters, im Beispiel „MainBody". Das Aussehen und Verhalten außerhalb des `Content`-Steuerelements bestimmt dann der `Master`.

Listing 15.2 Benutzung der Master-Seite

```
<%@ Page Language="C#" MasterPageFile="~/MasterDemo.master"
     AutoEventWireup="true" CodeFile="Navigation.aspx.cs"
     Inherits="_Default" Title="Untitled Page" %>
❶ <asp:Content ID="MainBodyContent" ContentPlaceHolderID="MainBody"
    Runat="Server">
    <h1>Inhalt der Webseite</h1>
  </asp:Content>
```

Wird die Master-Seite des Beispiels auf eine *aspx-Seite* angewandt, erscheint auf jeder Seite die Überschrift.

> **HINWEIS**
>
> Bei der Verwendung ist darauf zu achten, dass alle Elemente, die bereits im Master vorhanden sind, nicht noch einmal auf der Seite vorkommen. So wird weder der `<html>`-Tag, der `<body>`-Tag noch der `<form>`-Tag auf der Aspx-Seite verwendet.

Das Ergebnis lässt sich äußerlich nicht von einer *aspx-Seite* ohne Master unterscheiden. Die Seite wirkt nach außen wie aus einem Guss.

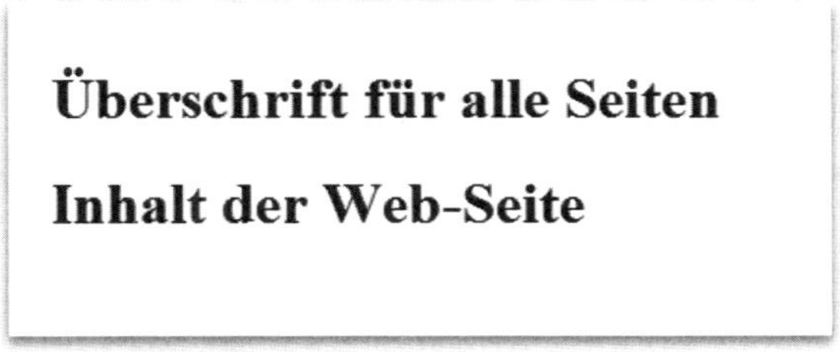

>
> **Überschrift für alle Seiten**
>
> **Inhalt der Web-Seite**
>

Abbildung 15.2 Verwendung einer MasterPage

Globale Festlegung der Master-Seite

Für Anwendungen, welche auf einer Master-Seite basieren, ist es möglich, die zu verwendende `MasterPage` für alle Seiten in der *web.config*-Datei festzulegen. Der Vorteil dieser Methode liegt darin, dass es nur eine zentrale Stelle gibt, welche geändert werden muss, um die Master-Seite gegebenenfalls auszutauschen oder anzupassen.

```
<configuration>
   <system.Web>
      <pages master="Site.master" />
   </system.Web>
</configuration>
```

Programmierung einer Master-Seite

Master-Seiten können alternativ auch zur Laufzeit über die Eigenschaft der `Page`-Klasse `MasterPageFile` ❶ abgerufen oder festgelegt werden. Auf diese Weise ist eine dynamische Anpassung an eine vom Benutzer wählbare Master-Seite möglich.

```
public partial class _Default : System.Web.UI.Page
{
    protected void Page_Load(object sender, EventArgs e)
    {
      ❶ MasterPageFile = "~/Site.master";
    }
}
```

Auf öffentliche Methoden und Eigenschaften der Master-Seite kann von der Webseite aus über die Eigenschaft `Master.<Eigenschaft/Methode>` zugegriffen werden. So lassen sich mit der Hilfe entsprechender Methoden und Eigenschaften diverse Modifikationen am Aussehen und Verhalten der Master-Seite zur Laufzeit vornehmen.

```
((Label) Master.FindControl("MeinLabel")).Text = "Mein Text";
```

15.1.4 Konfiguration mit der Master-Direktive

Wie die `@Page`-Direktive stehen unter der `@Master`-Direktive entsprechende Attribute zur Verfügung, die im Folgen kurz zusammenfasst werden:

Tabelle 15.1 Attribute der @Master-Direktive

Attribut	Bedeutung
`AutoEventWireUp`	Genau wie bei der `@Page`-Direktive verfügt auch die `@Master`-Direktive über Ereignisse, die automatisch mit entsprechenden Methoden zu verbinden sind. (Siehe auch `@Page`)
`ClassName`	Legt den Klassennamen fest, der für die Klasse verwendet werden soll, die das System zum Rendern der Master-Seite anlegt.
`CodeFile`	Gibt die Datei mit der zweiten Hälfte der partiellen Klasse für Code Behind an.
`CompilerOptions`	Gibt die Kommandozeilenoptionen für den Compiler zum Übersetzen diese Masters an
`Debug`	Gibt an, ob dieser Master mit Debug-Informationen gebaut werden soll oder nicht.
`Description`	Nimmt eine Beschreibung auf.
`EnableViewState`	Gibt an, ob der ViewState der im Master gehosteten Seiten über alle Seitenanforderungen hinweg vom Master verwaltet werden soll. Der Standardwert ist `true`.
`EnableTheming`	Gibt an, ob das Theming-Feature für diesen Master und seine eingebetteten Seiten aktiviert werden soll oder nicht. Der Standardwert ist `true`.
`Explicit`	Gibt an, ob diese `MasterPage` mit der VisualBasic.NET-Option `Explicit` übersetzt werden soll.
`Inherits`	Gibt den Namen der partiellen Klasse an.
`Language`	Gibt die auf der `MasterPage` verwendete Sprache an.
`MasterPageFile`	Gibt die `MasterPage` der `MasterPage` an. Master können in einander verschachtelt werden.
`Strict`	Gibt an, ob diese `MasterPage` mit der VisualBasic.NET-Option `Strict` übersetzt werden soll.
`Src`	Gibt den Quelltextnamen der Code Behind-Datei für diese `MasterPage` an.
`WarningLevel`	Gibt den Warning-Level für Compiler-Warnungen an.

15.1.5 Die Standardvorlage für Webseiten

Wenn Sie eine neue Applikation mit der Projektvorlage WEB SEITE oder WEB ANWENDUNG erzeugen, erstellt Visual Studio 2010 eine Standardvorlage (Master-Seite) für Ihr neues Projekt. Diese soll im Folgenden kurz vorgestellt und etwas erweitert werden.

15.1 Master-Seiten

Die Standardvorlage

Die Standardvorlage enthält alle Elemente, welche für alle Webseiten einer Webanwendung verwendet werden sollen, wie beispielsweise die Benutzerverwaltung.

Listing 15.3 Datei Seite.master

```
<%@ Master Language="C#" AutoEventWireup="true" CodeFile="Site.master.cs"
Inherits="SiteMaster" %>

<!DOCTYPE html PUBLIC "-//W3C//DTD XHTML 1.0 Strict//EN"
"http://www.w3.org/TR/xhtml1/DTD/xhtml1-strict.dtd">
<html xmlns="http://www.w3.org/1999/xhtml" xml:lang="en">
<head runat="server">
    <title></title>
    <link href="~/Styles/Site.css" rel="stylesheet" type="text/css" />
    ❶ <asp:ContentPlaceHolder ID="HeadContent" runat="server">
    </asp:ContentPlaceHolder>
</head>
<body>
    <form runat="server">
    <asp:Label ID="MeinLabel"></asp:Label>
    ❷ <div class="page">
       <div class="header">
          <div class="title">
             <h1>
                 My ASP.NET Application
             </h1>
          </div>
          <div class="loginDisplay">
             ❸ <asp:LoginView ID="HeadLoginView" runat="server"
                  EnableViewState="false">
                <AnonymousTemplate>
                [ <a href="~/Account/Login.aspx"
                  ID="HeadLoginStatus" runat="server">Log In</a> ]
                </AnonymousTemplate>
                <LoggedInTemplate>
                  Welcome <span class="bold"><asp:LoginName
                   ID="HeadLoginName" runat="server" /></span>!
                  [ <asp:LoginStatus ID="HeadLoginStatus"
                     runat="server" LogoutAction="Redirect"
                     LogoutText="Log Out" LogoutPageUrl="~/"/> ]
                </LoggedInTemplate>
                </asp:LoginView>
          </div>
          <div class="clear hideSkiplink">
             ❹ <asp:Menu ID="NavigationMenu" runat="server"
                CssClass="menu" EnableViewState="false"
                IncludeStyleBlock="false" Orientation="Horizontal">
                <Items>
                    <asp:MenuItem NavigateUrl="~/Default.aspx"
                       Text="Home"/>
                    <asp:MenuItem NavigateUrl="~/About.aspx"
                       Text="About"/>
                </Items>
             </asp:Menu>
          </div>
       </div>
       <div class="main">
          ❺ <asp:ContentPlaceHolder ID="MainContent" runat="server"/>
       </div>
       <div class="clear">
```

15 Master-Seiten und Themes

```
                </div>
            </div>
            <div class="footer">
            </div>
        </form>
    </body>
</html>
```

Header

Platzhalter können nicht nur für anzuzeigende Inhalte verwendet werden, prinzipiell lassen sich hier alle Elemente einer HTML Seite einfügen. Bei der Standardvorlage wird der erste Platzhalter für zusätzliche Felder im Header ❶ der Seite verwendet.

Die Seite wurde in diverse Regionen (`div`) unterteilt, welche mittels CSS angepasst werden können ❷. Ferner wurden ein `Login`-Steuerelement ❸ und ein `Menu`-Steuerelement ❹, welches nur bei angemeldetem Benutzer sichtbar wird, eingefügt.

Inhalt

Für den Inhalt der Seite wurde ein Platzhalter ❺ im Bereich `main` vorgesehen. Hier wären auch mehrere Platzhalter zur strukturierten Trennung von Inhalten denkbar.

Die zugehörigen Seiten enthalten im Wesentlichen nur noch den jeweiligen Inhalt, da die Infrastruktur bereits durch die Master-Seite bereitgestellt wird.

Listing 15.4 Datei Default.asp unter Verwendung der Master-Seite Site.master

```
<%@ Page Title="Home Page" Language="C#"
❶   MasterPageFile="~/Site.master" AutoEventWireup="true"
    CodeFile="Default.aspx.cs" Inherits="_Default" %>

❷ <asp:Content ID="HeaderContent" runat="server"
    ContentPlaceHolderID="HeadContent">

    <META NAME="keywords" CONTENT="HTML4,ASP.NET 4.0, .NET, C#">

  </asp:Content>

❸ <asp:Content ID="BodyContent" runat="server"
    ContentPlaceHolderID="MainContent">
    <h2>
        Willkommen bei ASP.NET 4.0!
    </h2>
    <p>
        -= I N H A L T =-
    </p>
  </asp:Content>
```

Zunächst wird der Seite eine Vorlage zugewiesen ❶. Anschließend werden weitere Metadaten für den HTML-Header bereit gestellt ❷. Auf diese Weise können Seiten individuelle Header enthalten. Der zweite Platzhalter MainContent ❸ wird mit dem anzuzeigenden Inhalt gefüllt.

15.2 Das Design der Seiten (Theme)

Ein Design einer Seite (Theme) ist eine Ansammlung von Eigenschaften diverser Steuerelemente, welche auf einer Webseite oder Webanwendung verwendet werden. Auf diese Art bekommen die Webseiten und die darin enthaltenen Steuerele-

15.2 Das Design der Seiten (Theme)

mente ein einheitliches Aussehen. Ferner kann das Aussehen der Webseiten und der Steuerelemente durch Austauschen des Designs leicht angepasst werden.

Ein Design setzt sich aus Designbeschreibungsdateien (skins), Cascading Style Sheets (CCS), Bildern und anderen Ressourcen zusammen. Der folgende Abschnitt soll einen Überblick über die Möglichkeiten der Beeinflussung einer Webanwendung unter der Verwendung von Themes sowie eine Einführung in das Erstellen von Designdateien geben.

15.2.1 Überblick

Alle Designvorlagen befinden sich in dem ASP.NET-Verzeichnis *App_Themes*. Um die Vorlagen unterscheiden zu können, wird je Vorlage ein Unterverzeichnis erstellt, dabei entspricht der Name des Verzeichnisses dem Namen der Vorlage.

Konvention

Es gibt drei Komponenten, aus denen sich eine Design-Vorlage (Theme) zusammen setzen kann:

- CSS Dateien
- Skin-Dateien
- Ressourcen

Diese Designbeschreibungsdateien werden je Design in dem entsprechenden Verzeichnis abgelegt. Dabei können Unterverzeichnisse zur besseren Strukturierung verwendet werden.

Im Beispiel wurden zwei Designs mit den Namen Blue und Red angelegt.

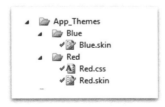

Abbildung 15.3 Verzeichnis App_Themes

CSS-Dateien

CSS-Dateien (Cascading Style Sheets) dienen der deklarativen Beschreibung von Eigenschaften einzelner Elemente einer Seite. Es ist sowohl möglich Eigenschaften für alle Elemente eines Typs als auch für bestimmte Elemente mit Hilfe eines Namens zu beeinflussen. Weitere Informationen zu CSS-Dateien und deren Verwendung finden Sie im Abschnitt „CSS".

CSS Dateien

Skin Dateien

Skins (Designbeschreibungen) stellen die serverseitige alternative Möglichkeit zu den Cascading Style Sheets (CSS) bei der Beschreibung von Aussehen und Verhalten entsprechender Steuerelemente einer ASP.NET Seite dar.

Skin Dateien

Skin-Dateien ähneln in ihrer Funktionsweise den CSS Dateien, wogegen sie in Ihrer Schreibweise mehr den ASP.NET-Seiten ähneln. Weitere Informationen hierzu finden Sie im Abschnitt „Skins".

Ressourcen

Bilder

Neben den CSS- und Skin- Dateien können die auch Ressourcen, wie Bilder in einem Design verwenden. Der Zugriff auf die Ressourcen erfolgt jeweils relativ zu der Datei in der der Zugriff definiert wurde.

Beispiel

Im folgenden Beispiel soll der Hintergrund der Seiten abhängig von der verwendeten `Designvorlage` ausgetauscht werden. Legen Sie dazu zwei Designvorlagen mit mindestens je einer CSS Datei an. Fügen Sie jeweils ein Verzeichnis Images unterhalb des Verzeichnisses der Designvorlage hinzu. Legen Sie zwei unterschiedliche Bilder mit dem Namen „background.png" in den jeweiligen Images-Verzeichnissen an.

Abbildung 15.4 Übersicht über Themes und ihre Ressourcen

Fügen Sie folgenden Abschnitt in den zwei CSS Dateien ein:

```
<style type="text/css">
div.bg {
    ❶ background-image: url(Images/background.png);
}
</style>
```

Für alle Bereiche (`div`) mit der Eigenschaft `class="bg"` wird das Hintergrundbild ❶ „background.png" relativ zu der CSS Datei ausgewählt.

HINWEIS

Alternativ wäre es auch möglich, absolute Pfade zu den Hintergrundbildern in der CSS Datei anzugeben. Jedoch empfehlen die Autoren relative Pfadangaben, da bei einer Verschiebung oder Umbenennung von Ressourcen alle absoluten Angaben anzupassen wären.

Der zugehörige HTML Code sieht wie folgt aus:

```
<%@ Page Language="C#" ❶ Theme="red" %>
...
<div ❷ class="bg">
  div-Container mit Hintergrundbild
```

15.2 Das Design der Seiten (Theme)

```
</div>
```

Setzen sie ein `Theme` ❶ wie gezeigt und verwenden Sie die Klasse `bg` für eine Region ❷.

Verwendung

Sie können auf die Designvorlagen (`Themes`) zugreifen, indem Sie die Eigenschaft `Theme` einer Ansicht (`ViewPage`), eines Benutzersteuerelementes (`UserControl`), einer Master-Seite oder einer *aspx*-Seite setzen. Das Konzept der Designvorlagen funktioniert mit allen Technologien, egal ob sie WebForms oder ASP.NET MVC verwenden.

Universal

Beim Verarbeiten der Markup-Vorlage der Seite wird die Eigenschaft `Theme` ausgewertet. Alle CSS-Dateien werden in alphabetischer Reihenfolge in den Header der Seite eingebunden, sodann werden alle Skin-Dateien auf die Steuerelemente angewendet.

Neues Design erzeugen

Visual Studio 2010 unterstützt Sie bei der Erstellung neuer Designs mit einem Assistenten. Klicken Sie zum Erstellen eines `Themes` mit der rechten Maustaste auf den Projekt-Ordner oder das Wurzelverzeichnis Ihrer Applikation. Wählen Sie dann ASP.NET ORDNER HINZUFÜGEN → THEME. Geben Sie dem Theme einen Namen. Sollte der Ordner *App_Themes* noch nicht vorhanden sein, wird er automatisch erstellt.

Abbildung 15.5 Assistent zur Erstellung eines Themes

Klicken Sie im Anschuss nochmals mit der rechten Maustaste auf den Ordner der neuen Vorlage und fügen Sie eine Skin- oder CSS-Datei hinzu.

15.2.2 CSS

Das Gestalten von Webseiten unter der Verwendung von CSS ist ein sehr umfangreiches Thema. Der Umfang dieses Buches reicht bei weitem nicht aus alle Möglichkeiten und Feinheiten in diesem Abschnitt darzustellen. Da CSS jedoch zu den elementaren Technologien gehört, möchten die Autoren an dieser Stelle einen kleinen Überblick über die wichtigsten Begriffe und die Funktionsweise von CSS geben.

CSS

15 Master-Seiten und Themes

Einführung

Trennung von Design und Inhalt

CSS ist eine deklarative Beschreibungssprache für Formateigenschaften der Elemente einer Webseite. Durch die Trennung der Inhalte in den HTML-Seiten und die Festlegung der Stile in den CSS-Dateien lassen sich Dokumente nicht nur klarer strukturieren, sondern es entsteht auch eine austauschbare Designvorlage, welche bei Bedarf angepasst werden kann.

Flexibel

Auf diese Weise lassen sich unterschiedliche Vorlagen für unterschiedliche Medien (Desktop Computer, mobiles Endgerät, Drucker usw.) anpassen. Aber auch neue Designs lassen sich ohne großen Aufwand leicht implementieren oder gar aus einer Datenbank auf die Webanwendung anwenden.

Dynamisch

Dynamische Anwendungen unter Verwendung von JavaScript und AJAX wurden überhaupt erst möglich durch die Trennung von Inhalt und Design. So kann unter anderem eine interaktive Hervorhebung, das Ein- und Ausblenden von Elementen oder die Veränderung und Anpassung ganzer Bereiche einer Webseite realisiert werden. Weitere Informationen dazu finden Sie im Kapitel 5.

Notation

Eine Stilbeschreibung fasst eine oder mehrere Eigenschaften innerhalb geschweifter Klammern zusammen. Eigenschaft und Wert werden mit einem Doppelpunkt (:) getrennt. Die einzelnen Eigenschaften werden wiederum mit einem Semikolon (;) auseinandergehalten.

```
<Element style = {Eigenschaft1: Wert 1;  Eigenschaft2: Wert2}; />
```

Verwendung

Inline

Es gibt zwei Varianten der Verwendung von Stilinformationen. Zum Einen können Stile Inline mit Hilfe der Style-Eigenschaft gesetzt werden, zum Anderen können Stile in einem oder mehreren separaten Style-Abschnitten angegeben werden.

Listing 15.5 Einfache Inline-Style Demo

```
<html>
  <head>
    <title>Inline Style Demo</title>
  </head>
  <body>
    <p ❶ style="background:grey; text-align:right; font-size:28px;
            margin:0 0 32px 0; padding-right:22px">
    Das ist ein <span ❷ style="color:blue">blauer</span> Text.</p>
  </body>
</html>
```

Dem Absatz wird ein Style ❶ mit der Hintergrundfarbe Grau, rechtsbündiger Formatierung, Schriftgröße 28 Punkt, 32 Punkte Abstand nach unten und einer Abstandsfläche von 22 Punkten nach rechts zugewiesen.

Rekursiv

Diese Eigenschaften gelten für alle Elemente, welche sich innerhalb und unterhalb des Absatzes befinden. Zusätzlich wird dem Wort „blauer" die Farbe Blue zugewiesen ❷.

Header

Alternativ dazu lassen sich Stile auch intern innerhalb des Headers eines Dokumentes definieren.

15.2 Das Design der Seiten (Theme)

Listing 15.6 Einfache Header-Style Definition

```
<html>
  <head>
    <title>Header Style Demo</title>
    ❶ <style type="text/css">
    ❷ <!--
    ❸ p {
          background:grey;
          text-align:right;
          font-size:28px;
          margin:0 0 32px 0;
          padding-right:22px;
       }

    ❹ .blue {
          color:blue;
       }
       -->
    </style>
  </head>
  <body>
    ❺ <p>
    Hallo <span ❻ class="red">Welt</span>
    </p>
  </body>
</html>
```

Innerhalb des HTML-Headers wird eine Style-Definition platziert ❶. Um einen Browser, welcher das Style-Tag nicht kennt, nicht zu „verwirren", wird der Inhalt der Style-Definition „sicherheitshalber[24]" in Kommentarzeichen eingebettet ❷.

Die Definition für den Absatz wird mit Hilfe eines Element Tags ❸ festgelegt. Da dieser Tag keinen weiteren Einschränkungen unterliegt, wird dieser für alle Absätze der Art <p> verwendet ❺.

Regeln für Selektoren

Bei der Verwendung eines sogenannten Style-Blockes oder auch einer Style-Datei werden die einzelnen Regeln mit der Hilfe von Selektoren unterschieden.

Abbildung 15.6 Eine CSS-Deklaration

---

[24] Inzwischen ist eher nicht mehr damit zu rechnen, dass ein Browser das Style-Tag nicht kennt.

Der Selektor (auf der linken Seite) entscheidet darüber, für welche Elemente einer Site die Regeln (rechte Seite) im Deklarationsblock gültig sind.

Im Beispiel wurde das Element `h1` als Selektor verwendet. Das bedeutet, dass für alle Elemente mit „Überschrift 1" gilt, dass Farbe gleich blau und Hintergrund gleich dunkelgrau ist.

Element
h1

Im einfachsten Fall entspricht der Selektor einem oder mehreren HTML-Element(en). Die im zugehörigen Block definierten Regeln gelten dann für alle Elemente dieser Art.

```
html { color : green ;}
h1 { color : red; }
```

Gruppierung
h1,h2,h3

Selektoren können zu Gruppen zusammengefast werden. Dies ist besonders hilfreich, wenn Sie die gleichen Eigenschaften für unterschiedliche Elemente definieren möchten.

```
h1, h2, th, pre { color : red}
```

Im Beispiel wird der Überschrift 1, Überschrift 2, dem Tabellenkopf und der vorformatierten Region die Farbe Rot zugewiesen.

Klassen und ID Selektoren
.klasseA, #id1

Mitunter kommt es vor, dass nicht jedes Element der gleichen Art identisch dargestellt werden soll. Hierfür gibt es die Klassen- und die ID-Selektoren.

Der Klassen Selektor erweitert die Auswahlkriterien eines Elementes, um einen Namen. Auf diese Weise können Sie einzelnen Elementen gezielt eine spezielle Vorlage zuweisen.

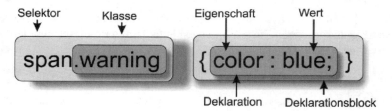

Abbildung 15.7 CSS-Klassendeklaration

Klassen können mit einem beliebigen anderen Selektor kombiniert werden, so können Sie zum Beispiel drei Klassen für Ausgaben erzeugen.

```
span.warning { color: blue;}
span.success { color: green;}
span.error {color: red;}
```

Bitte beachten Sie, dass diese Vorlagen nicht automatisch angewandt werden, weil eine explizite Zuweisung unter Verwendung des Attributes `class` ❶ erforderlich ist.

```
<span ❶ class="warning"> Das ist eine Warnung !</span>
```

Mit der Hilfe von Klassen lassen sich auf einfache Weise leicht anzupassende Elemente auf einer Seite erzeugen.

```
<span ❷ class='<% (IsFault) ? "error" : "success" %>' >
    <%= Message %>
</span>
```

15.2 Das Design der Seiten (Theme)

Im Beispiel wird dem Span-Element eine CSS-Klasse in Abhängigkeit von der Variablen IsFault zugewiesen. Wenn Sie die Farben in diesem Beispiel anpassen möchten, ist es nicht erforderlich, den Quelltext zu verändern. Sie müssen lediglich die CSS-Datei anpassen.

> **HINWEIS**
> Klassenselektoren können auch ohne übergeordnetes Element verwendet werden, diese Klassen können dann auf alle Element angewandt werden.

Wenn Sie nur ein einziges Element ansprechen möchten, können Sie dies mit Hilfe eines ID-Selektors tun. Der ID-Selektor wird durch ein # vor der id des jeweiligen Elementes gekennzeichnet. **Einzelnes Element**

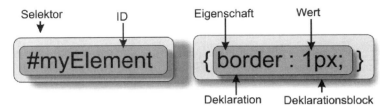

Abbildung 15.8 CSS ID-Selektor

In dem Beispiel wird dem Element mit der ID #myElement ein Rand mit der Breite eines Pixels zugewiesen.

> **INFO**
> In der Praxis kommt es immer wieder vor, dass auch die ID-Selektoren wie Klassen-Selektoren verwendet werden. Das liegt daran, dass fast alle Browser die Notwendigkeit der Eindeutigkeit der id der Elemente einer Seite nicht prüfen. Die Autoren raten jedoch von einer derartigen Verwendung ab.

In speziellen Fällen sollen die Elemente nicht nur an Hand ihrer Id, des Elementtyps oder der Klasse, sondern an Hand der Attribute unterschieden werden. Hier kommen die Attribut-Selektoren zum Einsatz. **Attribut-Selektoren**

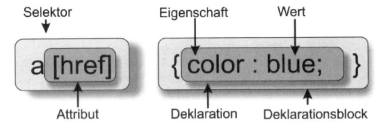

Abbildung 15.9 CSS Attribut-Selektor

Im Beispiel werden alle Verweise (`<a>`) angesprochen, welche über ein Referenz-Attribut (`href`) verfügen.

❶ `a[href] { color: blue;}`
❷ `a[href][title] { color: Green;}`
❸ `a[href='mfi'] { color: Red;}`

741

```
❹ a[href^='mfi'] { color: Gray;}
❺ a[href$='mfi'] { color: Black;}
❻ a[href*='mfi'] { color: Red;}
```

Dem Verweis mit einem Attribut `href` wird die Farbe Blau zugeordnet ❶. Anschließend wird für alle Verweise mit den zwei Attributen (beide Attribute müssen enthalten sein) `href` und `title` die Farbe Grün zugewiesen ❷.

Um Bezug auf den Inhalt nehmen zu können, gibt es vier Varianten. In ❸ wird gezeigt, wie Sie genau einen exakten Wert für ein Attribut festlegen. In ❹ wird gezeigt, wie der Anfang eines Wertes und ❺ zeigt wie das Ende eines Wertes des Attributes festgelegt werden kann. Beispiel ❻ zeigt, wie ein Teilausdruck an einer beliebigen Stelle eines Wertes festgelegt wird.

Durch Kombination dieser Varianten ist es möglich, nahezu alle Elemente gezielt auszuwählen.

Universal Selector

Um sofort alle Elemente auszuwählen, kann ein *-Zeichen verwendet werden. In Kombination mit anderen Selektoren (Klassen, ID und Attribut-Selektoren) kann dieser * jedoch auch entfallen. Die folgenden zwei Deklarationen sind identisch:

```
*.myClass { color: green ;}
.myClass { color: green}
```

Kombinieren und Verschachteln

CSS-Regeln können kombiniert, verschachtelt und überlagert werden. Dabei gilt grundsätzlich, dass die zuletzt geladene Regel alle gleichen vorhandenen Regeln überschreibt.

```
❶ .warning {color: blue; font-size: medium;}
❷ .span.warning {font-size: large;}
❸ .span.warning.urgent { color: red ;}
```

Zunächst wird die allgemeine Klasse `warning` ❶ mit mittelgroßer blauer Schrift festgelegt. Diese Klasse ist zunächst für alle Elemente gültig.

Anschließend wird eine eingeschränkte Klasse `warning` ❷ für ein `span`-Element erstellt. Diese Deklaration führt dazu, dass alle `span`-Elemente mit der Klasse `warning` in großer blauer Schrift erscheinen. Die neu erstellte Klasse erbt alle Eigenschaften der allgemeinen Klasse `warning`. Die Eigenschaft Schriftgröße wird jedoch überschrieben.

Klassen können auch kombiniert werden. In ❸ wird eine weitere Klasse `urgent` erstellt. Diese Klasse erbt wiederum alle Eigenschaften der `span.warning`-Klasse. Hier wird jedoch die Farbe überschrieben. Um eine solche Klasse verwenden zu können, müssen sie beide Klassen setzen.

Dabei ist innerhalb eines Deklarationsblockes die Reihenfolge der Einträge nicht ausschlaggebend. Hier zählt einzig die Hierarchie innerhalb des Objektbaumes (DOM).

```
<p ❶ class="warning">Das ist eine allgemeine Warnung !</p>
<p><span ❷ class="warning">Das ist eine spezielle Warnung !</span></p>
<p><span ❸ class="urgent warning"> ↵
   Das ist eine dringende Warnung !</span></p>
```

15.2 Das Design der Seiten (Theme)

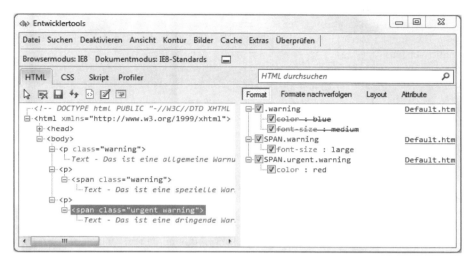

Abbildung 15.10 CSS-Vorlagen in den Entwicklerwerkzeugen des IE8

> **TIPP:** Der Internet Explorer kann ab der Version 8 die Hierarchie der Vorlagen sehr übersichtlich darstellen. Öffnen Sie dazu die Seite, welche Sie betrachten möchten und drücken Sie die F12-Taste.

Pfade

Webseiten bestehen in der Regel aus mehr oder weniger den gleichen Bereichen. Fast immer gibt es eine Kopfzone, einen Hauptteil und eine Fußzeile.

Das folgende Beispiel zeigt, wie Sie identische Elemente mit Hilfe ihrer Position und einem Auswahl-Pfad innerhalb des Objektbaumes auswählen können.

Für das Beispiel soll die folgende vereinfachte Webseite genutzt werden:

```
<html>
  <div id="Head"><span>Kopf</span></div>
  <div ❶ id="Main"> ❷ <span>Hauptteil</span></div>
  <div id="Footer"><span>Fußzeile</span></div>
</html>
```

Um das Aussehen des Textes „Hauptteil" zu verändern können, Sie diesen mit dem folgenden Pfad gezielt beeinflussen, ohne dem span-Element explizit einen Namen oder eine Klasse zuzuordnen:

❶ #Main ❷ span {font-size: large;}

Im Gegensatz zu einer Gruppe werden die Elemente in der Reihenfolge, wie diese im Objektbaum definiert sind, mit einem Leerzeichen getrennt aufgezählt.

Für den Fall, dass Sie Klassen an Stelle von IDs verwenden, beachten Sie bitte, dass jede Kombination auf die Ihr Selektor zutrifft, ausgewählt wird, unabhängig von der Ebene, auf der die Elemente definiert sind.

Die folgenden Deklaration `.warning span { color: Red; }` führt dazu, dass alle `span`-Elemente innerhalb eines beliebigen Elements mit der Klasse `warning` ausgewählt werden.

```
<div class='warning'>Dieses Element wird NICHT ausgewählt</div>
<div ><span>Dieses Eelement wird auch NICHT ausgewählt</span></div>
<p>
  <div id='Main'>
    <div class='warning'>
        <span>Dafür wird dieses Element ausgewählt</span>
    </div>
  </div>
</p>
```

15.2.3 Skins

Skins (Designbeschreibungen) fassen Gestaltungsinformationen für Steuerelemente an zentraler Stelle zusammen. Diese Beschreibungen bauen meist auf CSS auf, können jedoch auch Attribute von Steuerelementen definieren.

Erstellen einer Skin Datei

Ein Seitendesign wird erstellt, in dem je Design ein Verzeichnis mit dem Namen des Schemas in dem *App_Themes* angelegt wird. Im folgenden Beispiel sollen zwei Designs verwendet werden, `red` und `blue`.

In diesen Verzeichnissen werden die Beschreibungsdateien für dieses Design abgelegt. Diese können die Endung *.skin* oder *.css* haben.

Eine Skin-Datei enthält die gleichen Definitionen, wie die *aspx-Seite* für entsprechende ASP.NET-Steuerelemente mit den Eigenschaften, die für dieses Schema festgelegt werden sollen. Um alle `Label`-Steuerelemente mit der Schriftart „Fett" und der Farbe „Rot" festzulegen, ist folgender Eintrag notwendig:

```
<asp:Label Font-Bold="true" ForeColor="red" runat="server"/>
```

Die genannten Eigenschaften gelten für alle `Label` auf der Seite, auf der dieses Seitendesign verwendet wird.

Skins versus CSS

Im Wesentlichen ist die Aufgabe einer Skin-Definition und einer CSS-Datei gleich. Es wird ein austauschbares Design vorgegeben. Unterschieden wird dagegen, wo die Definition zur Anwendung kommt.

Client oder Server — Die CSS-Datei entfaltet Ihre Wirkung auf dem Client, welcher eine entsprechende Definition unterstützen muss. Die Themes- und Skin-Kombination von ASP.NET wird auf dem Server angewandt. Hier werden entsprechende Eigenschaften der Steuerelemente beim Rendern der HTML-Seite gesetzt und an den Client ausgeliefert, ohne dass der Client explizit eine zusätzliche CSS-Datei laden muss.

Werden CSS-Stylesheets und Skin-Daten in einem Theme gemischt verwendet, erfolgt eine Verarbeitung der Skin-Dateien und eine automatische Verlinkung der CSS-Dateien, welche mittels des entsprechenden Tags an den Client ausgeliefert und dort verarbeitet werden.

15.2 Das Design der Seiten (Theme)

Verwendung des Seitendesigns

Ein Seitendesign kann für eine ASP-Seite in der @Page-Direktive angegeben werden, wie im folgenden Listing gezeigt. Bitte beachten Sie dabei, dass alle im Schema gesetzten Eigenschaften die entsprechenden Eigenschaften auf der Seite überschreiben.

Sollen die Eigenschaften, welche durch das Design vorgegeben werden auf der ASP.NET-Seite explizit gesetzt werden, ist es erforderlich, die Eigenschaft EnableTheming der jeweiligen Steuerelemente auf false zu setzen.

Listing 15.7 Anwendung eines Schemas auf einer ASP Seite

```
<%@ Page Language="C#" Theme="red" %>
<html xmlns="http://www.w3.org/1999/xhtml">
<head id="Head1" runat="server">
  <title>Themes</title>
</head> <body>
  <form id="form1" runat="server">
    <div>
      <h1>Themes</h1>
      <asp:Label ID="Label1" runat="server"
        Text="Standard Thema : Rot" /><br />
      <asp:Label ID="Label2" runat="server"
        ForeColor="Blue" Text="Thema : Rot" />
      &lt;-- Beachten Sie die Farbe Rot vom
        Thema anstelle von Blau aus der Eigenschaft<br />
      <asp:Label ID="Label3" runat="server"
        EnableTheming="False" ForeColor="Blue"
        Text=" Kein Thema : Blau" /><br />
      <asp:Label ID="Label4" runat="server"
        EnableTheming="False" Text=" Kein Thema" /><br />
    </div>
  </form>
</body> </html>
```

Die Ausgabe wird nachfolgend gezeigt. Rote Abschnitte sind hier für den Druck fett dargestellt.

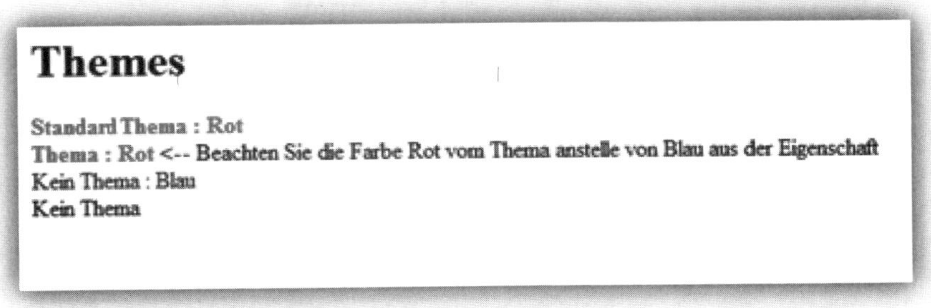

Themes

Standard Thema : Rot
Thema : Rot <-- Beachten Sie die Farbe Rot vom Thema anstelle von Blau aus der Eigenschaft
Kein Thema : Blau
Kein Thema

Abbildung 15.11 Themes und Skins in Aktion

Explizites Verwenden eines bestimmten Skins

Wenn nicht alle Steuerelemente eines Typs den gleichen Skin verwenden sollen, ist es möglich, unter Verwendung der Eigenschaft SkinID mehrere Skins für ein Theme zu definieren. Um einem Steuerelement ein bestimmtes Skin zuzuweisen, wird die

SkinID des Steuerelements auf den Namen des Skins gesetzt, welches das Aussehen des Steuerelements bestimmen soll.

```
<asp:Label Font-Bold="true" ForeColor="red" runat="server" />
<asp:Label Font-Bold="true" ForeColor="darkred" runat="server" ↵
        skinid="Alternate2" />
```

Im Beispiel wurde in der ersten Zeile das Standarddesign für Beschreibungsfelder in diesem Theme festgelegt. In der zweiten Zeile wird ein alternatives Design angegeben und mit der SkinID *Alternative2* gekennzeichnet.

Beachten Sie, dass ein Standarddesign nicht explizit angegeben werden muss. Wenn jedoch ein Standarddesign angegeben wurde, müssen alle weiteren Designs für den gleichen Steuerelementtyp eine eindeutige SkinID haben.

```
<asp:Label ID="Label5" runat="server" SkinID="Alternate2" ↵
        Text="Dunkel-Rot" />
```

Verwendet wird hier die Alternative unter Angabe des Namens *Alternative2*. Dabei unterscheiden sich Definition und Verwendung kaum. Auf diese Weise können innerhalb eines Themes diverse Definitionen für die gleiche Klasse von Steuerelementen untergebracht werden.

16 AJAX – Asynchrone Programmierung

AJAX (Asynchronous JavaScript and XML) ist eine Technologie zum Abruf von Daten aus einer Webseite heraus, ohne die Seite komplett neu zu laden. Die gesamte zugrundeliegende Technik ist bereits seit langer Zeit im Browser integriert, allerdings schlummerte sie lange ohne Beachtung, weil erst komplexe Webseiten den „Nachladebedarf" steigen ließen und zugleich durch leistungsfähige Frameworks die Programmierung normalen Applikationsentwicklern zugänglich wurde.

Microsoft hat unter dem Codenamen „Atlas" frühzeitig eine an ASP.NET angepasste Bibliothek entwickelt, die später in „ASP.NET AJAX" offiziell wurde und seit der Version 3.5 fester Bestandteil von ASP.NET ist. Mit ASP.NET 4 wurden einige vormals als nachladbarer Code ausgeführte Module Teil der Distribution.

In diesem Kapitel finden Sie Informationen über:

- Das Web 2.0 und die herausragende Bedeutung von AJAX
- Die technologischen Grundlagen von AJAX
- Das Konzept der Implementierung innerhalb von ASP.NET
- Alternative AJAX-Bibliotheken ohne das AJAX von ASP.NET, jedoch innerhalb von ASP.NET-Seiten
- Spezielle Hinweise zur Anwendung in eigenen Applikationen

Dieses Kapitel kann und soll dagegen nicht die offizielle Dokumentation ersetzen, sondern stellt AJAX mehr von der konzeptionellen Seite dar.

16.1 Applikationen für das Web 2.0

ASP.NET 4 ist ein modernes und leistungsfähiges System zur Programmierung von Webseiten. Die Technologie ist dabei letztendlich unabhängig von den verwendeten Entwicklungswerkzeugen, wie Visual Studio 2010 oder den Möglichkeiten der IIS. Vielmehr dreht sich alles um die Erstellung von Webseiten mit HTML, CSS und

16 AJAX – Asynchrone Programmierung

JavaScript. Damit sind bestimmte Einschränkungen verbunden, die der Grund für die Nachteile einer Webumgebung sind.

Seit einiger Zeit gibt es den Begriff Web 2.0 und damit verbunden die Möglichkeit, komplexe Applikationen im Stile von Windows-Anwendungsprogrammen zu schreiben, die im Browser laufen und sich ausschließlich auf serverseitige Dienste stützen.

AJAX – Begriff

AJAX (Asynchronous JavaScript and XML) ist neu für die Entwicklung von Webseiten und Webanwendungen. Ajax ist eine der Kerntechnologien des „Web 2.0". Dazu gehört jedoch auch RSS – das Austauschen von Nachrichten über Feeds – sowie darauf basierende Anwendungen, wie Weblogs (Blogs) und ähnliches. Auf diese Möglichkeiten soll in diesem Buch nur am Rand eingegangen werden, denn jede Technik für sich – ausführlich erläutert – kann ganze Bücher füllen.

> **HINWEIS** Wir verwenden in diesem Buch die Schreibweise AJAX (Großbuchstaben), wenn von Microsofts Implementierung innerhalb von ASP.NET die Rede ist. Dagegen schreiben wir „Ajax", wenn die Technologie im allgemeinen Sinne behandelt wird.

Aus Atlas wird AJAX

Im Fokus der (Web)Entwickler steht AJAX, weshalb hier eine Einführung in die von Microsoft vorgestellte Implementierung im Vordergrundstehen soll. Die erste Implementierung aus dem Hause Microsoft hieß bis zur Version 1.0 „Atlas", wurde dann aber auf AJAX umbenannt, um nicht allzu viel Verwirrung unter den Entwicklern auszulösen. Jedoch führt genau diese Namensänderung zu noch mehr Verwirrung. So ist nicht immer klar, ob von dem Framework oder der Technologie AJAX gesprochen wird.

Web 2.0

Mit dem sogenannten Web 2.0 wird das Internet als Ganzes und das Web als wichtigster Teil davon zur nächsten Stufe einer langen Evolution führen. Die Kombination aus stabilen, anerkannten Standards, besserem Verständnis des Gesamtsystems und seiner Zusammenhänge und Abhängigkeiten, verbunden mit einer Vision des Ganzen, führt zu mehr als der Summe aller Teile. Das Web 2.0 verspricht Anwendungen, die die typischen Nachteile klassischer Programme vermeiden, ohne sich dabei die Nachteile von Webanwendungen einzuhandeln. So wird einerseits eine reiche Benutzerschnittstelle geliefert, die sich fast beliebig ausgestalten und erweitern lässt, andererseits aber ohne Installation und Verwaltungsaufwand per Webserver verteilen lässt. Die Daten liegen in sicheren Umgebungen auf einem Server und die Zusammenarbeit im Netz kann praktisch jede Grenze überschreiten. Statt lokalem Netz heißt es nun globales Netz.

Ajax – Technologie und Programmierstil zugleich

Ajax ist inzwischen weit mehr als nur eine Technologie, die sich in einem Akronym manifestiert. Es ist ein Wort – ein Begriff für eine bestimmte Art Webapplikationen zu schreiben. Ajax ist auch deshalb so wertvoll für die Webanwendungsentwicklung, weil es den Webdiensten (Web Services) neues Leben einhaucht. Während Webdienste bisher der reinen Server-Server-Kommunikation gewidmet waren, ein wenig abstrakt und akademisch erscheinen, ist Ajax eine handhabbare, im alltäglichen Einsatz sinnvolle und anwendbare Technologie. Sie nutzt dabei, neben JavaScript, auch Webdienste. Es ist also letztlich überhaupt nichts neues dabei, lediglich eine geschickte Kombination bekannter Standards und Technologien, verbunden mit neuen Bibliotheken, die den Einsatz so weit vereinfachen, und somit auch dem weniger erfahrenen Webentwickler entgegenkommen. Mit Ajax ist es relativ leicht, Webanwendungen zu schreiben die in ihrer Gestaltung und Ihrem Funktionsumfang den Desktopanwendungen in nichts nachstehen. Wie genau dies zu bewerkstelligen ist, wird in den folgenden Abschnitten Schritt für Schritt aufgezeigt.

16.2 Herkunft und Natur der Ajax-Technologie

Es ist schwer, Ajax in einem Satz zu beschreiben. Aus diesem Grund soll zunächst etwas über die Herkunft des Namens und ein paar Ausführungen zum Hintergrund des Web 2.0 am Anfang stehen. Ajax kann aus folgenden Blickwinkeln betrachtet werden:

- als eine Menge von (bekannten) Technologien
- als (Software-)Architektur

Der Name stammt von den eingesetzten Technologien ab, asynchroner Zugriff auf Webdienste mittels JavaScript auf der einen und XML auf der anderen Seite. Zwischen Browser und Server wird ein asynchroner Kommunikationskanal aufgebaut. Eingesetzt wird im Browser dazu die Programmiersprache JavaScript, übertragen werden die Daten (meist) als XML-Pakete.

In der Praxis kommen dann noch folgende Aspekte dazu:

- Die Repräsentation der Daten auf der Seite muss den Standards XHTML und CSS folgen
- Die dynamische Änderung des Seiteninhalts verwendet das Objektmodel (DOM) des Browsers
- Datenaustausch und Manipulation nutzt XML und XSLT
- Der synchrone Datenaustausch nutzt die Objekte XMLHttpRequest bzw. XMLHTTP (Microsoft)
- JavaScript ist die Sprache, mit der alles zusammengeführt wird

Bereits eine dieser Anforderungen kann im praktischen Einsatz schnell zu einer gewaltigen Hürde werden. Alle diese Anforderungen zusammen können einen Webentwickler schnell mal eine ganze Weile beschäftigen. Aber keine Angst, all diese Aufgaben werden von dem Ajax-Framework übernommen. Dieses besteht je nach Implementierung aus einer oder mehreren Bibliotheken, welche die oben genannten Aufgaben übernehmen.

Einige Bibliotheken gehen sogar weiter als ursprünglich vorgesehen. So wird die Komplexität von XMLHTTP fast komplett gekapselt, der Zugriff auf das Objektmodell (DOM) durch direkte Seitenzugriffe ergänzt und nicht formale Datentransportwege ohne XML angeboten.

XMLHTTP

16.2.1 Die Architektur von Ajax

Um den Einstieg in die neue Architektur mit Ajax zu erleichtern und mögliche Gemeinsamkeiten und Unterschiede leichter aufzeigen zu können, soll zunächst erst einmal die „alte" Webseiten-Architektur ohne Ajax dargestellt werden:

1. Eine Seite für jeden grundlegenden Geschäftsvorfall der Applikation:
   a. Produkte anzeigen
   b. Kaufoptionen anbieten
   c. Warenkorb
   d. Adresseingabe
2. Jeder Vorgang liefert eine vollständige Seite mit allen Informationen vom Server an den Browser
3. Der Browser erstellt, zeichnet und zeigt die Seite jedes Mal komplett neu

Dies ist der übliche Weg und niemand hätte vor Ajax eine andere Möglichkeit der Erstellung von reinen Webapplikationen gesehen. Dies liegt darin begründet, weil das Web als eine statisch verlinkte Menge von Dokumenten – verbunden durch Hyperlinks – begonnen hat. „Dokument → Link → Lieferung" ist der Ablauf. Interaktivität, ständige Verfügbarkeit von immer wieder wechselnden Daten oder gar ganze Applikationen waren anfangs nicht im Fokus der Erfinder und entsprechend schwach war die Unterstützung für derartige Dinge. Erst mit CGI, ASP und ASP.NET konnten Seiten dynamisch erstellt werden. Jedoch werden auch bei diesen Technologien immer komplette Seiten ausgeliefert und die komplette Seite immer wieder neu aufgebaut und gezeichnet. Das kostet nicht nur Übertragungszeit, sondern auch mehr Aufwand beim Darstellen im Browser.

Denken Sie einen Moment lang an eine ganz normale Windows-Anwendung. Was würden Sie denken, wenn Sie in Microsoft Word eine Funktion benutzen, beispielsweise ein Wort fett schreiben, und dies nach folgendem Schema abläuft: Nach Auswahl des Befehls wird die gesamte Applikation beendet und nach einer entsprechenden Bearbeitungszeit neu gestartet, um das Wort korrekt (fett) darzustellen und die Änderung zu speichern. Unmöglich? Webanwendungen ohne Ajax funktionieren genauso. Dass es überhaupt akzeptabel ist, liegt daran, dass Webanwendungen eigentlich unglaublich primitiv sind.

Ajax ist nicht neu, sondern es gibt uns ein neues Verständnis über die Implementierung von Webapplikationen. Die wichtigen Teile der Architektur sind:

- Weniger serverseitige Ereignisse
- Asynchroner Datenzugriff
- Reaktion auf alle Benutzerereignisse

16.2.2 Ajax ohne Verwendung eines Frameworks

Nach den vorherigen theoretischen Einführungen soll der folgende Abschnitt einen kurzen Überblick geben, wie Ajax auch ohne Verwendung eines entsprechenden Rahmenwerks zum Einsatz kommen kann. Diese Erläuterungen sollen vor allem helfen, die Technologie und ihre Funktionsweise im Inneren besser kennen zu lernen.

Einführung

Das Herzstück für die Kommunikation mit dem Server ist eine Funktion im Browser, welche es ermöglicht, asynchron eine Anforderung an den Server zu senden und die Antwort zu erhalten. Da Ajax erst seit einiger Zeit verwendet wird und die

16.2 Herkunft und Natur der Ajax-Technologie

meisten Browser bereits auf dem Markt waren, als diese Technologie breit eingesetzt wurde, haben sich zwei unterschiedliche Objekte (je nach Browser) mit unterschiedlichen Funktionsnamen, aber gleicher Funktionalität, etabliert. Neuere Browser verwenden das eingebaute Objekt XMLHttpRequest, alle älteren Internet Explorer (Version 6 und älter) verwenden ein nachträglich hinzugefügtes ActiveX-Objekt mit dem Namen Msxml2.XMLHTTP.

Um in der Praxis möglichst kompatibel zu bleiben, hilft ein kleines Stück JavaScript-Code bei der Auswahl der richtigen Funktion:

Listing 16.1 AJAX ohne Hilfsfunktionen eines Frameworks in der Datei Utils.js

```
function LoadUrl(urlToLoad)
{
  var xmlHttp = null;
  var response = "";
  // Mozilla, Opera, Safari sowie Internet Explorer 7/8
  if (typeof XMLHttpRequest != 'undefined')
  {
    xmlHttp = new XMLHttpRequest();
  }
  if (!xmlHttp)
  {
    // Internet Explorer 6 und älter
    try
    {
      xmlHttp = new ActiveXObject("Msxml2.XMLHTTP");
    }
    catch (e)
    {
      try
      {
        xmlHttp = new ActiveXObject("Microsoft.XMLHTTP");
      } catch (e) {
        xmlHttp = null;
      }
    }
  }
  if (xmlHttp)
  {
    xmlHttp.open('GET', urlToLoad, false);
    xmlHttp.onreadystatechange = function()
    {
      if (xmlHttp.readyState == 4) {
        response = xmlHttp.responseText;
      }
    };
    xmlHttp.send(null);
  }
  return response;
}
```

Diese kleine und doch wirkungsvolle Funktion bietet die Möglichkeit, mit Hilfe von JavaScript eine Ressource nachzuladen und zu ändern, ohne die ganze HTML-Seite neu laden zu müssen.

Listing 16.2 AJAX ohne Framework in der Datei Default.aspx

```
<%@ Page Language="C#" %>
<!DOCTYPE html PUBLIC "-//W3C//DTD XHTML 1.0 Transitional//EN"
 "http://www.w3.org/TR/xhtml1/DTD/xhtml1-transitional.dtd">
```

16 AJAX – Asynchrone Programmierung

```html
<html xmlns="http://www.w3.org/1999/xhtml">
<head runat="server">
  <link href="style.css" rel="stylesheet" type="text/css" />
  <script src="utils.js" type="text/javascript"></script>

  <script type='text/javascript'>
    function exec(cmd) {
      document.getElementById('statePane').innerHTML = ↵
          LoadUrl('state.aspx?cmd=' + cmd);
    }
  </script>

  <title>AJAX without Framework</title>
</head>
<body OnLoad="javascript:exec('off');"> ❶
    <div id='statePane'> ❷
    <center><br>
    <input type='button' OnClick="javascript:exec('on');"↵
      value="Start"></center>
    </div>
    <br>
  </body>
</html>
```

Diese kleine Webseite verfügt über eine Region (`div`, ❷), welche den Status eines Schalters anzeigen kann. Nach dem Laden im Browser wird die Funktion `exec` mit dem Parameter `on` aufgerufen ❶. Das Ergebnis wird in der entsprechenden Region auf der Seite eingefügt. So wird der simulierte Schalter auf „On" gesetzt.

Listing 16.3 AJAX ohne Framework in der Datei State.aspx

```
<%@ Page Language="C#" %>
<table border="1" style="border-color:Black;"><tr>↵
  <td class="<%=Request["cmd"]%>" onclick="javascript:exec('↵
    <%= (Request["cmd"]=="on") ? "off" : "on" %>')">
    <%=Request["cmd"]%></td></tr></table>
```

Die Datei *State.aspx* gibt nur eine Tabelle zurück, welche die Schaltfläche simuliert. In dem Beispiel wird kein weiterer Programmcode ausgeführt, wenn die Schaltfläche gedrückt wurde.

Wird die (simulierte) Schaltfläche angeklickt, erfolgt der Aufruf des Webservers im Hintergrund, ohne dass die Seite neu geladen wird. Der Benutzer hat den Eindruck, dass die Anwendung auf seinem lokalen Rechner laufen würde, obwohl es eine Webanwendung ist.

Bei einem einfachen Beispiel ist es kein Problem, die erforderliche Funktionalität selbst zu programmieren, bei komplexeren Anwendungen wird es jedoch schnell aufwändig und unübersichtlich, alles selbst zu entwickeln. Aus diesem Grund gibt es diverse Frameworks. Im Folgenden soll das Ajax-Framework von Microsoft vorgestellt werden, das bereits fest in ASP.NET 4 integriert ist.

16.3 AJAX – Microsofts Ajax-Implementierung

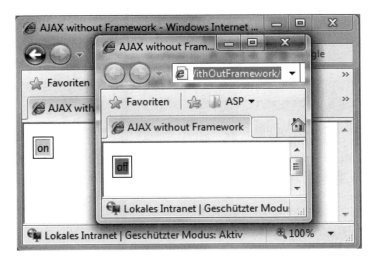

Abbildung 16.1 Ajax in Aktion

16.3 AJAX – Microsofts Ajax-Implementierung

Microsofts Ajax-Implementierung in ASP.NET 4 ist bereits seit Version 3.5 fester Bestandteil von ASP.NET und wird sowohl innerhalb der Seiten als auch in Visual Studio gut unterstützt. Sie basiert auf einigen wenigen sehr leistungsfähigen Steuerelementen, die für die nötigen Skriptbibliotheken sorgen.

16.3.1 Der ScriptManager

Das `ScriptManager`-Steuerelement ist das zentrale Element einer AJAX-Anwendung. Es steuert die Erzeugung des passenden clientseitigen JavaScript-Codes. Dazu gehört die teilweise Aktualisierung einer Seite und das Erkennen von Ereignissen, die eine solche Aktualisierung erfordern. Dieses Steuerelement unterstützt dabei sowohl den Entwickler kompletter Seiten, als auch Programmierer von Steuerelementen. Ohne ein `ScriptManager` kann das AJAX -Framework von ASP.NET nicht verwendet werden.

Im einfachsten Fall sieht das Steuerelement auf der Seite folgendermaßen aus:

Listing 16.4 Verwendung des ScriptManager-Steuerelements

```
<asp:ScriptManager runat="server" />
```

Dazu gehört noch der clientseitige Teil, der über Webressourcen nachgeladen wird.

Anwendung zur Laufzeit

Wenn nur minimale Änderungen an der Seite erforderlich sind, quasi eine „minimalistische" Version benötigt wird, kann auch eine reduzierte Form zum Einsatz kommen. Sie müssen hier mehr selbst programmieren, können aber auch mit weni-

EnableScript-Components

ger Aufwand kleinere Effekte erzielen. Die Standardkomponenten müssen dann abgeschaltet werden, wozu das Attribut `EnableScriptComponents` dient:

```
<asp:ScriptManager runat="server" id="scriptManager"
                   EnableScriptComponents="false" />
```

16.3.2 AJAX debuggen

Die Skripte, die der Skriptmanager verwendet, liegen in zwei Versionen für die Release- und die Debug-Version vor. Die Debug-Version ist besser lesbar und führt zu klareren Fehlermeldungen und Fehlerpositionsangaben, während die Release-Version kompakter ist.

In der Datei *web.config* kann die entsprechende Version gewählt werden, indem das Projekt im entsprechenden Modus gestartet wird:

```
<system.web>
   <compilation debug="true" />
</system.web>
```

16.3.3 Skript-Referenzen hinzufügen

Um weitere JavaScript-Codes mit dem `ScriptManager` zu verbinden, kann folgendes Beispiel als Orientierung dienen:

```
<asp:ScriptManager runat="server" id="scriptManager">
  <Scripts>
    <asp:ScriptReference ScriptName="AjaxTest" />
    <asp:ScriptReference Path="Foo.js" Browser="Firefox" />
    <asp:ScriptReference Path="WetterControl.js" />
  </Scripts>
</asp:ScriptManager>
```

Ebenso einfach ist die Bereitstellung von Webdiensten, die vom Client aus direkt benutzt werden sollen. Dies wird im nächsten Abschnitt gezeigt.

16.3.4 Referenzen zu Webdiensten hinzufügen

Der `ScriptManager` unterstützt das Einbinden von Webdiensten. Ein vorhandener Webdienst wird als `ServiceReference` in dem `Services`-Tag hinzugefügt.

Das folgende Beispiel zeigt, wie ein Webdienst referenziert werden kann:

```
<asp:ScriptManager runat="server" id="scriptManager">
  <Services>
    <asp:ServiceReference Path="MyCalculator.asmx" />
  </Services>
</asp:ScriptManager>
```

Im Beispiel wird der Dienst wie folgt mit einer `Add`-Methode implementiert:

```
using System.Web.Services;

namespace WebServiceWithAJAXClient
{
    [WebService(Namespace = "http://tempuri.org/")]
    [WebServiceBinding(ConformsTo = WsiProfiles.BasicProfile1_1)]
    [System.ComponentModel.ToolboxItem(false)]
```

```
[System.Web.Script.Services.ScriptService]
public class MyCalculater : System.Web.Services.WebService
{

  [WebMethod]
  public int Add(int a, int b){
    return a + b;
  }
}
```

Der Zugriff auf den Dienst erfolgt, indem eine Instanz der entsprechenden Klasse, im Beispiel `MyCalculator` angelegt und verwendet wird.

```
<%= (new MyCalculater()).Add(5, 9) %>
```

16.3.5 Umgang mit Master-Seiten

Im Zusammenhang mit Master-Seiten gibt es einige Besonderheiten zu beachten. Es ist durchaus sinnvoll, das `ScriptManager`-Steuerelement auf der Master-Seite zu platzieren. Es ist grundsätzlich nur ein `ScriptManager` pro Seite erlaubt, und die Unterbringung auf der Master-Seite stellt dies sicher. Um nun auf den Inhaltsbereichen der Seiten Zugriff auf den zentral platzierten `ScriptManager` zu erhalten, gibt es einen `ScriptManagerProxy`:

```
<asp:Content ...>
<asp:ScriptManagerProxy runat="server" id="scriptManagerProxy">
  ...
</atlas:ScriptManagerProxy>
</asp:Content>
```

Auf einer Seite können nun weitere Referenzen hinzugefügt werden, wobei der innere Aufbau des Proxy weitgehend dem des `ScriptManager`-Steuerelements entspricht.

16.3.6 Das UpdatePanel-Steuerelement

Mit Hilfe des Steuerelementes `UpdatePanel` ist es möglich, Webanwendungen zu entwickeln, die dem Verhalten einer Desktopanwendung nahe kommen. Das `UpdatePanel` ermöglicht es dem Webentwickler, Teile der Webseite asynchron im Hintergrund zu verarbeiten, ohne dass die gesamte Seite neu geladen werden muss.

UpdatePanel

16 AJAX – Asynchrone Programmierung

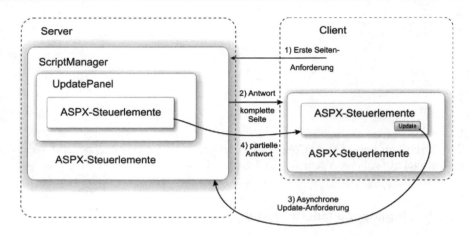

Abbildung 16.2 Funktionsprinzip des UpdatePanel-Steuerelements

Im einfachsten Fall werden die Steuerelemente, welche gemeinsam aktualisiert werden sollen in einem `UpdatePanel` innerhalb des `ContentTemplate`-Elements untergebracht. Im Beispiel ist ein `Button` im `UpdatePanel`.

```
<asp:UpdatePanel runat="server" >
  <ContentTemplate>
    <asp:Button runat="server" ID="MyButton"
        OnClick="MyButton_Click" Text="Klick mich" />
  </ContentTemplate>
</asp:UpdatePanel>
```

Wird der `Button` angeklickt, löst dieser das Ereignis `Click` aus, welches eine Neuanforderung der Seite zur Folge hätte. Das `UpdatePanel` hat jedoch mit Hilfe des `ScriptManager` entsprechenden Java-Script-Code in die Webseite integriert, welche nicht die gesamte Seite neu lädt, sondern nur den Bereich innerhalb des `UpdatePanel` neu anfordert.

UpdateMode — Mit Hilfe der Eigenschaft `UpdateMode` kann festgelegt werden, ob die Steuerelemente innerhalb des `UpdatePanels` immer (`UpdateMode="Always"`) aktualisiert werden, wenn ein Steuerelement innerhalb oder außerhalb des `UpdatePanels` ein Ereignis erzeugt. Alternativ kann eine Aktualisierung nur dann erfolgen, wenn ein entsprechender Trigger gesetzt wurde (`UpdateMode="Conditional"`).

Im Standardfall sind alle untergeordneten Steuerelemente als Trigger aktiviert, dies kann jedoch explizit mit der Eigenschaft `ChildrenAsTrigger` deaktiviert werden.

Trigger können auch Steuerelemente außerhalb dieses oder anderer `UpdatePanel`-Steuerelemente auf der Seite sein. Listing 16.5 zeigt, wie dies aussehen kann.

Listing 16.5 Verwendung des UpdatePanel-Steuerelements

```
<asp:UpdatePanel runat="server" ↵
                UpdateMode="Conditional" ↵
                ChildrenAsTrigger="false">
    <ContentTemplate>
      ...
    </ContentTemplate>
    <Triggers>
```

```
        <asp:AsyncPostBackTrigger ControlID="MyOtherButton"
                            EventName="Click" />
    </Triggers>
</asp:UpdatePanel>
```

16.3.7 Das UpdateProgress-Steuerelement

Mitunter können Aktionen auch schon mal etwas länger dauern. Um dem Benutzer eine Rückmeldung über die Ereignisse auf dem Server zu geben, gibt es das `UpdateProgress`-Steuerelement.

UpdateProgress

Im einfachsten Fall wird dieses Steuerelement auf der Seite eingefügt, wo die Update-Meldung erscheinen soll. Es reagiert dann selbstständig auf alle Updates aller auf der Seite befindlichen `UpdatePanel`-Steuerelemente.

Listing 16.6 Verwendung des UpdateProgress Steuerelementes (Ausschnitt)

```
<asp:ScriptManager ID="ScriptManager1" runat="server" />
  <asp:UpdatePanel ID="UpdatePanel1" UpdateMode="Conditional"
                runat="server">
    <ContentTemplate>
       <%=DateTime.Now.ToString() %>
       <br />
       <asp:Button ID="Button1" runat="server" Text="Aktualisieren"
                OnClick="Button_Click" />
    </ContentTemplate>
  </asp:UpdatePanel>
  <asp:UpdateProgress ID="UpdateProgress1" runat="server">
    <ProgressTemplate>
        Aktualisierung in Arbeit ...
    </ProgressTemplate>
  </asp:UpdateProgress>
</asp:ScriptManager>
```

Abbildung 16.3 UpdateProgress in Aktion

16 AJAX – Asynchrone Programmierung

Associated-UpdatePanelID
Mit Hilfe der Eigenschaft `AssociatedUpdatePanelID` lässt sich festlegen, für welches `UpdatePanel` die Fortschrittsanzeige eingeblendet werden soll. Auf diese Weise können mehrere Regionen einer Webseite ihren Fortschritt unabhängig anzeigen.

```
<asp:UpdateProgress ID="UpdateProgress2" ↵
                    AssociatedUpdatePanelID="UpdatePanel2"
                    runat="server">
    <ProgressTemplate>
      UpdatePanel2 updating...
    </ProgressTemplate>
</asp:UpdateProgress>
```

`UpdateProgress`-Steuerelemente können überall dort auf einer Webseite untergebracht werden, wo der Fortschritt eines `UpdatePanel` angezeigt werden soll. Es ist möglich, das `UpdateProgress`-Steuerelement innerhalb des `UpdatePanel` zu platzieren. Die Anzeige des innerhalb des `ProgressTemplate` befindlichen Abschnittes (`div`) erfolgt immer dann, wenn das jeweilige zugeordnete `UpdatePanel` eine asynchrone Anforderung durchführt.

> **TIPP**
> Im Web wird oft ein Design verwendet, welches die Steuerelemente im Hintergrund halbtransparent abdeckt und einen animierten Fortschrittsbalken im Vordergrund darstellt. Dieses Design kann wie nachfolgend beschrieben unter Verwendung eines animierten GIF-Bilds erzeugt werden.

Listing 16.7 Transparenter Wartebildschirm (UpdateProgress2.aspx)

```
<%@ Page Language="C#" %>
<!DOCTYPE html PUBLIC "-//W3C//DTD XHTML 1.0 Transitional//EN"
"http://www.w3.org/TR/xhtml1/DTD/xhtml1-transitional.dtd">
 <script runat="server">
      protected void simulateButton_Click(object sender, EventArgs e) {
         System.Threading.Thread.Sleep(5000);
      }
</script>

<html xmlns="http://www.w3.org/1999/xhtml">
<head runat="server">
  <title></title>
 <style type="text/css" >
.TransparentBackground  ❶
{
        position: fixed;
        top: 0;
        left: 0;

        background-color:Yellow;
        filter:alpha(opacity=70);
        opacity:0.7;

        height: 100%;
        width: 100%;
        min-height: 100%;
        min-width: 100%
}
.PageUpdateProgress
{
        color:#000000;
        width: 150px;
```

16.3 AJAX – Microsofts Ajax-Implementierung

```
          text-align: center;
          vertical-align: middle;
          position: fixed;
          bottom: 50%;
          left: 45%;
      }
    </style>
  </head>
  <body>
    <form id="form1" runat="server">
    <div>
      <asp:ScriptManager ID="siteScriptManager" runat="server" />
      <div>
        <a href="Default.aspx">&lt;&lt;Zurück</a>
        <br />
        <br />
        <asp:UpdatePanel ID="siteUpdatePanel" runat="server">
          <ContentTemplate>
            <asp:Button ID="simulateButton" runat="server"
              OnClick="simulateButton_Click" Text="Simuliere 5 Sekunden" />
            <br />
            <asp:UpdateProgress ID="siteUpdateProgress" runat="server">
              <ProgressTemplate>
                <div class="TransparentBackground">
                </div>
                <div class="PageUpdateProgress">
                  <asp:Image ID="ajaxLoadNotificationImage" ❷
                    runat="server" ImageUrl="~/images/progress_bar.gif"
                    AlternateText="[image]" />
                   Bitte warten Sie ...
                </div>
              </ProgressTemplate>
            </asp:UpdateProgress>
          </ContentTemplate>
        </asp:UpdatePanel>
      </div>
    </form>
  </body>
</html>
```

Mit der Hilfe einer CSS-Klasse wird der Hintergrund transparent gemacht und auf den gesamten Client-Bereich des Explorers erweitert ❶. Mit einer weiteren CSS-Klasse wird der Vordergrund vorbereitet, welcher in der Mitte des Bildschirms einen Text und ein animiertes GIF-Bild anzeigt ❷. Da die Regionen (div) der HTML-Seite nur dann gerendert werden, wenn das UpdateProgress-Steuerelement aktiv ist, wird auch nur dann der transparente, gelbe Hintergrund mit dem Text und Bild im Vordergrund angezeigt.

Abbildung 16.4 Transparenter „Warte"-Bildschirm

16.3.8 Das Timer-Steuerelement

Timer

Das Timer-Steuerelement dient dem regelmäßigen Laden einer Webseite oder der Region einer Webseite im Zusammenspiel mit dem UpdatePanel-Steuerelement.

Das Timer-Steuerelement kann ein UpdatePanel sowohl von innerhalb als auch von außerhalb steuern. Befindet sich das Timer-Steuerelement innerhalb des UpdatePanel ist es nicht explizit erforderlich, einen Trigger zu setzen.

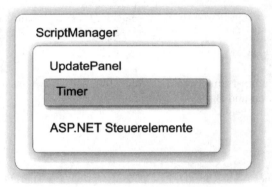

Abbildung 16.5 Positionierung des Timer-Steuerelements

Im Beispiel soll ein Label die Zeit anzeigen, wann die letzte Aktualisierung erfolgt ist. Ein Timer soll jeweils nach zehn Sekunden dieses Label aktualisieren.

Listing 16.8 AJAX-Timer Beispiel (Ausschnitt)

```
<script runat="server">
  protected void Timer1_OnTick(object sender, EventArgs e) {
    Label1.Text = DateTime.Now.ToString();
  }
</script>

<html xmlns="http://www.w3.org/1999/xhtml">
<head runat="server">
    <title></title>

</head>
```

```
<body>
    <form id="form1" runat="server">
    <div>
    <asp:ScriptManager runat="server" />
    <asp:UpdatePanel runat="server" >
    <ContentTemplate>
    <asp:Timer ID="Timer1" Interval="10000" runat="server"
        OnTick="Timer1_OnTick" />
    <asp:Label ID="Label1" runat="server" />
    </ContentTemplate>
    </asp:UpdatePanel>
    </div>
    </form>
</body>
</html>
```

16.4 Die AJAX-Client-Bibliothek

Die AJAX-Bibliothek enthält ein Framework, um die Client-Programmierung zu vereinfachen. Sie umfasst folgende Namenräume:

- `Global`

  Umfasst Mitglieder und Typen zur Erweiterung von JavaScript[25]-Basisobjekten und bietet Mitglieder, die .NET-Programmierern vertrauter sind. Enthält Erweiterungen für die JavaScript-Typen `Array`, `Boolean`, `Error`, `Number`, `Object` und `String`.

- `Sys`

  Stellt den Stamm-Namensraum für die Microsoft AJAX dar, der alle grundlegenden Klassen und Basisklassen enthält.

- `Sys.Net`

  Enthält Typen für die Kommunikation zwischen AJAX-Clientanwendungen und Webdiensten auf dem Server.

- `Sys.Serialization`

  Enthält Typen für die Serialisierung von Daten für AJAX-Clientanwendungen.

- `Sys.Services`

  Enthält Typen, die den Clientskriptzugriff auf den Authentifizierungsdienst, Profildienst und andere Anwendungsdienste von ASP.NET ermöglichen.

- `Sys.UI`

  Enthält Typen für die Benutzeroberfläche, wie beispielsweise Steuerelemente, Ereignisse und Benutzeroberflächen-Eigenschaften in der Microsoft AJAX.

Namespaces

---

[25] Offiziell als ECMAScript bezeichnet. Wir verwenden hier durchgehend den gängigeren Begriff JavaScript und meinen damit sowohl JavaScript als auch den Standard ECMAScript.

- `Sys.WebForms`

Enthält Typen für das Teilrendering von Seiten mit AJAX-Techniken.

Für eine ausführliche Beschreibung sei an dieser Stelle auf die offizielle Dokumentation verwiesen:

→ MSDN

- *http://msdn.microsoft.com/de-de/library/bb397536.aspx*

Die nachfolgenden Abschnitte enthalten einige grundlegende Tipps und Tricks zum Umgang mit der Clientbibliothek und nicht triviale Einsatzbeispiele, um ein Gefühl für die dahinterliegenden Konzepte zu entwickeln.

16.4.1 Umgang mit der Client-Bibliothek

Die Client-Bibliothek dient vor allem dazu, die rein auf JavaScript basierende Programmierung zu vereinfachen. Die Funktionen sind fest in ASP.NET integriert, sodass das Zusammenspiel mit ASP.NET-Diensten und Steuerelementen gewährleistet ist. Den Preis für den Komfort zahlt man mit etwas größeren Bibliotheken. Alternative Angebote anderer Hersteller sind teilweise schlanker.

Wann Sie die Client-Bibliothek verwenden sollten

Der Einsatz der Client-Bibliothek ist sinnvoll, wenn die folgenden Bedingungen ganz oder teilweise zutreffend sind:

- Sie möchten in JavaScript objektorientiert programmieren
- Sie benötigen Reflection, um die Struktur von Objekten zu untersuchen
- Sie benötigen Aufzählungen (Enum) in JavaScript
- Sie möchten eigene Typen in JavaScript programmieren
- Sie möchten debuggen und tracen

Skripte richtig einbinden

Normalerweise schreiben Sie Skripte direkt in die Seite oder verwenden eine Anweisung wie die Folgende, wenn das Skript in einer eigenen Datei ist:

```
<script type="text/javascript" src="JoergsScript.js"></script>
```

Dieses Skript nimmt dann aber nicht an den Möglichkeiten des partiellen Renderns der Seite teil. Deshalb ist folgende Vorgehensweise nötig:

```
<asp:ScriptManager ID="SMgr" runat="server">
  <Scripts>
    <asp:ScriptReference path="JoergsScript.js" />
  </Scripts>
</asp:ScriptManager>
```

Damit das Skript unter diesen Umständen auch funktioniert, muss die Methode `Sys.Application.notifyScriptLoaded` am Ende der Datei aufgerufen werden. Dies zeigt an, dass das Skript vollständig geladen wurde:

```
if (typeof(Sys) !== 'undefined') Sys.Application.notifyScriptLoaded();
```

16.4 Die AJAX-Client-Bibliothek

Elegant ist die Möglichkeit, JavaScript als Ressource einzubetten. Das ist kein Sicherheitsmerkmal, die Skripte lassen sich dennoch leicht extrahieren. Aber die Verwaltung und Verteilung wird einfacher.

Ressourcen

```
<asp:ScriptManager ID="SMgr" runat="server">
  <Scripts>
    <asp:ScriptReference
        Name="MeinScript.js" Assembly="Hanser.JS.MeineAssembly"/>
  </Scripts>
</asp:ScriptManager>
```

Der Name `Hanser.JS.MeineAssembly` ist hier der Name der Assembly, die die Ressource mit dem Namen „MeinScript.js" enthält. Der Namensteil „.dll" wird nicht angegeben.

Des Weiteren kann das Skript mit der Methode `RegisterClientScriptBlock` in der Seite registriert werden. Es muss als Zeichenkette vorliegen. Um Skripte zu registrieren, die keine Beziehung zur Client-Bibliothek haben, verwenden Sie besser die Methode `RegisterClientScriptInclude`. Diese Methode unterstützt keine Lokalisierung.

RegisterClient-ScriptBlock

Alle Skripte, die Sie mit AJAX verwenden möchten, müssen innerhalb eines `<form>`-tags stehen. Andernfalls schlägt die Initialisierung fehl.

16.4.2 Das Typsystem

Die Client-Bibliothek verfügt über ein eigenes Typsystem und Erweiterungen der JavaScript-Objekte. Häufig benutzte objektorientierte JavaScript-Funktionen werden so besser unterstützt. Außerdem wird die Kompatibilität zur serverseitigen .NET-Welt sichergestellt. Folgendes steht zur Verfügung:

- Klassen
- Namensräume
- Vererbung
- Schnittstellen
- Aufzählungen (Enumerations)
- Reflection

Des Weiteren gibt es Hilfsfunktionen für Zeichenketten und Arrays.

Klassen und Namensräume

Die Bibliothek verfügt über Basisklassen und Objekte, die benutzt werden, um eigene Typen zu erzeugen. Zusammen entsteht so eine objektorientierte Welt, wie sie JavaScript von Hause aus nicht bietet.

Für die Definition von Klassen, Namensräumen und der Vererbungstechnik wird die Klasse `Type` benutzt. Durch die Registrierung erben alle selbst erstellten Objekte diese Basisfunktionen. Das folgende Beispiel zeigt die Verwendung:

16 AJAX – Asynchrone Programmierung

Listing 16.9 Registrierung eines privaten Typs

```
Type.registerNamespace("Demo"); ❶

❷Demo.Person = function(firstName, lastName, emailAddress) {
    this._firstName = firstName;
    this._lastName = lastName;
    this._emailAddress = emailAddress;
}

Demo.Person.prototype = {
    getFirstName: function() {
        return this._firstName;
    },

    getLastName: function() {
        return this._lastName;
    },

    getName: function() {
        return this._firstName + ' ' + this._lastName;
    },

    dispose: function() {
        alert('bye ' + this.getName());
    }
}
Demo.Person.registerClass('Demo.Person', null, Sys.IDisposable); ❸

if (typeof(Sys) !== 'undefined') ❹
    Sys.Application.notifyScriptLoaded();
```

Zuerst wird ein Namensraum *Demo* deklariert ❶, dann der Typ *Person* ❷. Es folgt die Definition über die `prototype`-Technik. Zuletzt wird die Klasse mit vollständigem Namen registriert ❸. Sie kann dann verwendet werden. Am Ende wird der Bibliothek mitgeteilt, dass das Skript fertig geladen wurde ❹.

Klassen haben wie in C# vier Arten von Mitgliedern: Felder, Eigenschaften, Methoden und Ereignisse. Felder werden direkt benutzt:

```
personInstance.name="Matthias"
```

Eigenschaften verfügen über `get`- und `set`-Zugriffspfade. Aufgrund sprachlicher Beschränkungen wird dies durch Methoden mit dem Präfix „get_" bzw. „set_" abgebildet. Die Eigenschaft „Name" wird also durch „get_Name" oder „set_Name" erreicht.

Namensräume werden durch Registrierung gebildet. Dazu wird die Methode `registerNamespace` der Klasse `Type` aufgerufen. Dies ist erforderlich, weil JavaScript ein entsprechendes Schlüsselwort fehlt.

Das folgende Beispiel zeigt, wie der zuvor bereits vorgestellte JavaScript-Typ benutzt wird:

Listing 16.10 Benutzung eines privaten Typs

```
<!DOCTYPE html PUBLIC "-//W3C//DTD XHTML 1.0 Transitional//EN"
    "http://www.w3.org/TR/xhtml1/DTD/xhtml1-transitional.dtd">
<html >
<head>
    <title>Namespace</title>
```

```
</head>
<body>
    <form id="Main" runat="server">
        <asp:ScriptManager runat="server" ID="scriptManager" />
    </form>

    <div>
        <p>Dieses Beispiel erzeugt eine Person.</p>

        <input id="Button1" value="Erzeuge Person" ↵
              type="button" onclick="return OnButtonClick()" />

    </div>
    <script type="text/javascript" src="Listing15_5.js"></script>
    <script type="text/javascript" language="JavaScript">

    function OnButtonClick()
    {
        var testPerson = new Demo.Person( ↵
           'Jörg', 'Krause', 'joerg.krause@computacenter.com');
        alert(testPerson.getFirstName()
            + " " + testPerson.getLastName());

        return false;
    }
    </script>
</body>
</html>
```

Zugriffsmodifizierer

Die meisten objektorientierten Sprachen kennen Zugriffsmodifizierer. Aus C# kennen Sie `private`, `public` usw. Damit wird der Zugriff auf Mitglieder einer Klasse beschränkt oder erweitert. JavaScript kennt dieses Konzept nicht. Die Client-Bibliothek verwendet allerdings die Konvention, dass Mitglieder mit dem Präfix „_" als privat erkannt werden. Der Zugriff über die Bibliotheksfunktionen ist dann nicht möglich.

Vererbung

Vererbung ist die Fähigkeit, von einer Klasse abzuleiten und deren Mitglieder zu erben. Die neue Klasse kann eigene Mitglieder hinzufügen und bestehende nutzen. Das folgende Beispiel zeigt, wie dies mit der Client-Bibliothek geht:

Listing 16.11 Typen mit Vererbung

```
Type.registerNamespace("Demo");

Demo.Person = function(firstName, lastName, emailAddress) {
    this._firstName = firstName;
    this._lastName = lastName;
    this._emailAddress = emailAddress;
}

Demo.Person.prototype = {
    getFirstName: function() {
        return this._firstName;
```

```
        },

        getLastName: function() {
            return this._lastName;
        },

        getEmailAddress: function() {
            return this._emailAddress;
        },
        setEmailAddress: function(emailAddress) {
            this._emailAddress = emailAddress;
        },

        getName: function() {
            return this._firstName + ' ' + this._lastName;
        },

        dispose: function() {
            alert('bye ' + this.getName());
        },

        sendMail: function() {
            var emailAddress = this.getEmailAddress();

            if (emailAddress.indexOf('@') < 0) {
                emailAddress = emailAddress + '@example.com';
            }
            alert('Sending mail to ' + emailAddress + ' ...');
        },

        toString: function() {
            return this.getName() + ' (' + this.getEmailAddress() + ')';
        }
}

Demo.Person.registerClass('Demo.Person', null, Sys.IDisposable);
Demo.Employee = function(firstName, lastName, emailAddress, team, title)
{
    Demo.Employee.initializeBase(this, [firstName, lastName,
emailAddress]);

    this._team = team;
    this._title = title;
}

Demo.Employee.prototype = {

    getTeam: function() {
        return this._team;
    },
    setTeam: function(team) {
        this._team = team;
    },

    getTitle: function() {
        return this._title;
    },
    setTitle: function(title) {
        this._title = title;
    },
    toString: function() {
```

```
        return Demo.Employee.callBaseMethod(this, 'toString') + '\r\n' +
this.getTitle() + '\r\n' + this.getTeam();
    }
}
Demo.Employee.registerClass('Demo.Employee', Demo.Person);
```

Die passende *aspx*-Seite, die dieses Skript nutzt, wird im folgenden Listing gezeigt:

Listing 16.12 Benutzung auf einer Seite

```
<!DOCTYPE html PUBLIC "-//W3C//DTD XHTML 1.0 Transitional//EN"
"http://www.w3.org/TR/xhtml1/DTD/xhtml1-transitional.dtd">
<html >
<head>
    <title>Inheritance</title>
</head>

<body>
    <form id="Main" runat="server">
        <asp:ScriptManager runat="server" ID="scriptManager" />
    <script type="text/javascript" src="Inheritance.js"></script>
    </form>

    <h2>Vererbung</h2>
    <p />

    <div>
      Diese Datei enthält zwei Klassen: Person und Employee.
      Employee wird von Person abgeleitet.
      <p />
      Jede Klasse hat private Felder und Methoden.
      Employee überschreibt die Methode ToString().
      <p />
    </div>

    <div>
        <ul>
            <li><a href="#" onclick="return OnTestNewClick()">
                    Objekt erzeugen</a></li>
            <li><a href="#" onclick="return OnTestDisposeClick()">
                    Objekt entsorgen</a></li>
            <li><a href="#"
                    onclick="return OnTestPrivatePropertyClick()">
                    Öffentliche vs. private Eigenschaften</a></li>
            <li><a href="#"
                    onclick="return OnTestInstanceMethodClick()">
                    Instanz Methoden</a></li>
            <li><a href="#"
                    onclick="return OnTestOverrideMethodClick()">
                    Überschriebene Methoden</a></li>
            <li><a href="#" onclick="return OnTestInstanceOfClick()">
                    Instanzenprüfung</a></li>
        </ul>
    </div>


    <script type="text/javascript" language="JavaScript">

    function GetTestPerson()
    {
        return new Demo.Person('Katja', 'Lorentz',
                        'katja.lorentz@example.com');
```

```
}

function GetTestEmployee()
{
    return new Demo.Employee('Joerg', 'Krause',
                             'joerg.krause@example.com',
                             'Platform', 'Programmer');
}

function OnTestNewClick() {
    var aPerson = GetTestPerson();

    alert(aPerson.getFirstName());
    alert(aPerson);
    alert(Object.getType(aPerson).getName());

    var testPerson = GetTestPerson();
    alert(testPerson.getFirstName());
    alert(testPerson);

    return false;
}

function OnTestDisposeClick() {
    var aPerson = GetTestEmployee();
    alert(aPerson.getFirstName());
    aPerson.dispose();
}

function OnTestPrivatePropertyClick() {
    var aPerson = GetTestEmployee();
    alert('aPerson._firstName = ' + aPerson._firstName);
    alert('aPersona.getFirstName() = ' + aPerson.getFirstName());

    return false;
}

function OnTestInstanceMethodClick() {
    var aPerson = GetTestEmployee();
    aPerson.sendMail('Hello', 'This is a test mail.');

    return false;
}

function OnTestOverrideMethodClick() {
    var testPerson = GetTestEmployee();
    alert(testPerson);

    return false;
}

function OnTestInstanceOfClick() {
    var aPerson = GetTestEmployee();
    if (Demo.Employee.isInstanceOfType(aPerson)) {
        alert(aPerson.getName()
              + 'ist Employee.\r\nTitel Eigenschaft: '↵
              + aPerson.getTitle());
    }

    return false;
}
```

```
        </script>
    </body>
</html>
```

Schnittstellen

Schnittstellen definieren die Ein- und Ausgabeebene der Klasse, die die Schnittstelle implementiert. Typen von Klassen, die dieselbe Schnittstelle implementieren, sind austauschbar und ineinander umwandelbar.

Das folgende Beispiel nutzt sowohl Schnittstellen, als auch Basisklassen.

Listing 16.13 Definition von Schnittstellen

```
Type.registerNamespace("Demo.Trees");

Demo.Trees.IFruitTree = function() {}
Demo.Trees.IFruitTree.Prototype = {
    bearFruit: function(){}
}
Demo.Trees.IFruitTree.registerInterface('Demo.Trees.IFruitTree');


Demo.Trees.Tree = function(name) {
    this._name = name;
}
Demo.Trees.Tree.prototype = {
    returnName: function() {
        return this._name;
    },

    toStringCustom: function() {
        return this.returnName();
    },

    makeLeaves: function() {}
}
Demo.Trees.Tree.registerClass('Demo.Trees.Tree');

Demo.Trees.FruitTree = function(name, description) {
    Demo.Trees.FruitTree.initializeBase(this, [name]);
    this._description = description;
}
Demo.Trees.FruitTree.prototype.bearFruit = function() {
        return this._description;
}
Demo.Trees.FruitTree.registerClass('Demo.Trees.FruitTree',
                                   Demo.Trees.Tree,
                                   Demo.Trees.IFruitTree);

Demo.Trees.Apple = function() {
    Demo.Trees.Apple.initializeBase(this, ['Apple', 'red and crunchy']);
}
Demo.Trees.Apple.prototype = {
    makeLeaves: function() {
        alert('Medium-sized and desiduous');
    },
    toStringCustom: function() {
        return 'FruitTree ' + Demo.Trees.Apple.callBaseMethod(this,
```

16 AJAX – Asynchrone Programmierung

```
                        'toStringCustom');
    }
}
Demo.Trees.Apple.registerClass('Demo.Trees.Apple', Demo.Trees.FruitTree);

Demo.Trees.GreenApple = function() {
    Demo.Trees.GreenApple.initializeBase(this);
    // Feld muss nach initializeBase gesetzt werden,
    // sonst wird der Basiswert zurückgegeben
    this._description = 'green and sour';
}
Demo.Trees.GreenApple.prototype.toStringCustom = function() {
    return Demo.Trees.GreenApple.callBaseMethod(this, 'toStringCustom') +
           ' ... its GreenApple!';
}
Demo.Trees.GreenApple.registerClass('Demo.Trees.GreenApple',
Demo.Trees.Apple);


Demo.Trees.Banana = function(description) {
    Demo.Trees.Banana.initializeBase(this,
                                    ['Banana', 'yellow and squishy']);
}
Demo.Trees.Banana.prototype.makeLeaves = function() {
    alert('Big and green');
}
Demo.Trees.Banana.registerClass('Demo.Trees.Banana',
Demo.Trees.FruitTree);


Demo.Trees.Pine = function() {
    Demo.Trees.Pine.initializeBase(this, ['Pine']);
}
Demo.Trees.Pine.prototype.makeLeaves = function() {
    alert('Needles in clusters');
}
Demo.Trees.Pine.registerClass('Demo.Trees.Pine', Demo.Trees.Tree);
```

Die Seite, die dieses Skript nutzt wird im nächsten Listing gezeigt:

Listing 16.14 Nutzung der Schnittstellen

```
<!DOCTYPE html PUBLIC "-//W3C//DTD XHTML 1.0 Transitional//EN"
"http://www.w3.org/TR/xhtml1/DTD/xhtml1-transitional.dtd">
<html >
<head>
    <title>Schnittstellen</title>
</head>

<body>
    <form id="Main" runat="server">
        <asp:ScriptManager runat="server" ID="scriptManager" />
    </form>

    <h2>Interface</h2>
    <p />

    <div>
        Diese Datei enthält eine Basisklasse 'Tree' und eine
        Schnittstelle IFruitTree.
```

```
        Apple und Banana sind abgeleitete Klassen, die die
        Schnittstelle implementieren, während
        Pine dies nicht tut.
        <p />
</div>

<script type="text/javascript" src="Interface.js"></script>

<div>
    <ul>
            <li><a href="#" onclick="return OnTestNewClick()">
                    Objekt erzeugen</a></li>
            <li><a href="#"
                    onclick="return OnTestImplementsClick()">
                    Implementierung prüfen</a></li>
            <li><a href="#"
                    onclick="return OnTestInterfaceMethodClick()">
                    Schnittstellenmethode aufrufen</a></li>
    </ul>
</div>

<script type="text/javascript" language="JavaScript">
function OnTestNewClick() {
    var apple = new Demo.Trees.Apple('Apple');
    alert(apple.returnName());
    apple.makeLeaves();

    return false;
}

function OnTestImplementsClick() {
    var apple = new Demo.Trees.Apple();
    if (Demo.Trees.IFruitTree.isImplementedBy(apple)) {
        alert('Apple implementiert IFruitTree');
    }
    else {
        alert('Apple implementiert IFruitTree nicht');
    }

    var pine = new Demo.Trees.Pine();
    if (Demo.Trees.IFruitTree.isImplementedBy(pine)) {
        alert('Pine implementiert IFruitTree');
    }
    else {
        alert('Pine implementiert IFruitTree nicht');
    }

    return false;
}

function OnTestInterfaceMethodClick() {
    var apple = new Demo.Trees.Apple();
    ProcessTree(apple);

    var pine = new Demo.Trees.Pine();
    ProcessTree(pine);

    var banana = new Demo.Trees.Banana();
    ProcessTree(banana);
```

16 AJAX – Asynchrone Programmierung

```
            var g = new Demo.Trees.GreenApple();
            ProcessTree(g);

            return false;
        }

        function ProcessTree(tree) {
            alert('Current Tree ' + tree.returnName());
            alert(tree.toStringCustom());
            if (Demo.Trees.IFruitTree.isImplementedBy(tree)) {
                alert(tree.returnName() + ' implementiert IFruitTree;
                                         Frucht is ' +
                tree.bearFruit());
            }
        }
    </script>
</body>
</html>
```

Aufzählungen (Enumerations)

In JavaScript sind Aufzählungen Klassen mit einer Reihe konstanter Ganzzahlwerte. Der Zugriff erfolgt wie bei Eigenschaften:

Listing 16.15 Zuweisung einer Aufzählung

```
myObject.color = myColorEnum.Red
```

Die Anwendung ist sinnvoll, um Code lesbarer zu gestalten. Mittels `Type.registerEnum` erfolgt die Definition.

Listing 16.16 Registrierung einer Aufzählung

```
Type.registerNamespace("Demo");

// Define an enumeration type and register it.
Demo.Color = function(){};
Demo.Color.prototype =
{
    Red:    0xFF0000,
    Blue:   0x0000FF,
    Green:  0x00FF00,
    White:  0xFFFFFF
}
Demo.Color.registerEnum("Demo.Color");

JavaScript Copy Code
<!DOCTYPE html PUBLIC "-//W3C//DTD XHTML 1.0 Transitional//EN"
    "http://www.w3.org/TR/xhtml1/DTD/xhtml1-transitional.dtd">
<html >
<head>
    <title>Enumeration</title>
</head>

<body>
    <form id="Main" runat="server">
        <asp:ScriptManager runat="server" ID="scriptManager" />
    </form>

    <div>
        <p>This example creates an Enumeration of colors
            and applies them to page background.</p>
```

16.4 Die AJAX-Client-Bibliothek

```
        <select id="ColorPicker"
            onchange="ChangeColor(options[selectedIndex].value)">
            <option value="Red" label="Red" />
            <option value="Blue" label="Blue" />
            <option value="Green" label="Green" />
            <option value="White" label="White" />
        </select>
    </div>

    <script type="text/javascript" src="Enumeration.js"></script>
    <script type="text/javascript" language="JavaScript">

    function ChangeColor(value)
    {
        document.body.bgColor = eval("Demo.Color." + value + ";");
    }

    </script>
</body>
</html>
```

Reflection

Reflection ist die Fähigkeit, die Struktur und Bestandteile eines Programms zur Laufzeit zu untersuchen. In der Client-Bibliothek wird dies durch eine Erweiterung der `Type`-Klasse erreicht.

Listing 16.17 Reflection nutzen

```
<!DOCTYPE html PUBLIC "-//W3C//DTD XHTML 1.0 Transitional//EN"
"http://www.w3.org/TR/xhtml1/DTD/xhtml1-transitional.dtd">
<html >
<head>
    <title>Reflection</title>
</head>

<body>
    <form id="Main" runat="server">
        <asp:ScriptManager runat="server" ID="scriptManager" />
    </form>

    <div>
        <p>This example tests the Demo.Trees.GreenApple class
            against various reflection APIs.</p>

        <input id="Button1" value="Check Type"
            type="button" onclick="return OnButton1Click()" />
        <input id="Button2" value="Check Inheritance"
            type="button" onclick="return OnButton2Click()" />
        <input id="Button3" value="Check Interface"
            type="button" onclick="return OnButton3Click()" />

    </div>

    <script type="text/javascript" src="Interface.js"></script>
    <script type="text/javascript" language="JavaScript">

    var g = new Demo.Trees.GreenApple();
```

```
            var gt = Demo.Trees.GreenApple;
            var a = new Array(
                Demo.Trees.Apple,
                Demo.Trees.Tree,
                Demo.Trees.Pine,
                Demo.Trees.IFruitTree,
                Sys.IContainer);

            function OnButton1Click()
            {
                for (var i = 0; i < a.length; i ++)
                {
                    if (a[i].isInstanceOfType(g))
                    {
                        alert(gt.getName() + " is a " + a[i].getName() + ".");
                    }
                    else alert(gt.getName() + " is not a "
                                    + a[i].getName() + ".");
                }
            }

            function OnButton2Click()
            {
                for (var i = 0; i < a.length; i ++)
                {
                    if (gt.inheritsFrom(a[i]))
                    {
                        alert(gt.getName() + " inherits from "
                                    + a[i].getName() + ".");
                    }
                    else alert(gt.getName() + " does not inherit from " +
                                a[i].getName() + ".");
                }
            }

            function OnButton3Click()
            {
                for (var i = 0; i < a.length; i ++)
                {
                    if (Type.isInterface(a[i]))
                    {
                        if (gt.implementsInterface(a[i]))
                        {
                            alert(gt.getName() + " implements the "
                                        + a[i].getName() +
                                        " interface.");
                        }
                        else alert(gt.getName() + " does not implement the " +
                                    a[i].getName() + " interface.");
                    }
                    else alert(a[i].getName() + " is not an interface.");
                }
            }
        </script>
    </body>
</html>
```

Erweiterungen der Basistypen

JavaScript ist eine relative schlanke Skriptsprache. Die folgenden Typen wurden in der Client-Bibliothek erweitert:

- Array
- Boolean
- Date
- Error
- Number
- Object
- String

16.4.3 Debuggen mit der Client-Bibliothek

Der Typ `Sys.Debug` erweitert die Möglichkeiten zum Debuggen. Es steht Debug- und Release-Versionen der Skripte zur Verfügung. Die Release-Versionen sind schneller und schlanker. In alle Fällen ist die Debug-Version immer an dem Infix *.debug* zu erkennen.

- MyScript.js (Produktion)
- MyScript.debug.js (Debug)

16.5 Neuerungen mit ASP.NET 4

In diesem Abschnitt werden die Neuerungen behandelt, die in ASP.NET 4 hinzukamen.

16.5.1 Live Datenbindungen

Eine der interessantesten Neuerungen im Umfeld von ASP.NET 4 AJAX sind die Live Datenbindungen. Hierbei handelt es sich um eine echte Live Bindung, das heißt, wenn sich die Daten auf der einen Seite ändern, werden diese Änderungen auf der anderen Seite in Echtzeit reflektiert.

Funktionsweise

Das gesamte Framework für diese Bindungen ist komplett in Java-Script einwickelt worden und wird zusammen mit dem .NET Framework 4 ausgeliefert. Im Kern besteht das Live-Bindungsframework aus einer Java-Script Implementierung des Observer-Entwurfsmusters.

16 AJAX – Asynchrone Programmierung

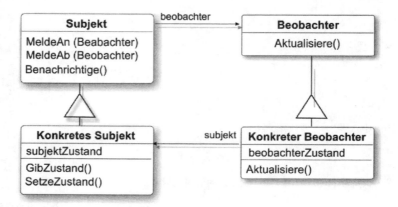

Abbildung 16.6 Das Observer-Entwurfsmuster

Ein Observer (Beobachter) beobachtet ein Subjekt, indem der Beobachter sich bei dem Subjekt anmeldet. Findet eine Änderung am Zustand des Subjektes statt, informiert das Subjekt alle angemeldeten Beobachter mit einer entsprechenden Benachrichtigungsfunktion. Die benachrichtigten Beobachter holen sich anschließend den aktuellen Zustand mit Hilfe der Aktualisierungsfunktion.

Vorbereitung

Um Live-Bindungen verwenden zu können, ist es zunächst erforderlich, einige Skripte einzubinden. Dies kann auf zwei Arten erfolgen. Entweder statisch mit Hilfe des `<script>`-Tags, wie nachfolgend gezeigt:

```
<script type="text/javascript"
   src="../scripts/MicrosoftAjax.debug.js"></script>
<script type="text/javascript"
   src="../scripts/MicrosoftAjaxTemplates.debug.js"></script>
<script type="text/javascript"
   src="../scripts/MicrosoftAjaxAdoNet.debug.js"></script>
```

Alternativ kann auch der `ScriptManager` verwendet werden. Der Vorteil liegt darin, dass hier relative Pfadangeben verwendet werden können, welche automatisch auf das entsprechende Verzeichnis umgesetzt werden.

```
<asp:ScriptManager ID="sm" runat="server">
 <Scripts>
  <asp:ScriptReference Name="MicrosoftAjax.js"
                       Path="~/scripts/MicrosoftAjax.js" />
  <asp:ScriptReference ScriptMode="Inherit"
                       Path="~/scripts/MicrosoftAjaxTemplates.js" />
  <asp:ScriptReference ScriptMode="Inherit"
                       Path="~/scripts/MicrosoftAjaxAdoNet.js" />
 </Scripts>
</asp:ScriptManager>
```

Das Observer Entwurfsmuster verwenden

Das Observer-Entwurfsmuster wird in ASP.NET 4 durch die Klasse `Sys.Observer` implementiert. Das folgende Beispiel soll zeigen, wie diese Implementierung auch unabhängig von der Live-Bindung verwendet werden kann.

16.5 Neuerungen mit ASP.NET 4

```
❶ var author = {
              name: "Matthias Fischer",
              address: "Ger",
              status: true
              }
❷ var authorPublisher = Sys.Observer.observe(author);
❸ Sys.Observer.addPropertyChanged(authorPublisher, authorSubscriber);

❹ authorPublisher.setValue("status", false);

❺ function authorSubscriber(author, eventArgs)
{
    if (❻ eventArgs.get_propertyName() == "status" &&
        ❼ employee.status == false)
    {
        alert("This author is no longer valid");
    }
}
```

Zunächst wird ein Autor ❶ und ein Beobachter ❷ für den Autor angelegt. Dann wird die Funktion `authorSubscriber` ❸ dem Subjekt Autor hinzugefügt, so dass diese im Falle einer Änderung aufgerufen werden kann.

❹ ändert die Eigenschaft Status vom Autor, was zur Folge hat, dass die Funktion `authorSubscriber` aufgerufen wird (Benachrichtigung).

❺ prüft, ob sich eine Eigenschaft des Autors geändert hat. ❼ holt den Status des Autors, welches der Aktualisierungsfunktion des Observer-Entwurfsmusters entspricht.

16.5.2 DataView und DataContext

Die Klasse `DataView` stellt Daten mit Hilfe einer Schablone (`Template`) dar. Dabei können die Daten entweder direkt an die Eigenschaften einer Klasse gebunden sein oder mit Hilfe eines Daten Providers.

HTML-Templates (Schablonen)

HTML-Schablonen in einem AJAX Framework sind alles andere als einfach zu realisieren, da hierbei viele Gesichtspunkte beachtet werden müssen. Das Ergebnis muss XHTML-kompatibel sein und der Zugriff muss schnell erfolgen.

In ASP.NET 4 wird ein HTML-Template gekennzeichnet, indem dem Element das Klassenattribut `sys-template` zugewiesen wird. Innerhalb des ASP.NET 4-Frameworks ist diese Klasse als „unsichtbar" deklariert. So wird vor dem Verarbeiten durch das Framework nichts angezeigt.

```
<div>
<ul ❶ id="MeinContainer" class="sys-template">
    ❷ <li> {{ Name }}, {{ Vorname }}, {{ Alter }} </li>
</ul>
</div>
```

Der Container im Beispiel besteht aus einem UL-Element ❶. Denkbar wäre hier auch ein DIV-Tag, Table-Tag usw. Das HTML welches sich innerhalb des Containers befindet, stellt das eigentliche Template dar, welches je Datenelement instanzi-

iert und gebunden wird. In diesem Fall handelt es sich um ein Listenelement `<li>`
❷.

Verwendung

Das folgende Beispiel zeigt, wie die Daten an ein einfaches Array gebunden werden
können.

Listing 16.18 Komplette Implementierung des Musters

```
<%@ Page Language="C#" AutoEventWireup="true"
        CodeBehind="DataViewDemo.aspx.cs"
        Inherits="CoreEnhancements.DataViewDemo" %>

<!DOCTYPE html PUBLIC "-//W3C//DTD XHTML 1.0 Transitional//EN"
  "http://www.w3.org/TR/xhtml1/DTD/xhtml1-transitional.dtd">

<html xmlns="http://www.w3.org/1999/xhtml">
<head runat="server">
❶  <script src="scripts/MicrosoftAjax.js"
       type="text/javascript"></script>
❶  <script src="scripts/MicrosoftAjaxAdoNet.js"
       type="text/javascript"></script>
❶  <script src="scripts/MicrosoftAjaxTemplates.js"
       type="text/javascript"></script>

<title>DatView Demo</title>

<script language="javascript" type="text/javascript" >
❷  var autorData = [
       { name: "Fischer", firstname: "Matthias", title: "ASP.NET 4.0" },
       { name: "Krause", firstname: "Jörg", title: "ASP.NET 4.0" }
   ];

   function pageLoad()
   {
❸      $create(Sys.UI.DataView,
           { data: autorData }, null, null, $get("authors"));
   }</script>
</head>
<body onload="pageLoad();">
    <form id="form1" runat="server">
    <div>
❹    <table id="authors" class="authors sys-template">
      <tr>
        <td>{{ name }}</td>
        <td>{{ firstname }}</td>
        <td>{{ title }}</td>
      </tr>
     </table>
    </div>
    </form>
</body>
</html>
```

Zunächst wird ein Template mit dem Namen `authors` ❹ erzeugt, welches später zur Darstellung verwendet werden soll. Ebenso werden die erforderlichen drei JavaScript-Abschnitte im Kopf der Seite eingebunden, um die entsprechenden Funktionen und Steuerelemente bereit zu stellen ❶.

16.5 Neuerungen mit ASP.NET 4

Die Daten werden in einem einfachen Array angelegt ❷. Anschließend wird mit Hilfe der `$create`-Funktion einen Instanz des `DataView`-Elements erzeugt, welcher die Daten aus ❷ und die Schablone aus ❹ verwendet.

ADO.NET-Unterstützung für das DataView-Steuerelement

Die ASP.NET 4-Bibliothek verfügt über eine gute Unterstützung für ADO.Net Data Services. Der folgende Abschnitt soll die Möglichkeiten der Live-Datenbindung anhand eines Beispiels etwas genauer beleuchten.

Zunächst wird ein Datenmodell benötigt. Im Beispiel kommt eine SQL Server 2008-Datenbank zusammen mit dem Entity Framework zum Einsatz. Es gibt nur einen Datentyp, die Tabelle „Person".

Abbildung 16.7 Die Entität *Person*

Aus dem ADO.NET-Datendienst wird für die Klasse `Person` folgender Kontext erstellt:

```
public class PersonDataService : DataService<PersonDBEntities1>
{
   public static void InitializeService(↵
     IDataServiceConfiguration config)
   {
     config.SetEntitySetAccessRule("*", EntitySetRights.All);
   }
}
```

Nachdem diese zwei Elemente vorbereitet sind, kann die Webseite erstellt werden. In diesem Beispiel soll die deklarative Erstellung eines `DataView` verwendet werden.

Listing 16.19 Webseite mit dynamischer, clientseitiger Bindung an Entitäten

```
<%@ Page Language="C#" AutoEventWireup="true"
CodeBehind="LiveBindingDemo.aspx.cs"
Inherits="CoreEnhancements.AJAX.LiveBindingDemo" %>

<!DOCTYPE html PUBLIC "-//W3C//DTD XHTML 1.0 Transitional//EN"
"http://www.w3.org/TR/xhtml1/DTD/xhtml1-transitional.dtd">

<html xmlns="http://www.w3.org/1999/xhtml" >
```

16 AJAX – Asynchrone Programmierung

```html
            <head runat="server">
               <title>Live Binding Demo</title>
               <style type="text/css">
                   .sys-template {display:block}
                   .myselected  {
                   color: white;
                   font-weight: bold;
                   background-color: Silver;
                   }
               </style>
❶          <script type="text/javascript"
               src="../scripts/MicrosoftAjax.debug.js"></script>
❶          <script type="text/javascript"
               src="../scripts/MicrosoftAjaxTemplates.debug.js"></script>
❶          <script type="text/javascript"
               src="../scripts/MicrosoftAjaxAdoNet.debug.js"></script>
            <script type="text/javascript">
                ❷ var dataContext = new Sys.Data.AdoNetDataContext();
                  dataContext.set_serviceUri("PersonDataService.svc");
                  dataContext.set_saveOperation("Person(master_id)");
                  dataContext.initialize();
            </script>
        </head>
        <❹ body xmlns:sys="javascript:Sys"
                xmlns:dataview="javascript:Sys.UI.DataView" sys:activate="*">
            <form id="form1" runat="server">
            <div>
                <!--Master View-->
        ❸       <ul sys:attach="dataview" class="sys-template"
                    dataview:autofetch="true"
                    dataview:dataprovider="{{ dataContext }}"
                    dataview:fetchoperation="Person"
                    dataview:selecteditemclass="myselected"
                    dataview:fetchparameters="{{ {$top:'5'} }}"
                    dataview:sys-key="master_id"
                >
                    <li sys:command="Select">{binding Name }</li>
                </ul>

                <!--Detail View-->
                <❺ div class="sys-template"
                    sys:attach="dataview"
                    dataview:autofetch="true"
                    dataview:data="{binding selectedData, ↵
                        source={{master_id}} }">
                    <fieldset>
                      <legend>{binding Name}</legend>
                      <label for="detailsTel">Tel:</label>
                      <input type="text" id="detailsTel"
                          sys:value="{binding Tel}" />
                      <br />
                      <label for="detailsFax">Fax:</label>
                      <input type="text" id="detailsFax"
                          sys:value="{binding Fax}" />
                      <br />
                    </fieldset>
                    <button onclick="dataContext.saveChanges()">↵
                        Save Changes</button>
                </div>
            </div>
            </form>
```

```
</body>
</html>
```

Nach dem Einbinden der entsprechenden JavaScript-Dateien ❶ wird ein `AdoNetDataContext` erstellt, welcher mindestens eine `ServiceURI` sowie eine `SaveOperation` erhalten soll. Diese `SaveOperation` wird aufgerufen, wenn Änderungen an den gebundenen Feldern vorgenommen wurden.

Im nächsten Schritt wird die Schablone für das `DataView` sowie die Instanz dafür deklarativ erstellt ❸. Hierzu sind im `body` der Seite entsprechende Namensräume einzufügen, um später auf die Klassen zugreifen zu können.

Im letzten Schritt wird ein `DetailsView` gebunden, welches der Anzeige und der Bearbeitung der Details dient ❺.

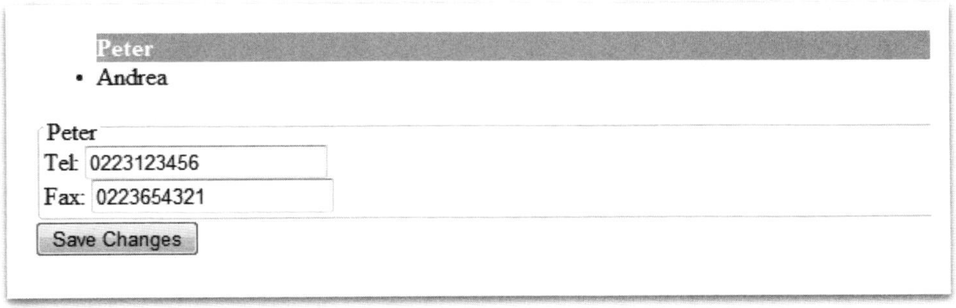

Abbildung 16.8 Ajax-Live-Datenbindung in Aktion

17 Dynamische Daten

Unter dem Oberbegriff dynamische Daten fasst Microsoft ein Framework für datengebundene Webseiten zusammen. Datenbindung ist zwar sehr vielschichtig implementiert, bei dynamischen Daten geht es jedoch nicht nur um die Daten selbst, sondern auch um eine dynamische Reaktion auf Datenschemata. Dabei wird das Datenmodell – die Metadaten der Datenquelle – ermittelt und die Darstellung angepasst. Ein sogenanntes Konstruktionsrahmenwerk dient dazu, aus den Metadaten komplette ablauffähige Seiten zu erstellen. Der Aufwand Code zu schreiben sinkt drastisch.

In diesem Kapitel finden Sie Informationen über

- Grundlagen dynamischer Daten und das Konstruktionsrahmenwerk (Scaffolding)
- Technische Grundlagen des objektrelationalen Mappings
- Vorlagenbasierte Programmierung
- Die Steuerelemente der dynamischen Daten

Dynamische Daten sollen andere in diesem Buch besprochene Teile nicht ersetzen, sondern dienen unter bestimmten Umständen dazu, Standardaufgaben noch effizienter zu erledigen. Die Aussagen in diesem Kapitel wurden deshalb bewusst von anderen Teilen isoliert.

17.1 Grundlagen dynamischer Daten

Sie können dynamische Daten dazu einsetzen, datenbankgestützte Webseiten mit minimalem Aufwand zu erstellen und auf ein umfassendes Rahmenwerk mit Standardfunktionen zurückzugreifen. Zugleich dienen Vorlagen in Visual Studio 2010 dazu, solche Applikationen mit wenigen Klicks zu erstellen.

17.1.1 Funktionen

Dynamische Daten umfassen folgende Funktionen:

- Der Konstruktionsmechanismus (Scaffolding) dient dazu, eine Datenbank auszulesen und deren Struktur abzubilden, indem die passende Benutzeroberfläche automatisch erstellt wird.

- Es werden alle Datenbankoperationen unterstützt, also das Lesen, Aktualisieren, Entfernen und Anzeigen der Daten. Dies schließt relationale Beziehungen ebenso ein, wie die Validierung eingegebener Daten.

- Fremdschlüsselbeziehungen werden automatisch unterstützt. Dynamische Daten erkennen solche Beziehungen zwischen Tabellen und gestalten die Benutzeroberfläche so, dass die passenden Navigationselemente erzeugt werden.

- Das Rahmenwerk erlaubt eine umfassende Anpassung auf der Ebene von Seiten, Spalten oder Eingabefeldern.

- Es ist möglich, mit Daten- und Abstraktionsschichten und objektrelationale (OR) Mapper wie dem Entity Framework zu arbeiten.

- Es ist möglich, die Validierung auf Feldebene anzupassen und damit mehr Prüfungen vorzunehmen, als das Metamodell der Datenbank verlangt.

17.1.2 Hintergrund

Die dynamische Natur von Daten führt dazu, dass Oberfläche und Verhalten anpassbar sein müssen. Bislang wurde davon ausgegangen, dass sich das Meta-Modell einer Datenbank nicht oder nur sehr selten ändert. Zu gravierend sind die Eingriffe in die Datenzugriffsschichten und die Oberfläche bei Änderungen. Die Realität sieht freilich anders aus. Anpassungen für neue Funktionen und Anforderungen sind Alltag und entsprechend ziehen sich diese bis in die Oberfläche durch. Formularsysteme und andere Rahmenwerke versuchen seit langem, darauf zu reagieren.

Dynamische Daten in ASP.NET gehen einen anderen Weg. Sie erheben die Dynamik zum Prinzip und erlauben es, alle Bausteine einer Applikation dynamisch zu erstellen. Zur Laufzeit werden die Daten der Datenbank ermittelt und auf der Basis spezieller oder universeller Vorlagen werden Seiten, Tabellen und Felder erstellt. Diese Vorlagen sind vielfältig anpassbar und vermitteln so bei cleverer Nutzung durchaus den Eindruck, dass sie sehr individuell sind, trotz ihrer „generierten" Natur.

Die Wahlmöglichkeiten für die Vorlagen umfassen unter anderem:

- Den Aufbau einer kompletten Webapplikation durch Konstruktion
- Hinzufügen dynamischer Fragmente zu bestehenden Webapplikationen
- Einbau einer eigenen Validierungslogik
- Anpassung der Benutzeroberfläche für Datenanzeige, Erfassung oder Aktionen

Das Datenmodell

Das Datenmodell spielt eine herausragende Rolle. Es repräsentiert die Informationen der Datenbank und in welcher Beziehung die Elemente der Datenbank zueinander stehen.

Dynamische Daten unterstützen beide aktuelle objektrelationale Mapper der Microsoft-Welt, LINQ-to-SQL und das Entity Framework. Es werden mehrfache Instanzen unterstützt, allerdings darf nur ein und derselbe Typ mehrfach auftreten – nicht gemischt.

OR/Mapper

Das Datenmodell wird in der *global.asax* registriert und steht dann global zur Verfügung. Ist es aktiviert, werden alle Aktionen gegen dieses Modell ausgeführt.

Konstruktion (Scaffolding)

Der als Konstruktion bezeichnete Vorgang erweitert ASP.NET um die Fähigkeit, dynamisch auf Datenmodelle zu reagieren. Die klassische Datenbindung reagiert dagegen nur dynamisch auf Daten. Die Konstruktion ermöglicht:

- Datenbasierte Webapplikation ohne oder mit minimalem Code
- Extrem verkürzte Entwicklungszeiten
- Eingebaute Validierung ohne zusätzlichen Code
- Automatische Werteauswahl für bestimmte Feldtypen

Freilich lässt sich das Modell durch Code noch stark erweitern. Besonders leistungsfähig ist es jedoch, wenn durch die eingebauten Techniken ein erheblicher Teil des Codes gespart werden kann.

Vorlagen

Eine zentrale Rolle bei den datengebundenen Webanwendungen spielen die Vorlagen. Für die Aktionen innerhalb einer dynamischen Datenanwendung stehen Seitenvorlagen zur Verfügung, beispielsweise Anzeigen, Bearbeiten, Löschen.

Für die Darstellung der einzelnen Feldtypen stehen Feldvorlagen zur Verfügung. Diese sind für die Anzeige jeweils eines Datentyps zuständig. Die Seitenvorlagen verwenden Steuerelemente, welche intern wiederum auf Steuerelemente zugreifen, welche dann letztendlich die Feldvorlagen verwenden.

Weitere Informationen über das Zusammenspiel von Vorlagen und Steuerelementen finden Sie in den folgenden Abschnitten.

17.2 Technische Grundlagen

Dieser Abschnitt beschäftigt sich mit den theoretischen Grundlagen, sowie der internen Funktionsweise dynamischer Datenanwendungen. Wenn Sie erst eine dynamische Datenanwendung in Aktion sehen möchten, bevor Sie detailliert in den theoretischen Teil einsteigen oder mehr an der praktischen Seite interessiert sind, empfehlen die Autoren mit dem Abschnitt „Erstellen einer datengetriebenen Webanwendung" fortzufahren und gegebenenfalls anschießend an diese Stelle zurückzukehren.

17.2.1 OR-Mapping

→ Wikipedia

OR-Mapping (Objektrelationale Abbildung) bildet Klassen auf Tabellen einer relationalen Datenbank ab. Dabei gibt es in der Regel ein Rahmenwerk, welches unter Verwendung einer Konfiguration oder Beschreibung Objekte und ihre Eigenschaften diversen Tabellen einer Datenbank zuordnet.

In .NET 4.0 befinden sich, nach wie vor, zwei große Rahmenwerke für objektrelationale Abbildungen, LINQ-to-SQL und das Entity Framework (siehe Kapitel 13). Weitere Informationen zur Funktionsweise dieser Bibliotheken finden sich in den entsprechenden Abschnitten dieses Buches.

Die objektrelationale Abbildung ist der zentrale Bestandteil einer dynamischen Datenanwendung. Das Rahmenwerk leitet das Modell aus der objektrelationalen Abbildung direkt ab. Dabei können sowohl LINQ-To-SQL als auch LINQ-To-Entities, bzw. andere OR-Mapper aus dem Entity Framework verwendet werden.

Unter anderem ist es möglich, mehr als ein Objektmodell zu verwenden, jedoch müssen dann alle verwendeten Modelle vom gleichen OR-Mapper sein.

17.2.2 URL-Routing

Mit .NET 3.5 SP1 eingeführt

In ASP.NET 4 steht ein relativ neues Feature zur Verfügung, das URL Routing. Dies ist essenziell für den Umgang mit dynamischen Datenseiten.

Einführung

Adressen oder Teile von Adressen müssen nicht mehr auf eine physikalische Datei verweisen, es ist vielmehr so, dass der Entwickler das Schema für die Adressen einer Webanwendung vorgeben kann. URL-Routing ist mehr als nur eine Alternative zum URL-Rewriting – es kann Parameter aus der URL verwenden um das Routing zu steuern.

URL-Routing wird vor allem von den zwei neuen Technologien dynamische Daten und MVC (Model-View-Controller) verwendet. Informationen zu MVC finden Sie im Kapitel 19.

Funktionsweise

URL-Routing ist ein HTTP-Modul, welches in der *web.config*[26] unter `<HttpModules>` registriert werden muss, um verwendet werden zu können[27].

```
<system.web >
  <HttpModules>
    <add name="UrlRoutingModule-4.0"
        type="System.Web.Routing.UrlRoutingModule" />   …
  </HttpModules>
```

---

[26] Bei ASP.NET 4 ist die zentrale *web.config* im Systemverzeichnis gemeint.

[27] Das Beispiel dient nur der Erläuterung, wenn Sie eine MVC-Webanwendung oder eine dynamische Datenanwendung erstellen, ist dieses Modul automatisch eingebunden.

```
</system.web>
```

Nach der Registrierung in der Datei *Global.aspx.cs* laufen alle eingehenden Anfragen über dieses Modul. Dabei wird überprüft, ob die angeforderte Adresse mit einer der definierten Routen übereinstimmt. Ist das der Fall, wird der URL entsprechend dem Schema zerlegt und an den zugehörigen Handler weitergegeben.

Definiert werden die Routen beim Start der Webanwendung, beispielsweise in der Code-Behind Datei der *global.aspx* in der Funktion `Application_Start`.

```
public static void RegisterRoutes(RouteCollection routes)
{
   MetaModel model = new MetaModel();
   DefaultModel.RegisterContext(typeof(❶ NORTHWNDEntities),
      new ContextConfiguration() { ScaffoldAllTables = true });

   routes.Add(❷ new DynamicDataRoute("{table}/{action}.aspx")
   {
      Constraints = new RouteValueDictionary(
         new { action = "List|Details|Edit|Insert" }),
      Model = model
   }
   );
```

Im Fall von Anwendungen für dynamische Daten wird das zu verwendende Modell registriert ❶. Dabei ist zu beachten, dass es für LINQ-To-SQL, sowie für das ADO.NET Entity Framework jeweils eine eigene Vorlage für ein dynamisches Datenprojekt gibt.

Ferner werden die Routen sowie der zugehörige Handler ❷ vom Rahmenwerk automatisch erzeugt. Eine explizite Route ist hier erforderlich, weil die einzelnen Aktionen von einzelnen Unterseiten (Insert, Details, Edit, Delete) behandelt werden.

17.2.3 Funktionsweise dynamischer Datenanwendungen

Die der Name schon sagt, handelt es sich bei einer Dynamischen Datenanwendung um einen Anwendung, welche die Metainformationen für die Tabellen und deren Struktur dynamisch aus dem Modell ermittelt.

Die folgende Abbildung gibt einen Überblick über die dabei verwendeten Komponenten.

Überblick

17 Dynamische Daten

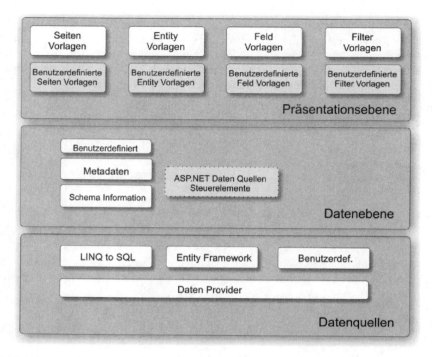

Abbildung 17.1 Architektur dynamischer Datenanwendungen

Im Wesentlichen besteht eine dynamische Datenanwendung aus den drei Ebenen:

- Präsentationsebene: Hier finden sich vor allem Elemente wieder, welche der Präsentation und der Bearbeitung von Daten dienen.
- Datenebene: Hier finden sich alle das Modell betreffenden Komponenten.
- Datenquelle: Als Datenquelle kommt entweder LINQ-To-SQL oder das ADO.NET Entity Framework zum Einsatz. An dieser Stelle ist es auch möglich, ein entsprechendes eigenes Datenmodell zu verwenden, so dieses über die erforderlichen Metainformationen und Schnittstellen verfügt.

17.3 Vorlagen für die Präsentationsebene

Dynamische Datenanwendungen weisen einen hohen Grad an Flexibilität auf. Fast alles kann angepasst oder eingestellt werden. Der Schlüssel zu dieser Flexibilität liegt in den Vorlagen (template) und den datengebundene Steuerelementen, welche die Vorlagen verwenden, um die Daten aus der Datenbank anzuzeigen oder zum Bearbeiten bereitzustellen.

Der folgende Abschnitt wird sich mit den Möglichkeiten der Anpassung innerhalb der Präsentationsebene auseinandersetzen.

17.3.1 Seitenvorlagen

Ausgangspunkt für alle dynamischen Datenanwendungen dieser Art bilden die Seitenvorlagen. Visual Studio 2010 erzeugt einen Satz von Standard Seitenvorlagen in dem Verzeichnis *DynamicData/PageTemplates*. Hier werden sowohl die Funktionsweise, als auch die Möglichkeiten zum Ändern dieser Vorlagen gezeigt.

Einführung in Seitenvorlagen

Die Standardseiten für Basisaktionen, wie „Anzeigen einer Detailansicht", „Bearbeiten" oder „Löschen" werden automatisch von dem Assistenten von Visual Studio 2010 angelegt. In der Regel ist es nicht erforderlich, diese zu erweitern oder zu verändern.

Welche konkrete Tabelle angezeigt oder bearbeitet wird, ist für die Vorlage nicht relevant. Das Rahmenwerk für dynamische Daten erledigt die Aufbereitung. Die Seitenvorlage stellt vielmehr eine äußere Schablone für die jeweilige Seite bereit.

Die Seitenvorlagen sind ASP.NET Seiten, welche unter Verwendung der ASP.NET Template Engine ausgewertet werden. Mit der Hilfe entsprechender Steuerelemente stellt das Rahmenwerk für dynamische Daten die Felder aus den Tabellen der Datenquelle zur Anzeige oder zur Bearbeitung bereit.

Tabelle 17.1 Seitenvorlagen des Standardprojekts

Seitenvorlage	Verwendungszweck
Details.aspx	Stellt eine detaillierte Ansicht einer Reihe der entsprechenden Tabelle dar. Diese Seitenvorlage verwendet das Steuerelement `DetailsView`.
Edit.aspx	Stellt eine detaillierte Ansicht zum Bearbeiten einer Reihe bereit. Diese Seitenvorlage verwendet das Steuerelement `DetailsView`.
Insert.aspx	Stellt eine detaillierte Ansicht zum Einfügen von neuen Datensätzen bereit. Diese Vorlage verwendet das Steuerelement `DetailsView`.
List.aspx	Stellt eine oder mehrere Datensätze einer Tabelle dar. Diese Vorlage verwendet das Steuerelement `GridView`.
ListDetails.aspx	Stellt eine kombinierte Ansicht von mehreren Datensätzen und einem detaillierten Datensatz dar. Verwendet werden das Steuerelement `GridView` und das Steuerelement `DetailsView`.

Alle bereitgestellten Seitenvorlagen basieren auf einer Master-Seite. Diese bestimmt im Wesentlichen das Aussehen rund um den datengebundenen Bereich. Ferner enthält jede Seite ein `UpdatePanel`, welches im Zusammenspiel mit dem `ScriptManager` und Ajax ein teilweises Aktualisieren einer Seite ermöglicht. Damit ist klar, dass hier Ajax im Spiel ist.

Anpassen

Grundsätzlich gibt es zwei Möglichkeiten, eine dynamische Datenanwendung anzupassen. Zum einen können die Seitenvorlagen dem Design und Layout der Webanwendung angepasst werden, zum anderen können die Felder und Tabellen angepasst werden.

Design und Layout

Seitenvorlagen Alle Änderungen an den Seitenvorlagen haben Auswirkungen auf das Aussehen und Verhalten der gesamten Webanwendung. Alternativ können auch eigene Seitenvorlagen erstellt und verwendet werden.

Im Abschnitt „Erstellen einer benutzerdefinierten Seitenvorlage" wird gezeigt, wie eine eigene Seitenvorlage für eine spezielle Tabelle erstellt werden kann, ohne die globalen Vorlagen für andere Tabellen zu verändern.

17.3.2 Entity-Vorlagen

Entity-Vorlagen bieten die Möglichkeit, das Aussehen und Verhalten eines Entities zu beeinflussen, ohne die Feldvorlagen verändern zu müssen. Nach der Erstellung eines dynamischen Datenprojektes mit Visual Studio 2010 befinden sich die Vorlagen für die Entities in dem Ordner *DynamicData\EntityTemplates*.

Einführung in das Prinzip von Entity-Vorlagen

Entity-Vorlagen richten sich vor allem nach dem Datentyp. So lassen sich für jeden Entity-Typ unterschiedliche Vorlagen für die Übersicht, die Detailansicht, sowie die Bearbeitungsansicht erstellen.

Im Wesentlichen besteht eine Entity-Vorlage aus einem Benutzersteuerelement (Web User Control), welches die anzuzeigenden Eigenschaften entsprechend anordnet. Auf diese Weise lassen sich sehr individuelle Ansichten für die einzelnen Entities erschaffen.

Namenskonventionen

Wie an vielen anderen Stellen auch gibt es bei den Entitäten-Vorlagen entsprechende Namenskonventionen. Die Benutzersteuerelemente heißen wie die Entität im Datenmodell. Für die Detailansicht ist keine zusätzliche Erweiterung vorgesehen. Für die Schablone zum Einfügen wird ein _Insert (`<EntityName>_Insert.ascx`) hinzugefügt. Für die Bearbeitungsansicht wird ein _Edit (`<EntityName>_Edit.ascx`). Existiert eine Ansicht für eine bestimmtes Entität nicht, wird auf die Standardansicht zurückgegriffen.

Beispiel für Entitäten-Vorlagen

Für die Tabelle `Address` aus der `AdventureWorks` Beispieldatenbank soll eine alternative Details-Ansicht erstellt werden. Dazu ist es zunächst erforderlich ein Benutzersteuerelement mit dem Namen der Tabelle anzulegen[28]. Im Beispiel wird das Benutzersteuerelement *Addresses.ascx* heißen.

---

[28] Bitte beachten Sie, dass bei aktivierter oder deaktivierter Pluralisierung die entsprechenden Namen als Einzahl oder Mehrzahl entsprechend dem Entity-Modell zu verwenden sind.

17.3 Vorlagen für die Präsentationsebene

Listing 17.1 Beispiel der Entity-Vorlage Addresses.ascx

```
<%@ Control Language="C#" AutoEventWireup="true"
          CodeBehind="Addresses.ascx.cs"
Inherits="DynamicDataEntities.DynamicData.EntityTemplates.Addresses" %>

<tr>
  <td class="DDLightHeader">
        <asp:Label ID="Label1" runat="server" Text="Address" />
  </td>
  <td>
   ❶ <asp:DynamicControl ID="DynamicControl1" runat="server"
                         DataField="AddressLine1" />
  </td>
</tr>
<tr>
  <td class="DDLightHeader">
    <asp:Label ID="Label2" runat="server" Text="City" />
  </td>
  <td>
    <asp:DynamicControl ID="DynamicControl3" runat="server"
                        DataField="City" />
  </td>
  <td class="DDLightHeader">
    <asp:Label ID="Label3" runat="server"
             Text="State/Province" />
  </td>
  <td>
    <asp:DynamicControl ID="DynamicControl4" runat="server"
                        DataField="StateProvince" />
  </td>
</tr>
<tr>
  <td class="DDLightHeader">
    <asp:Label ID="Label4" runat="server" Text="Country/Region" />
  </td>
  <td>
    <asp:DynamicControl ID="DynamicControl5" runat="server"
                        DataField="CountryRegion" />
  </td>
  <td class="DDLightHeader">
    <asp:Label ID="Label5" runat="server" Text="Postal Code" />
  </td>
  <td>
    <asp:DynamicControl ID="DynamicControl6" runat="server"
        DataField="PostalCode" />
  </td>
</tr>;
```

Um die Feldvorlagen von dynamischen Datenanwendungen verwenden zu können, wird das Steuerelement `DynamicControl` verwendet, welches die entsprechende Vorlage zum Rendern des jeweiligen Feldes verwendet ❶.

Die Funktionen *Bearbeiten* und *Löschen* werden automatisch durch das Rahmenwerk unter der benutzerdefinierten Detailansicht hinzugefügt.

Listing 17.2 Beispiel einer Entity-Vorlage (Adresses.ascx.cs)

```
using System;
using System.Web.DynamicData;

namespace DynamicDataEntities.DynamicData.EntityTemplates
```

```
    {
        public partial class Addresses : ❷ EntityTemplateUserControl
        {
            protected void Page_Load(object sender, EventArgs e)
            {
            }
        }
    }
```

In der Code-Datei wird zusätzlich der Typ der Klasse von `UserControl` auf `EntityTemplateUserControl` umgestellt ❷. Dies hilft dem Rahmenwerk, mit Hilfe von Reflection das entsprechende Steuerelement zu identifizieren, das für die Darstellung zuständig ist.

17.3.3 Feldvorlagen

Mit der Hilfe von Feldvorlagen kann der Entwickler einer dynamischen Datenanwendung nicht nur festlegen, wie Felder eines bestimmten Typs präsentiert werden, sondern auch entscheiden, wie die Ansicht für den Editor aussehen soll.

Einführung in das Prinzip der Feldvorlagen

Feldvorlagen richten sich in erster Linie nach einem bestimmten Datentyp. Im weiteren Verlauf dieses Kapitels wird mit Hilfe kleiner Beispiele gezeigt, wie einfach das Aussehen eines Feldes verändert werden kann.

Bei der Verwendung von Visual Studio 2010 werden die Vorlagen für die Felder der Standardtypen automatisch angelegt.

Funktionsweise der Feldvorlagen

Für jeden Standarddatentyp erzeugt der Assistent von Visual Studio entsprechende Feldvorlagen. Diese basieren auf dem benutzerdefinierten Steuerelement (`UserControl`) `FieldTemplateUserControl`.

Die Klasse `FieldTemplateUserControl` stellt für die Darstellung der Felder einer dynamischen Datenanwendung den Zugriff auf das Datenfeld, Spalteninformationen und Metadaten des jeweiligen Datenmodells zur Verfügung.

Die wichtigsten Eigenschaften sind `FieldValue` und `FieldValueString`, welche den jeweiligen Wert des Feldes enthalten.

Suchreihenfolge der Feldvorlagen

Zunächst wird der Modus des Feldes ermittelt, welcher Anzeigen, Bearbeiten oder Einfügen sein kann. Der einfachste Fall ist „Anzeigen".

Anzeige-Modus Falls `UIHint`-Metadaten vorhanden sind, wird die Vorlage aus `UIHint` verwendet. Andernfalls wird der Datentyp aus dem Datenmodell ermittelt und die entsprechende Vorlage ausgewählt. Dazu wird zunächst eine Vorlage mit dem vollständigen Typnamen gesucht, für `System.Boolean` wäre das beispielsweise die gesuchte Vorlage *System.Boolean.ascx*.

Ist diese nicht vorhanden, wird nach dem verkürzten Typnamen gesucht, beispielsweise `Boolean` oder `bool`. Die gesuchte Vorlage heißt dann *Boolean.ascx* bzw. *bool.ascx*.

Sollte immer noch keine Vorlage gefunden worden sein, wird versucht, in der integrierten Tabelle für Sonderfälle eine Vorlage zu finden. Sollte sich auch hier keine Vorlage finden lassen, wird das Feld nicht angezeigt.

Im Bearbeiten-Modus erfolgt die Suche nach der Vorlage entsprechend den gleichen Regeln wie im Anzeige-Modus mit einer Ausnahme. Existiert eine Vorlage des entsprechenden Typs mit der Erweiterung *<Type>_Edit.ascx*, wird diese bevorzugt verwendet. Ist das nicht der Fall, wird die Vorlage ohne Erweiterung verwendet.
Bearbeiten-Modus

Im Einfüge-Modus wird zunächst versucht, eine Vorlage mit der Erweiterung *<Type>_Insert.ascx* zu finden. Ist diese nicht vorhanden, wird nach der Edit-Vorlage gesucht. Ist diese auch nicht vorhanden, wird die normale Vorlage ohne Erweiterung gesucht.
Einfüge-Modus

Beispiel für Feldvorlagen

Um ein boolesches Feld verwenden zu können, werden zwei Vorlagen benötigt. Die Vorlage *Boolean.ascx* für die Anzeige des Feldes und *Boolean_Edit.ascx* für die Bearbeitung des Feldes.

Listing 17.3 Datei Boolean.ascx

```
<%@ Control Language="C#" CodeBehind="Boolean.ascx.cs"
           Inherits="DynamicData.BooleanField" %>
<asp:CheckBox runat="server" ID="CheckBox1" Enabled="false" />
```

Diese Feldvorlage stellt eine `Checkbox` dar, welche in der Anzeigeansicht nicht bearbeitet werden kann.

Listing 17.4 Datei Boolean.ascx.cs

```
public partial class BooleanField :
                    System.Web.DynamicData.FieldTemplateUserControl
{
    protected override void OnDataBinding(EventArgs e)
    {
      base.OnDataBinding(e);

      object val = FieldValue;
      if (val != null)
        CheckBox1.Checked = (bool)val;
    }

    public override Control DataControl
    {
      get
      {
        return CheckBox1;
      }
    }
}
```

Während der Datenbindung wird der übergebene Wert des Feldes in den darzustellenden Datentyp konvertiert und dann dem Steuerelement, in diesem Fall der `Checkbox`, übergeben.

Standardfeldvorlagen

Um die Entwicklung einer dynamischen Datenanwendung so gut wie möglich zu erleichtern, gehören zu der entsprechenden Projektvorlage diverse Standardfeldvorlagen.

Diese werden automatisch durch den `DataManager` zugewiesen. Im folgenden Abschnitt wird gezeigt, wie die Vorlagen an die eigenen Vorstellungen angepasst, und wie eigene Feldvorlagen verwendet werden können.

Tabelle 17.2 Die Standardfeldvorlagen

Vorlage	Beschreibung
Boolean.ascx	Rendert eine `CheckBox`, welche nicht bearbeitet werden kann.
Boolean_Edit.ascx	Rendert eine `CheckBox`, welche bearbeitet werden kann.
Children.ascx	Zeigt Felder einer 1:n-Beziehung und führt den Benutzer auf die entsprechende Seite. Rendert einen `HyperLink`
DateTime.ascx	Zeigt den Typ `DateTime` als Text. Rendert ein `Literal`.
DateTime_Edit.ascx	Rendert eine `TextBox`, fügt entsprechende Validierung für Datumswerte hinzu.
Decimal_Edit.ascx	Rendert eine `TextBox`, fügt entsprechende Validierung für Dezimalzahlen hinzu.
ForeignKey.ascx	Zeigt Felder einer 1:n-Beziehung. Rendert einen `Hyperlink`..
ForeignKey_Edit.ascx	Zeigt ein `DropDown`- Steuerelement zum Bearbeiten einer 1:n-Beziehung.
Integer_Edit.ascx	Rendert eine `TextBox`, fügt entsprechende Validierung für ganze Zahlen hinzu.
Text.ascx	Zeigt `String`, `Decimal`, `Double` und `Int32` sowie weitere numerische Typen als `Literal`.
Text_Edit.ascx	Rendert eine `TextBox`, fügt keine Validierung hinzu.
Multiline_Edit.ascx	Rendert eine mehrzeilige `TextBox`, fügt keine Validierung hinzu.

Anpassung der vorhandene Feldvorlagen

Die vorhandenen Feldvorlagen können sehr leicht angepasst oder erweitert werden, da sich alle Feldvorlagen in dem Unterverzeichnis *FieldTemplates* befinden. Durch Bearbeiten der Vorlage des entsprechenden Typs ändert sich das Aussehen bzw. das Verhalten für alle Felder dieses Typs in der gesamten dynamischen Datenanwendung.

Wird beispielsweise die Hintergrundfarbe geändert, ist die Hintergrundfarbe an allen Stellen verändert, an denen dieser Datentyp der dynamischen Datenanwendung verwendet wird.

Im Abschnitt „Erstellen und Verwenden eigener Feldvorlagen" wird an Hand eines praktischen Beispiels gezeigt, wie eigene Feldvorlagen erstellt und eingebunden werden können

17.3.4 Filtervorlagen

Filtervorlagen rendern Steuerelemente, mit deren Hilfe sich Daten aus der Datenbank filtern lassen. Dabei gibt es grundsätzlich zwei Möglichkeiten. Zum einen können Filter für die Beeinflussung eines bestimmten Datentyps erstellt werden. Zum Anderen können komplette benutzerdefinierte Filter erstellt werden. Aus Platzgründen haben die Autoren sich entschieden die Informationen über Filter auszulagern. Sie erreichen diese Informationen über den **texxtoor**-Code.

17.4 Steuerelemente für dynamische Daten

Dynamische Daten kommen mit einer ganzen Palette neuer Steuerelemente, die ASP.NET umfassend erweitern. Die Steuerelemente ergänzen die bestehenden sinnvoll und basieren teilweise auf diesen.

Einführung

Im Namensraum `System.Web.DynamicData` wurden die Steuerelemente `DynamicDataManager`, `DynamicControl` und `DynamicField` hinzugefügt. Diese ermöglichen neben der Darstellung und dem Bearbeiten eine Validierung der Daten, basierend auf dem Datentyp, Modell oder benutzerspezifischen Eigenschaften.

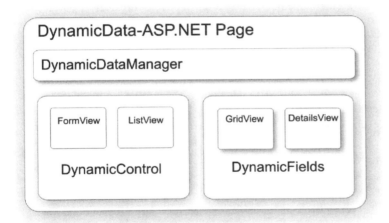

Abbildung 17.2 Übersicht DynamicData-Steuerelemente für dynamische Daten

Der `DynamicDataManager` stellt die Funktionalitäten für die Verwendung der vorlagenbasierten Steuerelemente `FormView`, `Listview`, `GridView` und `DetailsView` zur Verfügung. Diese Steuerelemente verwenden `DynamicControl`-Steuerelemente oder `DynamicField`-Steuerelemente, um die jeweiligen Datenfelder eines Datensatzes der Datenbank anzuzeigen bzw. zu bearbeiten.

17 Dynamische Daten

Die folgenden Teilabschnitte sollen einen kurzen Überblick über die Verwendungen und den Zusammenhang der neuen, bzw. für die Verwendung mit dynamischen Daten überarbeiteten, Steuerelemente geben.

Das Steuerelement DynamicDataManager

Die Hauptaufgabe des `DynamicDataManager` besteht darin, die Datensteuerelemente auf der ASP.NET-Seite mit der Datenquelle zu verbinden. Dazu ist es erforderlich, dass der dynamische Datenmanager vor den datengebundenen Steuerelementen und vor der Datenquelle auf der ASP.NET Seite platziert wird.

Ferner stellt dieses Steuerelement einen Feldgenerator für das `GridView` oder das `DetailsView`-Steuerelement bereit, wenn die Eigenschaft `AutoGenerateColums` auf `true` gesetzt ist.

Die Eigenschaften `ContextType` sowie `TabellenName` werden durch den `DynamicDataManager` zugewiesen. Weiterhin setzt dieses Steuerelement automatisch die Eigenschaft `AutoGenerateWhereClause=true` für die verwendete Datenquelle.

Dynamische Parameter werden expandiert, so dass diese von der Datenquelle verstanden und verarbeitet werden können, beispielsweise: `DataControlParameter`.

Das Steuerelement DynamicField

Das `DynamicField`-Steuerelement zeigt ein Datenfeld innerhalb eines auf Vorlagen basierenden Steuerelements an. Es kommt vor allem innerhalb der Steuerelemente `GridView` oder `DetailsView` zum Einsatz.

Dieses Steuerelement ist verantwortlich für die automatische Auswahl der dem Datentyp entsprechenden Feldvorlagen, der Darstellung des darin enthaltenen Steuerelements sowie der Überprüfung der Daten.

In der Regel wird dieses Steuerelement nicht explizit durch den Entwickler der Webseite verwendet. Es wird dynamisch mit dem Feldgenerator im `DataManager` erzeugt, wenn dessen Eigenschaft `AutoGenerateColums` auf `true` gesetzt ist.

Das Steuerelement DynamicControl

Ein `DynamicControl`-Steuerelement zeigt, wie ein `DynamicField`, jeweils ein Datenfeld innerhalb eines vorlagenbasierenden datengebundenen Steuerelements an. Im Unterschied zum `DynamicField` bietet ein `DynamicControl` mehr Flexibilität und Freiheit bei der Anpassung. Es kommt im `FormView` und `ListView` zum Einsatz.

Innerhalb eines `GridView` oder `DetailsView` kann das `DynamicControl` nur in ein `TemplateField`-Feld eingebettet verwendet werden.

Das `DynamicControl`-Steuerelement übernimmt das automatische Rendern eines in der Vorlage vorgegebenen Steuerelements, abhängig vom Typ des Feldes. Dabei können globale als auch individuelle Vorlagen zum Einsatz kommen.

Datenbindung und Datenvalidierung werden innerhalb dieses Steuerelements ausgeführt. Die Datenvalidierung kann mit Hilfe entsprechender Attribute innerhalb des Datenmodells angepasst werden.

17.4 Steuerelemente für dynamische Daten

Das Steuerelement GridView

Das `GridView`-Steuerelement zeigt eine Datenquelle in Form einer Tabelle an. Es wurde für die Verwendung mit dem `DynamicDataManager` erweitert. So können die `FeldTemplates` eines Projektes für dynamische Daten innerhalb des `GridView` verwendet werden. Der Feldgenerator der Datenquelle erzeugt die erforderlichen `DynamicField`-Objekte für die darzustellenden Felder. Die `DynamicField`-Steuerelemente wählen dann entsprechend dem Datentyp oder der Konfiguration das zugehörige `FeldTemplate`.

DynamicField

Ein Beispiel für die Verwendung des `GridView` befindet sich im Abschnitt „Erstellen einer datengetriebenen Webanwendung".

Das Steuerelement DetailsView

Die `DetailsView` zeigt die Details einer Datenreihe in einer Tabelle. Dabei werden die Felder in Form von Typ-/Wert-Paaren untereinander in einer Tabelle dargestellt. Im Zusammenhang mit dynamischen Daten werden meistens automatisch erzeugte Felder verwendet. Dabei wird für jedes Feld der Typ automatisch an Hand des Datenmodells ermittelt und entsprechend der Feldvorlage für diesen Typ angezeigt.

Automatisch und manuell angelegte Felder können kombiniert werden, dabei werden die manuell angelegten Felder immer vor den automatisch generierten Feldern angezeigt.

Das Steuerelement ListView

Das `ListView`-Steuerelement dient der Anzeige einer Tabelle mit allen darin enthaltenen Datensätzen. Im Gegensatz zum `GridView` müssen beim `ListView` die Datenfelder manuell erstellt werden. Dies bietet den Vorteil, wenn der Entwickler mehr Einfluss auf Aussehen und Verhalten einer Webanwendung nehmen möchte, aber trotzdem von den Feldvorlagen Gebrauch machen möchte, diese in einer eigenen Vorlage zu verwenden. Diese Aufgabe wird von `DynamicControl`-Steuerelementen übernommen, welche zusätzlich eine Vielzahl von Anpassungsmöglichkeiten bereit stellen.

Da keine automatische Generierung der Datenfelder erfolgt, wird dieses Steuerelement in der Regel tabellenbezogen eingesetzt. Ein Beispiel finden Sie in Abschnitt „Erweitern und Anpassen der Anwendung".

Das Steuerelement FormView

Das Steuerelement `FormView` dient der Anzeige, dem Bearbeiten sowie dem Einfügen von einzelnen Datensätzen. Im Gegensatz zum `DetailsView` werden die Felder nicht automatisch aus der Datenquelle abgeleitet. Dies bietet dem Entwickler die Möglichkeit, mehr Einfluss auf das Aussehen und die Verhaltensweise des Steuerelementes zu nehmen.

Um ein einheitliches Aussehen und Verhalten der einzelnen Datenfelder zu erlauben, können dynamische Steuerelemente innerhalb der Vorlagen verwendet werden.

17 Dynamische Daten

Modi — Das `FormView`-Steuerelement verfügt über drei Modi: `ReadOnly`, `Edit` und `Insert`. Wird die Eigenschaft `DefaultMode` nicht angegeben, startet das Steuerelement immer in dem Modus `ReadOnly`.

Um Datenfelder zur Anzeige zu bringen, ist es erforderlich, für jeden Modus welcher zur Anwendung kommt, die entsprechende Vorlage zu füllen. Dies umfasst die Elemente `ItemTemplate`, `EditItemTemplate` und `InsertItemTemplate`.

Da die Felder nur fest vorgegeben werden können, ist es ohne eine entsprechende Erweiterung des Codes nicht möglich, dieses Steuerelement in den globalen Seitenvorlagen zu verwenden. Es wird vielmehr als benutzerdefiniertes Steuerelement unter den kundenspezifischen Vorlagen tabellenbezogen verwendet. Ein Beispiel für die Verwendung findet sich im Abschnitt „Erweitern und Anpassen der Anwendung".

> Stephen Naughton zeigt in seinem Blog, wie es dennoch möglich ist, ein `FormView` als Ersatz für das `DetailsView`-Steuerelement in benutzerdefinierten Seiten zu verwenden:
>
> *http://csharpbits.notaclue.net/2010/09/dynamic-data-custom-pages-with-ajax.html*

17.5 Anwendungsbeispiel

In diesem Abschnitt wird der Einsatz dynamischer Seiten und Steuerelemente anhand eines umfassenden Beispiels gezeigt.

17.5.1 Erstellen einer datengetriebenen Webanwendung

Visual Studio 2010 — Um eine datengetriebene Webanwendung mit dem dynamischen Datenrahmenwerk entsprechend der folgenden Anleitung erstellen zu können, ist Visual Studio 2010 nicht zwingend erforderlich. Die Funktionen stehen bereits ab Visual Studio 2008 SP1 oder Visual Studio Express 2008 SP1 mit dem .NET Framework 3.5 SP1 bereit.

Vorgehensweise

Als erstes wird ein neues Projekt vom Typ WEBANWENDUNG FÜR DYNAMIC DATA angelegt. Für dieses Beispiel soll der Name *DynamicData* verwendet werden.

Der Assistent von Visual Studio[29] legt bereits alles an, was für eine vollständige Datenbankanwendung erforderlich ist. Im Verzeichnis *DynamicData* liegen die Vorlagen für die Seiten (*PageTemplates*), sowie die Vorlagen für die einzelnen Feldtypen (*FieldTemplates*). Ferner wird eine *web.config*-Datei für das Projekt angelegt, in der alles Erforderliche bereits voreingestellt ist. Die Autoren empfehlen die Verwendung des jeweiligen Assistenten, da trotz generiertem Code noch viele

---

[29] Visual Studio 2010 und Visual Studio Express 2010 verwenden die gleiche Vorlage.

Möglichkeiten der Anpassung existieren, wie im zweiten Teil des Beispiels gezeigt wird.

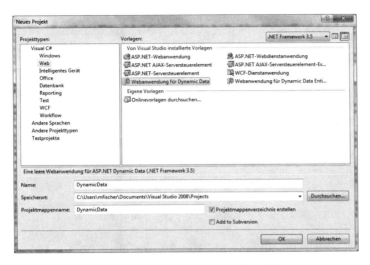

Abbildung 17.3 Anlegen eines neuen Projekts vom Typ WEBANWENDUNG FÜR DYNAMIC DATA

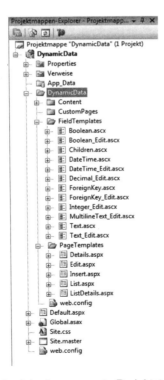

Abbildung 17.4 Die vom Assistenten erzeugte Projektstruktur

17 Dynamische Daten

Für dieses Beispiel soll die *AdventureWorksLT*-Datenbank zum Einsatz kommen. Zur Demonstration der Funktionsweise von dynamischen Datenseiten reicht es aus, diese „kleine" Beispieldatenbank zu verwenden.

Die wird in das Projekt eingefügt, indem die entsprechenden Dateien auf den *App_Data*-Ordner im Visual Studio gezogen werden.

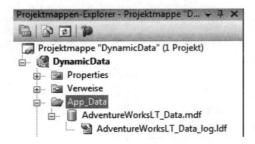

Abbildung 17.5 Die AdventureWorks-Datenbank wurde eingefügt

Dynamische Datenanwendungen basieren auf einem Modell, welches direkt aus dem OR-Mapper entnommen wird. Zur Veranschaulichung wird in diesem Beispiel ein LINQ-to-SQL-Mapper gewählt. Um diesen zu erstellen, wird ein neues Element vom Typ LINQ-to-SQL-Klassen hinzugefügt.

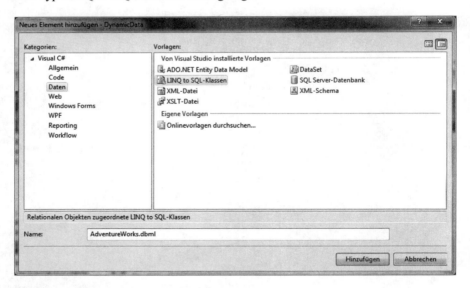

Abbildung 17.6 Einfügen des OR-Mappers

Im vorletzten Schritt werden die Tabellen ausgewählt, welche später in den Mapper übernommen werden sollen. Der Mapper erstellt das Modell, und die dynamische Daten-Bibliothek erzeugt entsprechend dem Modell Seiten zur Bearbeitung dieser Daten.

17.5 Anwendungsbeispiel

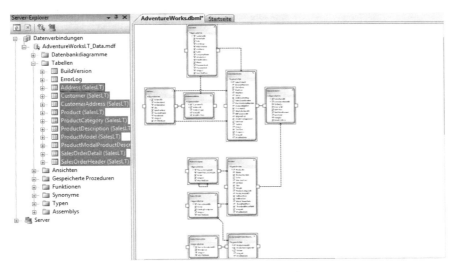

Abbildung 17.7 Auswahl der Klasse für das Datenmodell

Der Assistent hat bereits alles erzeugt, was erforderlich ist, um die dynamische Datenanwendung verwenden zu können. Die Verbindung zwischen dem Modell und der dynamischen Datenanwendung fehlt jedoch noch. Diese Verbindung wird in der Datei *global.aspx.cs* in der Initialisierungsfunktion geschlossen. Hier wird das Modell an den Generator für die dynamischen Seiten übergeben.

Listing 17.5 Registrierung der Routen

```
public static void RegisterRoutes(RouteCollection routes)
{
    MetaModel model = new MetaModel();

    model.RegisterContext(typeof(AdventureWorksDataContext), ↵
        new ContextConfiguration()
        {
            ScaffoldAllTables = true
        });

    routes.Add(new DynamicDataRoute("{table}/{action}.aspx")
    {
        Constraints = new RouteValueDictionary(
                    new
                    {
                        action = "List|Details|Edit|Insert"
                    }),
                    Model = model
    });
};
```

Neben dem Modell muss auch angegeben werden, ob alle Tabellen des Modells oder nur ausgewählte in die Konstruktion einbezogen werden sollen. In diesem Beispiel sollen alle Tabellen einbezogen werden, indem die Eigenschaft `ScaffoldAllTables` auf `true` gesetzt wird.

Wird das Projekt im Internet Explorer oder dem jeweiligen Standardbrowser gestartet, können alle Tabellen betrachtet und bearbeitet werden.

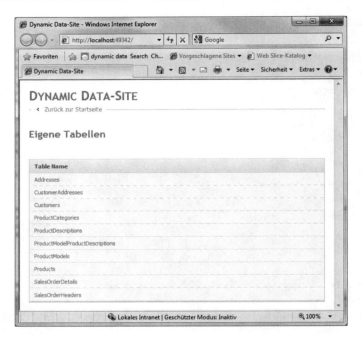

Abbildung 17.8 Die fertige Seite – wenig Code für viel Effekt

17.5.2 Erweitern und Anpassen der Anwendung

Dynamische Daten verfügen über vielfältige Möglichkeiten der benutzerdefinierten Anpassung und Erweiterung. Dieser Abschnitt soll einen kleinen Überblick über die Möglichkeiten geben.

Erstellen und Verwenden eigener Feldvorlagen

Nicht immer sollen die Änderungen global für alle Stellen der Verwendung eines Typs erfolgen. Es auch möglich, Feldvorlagen für benutzerdefinierte Typen zu erzeugen.

Im Beispiel soll eine benutzerdefinierte Vorlage für den Typ `Boolean` erstellt werden; ein `ToggleButton`. Hierzu kommen das *AjaxToolkit* und die *ToogleButton*-Erweiterung zum Einsatz.

Zunächst wird eine dynamische Feldvorlage mit dem Namen *ToggleButton* erstellt.

17.5 Anwendungsbeispiel

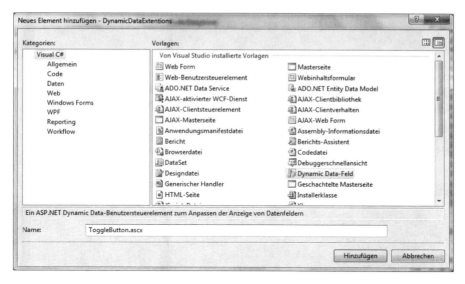

Abbildung 17.9 Erstellen der dynamischen Seite

Der Assistent legt automatisch zwei Steuerelemente an: Die Vorlage zum Anzeigen und die Vorlage zum Bearbeiten. Die Vorlage zum Anzeigen wird wie folgt überarbeitet:

Listing 17.6 Die Datei ToggleButton.ascx

```
<%@ Control Language="C#" CodeBehind="ToggleButton.ascx.cs"
         Inherits="DynamicDataExtentions.DynamicData.
                   FieldTemplates.ToggleButton" %>
<%@ Register Assembly="AjaxControlToolkit" Namespace="AjaxControlToolkit"
TagPrefix="cc1" %>

<asp:CheckBox runat="server" ID="CheckBox1" Enabled="false" />

<cc1:ToggleButtonExtender
      ID="ToggleButtonExtender1"
      runat="server"
      TargetControlID="CheckBox1"
      CheckedImageUrl="../Content/Images/ToggleButton_Checked.gif"
      UncheckedImageUrl="../Content/Images/ToggleButton_Unchecked.gif"
      ImageHeight="16"
      ImageWidth="16">
</cc1:ToggleButtonExtender>
```

Der Code enthält eine `CheckBox` für die Anzeige des Feldwertes und ein `ToggleButtonExtender` aus dem *AjaxControlToolkit*, um das Aussehen der `CheckBox` in einen `ToggleBotton` zu verändern.

803

17 Dynamische Daten

> **TIPP**
>
> Voraussetzung für diese Erweiterung ist die Installation des AjaxControlToolkits, das von CodePlex unter folgender Adresse beschafft werden kann:
>
> http://ajaxcontroltoolkit.codeplex.com
>
> Dazu gehört noch das Hinzufügen der entsprechenden Bilder im Ordner *../Content/Images/*.

Listing 17.7 Die Code-Datei ToggleButton.ascx.cs

```
using System;
using System.Web.UI;

namespace DynamicDataExtentions.DynamicData.FieldTemplates
{
  public partial class ToggleButton :
    System.Web.DynamicData.FieldTemplateUserControl
    {
    protected override void OnDataBinding(EventArgs e)
    {
      base.OnDataBinding(e);

      object val = FieldValue;
      if (val != null)
        CheckBox1.Checked = (bool)val;
    }

    public override Control DataControl
    {
      get
      {
        return CheckBox1;
      }
    }
  }
}
```

In der Code-Datei wird der Wert in der Datenbindungsmethode der CheckBox zugewiesen, sodass dieser angezeigt werden kann.

Die gleichen Anpassungen werden in der Datei *ToggleButton_Edit.ascx* gemacht:

Listing 17.8 Die Datei ToggleButton_Edit.ascx

```
<%@ Control Language="C#" CodeBehind="ToggleButton_Edit.ascx.cs"
           Inherits="DynamicDataExtentions.DynamicData.FieldTemplates.
           ToggleButton_EditField" %>
<%@ Register Assembly="AjaxControlToolkit"
    Namespace="AjaxControlToolkit" TagPrefix="cc1" %>
<asp:CheckBox runat="server" ID="CheckBox1" />

<cc1:ToggleButtonExtender
       ID="ToggleButtonExtender1"
       runat="server"
       TargetControlID="CheckBox1"
       CheckedImageUrl="../Content/Images/ToggleButton_Checked.gif"
       UncheckedImageUrl="../Content/Images/ToggleButton_Unchecked.gif"
       ImageHeight="16"
       ImageWidth="16">
</cc1:ToggleButtonExtender>
```

Zusätzlich wird in der Code-Datei die Methode ExtractValues überschrieben. Die Werte werden in einem Dictionary vom Aufrufer geschrieben, welches der Funktion als Parameter übergeben wird.

Listing 17.9 Die Code-Datei ToggleButton_Edit.ascx.cs

```
using System;
using System.Collections.Specialized;
using System.Web.UI;

namespace DynamicDataExtensions.DynamicData.FieldTemplates
{
  public partial class ToggleButton_EditField :
                      System.Web.DynamicData.FieldTemplateUserControl
  {
    protected override void OnDataBinding(EventArgs e)
    {
      base.OnDataBinding(e);

      object val = FieldValue;
      if (val != null)
        CheckBox1.Checked = (bool)val;
    }

    protected override void ExtractValues(IOrderedDictionary dictionary)
    {
      dictionary[Column.Name] = CheckBox1.Checked;
    }

    public override Control DataControl
    {
      get
      {
        return CheckBox1;
      }
    }
  }
}
```

Um diese Feldvorlage gezielt mit einer Tabelle verwenden zu können, ist es erforderlich, eine Metadaten-Klasse für das Datenmodell zu erstellen. Diese Metadaten-Klasse nimmt Attribute für Eigenschaften einer partiellen Klasse, welche automatisch generiert wurden:

Listing 17.10 Die Datei AdventureWorks.cs

```
using System.ComponentModel;
using System.ComponentModel.DataAnnotations;

namespace DynamicDataExtensions
{
  partial class AdventureWorksDataContext
  {
  }

  [MetadataType(typeof(Customer_Meta))]
  partial class Customer
  {
    public class Customer_Meta
    {
      [DefaultValue(false)]
```

```
        [UIHint("ToggleButton")]
        public object NameStyle { get; set; }
    }
  }
}
```

Erstellen einer benutzerdefinierten Seitenvorlage mit einem ListView

Benutzerdefinierte Seitenvorlagen werden unter *CustomPages* in einem Unterverzeichnis mit dem Namen der Tabelle des jeweiligen Datenmodells angelegt. Soll die Vorlage *List.aspx* für die Tabelle CUSTOMERS angepasst werden, ist ein Verzeichnis Customers[30] unter dem Verzeichnis *CustomPages* anzulegen.

```
CustomPages/Customers/List.aspx
```

Für die Demonstration der Funktionalität bietet es sich an, die Implementierung von *List.aspx* aus den allgemeinen Vorlagen in dieses Verzeichnis zu übernehmen. Kopieren Sie dazu die Datei *List.aspx* aus dem Verzeichnis der Vorlagen für die Seiten in das zuvor angelegte Unterverzeichnis. Dies kann unter anderem mit „Drag and Drop" und gleichzeitigem Betätigen der Steuerungstaste auf der Datei *List.aspx* im Projektmappen-Explorer erfolgen.

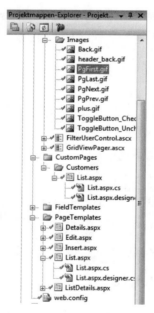

Abbildung 17.10 Ansicht der Vorlagen in Visual Studio

---

[30] Achtung: Wenn LINQ-To-SQL verwendet wird und die Eigenschaft „Pluralisierung von Namen" aktiviert ist, so ist die Mehrzahl, ansonsten die Einzahl des Tabellennamens zu verwenden. Also Customer versus Customers.

17.5 Anwendungsbeispiel

Anschließend ist es notwendig, die Namensräume anzupassen, da dies nicht automatisch erfolgt. In den drei Dateien *List.aspx*, *List.aspx.cs* und *List.aspx.designer.cs* wird aus dem Namensraum `DynamicDataExtentions` der neue Namensraum `DynamicDataExtentions.DynamicData.CustomPages.Customers.List` ❶, da es sonst zu Überschneidungen mit der originalen partiellen Klasse `List` kommen würde.

Um einen Unterschied zwischen den verwendeten Vorlagen besser zu sehen, ändern Sie die Überschrift der benutzerdefinierten Listenansicht der Tabelle folgendermaßen ❷ :

```
<h2 class="DDSubHeader">
  Benutzerdefinierte Ansicht :
  <%= table.DisplayName%>
</h2>
```

Im nächsten Schritt fügen Sie ein Textfeld ein. Dieses soll später als benutzerdefinierter Filter für die Tabelle `Customers` dienen ❸.

Listing 17.11 Datei List.aspx.cs

```
<%@ Page Language="C#" MasterPageFile="~/Site.master"
CodeBehind="List.aspx.cs"
❶ Inherits="DynamicDataEntities.DynamicData.CustomPages.Customers.List"
%>

<%@ Register src="~/DynamicData/Content/GridViewPager.ascx"
tagname="GridViewPager" tagprefix="asp" %>

<asp:Content ID="headContent" ContentPlaceHolderID="head"
    Runat="Server">
</asp:Content>

<asp:Content ID="Content1" ContentPlaceHolderID="ContentPlaceHolder1"
  Runat="Server">
    <asp:DynamicDataManager ID="DynamicDataManager1" runat="server"
        AutoLoadForeignKeys="true">
      <DataControls>
          <asp:DataControlReference ControlID="GridView1" />
      </DataControls>
    </asp:DynamicDataManager>

❷  <h2 class="DDSubHeader">Benutzerdefinierte Seite : ↵
        <%= table.DisplayName%></h2>

    <asp:UpdatePanel ID="UpdatePanel1" runat="server">
      <ContentTemplate>
        <div class="DD">
            <asp:ValidationSummary ID="ValidationSummary1" ↵
                runat="server" EnableClientScript="true"
                HeaderText="List of validation errors"
                CssClass="DDValidator" />
            <asp:DynamicValidator runat="server"
                ID="GridViewValidator" ControlToValidate="GridView1"
                Display="None" CssClass="DDValidator" />

            ❸ CustomerID:
              <asp:TextBox ID="txtCustomerID"
                  runat="server"></asp:TextBox><br />

            <asp:QueryableFilterRepeater runat="server"
                ID="FilterRepeater">
```

17 Dynamische Daten

```
                <ItemTemplate>
                    <asp:Label ID="Label1" runat="server"
                        Text='<%# Eval("DisplayName") %>'
                        OnPreRender="Label_PreRender" />
                    <asp:DynamicFilter runat="server"
                        ID="DynamicFilter"
                        OnFilterChanged="DynamicFilter_FilterChanged"
                        /><br />
                </ItemTemplate>
            </asp:QueryableFilterRepeater>
            <br />
        </div>

        <asp:GridView ID="GridView1" runat="server"
            DataSourceID="GridDataSource"
            EnablePersistedSelection="true"
            AllowPaging="True" AllowSorting="True"
            CssClass="DDGridView"
            RowStyle-CssClass="td" HeaderStyle-CssClass="th"
            CellPadding="6">
            <Columns>
                <asp:TemplateField>
                    <ItemTemplate>
                        <asp:DynamicHyperLink ID="DynamicHyperLink1"
                            runat="server" Action="Edit" Text="Edit'
                        /> <asp:LinkButton ID="LinkButton1"
                            runat="server" CommandName="Delete"
                            Text="Delete"
                            OnClientClick='return confirm(↵
                            "Sind sie sicher ?");'
                        /> <asp:DynamicHyperLink
                            ID="DynamicHyperLink2" runat="server"
                            Text="Details" />
                    </ItemTemplate>
                </asp:TemplateField>
            </Columns>

            <PagerStyle CssClass="DDFooter"/>
            <PagerTemplate>
                <asp:GridViewPager ID="GridViewPager1"
                    runat="server" />
            </PagerTemplate>
            <EmptyDataTemplate>
                In dieser Tabelle sind keine Einträge !
            </EmptyDataTemplate>
        </asp:GridView>

        <asp:EntityDataSource ID="GridDataSource" runat="server"
            EnableDelete="true" />

        <asp:QueryExtender TargetControlID="GridDataSource"
            ID="GridQueryExtender" runat="server">
          <asp:DynamicFilterExpression ControlID="FilterRepeater" />

          ❹ <asp:SearchExpression
                ComparisonType="CurrentCultureIgnoreCase"
                DataFields="CustomerID" SearchType="Contains" >

                <asp:ControlParameter
                    ControlID="txtCustomerID" />
```

```
                </asp:SearchExpression>
            </asp:QueryExtender>

            <br />

            <div class="DDBottomHyperLink">
                <asp:DynamicHyperLink ID="InsertHyperLink"
                    runat="server" Action="Insert">
                <img id="Img1" runat="server"
                    rc="~/DynamicData/Content/Images/plus.gif"
                    alt="Insert new item" />Insert new ↵
                    item</asp:DynamicHyperLink>
            </div>
        </ContentTemplate>
    </asp:UpdatePanel>
</asp:Content>
```

Die eingefügte `TextBox` (`txtCustomerID`) wird als Parameter eines Suchausdrucks (`SearchExpression`) innerhalb der Abfrage-Erweiterung (`QueryExtender`) verwendet ❹.

Abbildung 17.11 Die fertige Seite in Aktion

18 Model View Controller

Das Model View Controller-Konzept (MVC) ist eine etablierte Strategie, Programme mit grafischen Benutzeroberflächen zu entwerfen. ASP.NET kennt dieses Modell erst ab Version 3.5. MVC ist eine alternative Methode, strukturiert dynamische, datenbankbasierte Webseiten zu entwickeln. MVC steht damit in Konkurrenz zu den klassischen WebForms und den dynamische Datenseiten. Beide Verfahren wurden bereits vorgestellt. In diesem Kapitel finden Sie eine Einführung in das MVC-Entwurfsmuster, die dahinter liegenden Konzepte und eine umfassende Darstellung anhand eines Beispiels.

Damit ist es möglich, eine Abwägung der Methoden beim Einsatz in künftigen Projekten zu erlauben. Vorgestellt werden hier:

- Das MVC-Konzept
- Die Implementierungsdetails
- Einführung in das URL-Routing
- Verwendung von MVC anhand eines Beispiels

18.1 Das MVC-Konzept

Das MVC-Konzept ist eine etablierte Vorgehensweise für die Entwicklung von Desktopanwendungen. In der Webanwendungsentwicklung war bisher die Anwendungslogik in den ASPX-Seiten untergebracht. Ein Nachteil dieser Architektur liegt darin, dass Änderungen am Datenmodell immer auch Änderungen an allen Webseiten der Anwendung erfordern.

18.1.1 Grundlagen

Historischer Überblick

MVC ist ein Entwurfsmuster, welches selbst andere Entwurfsmuster verwendet. Es wurde 1978 im XEROX PARC für Smalltalk entwickelt. Die Einführung von MVC war ein großer Schritt in der GUI[31]-Entwicklung. Nach und nach hielt dieses Entwurfsmuster in vielen Desktopanwendungen Einzug. Inzwischen ist es Standard bei der Entwicklung einer Anwendung mit Benutzeroberfläche. Mittlerweile wird es auch im Zusammenhang mit Webanwendungen verwendet.

Der Kerngedanke besteht darin, Daten, Präsentation und Interaktion voneinander zu trennen. Auf diese Weise wird eine Anwendung übersichtlicher und leichter wartbar. Der folgende Abschnitt gibt einen Überblick über die Funktionsteile.

18.1.2 Das MVC-Entwurfsmuster

Das Entwurfsmuster *Model View Controller* besteht im Wesentlichen aus drei Teilen.

Modell (model)

Das Modell stellt einen Zugriff auf die Daten zur Verfügung. Bei den meisten Implementierungen ist das Modell eine Klasse, welche die zu verarbeitenden Daten definiert, beispielsweise eine Person mit Name und Anschrift. In einer Anwendung, die auf einer SQL-Datenbank basiert, würde der Zugriff auf die Daten, sowie die Überprüfung der Konsistenz der Daten, innerhalb des Modells erfolgen.

Es bietet sich an, das Entwurfsmuster „Beobachter" (Observer) für das Modell zu implementieren. Auf diese Weise können andere Schichten, wie beispielsweise die Präsentation, über Änderungen informiert werden.

Präsentation (view)

Die Präsentationsschicht ist nur für die Darstellung von Informationen und gegebenenfalls die Bereitstellung von Bedienelementen zur Benutzerinteraktion zuständig, beispielsweise von Schaltflächen, Eingabefeldern oder Links.

Das Modell sollte die Präsentation über Änderungen informieren, sodass gegebenenfalls neue Daten dargestellt werden können. Ein Modell kann mehr als eine Präsentation haben.

Steuerung (controller)

Alle Aktionen werden in der Steuerungsschicht durchgeführt. Eine Steuerung kann mehrere Präsentationsschichten bedienen. Dabei werden Aktionen der Bedienelemente aus der Präsentationsschicht entgegengenommen, ausgewertet und die Daten im Modell entsprechend verarbeitet oder aktualisiert.

---

[31] Graphical User Interface = Grafische Benutzeroberfläche

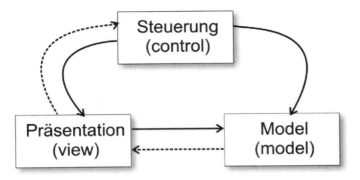

Abbildung 18.1 Das Entwurfsmuster „Model View Controller"

18.2 Implementierung in ASP.NET

Webformulare, dynamische Daten und MVC-Anwendungen sind Alternativen für die Entwicklung von Webanwendungen. MVC baut, wie WebForms, auf den Kernbibliotheken von ASP.NET sowie den Bibliotheken des .NET-Frameworks auf. Alle drei Möglichkeiten werden auch in Zukunft unterstützt und mit weiteren Features ausgebaut werden.

Aus diesem Grund ist es nicht verwunderlich, dass intern die gleichen Mechanismen verwendet werden, wie bei den WebForms, beispielsweise HTTP-Handler, HTTP-Kontexte oder die Visual Studio-Integration. Es gibt aber auch Unterschiede. MVC hat keinen ViewState oder PostBack, wie sie von den WebForms bekannt sind.

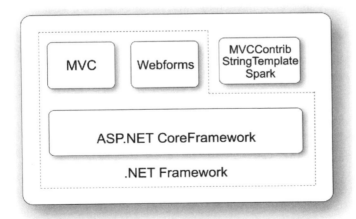

Abbildung 18.2 MVC im ASP.NET-Framework

Für ASP.NET-MVC hat Microsoft das „Model-View-Controller"-Entwurfsmuster geradeaus implementiert. Wie bei allen anderen Bibliotheken können auch bei MVC alle Komponenten ausgetauscht, angepasst oder erweitert werden.

Visual Studio 2008 — MVC2 wird mit Visual Studio 2010 in Form von Bibliotheken und Projektvorlagen geliefert. Für Visual Studio 2008 können die entsprechenden Komponenten Nachgeladen werden. Dies ist möglich, weil MVC2 auf der Basis des .NET Frameworks 3.5 erstellt wurde. In MVC2 wurden keine Anteile von .NET 4-Frameworks verwendet.

Alternativen

Alternativen — Es gibt auch einige alternative OpenSource-Implementierungen, wie MVCContrib oder Spar. Da eine detaillierte Betrachtung aller Rahmenwerke den Umfang dieses Buches weit überschreiten würde, sollen diese Bibliotheken nur der Vollständigkeit halber erwähnt werden.

18.3 URL-Routing

Mapping — Eine Voraussetzung, um die Trennung in Modell, Präsentation und Steuerung zu ermöglichen, erfordert die Bereitstellung eines Weges, die angeforderte Webadresse auf ein Objekt bzw. die passende Methode (Action) zu mappen. ASP.NET 4 unterscheidet grundsätzlich zwei Varianten von Mapping.

Zum einen können im Zusammenspiel mit MVC Adressen direkt auf Funktionen (Action) des zuständigen Steuerungsobjekts (Controller) gemappt werden. Dies steht im Gegensatz zu vielen anderen Rahmenwerken (WebForms, PHP), wo immer ein direktes Routen auf die Vorlage erfolgt.

Alternativ ist es aber auch möglich die Adresse direkt auf ein Template (*.aspx) zu mappen. Diese Variante ist vor allem für die Verwendung im Zusammenspiel mit einer APS.NET-Anwendung vorgesehen.

Beide Varianten sollen im Folgenden etwas näher betrachtet werden. Da die Verwendung mit dem MVC Framework häufiger vorkommt sollen zunächst die Grundlagen mit Beispielen aus diesem Bereich dargelegt werden.

18.3.1 Funktionsweise

Die Steuerung nimmt die Anforderung (WebRequest) und alle ankommenden Daten bzw. Benutzereingaben (FormData) entgegen und verarbeitet diese direkt oder mit Hilfe des Modells. Anschließend wird die zur aufrufenden Aktion gehörende Präsentationsklasse (View) verwendet, welche das zurückzugebende HTML für den Browser erstellt.

18.3 URL-Routing

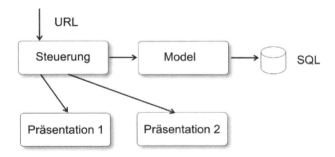

Abbildung 18.3 URL-Mapping

Das MVC-Framework verfügt über eine extrem leistungsfähige Mapping-Komponente, welche bereits einen großen Teil der Vorverarbeitung einer Anforderung übernehmen kann. So erfolgt bereits ein indirektes Mapping von Parametern auf Variablen der Funktionen (Actions). Weitere Details dazu finden Sie bei den jeweiligen Beispielen.

18.3.2 Das Standardverhalten des Routing

Ein MVC-Projekt, welches mit dem Assistenten von Visual Studio erstellt wurden, hat bereits ein Standard-Routing vorkonfiguriert. Im Folgenden sollen die Konventionen und Einstellungen dieses Standardverhaltens genauer erklärt werden.

Listing 18.1 Routing Konfiguration in der Datei Global.aspx

```
using System.Web.Mvc;
using System.Web.Routing;

namespace MvcWebApplication
{
  public class MvcApplication : System.Web.HttpApplication
  {
    public static void ❶ RegisterRoutes(RouteCollection routes)
    {
      routes.IgnoreRoute("{resource}.axd/{*pathInfo}");
      routes.MapRoute(
          ❷ "Default",                        // Name der Route
          ❸ "{controller}/{action}/{id}",     // URL und Parameter
          ❹ new {
                 controller = "Home",
                 action = "Index",
                 id = ""
          } // Standardwerte
      );
    }

    protected void ❺ Application_Start()
    {
      RegisterRoutes(RouteTable.Routes);
    }

  }
}
```

In der statischen Methode `RegisterRoutes` ❶ wird eine Route erstellt und registriert[32]. Der erste Parameter einer Route ist der Name ❷, der zweite Parameter gibt das Schema an ❸, nach dem die URL zerlegt werden soll. Der anonyme Typ ❹ im dritten Parameter legt die Standardwerte fest, falls die entsprechenden Komponenten nicht aus der URL entnommen werden können.

Die Methode `Application_Start` ❺ wird immer aufgerufen, wenn eine Webanwendung zur Ausführung kommt. Hier wird die Funktion für die Registrierung der Route ausgeführt. Spätestens hieran ist zu erkennen, dass es sich um den Code der Datei *global.asax* handelt.

Routen anpassen

Diese Einstellungen sind die Standardwerte und können leicht an eigene Bedürfnisse angepasst werden. Wird das Schema von `"{controller}/{action}/{id}"` auf `"{action}/{controller}/{id}"` geändert, ändern sich damit auch alle URLs. Aus `"Contacts/Edit/5"` wird `"Edit/Contacts/5"`.

Alternativ können auch statische Routen hinzugefügt werden:

```
routes.MapRoute(
        "MyStaticPage",                          // Name der Route
        "MyStaticPath/MyStaticPage.aspx",        // URL und Parameter
        "PageToBeShown.aspx"                     // Standardwert
    );
```

18.3.3 Funktionsweise MVC-Implementierung

Die Funktionsweise der MVC-Implementierung basiert auf Verzeichnissen mit dedizierten Funktionen und Aufrufkonventionen.

Konventionen

Alternativen

In MVC werden die drei Komponenten Präsentation, Steuerung und Modell unterschieden. Die Standardkonvention ist es, die Klassen für diese Teilfunktionen in separate Verzeichnisse zu legen.

> Alle im folgenden Abschnitt beschriebenen Konventionen geben das Standardverhalten einer MVC-Webanwendung wieder, welche mit dem Assistenten von Visual Studio erzeugt wurde. Alle diese Eigenschaften können geändert und angepasst werden.

- Modelle werden im Verzeichnis Models abgelegt. Diese Konvention dient vor allem der Übersicht. Hier kann ohne weiteres auch ein eigenes Verzeichnis verwendet werden.

---

[32] Sie können die entsprechenden Funktionen zum registrieren der Routen alternativ auch direkt in der Funktion Application_Start ausführen. Die Auslagerung in eine statische Funktion dient hier nur der besseren Übersicht.

- Die Steuerungsklassen werden im Verzeichnis Controllers erwartet. Die aufrufende Routing-Komponente sucht in diesem Verzeichnis nach den Steuerungsklassen entsprechend der Routing-Konfiguration (siehe Abschnitt „URL-Routing").
- Präsentationsvorlagen werden im Verzeichnis Views erwartet, in einem separaten Unterverzeichnis mit dem Namen der aufrufenden Steuerungsklasse. Der Name der aufgerufenen Ansicht ist gleich dem Namen der Aktion in der Steuerungsklasse.

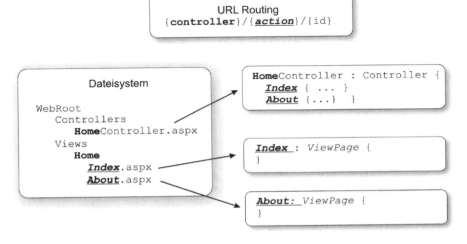

Abbildung 18.4 MVC-Namenskonventionen

> MVC verwendet viele implizite Konventionen. Hier ist es wichtig zu wissen, wie die Namen der Elemente sind und in welchen Verzeichnissen sie von der Bibliothek erwartet werden.

HINWEIS

Aufrufreihenfolge

Die Routingkomponente wählt die Steuerungsklasse und die darin aufzurufende Funktion (Action) aus. Innerhalb der Aktion werden alle Aktivitäten – ändern von Daten, abfragen von Daten, ausführen von Funktionen – durchgeführt.

Die anzuzeigenden Daten werden dem Feld `ViewData` übergeben. Anschließend wird mit Hilfe des Frameworks die Vorlage für die Ansicht ausgewählt. Die ASP.NET-Template-Engine erzeugt das HTML für die Ansicht, welches an den Browser zurückgegeben wird.

Weitere Details zur Funktionsweise finden sich im folgenden Abschnitt im Zusammenhang mit den jeweiligen Beispielen.

18.3.4 MVC und der IIS6

IIS6-Probleme

MVC in der vorgestellten Form ist problemlos einsetzbar, solange Sie den integrierten Server von Visual Studio benutzen oder auf einen IIS7 verteilen können. Versuchen Sie das auf einem IIS6, funktioniert es nicht mehr.

Schuld daran ist das Routing, das die bereits vorgestellten URLs nutzt. Genau die kennt der IIS6 nicht. Da er keine für ASP.NET registrierte Dateiendung findet, wird ASP.NET gar nicht erst aufgerufen, sodass kein Controller angesprochen wird.

Lösungsansätze

Es gibt einige Lösungsansätze, die hier in Frage kommen:

1. Nutzung einer zusätzlichen URL-Rewrite Komponente
2. Wildcard-Mapping
3. Anpassen der Routen

URL-Rewriting

Kommerzielle URL-Rewriting-Komponenten

Eine kommerzielle URL-Rewriting-Komponente ist sicherlich der eleganteste Weg, da dies keine Änderung an der Anwendung erfordert. Zwei Möglichkeiten sind der kostenlose Ionic's ISAPI Rewrite Filter oder das kostenpflichtige ISAPI Rewrite von Helicon (derzeit etwa US$ 99). Ob der Einsatz möglich ist, hängt davon ab, ob Komponenten auf dem Server überhaupt erlaubt werden und ob dafür ein Budget bereit steht.

Wildcard-Mapping

Das Wildcard-Mapping basiert darauf, dass man bei jeder Anforderung eingreifen und diese manipulieren kann. Das Problem hierbei ist, dass fortan jede Anforderung unterbrochen und überprüft wird. Also jedes Bild, jede statische Datei, jedes Stylesheet usw. Das bedeutet Performanceverlust. Wer Interesse an solch einer Lösung hat, sei auf diesen TechNet-Beitrag bei Microsoft verwiesen:

- *http://www.microsoft.com/technet/prodtechnol/WindowsServer2003/Library/II S/5c5ae5e0-f4f9-44b0-a743-f4c3a5ff68ec.mspx?mfr=true*

Anpassen der Routen für IIS6

Das Anpassen der Routen hat Eingriffe in die Webanwendung zur Folge und ändert auch die URLs etwas. Damit müssen Sie leben, solange mit dem IIS6 gearbeitet wird. In vielen Beispielen wird hierfür eine neue Endung „.mvc" im IIS registriert, die dann der ASP.NET-Engine zugewiesen wird. Wer es einfacher mag, keinen Zugriff auf den IIS hat oder wen die Endung *.aspx* nicht stört, der braucht noch nicht einmal das zu tun, sondern verwendet die Standarderweiterung. Im Folgenden werden die notwendigen Anpassungen am Beispiel der Dateiendung *.aspx* beschrieben.

Anpassung der Route in der global.asax

Zunächst ist die Route in der globalen Anwendungsdatei *global.asax* anzupassen. Bisher findet sich hier Code, der etwa folgendermaßen aussieht:

18.3 URL-Routing

```
public static void RegisterRoutes(RouteCollection routes)
{
   routes.Ignore("{resource}.axd/{*pathInfo}");
   routes.MapRoute(
      "Default",
      "{Controller}/{action}/{id}",
      new {
         controller = "Home",
         action = "Index",
         id = ""
      }
   );
}
```

Alles was Sie nun im ersten Schritt tun müssen, ist hinter der geschweiften Klammer nach `controller` ein *.aspx* einzufügen:

```
public static void RegisterRoutes(RouteCollection routes)
{
   routes.Ignore("{resource}.axd/{*pathInfo}");
   routes.MapRoute(
      "Default",
      "{Controller}.aspx/{action}/{id}",
      new {
         controller = "Home",
         action = "Index",
         id = ""
      }
   );
}
```

Dies führt dazu, dass statt den bisherigen URLs in der Form *controller/action/id* nun URLs der Form *controller.aspx/action/id* gebildet werden. Dabei wird durch die Endung *.aspx* erreicht, dass die Anforderungen an ASP.NET weitergereicht und damit die Seiten korrekt gerendert werden.

Sind jetzt alle URLs mit den `HtmlHelpern`-Klassen von MVC gebaut, dann funktioniert dies automatisch. Jede sonstige hart-codierte URL muss entsprechend angepasst werden.

Keine hart-codierten URLs!

Testen Sie dies nun in Visual Studio mit dem integrierten Webserver, sehen Sie eine Fehlermeldung. Denn Visual Studio weiß natürlich noch nichts von dem neuen Format der URLs. Und für das alte Format findet sich in der *global.asax* keine Routenbeschreibung. Im einfachsten Falle helfen hier die Eigenschaften des Webprojekts, bei denen man beispielsweise als Startdokument fest *Home.aspx* einträgt.

Visual Studio

Nach dieser Änderung sollten Sie nun die Startseite zu sehen bekommen. Haben Sie bereits mit dem Membership-System gearbeitet und einige Seiten so geändert, dass sie einen Login benötigen, dann stehen Sie vor dem Problem, dass die Anwendung hier versagt, weil die URL wieder falsch ist. Es gibt innerhalb der *web.config* einen Eintrag gibt, der die Seite mit dem Login enthält. Dieser muss nun noch entsprechend angepasst werden. Aus *~/Account/Login* muss *~/Account.aspx/Login* werden:

```
<authentication mode="Forms">
   <forms loginUrl="~/Account.aspx/login" />
</authentication>
```

Damit sollte die Anwendung nun auch unter dem IIS6 laufen.

18.3.5 Routen mit Webforms verwenden

Mit ASP.NET 4 steht das Routing auch außerhalb von MVC Anwendungen zur Verfügung. So lassen sich die Vorteile einer einfachen und übersichtlichen REST-API leicht und einfach umsetzen, ohne auf URL-Rewriting zurück greifen zu müssen.

In diesem Abschnitt soll ein stark vereinfachtes Scenario als Beispiel für die Web-Forms-Anwendung mit Routen dienen.

Vorbereitung und Datenhaltung

Für das folgende Beispiel wird eine statische Datenhaltung verwendet, welche im Wesentlichen aus der Klasse Contact und der statischen Klasse SimpleDataModel besteht.

Listing 18.2 Klassen für die Datenhaltung

```
public class ❶ Contact
{
    public int Id { get; set; }
    public string Name { get; set; }
    public string FirstName { get; set; }
    public DateTime Birthday { get; set; }

}

public static class ❷ SimpleDataModel
{

    public static Contact[] db = new []
    {
      new Contact()
      {
          Id = 0,
          Name="Fischer",
          FirstName="Matthias",
          Birthday=DateTime.Now
      },
      new Contact()
      {
          Id = 1,
          Name="Krause",
          FirstName="Jörg",
          Birthday=DateTime.Now
      }
    };
}
```

Die Klasse Contact ❶ gibt die Felder vor, welche später zur Anzeige kommen sollen. Ferner wird in der Klasse SimpleDataModel ❷ ein statisches Array mit zwei Beispieldatensätzen bereit gestellt.

18.3 URL-Routing

Die Routen

Wie bei einem MVC-Projekt werden die Routen in der Datei *global.aspx* in der Funktion `Application_Start` hinzugefügt. Der wesentliche Unterschied besteht darin, dass hier die Funktion `MapPageRoute` zur Anwendung kommt.

Listing 18.3 Definition der Routen

```
void RegisterRoutes(RouteCollection routes)
{
   routes.MapPageRoute(
       "contacts-details",       // Name der Route
     ❶ "Contacts/{id}",          // URL
       "~/ContactsPage.aspx");   // Webseite für die Route
}

void Application_Start(object sender, EventArgs e)
{
   RegisterRoutes(RouteTable.Routes);
}
```

In dem Beispiel hat die hinzugefügte Route nur den Parameter `id` ❶, welcher der ID des anzuzeigenden Datensatzes entspricht. Die Verarbeitung soll mit Hilfe der Seite *ContactsPage.aspx* stattfinden.

Zugriff auf die Parameter

Um dieses Beispiel so einfach wie möglich zu gestalten, wurde die *aspx*-Seite mit vier `TextBox`-Steuerelementen ausgestattet, welche die Eigenschaften eines Kontakts (`Contact`) anzeigen sollen.

Listing 18.4 Markup der Seite mit den Kontakteigenschaften

```
<html xmlns="http://www.w3.org/1999/xhtml">
<head runat="server">
    <title></title>
</head>
<body>
    <form id="form1" runat="server">
    <div>
    <label for="Id">Id:</label>
    <asp:TextBox runat="server" id="Id" name="Id">
    </asp:TextBox><br />
    <label for="Name">Name:</label>
    <asp:TextBox runat="server" id="Name" name="Name">
    </asp:TextBox><br />
    <label for="FirstName">FirstName:</label>
    <asp:TextBox runat="server" id="FirstName"
        name="FirstName"></asp:TextBox><br />
    <label for="Birthday">Birthday:</label>
    <asp:TextBox runat="server" id="Birthday"
        name="Birthday"></asp:TextBox><br />
  <hr />
    <br />
    <a href=↵
      "<%= ❶ Page.GetRouteUrl("contacts-details", new { id = 0}) %>" >↵
        Erster</a><br />
    <a href=↵
      "<%= ❶ Page.GetRouteUrl("contacts-details", new { id = 1}) %>" >↵
        Zweiter</a><br />
```

```
        </div>
    </form>
</body>
</html>
```

Die Routen können auch verwendet werden, um eine URL nach dem angegebenen Schema zu erstellen. Die Funktion `GetRouteUrl` ☐ liefert eine Zeichenkette mit der URL zu der benannten Route, einschließlich der übergebenen Parameter.

Listing 18.5 Code der Seite

```
public partial class ContactsPage : System.Web.UI.Page
{
    protected void Page_Load(object sender, EventArgs e)
    {
        var id = ( ❶ Page.RouteData.Values["id"] ?? "0").ToString();

        ❷ var con = (from c in SimpleDataModel.db
                    where c.Id.ToString() == id
                    select c).FirstOrDefault();

        if (con != null)
        {
            Id.Text = con.Id.ToString();
            Name.Text = con.Name;
            FirstName.Text = con.FirstName;
            Birthday.Text = con.Birthday.ToString();
        }
    }
}
```

In der Code-Datei wird beim Laden der Seite mit Hilfe des assoziativen Arrays (`Dictionary`) `Page.RouteData.Values` die `id` ermittelt ❶. Sollte keine `id` vorhanden sein, wird „0" als Standard angenommen. An dieser Stelle wurde bewusst auf eine weitere Fehlerbehandlung verzichtet, um das Beispiel so einfach wie möglich zu halten.

Im nächsten Schritt wird der gewünschte Eintrag aus der Datenquelle geholt ❷. Wenn diese Aktion erfolgreich war, sprich ein Kontakt mit der gesuchten `id` existiert, dann werden die Inhalte der Felder auf die `TextBox`-Steuerelemente verteilt. Das Ergebnis sieht wie in Abbildung 18.5 gezeigt aus.

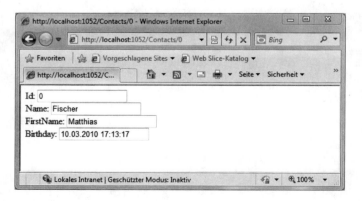

Abbildung 18.5 Die fertige Seite im Browser

18.4 MVC praktisch einsetzen

Nachdem im vorherigen Abschnitt die Grundlagen und Konzepte von MVC genauer betrachtet wurden, soll es in diesem Abschnitt um die praktische Verwendung sowie Vorgehensweisen beim Erstellen von MVC-Webanwendungen gehen.

18.4.1 Ein Einführungsbeispiel

Da MVC-Anwendungen aus mehr als einer Datei bestehen, empfiehlt es sich zum Anfang, das vom Assistenten in Visual Studio 2010 erzeugte MVC-Template als Beispiel zu verwenden.

Der Assistent für Projekte wird mit DATEI → NEU oder mit STRG-N aufgerufen. Dort wählen Sie ein ASP.NET MVC-WEB-ANWENDUNGSPROJEKT. Der Assistent erstellt dann bereits alle erforderlichen Elemente für eine kleine Beispielanwendung mit einem *Home*- und einem *Account*-Controller.

Verwenden des Assistenten

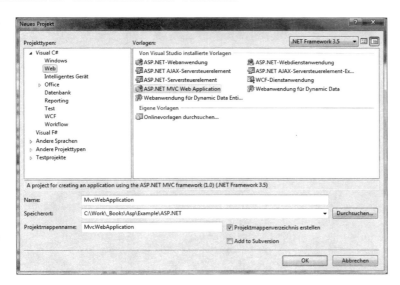

Abbildung 18.6 Erstellen einer MVC-Webanwendung mit Visual Studio 2010

Nach dem Betätigen der OK-Schaltfläche fragt der Assistent, ob ein Testprojekt angelegt werden soll. Ein großer Vorteil der MVC-Architektur besteht darin, dass unter anderem alle Funktionen eines Controllers mit Hilfe von Unit-Tests getestet werden können. Sollten weitere Unit-Testframeworks, wie NUnit, installiert sein, werden diese vom Assistenten genauso unterstützt wie das integrierte Unit-Testframework von Visual Studio.

An dieser Stelle empfiehlt es sich, immer das Projekt und die Rahmen für die Testobjekte sowie die Funktionen anlegen zu lassen. Auf diese Weise ist sichergestellt, dass ein entsprechendes Projekt für die zu verwendende Testumgebung von Anfang an existiert.

Testprojekt immer automatisch anlegen

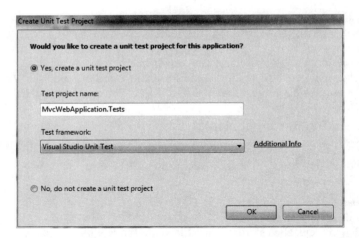

Abbildung 18.7 Festlegen des Test-Frameworks für MVC-Web Anwendungen

Nachdem alle Angaben gemacht wurden, legt der Assistent eine kleine Beispiel-MVC-Rahmenanwendung an. Diese soll im Folgenden etwas genauer betrachtet werden.

Abbildung 18.8 Erzeugtes MVC-Projekt

Aufbau und Funktionsweise der Beispielanwendung

Konventionen

Eine eingehende Anfrage durchläuft zunächst das Routing-Modul. Hier wird die Adresse in Ihre Bestandteile zerlegt. Die Standardeinstellung sieht folgendermaßen aus:

{controller}/{action}/{id}.

Diese Einstellung steht für: Name eines Steuerungsmoduls, Name der aufzurufenden Aktion, gefolgt von einem benutzerdefinierten Identifier.

18.4 MVC praktisch einsetzen

Wird die Adresse */Home/Index* aufgerufen, erfolgt ein Aufruf der Methode `Index` in der Klasse `HomeController`, welche sich in dem Unterverzeichnis `Controllers` befindet.

Listing 18.6 Der Controller HomeController.aspx

```
using System.Web.Mvc;

namespace MvcWebApplication.Controllers
{
  [HandleError]
  public class HomeController : Controller
  {
    public ActionResult Index()
    {
      ViewData["Message"] = "Welcome to ASP.NET MVC!";
      return View();
    }

    public ActionResult About()
    {
      return View();
    }
  }
}
```

Gemäß dem Konzept von MVC werden alle Aktionen innerhalb der Steuerung ausgeführt. In dem Beispiel wird für die Aktion *Index* ein Text an die Ansicht übermittelt.

Die Methode `View` ruft die Standardansicht ab. Diese befindet sich laut Konvention in dem Verzeichnis *Views*, Unterverzeichnis *Home*, Datei *Index.aspx*.

Die Datei *Index.aspx* wird von der ASP.NET-Template-Engine verarbeitet und das resultierende HTML an die aufrufende Aktion zurückgegeben. Das Feld `ViewData` wird automatisch in der `ViewPage` bereit gestellt.

Listing 18.7 Die Ansicht Index.aspx

```
<%@ Page Language="C#" MasterPageFile="~/Views/Shared/Site.Master"
    Inherits="System.Web.Mvc.ViewPage" %>

<asp:Content ID="indexTitle" ContentPlaceHolderID="TitleContent"
        runat="server">
    Home Page
</asp:Content>

<asp:Content ID="indexContent" ContentPlaceHolderID="MainContent"
        runat="server">
    <h2><%= Html.Encode(ViewData["Message"]) %></h2>
    <p>
        To learn more about ASP.NET MVC visit
        <a href="http://asp.net/mvc"
           title="ASP.NET MVC Website">http://asp.net/mvc</a>.
    </p>
</asp:Content>
```

Die Kommunikation zwischen der Steuerung und der Präsentation erfolgt unter Verwendung des Feldes `ViewData`. Es gibt zwei Möglichkeiten, dieses Feld zu

18 Model View Controller

verwenden. Entweder als Überträger eines stark typisierten Datenmodells oder als Schlüssel-/Wert-Paar-Auflistung.

In diesem Beispiel funktioniert `ViewData` als Auflistung von Schlüssel-/Wert-Paaren (`Dictionary`). In der Aktionsmethode des Steuerungsobjektes wird ein Wert für den Schlüssel „Message" in die Auflistung eingetragen, welcher später im Präsentationsobjekt zur Verfügung steht.

Diese Trennung ermöglicht eine große Kontrolle über die Verarbeitung und Darstellung von Informationen, da eine strikte Trennung zwischen Verarbeitung und Anzeige der Daten vorliegt.

Die Aktion `About` ruft die passende Ansicht entsprechend den beschriebenen Konventionen auf, ohne explizit Daten zu übergeben.

18.4.2 Erweiterung der Beispielanwendung

Die meisten Anwendungen werden entwickelt, um Daten zu erfassen oder zu verarbeiten. In dieser Erweiterung soll gezeigt werden, wie Daten eingegeben und angezeigt werden können, im Zusammenspiel mit dem Entity Framework.

Datenmodell erstellen

Zunächst wird ein konzeptionelles Datenmodell benötigt. Die Beispielanwendung stellt bereits einen Ordner für etwaige Modelle namens *Models* bereit. Auch hier gilt, dass Sie diesen, oder einen eigenen Ordner bzw. ein separates Projekt für das Modell verwenden können.

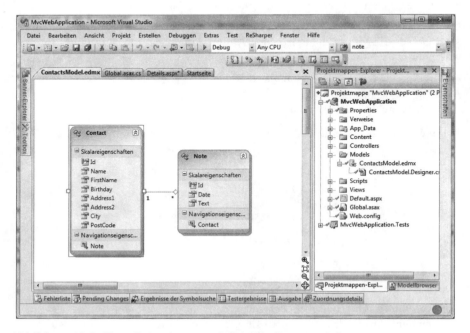

Abbildung 18.9 Eingefügtes benutzerdefiniertes Datenmodell

In dieser Erweiterung soll der bereits vorhandene Ordner *Models* zum Einsatz kommen. Erstellen Sie mit Hilfe des Assistenten das Datenmodell wie in Abschnitt „Funktionsweise der MVC-Implementierung" beschrieben.

Die Entität Contact nimmt Informationen über eine Person in einer Kontaktdatenbank auf. Die Entität Note speichert Gesprächsnotizen und einen Zeitpunkt.

Im nächsten Schritt wird die Steuerungsklasse mit Hilfe des MVC-Assistenten hinzugefügt. Mit einem Rechtsklick auf Controllers öffnet sich das Kontextmenü. Wählen Sie hier HINZUFÜGEN | CONTROLLER.

Abbildung 18.10 Neue Steuerungsklasse anlegen

Im Anschluss fragt der Assistent nach dem Namen für die Steuerungsklasse. Beachten Sie, dass dieser gemäß den Konventionen für MVC-Routing immer mit *Controller* endet.

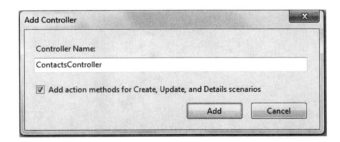

Abbildung 18.11 Name für Steuerungsklasse festlegen

Für dieses Beispiel sollen die Funktionsrümpfe für die Standardfunktionen von Datensteuerungsklassen hinzugefügt werden. Aktivieren Sie dazu das entsprechende Kontrollkästchen in der Auswahlbox.

18 Model View Controller

Die erzeugte Klasse enthält Aktionen zum Anlegen, Bearbeiten und Löschen von Kontakten (Contact). Da der Assistent nur die Rümpfe der Funktionen erzeugt, ist es genauso möglich, die Funktionen ohne Assistent zu programmieren.

Übersicht über alle Kontakte anzeigen

Die Aktion *Index* soll eine Übersicht über alle in der Datenbank gespeicherten Kontakte anzeigen. Um aus dem Steuerungsobjekt heraus auf die Datenbank zugreifen zu können, fügen Sie das zuvor erzeugte Modell als private Eigenschaft hinzu.

Listing 18.8 Auszug aus ContactsController.cs – Aktion Index

```
public class ContactsController : Controller
{
    private readonly DatabaseEntities db;

    public ContactsController()
    {
       db = new DatabaseEntities();
    }
    //
    // GET: /Contacts/

    public ❶ ActionResult Index()
    {
       var all = from contact in db.Contact
                 select contact;

       return View(❷ all.ToArray());
    }
}
```

In der Methode Index ❶ wird unter Verwendung von LINQ-To-Entities eine Abfrage erstellt, welche alle Kontakte aus der Datenbank ausliest. Das Ergebnis wird in ein Array vom Typ Contact gewandelt ❷ und der Präsentationsschicht übergeben.

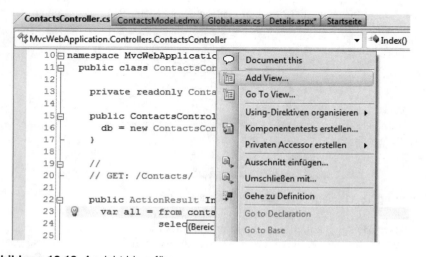

Abbildung 18.12 Ansicht hinzufügen

18.4 MVC praktisch einsetzen

Als nächstes erstellen Sie die Ansicht für die Präsentationsschicht. Klicken Sie dazu mit der rechten Maustaste in die Methode `Index`. Wählen Sie ANSICHT HINZUFÜGEN.

Der Assistent fragt nach dem Namen der zu erstellenden Ansicht, sowie danach, ob ein typisierte Ansicht bzw. eine Teilansicht erstellt werden soll. Wählen Sie für dieses Beispiel eine typisierte Ansicht mit dem Namen *Index*. Tragen sie als Typ das entsprechende Array ein, welches an die Ansicht übergeben werden soll. In diesem Beispiel ist das `MvcWebApplication.Models.Contact[]`.

Ferner wird nach der zu verwendenden Master-Seite gefragt.

Abbildung 18.13 Erstellen der Ansicht

Der Assistent legt das Template der Ansicht *Index* automatisch an. Die Klasse `ViewPage` existiert in zwei Varianten. Zum einen als nichttypisierte Ansicht und zum anderen als streng typisierte generische Klasse.

In diesem Beispiel wird eine typisierte generische Variante der Klasse `ViewPage` erzeugt.

Einer `ViewPage` oder einem `ViewUserControl` können alle Typen übergeben werden. Achten Sie aber darauf, wenn sie die typisierte Version verwenden, dass der gleiche Typ für die generische Variante der Ansichtsklasse, sowie für den Aufruf der Ansicht in der Aktionsmethode verwendet wird.

Listing 18.9 Die Ansicht Index.aspx

```
<%@ Page Title="" Language="C#"
        MasterPageFile="~/Views/Shared/Site.Master"
        Inherits=↵
        "System.Web.Mvc.ViewPage↵
        <MvcWebApplication.Models.Contact[]> " %>
<%@ Import Namespace="MvcWebApplication.Models"%>
```

18 Model View Controller

```
<asp:Content ID="Content1" ContentPlaceHolderID="TitleContent"
            runat="server">
    Index
</asp:Content>

<asp:Content ID="Content2" ContentPlaceHolderID="MainContent"
            runat="server">
    <h2>Übersicht</h2>
❶   <%=Html.ActionLink("Neuer Kontakt", "Create")%><br /><br />
    <table>
    <% foreach (var c in ViewData.Model) {%>
    <tr>
❶   <td><%=Html.ActionLink("Bearbeiten", "Edit",
        new { Id = c.Id })%>   </td>
❶   <td><%=Html.ActionLink("Löschen", "Delete",
        new { Id = c.Id })%>   </td>
❶   <td><%=Html.ActionLink(c.Id.ToString(),"Details",
        new { Id = c.Id }) %>   </td>
    <td><%= c.Name %></td>
    <td><%= c.FirstName%></td>
    <td><%= c.Address1%></td>
    <td><%= c.PostCode%></td>
    <td><%= c.City%></td>
    </tr>

    <% } %>
    </table>
</asp:Content>
```

Das Template für die Übersicht schreibt alle Elemente aus dem Array mit den Kontakten in eine Tabelle. Zusätzlich werden mit Hilfe der Funktion ActionLink ❶ Verweise auf entsprechende Aktionen des ContactsController zum Bearbeiten und Löschen der Einträge angelegt.

ActionLink Die statische Funktion *ActionLink* des Html-Helferobjekts dient dem erzeugen von Verweisen auf Actions des Controlers. Diese Methode nimmt den Text des anzuzeigenden Verweises, die Action sowie optionale Informationen über zusätzliche Parameter für den Aufruf der Action entgegen.

Kontakte hinzufügen

Alle Aktionen, welche auf Eingaben basieren, wie Hinzufügen, Bearbeiten usw. sind im Steuerungsobjekt zweigeteilt. Es gibt eine Aktion für den ersten Aufruf, welche das Formular aufbaut und eine zweite Aktion gleichen Namens für die Verarbeitung der Formulardaten.

Listing 18.10 Die Aktion Create

```
// GET: /Contacts/Create

    public ActionResult Create() {
        return View();
    }
```

Die Aktion Create erzeugt ein Formular, indem die Vorlage *Create.aspx* zur Anwendung und somit zur Anzeige gebracht wird. Beim ersten Aufruf sind hier keine

18.4 MVC praktisch einsetzen

Daten zu übergeben. Kommt es zu Fehlern in der Prüfung, werden die eingegebenen Daten zur Korrektur nochmal übergeben und angezeigt.

Listing 18.11 Die Vorlage Create.aspx

```
<%@ Page Title="" Language="C#"
    MasterPageFile="~/Views/Shared/Site.Master"
    Inherits="System.Web.Mvc.ViewPage<MvcWebApplication.Models.Contact>"
%>

<asp:Content ID="Content1" ContentPlaceHolderID="TitleContent"
            runat="server">
        Neuer Kontakt
</asp:Content>

<asp:Content ID="Content2" ContentPlaceHolderID="MainContent"
            runat="server">

    <h2> Neuer Kontakt</h2>

 ❶  <%= Html.ValidationSummary("Neuer Kontakt konnte nicht
        angelegt werden, bitte korrigieren Sie die Eingabe.") %>

    <% using (Html.BeginForm()) {%>

      <fieldset>
        <legend>Fields</legend>

        <p>
          <label for="Name">Name:</label>
            <%= Html.TextBox("Name") %>
            <%= Html.ValidationMessage("Name", "*") %>
        </p>
        <p>
          <label for="FirstName">FirstName:</label>
            <%= Html.TextBox("FirstName") %>
            <%= Html.ValidationMessage("FirstName", "*") %>
        </p>

    <!-- einige Felder werden aus Platzgründen übersprungen -->
        <p>
          <input type="submit" value="Create" />
        </p>
      </fieldset>
    <% } %>

    <div>
    <%=Html.ActionLink("Back to List", "Index") %>
    </div>

</asp:Content>
```

Die Daten werden auf der Serverseite automatisch geprüft. Mit Hilfe der Funktion `ValidateSummary` des `Html`-Hilfsobjektes wird ein zusammenfassender Text für den Fehlerfall bereit gestellt ❶. Die Prüfung erfolgt automatisch gegen das Modell.

Um die gesendeten Informationen verarbeiten zu können, ist eine zweite Funktion (`Create`) im Steuerungsobjekt (`Controller`) erforderlich. Diese verarbeitet die vom Browser empfangenen Daten. Dieser Funktion kann das Modell direkt übergeben

18 Model View Controller

werden. Der Aufruf der Funktion `(Try)UpdateModel` erfolgt implizit automatisch mit dem Aufrufen der Funktion `Create` durch das MVC2-Framework.

Listing 18.12 Verarbeitung von Formulardaten

```
// POST: /Contacts/Create

[HttpPost]
public ❶ ActionResult Create([Bind(Exclude = "Id")] Contact contact)
{
  if ( ❷ String.IsNullOrEmpty(contact.Name))
  {
    ModelState.AddModelError("Name", "Name erforderlich !");
  }

  if (ModelState.IsValid)
  {
    ❸ db.Contacts.AddObject(contact);
    db.SaveChanges();
    return ❹ RedirectToAction("Index");
  }
  ❺ return View(contact);
}
```

Das Framework analysiert automatisch den Parameter der Funktion ❶ und versucht die vorhandenen Eigenschaften des Objektes mit denen des Formulars in Übereinstimmung zu bringen. Dabei erfolgt automatisch eine Prüfung der Eigenschaften des Modells.

Es ist jedoch auch möglich, eine manuelle Prüfung einzelner Parameter vorzunehmen. Ist der Name nicht ausgefüllt ❷, wird der Zustand für das Model auf ungültig gesetzt.

Nach einer Überprüfung mit eventuell erzeugter Fehlermeldung wird der neue Kontakt in die Datenbank geschrieben ❸. Nach dem erfolgreichen Speichern erfolgt eine Weiterleitung auf die Übersichtsaktion `Index` ❹.

Im Fehlerfall wird das Formular nochmals angezeigt ❺. In diesem Fall wird das Template *Create.aspx* mit dem erzeugten `Contact`-Objekt aufgerufen. Bei der Verarbeitung des Templates werden die Eingabefelder des Formulars, deren Name einer Eigenschaft des übergebenen Objektes entspricht, automatisch mit dem Inhalt der Eigenschaft gefüllt.

Details anzeigen

Id

Ein Kontakt wird über seine `Id` ausgewählt. Dabei wird der Parameter aus dem URL-Routing ausgewählt, welcher den gleichen Namen hat, wie die Parameter der Funktion. Wenn die Funktion einen Parameter namens `Id` hat (Groß- Kleinschreibung spielt hier keine Rolle), dann wird der Parameter `Id` aus dem URL-Routing genommen. Wenn der Parameter in der URL nicht vorhanden ist, wird der Default für diese Parameter genommen übergeben.

Für den Fall, dass kein Parameter im URL-Routing mit dem Namen des erwarteten Parameters bekannt ist, wird `null` übergeben.

Implizite Typkonvertierung

Ferner wird der Typ des übergebenen Parameters automatisch in den erwarteten Typ konvertiert. Wird eine Id als Integer von der Aktionsfunktion erwartet, wird Id als Integer übergeben. Würde ein Kontakt erwartet werden, würden die Eigenschaften von `Contact` in den Feldern der Anfrage gesucht und ausgefüllt werden.

Listing 18.13 Details anzeigen

```
// GET: /Contacts/Details/5

public ActionResult Details(int id)
{
   var element = (from contact in db.Contact
                  where contact.Id == id
                  select contact).First();

   return View(element);
}
```

Listing 18.14 zeigt die Ansicht für die Details eines Kontakts.

Listing 18.14 Die Detail-Seite

```
<%@ Page Title="" Language="C#"
  MasterPageFile="~/Views/Shared/Site.Master"
  Inherits="System.Web.Mvc.ViewPage<MvcWebApplication.Models.Contact>" %>

<asp:Content ID="Content1" ContentPlaceHolderID="TitleContent"
  runat="server">Details</asp:Content>

<asp:Content ID="Content2" ContentPlaceHolderID="MainContent"
  runat="server">

  <h2>Details</h2>

    <fieldset>
      <legend>Fields</legend>
        <p>
            Id:
            <%= Html.Encode(❶ Model.Id) %>
        </p>
        <p>
            Name:
            <%= Html.Encode(❶ Model.Name) %>
        </p>
        <p>
            FirstName:
            <%= Html.Encode(❶ Model.FirstName) %>
        </p>
<!-- auf weitere Felder wurde aus Platzgründen verzeichtet -->
    </fieldset>
    <p>
      <%=Html.ActionLink("Bearbeiten", "Edit", new { id=Model.Id }) %> |
      <%=Html.ActionLink("Zurück zur Liste", "Index") %>
    </p>

</asp:Content>
```

Der Zugriff auf das typisierte Modell vom Typ `Contact` erfolgt über die Eigenschaft `Model` ❶ der `ViewPage`-Klasse.

Kontakte löschen

Die Aktionsmethode zum Löschen führt nur zu einer Aktion. Diese Aktion verfügt über keine Präsentationsvorlage. Nach dem der Datensatz gelöscht wurde, leitet die Funktion deshalb auf die Standardansicht um.

Listing 18.15 Die Seite Delete.aspx

```
public ActionResult Delete(int id)
{
   var contractToDelete = db.Contacts.First(c => c.Id == id);
   db.Contacts.DeleteObject(contractToDelete);
   db.SaveChanges();

   return RedirectToAction("Index");
}
```

Rückfrage via Javascript

Die beschriebene Beispielfunktion löscht den Eintrag ohne Rückfrage. Mit einer einfachen kleinen Erweiterung lässt sich die Benutzerfreundlichkeit erhöhen. Der `ActionLink` welcher die Aktion *Delete* auslöst, wird durch folgenden Programmcode auf der *Index.aspx*-Seite ersetzt.

```
<% using(Html.BeginForm("Delete", "Contacts", new{httpMethod="POST",
                        Id=c.Id})) { %>
  <a href="#" onclick="if (confirm('Sind Sie sicher?')) { submit();} ">
    Löschen
  </a>
<% } %>
```

Ein HTML-Formular für die Aktion *Delete* des Controllers *Contacts* wird mit dem Parameter `Id` erstellt. Zum Absenden des Formulars wird ein Link verwendet, welcher mit Hilfe eines kurzen JavaScript-Programms die Funktion `confirm` verwendet, um zu unterscheiden, ob die Aktion aufgerufen werden soll oder nicht.

Soll anstelle des Links eine Schaltfläche (Button) zum Einsatz kommen, sieht der Programmcode wie folgt aus:

```
<% using(Html.BeginForm("Delete",
                        "Contacts",
                        new
                        {
                            httpMethod="POST",
                            Id=c.Id
                        }))
{ %>
<input type="submit" value="Löschen"
       onclick="return confirm('Sind Sie sicher?')" />
<% } %>
```

Kontakte bearbeiten

Das Bearbeiten der Kontakte funktioniert im Wesentlichen wie das Erstellen eines neuen Kontaktes. Aus diesem Grund sollen an dieser Stelle nur die Aktionen genauer betrachtet werden.

```
// GET: /Contacts/Edit/5

public ActionResult Edit(int id)
{
    var element = (from contact in db.Contacts
```

```
                    where contact.Id == id
                    select contact).First();
    return View(element);
}
```

Das Element, welches bearbeitet werden soll, wird ausgewählt, und der entsprechenden Ansicht übergeben. Der Benutzer nimmt die Veränderungen vor und speichert das Element.

Listing 18.16 Die komplett ausformulierte Aktion

```
[HttpPost]  ❶
public ActionResult Edit(int id, FormCollection collection)
{
    var contactToUpdate = db.Contacts.First(c => c.Id == id);

    try
    {
        TryUpdateModel(contactToUpdate, new string[] {  ❷
          "Name", "FirstName", "Address1",
          "Address2", "City", "PostCode", "BirthDay" },
          collection.ToValueProvider());

        if (String.IsNullOrEmpty(contactToUpdate.Name))
        {
          ModelState.AddModelError("Name", "Name erforderlich !");
        }

        if (ModelState.IsValid)
        {
          db.SaveChanges();
          return RedirectToAction("Index");
        }
    }
    catch
    {

    }
    return View(contactToUpdate);
}
```

Der Kontakt wird aus der Datenbank geholt und zwischengespeichert. Die Funktion `TryUpdateModel` ❷ aktualisiert den Kontakt. Dabei werden nur die als `string`-Array angegebenen Felder berücksichtigt. Sind keine Fehler bei der Überprüfung aufgetreten wird der geänderte Eintrag in der Datenbank gespeichert. Im Falle von falschen oder fehlenden Eingaben wird der Kontakt nochmals zur Bearbeitung angezeigt.

Das Attribut `[HttpPost]` ❶ steht für die Methode, mit welcher die Aktion (Action) verwendet werden soll. Diese Funktion ist für die Verwendung mit POST gedacht. Der Standard für alle Funktionen in dem Kontrollobjekt ist GET.

Damit steht das gesamte MVC-Projekt. Neben dem stringenten Modell ist vor allem der überschaubare Codeumfang sicher ein Anreiz, dieses Verfahren bei stark datenbanklastigen Applikationen in die engere Wahl einzubeziehen.

18.5 Validierung

Praktisch benötigt jede Webanwendung, die Benutzerdaten verarbeitet, eine Überprüfung der Eingaben – die Validierung.

18.5.1 Einleitung

Grundsätzlich gibt es mehrere Varianten, eine Überprüfung der vom Benutzer eingegebenen Daten durchzuführen. Zum einen wäre eine einfache Eingabeprüfung mit ASP.NET Mitteln auf der Seite der UI möglich. Zu diesem Thema finden Sie weitere Informationen im Kapitel 11 „Datenbindung und Validierung".

Die folgenden Abschnitte werden sich mit der Prüfung unter Verwendung des Modells auseinandersetzen. Dabei werden zunächst die Begriffe und Funktionsweisen an Hand einfacher Beispiele aufgezeigt. Im weiteren Verlauf wird dann demonstriert, wie diese Funktionsweisen im Zusammenspiel mit generierten Datenquellen (Entity Framework, LINQ-to-SQL) verwendet werden können.

Mit der Einführung von MVC2 werden immer alle Möglichkeiten automatisch geprüft. Aus diesem Grund ist es möglich, die vorgestellten Verfahren zu kombinieren oder gemischt zu verwenden.

Datenmodell

Als Datenmodell soll die Klasse Kontakt (Contact) vom Anfang dieses Kapitels etwas erweitert werden. Es kommen weitere Eigenschaften für eine Adresse hinzu.

Listing 18.17 Die Klasse Contact

```
public class Contact
{
    private int _Id;
    private string _Name;
    private string _FirstName;
    private Nullable<DateTime> _Birthday;
    private int? _Age;
    private string _eMail { get; set; }
    private string _Address1;
    private string _Address2;
    private string _City;
    private string _PostCode;

    public int Id { get { return _Id; } set { _Id = value; } }
    public string Name { get { return _Name; } set { _Name = value; } }
    public string FirstName { get { return _FirstName; }
                              set { _FirstName = value; } }
    public Nullabls<DateTime> Birthday { get { return _Birthday; }
                              set { _Birthday = value; } }
    public string eMail { get; set; }
    public int Age { get { return _Age;} set { _Age = value; } }
    public string Address1 { get { return _Address1; }
                             set { _Address1 = value; } }
    public string Address2 { get { return _Address2; }
                             set { _Address2 = value; } }
    public string City { get { return _City; } set { _City = value; } }
    public string PostCode { get { return _PostCode; }
```

```
                    set { _PostCode = value; } }
}
```

Diese Klasse stellt die Basis für die kommenden Beispiele dar. Bitte beachten Sie, dass aus Platzgründen nur die jeweiligen Änderungen wiedergegeben werden. Bis auf die Id wurden alle Datentypen bewusst so gewählt, dass diese auch null als Wert annehmen dürfen, um in den kommenden Beispielen mehr Flexibilität bei den benutzten Eigenschaften zu haben. Auf diese Weise müssen nicht in jedem Beispiel alle Eigenschaften verwendet werden.

Visualisierung

Bevor es um die einzelnen Möglichkeiten der Datenprüfung gehen wird, soll im Folgenden kurz die Visualisierung der möglichen Fehler etwas genauer beleuchtet werden. In den folgenden Beispielen soll das HTML-Element FieldSet zum Einsatz kommen. Mit Hilfe dieses Elements können Formularfelder als zusammengehörig gekennzeichnet werden.

Ein Datenfeld besteht im Wesentlichen aus einem Label, einer TextBox und der Überprüfungsmeldung.

```
<label for="Name">Name:</label>
<%= Html.TextBox("Name") %>
<%= Html.ValidationMessage("Name", "*") %>
```

Die Beschriftung, sowie die Felder mit den Inhalten, können dabei beliebig innerhalb des FieldSet-Elements angeordnet werden. Die einfachste Möglichkeit besteht darin, zwischen den einzelnen Fehlern einen neuen Abschnitt einzufügen (<p>). Für ein übersichtlicheres Layout empfiehlt es sich, eine Tabelle oder andere Möglichkeiten der Positionierung zu verwenden.

18.5.2 Eingabe-Validierung

Die Eingabe-Validierung stellt die erste Form der Überprüfung dar, welche in diesem Zusammenhang genauer betrachtet werden soll. MVC verwendet einen sogenannten DefaultModelBinder, mit dessen Hilfe die Daten an die Eingaben des Benutzers gebunden werden. Dieser unterstützt sowohl Callbacks für die Datenprüfung, als auch die Schnittstelle IDataErrorInfo. Diese Schnittstelle befindet sich im Namensraum System.ComponentModel. Sie dient zum Übermitteln von möglichen Datenprüfungsfehlern.

Funktionsweise

Zunächst wird die Schnittstelle IDataErrorInfo für alle zu prüfenden Datenobjekte implementiert. Es gibt nur zwei Mitglieder. Die Eigenschaft Error gibt eine globale Fehlermeldung zurück, der Indexoperator wird verwendet, um mögliche Fehler je Eigenschaft einzeln abfragen zu können.

Der DefaultModelBinder ruft diese Schnittstelle auf, sofern sie implementiert wurde, nachdem die Eigenschaften aus dem ASP.NET-Form in das Modell übernommen wurden. Dies wäre auch bei einem expliziten Aufruf der Funktion UpdateModel oder TryUpdateModel der Fall.

18 Model View Controller

> **EXKURS** — Implizite versus Explizite Modellbindung (Model Binding)
>
> Von einem expliziten „Model Binding" ist die Rede, wenn eine `FormCollection` mit den Eingaben des Benutzers übergeben wird und im Anschluss die Bindung an das Model mit Hilfe der Funktion `UpdateModel` bzw. `TryUpdateModel` erfolgt.
>
> Eine implizite „Model Binding" wird verwendet indem in dem Funktionskopf direkt das Model verwendet wird. Hier erfolgen die Bindung und das Update implizit innerhalb des MVC-Frameworks.

Liegt ein Fehler vor wird dieser im Objekt `ModelState` gespeichert und später mit Hilfe der entsprechenden HTML-Hilfsfunktionen (Helper) angezeigt:

```
(Html.ValididationMessage("ElementName", "Fehlermeldung")
```

Verwendung

Im ersten Schritt wird das Kontakt-Model (`ContactModel`) um die Schnittstelle `IDataErrorInfo` erweitert.

```csharp
public class Contact : IDataErrorInfo
{
    ...

    #region IDataErrorInfo Members

    private Dictionary<string, string> _errors =
            new Dictionary<string, string>();

    public string Error { get { return string.Empty; } }

    public string this[string columnName]
    {
      get
      {
        return (_errors.ContainsKey(columnName))
                ? _errors[columnName]
                : string.Empty;
      }
    }

    #endregion
}
```

Grundsätzlich gibt es zwei Varianten der Implementierung. Entweder erfolgt die Prüfung jeweils, wenn eine Eigenschaft abgefragt wird. Alternativ können die Prüfungen auch beim Setzen der Eigenschaften erfolgen und in einem assoziativen Array (`Dictionary`) zwischen gespeichert werden.

Im nächsten Schritt werden die zu prüfenden Eigenschaften mit dem entsprechenden Programmcode ausgestattet. Aus Platzgründen werden auch bei diesem Beispiel nur zwei Eigenschaften stellvertretend für alle anderen dargestellt.

```csharp
public string Name
{
    get
    {
```

18.5 Validierung

```
            return _Name;
        }
        set
        {
            if (string.IsNullOrWhiteSpace(value))
            {
                _errors.Add("Name", "Name erforderlich !");
            }
            _Name = value;
        }
    }

    public int Age
    {
        get
        {
            return _Age;
        }
        set
        {
            _Age = value;
            if (Age < 0 || Age > 99)
            {
                _errors.Add("Age",
                        "Alter muss zwischen 0 und 99 Jahren liegen !");
            }
        }
    }
}
```

Wird nun ein neuer Kontakt eingegeben, erfolgt automatisch eine implizite Prüfung der Daten bei der Bindung des Modells.

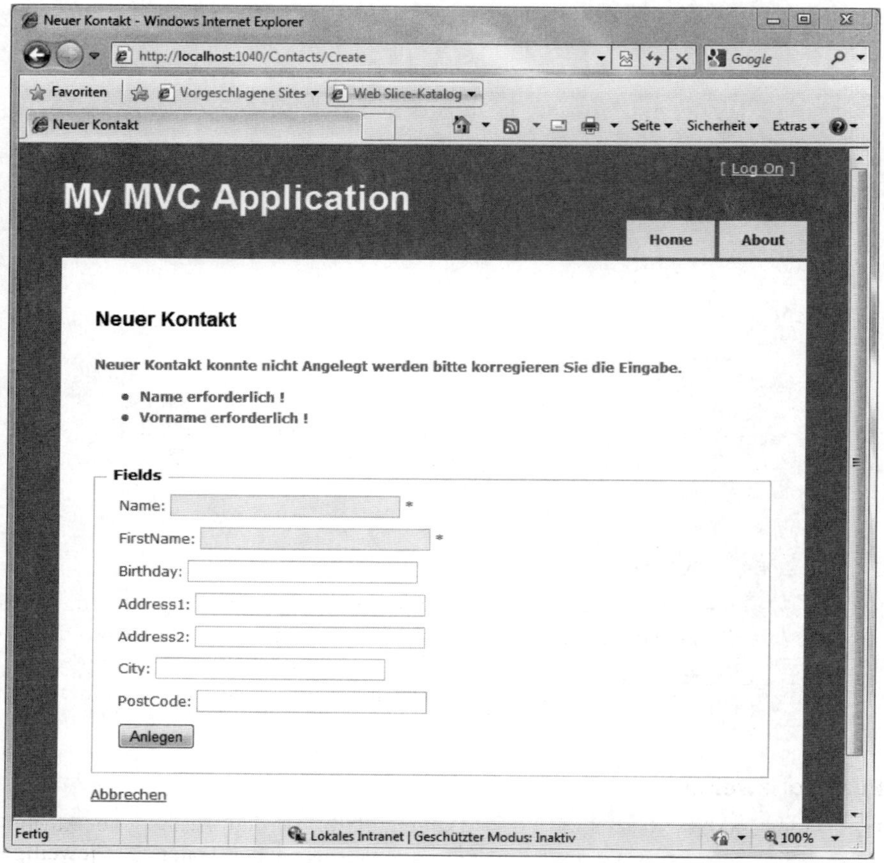

Abbildung 18.14 Die fertige Applikation

Zusammenspiel mit dem Entity-Framework

In diesem abschließenden Abschnitt wird kurz darauf eingegangen, wie die beschriebenen Möglichkeiten der Datenprüfung mit dem Entity Framework oder anderen generierten Datenquellen verwendet werden können.

Das Datenmodell wird in der Regel als partielle Klasse mit partiellen Funktionen generiert, welche überschrieben werden können. Im Wesentlichen gehen Sie hier genauso vor, wie bei dem vorherigen Beispiel. Der einzige Unterschied besteht darin, die Prüfung nicht im Setter der Eigenschaften, sondern in der korrespondierenden partiellen Funktion zu implementieren.

Listing 18.18 Implementierung von IDataErrorInfo

```
public partial class Contact : IDataErrorInfo
{
    partial void ❶ OnNameChanged()
    {
      if (string.IsNullOrWhiteSpace(Name))
      {
```

```
        _errors.Add("Name", "Name erforderlich !");
      }
   }
   #region IDataErrorInfo Members

   private Dictionary<string, string> _errors =
         new Dictionary<string, string>();
   public string Error { get { return string.Empty; } }
   public string this[string columnName] { get { return ⤦
      (_errors.ContainsKey(columnName))
         ? _errors[columnName] : string.Empty; } }
   #endregion
}
```

In diesem Beispiel ist die Klasse `Contact` eine mit dem `EntityFramework` erzeugte `EntityKlasse`. Da die Eigenschaften `Id`, `Name`, `FirstName` usw. nicht direkt verändert werden können, wurde hier die entsprechende Methode ❶ `OnNameChanges` überschrieben und zur Prüfung verwendet.

18.5.3 Model Validation

Eine etwas einfacher zu handhabende Methode der Eingabeprüfung stellt die „Model Validation" dar. Hierbei werden Attribute in dem Modell dazu verwendet, die Daten zu prüfen. Die Attribute, welche hierbei zum Einsatz kommen, werden auch `DataAnnotations` genannt und befinden sich im gleichnamigen Namensraum `System.ComponentModel.DataAnnotations`.

DataAnnotation

Funktionsweise

Den Eigenschaften der Objekte des Datenmodells werden zusätzliche Attribute hinzugefügt, welche Regeln für die Gültigkeitsprüfung der Daten der jeweiligen Eigenschaft enthalten.

Bei der Bindung des Datenmodells wird automatisch eine Prüfung durchgeführt, ob die in den Attributen geforderten Bedingungen erfüllt sind. Dafür kommt intern unter anderem Reflection zum Einsatz. Für jede nicht erfüllte Eigenschaft wird dem `ModelState` eine entsprechende Fehlermeldung hinzugefügt.

Anwendungsbeispiel

Als Beispiel soll wieder die Klasse `Contact` dienen. Die Eigenschaften werden mit den entsprechenden `DataAnnotation`-Attributen versehen, um diese gemäß den Vorgaben einschränken.

Listing 18.19 Prüfanweisungen für das Modell

```
[❶ Required(ErrorMessage="Name erforderlich")]
public string Name { get; set; }

[❶ Required(ErrorMessage = "Vorname erforderlich"),
 ❷ StringLength(50, ErrorMessage="Vorname darf nicht mehr als
              50 Buchstaben haben !")]
public string FirstName { get; set; }
```

```
[❸ Range(0, 99, ErrorMessage = "Alter muss zwischen ↵
                                0 und 99 Jahren liegen !")]
public int? Age { get; set; }

[❹ RegularExpression("^[a-z0-9_\\+-]+(\\.[a-z0-9_\\+-]+)
             *@[a-z0-9-]+(\\.[a-z0-9-]+)*\\.([a-z]{2,4})$",
   ErrorMessage = "eMail ist nicht gültig")]
public string eMail { get; set; }
```

Mit Hilfe des Attributs Required ❶ wird festgelegt, dass die Eigenschaft Name gesetzt sein muss. Das gleiche gilt für den Vornamen (FirstName) sowie zusätzlich die Einschränkung, dass dieser nicht länger als 50 Zeichen sein darf. Dies erfolgt unter Verwendung des Attributes StringLength ❷.

Das Alter muss zwischen 0 und 99 Jahren liegen oder darf auch nicht gesetzt sein. Die Jahre werden mit dem Attribut Range ❸ auf einen Bereich festgelegt. Da Alter vom Typ int? (Nullabe<int>) ist, darf es fehlen. Wäre es von einem Werttyp, welcher nicht nullbar ist (int, double, long usw.), würde eine zusätzliche Regel greifen, bei der alle Werttypen automatisch als „erforderlich" gesetzt werden.

Die E-Mail wird mit einem regulärem Ausdruck ❹ geprüft. Diese Art der Prüfung bietet die größten Freiheitsgrade.

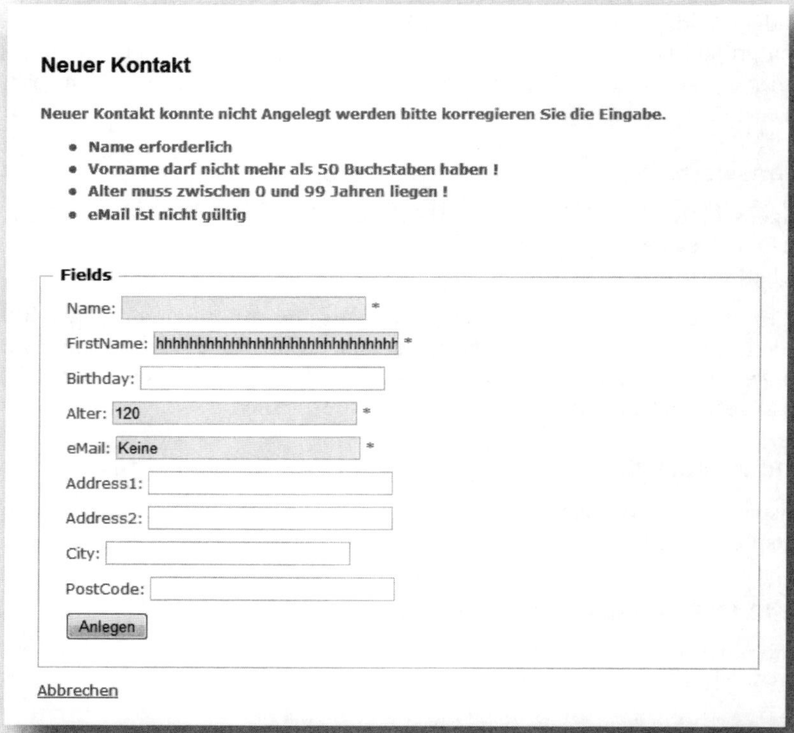

Abbildung 18.15 Formular mit Validierung

Clientseitiges Prüfen

Eine sehr interessante Erweiterung ist mit dem ASP.NET-Framework bzw. MVC2 dazugekommen. Die Überprüfung kann nicht nur auf der Serverseite, sondern auch auf der Client-Seite erfolgen. Alle hierfür erforderlichen JavaScript-Funktionen werden automatisch durch das ASP.NET-Framework auf Basis der Data-Annotation-Attribute generiert.

Clientseitig

Zunächst werden in der *aspx*-Seite zwei JavaScript-Funktionen ❶ hinzugefügt und die Hilfsfunktion EnableClientValidation wird aufgerufen.

```
<asp:Content ID="Content2" ContentPlaceHolderID="MainContent"
             runat="server">
  <h2>Neuer Kontakt</h2>

❶ <script src="/Scripts/MicrosoftAjax.js"
          type="text/javascript"></script>
❶ <script src="/Scripts/MicrosoftMvcValidation.js"
          type="text/javascript"></script>

  <% Html.EnableClientValidation(); %>

  <% using (Html.BeginForm()){%>
```

Ferner wird die ValidationSummary-Funktion nicht mehr benötigt. Dafür werden die ValidationMessages ❷ etwas ausführlicher gestaltet.

```
<fieldset>
  <legend>Fields</legend>
   <p>
      <label for="Name">
        Name:</label>
      <%= Html.TextBox("Name") %>
    ❷ <%= Html.ValidationMessage("Name", "Name erforderlich") %>
    </p>
    <p>
      <label for="FirstName">
        FirstName:</label>
      <%= Html.TextBox("FirstName") %>
    ❷ <%= Html.ValidationMessage("FirstName", "Vorname erforderlich") %>
    </p>
       ...
    <p>
      <input type="submit" value="Anlegen" />
    </p>
</fieldset>
<% } %>
<div>
   <%=Html.ActionLink("Abbrechen", "Index") %>
</div>
</asp:Content>
```

Wird dieses Beispiel ausgeführt, erscheint die Auswertung automatisch, nachdem ein Feld den Fokus verliert (teilweise bereits während der Eingabe).

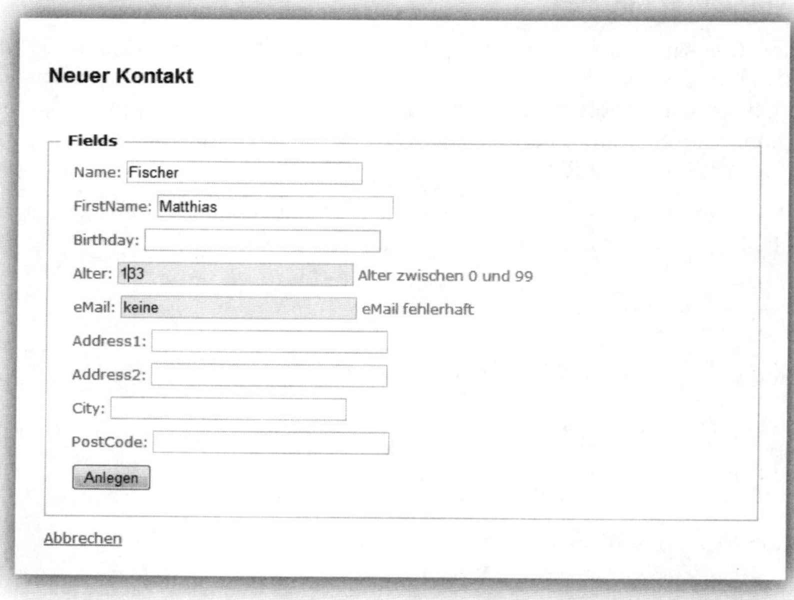

Abbildung 18.16 Clientseitige Validierung

DataAnnotations und generiertes Datenmodell

Bei einem generierten Datenmodell ist es nicht möglich, die Attribute direkt auf die Klasse oder ihre Eigenschaften anzuwenden. Hierfür gibt es das Konzept des `MetadataType`. Eine Klasse mit den gleichen Eigenschaften wird mit den entsprechenden Attributen ausgestattet und anschließend mit dem Attribut `MetadataType` ❶ der generierten Klasse zugewiesen.

Das Framework entnimmt die Metadaten bei der Verarbeitung nicht mehr dem Objekt selbst, sondern den jeweiligen Eigenschaften des Stellvertreters. Für das Beispiel mit dem Entity Framework würde die Stellvertreterklasse etwa folgendermaßen aussehen.

Listing 18.20 Eine Stellvertreterklasse

```
❶ [MetadataType(typeof(Contact_Metatype))]
public partial class Contact
{
}

public class Contact_Metatype
{

    [Required(ErrorMessage = "Name erforderlich")]
    public string Name { get; set; }

    [Required(ErrorMessage = "Vorname erforderlich"),
     StringLength(50, ErrorMessage = "Vorname darf nicht mehr als 50
Buchstaben haben !")]
    public string FirstName { get; set; }
```

```
    [Range(0, 99,
        ErrorMessage = "Alter muss zwischen 0 und 99 Jahren liegen !")]
    public int? Age { get; set; }

    [RegularExpression(
        "^[a-z0-9_\\+-]+(\\.[a-z0-9_\\+-]+)*@[a-z0-9-]+
        (\\.[a-z0-9-]+)*\\.([a-z]{2,4})$",
        ErrorMessage = "eMail ist nicht gültig")]
    public string eMail { get; set; }
    ...
    /* Aus Platzgründen wurden nicht alle Eigenschaften abgebildet */
}
```

18.6 Weitere Funktionen

Die Möglichkeiten, die MVC bietet, sind damit nicht erschöpft. Dieser Abschnitt gibt eine Übersicht über weitere Funktionen.

18.6.1 Benutzersteuerelemente

Oft gibt es Teile, welche auf diversen Seiten wieder verwendet werden sollen. Hierfür bietet ASP.NET Benutzersteuerelemente an. Das folgende Beispiel erzeugt ein einfaches Menü aus einem statischen Datenmodell.

Listing 18.21 Menü aus einem statischen Modell

```
public class MenuItem
{
    public int Id;
    public string Title;
    public int? ParentId;
}

public static class MenuData
{
    public static MenuItem[] Menus = new MenuItem[] {
    new MenuItem(){ Id=0, ParentId=null, Title="Home" },
    new MenuItem(){ Id=1, ParentId=0, Title="Private" },
    new MenuItem(){ Id=2, ParentId=0, Title="Internal" },
    new MenuItem(){ Id=3, ParentId=null, Title="Projects" },
    new MenuItem(){ Id=4, ParentId=3, Title="Project 1" },
    new MenuItem(){ Id=5, ParentId=3, Title="Project 2" },
    new MenuItem(){ Id=6, ParentId=null, Title="About" },
};
```

Mit Hilfe einer solchen Struktur und dem zugehörigen Steuerelement lassen sich Menüs aus dynamischen Daten erzeugen. Wie bei den vorangegangenen Beispielen wurde auf die Verwendung einer „realen" Datenbank verzichtet, um die Anwendung so einfach wie möglich zu gestalten.

Das MVC-Benutzersteuerelement kann genauso wie die MVC View-Klassen streng typisiert sein oder nicht. Für dieses Beispiel soll ein nicht typisiertes Steuerelement verwendet werden. Ferner gelten die gleichen Regeln für das „Finden" eines Steuerelementes. Zuerst wird in dem Unterordner des zugehörigen Controllers gesucht, dann in dem gemeinsamen Ordner (*Shared*).

18 Model View Controller

Listing 18.22 Controller des Modells

```
<%@ Control Language="C#" Inherits="System.Web.Mvc.ViewUserControl" %>
<%@ Import Namespace="MvcAdditionalFeatures.Models" %>

<%
  ❶var mainItems = from p in MenuData.Menus
                   where p.ParentId == null
                   orderby p.Id
                   select p;

  Action<MvcAdditionalFeatures.Models.MenuItem> menuBuilder = null;
  ❷menuBuilder = delegate(MvcAdditionalFeatures.Models.MenuItem item)
  {
    %>
    <li>
    <%= ❸Html.ActionLink(item.Title,
                        "Show",
                        new
                        {
                            Controller = "Home",
                            Id = item.Id
                        })%>
    <%
    ❹var children = from c in MenuData.Menus
                    where c.ParentId == item.Id
                    orderby c.Id
                    select c;
    if (children.Count() > 0) {%>
    <ul>
    <% foreach (var child in children)
       {
           menuBuilder(child);
       };
    %>
    </ul>
    <%
    };
    %></li><%
  };
%>

<div >
<ul >
  ❺<% foreach (var page in mainItems) { menuBuilder(page); }%>
</ul>
</div>
```

Mit Hilfe der LINQ-Abfrage ❶ werden alle Elemente, welche über kein übergeordnetes Element verfügen, nach ihrer Id sortiert und als mainItems abgelegt. ❷ Die Funktion menuBuilder wird inline deklariert, um rekursiv aufgerufen werden zu können. ❸ Die Links zu den einzelnen Seiten werden erzeugt. ❹ Alle untergeordneten Elemente werden ermittelt und die Funktion zum Erzeugen des Menüs wird rekursiv aufgerufen. ❺. Die erste Ebene wird ausgeführt.

Der Aufruf erfolgt letztlich an der Stelle, an welcher das Menü jeweils angezeigt werden soll.

```
<% Html.RenderPartial("MainMenu"); %>
```

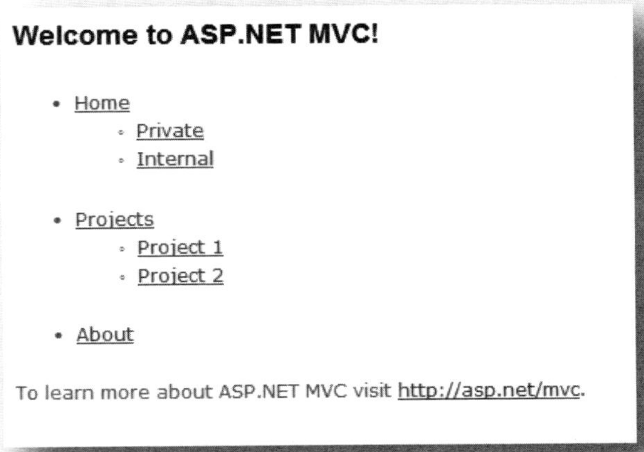

Abbildung 18.17 Ausgabe der Beispielanwendung

18.6.2 Action und RenderAction

Eine der interessantesten Neuerungen in MVC2, ist die langerwartete Möglichkeit, die Funktionen des Steuerungsobjektes auch innerhalb eines *Views* bzw. eines benutzerdefinierten *Views* verwenden zu können. Im Sinne einer guten Strukturierung ist es beispielsweise von Vorteil, alle Abfragen an die Datenbank außerhalb des Views zu tätigen.

RenderAction

Im Folgenden soll das Beispiel aus dem Abschnitt „Benutzersteuerelemente" um die Möglichkeit der Anzeige einer mit jedem Seitenaufruf wechselnden Werbung erweitert werden. Dabei sollen alle Abfragen an die Datenbasis in einer eigenen *Actionmethode* ausgelagert werden, sowie zum anderen die Anzeige in den Standardview des Home-Steuerungsobjektes integriert werden.

Untergeordnete Funktionen (*Action*) eines Steuerungsobjektes (*Controller*) kommen vor allem dann zum Einsatz, wenn wiederkehrende Ergebnisse (Werbung, Menüs usw.) zur Anzeige gebracht werden. Aber auch komplexere Daten innerhalb eines Views können mit Hilfe zusätzliche Funktionen (*Actions*) verarbeitet werden.

Für dieses Beispiel wurde das Steuerungsobjekt `AdvertisementController` hinzugefügt.

Listing 18.23 Quelltext des Steuerungsobjektes /Controllers/AdvertisementController.cs

```
public class AdvertisementController : Controller
{
    public ActionResult ❶ Get()
    {
      var ad = AdvertisementData.GetNext();
      return PartialView("Advertisement", ad);
    }
}
```

Dieses Steuerungsobjekt verfügt nur über eine Action-Methode `Get` ❶, welche die nächste HTML-formatierte Werbeanzeige an den Aufrufer zurückgibt.

Listing 18.24 Quelltext des Views /Views/Advertisement/Advertisement.ascx

```
<%@ Control Language="C#" Inherits="System.Web.Mvc.ViewUserControl ↵
                <MvcAdditionalFeatures.Models.Advertisement>" %>

<p ❶ style="border:1px solid #000000; width:300px;height:60px;">
❷ <a href=<%= Model.Link %>><%= Model.Name %></a> <br />
<%= Model.Text %>
</p>
```

Die Ansicht der Werbung wurde bewusst einfach gestaltet, mit einem schmalen schwarzen Rand ❶, einem Text und einem Link ❷ zum Anbieter.

Listing 18.25 Erweiterung der Ansicht Home/Index.aspx

```
<asp:Content ID="indexContent" ContentPlaceHolderID="MainContent"
             runat="server">
  <h2><%= Html.Encode(ViewData["Message"]) %></h2>

❷<% Html.RenderPartial("MainMenu"); %>

❶<% Html.RenderAction("Get", "Advertisement"); %>

  <p>
      To learn more about ASP.NET MVC visit <a
      href="http://asp.net/mvc"
      title="ASP.NET MVC Website">http://asp.net/mvc</a>.
  </p>
</asp:Content>
```

Der Aufruf der nächsten Werbung erfolgt unter Verwendung des `Advertisement`-Steuerungsobjektes ❶. Im Gegensatz dazu wird das Menü mit Hilfe der Funktion `RenderPartial` ❷ aufgerufen. Bei der Verwendung der Funktion `RenderPartial` ist die Trennung von Datenbankabfrage und Anzeige nicht so einfach möglich, wie beim Werbekarussell, welches die neue Funktion `RenderAction` verwendet.

18.6.3 Areas

MVC2 Areas

Je größer Projekte werden, desto wichtiger ist es, diese in Teilprojekte zu untergliedern. Für besonders große MVC2-Projekte hat Microsoft mit dem Framework 4.0 sogenannte Areas (Bereiche) eingeführt. Diese Bereiche können in ein übergeordnetes MVC2-Projekt eingefügt werden. Visual Studio 2010 verfügt über eine assistentengestützte Erstellungshilfe für zusätzliche Bereiche.

18.6 Weitere Funktionen

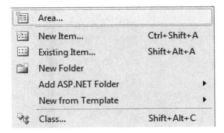

Abbildung 18.18 Area hinzufügen

Eine implizite Konvention legt fest, dass der Ordner `Areas` für die Unterbereiche einer MVC Web Anwendung verwendet wird. Darin befinden sich die Verzeichnisse mit den Namen der jeweiligen `Area`. Darin enthalten sind die gleichen Strukturen wie bei einer MVC-Web Anwendung.

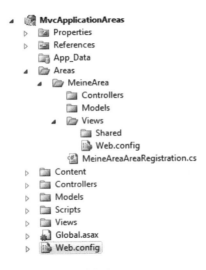

Abbildung 18.19 Area mit Unterverzeichnissen

Wie die MVC-Anwendung verfügt auch eine `Area` über eigene Steuerungsobjekte, Ansichten und Datenmodelle. Um den Bereich in der übergeordneten Anwendung bekannt zu machen, wird eine benutzerdefinierte Klasse von `AreaRegistration` abgeleitet.

Listing 18.26 Auszug aus der Datei MeineAreaRegistration.cs

```
namespace MvcApplicationAreas.Areas.MeineArea
{
  public class MeineAreaAreaRegistration : AreaRegistration
  {
    ❶public override string AreaName
    {
      get {
        return "MeineArea";
      }
```

```
        }
    ❷ public override void RegisterArea(AreaRegistrationContext context)
    {
        context.MapRoute(
            "MeineArea_default",
          ❸ "MeineArea/{controller}/{action}/{id}",
            new { action = "Index", id = "" }
        );
    }
  }
}
```

Die Registration ❶ besteht aus einem Namen `AreaName` und einer Funktion `RegisterArea` ❷, welche zur Registration durch das Framework aufgerufen wird. Mit Hilfe der entsprechenden Route wird ein eigener Adressbereich ❸ für diese `Area` festgelegt.

Listing 18.27 Klasse MvcApplication in der Datei Global.aspx.cs

```
public class MvcApplication : System.Web.HttpApplication
{
    public static void RegisterRoutes(RouteCollection routes)
    {
        routes.IgnoreRoute("{resource}.axd/{*pathInfo}");

        routes.MapRoute(
            "Default",                                    // Route name
            "{controller}/{action}/{id}",                 // URL with parameters
            new { controller = "Home", action = "Index", id = "" }
                                                          // Parameter defaults
        );

    }

    protected void Application_Start() {
      ❶ AreaRegistration.RegisterAllAreas();

        RegisterRoutes(RouteTable.Routes);
    }
}
```

Die statische Funktion `RegisterAllAreas` ❶ der Klasse `AreaRegistration` wird durch das MVC-Framework bereitgestellt. Diese Klasse durchsucht die Projektmappe nach Ableitungen von `AreaRegistration`, um die entsprechenden Bereiche mit Hilfe der Funktion `RegisterArea` zu registrieren.

> **HINWEIS** Wenn Sie den Assistenten von Visual Studio 2010 verwenden um eine Area zu erzeugen, wird der Aufruf dieser statischen Funktion automatisch in der Funktion `Application_Start` eingefügt.

18.6.4 Themes

MVC2 Theming

Das MVC-Framework unterstützt alle in ASP.NET vorhandenen Mechanismen für Master-Seiten und Themes. Weitere Informationen hierzu finden Sie im Kapitel 15 „Master-Seiten und Themes". Im Folgenden soll an Hand eines kleinen Beispiels die praktische Verwendung einer alternativen Master-Seite sowie die dynamische Änderung der CSS-Vorlage demonstriert werden.

Zunächst erzeugen Sie eine MVC-Webanwendung mit Visual Studio. Fügen Sie anschließend mit der Hilfe der Assistenten vom Visual Studio 2010 mindestens zwei Themes hinzu, indem Sie mit der rechten Maustaste auf das MVC Webanwendungsprojekt klicken und HINZUFÜGEN → ASP.NET ORDNER → THEME auswählen. Nennen Sie das erste *Theme Default* und das zweite *Alternate*.

Anlegen der Themes

Statisches Verwenden eines Themes

Fügen Sie in beiden Themes mindestens je eine CSS-Datei ein. Gestalten Sie die CSS-Dateien auf unterschiedliche Weise. Ändern Sie beispielsweise die Hintergrundfarbe für das Body-Element einer der Seiten auf rot.

```
body
{
    background-color: red;
    font-size: .75em;
    font-family: Verdana, Helvetica, Sans-Serif;
    margin: 0;
    padding: 0;
    color: #696969;
}
```

Alle Ressourcen, welche aus den CSS-Dateien referenziert werden, können Sie relativ zu den CSS-Dateien in den jeweiligen Theme-Verzeichnissen ablegen.

Öffnen Sie anschließend eine Ansicht, in der Sie ein Theme verwenden möchten. Fügen Sie die Eigenschaft `Theme` in der Seitendirektive zu den Seiteneigenschaften hinzu. Visual Studio 2010 unterstützt Sie bei der Auswahl mit einer entsprechenden Auswahlbox. Wählen Sie `Alternate` aus (siehe Abbildung 18.20).

```
<%@ Page Language="C#" MasterPageFile="~/Views/Shared/Site.Master"
    Inherits="System.Web.Mvc.ViewPage" Theme="" %>

<asp:Content ID="indexTitle" ContentPlaceHolderID=|Alternate    | runat="server">
                                                 |Default      |
    Home Page
</asp:Content>
```

Abbildung 18.20 Auswahl eines alternativen Themes mit Visual Studio 2010

Auf diese Weise können Sie das Aussehen Ihrer Ansichten mit Hilfe der Theming Funktion des ASP.NET Frameworks auch im Zusammenspiel mit den MVC Webanwendungen verwenden.

Dynamisches Ändern eines Themes

Die Seitenvorlage (*MasterPage*) kann leider nicht mit den eingebauten Mechanismen geändert werden. Der folgende Abschnitt soll eine Möglichkeit zeigen, wie Sie eine entsprechende Erweiterung mit einfachen Mitteln selbst realisieren können.

Legen Sie ein Verzeichnis fest, welches die Master-Seiten beinhalten soll. Verwenden Sie kein ASP.NET-Verzeichnis, wie etwa `App_Themes`, da es sonst zu internen Fehlern kommen kann. In dem Beispiel soll das Verzeichnis `App_Templates` heißen. Legen Sie je Theme ein Verzeichnis mit dem gleichen Namen wie das Theme an. In den Verzeichnissen legen Sie die entsprechende Master-Seite ab.

Die Struktur der Webanwendung sieht dann wie folgt aus:

18 Model View Controller

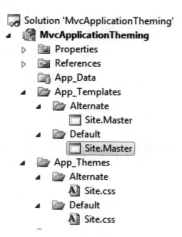

Abbildung 18.21 Struktur der Webanwendung

Erstellen Sie eine Klasse `CustomStylePage` wie in Listing 18.28 gezeigt und leiten Sie die Views Ihrer Anwendung von dieser Klasse anstelle von `ViewPage` ab.

Listing 18.28 Klasse CustomStylePage

```
namespace MvcApplicationTheming.Utils
{
  public class CustomStylePage : ViewPage
  {
    protected override void OnPreInit(EventArgs e)
    {

      // Take the Theme from the Database
    ❶ Theme = (string)ViewData["Theme"] ;

      // check for Masterpage in App_Themes folder
      if (!string.IsNullOrEmpty(Theme))
      {
      ❷ var vPath = String.Format("~/App_Templates/{0}/Site.Master",
                                  Theme);
      ❸ if (File.Exists(MapPath(vPath)))
        {
          MasterPageFile = vPath;
        }
      }
      base.OnPreInit(e);
    }
  }
}
```

`ViewData["Theme"]` ❶ wird ausgewertet und das `Theme` der Seite auf den entsprechenden Wert gesetzt. Bitte beachten Sie, an dieser Stelle, dass das `Theme` dazu in der Aktion des Steuerungsobjektes gesetzt werden muss, wie in Listing 18.29 gezeigt.

Ein virtueller Pfad wird in einen physikalischen Pfad gewandelt ❷, um die Existenz der Master-Seite ❸ zu prüfen.

Listing 18.29 Klasse HomeController

```
namespace MvcApplicationTheming.Controllers
{
  [HandleError]
  public class HomeController : Controller
  {
    public ActionResult Index(string UserTheme)
    {
      ViewData["Message"] = "Willkommen bei ASP.NET MVC!";

❶     ViewData["Theme"] = UserTheme ?? "Default";

      return View();
    }

    public ActionResult About() {
      return View();
    }
  }
}
```

Die Variable `UserTheme` wird auf Existenz ❶ geprüft. Ist sie gesetzt, soll das Theme zur Anwendung kommen, welches vom Benutzer angegeben wurde. Andernfalls kommt *Default* zur Anwendung.

Listing 18.30 Auszug aus der View Index.aspx

```
<asp:Content ID="indexContent" ContentPlaceHolderID="MainContent"
        runat="server">
  <h2><%= Html.Encode(ViewData["Message"]) %></h2>
  <p>
  <br />
❶   <%= Html.ActionLink("Default - Theme","Index") %><br />
❶   <%= Html.ActionLink("Alternate - Theme", "Index",
        new { UserTheme = "Alternate" })%>
  <br /><br />
      To learn more about ASP.NET MVC visit
      <a href="http://asp.net/mvc"
      title="ASP.NET MVC Website">http://asp.net/mvc</a>.
  </p>
</asp:Content>
```

Die Ansicht enthält zwei `ActionLinks` ❶, welche ein Umschalten des Themes ermöglichen.

19 Webdienste

Webdienste sind Softwareanwendungen, die Clients Funktionen anbieten. Sie basieren auf denselben Webprotokollen wie Webapplikationen. Webdienste können unter .NET mit ASP.NET oder WCF erstellt werden. Sie können durch .NET-Anwendungen, ASP.NET-Seiten, vom Client mittels JavaScript oder über Silverlight benutzt werden.

In diesem Kapitel finden Sie Informationen zu:

- Grundlagen der Webdienste
- Die Protokolle
- Klassische ASMX-Webdienste
- WCF-Webdienste

19.1 Einführung in Webdienste

Dieser Abschnitt erklärt elementare Grundlagen der Webdienste ohne Bezug zu einer konkreten Technologie. Dies wird in den folgenden Abschnitten anhand von Beispielen vertieft.

19.1.1 Grundlagen der Webdienste

Ein Grundverständnis für Webdienste erhält man, wenn die Kommunikationswege geklärt sind. So findet die Kommunikation zwischen dem Anbieter des Webdienstes und dem Client (auch Consumer genannt) auf Serverebene statt. Es geht also gar nicht darum, Benutzern einen Webdienst zur Verfügung zu stellen, sondern bestenfalls darum, diesen bestimmte Funktionen über einer Webschnittstelle zugänglich zu machen. Aber auch das dürfte der Ausnahmefall sein.

Die Kommunikation ist durch die zugrunde liegenden Technologien, XML, SOAP, HTTP, WSDL usw. so billig und einfach, dass sie in der Breite zur Anwendung gelangen können. Das ist der Unterschied zu früher, wo es Serverkommunikation auch schon gab, jedoch auf wenige Anwendungen beschränkt war. Denkbar sind

Die Protokolle

unter anderem Partnernetzwerke, von der Bannerschaltung über einen gemeinsamen Ad-Server bis hin zu den immer noch beliebten Webringen. Egal, ob Sie Artikel verkaufen und Subunternehmer suchen oder als Sammelshop (neuerdings Mashup genannt) auf mehrere Lieferanten zugreifen möchten, Webdienste sind die ideale Kommunikationslösung. Es gibt aber weitergehende Leistungen. So könnten Webapplikationen einen Aktualisierungsdienst anbieten, der auf Anfrage – eines anderen Servers – alle geänderten, gelöschten oder hinzugefügten Links zu einem vereinbarten Thema liefert. Eine intelligente Linkliste reorganisiert sich dann selbstständig. Auf eben diesem Wege lassen sich auch Nachrichten des Tages oder Sportergebnisse liefern.

Der Vorteil all dieser Vorgänge basiert auf den genannten Technologien, die eine nähere Betrachtung wert sind.

19.1.2 Die Protokolle der Webdienste

Mit XML, SOAP, HTTP und WSDL stehen gleich mehrere Protokolle, Normen und Verfahren bereit, Entwicklern und Anwendern den Weg zu Webdiensten zu erleichtern. Die Vielfalt klingt kompliziert, intern betrachtet sind es jedoch nur noch zwei Sprachen und Protokolle, die wichtig sind: XML und HTTP. Für Webprogrammierer dürften beide bekannt sein. SOAP und WSDL sind XML. Das als Transportprotokoll HTTP zum Einsatz kommt, erleichtert die Programmierung ebenso.

Abbildung 19.1 Ablauf des entfernten Funktionsaufrufes aus Sicht der Protokollschichten

SOAP – Simple Object Access Protocol

Als Basis der Webdienste wird oft an erster Stelle SOAP (*Simple Object Access Protocol*) genannt. SOAP definiert ein XML-Protokoll, das im Körper einer HTTP-Nachricht versendet wird. Das ist der eigentliche Trick, denn HTTP geht durch vermutlich jede Firewall der Welt und ist damit der ideale Weg, wirklich jeden Server in das Netzwerk der Webservice-Teilnehmer einzubinden. Ganz nebenbei ist XML der zweite Trick. Denn die in allen Plattformen und Sprachen verfügbaren Parser können dieses Format leicht lesen und die Daten so zur Verfügung stellen, dass nur geringer Programmieraufwand anfällt. Der Prozess der Datenannahme und auch der Datenerzeugung lässt sich gut automatisieren. Das muss auch so sein, denn ohne eine automatische Weiterverarbeitung ist eine automatische Kommunikation sinnlos.

SOAP ist beim W3C standardisiert. Die Spezifikation der aktuellen Version 1.1 finden Sie unter folgender Adresse: *http://www.w3.org/TR/SOAP/*.

Die folgende Abbildung zeigt den prinzipiellen Aufbau einer SOAP-Nachricht. Die Anzahl der Blöcke mit den Daten der Anfrage oder der Antwort ist beliebig.

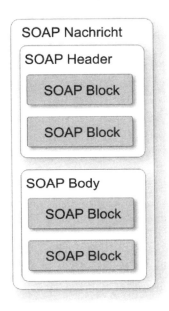

Abbildung 19.2 Prinzipieller Aufbau einer SOAP-Nachricht

Da es sich bei SOAP um XML handelt, ergibt sich eine gut lesbare Darstellung des prinzipiellen Aufbaus der Nachrichten:

Listing 19.1 SOAP-Envelope

```
<❶SOAP-ENV:Envelope
  ❷ xmlns:SOAP-ENV="http://schemas.xmlsoap.org/soap/envelope/"
  ❸ xmlns:xsd="http://www.w3.org/2001/XMLSchema"
  ❹ xmlns:xsi="http://www.w3.org/2001/XMLSchema-instance">
    <SOAP-ENV:Header>
              :       :       :
    </SOAP-ENV:Header>
    <SOAP-ENV:Body>
              :       :
    </SOAP-ENV:Body>
</SOAP-ENV:Envelope>
```

Hier wird bereits deutlich, dass als Namensraum unter anderem „xsd" ❶ verwendet wird, die XML Schema Definition Language. Eine Einführung zu XSD finden Sie in Kapitel 4. Die dort definierten Datentypen bilden damit das Rückgrat der typstrengen Übermittlung von Daten zwischen den Kommunikationspartnern.

Datentypen

Das Wurzelelement bildet der sogenannte SOAP-Envelope, auf Deutsch der Umschlag. Der URI des Namensraumes ist immer gleich ❷. Das Präfix ist frei wählbar, jedoch wird standardmäßig SOAP-ENV benutzt. Die beiden Namensräume für die

Schema-Definition ❸ und Schema-Instanz ❹ sollten immer hinzugefügt werden und müssen vorhanden sein, wenn die entsprechenden Datentypen verwendet werden. Schema-Instanz definiert komplexe Typen und Null als `nil` in dieser Definition.

Der Kopf (SOAP-Header) der Nachricht ist optional, der Körper (SOAP-Body) muss immer vorhanden sein. DTD-Deklarationen sind grundsätzlich nicht zulässig. Der SOAP-Body enthält das eigentliche Dokument, das für sich genommen wohlgeformt nach den XML-Regeln sein muss. Sonderzeichen oder binäre Daten sind durch `<[CDATA[...]]>`-Abschnitte zu schützen. Das ist schon die einzige Regel; SOAP selbst beachtet den Inhalt der Nachricht nicht weiter. Es ist Sache der beteiligten Prozessoren, die Daten auszuwerten, mithin also Ihrem eigenen Programm.

SOAP-Nachricht — Abschließend ein Blick auf eine vollständige SOAP-Nachricht:

Listing 19.2 Eine SOAP-Nachricht, hier eine Anfrage an Google (aus dem Google-API-Paket)

```xml
<SOAP-ENV:Envelope
  xmlns:SOAP-ENV="http://schemas.xmlsoap.org/soap/envelope/"
  xmlns:xsi="http://www.w3.org/1999/XMLSchema-instance"
  xmlns:xsd="http://www.w3.org/1999/XMLSchema">
  <SOAP-ENV:Body>
    <ns1:doGoogleSearch xmlns:ns1="urn:GoogleSearch"
        SOAP-ENV:encodingStyle↵
          ="http://schemas.xmlsoap.org/soap/encoding/">
      <key xsi:type="xsd:string">00000000000000000000000000000000</key>
      <q xsi:type="xsd:string">shrdlu winograd maclisp teletype</q>
      <start xsi:type="xsd:int">0</start>
      <maxResults xsi:type="xsd:int">10</maxResults>
      <filter xsi:type="xsd:boolean">true</filter>
      <restrict xsi:type="xsd:string"></restrict>
      <safeSearch xsi:type="xsd:boolean">false</safeSearch>
      <lr xsi:type="xsd:string"></lr>
      <ie xsi:type="xsd:string">latin1</ie>
      <oe xsi:type="xsd:string">latin1</oe>
    </ns1:doGoogleSearch>
  </SOAP-ENV:Body>
</SOAP-ENV:Envelope>
```

Antworten — Antworten werden ebenso in SOAP formuliert. Das folgende Beispiel zeigt die Antwort auf die zuvor gezeigte Anfrage. Sie wurde ebenso wie diese dem Google-API-Paket entnommen:

Listing 19.3 Eine SOAP-Antwort; die `<item>`-Elemente würden sich in der Praxis wiederholen

```xml
<SOAP-ENV:Envelope
  xmlns:SOAP-ENV="http://schemas.xmlsoap.org/soap/envelope/" ↵
  xmlns:xsi="http://www.w3.org/1999/XMLSchema-instance" ↵
  xmlns:xsd="http://www.w3.org/1999/XMLSchema">
  <SOAP-ENV:Body>
    <ns1:doGoogleSearchResponse xmlns:ns1="urn:GoogleSearch" ↵
        SOAP-ENV:encodingStyle= ↵
          "http://schemas.xmlsoap.org/soap/encoding/">
      <return xsi:type="ns1:GoogleSearchResult">
        <documentFiltering xsi:type="xsd:boolean">
          false</documentFiltering>
        <estimatedTotalResultsCount xsi:type="xsd:int">
          3</estimatedTotalResultsCount>
```

```xml
        <directoryCategories ↵
  xmlns:ns2="http://schemas.xmlsoap.org/soap/encoding/" ↵
  xsi:type="ns2:Array" v
  ns2:arrayType="ns1:DirectoryCategory[0]">
        </directoryCategories>
        <searchTime xsi:type="xsd:double">
          0.194871</searchTime>
        <resultElements
           xmlns:ns3="http://schemas.xmlsoap.org/soap/encoding/"
           xsi:type="ns3:Array"
           ns3:arrayType="ns1:ResultElement[3]">
        <item xsi:type="ns1:ResultElement">
          <cachedSize xsi:type="xsd:string"> ↵
            12k</cachedSize>
          <hostName xsi:type="xsd:string"></hostName>
          <snippet xsi:type="xsd:string">↵
             ... Hier steht der Antworttext dieser Abfrage ...
          </snippet>
          <directoryCategory ↵
             xsi:type="ns1:DirectoryCategory">
             <specialEncoding xsi:type="xsd:string"> </specialEncoding>
             <fullViewableName xsi:type="xsd:string">
             </fullViewableName>
          </directoryCategory>
          <relatedInformationPresent ↵
             xsi:type="xsd:boolean">
             true
          </relatedInformationPresent>
          <directoryTitle ↵
             xsi:type="xsd:string"></directoryTitle>
          <summary xsi:type="xsd:string"></summary>
          <URL xsi:type="xsd:string"> ↵
               ... http://die_url_der_suchanfrage ...
          </URL>
          <title xsi:type="xsd:string">...Titel...</title>
        </item>
        <item>...</item>
        </resultElements>
        <endIndex xsi:type="xsd:int">3</endIndex>
        <searchTips xsi:type="xsd:string"></searchTips>
        <searchComments xsi:type="xsd:string"> ↵
        </searchComments>
        <startIndex xsi:type="xsd:int">1</startIndex>
        <estimateIsExact xsi:type="xsd:boolean"> ↵
            true</estimateIsExact>
        <searchQuery xsi:type="xsd:string"> ↵
            shrdlu winograd maclisp teletype</searchQuery>
      </return>
    </ns1:doGoogleSearchResponse>
  </SOAP-ENV:Body>
</SOAP-ENV:Envelope>
```

Nun erscheint der Umgang mit SOAP nicht besonders einfach. Trotz leistungsfähiger XML-Funktionen in .NET wäre einiger Programmieraufwand nötig, die Nachrichten in jeder Situation exakt zu formulieren und die Antwort entsprechend auszuwerten. Vor allem dann, wenn der Anbieter die Struktur seines Dienstes ändert, wird es problematisch, denn dann muss das eigene Programm geändert oder schlimmstenfalls neu geschrieben werden. Da sich Anbieter und Konsument eines

Webdiensts nicht kennen müssen und vermutlich oft geografisch weit auseinander sitzen, sind weitere Schritte hin zur praktischen Nutzbarkeit notwendig.

Das Problem wird noch verschärft, wenn Anbieter und Konsument mit verschiedenen Systemen arbeiten, beispielsweise auf der Serverseite mit Java und auf der Clientseite mit .NET. Abhilfe schafft die Sprache WSDL.

WSDL – Web Services Description Language

WSDL steht für *Web Services Description Language*. Damit wird die Struktur eines Webdienstes beschrieben, also die verfügbaren Funktionen, deren Parameter und die Art und Weise der Anforderungsgestaltung. Damit ist auch der Dienst selbst automatisierbar, denn der anfragende Server kann seine Anfrage entsprechend dem aktuellen Entwicklungsstand des Dienstes modifizieren. Insofern sind die Kommunikationswege über eine gewisse Zeit hinweg änderungsresistent oder wenigstens wartungsfreundlich. Das Geheimnis der Webdienste ist also weit mehr als nur SOAP; und es ist auch etwas komplizierter. Die gesamte Kommunikation kann nämlich auch die Suche nach einem Dienst selbst umfassen.

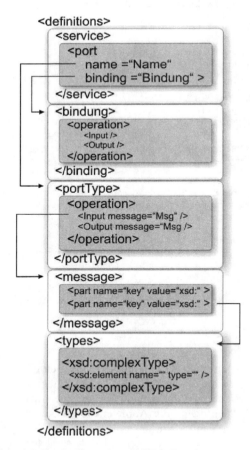

Abbildung 19.3 Prinzipieller Aufbau einer WSDL-Datei

WSDL ist ebenso wie SOAP beim W3C, derzeit als Version 1.1, standardisiert: *http://www.w3.org/TR/wsdl*.

Auch WSDL basiert auf XML. Die prinzipielle Struktur und die Abhängigkeiten der Elemente zeigt in vereinfachter Form Abbildung 19.3.

Eine typische Definition wird nachfolgend gezeigt:

Listing 19.4 Eine Typdefinition

```
<definitions name="urn:GoogleSearch"
             targetNamespace="urn:GoogleSearch"
             xmlns:typens="urn:GoogleSearch"
             xmlns:xsd="http://www.w3.org/2001/XMLSchema"
             xmlns:soap="http://schemas.xmlsoap.org/wsdl/soap/"
             xmlns:soapenc="http://schemas.xmlsoap.org/soap/encoding/"
             xmlns:wsdl="http://schemas.xmlsoap.org/wsdl/"
             xmlns="http://schemas.xmlsoap.org/wsdl/">

  <types> ❷ </types>
  <message name="MessageName">
    <part name="parameter" type="xsd:string"/>
    <part name="parameter" type="xsd:string"/>
  </message>

❹ <portType name="PortName">
    ❻ <operation name="Operation">
      ❶ <input message="typens:TypDefinition"/>
        <output message="typens:TypDefinition"/>
    </operation>
  </portType>

❺ <binding name="BindingName" type="typens:PortName">
    <soap:binding style="rpc"
                  transport="http://schemas.xmlsoap.org/soap/http"/>

    <operation name="OperationName">
      <soap:operation soapAction="urn:ActionName"/>
      <input>
        <soap:body use="encoded"
                   namespace="urn:ActionName"
                   encodingStyle=↵
                   "http://schemas.xmlsoap.org/soap/encoding/"/>
      </input>
      <output>
        <soap:body use="encoded"
                   namespace="urn:ActionName"
                   encodingStyle=↵
                   "http://schemas.xmlsoap.org/soap/encoding/"/>
      </output>
    </operation>
  </binding>

❸ <service name="ServiceName">
    <port name="PortName" binding="typens:BindingName">
      <soap:address location="http://url_des_dienstes.de"/>
    </port>
  </service>
```

`</definitions>`

Der Anbieter eines Dienstes definiert zuerst ein Element `<service>` ❸, das die Basisdienste deklariert. Erreichbar sind diese jeweils über Ports ❹, die Bindungen ❺ beschreiben die geforderte Kodierung des Datenstromes. Auf die Portdefinition folgt die Beschreibung einer oder mehrere Operationen ❻, die jeweils eine Ein- und Ausgabenachricht `<Message>` definieren ❶. Die Nachrichten können mehrere Parameter aufnehmen, die auf nativen XSD-Datentypen basieren oder denen komplexe Definitionen zugrundeliegen. Ist letzteres der Fall, kommt noch der Abschnitt `<types>` ❷ zur Anwendung, wo optionale XSD-Typdefinitionen untergebracht sind.

Diese Struktur lässt sich gut in einer Klasse abbilden, die dann im Programm verwendet wird. Eine solche Klasse wird als Proxy-Klasse bezeichnet.

UDDI – Universal Description, Discovery, and Integration

Als letztes bleibt noch der Weg zu klären, auf dem Sie an die WSDL-Dateien gelangen. Es gibt hier drei Möglichkeiten:

1. Sie haben die Adresse der WSDL-Datei von Ihrem Geschäftspartner erhalten
2. Sie besuchen ein öffentliches Verzeichnis von Webdiensten.
3. Sie verwenden UDDI. Das Zentrum der UDDI-Welt ist http://uddi.xml.org/.

Mehr als 80 führende Technologie- und Business-Unternehmungen haben zusammen das Projekt UDDI vor einigen Jahren in Gang gesetzt. UDDI-Server werden verwendet, um die URL vermutlich passender Dienste zu finden. Anhand einer von diesen gesendeten Discovery-Datei *.disco* kann der eigene Server herausfinden, welcher Dienst am besten passt und wo die WSDL-Datei zu finden ist. Die Discovery-Datei informiert nicht wie WSDL über technische Parameter, sondern könnte auch die Konditionen enthalten, unter denen der Dienst genutzt werden darf.

Der gesamte Ablauf, insbesondere die hinter UDDI stehenden Protokolle, sind sehr komplex. Auch wenn sie auf XML aufbauen, zeigt allein das Anforderungsprofil, dass die automatisierte Erkennung und Nutzung von Diensten nicht trivial sein kann. Denn letztlich „verhandelt" der Client mit mehreren Servern, um den für ihn optimalen Partner zu finden. Mangels ausreichend vorhandener Verhandlungspartner hat UDDI bis heute (2010) nur eine bescheidene praxisrelevante Verbreitung gefunden. Die ursprüngliche Idee, ein zentrales Dienstverzeichnis bereitzustellen, endete bereits 2005 mit dem Austritt von Microsoft, IBM und SAP aus der damals bestehenden Organisation. Inzwischen ist die OASIS federführend am Ausbau der Standards beteiligt.

19.1 Einführung in Webdienste

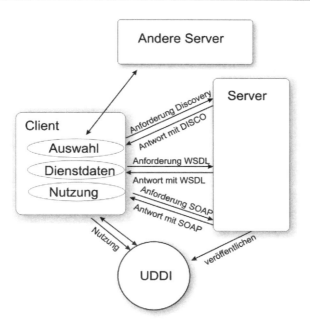

Abbildung 19.4 Nutzung von UDDI für die automatische Ermittlung von Webservices

Private Verzeichnisse von Softwareanbietern, die umfassende Schnittstellensammlungen anbieten, sind aber reichlich zu bekommen. So bietet beispielsweise der Windows Server eine Funktion zum Aufbau eines privaten UDDI-Dienstes.

In Bezug auf die Buchthemen ist UDDI kein Schwerpunkt und soll hier nicht weiter verfolgt werden.

19.1.3 Öffentliche Webdienste konsumieren

Das Verwenden eines Webdienstes, allgemein als „konsumieren" bezeichnet, setzt die Kenntnis eines URL voraus, unter der der Dienst erreicht werden kann, bzw. unter der weitere Informationen darüber zu finden sind.

Hinweise zu öffentlichen Diensten

Neben bekannten Angeboten wie Google und Amazon gibt es inzwischen viele kleinere Server, die Webservices anbieten. Ein guter Ausgangspunkt sind frei zugängliche Listen, die vor allem die ersten Schritte erleichtern. Im Gegensatz zu UDDI ist der Anspruch an die Anbieter, sich im Verzeichnis einzutragen, sehr viel geringer. Auch deshalb sind diese Listen beliebt und für Experimente gut geeignet. Hier eine Auswahl:

19 Webdienste

- Membrane Service Registry

  HTTP://WWW.SERVICE-REPOSITORY.COM/

- Web Service Share

  HTTP://WWW.WEBSERVICESHARE.COM/

- Public Web Service Directory

  HTTP://WWW.WSDLL.COM/

Die Auswahl ist in allen Fällen umfassend und reicht von Wetterdiensten bis zu Währungskonvertern, die die eigene Seite ergänzen können.

Die Wahl für dieses Buch fiel auf Google, die als eine der größeren Anbieter vermutlich längere Zeit stabilen Betrieb garantieren können. Die Methodik ist aber exemplarisch auf alle anderen Dienste übertragbar.

19.2 ASMX-Webdienste

Mit WCF betrat zwar bereits mit dem .NET Framework 3.0 eine neue Generation von Methoden die Bühne der Webdienste, aber die bisherigen Verfahren werden weiter unterstützt und sind oft ausreichend. Die neue Version WCF 4 wird im nächsten Abschnitt ausführlicher betrachtet.

19.2.1 Webdienste anbieten

Vielleicht sind Sie durch die Nutzung eines Webdienstes auf den Geschmack gekommen und möchten nun selbst solche Dienste anbieten. Der Webspace bei einem Provider mit ASP.NET-Unterstützung reicht dafür völlig aus.

Anregungen für den praktischen Einsatz

Dem praktischen Einsatz von Webdiensten steht nichts im Wege. Mit ASP.NET ist es ausgesprochen einfach, eine Applikation um das entsprechende Angebot zu erweitern. Was fehlt, sind praktische Ideen und manchmal die passenden Kommunikationspartner.

Ein paar Anregungen sollen helfen, den richtigen Weg zu finden. Wenn Sie als Softwareentwickler arbeiten, können Sie die eine oder andere Idee vielleicht Ihrem Kunden nahelegen:

- Denkbar wäre ein Reservierungssystem mit externen Partnern. Jeder Partner betreibt ein eigenes System und stellt den aktuellen Reservierungsstand per Webservice zur Verfügung. Bucht jemand persönlich einen Termin oder über Callcenter, werden alle Partner über Webservices nach freien Plätzen abgesucht. Das System spart einen zentralen Server.

- Bieten Sie Dienstleistungen für Webserver an, beispielsweise Konvertierungen für Dateiformate, Bildbearbeitungen oder Rechtschreibkorrekturen. Anbieter können damit ihre Webseiten perfektionieren, ohne selbst investieren zu müssen.

- Sie handeln mit Waren aller Art? Dann bieten Sie Lieferanten an, deren Daten per Webservice zu aktualisieren. Oder suchen Sie Wiederverkäufer, die ihre Server über den Webservice mit aktuellen Artikeldaten versorgen – und verkaufen Sie die Programmierung gleich mit ;-).

- Sie produzieren News, Rezensionen oder ähnliche immaterielle Dinge. Die Welt wartet darauf und mit einem Webservice ist eine komfortable Übernahme auf andere Server möglich. Ist Inhalt und Angebot reizvoll, kann man damit den einen oder anderen Euro verdienen.

Es ist also nicht so schwer, Anwendungen für Webdienste zu finden. Für die ersten Schritte ist freilich ein einfaches Beispiel besser geeignet.

19.2.2 Praktische Umsetzung eines Dienstes

Für die Bereitstellung eines Webdienstes werden Sie zuerst eine neue Direktive kennenlernen: `@Webservice`. Diese ist erforderlich, wenn Sie direkt in der Seite programmieren. Mit Code Behind sieht diese Zeile folgendermaßen aus:

Direktive

```
<%@ WebService Language="c#"
    Codebehind="ServiceVariables.asmx.cs"
    Class="Hanser.CSharp.Advanced.ServiceVariables" %>
```

Des Weiteren ist die bereits im vorhergehenden Abschnitt gezeigte Verknüpfung der Assembly *System.Web.Services.dll* erforderlich.

Die Erstellung des Webdienstes unterscheidet sich kaum von der herkömmlichen Programmierung. Letztlich läuft es darauf hinaus, dass eine Anfrage erkannt wird – eine Methode der Basisklasse der Seite ist dafür zuständig – und eine Antwort generiert wird. Die Methode sollte also auch etwas zurückgeben. Initiatoren für das gegenüber ASP.NET geänderte Verhalten sind zwei Maßnahmen:

- Deklaration der Methoden mit dem Attribut `[WebMethod]`
- Nutzung der Dateierweiterung *.asmx* anstatt *.aspx*

Die Dateierweiterung ist erforderlich, weil ein anderer Handler benutzt wird.

Einen Webdienst in Visual Studio hinzufügen

In Visual Studio gehen Sie folgendermaßen vor, um einen Webdienst Ihrem Projekt hinzuzufügen:

1. Wählen Sie im Kontextmenü eines Projekts HINZUFÜGEN.
2. Im nächsten Menü klicken Sie auf WEBDIENST HINZUFÜGEN.
3. Aus der Vorlagenliste belassen Sie die Auswahl bei WEBDIENST. Vergeben Sie einen Namen und klicken Sie dann auf OK.

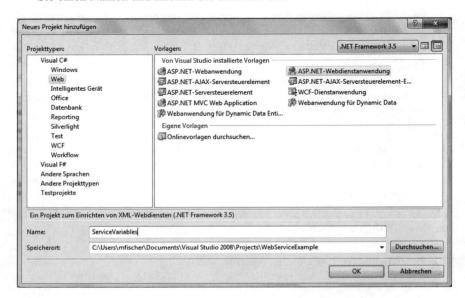

Abbildung 19.5 Ein neuer Webservice wird dem Projekt hinzugefügt

Wechseln Sie nun mit F7 in den Code.

Programmierung des Webdienstes

Im Beispiel soll der Dienst Dateiinformationen übertragen. Dahinter steckt kein besonderer Sinn, abgesehen von der krampfhaften Vermeidung eines weiteren „Hello World". Wenn Sie als Parameter den Namen einer Datei übergeben, wird das Dateidatum zurückgeliefert. Ein wenig mehr als „Hello World" ist das schon, denn andere Server könnten so die Aktualität bestimmter Dateien prüfen, ohne dass Sie denen den Zugriff auf die Dateien selbst gestatten. Hier der Dienst auf einen Blick:

19.2 ASMX-Webdienste

Listing 19.5 Der Webdienst (Ausschnitt, ohne generierten Code)

```
using System;
using System.IO;
using System.Collections;
using System.ComponentModel;
using System.Data;
using System.Diagnostics;
using System.Web;
using System.Web.Services;

namespace Hanser.CSharp.Advanced
{
   public class ServiceVariables: System.Web.Services.WebService
   {
❶  [WebMethod]
      public string GetFileDate(string FileName)
      {
         string date = String.Empty;
         DateTime dt;
         if (FileName.Length > 0)
         {
            string path = Server.MapPath (FileName);
            try
            {
               dt = File.GetLastWriteTime (path);
               date = dt.ToLongDateString() + " " + dt.ToLongTimeString();
            }
            catch
            {
               date = "Datei nicht gefunden";
            }
         }
         return "Letzte Änderung am " + date;
      }
   }
}
```

Praktisch ist hier wenig von Webdiensten zu sehen – vom Attribut `WebMethod` ❶ abgesehen. Dass es dennoch funktioniert, soll ein erster Test beweisen.

Einen eigenen Webdienst testen

Der Test besteht darin, die *asmx*-Datei aufzurufen. Das führt zu folgendem Bild:

19 Webdienste

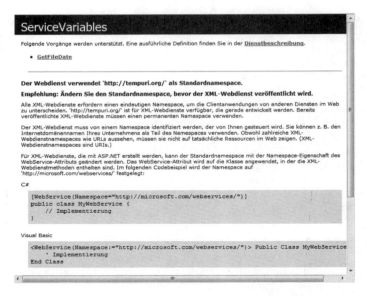

Abbildung 19.6 Automatische Beschreibungsseite der Anwendung

Sie finden oben den Namen der Methode wieder. Es ist naheliegend, dass hier mehrere Methoden aufgeführt werden können. Wählen Sie nun die vorhandene Methode aus:

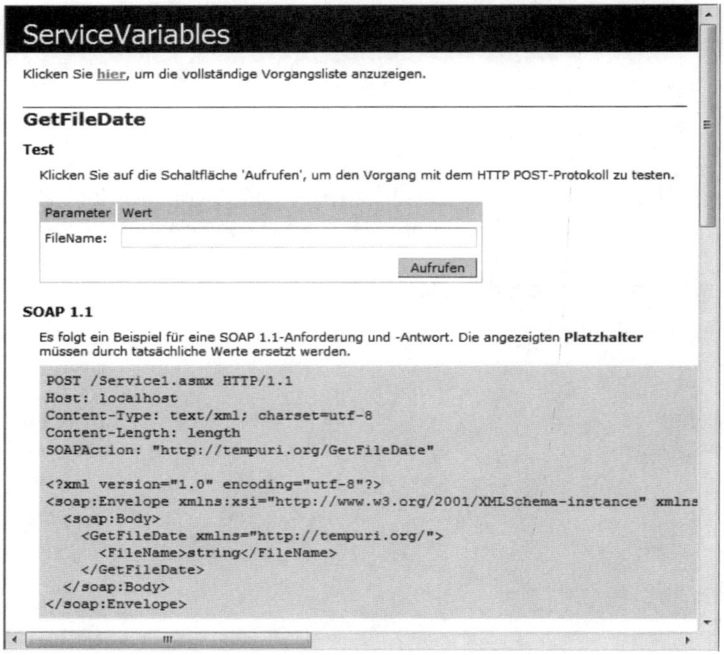

Abbildung 19.7 Beschreibung der Webservice-Methode

Es wird ein Eingabefeld für jeden Parameter generiert. Da es sich im Beispiel um eine Abfrage von Dateidaten handelt, geben Sie hier einen Dateinamen ein:

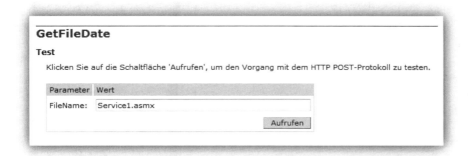

Abbildung 19.8 Bedienung des Parameters

Mit Klick auf AUSFÜHREN wird nun der eigentliche Dienst gestartet und die Antwort wird angezeigt:

```
<?xml version="1.0" encoding="utf-8" ?>
<string xmlns="http://tempuri.org/">Letzte Änderung am Mittwoch, 17. Juni
   2009 11:14:41</string>
```

Abbildung 19.9 Die Antwort

Sie sehen hier XML, weil die Antwort eines Webdienstes ist standardmäßig immer XML ist.

Konfiguration mit Attributen

Die Konfiguration des Webdienstes erfolgt mit den Attributen `WebService` und `WebMethod`. Die zulässigen Parameter finden Sie in den beiden folgenden Tabellen:

Tabelle 19.1 Zulässige Parameter für Webservice

Parameter	Bedeutung
Description	Eine allgemeine Beschreibung
Name	Der gewünschte öffentliche Name
Namespace	Der Namensraum; ohne Angabe wird tempuri.org verwendet

Für jede einzelne Methode sind folgende Parameter anwendbar:

Tabelle 19.2 Zulässige Parameter des Attributs WebMethod

Parameter	Datentyp	Bedeutung
BufferResponse	bool	Pufferung der Ausgaben, standardmäßig eingeschaltet
CacheDuration	int	Zwischenspeicherung der Clientanforderungen
Description	string	Beschreibung
EnableSession	bool	Sitzungs-Management soll unterstützt werden. Dies ist standardmäßig deaktiviert.
MessageName	string	Alias-Name der Methode
TransactionOption	TransactionOption	Eine Aufzählung, die Optionen über die Verwendung von Transaktionen bestimmt

Die folgende Abbildung zeigt, wie die Parameter der Attribute die Anzeige der Testumgebung modifizieren:

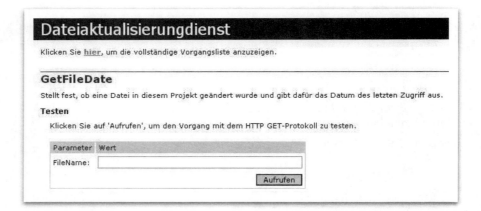

Abbildung 19.10 Erzeugen einer eigenen Beschreibung für den Webservice

19.3 WCF-Webdienste

Mittels WCF (Windows Communication Foundation) ist es möglich, Anwendungen miteinander kommunizieren zu lassen, egal ob sie sich auf demselben Computer oder irgendwo im Internet befinden oder auf verschiedenen Plattformen laufen. In diesem Abschnitt wird eine grundlegende Einführung in WCF gegeben, die verschiedenen Grundlagen und deren Benutzung vorgestellt und mithilfe praktischer Tipps eine umfangreiche Applikation entwickelt.

Sie müssen eine Reihe von Aufgaben in einer bestimmten Reihenfolge erledigen, um WCF erfolgreich benutzen zu können. Grob umrissen sind dies die folgenden Schritte:

- Definition eines Dienstvertrags

  Dieser Vertrag bestimmt die Signatur des Dienstes, die auszutauschenden Daten und zusätzliche Informationen, die für die erfolgreiche Benutzung erforderlich sind.

- Implementierung des Dienstvertrags

  Die Implementierung erfolgt durch das Erstellen einer Klasse, welche die Schnittstelle implementiert, die den Vertrag beschreibt. Dazu kann auch die Festlegung kundenspezifischer Verhaltensweisen (behaviors) gehören.

- Konfiguration des Dienstes

  Die Konfiguration beinhaltet beispielsweise die Festlegung der Endpunkte, unter denen der Dienst erreichbar ist.

- Hosten des Dienstes in einer Applikation

  Das Hosten des Dienstes beinhaltet letztlich die Benutzung in einem Programm, das den Dienst anbietet.

- Erstellen eines Clients

  Eine Client-Applikation wird benötigt, um mit dem Dienst zu kommunizieren. Der Client kann durch jemand anderes erstellt werden, beispielsweise wenn Sie Ihren Dienst öffentlich anbieten. Es ist also nicht zwingend notwendig, den Client mit WCF-Bordmitteln zu erstellen.

Innerhalb dieser Schrittfolge sind viele Erweiterungen und Variationen möglich. Prinzipiell haben Sie aber alle Elemente entweder durch „Recyceln" vorhandener Codes oder erstmalige Programmierung bereitzustellen, um eine WCF-Applikation erfolgreich zum Laufen zu bekommen.

19.3.1 Endpunkte: Adresse, Bindung, Vertrag

Einführungen in WCF präsentieren meist als besonders eingängige Formel das ABC-Prinzip = Address, Binding, Contract[33]. Das ist zwar einprägsam, aber nicht unbedingt ausreichend, um WCF zu verstehen.

Tatsächlich findet die gesamte Kommunikation zwischen zwei Endpunkten statt. Der Endpunkt stellt die Dienste bereit, die eine WCF-Anwendung den Clients anbietet. Im Mittelpunkt jeder WCF-Betrachtung sollte deshalb der Endpunkt stehen. Ein Endpunkt setzt sich aus folgenden Teilen zusammen – was freilich wieder zum ABC-Kontext führt:

- Einer Adresse, unter der der Dienst gefunden werden kann (Wo?)

- Einer Bindung, die definiert, wie der Client mit dem Dienst kommuniziert (Wie?)

---

[33] Konsequenterweise verwenden wir hier den deutschen Begriff „Vertrag", belassen es aber bei der prägnanten Abkürzung ABC.

- Einem Vertrag, der die verfügbaren Operationen definiert, die der Client benutzen kann (Was?)
- Eine (optionale) Liste von Verhaltensweisen, mit der die Implementierung konfiguriert wird

Repräsentation der Endpunkteigenschaften durch WCF-Klassen

Der Endpunkt eines Dienstes wird durch die Klasse ServiceEndpoint repräsentiert. Objekte dieser Klasse verfügen über die Eigenschaften EndpointAddress, Binding und ContractDescription, mit denen die zugeordneten Bedingungen beschrieben werden.

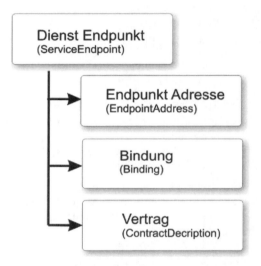

Abbildung 19.11 Jeder Endpunkt enthält eine Endpunktadresse, eine Bindung und eine Beschreibung des zugeordneten Vertrags.

Die Details dieser Klassen werden nachfolgend genauer untersucht.

Der Aufbau eines Endpunkts

Im nächsten Schritt soll erläutert werden, was genau unter „Adresse" oder „Bindung" zu verstehen ist.

Eine Adresse identifiziert einen Endpunkt, repräsentiert durch das WCF-Objekt EndpointAddress. Dieses Objekt fasst den eigentlichen URI (Eigenschaft Uri) und die Identität (Eigenschaft Identity) zusammen. Des Weiteren können Nachrichtenkopfzeilen (Header) hinzugefügt werden, falls die Kommunikationsprotokolle dies benötigen.

Die Bindung bestimmt, wie die Endpunkte kommunizieren. Dies beinhaltet einmal das Transportprotokoll, beispielsweise TCP oder HTTP, zum anderen auch die Kodierung in Abhängigkeit von den Daten (Text, MTOM, binär usw.). Wenn eine sichere Kommunikation verlangt wird, schließt dies auch Informationen zu den Sicherheitsprotokollen ein, beispielsweise SSL oder SOAP-Sicherheit.

Der Vertrag bestimmt die Funktionen des Dienstes, die dem Client angeboten werden. Konkret sind das die aufrufbaren Operationen, das Format der Nachricht, ob und welche Eingabeparameter benutzt werden sowie der Datentyp der Rückmeldung.

Die Verhaltensweise bestimmt das kundenspezifische Verhalten während der Kommunikation. Bei Standardanwendungen sind hier meist keine Festlegungen nötig. Grob gesagt dienen die Verhaltensweisen der Festlegung von Abläufen, die anders als der Standardablauf sind.

WCF-Klassen für die Endpunktadresse

Beim Umgang mit der Endpunktadresse werden Sie mit weiteren Klassen konfrontiert, wenn Sie Endpunkte programmatisch erstellen.

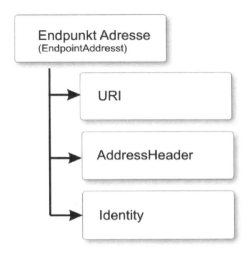

Abbildung 19.12 Die Endpunktadresse enthält den URI, und über die Eigenschaft AddressProperties haben Sie Zugriff auf die Kopfzeilen (AddressHeader-Auflistung) und Identity

`EndpointAddress` enthält mindestens einen URI, sowie optional Kopfzeilen, WSDL-Elemente und weitere Eigenschaften, welche die Adresse näher beschreiben.

Sie können die Adresse des Endpunkts im Code oder in der Konfiguration festlegen. Beides ist relativ einfach; wie mit WCF umgegangen wird, hängt von der Anwendung ab. Grundsätzlich ist die Definition in der Konfiguration flexibler und näher am Konzept der deklarativen Programmierung. Im Zweifel wählen Sie „Konfiguration". Unabhängig von dieser Entscheidung ist die Adresse ein URI, und ein URI umfasst mindestens zwei oder drei Teile gemäß folgendem Schema:

Die Endpunktadresse festlegen

- Das Schema, beispielsweise *http:*
- Dem Maschinennamen: *www.hanser.de*
- Optional kann der Port angegeben werden: *1024*

- Und letztlich der, ebenfalls optionale, virtuelle Pfad zur Anwendung, beispielsweise: */meinservice.svc/demoEndpoint*

In der Konfiguration sieht der entsprechende Abschnitt nun folgendermaßen aus:

Listing 19.6 Definition von Endpunkten in der Konfiguration

```xml
<configuration>
  <system.serviceModel>
    <services>
      <service name="Hanser.Samples.HelloWorld"
               behaviorConfiguration="HelloWorldBehavior">
        <endpoint address="http://10.10.0.202/sampleSvc"
                  binding="basicHttpBinding"
                  contract="Hanser.Samples.IHelloWorld"/>

        <endpoint address="http://10.10.0.202/sampleMex"
                  binding="mexHttpBinding"
                  contract="Hanser.Samples.IMetadataExchange" />

        <behavior name="HelloWorldBehavior">
          <serviceMetadata httpGetEnabled="true" />
        </behavior>

      </behaviors>
  </system.serviceModel>
</configuration>
```

Wie bereits erwähnt, können der Adresse weitere SOAP-Kopfzeilen hinzugefügt werden. Während Sie dies für dynamische Teile eher im Code erledigen, bietet sich für statische Elemente ebenfalls die Konfiguration an.

Listing 19.7 Definition von Kopfzeilen (Header)

```xml
<endpoint address=" http://10.10.0.202/sampleSvc "
      binding="basicHttpBinding"
      contract="Hanser.Samples.IHelloWorld">
<headers>
   <Member xmlns="http://joergkrause.de/">Geek</Member>
</headers>
</endpoint>
```

Im Code ist der Aufwand kaum größer. Das Beispiel ist weitgehend auf den Endpunkt reduziert. In den Codes zum Buch finden Sie komplette, lauffähige Anwendungen, die diese Technik nutzen.

Listing 19.8 Festlegen der Endpunktadresse im Code

```csharp
Uri baseAddress = new Uri("http://localhost:8000/HelloWorld");
string address = "http://localhost:8000/HelloWorld/MeinService";

using (ServiceHost serviceHost
            = new ServiceHost(typeof(HelloService), baseAddress))
{
    serviceHost.AddServiceEndpoint(typeof(IHello),
                            new BasicHttpBinding(), address);
    serviceHost.Open();
        // Warten...
    Console.WriteLine("Taste zum Beenden");
    Console.ReadLine();
    serviceHost.Close();
}
```

Dieselbe Festlegung können Sie auch erreichen, indem der relative Teil erst mit der Definition erstellt wird:

Listing 19.9 Festlegen der Endpunktadresse im Code mit flexiblem Dienstanteil

```
Uri baseAddress = new Uri("http://localhost:8000/HelloWorld");
using (ServiceHost serviceHost = new ServiceHost(typeof(HelloWorld),
                                                 baseAddress))
{
    serviceHost.AddServiceEndpoint(typeof(IHello),
                                   new BasicHttpBinding(),
                                   "MeinService");
    serviceHost.Open();
    Console.WriteLine("Taste zum Beenden");
    Console.ReadLine();
    serviceHost.Close();
}
```

Falls Sie Einstellungen im Code dynamisch vornehmen, achten Sie darauf, dass diese vor dem Aufruf der Methode Open des ServiceHost erfolgen. Die Voreinstellungen werden dem deklarativen Teil entnommen und müssen im Code lediglich ergänzt werden, wenn eine Deklaration nicht erfolgt.

19.3.2 Die WCF-Bindungen

Bindungen sind essenziell für das Verständnis der Arbeitsweise von WCF. Durch die strikte Trennung der Applikationslogik von der Transportlogik verteilter Anwendungen wird mit WCF ein hoher Abstraktionsgrad erreicht. Bindungen definieren die Schnittstelle zwischen Anwendung und Transport. Konkret umfasst das die Definition der Transportprotokolle, der Nachrichtenkodierung (encoding) und Protokollmerkmale, die erforderlich sind, um die Endpunkte miteinander kommunizieren zu lassen. Vereinfacht gesagt führt dieselbe Bindungsinformation auf beiden Seiten der Kommunikationspartner dazu, dass diese miteinander kommunizieren können.

Eine Bindung besteht aus einer Reihe von Bindungselementen. Diese können mit ihren Standardeinstellungen benutzt oder entsprechend spezifischen Anforderungen angepasst werden. Es muss dabei wenigstens ein Bindungselement für den Transport und eines für die Kodierung der Daten angegeben werden. Kodierung bedeutet hier die Aufbereitung des Nachrichteninhalts für die Übertragung, beispielsweise Text/XML, binär oder MTOM (*Message Transmission Optimization Mechanism*), die verwendet werden soll.

Sie können mehrere Bindungen definieren, passend benennen und später flexibel einsetzen, um verschiedene Kommunikationswege zu benutzen. Ebenso ist es möglich, eigene Bindungen anzugeben sowie die zahlreich eingebauten zu benutzen.

Bestandteile der Bindungen

Bindungen bestimmen, wie Endpunkte kommunizieren. Dazu werden drei typische Arten von Bindungselementen benötigt:

- Protokollkanalelemente, die die Ebenen Sicherheit, Zuverlässigkeit und Kontext bestimmen.

- Transportkanalelemente, die das Transportprotokoll bestimmen, beispielsweise HTTP oder TCP.
- Kodierungselemente, die die Kodierung der Nachrichten auf dem Transportweg bestimmen, beispielsweise Text/XML, binär, MTOM.

Klassen der Bindungen in WCF

Die folgende Abbildung zeigt die Bindungsklassen und wichtige Mitglieder.

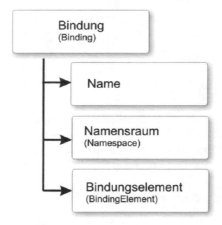

Abbildung 19.13 Die Bindungsklassen

Bei den Bindungselementen kann nun noch zwischen den oben bereits erwähnten Arten unterschieden werden. Jede Bindungsklasse hat weitere Eigenschaften, die spezifisch für das entsprechende Element sind.

Vordefinierte Bindungen

Die folgende Tabelle zeigt alle Bindungen, die vordefiniert sind und ohne Weiteres benutzt werden können.

Zu einigen dieser Bindungen gibt es eine aktualisierte Version mit der Bezeichnung `ws2007<oldBinding>`, wobei der Platzhalter *<oldBinding>* für *HttpBinding* oder *FederationHttpBinding* stehen kann. Diese Klassen sind erst seit dem .NET-Framework 3.0 bzw. 3.5 ServicePack 1 verfügbar.

Tabelle 19.3 Vordefinierte Bindungen

Bindung	Name des Elements	Beschreibung
basicHttpBinding	<basicHttpBinding>	Für WS-Basic-Profile-kompatible Webdienste, beispielsweise ASMX-Dienste. Nutzt HTTP als Transport und Text/XML zur Kodierung.
webHttpBinding	<webHttpBinding>	Für Endpunkte, die anstatt SOAP mit HTTP+POX[34] kommunizieren. Diese Bindung ist seit .NET 3.5 dabei.
wSHttpBinding	<wsHttpBinding>	Sicher und interoperabel für Nicht-Duplex-Verträge.
wSDualHttpBinding	<wsDualHttpBinding>	Sicher und interoperabel für Duplex-Verträge.
wSFederationHttpBinding	<wsFederationHttpBinding>	Sicher und interoperabel für WS-Federation-Verträge, die Authentifizierung und Autorisierung erfordern.
netTcpBinding	<netTcpBinding>	Sicherer und optimierter Kommunikationsweg zwischen WCF-Applikationen.
netNamedPipeBinding	<netNamedPipeBinding>	Sichere und zuverlässige, optimierte Bindung für Anwendungen auf derselben Maschine.
netMsmqBinding	<netMsmqBinding>	Queue-basierte Bindung zwischen WCF-Applikationen im Netzwerk.
netPeerTcpBinding	<netPeerTcpBinding>	Sichere Mehrmaschinen-Kommunikation.
msmqIntegrationBinding	<msmqIntegrationBinding>	Bindung zwischen WCF-Applikationen und klassischen MSMQ-Anwendungen.
basicHttpContextBinding	<basicHttpContextBinding>	Bindung zur Kommunikation mit Webdiensten, die WS-Basic Profile unterstützen, das HTTP-Cookies benutzt.
netTcpContextBinding	<netTcpContextBinding>	Optimierte Bindung für Maschine-Maschine-Kommunikation mittels WCF-Applikationen, bei denen für den Kontext SOAP-Header benutzt werden.

---

[34] POX = Plain Old XML; überträgt Daten ohne Overhead durch Protokollanforderungen

Bindung	Name des Elements	Beschreibung
wsHttpContextBinding	<wsHttpContextBinding>	Eine sichere und interoperable Bindung für Nicht-Duplex-Dienste, bei denen für den Kontext SOAP-Header benutzt werden.

`Ws2007HttpBinding` und `Ws2007FederationHttpBinding` nutzen die OASIS-Version für `ReliableSession`-, `Security`- und `TransactionFlow`-Elemente.

19.3.3 Einführung in Dienstverträge

Diese Einführung soll eine grobe Übersicht über die Implementierung von WCF-Diensten und konzeptionelle Techniken bieten und grundlegende Begriffe präzise klären.

Was sind und wozu dienen Dienstverträge?

Ein Dienstvertrag ist ein aufrufbares Konstrukt, das Folgendes öffentlich anbietet:

- Die Zusammenfassung von Operationen in einem Dienst
- Definition der Signatur der Operationen als Nachrichtenaustauschwege
- Die benutzten Datentypen der Operationen
- Eine Definition, wo die Operationen zu finden sind
- Die verwendeten Protokolle und Serialisierungsformate

Ein Dienstvertrag ist eine Schnittstelle zwischen dem Dienstanbieter und dem Dienstnutzer. Der entsprechende Vertrag definiert entsprechende Operationen, die Nachrichtenwege zur Übermittlung der ein- und ausgehenden Nachrichten und die Daten, die übertragen werden.

Ein Beispiel für einen Dienstvertrag könnte die Funktionalität „Anlegen einer Bestellung" auf dem Dienstserver sein. Diese Operation namens `CreateOrder` nimmt Daten entgegen und gibt den Erfolg der Operation zurück. Ferner wäre eine weitere Operation `GetOrderState` denkbar, die einen Schlüssel annimmt und den Status der Bestellung zurückgibt.

Dienstverträge werden typischerweise über XML-Formate definiert, beispielsweise über Web Services Description Language (WSDL) und XML Schema (XSD). Durch die Verwendung von derartigen Standards ist die Interoperabilität mit anderen Plattformen möglich. Obwohl WSDL und XSD hervorragend für die Beschreibung von Diensten geeignet sind, können in der Praxis Probleme auftreten, denn die Sprachen sind komplex, und die direkte Beschreibung kann sehr aufwendig sein. In WCF ist dieses Verfahren deutlich vereinfacht worden – mit den sprachlichen Mitteln von .NET. Diese umfassen Attribute, Schnittstellen und Klassen, mit denen die Dienste sowohl definiert als auch implementiert werden. Die in der verwalteten Welt definierten Typen können als Metadaten exportiert werden, das heißt in WSDL und XSD, wenn Clients dies benötigen. In einer homogenen WCF-Welt – also einer reinen Microsoft-Welt – ist dies nicht nötig.

Abbildung 19.15 zeigt die grundlegenden Klassen im Zusammenhang mit der Dienstbeschreibung.

Klassen für Dienstverträge in WCF

Die Klasse oder Schnittstelle, die den Vertrag repräsentiert, wird zur Vertragsbeschreibung durch Hinzufügen des entsprechenden Attributes wie nachfolgend beschrieben.

Die Dienstbeschreibung ist eine Struktur, die den gesamten Endpunkt repräsentiert. Dies schließt die Verhaltensdefinition, Metadaten, Konfigurationsinformationen und Kanalinformationen mit ein.

Klassen der Dienstbeschreibung

Bei der Betrachtung der Dienstbeschreibung werden Sie feststellen, dass diese in den gezeigten Beispielen kaum eine Rolle spielen. Das liegt daran, dass die entsprechenden Objekte normalerweise implizit aus den Konfigurationsdaten aufgebaut werden. Erst bei sehr spezifischen Konfigurationen, dynamischen Änderungen oder der kundenspezifischen Anpassung ist es erforderlich, hier sehr auf Code-Ebene zu arbeiten.

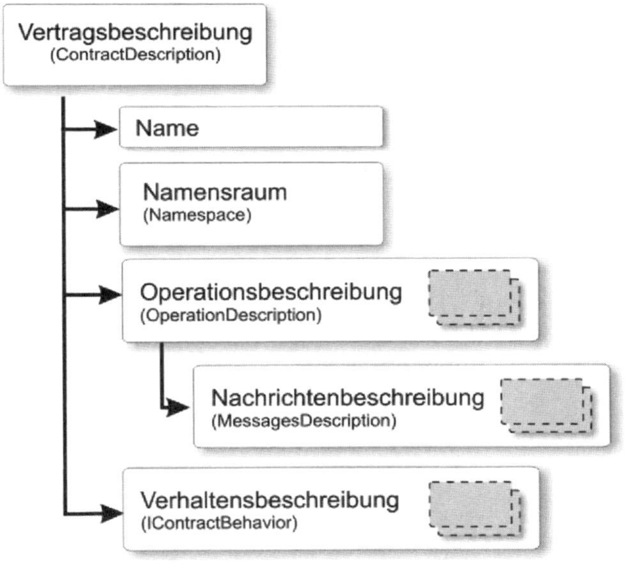

Abbildung 19.14 Die Beschreibung des Vertrags

19 Webdienste

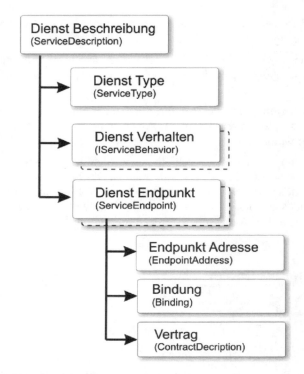

Abbildung 19.15 Die Beschreibung des Dienstes

Einen Dienstvertrag erstellen

Dienste fassen mehrere Operationen zusammen. Um einen Dienst zu erstellen, müssen die Operationen festgelegt und ihre Zusammengehörigkeit definiert werden. In WCF-Applikationen erfolgt die Definition sehr einfach durch Erstellen einer Methode und Hinzufügen des Attributes `OperationContractAttribute` ❷. Um nun den Dienstvertrag zu erstellen, werden die Operationen durch Definition entweder in einer Schnittstelle oder Klasse beschrieben, die mit dem Attribut `ServiceContractAttribute` ❶ markiert ist.

Listing 19.10 Ein einfacher Dienstvertrag

```
using System;
using System.Collections.Generic;
using System.Text;
using System.ServiceModel;

namespace Hanser.Wcf.Introduction
{
    [ServiceContract] ❶
    public interface IOrderingService
    {
        [OperationContract] ❷
        bool CreateOrder(string user);
        [OperationContract] ❷
        bool GetOrderState(int orderid);
```

            }
}

Methoden, welche diese Attribute nicht haben, auch wenn sie öffentlich sichtbar (`public`) sind, werden nicht Bestandteil des Dienstvertrags. Clients können dann darauf nicht zugreifen. Intern gelten Zugriffsmodifizierer wie `protected` oder `public` uneingeschränkt. So kann auf eine mit `private` gekennzeichnete Methode trotz Veröffentlichung nicht zugegriffen werden.

19.3.4 Datenverträge

WCF-Dienste sind grundsätzlich in der Lage, sowohl mit proprietären als auch standardisierten Diensten auf anderen Plattformen als Microsoft zu kommunizieren. Um eine weitgehende Kompatibilität zu erreichen, können Informationen über die benutzten Datentypen weitergegeben werden. Dies erledigen sogenannte Datenverträge.

Einführung in Datenverträge

Praktisch erfolgt die Festlegung durch Attribute. Zum Einsatz kommt das `DataContractAttribute`, welches das Vorhandensein eines solchen Vertrags anzeigt, sowie `DataMemberAttribute`, das den entsprechenden Typ definiert.

Wenn ein Datenvertrag benutzt wird, werden nur Mitglieder serialisiert, die explizit mit dem entsprechenden Attribut dekoriert wurden. Der Datenvertrag hebt darüber hinaus auch den Sichtbereich auf – Typen mit entsprechender Kennzeichnung können serialisiert und gesendet werden, auch wenn sie im inneren Sichtbereich als `private` deklariert sind. Das funktioniert auch deshalb, weil Typen serialisiert und als Objekte übertragen werden – nicht als Referenzen. Damit ist von der Client-Seite her kein Zugriff auf die Definition nötig und möglich und der Sichtbereich schlicht irrelevant. Die nötige Kontrolle verlieren Sie dadurch freilich nicht, denn der Datenvertrag wird ebenso explizit definiert wie der Zugriffsmodifizierer. Letztlich erreicht man eine fein granulierte Zugriffskontrolle für verteilte Systeme.

Wie konkret die Umsetzung erfolgt – also der Vorgang des Serialisierens, Verpackens und Versendens –, muss Sie als Entwickler nicht weiter kümmern. Das erledigt WCF beim Aufbau der entsprechenden SOAP-Nachrichten. Allerdings ist es zur Optimierung von Applikationen sinnvoll, einige der Techniken zu kennen, die zum Einsatz kommen. Typischerweise werden in WCF-Anwendungen die bereits erwähnten Attribute `DataContractAttribute` und `DataMemberAttribute` zum Einsatz kommen. Die üblicherweise in verwaltetem Code benutzten Schnittstellen, wie das bereits erwähnte `ISerializable`, `SerializableAttribute` oder auch `IXmlSerializable`, sind ebenso gute Kandidaten für entsprechende Operationen. Sie alle sind kompatibel mit WCF und können weiter uneingeschränkt benutzt werden, solange Sie mögliche Einschränkungen in der Interoperabilität nicht aus dem Auge verlieren. Die .NET-Serialisierung funktioniert nur, wenn auf beiden Seiten die Kommunikationspartner .NET/WCF nutzen. Die WCF-Serialisierungen können dagegen mit anderen Welten zusammenarbeiten.

Der Datenvertrag im Detail

In einem Dienstvertrag können neben den .NET-Basistypen auch zusammengesetzte Typen (Klassen, Strukturen) übertragen werden, indem diese entsprechend als Datenvertrag gekennzeichnet werden. Das folgende Beispiel gibt eine Übersicht über die Möglichkeiten und Grenzen eines Datenvertrages.

Datenvertrag am Beispiel

Der `WelcomeAuthor`-Dienst nimmt ein Objekt `Author` entgegen und gibt eine Willkommensnachricht dafür zurück. Die Klasse `Author` wird mit dem Attribut `DataContract` ❶ (Datenvertrag) für die WCF-Bibliothek als serialisierbar gekennzeichnet. Alle zu übertragenden Eigenschaften werden zusätzlich mit dem Attribut `DataMember` ❷ versehen. Dabei spielt es keine Rolle, ob es sich um private oder öffentliche Eigenschaften oder Felder handelt.

Listing 19.11 Der Datenvertrag – Die Klasse Author

```
[DataContract]  ❶
public class Author
{

    [DataMember]  ❷
    public string Name = "Matthias";
    private string familyName = "Fischer";

    [DataMember]
    private string email = "none@localhost.de";

    // Das Alter soll nicht übertragen werden
    public int? Age = null;

    [DataMember]
    public string FamilyName
    {
      get { return familyName; }
      set { familyName = value; }
    }

    public string eMail
    {
      get { return email; }
    }
}
```

Dieser Dienstvertrag unterscheidet sich nicht von einem, der nur Basistypen von .NET verwendet. Die Datenverträge können genauso wie die .NET-Basistypen verwendet werden. Datenverträge können ineinander geschachtelt, sowie rekursiv verwendet werden.

Listing 19.12 Der passende Dienstvertrag

```
[ServiceContract]
public interface IWelcomeService
{
   [OperationContract]
   string WelcomeAuthor(Author author);

   [OperationContract]
   Author CreateAuthor();
}
```

Listing 19.13 Die Implementierung des Dienstvertrags

```
public class WelcomeService : IWelcomeService
{
   public string WelcomeAuthor(Author author)
   {
     return String.Format("Willkommen {0} {1} : [{2}] !",
        author.Name, author.FamilyName, author.eMail);
   }

   public Author CreateAuthor()
   {
     return new Author();
   }
}
```

19.3.5 WCF-Webdienste für ASP.NET-AJAX

ASP.NET-AJAX ermöglicht es Ihnen, Webseiten zu erstellen, die mit reaktionsschnellen und vertrauten Benutzeroberflächen eine hohe Benutzerfreundlichkeit bieten. ASP.NET-AJAX bietet Bibliotheken mit Client-Skripten, in denen browserübergreifende JavaScript- und DHTML-Technologien zusammengefasst sind. Diese Features sind in die serverbasierte ASP.NET-Entwicklungsplattform voll integriert. Durch die Verwendung von ASP.NET-AJAX kann die Benutzerfreundlichkeit und die Effizienz von Webanwendungen verbessert werden.

AJAX-Applikationen bestehen allgemein aus Client-Skriptbibliotheken und Serverkomponenten, die zu einem Entwicklungs-Framework integriert sind. Sobald die Dienst-URL des ASP.NET-ScriptManager-Steuerelements auf der Seite hinzugefügt wurde, können Dienstvorgänge anhand von JavaScript-Code aufgerufen werden. Dieser Code gleicht einem normalen JavaScript-Funktionsaufruf.

Die meisten WCF-Dienste können als Dienst verfügbar gemacht werden, der mit ASP.NET-AJAX kompatibel ist, indem ein entsprechender Endpunkt hinzugefügt wird.

Wenn Sie Visual Studio verwenden, können Sie eine vordefinierte Vorlage für AJAX-fähige WCF-Dienste verwenden. Ansonsten erstellen Sie den Endpunkt mithilfe dynamischer Hostaktivierung, ohne eine Konfiguration zu verwenden. Fügen Sie einem WCF-Dienst mithilfe einer Konfiguration einen AJAX-fähigen Endpunkt hinzu. Sie können das WebGetAttribute-Attribut und das WebInvokeAttribute-Attribut verwenden, um zwischen GET- und POST-Verben zu wählen. Dies kann die Leistung Ihrer Anwendung bedeutend verbessern. Sie können des Weiteren die ResponseFormat-Eigenschaft verwenden, damit Ihr Dienst XML-Daten anstatt der standardmäßigen mit JSON serialisierten Form zurückgibt. Wenn dies für das ASP.NET AJAX-Framework ausgeführt wird, empfängt der JavaScript-Client ein XML DOM-Objekt. Um ASP.NET-Features nutzen zu können, beispielsweise die URL-basierte Authentifizierung und den Zugriff auf ASP.NET-Sitzungsinformationen, empfiehlt es sich, den ASP.NET-Kompatibilitätsmodus durch Konfiguration zu aktivieren. Standardmäßig wird das folgende Attribut verwendet:

```
[AspNetCompatibilityRequirements(RequirementsMode =
            AspNetCompatibilityRequirementsMode.Allowed)]
```

19 Webdienste

Für die Konfiguration wird dagegen der folgende Schalter gesetzt:

```
<system.serviceModel>
   ...
   <serviceHostingEnvironment aspNetCompatibilityEnabled="true" />
   ...
</system.serviceModel>
```

AJAX-Endpunkte in WCF können sogar ohne das ASP.NET AJAX-Framework verwendet werden. Dazu ist die Kenntnis der Architektur der AJAX-Unterstützung in WCF erforderlich. Allerdings führt dies im Rahmen dieses Kapitels zu weit. Sie finden entsprechende Ausführungen und Beispiele online.

WCF-AJAX ohne ASP.NET

Auf WCF-AJAX-Dienste kann von jeder Webseite zugegriffen werden, die JavaScript verwendet, ohne dass ASP.NET-AJAX erforderlich wäre. Zur Erstellung eines funktionsfähigen WCF-AJAX-Diensts sind drei Schritte erforderlich:

1. Erstellen eines AJAX-Endpunkts, auf den vom Browser aus zugegriffen werden kann.
2. Erstellen eines AJAX-kompatiblen Dienstvertrags.
3. Zugreifen auf den WCF-AJAX-Dienst.

Die Schritte werden nachfolgend genauer betrachtet.

Erstellen eines AJAX-Endpunkts

Der einfachste Weg, AJAX-Unterstützung in einem WCF-Dienst zu aktivieren, besteht darin, in der dem Dienst zugeordneten *svc*-Datei die `WebServiceHostFactory` zu verwenden, wie im folgenden Listing gezeigt wird.

Listing 19.14 SVC-Datei für einen AJAX-Service

```
<%ServiceHost Language=c# Debug="true"
              Service="Hanser.WCF.Samples.CityService"
              Factory="System.ServiceModel.Activation.WebServiceHostFactory"
%>
```

Alternativ können Sie auch die Konfiguration verwenden, um einen AJAX-Endpunkt hinzuzufügen. Verwenden Sie die Bindung `WebHttpBinding` des Endpunkts, und konfigurieren Sie diesen dann mit dem Verhalten `WebHttpBehavior`, wie im folgenden Listing dargestellt.

Listing 19.15 *web.config*-Datei für einen AJAX-Service

```
<configuration>
  <system.serviceModel>
    <behaviors>
      <endpointBehaviors>
        <behavior name="AjaxBehavior">
          <webHttp/>
        </behavior>
      </endpointBehaviors>
    </behaviors>
    <services>
      <service name="Hanser.WCF.Samples.CityService">
```

```xml
    <endpoint
      address="ajaxEndpoint"
      behaviorConfiguration="AjaxBehavior"
      binding="webHttpBinding"
      contract="Hanser.WCF.Samples.ICityService" />
  </service>
 </services>
 </system.serviceModel>
</configuration>
```

Erstellen eines AJAX-kompatiblen Dienstvertrags

Normalerweise geben die über einen AJAX-Endpunkt verfügbar gemachten Dienstverträge Daten im XML-Format zurück. Standardmäßig kann auf die Dienstvorgänge über HTTP POST-Anforderungen mit URLs zugegriffen werden, welche die Endpunktadresse gefolgt vom Vorgangsnamen enthalten, wie im folgenden Beispiel gezeigt.

```
[OperationContract]
string[] GetBundesland(string letter);
```

Es wird wie üblich eine XML-Nachricht zurückgegeben.

```
http://<service>/<endpunkt>/GetBundesland
```

Sie können das Webprogrammiermodell verwenden, um diese grundlegenden Eigenschaften anzupassen. Sie können beispielsweise die Attribute `WebGetAttribute` oder `WebInvokeAttribute` verwenden, um zu steuern, auf welche HTTP-Verben der Vorgang reagiert, oder die Eigenschaft `UriTemplate` dieser Attribute verwenden, um benutzerdefinierte URIs anzugeben usw.

Zugreifen auf AJAX-Dienste

WCF-AJAX-Endpunkte akzeptieren immer sowohl JSON- als auch XML-Anforderungen. HTTP POST-Anforderungen mit dem Inhaltstyp „application/json" werden als JSON behandelt, und jene mit einem XML-Inhaltstyp (wie „text/xml") werden als XML behandelt. HTTP GET-Anforderungen enthalten alle Anforderungsparameter in der URL selbst. Es obliegt dem Client zu entscheiden, wie die HTTP-Anforderung für den Endpunkt erstellt wird.

19.3.6 Debugging-Tipps

Beim Debuggen der Anwendung ist es sinnvoll, den tatsächlichen Inhalt der Anforderung und Antwort zu kennen. Hier ist es empfehlenswert, einen HTTP-Proxy wie beispielsweise Fiddler einzusetzen.

19 Webdienste

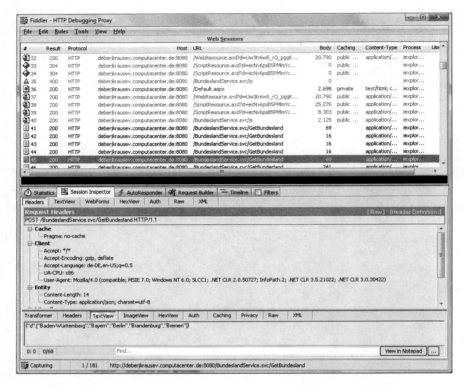

Abbildung 19.16 Fiddler zeigt die Inhalte der AJAX-Anforderungen.

Fiddler finden Sie unter folgender Adresse:

- *http://www.fiddlertool.com/fiddler*

Sie können damit den Verkehr zwischen einem Server und Client komplett überwachen, inkl. der bei einer AJAX-basierten Applikation im Hintergrund ablaufenden Anforderungen.

> Mehr Informationen zu WCF und weitere Beispiele finden Sie im Buch „Windows Communication Foundation" von Matthias Fischer und Jörg Krause, Carl Hanser Verlag (ISBN 978-3-446-41043-5).

20 Sicherheit und Benutzer

Dieses Kapitel behandelt Sicherheit aus dem speziellen Blickwinkel der Webapplikation. Angefangen von allgemeinen Aussagen zur Sicherheit werden benutzerspezifische Funktionen behandelt. Dazu gehören die Profile, in denen benutzerspezifische Daten gespeichert werden. Damit verbunden ist die Authentifizierung des Benutzers. ASP.NET unterstützt die Programmierung von Anmeldefunktionen mit einer ganzen Reihe von Steuerelementen, die ihrerseits auf erweiterbaren Providern aufbauen.

Behandelt werden folgende Themen:

- Das Sicherheitskonzept
- Die Sicherheitsfunktionen, die ASP.NET bietet
- Die Profilverwaltung für Benutzer
- Die Anmeldesteuerelemente

20.1 Das Sicherheitskonzept

Dieser Abschnitt behandelt allgemein das Sicherheitskonzept, das der Windows-Sicherheit, Webservern und ASP.NET zugrundeliegt.

20.1.1 Sicherheitskonzepte in Webservern

Um für einen Webserver für optimale Sicherheit zu sorgen, sollten Sie sich zuerst mit den prinzipiellen Sicherheitskonzepten auseinandersetzen:

- Softwaresicherheit

    Auch wenn es sich banal anhört: Das Aufspielen der neuesten Service Packs, Sicherheits-Updates und die Umsetzung von Sicherheitshinweisen des Softwareherstellers sind eine Pflichtübung.

- Authentifizierung

  Hierunter wird die Erkennung eines Benutzers verstanden („Wer bin ich?"). Falls es sich nicht um einen anonymen Zugang handelt, wird sich der Benutzer in der Regel mit Name und Kennwort identifizieren. Das gilt auch – wenn auch über Umwege – für die Nutzung von Diensten wie LiveID. Ansonsten kann die Authentifizierung über die IIS und die integrierten Sicherheitsmodelle von Windows-Server erfolgen.

- Autorisierung

  Nachdem sich ein Benutzer authentifiziert hat, ist es Aufgabe der Autorisierung festzustellen, welche konkreten Rechte er hat. Hiermit wird also festgelegt, welche Ressourcen er lesen, ausführen oder schreiben darf. Damit das in der Praxis nicht zu kompliziert wird, bieten der IIS und ASP.NET einige vordefinierte Konten, die standardmäßig zum Einsatz gelangen.

- Impersonifizierung

  Ist ein Benutzer identifiziert, kann ein vorher unter einem Standardkonto ablaufender Prozess die Identität des Benutzers annehmen. Dieser Vorgang wird als Impersonifizierung bezeichnet. Damit wird vor allem die Rechtevergabe erleichtert, ohne dass eine Schwachstelle in der Sicherheitskette aufgerissen wird.

Die Provider, Funktionen und Steuerelemente bilden diese Funktionen auf verschiedenen Funktionen ab.

20.1.2 Sicherheit und die IIS

ASP.NET nutzt die IIS als Schnittstelle zum Client. Die IIS mischen sich zwar nicht mehr in die eigentliche Verarbeitung von Seiten ein, sind aber als unterliegende Instanz Teil des Sicherheitskonzeptes. Sie verfügen über einige Sicherheitskonzepte, die für die Arbeit mit ASP.NET von Interesse sind:

- Verschlüsselung der Kommunikation mit SSL (Secure Socket Layer)

  Hiermit wird der Übertragungsweg geschützt. SSL verhindert wirkungsvoll, dass Dritte übertragene Daten lesen oder verändern können.

- Beschränkung des Zugriffes auf bestimmte IP-Adressen oder Domänen

  Durch die generelle Beschränkung des Zugriffes kann der Zugriff von geregelt werden, dass die Kommunikation mit unerwünschten Partnern gar nicht erst stattfindet. Dieses Verfahren ist für öffentliche Webserver kaum einsetzbar. Wenn Sie einen Webserver im Intranet installieren, ist der Einsatz Sinnvoll.

- Bereitstellung virtueller Verzeichnisse, die das Ausspähen der physischen Verzeichnisstruktur verhindern

  Generell stellt der IIS ein virtuelles Verzeichnis für Ihre Applikation bereit. Wenn Sie Projekte mit Visual Studio 2010 entwickeln, werden diese auch in einem solchen Verzeichnis installiert.

- Prüfung von Zugriffsberechtigungen auf Basis der NTFS-Sicherheit

  Über die IIS lassen sich mehrere Zugriffsmethoden einrichten, die eine Steuerung der Nutzung der Applikation auf Benutzerebenen erlauben. Damit haben Sie die genaueste Kontrolle, aber auch den höchsten Aufwand.

Wenn Sie ein Sicherheitskonzept für Ihre Applikation erarbeiten, können Sie diese vier Methoden einsetzen, um sich wirkungsvoll gegen Angriffe zu schützen.

20.2 ASP.NET-Sicherheitsfunktionen der IIS

Für die Feststellung, welche Rechte ein konkreter Prozess im Rahmen einer Anforderung von Ressourcen nun hat, sind einige weitere Überlegungen notwendig. Die erste Instanz, mit der der Browser Kontakt aufnimmt, sind die IIS. Diese laufen – als Programm *inetinfo.exe* – unter dem Konto *SYSTEM*. Dieses Konto hat natürlich sehr weitreichende Privilegien, sodass weitere Sicherheitsebenen wie Schalen darüber liegen. Die erste Ebene ist die sogenannte Impersonifizierung des Prozesses. Der Benutzer hat sich immer in der einen oder anderen Weise identifiziert – dazu gehört auch die sichere Erkennung des Falles, anonym zu arbeiten. In diesem Fall wird das Konto *IUSR_MachineName* verwendet. Erfolgt ein Zugriff auf Komponenten (COM-Objekte), wird als Zugriffskonto *IWAM_MachineName* (WAM steht für *Windows Application Management*) verwendet. Die ASP.NET-Laufzeitumgebung ist davon ausgeschlossen, sie läuft immer unter dem Konto *ASPNET*, das bei der Installation eingerichtet wurde.

20.2.1 Formen der Benutzerauthentifizierung

Die IIS lassen mehrere Formen der Benutzerauthentifizierung zu, die je nach Einsatz und Sicherheitsbedarf verwendet werden können:

- Anonymer Zugriff

  Diese Form erlaubt den Zugriff ohne weitere Einschränkungen. Der IIS gestattet dem Client die Nutzung des Systemkontos *IUSR_MachineName*. Das gilt aber nur bis zum Aufruf des ASP.NET-Worker Prozess. Dieser läuft unter dem Konto des Application Pools.

- Authentifizierung mit *Basic Authentication*

  Der Benutzer muss sich hier mit Benutzername und Kennwort identifizieren. Beide Angaben werden im Klartext übertragen – abgesehen von der üblichen Base64-Kodierung für binäre Inhalte. Das Verfahren kann verwendet werden, wenn der geschützte Zugriff beliebigen Clientprogrammen wie Netscape oder Opera gestattet werden soll, wenn diese nicht über Plug-Ins zur Unterstützung der Windows-Authentifizierung verfügen.

- Authentifizierung mit *Digest Authentication*

  Dieses Verfahren erfordert auch die Angaben von Benutzername und Kennwort. Es wird aber nur ein Hashwert (MD5-verschlüsselt) übertragen, sodass ein Abfangen der Kennwortdaten nicht ausreicht, um daraus die Daten zu rekonstruieren. Auf Serverseite ist der Zugriff auf Active Directory erforderlich, als Client muss der Internet Explorer eingesetzt werden.

- Integrierte Windows-Authentifizierung

    Dieses Verfahren nutzt die interne Anmeldeprozedur von Windows und ist damit auf Windows-Clients beschränkt. Auch hier wird ein Hashwert verwendet, sodass der Übertragungsweg sicher ist.

- Sicherung über Clientzertifikate

    Wenn bestimmte Benutzer sicher identifiziert werden sollen, können Clientzertifikate verwendet werden. ASP.NET stellt den Zugriff darauf über entsprechende Klassen bereit. Allerdings ist der Aufwand auf Benutzerseite sehr hoch, denn neben der kostenpflichtigen Beschaffung des Zertifikats ist auch die Installation im Browser erforderlich.

Der anonyme Zugriff

ASP.NET bietet eine gute Unterstützung für verschiedene Authentifizierungsarten an.

Der anonyme Zugriff

Daneben besteht natürlich immer die Möglichkeit, auf eine explizite Authentifizierung zu verzichten. Das ist im Übrigen auch die Standardeinstellung: Der anonyme Zugriff. Der Prozess läuft in diesem Fall unter dem Konto *ASPNET* ab, solange die Impersonifizierung deaktiviert bleibt[35]. Wenn die Impersonifizierung aktiviert wurde, übernimmt ASP.NET das Konto des IIS.

Die Standardprovider für Benutzer und Rollen

Konzeptionell verwendet ASP.NET das Prinzip der „Torwächter". Dies ist ein Modul, das am Anfang der Verarbeitungspipeline sitzt und jede eingehende Anforderung überwacht. Die Implementierung basiert auf `IHttpModule`, wie jedes anderen Modul in der Pipeline auch. Lesen Sie mehr dazu im Kapitel 24.2 „Module". Durch die Implementierung als Modul ist sichergestellt, dass sich das Sicherheitskonzept nicht durch andere Maßnahmen aushebeln lässt.

Systemleistung beachten

Beim Umgang mit Sicherheitskonzepten muss auch beachtet werden, dass HTTP ein zustandsloses Protokoll ist. Deshalb werden die Authentifizierungsinformationen nicht der Anforderung zugeordnet. Das bedeutet, dass jede Anforderung erneut authentifiziert werden muss. Sicherheitsmodule wie Mitgliedschaft und Rollen haben deshalb einen wie auch immer gearteten Einfluss auf die Systemleistung.

Die Pipeline löst Ereignisse in definierter Reihenfolge aus. Zuerst wird der Benutzer mit `AuthenticateRequest` authentifiziert. Diese Reihenfolge ist durchaus wichtig. Denn der Sitzungsstatus wird erst nach der Authentifizierung hergestellt. Es ist daher nicht möglich, anmelderelevante Daten in den Sitzungsinformationen zu speichern.

---

[35] Der deaktivierte Zustand entspricht der Standardeinstellung.

20.2 ASP.NET-Sicherheitsfunktionen der IIS

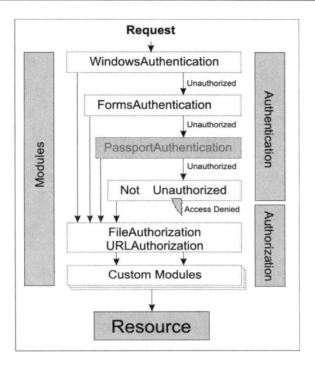

Abbildung 20.1 Die Kette der Authentifizierungsmodule

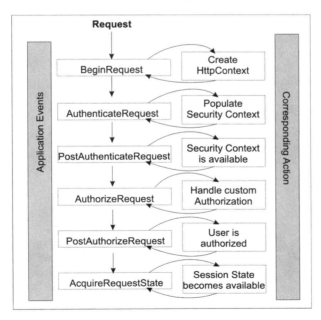

Abbildung 20.2 Applikationsereignisse, die auf die Authentifizierung und Autorisierung Einfluss haben

20 Sicherheit und Benutzer

Kontext

Nach der erfolgreichen Identifizierung des Benutzers werden seine Anmeldedaten (credentials) in einem Objekt gespeichert. Das umfasst mindestens Benutzername und Kennwort sowie optional die Rolle und Lebensdauer des Objekts. Verschiedene Authentifizierungstechniken, wie am Anfang des Kapitels gezeigt erzeugen verschiedene derartige Objekte. Die Informationen werden an den Kontext (`HttpContext`) gebunden, um während der gesamten Laufzeit der Anforderung verfügbar zu sein.

```
System.Web.Security.IPrincipal user = Context.User;
```

Der `Context` wird von der Klasse `Page` geliefert. Wenn Sie sich außerhalb einer Seite befinden, besteht über die statische Eigenschaft `HttpContext.Current` Zugriff.

IPrincipal

Die Schnittstelle `IPrincipal` ist eine einfache Definition für die Speicherung von Anmeldedaten. Sie enthält die Identität des Benutzers in der Eigenschaft `Identity`. Diese Eigenschaft implementiert die Schnittstelle `IIdentity`. Weiterhin wird die Mitgliedschaft in einer bestimmten Rolle über die Methode `IsInRole` angefragt. Konkrete Implementierungen erweitern diese Schnittstellen um weitere Funktionen. `IIdentity` kennt noch weitere Eigenschaften, wie `AuthenticationType`. Dort wird abgelegt, mit welcher Methode sich der Benutzer angemeldet hat. Dies können Werte wie beispielsweise „Forms", „NTLM" oder „Custom" sein. `IsAuthenticated` zeigt an, dass eines der Module in der Lage war, den Benutzer zu authentifizieren. Alle nachgelagerten Module werden dann nicht mehr aktiv.

Die Schnittstelle `IIdentity` wird von einigen eingebauten Klassen implementiert:

- `System.Web.Security.FormsIdentity`
- `System.Security.Principal.WindowsIdentity`
- `System.Security.Principal.GenericIdentity`

Der Namensraum offenbart dass das Modell nicht auf Webapplikationen beschränkt ist, sondern allgemeine Gültigkeit in .NET hat. Neben der Allgemeingültigkeit besitzt das Modell auch das Merkmal der Erweiterbarkeit.

Die Authentifizierungsmodule

Es ist bereits eine ganze Reihe von Authentifizierungsmodulen in ASP.NET verfügbar. Drei Basisfunktionen sind hier erwähnenswert:

- `FormsAuthenticationModule`
- `WindowsAuthenticationModule`
- `PassportAuthenticationModule`

Das `FormsAuthenticationModule` bietet die Authentifizierung mit Webformularen, also über einfache Eingabefelder und das Absenden des Formulars mit den Anmeldedaten. Solange nicht mit SSL (Secure Socket Layer) gearbeitet wird, werden Anmeldenamen und Kennwörter im Klartext übertragen. Dies ist meist nicht akzeptabel. Deshalb bietet sich das `WindowsAuthenticationModule` an. Dieses Modul erfordert allerdings eine spezielle Unterstützung durch den Client, was den Einsatz einschränkt. Das `PassportAuthenticationModule` wurde nur der Vollständigkeit halber erwähnt. Es ist veraltet und wird nicht mehr offiziell unterstützt. Microsoft Passport wurde durch die technisch ähnliche LiveID (denken Sie an Ihr MSDN-Abonnement) ersetzt.

20.2 ASP.NET-Sicherheitsfunktionen der IIS

Die Authentifizierung festlegen

Um nun die gewünschte Zugriffsart festzulegen, nutzen Sie den Abschnitt `<authentication>` der Datei *web.config*.

```
<configuration>
  <system.web>
    <authentication mode="Windows" />
    ...
  </system.web>
</configuration>
```

Für das Attribut `mode` können Sie folgende Werte wählen: `Windows`, `Passport`, `Forms`, `None`. Innerhalb des Zweiges `<system.web>` können dann feinere Einstellungen vorgenommen werden, die in den entsprechenden Abschnitten weiter unten beschrieben werden.

Die Impersonifizierung in ASP.NET

Wenn sich nun aber ein Benutzer nicht anonym anmeldet, muss die Laufzeitumgebung in der Lage sein, ihm die Rechte einzuräumen, die er erwartet und die seinem Konto entsprechen. Dieser Vorgang wird als Impersonifizierung bezeichnet. Das heißt, der aktuelle Prozess nimmt die „Person" des Aufrufers an, um mit dessen Rechten operieren zu können.

Standardmäßig ist die Impersonifizierung abgeschaltet. Das heißt, dass trotz der Anmeldung über den IIS einem Benutzer nicht mehr Rechte eingeräumt werden, als das Konto *ASPNET* hergibt. Sie können diesen Vorgang explizit für den gesamten Server freigeben. Dazu öffnen Sie die Datei *machine.config* und suchen den Eintrag `<identity>`. Wenn dieser nicht vorhanden ist, fügen Sie ihn in den Abschnitt `<system.web>` folgendermaßen ein:

```
<system.web>
    <identity impersonate="true"
              userName="domain/benutzername"
              password="passwort"/>
<system.web>
```

Die Forms-Authentifizierung

Die Forms-Authentifizierung unterstützt die Entwicklung einer eigenen Anmeldeprozedur basierend auf HTML-Formularen und Cookies. Das Sicherheitsniveau ist relativ niedrig, außerdem muss der Benutzer bei standardmäßiger Einrichtung dauerhaft Cookies akzeptieren. Dafür ist der Einrichtungsaufwand gering. Die Datei *web.config* konfigurieren Sie für diese Funktion folgendermaßen:

```
<authentication mode="Forms" >
   <forms
      name="LogOnCookie"
      path="/"
      loginUrl="login.aspx"
      protection="All"
      timeout="25">
      <credentials passwordFormat="Clear">
         <user name="Joerg" password="haide" />
         <user name="Uwe" password="yvonne" />
      </credentials>
   </forms>
```

```
</authentication>
<authorization>
  <deny users="?" />  ❶
</authorization>
```

Eine solche Konfiguration führt mehrere Schritte bei der Anforderung einer Ressource im betroffenen Verzeichnis aus. Zuerst wird geprüft, ob für den betreffenden Benutzer der Zugriff erlaubt oder verboten ist. Im Beispiel wird allen anonymen Benutzern der Zugriff untersagt ❶.

> **TIPP** Sie können im Attribut `users` neben einer durch Kommata getrennten Liste von Namen auch ein Sternchen „*" für „Alle" oder ein Fragezeichen „?" für „Anonym" angeben. Wenn Sie Domänennamen kontrollieren wollen, schreiben Sie „DOMAIN\Name".

Erst wenn ein solches Verbot greift, wird die Authentifizierungsprozedur gestartet. Erlauben Sie den Zugriff dagegen, wird auch keine Anmeldung angefordert.

Im Fall der Forms-Authentifizierung wird ASP.NET nun folgendes versuchen: Es wird ein Cookie erzeugt, basierend auf den Attributen des `<forms>`-Abschnittes. Dann wird die Ausführung an eine Anmeldeseite weitergeleitet, die im Beispiel den Namen *login.aspx* hat. Dies ist auch der Standardname, den ASP.NET verwendet, wenn Sie keinen angeben. Dort sollten Sie ein Formular programmieren, das die benötigten Daten erfasst. Anschließend vergleichen Sie mit einem entsprechenden Programm, ob die Anmeldedaten Ihren Erwartungen entsprechen. Dann geben Sie die Anwendung frei. ASP.NET kümmert sich nun während der Sitzung um die laufende Identifizierung des Benutzers, basierend auf dem Cookie.

> **TIPP** Beachten Sie, dass bei den Attributnamen Groß- und Kleinschreibung unterschieden wird.

Die möglichen Einstellungen sind sehr variabel. Die folgende Tabelle zeigt die Bedeutung der Attribute des `<forms>`-Elements:

Tabelle 20.1 Parameter für das Forms-Cookie

Attribut	Bedeutung und Optionen
`name`	Name des Cookies
`loginUrl`	URL, unter der das Anmeldeformular zu finden ist
`protection`	Verschlüsselungsart des Cookies: • `All`: Cookie wird verschlüsselt und Daten werden überprüft. Dies ist die Standardeinstellung. • `None`: Keine Prüfung und Verschlüsselung • `Encryption`: Nur verschlüsselte Angabe erlaubt
`timeout`	Laufzeit des Cookies in Minuten. Der Standardwert ist 30.
`path`	Pfad zur Anwendung, der dem Cookie zugewiesen wird. Der Standard ist „\" (Wurzel der Applikation)
`Validation`	Innerhalb des `<forms>`-Zweiges werden nun die speziellen Zugriffsbedingungen innerhalb des Zweiges `<credentials>` aufgeführt. Auch hierfür finden Sie nachfolgend das verfügbare Attribut:

20.2 ASP.NET-Sicherheitsfunktionen der IIS

Attribut	Bedeutung und Optionen
`passwordFormat`	Zeigt an, wie das Kennwort verschlüsselt ist: • Clear: Keine Verschlüsselung • MD5: MD5-Hash • SHA1: SHA1-Hash
`name`	Der Anmeldename
`password`	Das erwartete Kennwort

Programmierung einer Authentifizierungslösung

Die typische Programmierung einer Authentifizierungslösung besteht aus zwei Schritten:

- Erstellen eines Eingabeformulars
- Überprüfen der Eingabewerte und Reaktion darauf

Die Reaktion auf die Eingabe kann wiederum auf zwei Aktionen hinauslaufen: Freigabe der ursprünglich angeforderten Datei oder Ausgabe eines Hinweises über die misslungene Anmeldung. Beides ist sehr einfach zu programmieren. An dieser Stelle wird bewusst der direkte Weg gezeigt, ohne die speziellen Anmeldesteuerelemente, wie sie in Abschnitt 20.4 gezeigt werden.

Ohne Anmeldesteuerelemente

Das Formular *login.aspx* könnte folgendermaßen aussehen:

Listing 20.1 Ein einfaches Anmeldeformular

```
<h1>Anmeldung erforderlich</h1>
<form runat="server">
<table>
   <tr>
      <td>Name: </td>
      <td>
         <asp:TextBox Runat="server" ID="logName" />
      </td>
   </tr>
   <tr>
      <td>Kennwort: </td>
      <td>
         <asp:TextBox TextMode="Password"
               Runat="server" ID="logPassword" />
      </td>
   </tr>
   <tr>
      <td></td>
      <td>
         <asp:Button Runat="server" ID="Submit"
               Text="Anmelden"
               OnClick="Login_Click"/>
      </td>
   </tr>
</table>
<asp:Label Runat="server" ID="LoginError"
         BackColor="Red" ForeColor="White"/>
</form>
```

20 Sicherheit und Benutzer

Ablauf der Authentifizierung

Wenn nun eine geschützte Datei angefordert wird, leitet ASP.NET zu diesem Formular um. Sie erkennen dies durch die Veränderung des URL:

Abbildung 20.3 Das Anmeldeformular in Aktion

Dort erhält der Benutzer die Möglichkeit, die Daten einzugeben. Klickt der Benutzer auf die Schaltfläche ANMELDEN, wird die entsprechende Ereignisbehandlungsmethode aufgerufen.

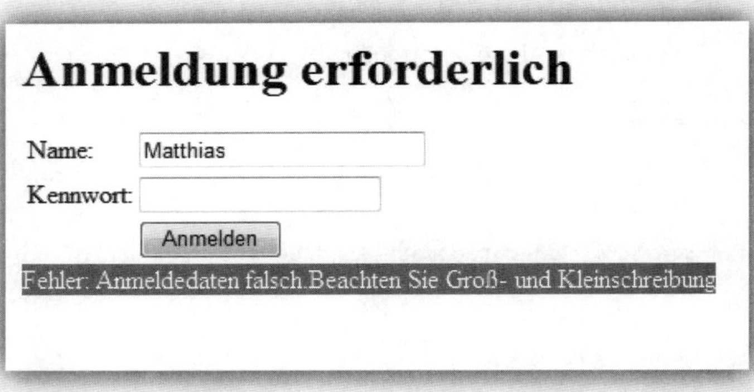

Abbildung 20.4 Das Anmeldeformular nach einer fehlerhaften Anmeldung

Der Aufwand ist offensichtlich überschaubar, wie Listing 20.2 zeigt:

Listing 20.2 Auswertung der Eingabe und Prüfen der Anmeldedaten

```
public void Login_Click (object sender, EventArgs e)
{
  ❶ if (FormsAuthentication.Authenticate(logName.Text, ↵
                                  logPassword.Text))
    {
      ❷ FormsAuthentication.RedirectFromLoginPage (logName.Text, true);
    }
    else
    {
      ❸ LoginError.Text = "Fehler: Anmeldedaten falsch.↵
                           Beachten Sie Groß- und Kleinschreibung";
```

20.2 ASP.NET-Sicherheitsfunktionen der IIS

        }
}

Um Zugriff auf die Klassen zur Auswertung der Anmeldeinformationen zu erlangen, müssen Sie noch den Namensraum `System.Web.Security` einbinden:

```
using System.Web.Security;
```

Im eigentlichen Programm prüfen Sie nun, ob Name und Kennwort denen in der *web.config* entsprechen ❶. Wenn das der Fall ist, lösen Sie eine Weiterleitung auf die ursprünglich aufgerufene Seite aus ❷.

Diese statische Methode bietet als zweiten Parameter die Möglichkeit, dass mit der Weiterleitung gesendete Authentifizierungs-Cookie permanent zu speichern. Diese Wahl können Sie – im Sinne einer guten Benutzerführung – auch dem Benutzer überlassen. Dazu könnten Sie ein `CheckBox`-Steuerelement auf der Anmeldeseite platzieren. Wird es aktiviert, wird der Parameter gleich `true` gesetzt. Dann wird das Ablaufdatum nicht auf die in der *web.config* definierten Minuten (im Beispiel waren es 25) gesetzt, sondern soweit in die Zukunft, dass es praktisch permanent wird.

Permanente Cookies

> Es ist schlechter Stil, permanente Cookies ohne Einverständnis des Benutzers zu speichern. Mit der offenen Bekundung der Verwendung eines Cookies und der Wahlmöglichkeit durch en Benutzer steigt die Nutzungsrate deutlich.

TIPP

Der `else`-Zweig ❸ behandelt nun noch den Fall einer fehlerhaften Anmeldung.

Weitere Methoden der Klasse FormsAuthentication

Verwendet wurden bereits die Methoden `AuthenticateAuthenticate` zur Prüfung der Anmeldeparameter und `RedirectFromLoginPage` zum Setzen des Cookies und Ausführen der Weiterleitung. Sie können diesen Prozess auch feiner steuern, wenn Sie die weiteren Methoden kennen.

Ebenfalls statisch ist `GetRedirectUrl`. Beim Aufruf wird der URL zurückgegeben, der zur Weiterleitung verwendet wird. Sie können den Wert nicht ändern. Allerdings ist es natürlich möglich, eine eigene Weiterleitung mit `Response.Redirect` (extern) oder `Server.Transfer` (intern) auszuführen und auf die Dienste von `RedirectFromLoginPage` zu verzichten.

Allerdings müssten Sie dann auch das Cookie selbst setzen. Dazu kommt die statische Methode `GetAuthCookie` in Frage. Hiermit wird ein Cookie-Objekt vom Typ `HttpCookie` erzeugt. Als Parameter sind der Anmeldename des Benutzers und das Ablaufverhalten anzugeben. Das Ablaufverhalten wird als zweiter Parameter übergeben – `true` für ein permanentes Cookie, `false` für eines mit der definierten Laufzeit. Sie können das Cookie nun verändern und dann mit `SetAuthCookie` wieder setzen, sodass es von `RedirectFromLoginPage` verarbeitet werden kann.

Mehr allgemeine Informationen zu Cookies finden Sie in Abschnitt 8.4.

Mehr zu Cookies

Bleibt als letzte Maßnahme einer vernünftigen Benutzeranmeldung noch eine Abmeldemöglichkeit. Mit Hilfe der Methode `SignOutSignOut`, die keine Parameter verlangt, wird das Cookie zerstört und damit bei der nächsten Weiterleitung vom Browser entfernt. Ruft der Benutzer danach erneut die Seite auf, wird die Anmel-

SignOut: Abmelden

deprozedur erneut starten. Auch eine designierte Abmeldeoption gehört zu einer guten Benutzerführung.

20.2.2 Personalisierung

Ist die Authentifizierung gelungen, stehen weitere Möglichkeiten zur Verfügung, als nur eine einfache Aussage über die Zulassung eines Kontos. So ist es sicher sinnvoll, einem Benutzer nach erfolgter Anmeldung persönliche Dienste bereitzustellen. Dies kann auf jeder Seite anders aussehen. Sie benötigen also einen permanenten Zugriff auf die Authentifizierungsdaten innerhalb Ihrer Programme.

Der Benutzer als Objekt: User

Der Benutzer, ist er erst erkannt worden, steht dem Programmierer als Objekt `User` zur Verfügung. Zugriff darauf erhalten Sie über `HttpContext`. Diese Klasse stellt allgemein alle Informationen über den Kontext der aktuellen Anforderung und Applikation dar. Der Kontext umfasst im Objektmodell der Seite Informationen über Anforderung und Antwort, die Sitzung, den Benutzer und die Seite mit den Steuerelementen selbst.

Der Zugriff ist relativ einfach. Das folgende Beispiel zeigt eine Möglichkeit. In der *asxp*-Seite gibt es ein `Label`-Steuerelement, das hier zur Ausgabe verwendet wird:

Listing 20.3 Zugriff auf den authentifizierten Benutzer (Ausschnitt)

```
private void Page_Load(object sender, System.EventArgs e)
{
    IIdentity user = HttpContext.Current.User.Identity;
    if (user.IsAuthenticated) ❶
    {
        Footer.Text = "Willkommen, " + user.Name; ❷
    }
    else
    {
        Footer.Text = "Oops. Noch unbekannt?";
    }
}
```

Mit `IsAuthenticated` wird hier ❶ sicherheitshalber festgestellt, ob die Authentifizierung bereits erfolgt ist. Wenn Sie das letzte Beispiel mit der Forms-Authentifizierung aktiviert und verwendet haben und anonyme Zugriffe dennoch zulassen, sollte das der Fall sein. Andernfalls erscheint die Fehlermeldung. Über die Eigenschaft `Name` können Sie auf den Anmeldenamen zugreifen ❷. Es ist damit ein leichtes, persönliche Informationen aus einer Datenbank zu holen und die Anzeige der Seite danach zu modifizieren.

Statt mit Formularen können Sie Benutzer auch über ein reguläres Konto in der lokalen Benutzerverwaltung oder im Active Directory identifizieren. Dies dürfte jedoch nur im Intranet praktikabel sein. Lesen Sie im nächsten Abschnitt, wie es funktioniert.

20.2.3 Windows-Authentifizierung

Die Windows-Authentifizierung basiert auf der Prüfung der Anmeldung mit Hilfe der Windows-Benutzerverwaltung bzw. des Active Directory. Zusätzlich zur Aktivierung der Windows-Authentifizierung selbst muss die Impersonifizierung aktiviert werden, denn nur so gelangt die Anmeldeinformation über den IIS bis zu ASP.NET.

Für den Benutzer gilt, dass bei dieser Form der Authentifizierung das Standarddialogfeld des Browsers verwendet wird. Gestalterische Freiheiten wie bei der Forms-Authentifizierung gibt es hier nicht.

Die Ressourcen müssen Sie, wenn Sie Windows die Kontrolle überlassen, natürlich auch über NTFS schützen. Dazu rufen Sie für die betreffenden Dateien und Verzeichnisse den EIGENSCHAFTEN-Dialog auf und tragen dort auf der Registerkarte SICHERHEIT die Benutzer oder Gruppen ein, denen der Zugriff gewährt werden soll.

Die Windows-Authentifizierung einrichten

Zur Aktivierung modifizieren Sie die Datei *web.config* im Abschnitt `<system.web>` folgendermaßen:

```
<authentication mode="Windows" />
<identity impersonate="true" /> ❷
<authorization>
   <deny users="?" /> ❶
</authorization>
```

Dies verhindert den anonymen Zugriff ❶ und stellt zugleich sicher, dass das Programm künftig unter dem Konto des Anmelders ❷ ausgeführt wird. Wenn der Benutzer nun eine Seite abruft, erscheint der in Abbildung 20.5 gezeigte Dialog im Browser.

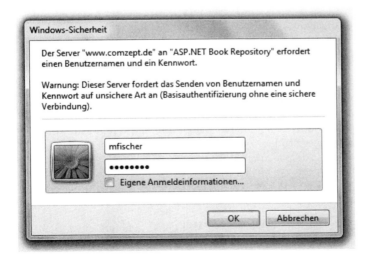

Abbildung 20.5 Der Anmeldedialog im Browser

War die Anmeldung erfolgreich, können Sie ähnlich wie bei der Forms-Authentifizierung auf die Anmeldeinformationen zugreifen.

Die Anmeldeinformationen auswerten

Die Verwaltung von Windows-Benutzerkonten obliegt einigen Klassen im Namensraum `System.Security.Principal`, den Sie folgendermaßen einbinden:

```
using System.Security.Principal;
```

Den aktuell angemeldeten Benutzer können Sie wie schon bei der Form-Authentifizierung dem Objekt `User` entnehmen. Das folgende Beispiel zeigt das Prinzip:

Listing 20.4 Ermittlung von Informationen über den aktuell angemeldeten Benutzer

```
private void Page_Load(object sender, EventArgs e)
{
    WindowsIdentity wp = (WindowsIdentity)
                         HttpContext.Current.User.Identity;
    StringBuilder sb = new StringBuilder ();
    sb.AppendFormat ("Ist Authentifiziert: {0}<br/>",
                     wp.IsAuthenticated.ToString ());
    sb.AppendFormat ("Angemeldet als: {0}<br/>", wp.Name);
    sb.AppendFormat ("Authentifiziert über: {0}<br/>",
                     wp.AuthenticationType);
    Info.Text = sb.ToString ();
}
```

Die Ausgabe hängt nun von den Einstellungen der IIS, der Sicherheitsbedingungen des angeforderten Objekts und dem verwendeten Namen ab. Die Arbeitsstation des Autors hieß zu diesem Zeitpunkt „nb-xps":

```
Ist Authentifiziert: True
Angemeldet als: nb-xps\mfischer
Authentifiziert über: NTLM
```

Abbildung 20.6 Daten eines authentifizierten Benutzers

Es obliegt nun wieder den weiteren Erfordernissen, die gewonnenen Daten zweckentsprechend zu verwenden.

20.3 Mitgliedschaft und Rollen

Der vorherige Abschnitt erklärte den Weg der Erkennung eines Benutzers. Dies ist nur sinnvoll, wenn eine Benutzerverwaltung zur Verfügung steht, um das Verhalten der Applikation passend zu steuern.

Die Benutzerverwaltung basiert in ASP.NET auf zwei Basiskonzepten: der Mitgliedschaft (Membership) und Rollen (Roles). Die Mitgliedschaft bestimmt, ob ein

Benutzer überhaupt bekannt ist. Dieser Dienst erfüllt also die Anforderung der Authentifizierung. Wenn bestimmte Funktionen nur bestimmten Benutzern zugänglich gemacht werden sollen, greift die Rollenverwaltung. Der Rollendienst ermittelt ob ein Benutzer Mitglied einer bestimmten Rolle ist, um Zugang zu bestimmten Funktionen zu gewähren.

Beide Dienste greifen auf eigene Provider zurück, die den Zugriff auf den Datenspeicher ermöglichen, der die Benutzer und Rollen enthält. Beide Provider sind austauschbar, um eigene Datenspeicher benutzen zu können.

20.3.1 Die Autorisierungsmodule

Nach der Authentifizierung muss der Benutzer autorisiert werden. Es geht dabei fast immer um den Zugriff auf Ressourcen. Zwei eingebaute Module dienen dazu:

- `FileAuthorization`
- `UrlAuthorization`

Beide müssen nicht explizit aktiviert werden, sie sind „einfach da". `FileAuthorization` wird immer dann benutzt, wenn Sie mit Windows-Authentifizierung arbeiten. Das führt zur Nutzung der ACL (Access Control List) des NTFS-Dateisystems.

20.3.2 Dienste der Benutzer- und Rollenverwaltung

Die Benutzer- und Rollenverwaltung basiert auf drei Basisdiensten:

- Membership Service: Mitgliedschaftsverwaltung
- Role Service: Rollenverwaltung
- Profile Service: Benutzerprofildatenverwaltung

„Membership" dreht sich um Identifizierung und Verwaltung. Die Funktionen des Providers erlauben es, Benutzer zu Erzeugen, zu Ändern und zu Löschen. Die Anmeldesteuerelemente nutzen den Provider implizit, um Aktionen durchzuführen. Dazu gehört das Authentifizierung, das Änderung oder Ermitteln des Kennwortes und des aktuellen Anmeldestatus. Der eingebaute Provider nutzt eine SQL Server-Datenbank. **Membership**

„Role" dreht sich um die Autorisierung. Der Rollenprovider steuert den Zugriff auf Ressourcen. Er verwaltet die Mitgliedschaft von Benutzern in Rollen und die Zuordnung der Benutzer zu Rollen durch passende Methoden. Der eingebaute Provider nutzt eine SQL Server-Datenbank. **Role**

„Profile" ergänzt die Verwaltung von Benutzern und deren Rollen um die Möglichkeit, benutzerdefinierte Daten zu speichern. Um welche Art von Daten es sich handelt, ist dabei unerheblich – der Provider arbeitet transparent. **Profile**

20.3.3 Das Erweiterungsmodell

Die bereits kurz erwähnten Provider für Mitgliedschaft und Rollen heißen `MembershipProvider` und `RoleProvider`. Zwei eingebaute Versionen stehen zur

Verfügung. Sie sind transparent und alleine die Konfiguration reicht, um sie zu benutzen. Manchmal reicht das nicht oder der SQL Server soll nicht in der angedachten Form eingesetzt werden. Betrachten Sie zuerst das Klassenmodell der Provider.

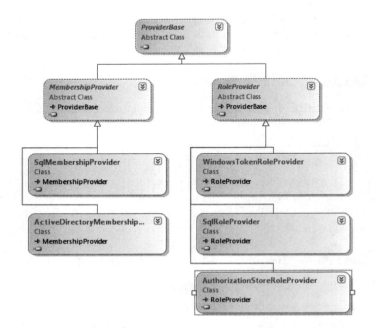

Abbildung 20.7 Die Standardprovider und ihre Abhängigkeiten

Die Provider, die den SQL Server nutzen, tragen treffenderweise das Präfix „Sql". Der `ActiveDirectoryMembershipProvider` unterstützt Active Directory und der `WindowsTokenRoleProvider` Windows-Gruppen.

Die folgende Tabelle stellt die Methoden und Eigenschaften der Klasse `MembershipProvider` vor:

Tabelle 20.2 Der MembershipProvider im Detail

Name	Beschreibung
ChangePassword	Ändert das Kennwort.
ChangePasswordQuestionAndAnswer	Ändert die Kennwortfrage und -antwort.
CreateUser	Erzeugt einen neuen Benutzer.
DecryptPassword	Entschlüsselt das Kennwort.
DeleteUser	Löscht einen Benutzer.
EncryptPassword	Verschlüsselt das Kennwort.
FindUsersByEmail	Sucht Benutzer nach der E-Mail-Adresse.
FindUsersByName	Sucht Benutzer nach Namen.

20.3 Mitgliedschaft und Rollen

Name	Beschreibung
`GetAllUsers`	Holt eine Liste aller Benutzer.
`GetNumberOfUsersOnline`	Ermittelt die Anzahl aller Benutzer, die gerade angemeldet sind.
`GetPassword`	Ermittelt das Kennwort zu einem Namen.
`GetUser`	Ermittelt ein `MembershipUser`-Objekt basierend auf dem Namen.
`GetUserNameByEmail`	Sucht einen Benutzer nach seiner E-Mail.
`Initialize`	Initialisiert den Provider. Stammt von `ProviderBase`.
`ResetPassword`	Setzt das Kennwort auf ein automatisch generiertes zurück.
`UnlockUser`	Entsperrt einen Benutzer.
`UpdateUser`	Aktualisiert die Benutzerinformationen.
`ValidateUser`	Prüft den Benutzer und sein Kennwort.
`ValidatingPassword`	Ein Ereignis das beim Prüfen ausgelöst wird
`ApplicationName`	Der Name der Applikation. Stammt von `ProviderBase`.
`EnablePasswordReset`	Legt fest, ob das Rücksetzen des Kennworts erlaubt ist.
`EnablePasswordRetrieval`	Legt fest, ob der Benutzer sein Kennwort ermitteln lassen kann.
`MaxInvalidPasswordAttempts`	Legt die maximale Anzahl Versuche mit falschem Kennwort fest, bis das Konto gesperrt wird.
`MinRequiredNonAlphanumericCharacters`	Minimale Anzahl nicht alphanumerischer Zeichen, die ein Kennwort enthalten muss.
`MinRequiredPasswordLength`	Minimale Kennwortlänge.
`Name`	Name des Providers. Stammt von `ProviderBase`.
`PasswordAttemptWindow`	Verhindert "Brute Force"-Angriffe. Wenn dieser Wert (in Minuten) erreicht wird und zugleich die Anzahl der erlaubten Fehlversuche überschritten wird, wird das Konto gesperrt.
`PasswordFormat`	Format des Kennworts, ein Wert aus `MembershipPasswordFormat`, der die Werte `Clear`, `Hashed` oder `Encrypted` erlaubt. der Standardhash ist SHA1.
`PasswordStrengthRegularExpression`	Ein regulärer Ausdruck, der die Kennwortqualität prüft.
`RequiresQuestionAndAnswer`	Legt fest, ob der Provider die Ermittlung des Kennworts mit Schutzfrage und -antwort unterstützt.

20 Sicherheit und Benutzer

Name	Beschreibung
RequiresUniqueEmail	Legt fest, ob die E-Mail-Adressen eindeutig sein müssen.

Datenquellen

Für den `RoleProvider` sieht es etwas anders aus. Die Klasse `Authorization-StoreRoleProvider` unterstützt Active Directory, Active Directory Application Mode Server (ADAM) oder XML-Dateien. Alle Modus werden durch eine entsprechende Verbindungszeichenfolge definiert. Wenn diese mit *msxml://* beginnt wird auf eine XML-Datei verwiesen. Mittels *msldap://* wird AD oder ADAM benutzt.

```
<connectionStrings>
    <add name="AuthorizationServices" ↵
        connectionString="msxml://~\App_Data\MyAdamStore.xml" />
</connectionStrings>
```

Der `WindowsTokenRoleProvider` verwendet die lokale Windows-Benutzerdatenbank und deren Rolleninformationen. Verwechseln Sie das nicht mit Windows-Gruppen. Der direkte Zugriff auf die Gruppen wird nicht unterstützt. Allerdings wird die Mitgliedschaft in einer Gruppe als Rolle herangezogen. Der typische Umgang eines Providers mit den Rollen, das heißt das Anlegen und Löschen, ist aber nicht möglich. Aus der Sicht von ASP.NET besteht also Nur-Lese-Zugriff.

Sie können alle genannten Klassen erweitern. um eigene Funktionen hinzuzufügen.

Die folgende Tabelle zeigt die Funktionen der Basisklasse `RoleProvider`:

Tabelle 20.3 Die Klasse RoleProvider

Name	Beschreibung	Nicht in *
AddUsersToRoles	Fügt Benutzer zu Rollen hinzu.	W
CreateRole	Erzeugt eine neue Rolle.	W
DeleteRole	Löscht eine Rolle.	W
FindUsersInRole	Findet alle Benutzer einer Rolle	W, A
GetAllRoles	Ermittelt alle Rollen.	W
GetRolesForUser	Ermittelt alle Rollen eines Benutzers.	
GetUsersInRole	Ermittelt alle Benutzer einer Rolle.	W
IsUserInRole	Stellt fest, ob ein Benutzer Mitglied einer Rolle ist	
RemoveUsersFromRoles	Entfernt Benutzer aus Rollen.	W
RoleExists	Stellt fest, ob es die Rolle gibt.	
ApplicationName	Name der Applikation.	
Description	Beschreibender Text.	
ScopeName	Sichtbereich des Speichers (siehe Text).	W, S
CacheRefreshInterval	Zeit, die die Werte zwischengespeichert werden.	W, S
Name	Name des Providers.	

* W = WindowsTokenRoleProvider, S = SqlRoleProvider, A = AuthorizationStoreRoleProvider

Mit diesen Informationen können Sie nun eine eigene Implementierung für diese Provider in Angriff nehmen.

Den Provider vorbereiten

Die eingebauten Provider reichen meist aus. Wenn nicht, sollten Sie den Dienst dennoch benutzen und lediglich den Provider austauschen, um weiter mit den Steuerelementen und Funktionen der Mitgliedschaftsverwaltung arbeiten zu können.

Der Zweck eines jeden Providers besteht im Zugriff auf die Datenquelle. Der `SqlMembershipProvider` unterstützt eine SQL Server-Datenbank, der `ActiveDirectoryMembershipProvider` dagegen Active Directory. Wenn eine andere Datenquelle benutzt wird, wie beispielsweise ein Webdienst, muss eine eigene Implementierung her. Das folgende Beispiel speichert die Daten in einer XML-Datei und macht sie über einen WCF-Webdienst zugänglich.

Motivation

Die Lösung besteht aus:

Details der Lösung

- Einem WCF-Projekt, das Zugang zu Daten über einen Webdienst erlaubt
- Zwei Webdiensten für die Mitgliedschaft und die Rollen
- Einer Webapplikation, die einen eigenen Provider benutzt
- Einer Implementierung der Klasse `MembershipProvider`
- Einer Implementierung der Klasse `RoleProvider`
- Einer Dienstreferenz zum WCF-Webdienst

> **HINWEIS**
> Die Beispielimplementierung wurde aus Platzgründen bewusst einfach gehalten. Es fehlen vor allem alle gängigen Funktionen zum Abfangen von Fehlern, Tests, Protokollierung usw. Ergänzen Sie diese, bevor Sie die Lösung produktiv einsetzen.

Einen eigenen Provider entwickeln

Der Mitgliedschafts-Provider nutzt einen Webdienst und besteht aus drei Teilen:

Mitgliedschafts-Provider

1. Dem Datenspeicher – eine XML-Datei
2. Der Dienstschicht – dem Webdienst mit sinnvollen Methoden
3. Der Implementierung der Basisklasse `MembershipProvider`

Der Rollen-Provider steht damit im engen Zusammenhang.

Er nutzt einen Webdienst und besteht aus drei Teilen:

Rollen-Provider

1. Dem Datenspeicher – dieselbe XML-Datei wie zuvor
2. Der Dienstschicht – dem Webdienst mit sinnvollen Methoden
3. Der Implementierung der Basisklasse `RoleProvider`

Beide Provider benötigen eine einfache Testumgebung. Dazu gehört beispielsweise eine Administration der Benutzer. Um dies zu vereinfachen, soll die in Visual Studio eingebaute Verwaltungsoberfläche benutzt werden.

Entwicklung der Dienstschicht

Die Dienstschicht besteht aus zwei Webdiensten, eine für Mitgliedschaft und eine für Rollen. Um den Dienst zu erzeugen, gehen Sie folgendermaßen vor:

1. In Visual Studio erzeigen Sie ein neues WCF-Projekt über DATEI | NEU | PROJEKT | WEB | WCF-DIENSTBIBLIOTHEK
2. Benennen Sie das Projekt „Membership"
3. Fügen Sie zwei Dienste über die Funktion HINZUFÜGEN des Kontextmenüs hinzu. Verwenden Sie die Elementvorlage WCF-DIENST.

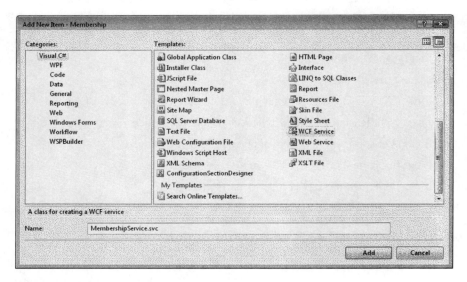

Abbildung 20.8 .Den WCF-Dienst hinzufügen

Es startet ein Assistent, der die Dienstschnittstelle – den Kontrakt des Dienstes – erstellt. Dazu gehört eine Rumpfklasse mit der Implementierung und der passenden Eintrag in der *web.config* mit der Endpunktdefinition. Der Kontrakt entsteht durch Dekoration der Schnittstelle mit dem Attribut `ServiceContract`. Jede Methode, die der Dienst veröffentlichen soll, trägt das Attribut `OperationContract`. Viele weitere Einstellungen sind möglich, jedoch ist dies außerhalb dessen was in diesem Abschnitt benötigt wird.

Der Dienst für den MembershipProvider

Der Dienst für den `MembershipProvider` besteht aus folgenden Schnittstellen und Klassen:

- `IMembershipService`-Schnittstelle
- `MembershipService`-Dienst
- `MembershipService`-Klasse
- `UserData`-Klasse

- `User`-Klasse
- `FileManager`-Klasse

Für die Implementierung ist eine Referenz auf die Assembly *System.web.dll* erforderlich. Die einzelnen Klassen werden nachfolgend gezeigt.

Listing 20.5 Die Schnittstelle IMembershipService definiert den Kontrakt

```
[ServiceContract]
public interface IMembershipService
{
    [OperationContract]
    bool ChangePassword(string username, string oldPassword,
                        string newPassword);

    [OperationContract]
    bool ChangePasswordQuestionAndAnswer(string username,
                                         string password,
                                         string newPasswordQuestion,
                                         string newPasswordAnswer);

    [OperationContract]
    User CreateUser(string username, string password, string email,
                    string passwordQuestion, string passwordAnswer,
                    bool isApproved, object providerUserKey,
                    out MembershipCreateStatus  status );

    [OperationContract]
    bool DeleteUser(string username, bool deleteAllRelatedData);

    [OperationContract]
    List<User> FindUsersByEmail(string emailToMatch, int pageIndex,
                                int pageSize, out int totalRecords);

    [OperationContract]
    List<User> FindUsersByName(string usernameToMatch, int pageIndex,
                               int pageSize, out int totalRecords);

    [OperationContract]
    List<User> GetAllUsers(int pageIndex, int pageSize,
                           out int totalRecords);

    [OperationContract]
    int GetNumberOfUsersOnline();

    [OperationContract]
    string GetPassword(string username, string answer);

    [OperationContract(Name = "GetUserbyName")]  ❶
    User GetUser(string username, bool userIsOnline);

    [OperationContract]
    string GetUserNameByEmail(string email);

    [OperationContract]
    string ResetPassword(string username, string answer);

    [OperationContract]
    bool UnlockUser(string userName);
```

```
    [OperationContract]
    void UpdateUser(User user);

    [OperationContract]
    bool ValidateUser(string username, string password);
}
```

Jede Methode spiegelt die Basisklasse `MembershipProvider` wieder. Mit `OperationContract` werden sie veröffentlicht. Überladungen sind mit Webdiensten nicht möglich. Wenn Sie dieselbe Methode mehrfach veröffentlichen möchten, geben Sie ihr einen anderen externen Namen, wie bei `GetUser` gezeigt ❶.

Steht die Schnittstelle, muss sie implementiert werden. Hier steckt die eigentliche Arbeit drin. Eine Dienstdatei verweist auf den Code:

Listing 20.6 Die Datei MembershipService.svc

```
<%@ ServiceHost Language="C#" Debug="true" 
    Service="Hanser.Extensibility.Membership.MembershipService" 
    CodeBehind="MembershipService.svc.cs" %>
```

Die Logik steckt in der Code-Datei wie in Listing 20.7 gezeigt:

Listing 20.7 Die Implementierung des Dienstes

```
[FileIOPermission(SecurityAction.LinkDemand)]
public class MembershipService : IMembershipService
{

    public bool ChangePassword(string username, string oldPassword, 
                               string newPassword)
    {
        throw new NotImplementedException();
    }

    public bool ChangePasswordQuestionAndAnswer(string username, 
                                                string password, 
                                                string newPasswordQuestion, 
                                                string newPasswordAnswer)
    {
        throw new NotImplementedException ();
    }

❷   public User CreateUser(string username, 
                           string password, 
                           string email, 
                           string passwordQuestion, 
                           string passwordAnswer, 
                           bool isApproved, object providerUserKey, 
                  out System.Web.Security.MembershipCreateStatus status)
    {
        User user = null;
        UserData ud = FileManager.Load();
        // Prüfe Benutzer
        var hasUser = from u in ud.Users
                      where u.UserName.Equals(username) select u;
        if (hasUser.Count() > 0)
         {
            status = MembershipCreateStatus.DuplicateUserName;
            return null;
```

20.3 Mitgliedschaft und Rollen

```csharp
        }
        var hasEmail = from u in ud.Users
                       where u.Email.Equals(email) select u;
        if (hasEmail.Count() > 0)
        {
            status = MembershipCreateStatus.DuplicateEmail;
            return null;
        }
        try
        {
            user = new User(
                username,
                email,
                passwordQuestion,
                "",
                isApproved,
                false,
                DateTime.Now,
                DateTime.MinValue,
                DateTime.MinValue,
                DateTime.Now,
                DateTime.MinValue);
            // Nur Hash speichern
            user.Password = FileManager.CalculateSHA1(password);
            ud.Users.Add(user);
            FileManager.Save(ud);
            status = MembershipCreateStatus.Success;
        }
        catch
        {
            status = MembershipCreateStatus.ProviderError;
        }
        return user;
    }

    public bool DeleteUser(string username, bool deleteAllRelatedData)
    {
        UserData ud = FileManager.Load();
        var user = (from u in ud.Users
                    where u.UserName.Equals(username)
                    select u).FirstOrDefault<User>();
        if (user != null)
        {
            ud.Users.Remove(user);
            FileManager.Save(ud);
            return true;
        }
        return false;
    }

     public List<User> FindUsersByEmail(string emailToMatch, ↵
                                       int pageIndex, ↵
                                       int pageSize, ↵
                                       out int totalRecords)
    {
        UserData ud = FileManager.Load();
        var users = (from u in ud.Users
                     where u.Email.Equals(emailToMatch)
                     select u).ToList<User>();
        totalRecords = users.Count();
        return GetPaged(users, pageIndex, pageSize);
```

```csharp
    }

    public List<User> FindUsersByName(string usernameToMatch, ⤶
                                     int pageIndex, ⤶
                                     int pageSize, ⤶
                                     out int totalRecords)
    {
        UserData ud = FileManager.Load();
        var users = (from u in ud.Users
                     where u.UserName.Equals(usernameToMatch)
                     select u).ToList<User>();
        totalRecords = users.Count();
        return GetPaged(users, pageIndex, pageSize);
    }

    public List<User> GetAllUsers(int pageIndex, ⤶
                                  int pageSize, ⤶
                                  out int totalRecords)
    {
        UserData ud = FileManager.Load();
        totalRecords = ud.Users.Count;
        return GetPaged(ud.Users, pageIndex, pageSize);
    }

    private List<User> GetPaged(List<User> ud, ⤶
                                int pageIndex, ⤶
                                int pageSize)
    {
        pageSize = Math.Min(ud.Count, pageSize);
        return ud.GetRange(pageIndex * pageSize, pageSize);
    }

❶ public int GetNumberOfUsersOnline()
    {
        // Benutzeranmeldung der letzten 15 Minuten
        UserData ud = FileManager.Load();
        var users = (from u in ud.Users
                     where ⤶
                        u.LastActivityDate.AddMinutes(15) > DateTime.Now
                     select u);
        return users.Count();
    }

    public string GetPassword(string username, string answer)
    {
        UserData ud = FileManager.Load();
        var user = (from u in ud.Users
                    where u.UserName.Equals(username) && ⤶
                          u.PasswordAnswer.Equals(answer)
                    select u).First<User>();
        if (user != null)
        {
            return user.Password;
        }
        return null;
    }

    public User GetUser(string username, bool userIsOnline)
    {
        UserData ud = FileManager.Load();
        var user = (from u in ud.Users
```

```csharp
                  where u.UserName.Equals(username) &&
              (userIsOnline) ?
                u.LastActivityDate.AddMinutes(15) > DateTime.Now :
                true // Alle Benutzer
              select u).FirstOrDefault<User>();
    return user;
}
public string GetUserNameByEmail(string email)
{
    UserData ud = FileManager.Load();
    var user = (from u in ud.Users
                where u.Email.Equals(email)
                select u).FirstOrDefault<User>();
    if (user != null)
    {
        return user.UserName;
    }
    return null;
}

public string ResetPassword(string username, string answer)
{
    UserData ud = FileManager.Load();
    var user = (from u in ud.Users
                where u.UserName.Equals(username) &&  ↵
                      u.PasswordAnswer.Equals(answer)
                select u).FirstOrDefault<User>();
    if (user != null)
    {
        return user.Password;
    }
    return null;
}

public bool UnlockUser(string userName)
{
    throw new NotImplementedException();
}

public void UpdateUser(User user)
{
    UserData ud = FileManager.Load();
    var userToUpdate = (from u in ud.Users
                        where u.UserName.Equals(user.UserName)
                        select u).FirstOrDefault<User>();
    foreach (PropertyInfo pi in user.GetType().GetProperties(  ↵
            BindingFlags.Public | BindingFlags.Instance))
    {
        PropertyInfo piTarget = typeof(User).GetProperty(pi.Name);
        if (piTarget != null)
        {
            piTarget.SetValue(userToUpdate,  ↵
                           pi.GetValue(user, null), null);
        }
    }
    FileManager.Save(ud);
}

public bool ValidateUser(string username, string password)
{
```

20 Sicherheit und Benutzer

```
        UserData ud = FileManager.Load();
        string hash = FileManager.CalculateSHA1(password);
        var user = (from u in ud.Users
                    where u.UserName.Equals(username) &&
                          u.Password.Equals(hash)
                    select u).FirstOrDefault<User>();
        user.LastActivityDate = DateTime.Now;
        FileManager.Save(ud);
        return (user != null);
    }
}
```

Die meisten Methoden folgen demselben Muster. Der Speicher – die XML-Datei – wird über `FileManager.Load` (siehe Listing 20.19) geladen. Jede Methode enthält eine LINQ-Abfrage, um die benötigten Daten zu beschaffen. Wenn Änderungen gespeichert werden sollen, wird das geänderte Benutzerobjekt gespeichert.

Kennwörter benötigen eine Sonderbehandlung. Sie werden nicht abgespeichert, sondern nur als Hash hinterlegt. Alternativ wäre auch eine Verschlüsselung denkbar. Wenn ein Benutzer authentifiziert werden soll, wird der Hashwert verglichen. Im Beispiel wird SHA1 als Algorithmus eingesetzt. `FileManager.CalculateSHA1` führt die Berechnung aus.

Die Implementierung der Funktion `GetNumberOfUsersOnline` ❶ ist extrem einfach. es wird angenommen, dass alle Benutzer die sich in den letzten 15 Minuten angemeldet haben online sind. Dies basiert auf dem Wert in `LastActivityDate`.

Die wichtigste Methode ist `CreateUser` ❷. Verschiedene Prüfungen werden hier ausgeführt, um doppelte Benutzernamen, doppelte E-Mail-Adresse usw. zu vermeiden. Die Methode kann verschiedene Status zurückgeben, wie beispielsweise `MembershipCreateStatus.DuplicateUserName` oder die Methode `MembershipCreateStatus.DuplicateEmail`. Die Aufzählung `MembershipCreateStatus` enthält alle möglichen Werte, auf deren Eintreten hin Sie prüfen sollten.

UserData Die Klasse nutzt den Typ `UserData`. Dies ist eine Klasse zur Speicherung eines Benutzers.

Listing 20.8 Die Klasse UserData enthält alle Benutzerinformationen

```
public class UserData
{
    public UserData()
    {
    }

    [XmlElement] ❶
    public List<User> Users
    {
        get;
        set;
    }

    [XmlElement] ❶
    public List<string> Roles
    {
        get;
        set;
    }
```

}

Da der XmlSerializer benutzt wird, werden die Eigenschaften bereits passend dekoriert – hier mit dem Attribut XmlElement ❶.

Listing 20.9 Die Klasse User serialisiert einen einzelnen Benutzer

```
[Serializable]
[DataContract] ❶
public class User
{
    public User()
    {
    }

    public User(string name, string email, string passwordQuestion ,
                string comment, bool isApproved, bool isLockedOut,
                DateTime creationDate, DateTime lastLoginDate,
                DateTime lastActivityDate,
                DateTime lastPasswordChangedDate,
                DateTime lastLockoutDate)
    {
        this .UserName = name;
        this.Email = email;
        this.Comment = comment;
        this.IsApproved = isApproved;
        this.IsLockedOut = isLockedOut;
        this.CreationDate = creationDate;
        this.LastLoginDate = lastLoginDate;
        this.PasswordQuestion = passwordQuestion;
        this.LastActivityDate = lastActivityDate;
        this.LastPasswordChangedDate = lastPasswordChangedDate;
        this.LastLockoutDate = lastLockoutDate;
    }

    [DataMember]
    [XmlElement]
    public string Comment { get; set; }
    [DataMember]
    [XmlElement]
    public DateTime CreationDate { get; set; }
    [DataMember]
    [XmlElement]
    public string Email { get; set; }
    [DataMember]
    [XmlAttribute]
    public bool IsApproved { get; set; }
    [DataMember]
    [XmlAttribute]
    public bool IsLockedOut { get; set; }
    [DataMember]
    [XmlElement]
    public DateTime LastActivityDate { get; set; }
    [DataMember]
    [XmlElement]
    public DateTime LastLockoutDate { get; set; }
    [DataMember]
    [XmlElement]
    public DateTime LastLoginDate { get; set; }
    [DataMember]
    [XmlElement]
```

```csharp
            public DateTime LastPasswordChangedDate { get; set; }
            [DataMember]
            [XmlElement]
            public string PasswordQuestion { get; set; }
            [DataMember]
            [XmlElement]
            public string PasswordAnswer { get; set; }
            [DataMember]
            [XmlElement]
            public string UserName { get; set; }
            [DataMember]
            [XmlElement]
            public string Password { get; set; }

            [DataMember]
            [XmlArray(ElementName="Roles"), XmlArrayItem(ElementName="Role")]
            public List<string> Roles
            {
                get;
                set;
            }

            public bool ChangePassword(string oldPassword, string newPassword)
            {
                if (Password.Equals(oldPassword))
                {
                    Password = newPassword;
                    return true;
                }
                return false;
            }
            public bool ChangePasswordQuestionAndAnswer(string password,
                    string newPasswordQuestion, string newPasswordAnswer)
            {
                if (Password.Equals(password))
                {
                    PasswordQuestion = newPasswordQuestion;
                    PasswordAnswer = newPasswordAnswer;
                    return true;
                }
                return false;
            }
            public string GetPassword(string passwordAnswer)
            {
                return Password;
            }
            public string ResetPassword()
            {
                return Password;
            }
            public string ResetPassword(string passwordAnswer)
            {
                return Password;
            }
            public bool UnlockUser()
            {
                return IsLockedOut = false;
            }
        }
```

20.3 Mitgliedschaft und Rollen

Die Klasse hat zwei Funktionen. Sie muss über den Dienst übertragbar sein. Deshalb ist sie Teil des Datenvertrags und mit `DataContract` ❶ dekoriert. Für die Serialisierung in XML müssen die Elemente noch mit `XmLElement` dekoriert werden. Die Benutzer selbst können in mehreren Rollen Mitglied sein. Entsprechend wird hier eine Liste genutzt und mit `XmlArray` und `XmlArrayItem` passend serialisiert. `List<string>` ist der interne Typ.

Zuletzt noch die bereits benutzte Hilfsklasse:

Listing 20.10 Eine Hilfsklasse für den Dateizugriff

```
internal static class FileManager
{
    private const string DATAPATH = "App_Data\\UserData.xml";
    private static readonly string dataPath;
    private static object locker = new object();

    static FileManager()
    {
        Uri codeUri = new Uri(typeof(UserData).Assembly.CodeBase);
        dataPath = Path.Combine(Directory.GetParent(
                Path.GetDirectoryName(codeUri.LocalPath)).FullName,
                                    DATAPATH);
        // Berechtigungen prüfen
        FileIOPermission permission = new FileIOPermission(
                    FileIOPermissionAccess.AllAccess, dataPath);
        permission.Demand();
    }

❶ internal static UserData Load()
    {
        lock (locker)
        {
            XmlSerializer xs = new XmlSerializer(typeof(UserData));
            UserData ud = null;
            try
            {
                using (FileStream fs =
                        new FileStream(dataPath, FileMode.Open))
                {
                    ud = xs.Deserialize(fs) as UserData;
                }
            }
            catch
            {
                // save rudimentary format
                ud = new UserData();
                Save(ud);
            }
            return ud;
        }
    }

❷ internal static void Save(UserData ud)
    {
        lock (locker)
        {
            XmlSerializer xs = new XmlSerializer(typeof(UserData));
            using (FileStream fs =
                    new FileStream(dataPath, FileMode.Create))
```

20 Sicherheit und Benutzer

```
            {
                xs.Serialize(fs, ud);
            }
        }
    }

❸ internal static string CalculateSHA1(string text)
    {
        byte[] buffer = Encoding.ASCII.GetBytes(text);
        SHA1CryptoServiceProvider cryptoTransformSHA1 = ↵
                      new SHA1CryptoServiceProvider();
        string hash = BitConverter.ToString( ↵
                      cryptoTransformSHA1.ComputeHash(buffer));
        return hash;
    }
}
```

Die Klasse ist statisch und enthält drei Methoden. Load ❶ holt die Daten aus der Datei. Save speichert sie dort ❷. Beachten Sie, dass hier ein Mehrfachzugriff aus verschiedenen Threads erfolgen kann und eine entsprechende Verriegelung erfolgt. Dies ist nicht optimiert und sollte vor dem Produktionseinsatz nochmal durch Cache-Techniken verbessert werden. Die Methode CalculateSHA1 ❸ erzeugt einen Hash für die Kennwortverwaltung.

Listing 20.11 Eine gefüllte Datendatei

```xml
<?xml version="1.0"?>
<UserData xmlns:xsi="http://www.w3.org/2001/XMLSchema-instance"
xmlns:xsd="http://www.w3.org/2001/XMLSchema">
  <Users IsApproved="false" IsLockedOut="false" ❹>
    <Comment>Test</Comment>
    <CreationDate>2009-04-30T13:12:23.6008895+02:00</CreationDate>
    <Email>krause@comzept.de</Email>
    <LastActivityDate>0001-01-01T01:00:00+01:00</LastActivityDate>
    <LastLockoutDate>0001-01-01T01:00:00+01:00</LastLockoutDate>
    <LastLoginDate>0001-01-01T01:00:00+01:00</LastLoginDate>
    <LastPasswordChangedDate>0001-01-01T01:00:00+01:00
    </LastPasswordChangedDate>
    <UserName>JoergKrause</UserName>
    <Roles />
  </Users>
  <Users IsApproved="true" IsLockedOut="false" ❹>
    <Comment />
    <CreationDate>2009-04-30T19:06:42.3928895+02:00</CreationDate>
    <Email>nissan@comzept.de</Email>
    <LastActivityDate>0001-01-01T00:00:00</LastActivityDate>
    <LastLockoutDate>0001-01-01T00:00:00</LastLockoutDate>
    <LastLoginDate>0001-01-01T00:00:00</LastLoginDate>
    <LastPasswordChangedDate>0001-01-01T00:00:00
    </LastPasswordChangedDate>
    <UserName>BerndAlbrecht</UserName>
    <Password> ❸
      56-5E-E9-0F-A9-60-2C-0C-16-49-1A-7A-0F-3F-6C-70-D9-17-A3-2B
    </Password>
    <Roles>
      <Role>User</Role>
      <Role>Contributor</Role>
    </Roles>
  </Users>
  <Users IsApproved="true" IsLockedOut="false" ❹>
    <Comment />
```

20.3 Mitgliedschaft und Rollen

```
        <CreationDate>2009-04-30T19:39:44.1528895+02:00</CreationDate>
        <Email>joerg@krause.net</Email>
        <LastActivityDate>0001-01-01T00:00:00</LastActivityDate>
        <LastLockoutDate>0001-01-01T00:00:00</LastLockoutDate>
        <LastLoginDate>0001-01-01T00:00:00</LastLoginDate>
        <LastPasswordChangedDate>0001-01-01T00:00:00
        </LastPasswordChangedDate>
        <UserName>Joerg</UserName>
        <Password> ❸
          4E-B8-C5-DE-4C-76-60-80-C5-91-C6-94-D5-47-5D-B8-E3-53-B0-F3
        </Password>
        <Roles>
          <Role>Editor</Role> ❷
        </Roles>
      </Users>
    <Roles>Admin</Roles> ❶
    <Roles>User</Roles> ❶
    <Roles>Contributor</Roles> ❶
    <Roles>Editor</Roles> ❶
</UserData>
```

Die Kollektion der `<Roles>`-Elemente am Ende ❶ wird durch den Rollen-Provider benutzt. Innerhalb der Benutzer wird dann eine Auswahl der Rollen gehalten, sodass sich daraus eine Zuordnung ergibt (vergleiche beispielsweise ❷). Der Kennwort-Hash wird direkt abgelegt ❸. Die skalaren Werte erscheinen als Attribute ❹, alle anderen direkt als Elemente.

Der Dienst für den RoleProvider

Der `RoleProvider` ist viel einfacher. Es wird kein „Role"-Objekt benutzt, sondern nur eine Zeichenkette. Die Funktion ergibt sich aus der Zuordnung der Benutzer und dies wurde im `MembershipProvider` bereits berücksichtigt. Was benötigt wird, sind Funktionen zum Hinzufügen und Entfernen von Rollen.

Insgesamt benötigt der Dienst drei Komponenten:

- Die Schnittstelle `IRoleService`
- Den Dienst `RoleService`
- Die Klasse `RoleService` mit der Implementierung

Wie zuvor definiert die Schnittstelle den Dienstvertrag und Klasse implementiert den Dienst.

Listing 20.12 Der Vertrag wird durch die Schnittstelle IRoleService definiert

```
[ServiceContract]
public interface IRoleService
{
    [OperationContract]
    void AddUsersToRoles(string[] usernames, string[] roleNames);

    [OperationContract]
    void CreateRole(string roleName);

    [OperationContract]
    bool DeleteRole(string roleName, bool throwOnPopulatedRole);

    [OperationContract]
```

20 Sicherheit und Benutzer

```csharp
    string[] FindUsersInRole(string roleName, string usernameToMatch);

    [OperationContract]
    string[] GetAllRoles();

    [OperationContract]
    string[] GetRolesForUser(string username);

    [OperationContract]
    string[] GetUsersInRole(string roleName);

    [OperationContract]
    bool IsUserInRole(string username, string roleName);

    [OperationContract]
    void RemoveUsersFromRoles(string[] usernames, string[] roleNames);

    [OperationContract]
    bool RoleExists(string roleName);
}
```

Der Dienst spiegelt die Basisklasse `RoleProvider` wieder.

Listing 20.13 Die Definition der Dienstklasse

```
<%@ ServiceHost Language="C#" Debug="true"
    Service="Hanser.Extensibility.Membership.RoleService"
    CodeBehind="RoleService.svc.cs" %>
```

Die Dienstklasse verweist auf die Implementierung:

Listing 20.14 Der Code der Dienstklasse

```csharp
public class RoleService : IRoleService
{
    public void AddUsersToRoles(string[] usernames, string[] roleNames)
    {
        UserData ud = FileManager.Load();
        var users = (from u in ud.Users
                     where usernames.Contains(u.UserName)
                     select u);
        foreach (User user in users)
        {
            user.Roles.RemoveAll(role => roleNames.Contains(role));
            user.Roles.AddRange(roleNames);
        }
        FileManager.Save(ud); ❷
    }

    public void CreateRole(string roleName)
    {
        UserData ud = FileManager.Load();
        ud.Roles.Add(roleName);
        FileManager.Save(ud);
        if (!ud.Roles.Contains(roleName))
        {
          ud.Roles.Add(roleName);
          FileManager.Save(ud); ❷
        }
    }

    public bool DeleteRole(string roleName, bool throwOnPopulatedRole)
    {
```

20.3 Mitgliedschaft und Rollen

```
        UserData ud = FileManager.Load();
        var userInRole = from u in ud.Users
                         where u.Roles.Contains(roleName)
                         select u;
        if (userInRole.Count() > 0 && throwOnPopulatedRole)
        {
            return false;
        }
        ud.Roles.Remove(roleName);
        FileManager.Save(ud);  ❷
        return true;
    }
    public string[] FindUsersInRole(string roleName,  ⤸
                                    string usernameToMatch)
    {
        UserData ud = FileManager.Load();
        var userInRole = from u in ud.Users
                         where u.UserName.Contains(usernameToMatch)
                            && u.Roles.Contains(roleName)
                         select u.UserName;
        return userInRole.ToArray<string>();
    }

    public string[] GetAllRoles()
    {
        UserData ud = FileManager.Load();
        var roles = from r in ud.Roles select r;
        return roles.ToArray<string>();
    }

    public string[] GetRolesForUser(string username)
    {
        UserData ud = FileManager.Load();
        var roles = (from u in ud.Users  ❶
                     where u.UserName.Equals(username)
                     select u.Roles).First();
        return roles.ToArray();
    }

    public string[] GetUsersInRole(string roleName)
    {
        UserData ud = FileManager.Load();
        var roles = (from u in ud.Users  ❶
                     where u.Roles.Contains(roleName)
                     select u.UserName);
        return roles.ToArray();
    }

    public bool IsUserInRole(string username, string roleName)
    {
        UserData ud = FileManager.Load();
        var roles = (from u in ud.Users  ❶
                     where u.UserName.Equals(username) &&
                           u.Roles.Contains(roleName)
                     select u.UserName);
        return roles.Count() > 0;
    }
    public void RemoveUsersFromRoles(string[] usernames,  ⤸
                                     string[] roleNames)
```

20 Sicherheit und Benutzer

```
    {
        UserData ud = FileManager.Load();
        var roles = (from u in ud.Users ❶
                     where usernames.Contains(u.UserName) &&
                           roleNames.Intersect(u.Roles).Count() > 0
                     select u.UserName);
        FileManager.Save(ud);  ❷
    }

    public bool RoleExists(string roleName)
    {
        UserData ud = FileManager.Load();
        var roles = (from r in ud.Roles ❶
                     where r.Equals(roleName)
                     select r);
        return roles.Count() > 0;
    }
}
```

Erneut wird LINQ eingesetzt ❶. Die Klasse `UserData` wurde bereits im letzten Abschnitt vorgestellt und findet hier erneut Verwendung. `FileManager.Save` ❷ speichert die Rollen in der XML-Datei.

Konfiguration der Dienste

Nachdem der Dienst fertig ist, muss er konfiguriert werden. WCF kennt einen eigenen Konfigurationsabschnitt in der *web.config*-Datei zur Definition des Verhaltens.

Listing 20.15 Die Dienstkonfiguration in der *web.config*

```xml
<system.serviceModel>
 <services>
   <service behaviorConfiguration="MembershipServiceBehavior"
            name="Hanser.Extensibility.Membership.MembershipService">
    <endpoint address="" binding="wsHttpBinding"
      contract="Hanser.Extensibility.Membership.IMembershipService">
      <identity>
        <dns value="localhost" />
      </identity>
    </endpoint>
    <endpoint address="mex" binding="mexHttpBinding"
              contract="IMetadataExchange" />
    <host>
      <baseAddresses>
        <add baseAddress="http://localhost/service" />
      </baseAddresses>
    </host>
   </service>
   <service behaviorConfiguration="RoleServiceBehavior"
            name="Hanser.Extensibility.Membership.RoleService">
    <endpoint address="" binding="wsHttpBinding"
      contract="Hanser.Extensibility.Membership.IRoleService">
      <identity>
        <dns value="localhost" />
      </identity>
    </endpoint>
    <endpoint address="mex" binding="mexHttpBinding"
              contract="IMetadataExchange" />
   </service>
 </services>
 <behaviors>
```

```
    <serviceBehaviors>
      <behavior name="MembershipServiceBehavior">
        <serviceMetadata httpGetEnabled="true" />
        <serviceDebug includeExceptionDetailInFaults="true" />
      </behavior>
      <behavior name="RoleServiceBehavior">
        <serviceMetadata httpGetEnabled="true" />
        <serviceDebug includeExceptionDetailInFaults="false" />
      </behavior>
    </serviceBehaviors>
  </behaviors>
</system.serviceModel>
```

Der Abschnitt `system.serviceModel` enthält die Einstellungen der WCF-Dienste. Es werden zwei Dienste und passende Verhaltenseinstellungen (Behaviors) definiert. Die Bindung `wsHttpBinding` eignet sich für Webdienste. Zusätzlich wird ein Konfigurationsendpunkt mit der Bindung `mexHttpBinding` benutzt. Über diesen wird der Proxy des Client bedient, der nachfolgend vorgestellt wird. Der Client ist der Teil, den Visual Studio anlegt, damit dieser Dienst von der Webapplikation aus benutzt werden kann.

Der Dienst selbst ist nun fertig und kann getestet werden.

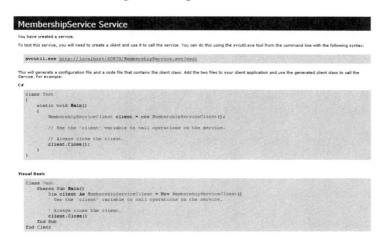

Abbildung 20.9 Der Dienst funktioniert

Prüfen Sie nach diesem Schema auch den Dienst `RoleService`.

Implementierung der Provider

Die Provider nutzen die vorgestellten Dienste. Sie enthalten deshalb nur noch rudimentäre Logik. Erforderlich sind folgende Schritte:

- Eine Referenz zu den Diensten
- Implementierung des `MembershipProvider`
- Implementierung des `RoleProvider`
- Konfiguration des Projekts damit die neuen Provider benutzt werden

20 Sicherheit und Benutzer

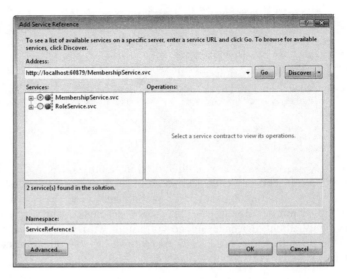

Abbildung 20.10 Eine Dienstreferenz hinzufügen

Die Referenzierung ist einfach. Verwenden Sie DIENSTREFERENZ HINZUFÜGEN im Kontextmenü des Projekts. Klicken Sie dann auf DISCOVER.

Öffnen Sie im folgenden Dialog die Baumansicht zur Linken und wählen Sie den Dienstvertrag aus. Geben Sie dem Service einen passenden Namen. Im Beispiel wurden die Dienste *MembershipService* und *RoleService* benannt. Diese Referenzen erzeugen den Proxy, der nun benutzt werden kann.

Providerspezifische Konfiguration

Der Provider kann mit einer eigenen Konfiguration versehen werden. Davon wurde hier aus Platzgründen Abstand genommen. Lesen Sie mehr zu Providerfunktionen im Kapitel „Erweiterungsmodell Provider".

Den MembershipProvider implementieren

Ausgangspunkt bildet die Klasse MembershipProvider. Davon leitet die eigene Implementierung WSMembershipProvider ab. „WS" steht hier für „Web Service".

Listing 20.16 Die Klasse WSMembershipProvider

```
public class WSMembershipProvider : MembershipProvider
{
    private MembershipServiceClient client;
    private bool _enablePasswordReset;

❶ public override void Initialize(string name, ⮑
            System.Collections.Specialized.NameValueCollection config)
    {
        if (config == null)
            throw new ArgumentNullException("config");
        if (String.IsNullOrEmpty(name))
        {
```

20.3 Mitgliedschaft und Rollen

```csharp
            name = this.GetType().Name;
        }
        if (String.IsNullOrEmpty(config["description"]))
        {
            config.Remove("description");
            config.Add("description", "WS Based Membership Provider");
        }
        base.Initialize(name, config);
        client = new MembershipServiceClient();
        // Optionale Parameter
        if (!String.IsNullOrEmpty(config["EnablePasswordReset"]))
        {
            _enablePasswordReset =
                Boolean.Parse(config["EnablePasswordReset"]);
            config.Remove("EnablePasswordReset");
        }

        ApplicationName = config["ApplicationName"];

}

public override string ApplicationName
{
    get;
    set;
}

public override bool ChangePassword(string username,
                                    string oldPassword,
                                    string newPassword)
{
  return client.ChangePassword(username, oldPassword, newPassword);
}

public override bool ChangePasswordQuestionAndAnswer(
                                    string username,
                                    string password,
                                    string newPasswordQuestion,
                                    string newPasswordAnswer)
{
    return client.ChangePasswordQuestionAndAnswer(
                                    username,
                                    password,
                                    newPasswordQuestion,
                                    newPasswordAnswer);
 }

public override MembershipUser CreateUser(
                                string username,
                                string password,
                                string email,
                                string passwordQuestion,
                                string passwordAnswer,
                                bool isApproved,
                                object providerUserKey,
                                out MembershipCreateStatus status)
{
    User user = client.CreateUser(
                                out status,
                                username,
```

```
                                password, ↵
                                email, ↵
                                passwordQuestion, ↵
                                passwordAnswer, ↵
                                isApproved, providerUserKey);
    if (user == null) return null;
    MembershipUser mu = new MembershipUser(this.GetType().Name,
        user.UserName,
        providerUserKey,
        user.Email,
        user.PasswordQuestion,
        "",
        user.IsApproved,
        user.IsLockedOut,
        user.CreationDate,
        user.LastLoginDate,
        user.LastActivityDate,
        user.LastPasswordChangedDate,
        user.LastLockoutDate
        );
    return mu;
}

public override bool DeleteUser(string username, ↵
                                bool deleteAllRelatedData)
{
    return client.DeleteUser(username, deleteAllRelatedData);
}

public override bool EnablePasswordReset
{
    get { return _enablePasswordReset; }
}

public override bool EnablePasswordRetrieval
{
    get { throw new NotImplementedException(); }
}

public override MembershipUserCollection FindUsersByEmail(↵
                        string emailToMatch, ↵
                        int pageIndex, ↵
                        int pageSize, ↵
                        out int totalRecords)
{
    return CopyToMembershipCollection(↵
                        client.FindUsersByEmail(↵
                            out totalRecords, ↵
                            emailToMatch, ↵
                            pageIndex, ↵
                            pageSize));
}

public override MembershipUserCollection FindUsersByName( ↵
                        string usernameToMatch,
                        int pageIndex, int pageSize, ↵
                        out int totalRecords)
{
    return CopyToMembershipCollection(client.FindUsersByName(↵
                                        out totalRecords,
```

20.3 Mitgliedschaft und Rollen

```csharp
                                        usernameToMatch, pageIndex, ↵
                                        pageSize));
}

public override MembershipUserCollection GetAllUsers(↵
                                int pageIndex, ↵
                                int pageSize, ↵
                                out int totalRecords)
{
   return CopyToMembershipCollection(↵
                        client.GetAllUsers(out totalRecords, ↵
                                        pageIndex, pageSize));
}

private MembershipUserCollection CopyToMembershipCollection(↵
                                User[] users)
{
    MembershipUserCollection muc = new MembershipUserCollection();
    foreach (User user in users)
    {
        muc.Add(CopyToMembershipUser(user));
    }
    return muc;
}

private MembershipUser CopyToMembershipUser(User user)
{
    MembershipUser mu = new MembershipUser(this.GetType().Name,
            user.UserName,
            "",
            user.Email,
            user.PasswordQuestion,
            user.Comment,
            user.IsApproved,
            user.IsLockedOut,
            user.CreationDate,
            user.LastLoginDate,
            user.LastActivityDate,
            user.LastPasswordChangedDate,
            user.LastLockoutDate);
    return mu;
}

public override int GetNumberOfUsersOnline()
{
    return client.GetNumberOfUsersOnline();
}

public override string GetPassword(string username, string answer)
{
    return client.GetPassword(username, answer);
}

public override MembershipUser GetUser(string username, ↵
                                        bool userIsOnline)
{
    return CopyToMembershipUser(client.GetUserbyName(↵
                                username, userIsOnline));
}

public override MembershipUser GetUser(object providerUserKey, ↵
```

```csharp
                                                        bool userIsOnline)
{
    throw new NotImplementedException();
}

public override string GetUserNameByEmail(string email)
{
    return client.GetUserNameByEmail(email);
}

public override int MaxInvalidPasswordAttempts
{
    get { return 5; }
}

public override int MinRequiredNonAlphanumericCharacters
{
    get { return 1; }
}

public override int MinRequiredPasswordLength
{
    get { return 6; }
}

public override int PasswordAttemptWindow
{
    get { return 10; }
}

public override MembershipPasswordFormat PasswordFormat
{
    get { return MembershipPasswordFormat.Clear; }
}

public override string PasswordStrengthRegularExpression
{
    get { return ""; }
}

public override bool RequiresQuestionAndAnswer
{
    get { return false; }
}

public override bool RequiresUniqueEmail
{
    get { return false; }
}

public override string ResetPassword(string username, string answer)
{
    return client.ResetPassword(username, answer);
}

public override bool UnlockUser(string userName)
{
    throw new NotImplementedException();
}

public override void UpdateUser(MembershipUser user)
```

```csharp
{
    User u = new User();
    foreach (PropertyInfo pi in u.GetType().GetProperties())
    {
        PropertyInfo piTarget = user.GetType().GetProperty(pi.Name);
        if (piTarget != null)
        {
            pi.SetValue(u, piTarget.GetValue(user, null), null);
        }
    }
    client.UpdateUser(u);
}

public override bool ValidateUser(string username, string password)
{
    return client.ValidateUser(username, password);
}
}
```

Der Client wird in der Methode `Initialize` instanziiert ❶. Die Methoden werden durch die Steuerelemente oder Dienste direkt aufgerufen, die den Provider benötigen. Die interne Klasse `User`, die hier benutzt wird, wird erst im Client in `MembershipUser` konvertiert, weil hier im Dienst der Typ nicht zur Verfügung steht. Die Klasse `MembershipUser` benötigt den Provider, findet jedoch im Webdienst-Projekt die Konfiguration nicht, was zu einer Ausnahme führt.

Das Beispiel hat einige fest kodierte Werte, um den Code so kurz wie möglich zu halten. Eine vollständige Implementierung sollte die Werte wenigstens aus der *web.config* lesen.

Den RoleProvider implementieren

Der Provider für Rollen wird durch die Implementierung der Basisklasse `RoleProvider` erreicht. Der passende Webdienst heißt in Anlehnung an das zuvor gezeigte Beispiel `WSRoleProvider`.

Listing 20.17 Die Klasse WSRoleProvider

```csharp
public class WSRoleProvider : RoleProvider
{
    private RoleServiceClient client;

    public override void Initialize(string name, ❑
        System.Collections.Specialized.NameValueCollection config)
    {
        if (config == null)
            throw new ArgumentNullException("config");
        if (String.IsNullOrEmpty(name))
        {
            name = this.GetType().Name;
        }
        if (String.IsNullOrEmpty(config["description"]))
        {
            config.Remove("description");
            config.Add("description", "WS Based Membership Provider");
        }
        base.Initialize(name, config);
        client = new RoleServiceClient();
        // mandatory parameters
```

```csharp
        ApplicationName = config["ApplicationName"];
}

public override void AddUsersToRoles(string[] usernames,
                                     string[] roleNames)
{
    client.AddUsersToRoles(usernames, roleNames);
}

public override string ApplicationName
{
    get;
    set;
}

public override void CreateRole(string roleName)
{
    client.CreateRole(roleName);
}

 public override bool DeleteRole(string roleName,
                                bool throwOnPopulatedRole)
{
    return client.DeleteRole(roleName, throwOnPopulatedRole);
}

public override string[] FindUsersInRole(string roleName,
                                         string usernameToMatch)
{
    return client.FindUsersInRole(roleName, usernameToMatch);
}

public override string[] GetAllRoles()
{
    return client.GetAllRoles();
}

public override string[] GetRolesForUser(string username)
{
    return client.GetRolesForUser(username);
}

public override string[] GetUsersInRole(string roleName)
{
    return client.GetUsersInRole(roleName);
}

public override bool IsUserInRole(string username, string roleName)
{
    return client.IsUserInRole(username, roleName);
}

public override void RemoveUsersFromRoles(string[] usernames,
                                          string[] roleNames)
{
    client.RemoveUsersFromRoles(usernames, roleNames);
}

public override bool RoleExists(string roleName)
{
    return client.RoleExists(roleName);
```

}

Diese Klasse ist einfacher als der Mitgliedschafts-Provider. Auch hier wird die Struktur der abstrakten Basisklasse im Dienst exakt widergespiegelt.

Den Provider konfigurieren

Nach der Implementierung erfolgt noch die Konfiguration für beide Provider:

Listing 20.18 Die Konfiguration für beide Provider

```
<system.web>
<membership defaultProvider="WSMembershipProvider">
    <providers >
        <add name="WSMembershipProvider"
            type="Hanser.Extensibility.Membership.WSMembershipProvider,
                Hanser.Extensibility.Membership"
            EnablePasswordReset="True"
        />
    </providers>
</membership>
<roleManager defaultProvider="WSRoleProvider" enabled="true" >
    <providers>
        <clear/>
        <add name="WSRoleProvider"
            type="Hanser.Extensibility.Membership.WSRoleProvider,
                Hanser.Extensibility.Membership" />
    </providers>
</roleManager>
```

Die Provider testen

Nun gilt es noch, die Provider in einer passenden Umgebung zu testen. Sie können verschiedene Seiten bauen, um die Funktionen auszuprobieren. Das ist mühevoll. Glücklicherweise kennt Visual Studio bereits die nötigen Funktionen in Form der ASP.NET-Konfigurationsapplikation.

Diese ist über das Menü PROJEKT erreichbar. Sie können Benutzer und Rollen hinzufügen, zuweisen, ändern oder löschen. Auf der Startseite wird bereits angezeigt, wie viele Werte gelesen werden konnten:

20 Sicherheit und Benutzer

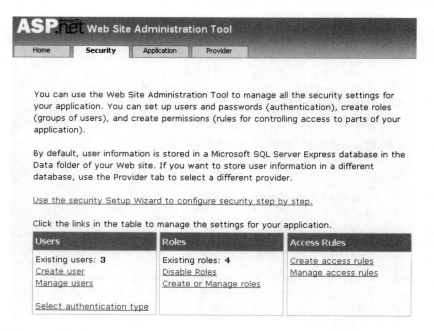

Abbildung 20.11 Funktionieren die Provider, muss diese Anwendung laufen

Auf der Seite PROVIDER können Sie prüfen, ob der Provider korrekt konfiguriert wurde, falls das Ergebnis nicht den Erwartungen entspricht.

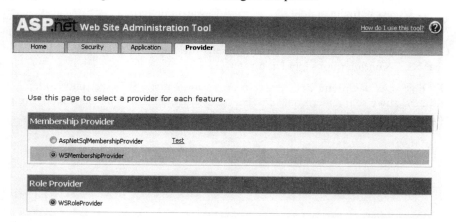

Abbildung 20.12 Die eigenen Provider können ausgewählt werden

20.4 Benutzerdatenverwaltung mit Profilen

Profile dienen dazu, benutzerspezifische Daten auf einem einheitlichen, erweiterbaren Weg zu speichern und abzurufen. ASP.NET gibt hier einen Weg vor, solche

Informationen abzulegen, weil eine vergleichbare Funktionalität in häufig in Webapplikationen zu finden ist. Standardmäßig wird der SQL Server eingesetzt und ein dazu passender Provider geliefert.

20.4.1 Personalisierung und Benutzerdaten

Oft wird es bei einer Webanwendung gewünscht, dass der Betrachter eigene Einstellungen vornehmen kann, die je Benutzer gespeichert werden. Seit ASP.NET 2.0 stellt das Framework eine entsprechende Funktionalität bereit.

Das Personalisierungs-API ist darauf ausgerichtet Benutzerprofile in Form strukturierter Daten typischer abzulegen. Die Struktur der Daten wird in der *web.config* abgelegt. Nach dem Übersetzen der Webanwendung erstellt das Framework eine generierte Klasse, mit deren Hilfe auf die Daten zugegriffen werden kann.

Personalisierungs-API

Personalisierung durch Profile

Im Gegensatz zu den globalen (nicht benutzerabhängigen) Anpassungen wie Themes oder benutzerdefinierte Fehlerseiten, ist es für die Personalisierungsfunktionen nicht notwendig, administrative Rechte in der Webanwendung zu haben. Jeder Benutzer kann seine bevorzugten Einstellungen an der Seite vornehmen. Im Folgenden soll gezeigt werden, wie entsprechenden Benutzerprofile erstellt und verwendet werden.

Anlegen von Profilen

Ein Benutzerprofil wird in der Datei *web.config* angelegt. Im Abschnitt `<system.web>` befindet sich der `<profile>`-Layer, in dem die Properties gespeichert werden können, wie im folgenden Beispiel dargestellt.

```
<system.web>
...
  <profile>
    <properties>
      <add name="Begruessung"
           type="string"
           defaultValue="Willkommen" />
      <add name="Kommentare"
           type="System.Collections.Specialized.StringCollection" />
      ...
    </properties>
  </profile>
...
</system.web>
```

Jedem Element wird mindestens ein Name (`name`) und ein Typ (`type`) zugeordnet. Alle weiteren Parameter sind optional. Die folgende Tabelle zeigt eine Übersicht der wichtigsten Attribute einer Profileigenschaft.

Tabelle 20.4 Attribute einer Profileigenschaft

Attribute	Beschreibung
`allowAnonymous`	Erlaubt das Speichern von Einstellungen für alle nicht eingeloggten Benutzer. Standard ist `false`.
`customProviderData`	Enthält Daten zur Initialisierung eines benutzerdefinierten Providers.
`defaultValue`	Legt den Standard Wert fest.
`name`	Legt den Namen des Properties fest.
`provider`	Legt den Namen des zu verwenden Providers fest.
`readOnly`	Setzt den Wert auf „nur lesen".
`serializeAs`	Legt die Art der Serialisierung fest. Mögliche Werte sind `Xml`, `Binary`, `String` oder `ProviderSpezific`.
`type`	Legt den Typ der Eigenschaft fest. Alle Systemtypen sind erlaubt.

Verwenden von Profilen

Der Zugriff auf ein Benutzerprofil erfolgt aus dem Programmcode heraus über die Eigenschaft (Property) `Profile` der Formular-Klasse. Hier finden sich die hinzugefügten Gruppen sowie Properties wieder.

```
...
Profile.PropertyDemo.Kommentare.Add("Mein Kommentar");
Profile.PropertyDemo.Begruessung = "Willkommen";
Profile.PropertyDemo.Hintergrund = "white";
...
```

Diese Eigenschaften werden wie Variablen des entsprechenden Typs verwendet. Der Profilmanager kümmert sich darum, immer das zum Benutzer gehörende Profil zu laden und gegebenenfalls zu sichern.

Der folgende Quelltext zeigt die Anwendung des vorgestellten Benutzerprofils auf einer einfachen Demonstrationsseite.

Listing 20.19 Benutzerprofile und Personalisierung

```
<%@ Page Language="C#" %>
<!DOCTYPE html PUBLIC "-//W3C//DTD XHTML 1.0 Transitional//EN"
        "http://www.w3.org/TR/xhtml1/DTD/xhtml1-transitional.dtd">

<script runat="server">
  protected void OnShowEditor(object sender, EventArgs e)
  {
     Options.ActiveViewIndex = 1;
  }
  protected void Save_Click(object sender, EventArgs e)
  {
     Options.ActiveViewIndex = 0;
  }
  protected void AddComment_Click(object sender, EventArgs e)
  {
   if (Comment.Text != "")
    {
       Profile.PropertyDemo.Kommentare.Add(Comment.Text);
       Comment.Text = "";
```

20.4 Benutzerdatenverwaltung mit Profilen

```
      }
   }
   protected void ResetAll_Click(object sender, EventArgs e)
   {
      Profile.PropertyDemo.Kommentare.Clear();
      Profile.PropertyDemo.Begruessung = "Willkommen";
      Profile.PropertyDemo.Hintergrund = "white";
   }

   protected void Greetings_Click(object sender, EventArgs e)
   {
      Profile.PropertyDemo.Begruessung = GreatingsText.Text;
   }

   protected void OnActivateEditor(object sender, EventArgs e)
   {
      GreatingsText.Text = Profile.PropertyDemo.Begruessung;
   }

   protected void SetBackground_Click(object sender, EventArgs e)
   {
      Profile.PropertyDemo.Hintergrund = BackgroundColor.Text;
   }
</script>
<html xmlns="http://www.w3.org/1999/xhtml">
<head runat="server">
    <title>Personalisierung</title>
</head>
<body><form id="form1" runat="server">
 <div style="background-color:↵
   <%= Profile.PropertyDemo.Hintergrund %> ;">
   <% Response.Write(String.Format("<h1>{0}</h1>",↵
     Profile.PropertyDemo.Begruessung)); %><br />
    <h2>Personalisations Beispiel</h2>
    Sie sind angemeldet als : ↵
    [<asp:LoginName ID="LoginName1" runat="server" />]
       
    <asp:LoginStatus ID="LoginStatus1" runat="server" />
    <br /><h3>Kommentare</h3>
    <ul>
    <%
    foreach (string s in Profile.PropertyDemo.Kommentare)
    {
      Response.Write(String.Format("<li>{0}<br>", s));
    }
    %>
    </ul>
    <asp:MultiView runat="server" ID="Options"
       ActiveViewIndex="0">
      <asp:View runat="server" ID="MenuOptions">
       <asp:LinkButton ID="EditLink" runat="server" *#*
          Text="Bearbeiten" OnClick="OnShowEditor" />
       <br />
      </asp:View>
      <asp:View runat="server" ID="ChangeOptions" ↵
         OnActivate="OnActivateEditor">
          <h3>Bearbeiten</h3>
          <asp:TextBox ID="Comment" runat="server">
          </asp:TextBox> 
          <asp:Button ID="AddComment" runat="server"
            Text="Kommentar hinzufügen"
```

```
            OnClick="AddComment_Click" />
          <br />
          <asp:TextBox ID="GreatingsText" runat="server">
          </asp:TextBox> 
          <asp:Button ID="Greetings" runat="server"
          OnClick="Greetings_Click"
           Text="Begrüssung ändern" />
          <br />
          <asp:TextBox ID="BackgroundColor" runat="server">
          </asp:TextBox> 
          <asp:Button ID="SetBackground" runat="server"
          OnClick="SetBackground_Click"
          Text="Farbe anwenden" />
          <br /> <br />
          <p>
            <asp:LinkButton ID="Save" runat="server"
            OnClick="Save_Click">Speichern</asp:LinkButton>
                 
            <asp:LinkButton ID="ResetAll" runat="server"
            OnClick="ResetAll_Click">Alles Löschen
            </asp:LinkButton>
          </p></asp:View>
         </asp:MultiView>
      </div>
   </form>
</body>
</html>
```

Um die Unterstützung für Profile zu aktivieren, wird in der Datei *web.config* der Abschnitt `<profile enabled="true">` auf true gesetzt. Die Standardeinstellung ist true. Nach der Aktivierung kann mit dem WEB SEITE ADMINISTRATION TOOL ein Provider ausgewählt werden. Dabei ist der *AspNetSqlProvider* standardmäßig voreingestellt.

Profildaten laufen nicht ab. Sie existieren so lange, wie die Applikation existiert und können immer wieder abgefragt und geändert werden.

Die Speicherung und das Laden der Daten wird automatisch vom ASP.NET-Framework übernommen. Zu diesem Zweck wird eine temporäre Klasse erzeugt, die alle Properties und Gruppen enthält. Mit Hilfe dieser Klasse werden die Informationen vom *AspNetSqlProvider* in der Standarddatenbank der Webseite abgelegt.

20.4.2 Erweiterung des Profilproviders

Der Standardprovider speichert Benutzerprofildaten in der SQL Server-Datenbank. Der Profildienst nutzt diesen Provider, solange Sie keinen eigenen angeben. Das Schreiben eines eigenen Providers kann sinnvoll sein, wenn Speicherort oder -methode angepasst werden sollen.

Der Profildienst

Der Zweck des Profildienstes ist das Speichern und Laden von Benutzereinstellungen. Damit ist es möglich, Webseiten zu personalisieren. Typische Informationen, die hier gespeichert werden können, umfassen:

- Benutzerinformationen, wie Stadt und Telefonnummer

- Bevorzugte Einstellungen wie Farben und Schriftgrößen
- Daten in Verbindung mit der aktuellen Sitzung, beispielsweise ein Warenkorb
- Eine Auswahl von Diensten die die Seite anbietet, beispielsweise Newsletter, Feeds usw.

Tatsächlich sind die Möglichkeiten grenzenlos. Statt einer aufwändigen Datenbank lassen sich alle Arten von Informationen in einem einheitlichen Schema ablegen.

Der Dienst besteht aus zwei Teilen. Zum einen der Definition der Profildaten selbst und der Beziehung zu den Benutzern. Die Profildaten enthalten die Art der Daten, deren Datentyp und die Behandlung von fehlenden Informationen. Standardmäßig wird der `SqlProfileProvider` benutzt, der ein einfaches Schema in der lokalen Datenbank festlegt. Gespeichert werden lediglich Schlüssel-/Werte-Paare, was in den meisten Fällen völlig ausreichend ist. *Aufbau*

Wie der Profilprovider funktioniert

Bevor Sie einen eigenen Provider entwickeln, sollten Sie sich mit den Funktionen des Standardproviders auseinandersetzen. Der Provider implementiert natürlich `ProviderBase`. Dazu kommt `System.Configuration.SettingsProvider`. Der Namensraum deutet an, dass dieses Konzept nicht auf ASP.NET beschränkt ist, sondern generell Teil des Frameworks ist. Der Profildienst erweitert das Konzept der Applikationseinstellungen um weitere Funktionen.

Tabelle 20.5 Methoden und Eigenschaften der Klasse ProfileProvider

Methode	Beschreibung
`Initialize`	Initialisierung
`ApplicationName`	Name der Applikation, falls ein Provider mehrere Applikationen bedient
`GetPropertyValues`	Holt die Liste der Werte vom Typ `SettingsPropertyValueCollection`
`SetPropertyValues`	Schreibt die Werte
`DeleteProfiles`	Löscht Profile
`DeleteInactiveProfiles`	Löscht inaktive Profile
`GetAllProfiles`	Ermittelt alle Profile
`GetAllInactiveProfiles`	Ermittelt alle inaktiven Profile
`FindProfilesByUserName`	Sucht Profile auf der Basis von Benutzernamen
`FindInactiveProfilesByUserName`	Sucht inaktive Profile nach Benutzernamen
`GetNumberOfInactiveProfiles`	Ermittelt die Anzahl inaktiver Profile

Wenn Sie einen eigenen Provider schreiben, sollten Sie wenigstens diese Methoden implementieren.

Der Provider hat einen definierten Sichtbereich – den Scope. Dies ist entweder der Pfad zur aktuellen Seite oder der angemeldete Benutzer. Der Pfad wird benutzt, wenn der Benutzer anonym ist. Damit lässt sich im Profildienst eine Einstellung für *Scope*

Inaktive Profile

anonyme Benutzer hinterlegen. Andernfalls sind Profile nur sinnvoll, wenn sich Benutzer anmelden können.

Wenn der Benutzer die Sitzung verlässt, wird das Profil obsolet. Die letzte Aktivität wird im Provider festgehalten und so lässt sich feststellen, ob ein Benutzer das Profil noch aktiv nutzt. Was Sie als „inaktiv" festlegen, bleibt Ihnen überlassen und hängt von der Anwendung ab. Auch der Umgang mit inaktiven Profilen ist nicht fest vorgegeben. Sie können diese einfach löschen oder versuchen die Benutzer per E-Mail zu kontaktieren.

Serialisieren und Deserialisieren

Die Profile können jeden Wert aufnehmen, der sich nach den Regeln des Frameworks serialisieren lässt. Dies erledigt die Basisklasse, die bereits vollständig implementierte Methoden dafür enthält. Weil das Deserialisieren Leistung kostet, erfolgt es nicht automatisch, sondern nur auf Anforderung. Damit kann erreicht werden, dass nur für den bestimmten Benutzer und die aktuelle Situation der Teil der benötigten Profildaten geholt wird. Die Methode ist als „Verzögerte Deserialisierung" bekannt. Wie das im Code aussieht, zeigt das folgende Listing:

Listing 20.20 Typische Strategie für das Deserialisieren der Werte

```
SettingsPropertyValueCollection settings =
                    new SettingsPropertyValueCollection();
foreach (SettingsProperty property in properties)
{
  SettingsPropertyValue pp = new SettingsPropertyValue(property);
  object val = GetPropertyValueFromDataSource(property.Name);
  if (val == null)
  {
    pp.PropertyValue = null;
    pp.Deserialized = true;
    pp.IsDirty = false;
  }
  else
  {
    pp.PropertyValue = Deserialize(val);
    pp.Deserialized = true;
    pp.IsDirty = false;
  }
  settings.Add (pp);
}
return settings;
```

Profileigenschaften festlegen

Das folgende Listing zeigt, wie Profileigenschaften definiert werden:

Listing 20.21 Definition der Profilwerte

```
<profile>
  <properties>
    <add name="Greeting" type="String" />
    <add name="Count" type="Int32" defaultValue="0" />
  </properties>
</profile>
```

Der Name und der Typ sind erforderliche Angaben, der Rest ist optional. Der Standardwert wird benutzt, wenn das Profil noch keine Daten enthält.

Zusätzlich gibt es noch das Attribut `serializeAs`. Dieses erlaubt folgende Werte:
- `String`
- `Binary`
- `Xml`
- `ProviderSpecific`

Das heißt, die Serialisierung lässt sich auf Basis einzelner Werte anpassen. Damit besteht maximale Flexibilität für die Auswahl an Datentypen.

In komplexeren Szenarien ist die Bildung von Gruppen möglich. Dazu werden die Definitionen in `<group>`-Tags verpackt. Das ist hilfreich, wenn die Anzahl der Werte sehr groß wird.

Gruppen

Profildaten verwenden

Es gibt zwei Wege die Profildaten zu verwenden. In einer Webapplikation (nicht einem WEB SITE-Projekt) wird die Profilklasse nicht automatisch erstellt. Normalerweise erstellt Visual Studio eine typisierte Sicht auf die Profildaten, sodass sie bequem benutzt werden können. Ohne diese Sicht ist der Zugriff nur über die Namen möglich:

Webapplikation

```
string myValue = (string) Context.Profile.GetPropertyValue("MyValue");
```

Das Setzen ist analog dazu ebenso einfach:

```
if (Context.Profile.UserName != null)
{
  Context.Profile.SetPropertyValue("MyValue", "something");
  Context.Profile.Save();
}
```

In einem WEB SITE-Projekt erzeugt Visual Studio 2010 eine typisierte Profilklasse. Der Zugriff gelingt hier nach folgendem Schema:

Web Site-Projekt

```
string myValue = Profile.MyValue;
```

20.4.3 Implementierung des Providers

Der Provider in diesem Beispiel soll eine XML-Datei statt der Datenbank nutzen. Es ist nur ein rudimentäres Beispiel, um das Prinzip zu zeigen.

Vorbereitung

Um den Provider zu testen, werden Benutzer benötigt. Um zu vermeiden, dass noch andere Bausteine benötigt werden und das Beispiel aufblähen, werden die Testnutzer einfach in die Datei *web.config* geschrieben:

20 Sicherheit und Benutzer

Listing 20.22 Benutzer zum Testen

```
<authorization>
    <deny users="?"/>
</authorization>
<authentication mode="Forms">
    <forms>
        <credentials passwordFormat="Clear">
            <user name="User1" password="User1"/>
            <user name="User2" password="User2"/>
            <user name="User3" password="User3"/>
        </credentials>
    </forms>
</authentication>
```

STOPP Benutzer und Kennwörter im Klartext dürfen Sie niemals auf einem Produktionssystem nutzen. Der Vorschlag hier dient nur dazu, den Provider so einfach wie möglich zum Laufen zu bekommen.

Um den Benutzer zu wechseln, wird eine Anmeldeseite benötigt:

Listing 20.23 Die Anmeldeseite

```
<body>
    <form id="form1" runat="server">
    <div>
        <asp:Login ID="Login1" runat="server"
                   onauthenticate="Login1_Authenticate">
        </asp:Login>
        <br />
        Noch nicht registriert? Erzeigen Sie ein neues Konto
        <asp:HyperLink ID="HyperLink1"
        runat="server"
        NavigateUrl="~/CreateUser.aspx">hier</asp:HyperLink>.
    </div>
    </form>
</body>
</html>
```

Nun folgt der Code der Anmeldeseite:

Listing 20.24 Code der Anmeldeseite

```
public partial class Login : System.Web.UI.Page
{
    protected void Page_Load(object sender, EventArgs e)
    {
    }

    protected void Login1_Authenticate(object sender,
                                       AuthenticateEventArgs e)
    {
        e.Authenticated = FormsAuthentication.Authenticate(
                                       Login1.UserName,
                                       Login1.Password);
    }
}
```

Die nächste Seite wird lediglich zum Testen benötigt.

Listing 20.25 Seite zum Testen

```
<body>
    <form id="form1" runat="server">
    <br />Set your Profile data,
        <asp:LoginName ID="LoginName1" runat="server" />
        :<br />
    <br />E-Mail:
        <asp:TextBox runat="server" ID="txtEmail"></asp:TextBox>
    <br />Fore Color:
        <asp:DropDownList ID="drpForeColor" runat="server">
            <asp:ListItem>Red</asp:ListItem>
            <asp:ListItem>Green</asp:ListItem>
            <asp:ListItem>Blue</asp:ListItem>
            <asp:ListItem></asp:ListItem>
    </asp:DropDownList>
    <br />Back Color:<asp:DropDownList ID="drpBackColor" runat="server">
        <asp:ListItem>White</asp:ListItem>
        <asp:ListItem>Beige</asp:ListItem>
        <asp:ListItem>Yellow</asp:ListItem>
    </asp:DropDownList>
    <br />
    <br />
    <asp:Button ID="btnSend" runat="server" onclick="btnSend_Click"
        Text="Setze Profildaten" />
    <br />
    <br />
    Abmelden, um den anonymen Modus zu nutzen, oder mit einem anderen
    Benutzernamen anmelden:
    <asp:LoginStatus ID="LoginStatus1" runat="server" />
     (Vordefiniert: <i>User1</i>, <i>User2</i>,
                        <i>User3</i>,
                        Kennwort ist gleich Benutzername.)<br />
    <br />Ergebnis der Einstellungen:<br />
    <div>
        <asp:Panel ID="PanelSettings" runat="server">
            Dieses Panel ist vom Benutzerprofil gestaltet.
        </asp:Panel>
    </div>
    </form>
</body>
```

Diese Seite erlaubt die Eingabe einer E-Mail-Adresse und einer Farbe. Der Farbtyp wurde gewählt, um das Serialisierungsverhalten zu zeigen.

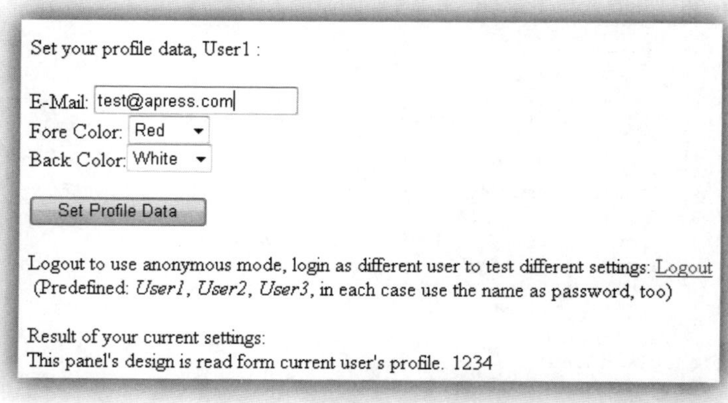

Abbildung 20.13 Das Formular zum Testen der Profileinstellungen

Diese Seite zeigt die Einstellungen an, zum einen den aktuellen Benutzer, zum anderen die gewählte Farbe.

Listing 20.26 Direkter Aufruf des Providers

```csharp
public partial class _Default : System.Web.UI.Page
{
    protected void Page_Load(object sender, EventArgs e)
    {
        SetProfileData();
    }

    protected void btnSend_Click(object sender, EventArgs e)
    {
        Profile.ForeColor = Color.FromName(drpForeColor.SelectedValue);
        Profile.BackColor = Color.FromName(drpBackColor.SelectedValue);
        Profile.User.Email = txtEmail.Text;
        SetProfileData();
    }

    private void SetProfileData()
    {
        PanelSettings.BackColor = Profile.BackColor;
        PanelSettings.ForeColor = Profile.ForeColor;
        Label l = new Label();
        l.Text = Profile.User.Email;
        PanelSettings.Controls.Add(l);
    }
}
```

Wurde die Profilklasse automatisch generiert, sieht sie etwa wie im folgenden Listing gezeigt aus:

Listing 20.27 Die generierte Profilklasse

```csharp
//------------------------------------------------------------
// <auto-generated>
//     This code was generated by a tool.
//     Runtime Version:2.0.50727.3074
//
//     Changes to this file may cause incorrect behavior and will be lost if
```

```csharp
//   the code is regenerated.
// </auto-generated>
//------------------------------------------------------------------
using System;
using System.Web;
using System.Web.Profile;
public class ProfileGroupUser : System.Web.Profile.ProfileGroupBase {

    public virtual string Name {
        get {
            return ((string)(this.GetPropertyValue("Name")));
        }
        set {
            this.SetPropertyValue("Name", value);
        }
    }

    public virtual string Email {
        get {
            return ((string)(this.GetPropertyValue("Email")));
        }
        set {
            this.SetPropertyValue("Email", value);
        }
    }
}

public class ProfileCommon : System.Web.Profile.ProfileBase {

    public virtual int Size {
        get {
            return ((int)(this.GetPropertyValue("Size")));
        }
        set {
            this.SetPropertyValue("Size", value);
        }
    }

    public virtual System.Drawing.Color ForeColor {
        get {
          return ((System.Drawing.Color)
                (this.GetPropertyValue("ForeColor")));
        }
        set {
            this.SetPropertyValue("ForeColor", value);
        }
    }

    public virtual System.Drawing.Color BackColor {
        get {
            return ((System.Drawing.Color)
                (this.GetPropertyValue("BackColor")));
        }
        set {
            this.SetPropertyValue("BackColor", value);
        }
    }

    public virtual ProfileGroupUser User {
        get {
```

```
            return ((ProfileGroupUser)(this.GetProfileGroup("User")));
        }
    }

    public virtual ProfileCommon GetProfile(string username) {
        return ((ProfileCommon)(ProfileBase.Create(username)));
    }
}
```

In der Datei *web.config* wurden dazu folgende Einstellungen vorgenommen:

Listing 20.28 Die zugrundeliegenden Eigenschaften der Profile

```xml
<profile automaticSaveEnabled="true"
         defaultProvider="XmlProfileProvider">
 <properties>
  <group name="User">
   <add name="Name" type="System.String" />
   <add name="Email" type="System.String" />
  </group>
  <add name="Size" type="System.Int32"/>
  <add name="ForeColor" type="System.Drawing.Color"/>
  <add name="BackColor" type="System.Drawing.Color"/>
 </properties>
 <providers>
  <clear/>
  <add name="XmlProfileProvider"
       type="Hanser.Extensibility.ProfileProvider.XmlProfileProvider"/>
 </providers>
</profile>
```

Die Einstellungen des Benutzers wurden gruppiert, was sich auch auf den Code auswirkt. Der Gruppenname schiebt sich beim typisierten Abruf als weiterer Teil der Eigenschaft dazwischen.

Implementierung der Klasse ProfileProvider

Jetzt steht alles bereit, um den Provider zu implementieren. Er wird im nachfolgenden Listing vollständig gezeigt:

Listing 20.29 Der eigentliche Provider

```csharp
using System;
using System.Collections.Generic;
using System.ComponentModel;
using System.Configuration;
using System.Configuration.Provider;
using System.IO;
using System.Linq;
using System.Security.Permissions;
using System.Text;
using System.Web;
using System.Web.Profile;
using System.Xml.Linq;

namespace Hanser.Extensibility.ProfileProvider
{
  [SecurityPermission(SecurityAction.Assert,
   Flags = SecurityPermissionFlag.SerializationFormatter)]
  public class XmlProfileProvider : System.Web.Profile.ProfileProvider
  {
```

20.4 Benutzerdatenverwaltung mit Profilen

```csharp
    private const string DATAPATH = "~/App_Data/Profile_Data";

    public override string ApplicationName
    {
      get { throw new NotSupportedException(); }
      set { throw new NotSupportedException(); }
    }
    public override void Initialize(string name,
        System.Collections.Specialized.NameValueCollection config)
    {
      base.Initialize(name, config);

      if (config.Count > 0)
        throw new ProviderException("Unerwartetes Attribut: " +
                     config.GetKey(0));
    }

❶  public override System.Configuration.SettingsPropertyValueCollection
      GetPropertyValues(System.Configuration.SettingsContext context,
          System.Configuration.SettingsPropertyCollection collection)
    {
❷    SettingsPropertyValueCollection settings =
              new SettingsPropertyValueCollection();

      // XML Datei prüfen
      string username = context["UserName"] as string;
      if (!string.IsNullOrEmpty(username))
      {
        // Profildaten für Benutzer holen
        Dictionary<string, object> usersProperties =
                              GetUserProfile(username);
        foreach (SettingsProperty property in collection)
        {
            if (property.PropertyType.IsPrimitive ||
                property.PropertyType == typeof(String))
              property.SerializeAs = SettingsSerializeAs.String;
            else
              property.SerializeAs = SettingsSerializeAs.Xml;

          SettingsPropertyValue setting =
              new SettingsPropertyValue(property);

          if (usersProperties != null)
          {
            setting.IsDirty = false;

            if (usersProperties.ContainsKey(property.Name))
            {
              setting.SerializedValue = usersProperties[property.Name];
              setting.Deserialized = false;
            }
          }
          // Werte hinzufügen
          settings.Add(setting);
        }
      // Komplette Kollektion zurückgeben
      return settings;
    }
❸  protected virtual Dictionary<string, object> GetUserProfile(
```

```csharp
                                          string username)
{
    Dictionary<string, object> propertyValues = ⏎
                        new Dictionary<string, object>();

    XDocument xProfiles = XDocument.Load(ProfileFilePath);
    var xProf = (from p in xProfiles.Root.Elements() ⏎
            where p.Attribute("UserName").Value.Equals(username) ⏎
            select p);

    foreach (XElement xmlProperty in xProf.Elements())
    {
        SettingsSerializeAs ss = (SettingsSerializeAs) ⏎
                    Enum.Parse(typeof(SettingsSerializeAs), ⏎
                    xmlProperty.Attribute("serializedAs").Value);
        switch (ss)   ❹
        {
            case SettingsSerializeAs.Binary:
                propertyValues.Add(
                    xmlProperty.Name.LocalName,
                    Encoding.ASCII.GetString( ⏎
                      Convert.FromBase64String((( ⏎
                            (XCData) xmlProperty.FirstNode).Value))));
                break;
            case SettingsSerializeAs.String:
                propertyValues.Add(
                    xmlProperty.Name.LocalName,
                    xmlProperty.Value);
                break;
            case SettingsSerializeAs.Xml:
                if (xmlProperty.Attribute("typeConverter") != null)
                {
                    TypeConverter converter = (TypeConverter) ⏎
                        Activator.CreateInstance( ⏎
                        Type.GetType( ⏎
                            xmlProperty.Attribute("typeConverter").Value));
                    propertyValues.Add( ⏎
                        xmlProperty.Name.LocalName, ⏎
                        converter.ConvertFromString(xmlProperty.Value));
                }
                break;
            case SettingsSerializeAs.ProviderSpecific:
                throw new NotSupportedException();
        }
    }

    return propertyValues;
}


❺ public override void SetPropertyValues( ⏎
        System.Configuration.SettingsContext context, ⏎
        System.Configuration. ⏎
                SettingsPropertyValueCollection collection)
{
    string username = context["UserName"] as string;
    bool userIsAuthenticated = (bool)context["IsAuthenticated"];
    // Kein Name oder keine Properties
    if (string.IsNullOrEmpty(username) || collection.Count == 0)
        return;
```

20.4 Benutzerdatenverwaltung mit Profilen

```
if (!ExistsDirtyProperty(collection))
  return;

XDocument xProfiles = XDocument.Load(ProfileFilePath);
// Prüfe Elemente
var xProf = (from p in xProfiles.Root.Elements() ⏎
         where p.Attribute("UserName").Value.Equals(username) ⏎
         select p).FirstOrDefault();
if (xProf == null)  ❻
{
  // Neues leeres Profil
  xProf = new XElement("Profile", ⏎
              new XAttribute("UserName", username));
  xProfiles.Root.Add(xProf);  ❼
  xProfiles.Save(ProfileFilePath);
}
// Leerer Elternknoten als Basis
xProf.RemoveNodes();  ❽
foreach (SettingsPropertyValue setting in collection)
{
  // Nicht authentifiziert und anonym nicht zulässig
  if (!userIsAuthenticated && ⏎
      !(bool)setting.Property.Attributes["AllowAnonymous"])
    continue;

  // Überspringen wenn keine Änderung
  if (!setting.IsDirty && setting.UsingDefaultValue)
    continue;

  // Serialisierung
  switch (setting.Property.SerializeAs)
  {
    case SettingsSerializeAs.String:
      xProf.Add(new XElement(⏎
        setting.Name, ⏎
        Convert.ToString(setting.SerializedValue), ⏎
        new XAttribute("serializedAs", ⏎
                    setting.Property.SerializeAs)));
      break;
    case SettingsSerializeAs.Xml:
      // Standardprovider
      TypeConverter converter = TypeDescriptor.GetConverter( ⏎
                          setting.Property.PropertyType);
      string data = converter.ConvertToString(⏎
                          setting.PropertyValue);
      xProf.Add(new XElement(⏎
        setting.Name, ⏎
        data, ⏎
        new XAttribute("serializedAs", ⏎
                    setting.Property.SerializeAs), ⏎
        new XAttribute("typeConverter", ⏎
            converter.GetType().AssemblyQualifiedName)));
      break;
    case SettingsSerializeAs.Binary:
      // Kodiere binäre Daten mit Base64
      string encodedBinaryData = Convert.ToBase64String(⏎
                      setting.SerializedValue as byte[]);
      xProf.Add(new XElement(⏎
        setting.Name, ⏎
```

```
                    new XCData(encodedBinaryData),
                    new XAttribute("serializedAs",
                                    setting.Property.SerializeAs)));
              break;
            default:
              // Unbekannter Typ
              throw new ProviderException(…);
          }
        }
        xProfiles.Save(ProfileFilePath);  ❾
      }

❿ protected virtual string ProfileFilePath
      {
        get
        {
          return Path.Combine(
                      HttpContext.Current.Server.MapPath(DATAPATH),
                      "Profiles.xml");
        }
      }

      protected virtual bool ExistsDirtyProperty(
            System.Configuration.
            SettingsPropertyValueCollection collection)
      {
        foreach (SettingsPropertyValue setting in collection)
          if (setting.IsDirty)
            return true;

        // Keine Änderungen
        return false;
      }

      public override int DeleteInactiveProfiles(
             ProfileAuthenticationOption authenticationOption,
             DateTime userInactiveSinceDate)
      {
        throw new Exception(
              "The method or operation is not implemented.");
      }

      public override int DeleteProfiles(string[] usernames)
      {
        throw new Exception(
              "The method or operation is not implemented.");
      }

      public override int DeleteProfiles(ProfileInfoCollection profiles)
      {
        throw new Exception(
              "The method or operation is not implemented.");
      }

      public override ProfileInfoCollection
                  FindInactiveProfilesByUserName(
            ProfileAuthenticationOption authenticationOption,
            string usernameToMatch,
            DateTime userInactiveSinceDate,
            int pageIndex, int pageSize, out int totalRecords)
```

20.4 Benutzerdatenverwaltung mit Profilen

```
  {
    throw new Exception(↵
        "The method or operation is not implemented.");
  }
  public override ProfileInfoCollection FindProfilesByUserName(↵
        ProfileAuthenticationOption authenticationOption, ↵
        string usernameToMatch, int pageIndex, int pageSize, ↵
        out int totalRecords)
  {
    throw new Exception(↵
        "The method or operation is not implemented.");
  }
  public override ProfileInfoCollection GetAllInactiveProfiles(↵
        ProfileAuthenticationOption authenticationOption, ↵
        DateTime userInactiveSinceDate, int pageIndex, ↵
        int pageSize, out int totalRecords)
  {
    throw new Exception(↵
        "The method or operation is not implemented.");
  }
  public override ProfileInfoCollection GetAllProfiles( ↵
        ProfileAuthenticationOption authenticationOption, ↵
        int pageIndex, int pageSize, out int totalRecords)
  {
    throw new Exception(↵
        "The method or operation is not implemented.");
  }
  public override int GetNumberOfInactiveProfiles(↵
        ProfileAuthenticationOption authenticationOption, ↵
        DateTime userInactiveSinceDate)
  {
    throw new Exception("The method or operation is not implemented.");
  }
 }
}
```

Die Klasse hat zwei wichtige Methoden, `GetPropertyValues` ❶ und `SetPropertyValues` ❺. Sie dienen dazu, die Profildaten zu laden bzw. zu speichern. `GetPropertyValues` wird vom Profildienst aufgerufen. Im Beispiel wird die XML-Datei in ein Objekt vom Typ `SettingsPropertyValueCollection` ❷ gelesen. Ausgangspunkt sind die über den Parameter *collection* abgefragten Eigenschaften. Die Methode ist dafür verantwortlich, nur die benötigten Daten möglichst effizient zu beschaffen. Das Objekt *settings*, dass zurückgegeben wird, enthält die Wiederherstellungsanweisung, also Name, Typ und Art der Serialisierung. Mit diesen Informationen wird dann die Methode `GetUserProfile` ❸ aufgerufen. Eine LINQ-Abfrage holt den Datenblock für den aktuellen Benutzer. Für jedes Element wird die Art der Serialisierung ermittelt und im folgenden `switch`-Block ❹ wird die passende Deserialisierung durchgeführt. Komplexere Daten werden mittels `TypConverter` umgewandelt, wobei der benutzte Typ im entsprechenden Attribut angegeben wird.

Das Setzen der Werte in `SetPropertyValues` ❺ funktioniert analog. Für den Fall, dass der Benutzer noch nie Daten gespeichert hat ❻, wird das Element ❼ angelegt. Dann werden alle Knoten entfernt ❽ und neu geschrieben. Am Ende wird die XML-Datei gespeichert ❾. Zum Schreiben wird LINQ-to-XML benutzt.

Es folgen einige Hilfsmethoden, wie der Pfad zur XML-Datei ❿. Einige andere Methoden sind noch nicht implementiert. Mit Hilfe einiger LINQ-to-XML-Abfragen lässt sich das aber leicht nachholen.

> **HINWEIS** Dies ist ein stark vereinfachtes Szenario, das keine Fehlerbehandlung und keine Mehrnutzerunterstützung bietet. Es sollte nur das Prinzip eines transparenten Profilproviders gezeigt werden.

Das XML, welches dieser Code erzeugt, ist vergleichsweise einfach:

Listing 20.30 Das XML zum Speichern der Profile

```xml
<?xml version="1.0" encoding="utf-8"?>
<Profiles>
  <Profile UserName="User1"> ❶
    <BackColor serializedAs="Xml"
               typeConverter="System.Drawing.ColorConverter…">
      Red
    </BackColor>
    <User.Email serializedAs="String">joerg@krause.net</User.Email>
    <ForeColor serializedAs="ProviderSpecific"
               typeConverter="System.Drawing.ColorConverter…">
      White
    </ForeColor>
  </Profile>
  <Profile UserName="User2"> ❶
    <BackColor serializedAs=" Xml"
               typeConverter="System.Drawing.ColorConverter…">
      Blue
    </BackColor>
    <User.Email serializedAs="String">User3@user.de</User.Email>
    <ForeColor serializedAs=" Xml"
               typeConverter="System.Drawing.ColorConverter, …">
      Red
    </ForeColor>
  </Profile>
</Profiles>
```

Jedes Profil besteht aus einem Element `<Profile>` ❶. Der Inhalt basiert auf der Liste der Einstellungen des im Attribut `UserName` genannten Benutzers. Jedes Element hat ein Attribut `serializedAs` und optional `typeConverter`.

20.4.4 Ein Profilprovider mit AJAX-Unterstützung

Mit AJAX (Asynchronous JavaScript and XML) kann die Profiltechnologie ebenfalls benutzt werden. Dazu ist kein großer Programmieraufwand nötig, da ASP.NET die AJAX-Unterstützung bereits eingebaut hat. Der Code, soweit notwendig, wird dann in JavaScript statt in C# geschrieben.

Die Profildaten für AJAX bereitstellen

Es ist eine zusätzliche Einstellung in der Datei *web.config* erforderlich. Dies betrifft die Bereitstellung eines Webdienstes für den Profildienst. Dieser Webdienst muss nicht programmiert werden, er ist bereits fertig und wird hier lediglich aktiviert:

Listing 20.31 Konfiguration der AJAX-Unterstützung

```
<system.web.extensions>
   <scripting>
      <webServices>
         <profileService enabled="true"
            readAccessProperties="User.Name,
                                  User.Email,
                                  Size,
                                  ForeColor,
                                  BackColor"
            writeAccessProperties="User.Email,ForeColor,BackColor" />
      </webServices>
   </scripting>
</system.web.extensions>
```

Alles was jetzt noch benötigt wird, ist die clientseitige Unterstützung.

Die Benutzerschnittstelle

Weil alles, was benötigt wird, aus JavaScript besteht, sind keine serverseitigen Steuerelemente nötig. Der HTML-Teil im nächsten Listing zeigt, wie eine einfache Oberfläche zum Testen aussehen kann.

Listing 20.32 Der HTML-Teil (aspx-Seite)

```
<form runat="server">
<asp:ScriptManager ID="ScriptManager" runat="server" />
<fieldset id="ContactFieldset">
   <label>
      E-Mail
      <input type="text" id="eMail" /></label><br />
   <label>
      User Name
      <input type="text" id="userName" disabled="disabled" /></label>
   <label>
      <br />
      Fore Color:
      <br />
      Red
      <input type="radio" name="ForeColor" id="fc1" value="Red" />
      Blue
      <input type="radio" name="ForeColor" id="fc2" value="Blue" />
      Green
      <input type="radio" name="ForeColor" id="fc3" value="Green" />
   </label>
   <br />
   <label>
      Back Color:
      <br />
      White
      <input type="radio" name="BackColor" id="bc1" value="White" />
      Beige
      <input type="radio" name="BackColor" id="bc2" value="Beige" />
      Yellow
      <input type="radio" name="BackColor" id="bc3" value="Yellow" />
```

```
            </label>
            <br />
            <button onclick="SaveProperties();">
                Save</button>
    </fieldset>
    <hr />
    <p id="Status">
    </p>
</form>
```

Die folgende Abbildung zeigt das Ergebnis:

Abbildung 20.14 Die Form mit einfachen HTML-Elementen

Das JavaScript zum Zusammenfügen der Funktionen

Der letzte Schritt besteht im Schreiben des JavaScript, das den Webdienst aufruft. Weil der Dienst typisiert exportiert wurde, ist das sehr einfach. Erforderlich sind folgende Funktionen:

- Beim Laden der Form werden die Profildaten gelesen
- Es gibt eine Schaltfläche „Speichern" zum Schreiben der Einstellungen

Die Aktion „Speichern" wird im Client ohne PostBack ausgeführt und schreibt direkt in die bereits beschriebene XML-Datei. Die hier gezeigte Lösung nutzt den vorhandenen (um genau zu sein: irgendeinen) Profilprovider.

Damit der Benutzer von der Aktion überhaupt etwas mitbekommt, erscheint eine Erfolgsmeldung, die nach fünf Sekunden wieder verschwindet.

Sys.Services. ProfileService

Der Profildienst wird im JavaScript automatisch als `Sys.Services.ProfileService` bereitgestellt. Der Dienst kennt zwei asynchrone Methoden `load` und `save`. Zuerst wird die Methode zum Laden der Daten gezeigt:

Listing 20.33 JavaScript zum Laden der Profildaten

```
window.onload = function() { ❶
   ❷ Sys.Services.ProfileService.load(null, onLoadSuccess, onError);
}

function onLoadSuccess(obj) { ❸
    $get("eMail").value =
             Sys.Services.ProfileService.properties.User.Email; ❹
    $get("userName").value =
             Sys.Services.ProfileService.properties.User.Name; ❹
    var fc = Sys.Services.ProfileService.properties.ForeColor.Name; ❹
```

20.4 Benutzerdatenverwaltung mit Profilen

```
        $get("fc1").checked = (fc == 'Red');
        $get("fc2").checked = (fc == 'Blue');
        $get("fc3").checked = (fc == 'Green');
        var bc = Sys.Services.ProfileService.properties.BackColor.Name;
        $get("bc1").checked = (bc == 'White');
        $get("bc2").checked = (bc == 'Beige');
        $get("cc3").checked = (bc == 'Yellow');
}

function onError(error) { ❺
    $get("Status").innerHTML = error.get_message(); ❻
}
```

Nach dem Laden des Fensters ❶ wird der Dienst aufgerufen ❷. War der Abruf erfolgreich, wird die Funktion `onLoadSuccess` ❸ aufgerufen. Die Profildaten stehen in einer der Definition entsprechenden Struktur zur Verfügung ❹. Mittels `$get` werden die HTML-Elemente ermittelt, in die die Werte dann geschrieben werden.

Im Fehlerfall wird `onError` ❺ aufgerufen und eine Meldung ausgegeben, wobei dies auch wie gezeigt ❻ eine Dienstmeldung sein kann.

Nun fehlt als letzter Schritt noch der Speichervorgang:

Listing 20.34 JavaScript zum Speichern

```
function SaveProperties() { ❶
    Sys.Services.ProfileService.properties.User.Email =
        $get("eMail").value; ❷
    Sys.Services.ProfileService.properties.User.Name =
        $get("username").value; ❷
    var fc = '';
    fc += ($get("fc1").checked) ? 'Red' : '';
    fc += ($get("fc2").checked) ? 'Blue' : '';
    fc += ($get("fc3").checked) ? 'Green' : '';
    Sys.Services.ProfileService.properties.ForeColor = fc;
    var bc = '';
    bc += ($get("fc1").checked) ? 'White' : '';
    bc += ($get("fc2").checked) ? 'Beige' : '';
    bc += ($get("fc3").checked) ? 'Yellow' : '';
    Sys.Services.ProfileService.properties.BackColor = bc;
    Sys.Services.ProfileService.save(null, onSaveSuccess, onError);
}

function onSaveSuccess() {
    clearTimeout();
    // Erfolgsmeldung
    $get("Status").innerHTML = "Ihr profil wurde gespeichert."; ❸

    // Rücksetzen nach 5 Sekunden.
    setTimeout(function() { $get("Status").innerHTML = ""; }, 5000); ❹
}
```

Intern wird über die Schaltfläche die Funktion `SaveProperties` ❶ aufgerufen. Die Werte der Elemente werden direkt in das Profilobjekt geschrieben (❷ usw.). Dann wird die Methode `save` asynchron aufgerufen. Im Erfolgsfall erfolgt eine entsprechende Meldung ❸, die nach fünf Sekunden gelöscht wird ❹.

Abbildung 20.15 Die Antwort zeigt, dass das Profil gespeichert wurde

Dieses einfache Beispiel zeigt eine Stärke der AJAX-Bibliotheken von ASP.NET und die Fähigkeit, den Wirkungsbereich erweiterter Provider ohne weitere serverseitige Programmierung auf den Client auszudehnen.

Wann ist das geeignet? Für kleinere Projekte und im Intranet ist dies durchaus praktikabel. Größere Projekte erfordern möglicherweise mehr Aufwand. Bei Ansprüchen an geringe Bandbreite kann die Größe der AJAX-Bibliotheken störend sein. Der Komfort wird durch entsprechend große Skripte bezahlt. Andere AJAX-Bibliotheken brauchen möglicherweise weniger Platz, bieten aber nicht eine so tiefe und transparente Integration an.

20.5 Die Anmeldesteuerelemente

Die Anmeldesteuerelemente sind eine Familie von Steuerelementen, die die Programmierung von Funktionen zum An- und Abmelden, der Ermittlung des Anmeldestatus, dem Anlegen neuer Benutzer usw. dienen. Sie alle benötigen kaum zusätzlichen Code, da sie implizit auf die zuvor bereits betrachteten MembershipProvider bzw. RoleProvider zugreifen.

20.5.1 Einführung in die Anmeldesteuerelemente

Durch Benutzersteuerelemente entfällt eine große Menge redundanter Code auf jeder einzelnen Webseite. Zugriffsbeschränkungen werden seit dem von einem zentralen Punkt in der *web.config*-Datei gesetzt. Durch Provider bleibt die Wahl des konkreten Authentifizierungsweges offen.

> **STOPP** Form-basierte Authentifizierung schützt nur die ASPX-Ressourcen einschließlich aller *asmx*- und *ashx*-Dateien. Reine HTML oder Datei-Ressourcen werden nicht geschützt.

Eigens zur Authentifizierung werden eigene Steuerelemente inklusive einer eigenen API zur Verfügung gestellt. Konfiguriert wird die Art der Authentifizierung mit Hilfe der Datei *web.config*.

Es besteht die Möglichkeit, unter Verwendung des Membership-Systems, die für das Login benötigten Daten in einer lokalen Datenbank im *App_Data*-Verzeichnis abzulegen. Diese stellt bereits die gesamte dafür notwendige Infrastruktur (inklusive einer Benutzerdatenbank mit Benutzernamen sowie Benutzerrechten und Benutzerrollen) zur Verwaltung von Benutzern zur Verfügung. Das Framework legt bei Bedarf die Datenbank *AspNetDB.mdb* automatisch an. So lässt sich nicht nur ein einheitliches Design der ASP.NET-Seiten innerhalb der Webanwendung realisieren, sondern auch ein gleichbleibendes Bedienkonzept über unterschiedliche Anwendungen hinweg realisieren.

Ferner ist es mit Hilfe der Mitgliedschaften möglich, Active Directory oder jede andere Quelle über einen eigenen Membership-Provider zu verwenden. Weitere Informationen zu Mitgliedschaften finden sich im Abschnitt 20.3 „Mitgliedschaft und Rollen".

Für die Mitgliedschaften stellt die Konfigurations- und Administrations-API entsprechende Funktionen bereit. ASP.NET stellt eine ganze Reihe von vorgefertigten Steuerelementen und um die Benutzer-Authentifizierung zur Verfügung. In Tabelle unten ist eine Übersicht darüber zusammengestellt worden. Die gebräuchlichsten dieser Steuerelemente werden in den folgenden Abschnitten kurz vorgestellt.

Wenn diese Steuerelemente in der Funktionsweise oder dem Umfang der Konfigurierbarkeit nicht ausreichen, ist es möglich unter Verwendung des Membership-Systems eigenen Steuerelemente und Formulare zu entwerfen.

Tabelle 20.6 Übersicht Anmeldesteuerelemente

Steuerelement	Verwendung
Login	Stellt alle Eingabefelder für einen Login-Dialog bereit
PasswordRecovery	Stellt den Kennwort-Wiederherstellungs-Dialog bereit
LoginView	Stellt anmeldeabhänge Bereiche dar (oder nicht dar)
LoginStatus	Zeigt Login- oder Logoff-Link
LoginName	Zeit den aktuellen Benutzer an
CreateUserWizard	Stellt Benutzerverwaltung zur Verfügung
ChangePassword	Stellt Kennwort-Formular dar

20.5.2 Das Login-Steuerelement

Mit dem Login-Steuerelement wird ein einheitlicher Anmeldedialog angezeigt, der in Form und Farbe mittels entsprechender Attribute variiert werden kann. Dieses Steuerelement verwendet die in der lokalen Datenbasis gespeicherten Benutzerdaten.

Login

Listing 20.35 Aufruf des Login-Steuerelements (LoginSimple.aspx)

```
<asp:Login ID="Login1" runat="server"></asp:Login>
```

20 Sicherheit und Benutzer

Abbildung 20.16 Das Login-Steuerelement

 Das Login-System geht implizit davon aus dass die Login-Seite Login.aspx heißt, wenn keine andere Seite in der *web.config* angegeben wurde.

20.5.3 Das LoginView-Steuerelement

LoginView

Mit Hilfe des `LoginView`-Steuerelements können unterschiedliche Ansichten je Benutzergruppe verwendet werden. In Abhängigkeit vom eingeloggten Benutzer und der gesetzten Gruppe wird dann die eine oder die andere Vorlage verwendet. Das Steuerelement unterscheidet folgende Vorlagen:

Tabelle 20.7 Ansichtsvorlagen des Steuerelements

Vorlage	Wird angezeigt, wenn ...
AnonymousTemplate	... kein Benutzer eingeloggt ist
LoggedInTemplate	... ein registrierter Benutzer eingeloggt ist
RoleGroups	... ein Benutzer aus einer der Gruppen eingeloggt ist

Verwenden Sie diese Ansichten programmatisch wie folgt:

```
if(Session["Login"] != null)
{
   panelLoggedIn.Visible = true;
}
```

Der folgende Auszug zeigt die Verwendung des `LoginView`-Steuerelements. Dabei wurde das `LoginName`-Steuerelement verwendet um den Namen des angemeldeten Benutzers anzuzeigen. Zur Vorbereitung wurde ein Benutzer „Admin" in der Gruppe „Admin" und ein Benutzer „User" in der Gruppe „User" mit Hilfe der Administrations-GUI angelegt.

20.5 Die Anmeldesteuerelemente

Listing 20.36 Verwendung eines LoginView-Steuerelements

```
<asp:LoginView ID="LoginView1" runat="server">
   <AnonymousTemplate>
      <h1>Hallo Gast!</h1><br />
      <asp:LoginStatus ID="LoginStatus2" runat="server" />
   </AnonymousTemplate>
   <LoggedInTemplate>
      Hallo <asp:LoginName ID="LoginName1" runat="server" />
      <br />
      <asp:LoginStatus ID="LoginStatus1" runat="server" />
   </LoggedInTemplate>
   <RoleGroups><asp:RoleGroup Roles="Admin">
      <ContentTemplate>
         <h1>Willkommen Administrator !</h1><br />
         <asp:LoginStatus ID="LoginStatus0" runat="server" />
      </ContentTemplate>
   </asp:RoleGroup>
   </RoleGroups>
</asp:LoginView>
```

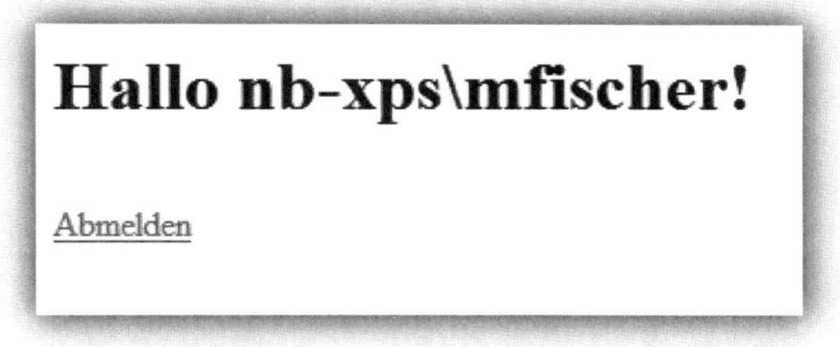

Abbildung 20.17 Anwendung des LoginView-Steuerelements vor der Anmeldung

Abbildung 20.18 Anwendung des LoginView-Steuerelements nach der Anmeldung

20.5.4 Das PasswordRecovery-Steuerelement

Neben dem `LoginView` ist das `PasswordRecovery`-Steuerelement wahrscheinlich das am häufigsten verwendete Steuerelement von den Anmeldesteuerelementen. Mit diesem Steuerelement wird ein Dialog dargestellt, der dem Benutzer die Möglichkeit bietet, sich sein Kennwort unter Angabe der E-Mail-Adresse zusenden zu lassen. Dies setzt voraus, dass der Benutzer einschließlich E-Mail-Adresse hinterlegt ist.

Password-Recovery

```
<asp:PasswordRecovery ID="PasswordRecovery1" runat="server" />
```

Der obige Quelltextauszug erzeugt den Dialog wie nachfolgend zu sehen:

20 Sicherheit und Benutzer

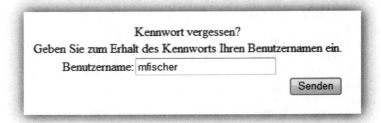

Abbildung 20.19 Anwendung des PasswordRecovery-Steuerelements

Mit Hilfe des Tags `MailDefinition` ist es möglich, die Einstellungen für die zu sendende E-Mail vorzugeben.

```
<asp:PasswordRecovery ID="PasswordRecovery1" runat="server">
  <MailDefinition BodyFileName="PasswordRecoveryMail.txt"
                  From="mfischer@comzept.de"
                  Subject="Password recovery" />
</asp:PasswordRecovery>
```

In der Mail-Definitionsdatei gibt es zwei Platzhalter: `<% UserName %>` für den Benutzernamen und `<% Password %>` für das neue Kennwort. Die Datei kann im HTML- oder TXT-Format erstellt werden.

Die Einstellungen für den Mail-Server müssen nach wie vor in der Datei *web.config* vorgenommen werden.

20.5.5 Das ChangePassword-Steuerelement

ChangePassword

Neben dem „Kennwort-Vergessen-Dialog" ist der „Kennwort-Ändern-Dialog" sehr wichtig für ein vollständiges Benutzerverwaltungssystem. Das `ChangePassword`-Steuerelement stellt den üblichen Dialog zum Ändern eines Kennworts dar:

```
<asp:ChangePassword ID="ChangePassword1" runat="server" />
```

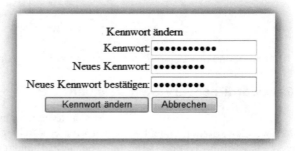

Abbildung 20.20 Anwendung des ChangePassword-Steuerelements

20.5.6 Das CreateUserWizard-Steuerelement

Mit dem `CreateUserWizard`-Steuerelement bekommen neue Benutzer die Möglichkeit, sich auf einer Webseite zu registrieren, um sich dann anschließend auf dieser Seite anmelden zu können. Dieses Steuerelement wird häufig für Seiten verwendet, wo es notwendig ist die Benutzer zu unterscheiden, jedoch keine sicherheitsrelevanten Anforderungen an die Seite gestellt werden, da jeder Benutzer sich auf diese Art selbst hinzufügen kann.

Abbildung 20.21 Anwendung des CreateUserWizard-Steuerelements

21 Optimierung des Datenverkehrs

Webserver bedienen sehr viele Anforderungen (Requests), weitaus mehr, als es klassische Dateiserver im lokalen Netzwerk tun. Schon sehr früh wurden deshalb Optimierungsstrategien entworfen, die den Datenverkehr in Weitverkehrsnetzen verbessern und den Zugriff auf Daten beschleunigen. Zu den wichtigsten Eigenschaften gehört das Zwischenspeichern von Dokumenten für einen schnelleren Abruf, das sogenannte Caching.

In ASP.NET gibt es mehrere Optimierungsverfahren, die in diesem Kapitel besprochen werden:

- Caching von Seiten auf dem Server
- Automatischer Start – den Cache vorwärmen
- Erweiterung des Cache
- Allgemeine Tipps zur Optimierung

21.1 Caching in ASP.NET

Caching ist eine Technik, bei der häufig angeforderte Daten in einem schnellen Zwischenspeicher gehalten werden, um so langsame Zugriffe auf das Dateisystem, auf Datenbanken oder andere Quellen zu beschleunigen.

21.1.1 Einführung

Aus Sicht des Browsers erscheinen diese Seiten dann wie der Abruf von statischen Informationen. Das ist meist ausreichend, wenn Sie beispielsweise an die Startseite einer Applikation denken. Dort wird oft lediglich zum Tagesende das Datum gewechselt und eventuell auch der Nachrichtenbereich aktualisiert. Eine Impressum-Seite dürfte sich dagegen nur alle paar Monate – wenn überhaupt – ändern. Eine Nachrichtenagentur, die stündlich Neuigkeiten herausgibt, wird andererseits darauf bedacht sein, immer frische Inhalte zu liefern und eine Zwischenspeicherung unter-

Ansprüche

21 Optimierung des Datenverkehrs

drücken. Es gibt also ganz unterschiedliche Ansprüche an die Art und Weise des Caching.

In ASP.NET sind sehr feine Einstellungen des Caches möglich:

- Speicherung von Objekten.
- Speicherung ganzer Seiten im Ausgabe-Cache
- Speicherung von Teilen einer Seite, sodass statischen Inhalte zwischengespeichert und dynamische weiterhin neu erzeugt werden.
- Festlegung des Speicherortes auf dem Übertragungsweg:
  - Nutzung des Zwischenspeichers im Browser
  - Nutzung eines Proxy-Servers, der HTTP 1.1 versteht
  - Nutzung des Webserver-Caches, den ASP.NET selbst verwaltet

Fremde Speicher steuern

Bevor Sie sich jetzt wundern, wie ASP.NET Zugriff auf die Zwischenspeicher des Browsers oder eines Proxy-Server erlangt: Cache-Methoden sind im Protokoll HTTP festgelegt und können durch entsprechende Kopfzeilen gesteuert werden. Nicht mehr passiert bei der Wahl eines außerhalb des Webservers liegenden Speichers. Die diesen Ort verwaltende Instanz wird mit den Kopfzeilen aufgefordert, für die Speicherung in der gewünschten Art und Weise zu sorgen.

21.1.2 Speicherung von Seiten

Die Speicherung von Seiten im Cache ist nicht trivial. Sie ist jedoch der häufigste Fall, weil im Endeffekt Seiten ausgeliefert werden und eine Zwischenspeicherung auf Seitenebene am effektivsten erscheint.

Einfache Lösungen verwenden den Dateinamen. Wenn der Name nun durch Anhängen verschiedener Parameter scheinbar wechselt, wird die Seite dennoch bei jedem Aufruf im Cache aktualisiert, was im Endeffekt mehr Zeit kostet als ohne Caching. Der Fall, dass nur statische Seiten ohne Parameter Verwendung finden, ist dagegen relativ selten. Das Caching in ASP.NET ist sehr ausgereift und bietet hier einige interessante Lösungen an.

`@OutputCache`

Zuerst soll jedoch ein einfaches Beispiel den Effekt demonstrieren. Das folgende kleine Programm gibt die aktuelle Zeit und eine passende Begrüßung aus. Rufen Sie die Seite mehrfach ab. Sie werden sehen, dass sich der Inhalt nur alle 30 Sekunden verändert. Diese Zeit wurde nämlich als Speicherzeit für den Cache gewählt.

Listing 21.1 Seite, die 30 Sekunden im Cache verbleibt (CachePage.aspx)

```
<%@ Page language="c#" Codebehind="CachePage.aspx.cs"
         AutoEventWireup="false"
         Inherits="Hanser.CSharp.WebForm.CachePage" %>
<%@ OutputCache Duration="30" VaryByParam="none" %>
<!DOCTYPE HTML PUBLIC "-//W3C//DTD HTML 4.0 Transitional//EN" >

<html>
  <head>
    <title>CachePage</title>
  </head>
  <body MS_POSITIONING="GridLayout">
```

```
    <h1>Cache testen</h1>
    <h2>Ganzseiten-Cache</h2>
    <asp:Label Runat="server" ID="DatumZeit"/>
    <br/>
    <asp:HyperLink Runat="server" ID="link" />
  </body>
</html>
```

Die Code-Datei enthält nur Anweisungen, die der Demonstration dienen, aber keinen Einfluss auf das Cache-Verhalten haben:

Listing 21.2 Code-Datei zu CachePage.aspx

```
public class CachePage : System.Web.UI.Page
{
   protected Label DatumZeit;
   protected HyperLink link;

   private void Page_Load(object sender, System.EventArgs e)
   {
      link.NavigateUrl = Request.Path;
      link.Text = "Erneut abrufen";
      DatumZeit.Text = System.DateTime.Now.ToLongTimeString();
   }
}
```

Die Steuerung erfolgt hier über die Direktive @OutputCache. Die wichtigsten Einstellungen werden hier vorgestellt.

@OutputCache

Duration – Dauer der Daten im Cache

Die wichtigste Angabe beim Caching ist sicher die Zeit, die die Daten im Cache verbleiben sollen. Diese Angabe erfolgt mit dem Attribut Duration in Sekunden. Die Angabe führt erst mal zur Benutzung aller Speicherwege. Die Seite wird also im Webserver gespeichert und HTTP-Kopfzeilen werden gesendet, um Proxys und Browser zur Mitarbeit zu bewegen.

VaryByParam – Kriterium für die Gültigkeit der Daten

Einzige Pflichtangabe außer der Zeit ist das Attribut VaryByParam. Steht hier der Wert „none", werden die per GET oder POST gesendeten Daten nicht beachtet und trotz Änderungen daran bleibt die Seite im Cache. Ihre auf PostBack oder Steuerelementen mit Anzeigestatus (ViewState) basierenden Applikationen werden dann möglicherweise nicht mehr richtig funktionieren. Das Attribut verhindert aber nicht, dass POST-Daten übertragen werden. Wenn Sie nur Formulardaten annehmen, die Anzeige des Formulars aber nicht ändern möchten, kann der Einsatz sinnvoll sein. Ein anderer Parameter ist „*" – hiermit werden alle GET- und POST-Daten beachtet und nach jeder Änderung wird die Seite im Cache erneuert. Dies ist die sicherste Methode, allerdings ist der Speichererfolg nicht sehr hoch. Die dritte Methode ist die gezielte Festlegung eines Parameters, dessen Änderungsverhalten überwacht werden soll. Schreiben Sie VaryByParam="Selection" und Ihre Seiten nutzen einen GET-Parameter mit diesem Namen, wird bei einer Änderung daran eine neue Instanz in den Cache gelegt. Die beiden folgenden Aufrufe werden dann unterschieden:

VaryByParam

- CachePage.aspx?Selection=Home
- CachePage.aspx?Selection=Impressum

Location – Speicherort der Daten

Location

Das dritte wichtige Attribut ist `Location`. Damit wird der Speicherort gesteuert. Die Angabe ist optional. Ohne Angabe wird der Parameter „Any" angenommen, es werden also alle verfügbaren Speicherorte genutzt. Zulässig sind folgende Parameter:

- `Any`

  Jeder verfügbare Speicher wird verwendet, also ein Browser, Proxy und Server.

- `Client`

  Der Speicher des Browsers wird verwendet. Das geschieht unabhängig davon, ob der Browser diese Funktion unterstützt, denn ASP.NET wird nur die dafür notwendigen Kopfzeilen senden, nicht jedoch den Erfolg der Aktion überwachen.

- `DownStream`

  Der Speicher des Browsers oder ein HTTP 1.1-fähiger Proxy wird verwendet. Auch hier kann nicht geprüft werden, ob auf dem Übertragungsweg solche Proxys existieren.

- `None`

  Die Zwischenspeicherung ist deaktiviert.

- `Server`

  Der Ausgabespeicher befindet sich auf dem Webserver.

VaryByControl

Ein weiteres Attribut heißt `VaryByControl` und dient der Kontrolle der Ablage einzelner Benutzersteuerelemente (ascx-Dateien). Dies wird im nächsten Abschnitt beschrieben. Darüber hinaus kann mit `VaryByCustom` der Typ des Clients überwacht werden. Möglicherweise erstellen Sie von ein und derselben Seite mehrere Versionen für den Internet Explorer, Firefox, Chrome oder Opera. Dann können Sie diese Seiten getrennt im Cache halten, wenn Sie `VaryByCustom="browser"` benutzen. Andere Werte als dieser bedürfen einer Modifikation der Verwaltung.

21.1.3 Speicherung von statischen Teilen einer Seite im Cache

Eigentlich lassen sich Teile einer Seite nicht speichern. Stattdessen können Sie die `@OutputCache`-Direktive auch auf Benutzersteuerelemente anwenden. Praktisch genügt es, die Speicherbedingungen in der Direktive festzulegen. Lediglich das Attribut `Location` ist nicht verfügbar, da einzelne Steuerelemente keine HTTP-Kopfzeilen senden können. Eine Modifikation der Seitenspeicherstrategie ist nicht möglich.

Das Systemattribut PartialCaching

PartialCaching

Wenn Sie benutzerdefinierte Steuerelemente entwickeln, die ausschließlich aus Code bestehen, können Sie das Systemattribut `PartialCaching` verwenden:

```
[PartialCaching(30)]
```

Die „30" steht für die Anzahl der Sekunden, die das Steuerelement gespeichert wird.

21.1.4 Speicherung von Seiten mit MVC

Innerhalb eines MVC-Controllers ist es möglich, Ergebnisse im Cache zu speichern. Dazu wird das Attribut `OutputCache` benutzt:

```
public class JoergsController : Contoller
{
   [OutputCache(Duration=60)]
   public ActionResult Story(string cat)
   {
      // MVC Code Abschnitt
      :
}
```

21.1.5 Automatischer Start – den Cache vorwärmen

Umfangreiche Applikationen, die lange kompilieren und dann noch Daten in den Cache laden müssen, haben einen signifikant langen Systemstart. Es gibt gute Gründe, den Application Pool regelmäßig zu recyceln oder den Worker-Prozess zu beenden. Der erste Start kann dann bis zu einigen Minuten dauern. Für die ersten Benutzer, die die Seiten aufrufen, sieht dieser Startvorgang aus wie eine mangelnde Verfügbarkeit des Servers. Egal ob im Intranet oder Internet, dieser Effekt ist ausgesprochen lästig.

ASP.NET 4 verfügt deshalb über eine Autostart-Funktion, die eine private Klasse aufruft, sodass Sie den Startvorgang beliebig steuern können.

Der Application Pool wird in der Datei *applicationHost.config* der IIS 7/7.5 konfiguriert. Sie finden diese Datei hier:

- *C:\Windows\System32\inetsrv\config\applicationHost.config*

Im Element `<applicationPools>` ist dann das Attribut `startMode="AlwaysRunning"` hinzuzufügen:

```
<applicationPools>
   <add name="MyAppWorkerProcess"
       managedRuntimeVersion="v4.0"
       startMode="AlwaysRunning" />
</applicationPools>
```

Diese Angabe führt dazu, dass sofort ein neuer Worker-Prozess gestartet wird, auch wenn keine Applikation läuft. Da ein Application Pool mehrere Applikationen bedienen kann, können Sie die Zuständigkeit weiter differenzieren. Dazu ist im entsprechenden Knoten `<application>` das Attribut `serviceAutoStartEnabled="true"` ❶ zu benutzen:

```
<sites>
   <site name="MySite" id="1">
      <application path="/"
                  serviceAutoStartEnabled="true"  ❶
                  serviceAutoStartProvider="LoadMyCache"  ❷/>
   </site>
```

```
</sites>
<serviceAutoStartProviders> ❸
  <add name="LoadMyCache" type="Hanser.LoadMyCache, JoergsAssembly" />
</serviceAutoStartProviders>
```

Das Attribut `serviceAutoStartProvider` referenziert ❷ den Provider im darunter folgenden Abschnitt `serviceAutoStartProviders` ❸. Diese Klasse wird aufgerufen, sobald der Worker-Prozess geladen ist. Wie oben gezeigt, können Sie dies erzwingen, auch ohne dass ein Benutzer die erste Seite aufruft, also ohne externe Anforderung.

Die Klasse selbst benötigt nur eine Methode, in der die vorbereitenden Schritte aufgerufen werden:

```
public class LoadMyCache : System.Web.Hosting.IProcessHostPreloadClient
{
    public void Preload(string[] parameters)
    {
        // Private Logik
    }
}
```

Damit es zwischen diesem Vorgang und den ersten Anforderungen keine Konflikte gibt, werden eintreffende Anforderungen solange nicht akzeptiert, bis der Ladevorgang ausgeführt wurde. Damit bekommen Benutzer eine klare Information statt einer unvorhersehbar reagierenden Applikation. Planen Sie dann ein Deployment, das zum recyceln des Application Pools führt, zu einer Zeit niedriger Last ein.

21.2 Programmgesteuerte Beeinflussung des Cache

Neben der Methode, Direktiven zu verwenden, kann der Cache auch über Code kontrolliert werden. Das folgende Listing ersetzt den Code aus Listing 21.2, nicht jedoch die zugrundeliegende *aspx*-Datei – abgesehen davon, dass die `@OutputCache`-Direktive nun entfällt. Die Aufgabe übernimmt der Code in der `Page_Init`-Methode:

Listing 21.3 Steuerung des Cache im Code

```
public class CachePageCode : System.Web.UI.Page
{
    protected Label DatumZeit;
    protected HyperLink link;

    private void Page_Load(object sender, ↵
                          System.EventArgs e)
    {
       link.NavigateUrl = Request.Path;
       link.Text = "Erneut abrufen";
       DatumZeit.Text ↵
          = System.DateTime.Now.ToLongTimeString ();
    }

    private void Page_Init(object sender, ↵
                          System.EventArgs e)
    {
❶      Response.Cache.SetExpires    ↵
```

21.2 Programmgesteuerte Beeinflussung des Cache

```
            (DateTime.Now.AddSeconds (30));
    Response.Cache.SetCacheability
            (HttpCacheability.Public);
  }
}
```

Der Zugriff auf den Cache erfolgt über das `Response`-Objekt ❶ und dessen Eigenschaft `Cache`. Diese Eigenschaft gibt ein `HttpCachePolicy`-Objekt zurück. Dies wird nachfolgend beschrieben.

21.2.1 Das HttpCachePolicy-Objekt

Der Zugriff auf `HttpCachePolicy`-Objekt ist beispielsweise folgendermaßen möglich:

```
HttpCachePolicy c = Response.Cache;
```

Nachfolgend werden die verfügbaren Eigenschaften und Methoden erläutert.

Eigenschaften des Objekts HttpCachePolicy

Zwei Eigenschaften korrespondieren mit den gleichnamigen Attributen der Direktive `@OutputCache`:

HttpCachePolicy

- `VaryByHeaders`

    Eine Kollektion der HTTP-Header (Kopfzeilen), die zur Unterscheidung von Seiten im Cache herangezogen werden.

- `VaryByParams`

    Eine Kollektion der Parameter, die zur Unterscheidung von Seiten im Cache herangezogen werden.

Methoden des Objekts HttpCachePolicy

Des Weiteren sind eine Vielzahl Methoden verfügbar, von denen hier die wichtigsten vorgestellt werden:

- `SetExpired`

    Setzt das absolute Ablaufdatum der Seite im Cache. Benutzen Sie die `Add`-Methoden der Datumsstruktur, um das Zieldatum zu berechnen.

- `SetCacheability`

    Legt die Art des Speichers fest. Dies ist einer der folgenden Aufzählungswerte:

    - `HttpCacheability.NoCache`

        Keine Speicherung auf Clientseite

    - `HttpCacheability.Public`

        Alle Speicher werden verwendet

    - `HttpCacheability.Private`

        Nur Browser, nicht jedoch auf Proxy-Servern

    - `HttpCacheability.Server`

        Nur auf dem Server

21 Optimierung des Datenverkehrs

- `SetLastModified`

  Legt das Datum für die `Last-Modified`-Kopfzeile fest. Damit wird dem Client mitgeteilt, wann sich das Dokument das letzte Mal geändert hat, falls dieser eine weitere eigene Speicherstrategie verwendet.

Weitere Methoden für exotische Header

Einige weitere Methoden setzen gezielt HTTP-Kopfzeilen ein, die jedoch nur selten Verwendung finden. Nachteil all dieser Methoden ist die Abhängigkeit von den Möglichkeiten eines Ihnen praktisch unbekannten Clients. Insofern kommt eine umfassende Nutzung nur in geschlossenen Systemen in Betracht, also im Intranet.

21.2.2 Speicherung von Daten während der Laufzeit

Cache

In vollständig dynamischen Systemen sind die Möglichkeiten des Zwischenspeichers auch dann nicht immer gegeben, wenn eine so ausgereifte Technik wie in ASP.NET zur Verfügung steht. Deshalb können Sie in ASP.NET generell Objekte in einem internen Cache ablegen. Das erfolgt mit der Klasse `Cache`.

Dabei wird der Speicher innerhalb von ASP.NET – also „In-Process" – verwendet. Stürzt der Worker-Prozess ab oder wird er recycelt, gehen die Daten in diesem Cache verloren. Der Einsatz ähnelt dem der Applikationsvariablen, dort werden die Daten jedoch im IIS-Prozess gehalten und sind damit „recyclingresistent". Natürlich hat die Klasse `Cache` auch Vorteile. Sie können für alle Objekte, ähnlich wie beim Seiten-Cache, Ablaufdaten festlegen. Da das Objekt gelegentlich verschwindet, müssen Sie vor der Verwendung gespeicherter Objekte prüfen, ob diese noch verfügbar sind und verlorengegangene wieder erzeugen. Ein Beispiel zeigt, wie die Nutzung praktisch aussieht:

Listing 21.4 Caching von Objekten mit automatischem Recycling

```
public partial class CacheObjects : System.Web.UI.Page
{
   private ArrayList City = null;
   private CacheItemRemovedCallback onRemove = null;

   private void GetData ()
   {
      ArrayList al = new ArrayList ();
      al.Add ("Berlin");
      al.Add ("Paris");
      al.Add ("Madrid");
      al.Add ("Londond");
      al.Add ("Wien");
      al.Add ("Oslo");
      al.Add ("Stockholm");
      CacheDependency cd = new ↵
                     CacheDependency(Server.MapPath(Request.Path));
      onRemove = new CacheItemRemovedCallback(this.RemovedCallback);
      Cache.Add ("CityCache" ❶, al, cd, ↵
             DateTime.Now.AddSeconds(5), ❷ ↵
             TimeSpan.Zero, ❸↵
             CacheItemPriority.Normal, onRemove); ❹
      Cache["CityCache"] = al;
   }
```

21.2 Programmgesteuerte Beeinflussung des Cache

```
❺ public void RemovedCallback(string k, object v, ⮐
                              CacheItemRemovedReason r)
  {
     GetData ();
     City = (ArrayList) Cache["CityCache"];
     City.Add (r.ToString () + " " + k);
     Cache["CityCache"] = City;
     DatenGrid.DataBind ();
  }

  private void Page_Load(object sender, System.EventArgs e)
  {
     City = (ArrayList) Cache["CityCache"];
     if (City == null)
     {
        GetData ();
        City = (ArrayList) Cache["CityCache"];
     }
     DatenGrid.DataSource = City;
     DatenGrid.DataBind ();
     link.NavigateUrl = Request.Path;
     link.Text = "Erneut abrufen";
     DatumZeit.Text = System.DateTime.Now.ToLongTimeString ();
  }
}
```

Das Programm nutzt intensiv das `Cache`-Objekt. Während die Zuweisung zur Kollektion sicher weniger Probleme bereitet, ist ein Blick auf die Anwendung der Methode `Add` angebracht.

Grundsätzlich sind derart explizit erzeugte `Cache`-Objekte immer von zwei Dingen abhängig: Änderung an einer oder mehreren Dateien oder Ablauf eines Zeitraumes bzw. – alternativ dazu – Verstreichen eines Zeitraumes in dem das Objekt nicht benutzt wurde. Die Abhängigkeit von der Datei wird mit der Klasse `CacheDependency` festgelegt. Hier wird die Abhängigkeit vom Programm selbst festgelegt. Die Methode `Add` verlangt zuerst einen Namen für den Speicherplatz ❶. Dann wird das zu speichernde Objekt festgelegt und die Abhängigkeit übergeben. Es folgt das Ablaufdatum ❷. Der andere Zeitparameter muss dann `Zero` sein. Dieser Parameter ❸ kann nur dann ungleich `Zero` sein, wenn der vorhergehende `null` ist. Die Angabe eines Zeitraumes legt fest, wie lange das Objekt unbenutzt sein muss, damit es entfernt wird. Es folgt noch eine Priorität ❹. Wenn der Server mehr Speicher benötigt, werden unter anderem auch Cache-Objekte entfernt. Die Reihenfolge, in der das passiert, legt dieser Parameter fest. Zuletzt wird noch ein Delegat zugewiesen, der auf eine Methode zeigt, die das Ereignis „Objekt wurde aus dem Speicher entfernt" behandelt. Im Beispiel wird das Objekt dann neu aufgebaut (`cnRemove`, ❺).

Abhängigkeiten des Cache – CacheDependency

Die Programmierung des Delegaten erfolgte bereits im Kopf der Klasse. Die Zuweisung erfolgte vor der Erstellung des Cache-Objekts ❻. Nun passiert folgendes: Immer wenn das Objekt aus dem Cache verschwindet, wird die Callback-Methode aufgerufen. Dort wird zuerst der Speicher wieder aufgebaut. Dann wird die Ursache für das Entfernen an die Kollektion angehängt, sodass sie sichtbar wird. Das dient hier nur der Demonstration.

21.2.3 Warum ein Element aus dem Cache entfernt wurde – CacheItemRemovedReason

CacheItem-RemovedReason

Die Aufzählung `CacheItemRemovedReason` enthält die folgenden Hinweise:

- `Removed` (regulär entfernt)
- `DependencyChanged` (Datei verändert)
- `Expired` (Datum abgelaufen)
- `Underused` (War zulange unbenutzt oder es wurde Speicher gebraucht).

Anwendung

Die Anwendung der Klasse `CacheDependency` ist vor allem dann sinnvoll, wenn Sie Elemente mit XML-Daten füllen, wie es an vielen Stellen in diesem Buch gemacht wird. Wenn sich nun die Daten in diesen Dateien ändern, sollten die zwischengespeicherten Objekte schleunigst entfernt und gegen aktuellere Kopien ausgetauscht werden.

21.3 Erweiterung des Cache in ASP.NET 4

Im Gegensatz zu allen anderen Modulen war das Caching bis ASP.NET 3.5 nicht erweiterbar. Dies hat sich nun geändert und das übliche Providermodell kann verwendet werden, um den Cache-Provider durch eine eigene Lösung zu ersetzen.

Hintergrund ist die veränderte Applikationslandschaft, die Cache-Providern mehr technische Möglichkeiten bietet. Neben lokalen Festplatten kommen auch hochoptimierte Datenbanken, remote Laufwerke, Speicher in Cloud-Umgebungen oder verteilte Speicher in Betracht.

Kommerzielle und Open Source Anbieter, wie Velocity oder memcached adressieren derartige Umgebungen. Um solchen Anbietern den Zugang zu ASP.NET zu ermöglichen, wurde die Provider-Schnittstelle geöffnet.

21.3.1 Einen eigenen Cache-Provider konfigurieren

Egal ob es sich um einen eigenen oder einen durch einen anderen Anbieter gelieferten Provider handelt, erfolgt die Konfiguration wie üblich in der *web.config*.

```
<system.web>
   <caching>
      <outputCache defaultProvider="MyCache">
         <providers>
            <add name="MyCache"
                 type="Hanser.CacheProvider, CacheProvider" />
         </providers>
      </outputCache>
   </caching>
</system.web>
```

Die einzige variable Angabe, abgesehen vom Namen, ist der Typ des Cache-Providers. Die Aktivierung erfolgt wie zuvor beschrieben über die `@OutputCache`-Direktiven. Die Verwendung des Providers ist für den ausführenden Code vollkommen transparent.

21.3.2 Dynamische Auswahl des Cache-Providers

Der Cache-Provider kann auch dynamisch gewählt werden, wenn Sie mehrere `<add>`-Abschnitte in der *web.config* haben. Das ist unschädlich aus Sicht der Systemleistung, weil der Provider erst bei der ersten Verwendung instanziiert wird. Um dynamisch reagieren zu können, hilft die Methode `GetOutputCacheProviderName` in der Klasse `HttpApplication` weiter. Dies führt direkt zur *global.asax*:

```
public class Global : System.Web.HttpApplication
{
  public override string GetOutputCacheProviderName(HttpContext ctx)
  {
    if (ctx.Request.Path.EndsWidth(".aspx")
    {
      return "AspNetInternalProvider";
    }
    else
    {
      return base.GetOutputCacheProviderName(ctx);
    }
  }
}
```

„AspNetInternalProvider" ist der Provider, der standardmäßig zum Einsatz kommt.

21.3.3 Einen eigenen Cache-Provider schreiben

Die verfügbaren Provider und auch der eingebaute sind sehr leistungsfähig. Dieses Niveau „mal eben so" zu übertreffen dürfte sehr schwer werden. Deshalb soll hier nur das Skelett eines Providers gezeigt werden, während die eigentliche Speicherstrategie nicht mehr leistet, als der Standardprovider. Es dürfte aber leicht sein, an passender Stelle die nötigen Erweiterungen anzubringen, um einen privaten Speicher zu bedienen.

Der folgende Cache-Provider speichert die Informationen in einer Datei. Die Ablage erfolgt in einem virtuellen Verzeichnis, dass über den Schlüssel `OutputCachePath` in den Application Settings festgelegt wurde. Die komplette *web.config* wird in Listing 21.5 gezeigt.

Listing 21.5 Ein eigener Cache-Provider

```
using System;
using System.Configuration;
using System.IO;
using System.Runtime.Serialization.Formatters.Binary;
using System.Security.Cryptography;
using System.Text;
using System.Web;
using System.Web.Caching;

namespace Hanser.MyCacheProvider.Provider
{
    public class FileCacheProvider : OutputCacheProvider
    {
        private string _cachePath;

❶       private string CachePath
        {
```

```csharp
            get
            {
                if (!String.IsNullOrEmpty(_cachePath))
                    return _cachePath;
                _cachePath =
                    ConfigurationManager.AppSettings["OutputCachePath"];
                var context = HttpContext.Current;
                if (context != null)
                {
                    _cachePath = context.Server.MapPath(_cachePath);
                    if (!_cachePath.EndsWith("\\"))
                        _cachePath += "\\";
                }
                return _cachePath;
            }
        }

❷      public override object Add(string key, object entry,
                                    DateTime utcExpiry)
        {
            var path = GetPathFromKey(key);
            if (File.Exists(path))
                return entry;
            using (var file = File.OpenWrite(path))
            {
                var item = new CacheItem
                {
                    Expires = utcExpiry,
                    Item = entry
                };
                var formatter = new BinaryFormatter();
                formatter.Serialize(file, item);
            }
            return entry;
        }

❸      public override object Get(string key)
        {
            var path = GetPathFromKey(key);
            if (!File.Exists(path))
                return null;
            CacheItem item = null;
            using (var file = File.OpenRead(path))
            {
                var formatter = new BinaryFormatter();
                item = (CacheItem)formatter.Deserialize(file);
            }
            if (item == null
             || item.Expires <= DateTime.Now.ToUniversalTime())
            {
                Remove(key);
                return null;
            }
            return item.Item;
        }

❹      public override void Remove(string key)
        {
            var path = GetPathFromKey(key);
            if (File.Exists(path))
                File.Delete(path);
```

21.3 Erweiterung des Cache in ASP.NET 4

```
    }
❺  public override void Set(string key, object entry,
                             DateTime utcExpiry)
    {
        var item = new CacheItem
        {
            Expires = utcExpiry,
            Item = entry
        };
        var path = GetPathFromKey(key);
        using (var file = File.OpenWrite(path))
        {
            var formatter = new BinaryFormatter(); ❼
            formatter.Serialize(file, item);
        }
    }

    private string GetPathFromKey(string key)
    {
        return String.Format("{0}{1}.txt", CachePath, SHA1(key));
    }
❻  private static string SHA1(string s)
    {
        var provider = new SHA1CryptoServiceProvider();
        var bytes = Encoding.UTF8.GetBytes(s);
        return BitConverter.ToString(provider.ComputeHash(bytes));
    }
}
```

Da hier eine Datei benutzt wird, um die Daten abzulegen, wird zuerst eine Eigenschaft entwickelt, die den Pfad bereitstellt ❶. Der Basispfad wird in der *web.config* definiert. Der Dateiname selbst wird als Hash bereit gestellt, der in ❻ ermittelt wird. Der `BitConverter`-Aufruf überführt die Bytes in eine Hexadezimaldarstellung, um einen gültigen Dateinamen zu erhalten. Mittels `Add` ❷ werden die Daten hinzugefügt, mit `Get` ❸ dagegen abgerufen. Die Methode `Remove` ❹ entfernt die Daten aus dem Cache. In ❺ wird der Cache aktualisiert. Die Speicherung der Daten erfolgt in einer serialisierbaren Klasse, die neben dem eigentlichen Datenobjekt auch das Verfallsdatum `Expires` enthält. Formatiert werden die Daten binär ❼, was effizienter als XML ist. Allerdings ist der Cache-Inhalt dann nicht ohne weiteres außerhalb der Applikation lesbar.

Listing 21.6 Hilfsklasse zur Aufnahme eines Cache-Objekts

```
[Serializable] ❶
internal class CacheItem
{
    public DateTime Expires;
    public object Item;
}
```

An der Hilfsklasse ist nur die Kennzeichnung als serialisierbar ❶ wichtig. Damit ist der Cache-Provider bereits fertig. Lediglich die Konfiguration fehlt noch:

Listing 21.7 Konfiguration in der web.config

```
<?xml version="1.0"?>
<configuration>
```

```
          <appSettings>
❶           <add key="OutputCachePath" value="~/Cache/" />
          </appSettings>
          <system.web>
            <caching>
              <outputCache defaultProvider="MyCache">
                <providers>
                  <add name="MyCache" ❷
                     type="Hanser.MyCacheProvider.Provider.FileCacheProvider, ⤴
                        Hanser.MyCacheProvider"/>
                </providers>
              </outputCache>
            </caching>
</configuration>
```

Der Basispfad ❶ bezieht sich hier auf das aktuelle Projekt, kann aber auch absolut angelegt werden. Der Provider ❷ selbst wird durch den vollqualifizierten Namen der Klasse bestimmt. Steht alles bereit, nimmt der Provider sofort seine Arbeit auf.

Im Zusammenhang mit Caches steht die Optimierung der gesamten Applikation im Blickpunkt. Wenn eine Datenbankabfrage einige Sekunden dauert, die Verwaltung der Daten im Cache aber auch, gewinnen Sie nichts. Hier muss der Augenmerk auf jedes Detail gelegt werden. Der Aufruf von `BitConverter` im Beispiel ist beispielsweise schon recht effizient, verglichen mit `StringBuilder` oder `foreach`-Schleifen, die man für eine solche Konvertierung auch oft sieht. Konvertierungen auf technisch niedrigem Niveau, die sich prinzipiell in Prozessorregistern abspielen könnten, sind oft besser klassisch zu programmieren. Die folgende Methode konvertiert ebenso von Bytes in Hexadezimale Zeichen:

```
public static string ToHexString(byte[] data)
{
    byte b;
    int i, j, k;
    int l = data.Length;
    char[] r = new char[l * 2];
    for (i = 0, j = 0; i < l; ++i)
    {
      b = data[i];
      k = b >> 4;
      r[j++] = (char)(k > 9 ? k + 0x37 : k + 0x30);
      k = b & 15;
      r[j++] = (char)(k > 9 ? k + 0x37 : k + 0x30);
    }
    return new string(r);
}
```

Der Vorteil: Diese Form ist deutlich effizienter, obwohl es sich augenscheinlich um weit mehr Code handelt. Der Hintergrund ist, dass hier der Compiler den Code auf Registerebene auflösen kann und simple Shift-Operationen wie `b >> 4` sind in einem oder einem halben Prozessortakt erledigt, wogegen ein `ToString("X:2")` Serien wildester Speicheroperationen auslöst. Auch sind `for`-Schleifen technisch viel einfacher als `foreach`, weil sie Speicheroperationen direkt abbilden. `foreach` dagegen arbeitet mit Enumeratoren, die intern wieder durch zusätzlich im Speicher erzeugte Objekte abgebildet werden.

Wenn Sie sich mehr mit der Optimierung auseinandersetzen wollen, lohnt ein Blick in den nächsten Abschnitt, der den Horizont über das Caching hinaus erweitert.

21.4 Allgemeine Tipps zur Optimierung

Es gibt einige Aspekte, die den Datenverkehr zwischen Server und Browser optimieren können. Einige hängen mit ASP.NET zusammen, andere nicht. Auch der Zusammenhang mit dem Verbrauch an Bandbreite, also das Produkt aus Datenmenge und Übertragungsgeschwindigkeit, sollte betrachtet werden. Die Übertragungsgeschwindigkeit können Sie kaum beeinflussen, die Datenmenge dagegen schon.

21.4.1 Caching verwenden

Verwenden Sie das Caching, wie es zuvor beschrieben wurde. Nutzen Sie auch den Objektspeicher mit der Klasse `Cache`. Beachten Sie aber, dass hoher programmiertechnischer Aufwand für eine saubere Nutzung des Speichers den Vorteil zunichtemachen kann. Der Einsatz lohnt nur, wenn es „einfach geht".

21.4.2 Funktionen deaktivieren, die nicht benötigt werden

Neben dem Caching sind weitere Optimierungsmaßnahmen sinnvoll, um die Systemleistung zu verbessern.

Wenn Sie das Sitzungs-Management nicht benötigen, schalten Sie es ab. Dies geht am einfachsten mit der `@Page`-Direktive:

Sitzungs-Management

```
<% @Page EnableSessionState="false" %>
```

Wenn Sie das Sitzungs-Management benötigen, aber keine Daten speichern, setzen Sie die Option wenigstens auf „nur lesen":

```
<% @Page EnableSessionState="ReadOnly" %>
```

Wählen Sie auch den verwendeten Provider mit Bedacht.

Wenn Sie das Anzeigestatus-Management (ViewState) nicht benötigen, schalten Sie es ab. Die geht am einfachsten mit der `@Page`-Direktive:

Anzeigestatus-Management

```
<% @Page EnableViewState="false" %>
```

Nutzen Sie diese Option auch für einzelne Steuerelemente, dort ist die `@Control`-Direktive zuständig:

```
<% @Control EnableViewState="false" %>
```

Sie können dies übrigens noch feiner differenzieren, indem der Anzeigestatus nur für einzelne Elemente unterdrückt wird:

```
<asp:DropDownList EnableViewState="false" runat="server"/>
```

Alternativ können Sie ab ASP.NET 4 den ViewState auch global ausschalten und für einzelne Steuerelemente gezielt aktivieren.

21.4.3 Fehlerhilfen nach der Freigabe abschalten

Wenn Sie mit Visual Studio-Debugging oder dem SDK-Debugger gearbeitet haben und Ihre Applikation fertig ist, vergessen Sie nicht, den Debug-Modus vor der letzten Übersetzung abzuschalten. Sonst schleppt Ihr Code immer Debug-Daten mit.

Schalten Sie unbedingt die Debug-Option in der `@Page`-Direktive aus:

```
<% @Page Debug="false" %>
```

21.4.4 Nachdenken über die Gestaltung von Applikationen

Ein paar stichwortartige Hinweise, den cleveren Einsatz von ASP.NET-Funktionen betreffend, finden Sie nachfolgend:

- Brauchen Sie AutoPostBack?

  Jede Runde zum Server kostet Zeit und Bandbreite.

- Brauchen Sie Datenbanken?

  Vielleicht können kleine Datenmengen in XML-Dateien gehalten werden, die sich leichter zwischenspeichern lassen.

- Haben Sie clientseitige Kontrollsteuerelemente verwendet?

  Sparen Sie den Weg zum Server zurück, wenn Ihre Nutzer moderne Browser mit JavaScript verwenden.

- Nutzen Sie eigene Steuerelemente?

  Vorkompilierte Steuerelemente sind schneller geladen als einfache aspx-Seiten.

- Achten Sie immer auf PostBack?

  Denken Sie daran, dass Sie Daten nicht mehrfach beschaffen oder berechnen, wenn das Formular zurückgesendet wird.

- Geben Sie viel Text mit Steuerelementen aus?

  Fassen Sie möglichst große Blöcke zusammen, sodass die kleinstmögliche Anzahl Steuerelemente benötigt wird.

- Arbeiten Sie viel mit `try-catch`?

  Dies ist kein Mittel, um den Programmfluss zu steuern, sondern eine Ausnahmebehandlung, die also – wie der Name sagt – ausnahmsweise zum Einsatz kommt.

- Verwenden Sie COM?

  Es spielt in diesem Buch keine Rolle, aber vielleicht nutzen Sie alte Komponenten. Muss das sein? Das Umschalten zwischen verwaltetem und nicht verwaltetem Code ist aufwändig.

Leistungsfähige Funktionen sparen zwar einigen Entwicklungsaufwand, fordern aber auch mehr Ressourcen von der Hardware. Überlegungen über den sinnvollen Einsatz sparen Geld und erfreuen auch den Nutzer, denn Seiten werden schneller geladen.

Teil IV – Erweiterbarkeit

22 Steuerelemente entwickeln

Kundenspezifische Steuerelemente sind völlig neue Steuerelemente. Sie werden rein programmtechnisch erzeugt. Sie sind nicht sehr leicht zu erstellen, dafür können Sie sie als Assembly weitergeben und Ihren Quellcode so schützen.

Die Nutzung dieser Technik ist interessant, wenn die bereits enthaltenen Steuerelemente nicht ausreichend sind, aber eine vergleichbar komplexe Funktionalität gebraucht wird oder eine mehrfache Verwendung möglich oder erforderlich ist.

Bevor Sie sich damit auseinandersetzen, sollten Sie die Nutzung von eingebauten Steuerelementen vollständig verstanden haben. In diesem Kapitel werden die folgenden Themen behandelt:

- Grundlagen kundenspezifischer Steuerelemente
- Entwicklung eigener Steuerelemente
- Informationen zum Entwurfszeitverhalten

22.1 Grundlagen kundenspezifischer Steuerelemente

Die Technik der kundenspezifischen Steuerelemente basiert auf zwei verschiedenen Verfahren. Zum einen können Sie vorhandene Steuerelemente – ähnlich wie die benutzerdefinierten – zusammenfassen, als Assembly kompilieren und dann eigenen oder fremden Anwendungen bereit stellen. Das hat bereits den Vorteil, dass Sie den Quellcode nicht weiterreichen müssen. Zum anderen können Sie Steuerelemente vollständig im Code erstellen. Das ist aufwändiger, aber auch flexibler. Der HTML-Code wird hier vollständig vom Programm erzeugt.

In beiden Fällen müssen Sie auf ein Werkzeug verzichten: Der Visual Studio-Designer lässt sich zum Entwurf von kundenspezifischen Steuerelementen nicht einsetzen. Der Code-Editor ist nichtsdestotrotz eine hervorragende Hilfe. Es werden deshalb hohe Ansprüche an Ihr visuelles Vorstellungsvermögen gestellt, wenn Sie Steuerelemente entwerfen, die eine grafisch anspruchsvolle Ausgabe haben.

22 Steuerelemente entwickeln

Visual Studio

Die hier gezeigten Techniken zur Entwicklung derartiger Steuerelemente basieren teilweise auf der Nutzung des Visual Studio. Natürlich lassen sich alle Beispiele auch ohne Studio nachvollziehen, allerdings fehlen die Vorlagen und einige Codes müssen von Hand eingegeben werden.

22.1.1 Zusammengesetzte kundenspezifische Steuerelemente

Zusammengesetzte kundenspezifische Steuerelemente fassen mehrere bereits in ASP.NET verfügbare Elemente und eigenen Code zusammen und können als separate Assembly weitergegeben oder in eigenen Anwendungen genutzt werden.

Erstellung eines Projekts vom Typ WEB-STEUERELEMENTBIBLIOTHEK

Um ein neues zusammengesetztes kundenspezifisches Steuerelement zu entwerfen, nutzen Sie in Visual Studio die Projektvorlage WEB-STEUERELEMENTBIBLIOTHEK. Gehen Sie folgendermaßen vor:

- Im PROJEKTMAPPEN-EXPLORER klicken Sie mit der rechten Maustaste auf die aktuelle Projektmappe.
- Wählen Sie nun HINZUFÜGEN und dann NEUES PROJEKT.
- In der Liste der Vorlagen wählen Sie WEB-STEUERELEMENTBIBLIOTHEK.
- Vergeben Sie einen Namen und wählen Sie den Speicherort. Im Beispiel wurde als Name *CSharpControlLib* verwendet.
- Klicken Sie auf OK.

Es entsteht eine bereits mit einigem Code gefüllte Klassendefinition. Suchen Sie die folgende Zeile im Code (etwa bei Zeile 36):

```
output.Write(Text);
```

Ersetzen Sie diese nun durch Folgendes:

```
output.Write("<b>" + Text + "</b>");
```

Lassen Sie sich nicht von dem Begriff „Steuerelementbibliothek" irritieren. Die Technik wird auch verwendet, wenn Sie nur ein einziges Element erstellen.

Damit existiert bereits eine recht umfangreiche Vorlage, automatisch mit *ServerControl1.cs* benannt. Lassen Sie den Namen vorerst unverändert.

22.1 Grundlagen kundenspezifischer Steuerelemente

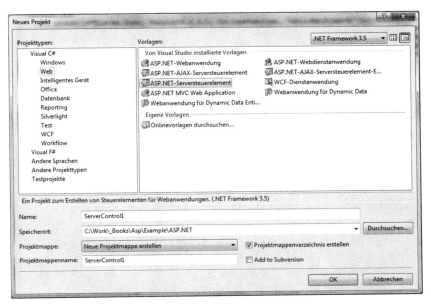

Abbildung 22.1 Ein neues Projekt für eine Steuerelementbibliothek

Listing 22.1 Die Vorlage für die Steuerelementbibliothek mit Änderungen

```
using System;
using System.Collections.Generic;
using System.ComponentModel;
using System.Linq;
using System.Text;
using System.Web;
using System.Web.UI;
using System.Web.UI.WebControls;

namespace Hanser.WebCustomControl
{
    [DefaultProperty("Text")]
    [ToolboxData("<{0}:ServerControl1
                   runat=server></{0}:ServerControl1>")]
    public class ServerControl1 : WebControl   ❷
    {
 ❶  [Bindable(true)]
 ❶  [Category("Appearance")]
 ❶  [DefaultValue("")]
 ❶  [Localizable(true)]
      public string Text
      {
         get
         {
            String s = (String)ViewState["Text"];
            return ((s == null) ? "[" + this.ID + "]" : s);
         }
         set
         {
            ViewState["Text"] = value;
```

```
            }
        }
    ❸  protected override void RenderContents(HtmlTextWriter output)
        {
            output.Write("<b>" + Text + "<b>");
        }
    }
}
```

Bei den Attributen am Anfang des Codes ❶ handelt es sich um solche, die zur Entwurfszeit wirken. Der Designer in Visual Studio hilft Ihnen zwar nicht beim Entwurf der Bibliothek, wohl aber bei der späteren Verwendung der Steuerelemente in einer normalen Applikation. Damit er dann etwas mit dem Code anfangen kann, werden mit Attributen, parallel zum normalen Programm, Anweisungen über die Behandlung zur Entwurfszeit mitgegeben.

Was im Code steht — Aber auch im normalen Code-Teil sind einige Besonderheiten zu finden. Es ist zu beachten, dass die Klasse von `WebControl` ❷ erbt. Damit steht eine gewisse Basisfunktionalität zur Verfügung. Vor allem aber werden damit die Methoden festgelegt, die für die Ausgabe der Werte verantwortlich sind. Die erste Methode, die überschrieben werden soll, ist `RenderContents`.

Die Klasse `ServerControll` definiert letztlich ein Steuerelement und enthält bereits eine Eigenschaft `Text`, die schreib- und lesbar ist, und eine Überschreibung der Methode `RenderContents` ❸. Diese Methode ist dafür verantwortlich, den vom Steuerelement erzeugten Code auszugeben, also während der Abarbeitung dem Ausgabestrom zu übergeben.

Erstellen — Erstellen Sie nun das Projekt:

1. Wählen Sie dazu im Kontextmenü des Projekts ERSTELLEN. Die Anwendung wird kompiliert und die Assembly erstellt.
2. Prüfen Sie die Angaben zum Assembly-Namen. Sie werden diesen im nächsten Abschnitt benötigen. Wählen Sie dazu EIGENSCHAFTEN im Kontextmenü.

22.1 Grundlagen kundenspezifischer Steuerelemente

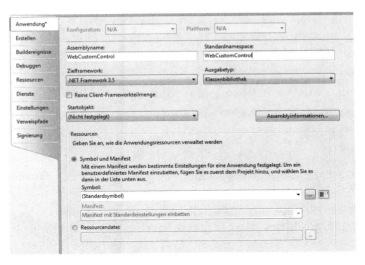

Abbildung 22.2 Prüfen der Projekteigenschaften

Nun sollten Sie ein Testprojekt erstellen, um das Steuerelement testen zu können.

Erstellung eines Testprojekts

Das soeben erstellte Projekt enthält Klassenbibliotheken und erzeugt daraus bei der Übersetzung eine Assembly. Sie können diese Assembly nicht alleine ablaufen lassen. Das Steuerelement wird erst sichtbar, wenn es von einer WebForm aus verwendet wird. Diese WebForm sollte in einem weiteren Projekt enthalten sein. Erstellen Sie deshalb zusätzlich noch ein Projekt vom Typ ASP.NET-WEBANWENDUNG mit dem Namen *csharpcontrolproject*.

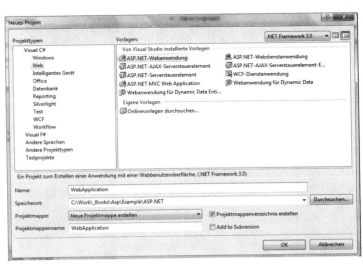

Abbildung 22.3 Erstellung eines Projekts vom Typ ASP.NET-WEBANWENDUNG

22 Steuerelemente entwickeln

Nun sollten Sie einen ersten Versuch unternehmen, dass Steuerelement aus der Bibliothek zu verwenden. Auch wenn es noch keine Funktion hat, denn es geht hier nur um den prinzipiellen Ablauf des Kompilierens und Verwendens.

Gehen Sie nun folgendermaßen vor:

1. Öffnen Sie das automatisch generierte Formular *WebForm1.aspx*.
2. Tragen Sie folgende Direktive im Kopf der Seite ein:

```
<%@ Register TagPrefix="hanser"
             Namespace="Hanser.WebServerControl"
             Assembly="CSharpControlLib" %>
```

Die Direktive `@Register` wird in Kapitel 9 im Abschnitt „Die Direktive @Register" beschrieben.

3. Erzeugen Sie dann das Steuerelement selbst durch Eingabe des folgenden Codes innerhalb des `<form>`-Tags der Seite:

```
<hanser:ServerControl1 runat="server" Text="Schreib fett!"/>
```

Jetzt muss die Assembly der Steuerelementbibliothek im Testprojekt bekannt gemacht werden. Dazu wird eine Referenz über den Eintrag VERWEISE hinzugefügt. Im Kontextmenü wählen Sie VERWEIS HINZUFÜGEN. Im folgenden Dialog wählen Sie die Registerkarte PROJEKTE und dort das entsprechende Projekt *WebCustomControl*.

Abbildung 22.4 Verweis auf die Assembly der Bibliothek hinzufügen

Wechseln Sie jetzt in die Design-Ansicht. Sie sollten dort das Steuerelement mit dem Text bereits sehen. Markieren Sie es und öffnen Sie dann mit F4 das Eigenschaftenfenster:

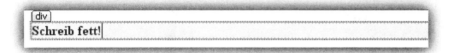

Abbildung 22.5 Ansicht des Steuerelements im Designer

Erstellen Sie das Projekt jetzt und versuchen Sie es anschließend zu starten. Der Text sollte fett erscheinen, denn die Ausgabe wurde um `<b>`-Tags erweitert:

Abbildung 22.6 Ansicht des Steuerelements im Browser

Erstaunlich ist an dem erreichten Effekt ist weniger die Leistungsfähigkeit des Steuerelements. Außer, dass der Text fett geschrieben wurde, beherrscht es kaum sinnvolle Funktionen. Interessanter ist die Ausstattung mit den Basiseigenschaften, wie sie das Eigenschaftenfenster (F4) zeigt. Leider funktionieren diese noch nicht – an der Ausgabe ändert sich nichts. Hier werden Sie mit einer grundlegenden Eigenschaft der kundenspezifischen Steuerelemente vertraut gemacht: Sie sind als Steuerelemententwickler für die Gestaltung der Ausgabe selbst verantwortlich. Das gilt natürlich auch für die Erhaltung des Anzeigestatus. Wenn Sie dem Steuerelement dynamisch einen Wert zuweisen und dann nach dem erneuten Aufruf der Seite auswerten und verändern, verfällt es immer wieder auf den Anfangszustand. Auch hier müssen sie den Code selbst schreiben.

Basiseigenschaften verwenden

Die Gestaltung des Steuerelements kontrollieren

Als nächstes soll das Problem der Gestaltung gelöst werden. Wenn Sie ein zusammengesetztes kundenspezifisches Steuerelement entwerfen, besteht dieses aus weiteren, eingebauten Steuerelementen. Solange Sie ausreichend fertige Elemente finden, ist dieser Weg optimal, denn er erspart eine Menge Arbeit. Basis dieser Funktionalität bildet die Methode `CreateChildControls`, die die Basisklasse `WebControl` zur Verfügung stellt und die Sie überschreiben müssen, um die Funktionalität zu erweitern.

Im Beispiel soll das Element nun erweitert werden. Für den Entwurf wird ein neues Steuerelement erzeugt. Es wird neben der bereits vorhandenen Klasse *WebCustomControl1* des Projekts *csharpcontrolproject* eine weitere Klasse erzeugt, die wieder von `WebControl` abgeleitet ist. Das Steuerelement soll jetzt aus einem Eingabefeld, einer Schaltfläche und einer Ausgabemarke bestehen, wobei der eingegebene Text formatiert in der Ausgabe erscheint. Schreiben Sie die Klasse erst mal gemäß folgendem Listing:

Erweiterung des Elements

Listing 22.2 Erweiterung um ein zusammengesetztes Steuerelement (erster Schritt)

```
public class MultiBox : System.Web.UI.WebControls.WebControl
{
    TextBox ccTextBox = new TextBox();
    Button ccButton = new Button();
    Label ccLabel = new Label();
    Panel ccPanel = new Panel();

    private string text;

    protected override void CreateChildControls()
    {
        ccTextBox.Width = Unit.Pixel(150);
        Controls.Add(ccTextBox);
        ccButton.Text = "Anzeigen";
        ccButton.Width = Unit.Pixel(150);
        Controls.Add(ccButton);
        Controls.Add(new LiteralControl("<br/>"));
        Controls.Add(new LiteralControl("<b>"));
        ccPanel.Controls.Add(ccLabel);
        Controls.Add(ccPanel);
        Controls.Add(new LiteralControl("</b>"));
        ccButton.Click += new EventHandler(this.ccButton_Click);
    }

    protected override void Render (HtmlTextWriter output)
    {
        base.Render(output);
    }
}
```

Anwendung

Wird das Projekt neu erstellt, können Sie das Element schon im HTML-Code einsetzen:

```
<hanser:MultiBox id="ccBox" runat="server" />
```

Beachten Sie, dass der Name der Klasse (*MultiBox*) den Namen des Elements bestimmt. Die Registrierung der Assembly, die bereits im vorherigen Abschnitt mit `@Register` erfolgte, ist dagegen nicht erneut erforderlich. Freilich bleibt der Präfix damit unverändert: „hanser".

Wenn Sie das Projekt starten, sehen Sie die Elemente bereits, allerdings ohne jede Funktion. Immerhin sind die Elemente im Designer bereits zu sehen, wie in Abbildung 22.7 gezeigt.

Abbildung 22.7 Die Designer-Ansicht bleibt vorerst leer

Das Steuerelement muss nun mit den Eigenschaften und Methoden erweitert werden, die die nötige Funktionalität bieten. Im Beispiel ist das recht einfach. Zuerst wird eine Eigenschaft benötigt, die den in die TextBox eingegebenen Text erfasst.

22.1 Grundlagen kundenspezifischer Steuerelemente

Eine Methode schreibt den Text dann – fett formatiert – in die Ausgabe. Wie das erfolgt, zeigt das folgende Listing, dass die Klasse `MultiBox` erweitert:

Listing 22.3 Erweiterung der Klasse Multibox

```
void ccButton_Click(object sender, EventArgs e)  ❸
{
    SetLabel();
}

[DefaultValue("Text")]
public string Text
{
    get
    {
        EnsureChildControls();
        return ccTextBox.Text;
    }
    set
    {
        EnsureChildControls();
        ccTextBox.Text = value;
    }
}
public string Output
{
    get
    {
        EnsureChildControls();
        return ccLabel.Text;
    }
}

public void SetLabel()  ❶
{
    if (!String.IsNullOrEmpty(ccTextBox.Text))
    {
        ccLabel.Text = ccTextBox.Text;  ❷
    }
    else
    {
        ccLabel.Text = "Leeres Feld?";
    }
}
```

Die Methode *SetLabel* ❶ übernimmt die die Zuweisung des Textes aus der `TextBox` ins `Label`-Steuerelement ❷. Sie müssen dazu die Schaltfläche mit einem Ereignis und dieses mit einer Ereignisbehandlungsmethode verbinden.

Diese Verknüpfung des Ereignisses erfolgt in der üblichen Form. Fügen Sie dazu folgende Zeile am Ende der Methode `CreateChildControls` ein: *Umgang mit Ereignissen*

```
ccButton.Click += new EventHandler(this.ccButton_Click);
```

Damit wird nun jedes Mal, wenn die Schaltfläche angeklickt wird, die Methode *ccButton_Click* aufgerufen. Das bedingt natürlich auch die Definition dieser Methode ❸. Hier passiert nichts weiter als der Aufruf der Methode `SetLabel`, die die Zuweisung vornimmt. Nun können Sie `MultiBox` schon mal testen. Erstellen Sie das Projekt neu und testen Sie es.

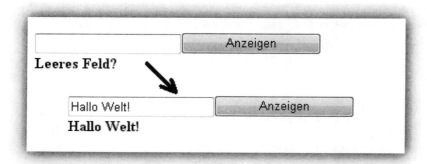

Abbildung 22.8 Reaktion auf leere und gefüllte TextBox

Nun sollten Sie auch etwas an den späteren Anwender des Steuerelementes denken. So wäre es sicher bei einigen Elementen sinnvoll, wenn die Reaktion auf Ereignisse auch außerhalb der Assembly programmiert werden kann. Dazu zuerst ein Blick auf die Anwenderseite. Nachfolgend wurde das Steuerelement um ein `OnClick`-Ereignis erweitert:

```
<cc:MultiBox id="ccBox" runat="server" Text="Ihr Eintrag"
             OnClick="SetMark_Click"/>
```

In der Code-Datei wird nun die Ereignisbehandlungsmethode definiert:

```
protected void SetMark_Click(object sender, EventArgs e)
{
    ccBox.Text += "+";
}
```

Die Reaktion ist sehr einfach: An den aktuellen Text in der `TextBox` wird ein Pluszeichen angehängt. Nun muss noch ein Weg gefunden werden, dass bereits an das Steuerelement weitergeleitete Ereignis wieder herauszubekommen und mit dem externen Delegat zu verbinden. Dazu ändern Sie die Klasse `MultiBox` folgendermaßen:

Listing 22.4 Erweiterung um ein externes Ereignis

```
private void ccButton_Click (object sender, EventArgs e)
{
    SetLabel ();
    OnClick (EventArgs.Empty);  ❶
}

public event EventHandler Click;  ❷

protected virtual void OnClick (EventArgs e)  ❸
{
    if (Click != null)
    {
      this.Click (this, e);
    }
}
```

Den Kern bildet die Definition eines Ereignisses ❷. Dann wird das Ereignis mit der Klasse selbst verbunden, damit es sich „zuständig fühlt". Dazu wird die Methode `OnClick` entsprechend definiert ❸. Zuletzt ist noch sicherzustellen, dass bei Eintritt des Klickereignisses, das primär in `ccButton_Click` landet, neben dem Aufruf von `SetLabel` auch das externe Ereignis bedient wird ❶. Wenn Sie die Reihenfolge vertauschen, würde das externe Ereignis primär ablaufen. Im Ergebnis der Änderungen taucht nun nach dem Senden des Formulars ein Pluszeichen auf:

Abbildung 22.9 Behandlung interner und externer Ereignisse

Eine weitere praktische Änderung betrifft den Designer. Ergänzen Sie folgendes Attribut für die gesamte Klasse *MultiBox*:

```
[DefaultEvent("Click")]
public class MultiBox : System.Web.UI.WebControls.WebControl
```

Nun erkennt der Designer, dass ein bevorzugtes Klickereignis definiert wurde. Wenn Sie das Steuerelement nun im Designer doppelklicken, wird eine Ereignisbehandlungsmethode dazu automatisch erstellt und mit dem Ereignis verknüpft.

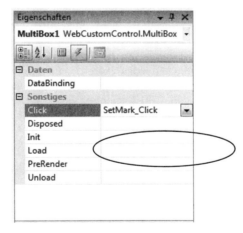

Abbildung 22.10 Ereignisbehandlung im Eigenschaften-Dialog des Designers

Wenn Sie diese Änderungen ausführen, sollten sie den Inhalt von *SetMark_Click* nun nach *ccBox_Click* kopieren und *SetMark_Click* löschen.

Teil der Gestaltungsunterstützung des Designers ist nun noch eine Reaktion auf typische Attribute. So erbt die Klasse von `WebControl` unter anderem die Eigenschaften `Width` und `Height`. Wenn Sie im Designer das Steuerelement vergrößern, werden die dazu passenden Attribute automatisch erzeugt:

22 Steuerelemente entwickeln

```
<cc:MultiBox id="ccBox" runat="server"
             Text="Ihr Eintrag"
             Width="466px" Height="139px" />
```

Natürlich passiert in der Anzeige des laufenden Programms noch nichts. Ihr Steuerelement muss erst lernen, damit umzugehen. Die Steuerung der Ausgabe erfolgt in der Methode `Render`, die bislang keine Aufgaben hatte. Die Definition, was am neuen Steuerelement nun Breite und Höhe darstellt, müssen Sie dagegen selbst treffen. Im Beispiel wird nun das bislang funktionslose `Panel`-Steuerelement aktiviert. Dies erzeugt nämlich ein `<div>`-Tag, dass sich gut zur Definition einer Fläche mit fester Ausdehnung eignet. Der gesamte Effekt wird durch folgende Version der `Render`-Methode erreicht:

Listing 22.5 Zugriff auf Standardeigenschaften zur Gestaltung

```
protected override void Render (HtmlTextWriter output)
{
    ccTextBox.Width = (int) (this.Width.Value / 2); ❶
    ccButton.Width = (int) (this.Width.Value / 2);
    ccPanel.Style["margin-top"]= (this.Height.Value
                              - Math.Max(ccButton.Height.Value,
                                ccTextBox.Height.Value)).ToString ();
    base.Render (output);
}
```

Dieser Teil ist eine nähere Betrachtung wert. Zuerst erfolgt der Zugriff auf `Width` über die Standardeigenschaft ❶. Diese Eigenschaft gibt es, weil sie in der Basisklasse `WebControl` definiert ist. Sie können eigene Eigenschaften ergänzen, indem Sie das mit *Text* gezeigte Verfahren verwenden. Im Beispiel wird nun folgendes definiert: Die Breite führt zu einer gleichmäßigen Ausdehnung der Steuerelemente `TextBox` und `Button`, wobei die Aufteilung 50:50 ist. Die Höhe der Elemente bleibt dagegen unverändert. Der Text dagegen soll am unteren Rand der durch die Angabe `Height` bestimmten Höhe stehen. Dazu wird eine Stil-Eigenschaft benutzt: `margin-top`. Durch Zuweisung an die Stil-Kollektion entsteht dieser Wert, hier unter Berücksichtigung des bereits durch die Höhe der anderen Steuerelemente verbrauchten Platzes.

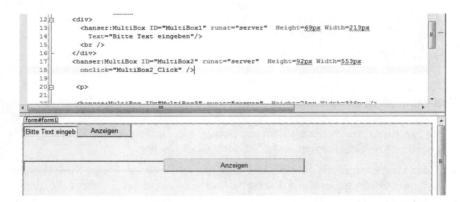

Abbildung 22.11 Verschiedene Größen des Steuerelements im Designer und im Browser

Vorteile bei der Weitergabe

Die gezeigte Technik zum Erstellen eigener Steuerelemente hat, neben der großen Flexibilität beim Eingriff in die Erstellung auch den Vorteil, dass Sie nur die im \bin-Verzeichnis abgelegte Assembly weitergeben müssen, um das Steuerelement verwenden zu können.

Solange Sie im Debug-Modus arbeiten, liegt die Assembly unter \bin\debug. Ändern Sie die Eigenschaften des Projekts auf RELEASE, um es endgültig freizugeben.

Debug-Modus

Wie gezeigt wurde, kann der Anwender die standardmäßig vorhandenen und von Ihnen hinzugefügten Eigenschaften nutzen, eigene Ereignisse anzuhängen und das Element so zu verwenden, wie er es von den eingebauten Steuerelemente gewohnt ist.

Wenn Sie nun ernsthaft darüber nachdenken, Ihre Steuerelemente weiterzugeben, dann ist ein Blick auf die Programmierung mit Entwurfszeitattributen angebracht.

22.2 Entwicklung eigener Steuerelemente

In diesem Abschnitt geht es um die Entwicklung eigener Steuerelemente von Grund auf, also einschließlich der Ausgabe des HTML-Codes, der Erhaltung des Anzeigestatus und der Verarbeitung der *PostBack*-Ereignisse. Im vorhergehenden Abschnitt hat das bereits funktioniert, weil fertige Steuerelement nur zusammengefasst wurden und diese die nötige Funktionalität bereits mitbrachten.

22.2.1 Kontrolle des Ausgabeverhaltens eines Steuerelements

Bislang wurde die Methode `Render` zwar gezeigt, aber praktisch wurde keine Manipulation des Ausgabestromes vorgenommen, weil die enthaltenen Codes auf fertigen Steuerelementen basierten. Tatsächlich können Sie jedoch mit `Render` eigene HTML-Codes erzeugen und ausgeben. Die Methode erwartet die Übergabe eines Parameters vom Typ `HtmlTextWriter`. Über diesen besteht nun eine Zugriffsmöglichkeit auf den Ausgabedatenstrom. Dazu dienen verschiedene Methoden, die in der folgenden Tabelle zusammengefasst wurden:

Tabelle 22.1 Methoden zur Ausgabe von HTML

Methode	Beschreibung
`AddAttribute`	Fügt dem nächsten erzeugten HTML-Element ein Attribut hinzu
`RenderBeginTag`	Beginnt ein neues HTML-Element und stellt das öffnende Tag dar, die Ausgabe erfolgt jedoch noch nicht sofort, sodass weitere Manipulationen möglich sind.
`RenderEndTag`	Beendet die Erstellung eines HTML-Elementes und stellt das schließende Tag dar, das Tag wird jedoch noch nicht geschrieben.
`Write`	Schreibt einfachen Text in die Ausgabe
`WriteAttribute`	Erzeugt ein Attribut für ein HTML-Tag
`WriteBeginTag`	Erzeugt ein öffnendes Tag und schreibt es sofort

22 Steuerelemente entwickeln

Methode	Beschreibung
`WriteEndTag`	Erzeugt ein schließendes Tag und schreibt es sofort
`WriteFullBeginTag`	Schreibt ein öffnendes Tag, fügt jedoch die schließende spitze Klammer sofort ein
`WriteLine`	Erzeugt einfachen Text, fügt aber einen Zeilenumbruch an

Mit diesen Methoden ausgestattet, steht der Erzeugung eigener HTML-Codes nichts mehr im Wege.

Anwendungsbeispiel

Wenn Sie viel mit Schaltflächen arbeiten, wird Ihnen eventuell aufgefallen sein, dass die Nutzung des Ereignisses `OnClick` in JavaScript problematisch ist, denn dieses Attribut wird auch für die Auslösung von serverseitigen Ereignissen benötigt. Deshalb scheidet der Einsatz von `Button` aus, wenn gleichzeitig eigener JavaScript-Code eingesetzt werden soll. Das folgende Beispiel zeigt, wie Sie ein Steuerelement mit ganz spezifischen Eigenschaften entwerfen. Praktisch realisiert werden soll Folgendes:

- Ein Eingabefeld und eine Schaltfläche.
- Nach Klick auf die Schaltfläche wird eine Sicherheitsabfrage per JavaScript ausgelöst.
- Bestätigt der Benutzer, wird ein serverseitiges Klickereignis ausgelöst und der im Textfeld eingegebene Text gesendet.
- Bestätigt der Benutzer nicht, wird das Textfeld gelöscht.
- Das Textfeld soll seinen Status in jedem Fall beim *PostBack* erhalten.

Das Element kann folgendermaßen formatiert werden:

```
<cc:JsBox runat="server" id="JsControl"
        ButtonText="Eingabe:"
        onClick="JsControl_Click">
    Hinweistext
</cc:JsBox>
```

Es soll keine Beschränkungen hinsichtlich des Inhalts (anstatt „Hinweistext") geben, auch andere Steuerelementen müssen an dieser Stelle korrekt verarbeitet werden. Alternativ dazu soll ein Attribut `Caption` Verwendung finden, wenn nur einfacher Text benötigt wird:

Listing 22.6 Nutzung des Steuerelements

```
<cc:JsBox runat="server" id="JsControl"
        onClick="JsControl_Click"
        Caption="Eingabe:"/>
```

Realisiert wird die benötigte Klasse *JsBox* im Projekt *CSharpControlLib*. Zuerst wird die `Render`-Methode und die Klassendefinition vorgestellt:

22.2 Entwicklung eigener Steuerelemente

Listing 22.7 Basisklasse des Steuerelements aus *CSharpControlLib*

```
[ParseChildren(false)]
[DefaultEvent("Click")]
[DefaultProperty("ButtonText"),
 ToolboxData("<{0}:JsBox runat=server></{0}:JsBox>")]
public class JsBox : System.Web.UI.WebControls.WebControl,
                     INamingContainer,
                     IPostBackEventHandler, IPostBackDataHandler
{
   protected override void Render (HtmlTextWriter w)
   {
      if (Caption == String.Empty)  ❶
      {
         foreach (Control c in Controls)  ❷
         {
            c.RenderControl (w);  ❸
         }
      }
      w.Write(Caption);  ❹
      w.AddAttribute(HtmlTextWriterAttribute.Value, FieldText);  ❺
      w.AddAttribute(HtmlTextWriterAttribute.Type , "text");  ❻
      w.AddAttribute(HtmlTextWriterAttribute.Id, this.UniqueID);  ❼
      w.AddAttribute(HtmlTextWriterAttribute.Name, this.UniqueID);
      w.RenderBeginTag("input");  ❽
      w.RenderEndTag();  ❾

      w.AddAttribute("value", ButtonText);
      w.AddAttribute("type", "Button");
      w.AddAttribute("onclick",
                     "javascript: if (confirm('Ja?')) { "
                     + Page.GetPostBackEventReference(this)  ❿
                     + "; }");
      w.RenderBeginTag("input");
      w.RenderEndTag();
   }
}
```

Die Attribute Die Attribute am Anfang unterstützen wieder das Erscheinungsbild im Designer. Ansonsten hat die Definition keinen Einfluss auf das Steuerelement selbst. Die Attribute fügen praktisch zusätzliche Funktionen hinzu, auf die Visual Studio über Reflection Zugriff hat.

Klassendefinition Dann folgt die Klassendefinition, abgeleitet von der Basisklasse `WebControl`. Zusätzlich werden drei Schnittstellen implementiert:

- `INamingContainer`

   Diese Schnittstelle erlaubt den Zugriff auf den „Inhalt" des Elements, denn das Steuerelement soll optional auch als Container verwendet werden (`<cc:JsBox>...</cc:JsBox>`).

- `IPostBackEventHandler`

   Damit das PostBack-Ereignis verarbeitet werden kann, wird diese Schnittstelle eingesetzt.

- `IPostBackDataHandler`

   Damit die Formulardaten verarbeitet werden können, ist diese Schnittstelle nötig.

22 Steuerelemente entwickeln

Nun folgt die Definition der Methode `Render`. Die Steuerelemente werden hier vollständig neu generiert. Es ist eine dankbare Aufgabe zur Übung, hier Attribute und Stildefinitionen anzufügen. Einige Hinweise dazu folgen im nächsten Abschnitt.

Die Methode beginnt mit der Untersuchung, ob das Attribut `Caption` leer war ❶. Ist das der Fall, werden die Steuerelemente im Inneren durchlaufen ❷. Jedes gefundene Element wird über seine eingebauten Methoden verarbeitet. Dazu wird die Methode `RenderControl` des jeweiligen Steuerelements aufgerufen. Damit die Ausgabe korrekt verarbeitet werden kann, wird `RenderControl` die aktuelle Instanz von `HtmlTextWriter` übergeben ❸. Dann wird die Überschrift ausgegeben ❹. Nun werden Attribute erzeugt. Die Sammlung der letzten Attribute wird beim Erzeugen des Tags automatisch verwendet. Für das Textfeld werden vier Attribute erzeugt.

Der Inhalt des Feldes wird durch `value` bestimmt ❺. `HtmlTextWriterAttribute` ist eine Aufzählung, die alle typischen Attribute für HTML-Tags enthält. Die Verwendung ist sicherer, als direkt die Zeichenkette anzugeben (was beim zweiten Tag dennoch gemacht wird, aber das dient nur der Demonstration), weil Sie Tippfehler vermeiden. Da es sich um ein Textfeld handelt, wird der Typ „text" verwendet ❻. Nun wird noch eine ID vergeben, wobei einfach die ID des eigenen Steuerelements verwendet wird ❼. Gleiches gilt für den Namen, der unbedingt gebraucht wird, weil sonst die `Form`-Kollektion keine Daten des Textfeldes aus dem Formular enthält. Dann wird das Tag erzeugt ❽. Da Eingabefelder keine Container sind, wird das sofort geschlossen ❾.

GetPostBack-EventReference

Der zweite Teil erzeugt nun eine ganz spezielle Schaltfläche. Denn zusätzlich zur Verarbeitung des Klickereignisses soll noch eine Bestätigung per JavaScript erfolgen. Drei Attribute werden benötigt. Während `value` und `type` unproblematisch sind, ist eine nähere Beschäftigung mit `onclick` angebracht. Hier wird zuerst eine Bestätigungsmeldung mit `confirm` erzeugt, eingebaut in eine `if`-Anweisung. `confirm` erzeugt eine Box mit den Schaltflächen `ok` und `Abbrechen`. Klickt er `ok` an, ist der Rückgabewert `true`, sonst `false`. Es kommt nun darauf an, bei der Bestätigung das korrekte *PostBack*-Ereignis auszulösen. Das ist normalerweise die `__doPostBack`-Funktion. Die Methode `GetPostBackEventReference` gibt genau den passenden Aufruf zurück ❿. Anschließend wird das Tag geschlossen und beendet.

An dieser Stelle kann schon ein erster Versuch gestartet werden. Die Anwendung erfolgt wieder im Testprojekt, wo eine weitere Web Form *WebForm2.aspx* erzeugt wurde:

Listing 22.8 Das Testprogramm

```
<%@ Page language="c#" Codebehind="WebForm2.aspx.cs"
         AutoEventWireup="false"
         Inherits="csharpcontrolproject.WebForm2" %>
<%@ Register TagPrefix="cc"
         Namespace="Hanser.CSharp.Controls"
         Assembly="CSharpControlLib" %>
<html>
   <head>
      <title>WebForm2</title>
   </head>
   <body MS_POSITIONING="GridLayout">
      <h1>Eigene Steuerelemente</h1>
```

```
      <form id="WebForm2" method="post" runat="server">
         <cc:JsBox runat="server" id="JsControl" ↵
                 FieldText="" ButtonText="Eintragen">
              <h3>Hier anmelden:</h3>
         </cc:JsBox>
      </form>
      <asp:Label Runat="server" ID="Eingabe" />
   </body>
</html>
```

Abbildung 22.12 Das Steuerelement mit der JavaScript-Box

Natürlich hat die Klasse noch zu wenig Funktionalität. Der Status des Textfeldes bleibt nicht erhalten und das `Label`-Steuerelement wird auch nicht gefüllt. Sie müssen sich – das ist die wichtigste Erkenntnis bei der Steuerelementprogrammierung – tatsächlich um alle Einzelheiten selbst kümmern. — Fehlende Funktionen

Als nächstes werden die Eigenschaften betrachtet. Es gibt hier zwei Attribute, die Verwendung finden:

```
FieldText=""
ButtonText="Eintragen"
```

Entsprechend werden mit demselben Namen zwei Eigenschaften in der Klasse *JsBox* definiert:

Listing 22.9 Die Definition der Eigenschaft ButtonText

```
public string ButtonText
{
   set { _buttontext = value; }
   get { return _buttontext; }
}
```

Bei der Definition von *FieldText* wird keine Speicherung in der Klasse erfolgen, denn der Status soll nicht nur während der Erstellung sondern über das Absenden des Formulars hinweg erhalten bleiben. Deshalb erfolgt die Speicherung des Wertes im Anzeigestatus der Seite. — Status erhalten

Listing 22.10 Die Definition der Eigenschaft FieldText

```
public string FieldText
{
   set
   {
      ViewState["Text"] = value;
   }
   get
   {
      if (ViewState["Text"] != null)
      {
         return ViewState["Text"].ToString ();
      }
      else
      {
         return null;
      }
   }
}
```

Zum Abschluss der Eigenschaftendefinitionen noch ein Blick auf `Caption`:

Listing 22.11 Die Definition der Eigenschaft Caption

```
public string Caption
{
   set { _caption = value; }
   get { return _caption; }
}
```

PostBack verarbeiten

Nun gilt es als nächstes, die Formulardaten auch tatsächlich auszuwerten. Dazu dient die Methode `LoadPostData`:

```
public bool LoadPostData (string Key,  NameValueCollection postData)
{
   if (ViewState["Text"].ToString () != postData[Key])   ❶
   {
      ViewState["Text"] = postData[Key];   ❷
      return true;
   }
   else
   {
      return false;
   }
}
```

An diese Methode wird automatisch die zu diesem Steuerelement passende Kollektion von Formulardaten übergeben. Sie müssen nun nur noch prüfen, ob sich die Daten geändert haben – hier durch Vergleich mit dem Anzeigestatus ❶. Ist das der Fall, wird der Anzeigestatus erneuert ❷. Die Methode hat `bool` als Rückgabewert. Wenn `true` zurückgegeben wird, löst ASP.NET anschließend das Ereignis `RaisePostDataChangedEvent` aus. Sie müssen die Ereignisbehandlungsroutine auch dann definieren, wenn Sie gar nichts damit anfangen möchten – dies verlangt die Schnittstellendefinition:

```
public void RaisePostDataChangedEvent() { }
```

Bleibt als letzter Schritt die Verarbeitung des Klickereignisses. Diese Technik wurde schon im letzten Abschnitt gezeigt. Hier der nötige Code:

22.2 Entwicklung eigener Steuerelemente

```
public event EventHandler Click;

public void RaisePostBackEvent (string EventArg)
{
   this.OnClick(EventArgs.Empty);
}

protected virtual void OnClick (EventArgs e)
{
   if (Click != null)
   {
      Click (this, e);
   }
}
```

Damit ist das Steuerelement fertig. Ein Blick auf den Designer zeigt, dass auch das Klickereignis bekannt ist. Ein Doppelklick auf das Steuerelement erzeugt automatisch eine Ereignisbehandlungsmethode in *WebForm2.aspx.cs*:

Fertig!

```
private void JsControl_Click(object sender, System.EventArgs e)
{
   Eingabe.Text = JsControl.FieldText;
}
```

Hier wird dann der Inhalt des Textfeldes dem `Label`-Steuerelement zugewiesen.

Abbildung 22.13 Das Steuerelement in Aktion

Nun ist das Steuerelement fertig. Es realisiert eine flexible Kombination aus einer Überschrift, einem Eingabefeld und einer Sicherheitsabfrage mit JavaScript. Der Zugriff auf den Inhalt ist direkt und über Klickereignisse möglich. Ein Blick auf den erzeugten HTML-Code zeigt, wie das neue Steuerelement mit ASP.NET harmoniert:

Listing 22.12 Der erzeugte Quellcode (HTML) des Steuerelements

```
<html>
   <head>
      <title>WebForm2</title>
```

```
        </head>
        <body MS_POSITIONING="GridLayout">
            <h1>Eigene Steuerelemente</h1>
            <form name="WebForm2" method="post"
                  action="WebForm2.aspx" id="WebForm2">
<input type="hidden" name="__VIEWSTATE"
value="dDwtMTQ1MzYwNTQ2OTt0PDtsPGk8MT47aTwzPjs+O2w8dDw7bDxpPDE+Oz47bDx0PH
A8cDxsPFRleHQ7PjtsPEVpbiBlaWdlbmVzIFN0ZXVlcmVsbG1lbnQ7Pj47Pjs7Pjs+Pjt0PHA
8cDxsPFRleHQ7PjtsPEVpbiBlaWdlbmVzIFN0ZXVlcmVsbG1lbnQ7Pj47Pjs+Pjs+pg1M
ILApfeXltx0o1v0KFV1zbHY=" />

            <h3>Hier anmelden:</h3>
            <input value="Ein eigenes Steuerelement" type="Text"
                    id="JsControl" name="JsControl" />
            <input value="Eintragen" type="Button"
                   onclick="javascript: if
                    (confirm('Wirklich eintragen?'))
                    {
                            __doPostBack('JsControl','');
                    }" />
            <input type="hidden" name="__EVENTTARGET" value="" />
            <input type="hidden" name="__EVENTARGUMENT" value="" />
            <script language="javascript">
            <!--
            function __doPostBack(eventTarget, eventArgument)
            {
               var theform = document.WebForm2;
               theform.__EVENTTARGET.value = eventTarget;
               theform.__EVENTARGUMENT.value = eventArgument;
               theform.submit();
            }
            // -->
            </script>
        </form>
            <span id="Eingabe">Ein eigenes Steuerelement</span>
        </body>
</html>
```

Was fehlt, sind Erweiterungen der Gestaltung. Damit dies nicht zu mühevoll wird, unterstützt ASP.NET dies mit speziellen Klassen.

22.2.2 Stile und Attribute für Steuerelemente

Weitere Optionen bei der Erzeugung eigener Steuerelemente betreffen die direkte Gestaltung mit HTML-Attributen und Cascading Style Sheets.

Attribute für eigene Steuerelemente erzeugen

Auf die Klasse `HtmlTextWriterAttribute` wurde bereits hingewiesen. Dies ist eine gute Methode, beim Erzeugen der Attribute die korrekte Schreibweise zu sichern. Die Zuweisung findet im Zusammenhang mit `AddAttribute` Verwendung:

```
w.AddAttribute(HtmlTextWriterAttribute.Value, FieldText);
```

Wenn Sie nun komplexere Gestaltungen benötigen, bieten sich Cascading Style Sheets an. Dafür können Sie eine weitere Klasse verwenden:

```
w.AddStyleAttribute (HtmlTextWriterStyle.BackgroundColor, "Red");
```

Die Methode `AddStyleAttribute` weist alle so erfassten Elemente dem Attribut `style` zu und sorgt für die korrekten Trennzeichen gemäß den CSS-Konventionen. Die Elemente der Aufzählung `HtmlTextWriterStyle` umfassen alle in CSS 1.0 definierten Attribute.

Attribute für eingebaute Steuerelemente

Etwas anders sieht es aus, wenn Sie eingebaute Steuerelemente verwenden. Hier erkennt ASP.NET den möglichen Inhalt und verwendet dann passende Strukturen, Aufzählungen oder Klassen, um mit den korrekten Daten umzugehen. Der große Vorteil dabei: Sie können praktisch unmöglich falsche oder sinnlose Zuweisungen erzeugen, was sich gut auf die Qualität des erzeugten HTML auswirkt. Freilich hilft das nicht gegen schlechten Geschmack bei der Gestaltung. Die wichtigsten Strukturen, Aufzählungen oder Klassen zeigt dieser Abschnitt.

Einheiten werden aus der Struktur `Unit` entnommen. `Unit` verfügt über vier statische Methoden, mit denen Sie entscheiden können, welches Quellformat Ihre Zahlen haben:

Einheiten

- `Parse`

    Durchsucht eine Zeichenkette und versucht daraus einen Zahlenwert zu extrahieren.

- `Percentage`

    Erwartet einen `double`-Wert und interpretiert ihn als Prozentwert. Dies ist dann interessant, wenn das Attribut Prozentwerte verarbeiten kann.

- `Pixel`

    Erwartet einen `int`-Wert und definiert die Anzahl der Pixel.

- `Point`

    Erwartet einen `int`-Wert und definiert die Größe in Punkt.

Die `Unit`-Struktur überlädt auch Operatoren, sodass ein Vergleich zweier Instanzen möglich ist. Im ersten Beispiel dieses Abschnitts wurde `Unit` verwendet:

`ccTextBox.Width = Unit.Pixel(150);`

`Unit` ist im Namensraum `System.Web.UI.WebControls` definiert.

Farben werden ebenfalls sehr oft benötigt. Sie stammen aus der Struktur `Color`, die in `System.Drawing` definiert ist:

Farben

`ccTextBox.BackColor = Color.Red;`

Ebenso einfach ist der Umgang mit Fonts. Nutzen Sie für Schriftgrößen die Struktur `FontUnit` aus dem Namensraum `System.Web.UI.WebControls`. `FontUnit.Unit` ergibt die Größe vom Typ `Unit` (siehe oben). `FontUnit.Type` gibt den Schriftgrad vom Typ `FontSize` an. `FontSize` ist eine Aufzählung, die Elemente mit `FontSize.Large` oder `FontSize.Smaller` enthält. Alle Schriftarteigenschaften kapselt die Klasse `FontInfo`. Sie enthält folgende typische Eigenschaften:

Fonts

- `Bold`

    Schreibt den Text fett.

- `Italic`

  Schreibt den Text kursiv.

- `Name`

  Gibt den Namen des primären Fonts an.

- `Names`

  Dies ist eine Kollektion aller Fonts, die verwendet werden dürfen, wobei der primäre am Anfang steht.

- `Overline`

  Fügt eine Linie oberhalb der Textebene ein.

- `Size`

  Die Größe vom Typ `FontSize`.

- `Strikeout`

  Streicht den Text mit einer Linie durch.

- `Underline`

  Unterstreicht den Text.

Als letztes Gestaltungselement soll noch die Klasse `Style` vorgestellt werden. Damit lassen sich sehr leicht alle Teile eines `style`-Attributes verwalten. Die folgende Tabelle zeigt die Eigenschaften.

Tabelle 22.2 Gestaltungselemente der Klasse Style

Eigenschaft	Bedeutung	CLR-Typ
`BackColor`	Hintergrundfarbe	`Color`
`BorderColor`	Randfarbe	`Color`
`BorderStyle`	Stil des Randes. Der Stil ist selbst wiederum eine Aufzählung, beispielsweise lässt sich `BorderStyle.Dotted` einsetzen.	`BorderStyle`
`BorderWidth`	Randbreite	`Unit`
`CssClass`	CSS-Klasse	`String`
`Font`	Font	`FontInfo`
`ForeColor`	Vordergrundfarbe	`Color`
`Height`	Höhe	`Unit`
`Width`	Breite	`Unit`

22.3 Datengebundene Steuerelemente

Die Datenbindung nimmt in diesem Buch eine herausragende Stellung ein. Wenn Sie eigene Steuerelemente implementieren, sollten Sie die Möglichkeit der Datenbindung ernsthaft in Erwägung ziehen. Ihre Steuerelemente passen sich dann dem erwarteten Verhalten besser an. Dieser Abschnitt präsentiert eine sehr kompakte

Einführung in das Thema. Eine ausführliche Darstellung muss Spezialliteratur vorbehalten bleiben.

22.3.1 Aufbau datengebundener Steuerelemente

Datengebundene Steuerelemente sind wie jedes andere Steuerelement aufgebaut, verfügen aber über einige zusätzliche Eigenschaften, um eine Bindung an eine Datenquelle zu ermöglichen. Wenn diese Bindung erfolgt ist, ändert das Steuerelement seine Darstellung und adaptiert die Datenquelle. In der Regel liefert die Datenquelle aufzählbare Werte und das Steuerelement wiederholt einen Abschnitt mit diesen Daten.

Die wichtigsten Eigenschaften sind `DataSource` und `DataSourceID`. Die Verwendung schließt sich gegenseitig aus. Es gibt weitere Eigenschaften, die das Verhalten in dem einen oder anderen Fall beeinflussen.

<!-- Marginalie -->
DataSource
DataSourceID

Die Basisklassen

Um den Aufbau eines datengebundenen Steuerelementes zu erleichtern, können Sie verschiedene Basisklassen, wie `BaseDataBoundControl` oder `DataBoundControl`, verwenden.

`BaseDataBoundControl` stammt selbst von `WebControl` und definiert die bereits erwähnten Eigenschaften `DataSource` und `DataSourceID`. Außerdem wird die in allen Steuerelementen vorhandene Methode `DataBind` überschrieben:

<!-- Marginalie -->
BaseData-
BoundControl

```
public override void DataBind()
{
    this.PerformSelect();
}
```

`PerformSelect` ist eine abstrakte Methode, die Sie implementieren müssen. Dazu passend gibt es noch die abstrakte Methode `ValidateDataSource`:

```
protected abstract void PerformSelect();
```

```
protected abstract void ValidateDataSource(object dataSource);
```

`PerformSelect` holt die Daten aus der Datenquelle ab. Die Methode `ValidateDataSource` dagegen prüft die Datenquelle. Die Implementierung der Prüfung kann folgendermaßen aussehen:

```
protected override void ValidateDataSource(object dataSource)
{
    if (((dataSource != null) && !(dataSource is IListSource)) &&
        (!(dataSource is IEnumerable) && !(dataSource is IDataSource)))
    {
        throw new InvalidOperationException();
    }
}
```

Es wird hier lediglich festgestellt, ob die Datenquelle die Schnittstellen implementiert, die das Verhalten eines datengebundenen Steuerelements unterstützen:

- IListSource
- IEnumerable
- IDataSource

22 Steuerelemente entwickeln

DataBoundControl `DataBoundControl` ist ein Schritt weiter in der Klassenhierarchie. Es gibt eine weitere Eigenschaft `DataMember`. Die beiden zuvor genannten abstrakten Methoden sind in dieser Klasse bereits implementiert. Normalerweise ist `DataBoundControl` der ideale Ausgangspunkt für eigene datengebundene Steuerelemente.

22.3.2 Entwicklung eines datengebundenen Steuerelements

Das Steuerelement erbt von `DataBoundControl` und implementiert die Markierungsschnittstelle `INamingContainer`. In ASP.NET unterstützt jedes datengebundene Steuerelement zwei Arten von Datenquellen. Kollektionen und Datenquellen-Steuerelemente. Kollektionen sind Klassen, die entweder `IListSource` oder `IEnumerable` implementieren. Dazu gehören auch die entsprechenden generischen Varianten. Datenquellsteuerelemente sind Datenquellen auf Markup-Ebene, wie `SqlDataSource` oder `ObjectDataSource`, die die Schnittstelle `IDataSource` implementieren. `DataSource` bindet Kollektionen, während `DataSourceID` den Namen der Datenquelle akzeptiert. Da die spätere Verwendung nicht vorhergesagt werden kann, muss ein Steuerelement beide Varianten unterstützen. `PerformDataBinding` ist die Methode, in der beide Quellen zusammengeführt werden und die passende überschrieben werden muss. Der Parameter der Methode empfängt die Daten, egal woher. Wenn die Methode `PerformSelect` aufgerufen wird führt dies zum Aufruf von `PerformDataBinding` mit den Daten. Dies wird also letztlich durch die Bindung initiiert, wann auch immer erforderlich. Mit diesen Daten wird im Steuerelement das Markup erstellt, was je nach Aufgabe sehr unterschiedlich ausfallen kann.

Beim PostBack wird der Zustand normalerweise erhalten, datengebundene Steuerelemente sollen die Datenquelle nicht automatisch erneut abfragen. Deshalb werden standardmäßig die Zustände im ViewState gespeichert. Dies ist der Grund, warum der ViewState bei einer großen `GridView` teilweise enorme Ausmaße annehmen kann. Sie sollten überlegen, ob die erneute Abfrage der Datenquelle möglicherweise das kleinere Übel ist. Alternativ könnte auch der Cache oder ein anderer sitzungsorientierter Speicher sein. Änderungen an den Einstellungen, wie sortieren, seitenweises Blättern usw. sind Sache des Steuerelements, wenn passend implementiert. Wenn die Datenquelle das seitenweise Blättern unterstützt, sollte die kompletten Daten freilich nicht im ViewState gehalten werden. Dies macht die Entwicklung etwas aufwändiger, aber Sie sollen ja dem Nutzer die Arbeit abnehmen und das Steuerelement so intelligent wie möglich machen. Damit die Serialisierung im ViewState einfach gelingt, bietet sich eine Klasse an, die die Datentypen hält – wenn es sich um spezielle handelt, wie im Beispiel gezeigt. Listing 22.12 zeigt es auf einen Blick.

Listing 22.13 Ein datengebundenes Steuerelement, das TextBox-Steuerelemente erzeugt

```
[AspNetHostingPermission(SecurityAction.Demand,
    Level = AspNetHostingPermissionLevel.Minimal)]
[AspNetHostingPermission(SecurityAction.InheritanceDemand,
    Level = AspNetHostingPermissionLevel.Minimal)]
public class TextBoxSet : DataBoundControl
{

    private List<TextBox> alBoxSet;
```

22.3 Datengebundene Steuerelemente

```csharp
    public List<TextBox> BoxSet
    {
        get
        {
            if (null == alBoxSet)
            {
                alBoxSet = new List<TextBox>();
            }
            return alBoxSet;
        }
    }

    public string DataTextField
    {
        get
        {
            object o = ViewState["DataTextField"];
            return ((o == null) ? string.Empty : (string)o);
        }
        set
        {
            ViewState["DataTextField"] = value;
            if (Initialized)
            {
                OnDataPropertyChanged();
            }
        }
    }

❸ protected override void PerformSelect()
    {
        if (!IsBoundUsingDataSourceID)
        {
            OnDataBinding(EventArgs.Empty);
        }
        GetData().Select(CreateDataSourceSelectArguments(), ↵
                    OnDataSourceViewSelectCallback);
        RequiresDataBinding = false;
        MarkAsDataBound();
        OnDataBound(EventArgs.Empty);
    }

    private void OnDataSourceViewSelectCallback(
                    IEnumerable retrievedData)
    {
        if (IsBoundUsingDataSourceID)
        {
            OnDataBinding(EventArgs.Empty);
        }
        PerformDataBinding(retrievedData);
    }

    protected override void PerformDataBinding(
                    IEnumerable retrievedData)
    {
        base.PerformDataBinding(retrievedData);
        if (retrievedData != null)
        {
            int i = 1;
            foreach (object dataItem in retrievedData)
            {
```

22 Steuerelemente entwickeln

```
                TextBox box = new TextBox();
                if (DataTextField.Length > 0)
                {
                    box.Text = DataBinder.GetPropertyValue(dataItem,
                        DataTextField, null);
                }
                else
                {
                    PropertyDescriptorCollection props =
                        TypeDescriptor.GetProperties(dataItem);
                    box.Text = String.Empty;
                    if (props.Count >= 1)
                    {
                        if (null != props[0].GetValue(dataItem))
                        {
                            box.Text = ↵
                                props[0].GetValue(dataItem).ToString();
                        }
                    }
                }
                // Id der Datenquelle
❹              box.ID = this.UniqueID + "_TextBox" + (i++).ToString();
                // Bei PostBack überschreiben
                if (Page.IsPostBack)
                {
❺                  if (Page.Request[box.ID] != null)
                    {
                        box.Text = Page.Request[box.ID];
                    }
                }
                BoxSet.Add(box);
            }
        }
    }

❶  protected override void Render(HtmlTextWriter writer)
    {
        if (BoxSet.Count <= 0)
        {
            return;
        }
        if (Page != null)
        {
            Page.VerifyRenderingInServerForm(this);
        }
        writer.RenderBeginTag(HtmlTextWriterTag.Ul);
        foreach (TextBox box in BoxSet)
        {
            writer.WriteBeginTag("li");
            writer.Write(">");
            box.RenderControl(writer); ❷
            writer.WriteEndTag("li");
        }
        writer.RenderEndTag();
    }
}
```

Hier wird eine einfache Datenquelle in eine Reihe TextBox-Steuerelemente umgewandelt. Die Methode Render ❶ bedient sich dabei der Fähigkeit der Steuerelemente, sich selbst zu rendern ❷. In PerformSelect ❸ findet der Aufbau statt. Mit der

Vergabe einer ID ❹ besteht die Möglichkeit, Änderungen an den Textfeldern zu erkennen ❺.

Die Benutzung ist relativ einfach, wie der folgende Code zeigt:

Listing 22.14 Ein datengebundenes Steuerelement, das TextBox-Steuerelemente erzeugt

```
public partial class _Default : System.Web.UI.Page
{
    public class Data
    {
        public Data(string t)
        {
            Text = t;
        }

        public string Text { get; set; }
    }

    protected void Page_Load(object sender, EventArgs e)
    {
        List<Data> ds = new List<Data>();
        ds.Add(new Data("Eins"));
        ds.Add(new Data("Zwei"));
        ds.Add(new Data("Drei"));
        ds.Add(new Data("Vier"));
        TextBoxSet1.DataSource = ds;          ❶
        TextBoxSet1.DataTextField = "Text";   ❷
        TextBoxSet1.DataBind();
    }

❸  protected void Button1_Click(object sender, EventArgs e)
    {
        Label1.Text = TextBoxSet1.BoxSet.Count.ToString() + " Werte = ";
        foreach (TextBox tb in TextBoxSet1.BoxSet)
        {
            Label1.Text += tb.Text + " ";   ❹
        }

    }
}
```

Hier wird mit einer einfachen Liste die Datenquelle aufgebaut ❶. Die Eigenschaft Text ❷ der Datenquelle wird übergeben. Im Klickereignis der Schaltfläche ❸ werden veränderte Daten aus dem Steuerelement ❹ geholt.

22.4 Vorlagenbasierte Steuerelemente

Viele eingebaute ASP.NET-Steuerelemente nutzen Vorlagen. Eine Vorlage repräsentiert ein Stück Benutzerschnittstelle, die später durch Entwickler angepasst werden kann. Eigene Steuerelemente können erheblich an Mächtigkeit gewinnen, wenn Sie mit Vorlagen aufgebaut werden.

22.4.1 Einführung

Das bereits mehrfach im Buch benutzte und vorgestellte `Login`-Steuerelement soll als Beispiel dienen, um die Funktionen zu untersuchen. Sie sollten das Prinzip vollständig verstanden haben, bevor Sie eigene Steuerelemente mit Vorlage entwickeln.

Das `Login`-Steuerelement ist ein zusammengesetztes Steuerelement, das alle Teile der Benutzeroberfläche mitbringt, die erforderlich sind, um sich an einer Webseite anzumelden. Das umfasst normalerweise zwei Textfelder und die Anmeldeschaltfläche. Die Standardoberfläche ist fest kodiert und kann nur durch Stile etwas angepasst werden, wie in Abbildung 22.14 gezeigt.

Abbildung 22.14 Login-Steuerelement mit Standardelementen

Das Steuerelement bietet darüber hinaus eine Reihe von Funktionen, wie beispielsweise einen Link zu einer Kennworterinnerung, das Kontrollkästchen zum Setzen eines Erinnerungs-Cookies und einen Link zum Anmelden als neuer Benutzer. Alle Meldungen sind klassisch über Eigenschaften einstellbar, wenn die vorgegebenen Text nicht passen.

Das alle mag nicht reichen, wenn besondere Ansprüche an Layout oder Bedienung bestehen. Zwar könnten mehr Eigenschaften helfen, aber dies ist nicht sinnvoll, weil damit die Komplexität zunimmt und im entscheidenden Moment doch wieder die eine oder andere Option fehlt. Das `Login`-Steuerelement bietet deshalb den Ausweg über Vorlagen. Damit können Sie den gesamten Inhalt selbst festlegen und dennoch die eingebaute Funktionalität nutzen.

Der Quellcode zeigt, wie das im Editor aussieht (noch ohne sinnvollen Inhalt):

```
<asp:login runat="server" … >
    <layouttemplate>
        …
    </layouttemplate>
</asp:login>
```

Das entscheidende Element ist `<layouttemplate>`. Dies ist der Abschnitt, in dem die Vorlage definiert wird. Der Name ist von Steuerelement zu Steuerelement verschieden, es gilt aber als guter Stil das Suffix „template" zu verwenden. Das Steuerelement parst den Inhalt, baut daraus einen eigenen Steuerelementbaum auf und stellt diesen dann den Funktionseinheiten zur Verfügung. Vorlagen verhalten sich also wie Container, deren Logik lediglich vom Inhalt abhängt. Folgerichtig haben die Tags kein Attribut `runat="server"`, denn sie können niemals alleine agieren. Die Anzahl der Vorlagen und deren Einsatz sind nicht festgelegt, dies können Sie als Steuerelemententwickler frei entscheiden.

Aus Sicht des Codes ist die Vorlage, beim `Login`-Steuerelement also „LayoutTemplate", eine Eigenschaft.

22.4.2 Der Aufbau der Vorlagen

Die Vorlageneigenschaft entsteht durch den Typ `ITemplate`. Diese Schnittstelle ist der Rückgabetyp jeder Eigenschaft, die später eine Vorlage darstellt. Sie stammt aus dem Namensraum `System.Web.UI` und ist folgendermaßen definiert:

```
public interface ITemplate
{
    void InstantiateIn(Control container);
}
```

Mit nur einer Methode erscheint die Implementierung sehr einfach. Freilich liegt wie so oft die Tücke im Detail. Die Render-Engine erkennt die Vorlage und deren Inhalt und verpackt dies in einen Container. Dieses Container-Steuerelement wird dann übergeben, sodass Sie im Code des Steuerelements darüber verfügen können. Außerdem stellt das Verfahren sicher, dass die Steuerelemente der Vorlage nicht als regulärer Teil der Steuerelementhierarchie erfasst werden. Als Autor des Steuerelements können Sie nun über die Vorlage verfügen, deren Inhalt verändern, Daten binden oder andere Aktionen damit ausführen. Dieses Verhalten sollte sorgfältig dokumentiert werden, denn Entwickler, die das Steuerelement einsetzen, müssen den Inhalt passend aufbereiten, um einerseits die beabsichtigte Gestaltung vorzunehmen, andererseits seine Möglichkeiten zu nutzen.

Die Eigenschaften vom Typ `ITemplate` können auf zwei Wegen benutzt werden. Der deklarative Weg über das Markup und per Code. Der deklarative Weg ist dabei immer der bevorzugte. Wenn dennoch programmatisch zugegriffen werden soll, wird der Eigenschaft die Instanz zugewiesen, die `ITemplate` implementiert:

```
templateControl.LayoutTemplate = new MyTemplateClass();
```

Der Ansatz die Vorlage dynamisch im Code zu laden, kann dann von Interesse sein, wenn der Markup der Vorlagen zuvor in Benutzersteuerelementen (ascx) entwickelt wurde. Mittels `Page.LoadTemplate` wird dieser dann geladen und kann anschließend der Vorlage zugewiesen werden.

```
string ascxUrl = Server.MapPath("/Controls/ControlTemplate.ascx");
templateControl.LayoutTemplate = Page.LoadTemplate(ascxUrl);
```

Diese Methode erstellt eine temporäre Klasse mit dem *ascx*-Steuerelement und gibt eine Instanz dieser Klasse zurück. Dann wird `InstantiateIn` implizit aufgerufen, um den Steuerelementbaum dem Container zuzuweisen.

Letztlich dient diese Technik dazu, den Code des Steuerelements und den der Vorlage zu entkoppeln und damit dem Anwender des Steuerelements erhebliche Freiheitsgrade in der Gestaltung durch Ändern der Vorlage zu verschaffen.

22.4.3 Wie die Vorlagen-Eigenschaft funktioniert

Die Vorlagen-Eigenschaft ist schreib- und lesbar. Sie ist als normale lokale Eigenschaft definiert und wird nicht im Sitzungsstatus (ViewState) persistiert. Da das Markup der Vorlage normalerweise ohnehin im Quelltext der Seite steht, ist dies auch nicht notwendig. Der Code wird bei jedem Abruf der Seite neu erfasst und im Container aufgebaut. Wenn Sie den Code dynamisch laden, müssen Sie dies konsequenterweise auch bei jedem PostBack machen:

```
void Page_Load(object sender, EventArgs e)
{
   string ascxUrl = Server.MapPath("/Controls/ControlTemplate.ascx");
   templateControl.LayoutTemplate = Page.LoadTemplate(ascxUrl);
   if (!IsPostBack)
   {
      :
   }
}
```

Vorlagen werden von Steuerelementen wie der `GridView` umfassend benutzt. Bevor Sie eigene vorlagengebundene Steuerelemente entwickeln, ist ein Blick auf die Implementierung der bestehenden sinnvoll. Die `GridView` kennt die Vorlage `EmptyDataTemplate`. Sie wird angezeigt, wenn die Datenquelle keine Daten enthält.

```
private ITemplate _emptyDataTemplate;

[Browsable(false),
 PersistenceMode(PersistenceMode.InnerProperty),
 TemplateContainer(typeof(GridViewRow))]
public virtual ITemplate EmptyDataTemplate
{
     get { return _emptyDataTemplate; }
     set { _emptyDataTemplate = value; }
}
```

Die Eigenschaft selbst ist sicher nicht überraschend. Die Attribute dagegen sind sehr spezifisch für Vorlagen.

- `Browsable`

  Dieses Attribut zeigt an, ob der Inhalt zur Entwurfszeit über den Eigenschaftenbrowser (PropertyGrid) veränderbar ist. Normalerweise wird im Kontextmenü oder über Smarttags die Möglichkeit geboten, den Inhalt im Entwurfsfenster zu bearbeiten. Der Eigenschaftenbrowser ist normalerweise nicht leistungsfähig genug, um komplexe Vorlagen zu bearbeiten. Deshalb ist `Browsable(false)` angebracht.

- `PersistenceMode`

  Dieses Attribut steuert die Art der Serialisierung in den Quellcode der Seite. Der Wert `InnerProperty` legt fest, dass es sich um ein verschachteltes Element des eigentlichen Steuerelements handelt:

  ```
  <asp:GridView runat="server" ...>
     <EmptyDataTemplate>
        :
     </EmptyDataTemplate>
  </asp:GridView>
  ```

Weitere zulässige Werte werden nachfolgend beschrieben:

- `Attribute`: Die Persistierung erfolgt als Attribut.
- `EncodedInnerDefaultProperty`: Der Inhalt ist HTML und wird lediglich als Zeichenkette behandelt. Das HTML wird kodiert.
- `InnerDefaultProperty`: Der Inhalt ist HTML und wird lediglich als Zeichenkette behandelt.

- `TemplateContainer`

  Dieses Attribut bestimmt den Basistyp des Containers. Die Schnittstelle `ITemplate` verlangt nur `Control`, was nicht ausreichend ist, um mit dem Inhalt zu arbeiten. Hier wird der Typ nun weiter spezifiziert. Dies ist beispielsweise notwendig, um Datenbindungen korrekt auszuführen. Wenn Sie keine Verarbeitung vornehmen und die Vorlage lediglich irgendwo platzieren, reicht als Typ `Control` aus und die Angabe ist nicht erforderlich. Der von der `GridView` benutzte Typ `GridViewRow` ist allerdings erforderlich, um eine Bindung in der Vorlage durchführen zu können:

  ```
  <asp:TemplateField>
      <ItemTemplate>
          <asp:TextBox runat="server"
              Text="<%# Eval("notes") %>" />
      </ItemTemplate>
  </asp:TemplateField>
  ```

  Die Methode `Eval` basiert implizit auf dem aktuellen Container, `Container.DataItem`. Damit `DataItem` funktioniert, muss der Typ des Containers mehr als `Control` sein. Wenn immer in Bindungsausdrücken vorlagengebundener Steuerelemente „Container" benutzt wird, referenziert der Seitencompiler den durch `TemplateContainer` festgelegten Typ. Der Typ muss außerdem noch `INamingContainer` implementieren.

Attribute der Vorlage

Das Attribut `ParseChildren` steuert die Verarbeitung verschachtelter Steuerelemente. Zwei Eigenschaften dienen der Einrichtung `ChildrenAsProperties` und `PropertyName`. `ChildrenAsProperties` zeigt über einen Booleschen Wert an, dass verschachtelte Steuerelemente durch öffentliche Eigenschaften repräsentiert werden. Das ist der Standardfall. Wenn `false` eingestellt wird, werden als Steuerelemente ASP.NET-Steuerelemente erwartet. Deshalb ist im Beispiel `ItemTemplate` das Attribut `runat="server"` nicht nötig, denn es handelt sich nicht um ein Steuerelement, sondern lediglich eine deklarative Eigenschaft. `PropertyName` ist eine Zeichenkette und zeigt die Standardeigenschaft an.

ParseChildren

22.4.4 Vorlagen verarbeiten

Die Deklaration der Vorlage erlaubt den Zugriff und damit die Bereitstellung zur Anzeige. Angezeigt wird bislang aber noch nichts. Da die Erfassung des Inhalts und die Aufbereitung als Hierarchie automatisch erfolgt, ist die Steuerung der Ausgabe relativ einfach. Ausgangspunkt ist die bereits erwähnte Methode `ITemplate.InstantiateIn`. Die `GridView` soll hier wieder als Beispiel dienen. Wird mit der Eigenschaft `Caption` gearbeitet, erstellt das Steuerelement lediglich das Tag `<caption>` der Tabelle, die das Steuerelement normalerweise ausgibt. Darin sind kaum ernsthafte Formatierungen möglich. Alternativ kann deshalb `<CaptionTemplate>` benutzt werden. Jetzt muss die gesamte Ausgabe selbst festgelegt werden. Der Code der `GridView` zeigt, wie `CaptionTemplate` implementiert wurde:

Listing 22.15 Die Vorlage CaptionTemplate der GridView (Teil 1)

```
public class GridView : System.Web.UI.WebControls.GridView
{
    public GridView()
    {
    }

    private ITemplate _captionTemplate;
    private int _totalColumns;

    [Browsable(false)]
    [PersistenceMode(PersistenceMode.InnerProperty)]
    [TemplateContainer(typeof(CaptionContainer))]
❶   public ITemplate CaptionTemplate
    {
        get { return _captionTemplate; }
        set { _captionTemplate = value; }
    }

❷   protected override void PrepareControlHierarchy()
    {
        base.PrepareControlHierarchy();

        Table t = (Table) Controls[0];
        if (_captionTemplate != null && String.IsNullOrEmpty(Caption))
        {
            TableRow row = new TableRow();
            t.Rows.AddAt(0, row); ❸
            TableCell cell = new TableCell();
            cell.ColumnSpan = _totalColumns;
            row.Cells.Add(cell);

        ❹  CaptionContainer cc = new CaptionContainer(this);
            _captionTemplate.InstantiateIn(cc);
            cell.Controls.Add(cc); ❺
            cell.DataBind();
        }
        return;
    }

    protected override ICollection CreateColumns(
            PagedDataSource dataSource, bool useDataSource)
    {
        ICollection coll = base.CreateColumns(dataSource,
                                              useDataSource);
        _totalColumns = coll.Count;
        return coll;
    }
}
```

Die Definition der Vorlage ❶ ist wenig überraschend. Sie folgt dem Standard. Interessant ist die Erkennung, ob die Eigenschaft `Caption` oder die Vorlage benutzt wird, die in `PrepareControlHierarchy` ❷ stattfindet. Falls die Vorlage zum Einsatz kommt, wird eine Zeile in der Tabelle an erster Stelle ❸ erstellt und dort der Container der Vorlage instanziiert ❹. Das Ergebnis – die Steuerelementhierarchie der Vorlage – wird der Tabellenzelle zugewiesen ❺.

Die Klasse `CaptionContainer` selbst spielt zwar eine herausragende Rolle, ist aber vergleichsweise einfach:

Listing 22.16 Die Vorlage CaptionTemplate der GridView (Teil 2)

```
public class CaptionContainer : WebControl, INamingContainer
{
    private GridView _grid;
    public CaptionContainer(GridView g)
    {
        _grid = g;
    }

    public GridView GridView
    {
        get { return _grid; }
    }
}
```

Es handelt sich offensichtlich um ein einfaches Steuerelement mit einer Referenz zu seinem Container, der `GridView`. Der Trick besteht darin, `WebControl` zu benutzen, das bereits über die Fähigkeit zum Rendern der Steuerelementhierarchie verfügt.

Datenbindung akzeptieren

Wenn die Vorlagen Bindungsausdrücke enthalten sollen, dann ist eine kleine Erweiterung des Modells erforderlich. Bindungsausdrücke werden nur ausgewertet, wenn explizit `DataBind` aufgerufen wird. Im Fall des `CaptionTemplate` könnte eine Bindung folgendermaßen aussehen:

```
<asp:GridView ID="GridView1" runat="server"
              DataSourceID="SqlDataSource1">
  <CaptionTemplate>
     Es folgen <%# Container.GridView.Rows.Count.ToString() %> Zeilen.
  </CaptionTemplate>
</asp:GridView>
```

Der Container hat zwei Aufgaben. Zum einen verpackt er den Inhalt der Vorlage und stellt ihn als ein Steuerelement nach innen dar. Er bildet also einen zentralen Punkt statt des komplexen Inhalts einer Vorlage. Das umgebende Steuerelement hat nur mit einem Element statt mit vielen zu tun, was den internen Aufbau stark vereinfacht. Die Bindung `Container.GridView` funktioniert, weil `CaptionContainer` (Listing 22.16 ❹) eine öffentliche Eigenschaft `GridView` enthält. Wenn Sie die Anzahl der Zeilen direkt ausgeben wollten, würden Sie etwa folgende Eigenschaft hinzufügen:

Die Klasse TemplateContainer

```
public int RowCount
{
    get { return _grid.Rows.Count; }
}
```

Die folgende Bindung wäre dann möglich:

```
<CaptionTemplate>
    Die Tabelle hat <%# Container.RowCount %> Zeilen.
</CaptionTemplate>
```

Das Attribute TemplateInstance

TemplateInstance — Vorlagen können nicht nur Bindungen enthalten, sondern selbst Teil einer Bindung sein. Das gilt für praktisch alle Vorlagen der wiederholenden Steuerelemente wie `GridView`, `Repeater` usw. Je nach Datenquelle wiederholt sich der Inhalt immer wieder. Die Vorlageneigenschaft kann anzeigen, ob sie dies unterstützt. Dazu dient das Attribut `TemplateInstance`.

```
[TemplateInstance(TemplateInstance.Single)]
public ITemplate MyTemplate
{
    :
}
```

Möglich sind zwei Werte: `Single` und `Multiple`. In der `GridView` ist `CaptionTemplate` mit `Single` und `ItemTemplate` mit `Multiple` gekennzeichnet. Derart mit `Single` gekennzeichnete Vorlagen exportieren ihren Inhalt auf die Seite, sodass der Zugriff auf Vorlagenelemente ohne `FindControl` funktioniert. Der Einsatz ist aber nicht immer sinnvoll. Die Freigabe der Steuerelemente des Containers ist nur dann hilfreich, wenn es sich um komplexe, programmatisch gesteuerte Gebilde handelt. Einfache Layout-Container, die lediglich gestaltenden Charakter haben, sollten so nicht markiert werden.

22.4.5 Erweitertes Beispiel für ein vorlagenbasierte Steuerelement

Das nächste Beispiel soll im Folgenden noch um das Entwurfszeitverhalten ergänzt werden. Es bildet die Basis für ein komplett vorlagenbasiertes Steuerelement.

Listing 22.17 Ein vorlagenbasiertes Steuerelement (Basiselement)

```
[AspNetHostingPermission(SecurityAction.InheritanceDemand,
    Level = AspNetHostingPermissionLevel.Minimal),
    AspNetHostingPermission(SecurityAction.Demand,
    Level = AspNetHostingPermissionLevel.Minimal),
    DefaultProperty("Title"),
❺   ToolboxData("<{0}:VacationHome runat=\"server\">
                </{0}:VacationHome>")]
public class VacationHome : CompositeControl
{
    private ITemplate templateValue;
    private TemplateOwner ownerValue;

    [Browsable(false),
     DesignerSerializationVisibility(
                        DesignerSerializationVisibility.Hidden)]
    public TemplateOwner Owner
    {
        get
        {
            return ownerValue;
        }
    }

    [Browsable(false),
```

```
     PersistenceMode(PersistenceMode.InnerProperty),
     DefaultValue(typeof(ITemplate), ""),
     Description("Control template"),
     TemplateContainer(typeof(VacationHome))]
❶    public virtual ITemplate Template
     {
         get
         {
             return templateValue;
         }
         set
         {
             templateValue = value;
         }
     }

     [Bindable(true),
      Category("Data"),
      DefaultValue(""),
      Description("Title"),
      Localizable(true)]
❷    public virtual string Title
     {
         get
         {
             string s = (string)ViewState["Title"];
             return (s == null) ? String.Empty : s;
         }
         set
         {
             ViewState["Title"] = value;
         }
     }

     [Bindable(true),
      Category("Data"),
      DefaultValue(""),
      Description("Caption")]
❸    public virtual string Caption
     {
         get
         {
             string s = (string)ViewState["Caption"];
             return (s == null) ? String.Empty : s;
         }
         set
         {
             ViewState["Caption"] = value;
         }
     }

     protected override void CreateChildControls()
     {
         Controls.Clear();
         ownerValue = new TemplateOwner();

         ITemplate temp = templateValue;
         if (temp == null)
         {
             temp = new DefaultTemplate();
         }
```

```
            temp.InstantiateIn(ownerValue);
            this.Controls.Add(ownerValue);
        }

        public override void DataBind()
        {
            CreateChildControls(); ❹
            ChildControlsCreated = true;
            base.DataBind();
        }
    }
```

Dieses Steuerelement enthält eine standardmäßig leere Vorlage, die durch das im folgenden Listing gezeigte Steuerelement `TemplateOwner` gebildet wird. Der Anwender muss es komplett füllen, um eine Anzeige zu erreichen. Die einzige Vorlage, die hier benutzt wird, heißt `Template` ❶.

Entwurfszeitunterstützung

Die Eigenschaften `Title` ❷ bzw. `Caption` ❸ nehmen nur Text auf. Sie sind bindbar an eine Datenquelle (`Bindable`). Die drei Attribute `Category`, `DefaultValue`, `Description` dienen der Entwurfszeitunterstützung und steuern die Anzeige im Eigenschaftenbrowser (PropertyGrid).

In `CreateChildControls` ❹ erfolgt der Aufbau der Anzeige, ist keine Vorlage vorhanden, wird eine noch zu erstellende Standardvorlage benutzt.

Listing 22.18 Standardinhalt des vorlagenbasierten Steuerelements

```
[ToolboxItem(false)]
public class TemplateOwner : WebControl
{
}
```

Als Basis der Vorlage dient ein weiteres Steuerelement, `TemplateOwner`, das den Container für den Inhalt bildet. `ToolboxItem` ❺ ist ein Attribut, dass die Aufnahme eines Steuerelements in die Toolbox von Visual Studio bildet. Da ein intern verwendetes Steuerelement zwar `public` sein muss, um erreichbar zu sein, alleine aber nicht sinnvoll einsetzbar ist, wird es hier auf `false` gesetzt.

Damit das Steuerelement ein Standardverhalten aufweist, wenn keine Vorlage definiert wurde, wird eine Standardvorlage gebaut. Sie wird im folgenden Listing dargestellt:

Listing 22.19 Implementierung der Standardvorlage

```
sealed class DefaultTemplate : ITemplate
{
    void ITemplate.InstantiateIn(Control owner)
    {
        Label title = new Label();
        title.DataBinding += new EventHandler(title_DataBinding);

        LiteralControl linebreak = new LiteralControl("<br/>");

        Label caption = new Label();
        caption.DataBinding += new EventHandler(caption_DataBinding);

        owner.Controls.Add(title); ❷
        owner.Controls.Add(linebreak); ❶
```

```
        owner.Controls.Add(caption); ❷
    }

    void caption_DataBinding(object sender, EventArgs e)
    {
        Label source = (Label)sender;
     ❸ VacationHome container = (VacationHome) source.NamingContainer;
        source.Text = container.Caption;
    }

    void title_DataBinding(object sender, EventArgs e)
    {
        Label source = (Label)sender;
     ❸ VacationHome container = (VacationHome) source.NamingContainer;
        source.Text = container.Title;
    }
}
```

Die Eigenschaften `Title` und `Caption` werden, durch einen Zeilenumbruch ❶ getrennt, untereinander ausgegeben ❷. Beide Eigenschaften unterstützen Datenbindung, was im Steuerelement durch das Attribut `Bindable` angezeigt wird. Wenn die Bindung erfolgt, wird das Ereignis `DataBinding` ausgelöst, was den Bindungswert übernimmt und passenderweise an die richtige Stelle schreibt. In der Vorlage, die der Anwender des Steuerelements nutzt, dürfte stattdessen ein Bindungsausdruck stehen. Der Bindungsausdruck wird seinerseits in eine Eigenschaftenzuweisung umgesetzt, die analog der Zuweisung in ❸ aussieht.

Im einfachsten Fall sieht die Anwendung folgendermaßen aus:

```
<ccl:VacationHome ID="VacationHome1" runat="server"
            Title="Titelzeile" Caption="Überschrift">
    <Template>
        Hier steht <%# Container.Title %> und <%# Container.Caption %>
    </Template>
</ccl:VacationHome>
```

Die gezeigte Bindung erfordert, dass im Code der Seite `VacationHome1.DataBind()` aufgerufen wird.

22.5 Entwurfszeitverhalten

Steuerelemente haben zwei Leben, eines zur Laufzeit und eines zur Entwurfszeit. Als Entwurfszeit wird der Zeitpunkt bezeichnet, an dem Sie das Steuerelement im Designer benutzen. Damit ist also der Zeitpunkt des Entwurfs der Applikation gemeint, nicht der Entwurf des Steuerelements selbst.

Die Betrachtung des Entwurfszeitpunkts ist nur dann wichtig, wenn Sie den Designer von Visual Studio unterstützen möchten. Dies gilt als „gutes Softwaredesign" und sollte nie fehlen, da Sie schlecht einschätzen können, inwieweit Ihr Steuerelement später benutzt wird. Aus Sicht der Laufzeitunterstützung ist dies jedoch lediglich eine Option.

22.5.1 Visual Studio unterstützen

Es soll hier eine Möglichkeit gezeigt werden, wie Sie die Toolbox im Visual Studio um die eigenen Steuerelemente erweitern. Dazu klicken Sie in der geöffneten Toolbox (STRG+ALT+X) mit der rechten Maustaste auf den Block, dem Sie die Steuerelemente hinzufügen möchten, beispielsweise Web Forms. Nun wählen Sie im Kontextmenü Toolbox anpassen. Im folgenden Dialog wechseln Sie zur Registerkarte .NET FRAMEWORK-KOMPONENTEN. Klicken Sie auf DURCHSUCHEN und wählen Sie die Assembly aus dem Ordner \bin oder \bin\debug des Projekts CSharpControlLib aus. Aktivieren Sie die beiden Elemente und klicken Sie dann OK.

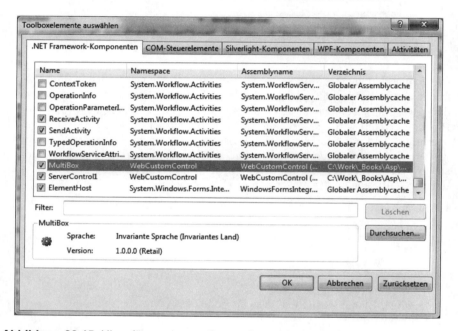

Abbildung 22.15 Hinzufügen eigener Steuerelemente zur Toolbox

Die Elemente erscheinen nun am Ende der Liste und lassen sich per „Drag und Drop" auf die Entwurfsfläche ziehen. Als Standardsymbol finden das Zahnrad Verwendung. Der folgende Abschnitt zeigt, wie Sie das Erscheinungsbild in der Toolbox anpassen können.

Erscheinungsbild in der Toolbox anpassen

Die Ablage des Elements in der Toolbox ist zwar praktisch, kann aber noch perfektioniert werden. So können Sie das Symbol gegen ein eigenes Austauschen. Benötigt wird ein Bitmap-Bild mit 16 Farben und 16 x 16 Pixeln. Zeichnen können Sie es mit dem Grafikeditor in Visual Studio. Die Schrittfolge wird nachfolgend erläutert.

Ein Bitmap anfertigen

Fügen Sie dem Projekt Ihres Steuerelementes, im vorhergehenden Beispiel hieß es CSharpControlLib, ein Bitmap-Element hinzu.

22.5 Entwurfszeitverhalten

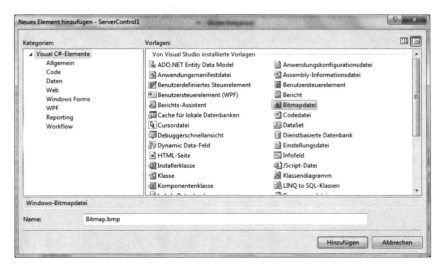

Abbildung 22.16 Ein neues Bitmap-Element wird dem Projekt hinzugefügt

Vergeben Sie ihm einen passenden Namen. Sie benötigen pro Steuerelement ein Symbol – im Projekt also pro von `WebControls` abgeleiteter Klasse – wenn Sie alle Elemente unterscheiden möchten. Stellen Sie die Größe auf 16 x 16 Pixel ein:

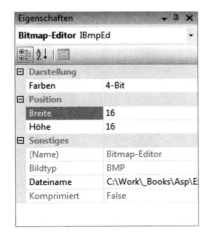

Abbildung 22.17 Im Eigenschaften-Fenster wird die Größe eingestellt

Speichern Sie das Elemente im Verzeichnis \bin, bzw. während der Entwurfsphase, solange noch Debug-Code erzeugt wird, in \bin\debug. Zeichnen Sie das Element mit den Zeichenwerkzeugen, wie in Abbildung 22.18 zu sehen ist.

22 Steuerelemente entwickeln

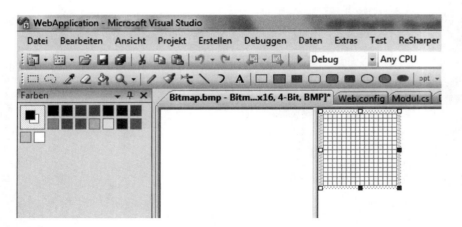

Abbildung 22.18 Der Grafikeditor in Visual Studio

Schließen Sie nun den Grafikeditor. Nun muss der Assembly eine Information darüber mitgegeben werden, dass ein passendes Symbol existiert. Dazu fügen Sie das folgende Attribut oberhalb der Klassendefinition des betreffenden Steuerelements hinzu:

```
[ToolboxBitmap("JsControl.bmp")]
```

Wenn Sie das Element nun erneut der Toolbox hinzufügen – wie oben bereits beschrieben –, erscheint es mit diesem Symbol (siehe Abbildung 22.19).

Abbildung 22.19 Eigene Steuerelemente, mit und ohne eigenem Symbol

> **TIPP** Wenn Sie beim Import der Assembly eine Fehlermeldung erhalten, die nur den Namen des Symbols nennt, stimmt der Pfad nicht. Verschieben Sie dann die Bitmap-Datei oder passen Sie den Pfad im Attribut `ToolboxBitmap` an.

22.5.2 Das „Drag und Drop"-Verhalten modifizieren

Im nächsten Schritt geht es darum, dass Verhalten der Steuerelemente bei der Verwendung der Toolbox zu verbessern. So wurde im Beispielcode vorgeschlagen, dass als Präfix „cc" verwendet wird. Außerdem soll ein Steuerelemente-Entwickler in der Lage sein, die Gestaltung mit dem Designer vorzunehmen. Auch hier helfen Entwurfszeit-Attribute.

Einstellen einer Präfixvorgabe

Um den Präfix festzulegen, wird dieser mit dem verwendeten Namensraum verknüpft. Die Information muss Bestandteil des Manifestes werden – das ist eine Informationsmenge, die Bestandteil einer Assembly ist. Wie die entsteht, muss hier nicht weiter interessieren. Das erledigt der Compiler zuverlässig. Sie können aber ein wenig eingreifen. Im Projekt in Visual Studio finden Sie eine Datei *AssemblyInfo.cs*. Darin sind die Informationen enthalten, die später das Manifest bilden.

Öffnen Sie jetzt diese Datei und fügen Sie am Anfang folgende Deklaration hinzu:

```
using System.Web.UI;
```

Gehen Sie nun etwas tiefer, etwa bis Zeile 10. Dort finden Sie `[assembly]`-Attribute. Fügen Sie dort ein weiteres hinzu:

```
[assembly: TagPrefix("Hanser.CSharp.Controls", "cc")]
```

Damit definieren Sie, dass bei Verwendung des Namensraumes `Hanser.CSharp.Controls` für neue Steuerelemente aus dieser Bibliothek das Präfix „cc" verwendet werden soll.

Sie können hier auch andere Angaben ergänzen, beispielsweise den Namen Ihres Unternehmens. Betrachten Sie folgende Angaben, die im Beispielprojekt eingetragen wurden:

Dateiinformationen modifizieren

```
[assembly: AssemblyTitle("ControlLibrary")]
[assembly: AssemblyDescription("Verschiedene experimentelle
                                Steuerelemente")]
[assembly: AssemblyConfiguration("")]
[assembly: AssemblyCompany("")]
[assembly: AssemblyProduct("ASP.NET 4.0 Konzepte und Techniken")]
[assembly: AssemblyCopyright("(c) 2010 by Joerg Krause und
                              Matthias Fischer")]
[assembly: AssemblyTrademark("")]
[assembly: AssemblyCulture("de-DE")]
```

Wenn Sie im Windows-Explorer die Dateieigenschaften betrachten, finden Sie die Angaben auf der Registerkarte `Version` wieder.

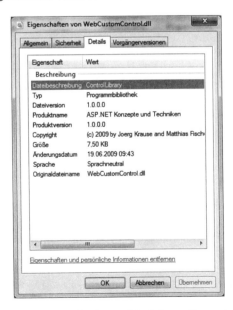

Abbildung 22.20 So erscheinen die Assembly-Informationen im Windows-Explorer

22 Steuerelemente entwickeln

Speichern Sie die Datei und schließen Sie sie wieder.

Benennung des Elements bei „Drag and Drop"

Jetzt soll noch festgelegt werden, wie das Element bei „Drag and Drop" benannt wird. Diese Festlegung wird auch mit einem Attribut getroffen, diesmal jedoch wieder in der Klassenbibliothek selbst, oberhalb der Definition der Klasse des betreffenden Steuerelements. Tragen Sie dort folgendes ein:

```
[ToolboxData ("<{0}:JsBox runat=server></{0}:JsBox>")]
```

Anstatt der Formatanweisung {0} wird das Präfix eingetragen. Wenn Sie den vorhergehenden Schritt ausgeführt haben, wäre dies „cc".

Alle übrigen Einstellungen können nun über das Eigenschaften-Fenster erreicht werden. Um es zu öffnen, markieren Sie das Element und drücken dann F4.

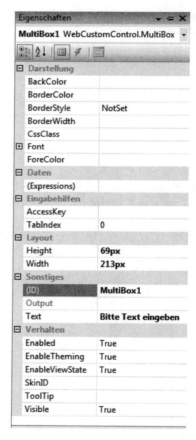

Abbildung 22.21 Eigenschaften des eigenen Steuerelements

Tatsächlich erscheinen alle eigenen Eigenschaften des Elementes bereits in der Liste SONSTIGES. Damit sich der Anwender besser orientieren kann, können Sie eine Vorauswahl eines Attributes in der Liste treffen. Mit dem folgenden Attribut wird festgelegt, dass die Eigenschaft ButtonText hervorgehoben erscheint:

```
[DefaultProperty("ButtonText")]
```

Wenn der Anwender einen Doppelklick ausführt, wird er normalerweise in den Code-Editor springen und dort in eine neu erzeugte Methode, die ein Standardereignis verarbeitet. Das folgende Attribut legt fest, welches das Standardereignis für den Doppelklick im Editor ist:

```
[DefaultEvent("Click")]
```

Damit ist schon eine sehr praktische Nutzung möglich. Gemessen am geringen Aufwand, lohnt der Einsatz der Attribute für Steuerelemente auch für eigene Projekte.

22.5.3 Bessere Entwurfszeitunterstützung

Neben `WebControl` gibt es eine weitere Klasse `CompositeControl`, die einige Probleme mit der Entwurfszeitunterstützung löst. Wenn eine Entwurfszeitunterstützung benötigt wird und keine Datenbindung erfolgt, sollten Sie `CompositeControl` verwenden. Ein Blick auf die Definition zeigt, dass das bereits gezeigte und von `WebControl` erlernte Verhalten auch hier gilt:

CompositeControl

```
public class CompositeControl : WebControl,
                                INamingContainer,
                                ICompositeControlDesignerAccessor
```

Zumindest die bereits empfohlene Verwendung von `INamingContainer` kann hier gespart werden. Spannender ist die zusätzliche Schnittstelle `ICompositeControl-DesignerAccessor`. Sie hat folgenden Aufbau:

```
public interface ICompositeControlDesignerAccessor
{
    void RecreateChildControls();
}
```

Die Methode der Schnittstelle wird vom Designer benutzt, um die Steuerelemente zur Entwurfszeit zu aktualisieren. Die Klasse `CompositeControl` bietet bereits eine Standardimplementierung.

```
void ICompositeControlDesignerAccessor.RecreateChildControls()
{
    base.ChildControlsCreated = false;
    EnsureChildControls();
}
```

Auch hier ist nichts Besonderes zu finden. Es wird lediglich sichergestellt, dass der Designer in Visual Studio optimal unterstützt wird.

> **TIPP**
>
> Allein das Ersetzen der Basisklassen WebControl durch CompositeControl verbessert das Entwurfszeitverhalten. Ob das Steuerelement tatsächlich aus mehreren Bausteinen zusammengesetzt (composite) wurde, ist vollkommen irrelevant.

22.5.4 Entwurfszeitverhalten datengebundener Steuerelemente

Komplexere Steuerelemente wie die bereits gezeigten datengebundenen entstehen durch Sammlungen von einfachen Steuerelementen. Sie basieren auf Datenquellen und dem im Sitzungsstatus (ViewState) gespeicherten Zustand der Anzeige.

base.DesignMode

Zur Entwurfszeit steht all das nicht zur Verfügung, weshalb Entwickler in den meisten Fällen darauf ausweichen, eine integrierte „Pseudo"-Datenquelle zu binden und daraus eine der späteren Anzeige nahekommende Vorschau zu bieten. Um den Entwurfszeitpunkt unterscheiden zu können, dient die Eigenschaft DesignMode. Damit kann beim Rendern des Inhalts unterschieden werden, ob eine reale Datenquelle vorliegt oder nicht. Freilich kann es sein, dass eine Datenquelle auch zur Entwurfszeit bereits zur Verfügung steht. Es ist deshalb sinnvoll, beides zu prüfen.

Des Weiteren steht gegenüber DataBoundControl das Äquivalent für datengebundene Steuerelemente, CompositeDataBoundControl, zur Verfügung, dass sich analog zu CompositeControl verhält, wie bereits im vorhergehenden Abschnitt beschrieben.

22.5.5 Entwurfszeitverhalten vorlagengebundener Steuerelemente

Das folgende Beispiel erweitert das im Abschnitt „Vorlagenbasierte Steuerelemente" gezeigte Steuerelement *VacationHome* um eine explizite Entwurfszeitunterstützung.

Listing 22.20 Ein ControlDesigner zur Steuerung des Entwurfszeitverhaltens

```
public class VacationHomeDesigner : ControlDesigner   ❶
{
    public override void Initialize(IComponent Component)
    {
        base.Initialize(Component);
      ❷ SetViewFlags(ViewFlags.TemplateEditing, true);
    }

    public override string GetDesignTimeHtml()   ❸
    {
        return "<span>Das Entwurfszeit HTML</span>";
    }

    public override TemplateGroupCollection TemplateGroups
    {
        get
        {
            TemplateGroupCollection collection =
                                    new TemplateGroupCollection();
            TemplateGroup group;   ❹
            TemplateDefinition template;
            VacationHome control;

            control = (VacationHome)Component;
            group = new TemplateGroup("Item");   ❺
            template = new TemplateDefinition(this,
                                    "Template", control,
                                    "Template", true);
            group.AddTemplateDefinition(template);   ❻
            collection.Add(group);
            return collection;
        }
    }
}
```

22.5 Entwurfszeitverhalten

Wichtig ist die Ableitung von der Basisklasse ControlDesigner ❶. Der Aufruf von SetViewFlags ❷ steuert das Anzeigeverhalten. Mögliche Werte für ViewFlags sind TemplateEditing, CustomPaint und DesignTimeHtmlRequiresLoadComplete. Für die Darstellung zur Entwurfszeit ist GetDesignTimeHtml zuständig ❸. Da der Designer auf der Render-Engine des Internet Explorers (MSHTML) basiert, kann hier jede Art vollwertiges HTML ausgegeben werden.

Die Eigenschaft TemplateGroups ❹ ist spezifisch für vorlagenbasierte Steuerelemente. Definiert wird eine Vorlagengruppe „Item" ❺, der eine oder mehrere Vorlagendefinitionen ❻ hinzugefügt werden.

Abbildung 22.22 Das Smarttag entsteht, wenn der Designer Vorlagen anbietet

Die eigentliche Steuerung erledigt der Designer ohne weiteren Programmieraufwand, sodass der Inhalt der Vorlage leicht bearbeitet werden kann.

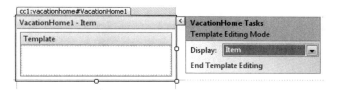

Abbildung 22.23 Das Steuerelement lässt die Bearbeitung der Vorlagen zu

Dem Steuerelement den Designer zuweisen

Als letzter Schritt steht noch die Verbindung zwischen Steuerelement und Designer an. Dazu wird ein Attribut eingesetzt:

```
[Designer(typeof(VacationHomeDesigner))]
```

Das Attribut Designer ist im Namensraum System.ComponentModel zu finden, der Code dazu in der Assembly *System.Design.dll*, die für dieses Projekt zusätzlich eingebunden werden muss.

23 Gerätespezifische Anpassung

Steuerelemente bilden die Substanz von ASP.NET. Praktisch enthält jede Seite neben statischem HTML Steuerelemente. Ihre Leistung kommt aus verschiedenen Eigenschaften. Zum einen ist es die umfangreiche Liste solcher Elemente, die standardmäßig zur Verfügung stehen. Zum anderen steht ein großer Markt mit Herstellern solcher Komponenten zur Verfügung. Sie können ihre eigenen Steuerelemente erstellen und dabei sowohl das Entwurfszeit- als auch das Laufzeitverhalten implementieren.

Wenn Sie ein vorhandenes Element einsetzen, jedoch feststellen, dass es sich in einem bestimmten Detail nicht wie gewünscht verhält, werden Sie möglicherweise nach Alternativen Ausschau halten. Dies betrifft insbesondere die Unterstützung für mobile Geräte. Hersteller von Komponenten gehen jedoch oft ihren eigenen Weg und bieten wiederum komplexe Bausteine an. Ist dies keine Option, so ist es möglich, ein vorhandenes Steuerelement zu nehmen und lediglich das Verfahren zu ändern, das zur Erzeugung des HTML dient. Alle anderen Funktionen dagegen bleiben erhalten. Vor allem aber muss der möglicherweise bereits bestehende Code der Seiten nicht angepasst werden.

Diese Erweiterung des Steuerelementverhaltens benutzt sogenannte Adapter. In diesem Kapitel werden folgende Themen diskutiert:

- Anpassen des Verhaltens an den Browser
- Implementieren und Aktivieren des adaptiven Steuerelementverhaltens
- Verwenden des adaptiven Seitenverhaltens

23.1 Adaptives Steuerelementverhalten

Das adaptive Steuerelementverhalten ist ein Weg, das Erstellen (Rendern) des HTML eines Steuerelements zu beeinflussen. Dazu werden Adapter verwendet. Adapter greifen in den Lebenszyklus der Steuerelemente ein und überschreiben das Standardverhalten. Jedes Steuerelement hat einen Standardadapter. Unter bestimm-

Das Rendern ändern

ten Umständen können Sie diese Beziehung zwischen Steuerelement und seinem Standardadapter aufheben und durch eine eigene ersetzen.

Motivation — Es gibt diverse Motive dies zu tun. Beispielsweise kann eine Applikation verschiedene Arten von Markup (HTML, XHTML) unterstützen. Die Techniken, die dazu benötigt werden, sind:

- Eine Konfiguration die festlegt, wann welches Markup ausgegeben wird
- Die Wahl des passenden `TextWriter`-Objekts, wie `XhtmlTextWriter` oder `ChtmlTextWriter`
- Erzeugen eigener `TextWriter` für spezielle Ausgaben
- Erkennen des Gerätes und verzweigen auf einen anderen Adapter
- Erzeugen des Adapters und zuweisen zum Steuerelement

Das Erzeugen eines anderen Markup ist nicht die einzige Option. Sie können mit einem Adapter mehr:

- Eingreifen in das Verarbeiten der PostBack-Daten
- Verwalten des Sitzungsstatus (ViewState)
- Verhindern, dass Änderungen an den Steuerelementeigenschaften vorgenommen werden

> **HINWEIS** TextWriter sind Klassen, die Text komfortabel in einen Stream schreiben. Sie sind in der Regel nur schreibbar.

23.1.1 Das Standardverhalten der Steuerelemente

HtmlTextWriter — Standardmäßig wird das HTML eines Steuerelements mit der Klasse `HtmlTextWriter` erstellt. In den Steuerelementen wird rekursiv die Methode `RenderControl` aufgerufen. Jedes Steuerelement fügt darüber sein eigenes Markup in den Ausgabedatenstrom ein.

TagWriter — ASP.NET enthält bereits einige spezialisierte Klassen zum Schreiben von Markup. Für HTML 3.2 ist dies `Html32TextWriter`. Die Entscheidung über den Typ hängt von der Eigenschaft `TagWriter` im Objekt `System.Web.HttpRequest.Browser` ab. Wenn der Browser HTML 4.0 unterstützt, kann das Framework XHTML benutzen. Dies kann in der Datei *web.config* konfiguriert werden. Ersetzen Sie dort `Html32TextWriter` dann durch `XhtmlTextWriter`.

Browser — Komplexer ist der Einfluss der Browser-Möglichkeiten. Die Eigenschaft `Browser` gibt ein Objekt vom Typ `HttpBrowserCapabilities` zurück. Der Code, der dahinter liegt, ist sehr direkt und einfach. Er macht das Verhalten deutlich. Intern ruft der `TextWriter` die Methode `CreateHtmlTextWriterFromType` auf. Dort wird entweder der selbst erstellte Adapter aufgerufen oder der standardmäßige. Der folgende Code wurde mittels Red Gates Reflector vom Adapter disassembliert:

```
internal HtmlTextWriter CreateHtmlTextWriterInternal(TextWriter tw)
{
    Type tagWriter = this.TagWriter;
    if (tagWriter != null)
    {
```

23.1 Adaptives Steuerelementverhalten

```
            return Page.CreateHtmlTextWriterFromType(tw, tagWriter);
        }
        return new Html32TextWriter(tw);
    }

    public Type TagWriter
    {
        get
        {
            try
            {
                if (!this._havetagwriter)
                {
                    string str = this["tagwriter"];
                    if (string.IsNullOrEmpty(str))
                    {
                        this._tagwriter = null;
                    }
                    else if (string.Compare(str,
                            typeof(HtmlTextWriter).FullName, ↵
                            StringComparison.Ordinal) == 0)
                    {
                        this._tagwriter = typeof(HtmlTextWriter);
                    }
                    else
                    {
                        this._tagwriter = BuildManager.GetType(str, true);
                    }
                    this._havetagwriter = true;
                }
            }
            catch (Exception exception)
            {
                throw this.BuildParseError(exception, "tagwriter");
            }
            return this._tagwriter;
        }
    }

    public static HtmlTextWriter CreateHtmlTextWriterFromType(
                        TextWriter tw,
                        Type writerType)
    {
        HtmlTextWriter writer;
        if (writerType == typeof(HtmlTextWriter))
        {
            return new HtmlTextWriter(tw);
        }
        if (writerType == typeof(Html32TextWriter))
        {
            return new Html32TextWriter(tw);
        }
        try
        {
            Util.CheckAssignableType(typeof(HtmlTextWriter), writerType);
            writer = (HtmlTextWriter) HttpRuntime.CreateNonPublicInstance(↵
                            writerType, new object[] { tw });
        }
        catch
        {
            throw new HttpException(SR.GetString("Invalid_HtmlTextWriter", ↵
```

```
                                          new object[] { writerType.FullName }));
        }
        return writer;
}
```

Die tatsächliche Instanz der abstrakten Klasse `TextWriter` ist für das Rendern verantwortlich. Die können die Typen `XhtmlTextWriter` und `ChtmlTextWriter` sein, die selbst von `HtmlTextWriter` und `Html32TextWriter` abstammen.

Der Render-Vorgang wird in der folgenden Abbildung erläutert. Letztlich handelt es sich lediglich um ein einfaches Mapping des Steuerelements auf einen eingebauten oder selbst definierten Adapter.

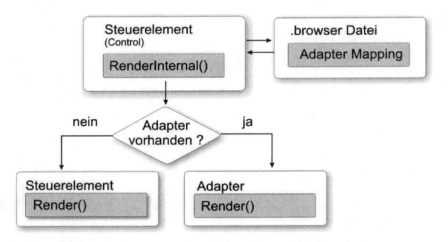

Abbildung 23.1 Die Architektur der Steuerelementadapter

23.2 Adapter einsetzen

Es gibt verschiedene Szenarien, in denen Sie Adapter einsetzen können. Dazu gehören:

- Gerätespezifische Adapter

  Damit werden spezielle Endgeräte unterstützt, beispielsweise Handys, mobile Geräte wie Blackberry usw., ohne dass die Programmierung der Seiten angepasst werden muss.

- Adapter zur CSS-Unterstützung

  Statt mit konventionellem HTML unterstützen diese Adapter eigens dazu entwickelte CSS-Dateien (Cascading Style Sheets). CSS-Adapter sparen unter Umständen einiges an Platz, da statt aufwändiger Tabellen schlanke Kombinationen aus `<ul>`/`<li>`-Tags und Stilinformationen eingesetzt werden können.

> **HINWEIS**
>
> Mit ASP.NET 4 wurden allerdings einige Adapter übernommen und stellen nun das neue Standardverhalten dar, sodass der Bedarf an eigenen Adaptern nur noch selten besteht.

23.2.1 Die Klasse ControlAdapter

Um das beschriebene Verhalten zu ändern, muss ein Adapter eingesetzt werden. Der Adapter stammt von der Basisklasse `System.Web.UI.Adapters.ControlAdapter` ab. In jeder Phase des Lebenszyklus wird geprüft, ob ein externer Adapter zuständig ist und die entsprechende Phase unterstützt. Damit ist es möglich, dass Adapter nur Teile des Steuerelementverhaltens ändern. Einzig beim Sitzungsstatus wird das Verhalten nicht nur geändert, sondern in allen beteiligten Phasen ersetzt. Beispiele für Eingriffspunkte sind:

ControlAdapter einsetzen

- die Methode `OnInit`, um die Initialisierung zu ändern und
- die Methoden `Render` oder `RenderChildren`, um die Erzeugung des HTML zu ändern.

Es gibt mehr solche Eingriffsmöglichkeiten, aber die genannten sind typisch und meist ausreichend.

Die abstrakte Basisklasse hat die folgende Struktur:

```
public abstract class ControlAdapter
{
    protected ControlAdapter();
    protected HttpBrowserCapabilities Browser { get; }
    protected Control Control { get; }
    protected Page Page { get; }
    protected PageAdapter PageAdapter { get; }
    protected internal virtual void BeginRender(HtmlTextWriter writer);
    protected internal virtual void EndRender(HtmlTextWriter writer);
    protected internal virtual void LoadAdapterControlState(
                                        object state);
    protected internal virtual void LoadAdapterViewState(object state);
    protected internal virtual void OnInit(EventArgs e);
    protected internal virtual void OnLoad(EventArgs e);
    protected internal virtual void OnPreRender(EventArgs e);
    protected internal virtual void OnUnload(EventArgs e);
    protected internal virtual void Render(HtmlTextWriter writer);
    protected virtual void RenderChildren(HtmlTextWriter writer);
    protected internal virtual object SaveAdapterControlState();
    protected internal virtual object SaveAdapterViewState();
}
```

Tabelle 23.1 zeigt die Methoden und Eigenschaften. Mit diesen Informationen gelingt die Implementierung eines eigenen Adapters.

Tabelle 23.1 Die Basisklasse ControlAdapter und ihre Mitglieder

Mitglieder	Beschreibung
`Browser`	Referenz zu `HttpBrowserCapabilities` des Clients
`Control`	Das Steuerelement, mit dem der Adapter verbunden ist
`Page`	Seite, auf der dieses Steuerelement existiert

23 Gerätespezifische Anpassung

Mitglieder	Beschreibung
`PageAdapter`	Seitenadapter (`System.Web.UI.Adapters.PageAdapter`) für die Seite
`BeginRender`	Wird vor dem Rendern aufgerufen
`EndRender`	Wird nach dem Rendern aufgerufen
`CreateChildControls`	Erzeugt Kindelemente, wenn es diese gibt
`LoadAdapterControlState`	Lädt den Steuerelementstatus
`LoadAdapterViewState`	Lädt den Sitzungsstatus des Steuerelements
`OnInit`	Überschreibt `System.Web.UI.Control.OnInit`
`OnLoad`	Überschreibt `System.Web.UI.Control.OnLoad`
`OnPreRender`	Überschreibt `System.Web.UI.Control.OnPreRender`
`OnUnload`	Überschreibt `System.Web.UI.Control.OnUnload`
`Render`	Erzeugt den gesamten normalen Markup
`RenderChildren`	Rendert Kindelemente, die ihrerseits Render-Methoden haben
`SaveAdapterControlState`	Speichert den Steuerelementstatus
`SaveAdapterViewState`	Speichert den Sitzungsstatus des Steuerelements

WebControl-Adapter Für die Anpassung eingebauter Steuerelemente kann auch auf eine weitere Basisklasse zurückgegriffen werden, die das Render-Verhalten noch feiner beeinflusst: `System.Web.UI.WebControls.Adapters.WebControlAdapter`. Diese Klasse fügt die virtuellen Methoden `RenderBeginTag`, `RenderEndTag` und `RenderContents` hinzu. Sie hat folgenden Aufbau:

```
public class WebControlAdapter : ControlAdapter
{
    protected WebControl Control { get; }
    protected bool IsEnabled { get; }
    protected virtual void RenderBeginTag(HtmlTextWriter writer);
    protected virtual void RenderContents(HtmlTextWriter writer);
    protected virtual void RenderEndTag(HtmlTextWriter writer);
}
```

Die Eigenschaften und Methoden werden in Tabelle 23.2 beschrieben:

Tabelle 23.2 Die Mitglieder der Basisklasse WebControlAdapter

Mitglieder	Beschreibung
`Control`	Steuerelement vom Typ `WebControl`
`IsEnabled`	Zeigt an, ob das Element aktiviert ist
`Render`	Erzeugt das Markup
`RenderBeginTag`	Erzeugt das öffnende Tag
`RenderContents`	Erzeugt den Inhalt
`RenderEndTag`	Erzeugt das schließende Tag

Diese Klasse ist nicht abstrakt, sondern bereits die erste konkrete Implementierung. Durch die Kennzeichnung der Methoden mit `virtual` wird dennoch angezeigt, dass sie als Basisklasse eingesetzt werden soll. Im Framework werden einige weitere Adapter benutzt, die ihrerseits auf `WebControlAdapter` aufsetzen:

- `HierarchicalDataBoundControlAdapter`
- `DataBoundControlAdapter`
- `HideDisabledControlAdapter`
- `MenuAdapter`

Der `MenuAdapter` ist eine konkrete Implementierung für das `Menu`-Steuerelement. Mit `HierarchicalDataBoundControlAdapter` wird die virtuelle Methode `PerformDataBinding` eingeführt, die `Control.PerformDataBinding` aufruft, um die Datenbindung zu kontrollieren. Durch Überschreiben dieser Methode kann das Bindungsverhalten geändert werden. Der Adapter `HideDisabledControlAdapter` kann für jedes Steuerelement benutzt werden. Wird er angewendet, werden deaktivierte Steuerelemente nicht mehr gerendert.

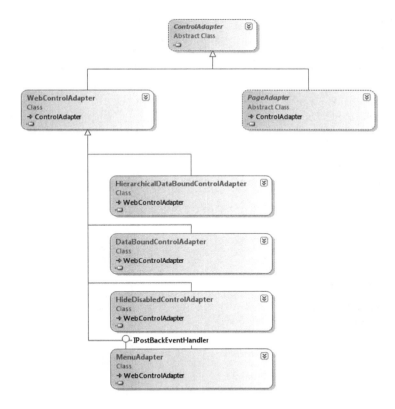

Abbildung 23.2 Klassendiagramm der Adapter

Die Basisklassen, die bereits konkrete Funktionen mitbringen, sind besonders geeignet, wenn nur einfache Modifikationen erforderlich sind.

23.2.2 Die Klasse PageAdapter

PageAdapter

Das Klassendiagramm zeigt auch eine Klasse `PageAdapter`. Seiten (`Page`) sind spezialisierte Steuerelemente, da auch sie von `Control` abstammen. Analog dazu gibt es einen speziellen Adapter für Seiten. Dieser hat mehr Möglichkeiten bezüglich des Steuerelemente- und Sitzungsstatus, sowie des allgemeinen Bindungsverhaltens.

Die Basisklasse wird nachfolgend gezeigt:

```
public abstract class PageAdapter : ControlAdapter
{
    public virtual StringCollection CacheVaryByHeaders { get; }
    public virtual StringCollection CacheVaryByParams { get; }
    protected string ClientState { get; }
    public virtual NameValueCollection DeterminePostBackMode();
    protected internal virtual string GetPostBackFormReference(
                            string formId);
    public virtual ICollection GetRadioButtonsByGroup(string groupName);
    public virtual PageStatePersister GetStatePersister();
    public virtual void RegisterRadioButton(RadioButton radioButton);
    public virtual void RenderBeginHyperlink(HtmlTextWriter writer,
                            string targetUrl,
                            bool encodeUrl,
                            string softkeyLabel);
    public virtual void RenderBeginHyperlink(HtmlTextWriter writer,
                            string targetUrl,
                            bool encodeUrl,
                            string softkeyLabel,
                            string accessKey);
    public virtual void RenderEndHyperlink(HtmlTextWriter writer);
    public virtual void RenderPostBackEvent(HtmlTextWriter writer,
                            string target,
                            string argument,
                            string softkeyLabel,
                            string text);
    public virtual void RenderPostBackEvent(HtmlTextWriter writer,
                            string target,
                            string argument,
                            string softkeyLabel,
                            string text,
                            string postUrl,
                            string accessKey);
    protected void RenderPostBackEvent(HtmlTextWriter writer,
                            string target,
                            string argument,
                            string softkeyLabel,
                            string text,
                            string postUrl,
                            string accessKey,
                            bool encode);
    public virtual string TransformText(string text);
}
```

Tabelle 23.3 erläutert die Mitglieder der Klasse `PageAdapter`.

Tabelle 23.3 Mitglieder der Klasse PageAdapter zusätzlich zu ControlAdapter

Mitglieder	Beschreibung
`CacheVaryByHeaders`	Liste (`IList`) der Kopfzeilen, die den Cache beeinflussen

Mitglieder	Beschreibung
`CacheVaryByParams`	Liste (`IList`) der Parameter, die den Cache beeinflussen
`ClientState`	Status, bestehend aus Steuerelemente- und Sitzungsstatus
`DeterminePostBackMode`	Erkennt den PostBack-Modus
`GetPostBackFormReference`	Referenz zum Zurücksenden der Seite
`GetRadioButtonsByGroup`	Ermittelt alle Teile einer Gruppe von Optionsfeldern
`GetStatePersister`	Ermittelt den Seitenstatus-Persister
`RegisterRadioButton`	Registriert Optionsfelder zu einer Gruppe
`RenderBeginHyperlink`	Rendert den Beginn eines Hyperlink
`RenderEndHyperlink`	Rendert das Ende eines Hyperlink
`RenderPostBackEvent`	Rendert ein PostBack als Hyperlink (wie `LinkButton`)
`TransformText`	Transformiert Text für den Browser

Die Klasse `PageAdapter` unterstützt die Persistenzschicht und das Render-Verhalten für Steuerelemente, die mehrere andere Elemente umschließen. Das betrifft beispielsweise Gruppen von Optionsfeldern (`RadioButton`) und Hyperlinks. Für beide gibt es spezielle Methoden. Der Grund für die Optionsfelder liegt in der Steuerung der Gruppierung, die in HTML durch den Namen erfolgt, der normalerweise synchron mit der ID ist. ASP.NET erlaubt aber nur eindeutige IDs, sodass eine Trennung von Namen und ID erfolgen muss, was erst auf Seitenebene passieren kann. — Spezielle Methoden

Die Methode `GetStatePersister` ändert das Persistenzverhalten des Sitzungsstatus global. Die Methode kann auch auf der Seite selbst überschrieben werden – der Adapter hat aber eine weitreichendere Auswirkung, denn er kann für alle Seiten gelten. Das spart unter Umständen das Anlegen einer Basisklasse für Seiten. Das Speichern des ViewState auf anderem Wege als in einem versteckten Feld kann sinnvoll sein, wenn mobile Geräte mit geringer Bandbreite unterstützt werden sollen. — GetStatePersister

23.3 Gerätespezifische Filter

Gerätespezifische Filter erkennen bestimmte Client-Geräte und weisen den Seiten und Steuerelementen dann die passenden Adapter zu. Die Filter können auch über die Direktiven `@Page` und `@Control` kontrolliert werden. Ausgangspunkt der Zuweisung ist die Browserdefinitionsdatei. ASP.NET kennt bereits eine ganze Reihe von Standarddefinitionen, die in der folgenden Datei zu finden sind:

%SystemRoot%\Microsoft.NET\Framework\v4.0.30319\CONFIG\Browsers

Diese Datei wird benutzt, um ein Objekt vom Typ `HttpBrowserCapabilities` zu erstellen, dass die Eigenschaften des Clients enthält. Da die Definitionen eine Hierarchie bilden, wäre ein direkter Zugriff auf die Dateien mühevoll. Das Objekt liefert die bereits aggregierte Form.

23.3.1 Aufbau der Browserdefinitionsdatei

Der folgende Ausschnitt zeigt einige Definitionen für den Internet Explorer:

```
<browsers>
    <browser id="IE" parentID="Mozilla">
        <identification>
            <userAgent match="^Mozilla[^(]*\(([C|c]ompatible;\s*MSIE
(?'version'(?'major'\d+)(?'minor'\.\d+)(?'letters'\w*))(?'extra'[^)]*)"
/>
            <userAgent nonMatch="Opera|Go\.Web|Windows CE|EudoraWeb" />
        </identification>

        <capture>
        </capture>

        <capabilities>
            <capability name="browser"            value="IE" />
            <capability name="extra"              value="${extra}" />
            <capability name="isColor"            value="true" />
            <capability name="letters"            value="${letters}" />
            <capability name="majorversion"       value="${major}" />
            <capability name="minorversion"       value="${minor}" />
            <capability name="screenBitDepth"     value="8" />
            <capability name="type"               value="IE${major}" />
            <capability name="version"            value="${version}" />
        </capabilities>
    </browser>

    <browser id="IE5to9" parentID="IE">
        <identification>
            <capability name="majorversion" match="^[5-9]" />
        </identification>

        <capture>
        </capture>

        <capabilities>
            <capability name="activexcontrols"    value="true" />
            <capability name="backgroundsounds"   value="true" />
            <capability name="cookies"            value="true" />
            <capability name="css1"               value="true" />
            <capability name="css2"               value="true" />
            <capability name="ecmascriptversion"  value="1.2" />
            <capability name="frames"             value="true" />
            <capability name="javaapplets"        value="true" />
            <capability name="javascript"         value="true" />
            <capability name="jscriptversion"     value="5.0" />
            <capability name="msdomversion"
                value="${majorversion}${minorversion}" />
            <capability name="supportsCallback"   value="true" />
            <capability name="supportsFileUpload" value="true" />
            <capability name="supportsMultilineTextBoxDisplay"
                                                  value="true" />
            <capability name="supportsMaintainScrollPositionOnPostback"
                                                  value="true" />
            <capability name="supportsVCard"      value="true" />
            <capability name="supportsXmlHttp"    value="true" />
            <capability name="tables"             value="true" />
            <capability name="tagwriter"
                        value="System.Web.UI.HtmlTextWriter" />
```

23.3 Gerätespezifische Filter

```
            <capability name="vbscript"        value="true" />
            <capability name="w3cdomversion"   value="1.0" />
            <capability name="xml"             value="true" />
        </capabilities>
    </browser>
    ...
</browsers>
```

Ein Filter besteht immer aus zwei Teilen. Zuerst wird festgelegt, wie das Gerät erkannt wird. Dazu wird die Kopfzeile `User-Agent` ausgewertet. Mit Hilfe eines regulären Ausdrucks wird diese Kopfzeile untersucht und danach die am besten passende Definition ausgewählt. Die Einstellungen können auch einen `TextWriter` enthalten, der bereits das Render-Verhalten elementar beeinflusst. Manchmal reicht dies aus und die Entwicklung eines kompletten Adapters kann vermieden werden.

Filter

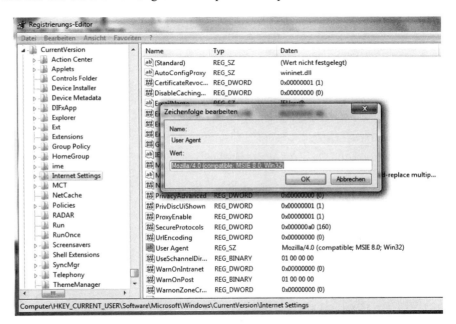

Abbildung 23.3 Einstellung des User-Agent für den Internet Explorer

Da der Inhalt der Kopfzeile `User-Agent` frei eingestellt werden kann, können Sie der Angabe nicht bedingungslos trauen. Zumindest sicherheitsrelevante Funktionen sollten sich darauf nicht stützen.

STOPP

23.3.2 Eigene Filter definieren

Wenn Sie private Definitionen benötigen, sollten Sie nicht die zentrale Datei ändern. Im Projekt wird ein spezieller Ordner *App_Browsers* unterstützt, in dem Sie eine oder mehrere *.browser*-Dateien hinterlegen können.

23 Gerätespezifische Anpassung

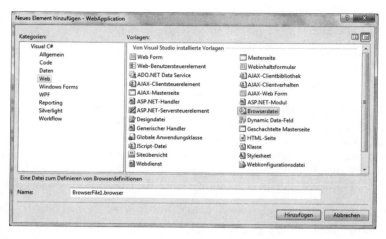

Abbildung 23.4 Hinzufügen der *.browser*-Datei zum Ordner *App_Browsers*

Der Aufbau dieser Datei gleicht dem der zentralen. Wichtig ist es hier, die Vererbung zu verstehen. Denn statt ein Gerät komplett selbst zu definieren, werden Sie in der Regel ein vorhandenes lediglich modifizieren.

Eine typische Datei wird im folgenden Listing gezeigt:

Listing 23.1 Typische Datei für einige Browser

```
<browsers>
    <browser id="NewBrowser" parentID="Mozilla">
        <identification>
            <userAgent match="Unique User Agent Regular Expression" />
        </identification>

        <capture>
            <userAgent match="NewBrowser (?'version'\d+\.\d+)" />
        </capture>

        <capabilities>
            <capability name="browser" value="My New Browser" />
            <capability name="version" value="${version}" />
        </capabilities>

    ❷  <controlAdapters markupTextWriterType="" ❸>
          ❶ <adapter adapterType=""
                      controlType="" />
        </controlAdapters>

    </browser>

    <browser refID="Mozilla">
        <capabilities>
            <capability name="xml" value="true" />
        </capabilities>
    </browser>
</browsers>
```

Der Typ ❶ im Tag `controlAdapters/adapter` ❷ stellt die Beziehung zwischen dem Adapter und seinem Steuerelement für dieses Filter her. Während `adapterType` von

`System.Web.UI.Adapters.ControlAdapter` stammen muss, gilt für `controlType` der Basistyp `System.Web.UI.Control`. Das Attribut `markupTextWriterType` ❸ definiert optional einen `TextWriter` zum Rendern ohne Adapter oder für den gewählten Adapter. Dieser Typ wird implizit instanziiert und dem Adapter übergeben.

Hier ein Beispiel für ein Standardsteuerelement:

```
<controlAdapters markupTextWriterType="System.Web.UI.XhtmlTextWriter" >
  <adapter controlType="System.Web.UI.WebControls.Menu"
           adapterType="System.Web.UI.WebControls.Adapters.MenuAdapter">
  </adapter>
</controlAdapters>
```

> **HINWEIS**
> Die Browserdefinitionen gelten nicht für bestimmte Einstellungen des Browsers. Es wird lediglich eine Beziehung zwischen dem User-Agent-Feld und den Möglichkeiten des Browser hergestellt. Was konkret ein Benutzer eingestellt hat, wird hier nicht untersucht.

23.4 Einen Steuerelementadapter entwickeln

Das folgende Beispiel zeigt die praktische Entwicklung eines Adapters.

23.4.1 Vorbereitung

Es werden dazu folgende Teile benötigt:

- Ein benutzerdefiniertes Steuerelement, dass ein eingebautes Steuerelement um zwei Eigenschaften erweitert. Benutzt wird dazu die `CheckBoxList`.
- Ein Adapter, der diese Eigenschaften nutzt, um das Verhalten zu ändern.
- Eine Seite zum Testen.
- Eine Datei *.browser* zur Zuweisung des Adapters zum Steuerelement.

23.4.2 Der Adapter

Das nächste Listing zeigt das Steuerelement. Die Idee besteht darin, die `CheckBoxList` dazu zu benutzen, statt der Kontrollkästchen Bilder anzuzeigen, die den Zustand der Elemente repräsentieren. Die Eigenschaften heißen `OnImage` und `OffImage` und verweisen auf eine Ressource für die jeweiligen Bilder.

`OnImage` wird benutzt, wenn das Kontrollkästchen aktiviert ist, `OffImage` wenn es deaktiviert ist. Das Steuerelement verhält sich mit dem Adapter weiter wie üblich, nur die Zustände sind nicht mehr änderbar – es ist ein „Nur-Lese"-Verhalten.

Listing 23.2 Das modifizierte Steuerelement

```
public class MyCheckBoxList : CheckBoxList
{
    [Browsable(true)]
    public string OffImage
    {
```

23 Gerätespezifische Anpassung

```
        get
        {
            if (ViewState["OffImage"] == null)
            {
                OffImage = "";
            }
            return (string)ViewState["OffImage"];
        }
        set
        {
            ViewState["OffImage"] = value;
        }
    }

    [Browsable(true)]
    public string OnImage
    {
        get
        {
            if (ViewState["OnImage"] == null)
            {
                OnImage = "";
            }
            return (string)ViewState["OnImage"];
        }
        set
        {
            ViewState["OnImage"] = value;
        }
    }
}
```

Damit bequem auf die Bilder zugegriffen werden kann, werden diese als Ressource im Projekt verpackt:

```
[assembly: WebResourceAttribute( ⤦
        "Hanser.Extensibility.Adapters.Resources.OnImage.png",
        "image/jpg")]
[assembly: WebResourceAttribute( ⤦
        "Hanser.Extensibility.Adapters.Resources.OffImage.png",
        "image/jpg")]
```

Das nächste Listing zeigt eine kleine Testseite; auf der das Steuerelement den Präfix `cc1` verwendet:

Listing 23.3 Eine einfache Testseite

```
<form id="form1" runat="server">
<div>
    <cc1:MyCheckBoxList ID="MyCheckBoxList1" runat="server" ⤦
                    ControlOrientation="Horizontal" ⤦
                    BackColor="Red" ForeColor="Blue">
    </cc1:MyCheckBoxList>
</div>
</form>
```

Der Code dahinter enthält nur eine rudimentäre Datenquelle. Die Eigenschaft `Selected` wird benutzt, um die Bildauswahl zu regeln. Mit `Selected=true` wird das Bild aus `OnImage` gewählt.

Listing 23.4 Code zum Erzeugen einer einfachen Datenquelle

```
public partial class _Default : System.Web.UI.Page
```

23.4 Einen Steuerelementadapter entwickeln

```csharp
{
    protected void Page_Load(object sender, EventArgs e)
    {
        if (!IsPostBack)
        {
            var lic = new List<ListItem>();
            lic.Add(new ListItem("Value 1", "1") { Selected = true });
            lic.Add(new ListItem("Value 2", "2") { Selected = false });
            lic.Add(new ListItem("Value 3", "3") { Selected = true });
            lic.Add(new ListItem("Value 4", "4") { Selected = false });
            MyCheckBoxList1.Items.AddRange(lic.ToArray());
        }
    }
}
```

Nun wird noch der Adapter selbst benötigt. Hier wird die Methode `Render` überschrieben, um die Ausgabe zu steuern.

Listing 23.5 Ein Adapter, der Bilder statt Kontrollkästchen erzeugt

```csharp
public class MyCheckBoxListAdapter :
            System.Web.UI.WebControls.Adapters.WebControlAdapter
{
    private MyCheckBoxList CheckBoxListControl
    {
        get
        {
            return ((MyCheckBoxList)Control);
        }
    }

    protected override void RenderBeginTag(
                    System.Web.UI.HtmlTextWriter writer)
    {
        writer.WriteLine();
        writer.WriteBeginTag("table");
        writer.Write(HtmlTextWriter.TagRightChar);
        writer.Indent++;
    }

    protected override void RenderEndTag(
                    System.Web.UI.HtmlTextWriter writer)
    {
        writer.WriteEndTag("table");
        writer.WriteLine();
        writer.Indent--;
    }

    protected override void RenderContents(
                    System.Web.UI.HtmlTextWriter writer)
    {
        switch (CheckBoxListControl.RepeatDirection)
        {
            case RepeatDirection.Horizontal:
                writer.WriteBeginTag("tr");
                writer.Indent++;
                writer.Write(HtmlTextWriter.TagRightChar);
                for (int i = 0;
                    i < CheckBoxListControl.Items.Count;
                    i++)
```

23 Gerätespezifische Anpassung

```
                    {
                       writer.WriteBeginTag("td");
            ❸          writer.Write(HtmlTextWriter.TagRightChar);
                       RenderCheckbox(writer, i);
                       writer.WriteEndTag("td");
                    }
                    writer.WriteEndTag("tr");
                    writer.Indent--;
                    break;
                case RepeatDirection.Vertical:
                    for (int i = 0;
                         i < CheckBoxListControl.Items.Count;
                         i++)
                    {
                       writer.WriteBeginTag("tr");
            ❸          writer.Write(HtmlTextWriter.TagRightChar);
                       writer.WriteBeginTag("td");
            ❸          writer.Write(HtmlTextWriter.TagRightChar);
                       RenderCheckbox(writer, i);
                       writer.WriteEndTag("td");
                       writer.WriteEndTag("tr");
                    }
                    break;
            }
        }

❶       private void RenderCheckbox(HtmlTextWriter writer, int i)
        {
            Image img = new Image();
            Label l = new Label();
            if (CheckBoxListControl.Items[i].Selected)
            {
    ❷          img.ImageUrl = Page.ClientScript.GetWebResourceUrl( ↵
                              this.GetType(),  ↵
                              String.Format( ↵
                    "Hanser.Extensibility.Adapters.Resources.{0}.png", ↵
                              CheckBoxListControl.OnImage));
                l.Text = String.Format("{0} (on) ",
                              CheckBoxListControl.Items[i].Text);
            }
            else
            {
    ❷          img.ImageUrl = Page.ClientScript.GetWebResourceUrl( ↵
                              this.GetType(), ↵
                              String.Format( ↵
                    "Hanser.Extensibility.Adapters.Resources.{0}.png", ↵
                              CheckBoxListControl.OffImage));
                l.Text = String.Format("{0} (off) ",
                              CheckBoxListControl.Items[i].Text);
            }
            img.ToolTip = CheckBoxListControl.Items[i].Value;
            img.RenderControl(writer);
            l.RenderControl(writer);
        }
    }
```

Das Steuerelement CheckBoxList unterstützt die Eigenschaft RenderDirection, um die Richtung festzulegen, in der die Elemente angeordnet werden. Dies wird hier unterstützt, weitere Funktionen jedoch aus Platzgründen und zur Wahrung der Übersichtlichkeit nicht. Die private Methode RenderCheckbox ❶ wird zur Erstellung

23.4 Einen Steuerelementadapter entwickeln

des Inhalts benutzt. Der Abruf der Ressourcen ❷ nutzt Standardfunktionen der Klasse `Page`. Ansonsten wird der `HtmlTextWriter` benutzt, um die umliegende Tabellenstruktur zu erstellen, in der die Bilder eingebettet sind ❸.

Die Klasse `HtmlTextWriter` bietet einige interessante Konstanten, die den Aufbau von Seiten mit HTML erleichtern. Diese können unabhängig davon benutzt werden, ob dieser `TextWriter` auch zum Schreiben eingesetzt wird.

Tabelle 23.4 Konstanten der Klasse HtmlTextWriter

Konstante	Zeichen	Beschreibung
`DefaultTabString`		Tabulator
`DoubleQuoteChar`	"	Anführungszeichen
`EndTagLeftChars`	</	Linker Teil eines schließenden Tags
`EqualsChar`	=	Gleichheitszeichen
`EqualsDoubleQuoteString`	=""	Gleichheitszeichen mit Anführungszeichen
`SelfClosingChars`	/	Schrägstrich nach einem Leerzeichen
`SelfClosingTagEnd`	/>	Rechter Teil eines selbst schließenden Tags
`SemicolonChar`	;	Semikolon
`SingleQuoteChar`	'	Apostroph
`SlashChar`	/	Schrägstrich
`SpaceChar`		Leerzeichen
`StyleEqualsChar`	:	Doppelpunkt (für Stildefinitionen)
`TagLeftChar`	<	Öffnende Tag-Klammer
`TagRightChar`	>	Schließende Tag-Klammer

Gründe, den HtmlTextWriter zu verwenden

Der `HtmlTextWriter` spielt eine große Rolle im Zusammenhang mit Adaptern. Wenn Sie sonst lange Zeichenketten zusammenbauen, werden Sie möglicherweise zuerst an den `StringBuilder` denken. Der `StringBuilder` ist meist schneller und einfacher zu benutzen. Der `HtmlTextWriter` hat jedoch entscheidende Vorteile. Zum einen sind da die bereits gezeigten Sonderzeichen, die immer wieder benötigt werden. Das spart Tipparbeit und damit Tippfehler. Der `HtmlTextWriter` schreibt außerdem den Text gleich mit passenden Einrückungen. In den meisten Fällen erleichtert dies zumindest die Fehlersuche. Komplexes HTML ist ohne Formatierung kaum lesbar und Adapter werden meist nicht eingesetzt, um triviale Aufgaben zu lösen. Weiterhin kann der `HtmlTextWriter` direkt in einen `Stream` schreiben, also auch in `Response.OutputStream`. Dies ist in der Tat der schnellste Weg, Ausgaben an den Webserver zu senden.

Vorteile

Es gibt auch Nachteile. Wenn ein eigener `HtmltextWriter` erstellt wird, muss im Hintergrund ein `StringWriter`/`StringBuilder`-Paar gehalten werden. Wie bei der Standardimplementierung ist dies eine „Nur-Schreib"-Kombination, sodass der lesende Zugriff nicht möglich ist. Dies ist effizient, aber schränkt die Nutzung manchmal unerwartet ein.

Nachteile

23.4.3 Konfiguration des Steuerelementadapters

Im Beispiel wird eine Datei *MyClient.browser* im Ordner *App_Browser* gespeichert, die folgende Struktur hat:

Listing 23.6 Konfigurationsdatei des Beispiels

```
<browsers>
  <browser refID="Default">
    <controlAdapters>
      <adapter
        adapterType="Hanser.Extensibility.Adapters.MyCheckBoxListAdapter"
        controlType="Hanser.Extensibility.Adapters.MyCheckBoxList" />
    </controlAdapters>
  </browser>
</browsers>
```

Das ist in der Tat alles, was erforderlich ist. Der Adapter kann nun benutzt werden. Da keine Auswahl eines Gerätefilters erfolgt, ist das Steuerelementverhalten global geändert.

Abbildung 23.5 Eine Checkboxlist aus Bildern

Das ist sicher nicht besonders beeindruckend, aber es ging hier nur darum, das Prinzip zu zeigen. Der Vorteil besteht darin, dass das Verhalten eines Steuerelements geändert wurde, ohne das Steuerelement selbst anzufassen.

23.5 Einen Seitenadapter entwickeln

Ein `PageAdapter` ist wie ein `ControlAdapter` der beste Weg, entweder die Ausgabe oder das Verhalten einer Seite zu ändern, ohne diese im Markup oder Code anzupassen. Die Seite selbst nutzt den Seiten- und Sitzungsstatus und unterstützt die Steuerelemente bis hin zur Aggregation als vollständige Seite.

Der Einsatz unterscheidet sich vom Prinzip her nicht von den Steuerelementadaptern. Das folgende Beispiel zeigt eine sehr einfache Version.

23.5.1 Beispieladapter

Der `PageAdapter` benötigt weder eine spezielle Seite noch ein Steuerelement. Er muss nur „da sein" und konfiguriert werden. Zuerst soll ein Adapter gezeigt wer-

23.5 Einen Seitenadapter entwickeln

den, der seinen eigenen Inhalt in lesbarer Form am Ende der Seite wieder ausgibt. Damit ist eine bequeme Kontrolle des Quelltextes möglich.

Listing 23.7 Ein sehr einfacher PageAdapter zur Quelltextausgabe

```
public class SourcePageAdapter : PageAdapter
{
    protected override void EndRender( ↵
                         System.Web.UI.HtmlTextWriter writer)
    {
        StreamReader sr = File.OpenText( ↵
                     this.Page.Server.MapPath( ↵
                     this.Page.Request.Url.LocalPath));
❷       writer.WriteFullBeginTag("pre");
❶       this.Page.Server.HtmlEncode(sr.ReadToEnd(), writer);
        sr.Close();
❷       writer.WriteEndTag("pre");
        base.EndRender(writer);
    }
}
```

Der Adapter greift auf die Definition der Seite selbst zu und hängt den Inhalt an die Ausgabe an – freilich kodiert ❶, sodass er sichtbar wird. Das Ganze wird noch in `<pre>`-Tags verpackt, um besser lesbar zu sein ❷.

> Das Beispiel schreibt den Text nach dem regulären Inhalt, also nach dem schließenden `<html>`-Tag. Da ist nicht HTML-konform, wird aber von den meisten Browsern akzeptiert.

STOPP

Abbildung 23.6 zeigt den Effekt:

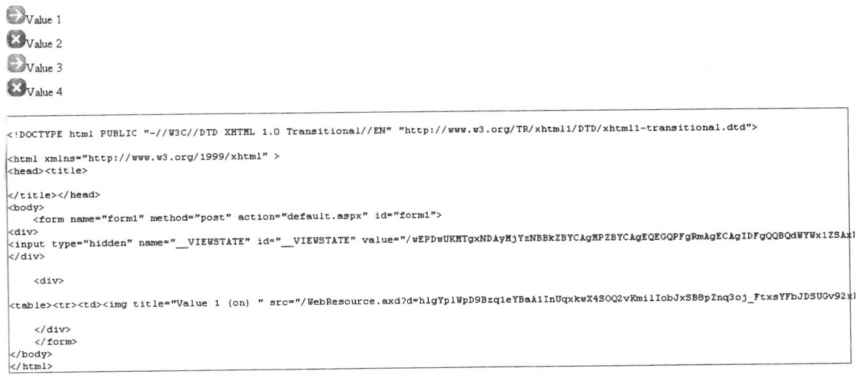

Abbildung 23.6 Die Seite aus dem letzten Beispiel mit den angehängten Daten

Es verbleibt nur noch die Aktivierung in der Konfiguration.

23.5.2 Konfiguration des Seitenadapters

Im Beispiel wird eine Datei *MyClient.browser* im Ordner *App_Browser* gespeichert. Diese Datei hat folgende Struktur:

1041

Listing 23.8 Konfiguration eines Seitenadapters

```
<browsers>
  <browser refID="Default">
    <controlAdapters>
      <adapter
          adapterType="Hanser.Extensibility.Adapters.SourcePageAdapter"
          controlType="System.Web.UI.Page" />
    </controlAdapters>
  </browser>
</browsers>
```

Das ist schon alles. Das Beispiel aktiviert den Adapter allerdings für alle Clients. Sie könnten dies leicht erweitern, indem Sie einen zum Testen benutzten Browser um eine bestimmte Kennung in der `User-Agent`-Kopfzeile ergänzen und nur auf diese reagieren. Dann erhält ein Browser der Testumgebung die Seiten mit Quelltext, alle anderen aber nicht. Das ist gut geeignet, um in einer Produktionsumgebung zu testen.

24 Handler und Module

In diesem Kapitel finden Sie eine umfassende Darstellung der elementaren Erweiterungstechniken – Module und Handler. Beide Methoden sind eng mit der Verarbeitungspipeline in ASP.NET und den IIS verbunden.

Behandelt werden hier Themen wie:

- Die verfügbaren internen Module
- Wie Sie eigene Module erstellen
- Die verfügbaren internen Handler
- Eigene Handler für synchrone und asynchrone Verarbeitung
- Handler und Module testen und debuggen

24.1 Module, Handlers und die IIS

Die IIS sind modular erweiterbar. Diese Erweiterungsschnittstelle lässt sich in zwei Kategorien teilen:

Erweiterungsschnittstelle

- Module
- Handler

Ähnlich, wie die in früheren Versionen der IIS üblichen ISAPI-Filter, partizipiert ein Modul an jeder eintreffenden Anforderung. Damit ist es möglich, die an den Client gesendeten Inhalte nachträglich zu erweitern oder zu ändern. Auch die eintreffenden Anfragen lassen sich global einer Verarbeitung unterziehen. Typisch sind die eingebauten Module zur Authentifizierung, Kompression des Ausgabedatenstroms und Protokollierung. Ein Modul basiert auf einer Implementierung der Schnittstelle `System.Web.IHttpModule`. Die damit erzeugten Methoden erlauben den Eingriff in die Verarbeitungspipeline.

ISAPI-Filter

Im Gegensatz dazu entsprechen Handler den ISAPI-Erweiterungen in früheren IIS-Versionen. Handler sind für spezifische Anforderungen zuständig, beispielsweise liefert ASP.NET einen Handler für die Verarbeitung von *.aspx*-Seiten – die Klasse

ISAPI-Erweiterungen

`PageHandlerFactory`. Davon gibt es sogar zwei Versionen, da in den IIS die Laufzeitumgebung von .NET 2.0 oder die von .NET 4 gewählt werden kann. Der wesentliche Unterschied zwischen Modulen und Handlern ist die Tatsache, dass Handler an einen bestimmten Pfad bei der Anforderung von Ressourcen gebunden sind. Dies kann ein vollständiger Pfad, eine Datei oder auch nur eine Dateierweiterung sein. Darüber hinaus kann die Zuständigkeit für bestimmte HTTP-Befehle gelten, beispielsweise nur für POST oder nur für GET. Handler sind Implementierungen der Schnittstellen `System.Web.IHttpHandler` oder `System.Web.IHttpAsyncHandler`.

Bei der Entwicklung von Erweiterungen für ASP.NET und die IIS müssen Sie also zuerst entscheiden, ob für das zu lösende Problem ein Modul oder besser ein Handler entwickelt werden soll. Es gibt üblicherweise keine Aufgabe die beides erfordert. Als Faustformel gilt, dass Aufgaben für bestimmte Dateiarten, wie *.png, besser von Handlern erledigt werden. Allgemeine Aktionen, die alle Anforderungen betreffen, werden idealerweise von Modulen verarbeitet.

Konkret heißt das, dass für die dynamische Erzeugung von Bildern ein Handler benötigt wird. Um jeder Seite eine Fußzeile hinzuzufügen, käme eher ein Modul in Betracht.

24.2 Module

In diesem Abschnitt werden Module vorgestellt. Neben den internen Modulen wird die Verknüpfung mit den IIS7 gezeigt. Es werden dann typische Beispiele für eigene Anwendungen vorgestellt.

24.2.1 Module und die IIS7-Architektur

IIS7

Die tiefe Integration von ASP.NET mit den IIS7 wurde bereits mehrfach angesprochen. Module sind ein Ausdruck des Wandels von der monolithischen Architektur hin zu einem modularen System – nomen est omen.

Module sind praktisch die Funktionen, die den Webserver ausmachen. Alle Module haben eine spezifische Aufgabe rund um ihre „Primärfunktion" – die Verarbeitung der Anfrage. Dies kann einfach oder kompliziert sein, vor allem, wenn die Anfrage nicht nur eine statische Ressource betrifft. Denken Sie an die bereits fertig integrierten Module wie Authentifizierung, Kompression oder die Verwaltung des Caches.

Unter der Annahme, dass die primäre Plattform IIS7[36] ist, können Sie alle Module in zwei große Bereiche teilen:

- Native Module
- Verwaltete Module

---

[36] Damit sind hier immer auch die IIS 7.5 gemeint.

24.2.2 Native Module

Native Module sind für die grundlegenden Aufgaben des Webservers verantwortlich. Es gibt aber weitere Module, die weniger offensichtliche Aufgaben übernehmen. Es ist abhängig von der Installation und Konfiguration, welche Module vorhanden und aktiv sind. Sie sollten sich mit den integrierten nativen Modulen insoweit auseinandersetzen, um zu wissen, welche es gibt und welche Aufgaben diese übernehmen. Damit wird vor allem vermieden, dass bei bestimmten Problemen und Aufgabenstellungen Code neu entwickelt wird, für den die Anpassung bestehender Teile ausreichend wäre.

Die IIS7 liefern folgende Basisfunktionen, programmiert in nativem Code: — Basisfunktionen

- HTTP-Module
- Sicherheits-Module
- Inhalts-Module
- Kompressions-Module
- Cache-Module
- Module zur Protokollierung und Diagnose
- Module zur Integration verwalteter Module

In der folgenden Liste sind alle konkreten Module zu finden. Soweit dort kein anderer Pfad angegeben ist, finden Sie die DLLs der Module hier: — Pfad zu den nativen Modulen

`%WinDir%\System32\InetSrv`

HTTP-Module

Die HTTP-Module verarbeiten Anforderungen, die per HTTP eintreffen.

Tabelle 24.1 HTTP-Module

Modul-Name	DLL	Beschreibung
CustomErrorModule	Custerr.dll	Behandelt HTTP-Fehler und sendet kundenspezifische Informationen.
HttpRedirectionModule	Redirect.dll	Unterstützt Weiterleitungsoperationen.
ProtocolSupportModule	Protsup.dll	Unterstützt HTTP-spezifische Aktionen, wie Kopfzeilen und Weiterleitungen.

Sicherheits-Module

Sicherheits-Module sind für Authentifizierung, Zertifikatverwaltung und andere Sicherheitsfunktionen zuständig.

Tabelle 24.2 Sicherheits-Module

Modul-Name	DLL	Beschreibung
AnonymousAuthenticationModule	Authanon.dll	Verarbeitet die Authentifizierung anonymer Benutzer.

24 Handler und Module

Modul-Name	DLL	Beschreibung
BasicAuthenticationModule	Authbas.dll	Verarbeitet die Basisauthentifizierung
CertificateMapping-AuthenticationModule	Authcert.dll	Verarbeitet das Mapping von Zertifikaten unter Verwendung des Active Directory.
DigestAuthenticationModule	Authmd5.dll	Verarbeitet die Digest-Authentifizierung.
IISCertificateMapping-AuthenticationModule	Authmap.dll	Verarbeitet das Mapping von Zertifikaten unter Verwendung der IIS-Zertifikatverwaltung.
RequestFilteringModule	Modrqflt.dll	Verarbeitet Aktionen bezogen auf die Anforderung, wie die Filterung nach Kommandos (GET, POST), Dateierweiterungen oder unerlaubten Zeichen.
UrlAuthorizationModule	Urlauthz.dll	Verarbeitet die URL-Authentifizierung.
WindowsAuthenticationModule	Authsspi.dll	Verarbeitet die NTLM-Authentifizierung.
IpRestrictionModule	iprestr.dll	Beschränkt nach IP-Adressen

Inhalts-Module

Inhalts-Module organisieren die Beschaffung von speziellen Ressourcen und bearbeiten Aufgaben rund um aktive Inhalte. Dies umfasst beispielsweise so bekannte Schnittstellen wie das Common Gateway Interface (CGI).

Tabelle 24.3 Inhalts-Module

Modul-Name	DLL	Beschreibung
CgiModule	Cgi.dll	Führt CGI-Prozesse aus.
DefaultDocumentModule	Defdoc.dll	Liefert das Standarddokument, wenn kein Dokumente explizit angefordert wurde.
DirectoryListingModule	dirlist.dll	Listet den Inhalt eines Verzeichnisses auf.
IsapiModule	Isapi.dll	Hostet ISAPI-Erweiterungen, die als DLL vorliegen.
IsapiFilterModule	Filter.dll	Hostet ISAPI-Filter, die als DLL vorliegen.
ServerSideIncludeModule	Iis_ssi.dll	Verarbeitet Server Side Includes (SSI).
StaticFileModule	Static.dll	Verarbeitet statische Dateien.
FastCgiModule	iisfcgi.dll	Führt FastCGI-Prozesse aus, wird beispielsweise für PHP benötigt.

Kompressions-Module

Moderne Browser können komprimierte Datenströme in Echtzeit entpacken und darstellen. Sie können mit Kompressionsmodulen erheblich Bandbreite sparen, wenn große Datenmengen transparent transportiert werden sollen.

Tabelle 24.4 Kompressions-Module

Modul-Name	DLL	Beschreibung
DynamicCompressionModule	Compdyn.dll	Komprimiert Daten mit gzip.
StaticCompressionModule	Compstat.dll	Komprimiert statische Dateien.

Cache-Module

Cache-Module speichern dynamisch generierte Inhalte zwischen und entlasten so den Webserver.

Tabelle 24.5 Cache-Module

Modul-Name	DLL	Beschreibung
FileCacheModule	Cachfile.dll	Cached im Usermode auf Dateiebene.
HTTPCacheModule	Cachhttp.dll	Cached im Kernelmode im http.sys-Modul.
TokenCacheModule	Cachtokn.dll	Cached im Usermode Benutzerprinzipale.
UriCacheModule	Cachuri.dll	Cached im Usermode URL-Informationen.

Module zur Protokollierung und Diagnose

Es ist die Aufgabe des Webadministrators zu wissen, was im Inneren eines Webserver abläuft. Zwischen Ihrem Code und den wirklich ausgelieferten Daten liegt ein langer Weg. Tief in den IIS integrierte Module schaffen die nötige Transparenz.

Tabelle 24.6 Module zur Protokollierung und Diagnose

Modul-Name	DLL	Beschreibung
CustomLoggingModule	Logcust.dll	Lädt eigene Protokollmodule.
FailedRequestsTracingModule	Iisfreb.dll	Unterstützt die Verfolgung fehlgeschlagener Anforderungen.
HttpLoggingModule	Loghttp.dll	Leitet Statusinformationen an den Treiber http.sys weiter.
RequestMonitorModule	Iisreqs.dll	Verfolgt aktuell im Arbeitsprozess verarbeitete Anforderungen mit der Runtime Status and Control Application Programming Interface (RSCA).
TracingModule	Iisetw.dll	Berichtet an das Microsoft Event Tracing for Windows (ETW).

Module zur Integration verwalteter Module

Irgendwann findet ein Übergang von der nativen zur verwalteten Welt statt. Selbstredend sind auch dafür Module verantwortlich.

Tabelle 24.7 Integration der verwalteten Module

Modul-Name	DLL/Assembly	Beschreibung
ManagedEngine	Microsoft.NET\Framework\v2.0.50727\webengine.dll	Erlaubt die nahtlose Integration verwalteter Module in die Verarbeitungspipeline der IIS.
Configuration-ValidationModule	validcfg.dll	Prüft Konfigurationseinstellungen in der *web.config*, die Einfluss auf Handler und Module in den IIS haben.

24.2.3 Verwaltete Module

Native Module sind performant und bilden die unterste Ebene der Funktionen der IIS. Es ist allgemein nicht sinnvoll, native Module zu schreiben, denn dies ist aufwändig und riskant. Vergleichbare Funktionen auf verwalteter Ebene zu entwickeln ist das Maß aller Dinge. Microsoft hat deshalb eine ganze Reihe von Modulen bereits in .NET entwickelt und integriert und unterstreicht so den Anspruch, .NET zunehmend als Infrastrukturschicht zu etablieren.

Sicherheitsmodule

Die Definition finden Sie im Namensraum `System.Web.Security`.

Tabelle 24.8 Verwaltete Sicherheitsmodule der IIS7

Modul-Name	Klasse	Beschreibung
AnonymousIdentification	AnonymousIdentification-Module	Verwaltet anonyme Konten, beispielsweise für die Profilverwaltung.
DefaultAuthentication	DefaultAuthentication-Module	Sichert die Existenz eines Authentifizierungskontexts.
FileAuthorization	FileAuthorizationModule	Prüft Berechtigungen für den Dateizugriff.
FormsAuthentication	FormsAuthentication-Module	Unterstützt die Forms-Authentifizierung.
RoleManager	RoleManagerModule	Verwaltet den Rollen-Prinzipal des Benutzers.
UrlAuthorization	UrlAuthorization-Module	Verwaltet den Zugriff auf ein URL unter Berücksichtigung von Mitgliedschaft und Rolle..
WindowsAuthentication	WindowsAuthentication-Module	Erzeugt das Windows-Identitätsobjekt für die Windows-Authentifizierung.

Cache-Module

Die Definition finden Sie im Namensraum `System.Web.Caching`.

Tabelle 24.9 Modul für die Cache-Verwaltung

Modul-Name	Klasse	Beschreibung
OutputCache	OutputCacheModule	Untersützt den Seitencache.

Profil-Module

Die Definition finden Sie im Namensraum `System.Web.Profile`.

Tabelle 24.10 Modul für die Profil-Verwaltung

Modul-Name	Klasse	Beschreibung
Profile	ProfileModule	Verwaltet anonyme und benutzerorientierte Profile.

Sitzungsmodule

Die Definition finden Sie im Namensraum `System.Web.SessionState`.

Tabelle 24.11 Sitzungsmodule in verwaltetem Code (Teil der IIS7)

Modul-Name	Klasse	Beschreibung
Session	SessionStateModule	Verwaltet Sitzungsdaten.

URL-Module

Die Definition finden Sie im Namensraum `System.Web`.

Tabelle 24.12 URL-Module in verwaltetem Code (Teil der IIS7)

Modul-Name	Klasse	Beschreibung
UrlMappingsModule	UrlMappingsModule	Verwaltet das Mapping von internen auf externe URLs..

Mit dieser umfassenden Liste von Modulen, mag es seltsam erscheinen, über eigene Module nachzudenken. Es ist richtig, zuerst zu untersuchen, ob nicht die eingebauten Möglichkeiten für die Lösung des Problems ausreichend sind. Wenn jedoch sehr spezielle Ansprüche zu erfüllen sind, ist das Schreiben eines eigenen Moduls ein guter Weg, ASP.NET an der richtigen Stelle zu erweitern.

Eigene Module?

24.2.4 Basisimplementierung

Das folgende Listing zeigt eine – zunächst noch funktionslose - Basisimplementierung:

Beispiel

Listing 24.1 Basisimplementierung eines Moduls (mit Originalkommentaren)

```
using System;
using System.Web;

namespace Hanser.HttpModules
{
    public class DirListModule : IHttpModule
    {
        /// <summary>
```

```
            /// You will need to configure this module in the web.config
                file
            /// and register it with IIS before being able to use it.
            /// For more information
            /// see the following link: h
                http://go.microsoft.com/?linkid=8101007
            /// </summary>
            #region IHttpModule Members

            public void Dispose()
            {
                //clean-up code here.
            }

            public void Init(HttpApplication context)
            {
                // Below is an example of how you can handle LogRequest
                // event and provide
                // custom logging implementation for it
                context.LogRequest += new EventHandler(OnLogRequest);
            }

            #endregion

            public void OnLogRequest(Object source, EventArgs e)
            {
                //custom logging logic can go here
            }
        }
    }
```

Dies ist ein Muster, das als Struktur für die folgenden Beispiele benutzt wird.

24.2.5 Ein Modul erstellen

Alle Anforderungen werden durch die Verarbeitungspipeline geleitet und eine Anzahl Ereignisse wird vom `HttpApplication`-Objekt ausgelöst. Diese Ereignisse werden automatisch in *global.asax* als Instanz der Applikation bereit gestellt. Module agieren ebenso als Teil der Pipeline, sind aber universell und werden durch Konfiguration platziert.

Konfiguration eines Moduls

Konfiguration

Module werden in Klassen definiert und meist in einer separaten Assembly untergebracht. Sie können selbst wieder Ereignisse der Pipeline empfangen. Es ist möglich, mehrere Module nacheinander aufzurufen, wobei die Reihenfolge der Definition die Reihenfolge des Aufrufs bestimmt.

Wie meist kommt auch hier die Datei *web.config* zum Einsatz:

Listing 24.2 Registrieren eines Moduls in der web.config

```
  <system.web>
    <httpModules>
        <add name= "MyModule"
            ❶ type="Hanser.HttpModules.Modules,MyModule" />
    </httpModules>
  </system.web>
</configuration>
```

24.2 Module

Der Typ im Attribut `type` ❶ benötigt den vollqualifizierten Namen einer Assembly.

Module empfangen jede eingehende Anfrage und agieren, indem sie auf bestimmte Ereignisse reagieren. Welche das sind, können Sie frei festlegen. Damit kann ein Modul an allen Punkten der Pipeline agieren – vor oder nach dem Rendern der Seite. Viele Funktionen in ASP.NET, wie die Authentifizierung und Sitzungsverwaltung, sind selbst als Module ausgeführt. Allerdings können Sie deren Aufrufreihenfolge nicht ändern – die Authentifizierung steht beispielsweise immer am Anfang.

Beispiel – Ein einfaches Modul zur Authentifizierung

Das erste Beispiel zeigt ein einfaches Authentifizierungsmodul. Zur Implementierung wird die Schnittstelle `IHttpModule` benutzt, die zwei Methoden kennt: `Init` und `Dispose`.

Die Parameter umfassen das Objekt `HttpApplication`, womit Zugriff auf die Ereignisse besteht. Ebenso steht mit `HttpContext` der aktuelle Kontext der Anfrage zur Verfügung.

Das nächste Listing zeigt die Umsetzung:

Listing 24.3 Ein einfaches Authentifizierungsmodul

```
public class BasicAuthCustomModule : IHttpModule
{
  public void Init(HttpApplication application)
  {
    application.AuthenticateRequest +=
       new EventHandler(this.OnAuthenticateRequest);
  }

  public void Dispose() { }

  public void OnAuthenticateRequest(object source, EventArgs eventArgs)
  {
    HttpApplication app = (HttpApplication) source;
    HttpContext Context = HttpContext.Current; ❶
    // hier folgt privater Code
  }
}
```

Über `HttpContext` ❶ stehen auch die Objekte `Response` und `Request` zur Verfügung. Das heißt nicht, dass hier immer alles erreichbar ist. Zum Zeitpunkt des Ereignisses `AuthenticateRequest` sind beispielsweise noch keine Sitzungsdaten verfügbar. Der eigentliche Authentifizierungscode wurde nicht ausprogrammiert, da er für das Verständnis der Modul-Programmierung nicht von Bedeutung ist.

Init

Sie können beliebig viele Ereignisse hier benutzen. Allerdings haben Module direkten Einfluss auf die Systemleistung – jede Anfrage durchläuft alle Module. Trennen Sie deshalb die Logik in mehrere Module und aktivieren Sie nur die wirklich benötigten. Verlassen Sie ein Modul so schnell wie möglich, wenn es die erforderlichen Aktionen erlauben.

24 Handler und Module

STOPP Module arbeiten tief in der Pipeline. Bestimmte Methoden können dazu führen, dass die Pipeline stoppt. Die Methodenaufrufe `Response.End` und `Application.CompleteRequest` beenden die Anfrage und geben die Kontrolle sofort wieder an den Webserver zurück. Nachfolgende Module werden dann nicht mehr ausgeführt. Achten Sie darauf, die Pipeline durchlaufen zu lassen, und geben Sie über den Kontext Informationen mit, um nachfolgende Module darüber zu informieren, dass bestimmte Ereignisse eingetreten sind und die Ausführung möglicherweise nicht erforderlich ist.

Dispose

Die Methode `Dispose` dient dazu, benutzte Ressourcen freizugeben. Wenn nichts aufzuräumen ist, lassen Sie die Methode leer.

Beispiel – Anfragen auf Kopfzeilen untersuchen

Das folgende Beispiel sucht nach einer bestimmten Kopfzeile, dem `Referer`.

HINWEIS Das Wort heißt eigentlich Referrer, wurde aber irgendwann falsch geschrieben in eine RFC aufgenommen und geistert so immer noch als Name der Kopfzeile durch die Computerwelt.

Damit wird vom Browser angezeigt, von welcher Seite ein Link zur aktuellen Anfrage geführt hat. Der Wert ist nicht zwingend in HTTP vorgeschrieben, sodass die Auswertung berücksichtigen muss, dass ein Browser hier nichts liefert.

Listing 24.4 Ein Modul, das nach der Kopfzeile „Referer" sucht

```
public class ReferrerModule : IHttpModule
{
    #region IHttpModule Members

    public void Dispose()
    {
        //clean-up code here.
    }

    public void Init(HttpApplication context)
    {
        context.PreRequestHandlerExecute +=
            new EventHandler(context_PreRequestHandlerExecute);
    }

    void context_PreRequestHandlerExecute(object sender, EventArgs e)
    {
        HttpApplication app = (HttpApplication)sender;
        HttpRequest request = app.Context.Request;
        if (!request.Url.LocalPath.EndsWith("Default.aspx"))
        {
            if (String.IsNullOrEmpty(request.Headers["Referer"]))
            {
                throw new HttpException(403,
                            "Bookmarking is not allowed");
            }
        }

    }

    #endregion
```

24.2 Module

}

Um diesen Code zum Laufen zu bekommen, wird angenommen, dass eine Seite *Default.aspx* vorhanden ist. Von dort führt ein Link auf eine andere Seite derselben Applikation.

Gehen Sie die folgenden Schritte durch, um das Modul zu testen:

1. Konfigurieren Sie die Datei *web.config*, um das Modul zu aktivieren.
2. Erzeugen Sie zwei Seiten, *Default.aspx* und *RefererTest.aspx*. *Default.aspx* hat einen Link auf *RefererTest.aspx*.
3. Kompilieren und starten Sie die Applikation über *Default.aspx*.
4. Klicken Sie den Link auf *Default.aspx*—die Seite *RefererTest.aspx* wird angezeigt.
5. Tragen Sie die Seite *RefererTest.aspx* in die Favoriten des Browsers ein.
6. Schließen Sie den Browser, öffnen Sie ihn erneut und laden Sie das Lesezeichen.
7. Drücken Sie F5, um die Seite erneut anzufordern.
8. Eine Ausnahme tritt auf und der Fehler 403 wird angezeigt.

Das Beispiel zeigt, wie Sie verhindert, dass Benutzer Lesezeichen mitten in die Applikation hinein legen. Das ist nicht unbedingt nett, hier mit einem HTTP-Fehler zu reagieren, aber es geht nur ums Prinzip.

Das könnten Sie freilich auch in der Seite selbst erreichen. Allerdings handelt es sich um eine elementare Operation, die besser auf einem elementaren Niveau zu erledigen ist. Außerdem agiert das Modul für jede Seite.

24.2.6 Interaktionen zwischen Modulen

Zwischen eigenen und eingebauten Modulen kann vielfältig interagiert werden. Um die internen Module zur Laufzeit zu erreichen, kann auf eine Liste der verfügbaren Module zugegriffen werden, wie im folgenden Beispiel gezeigt wird:

Listing 24.5 Informationen über Module ermitteln

```
public class SessionLogModule : IHttpModule
{
    #region IHttpModule Members

    public void Dispose()
    {
    }

    public void Init(❷ HttpApplication application)
    {
        HttpContext context = HttpContext.Current; ❶
        foreach (string key in application.Modules.AllKeys)
        {
            context.Response.Write(String.Format("{0}= {1} {2}<br>",
                key,
        ❸       application.Modules[key].GetType().IsPublic ? "public" :
                                                              "internal",
```

```
        ❸        application.Modules[key].GetType().AssemblyQualifiedName));
                }
        }

        #endregion
}
```

Der aktuelle Kontext wird hier benutzt ❶, um die Ausgabe auszugeben, während das Applikationsobjekt ❷ die Eigenschaft `Modules` ❸ bereitstellt, um alle geladenen Module zu ermitteln.

```
OutputCache= internal System.Web.Caching.OutputCacheModule, System.Web, Version=2.0.0.0, Culture=neutral, PublicKeyTok
Session= public System.Web.SessionState.SessionStateModule, System.Web, Version=2.0.0.0, Culture=neutral, PublicKeyToken=
WindowsAuthentication= public System.Web.Security.WindowsAuthenticationModule, System.Web, Version=2.0.0.0, Culture=net
FormsAuthentication= public System.Web.Security.FormsAuthenticationModule, System.Web, Version=2.0.0.0, Culture=neutral, P
PassportAuthentication= public System.Web.Security.PassportAuthenticationModule, System.Web, Version=2.0.0.0, Culture=neut
RoleManager= public System.Web.Security.RoleManagerModule, System.Web, Version=2.0.0.0, Culture=neutral, PublicKeyToke
UrlAuthorization= public System.Web.Security.UrlAuthorizationModule, System.Web, Version=2.0.0.0, Culture=neutral, PublicKey
FileAuthorization= public System.Web.Security.FileAuthorizationModule, System.Web, Version=2.0.0.0, Culture=neutral, PublicKe
AnonymousIdentification= public System.Web.Security.AnonymousIdentificationModule, System.Web, Version=2.0.0.0, Culture=n
Profile= public System.Web.Profile.ProfileModule, System.Web, Version=2.0.0.0, Culture=neutral, PublicKeyToken=b03f5f7f11d
ErrorHandlerModule= public System.Web.Mobile.ErrorHandlerModule, System.Web.Mobile, Version=2.0.0.0, Culture=neutral, P
ServiceModel= internal System.ServiceModel.Activation.HttpModule, System.ServiceModel, Version=3.0.0.0, Culture=neutral, Pu
ScriptModule= public System.Web.Handlers.ScriptModule, System.Web.Extensions, Version=3.5.0.0, Culture=neutral, PublicKey
SessionLogModule= public WebApplication.SessionLogModule, WebApplication, Version=1.0.0.0, Culture=neutral, PublicKeyTo
DefaultAuthentication= public System.Web.Security.DefaultAuthenticationModule, System.Web, Version=2.0.0.0, Culture=neutral,
```

Abbildung 24.1 In ASP.NET bereits fertig eingebaute Module

Damit besteht Zugriff auf Instanzen der Module, um deren Zustand zu ermitteln oder das Verhalten zu beeinflussen.

24.3 Module installieren und konfigurieren

Nach der Implementierung folgt die Konfiguration. Wenn Sie die Module als separate Assembly erstellen, nutzen Sie den Projekttyp KLASSENBIBLIOTHEK. Fügen Sie dort ein Element des Typs ASP.NET MODULE hinzu.

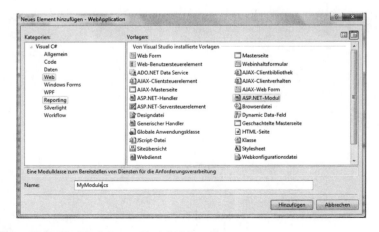

Abbildung 24.2 Ein Modul zum Projekt hinzufügen

24.3.1 Konfigurieren des Servers und der Entwicklungsumgebung

Um das Modul zu testen, konfigurieren Sie es in der Datei *web.config*:

```
<httpModules>
  <add name="ReferrerModule"
       type="Hanser.AspNetExtensibility.HttpModules.ReferrerModule "/>
</httpModules>
```

Diese Einstellung passt zu IIS5, IIS6 und IIS7 bzw. IIS7.5 im klassischen Modus. Die verfügbaren Parameter entnehmen Sie der folgenden Tabelle:

Tabelle 24.13 Optionen der Einstellungen des Elements httpModule

Attribut	Typische Werte	Beschreibung
name	Jede Zeichenkette	Der Name, der in der IIS-Managementkonsole erscheint
type	class, assembly	Der Typ, der das Modul definiert

24.3.2 Die IIS7/IIS7.5 konfigurieren

Für die IIS7 im integrierten Modus gilt folgender Abschnitt der *web.config*:

```
<system.webServer>
  <modules>
    <add name="ReferrerModule"
         type="Hanser.HttpHandler.ImageHandler" resourceType="File"
         requireAccess="Read" preCondition="integratedMode" />
  </modules>
</system.webServer>
```

Wenn Sie beide Einstellungen vornehmen, funktioniert das Modul bestens in der Entwicklungsumgebung und in den IIS7.

Tabelle 24.14 Optionen für die IIS7

Attribut	Typische Werte	Beschreibung
name	Jede Zeichenkette	Der Name, der in der IIS Managementkonsole erscheint
precondition	Zeichenkette	Bedingungen, unter denen das Modul geladen wird
type	class, assembly	Der Typ, der das Modul definiert

24.3.3 Konfiguration mit der IIS-Managementkonsole

Statt der *web.config*-Datei können Sie auch die IIS-Managementkonsole benutzen. Die Einstellungen werden nur in der *web.config* vorgenommen und Änderungen wirken sich auf die Konsole aus und umgekehrt.

Gehen Sie dazu folgendermaßen vor:

1. Öffnen Sie den INTERNET INFORMATION SERVICE MANAGER.
2. Öffnen Sie die Webapplikation.
3. Im Abschnitt IIS klicken Sie doppelt auf das Symbol MODULES.

24 Handler und Module

4. Klicken Sie VERWALTETES MODUL HINZUFÜGEN in der Aufgabenliste rechts.
5. Geben Sie die folgenden Werte im folgenden Dialog ein:
    a. Geben Sie dem Modul eine passenden Namen.
    b. Wählen Sie den Typ aus der Liste aus.
    c. Schließen Sie den Dialog mit OK.
6. Schließen Sie den Hauptdialog mit OK.

Die Änderungen werden sofort wirksam. Es ist kein Neustart erforderlich.

24.4 Http-Handler

Module arbeiten auf niedriger Ebene bezogen auf die Anforderungsverarbeitung. Dies umfasst oft verschiedene Arten von Anforderungen. Handler bedienen dagegen eine konkrete Art von Anforderungen, ausgewählt nach der Dateierweiterung, dem Pfad oder dem HTTP-Kommando.

24.4.1 Eingebaute Handler

Standard-Handler

Bevor Sie eigene Handler entwickeln, sollten Sie sich über die bereits vorhandenen klar werden:

- Page Handler (.aspx): Verarbeitet normale Webseiten
- User Control Handler (.ascx): Verarbeitet Benutzersteuerelemente
- Web Service Handler (.asmx): Unterstützt ASP.NET-Webdienste
- Trace Handler (trace.axd): Zeigt Trace-Informationen an
- Assembly Resource Loader (WebResource.axd): Lädt in Assemblies gespeicherte binäre Ressourcen
- Script Resource Handler (ScriptResource.axd): Lädt Skript-Ressourcen in Assemblies für die Benutzung in AJAX-Seiten
- Forbidden Handler (.config): Verhindert global den Zugriff auf jede Art von Konfigurationsdateien

Die Zuordnungen werden in den IIS definiert. Sie finden weitere Zuordnungen für Erweiterungen – wie *.xoml*, *.rem*, *.soap* und *.svc*, – die sich auf Windows Communication Foundation (WCF) und deren Vorgänger wie beispielsweise .NET-Remoting, beziehen. Diese werden hier jedoch nicht weiter betrachtet.

24.5 Synchrone Handler

IHttpHandler

Die Implementierung eines HTTP-Handlers ist sehr einfach. Durch die Verfügbarkeit des Objekts `HttpContext` sind sie jedoch enorm flexibel und leistungsfähig. Handler entstehen durch Implementierung der Schnittstelle `IHttpHandler`. Die

Schnittstelle bietet eine zentrale Methode, `ProcessRequest`, und eine Eigenschaft, `IsReusable`. Die asynchrone Version hat die dazu passende Aufsplittung der Methode `ProcessRequest` in `BeginProcessRequest` und `EndProcessRequest`. Dazu finden Sie mehr in Abschnitt „Asynchrone Handler".

Die Methode `ProcessRequest` wird mit jeder Anforderung aufgerufen, für die der Handler konfiguriert wurde. In dieser Methode wird die Anforderung dann komplett verarbeitet.

Die reguläre Verarbeitung der Seite basiert ebenso auf einem solchen Handler. Letztlich basieren große Teile von ASP.NET auf einem einzigen solchen Handler. Handler können also sehr einfach sein und kleine Aufgaben übernehmen, aber auch extrem umfangreich und erheblich zur Steigerung der Leistung und Funktionalität des Webservers beitragen.

24.5.1 Typische Szenarios mit HTTP-Handlern

Um die Möglichkeiten der Handler besser zu verstehen, ist ein Blick auf typische Anwendungsfälle hilfreich: *Szenarien*

- Dynamische Erzeugung von Bildern
- Wasserzeichen und Bilder einbetten, ohne die Bildquelle zu ändern
- „Formatierte" Ausgabe des Quellcodes einer Seite
- Dynamische Inhalte aus seiner Datenbank oder externen Quelle generieren
- Transformation anderer Formate wie XML nach HTML
- Ressourcen im Speicher aus einer Assembly extrahieren und ausliefern
- Umleitung von und nach SSL
- PingBack und TrackBack implementieren

Handler können auch asynchron implementiert werden. Dies erweitert die Möglichkeiten und Anwendungsfälle nochmals. Asynchrone Aufrufe steigern die Gesamtleistung des Servers, wenn innerhalb des Handlers langsame Datenquellen, Datenbanken oder das Dateisystem benutzt werden.

24.5.2 Vorbereitende Schritte

Die gesamte Welt eines Handlers dreht sich um eine einzige Methode, `ProcessRequest`. Sie wird folgendermaßen benutzt:

```
public void ProcessRequest(HttpContext context)
{
   context.Response.Write("Hello World");
}
```

Das `HttpContext`-Objekt erlaubt den direkten Zugriff auf `Request`-, `Response`-, `Session`- und `Cache`-Objekte. Damit stehen alle Basisfunktionen von ASP.NET zur Verfügung – sowohl die Daten der Anfrage als auch die Möglichkeit, eine komplette Antwort zu erzeugen. Die Hauptaufgabe des Handlers besteht dann auch darin, das `Response`-Objekt mit den Daten zu versorgen, die an den Client gesendet werden. Im Hintergrund arbeiten `ISAPIWorkerRequest` und sendet den Ausgabestrom an die IIS.

24.5.3 Einen Handler programmieren

IHttpHandler

Beginnen Sie zuerst mit einem sehr einfachen Handler. Dazu wird eine Klasse erstellt, die die Schnittstelle `System.Web.IHttpHandler` implementiert.

Neben der bereits erwähnten Methode `ProcessRequest` gibt es eine Eigenschaft – `IsReusable`. Diese Eigenschaft gibt einen Booleschen Wert zurück, der bestimmt, ob dieselbe Instanz für künftige Aufrufe erneut benutzt wird. Dies ist nicht leicht zu entscheiden. Wenn Sie private Mitgliedsvariablen verwenden, können sich diese in einem unklaren Zustand befinden. Denken Sie daran dass der Handler parallel von mehreren Threads aufgerufen werden kann. Solange Threads im Threadpool verfügbar sind, werden weitere Anforderungen zugelassen und parallel ausgeführt. Jeder Thread fordert eine neue Instanz des Handlers, auch wenn diese als wiederverwendbar gekennzeichnet ist. Der Handler ist – um dies klar zu sagen – weder statisch noch Singleton. Wenn die Anforderung fertig ist, verbleibt der Handler jedoch im Speicher und wird erneut benutzt, wenn die nächste Anforderung eintrifft. Dies spart die Zeit zur Instanziierung und verhindert unnütze Aufräumprozesse des Garbage Collectors. Abhängig von Last und Programmierung lassen sich schräge Effekte beobachten. Da die äußeren Bedingungen schwanken, sind solche Probleme schwer zu erkennen. Vor allem treten sie kaum in der Entwicklungsumgebung auf.

Threadsicherheit

Um nun stabile Handler zu erstellen, können Sie auf die Wiederverwendung generell zu verzichten. `IsReusable = false` ist eine Lösung. Allerdings keine allgemeine Gute. Denn damit ist der Vorteil, Zeit und Speicher zu sparen, passé. Die Wiederverwendung ist eigentlich der bessere Weg. Sie müssen nur den Handler passend programmieren. Eine Regel lautet, keine privaten Mitgliedsvariablen zu benutzen. Speichern Sie Daten während der Verarbeitung in lokalen Variablen oder im `HttpContext`-Objekt. Wenn Sie statische Variable benötigen, programmieren Sie threadsicher. Wenn Sie Mitgliedsvariablen benötigen oder nicht threadsicher arbeiten können, dürfen Sie den Handler nicht wiederverwenden.

IsReusable

Im Idealfall, bei korrekter Programmierung unter Verzicht der vorstehend nicht empfohlenen Techniken, sieht die Implementierung folgendermaßen aus:

```
public bool IsReusable
{
    get
    {
      return true;
    }
}
```

Der Rückgabewert der Eigenschaft sollte immer eine Konstante sein.

24.5.4 Der Einstiegspunkt in den Handler

ProcessRequest

Der Einstiegspunkt in den Handler ist immer die Methode `ProcessRequest`. Die durch `HttpRequest` über `HttpContext` repräsentierte Anfrage muss hier komplett verarbeitet und die Ausgabe, wenn vorhanden, an `HttpResponse` übergeben werden.

Die ASP.NET-Laufzeitumgebung ruft während der Verarbeitung des registrierten Handlers `ExecuteRequestHandler` auf. Dies ist der Übergabepunkt von der Pipeline an Ihren Handler, denn hier wird `ProcessRequest` aufgerufen.

Das folgende sehr einfache Beispiel soll auf eine Anfrage der folgenden Art reagieren:

- *http://myserver/page.time*

Um es nicht ganz so einfach zu machen, soll noch ein zusätzlicher Parameter ausgewertet werden:

- *http://myserver/page.time?utc=true*

Im ersten Fall wird die aktuelle Zeit geliefert, im zweiten Fall die UTC-Zeit:

Listing 24.6 Einfacher Handler, auf die Dateierweiterung *.time gemappt

```
public class TimeHandler : IHttpHandler
{
    #region IHttpHandler Members

    public bool IsReusable
    {
        get { return true; }
    }

    public void ProcessRequest(HttpContext context)
    {
        DateTime dt;
        string useUtc = context.Request.QueryString["utc"];
        if (!String.IsNullOrEmpty(useUtc) && useUtc.Equals("true"))
        {
            dt = DateTime.UtcNow;
        }
        else
        {
            dt = DateTime.Now;
        }
        context.Response.Write(
            String.Format("<html><body><h1>{0}</h1></body></html>",
                          dt.ToLongTimeString()
                          ));

    }

    #endregion
}
```

Der Handler wird an die Dateierweiterung *.time* gebunden. Damit führen alle URL mit diesem Parameter zu diesem Handler. Die Antwort ist eine kleine kompakte HTML-Seite. Wenn Sie bestimmte Clients adressieren, die möglicherweise andere Antworten verarbeiten können, lässt sich das leicht anpassen. Denken Sie daran, dass Sie die totale Kontrolle über den Ausgabedatenstrom haben.

24 Handler und Module

> **HINWEIS** UTC steht für Coordinated Universal Time (CUT), der Weltnormalzeit. Früher war dies Greenwich Mean Time (GMT). Die Abkürzung passt freilich nicht zum Namen, was manchmal zu Irritationen führt. Tatsächlich sind die Buchstaben im Französischen identisch, aber anders sortiert (TUC, temps universel coordonné). Als Kompromiss zwischen Englisch (CUT) und Französisch (TUC) wurde inoffiziell UTC genutzt und dies hat sich weitgehend etabliert.

Die Kollektion `HttpRequest.QueryString` wird benutzt, um den Parameter zu ermitteln. Die fertige Ausgabe wird mit `HttpResponse.Write` geschrieben.

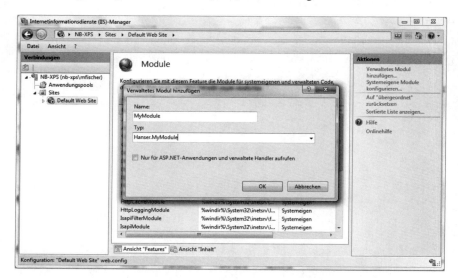

Abbildung 24.3 So wird der Handler in den IIS7 verknüpft

Die IIS7 erfordern keinen Neustart nach der Anmeldung des Handlers. Der Eintrag wird bei integrierter Pipeline in der *web.config* gespiegelt und die Änderung führt zum Neustart des Arbeitsprozesses, womit der Handler aktiviert wird.

24.5.5 Beispiele für typische Handler

Dieser Abschnitt zeigt einige typische Beispiele aufbauend auf dem gezeigten Muster.

Bildmanipulation

Ein typischer Einsatzfall ist die Manipulation von Bildern. Wie jede andere Ressource werden Bilder per GET-Anforderung vom Browser angefordert. Die Verarbeitung vieler Bilder mit unterschiedlichen Auflösungen kann eine Herausforderung sein, wenn die Bilder alle aus dem Dateisystem geholt werden. Stellen Sie sich einen Webshop mit tausenden Produkten und Produktbildern vor. Sie benötigen von jedem mehrere Varianten, für den Katalog ein kleines, für die Produktseite ein großes, für den Warenkorb ein Symbol. Die ständige Konvertierung ist aufwändig, nicht zuletzt, wenn sich Bilder häufig ändern. Auch das Hinzufügen eines Wasserzeichens ist typisch für Webshops, die andere daran hindern wollen, die mühevoll erstellten Produktbilder einfach zu kopieren.

Die dynamische Aufbereitung ist eine typische Aufgabe für einen Handler. Die Verknüpfung wird über die Dateierweiterung *.jpg* durchgeführt.

Listing 24.7 Mit dem Bild-Handler soll ein Wasserzeichen hinzugefügt werden

```
namespace Hanser.HttpHandler
{
  public class ImageHandler : IHttpHandler
  {
    #region IHttpHandler Members

    private const float FONTSIZE = 72F;
    private const string FONT = "Verdana";
    private const string TEXT = "Watermark";

    public bool IsReusable
    {
      get { return true; }
    }

    public void ProcessRequest(HttpContext context)
    {
      if ((Path.GetDirectoryName(
          context.Request.Url.AbsolutePath)).EndsWith("Images")) ❶
      {
          Bitmap img = (Bitmap) Bitmap.FromFile(
                       context.Server.MapPath( ❷
                       context.Request.Url.AbsolutePath));
          Graphics g = Graphics.FromImage(img);
          Brush b = new SolidBrush(Color.Silver);
          Font f = new Font(FONT, FONTSIZE);
          SizeF stringMeasure = g.MeasureString(TEXT, f); ❸
          float x, y;
          x = img.Width / 2 - stringMeasure.Width / 2;
          y = img.Height / 2 - stringMeasure.Height / 2;
          g.DrawString(TEXT, new Font(FONT, FONTSIZE), b, x, y);
        ❹ img.Save(context.Response.OutputStream, ImageFormat.Jpeg);
        ❺ img.Dispose();
      }
    }

    #endregion

  }
}
```

Der Handler prüft zuerst, ob eine Bilddatei aus einem bestimmten Verzeichnis angefordert wurde ❶. Die Verknüpfung im Beispiel erzwingt den Aufruf des Handlers für jedes Bild, deshalb muss diese Unterscheidung erfolgen. Der Handler liest dann das Bild vom lokalen Pfad ❷. Die Auflösung des Pfades erfolgt über `Server.MapPath`. Dann muss das Wasserzeichen erzeugt werden. Mit Hilfe der Methode `MeasureString` werden zuerst die Maße des Textes berechnet, um es sodann korrekt platzieren zu können ❸. Sie Save-Methode erzeugt dann den Datenstrom, der direkt in `Response.OutputStream` geschrieben wird ❹. Der Aufruf von Dispose ❺ ist empfehlenswert, weil Bild und Datenstrom intern erheblich Platz beanspruchen und viele aufeinanderfolgende Anforderungen die Serverressourcen stark belasten. Bei hoher Last würde der Garbage Collector die Aufräumvorgänge verzögern, was die Situation weiter verschärft. Mit dem erzwungenen Aufräumvorgang ist es dagegen möglich, sofort Platz zu schaffen.

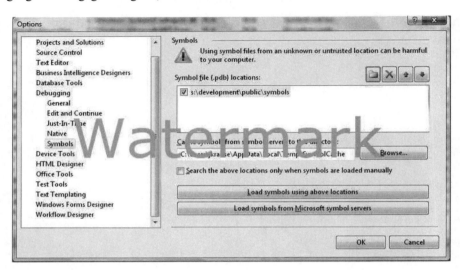

Abbildung 24.4 Das Wasserzeichen wurde hinzugefügt

Die Manipulation dynamischer Bilder ist flexibel und leistungsfähig. Der letzte Schritt besteht im Anmelden des Handlers.

24.5.6 Weitere Methoden der Verwendung von Handlern

Die Handler in ASP.NET erledigen viele Aufgaben, aber nicht alle denkbaren. Um spezielle Aufgaben zu erfüllen, müssen eigene Handler weitere Aufgaben übernehmen:

- Zugriff auf den Sitzungsstatus
- Umgang mit dynamischen Handlern in der Pipeline

Handler und der Sitzungsstatus

Sitzungsstatus

Handler sind Konstrukte auf niedrigem Niveau. Sie sind kritisch in Bezug auf die Systemleistung und wenn Sie schlecht geschrieben sind, mindern sie den Datendurchsatz deutlich. Auch wenn Handler asynchron programmiert werden können und so den Threadpool entlasten, ist es immer besser nach Wegen zu suchen, sie so schnell wie möglich zu machen. Um die Geschwindigkeit zu verbessern, erfolgt standardmäßig keine Aufbereitung von Sitzungsdaten. Die meisten Beispiele zeigen, dass der Zugriff auf Sitzungsdaten nicht erforderlich ist. Sollte es dennoch notwendig sein, kann diese Funktion explizit aktiviert werden. Dazu dienen zwei sogenannte Markierungsschnittstellen, die keine Mitglieder haben, sondern durch ihre Anwesenheit lediglich anzeigen, dass sich der betreffende Handler anders zu verhalten hat. Je nach Anwendung handelt es sich um die folgenden beiden Schnittstellen:

- IRequiredSessionState
- IReadOnlySessionState

Sie sollten die Variante wählen, die den geringsten Leistungsverlust bedeutet. Wenn nur ein lesender Zugriff auf die Daten erforderlich ist, wird die Schnittstelle `IReadOnlySessionState` benutzt. Sollen dagegen auch Sitzungsdaten geschrieben werden, ist `IRequiredSessionState` erforderlich. Dies entspricht dann dem Standardverhalten einer Seite und deren Seiten-Handler. Eine typische Deklaration für einen Handler sieht dann folgendermaßen aus:

```
public class TimeHandler : IHttpHandler, IRequiredSessionState
```

Die Sitzungsinformation wird über das ohnehin vorhandene Objekt `HttpContext` bereitgestellt. Ohne die Markierungsschnittstellen sind die Sitzungsdaten leer.

Zugriff auf die Verarbeitungspipeline mittels Context

Der Kontext der Seite – `HttpContext` – bietet durch drei Eigenschaften eine explizite Unterstützung für Handler:

- context.Handler
- context.PreviousHandler
- context.RemapHandler

Der Zugriff über die statische Methode `HttpContext.Current` erlaubt es damit, auch von anderen Teilen des Applikationscodes auf den aktuellen Handler zuzugreifen. Wenn ein Handler entscheidet, für die Anfrage zu zuständig zu sein und auf einen weiteren weiterleitet, entsteht eine Kette aus Handlern. Durch `PreviousHandler` kann auf den jeweils vorhergehenden der Kette – der wiederum seinen Vorgänger kennt – zugegriffen werden. Das Weiterleiten auf einen anderen Handler wiederum erfolgt mit der Methode `RemapHandler`. Dies dient vor allem der Abbildung komplexer oder dynamischer Szenarien und dürfte bei kleineren Alltagsprojekten kaum zutreffend sein. Das Beispiel im nächsten Listing zeigt die Anwendung:

Listing 24.8 Remapping zu einem anderen Handler

```
public class RemapHandlerDemo : IHttpHandler
{
    #region IHttpHandler Members

    public bool IsReusable
    {
        get { return true; }
    }

    public void ProcessRequest(HttpContext context)
    {
        IHttpHandler remapHandler = null;
        // Erkennt Anforderung nach der Dateiendung
        // und wechselt den Handler
        if ((Path.GetExtension(
            context.Request.Url.AbsolutePath)).Equals(".png"))
        {
            remapHandler = new ImageHandler();
```

```
        }
        else
        {
            // sonst wird der Standard-Handler benutzt
            string virtualPath = context.Request.Url.AbsolutePath;
            string filename = HttpContext.Current.Request.Path;
            remapHandler = ❶ PageParser.GetCompiledPageInstance(
                                    virtualPath, ⤶
                                    filename, context);
        }
        context.RemapHandler(remapHandler); ❷
    }

    #endregion
}
```

In diesem Beispiel sucht der Handler nach Anfragen mit der Dateierweiterung *.png*. Wenn diese erkannt werden, wird auf einen speziellen Handler zur Verarbeitung von Bildern umgeleitet. Das erfolgt mit `RemapHandler` ❷. Für jede andere Anforderung wird der Handler zur Seitenverarbeitung aufgerufen, der zuvor vom `PageParser` geholt wurde ❶. Dies ist sehr effektiv, falls eine derart beschränkte Sicht das Problem genau abbildet.

24.6 Asynchrone Handler

Synchrone Handler sind der Standardfall einer Erweiterung der IIS in ASP.NET. Aus Gründen der Leistung und um die Verarbeitung von Threads zu unterstützen, kann es sinnvoll sein, asynchrone Handler zu entwickeln.

24.6.1 Der Thread-Pool und asynchrone Handler

Thread-Pool

Die meisten Seiten verarbeiten Anfragen synchron. Handler sind standardmäßig synchron. Da Handler den Thread-Pool nutzen, um die nötigen Threads zur Verarbeitung zu beschaffen, sind lang andauernde Vorgänge in Handlern problematisch. Sie könnten irgendwann keine Threads mehr zur Verfügung haben und einen drastischen Einbruch der Systemleistung erleben.

In diesen Fällen bieten sich asynchrone Handler an. Um einen asynchronen Handler zu erstellen, muss zuerst die passende Schnittstelle `IHttpAsyncHandler` benutzt werden.

Listing 24.9 Definition der Schnittstelle IHttpAsynchHandler

```
public interface IHttpAsyncHandler : IHttpHandler
{
❶   IAsyncResult BeginProcessRequest(HttpContext ctx, ⤶
                                     AsyncCallback cb, ⤶
                                     object obj);
❷   void EndProcessRequest(IAsyncResult ar);
}
```

Die Schnittstelle folgt dem üblichen Schema für asynchrone Operationen. Sie hat eine Methode zum Start ❶ und zum Feststellen des Endes ❷ des Vorgangs. Normalerweise bieten Handler eine Methode `ProcessRequest`. Asynchrone Handler haben

24.6 Asynchrone Handler

dagegen die Methode `BeginProcessRequest`. In dieser Methode wird ein neuer Thread gestartet, der eine längere Zeit laufen kann. Der Thread aus dem Thread-Pool wird freigegeben. Die Methode kehrt sofort zurück und erzeugt ein Objekt vom Typ `IAsyncResult`. Wenn der private Thread nach längerer Zeit abgearbeitet ist, wird die Methode `EndProcessRequest` aufgerufen. Das beim Start erzeugte Objekt vom Typ `IAsyncResult` wird übergeben, sodass das Ende mit den Informationen vom Anfang parametrisiert werden kann. Hier können beispielsweise Aufräumvorgänge, das Schließen einer Datenbankverbindung und die Verarbeitung der Ergebnisse platziert werden.

Asynchroner Handler mit Delegat

Die Nutzung eines Delegaten ist der übliche Weg einen asynchronen Handler zu schreiben. Delegaten, deren `BeginInvoke`-Methode aufgerufen wurde, erzeugen implizit einen neuen Thread.

Delegat

Listing 24.10 Ein Handler mit IHttpAsyncHandler

```csharp
<%@ WebHandler Language="C#"
              Class="Hanser.Threading.AsyncHandlers.AsyncHandler" %>

using System;
using System.Web;
using System.Threading;
using System.Diagnostics;
using System.Reflection;

namespace Hanser.Threading.AsyncHandlers
{
    public delegate void ProcessRequestDelegate(HttpContext ctx);

    public class AsyncHandler : IHttpAsyncHandler
    {
      ❸ public void ProcessRequest(HttpContext ctx)
        {
            System.Threading.Thread.Sleep(2000); ❹
            ctx.Response.Output.Write(
                    "Async Delegate, Thread ID={0}",
                    AppDomain.GetCurrentThreadId());
        }

        public bool IsReusable
        {
            get { return true; }
        }

      ❶ public IAsyncResult BeginProcessRequest(HttpContext ctx,
                                                AsyncCallback cb,
                                                object obj)
        {
            ProcessRequestDelegate prg =
                new ProcessRequestDelegate(ProcessRequest);
            return prg.BeginInvoke(ctx, cb, obj); ❷
        }

      ❺ public void EndProcessRequest(IAsyncResult ar)
        {
```

24 Handler und Module

```
    }
  }
}
```

Rufen Sie diesen generischen Handler direkt im Browser auf, um ihn zu testen. Wenn Sie die lokalen IIS benutzen, sieht die Adresse etwa folgendermaßen aus:

- *http://localhost/Threading/AsyncThreadDelegate.ashx*

Der Prozess startet mit der Methode `BeginProcessRequest` ❶. Die Verarbeitung startet mit der Methode `BeginInvoke` ❷. Dies führt dann zum Aufruf von `ProcessRequest` ❸. Die `Sleep`-Methode ❹ simuliert eine langlaufende Abfrage, die lediglich Zeit kostet aber die CPU nicht belastet. Die `EndProcessRequest`-Methode ❺ enthält keinen Code, da hier nichts aufzuräumen ist.

Die Geschwindigkeit der Anwendung ändert sich gegenüber der synchronen Variante damit nicht. Die Threads parallelisieren zwar besser, was bei hoher Last sinnvoll sein kann, benutzen aber weiterhin denselben Thread-Pool. Damit ist die Gefahr, dass der Thread-Pool keine Threads mehr hat, noch nicht gebannt.

Asynchroner Handler mit eigene Threads

Eigene Threads

Die erweiterte Lösung nutzt die bereits kurz erwähnte Schnittstelle `IAsynchResult`. Sie ist folgendermaßen definiert:

Listing 24.11 Die Definition der Schnittstelle IAsyncResult

```
public interface IAsyncResult
{
  public object      AsyncState             { get; }
  public bool        CompletedSynchronously { get; }
  public bool        IsCompleted            { get; }
  public WaitHandle  AsyncWaitHandle        { get; }
}
```

Die nachfolgend gezeigte Implementierung hat noch zwei zusätzliche Eigenschaften. Zum einen eine Referenz zu `HttpContext` und zum anderen zum Rückrufobjekt. Die Rückrufmethode wird später aufgerufen, wenn die Verarbeitung komplett ist.

Das `AsyncState`-Objekt dient optional zum Festhalten privater Daten. `AsyncWaitHandle` gibt ein Objekt vom Typ `WaitHandle` zurück, das anzeigt, dass die Verarbeitung komplett ist. Die Eigenschaft `IsCompleted` zeigt an, dass die Verarbeitung beendet ist.

Listing 24.12 Die Implementierung der Schnittstelle IAsyncResult (Ausschnitt)

```
class AsyncRequestState : IAsyncResult
{

  internal HttpContext    _ctx;
  internal AsyncCallback  _cb;
  internal object         _data;
  private bool            _isCompleted;
  private ManualResetEvent _ completeEvent;

  public AsyncRequestState(HttpContext ctx,
                           AsyncCallback cb,
                           object data)
  {
     _ctx = ctx;
```

24.6 Asynchrone Handler

```
        _cb = cb;
        _data = data;
    }
    internal HttpContext CurrentContext
    {
        get
        {
          return _ctx;
        }
    }
    internal void CompleteRequest()  ❶
    {
        _isCompleted = true;
        lock (this)
        {
            if (_completeEvent!= null)
                _ completeEvent.Set();
        }
        // invoke registered callback, if any
        if (_cb != null)
            _cb(this);
    }

    public object AsyncState
    {
        get
        {
            return (_data);
        }
    }

    public bool CompletedSynchronously
    {
        get
        {
            return (false);
        }
    }

    public bool IsCompleted
    {
        get
        {
            return (_isCompleted);
        }
    }

    public WaitHandle AsyncWaitHandle
    {
        get
        {
            lock (this)
            {
                if (_completeEvent == null)
                    _ completeEvent = new ManualResetEvent(false);

                return _completeEvent;
            }
        }
```

        }
    }

Die Methode CompleteRequest ❶ wird benutzt, um das Ende des Vorgangs zu triggern. Damit kann EndProcessRequest explizit aufgerufen werden. Der nächste Schritt besteht in der Beschaffung eines neuen Threads. Hier wird der Status aus AsyncRequestState benötigt. Zur Übernahme von Daten wird die Methode ParameterizedThreadStart benutzt.

Der Handler selbst sieht ähnlich wie die bereits gezeigten aus. Er ist erneut als generischer Handler mit der Erweiterung .ashx definiert.

```
<%@ WebHandler Language="C#" ↵
               Class="Hanser.Threading.AsyncHandlers.CustomAsyncHandler"
%>
```

Die Methode ProcessRequest wird auch von der asynchronen Variante der Schnittstelle IHttpAsyncHandler verlangt, hier aber nicht benutzt. Die ganze Arbeit findet zwischen BeginProcessRequest und EndProcessRequest statt.

Listing 24.13 Die Implementierung des asynchronen Handlers

```
public class CustomAsyncHandler : IHttpAsyncHandler
{
    public void ProcessRequest(HttpContext ctx)
    {
        // nicht benutzt
    }

    public bool IsReusable
    {
        get { return false; }
    }

❶   public IAsyncResult BeginProcessRequest(HttpContext ctx, ↵
                                             AsyncCallback cb, ↵
                                             object obj)
    {
        AsyncRequestState reqState = ↵
                      new AsyncRequestState(ctx, cb, obj);
        ParameterizedThreadStart ts = new ↵
                      ParameterizedThreadStart(ProcessThread);
        Thread t = new Thread(ts);
        t.Start();

        return reqState;
    }

❷   public void EndProcessRequest(IAsyncResult ar)
    {
        AsyncRequestState ars = ar as AsyncRequestState;
        if (ars != null)
        {
            ars.CurrentContext.Response.Write("End Request reached");
        }
    }

    private void ProcessThread(object obj)
    {
        Thread.Sleep(2000);
        AsyncRequestState asr = obj as AsyncRequestState;
```

```
        asr.CurrentContext.Response.Output.Write(
                  "Async Thread, Thread ID = {0}",
                  AppDomain.GetCurrentThreadId());
        // Das Ende der Verarbeitung anzeigen
        asr.EndRequest();
    }

}
```

In Abbildung 24.5 wird gezeigt, wie die Verarbeitung erfolgt. Durch die Anfrage wird `BeginProcessRequest` aufgerufen ❶. Der Handler startet einen neuen Thread und der Thread-Pool wird sofort entlastet.

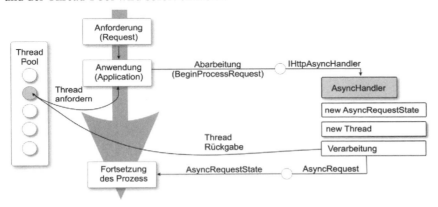

Abbildung 24.5 Erster Schritt der Prozessverarbeitung mit asynchronem Handler

Die Anfrage selbst wird im Speicher gehalten, bis der zweite Thread zurückkehrt. Die Verarbeitung selbst wird auch hier nicht schneller, sondern entlastet lediglich den Thread-Pool. Damit wird die Wahrscheinlichkeit geringer, dass bei hoher Last keine Abfragen mehr aus dem Thread-Pool bedient werden können und die Systemleistung drastisch sinkt. Der einzelne Benutzer profitiert davon nicht, sondern die Gesamtheit.

Im zweiten Schritt (siehe Abbildung 24.6) wird die Verarbeitung beendet. Das Ende wird über `EndRequest` angezeigt. Die Applikation wird benachrichtigt und die Anfrage weitergegeben. Vorher kann nochmals in `EndProcessRequest` auf die Anfrage selbst zugegriffen werden ❷.

24 Handler und Module

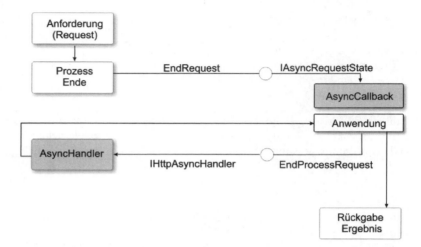

Abbildung 24.6 Zweiter Schritt bei der Nutzung des asynchronen Handlers

Denken Sie daran, dass auch der geringe Aufwand ein wenig Overhead erzeugt und die Abrufdauer des internen Threads dies rechtfertigen muss.

24.7 Handler installieren und konfigurieren

Um einen neuen Handler zu erstellen, wählen Sie die Projektvorlage ASP.NET HANDLER. Implementieren Sie den Handler, wie zuvor bereits beschrieben, in der einen oder anderen Variante. Nun muss der Handler noch installiert bzw. konfiguriert werden.

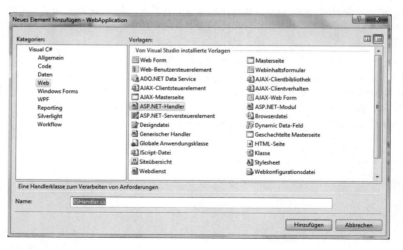

Abbildung 24.7 Handler einem Projekt hinzufügen

24.7 Handler installieren und konfigurieren

Solange der Handler im selben Projekt wie die Webapplikation erstellt wurde, ist das einfach. Gut strukturierte Projekte nutzen besser separate Assemblies für die Handler. Erstellen Sie dazu ein neues Projekt vom Typ KLASSENBIBLIOTHEK und fügen Sie den Handler dort ein. Diese Assembly muss nun konfiguriert werden. Dazu wird sie zuerst im Projekt der Webapplikation referenziert.

24.7.1 Konfigurieren des Servers und der Entwicklungsumgebung

Um den Handler zu nutzen, konfigurieren Sie ihn in der Datei *web.config*. Die passenden Einstellungen im Abschnitt `<system.web>` sehen etwa folgendermaßen aus:

Klassischer Mode

```
<httpHandlers>
  <add verb="GET" path="*.png" type="Hanser.HttpHandler.ImageHandler" />
</httpHandlers>
```

Diese Einstellungen gelten für IIS5, II6 und II7 im klassischen Modus. Die IIS7/7.5 im Pipeline-Modus bieten weitere Funktionen und andere Optionen, die im nächsten Abschnitt beschrieben werden.

Tabelle 24.15 Optionen der Einstellungen

Attribut	Typische Werte	Beschreibung
verb	GET, POST	HTTP-Verben, auf die reagiert werden soll
path	*.png	Pfad auf den der Handler reagieren soll
type	Assembly-Name	Typinformationen, die anzeigen, wo der Handler definiert wurde

24.7.2 Konfiguration der IIS7-Einstellungen

Für den IIS7 bieten sich andere Optionen an. Zuerst müssen Sie die Assembly auch hier referenzieren. In der *web.config* werden nun Einstellungen an anderer Stelle vorgenommen:

Integrierter Mode

```
<system.webServer>
  <handlers>
    <add name="ImageHandler" path="*.png" verb="GET"
        type="Hanser.HttpHandler.ImageHandler" resourceType="File"
        requireAccess="Read" preCondition="integratedMode" />
  </handlers>
</system.webServer>
```

Mit diesen Einstellungen funktioniert es nun in der Entwicklungsumgebung und zur Laufzeit. Die folgende Tabelle zeigt alle verfügbaren Optionen:

Tabelle 24.16 Einstellungen für den integrierten Modus

Attribut	Typische Werte	Beschreibung
verb	GET, POST	HTTP-Verben, auf die reagiert werden soll
path	*.png	Pfad, auf den der Handler reagieren soll
resourceType	File	Wenn „File", dann muss die Ressource existieren
scriptProcessor	ein Pfad	Pfad zur DLL, die den Handler enthält

Attribut	Typische Werte	Beschreibung
`requireAccess`	Script, Execute, None, Read	Art des Zugriffs auf die Ressource
`preCondition`	siehe Text	Bedingung, wann der Handler aktiviert werden darf. Wenn nicht zutreffend, wird der HTTP-Fehler 412 PRECONDITION FAILED gesendet
`type`	Assembly-Name	Typinformationen, die anzeigen, wo der Handler definiert wurde

Typische Werte für `preCondition` sind:

- `bitness32`, `bitness64`: Aktivieren des 32-Bit oder 64-Bit Modus
- `runtimeVersion1.1`, `runtimeVersion2.0`: Die erforderliche Laufzeitumgebung
- `classicMode`, `integratedMode`: Modus, in dem der IIS7 betrieben wird
- `managedHandler`: Der Handler muss in verwaltetem Code (.NET) geschrieben sein

24.7.3 Konfiguration mit der IIS-Managementkonsole

Managementkonsole

Die Einstellungen in der *web.config* können, wenn der integrierte IIS7-Pipelinemodus verwendet wird, auch mit der IIS-Managementkonsole vorgenommen werden. Änderungen in der *web.config* wirken sich auf die Konsolenanzeige aus und umgekehrt. Voraussetzung ist natürlich, dass die Applikation im IIS bereits erstellt wurde. Solange Sie sich nur in der Entwicklungsumgebung befinden, ist dieser Abschnitt nicht zutreffend.

Gehen Sie folgendermaßen vor, um die Einstellungen in der IIS-Managementkonsole vorzunehmen:

1. Öffnen Sie den Internet Information Service Manager.
2. Öffnen Sie das Web, das geändert werden soll.
3. Im Abschnitt IIS, klicken Sie doppelt auf HANDLER-ZUWEISUNGEN.
4. Klicken Sie in der Aufgabenliste rechts auf VERWALTETEN HANDLER HINZUFÜGEN.
5. Geben Sie im sich öffnenden Dialog folgendes ein:
    a. Als MAPPING-PFAD: *.time
    b. Wählen Sie den Handler aus der Liste.
    c. Geben Sie ihm einen passenden Namen.
    d. Klicken Sie auf EINSCHRÄNKUNGEN…
    e. Öffnen Sie den Reiter VERBEN.
    f. Geben Sie als Name eines Verbs „GET" ein
    g. Verlassen Sie den Dialog mit OK.
6. Verlassen Sie den Hauptdialog mit OK.

Der Handler ist sofort aktiv, ein Neustart ist nicht erforderlich.

24.7.4 Konfigurieren eines generischen Handlers

Generische Handler bieten eine weitere Konfigurationsfunktion an. Dies erfordert keinen Eingriff in die Datei *web.config*. Die Einstellungen erfolgen als Parameter der `@WebHandler`-Direktive.

@WebHandler

Die verfügbaren Optionen werden in der folgenden Tabelle gezeigt:

Tabelle 24.17 Attribute der Direktive @WebHandler

Parameter	Wertebereich	Einsatz
Language	C#, VB	Sprache des Codes
Class	Name	Name der Klasse im Code
CodeBehind	Name	Name der Datei die den Code enthält
CompilerOptions		Optionale Compiler-Schalter
Debug	True, False	Legt fest, ob im Debug-Modus kompiliert werden soll. Wenn das der Fall ist, wird die passende *.pdb*-Datei erstellt.
WarningLevel	0 to 4	Niveau der Warnungsausgaben
Description		Beschreibender Text, der sonst keine weitere Bedeutung hat. Kann zur Dokumentation benutzt werden.

Die Verwendung der Dateierweiterung *.ashx* hat hier keinen direkten Einfluss. Es handelt sich lediglich um eine vordefinierte Verknüpfung. Kleinere Projekte profitieren davon und die Erstellung einfacher Handler ist etwas einfacher. Wenn die Handler aber wiederverwendet oder im Rahmen eines großen Projekts benutzt werden sollen, ist eine Auslagerung in eine separate Assembly sinnvoll. Achten Sie dann darauf, dass diese Assembly signiert ist und gegebenenfalls im Global Assembly Cache (GAC) liegt.

24.8 Module und Handler testen und debuggen

Nachdem der Handler installiert und konfiguriert wurde, kann es notwendig sein, ihn weiter zu Debuggen. Nicht immer lassen sich alle erdenklichen Fehler vorher beseitigen und das Verhalten vollständig Testen. In Visual Studio können Sie Handler wie jedes andere Stück Code testen, wenn der interne Webserver benutzt wird. Auch in Handlern lassen sich Unterbrechungspunkte setzen und Variablen betrachten. Das Verhalten muss jedoch nicht unbedingt dem der IIS entsprechen. Manchmal ist ein Debuggen in der Laufzeitumgebung unerlässlich.

24.8.1 Debuggen mit den IIS

Wenn Sie Probleme mit der Applikation zur Laufzeit haben, nicht jedoch in der Entwicklungsumgebung, müssen Sie die Debug-Strategie ändern. Es gibt keine Unterbrechungspunkte und die schnelle Kontrolle der Zustände ist kaum möglich. Protokollierung und Tracing sind Optionen, die jedoch kaum dazu geeignet sind, mal eben schnell den Ablauf zu prüfen. In großen Projekten werden die Program-

24 Handler und Module

mierrichtlinien ohnehin die Ablaufprotokollierung verlangen. Einen einfachen Unterbrechungspunkt zu setzen, ist so jedoch nicht möglich.

Sie können dies dennoch erreichen. Dazu müssen Sie den Debugger an die laufende Applikation anhängen. Sinnvoll ist es, die *.pdb*-Dateien verfügbar zu haben, um dem Debugger auch den Sprung in den Quellcode zu erlauben. Die Applikation, an die Sie den Debugger anhängen, ist der Worker-Prozess, *w3wp.exe*. Wenn Sie das Projekt noch nicht veröffentlicht haben und sowohl *.aspx*- als auch *.cs*-Dateien vorliegen, können Sie die IIS so konfigurieren, dass das virtuelle Verzeichnis auf den Projektpfad zeigt. Statt mit F5 den Debugger zu starten, hängen Sie ihn an den laufenden Prozess an.

Folgende Bedingungen müssen dazu erfüllt sein:

- Die IIS sind so konfiguriert, dass das Projekt über den Browser direkt aufgerufen werden kann, beispielsweise über:

    http://localhost/projects/MyApplication/Default.aspx.

- Visual Studio läuft und das Projekt ist geladen, der Debugger aber ist nicht gestartet
- Der Worker-Prozess ist im Taskmanager zu sehen.

> **TIPP** Sie können eine Seite aufrufen, um den Start des Worker-Prozesses zu erzwingen. Im Taskmanager müssen Sie die Option „Prozesse aller Benutzer anzeigen" wählen. Bei Windows Server 2008/R2 ist dies ein Kontrollkästchen, bei Windows Vista und Windows 7 eine Schaltfläche. Suchen Sie dann *w3wp.exe* in der Liste der Prozesse.

Abbildung 24.8 Der Taskmanager zeigt den Worker-Prozess

24.8 Module und Handler testen und debuggen

In Visual Studio können Sie jetzt den Debugger anhängen:

1. Öffnen Sie DEBUGGER | AN PROZESS ANHÄNGEN…
2. Im nächsten Dialog prüfen Sie die folgenden Einstellungen:
   a. TRANSPORT: Standard
   b. QUALIFIER: Der Name Ihrer Entwicklungsmaschine
   c. Im Abschnitt TYP sollte wenigstens VERWALTETER CODE ausgewählt sein.
3. In der Liste VERFÜGBARE PROZESSE suchen Sie *w3wp.exe*. Wenn Sie den Eintrag nicht finden, klicken Sie auf PROZESSE ALLER BENUTZER ANZEIGEN. Wenn der Eintrag auch dann nicht erscheint, prüfen Sie den Eintrag im Taskmanager.
4. Klicken Sie auf AKTUALISIEREN, um die Prozessliste nach Änderungen neu anzuzeigen
5. Markieren Sie den Worker-Prozess und klicken Sie dann auf ANHÄNGEN.

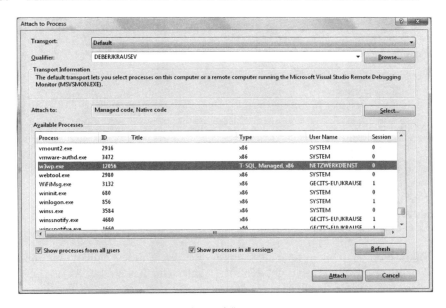

Abbildung 24.9 Der Debugger wird angehängt

Abhängig von der Serverkonfiguration kann der Worker-Prozess mehrfach erscheinen. Hängen Sie den Debugger einfach mehrfach an – die Liste erlaubt eine Mehrfachauswahl. Wenn Sie damit keinen Erfolg haben, beenden Sie alle Worker-Prozesse im Taskmanager. Rufen Sie dann die Startseite der Applikation auf. Der passende Worker-Prozess erscheint dann wieder in der Liste. In Visual Studio müssen Sie die Liste von Hand aktualisieren.

Visual Studio geht nach dem Anhängen in den Debug-Modus und kann so bedient werden, als ob Sie F5 gedrückt hätten. Setzen Sie Unterbrechungspunkte in dem zu debuggenden Handler und rufen Sie die betreffenden Seiten auf.

24 Handler und Module

24.8.2 Probleme beim Debugging des Worker-Prozesses

Manchmal funktioniert das nicht wie beschrieben. Die Unterbrechungspunkte erscheinen inaktiv und Visual Studio erklärt, dass sie nicht erreichbar wären.

Abbildung 24.10 Der Unterbrechungspunkt wird nicht erreicht

Dies liegt meist daran, dass die betreffende Seite oder der Handler nicht geladen wurde. Weil die Seiten erst auf Anforderung übersetzt werden, sind sie anfangs nicht verfügbar. Um diesen Zustand zu prüfen, schauen Sie sich den Modul-Dialog an.

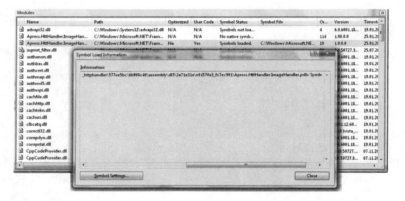

Abbildung 24.11 Das Modul-Fenster zeigt, für welche Seiten Symbole zum Debuggen geladen wurden

Im Modul-Fenster suchen Sie die Assembly, die den Handler enthält, der debuggt werden soll. Im Kontextmenü des Eintrags wählen Sie den Eintrag SYMBOLINFORMATIONEN. Entweder der Pfad zur *.pdb*-Datei steht dort oder der Fehler, der beim Versuch die Datei zu finden aufgetreten ist.

Passt alles, sollten die Unterbrechungspunkte erreichbar sein.

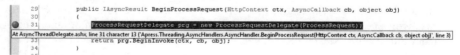

Abbildung 24.12 Der Unterbrechungspunkt ist nun aktiv

 Sie können diesen Dialog auch nutzen, um Debuggerdatenbankdateien (PDB) manuell anzuhängen. Für die Framework-Assemblies stellt Microsoft diese auf dem Symbolserver zur Verfügung.

24.8 Module und Handler testen und debuggen

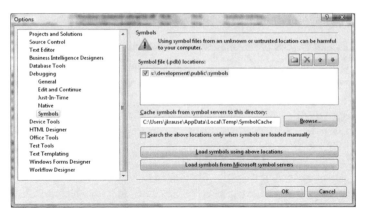

Abbildung 24.13 Nutzen Sie den Symbolserver

Mit den Einstellungen des Symbolservers können Sie andere Symboldateien erreichen. Stellen Sie in den Optionen den Pfad zu einem lokalen Cache ein.

24.8.3 Tracing für Handler

Aspx-Seiten verfügen über eine leistungsfähiges Trace-Funktion. Wenn Sie die folgende Seitendirektive setzen, wird der Inhalt der Anfrage analysiert:

Fehlersuche

```
<%@ Page Trace="true" …
```

Leider unterstützt die Direktive `@WebHandler` dies nicht. Wenn Sie den Handler in einer anderen Assembly schreiben, haben Sie nicht einmal diese Direktive. Für Handler muss es also einen anderen Weg geben.

Ein Handler nur zum Tracen ist beispielsweise *Trace.axd*. Um diesen zu aktivieren, stellen Sie folgendes in der *web.config* ein:

Trace.axd

```
<configuration>
    <system.web>
        <trace enabled="true"/>
    </system.web>
</configuration>
```

Rufen Sie dann *Trace.axd* folgendermaßen auf:

- *http://localhost/trace.axd*

Request Details

Request Details			
Session Id:	0n52wwarimghym550qjr1z45	Request Type:	GET
Time of Request:	19.04.2009 19:33:52	Status Code:	200
Request Encoding:	Unicode (UTF-8)	Response Encoding:	Unicode (UTF-8)

Trace Informationen			
Category	Message	From first(s)	From last(s)
aspx.page	Begin PreInit		
aspx.page	End PreInit	0,0105794870577126	0,010579
aspx.page	Begin Init	0,0106729346886266	0,000093
aspx.page	End Init	0,0107102299314578	0,000037
aspx.page	Begin InitComplete	0,0107256648540527	0,000015
aspx.page	End InitComplete	0,0107411696179263	0,000016
aspx.page	Begin PreLoad	0,0107563251754064	0,000015
aspx.page	End PreLoad	0,0107706426375419	0,000014
aspx.page	Begin Load	0,0107855188299072	0,000015
aspx.page	End Load	0,0109234553553594	0,000138
aspx.page	Begin LoadComplete	0,0109430109133982	0,000020
aspx.page	End LoadComplete	0,0109585855185505	0,000016
aspx.page	Begin PreRender	0,0109733918696371	0,000015
aspx.page	End PreRender	0,0110041918735482	0,000031
aspx.page	Begin PreRenderComplete	0,0110314299722451	0,000027
aspx.page	End PreRenderComplete	0,0111047353783791	0,000016
aspx.page	Begin SaveState	0,0133996080507439	0,002352
aspx.page	End SaveState	0,0174463514217589	0,004047
aspx.page	Begin SaveStateComplete	0,0174748466634726	0,000028
aspx.page	End SaveStateComplete	0,0174913292052482	0,000016
aspx.page	Begin Render	0,0175064847627282	0,000015
aspx.page	End Render	0,0182952023232003	0,000789

Abbildung 24.14 Traceausgabe mit Trace.axd

Die Ausgabe, die hier nur teilweise wiedergegeben werden kann, zeigt praktisch alle verfügbaren Informationen über den aktuellen Vorgang.

25 Erweiterungsmodell Provider

Provider stellen das wichtigste Erweiterungskonzept in ASP.NET dar. Es handelt sich letztlich um ein Entwurfsmuster für erweiterbare Architekturen. Fast alle wesentlichen Funktionen in ASP.NET lassen sich massiv in der Arbeitsweise beeinflussen, wenn die mitgelieferten zugrundeliegenden Provider gegen eigene Implementierungen ausgetauscht werden. Das Prinzip lässt sich auf eigene Projekte übertragen. Die Basisklassen lassen sich problemlos von Grund auf für eigene Erweiterungsarchitekturen einsetzen, womit andere Entwickler oder Administratoren Ihre ASP.NET-Applikation demselben Modell folgend erweitern können.

Die Kompatibilität mit bestehenden Modulen wird durch ein solches Modell gesichert. Erst dadurch lassen sich Funktionserweiterungen transparent einbinden und zentral verwalten. Der Verzicht auf providerbasierte Dienste kann dagegen erhebliche Auswirkungen auf die Funktion anderer Module haben, die auf bestimmte Schnittstellen angewiesen sind.

Daneben steht auch ein einheitliches Modell für die Konfiguration der Provider zur Verfügung. Damit lässt sich sowohl der konkrete Provider als auch dessen Konfiguration in der *web.config* verwalten.

In diesem Kapitel werden folgende Themen betrachtet:

- Die Idee hinter dem Provider-Konzept
- Wie Provider intern arbeiten und wie sie konfiguriert werden
- Wie Sie Provider erstellen und bestehende erweitern können

25.1 Konzept der Provider

Provider sind Softwaremodule, die auf Basis festgelegter abstrakter Klassen und Schnittstellen eine Fassade zur Applikation bereitstellen. Sie bilden einen transparenten Pfad zur Applikation für andere Bausteine. Das heißt, Sie können Provider problemlos ersetzen, weil die Funktionen und Methoden über einheitliche Wege angesprochen werden. Denken Sie beispielsweise an ein Modul, das Daten auf

25 Erweiterungsmodell Provider

einem bestimmten Weg aus einer Datenbank beschafft. Wenn Sie eine andere Datenbank verwenden möchten, sollten keine Änderungen an der Zugriffsschicht erforderlich sein. Ein imaginärer Datenbankprovider kann dann durch einen anderen ausgetauscht werden, ohne dass die aufrufende Schicht dies bemerkt. Idealerweise geschieht dies allein durch Konfiguration. Das heißt, die den Provider enthaltende Assembly wird in der *web.config* angegeben und die den Typ betreffenden Parameter werden dort hinterlegt. Der Provider kapselt letztlich die Funktionalität und ist für den Aufrufer transparent.

Möglichkeiten

Die Möglichkeiten sind praktisch endlos. Alle wichtigen Module in ASP.NET basieren auf Providern und entsprechend umfassend sind die Erweiterungsmöglichkeiten. Für eigene Applikationen ist dies ebenso einsetzbar. Das Providermodell erlaubt die Implementierung sowohl auf Basis existierender Dienste, als auch auf abstrakter Ebene ohne konkret hinterlegte Funktionalität. Sie können damit dieses Modell direkt auf eigene Applikationen übertragen und so eine konsistente und moderne Architektur erschaffen.

25.1.1 Die Schwerpunkte des Providermodells

Das Providermodell ist nicht unüberschaubar komplex, aber auch nicht trivial. Bevor Sie sich mit der Planung für Provider befassen, sollten Sie sich völlig über Zweck und Nutzen im Klaren sein, um den Aufwand richtig einschätzen zu können. Der Einsatz ist oft richtig und sinnvoll, jedoch stellen Provider auch kein Allheilmittel dar.

Vorteile

Vorteile bieten Provider, wenn die folgenden Aspekte interessant sind:

- Provider machen ASP.NET und ASP.NET-basierte Applikationen flexibel und erweiterbar.
- Sie sind robust und gut dokumentiert
- Sie erlauben eine moderne mehrschichtige Architektur
- Sie sind selbst Teil einer Mehrschichtarchitektur

Wenn Sie für eine konkrete Applikation feststellen, dass eine Mehrschichtarchitektur nicht benötigt oder sinnvoll ist, eine Erweiterbarkeit nicht in Frage kommt und Flexibilität nicht relevant ist, muss der Aufwand eigener Provider ernsthaft in Frage gestellt werden.

Providermodell

Das Providermodell besteht nicht allein aus den Providern. An der Spitze des Modells stehen sogenannten Dienste. Dies sind Dienste, die ASP.NET intern für andere Teile der Anwendung zur Verfügung stellt. Verwechseln Sie das nicht mit den Windows-Diensten. Dienste im Sinne dieses Kapitels sind beispielsweise der Mitgliedschaftsdienst, der SiteMap-Dienst und der Profildienst. Sie stellen Funktionen zur Prüfung von Benutzeranmeldungen, zur Verwaltung der Navigation und benutzerspezifischer Einstellungen bereit. Diese erleichtern Ihre Arbeit als Entwickler, weil sie auf hohem Niveau Infrastrukturkomponenten zur Verfügung stellen. Allen Diensten ist gemeinsam, dass sie auf irgendeine Art von Datenquelle angewiesen sind. Oft ist auch eine Art Kommunikationskanal erforderlich, über den auf Daten zugegriffen wird oder über den Daten bereitgestellt werden. Aus Sicht einer Mehrschichtarchitektur sollte der Dienst von der Datenquelle unabhängig sein.

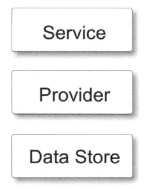

Abbildung 25.1 Das Providermodell aus Sicht einer Mehrschichtarchitektur

Der Provider liegt in diesem Modell zwischen der Datenschicht und dem Dienst. Er ist letztlich nicht mehr als eine weitere Schicht. Bezieht man die Benutzeroberfläche mit ein, gelangt man zu einer Vierschicht-Architektur. Der Vorteil besteht in der Entkopplung von Datenschicht und Dienst. Aus Entwicklersicht schafft dies eine transparente und damit flexibel erweiterbare Architektur.

Zusätzlich ist eine solche Architektur hochgradig konfigurierbar. Der Provider selbst kann allein durch Konfiguration bestimmt werden. Aber auch alle Einstellungen, die eine konkrete Implementierung verlangen, sind über die passenden Konfigurationsschnittstellen geregelt. Konzeptionell ist die Konfiguration eines Providers selbst wieder über eine providerähnliche Erweiterungsschnittstelle gekapselt. Da geht soweit, dass die Konfiguration nicht zwingend mit der *web.config* erfolgen muss – auch wenn der Verzicht darauf nur selten wirklich sinnvoll ist.

Hochgradig konfigurierbar

25.2 Die Standardprovider

Bevor Sie anfangen über eigene Provider nachzudenken, ist es sinnvoll, die bereits verfügbaren zu kennen. Solange diese ausreichen, ist ein Eingriff kaum notwendig. Im wahren Leben sind die Dinge oft nicht so einfach. Anpassungen und Erweiterungen sind an der Tagesordnung.

Provider in ASP.NET

Die Einordnung der Provider sollten dem in Abbildung 25.1 gezeigten Modell folgen. Am Anfang stehen deshalb die Dienste, die ihrerseits auf Provider aufbauen.

Tabelle 25.1 ASP.NET-Dienste, die Provider verwenden

Dienst	Standardprovider
Membership	`System.Web.Security.SqlMembershipProvider`
Roles	`System.Web.Security.SqlRoleProvider`
Site Map	`System.Web.XmlSitemapProvider`
Profile	`System.Web.Profile.SqlProfileProvider`
Session State	`System.Web.SessionState.InProcSessionStateStore`

Dienst	Standardprovider
Web Parts	`System.Web.UI.WebControls.Webparts.SqlPersonalizationProvider`

Aus den Namen lassen sich in den meisten Fällen Hinweise ableiten, welche Art Speicherort der Provider bedient. Daten für Mitgliedschaften, Rollen, Profile und Webparts werden im SQL Server abgelegt. Die SiteMap greift auf eine XML-Datei zu, während Sitzungsdaten bevorzugt im Speicher des IIS-Prozesses gehalten werden.

Zwei weitere Dienste haben ebenfalls Standardprovider, diese sind aber nicht vorkonfiguriert.

Tabelle 25.2 ASP.NET-Dienste, die nicht vorkonfiguriert sind

Dienst	Empfohlener Provider
Web Events	`System.Web.Management.EventLogWebEventProvider`
Protected Configuration	`System.Configuration.RsaProtectedConfigurationProvider`

Health Monitoring — Web-Ereignisse bedienen das Health Monitoring-System. Die Konfiguration selbst basiert auch auf Providern. Sie können Ihre Konfiguration verschlüsseln, um Kennwörter oder Einstellungen auch dann zu schützen, wenn unbefugte Personen Zugriff auf den Server haben, beispielsweise wenn die Server bei einem Hosting-Dienstleister stehen und dessen Techniker theoretisch administrativen Zugriff erlangen könnten.

25.2.1 Eingebaute Provider

Die folgenden eingebauten Provider sind Standardimplementierungen. Sie sind teilweise primitiv, teilweise recht komplex. Sie durch eigene zu ersetzen, kann deshalb einfach sein, muss aber nicht.

Tabelle 25.3 In ASP.NET verfügbare Provider

Dienst	Provider
Membership	`System.Web.Security.SqlMembershipProvider`
	`System.Web.Security.ActiveDirectoryMembershipProvider`
Roles	`System.Web.Security.SqlRoleProvider`
	`System.Web.Security.AuthorizationStoreRoleProvider`
	`System.Web.Security.WindowsTokenRoleProvider`
Site Map	`System.Web.XmlSitemapProvider`
Profile	`System.Web.Profile.SqlProfileProvider`
Session State	`System.Web.SessionState.InProcSessionStateStore`
	`System.Web.SessionState.OutOfProcSessionStateStore`
	`System.Web.SessionState.SqlSessionStateStore`
Web Parts	`System.Web.UI.WebControls.Webparts.SqlPersonalizationProvider`

Dienst	Provider
Protected Configuration	`System.Configuration.RSAProtectedConfigurationProvider`
	`System.Configuration.DPAPIProtectedConfigurationProvider`

Sie können also schon ohne Programmieraufwand zumindest in einigen Fällen die standardmäßig eingesetzten Provider gegen vorhandene austauschen.

Reicht das nicht aus, muss ein eigener Provider geschrieben werden. Dies geschieht entweder durch:

- Erweiterung eines bestehenden Provider
- Entwicklung eines neuen Providers von Grund auf

Die Erweiterung ist natürlich einfacher. Solange die Datenquelle nicht komplett ausgetauscht werden soll, sondern lediglich das Verhalten des Providers zu ändern oder zu erweitern ist, ist dies der beste Weg. Planen Sie einen eigenen Provider, müssen Sie sich mit dem gesamten Modell auseinandersetzen. Dies wird im nächsten Abschnitt untersucht.

25.2.2 Erweiterung der Standardprovider

Die Erweiterung der Standardprovider ist ein umfassendes Thema. In diesem Buch wird an vielen Stellen darauf eingegangen, jedoch kann der Erweiterungsaspekt nur am Rande betrachtet werden.

Alle Erweiterungskonzepte der Provider basieren auf denselben Basisklassen, die in den nächsten Abschnitten eingehend vorgestellt werden. Die grundlegenden Techniken der Erstellung kompletter Provider können in vereinfachter Form auch auf die Erweiterungen bestehender Provider angewendet werden. In den entsprechenden Kapiteln in diesem Teil des Buches wird auf die Zusammenhänge hingewiesen.

25.3 Die Anatomie der Provider

Sowohl die eingebauten, als auch selbst erstellte Provider basieren auf der Basisklasse `ProviderBase`. Die Definition sieht folgendermaßen aus:

Listing 25.1 Definition der Klasse ProviderBase

```
using System;
using System.Collections.Specialized;

namespace System.Configuration.Provider
{
    public abstract class ProviderBase
    {
        protected ProviderBase();

        public virtual string Description { get; }
        public virtual string Name { get; }

        public virtual void Initialize(string name, ↵
```

```
                        NameValueCollection config);
    }
}
```

Soweit ist hier nichts Besonderes zu erkennen. Die Eigenschaften `Name` und `Description` dienen beschreibenden Zwecken. `Name` enthält den internen, eindeutigen Namen innerhalb der Konfigurationsdatei. Der Name des Providers ist notwendig, um ihn von anderen zu unterscheiden. Die Beschreibung in `Description` dient Dokumentationszwecken und wird nicht funktional benötigt. Grafische Werkzeuge verwenden möglicherweise diesen Wert für die Anzeige. Wenn die Beschreibung nicht angegeben wird, setzt der Provider intern den Wert auf den des Namens. Die einzige Methode heißt `Initialize`. Hiermit wird der Provider in Betrieb gesetzt. Der Parameter `config` übergibt die Konfigurationsdaten an die Methode.

Noch keine Funktion

Die Basisklasse macht ansonsten nichts Sinnvolles. Einen kompletten Provider von Grund auf zu entwickeln, ist deshalb ziemlich aufwändig. Wenn es nur um die Erweiterung eines bestehenden Providers oder die Änderung des Verhaltens geht, ist es sinnvoller, von diesem abzuleiten.

25.3.1 Einen Provider verfügbar zu machen

Ein Provider muss dem Dienst, den er bedient, bekannt gemacht werden. Es gibt allerdings keine Eins-zu-Eins-Beziehung zwischen exakt einem Dienst und „seinem" Provider. Jeder Dienst kann über einen oder mehrere Provider verfügen. Das Providermodell dient gerade dazu, diesen Teil austauschbar zu machen. Zur Nutzung eines Dienstes wird allerdings mindestens ein Provider benötigt, was am Anfang auf eine solche scheinbar direkte Beziehung hinausläuft.

Der Dienst selbst kennt keine Basisklasse, er ist ein völlig von der Architektur losgelöster Typ, der einer spezifischen Aufgabe dient. Allerdings bedient sich der Dienst der folgenden Basistypen der Providerwelt:

- Die Kollektion der konfigurierten Provider
- Der aktuelle (derzeit zugeordnete) Provider
- Die Konfigurationsparameter dieses Providers
- Dem Code, der den Provider instanziiert und initialisiert

Irgendwo sonst in Ihrer Applikation befindet sich Code, der den Dienst konsumiert. Die gesamte Struktur aus Dienst und Providern muss aus Sicht dieses Konsumenten betrachtet werden. Der Konsument benutzt den Dienst um Daten zu erhalten, zu schreiben oder andere wichtige Dinge zu tun. Der Dienst wiederum ist transparent in Richtung der Datenquelle und kümmert sich weder um die konkrete Quelle, noch weiß er etwas darüber. Idealerweise sind alle drei Schichten lose gekoppelt. Dadurch wird es möglich, den Provider zu tauschen, ohne Änderungen am Dienst oder gar am Konsumenten vorzunehmen.

Den Provider konfigurieren

Konfiguration

Der Provider ist einfach betrachtet ein Typ, der als Schicht zwischen einer höheren Schicht und der Datenschicht liegt. Die höhere Schicht kann die Geschäftslogik oder die Benutzeroberfläche sein. Der Provider selbst kann einfach oder komplex

25.3 Die Anatomie der Provider

sein, von seiner Grundstruktur her benötigt er nur eine Methode `Initialize` zum initialisieren. Das Providerkonzept selbst lebt mehr von der eindeutigen und definierten Art der Konfiguration in der Datei *web.config* und den zugrundeliegenden Basisklassen. Der Namensraum, in dem die Providerklassen zu finden sind, `System.Configuration.Providers`, zeigt dies deutlich.

Alle Konfigurationen für Provider folgen dem folgenden Muster.

Listing 25.2 Muster der Konfiguration für Provider

```xml
<configuration>
  <system.web>
    <serviceName>
      <providers>
        <clear/>
        <add name="myProvider" />
      </providers>
    </serviceName>
  </system.web>
</configuration>
```

Aus diesem Code lässt sich ablesen, dass es nicht den einen, sondern viele Provider gibt. Normalerweise wird dies jedoch nur einer sein. Dies ist abhängig von der Komplexität der Applikation. Ein Produkt wie SharePoint, das auf ASP.NET aufsetzt, verwendet bis zu sechs verschiedene Provider für die Navigationsdienste. Die Konfigurationsklassen, die noch genauer vorgestellt werden, verwalten ein typisches Kollektion-Schema in XML, dass zu den Anweisungen `<clear />`, `<remove>` und `<add>` führt[37]. Dies ist auch bedingt durch die Hierarchie der Konfigurationsdateien, durch die Standardzuordnungen von Providern zu Diensten möglicherweise von einer höheren Ebene weitergereicht werden. Bevor demselben Dienst ein anderer Provider zugeordnet werden kann, muss die bestehende Zuordnung gelöscht werden.

Sie müssen also immer mit einer Kollektion umgehen und die entsprechenden Basisklassen verwenden, auch wenn der Einsatz nur eines Providers möglich und nötig ist. Gegebenenfalls wird der zur Verwaltung geschriebene Code dafür sorgen müssen, dass bei der erlaubten Konfiguration mehrerer Provider eine Ausnahme ausgelöst wird.

Eine solche Kollektion basiert auf dem Typ `ProviderCollection`, der folgendermaßen aussieht:

Listing 25.3 Der Typ ProviderCollection

```csharp
namespace System.Configuration.Provider
{
    public class ProviderCollection : ICollection, IEnumerable
    {
        public ProviderCollection();

        public bool IsSynchronized { get; }
        public object SyncRoot { get; }
```

---

[37] Die Methoden einer Kollektion werden durch XML-Tags ausgedrückt.

```
        public ProviderBase this[string name] { get; }

        public virtual void Add(ProviderBase provider);
        public void CopyTo(ProviderBase[] array, int index);
        public IEnumerator GetEnumerator();
        public void Remove(string name);
        public void SetReadOnly();
    }
}
```

ProviderBase

Die Verwendung des Typs `ProviderBase` für die Typisierung der Kollektion zeigt bereits, warum alle Provider von dieser Schicht abgeleitet werden sollten. Zusätzlich zur Verwaltung aller vorhandenen, dem Dienst zugeordneten Provider, kann noch ein Standardprovider festgelegt werden. Der Dienst sollte diesen verwenden, wenn keine explizite Instanziierung eines Providers erfolgt.

An dieser Stelle verfügen Sie über den Konsumenten eines Dienstes, den Dienst selbst und einen Provider, der einen transparenten Zugriff auf eine Datenquelle ermöglicht. Zusätzlich muss die Konfiguration des Providers in der Datei *web.config* platziert werden. Dies erfolgt über Konfigurationsabschnitte am Anfang der Datei, in denen die Definition der privaten Konfigurationen steht. Die am Anfang beispielhaft genannte Platzierung im Zweig `<configuration><system.web>` ist die Standardform. Dies muss jedoch, wie jede andere Konfiguration, vereinbart werden. Die Platzierung in `<system.web>` ist sinnvoll und folgt dem Schema. Hier lässt sich wie auf jeder anderen Ebene eine komplette Hierarchie aus Abschnitten und Elementen in beliebiger Kombination aufbauen. Die Abschnitte werden im Element `<configSections>` definiert. Darunter befindet sich eine Hierarchie aus `<sectionGroup>`- und `<section>`-Elementen. Die Reihenfolge oder Ordnung ist nicht vorgegeben, sodass sich die Struktur relativ frei definieren lässt.

Wenn Sie in eine von Visual Studio angelegte *web.config* schauen, werden Sie erkennen, dass es dort weit mehr Konfigurationselemente gibt, als in `<configSections>` vereinbart ist. Dies liegt an der zugrundeliegenden *machine.config*. Diese Definitionen stehen in folgendem Pfad:

`%system%\Microsoft.NET\Framework\v4.0.30319\CONFIG\machine.config`

Um eine eigene Konfiguration zu definieren, wird wieder eine Basisklasse benötigt. Diese heißt `ConfigurationSection` und ist dem folgenden Listing zu entnehmen.

Listing 25.4 Die Struktur des Typs ConfigurationSection

```
namespace System.Configuration
{
    public abstract class ConfigurationSection : ConfigurationElement
    {
        protected ConfigurationSection();

        public SectionInformation SectionInformation { get; }

        protected internal virtual void
                    DeserializeSection(XmlReader reader);
        protected internal virtual object GetRuntimeObject();
        protected internal override bool IsModified();
        protected internal override void ResetModified();
        protected internal virtual string SerializeSection(
                            ConfigurationElement parentElement,
```

```
                    string name,
                    ConfigurationSaveMode saveMode);
}
```

Ausgehend von dieser Deklaration können Sie sehen, dass der Abschnitt selbst auf einem Element – `ConfigurationElement` – aufbaut. Dies führt zur Unterstützung der Mixtur aus `<sectionGroup>`- und `<section>`-Elementen. Die Klasse enthält einige bereits implementierte Methoden, die Sie nicht zwingend überschreiben und selbst implementieren müssen. Dies betrifft insbesondere die Methoden `SerializationSection` und `DeserializationSection`, die Typen nach und aus XML serialisieren, beziehungsweise deserialisieren.

25.3.2 Bemerkungen zur Entwicklung eigener Provider

Alle Provider folgen einem bestimmten Schema. Die Basisklasse wurde bereits diskutiert. Die Implementierung verlangt allerdings bestimmte Techniken, die nicht durch den Code erzwungen werden. Die Beachtung ist erforderlich, damit die selbst gebauten Provider den Anforderungen des Frameworks genügen.

Die Initialisierung eines Providers

Alle Provider stammen von `ProviderBase` ab. Dadurch erbt der eigene Typ die Methode `Initialize`, die als `virtual` deklariert wurde. In C# deutet dies an, dass Sie die Methode überschreiben sollten. Dies führt dazu, dass einige kritische Aufgaben in Ihre Zuständigkeit übergehen.

Jeder Provider benötigt bestimmte Rechte, um seine Aufgaben ausüben zu können. Dies ist entweder ein Zugriff auf eine SQL-Datenbank oder auch das lokale Dateisystem. Der beste Weg die Zugriffsrechte zu prüfen, sind die Attribute aus dem Namensraum `System.Security.Permissions`. Stellen Sie sich einen Provider als ein andockbares Modul vor. Es ist möglich, dass ein solcher Provider in einer Umgebung eingesetzt wird, in der die benötigten Rechte nicht zur Verfügung stehen. Anstatt irgendwann beim Aufruf des Dienstes eine Ausnahme auszulösen, sollte dies bereits bei der ersten Instanziierung passieren – beim Lesen der Konfiguration. Damit wird gegebenenfalls bereits der Administrator informiert, dass irgendwas schief läuft, bevor die Applikation komplett in Betrieb geht. Genau dafür sind diese Attribute da.

Als nächstes ist es wichtig, die Konfiguration über den Parameter `config` zu lesen. Wenn `null` übergeben wurde, stimmt etwas mit der Konfiguration nicht. In diesem Fall sollten Sie eine Ausnahme vom Typ `ArgumentNullException` auslösen. Dies sollte auch dann erfolgen, wenn der Provider keine weitere Konfiguration benötigt. Denn der Fehler zeigt an, dass auf einer anderen Ebene etwas nicht stimmt. Ohne Konfiguration kann die Kollektion leer sein, dass ist durchaus in Ordnung, aber der Parameter sollte nie `null` liefern.

Weiter ist es wichtig zu wissen, dass die Methode `Initialize` der Basisklasse nicht leer ist. Sie enthält Code. Dieser Code muss ausgeführt werden, weswegen der Aufruf von `base.Initialize` Pflicht ist. Wie bereits erwähnt, wird hier der Name und die Beschreibung gesetzt, also die Eigenschaften `Name` und `Description`. Auch dann, wenn Sie dies selbst machen oder das Verhalten modifizieren möchten, sollten Sie die Basismethode aufrufen. Denken Sie daran, dass sich die interne Implementierung in künftigen Versionen ändern kann und dann dort Code steht, der essenziell ist. Ohne den Aufruf könnte dies dazu führen, dass mit der nächste Version des Frameworks Ihr Provider nicht mehr läuft.

Fehler vermeiden

Das Lesen der Konfiguration ist eine wichtige Aufgabe. Handgeschriebenes XML kann fehlerhaft sein. Sie dürfen den Daten also nur bedingt vertrauen. Die Daten werden als Parameter vom Typ `NameValueCollection` übergeben. Wenn Sie einen erforderlichen Parameter nicht finden, lösen Sie eine Ausnahme vom Typ `ProviderException` aus. Stellen Sie sicher, dass jeder gelesene Parameter aus der Kollektion entfernt wird. Am Ende sollte dann auf `config.Count > 0` geprüft werden. Wenn diese Bedingung `true` ergibt, sind mehr Attribute in der Konfiguration enthalten als erwartet. Sie sollten dies nicht einfach ignorieren, auch wenn alle erforderlichen Attribute bis dahin gefunden wurden. Denn der Benutzer könnte sich bei einem Wert einfach verschrieben haben. Statt des beabsichtigten Attributes steht dann ein anderes drin. Erst durch das Auslösen einer Ausnahme kann der Compiler den Entwickler darauf aufmerksam machen. Solche Tippfehler sind nur sehr schwer zu finden und ein gut programmierter Provider hilft bei der Fehlersuche.

Es gibt noch ein paar weitere empfehlenswerte Methoden. Dienst und Provider sind zwei verschiedene Dinge. Auch wenn beides im selben Projekt entsteht und nicht an andere abgegeben werden soll, sollten Sie auf eine saubere Trennung achten. Rufen Sie niemals eine Methode des Dienstes vom Provider aus auf. Der Weg „Dienst zu Provider" ist eine Einbahnstraße aus Sicht der Methodenaufrufe (Daten können natürlich in beide Richtungen fließen). Solche Aufrufe könnten zu unerwarteten rekursiven Endlosschleifen führen, wenn der Dienst den Provider immer wieder initialisiert. Auch der transparente Austausch des Providers wird möglicherweise durch eine solche enge Kopplung konterkariert.

Die Lebensdauer des Providers

Lebensdauer

Ein Provider wird dynamisch geladen, wenn der Dienst ihn das erste Mal benötigt. Dadurch wird der Provider nicht im Speicher gehalten, wenn er nicht benötigt wird. Das Laden und Initialisieren eines Providers kann jedoch ein langwieriger Prozess sein. Möglicherweise verzögert sich der Abruf der Seiten dadurch erheblich, wenn dies das erste Mal passiert. Es ist deshalb sinnvoll und möglich, dies in `Application_Start` zu erledigen.

Damit geht einher, dass die Lebendauer eines Providers der der Applikation entspricht. Der Provider hat damit einen globalen Status. Provider sollten nicht von der aktuellen Sitzung abhängig sein oder Daten des Kontextes vorhalten. Sie können natürlich den aktuellen Kontext benutzen, um Aktionen auszuführen.

Die zentrale Verwaltung der Provider spart Speicher und macht Zugriffe schneller. Allerding kommt nun ein anderes Thema ins Spiel – die Thread-Sicherheit.

Thread-Sicherheit

Threads in ASP.NET wurden bereits in Kapitel 7 erläutert. Webapplikationen sind Mehrnutzerprogramme. Sie arbeiten quasi massiv parallel. Bei Providern muss dies berücksichtigt werden. Ein Provider bedient alle Anfragen und existiert dabei nur einmal. Dies macht ihn schneller und spart Speicher. Verschiedene Threads rufen ihn jedoch parallel auf. Sie müssen deshalb threadsicher programmieren. Falls Sie dies vergessen, muss es zu keinen Ausnahmen kommen. Allerdings kann es möglich sein, dass subtile und schwer nachvollziehbare Fehler auftreten, insbesondere unter hoher Last.

Die einzige Ausnahme aus Sicht der Thread-Sicherheit ist die Methode Initialize. Diese wird nur einmal beim Start der Applikation oder durch die erste Anfrage aufgerufen. Thread-Sicherheit spielt hier keine Rolle. Allerdings sollte der Dienst, der die Methode aufruft, für sich die Thread-Sicherheit dennoch herstellen. Schauen Sie sich folgendes Fragment an:

```
if (_provider == null)
{
   lock (_lock)
   {
      if (_provider == null)
      {
```

Dies stellt sicher, dass der Provider nicht doppelt geladen wird. Zuerst wird geprüft, ob bereits eine Instanz vorhanden ist. Dann werden alle anderen Threads blockiert. Dann wird erneut geprüft, falls bereits ein anderer Thread parallel lief, der noch nicht blockiert wurde und selbst nicht blockieren konnte.

Für Eigenschaften müssen Sie weitere Maßnahmen ergreifen. Der folgende Code zeigt eine Standardversion:

```
private Unit _size;

public Unit Size
{
   get { return _size; }
   set { _size = value; }
}
```

Denken Sie daran, dass zwei Threads gleichzeitig zugreifen. Die Variable gibt es nur einmal. Ein Thread schreibt einen Wert hinein, den ein anderer dann liest. Normalerweise sind solche Vermischungen nicht gewünscht. Die Verriegelung vor anderen Threads mittels lock ist auch hier eine mögliche Lösung. Diese Anweisung wird vom C#-Compiler interpretiert und durch die Framework-Funktionen System.Threading.Monitor ersetzt.

lock

```
private Unit _size;
private object _synch

public Unit Size
{
   get { lock(_synch) { return _size; } }
   set { lock(_synch) { _size = value; } }
}
```

Dies ist lediglich eine sehr einfache Verriegelung auf beiden Seiten des Zugriffs – beim Lesen und beim Schreiben. Die Klasse ReaderWriterLock verbessert dieses Verhalten durch eine Differenzierung zwischen Schreiben und Lesen. Monitor (und damit lock) blockiert immer, während ReaderWriterLock so genutzt werden kann, dass nur beim Schreiben blockiert wird. Wenn eine Applikation unter hoher Last läuft, kann sich diese Unterscheidung durchaus bemerkbar machen.

1089

Eine weitere Methode ist die Nutzung des Attributes `System.Runtime.Compiler-Services.MethodImplAttribute`. Der folgende Code zeigt, wie dies benutzt wird:

```
private Unit _size;

[MethodImpl(MethodImplOptions.Synchronized)]
public Unit GetSize()
{
   return _size;
}

[MethodImpl(MethodImplOptions.Synchronized)]
public void SetSize(Unit size)
{
   _size = size;
}
```

Monitor

Dadurch müssen Sie jedoch die Eigenschaften durch Methoden ersetzen, was möglicherweise stilistischen Anforderungen widerspricht. Der Compiler wird auch hier Code einfügen, der auf `Monitor` basiert. Aus Leistungssicht ist dieses Attribut nicht besser als `lock`. Es wird allerdings kein Objekt benötigt, dass die Verriegelungsinformation steuert. Dies erledigt der Compiler durch die Nutzung der Variable `this`, also in der Form `lock(this)`. Dies führt dazu, dass die Verriegelung nicht mehr auf Ebene der Methoden erfolgt, sondern auf der der Klasse. Ergebnis sind häufigere und längere Verriegelungsphasen. Je nach Anwendung kann dies durchaus gewollt sein, es sollte aber nicht ohne Grund eingesetzt werden.

Die beste Methode hängt von der konkreten Aufgabenstellung ab. Sie sollten allgemein darauf achten, alle Instanzenmitglieder threadsicher zu programmieren. Dies gilt auch für private Felder. Nicht notwendig ist es für die Methode `Initialize` und lokale Variablen. Ebenso können Sie ohne Weiteres Konfigurationswerte in der Methode `Initialize` schreiben und ohne weitere Beachtung jederzeit lesen. Hier ist keine Beachtung von Threads notwendig, weil sich die Werte zwischen den Threads nicht ändern können.

25.4 Erstellen eines providerbasierten Dienstes

Bilder sind Teil fast jeder Webapplikation. Eine leistungsfähige Bilderverwaltung erleichtert die Arbeit des Webmasters ebenso, wie sie die Nutzung verbessert. Stellen Sie sich vor, dass im Laufe der Entwicklung die finale Entscheidung über die Art und Weise der Ablage der Bilder noch nicht getroffen werden kann. Dies blockiert andere Entwickler. Ebenso ist es möglich, dass sich diese Entscheidung später ändern kann, wenn die Applikation erweitert wird und die Last steigt. Es ist eine gute Zeit, jetzt an die Implementierung eines Providers zu denken. Sie benötigen für die vollständige Lösung folgende Bausteine:

- Sie benötigen einen Dienst, der Bilddaten senden kann
- Sie benötigen einen Provider, der den Datenzugriff regelt
- Sie müssen den Provider in der Datei *web.config* konfigurieren
- Sie brauchen eine Testumgebung zum Aufruf des Dienstes

25.4 Erstellen eines providerbasierten Dienstes

Folgen Sie dem in den letzten Abschnitten beschriebenen Modellen, wird technisch folgendes benötigt:

- Eine abstrakte Basisklasse, die den Provider beschreibt
- Eine Implementierung der Klasse, die den Provider erzeugt
- Eine Klasse, die den Dienst implementiert, um den Provider nutzen zu können
- Eine Provider-Kollektion zu Verwaltung der Konfiguration
- Eine Implementierung des Konfigurationsabschnitts für den Dienst

Dazu kommt noch eine Datenquelle. In diesem Beispiel wird, wie an vielen anderen Stellen im Buch, der SQL Server als Datenquelle benutzt. Allerdings liegen die Bilder auf der Festplatte, im Datenbankserver werden nur Referenzen verwaltet. Genau dieses Verhalten lässt sich dann durch Austausch des Providers ändern, ohne dass an der Applikation irgendwas geändert werden muss.

25.4.1 Den Dienst erzeugen

Der Zweck des Dienstes besteht im Holen des Bildes. Die einzige Methode, die dazu benötigt wird, heißt `RetrieveImage`. Alle anderen Teile bedienen den Provider. Das folgende Listing zeigt den gesamten Dienst:

Listing 25.5 Der Dienst zum Ermitteln und Ausliefern eines Bildes

```
using System;
using System.Collections.Generic;
using System.Linq;
using System.Text;
using System.Web.Configuration;
using System.Configuration.Provider;
using System.Drawing;

namespace Extensibility.CustomProvider
{
  public class ImageService
  {
    private static ImageProvider _provider = null;
    private static ImageProviderCollection _providers = null;
    private static object _lock = new object();

    public ImageProvider Provider
    {
      get { return _provider; }
    }

    public ImageProviderCollection Providers
    {
      get { return _providers; }
    }

    public static Image RetrieveImage(int imageID)
    {
      LoadProviders();
      return _provider.RetrieveImage(imageID);
    }

    private static void LoadProviders()   ❶
```

25 Erweiterungsmodell Provider

```
    {
      if (_provider == null)
      {
        lock (_lock)  ❷
        {
          if (_provider == null)
          {
            object[] attriutes =
                typeof(ImageProviderSection).GetCustomAttributes(
                        typeof(SectionAttribute), false);
            if (attriutes.Length != 1)
                throw new ConfigurationException(
                        "SectionAttribute not set");
❸           SectionAttribute sa = (SectionAttribute)attriutes[0];
❹           ImageProviderSection section =
                    (ImageProviderSection)
                    WebConfigurationManager.
                            GetSection(sa.SectionName);
            _providers = new ImageProviderCollection();
❺           ProvidersHelper.InstantiateProviders(section.Providers,
                            _providers,
                            typeof(ImageProvider));
            _provider = _providers[section.DefaultProvider];
            if (_provider == null)
              throw new ProviderException("Unable to load default
                            ImageProvider");
          }
        }
      }
    }
}
```

Die Methode `RetrieveImage` ist statisch, weil hier mehrere Instanzen nicht benötigt werden. Die Konfiguration erlaubt mehrere Provider, aber nur ein Provider kann der aktuelle für diesen Dienst sein. Die anderen Teile des Dienstes arbeiten mit diesem aktuellen Provider.

Jede Methode beginnt mit einem Aufruf von `LoadProviders` ❶. Damit wird sichergestellt, dass ein Provider zur Verfügung steht. Wie bereits zuvor erläutert, wird mittels `lock` ❷ der Thread verriegelt und die Prüfung vor und nach diesem Punkt vorgenommen, um zu verhindern, dass ein parallel laufender Thread den Provider erneut instanziiert.

Im nächsten Schritt wird der Name des Konfigurationsabschnitts ❸ ermittelt, indem ein privates Attribut gelesen wird. Dieses Attribut verlagert die Definition des Abschnittnamens an eine zentrale Stelle und vermeidet Zeichenketten im Code. Über `SectionAttribute` ❹ wird nun auf den Abschnitt `<imageService>` der *web.config* zugegriffen, in dem der Dienst konfiguriert wird. Aus den dort befindlichen Informationen wird der Provider gelesen und geladen ❺.

Der Dienst ist jetzt bereit, Bilder zu liefern. Im nächsten Schritt wird nun ein passender Provider erstellt.

25.4.2 Den Provider erstellen

Der Provider besteht aus zwei Klassen. Eine ist eine abstrakte Basisklasse, die die Klasse `ProviderBase` erweitert. Die andere ist die konkrete Implementierung. Dieser Provider stellt so etwas wie eine Musterimplementierung dar. Deshalb wird die zweite abstrakte Basisklasse benötigt, damit andere Implementierungen von dieser Ebene ableiten können.

Listing 25.6 Die Basisklasse für den Provider

```
using System.Configuration.Provider;
using System.Drawing;

namespace Hanser.Extensibility.CustomProvider
{
    public abstract class ImageProvider : ProviderBase ❶
    {
        public abstract string ApplicationName { get; set; }

        public abstract Image RetrieveImage(int id); ❷
    }
}
```

Diese Klasse hat zwei Merkmale. Sie erbt selbst von `ProviderBase` ❶. Sie muss außerdem den Weg definieren, auf dem der Dienst zugreifen darf ❷ – hier die Methode `RetrieveImage`. Der Dienst meldet lediglich den Bedarf an, ein Bild zu beschaffen. Der Provider ist dafür zuständig, dies auch wirklich zu tun.

Abbildung 25.2 Die Struktur der Tabelle zum Speichern des Bildes

Intern wird eine LINQ-to-SQL-Abfrage benutzt, um die Bildinformationen abzurufen. Die Tabelle enthält nicht die Bilder selbst, sondern lediglich Pfadangaben auf der lokalen Festplatte. Aus der Benutzung der Datenbank ergibt sich die erste Anforderung an die Konfiguration. Es muss eine Verbindungszeichenfolge verwaltet werden. Es ist vernünftig, dazu lediglich eine Referenz auf den Abschnitt `<connectionstring>` in der *web.config* zu verwalten.

Im nächsten Schritt kann der Provider nun erstellt werden.

Listing 25.7 Die Implementierung des Providers

```
using System;
using System.Collections.Specialized;
using System.Configuration.Provider;
using System.Data.SqlClient;
using System.Drawing;
using System.Linq;
using System.Security.Permissions;
```

25 Erweiterungsmodell Provider

```csharp
using System.Web;
using System.Web.Configuration;

namespace Hanser.Extensibility.CustomProvider
{
    [SqlClientPermission(SecurityAction.Demand, Unrestricted = true)]
    public class SqlImageProvider : ImageProvider
    {
        public override string ApplicationName
        {
            get;
            set;
        }
        public string ConnectionStringName
        {
            get;
            set;
        }
```
❶
```csharp
        public override void Initialize(string name,
                                       NameValueCollection config)
        {
            if (config == null)   ❷
                throw new ArgumentNullException("config");
            if (String.IsNullOrEmpty(name))
                name = "SqlImageProvider";   ❸
            if (string.IsNullOrEmpty(config["description"]))
            {
                config.Remove("description");   ❹
                config.Add("description",
                    "SQL image provider");
            }
            base.Initialize(name, config);   ❺
            ApplicationName = config["applicationName"];
            if (string.IsNullOrEmpty(ApplicationName))
                ApplicationName = "/";   ❻
            config.Remove("applicationName");
            string connect = config["connectionStringName"];
            if (String.IsNullOrEmpty(connect))
                throw new ProviderException
                    ("Empty or missing connectionStringName");
            config.Remove("connectionStringName");
            if (WebConfigurationManager.ConnectionStrings[connect] == ⤸
                                                                null)
                throw new ProviderException("Missing ⤸
                                        connection string");
            ConnectionStringName = WebConfigurationManager. ⤸
                            ConnectionStrings[connect]. ⤸
                            ConnectionString;
            if (String.IsNullOrEmpty(ConnectionStringName))
                throw new ProviderException("Empty connection string");
            if (config.Count > 0)
            {
                string attr = config.GetKey(0);
                if (!String.IsNullOrEmpty(attr))
                    throw new ProviderException
                        ("Unrecognized attribute: " + attr);
            }
        }

        public override Image RetrieveImage(int id)   ❼
```

25.4 Erstellen eines providerbasierten Dienstes

```
    {
❽     ImageDataDataContext ctx = new ImageDataDataContext
                                       (ConnectionStringName);
      var qr = from i in ctx.aspnet_Configurations
               where i.cfg_category == "ImageProvider"
                  && i.cfg_id == id
                  && i.cfg_type == "image"
               select i.cfg_content;
      string data = qr.FirstOrDefault<string>();
      Image img = Image.FromFile(
                      HttpContext.Current.Server.MapPath(data));
      return img;
    }
  }
}
```

Das Leben eines Providers beginnt mit der Methode `Initialize` ❶. Zuerst wird geprüft, dass die Konfiguration nicht `null` ergibt ❷, andernfalls wird eine Ausnahme ausgelöst. Denken Sie daran, dass die Konfiguration grundlegend für die Funktion ist. Dann wird dem Provider ein Standardname zugewiesen, falls keiner festgelegt wurde, hier der Wert „SqlImageProvider" ❸. Dasselbe gilt für die Beschreibung ❹. Grafische Werkzeuge können diesen Wert zur Anzeige nutzen. Dann wird die Basismethode aufgerufen ❺. Dies erfolgt erst hier, weil dort eine Verarbeitung von `Name` und `Description` stattfindet. Dann wird die Applikation festgelegt. Ist der Wert nicht festgelegt, wird angenommen, dass es sich um die Wurzelapplikation handelt ❻. Dies legt das Zeichen „/" fest. Nun hat der Provider alle benötigten Informationen.

Als nächstes wird die Methode `RetrieveImage` ❼ implementiert. Die Klasse `ImageDataDataContext` ❽ wurde mit dem LINQ-to-SQL-Assistenten erstellt. Dazu erledige Sie folgende Schritte:

1. Wählen Sie in Visual Studio HINZUFÜGEN | NEUES ELEMENT im Kontextmenü der Lösung.

2. Im Abschnitt DATEN des folgenden Dialogs wählen Sie LINQ TO SQL-KLASSEN.

3. Geben Sie dem Element den passenden Namen, beispielsweise *ImageData.dbml*.

25 Erweiterungsmodell Provider

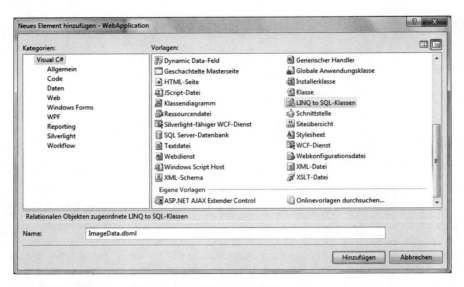

Abbildung 25.3 Eine LINQ-to-SQL-Klasse hinzufügen

Schließen Sie diesen Dialog nun und es erscheint eine leere Designeroberfläche. Öffnen Sie nun den Server-Explorer (ANSICHT > SERVER EXPLORER, CTRL+ALT+S) und fügen Sie eine Verbindung zur Datenbank ein. Wenn die Tabelle noch nicht existiert, führen Sie zuerst folgendes Skript aus:

Listing 25.8 SQL-Definition für das Provider-Projekt

```
CREATE TABLE [dbo].[aspnet_Configuration](
        [cfg_id] [int] IDENTITY(1,1) NOT NULL,
        [cfg_key] [varchar](50) NOT NULL,
        [cfg_category] [varchar](50) NOT NULL,
        [cfg_type] [varchar](10) NOT NULL,
        [cfg_content] [varchar](max) NULL,
 CONSTRAINT [PK_aspnet_Configuration] PRIMARY KEY CLUSTERED
(
        [cfg_id] ASC
)
WITH
(
  PAD_INDEX  = OFF,
  STATISTICS_NORECOMPUTE  = OFF,
  IGNORE_DUP_KEY = OFF,
  ALLOW_ROW_LOCKS  = ON,
  ALLOW_PAGE_LOCKS  = ON
) ON [PRIMARY]
```

Wenn die Tabelle vorhanden ist, fügen Sie über den Server-Explorer eine neue Verbindung hinzu. Wählen Sie dazu den Eintrag DATENVERBINDUNGEN und dort im Kontextmenü VERBINDUNG HINZUFÜGEN. Im folgenden Dialog tragen Sie den Namen des SQL Servers ein. Dies kann ein Punkt „." für die lokale Maschine oder auch „./SQLEXPRESS" für den lokalen SQL Express Server sein. Wählen Sie dann die Datenbank aus, in der die Tabelle existiert. Testen Sie die Verbindung.

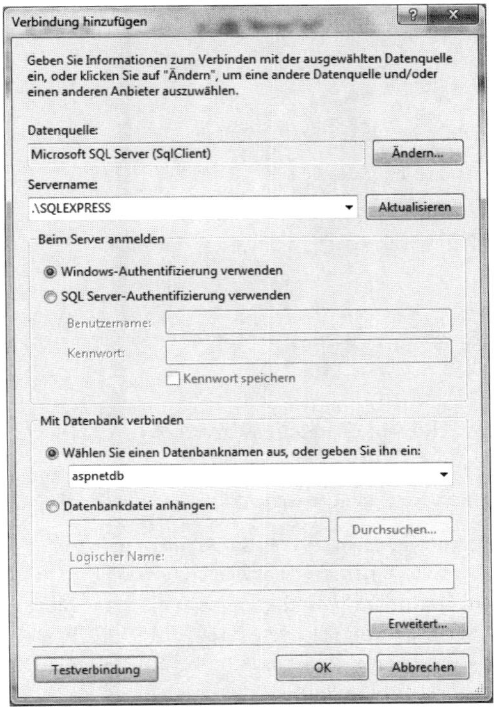

Abbildung 25.4 Dem Projekt eine Datenverbindung hinzufügen

Jetzt können Sie die Verbindung im Server-Explorer öffnen und die Tabelle einfach auf die Designer-Oberfläche ziehen. Dies sollte dann ungefähr so wie in Abbildung 25.2 aussehen. Basierend auf dem Namen des Objekts entsteht der Name der generierten LINQ-to-SQL-Klasse durch Anhängen des Suffix „DataContext". Aus `ImageData` wird also im vorliegenden Beispiel `ImageDataDataContext`. Dieser Kontext stellt die Verbindung zur Tabelle her, hier mit *aspnet_Configuration* benannt, woraus sich die entsprechende Eigenschaft `aspnet_Configuration` ableitet (siehe Listing 25.7). Wenn Sie die Tabelle anders benennen, müssen Sie den Beispielcode entsprechend anpassen. Darauf aufbauend kann nun typsicher mit einfachen LINQ-Abfragen zugegriffen werden.

Im Beispiel wird für diesen Zugriff die Id aus der Tabelle benutzt. Dazu wird als Typ „image" angegeben, um sicherzustellen, dass die passenden Einträge zu lesen sind. Der Pfad wird dann mit `Server.MapPath` aufgelöst und `Image.FromFile` (siehe Listing 25.7) erzeugt das Bild aus der Bilddatei.

25.4.3 Konfiguration des Providers

Der nächste Schritt umfasst die Programmierung der Konfiguration. Weil mehrere Provider denkbar sind, wird immer von einer Kollektion ausgegangen. Das nächste Listing zeigt die Implementierung der Basisklasse `ProviderCollection`.

Listing 25.9 Die Provider-Kollektion repräsentiert alle Provider

```csharp
using System;
using System.Configuration.Provider;

namespace Extensibility.CustomProvider
{
    public class ImageProviderCollection : ProviderCollection
    {
        public ImageProvider this[string name]  ❷
        {
            get
            {
                return base[name] as ImageProvider;
            }
        }

        public override void Add(ProviderBase provider)
        {
            if (provider == null)
                throw new ArgumentNullException("provider");
            if (!(provider is ImageProvider))  ❶
                throw new ArgumentException
                    ("Invalid provider type", "provider");
            base.Add(provider);
        }
    }
}
```

Es gibt hier nur zwei Funktionen – es können Provider vom Typ `ImageProvider` hinzugefügt ❶ und mittels Indexer ❷ wieder abgerufen werden. Alle anderen Funktionen stecken in der Basisklasse.

Der letzte Schritt umfasst die Vorgabe für die Konfiguration.

Listing 25.10 Der Konfigurationsabschnitt und das passende Attribut

```csharp
using System;
using System.Configuration;

namespace Extensibility.CustomProvider
{

 ❶  [AttributeUsage(AttributeTargets.Class)]
    public class SectionAttribute : Attribute
    {
        public SectionAttribute(string sectionName)
            : base()
        {
            SectionName = sectionName;
        }

        public string SectionName
        {
            get;
            set;
        }

    }
```

25.4 Erstellen eines providerbasierten Dienstes

```csharp
❷ [Section("system.web/imageservice")]
public class ImageProviderSection : ConfigurationSection
{
    ❸ [ConfigurationProperty("providers")]
    public ProviderSettingsCollection Providers
    {
        get { return (ProviderSettingsCollection)base["providers"]; }
    }

    [StringValidator(MinLength = 1)]
    ❸ [ConfigurationProperty("defaultProvider",
                            DefaultValue = "SqlImageProvider")]
    public string DefaultProvider
    {
        get { return (string)base["defaultProvider"]; }
        set { base["defaultProvider"] = value; }
    }
}
```

Das Attribut ❶ hilft, an einer zentralen Stelle den Konfigurationspfad festzulegen, hier auf den Wert „system.web/imageService" ❷. Dieses Attribut dekoriert die Klasse `ImageProviderSection`.

Die eigentliche Konfiguration sieht dann folgendermaßen aus:

```xml
<system.web>
  <imageservice defaultProvider="">
   <providers>
     <clear/>
     <add … />
   </providers>
  </imageservice>
</system.web>
```

Das Attribut `ConfigurationProperty` ❸ deklariert die Elemente in der Datei *web.config*. Das Muster für Provider wird dabei beibehalten.

25.4.4 Den Dienst verwenden

Der Dienst kann von jeder Stelle der Applikation aus benutzt werden. Die folgende Seite zeigt eine einfache Form der Anwendung:

Listing 25.11 Einfache Seite zum Aufruf des Handlers

```
<%@ Page Language="C#" AutoEventWireup="true"  CodeFile="Default.aspx.cs"
Inherits="_Default" %>

<!DOCTYPE html PUBLIC "-//W3C//DTD XHTML 1.0 Transitional//EN"
                     "http://www.w3.org/TR/xhtml1/DTD/xhtml1-
transitional.dtd">

<html xmlns="http://www.w3.org/1999/xhtml">
<head runat="server">
    <title></title>
</head>
<body>
    <form id="form1" runat="server">
    <div>
        <asp:Image runat="server" ID="Image2"
                   ImageUrl="~/ImageHandler.ashx?id=4"
```

25 Erweiterungsmodell Provider

```
            />
            <br />
            <asp:Image runat="server" ID="Image1"
                    ImageUrl="~/ImageHandler.ashx?id=9"
            />
        </div>
        </form>
</body>
</html>
```

Der generische Handler *ImageHandler.ashx* benötigt keine Zuordnung in den IIS. Der Parameter `id` entspricht der Spalte ID der Datenbanktabelle. Dies ist eine stark vereinfachte Form, weil diese Werte sich ändern können, hier aber hart kodiert sind. Lesbare Zeichenketten wären sinnvoller. Das würde aber mehr Code bedeuten und hat nichts mit der eingangs diskutierten Problemstellung zu tun.

Als nächstes wird der Handler selbst erstellt:

Listing 25.12 Der Handler, der den konfigurierbaren Dienst nutzt

```
<%@ WebHandler Language="C#" Class="ImageHandler" %>

using System;
using System.Web;
using System.Drawing;
using System.Drawing.Imaging;
using Extensibility.CustomProvider;

public class ImageHandler : IHttpHandler
{

    public void ProcessRequest(HttpContext context)
    {
        int id;
        if (context.Request.QueryString["id"] != null) ❶
        {
            if (Int32.TryParse(❷
                    context.Request.QueryString["id"], out id))
            {
                Image img = ImageService.RetrieveImage(id); ❸
                context.Response.ContentType = "image/jpg"; ❹
                img.Save(context.Response.OutputStream, ❺
                        ImageFormat.Jpeg);
            }
        }
    }

    public bool IsReusable
    {
        get
        {
            return false;
        }
    }
}
```

In der Methode `ProcessRequest` wird zuerst versucht, die ID aus dem *QueryString* zu ermitteln ❶. Wenn die ID existiert und eine Zahl ist ❷, wird damit der Dienst abgefragt und das Bild geholt ❸. Dann wird für die Ausgabe der Content-Type gesetzt ❹ und das Bild direkt in den Ausgabedatenstrom ausgegeben ❺.

Der letzte Schritt – der Handler – ist lediglich eine Testanwendung, um zu zeigen, wie der Dienst benutzt werden kann. Mehr zum Thema Handler finden Sie auch in Kapitel 24. Sie können entweder den Dienst oder den Handler mit dem passenden Dienst als Baustein an andere Entwickler weiterreichen. Lediglich die Übergabe der ID ist spezifisch. Dies ist hier bewusst einfach gehalten worden, um den Aufbau so simpel wie möglich darstellen zu können. Für den Anwender dieses Bausteins sind zwei entscheidende Dinge transparent. Zum einen ist die Art der Ermittlung des Bildes im Dienst gekapselt. Zum anderen ist die Art des Speicherzugriffs im Provider zu finden. Damit kann der Nutzer des Dienstes das entscheidende Teil nachträglich austauschen, ohne eigenen Code anpassen zu müssen. Diese Teile formen eine Dreischichtarchitektur:

- Schicht 1 – Die Benutzeroberfläche – wird hier durch den Handler dargestellt
- Schicht 2 – Die Geschäftslogik – wird durch den Dienst abgebildet
- Schicht 3 – Der Datenzugriff – wird durch den Provider realisiert

Provider sind ein definierter Weg, um eine Mehrschichtarchitektur innerhalb einer Applikation aufzubauen. Sie erreichen damit eine flexible, erweiterbare Anwendung mit verbesserten Schnittstellen zum Testen und Protokollieren durch Aufsplittung monolithischen Codes in kleinere Fragmente.

26 Ressourcen

Jede Webseite besteht aus der grundlegenden Beschreibung der Seite mittels HTML und sogenannten Ressourcen. Dies umfasst alles, was nicht in der Seite selbst beschrieben ist, also Bilder, JavaScript, ActiveX-, Flash, oder Silverlight-Steuerelemente und so weiter.

Ressourcen werden auch benutzt, um Teile der Seite gesondert zu verwalten und damit austauschbar zu machen. Dies wird vor allem eingesetzt, um dynamisch Texte oder Bilder in mehrsprachigen Webseiten auszutauschen. Dies ist wesentlicher Bestandteil der Globalisierung. Wie dies aus Sicht der Webseite benutzt wird, wurde bereits ausführlich in Kapitel „Globalisierung" behandelt. In diesem Kapitel wird nun das Ressourcenmodell selbst, die Bauweise der verwendeten Provider und die Erweiterung beschrieben. Damit lässt sich das Standardmodell systemkonform erheblich erweitern und anpassen. Grundlage bilden Provider, die bereits in Kapitel „Erweiterungsmodell Provider" beschrieben wurde.

Lesen Sie mehr zu Ressourcen und folgenden Themen in diesem Kapitel:

- Die Erweiterung des Ressourcenmodells
- Erweiterung der Ausdruckssyntax

Das Ressourcenmodell selbst dient vor allem der Lokalisierung von Seiten für einen globalen Einsatz. Dies wurde bereits am Anfang des Buches im Kapitel „Lokalisierung und Globalisierung" vorgestellt.

26.1 Programmierung eigener Ressourcenprovider

Die vorgestellten Ressourcenprovider auf Basis von *resx*-Dateien haben in der Praxis klare Grenzen. Sowohl die Steuerung durch weitere Parameter, beispielsweise

Themes[38], als auch die Speicherung der Ressourceninformationen in einer Datenbank werden nicht von Hause aus unterstützt. Das Modell ist allerdings erweiterbar und der für Steuerelemente und Seiten transparente Provider kann durch eine eigene Implementierung ersetzt werden. Wie das geht, zeigt dieser Abschnitt.

26.1.1 Das Providermodell erweitern

Mehr Flexibilität

Wenn das vorhandene Modell verlassen wird, weil beispielsweise die Nutzung nicht flexibel genug ist, verlieren Sie mehr als nur eine einfache Funktion. Gründe, die bestehende Ressourcenverwaltung zu verwerfen, gibt es viele. Zum einen besteht keine Möglichkeit, Ressourcen statt nur von Seite und Kultur auch von anderen Kriterien abhängig zu machen, beispielsweise vom aktuell gewählten Design-Theme. Desweiteren könnte aus Gründen der Verwaltung größerer Projekte die Ablage der Ressourcendaten in einer Datenbank sinnvoll sein. In beiden Fällen sollte die Designer-Unterstützung nicht verloren gehen, um den gewohnten Umgang mit Visual Studio weiter zu erlauben.

Um die Struktur der Ressourcenverwaltung vollständig zu verstehen, ist ein Blick auf die involvierten Klassen notwendig. Diese müssen ihre Aufgabe in drei Phasen der Entwicklung erledigen:

- Im Entwurfsstadium
- Beim Kompilieren
- Zur Laufzeit

Im Entwurfsstadium (Design Time) kommt vor allem die Funktion *Lokale Ressourcen erzeugen* zum Einsatz, die Visual Studio im Tools-Menü anbietet. Dabei werden die einzelnen Steuerelemente der Seite mit dem impliziten Ressourcen-Attribut `meta:resourcekey` belegt. Dazu wird die entsprechende Ressourcendatei erzeugt, um die Werte für die einzelnen Eigenschaften aufzunehmen. Mit der Implementierung der Entwurfszeitfunktionen können Sie dieses Verhalten beeinflussen. Die so erzeugten Ressourcen werden ebenso wie die expliziten Aufrufe mit `<%$ Ressource:Schlüssel %>` während des Kompiliervorgangs ausgewertet und in direkte Aufrufe von `GetLocalResource` und `GetGlobalResource` umgewandelt. Mit jedem Aufruf des Compilers wird also der Ressourcenprovider benutzt, um die Attribute aufzulösen. Soweit Sie da keine allzu raffinierten Veränderungen des Verhaltens einbauen, ist dies unkritisch. Zur Laufzeit erfolgt dann erneut der Zugriff, wobei diesmal die Ressourcen aus den Datenquellen gelesen werden. Hier können Sie der Kreativität freien Lauf lassen und die Lösung so implementieren, wie es die Aufgabenstellung verlangt.

Die hier vorgestellte Lösung erweitert das Ressourcenmodell um zwei Funktionen. Zum einen werden die Ressourcen unter einem eigenen Pfad in *resx*-Dateien abgelegt. Diese stehen auch zur Laufzeit zur Verfügung. Damit ist es möglich, die Inhal-

---

[38] Wir belassen es hier wie woanders im Buch beim englischen Begriff „Theme", da deutsche Übersetzungen eher missverständlich wären.

26.1 Programmierung eigener Ressourcenprovider

te zur Laufzeit wie bei einem Wiki oder CMS zu verwalten. Zusätzlich wird die Struktur pro Theme gehalten, sodass jedes Theme der Website eigene Ressourcen hat.

26.1.2 Vorarbeiten

Am Anfang mag die Implementierung recht unübersichtlich aussehen. Die Vorschläge in der Dokumentation der zu benutzenden Schnittstellen sind zwar nett gemeint, aber leider zusammenhanglos und isoliert nicht nutzbar. Generell benötigen Sie:

- Eine Fabrikklasse, die den Provider für die Entwurfszeit erzeugt
- Eine Fabrikklasse, die den Provider für die Laufzeit erzeugt
- Eine Implementierung, die den Provider realisiert

Die Implementierung unterscheidet noch nach folgenden Kriterien:

- Eine Klasse zum Lesen von globalen Ressourcen
- Eine Klasse zum Schreiben von globalen Ressourcen
- Eine Klasse zum Lesen von lokalen Ressourcen
- Eine Klasse zum Schreiben von lokalen Ressourcen

Freilich steht es Ihnen frei, hier einiges zusammenzufassen, um die Implementierung zu vereinfachen. Abbildung 26.1 zeigt, wie die Klassen zusammenhängen.

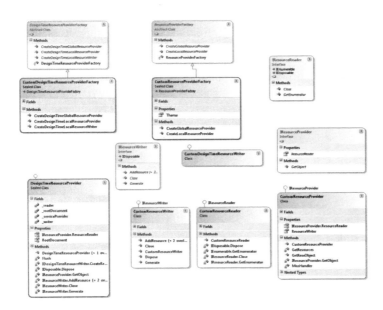

Abbildung 26.1 Klassendiagramm der Anwendung

26 Ressourcen

Ausgangsbasis ist die abstrakte Klasse `ResourceProviderFactory`. Die Implementierung umfasst zwei Methoden, die Provider für lokale und globale Ressourcen zurückgeben. Zusätzlich wird im Beispiel noch das gewählte Theme in einer Eigenschaft gehalten. Dies ist eine Besonderheit dieser Implementierung. Die Fabrikklasse erzeugt Instanzen vom Typ `CustomResourceProvider`, die selbst die Schnittstelle `IResourceProvider` implementieren. Diese Implementierung ist für das Lesen der Ressourcen zuständig. Benötigt wird eine Eigenschaft `ResourceReader`, die die Implementierung des Lesevorgangs selbst zurückgibt und die Methode `GetObject`, die bei jedem einzelnen Lesevorgang die Ressource abruft. `CustomResourceReader` implementiert `IResourceReader` und stellt damit den Typ dar, den `ResourceReader` zurückgeben kann.

Ähnlich sieht es mit dem Schreiben von Ressourcen aus. `GetResourceWriter` erlaubt den Zugriff auf die Implementierung der Schnittstelle `IResourceWriter` durch `CustomResourceWriter`.

Parallel dazu existiert das ganze Schema nochmals für die Entwurfszeit. Dabei wird der Fabrikklasse über ein Attribut die Information mitgegeben, welcher Typ zur Entwurfszeit zu benutzen ist. Listing 26.1 zeigt die Fabrikklasse, die als Ausgangspunkt dient.

Listing 26.1 Einstieg in den Ressourcen-Provider ist eine Fabrikklasse

```
[DesignTimeResourceProviderFactory( ❷
            typeof(CustomDesignTimeResourceProviderFactory))]
public sealed class CustomResourceProviderFactory :
                    ❶ ResourceProviderFactory
{
  private string theme;

  public string Theme ❹
  {
    get { return theme; }
    set { theme = value; }
  }


    public override IResourceProvider ❸⤶
                CreateGlobalResourceProvider(string classKey)
    {
      return new CustomResourceProvider(null, classKey, theme);
    }


    public override IResourceProvider ❸⤶
                CreateLocalResourceProvider(string virtualPath)
    {
      return new CustomResourceProvider(virtualPath, null, theme);
    }
}
```

Basis jeder eigenen Implementierung ist die Ableitung von einer Basisklasse ❶. Optional ist die Dekoration mit dem Entwurfszeitattribut ❷. Damit wird eine Klasse verknüpft, die die Entwurfszeitunterstützung in Visual Studio unterstützt. Zwei Methoden für die lokalen und globalen Provider ❸ dienen dazu, eine Instanz der jeweiligen eigenen Implementierung zurückzugeben. Die Eigenschaft `Theme` ❹ in diesem Beispiel ist eine private Erweiterung, die spezifisch für diese konkrete Implementierung ist.

Damit die ASP.NET-Engine nun auch davon erfährt, dass diese Klasse zu benutzen ist, wird folgender Eintrag in `<system.web>` der Datei *web.config* eingefügt:

```
<globalization
        resourceProviderFactoryType="CustomResourceProviderFactory"
/>
```

Je nach Implementierung kann es notwendig sein, den vollständigen Namensraum anzugeben. Ab sofort wird nun diese Fabrikklasse benutzt. Wie bereits erwähnt, stellt das Durchreichen des Themes die Besonderheit dieser Implementierung dar. Ansonsten wird je nach Typ die Information *virtualPath* für lokale Ressourcen oder *classKey* für globale benutzt. Die Pfadangabe enthält den Namen der Datei, für die Ressourcen benötigt werden, beispielsweise „Default.aspx". Mit *classKey* sind die bei globalen Zugriffen gemeinten Schlüsselnamen gemeint, gemäß folgendem Schema:

```
<%$ classKey:Ressource %>
```

Die konkrete Implementierung ist recht umfangreich. Deshalb sollen hier vor allem die Besonderheiten vorgestellt werden, die aus der Dokumentation der Schnittstellen nicht direkt abgeleitet werden können.

Zur Entwurfszeit, wenn Sie die Seite in Visual Studio bearbeiten, sind lediglich die Pfade auf die nun anders platzierten *resx*-Dateien umzuleiten. Dabei wird zusätzlich noch der Theme-Name in den Pfad eingefügt. Die Seite wird dann normal erstellt und in der Laufzeitumgebung bereitgestellt. Die Nutzung der Satelliten-Assemblies ist optional. Mit einem eigenen Provider können Sie auch darauf verzichten und damit die Nutzung zur Entwurfs-, Compile- und Laufzeit vollständig kontrollieren.

Entwurfszeit

26.1.3 Den Provider implementieren

Die Implementierung begann, wie bereits gezeigt, mit der Klasse `ResourceProviderFactory`. Es gibt hier zwei Methoden zum Zugriff auf lokale und globale Ressourcen. Jede Methode gibt den passenden Provider zurück, der seinerseits den Datenzugriff regelt. Das Konzept der Fabrikklasse erlaubt es, hier sehr umfangreiche Systeme mit verschiedenen Zugriffsmodellen aufzubauen. Im Beispiel wird ein Provider `CustomResourceProvider`, basierend auf `IResourceProvider`, erstellt. Dieser Provider bedient alle Anwendungsfälle. Der Fokus liegt auf der `ResourceReader`. Die Klasse `CustomResourceReader`, die diese Methode zurückgibt, implementiert `IResourceReader`. Sie erlaubt den lesenden Zugriff. Die wichtigste Methode ist `GetObject`, mit der die Daten einer Ressource ermittelt werden.

Listing 26.2 Der Provider zur Laufzeitunterstützung

```
public class CustomResourceProvider : IResourceProvider
{
  ❷ class ResourceTuple
    {
        public ResourceTuple(IResourceReader reader, ⤦
                             IResourceWriter writer)
        {
```

26 Ressourcen

```
                this.Reader = reader;
                this.Writer = writer;
                this.Culture = ci;
            }

            public IResourceReader Reader
            {
                get;
                set;
            }
            public IResourceWriter Writer
            {
                get;
                set;
            }
        }

        private string virtualPath;
        private string theme;
        private bool isGlobal;
❶       private static Dictionary<string, Dictionary<CultureInfo, ↵
                                   ResourceTuple>> resourceCache;

        public CustomResourceProvider(string virtualPath, ↵
                                      string className, ↵
                                      string theme)
        {
            if (theme == null) theme = "Default";
            if (String.IsNullOrEmpty(className))
            {
                this.virtualPath = virtualPath;
                isGlobal = false;
            }
            else
            {
                this.virtualPath = className;
                isGlobal = true;
            }
            this.theme = theme;
            GetResources(); ❸
        }

❷       private CultureInfo GetNativeCulture(CultureInfo culture)
        {
            if (culture == null)
            {
                culture = System.Threading.Thread.↵
                          CurrentThread.CurrentUICulture;
            }
            // Rückfallebene
            if (culture.Parent != CultureInfo.InvariantCulture)
            {
                culture = culture.Parent;
            }
            return culture;
        }

❸       private void GetResources()
        {
            try
            {
```

26.1 Programmierung eigener Ressourcenprovider

```
            if (resourceCache == null)
            {
                resourceCache = new Dictionary<string,
                                Dictionary<CultureInfo,
                                            ResourceTuple>>();
            }
            string regPath;
            if (isGlobal)
            {
                // global
                regPath = "";
            }
            else
            {
                // local
                regPath = XmlResourceHelper.
                    ❺ GetLocalResxBasePath(virtualPath,
                                            theme);
            }
            // Kein Kontext == Entwurfszeit
    ❹ if (HttpContext.Current == null) return;
            // Alles lesen
            string filter = Path.GetFileName(virtualPath) + "*.resx";
            if (!resourceCache.ContainsKey(virtualPath))
            {
                resourceCache[virtualPath] =
                    new Dictionary<CultureInfo, ResourceTuple>();
            }
            foreach (string file in Directory.GetFiles(
                            Path.GetDirectoryName(regPath),
                            filter))
            {
                string[] pathParts = Path.GetFileName(file).
                                Split(".".ToCharArray());
                CultureInfo ci = CultureInfo.InvariantCulture;
                if (pathParts.Length == 4)
                {
                    ci = new CultureInfo(pathParts[2]);
                }
                // Pro Pfad und Kultur ein Reader und ein Writer
                resourceCache[virtualPath].Add(ci,
                        new ResourceTuple(
                            new CustomResourceReader(file),
                            new CustomResourceWriter(file)));
            }
        }
        catch (Exception ex)
        {
            throw new ApplicationException(ex.Message, ex);
        }
    }

❾ object IResourceProvider.GetObject(string resourceKey,
                                    CultureInfo culture)
    {
        IResourceReader reader = null;
        if (culture == null)
        {
            // UI Culture, wenn nicht definiert
            culture = CultureInfo.CurrentUICulture;
        }
```

26 Ressourcen

```
            do
            {
                if (resourceCache[virtualPath].ContainsKey(culture))
                {
                    // gefunden
                    break;
                }
                else
                {
                    // Native Culture
                    culture = GetNativeCulture(culture);
                }
                // Ende Fallback
                if (culture == CultureInfo.InvariantCulture) break;
            } while (reader == null);
            reader = resourceCache[virtualPath][culture].Reader;
            if (reader != null)
            {
                object value = ((CustomResourceReader)reader).↩
                                        GetObject(resourceKey);
                MissHandler(ref value, resourceKey);
                return value;
            }
            return null;
        }

❼ public object GetResxObject(string resourceKey, CultureInfo culture)
        {
            culture = GetNativeCulture(culture);
            string uniqueKey = virtualPath;
            ResXResourceReader rr = null;
            object value = null;
            if (HttpContext.Current.Cache[uniqueKey] == null)
            {
                uniqueKey = XmlResourceHelper.GetResxPath(uniqueKey, ↩
                                          theme, ↩
                                          virtualPath == null, culture);
                if (String.IsNullOrEmpty(uniqueKey)) return "RESX";
                rr = new ResXResourceReader(uniqueKey);
                HttpContext.Current.Cache[uniqueKey] = rr;
            }
            rr = (ResXResourceReader)HttpContext.Current.Cache[uniqueKey];
            IDictionaryEnumerator id = rr.GetEnumerator();
            while (id.MoveNext())
            {
              if (String.Compare(id.Key.ToString(), resourceKey, true) == 0)
              {
                  value = id.Value;
                  break;
              }
            }
            MissHandler(ref value, resourceKey);
            return ""; // value;
        }

❻ private void MissHandler(ref object value, string resourceKey)
        {
            if (value == null)
            {
                if (!resourceKey.Contains("."))
                {
```

26.1 Programmierung eigener Ressourcenprovider

```
                value = String.Format("Missing:{0}", resourceKey);
            }
            else
            {
                switch (resourceKey.Substring(
                    resourceKey.LastIndexOf(".")))
                {
                    case ".Visible":
                        value = true;
                        break;
                    case ".Tooltip":
                    case ".ToolTip":
                        value = "";
                        break;
                    default:
                    case ".Text":
                        value = String.Format("Missing:{0}",
                                              resourceKey);
                        break;
                }
            }
        }
        if (value == null) throw
            new ArgumentException("Unexpectadly found an unresolvable
                                   missing resource: " + resourceKey);
    }

    IResourceReader IResourceProvider.ResourceReader
    {
        get
        {
            if (resourceCache.ContainsKey(virtualPath))
            {
              return
               resourceCache[virtualPath]
                        [CultureInfo.InvariantCulture].Reader;
            }
            return null;
        }
    }

    public IResourceWriter ResourceWriter
    {
        get
        {
            if (resourceCache.ContainsKey(virtualPath))
            {
                return
                 resourceCache[virtualPath]
                        [CultureInfo.InvariantCulture].Writer;
            }
            return null;
        }
    }
}
```

Der Provider selbst ist offensichtlich nicht trivial. Zuerst wird der Speicherort für die Dateien festgelegt. Dieses Beispiel nutzt das übliche *resx*-Dateiformat, verwendet allerdings eine andere Methode zum ermitteln des Pfades. Die Daten werden aus

Leistungsgründen in einem internen Objekt gehalten ❶. Das Objekt enthält ein Tupel aus Kultur und Ressourcen, dessen Typ `ResourceTupel` ❷ ist. Das interne Objekt ist ein verschachteltes `Dictionary`. Der äußere Schlüssel enthält den Schlüssel zur Ressourcendatei, also entweder `virtualPath` für lokale Ressourcen oder `className` für globale. Jede Ressourcendatei hat mehrere Container – für jede Kultur einen. Jeder Container enthält dann die Paare aus Ressourcenschlüssel und Wert. Der Schlüssel des inneren `Dictionary` ist deshalb vom Typ `CultureInfo`. Der Wert enthält die passenden Lese- bzw. Schreibinstanzen vom Typ `CustomResourceReader` und `CustomResourceWriter`. Diese Klassen enthalten die Ressourcen.

Der Provider selbst basiert auf Dateiinstanzen. Das heißt, für jede lokale Ressource, also jede einzelne *ascx*- bzw. *aspx*-Datei existiert eine Instanz. Das ist der Grund, warum das Speicherobjekt `static` ist, es soll nur einmal für alle Provider existieren.

Der Provider wird außerdem sowohl zur Entwurfs- als auch Laufzeit benutzt. Deshalb wird beim Zugriff auf Ressourcen mit `GetResources` ❸ geprüft, ob der Kontext existiert ❹. Die Methode `GetLocalResxBasePath` ermittelt den korrekten Pfad. Dies ist eine Hilfsmethode, die im nächsten Listing erläutert wird. Der Pfad hat folgenden Aufbau:

- *App_Data/Resx/<Theme>/virtualPath/ResourceFile.<Culture>.ResourceType*

Das heißt, dass die Daten in *App_Data* abgelegt werden. Der *Resx*-Ordner stellt sicher, dass kein Konflikt mit anderen Daten dort auftritt. Dann folgt das Theme, um für jedes Seiten-Theme eine eigene Ressourcensammlung zu erhalten. <Theme> ist hier ein Platzhalter für den realen Namen. Es wird vorausgesetzt, dass wenigstens ein Seiten-Theme mit dem Namen „Default" als Rückfallebene und für die Entwurfszeit existiert. Der virtuelle Pfad entspricht der Position der jeweiligen Datei. Der vollständige Pfad kann dann wie in den folgenden Beispielen gezeigt aussehen:

- `App_Data/Resx/MyTheme/storeFront/Basket.en-us.aspx.resx`
- `App_Data/Resx/Default/storeFront/Basket.en-us.aspx.resx`
- `App_Data/Resx/MyTheme/storeFront/Basket.de.aspx.resx`
- `App_Data/Resx/Default/storeFront/Basket.de.aspx.resx`

Diese Beispiele zeigen typische Pfade für eine Seite mit dem Namen *Basket.aspx*. Eine Ressource ohne Kultur sollte auch existieren, um eine sichere Rückfallebene zu haben, falls mal eine Ressource fehlt. Der Schlüsselwert wäre dann `CultureInfo.InvariantCulture`, ermittelt in der Methode `GetNativeCulture` ❽. Sind die Werte gespeichert und die Provider geladen, beginnt die ASP.NET-Engine die Werte bei Bedarf mit `GetObject` abzurufen ❾. Diese Methode erhält den Ressourcenschlüssel und die Kultur. Der Pfad ist bereits bekannt, weil jede Quelldatei einen eigenen Provider instanziiert. In der Methode wird nun nach der passenden Ressource gesucht. Das passiert erst für die vollständige Kultur „de-de", dann für die native „de" und dann für die Rückfallebene (Invariant). Erst dann wird gegebenenfalls ein Fehler ausgegeben.

Wurde das Objekt gefunden, wird der `CustomResourceReader` ermittelt. Der Schlüssel wird nun benutzt, um die eigentliche Ressource zu holen. Der Aufruf von `MissHandler` dient dazu, `null`-Werte abzufangen ❻. Statt einer Ausnahme erscheint

26.1 Programmierung eigener Ressourcenprovider

ein Ersatztext, sodass die fehlenden Werte auf einer Seite leicht identifiziert werden können.

Die zweite Methode `GetResxObject` ❼ unterstützt die Entwurfszeitumgebung und funktioniert ähnlich der ersten. Die eigentliche Arbeit der Ermittlung der Ressource steckt in `CustomResourceReader`. Diese Klasse wird im nächsten Listing gezeigt.

Listing 26.3 Die Klasse zum Lesen einer einzelnen Ressource

```
public class CustomResourceReader : IResourceReader
{
    private Hashtable resources; ❷

    public CustomResourceReader(string fileName)
    {
      ❶ using (ResXResourceReader rr = new ResXResourceReader(fileName))
        {
            resources = new Hashtable();
            IEnumerator enu = rr.GetEnumerator();
            enu.Reset();
            // Cache it!
            while (enu.MoveNext())
            {
                resources.Add(
                    ((DictionaryEntry)enu.Current).Key.ToString(),
                    ((DictionaryEntry)enu.Current).Value);
            }
        }
    }

    IDictionaryEnumerator IResourceReader.GetEnumerator()
    {
        return resources.GetEnumerator();
    }

    void IResourceReader.Close() {  }

    IEnumerator IEnumerable.GetEnumerator()
    {
        return resources.GetEnumerator();
    }

    void IDisposable.Dispose()
    {
    }

    internal object GetObject(string resourceKey)
    {
        return resources[resourceKey];
    }
}
```

Die Klasse nutzt direkt `ResXResourceReader` ❶, sodass der Aufbau sehr kompakt ist. Der erforderliche Namensraum ist `System.Resource`. Nach dem Lesen der Datei wird der Inhalt im Speicher gehalten, um einen schnellen Zugriff zu ermöglichen. Dies zeigt, dass es keine Umwandlung in ein Binärformat gibt, sondern immer mit den XML-Daten gearbeitet wird, die aber im Speicher gehalten werden. Deshalb besteht, wie später gezeigt, Schreibzugriff zur Laufzeit. Sie mögen sich eventuell fragen, wieso hier in Zeiten von generischen Typen eine `Hashtable` ❷ benutzt wird. Ressourcen sind prinzipiell unabhängig vom Typ, also ist `object` angebracht.

An dieser Stelle könnte der Provider bereits benutzt werden. Weitere Funktionen sind möglich, erfordern aber mehr Aufwand:

- Implementierung des Schreibzugriffs
- Unterstützung der Entwurfszeit
- Schreibender Zugriff zur Laufzeit

Vorher soll aber ein erster Test stattfinden und dazu ist eine Konfiguration des Providers erforderlich.

Konfiguration des Providers

Weil der Provider von einer Fabrikklasse geladen wird, muss diese angegeben werden. Dies ist eine Einstellung in der Datei *web.config*, die folgendermaßen aussieht:

```
<globalization
    resourceProviderFactoryType="CustomResourceProviderFactory"
/>
```

Der Klassenname reicht aus, wenn es sich um eine lokale Implementierung handelt. Wird der Provider in einer anderen Assembly erstellt, muss der vollqualifizierte Name der Assembly benutzt werden.

26.1.4 Entwurfszeitunterstützung

In Visual Studio gibt es die bereits erwähnte Operation, die aktuell im Designer – nicht in der Code- oder Markupansicht – geladene Datei mit Meta-Attributen zum Ressourcenzugriff auszustatten. Dies kann eine Menge Zeit sparen. Um diesen Vorgang auszuführen, gehen Sie folgendermaßen vor:

1. Öffnen Sie eine *aspx*- oder *ascx*-Seite in der Designansicht
2. Im Menü Tools klicken Sie auf Lokale Ressourcen erstellen

Dies erzeugt neben den Attributen auch die Dateien. Normalerweise liegen die Ressourcendateien in einem Untermenü unterhalb der Zieldatei. Mit dem eigenen Provider kann man dieses Verhalten verändern.

Vorbereiten der Entwurfszeitunterstützung

Die Entwurfszeitunterstützung verlangt eine Registrierung der Klasse. es gibt dazu keine Option in der *web.config* sondern ein Attribut für die Fabrikklasse:

```
[DesignTimeResourceProviderFactory( ⤦
        typeof(CustomDesignTimeResourceProviderFactory))]
public sealed class CustomResourceProviderFactory : ⤦
                    ResourceProviderFactory
```

Der Typ `CustomDesignTimeResourceProviderFactory` definiert eine weitere Fabrikklasse, die für die Entwurfszeitunterstützung zuständig ist. Diese verhält sich ähnlich der ersten. Es gibt aber ein paar Unterschiede zu beachten:

26.1 Programmierung eigener Ressourcenprovider

- Es gibt kein Seitenthema, deshalb wird nur das Standard-Theme (Default) unterstützt.
- Es gibt keinen Kontext (`HttpContext.Current` ist `null`).
- Es gibt keine Kultur, deswegen wird immer in die invariante Rückfallebene geschrieben.

Die Fabrikklasse selbst erbt von der abstrakten Basisklasse `DesignTimeResourceProviderFactory`. Diese ist folgendermaßen definiert:

Die Entwurfszeitfabrik

```
public abstract class DesignTimeResourceProviderFactory
{
    protected DesignTimeResourceProviderFactory();

    public abstract IResourceProvider
                CreateDesignTimeGlobalResourceProvider(
        ❷ IServiceProvider serviceProvider,
            string classKey);

    public abstract IResourceProvider
                CreateDesignTimeLocalResourceProvider(
        ❷ IServiceProvider serviceProvider);

    public abstract IDesignTimeResourceWriter
        ❶ CreateDesignTimeLocalResourceWriter(
        ❷ IServiceProvider serviceProvider);
}
```

Die Klasse hat neben dem Konstruktor nur drei Methoden. Zwei Methoden sind mit der Laufzeitversion vergleichbar – sie erzeugen die passenden Provider. Die dritte, `CreateDesignTimeLocalResourceWriter` ❶, unterstützt explizit Visual Studio und dessen Funktion zum Erzeugen der Attribute.

Alle Methoden haben einen Parameter *serviceProvider* vom Typ `IServiceProvider` ❷, über die die Entwurfszeitumgebung ihre Funktionen anbieten kann, in dem Sie einem `ServiceProvider` die konkrete Implementierung melden. Der Host – das ist die Umgebung, die die zu entwerfenden Komponenten verwaltet – kann dann über weitere Schnittstellen die benötigten Funktionen aufrufen. Im vorliegenden Fall wird der `ServiceProvider` von Visual Studio an die Methode übergeben, sodass Sie Zugriff auf die Dienste erhalten, die Visual Studio anbietet. Das Konzept erlaubt es, Informationen zu erhalten, ohne die Assemblies von Visual Studio selbst zur Verfügung zu haben. Es gibt also keine Abhängigkeit zu `EnvDTE` und damit von einer bestimmten Visual Studio-Version. Das hat den Vorteil, dass die übersetzte Assembly auch auf einem System läuft, wo Visual Studio nicht präsent ist. Die Laufzeitumgebung ruft dann die Entwurfszeitunterstützung nicht auf. Wäre eine Abhängigkeit von `EnvDTE` vorhanden, würde der Code nicht einmal starten.

IServiceProvider

`IServiceProvider` kennt die Methode `GetService`. Darüber kann der Dienst ermittelt werden, der die hier benötigten Informationen zur Verfügung stellt. Was benötigt wird, ist der Host der Entwurfszeitumgebung, treffenderweise mit `IDesignerHost` implementiert:

Designer-Host

26 Ressourcen

```
IDesignerHost host;
host = (IDesignerHost)
           _serviceProvider.GetService(typeof(IDesignerHost));
```

Steht der Host zur Verfügung, kann der Designer der WebForms-Umgebung ermittelt werden:

```
WebFormsRootDesigner rootDesigner;
rootDesigner = host.GetDesigner(host.RootComponent) as
                             WebFormsRootDesigner;
```

Dieser Typ ist in `System.Web.UI.Design` definiert und hängt ebenso nicht von der Existenz von Visual Studio ab. Die Eigenschaft `DocumentUrl`, die er bereitstellt, ist das Ziel der Aktion. Damit kann der Pfad zur Ressourcendatei zur Entwurfszeit ermittelt werden.

Mit all diesen Informationen kann die Implementierung in Angriff genommen werden:

Listing 26.4 Die Fabrikklasse der Entwurfszeitumgebung

```
public sealed class CustomDesignTimeResourceProviderFactory :
                       DesignTimeResourceProviderFactory
{
    private DesignTimeResourceProvider globalResourceProvider;
    private DesignTimeResourceProvider localResourceProvider;
    private CustomDesignTimeResourceWriter localResourceWriter;
    private string _rootDocument;

    public override IResourceProvider
                    CreateDesignTimeGlobalResourceProvider(
                       IServiceProvider serviceProvider,
                       string classKey)
    {
        // Return an IResourceProvider.
        if (globalResourceProvider == null)
        {
❶         globalResourceProvider = new DesignTimeResourceProvider(
                             classKey, serviceProvider);
        }
        _rootDocument = globalResourceProvider.RootDocument;
        return globalResourceProvider;
    }

    public override IResourceProvider
                    CreateDesignTimeLocalResourceProvider(
                       IServiceProvider serviceProvider)
    {
        // IResourceProvider.
        if (localResourceProvider == null)
        {
❶         localResourceProvider = new
                  DesignTimeResourceProvider(serviceProvider);
        }
        return localResourceProvider;
    }

❷   public override IDesignTimeResourceWriter
                    CreateDesignTimeLocalResourceWriter(
                       IServiceProvider serviceProvider)
    {
```

26.1 Programmierung eigener Ressourcenprovider

```
        if (localResourceWriter == null)
        {
            IDesignerHost host = (IDesignerHost)
                    serviceProvider.GetService(typeof(IDesignerHost));
            WebFormsRootDesigner rootDesigner =
                            host.GetDesigner(host.RootComponent)
                                    as WebFormsRootDesigner;
            _rootDocument = rootDesigner.DocumentUrl;  ❸
            if (_rootDocument != null)
            {
                localResourceWriter =
                    new CustomDesignTimeResourceWriter(_rootDocument);
            }
        }
        return localResourceWriter;
    }
}
```

Die Fabrikklasse gibt für globale und lokale Ressourcen denselben Typ zurück, `DesignTimeResourceProvider` ❶. Visual Studio 2010 unterscheidet dies nicht, aber künftige Versionen könnten sich anders verhalten – das Modell ist darauf bereits vorbereitet. Spannender ist hier die Methode `CreateDesignTimeLocal-ResourceWriter` ❷, die eine Instanz der Klasse zurückgibt, die die Schreiboperation implementiert. Hier wird der Pfad zum Dokument in der zuvor beschriebenen Weise ermittelt, um die Ressourcendatei erzeugen und bearbeiten zu können.

Der direkte Zugriff auf `DocumentUrl` ist der entscheidende Punkt dabei ❸.

> **HINWEIS**
>
> Die Schnittstelle `IWebFormsDocumentService` ist als `Obsolete` markiert. Microsoft wird sie in künftigen Versionen von Visual Studio durch den Nachfolger WebFormsRootDesigner ersetzen. Wenn Sie mit Visual Studio 2010 arbeiten, müssen Sie die Schnittstelle dennoch verwenden.

Die Provider sind weniger spektakulär. Sie müssen die Schnittstellen `IResourceProvider` und `IDesignTimeResourceWriter` implementieren.

Listing 26.5 Die Provider für die Entwurfszeitunterstützung

```
internal sealed class DesignTimeResourceProvider :
                        IResourceProvider, IDesignTimeResourceWriter
{
    private IServiceProvider _serviceProvider;
    private ResXResourceWriter _writer = null;
    private ResXResourceReader _reader = null;
    private string _rootDocument;

    internal string RootDocument
    {
        get { return _rootDocument; }
    }

    public DesignTimeResourceProvider(IServiceProvider serviceProvider):
            this(null, serviceProvider)
    {
        _serviceProvider = serviceProvider;
    }

    public DesignTimeResourceProvider(string classKey,
                        IServiceProvider serviceProvider)
```

```csharp
        {
            IWebFormsDocumentService formsDesigner = ↵
             serviceProvider.GetService(typeof(IWebFormsDocumentService)) ↵
                    as IWebFormsDocumentService;
            if (formsDesigner == null)
            {
                throw new NullReferenceException( ↵
                        "IWebFormsDocumentService is null");
            }
            _rootDocument = formsDesigner.DocumentUrl;
        }

        object IResourceProvider.GetObject(string resourceKey, ↵
                                        CultureInfo culture)
        {
            if (_reader == null)
            {
                throw new NullReferenceException( ↵
                        "IResourceProvider::ResourceReader::NULL");
            }
            object o = null;
            IDictionaryEnumerator ide = _reader.GetEnumerator();
            while (ide.MoveNext())
            {
                if (ide.Key.ToString().ToLowerInvariant().Equals(↵
                    resourceKey.ToLowerInvariant()))
                {
                    o = ide.Value;
                    break;
                }
            }
            return o;
        }

        IResourceReader IResourceProvider.ResourceReader
        {
            get
            {
                if (_reader == null)
                {
                    _reader = new ResXResourceReader( ↵
                        XmlResourceHelper. ↵
                        GetInvariantResxPathAtDesignTime( ↵
                                _rootDocument));
                    _writer = new ResXResourceWriter( ↵
                        XmlResourceHelper. ↵
                        GetInvariantResxPathAtDesignTime(↵
                                    _rootDocument));
                }
                if (_reader != null)
                {
                    return _reader;
                }
                else
                {
                    throw new Exception(↵
                            "IResourceProvider::ResourceReader::NULL");
                }
            }
        }
```

26.1 Programmierung eigener Ressourcenprovider

```
    string IDesignTimeResourceWriter.CreateResourceKey(
                                string resourceName,
                                object obj)
    {
        ((IResourceWriter)this).AddResource(resourceName, obj);
        return resourceName;
    }

    void IResourceWriter.AddResource(string name, byte[] value)
    {
        _writer.AddResource(name, value);
    }

    void IResourceWriter.AddResource(string name, object value)
    {
        _writer.AddResource(name, value);
    }

    void IResourceWriter.AddResource(string name, string value)
    {
        _writer.AddResource(name, value);
    }

    void IResourceWriter.Generate()
    {
        _writer.Generate();
    }

    void IResourceWriter.Close()
    {
        _writer.Close();
    }

    void IDisposable.Dispose()
    {
        _writer.Close();
        _writer.Dispose();
    }
}
```

Diese Implementierung unterstützt auch dann das Lesen der Ressourcen, wenn der Benutzer die Datei in der Designeransicht öffnet und die Standardwerte ermittelt werden müssen.

Die Hilfsklasse `XmlResourceHelper` wird benutzt, um mit `GetInvariantResxPathAtDesignTime` den vollständigen Pfad zu ermitteln. Diese Klasse wird im nächsten Listing gezeigt:

Listing 26.6 Hilfsklasse für Pfadoperationen

```
internal static class XmlResourceHelper
{
    private const string DESIGNTIME_THEME = "Default";
    private static readonly char[] TRIMCHARS = "/".ToCharArray();

    private static string BasePath
    {
        get
        {
            if (HttpContext.Current == null)
```

```csharp
            {
                return "/App_Data/Resx/";
            }
            else
            {
                return HttpContext.Current.Server.MapPath(
                                    "~/App_Data/Resx") +
                                    Path.DirectorySeparatorChar;
            }
        }
    }

    #region Get

    public static string GetFullPath(string regularPath,
                                    string theme,
                                    bool global)
    {
        if (String.IsNullOrEmpty(theme))
            throw new ArgumentNullException("theme");
        string path = "";
        if (HttpContext.Current == null)
        {
            // assume compiler time
            path = GetInvariantResxPathAtDesignTime(regularPath);
        }
        else
        {
            try
            {
                regularPath = Regex.Replace(regularPath,
                        HttpContext.Current.Request.ApplicationPath
                        .TrimStart('/'),
                        "", RegexOptions.IgnoreCase);
                if (global)
                {
                    path = String.Format("{0}{1}_Global",
                                        BasePath, theme,
                                        regularPath);
                }
                else
                {
                    path = String.Format("{0}{1}{2}",
                                        BasePath, theme,
                                        regularPath);
                }
            }
            catch (Exception ex)
            {
                throw new Exception(ex.Message + ex.StackTrace);
            }
        }
        return path;
    }

    #endregion

    #region Put

    public static string GetLocalResxBasePath(string pageId,
                                            string theme)
```

26.1 Programmierung eigener Ressourcenprovider

```csharp
{
    if (String.IsNullOrEmpty(pageId))
    {
      pageId = "";
    }
    else
    {
      pageId = Regex.Replace(pageId,
                HttpRuntime.AppDomainAppVirtualPath.TrimStart(
                TRIMCHARS),
                "", RegexOptions.IgnoreCase);
    }
    pageId = pageId.Replace("..",
                    ".").TrimStart(TRIMCHARS).Replace('/',
                    Path.DirectorySeparatorChar);
    // Absoluter Pfad
    string file=String.Concat(BasePath,
                        String.Format("{0}{2}{1}", theme,
                        pageId, Path.DirectorySeparatorChar));
    return file;
}

public static string GetResxPath(string pageId,
                                string theme, bool global)
{
    pageId = Regex.Replace(pageId,
                        HttpRuntime.AppDomainAppVirtualPath
                        .TrimStart(TRIMCHARS),
                        "", RegexOptions.IgnoreCase);
    string file=Path.Combine(BasePath,
                        String.Format("{0}{2}{3}{1}.resx",
                        theme, pageId,
                        (global) ? "_Global" : "",
                        Path.DirectorySeparatorChar));
    if (!File.Exists(file))
    {
        throw new FileNotFoundException("The resx file does
                not exists [GetInvariantResxPath]", file);
    }
    return file;
}

public static string GetResxPath(string pageId, string theme,
                                bool global, CultureInfo ci)
{
    pageId = Regex.Replace(pageId,
                        HttpRuntime.AppDomainAppVirtualPath
                        .TrimStart(TRIMCHARS),
                        "", RegexOptions.IgnoreCase);
    string file = Path.Combine(BasePath,
                    String.Format("{0}{2}{3}{1}.{4}.resx",
        theme,
        pageId,
        (global) ? "_Global" : "",
        Path.DirectorySeparatorChar,
        ci.Name));
    if (!File.Exists(file))
    {
        throw new FileNotFoundException("The resx file does not
                        exists [GetInvariantResxPath]",
```

1121

```
                                                file);
            CreateFileIfNotExists(file);
    }
    return file;
}

public static string GetInvariantResxPathAtDesignTime(⤶
                            string pagePath)
{
    // Voller Pfad, Invariant
    Uri uri = new Uri(pagePath);
    string path = uri.LocalPath;
    string file = String.Format("{0}{2}{3}{4}{2}{1}.resx",
            Path.GetDirectoryName(path),
            Path.GetFileName(path),
            Path.DirectorySeparatorChar,
            BasePath,
            DESIGNTIME_THEME);
    // Zur Entwurfszeit App_Data/Resx/Default
    if (!File.Exists(file))
    {
        CreateFileIfNotExists(file);
    }
    return file;
}

private static void CreateFileIfNotExists(string path)
{
    if (!Directory.Exists(Path.GetDirectoryName(path)))
    {
        Directory.CreateDirectory(Path.GetDirectoryName(path));
    }
    System.Resources.ResXResourceWriter RwX = new ⤶
            System.Resources.ResXResourceWriter(path);
    RwX.Generate();
    RwX.Close();
}

#endregion
```

Die vielen Pfadoperationen sind ein Nachteil der gezeigten Lösung. Eine datenbankgestützte Version wäre hier möglicherweise einfacher. Dafür wären dort andere Maßnahmen notwendig, um die Daten zu holen. Vor allem zur Entwurfszeit sind Datenbanken meist nicht verfügbar – von der lokalen MDB-Datei in *App_Data* mal abgesehen. Interessant am gezeigten Code ist die Ermittlung der Pfade des Projekts. Die Hilfsdatei wird ja von der Laufzeit- und Entwurfszeitumgebung benutzt und zudem zur Compile-Zeit aufgerufen. Mangels `HttpContext` in einigen Fällen wird hier `HttpRuntime.AppDomainAppVirtualPath` benutzt. Diese Funktion steht auch beim Kompilieren zur Verfügung.

Das Erzeugen der *resx*-Dateien ist dagegen wieder sehr einfach. Wie bei den meisten anderen Funktionen greift Visual Studio intern nur auf Framework-Funktionen zu. In diesem Fall steht die Klasse `ResXResourceWriter` zur Verfügung.

```xml
<root>
  <xsd:schema id="root" xmlns="" xmlns:xsd="http://www.w3.org/2001/XMLSchema" xmlns:msdata="urn:schemas-microsoft-com:xml-msdata">
    <xsd:import namespace="http://www.w3.org/XML/1998/namespace" />
    <xsd:element name="root" msdata:IsDataSet="true">
      <xsd:complexType>
        <xsd:choice maxOccurs="unbounded">
          <xsd:element name="metadata">
            <xsd:complexType>
              <xsd:sequence>
                <xsd:element name="value" type="xsd:string" minOccurs="0" />
              </xsd:sequence>
              <xsd:attribute name="name" use="required" type="xsd:string" />
              <xsd:attribute name="type" type="xsd:string" />
              <xsd:attribute name="mimetype" type="xsd:string" />
              <xsd:attribute ref="xml:space" />
            </xsd:complexType>
          </xsd:element>
          <xsd:element name="assembly">
            <xsd:complexType>
              <xsd:attribute name="alias" type="xsd:string" />
              <xsd:attribute name="name" type="xsd:string" />
            </xsd:complexType>
          </xsd:element>
          <xsd:element name="data">
            <xsd:complexType>
              <xsd:sequence>
                <xsd:element name="value" type="xsd:string" minOccurs="0" msdata:Ordinal="1" />
                <xsd:element name="comment" type="xsd:string" minOccurs="0" msdata:Ordinal="2" />
              </xsd:sequence>
              <xsd:attribute name="name" type="xsd:string" use="required" msdata:Ordinal="1" />
              <xsd:attribute name="type" type="xsd:string" msdata:Ordinal="3" />
              <xsd:attribute name="mimetype" type="xsd:string" msdata:Ordinal="4" />
              <xsd:attribute ref="xml:space" />
            </xsd:complexType>
          </xsd:element>
          <xsd:element name="resheader">
            <xsd:complexType>
              <xsd:sequence>
                <xsd:element name="value" type="xsd:string" minOccurs="0" msdata:Ordinal="1" />
              </xsd:sequence>
              <xsd:attribute name="name" type="xsd:string" use="required" />
            </xsd:complexType>
          </xsd:element>
        </xsd:choice>
      </xsd:complexType>
    </xsd:element>
  </xsd:schema>
  <resheader name="resmimetype">
    <value>text/microsoft-resx</value>
  </resheader>
  <resheader name="version">
    <value>2.0</value>
  </resheader>
```

Abbildung 26.2 Die erzeugte Resx-Datei entspricht genau der Version, auf die Visual Studio baut

Debuggen von Entwurfszeitfunktionen

Auch eine Entwurfszeitfunktion funktioniert möglicherweise nicht auf Anhieb, sodass Sie einen Debugger benötigen, um Fehler zu finden. Das ist aber nicht so ganz einfach, weil es keinen Einsprungpunkt gibt, an dem die Applikation startet. Um einen Debugger anzufügen, müssen Sie die Applikation zuerst in eine lauffähige Umgebung versetzen. Das ist naheliegender Weise Visual Studio selbst.

Um Visual Studio zu debuggen, benötigen Sie eine zweite Instanz. Dazu wird als Startpunkt der Applikation einfach die ausführbare Datei von Visual Studio genommen. Öffnen Sie die Eigenschaftenseiten der Webapplikation und wählen Sie auf dem Tab BUILD in der Zeile START EINER EXTERNEN APPLIKATION das entsprechende Programm *devenv.exe* aus.

26 Ressourcen

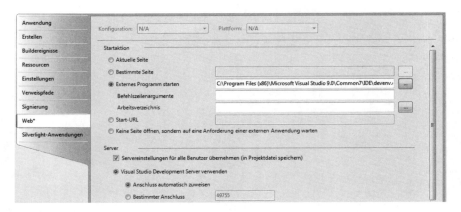

Abbildung 26.3 Start einer zweiten Instanz zum Debuggen der Entwurfszeitumgebung der ersten Instanz

Starten Sie die Webapplikation wie üblich mit F5. Es startet die zweite Instanz. Laden Sie in der zweiten Instanz nun dasselbe Projekt nochmal. Setzen Sie in der ersten Instanz Unterbrechungspunkte und agieren Sie dann in der zweiten Instanz, um diese zu erreichen.

26.1.5 Ressourcen online bearbeiten

Beachten Sie jedoch, dass die Möglichkeit zur Laufzeit *resx*-Dateien zu bearbeiten, die Existenz derselben auf dem Produktivsystem umfasst. Deshalb werden die *resx*-Dateien unter *App_Data/resx* des Webprojekts abgelegt. Der Zugriff erfolgt nun über zwei Wege. Mit der Standard-Master-Seite wird der Provider zum Lesezugriff benutzt und die Ressourcen werden direkt geladen. Zusätzlich werden die Daten zwischengespeichert, um fortlaufende Dateizugriffe zu vermeiden. Wird eine andere Masterdatei geladen, die das Editieren der Seite erlaubt, dann erfolgt der Zugriff direkt auf die *resx*-Dateien. Der Editor ist komplett in JavaScript geschrieben und greift per Webservice auf dieselben Dateien zu. Dies kann dann auch schreibend erfolgen, sodass man die Ressourcen online ändern kann. Listing 26.7 zeigt den Webservice, der vom Editor benutzt wird, auf die Ressourcen zuzugreifen. In diesem wird der Ressourcenprovider direkt instanziiert und benutzt, um die Ressourcen zu lesen und zu schreiben. GetAllLanguages greift auf eine XML-Datei *Cultures.xml* zu, deren Inhalt mit folgendem Code in einer Applikationsvariablen gespeichert wird:

```
XDocument xmlDoc =
XDocument.Load(Path.Combine(Server.MapPath("~/App_Data"),
                            "Cultures.xml"));
var cultures = from c in xmlDoc.Descendants("CultureInfo")
               select new CultureInfo(c.Attribute("id").Value);
Application["cultures"] = cultures.ToList<CultureInfo>();
```

Der eigentliche Trick besteht nun darin, im JavaScript-Code eine Möglichkeit zu finden, dem Webservice die benötigten Parameter zu übermitteln, nämlich den

Namen der Seite (pageId) und der Ressource (ctrlId), sowie das gewählte Theme und natürlich die Kultur.

Listing 26.7 Webservice, der den Zugriff zur Laufzeit realisiert

```
[ScriptService()]
[WebService(Namespace = "http://www.computacenter.com/ws")]
[GenerateScriptType(typeof(Cultures))]
[WebServiceBinding(ConformsTo = WsiProfiles.BasicProfile1_1)]
public class ResourceService : System.Web.Services.WebService
{

  CustomResourceProviderFactory rf;

  public ResourceService()
  {
    // get assembly where the resources reside
    Assembly resAssembly =
typeof(CustomResourceProviderFactory).Assembly;
    rf = new CustomResourceProviderFactory();
  }


  [WebMethod()]
  public Cultures GetAllLanguages()
  {
    List<CultureInfo> cList = (List<CultureInfo>)Application["cultures"];
    Cultures c = new Cultures(cList.Count);
    for (int i = 0; i < cList.Count; i++)
    {
      c.cultureName[i] = cList[i].DisplayName;
      c.cultureID[i] = cList[i].Name;
    }
    return c;
  }

  [WebMethod()]
  public string LoadResource(string pageId, string ctrlId, string
culture, string theme)
  {
    pageId = pageId.Replace("~", "");
    rf.Theme = theme;
    IResourceProvider rp = rf.CreateLocalResourceProvider(pageId);
    object value = ((CustomResourceProvider)rp).GetResxObject(ctrlId, new
CultureInfo(culture));
    return (value == null) ? String.Empty : value.ToString();
  }

  [WebMethod()]
  public void SaveResource(string pageId, string ctrlId, string content,
string culture, string theme)
  {
    pageId = pageId.Replace("~", "");
    rf.Theme = theme;
    IResourceProvider rp = rf.CreateLocalResourceProvider(pageId);
    CultureInfo ci = new CultureInfo(culture);
    ((CustomResourceProvider)rp).GetResourceWriter(ci).AddResource(⤦
                                                   ctrlId,⤦
                                                   content);
  }
}
```

Dafür zuständig ist die spezielle Master-Seite. Wenn der Benutzer diese aktiviert, wird neben dem JavaScript auch eine Struktur von speziellen Steuerelementen erzeugt, die die Webservices aufrufen. Das dynamische Umschalten der Master-Seite erfolgt in der Page-Klasse. Eine Basisklasse vereinfacht den Zugriff. In dieser Klasse werden in OnPreInit die Master-Seite und das gewählte Theme gesetzt.

Listing 26.8 Basisseite, die den Zugriff erleichtert

```
public partial class _Default : BasePage

protected override void OnPreInit(EventArgs e)
{
  base.OnPreInit(e);
  // Set Editor (special handling beyound the domain scope)
  if (Request.QueryString["e"] != null
   && Request.QueryString["e"] == "on")
  {
    Session["Editor"] = true;
  }
  if (Request.QueryString["e"] != null
   && Request.QueryString["e"] == "off")
  {
    Session["Editor"] = null;
  }
  string domain = Request.Url.Host;
  // Set Dynamic Theming and Master Pages
  if (Session["Editor"] != null)
  {
    Master.MasterPageFile = "editor.master";
  }
  else
  {
    Master.MasterPageFile = "default.master";
  }
  if (Session["theme"] != null)
  {
    Theme = Session["theme"] as string;
  }
}
```

Im Beispiel ist der Aufruf bewusst einfach gehalten. Durch Anhängen von *?e=on* wird der Editor aktiviert. Der Zustand wird in der aktuellen Session gehalten. Listing 26.10 zeigt, wie nun die Steuerelemente der Seite durchsucht und erweitert werden. Dazu erhält jedes Steuerelement, dem eine Ressource zugewiesen werden kann, ein kleines Symbol, das wiederum auf Mausklick den JavaScript-Editor aktiviert. Die Methode ReadControls liest während OnInit alle Elemente und sucht nach dem Attribut meta:resourcekey. Ist dies vorhanden, wird es in einer Kollektion gehalten. In OnPreRender, wenn die Seite fertig aufgebaut ist, werden dann aus dieser Kollektion die Symbole und die JavaScript-Steuerung gebaut. Die Vorgehensweise mittels regulärer Ausdrücke erscheint primitiv. Allerdings existiert ja zum Zeitpunkt des Aufbaus der Seite bereits ein Objektmodell, in dem die impliziten Ressourcenzugriffe durch direkte Aufrufe ersetzt wurden. Deshalb wird der Seitenquelltext direkt durchsucht. Die ASPX-Seite muss also zur Laufzeit verfügbar sein.

Listing 26.9 Durchsuchen der Seite nach Steuerelementen mit Ressourcenzugriff

```
protected override void OnInit(EventArgs e)
{
  pages = new Dictionary<string, Dictionary<string, string>>();
  ReadControls(this.Page.AppRelativeVirtualPath);
  base.OnInit(e);
}
privat void ReadControls(string path)
{
  if (!pages.ContainsKey(path))
  {
    StreamReader sr = new StreamReader(Server.MapPath(path));
    string s = sr.ReadToEnd();
    sr.Close();
    pages.Add(path, new Dictionary<string, string>());
    MatchCollection mc = rx.Matches(s);
    foreach (Match m in mc)
    {
      Group g = m.Groups["attr"];
      if (g != null) {
        string[] attributes = g.Value.Split(" ".ToCharArray(),
                              StringSplitOptions.RemoveEmptyEntries);
        string key = null, id = null;
        foreach (string attr in attributes)
        {
          if (attr.StartsWith("meta:resourcekey"))
          {
            string param = attr.Split("=".ToCharArray())[1].Trim();
            key = param.Substring(1, param.Length - 2);
          }
          if (attr.StartsWith("id",
              StringComparison.InvariantCultureIgnoreCase))
          {
            string[] fragments = attr.Split("=".ToCharArray());
            if (fragments.Length == 2)
            {
              string param = fragments[1].Trim();
              id = param.Substring(1, param.Length - 2);
            }
          }
        }
        if (!String.IsNullOrEmpty(id) && !(String.IsNullOrEmpty(key)))
        {
          // need to support server transfer
          if (!pages[path].ContainsKey(id))
          {
            pages[path].Add(id, key);
          }
        }
      }
    }
  }
}
```

Das Erzeugen der Symbole ist weit aufwändiger. Ausgangspunkt bildet das Durchsuchen der `ContentPlaceHolder`, da hier generell davon ausgegangen werden muss, dass Master-Seiten benutzt werden. `NavigateControls` wird rekursiv durchlaufen.

Listing 26.10 Aktivieren des Editors über dynamisch eingefügte Steuerelemente

```
protected override void OnPreRender(EventArgs e)
{
  foreach (string name in this.ContentPlaceHolders)
  {
    ContentPlaceHolder cph = (ContentPlaceHolder)FindControl(name);
    ControlCollection cc = cph.Controls;
    this.NavigateControls(cc);
  }
  base.OnPreRender(e);
}
```

Der vollständige Code der Lösung steht zum Herunterladen zur Verfügung – aus Platzgründen konnte nicht alles abgedruckt werden. An dieser Stelle sollen nur die Besonderheiten gezeigt werden. Beim Durchlaufen wird zuerst das jeweils gefundene Steuerelement in der Liste mit Ressourcen gesucht.

```
string ctlKey = pages[path][ctl.ID];
```

Dann werden Sonderbehandlungen durchgeführt, beispielsweise für *WebPartZone* und *ValidationSummary*. Für alle anderen Elemente wird ein Symbol erzeugt. Über einen *StringWriter* wird der JavaScript-Aufruf zusammengebaut, der letztlich folgendermaßen aussehen kann:

```
<img src="/DemoApplication/images/Resxeditor/resx.gif"
  width="8px" height="8px"
  allowHtml="false"
  pageID="~/Default.aspx"
  ctrlClientID="ctl00_ctl00_MainContent_MainContent_LinkButtonTheme1"
  ctrlID="LinkButtonTheme1Resource1"
  attributes="Text,ToolTip" alt="Tooltip"
  onclick="showEditor(0, this); return false;"
  style="display:inline;cursor:hand;position:relative;left:-8;top:-8;
      z-index:100000;" />
```

Dies wird dann in ein `Literal`-Steuerelement gepackt und an die Steuerelemente-Kollektion angehängt:

```
using (StringWriter sw = new StringWriter(sb))
{
  HtmlTextWriter ht = new HtmlTextWriter(sw);
  // Schreibe in ht
  LiteralControl lb = new LiteralControl(sb.ToString());
  ctl.Parent.Controls.AddAt(i+1, lb);
}
```

Um die passenden Ressourcen lesen zu können, ist letztlich vor allem der Schlüssel erforderlich (`ctrlID`) und natürlich die Seite (`pageID`). Alle anderen Attribute steuern das Skript, beispielsweise durch Angabe der Eigenschaften, die der Editor bearbeiten darf (`Text`, `Tooltip`).

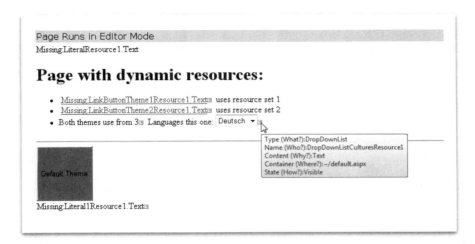

Abbildung 26.4 Die Seite im Editiermodus

Abbildung 26.4 zeigt, wie die Symbole auf der Seite auftauchen. Führen Sie die Maus über eines der kleinen Symbole, zeigt ein Tooltip weitere Informationen an. Ein Klick öffnet den Editor (Abbildung 26.5).

Abbildung 26.5 Der Editor in Aktion

26 Ressourcen

JavaScript   Der Editor nutzt nun seinerseits JavaScript-Aufrufe der Webdienste, die die Daten aus den *resx*-Dateien holen oder dahin zurücksenden. Dies folgt dem üblichen Schema eingebetteter Aufrufe. In der bereits erwähnten Master-Seite *editor.master* werden die Dienste referenziert:

```
<asp:ScriptManager ID="ScriptManager1" runat="server"
                   EnablePartialRendering="False">
  <services>
    <asp:ServiceReference path="~/ResxEditor/ResourceService.asmx" />
  </services>
</asp:ScriptManager>
```

Im Code selbst kann dann der Aufruf folgendermaßen aussehen:

```
ResxEditor.ResourceService.SaveResource(pageId,
                                        ctrlId + ".Text",
                                        tb,
                                        culture,
                                        theme,
                                        saveMeCallbackText,
                                        saveMeError);
```

Die Parameter *pageId* und *ctrlId* stammen aus den an das Symbol angehängten Werten. Je nach benutztem Editor wird das Suffix „.Text" oder „.Tooltip" angehängt. Sie müssen also für jede zu bearbeitende Eigenschaft einen passenden Editor erstellen. Es folgt der eigentliche Inhalt (tb), die gewählte Kultur und das Theme, zu dem der Eintrag geschrieben werden soll. Das Laden sieht vollkommen gleich aus, nur wird hier ein Rückgabewert im Callback erwartet, der dann im Editor angezeigt wird.

26.2 Erweiterung der Ausdruckssyntax

Die bereits benutzte Ausdruckssyntax findet in der Ressourcenverwaltung nur eine mögliche Anwendung. Sie können damit zum einen das Ressourcenmodell selbst erweitern, als auch völlig eine Varianten entwickeln.

26.2.1 Definition privater Ausdrucks-Generatoren

Damit ASP.NET Ihren privaten Code zur Erkennung der Ausdrucks-Generatoren überhaupt benutzt, muss er bekannt gemacht werden. Wie üblich erfolgt das in der Datei *web.config*. Fügen Sie, falls nicht bereits vorhanden, ein Tag `<expressionBuilders>` im Abschnitt `<compilation>` unterhalb von `<system.Web>` folgendermaßen ein:

```
<expressionBuilders>
  <add expressionPrefix="prefix" type="type,assembly"/>
</expressionBuilders>
```

Die Assembly wird folgendermaßen korrekt bezeichnet:

- Namespace.Klasse, Assembly, Version, Culture, PublicKeyToken
- Namespace.Klasse, Assembly

26.2 Erweiterung der Ausdruckssyntax

Analog zu den üblichen Erweiterungsmodellen muss entweder eine Schnittstelle oder eine abstrakte Basisklasse implementiert werden. Im Fall der Ausdrucks-Generatoren ist dies die bereits erwähnte abstrakte Klasse *ExpressionBuilder*. Wie dies genau erfolgt, wird noch ausführlich diskutiert. Wenn die Seite geparst wird, wird die Methode *ParseExpression* dieser Klasse aufgerufen. Diese Methode liest den Inhalt des Ausdrucks und prüft die Syntax. Wenn der Inhalt nicht lesbar oder nicht auswertbar ist, soll eine Ausnahme ausgelöst werden. Diese Ausnahme führt zu einem Parserfehler.

War das Parsen erfolgreich, wird die Methode *GetCodeExpression* aufgerufen. Damit wird der Code erzeugt, der den Ausdruck später ersetzt. Damit wird klar, wie der Ausdrucks-Generator intern funktioniert. Er ersetzt lediglich einen kurzen Ausdruck gegen ein Stück Code, das den rechten Teil einer Zuweisung darstellt. Der Fantasie sind dabei keine Grenzen gesetzt. Der erzeugte Code wird als kompiliertes IL in den fertigen Code der Seite eingepflanzt.

Tabelle 26.1 zeigt nochmal alle Methoden, die implementiert werden müssen.

Tabelle 26.1 Methoden des privaten Ausdrucks-Generators

Methode	Beschreibung
`EvaluateExpression`	Gibt den Wert des Ausdrucks in nicht kompilierten Seiten zurück.
`GetCodeExpression`	Gibt den Code zurück, der als IL in den fertigen Seitencode eingepflanzt und zur Laufzeit ausgeführt wird.
`ParseExpression`	Prüft die Syntax des Ausdrucks und erzeugt im Fehlerfall eine Ausnahme, um den Parser zu stoppen.
`SupportsEvaluate`	Gibt an, ob nicht-kompilierte Seiten unterstützt werden.

26.2.2 Den Ausdrucks-Generator erweitern

Im Beispiel soll ein Zugriff auf Ressourcen erfolgen, die in einer SQL-Datenbank gespeichert sind. Dabei sollen bestimmte Kriterien übermittelt werden, um die vielfältigen Einstellungen in der Ressourcen-Tabelle zu erreichen. Letztlich wurde versucht, die Einstellungen in der *web.config* mittels `<add name="key" value="wert" />` über die Datenbank abzubilden und dabei zusätzliche Informationen unterzubringen. Die Struktur der Tabelle zeigt Abbildung 26.6. Sie wurde im Beispiel in der Standarddatenbank zur Verwaltung von Webseiten mit dem Namen *aspnet* angelegt.

Zugriff auf Ressourcen

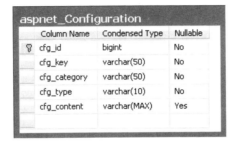

Abbildung 26.6 Struktur der Tabelle

Der Präfix, der zum Erkennen benutzt werden soll, lautet „Cfg", um zu verdeutlichen, dass hier auf Konfigurationsdaten zugegriffen werden kann. Der Ausdruckseditor in Visual Studio erkennt das eigene Präfix neben denen der eingebauten Ausdrucks-Generatoren, wie in der Abbildung gezeigt.

Die Syntax kann der folgenden Darstellung entnommen werden:

```
<%$ Cfg:Key FROM category WHERE type %>
```

Die Syntax wurde so gewählt, dass sie ähnlich wie SQL aussieht und damit leicht lesbar ist. Aus dem Typ der Daten soll ermittelt werden, wie die Darstellung erfolgt. Ausdrücke müssen in Tags stehen, da der erzeugte Code einer Eigenschaft zugewiesen wird. Dies schränkt die Benutzung in Bezug auf die mögliche Dynamik etwas ein. Betrachten Sie folgende Variante:

```
<asp:Label ID="lblHeader" runat="server"
           Text="<%$ Cfg:Header FROM PageData WHERE label %>">
</asp:Label>
```

Hier wird Code erzeugt, der eine Ausgabe wie „Überschrift 1" ausgibt.

```
<asp:Image ID="imgHeader" runat="server"
           ImageUrl="<%$ Cfg:Header FROM PageData WHERE image %>">
</asp: Image>
```

Auch hier wird Code erzeugt, diesmal aber mit der passenden Ausgabe für *ImageUrl*, „images/header1.png".

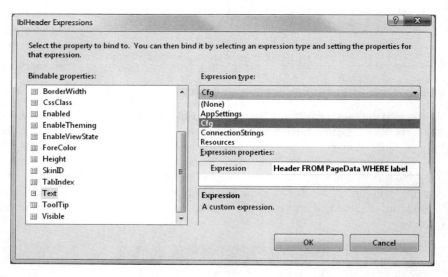

Abbildung 26.7 Der Ausdruckseditor in Visual Studio erkennt das Präfix

Da die Ausdrücke bereits zum Zeitpunkt der Übersetzung ausgewertet werden, muss der erzeugte Code hinreichend robust gegenüber fehlenden Laufzeitinformationen sein. Möglicherweise steht die Datenbank hier noch nicht zur Verfügung und kann erst zur Laufzeit erreicht werden. Der Code in Listing 26.12 zeigt, wie die fertige Lösung nun aussieht.

Listing 26.11 Abruf von Konfigurationsinformationen aus einer Datenbank

```csharp
using System;
using System.Text;
using System.Web.Compilation;
using System.Data.SqlClient;
using System.CodeDom;

namespace Hanser.Extensibility
{
  public class CfgExpression : ExpressionBuilder
  {

  private static ConfigDataDataContext ctx;

  private static void EnsureCfgContext()
  {
    ctx = new ConfigDataDataContext();
  }

  public static string GetCfg(string key, string category, string type)
   {
    EnsureCfgContext();
    var res = from row in ctx.aspnet_Configurations
              where row.cfg_key == key
                && row.cfg_category == category
                && row.cfg_type == type
              select row.cfg_content;
    return res.FirstOrDefault<string>();
  }

  public override System.CodeDom.CodeExpression GetCodeExpression(
              System.Web.UI.BoundPropertyEntry entry,
              object parsedData, ExpressionBuilderContext context)
  {
    ExpressionValues cfgValues = parsedData as ExpressionValues;
    if (cfgValues == null) throw new ArgumentException("parsedData");
    CodePrimitiveExpression[] cArg = new CodePrimitiveExpression[]
    {
     new CodePrimitiveExpression(cfgValues.Key),
     new CodePrimitiveExpression(cfgValues.Category),
     new CodePrimitiveExpression(cfgValues.Type)
    };
    CodeTypeReferenceExpression t = new CodeTypeReferenceExpression(
                                        typeof(CfgExpression));
    CodeMethodInvokeExpression exp =
              new CodeMethodInvokeExpression(t, "GetCfg", cArg);
    return exp;
  }

  public override object ParseExpression(string expression,
                              Type propertyType,
                              ExpressionBuilderContext context)
  {
    return TokenParser.Parse(expression);
  }

  public override bool SupportsEvaluate
  {
    get
    {
```

```csharp
      return false;
   }
}

public override object EvaluateExpression(object target, ↵
                     System.Web.UI.BoundPropertyEntry entry, ↵
                     object parsedData, ↵
                     ExpressionBuilderContext context)
{
  return base.EvaluateExpression(target, entry, parsedData, context);
}

#region ConfigValues

class ExpressionValues
{
  public string Key { get; set; }
  public string Category { get; set; }
  public string Type { get; set; }
}

#endregion

#region SimpleTokenParser

static class TokenParser
{

  static ExpressionValues values;

  static TokenParser()
  {
     values = new ExpressionValues();
  }

  internal static ExpressionValues Parse(string toParse)
  {
   if (String.IsNullOrEmpty(toParse))
     throw new ArgumentNullException(toParse);
   int i = 0;
   string currentToken = String.Empty;
   // value FROM cat WHERE type
   while (true)
   {
      char c = toParse[i];
      switch (c)
      {
         case 'F':
           if (toParse.Substring(i, 5).Equals("FROM ")) {
         values.Key = currentToken.Trim();
         currentToken = String.Empty;
         i += 4;
           }
           break;
         case 'W':
           if (toParse.Substring(i, 6).Equals("WHERE ")) {
         values.Category = currentToken.Trim();
         currentToken = String.Empty;
         i += 5;
           }
           break;
```

26.2 Erweiterung der Ausdruckssyntax

```
            default:
                currentToken += c;
                break;
        }
        if (++i < toParse.Length) continue;
        values.Type = currentToken;
      break; // end while
    }
    return values;
        }
    }

    #endregion

    }
}
```

Die Erzeugung des dynamischen Codes ist am aufwändigsten. Alles dynamisch zu bauen ist indes weder sinnvoll noch notwendig. Letztlich muss lediglich folgender Ausdruck bedient werden: **Den Code erzeugen**

`lblHeader.Text = ...`

Es ist also sinnvoll, hier den Zugriff auf eine Methode zu ermöglichen, die ihrerseits klassisch programmiert wird. Diese Methode muss statisch sein. Während der Laufzeit steht der Code des privaten Ausdrucks-Generators zwar zur Verfügung, wird jedoch nicht mehr instanziiert. Lediglich der Aufruf verbleibt im kompilierten Code der Seite.

Ausgangspunkt der Arbeit des Ausdrucks-Generators ist die Methode `ParseExpression`. Das Objekt, dass von dieser Methode zurückgegeben wird, erscheint später als Parameter `parsedData` der Methode `GetCodeExpression`. Der im Beispiel gezeigte Tokenparser ist nur eine kleine Anregung, wie man schnell Zeichenketten verarbeiten kann. Die fertig analysierten Daten werden dann als privater Typ `ExpressionValues` übergeben. Entsprechend erfolgt die Konvertierung in `GetCodeExpression`. Der wichtigste Teil hier jedoch der Aufbau des passenden Codes. Entsprechend dem Rückgabewert `System.CodeDom.CodeExpression` muss mittels CodeDom ein Code-Fragment erstellt werden. Tabelle 26.2 zeigt einige wichtige Methoden für die CodeDom-Funktionen. Allerdings ist es nicht unbedingt sinnvoll, den kompletten benötigten Code hier zu erstellen. Stattdessen erfolgt durch folgenden Konstruktoraufruf der Zugriff auf die statische Methode `GetCfg`.   **ParseExpression**

`new CodeMethodInvokeExpression(t, "GetCfg", cArg)`

Die Argumente (*cArg*) sind frei wählbar und können entsprechend angepasst werden.

Tabelle 26.2 Wichtige Methoden zum dynamischen Erstellen von Code

Methode	Beschreibung
`CodeExpression`	Eine abstrakte Basisklasse für alle CodeDom-Typen.
`CodeTypeReferenceExpression`	Erstellt eine Typreferenz, entspricht der Typangabe im Code.
`CodePrimitiveExpression`	Nicht klassifiziertes Code-Fragment für universelle Verwendung, beispielsweise einfache Parameter.

Methode	Beschreibung
`CodeMethodInvokeExpression`	Aufruf einer Methode. Die Parameter sind der Typ, in dem die Methode aufgerufen wird, der Name der Methode und ein Array aus Code-Fragmenten, die als Parameter übergeben werden.

Die Methode `GetCfg` selbst stellt die benötigten Daten nun zur Verfügung. Im Beispiel wurde eine LINQ-To-SQL-Klasse benutzt, um die Abfrage möglichst kompakt gestalten zu können. Der Kontext heißt `ConfigDataDataContext`, die Klasse *ConfigData.dbml*. Aus Platzgründen wurde hier auf eine umfassende Fehlerbehandlung verzichtet.

26.3 Dynamische Ausdrücke ohne Code

Dynamische Ausdrücke lassen sich auch ohne generierten Code nutzen. Dies kann erforderlich sein, wenn Seiten nicht kompiliert werden sollen.

26.3.1 Dynamische Ausdrücke auf nicht kompilierten Seiten

CompilationMode — Wenn das dynamische Kompilieren der Seite abgeschaltet wurde, wird die Verarbeitung leicht modifiziert. Sie können die Kompilierung folgendermaßen unterdrücken:

```
<%@ Page Language="C#" CompilationMode="Never" %>
```

Ebenso lässt sich diese Einstellung global – für alle Seiten – in der Datei *web.config* erreichen:

```
<pages compilationMode="Never" />
```

Diese Einstellung unterdrückt freilich die Code-Erzeugung für das gesamte Projekt. Das mag wenig sinnvoll erscheinen, ist aber in bestimmten Fällen dennoch interessant. Denn der Parser erkennt, lädt und instanziiert die Ausdrucks-Generatoren trotzdem. Allerdings wird nun die Eigenschaft `SupportsEvaluate` aufgerufen. Diese Eigenschaft soll `true` zurückgeben, wenn der Ausdrucks-Generator die Verarbeitung ohne erneutes Kompilieren unterstützt. Unmittelbar danach – `true` natürlich vorausgesetzt – wird `EvaluteExpression` aufgerufen. Zur Laufzeit, also beim konkreten Abruf der Seite, erfolgt derselbe Vorgang nochmal – zuerst wird `SupportsEvaluate` gelesen und dann `EvaluateExpression`. Das interessante an dieser Variante ist die Tatsache, dass auch nicht kompilierte und damit zwangsläufig Code-freie Seiten Zugriff auf dynamische Daten haben. Vorteilhaft für quasi statische Seiten, die sehr performant sind und nur gelegentlich dynamische Daten enthalten, beispielsweise Datumsangaben oder Abrufstatistiken.

Wenn solche nicht-kompilierten Seiten unterstützt werden sollen, sieht der Code ein klein wenig anders aus. Listing 26.12 zeigt die dafür benötigte Implementierung:

Listing 26.12 Unterstützung von nicht-kompilierten Seiten

```
public override bool SupportsEvaluate
{
    get
```

```
        return true;
    }
}

public override object EvaluateExpression(object target, ↵
                   System.Web.UI.BoundPropertyEntry entry, ↵
                   object parsedData, ↵
                   ExpressionBuilderContext context)
{
    ExpressionValues cfgValues = parsedData as ExpressionValues;
    return GetCfg(cfgValues.Key, cfgValues.Category, cfgValues.Type);
}
```

An den Parametern ist gut zu erkennen, dass die beiden Aufrufe von `ParseExpression` und `GetCodeExpression` zusammengefasst wurden. Der eigentliche Datenbankzugriff wurde bereits in Listing 26.11 gezeigt.

26.3.2 Mehr Informationen

Die Nutzung ist, wie gezeigt, relativ primitiv. Die Methode `ParseExpression` bietet noch den Parameter `context` vom Typ `ExpressionBuilderContext`. Damit wird zum einen der Kontext von vorlagenbasierten Steuerelementen übergeben. Zum anderen wird der virtuelle Pfad zur *aspx*-Seite oder zu einem Benutzersteuerelement weitergereicht. Der Hintergrund liegt in der vordergründigen Nutzung für die Ressourcenverwaltung. Dort werden Ressourcen-Dateien (*resx*) für jede Seite und jedes Steuerelement getrennt verwaltet und deshalb wird diese Information benötigt. Für das vorliegende Beispiel ist diese Information nicht notwendig. Der Parameter `propertyType` gibt den Typ der Eigenschaft an, der dem Ausdruck zugewiesen wird. Im Fall der Eigenschaft `Text` des Steuerelements `Label` ist dies `System.String`.

Der Parameter `entry` ist vom Typ `BoundPropertyEntry`. Hier erhalten Sie Zugriff auf das Steuerelement, an das der Ausdruck gebunden ist. In der Eigenschaft `ControlID` dieses Typs steht der Name, in `ControlType` steht der Typ selbst, hier also `Label`. Mit `Expression` besteht weiter direkter Zugriff auf die ursprüngliche Zeichenkette des Ausdrucks. `ExpressionPrefix` liefert erneut das Präfix. Damit sind eigentlich alle Informationen verfügbar, um komplexere Zugriffssysteme zu entwickeln.

26.4 Entwurfszeitunterstützung

Die Entwurfszeitunterstützung ist immer wieder ein Thema und wird dennoch oft vernachlässigt. Natürlich können Sie die Ausdrücke im Code-Editor einfach hinschreiben und es dabei belassen. Wenn man den Ausdrucks-Generator aber als schickes Feature anderen bereitstellt, ist eine Unterstützung des Visual Studio-Designers eigentlich eine Pflichtübung.

26.4.1 Umgang mit Visual Studio zur Entwurfszeit

Visual Studio bietet als Ausgangspunkt des Eigenschaftenzugriffs den Eigenschaften-Browser. Im Abschnitt DATA gibt es einen Eintrag Expressions, über den der eingebaute Ausdruckseditor geladen wird. Abbildung 26.8 zeigt diesen in der unveränderten, eingebauten Form. Im vorliegenden Beispiel lassen sich damit nur Zeichenketten verarbeiten. Ein privater Editor, der beispielsweise für die Einhaltung der Struktur „text FROM text WHERE text" sorgt, würde Benutzern der Klasse helfen, Fehler zu vermeiden. Um dies zu erreichen, müssen Sie das Entwurfszeitverhalten von Visual Studio kennen. Typisch ist die Angabe der gewünschten Editoren über Attribute. Die Klasse wird dazu mit dem Attribut ExpressionEditor dekoriert, zu finden in System.Web.UI.Design der Assembly System.Design:

```
[ExpressionEditor(typeof(CfgExpressionEditor))]
```

Der Typ CfgExpressionEditor wird erzeugt, indem erneut eine abstrakte Basisklasse, diesmal ExpressionEditor implementiert wird. Wichtigster Schritt ist das Überschreiben der Methode GetExpressionEditorSheet:

```
public override ExpressionEditorSheet GetExpressionEditorSheet(
                                    string expression,
                                    IServiceProvider serviceProvider)
{
    return new CfgExpressionEditorSheet(expression, serviceProvider);
}
```

Der Typ CfgExpressionEditorSheet entsteht analog, diesmal durch Implementierung der Basisklasse ExpressionEditorSheet. Hier werden öffentliche Eigenschaften definiert, die das PropertyGrid des Ausdruckseditors – in Abbildung 26.8 der Teil rechts unten – anzeigt. Wie üblich lassen sich die Editoren für beliebige Datentypen durch EditorAttribute und TypeConverterAttribute kontrollieren. Beide Klassen finden Sie sind in System.ComponentModel. Im Beispiel würden sich drei Eigenschaften „Key", „Category" und „Type" anbieten, jeweils beschränkt in der Auswahl durch entsprechende Vorgaben. EditorAttribute definiert den Editor, der statt des Textfelds benutzt wird. Dies kann sogar ein eigener Dialog sein oder auch nur ein Benutzersteuerelement. Aber Achtung! Sie bewegen sich hier in der Windows-Welt und deshalb sind die Dialoge als WinForms-Fenster bzw. WinForms-Steuerelemente zu implementieren. TypeConverterAttribute dient dazu, die Zeichenkettenform in einen komplexen Typ zu konvertieren. Wird ein Array dabei erzeugt, stellt das PropertyGrid dies automatisch als DropDown-Liste dar.

26.4.2 Fehlersuche zur Entwurfszeit

Bedingt durch die Tatsache, dass der Seitenparser bereits vor dem Kompilieren der Seiten aktiv wird, gestaltet sich die Fehlersuche etwas schwieriger. Der Debugger steht zu diesem Zeitpunkt noch nicht zur Verfügung. Möglichst clevere Ausnahmen sind ein Ansatz. Denn beim Parsen der Seite wird die Ausnahme im Fehlerfenster angezeigt.

Allerdings kommt man damit, vor allem beim Experimentieren, nur bedingt zu neuen Erkenntnissen. Ähnlich wie beim Debuggen von Entwurfszeitcode kann auch hier eine zweite Instanz von Visual Studio benutzt werden, um einen laufenden Debugger zu bekommen. Öffnen Sie dazu das Eigenschaftenfenster des Webprojekts (Abbildung 26.8) und wählen Sie als Startobjekt *devenv.exe* aus. Wenn Sie jetzt das Projekt starten, startet eine zweite Instanz von Visual Studio. In dieser Instanz öffnen Sie dasselbe Projekt erneut. Wenn Sie hier das Projekt neu erstellen, instanziiert der Parser die Ausdrucks-Generator-Klassen und Sie können in der ersten Instanz ganz normal Unterbrechungspunkte setzen und den Code debuggen.

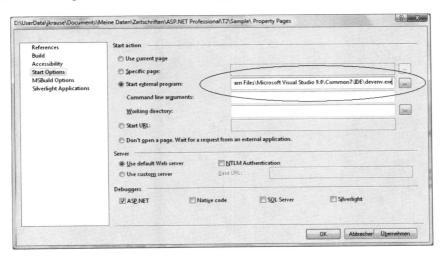

Abbildung 26.8 Einstellung der Startoptionen in Visual Studio zum Entwurfszeit-Debuggen

Mit diesen Informationen steht einer vollständigen Unterstützung der Entwicklungsumgebung nun nichts mehr im Wege.

27 GDI und Silverlight

Aus Sicht einer klassischen HTML-Seite bestehen Grafiken nur aus Bildern, die mit dem `<img>`-Tag verlinkt sind. Weil das den Ansprüchen an fortschrittliches Design nie wirklich genügt, gibt es verschiedene Erweiterungen, die außerhalb des HTML agieren. Dazu gehören beispielsweise Flash und Silverlight. Beide benötigen explizite Unterstützung durch Browsererweiterungen. Da Silverlight mittlerweile Teil von ASP.NET geworden ist, soll es an dieser Stelle stellvertretend vorgestellt werden. Ein weiterer Aspekt ist die dynamische Erzeugung von Grafiken. Dabei wird zwar das klassische Modell (HTML mit `<img>`-Tag) benutzt, aber der Inhalt zur Laufzeit erzeugt und danach wieder verworfen. Ähnlich gehen die neuen Chart-Steuerelemente vor, erzeugen jedoch basierend auf den übermittelten Datenreihen verschiedene Diagramme.

In diesem Kapitel finden Sie Informationen zu folgenden Themen:

- Grundlagen der .NET-Grafik-Bibliothek GDI+
- Verfahren zum Erzeugen von dynamischen Grafiken.
- Eine kompakte Einführung in Silverlight als Alternative zu statischen Grafiken
- Eine Übersicht über die neuen Chart-Steuerelemente

27.1 Grundlagen GDI+

GDI+ ist die Weiterentwicklung der GDI (Graphics Device Interface)-Bibliothek unter Windows. Ab Windows XP wird die GDI+ Bibliothek standardmäßig mit dem Betriebssystem ausgeliefert.

Darin werden eine umfangreiche Sammlung von Klassen und Funktionen rund um das Zeichnen und Manipulieren von Grafiken zur Verfügung gestellt. Im Folgenden werden die wichtigsten Funktionen etwas genauer betrachtet werden.

27 GDI und Silverlight

27.1.1 Einführung

Funktionsumfang

GDI+ verfügt über sehr viele Funktionen, welche sich in drei große Teilgebiete aufspalten:

- Vektorgrafik
- Bildverarbeitung und Bildmanipulation
- Schrifterstellung.

Die folgenden Abschnitte sollen jeweils einen Überblick über diese Teilgebiete geben und an Hand kleiner Beispiele zeigen, was mit den Funktionen der GDI+ Bibliothek alles möglich ist.

Funktionsprinzip

Device Context

Um etwas zeichnen zu können, ist es erforderlich, etwas zu haben, worauf gezeichnet werden kann und etwas, womit darauf gezeichnet werden kann. Diese zwei Elemente werden vom Gerätekontextobjekt (Device Context) bereitgestellt. Je nach verwendetem Gerät kommt der entsprechende Kontext – oft in Form einer API aus dem Treiber – zur Anwendung. Das Kontextobjekt stellt alle erforderlichen Basisfunktionen bereit. Auf diese Weise sind die GDI/GDI+-Klassen und -Funktionen aus der Sicht des Entwicklers von der verwendeten Hardware unabhängig.

GDI+ erweitert GDI

Entgegen der naheliegenden Vermutung „GDI+ ersetzt GDI" ist es so, dass GDI+ auf den Funktionen von GDI basiert. Viele GDI Funktionen sind zustandsabhängig. Das bedeutet, ein Stift (Pen) wird angelegt, und alle Zeichenfunktionen die im Anschluss aufgerufen werden, verwenden diesen Stift. Wird ein anderer Stift gebraucht, so muss dieser erneut global angelegt werden.

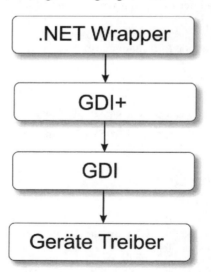

Abbildung 27.1 Aufbau GDI+

GDI+ ist dagegen nicht zustandsbasiert, was bedeutet, dass der zu verwendende Stift der Zeichenfunktion übergeben wird. Das hat zur Folge, dass bei jedem GDI+ Aufruf innerhalb der GDI-Bibliothek ein Stift angelegt – bzw. dem globalen Stift-Objekt zugewiesen wird, bevor der Zeichenvorgang ausgeführt wird. Diese Vorgehensweise mag auf den ersten Blick etwas umständlich anmuten, hat aber handfeste Vorteile.

Der Vorteil von GDI+ liegt darin, dass Aufrufe von Funktionen Thread-unabhängig verwendet werden können, da jede Aktion in sich abgeschlossen ist.

Innerhalb der GDI- und der GDI+-Bibliothek werden Objekte im Speicher angelegt und mit einem sogenannten Handle[39] versehen. Wird beispielsweise ein Stift verwendet, wird der Funktion des Handle für diesen Stift übergeben. Diese Objekte existieren, bis sie explizit gelöscht werden.

Löschen von GDI+ Objekten

Der .NET-Wrapper verwendet intern globale GDI-Objekte mittels eines Handles. Das hat zur Folge, dass alle GDI/GDI+-Objekte im Speicher weiter existieren, bis sie explizit gelöscht wurden. Dies passiert in der `Dispose`-Methode, welche explizit aufgerufen werden sollte. Es kommt zwar auch zu einem automatischen Löschen, indem der Garbage Collector `Dispose` implizit aufruft, aber der Zeitpunkt des Löschens ist so nicht vorhersehbar.

> Rufen Sie `Dispose` für alle selbst angelegte GDI/GDI+-Objekte nach der Verwendung explizit auf. Dies geschieht entweder durch direkten Aufruf der Methode `Dispose` oder durch Verwendung einer `using`-Region in C#.

HINWEIS

27.1.2 Vektorgrafik

Das zentrale Objekt bei der Erstellung von Vektorgrafiken ist das `Graphics`-Objekt. Alle Zeichen- und Füllmethoden befinden sich in dem `Graphics`-Objekt. Um eine Linie zu zeichnen oder ein Rechteck mit einer Farbe zu füllen, wird immer eine Instanz dieses Objektes benötigt.

Graphics

Erstellen eines Graphics-Objektes

Ein `Graphics`-Objekt kann auf unterschiedliche Weise für diverse Geräte erstellt werden. Im Zusammenhang mit ASP.NET ist vor allem die Verwendung von Bild-Objekten interessant. Aus diesem Grund wird die Verwendung von GDI/GDI+ im Zusammenspiel mit einer Bilddatei gezeigt.

Nachdem ein Bild mit dem Aufruf `Bitmap b = new Bitmap(100,100)` angelegt wurde, kann mit `Graphics g = Graphics.CreateFromImage(b)` der entsprechende Graphics Kontext für die Bearbeitung des Bildes angelegt werden.

Bitmap

---

[39] Verwechseln Sie diesen Begriff nicht mit „Handler".

Das Koordinatensystem

Kartesische Koordinatensysteme

In GDI+ werden drei kartesisches Koordinatensysteme unterscheiden: Global, Seite, und Gerät. Alle Koordinaten und Punkte werden an Funktionen immer als globale Koordinaten übergeben. Das Seiten-Koordinatensystem bezieht sich relativ auf das Element, welches verwendet wird. Bei einem Fenster ist beispielsweise das aktive Steuerelement der Bezugspunkt. Gerätekoordinaten sind Koordinaten von einem Gerät, wie beispielsweise einer Maus. Der Nullpunkt aller drei Koordinatensysteme befindet sich, wie in den meisten GUI-Anwendungen, in der linken oberen Ecke.

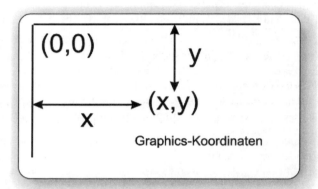

Abbildung 27.2 Graphics-Koordinatensystem

Im Zusammenhang mit ASP.NET werden in GDI+ fast ausschließlich Bilder und somit globale Koordinaten zum Einsatz zu kommen. Aus diesem Grund ist es nicht erforderlich, zwischen den unterschiedlichen Koordinatensystemen zu unterscheiden oder umzurechnen.

Transformationen

Transformationsmatrix

Durch Modifikation der globalen Transformationsmatrix-Eigenschaft `Transformation` des zu verwendenden `Graphics`-Objekts können die Zeichen- und Füllbefehle transformiert werden, das heißt, das zu erstellende Element kann verschoben, skaliert und gedreht werden.

Matrix

Intern wird hierzu eine affine zweidimensionale 3x3-Abbildungs-Matrix verwendet, mit deren Hilfe die Transformationen auf mathematische Weise abgebildet werden. Es ist zwar möglich, die Werte der Transformationsmatrix selbst zu setzen, jedoch ist es einfacher, die Funktionsaufrufe des `Matrix`-Objekts zu verwenden.

Um eine Transformation zu beschreiben, wird ein `Matrix`-Objekt aus dem Namensraum `System.Drawing.Drawing2D` erstellt. Zur Beschreibung der Transformation stehen die folgenden Methoden zur Verfügung, welche sich beliebig kombinieren lassen.

Tabelle 27.1 Methoden zur Manipulation von Matrix-Objekten

Methode	Beschreibung
Reset	Setzt diese Matrix zurück.
Rotate	Weist dieser Matrix eine Drehung im Uhrzeigersinn um den Ursprung mit dem angegebenen Drehwinkel zu.
RotateAt	Weist dieser Matrix eine Drehung im Uhrzeigersinn um den angegebenen Punkt zu, wobei die Drehung vorangestellt wird.
Scale	Weist den angegebenen Skalierungsvektor dieser Matrix zu, wobei der Skalierungsvektor vorangestellt wird.
Shear	Weist den angegebenen Scherungsvektor der Matrix zu, wobei der Scherungsvektor vorangestellt wird.
Translate	Weist den angegebenen Verschiebungsvektor dieser Matrix zu, wobei der Verschiebungsvektor vorangestellt wird.

Pen- und Brush-Objekte

Bevor eine Form bzw. Figur gezeichnet werden kann, wird ein Stift-Objekt (Pen) benötigt. Um eine Fläche zu füllen, wird ein Pinsel-Objekt (Brush) verwendet.

Ein Pinsel wird unter anderem erzeugt, indem dem Konstruktor eine Farbe (Color) übergeben wird.

```
Brush b = new SolidBrush(Color.Green);
```

Ein Stift kann wahlweise durch Übergeben eines Pinsels oder einer Farbe erzeugt werden. Optional kann in beiden Fällen die Breite des Stiftes angegeben werden.

```
Pen p1 = new Pen(b);
Pen p2 = new Pen(Color.Red, 2);
```

Zur Vereinfachung bei der Verwendung einfarbiger Pinsel und Stifte stehen in GDI+ die gebräuchlichsten Pinsel und Stifte in diversen Farben in den statischen Klassen `Pen` und `Brush` zur Verfügung.

```
Brush b Brushes.Black;          Einen schwarzen
Pen p = Pens.Blue;              Pinsel anlegen
```

Einfache Formen

Für das Zeichnen einfacher Formen (Shapes) stehen direkt entsprechende Funktionen am `Graphics`-Objekt zur Verfügung. Die folgende Tabelle zeigt die wichtigsten Funktionen:

Shapes

Tabelle 27.2 Wichtige Funktionen für elementare Zeichenoperationen

Funktion	Verwendung
DrawArc	Zeichnet einen Bogen, der einen Teil einer Ellipse darstellt, die durch ein Koordinatenpaar, eine Breiten- und eine Höhenangabe angegeben ist.
DrawBezier	Zeichnet eine durch vier `Point`-Strukturen definierte Bézierplinekurve.
DrawBeziers	Zeichnet eine Reihe von Bézierplinekurven aus einem Array von `Point`-Strukturen.

Funktion	Verwendung
`DrawClosedCurve`	Zeichnet eine geschlossene `Cardinal`-Splinekurve, die durch ein Array von `Point`-Strukturen definiert
`DrawCurve`	Zeichnet eine `Cardinal`-Splinekurve durch ein angegebenes Array von `Point`-Strukturen.
`DrawEllipse`	Zeichnet eine Ellipse, die durch ein umschließendes Rechteck definiert ist, das durch ein Koordinatenpaar, eine Höhen- und eine Breitenangabe, angegeben ist.
`DrawIcon`	Zeichnet das durch das angegebene `Icon` dargestellte Bild an den angegebenen Koordinaten.
`DrawImage`	Zeichnet das angegebene Image an der angegebenen Position und in der ursprünglichen Größe.
`DrawLine`	Zeichnet eine verbindende Linie zwischen den beiden durch Koordinatenpaare angegebenen Punkten.
`DrawLines`	Zeichnet eine Reihe von Liniensegmenten, die ein Array von `Point`-Strukturen verbinden.
`DrawPath`	Zeichnet einen `GraphicsPath`.
`DrawPolygon`	Zeichnet ein Vieleck, das durch ein Array von `Point`-Strukturen definiert ist.
`DrawRectangle`	Zeichnet eine Reihe von Rechtecken, die durch `Rectangle`-Strukturen angegeben sind.
`DrawString`	Zeichnet die angegebene Textzeichenfolge an der angegebenen Position mit dem angegebenen `Brush`-Objekt und dem angegebenen `Font`-Objekt.

In Listing 27.1 finden Sie ein Beispiel dazu:

Listing 27.1 Zeichnen eines roten Rechtecks aus einzelnen Linien

```
Graphics g = Graphics.FromImage(new Bitmap(10,10));
Pen pen = ❶ new Pen(Color.Red, 1);
❷ Point[] points =
        {
            new Point(10,  10),
            new Point(10, 100),
            new Point(100, 100),
            new Point(100, 10),
            new Point(10,  10)
        };
❸ g.DrawLines(pen, points);
}
```

Zuerst wird ein Stift angelegt. Er bekommt die Farbe Rot ❶ und die Breite 1. Dann werden fünf Punkte erzeugt ❷. Zuletzt wird ein Rechteck gezeichnet, dass aus den durch die Punkte definierten Linien besteht ❸.

Flächen

Viele der im vorherigen Abschnitt vorgestellten einfachen Formen können auch gefüllt werden. Dafür stehen ähnliche Funktionen, wie für das Erstellen einfacher Formen, beginnend mit dem Namen `Fill` zur Verfügung.

Tabelle 27.3 Funktionen zum Zeichnen gefüllter Flächen

Funktion	Verwendung
`FillClosedCurve`	Füllt das Innere einer geschlossenen `Cardinal`-Splinekurve, die durch ein Array von `Point`-Strukturen definiert ist.
`FillEllipse`	Füllt das Innere einer Ellipse, die durch ein umschließendes Rechteck definiert ist, das durch ein Koordinatenpaar, eine Höhen- und eine Breitenangabe angegeben ist.
`FillPath`	Füllt das Innere von einem `GraphicsPath` aus.
`FillPie`	Füllt das Innere eines Kreisausschnitts, der durch eine Ellipse definiert wird, die durch ein Koordinatenpaar, eine Breiten- und eine Höhenangabe und zwei Radien angegeben ist.
`FillPolygon`	Füllt das Innere eines Vielecks, das durch ein Array von Punkten definiert ist, welches durch `Point`-Strukturen angegeben ist.
`FillRectangle`	Füllt das Innere eines Rechtecks, das durch ein Koordinatenpaar, eine Höhen- und eine Breitenangabe angegeben ist.
`FillRectangles`	Füllt das Innere einer Reihe von Rechtecken, die durch `Rectangle`-Strukturen angegeben sind.
`FillRegion`	Füllt das Innere einer `Region` aus.

GraphicsPath

Einfache Formen (Linien und Kurven) können zu einem Pfad zusammengefügt werden. Dieser Pfad kann eine Figur (nicht gefüllt) oder eine Fläche (gefüllt) beschreiben. Die Figur oder Form kann offen oder geschlossen sein.

Ein Pfad ist solange ein offener Pfad, unabhängig davon, ob sich Anfang und Ende überlappen, solange nicht explizit die Funktion `CloseFigure` aufgerufen wurde. Dabei wird der Anfang und das Ende mit einer direkten Linie verbunden.

Geschlossener Pfad

Hier gibt es eine Ausnahme. Wenn der Pfad nur aus einer geschlossenen Grundfigur (beispielsweise ein Kreis oder ein Rechteck) besteht, dann ist er auch geschlossen.

Alle Transformationen, die global auf das `Graphics`-Objekt angewendet werden können, lassen sich auch auf das Pfadobjekt anwenden.

```
Matrix m = new Matrix();
m.RotateAt(45, new PointF(15, 15));

GraphicsPath p = new GraphicsPath();
p.AddRectangle(new Rectangle(10,10,20,20));
p.Transform(m);
```

Mit dem Aufruf der Funktion `FillPath` des `Graphics`-Objektes kann eine Figur in eine gefüllte Fläche gewandelt werden.

```
Graphics g = Graphics.FromImage(new Bitmap(10, 10));
g.FillPath(Brushes.Gray,p);
```

27.2 Dynamische Grafiken erzeugen

Es gibt viele Anwendungsfälle für eine dynamisch erzeugte Grafik in einer Webanwendung. Einige Beispiele sind:

- Ein Bild soll in unterschiedlichen Größen angezeigt werden.
- Ein Captcha zum Schutz vor Robots.
- Diagramme (siehe dazu auch den Abschnitt „Chart-Steuerelement").
- Grafiken für beliebige Zwecke.

Der folgende Abschnitt zeigt, wie ein dynamisch erzeugtes Bild mit ASP.NET ausgegeben und angezeigt werden kann. Ferner wird ein Anwendungsbeispiel gezeigt, welches sich leicht für eigene Anwendungen ausbauen und erweitern lässt.

→ Wikipedia

> **TIPP** Captcha [ˈkæptʃə] ist ein Akronym für *Completely Automated Public Turing test to tell Computers and Humans Apart*. Wörtlich übersetzt bedeutet das „Vollautomatischer öffentlicher Turing-Test, um Computer und Menschen zu unterscheiden". Captchas werden verwendet, um zu entscheiden, ob „das Gegenüber" ein Mensch oder eine Maschine ist.
>
> (Quelle: Wikipedia, *http://de.wikipedia.org/wiki/CAPTCHA*)

27.2.1 Funktionsweise

Ein dynamisches Bild mit ASP.NET zu erzeugen, ist relativ einfach. Zunächst wird ein leeres Bild erzeugt, mit diversen Funktionen gefüllt und angezeigt. Dabei gibt es zwei Varianten. Entweder wird das Bild unter Verwendung eines eigenen HTTP-Handlers (siehe Kapitel 24) oder unter Verwendung des generischen Handlers zur Anzeige gebracht.

Dynamische Bilder mit dem generischen Handler

Alternativ ist es möglich, das Bild auch als Antwort einer *aspx*-Seite zurückzugeben. Diese Methode ist leichter zu verwenden, jedoch ist die Methode mit dem HTTP-Handler der sicherere Weg, weil Konflikte mit anderen Handlern besser vermeidbar sind.

Ausgabe

Die Eigenschaft `Response.OutputStream` gewährt direkten Zugriff auf den Datenstrom, der an den Browser gesendet wird. Mit der Eigenschaft `Response.ContentType`, lässt sich die HTTP-Kopfzeile an den zu sendenden Inhalt anpassen.

Auf diese Weise kann beispielsweise in der `OnLoad`-Methode einer Seite ein Bild erzeugt, bearbeitet oder erstellt und in den Rückgabedatenstrom kopiert werden.

Listing 27.2 Funktionsprinzip dynamischer Bilder

```
Bitmap b = new Bitmap(100,100);
...
Response.ContentType = "image/jpeg";
b.Save(Response.OutputStream, ImageFormat.Jpeg);
```

> **HINWEIS**
>
> Wenn Sie das Bildformat PNG benutzen, kann der Ausgabedatenstrom nicht direkt benutzt werden. Nutzen Sie stattdessen `MemoryStream`. Der Grund ist, dass der Bildgenerator lesend auf den Stream zugreift, was im Fall des Ausgabedatenstroms nicht erlaubt ist (nur schreibbar).

27.2.2 Ein dynamisches Captcha erstellen

Dieses Beispiel zeigt, wie mit Hilfe von GDI+ ein Captcha-Bild dynamisch erstellt und angezeigt werden dann.

Das Beispiel umfasst folgende Teile:

- Klasse zum Erstellen des Captcha
- Handler zur Ausgabe an den Browser
- Test-Seite zum Aufruf des Handlers

Erstellen eines Captcha-Bildes

In diesem Beispiel wurde die Erzeugung des Bildes in die statische Klasse `CaptchaGen` ausgelagert. Auf diese Weise ist es leicht möglich, das erzeugte Bild an die Bedürfnisse der Anwendung anzupassen.

Die Beispielfunktion `Create` erzeugt ein Bild aus den einzugebenden Buchstaben. Dabei wird versucht, die Lesbarkeit für eine Texterkennungssoftware zu erschweren, indem ein Gitter über die leicht verschobenen und gedrehten Buchstaben und Ziffern gelegt wird.

Listing 27.3 Funktionsprinzip dynamischer Bilder

```
namespace Hanser.GDI.Utilities
{
  public static class CaptchaGen
  {
    public static Image Create(string text)
    {
      int i, j;
      int hight = 51;
      int wight = 151;

      ❶ Bitmap b = new Bitmap(wight, hight);
      ❶ Graphics g = Graphics.FromImage(b);

      ❷ Random rnd = new Random(DateTime.UtcNow.Millisecond);
      Font f = ❸ new Font("Verdana", 24, FontStyle.Bold);

      for (i = 0; i < 3; i++)
      {
        int r = rnd.Next(180) - 90;
        float x = 10 + (i * (f.SizeInPoints + 10)) + ↵
            (f.SizeInPoints / 2);
        Matrix RotationTransform = new Matrix(1, 0, 0, 1, 0, 0);

        RotationTransform.RotateAt(rnd.Next(30) - 15, ↵
                          new PointF(x, ↵
            f.SizeInPoints / 2));
        g.Transform = RotationTransform;
```

```
        ❹ g.DrawString(text[i].ToString(), f, Brushes.Yellow, ↵
              new PointF(10 + (i * (f.SizeInPoints + 10)), 10));
      }

      g.Transform = new Matrix();
      ❺ using (Pen p = new Pen(↵
           Color.FromArgb(0xff, 0xd0, 0xd0, 0xd0), 1))
      {
        for (i = 0; i < wight; i += 10) {
          g.DrawLine(p, new Point(i, 0), new Point(i, hight));
        }
        for (i = 0; i < hight; i += 10) {
          g.DrawLine(p, new Point(0, i), new Point(wight, i));
        }
      }

      return b;
    }
  }
}
```

Bild und `Graphics`-Objekt werden zuerst leer erzeugt ❶ Dann wird ein Zufallsgenerator initialisiert ❷ und der Font des Textes festgelegt ❸. Nach Platzierung der Elemente wird der verzerrte Text geschrieben ❹. Zuletzt wird noch das Gitter gezeichnet ❺.

Diese Funktion dient nur der Darstellung des Prinzips. Die folgende Abbildung zeigt eine mögliche Ausgabe, die bei jeder Ausführung der Funktion natürlich etwas variiert.

Abbildung 27.3 Captcha-Ausgaben auf zwei Wegen

Captcha ausgeben

Nachdem das Captcha selbst erzeugt wurde, kann der Aufruf erfolgen. Wie eingangs erwähnt, gibt es mehrere Wege. Zuerst soll die Testseite gezeigt werden, die die Abbildung 27.3 erzeugt.

Listing 27.4 Testseite der Anwendung

```
<form id="form1" runat="server">
<div>
    <label>Captcha via HttpHandler</label>
    <br />
    ❶ <img src="CaptchaViaHttpHandler.ashx?t=Joe" />
    <br />
    <br />
    <label>Captcha via Seite</label>
    <br />
    ❷ <img src="Captcha.aspx" />
</div>
</form>
```

Hier wird sowohl ein generischer Handler ❶, als auch eine normale *aspx*-Seite ❷ benutzt.

Der Handler besteht aus der Definition der *ashx*-Datei:

Handler

Listing 27.5 Markup des Handlers

```
<%@ WebHandler Language="C#"
            CodeBehind="CaptchaViaHttpHandler.ashx.cs"
            Class="Hanser.AspNet.GDI.CaptchaViaHttpHandler" %>
```

Die Code-Seite ruft dann die `CaptchaGen`-Klasse auf:

Listing 27.6 Der Code des generischen Handlers

```
public class CaptchaViaHttpHandler : IHttpHandler
{
    public void ProcessRequest(HttpContext context)
    {
        Image img = ❶ CaptchaGen.Create(
                        context.Request["t"] ?? "a5Z");
        ❷ context.Response.ContentType = "image/jpeg";
        ❸ img.Save(context.Response.OutputStream,
                    ImageFormat.Jpeg);
    }
    public bool IsReusable
    {
        get { return true; }
    }
}
```

Der Code akzeptiert einen Aufruf mit dem Parameter „t". Falls dieser nicht angegeben wurde, wird ein Standardwert („a5Z") benutzt ❶. Dann wird der passende MIME-Typ gesetzt ❷ und das Bild im Ausgabedatenstrom platziert ❸.

Weil es ein generischer Handler ist, muss eine explizite Zuordnung in der *web.config* nicht erfolgen.

Ausgabe über eine aspx-Seite

Statt des Handlers kann auch eine normale Seite benutzt werden, die statt HTML das generierte Bild ausgibt.

Aufruf per Seite

Diese Seite hat einen praktisch identischen Aufbau wie der Handler. Statt der `ProcessRequest`-Methode wird hier das `Load`-Ereignis benutzt:

Listing 27.7 Markup der Seite

```
<%@ Page Language="C#" AutoEventWireup="true"
    CodeBehind="Captcha.aspx.cs"
    Inherits="Hanser.AspNet.GDI.Captcha" %>
```

Der Code dazu ist dem Handler sehr ähnlich:

Listing 27.8 Code der Seite

```
public partial class Captcha : System.Web.UI.Page
{
    protected void Page_Load(object sender, EventArgs e)
    {
        Image img = ❶ CaptchaGen.Create(Request["t"] ?? "a5Z");

        ❷ Response.ContentType = "image/jpeg";
        ❸ img.Save(Response.OutputStream, ImageFormat.Jpeg);
    }
}
```

Auch dieser Code akzeptiert einen Aufruf mit dem Parameter „t". Falls dieser nicht angegeben wurde, wird ein Standardwert („a5Z") benutzt ❶. Dann wird der passende MIME-Typ gesetzt ❷ und das Bild im Ausgabedatenstrom platziert ❸. Konfiguriert werden muss nichts.

27.3 Silverlight

Silverlight Portal

Silverlight ist eine plattform- und browserunabhängige Implementierung von WPF (Windows Presentation Foundation). Im Wesentlichen basiert Silverlight auf einem Browser-PlugIn, welches XAML-Dateien rendern kann, und einer minimalisierten .NET-Funktionsbibliothek.

Die folgenden Abschnitte sollen einen Überblick über Silverlight, sowie die Funktionsweise und dessen Verwendung geben.

> Detaillierte Informationen über WPF und Silverlight finden Sie in dem WPF-Band der .NET-Bibliothek von Jörg Wegener, erschienen im Carl Hanser Verlag unter ISBN 978-3-446-41041-1.

27.3.1 Einführung in Silverlight

Breite Unterstützung

Genau betrachtet ist Silverlight eine eigenständige Technologie, welche unabhängig von ASP.NET verwendet werden kann. Silverlight geht weit über die üblichen Möglichkeiten eines Webbrowsers mit HTML, DHTML und JavaScript hinaus. Es ist weder auf einen Browser festgelegt noch auf eine Plattform limitiert, basiert aber dennoch auf einer minimalisierten Version des .NET-Frameworks. Ob Windows,

Linux oder MacOS, egal ob Internet Explorer, Firefox oder Opera – Silverlight wird unterstützt.

Wesentliche Elemente, wie das UI-Framework, welches auf XAML basiert, die Möglichkeit Medien abzuspielen oder Eingaben vom Benutzer zu verarbeiten, sind bereits seit der ersten Version vorhanden. Eine Programmierung war jedoch nur in JavaScript oder anderen Skriptsprachen (wie IronPython) möglich.

Silverlight 4 enthält eine Vielzahl von Verbesserungen und Erweiterungen. So wurden viele der aus WPF bekannten Steuerelemente nachgerüstet, weitere Layouts und auch komplexere Steuerelemente kamen hinzu. Bereits seit der Version 2 sind das `GridView-Steuerelement` und vorlagenbasierte Steuerelemente dabei. Ferner erhielt Silverlight bereits in der Version 2 einen integrierten Mediaplayer. Die interessanteste Änderung war die Möglichkeit, Silverlight-Anwendungen auch in C# oder anderen .NET-Sprachen entwickeln zu können.

Silverlight 4

Während sich die Änderungen für Silverlight 3 im wesentlichen auf „Out-of-the-browser" sowie einer umfassenden Abwärtskompatibilität beschränkten, wurde mit Silverlight 4 die Interaktion mit dem Desktoprechner stark erweitert. So ist jetzt auch ein Zugriff auf Kamera (WebCam), ein Mikrofon oder den Drucker möglich.

> Silverlight kann auf jedem Webserver gehostet werden. Das ASP.NET-Framework ist keine zwingende Voraussetzung, um eine Silverlight Anwendung in einer Webseite zu verwenden.

HINWEIS

27.3.2 Architektur von Silverlight

Silverlight ist mehr als nur eine Technologie, mit der interaktive Webinhalte und Medien angezeigt werden können. Mit Silverlight ist es möglich, funktionsreiche und plattformübergreifende Anwendungen zu entwickeln.

Abbildung 27.4 zeigt eine allgemeine Übersicht.

27 GDI und Silverlight

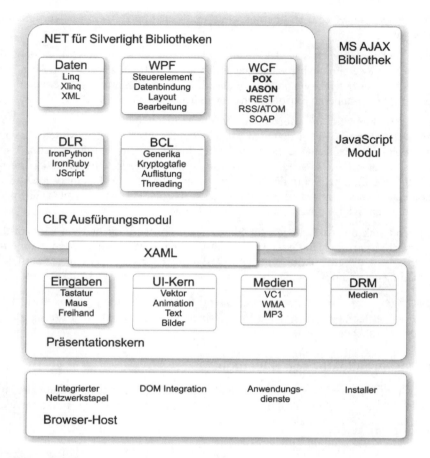

Abbildung 27.4 Architekturübersicht Silverlight

Client-Bibliothek
Auf den ersten Blick mag die clientseitige Bibliothek von Funktionen in Silverlight sehr klein und eingeschränkt erscheinen, jedoch ist eher das Gegenteil der Fall. Viele Funktionalitäten, welche bereits aus dem .NET-Framework bekannt sind, verbergen sich in einer vereinfachten aber dennoch sehr wirkungsvollen Form hinter der Silverlight-Client-Bibliothek.

Um Silverlight plattform- und browserunabhängig gestalten zu können, war es erforderlich, Teile der .NET Bibliothek in einem eigens für Silverlight erschaffenen Framework zu implementieren.

Die Basis bilden die Silverlight-Bibliotheken die in Abbildung 27.4 gezeigt werden.

Die Silverlight-Bibliotheken

NET-Framework
Das .NET-Framework für Silverlight wird teilweise auf dem Client installiert bzw. mit der Anwendung ausgeliefert. Auf dem Client befinden sich die Kernkomponenten, wie Datenintegration, erweiterbare Windows-Steuerelemente, Netzwerkfunktionen, Basisklassenbibliotheken, Garbage Collection und die Common Language

Runtime (CLR). Mit der Anwendung ausgeliefert werden die Komponenten, welche sich nur im Silverlight-SDK befinden, wie Benutzeroberflächen-Steuerelemente, XLINQ, Syndication (RSS/Atom), XML-Serialisierung und Dynamic Language Runtime (DLR).

Die CLR für Silverlight unterscheidet sich nicht von der CLR des .NET-Frameworks. Hier sind Funktionen für Speicherverwaltung, Speicherbereinigung, Typsicherheitsprüfung sowie Ausnahmebehandlung untergebracht.

Die Basisbibliotheken für Silverlight enthalten unter anderem Funktionalitäten für Zeichenfolgenbehandlung, reguläre Ausdrücke, Ein- und Ausgaben, Reflection, Auflistungen und Globalisierung. Basisbibliotheken

LINQ-to-XML

Für datenverarbeitende Anwendungen steht neben LINQ-to-Object und LINQ-to-XML auch eine Bibliothek zur Verfügung, mit deren Hilfe Daten von und nach XML serialisiert werden können.

Silverlight unterstützt HTTP/HTTPS-basierte WCF Dienste. Dabei können RSS/Atom-Feeds genauso verwendet werden wie JSON-, POX- und SOAP-basierte-Dienste. RSS/Atom

Neben den beschrieben Basisfunktionen stellt Silverlight eine umfangreiche Auswahl an WPF-Komponenten und -Steuerelementen bereit, einschließlich `Button`, `Calendar`, `CheckBox`, `DataGrid`, `DatePicker`, `HyperlinkButton`, `ListBox`, `RadioButton` sowie `Scrollviewer`. WPF-Komponenten

Ein besonderes Feature ist die Unterstützung von dynamischen, zur Laufzeit erzeugten und übersetzten Skripte in JavaScript oder IronPython.

Präsentationskern

Der Präsentationskern verfügt über diverse Funktionen zur Darstellung und Interaktion mit dem Benutzer. Für die Eingabe stehen Funktionen zum Zugriff auf Maus, Tastatur und diversen anderen Zeigergeräten bereit. Darstellung und Interaktion

Das Benutzeroberflächen-Rendering ist zuständig für das Rendern von Bildern, Vektorgrafiken, Animationen und Text. Ferner ermöglicht ein eigener Medienkern, das Abspielen diverser Medienformate wie VC1, WMV, WMA und MP3. VC1, WMV, WMA, MP3

Steuerelemente, Layout-Manager und Datenbindung runden die Auswahl an verfügbaren Werkzeugen ab, mit denen Benutzeroberflächen erzeugt werden können. Dank XAML-Unterstützung kann die Benutzerschnittstelle auf die gleiche Weise erzeugt werden wie bei WPF. XAML

Dank DRM-Unterstützung bietet der integrierte Mediaplayer die Möglichkeit des Verwaltens von Rechten zum Abspielen diverser digitaler Medien. DRM

27.3.3 Silverlight und XAML

Vereinfacht ausgedrückt stellt XAML (EXtensible Application Markup Language) eine Methode der Serialisierung von Objekten mit Ihren Eigenschaften dar. Auf diese Weise soll eine Trennung zwischen Programmlogik und Oberfläche erfolgen. Einführung

27 GDI und Silverlight

Bei Windows Forms-Anwendungen wurde die Trennung mittels partiellen Klassen erreicht. Bei WPF bzw. Silverlight kommt XAML zum Einsatz.

XAML ist eine auf XML basierende Beschreibungssprache zur deklarativen Programmierung von Objekten. Die Verwendung von XAML ist nicht auf WPF oder Silverlight beschränkt, kommt jedoch im Zusammenhang mit diesen Technologien am häufigsten vor.

Funktionsweise von Silverlight

Die Elemente sowie die Eigenschaften der Oberfläche werden mit Hilfe von XAML beschrieben. Dabei gibt es zwei Möglichkeiten, ein Objekt zu deklarieren. Entweder wird das Objekt direkt deklarativ angegeben oder es wird indirekt unter Verwendung der Attribut-Syntax deklariert.

deklarativ

Um ein Objekt direkt deklarativ anzulegen, werden zwei Element-Tags wie folgt verwendet.

```
<Button>
</Button>
```

Im Beispiel wird eine Instanz einer Schaltfläche (Button) erzeugt, welche in den übergeordneten Container eingefügt wird. Dabei gibt es Objekte welche nur ein Element aufnehmen können, wie beispielsweise ein Fenster. Es gibt auch Objekte, welche eine Menge von Objekten aufnehmen können, wie der Grid-Layout-Manager. Mehr zu Layout-Managern finden Sie im Abschnitt „Der Layout-Manager" weiter unten.

eingebettet

Ein Layout-Manager kann beispielsweise einen oder mehrere UI-Elemente wie beispielsweise einen Button enthalten. Elemente, welche keine weiteren Objekte enthalten, können auch in der vereinfachten Form geschrieben werden:

```
<Grid>
    <Button />
</Grid>
```

Attribut-Syntax

Eigenschaften werden in Form von Attributen des Element-Tags gesetzt. Diese Variante wird auch „Attribut-Syntax" genannt. Im Beispiel wird dem Grid der Name *LayoutRoot* zugewiesen. Unter diesem Namen ist das Grid auch aus dem Code ansprechbar. Desweiteren wird dem Grid und dem Button eine Hintergrundfarbe zugewiesen.

```
<Grid x:Name="LayoutRoot" Background="White">
    <Button x:Name="NiceButton" Background="Green"/>
</Grid>
```

Dabei sind Name und Background jeweils Eigenschaften, der Objekte, welche erzeugt werden.

Elementeigenschaftensyntax

Alternativ ist es auch möglich, Eigenschaften mit der Elementeigenschaftensyntax zu setzen.

```
<Rectangle Width="100" Height="100">
  <Rectangle.Fill>
    <SolidColorBrush Color="Blue"/>
  </Rectangle.Fill>
</Rectangle>
```

Im Beispiel wird ein Rechteck erstellt, welches 100 x 100 Einheiten mit der Attribut-Syntax als Dimensionen zugewiesen bekommt. Der Eigenschaft `Fill` wird ein Objekt `SolidBrush` mit der Farbe `Blue` zugewiesen. Hierfür bietet sich die Elementeigenschaftensyntax an, da das zugewiesene Element selbst wiederum Eigenschaften enthält.

Collections

Eine besondere Rolle kommt den Aufzählungstypen (Collections) zu. Der Parser ist in der Lage, selbstständig zu erkennen, welchen Typ die Eigenschaften einer Aufzählung haben. Der entsprechende Aufzählungstyp wird automatisch vom Parser erzeugt und mit den Elementen der Aufzählung gefüllt.

```
<LinearGradientBrush>
  <LinearGradientBrush.GradientStops>
    <!-- ohne new GradientStopCollection -->
    <GradientStop Offset="0.0" Color="Red" />
    <GradientStop Offset="1.0" Color="Blue" />
  </LinearGradientBrush.GradientStops>
</LinearGradientBrush>
```

HINWEIS Die verkürzte Schreibweise dient nur der Vereinfachung für den Entwickler, es ist nicht falsch, die Aufzählungstypen explizit anzugeben.

Explizite Collection

Dieses Beispiel wird vom Parser automatisch wie folgt erweitert:

```
<LinearGradientBrush>
  <LinearGradientBrush.GradientStops>
    <!-- explizite Angabe der Collection-->
    <GradientStopCollection>
      <GradientStop Offset="0.0" Color="Red" />
      <GradientStop Offset="1.0" Color="Blue" />
    </GradientStopCollection>
  </LinearGradientBrush.GradientStops>
</LinearGradientBrush>
```

Ferner ist der Parser in der Lage zu erkennen, dass es sich bei den zwei `GradientStop`- Elementen um eine Aufzählung handelt. Die entsprechende Eigenschaft kann automatisch ermittelt werden, wenn diese eindeutig ist. Im Beispiel ist das die Eigenschaft `GradientStops` des `LinearGradientBrush`-Objekts.

Vereinfachte Collection

Vereinfacht sieht das Beispiel dann folgendermaßen aus:

```
<LinearGradientBrush>
  <GradientStop Offset="0.0" Color="Red" />
  <GradientStop Offset="1.0" Color="Blue" />
</LinearGradientBrush>
```

Diese Vereinfachung kommt sehr häufig zum Einsatz, um die Übersichtlichkeit zu erhöhen. So wird im folgenden Beispiel eine Aufzählung von `UIElement`-Objekten explizit bzw. implizit an die entsprechende Eigenschaft `Children` übergeben:

```
<!--explizit-->
<StackPanel>
  <StackPanel.Children>
    <UIElementCollection>
      <TextBlock>Hello</TextBlock>
      <TextBlock>World</TextBlock>
    </UIElementCollection>
  </StackPanel.Children>
</StackPanel>
```

```
<!--implizit / vereinfacht-->
<StackPanel>
  <TextBlock>Hello</TextBlock>
  <TextBlock>World</TextBlock>
</StackPanel>
```

Ereignisse

Neben dem Zusammenfügen von Objekten und dem Zuweisen von Eigenschaften ist eine weitere wesentliche Funktionalität das Beschreiben von Ereignissen.

Im einfachsten Fall wird dem Ereignis – im Beispiel soll das Ereignis `Click` verwendet werden – eine Funktion zugewiesen, welche in der Code-Datei definiert ist.

Listing 27.9 Deklaration eines Button mit Click-Eventhandler

```
<Button x:Name="MyButton" Width="60" Height="20"
                        Click="MyButton_Click">
   <TextBlock x:Name="MyButtonCaption">Klick mich</TextBlock>
</Button>
```

In der zugehörigen Code-Datei wird die Ereignisbehandlungsmethode für das Ereignis programmiert. Im Beispiel soll sich der Text auf dem Button ändern.

Listing 27.10 Code des Beispiels

```
private void MyButton_Click(object sender, RoutedEventArgs e)
{
    MyButtonCaption.Text = "Geklickt";
}

public Page()
{
    InitializeComponent();
❶   MyButton.Click +=new RoutedEventHandler(MyButton_Click);
}
```

Alternativ können Ereignisbehandlungsmethoden auch über den Programmcode in der Code-Datei hinzugefügt bzw. entfernt werden ❶.

Geroutete Ereignisse

Dabei kommt bei einigen Ereignissen das Konzept der gerouteten Ereignisse zum Einsatz. Das bedeutet, ein Ereignis wird von den untergeordneten Objekten zu den übergeordneten Objekten weitergereicht. Die Hierarchie wird dem XAML-Baum entnommen.

Silverlight unterstützt die folgenden gerouteten Ereignisse:

- `KeyDown`
- `KeyUp`
- `GotFocus`
- `LostFocus`
- `MouseLeftButtonDown`
- `MouseLeftButtonUp`
- `MouseMove`
- `BindingValidationError`

Das Aufsteigen der Ereignisse kann verglichen werden, mit dem Aufsteigen von Luftblasen im Wasser. Aus diesem Grund wird im englischen Sprachgebrauch oft die Bezeichnung „bubble up" verwendet.

bubble up

Um dem Framework mitzuteilen, dass ein aufsteigendes Ereignis behandelt wurde, gibt es in den Ereignisargumenten die Eigenschaft `Handled`. Diese Eigenschaft wird auf `true` gesetzt, wenn das Ereignis nicht weiter aufsteigen soll, das heißt, dass das Ereignis behandelt wurde.

Handled

```
private void BubbleUp_MouseMove(object sender,
                                MouseButtonEventArgs e)
{
    e.Handled = true;
    String msg = "x:y = " + e.GetPosition(null).ToString();
    msg += " from " + (e.OriginalSource as FrameworkElement).Name;
    StatusText.Text = msg;
}
```

27.3.4 Der Layout-Manager

Der Layout-Manager ordnet die Elemente auf dem Bildschirm an. In Silverlight gibt es drei Layout-Manager, den `Canvas`-Layout-Manager, den `Grid`-Layout-Manager und das `StackPanel`. Diese können ineinander verschachtelt werden, um komplexere Layouts zu erhalten. Im Folgenden sollen diese drei Konzepte etwas genauer betrachtet werden.

Elemente anordnen

Grid-Layout

Das Grid-Layout ist dem Aussehen und Verhalten einer Tabelle sehr ähnlich. Webentwickler, welche Tabellen als Grundlage Ihrer Layouts verwendet haben, werden hier viele Gemeinsamkeiten entdecken.

Wird nichts angegeben, besteht das Layout aus einer einzelnen Reihe und einer Spalte. Ein Element wird in diesem Fall zentriert und den Raum ausfüllend ausgegeben – das ist die Standardeinstellung.

```
<Grid x:Name="LayoutRoot" Background="White">
    <Button x:Name="MyButton" Width="60" Height="20"
        Click="MyButton_Click" >
    </Button>
</Grid>
<Grid ShowGridLines="True" x:Name="LayoutRoot" Background="White" >
    <Grid.RowDefinitions>
      <RowDefinition />
      <RowDefinition />
      <RowDefinition />
    </Grid.RowDefinitions>
    <Grid.ColumnDefinitions>
      <ColumnDefinition />
      <ColumnDefinition />
    </Grid.ColumnDefinitions>
    <Button x:Name="MyButton" Width="60" Height="20"
        Content="Click Me"
        Click="MyButton_Click" Grid.Column="1" Grid.Row="1" />
    <TextBlock x:Name="StatusText"
        Grid.ColumnSpan="2" />
</Grid>
```

Kommen weitere Elemente ohne Einteilung und Zuordnung in entsprechenden Zeilen und Spalten hinzu, würden alle Elemente überlagert und zentriert dargestellt werden.

Reihen- und Spaltendefinitionen

Um das zu verhindern, können Reihen- und Spaltendefinitionen für die Elemente angegeben werden. Während des Erstellens kann die Eigenschaft `ShowGridLines` auf `true` gesetzt werden, dann werden die Trennlinien zwischen den Reihen und Spalten sichtbar.

Im Beispiel sind alle Reihen und Spalten gleich groß. Wird das Fenster in seiner Größe verändert, ändern sich auch die Reihen und Spalten entsprechend mit, so dass diese immer jeweils gleich groß bleiben. Dies liegt daran, dass die Voreinstellung für Zeilen und Spalten auf „gleichmäßig proportional" eingestellt ist. Im Folgenden wird demonstriert, wie diese Einstellungen verändert werden können.

Untergeordnete Elemente können positioniert werden, indem die Startreihe und -Spalte angegeben wird. Erfolgt keine explizite Angabe, wird „0" als Startwert angenommen.

Ferner ist es möglich, Elemente mehrere Reihen oder Spalten überragen zu lassen. Verwenden Sie hierfür die Eigenschaften `ColumSpan` bzw. `RowSpan`.

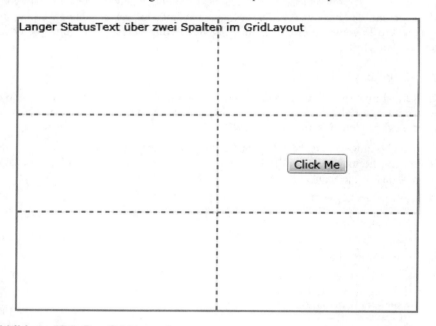

Abbildung 27.5 Das Grid-Layout

Absolute Größen

Das Verhalten der Spalten und Zeilen kann mit absoluten Werten beeinflusst werden. Um eine Zeile in der Höhe fest zu legen, wird die Eigenschaft `Height` auf den zu verwendenden Wert gesetzt. Das gleiche gilt für die Bereite einer Spalte mit dem Wert für `Width`.

```
<Grid>
  <Grid.RowDefinitions>
```

```
        <RowDefinition />
        <RowDefinition Height="20" />
        <RowDefinition />
    </Grid.RowDefinitions>
    <Grid.ColumnDefinitions>
        <ColumnDefinition Width="40"/>
        <ColumnDefinition />
    </Grid.ColumnDefinitions>
</Grid>
```

Im Beispiel wurde die Spalte 0 auf eine Breite von 40 und die Reihe 1 auf eine Höhe von 20 festgelegt. Die anderen Reihen und Spalten teilen den verbleibenden Platz gleichmäßig untereinander auf.

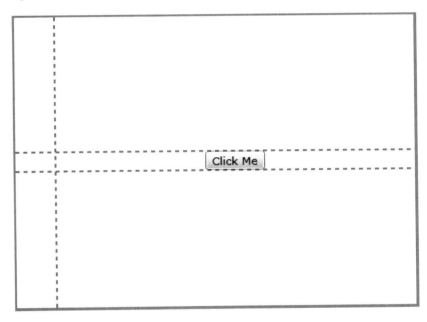

Abbildung 27.6 Elemente positionieren

Um eine Reihe oder Spalte so groß zu wählen, wie dies mindestens erforderlich ist, können diese Werte auch auf Auto gesetzt werden.

Neben absoluten Werten können auch proportionale Angaben gemacht werden. Im Beispiel soll die Zeile 0 drei Mal so groß sein ❶ wie die Zeile 2. Hierfür wird die sogenannte Stern-Notation „*" verwendet.

Relative Größen

```
<Grid ShowGridLines="True" x:Name="LayoutRoot" Background="White" >
    <Grid.RowDefinitions>
        <RowDefinition Height="3*"   ❶
                       MinHeight="30"   ❷
                       MaxHeight="600"  ❸/>
        <RowDefinition Height="20" />
        <RowDefinition Height="*"/>
    </Grid.RowDefinitions>
    <Grid.ColumnDefinitions>
        <ColumnDefinition Width="40"/>
```

27 GDI und Silverlight

```
            <ColumnDefinition />
        </Grid.ColumnDefinitions>
</Grid>
```

Die Größe der Reihen der Spalten zueinander ergibt sich proportional zu dem Faktor vor dem Stern *. Zusätzlich können die maximale ❸ und die minimale ❷ Höhe bzw. Breite angegeben werden.

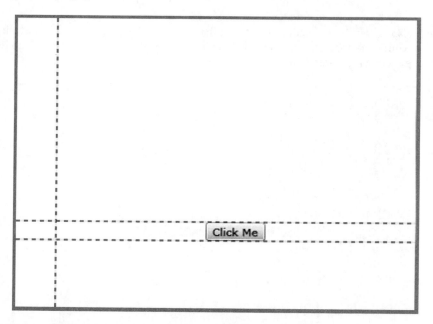

Abbildung 27.7 Festlegen der Höhen- und Breitendefinition

Zusammengenommen bieten alle Variationen der Einstellungen des `Grid`-Layouts eine sehr flexible Basis für die Anordnung der Steuerelemente und Objekte auf dem Bildschirm.

Canvas-Layout

`Canvas` (Leinwand) ist im Verhalten und Aussehen der Windows-Forms Softwarenentwicklung am ähnlichsten. Hier werden alle Elemente mittels Koordinaten positioniert. Dabei können relative Koordinaten zum jeweils übergeordneten Element verwendet werden. Im Beispiel wird mit Hilfe der Angabe `Canvas.Left` die linke Startposition des Rechtecks relativ zum übergeordneten `Canvas` festgelegt. Wird diese Angabe nicht explizit hingeschrieben, beginnt das Rechteck mit der linken Außenkante des `Canvas`. Als Standardwert gilt auch hier 0.

```
<Canvas Background="White">
  <Rectangle Canvas.Left="50" Canvas.Top="50" Width="120" Height="60" >
    <Rectangle.Fill>
      <LinearGradientBrush>
        <GradientStop Offset="0.0" Color="White" />
        <GradientStop Offset="1.0" Color="Black" />
      </LinearGradientBrush>
```

```
        </Rectangle.Fill>
    </Rectangle>
</Canvas>
```

Abbildung 27.8 Linearer Gradient auf einem Canvas

StackPanel-Layout

Der `StackPanel`-Layout-Manager ist der einfachste unter den Layout-Managern. Alle untergeordneten Elemente werden automatisch aufeinanderfolgend angeordnet. Die Standardeinstellung ist untereinander.

```
<StackPanel>
    <Button Width="90" Content="Hello World"></Button>
    <Button Width="90" Content="Hello World"></Button>
    <Button Width="90" Content="Hello World"></Button>
</StackPanel>
```

Im Beispiel wurden drei Buttons untereinander erzeugt.

Abbildung 27.9 Schaltflächen in einem StackPanel

Mit Hilfe der Eigenschaft `Orientation` kann zwischen einer horizontalen und einer vertikalen Anordnung gewechselt werden.

Orientation

27.3.5 Beispielanwendung WCF-Taschenrechner

Standardmäßig wird Visual Studio 2010 mit der Unterstützung für Silverlight 3 ausgeliefert. Sie können die Unterstützung für Silverlight 4 zusätzlich laden und dann beim Anlegen des Projekts entscheiden, welche Version mindestens erforderlich ist. Die Projektvorlagen in Visual Studio sind identisch – es handelt sich hier lediglich um die Festlegung der Version und das Laden der passenden Client-Bibliotheken.

Vorbereitung

Silverlight Anwendung mit Visual Studio erstellen

Öffnen Sie Visual Studio und wählen sie im Menu DATEI | NEU den Typ SILVERLIGHT ANWENDUNG aus. In diesem Beispiel soll diese „Silverlight" heißen.

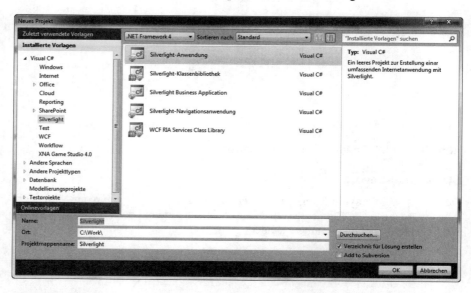

Abbildung 27.10 Erstellen einer neuen Silverlight-Anwendung

Der Assistent fragt im Anschluss, ob eine Webseite zum Hosten dieser Anwendung automatisch erstellt werden soll. Falls Sie sowohl Silverlight 3 als auch Silverlight 4 installiert haben, können Sie hier auch die passende Version auswählen.

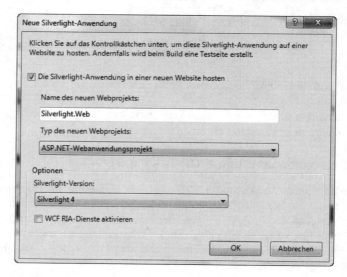

Abbildung 27.11 Webprojekt automatisch anlegen

27.3 Silverlight

Für das erste Silverlight-Projekt ist zu empfehlen, die passende Hosting-Website mit zu erzeugen.

Nachdem der Assistent die Silverlight-Anwendung erstellt hat, befinden sich zwei Projekte im PROJEKT EXPLORER, die Silverlight-Anwendung und die Webseite zum Hosten dieser Anwendung.

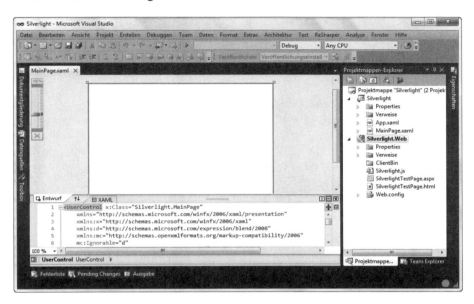

Abbildung 27.12 Die Startseite der Anwendung

Struktur einer Silverlight-Anwendung

Die Silverlight-Anwendung besteht im Wesentlichen aus zwei XAML-Dateien, sowie den zugehörigen Code-Dateien. In der Datei *App.xaml* findet sich das Anwendungsobjekt (application object). Hier werden in der Code-Datei entsprechende Initialisierungen von diversen Ereignisbehandlungsmethoden vorgenommen.

Listing 27.11 Die Applikation auf einen Blick

```
public partial class App : Application
{
    public App()
    {
❷       this.Startup += this.Application_Startup;
❷       this.Exit += this.Application_Exit;
❷       this.UnhandledException += ↵
                    this.Application_UnhandledException;
        InitializeComponent();
    }

    private void Application_Startup(object sender, ↵
                                    StartupEventArgs e)
    {
❶       this.RootVisual = new Page();
    }
```

```
    private void Application_Exit(object sender, EventArgs e)
    {
    }

❸ private void Application_UnhandledException(object sender, ↵
                ApplicationUnhandledExceptionEventArgs e)
    {
      if (!System.Diagnostics.Debugger.IsAttached)
      {
        e.Handled = true;
        Deployment.Current.Dispatcher.BeginInvoke(↵
                         delegate { ReportErrorToDOM(e); });
      }
    }
    private void ReportErrorToDOM( ↵
                ApplicationUnhandledExceptionEventArgs e)
    {
      try
      {
        string errorMsg = e.ExceptionObject.Message + ↵
                         e.ExceptionObject.StackTrace;
        errorMsg = errorMsg.Replace('"', '\''). ↵
                         Replace("\r\n", @"\n");

        System.Windows.Browser.HtmlPage.Window.Eval(↵
            "throw new Error(\"Unhandled Error in Silverlight 2 ↵
            Application " + errorMsg + "\");");
      } catch (Exception)
      {
      }
    }
}
```

Neben der Initialisierung und der Zuweisung der Startseite (`RootVisual`, ❶) werden entsprechende Ereignisbehandlungsmethoden ❷ zugewiesen und mit Standardverhalten gefüllt. Im Fall einer nicht behandelten Ausnahme ❸ wird der Fehler mit der Hilfe von JavaScript an den Browser zur Verarbeitung übergeben.

Die Datei `Page.xaml` ist die Startseite der Silverlight Anwendung. Diese Datei ist nach dem Klassennamen der Seite benannt. Es wäre hier auch jeder anderer Name denkbar.

Listing 27.12 Datei Page.xaml

```
<UserControl x:Class="Silverlight.Page"
   xmlns="http://schemas.microsoft.com/winfx/2006/xaml/presentation"
   xmlns:x="http://schemas.microsoft.com/winfx/2006/xaml"
   Width="400" Height="300">
   <Grid x:Name="LayoutRoot" Background="White">
     ❶
   </Grid>
</UserControl>
```

Die vom Assistenten erzeugte Seite ist zunächst leer ❶. In den folgenden Schritten soll gezeigt werden, wie entsprechende Steuerelemente eingefügt, die Layout-Manager verwendet und Ereignisse verarbeitet werden können.

27.3 Silverlight

Exkurs WCF-Dienst für Silverlight erstellen

Um die Interaktion mit einem Silverlight-kompatiblen WCF-Dienst demonstrieren zu können, wird der WCF-Dienst `CalcService` mit den vier Grundrechenarten benötigt. Dieser Exkurs soll helfen, den Dienst zu erstellen, detaillierte Informationen über WCF finden Sie im Kapitel 19, Abschnitt „WCF-Webdienste".

Fügen Sie einen Silverlight-fähigen WCF-Dienst namens *CalcService* in das Silverlight-Webprojekt ein. Der Assistent erstellt automatisch die benötigten Dateien.

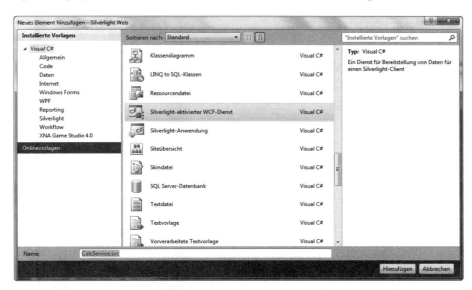

Abbildung 27.13 Hinzufügen eines Dienstes

Im nächsten Schritt passen Sie die Dienstimplementierung in der Code-Datei *CalcService.svc.cs* wie in Listing 27.13 gezeigt.

Listing 27.13 Datei CalcService.svc.cs

```
using System.ServiceModel;
using System.ServiceModel.Activation;

namespace Silverlight.Web
{
  [ServiceContract(Namespace = "Silverlight.Web")]
  [AspNetCompatibilityRequirements(RequirementsMode =
        AspNetCompatibilityRequirementsMode.Allowed)]
  public class CalcService
  {
    [OperationContract]
    public double Add(double a, double b)
    {
      return a+b;
    }
    [OperationContract]
    public double Mul(double a, double b)
    {
```

```
      return a * b;
    }
    [OperationContract]
    public double Div(double a, double b)
    {
      return a / b;
    }
    [OperationContract]
    public double Sub(double a, double b)
    {
      return a - b;
    }
  }
}
```

> **HINWEIS**
>
> Der Entwicklungs-Webserver von Visual Studio 2010 verwendet bei jedem Start einen neuen, zufällig vergebenen TCP-Port. Um eine WCF-Dienstanwendung hosten zu können, ist es für die Referenz der Clients erforderlich, einen konstanten Port zu verwenden. Diese Einstellung kann in den Eigenschaften des jeweiligen hostenden Projekts über den Reiter WEB festgelegt werden. Für dieses Beispiel wird die Verwendung des Ports 52404 empfohlen. Aus Sicherheitsgründen sollten Sie hier keinen Standardport unterhalb 1024 verwenden.

Um den Dienst *CalcService* aus der Silverlight-Anwendung verwenden zu können, ist es erforderlich, einen Dienstverweis in dem Silverlight-Projekt einzufügen. Klicken Sie hierzu mit der rechten Maustaste auf die Silverlight-Projekt-Datei im Projektmappen-Explorer. Wählen Sie ERMITTELN und nennen Sie den Verweis *CalcServiceReference*. Wählen Sie DIENSTVERWEIS hinzufügen. Alles Weitere übernimmt der Assistent.

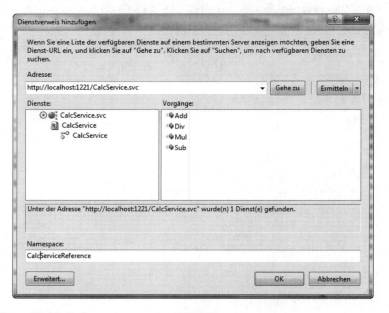

Abbildung 27.14 Referenzierung des WCF-Dienstes

Schaltflächen und ihre Ereignisbehandlungsmethoden

Für einen minimalen Taschenrechner werden zwei Eingabefelder für die zu verarbeitenden Werte sowie vier Schaltflächen für die durchzuführende Berechnung und ein Ausgabefeld für das Ergebnis benötigt.

Die Eingabefelder sollen untereinander angeordnet werden, gefolgt von den Funktionsschaltflächen. In der letzten Zeile soll das Ergebnis ausgegeben werden.

Listing 27.14 Oberfläche des Taschenrechners

```xml
<UserControl x:Class="Silverlight.Page"
   xmlns="http://schemas.microsoft.com/winfx/2006/xaml/presentation"
   xmlns:x="http://schemas.microsoft.com/winfx/2006/xaml"
   Width="200" Height="200">

 <Grid x:Name="LayoutRoot" Background="LightGray" >
    <Grid.RowDefinitions>
       <RowDefinition Height="10" />
       <RowDefinition Height="Auto"/>
       <RowDefinition Height="Auto"/>
       <RowDefinition Height="Auto"/>
       <RowDefinition Height="Auto"/>
       <RowDefinition />
    </Grid.RowDefinitions>
    <Grid.ColumnDefinitions>
       <ColumnDefinition Width="10"/>
       <ColumnDefinition />
       <ColumnDefinition />
       <ColumnDefinition />
       <ColumnDefinition />
       <ColumnDefinition Width="10" />
    </Grid.ColumnDefinitions>
    <TextBox x:Name="firstValue" Margin="10" Grid.ColumnSpan="4"
             Grid.Column="1" Grid.Row="1"/>
    <TextBox x:Name="secondValue" Margin="10" Grid.ColumnSpan="4"
             Grid.Column="1" Grid.Row="2"/>
    <TextBox x:Name="resultValue" Margin="10" Grid.ColumnSpan="4"
             Grid.Column="1" Grid.Row="4" IsReadOnly="True"/>
    <Button x:Name="addButton" Margin="10"
            Click="addButton_Click"
            Grid.Column="1" Grid.Row="3" Content="+"/>
    <Button x:Name="subButton" Margin="10"
            Click="subButton_Click"
            Grid.Column="2" Grid.Row="3" Content="-"/>
    <Button x:Name="mulButton" Margin="10"
            Click="mulButton_Click"
            Grid.Column="3" Grid.Row="3" Content="*"/>
    <Button x:Name="divButton" Margin="10"
            Click="divButton_Click"
            Grid.Column="4" Grid.Row="3" Content="/"/>
  </Grid>
</UserControl>
```

Um die Anwendung zum Leben zu erwecken, ist es noch erforderlich, die entsprechenden Ereignisbehandlungsmethoden für die asynchron aufgerufenen Dienste zu implementieren. In diesem Beispiel wird nur die Funktionalität zur Demonstration des Zusammenspiels von Silverlight und WCF gezeigt. Es wurden keine expliziten Behandlungen für Eingabefehler vorgesehen.

Listing 27.15 Code der Silverlight-Anwendung

```
namespace Silverlight
{
  public partial class Page : UserControl
  {
    private CalcServiceClient calcService;
    public Page()
    {
      InitializeComponent();
      calcService = new CalcServiceClient();
❶     calcService.AddCompleted += CalcServiceAddCompleted;
❶     calcService.SubCompleted += CalcServiceSubCompleted;
❶     calcService.MulCompleted += CalcServiceMulCompleted;
❶     calcService.DivCompleted += CalcServiceDivCompleted;
    }
    void CalcServiceAddCompleted(object sender, ↵
                        AddCompletedEventArgs e)
    {
❷     resultValue.Text = e.Result.ToString();
    }
    void CalcServiceSubCompleted(object sender, ↵
                        SubCompletedEventArgs e)
    {
❷     resultValue.Text = e.Result.ToString();
    }
    void CalcServiceMulCompleted(object sender, ↵
                        MulCompletedEventArgs e)
    {
❷     resultValue.Text = e.Result.ToString();
    }
    void CalcServiceDivCompleted(object sender, ↵
                        DivCompletedEventArgs e)
    {
❷     resultValue.Text = e.Result.ToString();
    }
    private void addButton_Click(object sender, RoutedEventArgs e)
    {
       calcService.AddAsync(double.Parse(firstValue.Text), ↵
                        double.Parse(secondValue.Text));
    }
    private void subButton_Click(object sender, RoutedEventArgs e)
    {
      calcService.SubAsync(double.Parse(firstValue.Text), ↵
                        double.Parse(secondValue.Text));
    }
    private void mulButton_Click(object sender, RoutedEventArgs e)
    {
      calcService.MulAsync(double.Parse(firstValue.Text), ↵
                        double.Parse(secondValue.Text));
    }
    private void divButton_Click(object sender, RoutedEventArgs e)
    {
      calcService.DivAsync(double.Parse(firstValue.Text), ↵
                        double.Parse(secondValue.Text));
    }
  }
}
```

Der Code enthält keine spezielle Logik. Mit jedem Click auf eine Schaltfläche wird der passende Dienst aufgerufen. Es wird erwartet, dass sich die Werte in den Eingabefeldern problemlos in den Typ `double` konvertieren lassen. Wenn der asynchrone Aufruf zurückgekehrt (*Completed*-Methoden, ❶), werden die Werte in den Ereignisbehandlungsmethoden an die Ausgabe übertragen ❷.

27.3.6 Silverlight-Hosting und -Verteilung

Silverlight-Anwendungen können unabhängig vom .NET-Framework oder der verwendeten Server-Plattform gehostet werden. Im Folgenden soll die Vorbereitung des Webservers sowie das Einfügen einer Silverlight-Anwendung in eine Webseite genauer betrachtet werden.

Hosting – Vorbereiten des Webservers

Da Silverlight eine eigene Laufzeitumgebung (runtime) verwendet, ist das Hosten nicht nur den IIS mit .NET-Unterstützung vorbehalten. Eine Silverlight Anwendung kann in jede Webseite eingebettet werden.

Der Browser erkennt Silverlight-Anwendungen am MIME-Typ. Für Silverlight-Anwendungen müssen folgende MIME-Typen auf dem Webserver gesetzt sein.

Tabelle 27.4 MIME-Typen für Silverlight

Erweiterung	MIME-Typ
.xaml	application/xaml+xml
.xap	application/x-silverlight-app oder
	application/x-silverlight-app-2

Für die IIS7 wird der MIME-Type wie folgt gesetzt:

```
"%systemroot%\System32\inetsrv\appcmd" set config ↵
  /section:staticContent /+[fileExtension='.xap', ↵
  mimeType='application/x-silverlight']
```

Einfügen einer Silverlight-Anwendung in eine Webseite

Eine Silverlight-Anwendung wird als Objekt-Plug-In in einer HTML-Seite untergebracht. Neben dem entsprechenden Typ kann eine Größe relativ oder absolut angegeben werden.

Listing 27.16 Einbinden in die Webseite

```
<object
  data="data:application/x-silverlight-2,"
  type="application/x-silverlight-2"
  width="100%" height="100%">
  <param name="source" value="ClientBin/Silverlight.xap"/>
  <param name="onerror" value="onSilverlightError" />
</object>
```

Der Parameter `source` gibt den relativen oder absoluten Pfad zur Silverlight-Anwendung an. Mit Hilfe des Parameters `onerror` kann eine JavaScript-Funktion angegeben werden, welche den Fehler ausgibt oder behandelt.

Unter ASP.NET stellt die Silverlight-Bibliothek ein ASP.NET-Steuerelement zur Verfügung, welches den entsprechenden HTML-Code automatisch rendert.

27 GDI und Silverlight

Listing 27.17 Die fertige Webseite

```
<%@ Page Language="C#" AutoEventWireup="true" %>
<%@ Register Assembly="System.Web.Silverlight"
             Namespace="System.Web.UI.SilverlightControls"
             TagPrefix="asp" %>
<!DOCTYPE html PUBLIC "-//W3C//DTD XHTML 1.0 Transitional//EN"
    "http://www.w3.org/TR/xhtml1/DTD/xhtml1-transitional.dtd">
<html xmlns="http://www.w3.org/1999/xhtml" style="height:100%;">
<head runat="server">
    <title>Silverlight</title>
</head>
<body style="height:100%;margin:0;">
    <form id="form1" runat="server" style="height:100%;">
        <asp:ScriptManager ID="ScriptManager1"
            runat="server"></asp:ScriptManager>
        <div  style="height:100%;">
            <asp:Silverlight ID="Xaml1" runat="server"
                Source="~/ClientBin/Silverlight.xap"
                MinimumVersion="2.0.31005.0"
                Width="100%" Height="100%" />
        </div>
    </form>
</body>
</html>
```

Damit stehen alle Techniken zur Verfügung, um leistungsfähige Applikationen zu schreiben, die die Grenzen von HTML und in weiten Bereichen auch von HTTP durchbrechen.

Silverlight und JavaScript

Interaktion

Um interaktive Webanwendungen erstellen zu können ist es erforderlich, zwischen der Silverlight Anwendung und dem Browser Informationen austauschen zu können. Der folgende Abschnitt soll einen kleinen Überblick geben, welche Möglichkeiten dafür zur Verfügung stehen.

ScriptableMember

Das Silverlight-Framework stellt im Namensraum System.Windows.Browser das Attribut ScriptableMember zur Verfügung, mit dessen Hilfe Eigenschaften, Methoden und Events für die Verwendung mit JavaScript deklariert werden können.

Listing 27.18 MainPage der interaktiven Silverlight-Anwendung

```
public partial class MainPage : UserControl
{
  ❶ [ScriptableMember]
    public event EventHandler ButtonAClicked;
  ❶ [ScriptableMember]
    public event EventHandler ButtonBClicked;
  ❶ [ScriptableMember]
    public event EventHandler ButtonCClicked;

    public MainPage()
    {
      InitializeComponent();
      ❷ HtmlPage.RegisterScriptableObject("SilverlightApp", this);
    }

    void ❸ ButtonA(object sender, RoutedEventArgs e)
```

```
   {
     if (ButtonAClicked != null)
        ButtonAClicked(this, e);
   }
   void ❸ ButtonB(object sender, RoutedEventArgs e)
   {
     if (ButtonBClicked != null)
        ButtonBClicked(this, e);
   }
   void ❸ ButtonC(object sender, RoutedEventArgs e)
   {
     if (ButtonCClicked != null)
        ButtonCClicked(this, e);
   }
❶ [ScriptableMember]
   public ❹ void HelloFromHtml(string name)
   {
     MessageBox.Show(String.Format("Hello {0}", name));
   }
}
```

Zunächst werden die Ereignisse deklariert und für die Verwendung mit JavaScript unter der Verwendung des Attributes ScriptableMember ❶ vorbereitet. Anschließend wird die Funktion RegisterScriptableObject der Helferklasse HtmlPage aufgerufen, um die Eigenschaften und Funktionen für das JavaScript unter dem Namen „SilverlightApp" zugreifbar zu machen ❷.

Ferner müssen die Ereignisse der Schaltflächen abgefangen und an die „veröffentlichten" Ereignisse weitergeleitet werden ❸.

Für den umgekehrten Weg, eine Silverlight-Funktion von JavaScript aufzurufen, wird noch eine Funktion HelloFromHtml hinzugefügt ❹.

Listing 27.19 Verwendung der interaktiven Silverlight-Anwendung (Auszug)

```
...
<script type="text/javascript">

❶ var slApp;
function ❷ onSilverlightLoad(sender, args) {
   slApp = ❸document.getElementById("slDemo");
❹ slApp.Content.SilverlightApp.addEventListener(↵
     "ButtonAClicked", ButtonAClicked);
// slApp.Content.SilverlightApp.ButtonAClicked = ↵
     ButtonAClicked;
❹ slApp.Content.SilverlightApp.ButtonBClicked = ButtonBClicked;
   slApp.Content.SilverlightApp.ButtonCClicked = ButtonCClicked;
}
❺ function ButtonAClicked() {
   alert("Button A");
}
...
<div id="silverlightControlHost">
<object id="slDemo" data="data:application/x-silverlight-2,"
        type="application/x-silverlight-2" width="100%"
        height="100%">
<param name="source" value="ClientBin/SilverlightInteraction.xap"/>
<param name="onError" value="onSilverlightError" />
```

```
❻ <param name="onLoad" value="onSilverlightLoad" />
  <param name="background" value="white" />
  <param name="minRuntimeVersion" value="4.0.50401.0" />
  <param name="autoUpgrade" value="true" />
  <a href="http://go.microsoft.com/fwlink/↵
        ?LinkID=149156&v=4.0.50401.0" style="text-decoration:none">
     <img src="http://go.microsoft.com/fwlink/↵
            ?LinkId=161376" alt="Get Microsoft Silverlight"
           style="border-style:none"/>
  </a>
</object>
<iframe id="_sl_historyFrame"
        style="visibility:hidden;height:0px;width:0px;border:0px">
</iframe>
</div>
```

Um Zugriff auf das Silverlight-Objekt innerhalb des DOM zu erhalten hat es sich bewährt an einer zentralen Stelle eine Instanz des Objektes zwischen zu speichern. Hierfür bietet sich eine globale Variable an ❶. Nach dem das Ereignis `onLoad` ❻ ausgelöst ❷ wurde, kann dieser Variablen die Instanz der Silverlight-Anwendung zugewiesen werden❸.

Mapping

Anschließend werden die Ereignishandler auf die entsprechenden JavaScript-Funktionen gemappt ❹. Dabei können die Ereignisse mit Hilfe der Funktion `addEventListener` oder auch direkt zugewiesen werden. Ferner wird noch die Funktion benötigt, welche das Ereignis verarbeiten soll ❺.

Umgekehrt erfolgt der Aufruf der Silverlight-Funktion mit folgendem Programmcode:

```
<div>
  <button onclick = ↵
    "slApp.Content.SilverlightApp.HelloFromHtml('Matthias');">↵
    Say Hello !</button>
</div>
```

27.4 Grafische Steuerelemente

Anbieter von kommerziellen Steuerelementen liefern seit langem eine große Auswahl an Komponenten, um Diagramme (Charts) in Bildform auszugeben. Beliebt sind auch sogenannten Gauges, also die grafische Darstellung von Messinstrumenten.

27.4.1 Das Chart-Steuerelement (Diagramm)

Bekannt und weit verbreitet sind die Komponentenbibliotheken der Firma Dundas. Microsoft hat davon ein Subset von Funktionen übernommen, in eigene Namensräume transformiert und diese als Chart-Steuerelement in die ASP.NET-Klassenbibliotheken aufgenommen.

Einführung

Ein Bild sagt meistens mehr als tausend Worte. Bei der Erstellung von Berichten und grafischen Ansichten von Daten standen in der Vergangenheit bereits diverse Technologien bereit, wie DHTML, GDI(+), VRML usw.

Mit dem ASP.NET Framework 3.5 SP1 führte Microsoft ein sehr flexibles und universelles Chart-Steuerelement in Form eines eigenständigen kostenlosen Produkts ein. Mit der Version 4 ist dieses Steuerelement jetzt in das ASP.NET-Framework integriert und muss nicht mehr separat heruntergeladen werden.

Wenngleich das Steuerelement auf den ersten Blick etwas eckig und kantig wirkt, lassen damit nach einigem Konfigurationsaufwand durchaus beeindruckende Diagramme erstellen.

Funktionsweise

Wie jedes andere serverseitige Steuerelement wird auch das Chart-Steuerelement entsprechend in der Markupdatei eingefügt. Hierfür gibt es zwei Möglichkeiten. Entweder ziehen Sie das Steuerelement aus der Toolbox in Visual Studio 2010 auf die Webseite oder sie fügen folgenden Abschnitt in der Markup Datei hinzu.

```
<asp:Chart ID="Chart1" runat="server">
   <series>
 ❶    <asp:Series Name="Series1">
      </asp:Series>
   </series>
   <chartareas>
 ❷    <asp:ChartArea Name="ChartArea1">
      </asp:ChartArea>
   </chartareas>
</asp:Chart>
```

Das Steuerelement besteht im Wesentlichen aus zwei Bereichen. Dem Datenbereich ❶ mit den Datenreihen (Series) und dem Diagrammbereich ❷ (`ChartArea`), welcher die Art der Darstellung genauer bestimmt.

Für den Fall dass Sie das Steuerelement eingefügt haben, indem Sie die Markup-Datei direkt bearbeitet haben, müssen Sie noch die entsprechende Assembly laden und mit dem `asp`-Namensraumalias verknüpfen. Dies geschieht mit folgender Zeile in der *web.config*-Datei.

```
<pages>
   <controls>
     <add tagPrefix="asp"
          namespace="System.Web.UI.DataVisualization.Charting"
          assembly="System.Web.DataVisualization, Version=4.0.0.0, ↵
                    Culture=neutral, ↵
                    PublicKeyToken=31bf3856ad364e35" />
   </controls>
</pages>
```

Ferner muss noch ein ASP.NET-Handler für die Adresse *ChartImg.axd* hinzugefügt werden. Dieser Handler wird verwendet, um das eigentliche Bild zu laden.

```
<handlers>
   ...
   <add path="ChartImg.axd" verb="GET,HEAD,POST"
        type="System.Web.UI.DataVisualization.Charting.ChartHttpHandler,
```

```
              System.Web.DataVisualization, Version=4.0.0.0, Culture=neutral,
              PublicKeyToken=31bf3856ad364e35"
              validate="false" />
</httpHandlers>
```

Beim Durchlaufen des Programmcodes im Lebenszyklus der Webseite wird zunächst das Bild als temporäre Bilddatei abgelegt und ein entsprechender Verweis in der HTML Seite angelegt. Wird die Seite dann im Browser angezeigt, kommt das erzeugte Bild mit Hilfe des Handlers zur Anzeige.

Verwendung

Ein Chart besteht aus einer oder mehreren Datenreihen, welche mit einer Darstellung verknüpft sind. Dabei kann eine Datenreihe auf unterschiedliche Weise dargestellt werden. Das folgende Beispiel soll eine einfache Möglichkeit der deklarativen Erstellung eines Diagramms zeigen.

Listing 27.20 Deklarative Erstellung eines Diagramms

```
<asp:Chart ID="Example1" runat="server">
   <Series>
      ❶ <asp:Series Name="SampleSeries1" YValueType="Int32"
                    ChartType="Column" ChartArea="MainChartArea">
         ❷ <Points>
               <asp:DataPoint AxisLabel="1st" YValues="17" />
               <asp:DataPoint AxisLabel="2nd" YValues="15" />
               <asp:DataPoint AxisLabel="3rd" YValues="6" />
               <asp:DataPoint AxisLabel="4th" YValues="4" />
               <asp:DataPoint AxisLabel="5th" YValues="3" />
               <asp:DataPoint AxisLabel="6th" YValues="3" />
               <asp:DataPoint AxisLabel="7th" YValues="3" />
            </Points>
      </asp:Series>
   </Series>
   <ChartAreas>
      ❸ <asp:ChartArea Name="MainChartArea">
         </asp:ChartArea>
   </ChartAreas>
</asp:Chart>
```

Im Beispiel wurde eine Datenreihe mit dem Namen *SampleSeries1* vom Typ Integer (Int32) erstellt ❶, welche aus einzelnen deklarativ beschriebenen Datenpunkten ❷ besteht. Die Darstellung erfolgt in dem Chart-Darstellungsbereich mit dem entsprechenden Namen ❸.

27.4 Grafische Steuerelemente

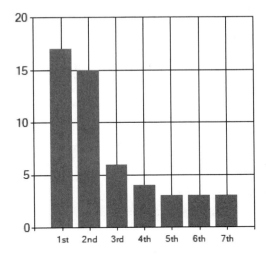

Abbildung 27.15 Einfaches Diagramm

Um dem Diagramm ein professionelleres Aussehen zu geben, können diverse Optionen im Diagrammbereich verändert werden. Das folgende Beispiel soll einen kleinen Überblick über die Möglichkeiten geben.

Style

Listing 27.21 Erweitertes Beispiel für ein Diagramm

```
<asp:Chart id="Chart1" runat="server" Palette="BrightPastel"
    BackColor="#D3DFF0" ImageType="Png"
    ImageLocation="~/TempImages/ChartPic_#SEQ(300,3)" Width="412px"
    Height="296px" BorderlineDashStyle="Solid"
    BackGradientStyle="TopBottom" BorderWidth="2"
    BorderColor="26, 59, 105">
❶ <titles>
    <asp:Title ShadowColor="32, 0, 0, 0"
               Font="Trebuchet MS, 14.25pt, style=Bold"
               ShadowOffset="3"
               Text="3D Balken und Reihen"
               ForeColor="26, 59, 105">
  </asp:Title>
</titles>
❷ <legends>
    <asp:Legend Enabled="False" IsTextAutoFit="False" Name="Default"
               BackColor="Transparent"
               Font="Trebuchet MS, 8.25pt, style=Bold">
  </asp:Legend>
</legends>
❸ <borderskin SkinStyle="Emboss"></borderskin>
❹ <series>
  <asp:Series
      ChartArea="ChartArea1" Name="Series1"
      BorderColor="180, 26, 59, 105" Color="220, 65, 140, 240">
    <points>
        <asp:DataPoint YValues="6" />
        <asp:DataPoint YValues="9" />
        . . .
```

```
              <asp:DataPoint YValues="6.5" />
           </points>
        </asp:Series>
        <asp:Series ChartArea="ChartArea1" Name="Series2"
                    BorderColor="180, 26, 59, 105"
                    Color="220, 252, 180, 65">
           <points>
             <asp:DataPoint YValues="6" />
             <asp:DataPoint YValues="9" />
              . . .
             <asp:DataPoint YValues="6" />
           </points>
        </asp:Series>
   . . .
</series>
❺ <chartareas>
     <asp:ChartArea Name="ChartArea1"
                    BorderColor="64, 64, 64, 64"
                    BackSecondaryColor="Transparent"
                    BackColor="64, 165, 191, 228"
                    ShadowColor="Transparent"
                    BackGradientStyle="TopBottom">
❻    <area3dstyle Rotation="10" Perspective="10"
                    Enable3D="True"
                    Inclination="15"
                    IsRightAngleAxes="False"
                    WallWidth="0"
                    IsClustered="False" />
❼    <axisy LineColor="64, 64, 64, 64">
         <LabelStyle Font="Trebuchet MS, 8.25pt, style=Bold" />
         <MajorGrid LineColor="64, 64, 64, 64" />
      </axisy>
      <axisx LineColor="64, 64, 64, 64">
         <LabelStyle Font="Trebuchet MS, 8.25pt, style=Bold" />
         <MajorGrid LineColor="64, 64, 64, 64" />
      </axisx>
    </asp:ChartArea>
  </chartareas>
</asp:Chart>
```

Im Beispiel wurde mit Hilfe des `Title`-Abschnitts ein Titel hinzugefügt ❶. Mit dem `Legends`-Abschnitt wurde das Aussehen der Legenden angepasst ❷. Im Abschnitt `Borderskin` wurde ein Rand festgelegt ❸.

Um mehrere Datenreihen in dem gleichen Diagramm zur Anzeige zu bringen, ist es erforderlich die Datenreihen als `Series` zu deklarieren und mit dem Namen der `Chart Area` zu versehen, in welcher diese zur Anzeige kommen sollen ❹.

Die `Chartarea` enthält ein `Chart` ❺, welches mit zusätzlichen 3D Eigenschaften versehen ist, sowie zusätzliche Eigenschaften für die X- und Y-Achse.

27.4 Grafische Steuerelemente

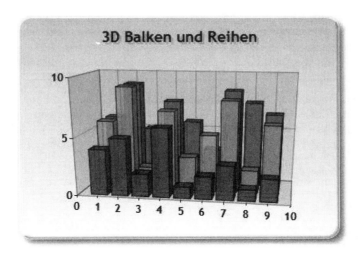

Abbildung 27.16 3D Balken und Reihen

Code Behind

Das `Chart`-Steuerelement lässt sich nicht nur deklarativ, sondern auch prozedural mit Hilfe der Code-Datei verwenden. Das folgende Beispiel zeigt, wie die Markup-Datei mit der Code-Datei verwendet werden kann, um Daten dazustellen:

```
<asp:Chart ID="Chart1" runat="server" Height="349px" Width="357px">
<Series>
   ❶ <asp:Series Name="Series1"
              ChartType="Renko" YValuesPerPoint="2">
      </asp:Series>
</Series>
<ChartAreas>
   ❷ <asp:ChartArea Name="ChartArea1">
      </asp:ChartArea>
</ChartAreas>
</asp:Chart>
```

In der Markup-Datei werden die Datenfolge `Series1` ❶ und die `ChartArea` *ChartArea1* ❷ angelegt. Dabei werden erste Eigenschaften für die Datenfolge deklarativ gesetzt. Weitere Eigenschaften werden in der Code-Datei gesetzt.

```
Random random = new Random();
for (int pointIndex = 0; pointIndex < 10; pointIndex++)
{
   ❶ Chart1.Series["Series1"].Points.AddY(random.Next(20, 100));
}

Chart1.Series["Series1"].ChartType = SeriesChartType.Bar; ❷
Chart1.Series["Series1"]["PointWidth"] = "0.5";
Chart1.Series["Series1"].IsValueShownAsLabel = true;
Chart1.Series["Series1"]["BarLabelStyle"] = "Center";
Chart1.ChartAreas["ChartArea1"].Area3DStyle.Enable3D = true;
Chart1.Series["Series1"]["DrawingStyle"] = "Cylinder";
```

27 GDI und Silverlight

Zunächst werden zehn zufällige Zahlen erzeugt ❶ und in die Datenreihe *Series1* eingefügt. Anschließend wird die Darstellung der Datenreihe durch Setzen der entsprechenden Eigenschaften angepasst ❷.

Datenbindung

Datenbindung

In der Regel befinden sich die Daten entweder in einer Datenbank oder einem Geschäftsobjekt. Das folgende Beispiel zeigt eine Möglichkeit Daten aus einem Array an das Diagrammsteuerelement zu binden.

```
namespace Hanser.Charting
{
  public partial class Binding : System.Web.UI.Page
  {
    protected void Page_Load(object sender, EventArgs e)
    {
      // Daten anlagen
      double[] yval = { 2, 6, 4, 5, 3 };
      // Beschriftung
      string[] xval = { "Mustermann", "Jemand", "Niemand",
                        "Fischer", "Krause" };
      // binden der Arrays
      Chart1.Series["Series 1"].Points.DataBindXY(xval, yval);
    }
  }
}
```

Die folgende Abbildung zeigt das Ergebnis:

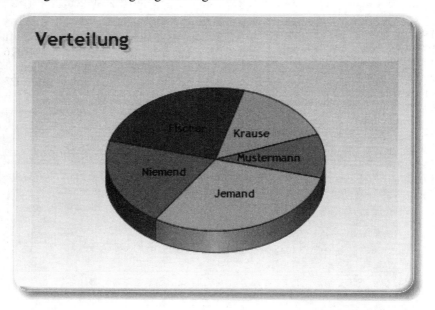

Abbildung 27.17 Ein Torten-Diagramm, erzeugt mit Datenbindung

Index

!

!=-Operator	152
%-Operator	147
*-Operator	147
??-Operator	146
?-Operator	146
@-Operator	145
+-Operator	147
--Operator	147
/-Operator	147
++-Operator	148
---Operator	148
&-Operator	152
|-Operator	152
==-Operator	152
<-Operator	152
>=-Operator	152
<=-Operator	152
>-Operator	152
=>-Operator	193
__VIEWSTATE	313

.

.NET	37
.NET-Framework 4.0	38
.NET-Vision	38

@

#pragma warning	137
@Control	493
@Implements	385
@Import	384
@Page	381
@PreviousPageType	386
@Register	384, 502
@WebHandler	1073

A

ABC-Prinzip	871
Abfragefunktion	195
abstract	165
Access Control List	901
Adapter	1026
Adaptives Steuerelementverhalten	1023
AddressHeader	*873*
ADO.NET	591
Architektur	593
Namensraum	595
Provider	592
AJAX	747, 748
Master-Seiten	755
Ajax-Client	
Debug-Version	775
AJAX-Client-Bibliothek	761
Anforderung	105, 275
verarbeiten	280
Anforderungsverarbeitungsmaschine	274
Anfragewarteschlange	334
Anführungszeichen	
Doppelt	145
Einfach	145
Anmeldedaten	892
Anmeldeinformationen	900

1181

Index

Anmeldesteuerelemente	952
anonyme Klasse	192
Anonyme Methoden	221
Anonyme Typen	191
Antwort	105
Apartmentmodell	291
App.xaml	1165
App_Themes	744
AppCmd	325
AppendHeader	354
AppInitialize	573
Applikationsdomäne	330
Applikationsereignismodell	372
Applikationsmanagement	372
Applikationspool	282
Applikationsvariablen	374
appSettings	261
schreiben	263
Arbeitsprozess	255
beenden	260
recyclen	259
Verwalten	324
Architektur	274
Arrays	196
Indexer	200
Universelle	199
as	144
ASMX-Webdienste	864
ASP.NET	274
ASP.NET-Pipeline	292
Aspnet_compiler.exe	88
Aspnet_merge.exe	88
Aspnet_regbrowsers.exe	88
aspnet_regiis	
reparieren	279
Aspnet_regiis.exe	87
Aspnet_regsql.exe	88
Aspnet_state.exe	87
AspNetCompatibilityRequirements	*883*
Assembly Generator	86
Assembly Linker	85
Asynchrone Aufgaben	409
Asynchrone Datenbindung	535
Asynchrone Handler	1064
Asynchrone Operationen	340
Asynchrone Seiten	403
Asynchronous JavaScript and XML	
ASP.NET	883
Debugging	885
Dienstvertrag	885
WCF	884
Zugriff	885
ATOM *Siehe* Atom Syndication Format	
Atom Syndication Format	112
Aufzählungen	208
Ausdrucksbaum	194
Ausdrucks-Generator	1130
Ausdruckssyntax	1130
Ausdrücke	151
Ausgabe (<%= %>)	389
HTML-Encoding (<% %>)	390
Ausführungsmethoden	604
Ausnahmekette	213
Ausnahmen	210
Authenticate	303
Authentifizierung	888, 893
Authentifizierungsmodule	891, 892
Authorization¬StoreRoleProvider	904
AutoPostBack	431, 442
Autorisierung	888
Autorisierungsmodule	901

B

Backslash	145
BaseDataBoundControl	999
basicHttpBinding	*877*
Bedingung	153
Bedingungen	151
Bedingungsoperator	155
Benutzerdatenverwaltung	930
Benutzerprofildatenverwaltung	901
Benutzersteuerelemente	489
Bereichskontroll-Steuerelement	542
Béziersplinekurven	1145
Bind	507
BindByName	*130*
BindByPosition	*130*
Binding	*872, 876*
BindingElement	*876*
Bindung komplexer Objekte	521
Bindungen	875
Bestandteile	875
vordefinierte	876
Bindungsausdrücke	390
Bindungssyntax	506

Bitoperatoren	149
Blöcke	151
Boolesch	145
Boxing	141
Browse-Modus	472
Browserdefinitionsdatei	1032
Brush	1145
bubble up	1159

C

C#	133
as	144
Boolesch	145
break	155, 158
case	155
class	164
const	147
continue	158
Deklaration	140
do	157
Eigenschaften	135
Eingebetteter Code	135
else	154
for	159
foreach	161
get	166
global	139
goto	156
if	153
in	161
internal	164
is	144
Kommentare	146
Konstante	146
Literale	142
Methoden	134
namespace	137
Object	140
Objekt	162
Objekte	135
Operatoren	147
Parameter	134
params	184
partial	184
private	164
protected	164
public	164
set	166
static	175
Suffix	142
switch	155
using	138
var	191
Variablen	139
while	157
yield	201
yield return	202
Zeichenketten	142
Zuweisung	140
CacheItemRemovedReason	968
Cache-Module	1047
Cache-Provider	968
Caching	959
Erweitern	968
Calendar	708
Camel-Schreibweise	55
Canvas-Layout	1162
Captcha	1148
Cardinal-Splinekurve	1146
Carriage Return	144
caspol	85
cast	Siehe type cast
Catalog-Modus	472
CatalogZone	476
ChangePassword (Steuerelement)	956
Chart	
Datenbindung	1180
Charts	1174
ChildrenAsTrigger	756
clientConnectedCheck	260
Client-ID	469
ClientIDMode	470
CLR	Siehe Common Language Runtime
Code Behind	48
Visual Studio	54
Code Inline	47
Codekonventionen	55
CommandBuilder	641
Common Language Runtime	38, 41
Common Type System	40, 140
CompilationMode	1136
Compiler	39
Compiler-Warnungen	137
CompositeControl	1019
ConfigurationElement	265
ConfigurationProperty	267
ConfigurationSection	265, 1086
connectionString	261
ConnectionsZone	476
Connect-Modus	473

Index

const	147
Container	522
Content-Seiten	728
ContractDescription	*872, 879*
ControlAdapter	1027
controller	812
Cookie-Grenzen	369
Cookies	366
CorDbg.exe	86
CreateChildControls	983
CreateUserWizard (Steuerelement)	957
credentials	892
CSS-StyleSheets	744
CTS *Siehe* Common Type System	
CultureAndRegionInfoBuilder	699
CultureInfo	698

D

DataAdapter	633
DataAnnotation	844
DataBinding	302
DataBound	303
DataBoundControl	999
DataContractAttribute	*881*
DataList	510, 524
DataMemberAttribute	*881*
DataReader	605, 607
DataSet	621
DataSet und XML	629
DataView	635
Datenadapter	633
Datenbank	596
Datenbindung	505, 998
Datenbindung im Code	520
Datenfluss steuern	348
Datengebundene Steuerelemente	508
Datenmodell (MVC)	
statisch	845
Datenquelle	505
Datenreihen	1175
Datensätze lesen	605
Datenvertrag	881
Einführung	882
DbgClr.exe	86
DeclarativeCatalogPart	476
Delegate	194
Delegates	220
Deployment	51
Design	734
Designer	1021
Designer-Host	1115
Design-Modus	472
DesignTimeResourceProvider	1117
Destruktoren	170
DetailsView	
Dynamische Daten	797
Device Context	1142
Diagrammbereich	1175
Dienstvertrag	
AJAX	885
Dienstbeschreibung	879
Einführung	878
Erstellen	880
Inhalt	878
Klassen	879
Direktiven	380
Disassembler	86
DNS *Siehe* Domain Name System	
Document Object Model	245
Domain Spezific Language	195
DSL *Siehe* Domain Spezific Language	
Dundas	1174
Duration	961
DynamicControl	796
DynamicDataManager	796
DynamicField	796
Dynamische Ausdrücke	1136
Dynamische Daten	783
Ajax	789
Scaffolding	785
Steuerelemente	795
Vorlagen	788
dynamischen Webseiten	104

E

ECB	283, 287
ECMAScript	222
Edit-Modus	472
EditorZone	475
EditURI	112
edmgen.exe	693
Eigenschaften	166
eingebetteter Code	47
Ellipse	1146
EnableScriptComponents	754

EndpointAddress	*872, 873*
Endpunkt	871
Adresse	873
Aufbau	872
Transportprotokoll	872
Endpunktadresse	873
Entitäten Daten Modell	688
Entity Framework	685
Entwurfszeitunterstützung	1137
Entwurfszeitverhalten	414, 1013
enum	208
Enum.GetNames	210
Enum.Parse	210
Enumeratoren	201
Equals	140
Ereignisse	
JavaScript	248
Ereignisse (Silverlight)	1158
Ereignisverarbeitung	417
Erweiterungskonzept	1079
Erweiterungsmethoden	188
Erweiterungsmodell (Membership)	
	901
Escape-Sequenz	144
Event-Bubbling	213
Exception	216
ExecuteNonQuery	604
ExecuteReader	604
ExecuteScalar	604
ExecuteXmlReader	604
executionTimeout	337
Expression Builder	390
Expression Produkte	83
expression tree	194
ExpressionEditor	1138
Extended SMTP	98
Extensible Application Markup	
Language	1155
Extensible Markup Language	*Siehe*
XML	

F

Fabrikklassen	176
Fallback	702
FeedURI	113
Fehlerbehandlung	210, 213
Fehlerklassen	216
Fehlersuche zur Entwurfszeit	1138
Feldgenerator	797

Feldvorlagen	792
Feldwerte	442
Fiddler (Tool)	886
File Transfer Protocol	100
FileAuthorization	901
fileEncoding	723
Filter	1031
Filtern	636
Flächen füllen	1146
Flusssteuerung	
JavaScript	228
Form Feed	144
FormsAuthentication	897
Forms-Authentifizierung	893
Forms-Cookie	894
FormView	518
Dynamische Daten	797
FTP *Siehe* File Transfer Protocol	
Funktionszeiger	217
Funktionszeigerobjekt	193

G

GAC *Siehe* Global Assembly Cache	
Garbage Collection	170
Gauges	1174
GC.Collect	171
GDI *Siehe* Graphics Device Interface	
General-Header-Fields	103
Generated (VS 2010)	185
generics	145
Generics	206
GenericWebPart	476
Generische Handler	1073
Generische Klassen	204
Gerätekontextobjekt	1142
getElementById	247
getElementByTagName	247
GetEnumerator	202
GetHashCode	140
GetOutputCacheProviderName	969
GetType	140
global	139
Global Assembly Cache	86
Global Namespace Qualifier	139
Globalisierung	697
Graphics Device Interface	1141
GraphicsPath	1147
Grid-Layout	1159

Index

GridView	511
Dynamische Daten	797
Grundgerüst	106
Grundlagen regulärer Ausdrücke	544

H

Handler	293
Generische	1073
Haufen	*Siehe* Heap
Header	354
Heap	141
Hochladen von Dateien	434
HtmlForm	306
Html-Steuerelemente	416
HtmlTextWriter	989
HtmlTextWriterStyle	997
HTTP	*Siehe* Hypertext Transfer Protocol
HTTP_REFERER	355
HTTP_USER_AGEN	355
HttpApplication	288
HttpBrowserCapabilities	1024
HttpCachePolicy	965
HttpContext	288
HttpHandler	293
Http-Handler	1056
HTTP-Kommandos	101
HTTP-Laufzeitumgebung	274
HTTP-Message-Header	103
HttpModule	293
Http-Module	1045
HttpServerUtility	350
HTTP-Statuscodes	102

I

ICMP siehe Internet Control Messaging Protocol	93
IContractBehavior	*879*
IDataReader	620
IDataSource	618
IDbConnection	596
Identity	*873*
idleTimeout	260
IEnumerable	201
IIdentity	892
IIS	276
IIS7-Architektur	1044
IIS-Managementkonsole	1055
Ilasm.exe	86
Ildasm.exe	86
Impersonifizierung	888, 893
Implizite Datentypen	191
ImportCatalogPart	476
In Place Compilation	51
Indexer	196, 200
Inhalts-Module	1046
Inhaltstyp	356
Init	300
In-Process	360
InstallSqlState.sql	364
Installutil.exe	86
Instanziierung	347
IntelliSense	415
internal	164
Internet Control Messaging Protocol	93
Internet Protocol	94
Internet Protocol Suite	92
Internet Service API	278
Internet Services Application Programming Interface	275
Internet-Protokollfamilie	90
Interpreter	39
IP siehe Internet Protocol	94
IPostBackDataHandler	311
IPrincipal	892
is	144
ISAPI	*Siehe* Internet Service API, *Siehe* Internet Services Application Programming Interface
ISAPI Extension Control Block	283
ISAPI Rewrite Filter	818
ISAPI-Erweiterung	275
ISAPI-Erweiterungen	278
ISAPI-Filter	278
ISAPI-Mapping	282
IServiceBehavior	*879*
IServiceProvider	1115
ISO 3166	702
ISO 639	702
ISO 639-1	702
ISO/OSI-Referenzmodell	89
ItemCreated	303
ItemDataBound	303
Iterator	196

Iteratoren	201

J

Jahr 10.000-Problematik	92
JavaScript	221
Ausdrücke	226
Bezeichner	224
Blöcke	228
Boolean	240
catch	231
continue	230
delete	237
do	230
Eingebaute Objekte	239
Elemente	224
else	228
Ereignisse	248
eval	226
finally	232
for	229
for in	229
Function	240
HTML-Markup	242
if	228
Inheritance *Siehe* JavaScript:Vererbung	
instanceof	226
IntelliSense	239
JSON	233
Kommentare	224
Kompatibilität	223
Konstruktor	234
Label	231
Literale	224, 225
Literalnotation	233
new	233, 236
Number	240
Object	239
Objektorientierung	233
onerror	232
Operatoren	227
parseFloat	226
parseInt	226
Private Mitglieder	235
Privilegierte	236
String	241
throw	231
try	231
typeof	226
unescape	225
var	235
Vererbung	237
Funktionsbasiert	237
Prototypbasiert	238
Visual Studio 2010	239
while	230
Window	232
Zeichenkettenfunktionen	242
JavaScript Object Notation	107
Formatdefinition	108
JIT-Compiler	39
JSON *Siehe* JavaScript Object Notation	

K

Kalender	459
Klammersprache	134
Klasse	164
Klassenbibliothek	38
Knotensatz	508
Kollektionen	196
Kommandoobjekt	603
Kommandos	534
Kommandozeilenparameter	51
Kommandozeilenwerkzeuge	85
Kommentare	146
Kompatibilität	417
Kompressions-Module	1046
Konfiguration	249
Konfigurationsdateien	253
Konfigurationselemente	266
Konstante	146
Konstruktoren	170
Kontext	275, 400
Kontextverwaltung	400
Kontrollkästchen	457
Kontroll-Steuerelemente	540
Konvertierung	
von Datentypen	143
Koordinatensystem	1144
kundenspezifische Steuerelemente	977
Kurven	1147

L

Lambda	193
Lambda-Ausdruck	193
Language Integrated Query	661
Laufzeitumgebung	282
Layout-Manager	1159
Lebensdauer	
Anforderung	275
Lebenszyklus	

Index

Applikation 286
  Dynamische Steuerelemente 301
  Ereignisse 300
  Master-Seite 298
  Seite 298
  ViewState 305
Linien 1147
Liniensegment 1146
LINQ *Siehe* Language Integrated Query
  Abfrageoperatoren 664
  Aggregatoren 668
  Kardinalität 682
  O/R-Mapper 680
  Selektoren 668
Linq-To-Entities 687
LINQ-to-Entities 685
LINQ-to-Objects 669
LINQ-to-SQL 675
Linq-to-XML 672
Listen 456
Listings im Buch 30
ListView
  Dynamische Daten 797
Literale
  JavaScript 225
Load 300
Location 962
LoggedIn 303
LoggingIn 303
Login (Steuerelement) 953
LoginError 303
LoginView (Steuerelement) 954
Logische Operatoren 150
lokalisierte Webseite 701
Lokalisierung
  Praxistipps 721
Lokalisierungsfunktionen 701

M

MAC *Siehe* Media Access Control
machine.config 253
Master 729
MasterPage 729
MasterPageFile 730
Master-Seiten 728
Matrix 1144
maxconnection 337
Media Access Control 93
Mehrfachbedingungen 155

mehrsprachige Anwendungen 700
Membership Service 901
MembershipProvider 902
memcached 968
memoryLimit 259
MessageDescription *879*
MetadataType 844
Methode 134
Methoden
  statische 174
Methodenaufrufe 134
Methodendeklaration 173
Methodenüberladung 173
Microsoft Intermediate Language 39
Microsoft.Web 324
MIME 357
minFreeThreads 336
minLocalRequestFreeThreads 336
minWorkerThreads 336
Mitgliedschaftsverwaltung 901
model 812
Model Validation 841
Model View Controller 811
Modell 816
Modifizierer 165
Module 293, 1044
Modulus-Operator 148
MSIL *Siehe* Microsoft Intermediate Language
msmqIntegrationBinding *877*
Multithreading 291
MVC *Siehe* Model View Controller
MVC-Entwurfsmuster 812
MVC-Namenskonventionen 817
MVC-Webanwendung 823

N

Name *876, 879*
Namensraum 137
namespace 137
Namespace *876, 879*
Native Module 1045
Navigation
  SQL basiert 567
Navigationskonzept 555
Navigationsmodell 555
Navigations-Steuerelemente 558
Navigationssystem 559

netMsmqBinding	*877*
netNamedPipeBinding	*877*
netPeerTcpBinding	*877*
netTcpBinding	*877*
Network News Transfer Protocol	100
Netzwerkprotokollfamilie	90
Neue Zeile	*Siehe* New Line
New Line	144
Ngen.exe	87
nicht-kompilierten Seiten	1136
NNTP *Siehe* Network News Transfer Protocol	
Nodeset	508
NULL	144
Nullable	145
Nullbare Typen	145

O

Object Moved (302)	396
ObjectContext	687
ObjectQuery	687
Objekte	135
Objekte erzeugen	169
Objekthierarchie	420
Objektinitialisierer	187
Objektorientiert	162
Objektrelationale Abbildung	786
OleDbConnection	596
OperationContract	*881*
OperationDescription	*879*
Operator	
trinär	155
überladen	179
Operatoren	147
logische	150
Optimierung	973
OR-Mapping	786
Out-Of-Process	360
OutputCache	960
outputCache (Element)	968
override	165

P

Page	
Ausdrücke	390
Code	388
Klasse	387
Kommentare	389
PageAdapter	1030
PageCatalogPart	476
Page-Harvesting	411
Parameter	180
partielle Typen	184
Pascal-Schreibweise	55
PasswordRecovery (Steuerelement)	955
PATH_TRANSLATED	355
Pen	1145
PerfMon	337
Performance Counter	337
PerformSelect	999
Personalisieren	478
Personalisierung	898, 931
Pfadauflösung	572
pingFrequency	259
pingTimeout	260
PNG erzeugen	719
Post Office Protocol Version 3	99
PostBack	392
JavaScript	395
Links	394
PostURI	112
Präsentation	816
Precompiler	51
PreInit	300
PreLoad	300
PreRender	300
Prinzipien	44
private	164
processModel	257
ProcessModel	289
ProcessRequest	1058
Profildaten	937
Profildienst	934
Profile	930
Eigenschaft	932
Profilklasse	940
Provider erweitern	934
Web Site-Projekt	937
Profile Service	901
Profileigenschaft	931
Profilprovider	
Ajax	948
Programm Debug DataBase	86
Programmiersprache	30
Projektvorlagen	65
PropertyGrid	415
protected	164

Protokolle	89		Rollenverwaltung	901
Prototyping	238		Routing (MVC)	815
Providermodell	1080		RowCreated	302
public	164		RowDataBound	303
Pufferung	349		RowFilter	638
			RowStateFilter	640
Q			RSS 2.0	112
query functions	195		**S**	
QUERY_STRING	355			
QueryString	352		SaveStateComplete	300
			Scaffolding	784
R			Schleifen	156
Rectangle (Silverlight)	1156		SCRIPT_NAME	355
Redirect	396		ScriptManager	753
Referenztypen	141		ScriptManagerProxy	755
RegionInfo	699		sealed	165, 177
Regsvcs.exe	87		section	266
Reguläre Ausdrücke	542		sectionGroup	265
Regulärer Ausdruck-Steuerelement			Secure Socket Layer	892
	542		Seitenadapter	1040
REMOTE_ADDR	355		Seitenereignisse	300
Render-Verhalten	1028		Seitenübergang	396
Repeater	509		Seitenvalidierung	538
Request	105		Seitenvorlagen	789
Request for Comments	91		Seitenwechsel	*Siehe* Form Feed
requestEncoding	722		Senden von Formularen	442
Request-Header-Fields	103		Server beschäftigt	335
requestLimit	259		Server Too Busy	335
Response	105		Server.Execute	398
responseDeadlockInterval	259		Server.Transfer	397
responseEncoding	723		SERVER_NAME	355
Response-Header-Fields	103		Servervariablen	354
Ressourcen			ServiceContract	*881*
in Assemblies	720		ServiceEndpoint	*872, 879*
Ressourcen-Dateien	710		ServiceHost	*875*
Ressourcenprovider	1103		Services	754
Resx	1103		ServiceType	*879*
RFC 1867	434		Sessions	345, 358
RFC 1945	101		sessionState	363
RFC 2026	91		SessionState	360
RFC 2500	91		Shapes	1145
RFC 2550	92		shutDownTimeout	260
RFC 4278	112		Sicherheitskonzept	890
RFC 4627	108		Sicherheitskonzepte	887
RFC *siehe* Request for Comments	91		Sicherheitsmodule	890, 1048
Richtlinienwerkzeug	85		Sicherheits-Module	1045
Role Service	901		Sichtbereiche	164
RoleProvider	904		Signatur	172, 173

Index

Silverlight	1153
Anwendung	1165
Bibliotheken	1154
LINQ	1155
Medienformate	1155
WCF	1155
Silverlight 4	1153
Silverlight-Hosting	1171
Simple Mail Transfer Protocol	98
Simple Object Access Protocol	856
SiteMapPath	561
Sitemap-Provider	562
Sitzungen	345, 358
Ereignisse	363
Sitzungs-Cookies	363
Sitzungsdaten	
SQL	364
Sitzungsmanagement	358
Skin-Dateien	736
SmartTag	415
sn.exe	87
SOAP	*Siehe* Simple Object Access Protocol
Softwaresicherheit	887
Sortieren	636
Sprachanweisungen	151
Sprachcodes	702
SqlCommand	603
SqlConnection	596, 599
SSL	*Siehe* Secure Socket Layer
Stack	204
StackPanel-Layout	1163
Standardfeldvorlagen	794
Standardmodifizierer	166
Standardobjekte	345
Standardsprachen	700
static	174
Statisch	174
Status der Steuerelemente	*Siehe* ViewState
Statuscode 503	335
Steuerelementadapter	1026
Steuerelementbibliothek	982
Steuerelemente	414
Steuerung	816
Sticky Form	305
Strong Name	87
Strukturen	206
Style	998
Style-Attribute	432
Suchmuster	543
Symbole im Buch	30
synchrone Anfragen	334
Synchrone Handler	1056
System.Nullable	145
system.serviceModel	920

T

Tab	144
Tabelle	613
Tabulator	*Siehe* Tab
TCP siehe Transmission Control Protocol	97
TemplateInstance	1010
Templates	206
Theme	734
this	174
Thread	283
Threadpool	334
Thread-Pool	1064
Threads in JavaScript	248
Thread-Sicherheit	1088
Threadverhalten optimieren	335
Tilde	170
timeout	259
Timer	760
Torwächter	890
ToString	140
trace.axd	383
Trace-Funktion	1077
Tracing	383
Transformationen	1144
Transformationsmatrix	1144
Transmission Control Protocol	97
TreeView	466
try-catch-finally	211
Typbindung	
lose	226
type cast	189
Typkonzept	141
Typumwandlungsoperatoren	189

U

UDDI *Siehe* Universal Description, Discovery and Integration
UDP siehe User Datagram Protocol 98

Index

Überladen	177
Überladungen	171
Unboxing	141
Unicode-Zeichen	145
Uniform Resource Identifier	127
Uniform Resource Locator	128
Uniform Resource Name	128
Universal Description, Discovery and Integration	862
Unload	300
UpdatePanel	755
UpdateProgress	757
Upload	434
Uri	*873*
URI *Siehe* Uniform Resource Identifier	
URI Schemata	127
UriTemplate	*129*
UriTemplateTable	*129*
URL *Siehe* Uniform Resource Locator	
UrlAuthorization	901
URL-Module	1049
URL-Rewriting	786
URL-Routing	786, 814
URN *Siehe* Uniform Resource Name	
User (Objekt)	898
User Controls	489
User Datagram Protocol	98

V

ValidateDataSource	999
Validatoren	539
Validierung	536
var	191, 192
Variablen	139
VaryByParam	961
Vektorgrafik	1143
Velocity	968
Verbindungsablauf	103
Verbindungsobjekt	596
Verbindungsorientierte Ereignisse	599
Verbindungszeichenfolge	596
Vererbung	177
Vergleichsoperatoren	152
Vergleichs-Steuerelement	540
Verhaltenseinstellungen	921
Verwaltete Module	1048
Verwaltungsaufgaben	327
Verweiszeichens	572
Verzeichnisse	
spezielle	46
Verzweigungen	151
Vieleck	1146
view	812
ViewState	303
Dynamische Steuerelemente	321
Failed loading…	321
Laden	310
Probleme	315
Verstehen	304
virtual	165
VirtualFile	574
VirtualPathProvider	572
LoadControl	588
VirtualPathProvider implementieren	576
virtuelle Pfade	571
Visual Studio	
Datenbanken	74
Visualisierer	195
Vorlagen	519
Vorlagen (URI)	*129*
Vorlagenbasierte Steuerelemente	1003

W

w3wp.exe	327
Wagenrücklauf *Siehe* Carriage Return	
WCF *Siehe* Windows Communication Foundation	
Konfiguration	920
WCF-Webdienste	870
Web 2.0	221
Web Forms	45
Web Services Description Language	860
web.config	249
web.sitemap	555
WebConfigurationManager	261
WebControlAdapter	1028
Webdienst	
asynchron	405
Webdienste	855
konsumieren	863
Protokolle	856

Webform	274
webHttpBehavior	*884*
webHttpBindung	*884*
WebMethod	869
WebPart Seite	473
WebPartManager	475
WebPart-Personalisierungsproviders	479
WebParts	471
WebPartZone	475
WebPart-Zonen	473
WebService	869
Werkzeuge	61
ASP.NET	87
Werttypen	141
Wiederverwendbarkeit	58
Wildcard-Mapping	818
Windows Communication Foundation	42
Windows Management Instrumentation	324
Windows Workflow Foundation	44
Windows-Authentifizierung	899
Windows-Benutzerdatenbank	904
Windows-Benutzerkonten	900
WMI *Siehe* Windows Management Instrumentation	
WSDL *Siehe* Web Services Description Language	
wSDualHttpBinding	*877*
wSFederationHttpBinding	*877*
wSHttpBinding	*877*
WWF *Siehe* Windows Workflow Foundation	

X

XAML *Siehe* Extensible Application Markup Language	
XDocument	672
XElement	672
XML in .NET	645
XML-Datenquellen	508
XML-Grundlagen	109
XmlNodeReader	649
XmlTextReader	649
XmlValidatingReader	649
XPath	116
XSD	113
XSLT	122, 652
Parameter	657

Z

Zugriffsart	893
Zugriffsmodifizierer	164
Zusammenfügeoperator	227
Zuweisungsoperator	150

HANSER

Eine runde Sache

Doberenz, Gewinnus
**Visual Basic 2010 –
Grundlagen und Profiwissen**
1.440 Seiten. Mit DVD.
ISBN 978-3-446-42115-8

Der Titel dieses Buches ist Programm - und hat Tradition: Die Autoren wagen mit ihm seit fünfzehn Jahren erfolgreich den Spagat, Grundlagen und professionelle Programmiertechniken zu vermitteln. Sie sind der Überzeugung, dass man Programmieren nicht durch lineares Lesen eines Lehrbuchs, sondern nur durch Ausprobieren von Beispielen erlernt, verbunden mit ständigem Nachschlagen in der Referenz.

Obwohl Sprachumfang und Einsatzgebiete von Visual Basic mit jeder neuen Version ein immer breiteres Spektrum abdecken, verstehen es die Autoren, die wichtigsten Grundlagen knapp und trotzdem verständlich zu vermitteln. Das Buch möchte dem Einsteiger nach dem Prinzip "so viel wie nötig" die wesentlichen Aspekte der .NET-Programmierung mit Visual Basic 2010 nahebringen und rasch erste Erfolgserlebnisse vermitteln. Für den Profi stellt es eine Vielzahl von Informationen und Lösungen bereit, nach denen er in der Dokumentation, im Internet und in der Literatur bislang vergeblich gesucht hat.

Mehr Informationen zu diesem Buch und zu unserem Programm
unter **www.hanser.de/computer**

HANSER

Tipps in Hülle und Fülle

Doberenz, Gewinnus
**Visual Basic 2010 –
Kochbuch**
1.260 Seiten. Mit DVD.
ISBN 978-3-446-42116-5

Die Kochbücher des Autorenduos Walter Doberenz und Thomas Gewinnus basieren auf einer einfachen Erkenntnis: Programmierbeispiele eignen sich nicht nur hervorragend, um souverän und richtig programmieren zu lernen. Vielmehr liefern sie auch sofort anwendungsbereite Lösungen, nach denen der Programmierer in der Dokumentation oder im Web lange sucht, und schließen so eine Wissenslücke.

Das vorliegende Kochbuch setzt diese Tradition fort. Der inhaltliche Bogen seiner fast 500 Rezepte spannt sich dabei vom simplen Einsteigerbeispiel bis hin zu komplexen Profi-Techniken. Die Beispiele erfassen so gut wie alle wesentlichen Einsatzgebiete der Windows- und Webprogrammierung unter Visual Studio 2010.

Mehr Informationen zu diesem Buch und zu unserem Programm
unter **www.hanser.de/computer**

HANSER

Tipps in Hülle und Fülle

Doberenz, Gewinnus
Visual C# 2010 – Kochbuch
1.280 Seiten. Mit DVD.
ISBN 978-3-446-42117-2

Die Kochbücher des Autorenduos Walter Doberenz und Thomas Gewinnus basieren auf einer einfachen Erkenntnis: Programmierbeispiele eignen sich nicht nur hervorragend, um souverän und richtig programmieren zu lernen. Vielmehr liefern sie auch sofort anwendungsbereite Lösungen, nach denen der Programmierer in der Dokumentation oder im Web lange sucht, und schließen so eine Wissenslücke.

Das vorliegende Kochbuch setzt diese Tradition fort. Der inhaltliche Bogen seiner fast 500 Rezepte spannt sich dabei vom simplen Einsteigerbeispiel bis hin zu komplexen Profi-Techniken. Die Beispiele erfassen so gut wie alle wesentlichen Einsatzgebiete der Windows- und Webprogrammierung unter Visual Studio 2010.

Mehr Informationen zu diesem Buch und zu unserem Programm unter **www.hanser.de/computer**

HANSER

Eine runde Sache

Doberenz, Gewinnus
**Visual C# 2010 –
Grundlagen und Profiwissen**
1.440 Seiten. Mit CD-ROM.
ISBN 978-3-446-42118-9

Der Titel dieses Buches ist Programm – und hat Tradition: Die Autoren wagen mit ihm seit fünfzehn Jahren erfolgreich den Spagat, Grundlagen und professionelle Programmiertechniken zu vermitteln. Sie sind der Überzeugung, dass man Programmieren nicht durch lineares Lesen eines Lehrbuchs, sondern nur durch Ausprobieren von Beispielen erlernt, verbunden mit ständigem Nachschlagen in der Referenz.

Obwohl Sprachumfang und Einsatzgebiete von Visual C# mit jeder neuen Version ein immer breiteres Spektrum abdecken, verstehen es die Autoren, die wichtigsten Grundlagen knapp und trotzdem verständlich zu vermitteln. Das Buch möchte dem Einsteiger nach dem Prinzip "so viel wie nötig" die wesentlichen Aspekte der .NET-Programmierung mit Visual C# 2010 nahebringen und rasch erste Erfolgserlebnisse vermitteln. Für den Profi stellt es eine Vielzahl von Informationen und Lösungen bereit, nach denen er in der Dokumentation, im Internet und in der Literatur bislang vergeblich gesucht hat.

Mehr Informationen zu diesem Buch und zu unserem Programm
unter www.hanser.de/computer

HANSER

Verteilte Anwendungen erstellen mit .NET

Kansy
Datenbankprogrammierung mit .NET 4.0
Mit Visual Studio 2010 und
SQL Server 2008 R2
784 Seiten.
ISBN 978-3-446-42120-2

Thorsten Kansy beschäftigt sich im vorliegenden Band der .NET-Bibliothek mit dem in Entwicklerkreisen nicht selten heiß diskutierten Thema "Datenbankzugriff". Im Mittelpunkt steht der Weg der Daten von der Datenbank über die in .NET verfügbaren Schnittstellen bis hin zur Benutzeroberfläche. Nach einer Übersicht der wichtigsten Neuerungen in Visual Studio 2010, C# 4.0, .NET 4.0 und SQL Server 2008 R2 beschreibt er die datenbanknahe Programmierung mit T-SQL, die C#-Programmierung via ADO.NET, LINQ to Entities und LINQ to SQL, die CLR-Integration zur Entwicklung von .NET-Objekten auf dem SQL Server sowie den Umgang mit DataSets.

Das Buch, das sich gleichermaßen an Einsteiger und Fortgeschrittene der Datenbankprogrammierung wendet, überzeugt durch seinen Detailreichtum und die übersichtliche Darstellung. Zahlreiche Tabellen helfen beim Nachschlagen der wichtigsten Features.

Mehr Informationen zu diesem Buch und zu unserem Programm
unter **www.hanser.de/computer**

HANSER

Die richtige Sprache sprechen.

Fischer/Krause
**Windows Communication Foundation
.NET WCF**
Verteilte Systeme und Anwendungs-
kopplung mit .NET
360 Seiten.
ISBN 978-3-446-41043-5

Microsofts WCF dient der Entwicklung verteilter, dienstebasierter Systeme für die .NET-Plattform und ersetzt sowohl .NET Remoting als auch ASP.NET-basierte Webservices. Sein Programmiermodell erlaubt eine plattformübergreifende Webservice-Kommunikation und die effiziente, proprietäre Kommunikation innerhalb einer Implementierung.

Im vorliegenden Band der .NET-Bibliothek zeigen Matthias Fischer und Jörg Krause die vielfältigen Varianten zwischen diesen Extremen auf und beschreiben anhand zahlreicher Beispiele, wie man die in WCF enthaltenen Funktionen sinnvoll einsetzt.

Mehr Informationen zu diesem Buch und zu unserem Programm unter **www.hanser.de/computer**

HANSER

Windows-Anwendungen gestalten.

Wegener
Windows Presentation Foundation – WPF
584 Seiten. 253 Abb.
ISBN 978-3-446-41041-1

Mit der WPF verfügt der .NET-Entwickler über ein mächtiges und flexibles Instrument, mit dem sich ein breites Spektrum Windows-basierter Applikationen erstellen läßt, von der einfachen Oberfläche bis hin zur komplexen geschäftlichen Anwendung. Diese Bandbreite gibt den Rahmen für das vorliegende Buch vor. Jörg Wegener zeigt darin den praktischen Einsatz der WPF und ihrer Funktionen. Im Mittelpunkt steht also weniger die Frage nach dem »Was«, sondern vielmehr die nach dem »Wie«.

- Liefert detaillierte Informationen über WPF als Nachfolger von Windows Forms
- Zeigt anhand zahlreicher Codebeispiele den Einsatz der WPF in der Praxis
- Behandelt das Hintergrundwissen nur sporadisch und wo nötig
- Berücksichtigt die Neuerungen aus dem Service Pack 1
- Alle Codebeispiele unter www.downloads.hanser.de

Mehr Informationen zu diesem Buch und zu unserem Programm unter **www.hanser.de/computer**